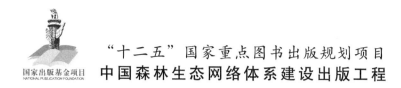

"十二五"国家重点图书出版规划项目

中国森林生态网络体系建设出版工程

福建现代林业发展战略

Modern Forestry Development Strategy for Fujian

彭镇华 等著

Peng Zhenhua etc.

中国林业出版社

China Forestry Publishing House

图书在版编目（CIP）数据

福建现代林业发展战略 / 彭镇华等著 . —北京：
中国林业出版社，2014.6
"十二五"国家重点图书出版规划项目
中国森林生态网络体系建设出版工程
ISBN 978-7-5038-7543-4

Ⅰ.①福…　Ⅱ.①彭…　Ⅲ.①林业经济−经济发展
战略−研究−福建省　Ⅳ.①F326.275.7

中国版本图书馆 CIP 数据核字（2014）第 130359 号

出版人：金旻
中国森林生态网络体系建设出版工程
选题策划　刘先银　策划编辑　徐小英　李　伟

福建现代林业发展战略
统　　筹　刘国华　邱尔发
责任编辑　徐小英　何　鹏

出版发行　中国林业出版社
地　　址　北京西城区刘海胡同 7 号
邮　　编　100009
E - mail　liuxianyin@263.net
电　　话　010-83227226
制　　作　北京大汉方圆文化发展中心
印　　刷　北京中科印刷有限公司
版　　次　2014 年 6 月第 1 版
印　　次　2014 年 6 月第 1 次
开　　本　889mm×1194mm　1/16
字　　数　991 千字
印　　张　36.5
彩　　插　20
定　　价　199.00 元

序 一

福建地处祖国东南部，与台湾隔海相望，是我国改革开放的前沿阵地，经济社会发展迅速，特别是在海峡两岸刚实现令人期盼已久的"三通"，福建经济社会的全面发展迎来新的机遇；同时，福建是我国南方的重点林区，林业作为海峡西岸经济区建设的重要内容，对于推进区域社会经济可持续发展，促进人与自然和谐，建设生态文明社会，具有重大的战略意义。在全国现代林业建设中，福建省委、省政府高度重视林业建设，将其摆到重要位置，全省林业建设取得了显著成绩。福建率先在全省推进以集体林权制度改革为核心的林业各项改革，有效地调整了林业生产关系，解放和发展了林业生产力，为南方乃至全国的林权改革提供了经验，作出了示范，充分发挥了林业改革开放前沿阵地的作用。

2005 年，福建省为了落实中央支持海峡西岸建设的决定，充分发挥科学技术第一生产力的作用，推进海峡西岸林业全面发展，建设绿色海峡西岸，在全国率先基本实现林业现代化，我当时在任中国林业科学研究院院长，与原福建省人民政府副省长刘德章共同签署了《福建省人民政府、中国林业科学研究院全面合作协议书》，同时与福建省林业厅原厅长黄建兴签署了《福建省林业厅、中国林业科学研究院全面合作首批合作项目协议书》，把《海峡西岸现代林业发展战略研究与规划》作为第一批项目之一，2007 年 3 月，在福建省正式启动了该项目，邀请中国林业科学研究院首席科学家彭镇华先生担任项目专家组组长，我有幸与福建省人民政府刘德章副省长一同担任项目领导组组长，亲历项目研究的过程。项目组全体成员，历时近二年时间，精诚合作，协同攻关，形成了比较系统的成果。提出了"和谐绿色海西，高效持续林业"的福建现代林业发展核心理念；指明了通过建设完备的林业生态体系、发达的林业产业体系和先进的森林文化体系来实现这一新理念的发展途径；布局了"一带三区三群多点"的林业建设格局，提出了若干重大对策建议。2008 年 12 月评审会上，得到了与会专家的一致好评，这是双方合作的又一个重要成果。

"海峡西岸现代林业发展战略"不仅仅是一个重大理论研究成果，同时还是一个与生产实际、与政府需求紧密结合的研究项目，对全国现代林业建设，促进福建经济社会全面协调可持续发展，促进海峡两岸交流都将产生重大而深远的影响。本论著是以彭镇华教授与项目组全体专家经过几年深入研究的成果荟萃，是全体项目领导和专家集体智慧的结晶，本书的出版，将为相关省市的林业建设提供可借鉴的依据，也必将推动我国现代林业的建设与发展。

江泽慧

二〇〇九年二月

序 二
FOREWORD TWO

现代林业作为重要的公益事业和基础产业，应时代发展的需求，其功能在不断拓展、效用在不断延伸、内涵在不断丰富，在经济社会发展全局中的地位越来越重要，作用越来越突出，任务越来越繁重。长期以来，福建省委、省政府十分重视林业工作，先后作出了"大念山海经""实施三五七工程""建设林业强省""开展集体林权制度改革和配套改革"和"建设绿色海峡西岸"等一系列战略部署，使福建林业许多工作都走在全国的前列。

林业发展离不开科学的指导，现代林业建设更需要强有力的科技支撑，研究和制定科学发展战略与规划，是保持林业事业健康发展的基础。2005年，省委、省政府主要领导与中国林科院院长江泽慧教授商定，进行全面科技合作，并拟定把海峡西岸现代林业发展战略研究与规划作为首批项目之一，2007年3月，项目正式启动，并由福建省林业厅和中国林科院共同组织开展海峡西岸现代林业发展研究。在以中国林业科学研究院首席科学家彭镇华教授为专家组组长的带领下，由中国林科院、北京林业大学和福建省有关单位组成的专家组队伍，经过近二年的辛勤工作，出色地完成了项目研究，编写的总体规划赢得一致好评。

当前，随着福建工业化、城镇化、农业产业化的发展，林业在经济社会发展中的地位越来越重要。福建省委、省政府把林业的发展摆到了更加突出的位置。"海峡西岸现代林业发展战略研究与规划"跟踪国际林业发展，运用中国现代林业研究成果，围绕海峡西岸经济发展对林业社会的需求，为福建省现代林业的发展描绘了蓝图，对保障海峡西岸国土生态安全，促进经济社会可持续发展，使海峡西岸林业在全国率先实现现代化，都具有重要的现实和理论意义。本书的出版，可进一步为海峡西岸现代林业发展提供指导，为我国相关地区的现代林业建设提供借鉴。借此机会感谢为海峡西岸现代林业发展提供支持的国家林业局、中国林科院等单位，感谢为此付出辛勤劳动的所有同志！

刘 德 章

二〇〇九年二月

前言
PREFACE

当今世界，森林问题已经成为国际社会共同关注的热点。作为最大的发展中国家，我国在保护森林和发展林业上取得了举世瞩目的成绩，为全球生态保护作出了积极贡献。当前，以中共中央、国务院《关于加快林业发展的决定》和《关于全面推进集体林权制度改革的意见》的颁布为标志，我国林业进入了一个新的发展时期。党的十七大报告中提出支持海峡西岸经济区的发展，2009年5月国务院通过《关于支持福建省加快建设海峡西岸经济区的若干意见》。海峡西岸经济区涵盖福建全省以及浙江的温州、金华、衢州、丽水，江西的上饶、鹰潭、赣州、抚州，广东的汕头、梅州、潮州等地市。加快海峡西岸经济区的现代林业建设，对于推进区域社会经济可持续发展，促进人与自然和谐，建设生态文明社会，加强海峡两岸林业交流与合作具有重大的战略意义。

福建作为海峡西岸经济区的主体，是我国森林资源最丰富、集体林地比重最大的省份。改革开放以来，福建省委、省政府高度重视林业工作，采取了一系列重大举措，林业建设取得了巨大成就。福建省率先在全国开展集体林权制度改革，探索现代林业发展的科学机制，为全国集体林权制度改革树立了一面旗帜；实施荒山绿化、沿海防护林体系、绿色通道等工程的建设，大力发展资源培育、林产加工、生态旅游等林业产业，使森林资源持续增长，生态环境明显改善，林业产业实力不断增强，林业在促进福建经济社会可持续发展中的作用日益提高，为福建现代林业发展奠定了坚实的基础。

为了充分利用福建得天独厚的优势，全面推进福建现代林业建设，2005年7月，成立了"海峡西岸现代林业发展战略研究与规划"领导小组，由国家林业局党组成员、中国林业科学研究院院长江泽慧为领导小组组长，福建省人民政府副省长为副组长，全面领导和组织开展项目研究工作。同时，成立了以中国林业科学研究院首席科学家彭镇华教授为组长的专家组，由中国林业科学研究院牵头，北京林业大学、福建省林业科学研究院、福建农林大学等有关单位的40余名专家参加开展福建现代林业发展战略研究与规划。以科学发展观和《中共中央 国务院关于加快林业发展的决定》为指导，结合海峡两岸情况和新时期经济社会可持续发展对现代林业的新需求，分列发展理念、发展指标、总体布局、工程规划、关键技术和保障体系六个课题，深入福建省八个设区市考察，广泛收集福建省及其周边林业、农业、土地、水利、环境等方面相关资料，经项目组的精诚合作，历时近二年的探索和研究，取得了重要成果。

项目研究提出了"和谐绿色海西，高效持续林业"的核心发展理念，筛选了包括生态、产业、文化和保障等四项内容的 18 个核心指标和具有福建特色的发展指标，确定了不同时期的阶段性发展目标；从区域景观背景出发，运用点、线、面相结合的森林生态网络体系建设理论、"林网化——水网化"建设理念和系统生态学与规划学原理，提出了"一带三区三群多点"为一体的林业发展空间布局格局，并首次在省域尺度分生态、产业和文化三个方面提出布局；紧密结合海峡西岸的实际编制 15 项重点林业工程，提出了集成配套工程建设关键技术；针对林权制度改革和现代林业发展的新要求，提出林业建设保障体系，对海峡西岸现代林业建设具有重要的指导作用，对全国现代林业发展也具有重要的借鉴作用。

2008 年 11 月 22 日，福建省林业厅、中国林业科学研究院邀请中国科学院、中国工程院、国务院参事室、国家发改委、国家林业局、福建省、中国林业科学研究院、北京林业大学、国际竹藤网络中心等国家有关部门和单位的院士、专家对"海峡西岸现代林业发展战略研究与规划"项目进行评审，评审委员给予高度评价，认为项目成果在理论与实践方面有创新、有发展，是我国林业科学研究支撑现代林业发展规划的创新成果。

为了促进成果的应用与推广，将该成果出版。希望本书的出版，有利于促进和推动我国现代林业的发展和研究。值此出版之际，谨向支持和关注本项目的单位和个人表示衷心感谢。由于时间仓促，书中疏漏和错误在所难免，敬请予以批评指正。

目 录
CONTENTS

序一 ·· 江泽慧

序二 ·· 刘德章

前言

第一章 海峡西岸林业发展背景分析 ······················· （1）

第一节 海峡西岸概况 ································· （1）

一、海峡西岸概念提出及范围 ···················· （1）

二、海峡西岸自然、经济和社会概况 ················ （4）

第二节 海峡西岸与林业发展相关问题分析 ············· （6）

一、生态环境与林业建设 ························ （6）

二、经济发展与林业产业 ························ （26）

三、文明社会与生态文化 ························ （36）

第三节 海峡西岸现代林业发展区域特征 ··············· （47）

一、不同林业功能区的环境背景分析 ··············· （47）

二、林业产业发展的区域集聚性与需求分析 ··········· （59）

三、生态文化发展的区域特色与需求性分析 ··········· （71）

第二章 海峡西岸现代林业发展理念 ······················· （82）

第一节 林业发展现状与形势 ······················· （82）

一、海峡西岸林业现状与建设成就 ················· （82）

二、海峡西岸现代林业发展的必要性 ··············· （90）

三、林业发展面临的机遇 ························ （94）

四、林业面临的主要问题与挑战 ··················· （99）

第二节 海峡西岸现代林业基本内涵与特征 ············· （102）

一、基本内涵 ······························· （102）

二、主要特征 ······························· （106）

三、林业发展优势 ··························· （108）

四、林业发展潜力 ··························· （111）

第三节 海峡西岸现代林业地位的确定 ··············· （113）

一、在海峡西岸生态建设中处于首要地位 ············ （114）

二、在海峡西岸经济社会可持续发展中处于基础地位 ………… （115）

三、在全国林业对台合作与交流中处于优势地位 ………… （118）

四、在全国现代林业建设中处于先导地位 ………… （120）

第四节 林业发展核心理念及其实现途径 ………… （129）

一、"和谐绿色海西，高效持续林业"的核心理念 ………… （129）

二、实现核心理念的基本途径 ………… （134）

第五节 海峡西岸现代林业指导思想与战略目标 ………… （146）

一、指导思想 ………… （146）

二、基本原则 ………… （146）

三、战略目标 ………… （147）

第三章 海峡西岸现代林业发展指标 ………… （149）

第一节 区域现代林业发展指标研究进展 ………… （149）

一、国外林业发展指标概述 ………… （149）

二、国内林业发展指标概述 ………… （150）

第二节 海峡西岸现代林业发展指标构建 ………… （152）

一、海峡西岸现代林业发展指标构件研究总体思路 ………… （152）

二、海峡西岸现代林业发展指标体系制订的原则 ………… （153）

第三节 海峡西岸现代林业发展指标体系的建立 ………… （154）

一、海峡西岸现代林业发展指标选择理论依据 ………… （154）

二、海峡西岸现代林业发展指标体系 ………… （156）

三、海峡西岸现代林业发展核心指标筛选 ………… （159）

第四节 海峡西岸现代林业发展核心生态指标 ………… （162）

一、森林覆盖率 ………… （162）

二、生态公益林面积 ………… （172）

三、绿色通道长度 ………… （181）

四、城市人均绿地面积 ………… （182）

五、沿海防护林 ………… （182）

六、自然保护区 ………… （183）

七、森林灾害程度 ………… （184）

八、水土流失率 ………… （184）

九、森林碳密度 ………… （184）

第五节 海峡西岸现代林业发展核心产业指标测算 ………… （185）

一、林地生产能力 ………… （187）

二、林业企业生产力水平 ………… （188）

三、林产工业集约化水平 ………… （191）

四、闽台合作产业指标 ………… （192）

五、森林旅游产业指标 ………… （192）

第六节 海峡西岸现代林业发展核心文化指标 ………… （192）

一、森林公园数量及年接待人数 ………… （192）

二、森林人家数量及分布 ···（193）

三、名木古树数量及保护 ···（194）

四、森林文化教育基地数量 ···（195）

五、闽台文化交流 ···（195）

第七节　海峡西岸现代林业发展核心关键保障指标 ············（198）

一、生产关系适应生产力发展程度 ·······························（198）

二、市场完善程度指标 ···（199）

三、林业基础设施 ···（200）

四、科技支撑和从业人员素质 ·······································（201）

第八节　海峡西岸现代林业发展指标系统动态模拟 ············（204）

一、构建现代林业生态效益系统动态模型的目的 ············（205）

二、现代林业生态效益系统动态模型的构建 ···················（205）

三、动态模拟结果及分析 ···（214）

第九节　海峡西岸现代林业发展指标综合 ·························（224）

第四章　海峡西岸现代林业发展布局规划 ·························（226）

第一节　海峡西岸现代林业发展总体布局 ·························（226）

一、规划依据 ···（226）

二、规划目标 ···（227）

三、规划原则 ···（227）

四、总体布局 ···（228）

第二节　海峡西岸现代林业发展三大体系建设布局 ············（239）

一、林业生态体系建设布局 ···（239）

二、林业产业体系建设布局 ···（243）

三、生态文化体系建设布局 ···（254）

第五章　海峡西岸现代林业建设重点工程 ·························（265）

第一节　森林生态建设重点工程 ····································（265）

一、山地森林保育工程 ···（265）

二、沿海防护林体系建设工程 ·······································（268）

三、城市森林建设工程 ···（271）

四、绿色通道建设工程 ···（275）

五、生物多样性保护工程 ···（277）

第二节　林业产业建设重点工程 ····································（283）

一、资源培育工程 ···（283）

二、林产品加工工程 ···（295）

三、林业生物质利用工程 ···（301）

四、生态休闲旅游工程 ···（303）

第三节　生态文化建设重点工程 ····································（311）

一、生态文明村建设工程 ···（311）

二、生态文化载体建设工程 ……………………………………………………（313）

第四节 闽台林业合作工程 ………………………………………………………（314）

一、合作交流平台建设工程 ……………………………………………………（315）

二、示范园区建设工程 …………………………………………………………（316）

第五节 现代林业科技创新平台与能力建设工程 ………………………………（318）

一、科技创新平台建设工程 ……………………………………………………（318）

二、林业能力建设 ………………………………………………………………（322）

第六节 投资估算与效益分析 ……………………………………………………（333）

一、投资估算 ……………………………………………………………………（333）

二、效益分析 ……………………………………………………………………（340）

附图 ………………………………………………………………………………（342）

第六章 林业生态文化建设关键技术 ………………………………………………（343）

第一节 山地生态公益林经营技术 ………………………………………………（343）

一、低效生态公益林改造技术 …………………………………………………（343）

二、生态公益林限制性利用技术 ………………………………………………（345）

三、重点攻关技术 ………………………………………………………………（349）

第二节 流域与滨海湿地生态保护及恢复技术 …………………………………（350）

一、流域生态保护与恢复 ………………………………………………………（351）

二、湿地生态系统保护与恢复 …………………………………………………（352）

三、重点攻关技术 ………………………………………………………………（355）

第三节 沿海防护林体系营建技术 ………………………………………………（358）

一、防护林立地类型划分与评价 ………………………………………………（358）

二、防护林树种选择技术 ………………………………………………………（358）

三、海岸基干林带构建技术 ……………………………………………………（359）

四、沿海防护林结构配置技术 …………………………………………………（361）

五、沿海防护林更新改造技术 …………………………………………………（362）

六、重点攻关技术 ………………………………………………………………（363）

第四节 城市森林与城镇人居环境建设技术 ……………………………………（365）

一、城市森林道路林网建设与树种配置技术 …………………………………（365）

二、城市森林核心林地（片林）构建技术 ……………………………………（367）

三、城市广场、公园、居住区及立体绿化技术 ………………………………（367）

四、村镇多功能绿化模式 ………………………………………………………（370）

五、重点攻关技术 ………………………………………………………………（370）

第五节 林业生态文化构建技术 …………………………………………………（372）

一、城市森林生态文化构建技术 ………………………………………………（372）

二、乡村森林生态文化构建技术 ………………………………………………（376）

三、湿地生态文化构建技术 ……………………………………………………（381）

第七章 森林资源培育与保护关键技术 ……………………………………………（383）

第一节　林木种苗与花卉繁育技术 …………………………………………（383）
　　一、林木种苗繁育技术 ………………………………………………（384）
　　二、花卉产业关键技术 ………………………………………………（386）
　　三、重点攻关技术 ……………………………………………………（387）
第二节　工业原料林定向培育关键技术 …………………………………（389）
　　一、工业原料林立地控制技术 ………………………………………（389）
　　二、工业原料林密度控制技术 ………………………………………（390）
　　三、工业原料林遗传控制技术 ………………………………………（390）
　　四、重点攻关技术 ……………………………………………………（391）
第三节　珍贵树种培育技术 ………………………………………………（394）
　　一、珍贵树种的种苗繁育技术 ………………………………………（394）
　　二、珍贵树种山地造林技术 …………………………………………（396）
　　三、非规划林地造林技术 ……………………………………………（398）
　　四、重点攻关技术 ……………………………………………………（398）
第四节　竹林与经济林培育关键技术 ……………………………………（400）
　　一、竹林丰产培育技术 ………………………………………………（400）
　　二、经济林培育技术 …………………………………………………（402）
　　三、重点攻关技术 ……………………………………………………（403）
第五节　森林灾害预警与控制技术 ………………………………………（405）
　　一、林业有害生物预防与控制技术 …………………………………（405）
　　二、森林火灾预防与扑救技术 ………………………………………（407）
　　三、重点攻关技术 ……………………………………………………（408）

第八章　林业生物质资源高效利用关键技术 ……………………………（412）
第一节　林产品加工利用技术 ……………………………………………（412）
　　一、木材加工技术 ……………………………………………………（412）
　　二、林产化学加工技术 ………………………………………………（416）
　　三、制浆造纸技术 ……………………………………………………（420）
　　四、重点攻关技术 ……………………………………………………（421）
第二节　竹材加工利用技术 ………………………………………………（425）
　　一、竹材人造板的加工利用技术 ……………………………………（425）
　　二、竹材家具生产技术 ………………………………………………（426）
　　三、竹材加工剩余物的利用 …………………………………………（427）
　　四、重点攻关技术 ……………………………………………………（427）
第三节　特色林副产品开发利用技术 ……………………………………（429）
　　一、森林食品安全生产技术 …………………………………………（430）
　　二、森林药用植物利用技术 …………………………………………（430）
　　三、食用菌开发利用技术 ……………………………………………（430）
　　四、特种动物养殖与利用技术 ………………………………………（430）
　　五、今后需要进一步攻关的技术 ……………………………………（430）

第九章　海峡西岸林业生物质能源产业发展···（431）

一、当前我国能源状况对经济社会发展的影响 ·······································（431）

二、林业生物质能源在国家能源战略中的地位 ·······································（432）

三、发展林业生物质能源是海峡西岸经济社会可持续发展的重要战略性选择 ········（433）

四、林业生物质能源发展蕴藏着巨大潜力 ··（434）

五、创新发展模式推动林业生物质能源的快速发展 ··································（435）

六、福建林业生物质能发展的战略 ··（436）

七、福建发展生物质能的几点建议： ··（436）

八、薪炭林建设规划 ··（436）

九、生物燃料油植物的开发和利用 ··（437）

第十章　海峡西岸现代林业发展保障体系构建与深化林权制度改革·················（441）

第一节　保障体系建设的目标和原则 ··（441）

一、海峡西岸林业发展保障体系建设的概况 ··（441）

二、构建海峡西岸现代林业发展保障体系的重要性 ··································（443）

三、海峡西岸现代林业发展保障体系构建的主要目标 ································（444）

四、海峡西岸现代林业发展保障体系构建应遵循的基本原则 ··························（444）

第二节　海峡西岸现代业林权制度改革 ··（446）

一、海峡西岸集体林权制度改革的背景及历史沿革 ··································（446）

二、海峡西岸新一轮集体林权制度改革的核心内容及主要做法 ························（448）

三、海峡西岸新一轮集体林权制度改革已经取得的主要成效 ··························（449）

四、海峡西岸新一轮集体林产权制度改革中存在的主要问题 ··························（456）

五、促进海峡西岸新一轮林改进一步深入的政策建议 ································（462）

第十一章　海峡西岸现代林业发展保障体系·······································（471）

第一节　海峡西岸现代林业发展的政策保障 ··（471）

一、完善海峡西岸林业生态体系建设的政策设计 ····································（471）

二、构建比较发达的林业产业体系的政策设计 ······································（477）

三、建立和完善海峡西岸林业生态文化体系建设的政策设计 ··························（482）

第二节　海峡西岸现代林业发展的法制保障 ··（486）

一、林业法制建设在现代林业发展中居于重要的地位 ································（486）

二、海峡西岸林业法制建设现存的主要问题 ··（487）

三、完善海峡西岸林业法制建设的主要建议 ··（488）

第三节　海峡西岸现代林业发展的投入保障 ··（491）

一、海峡西岸林业投入及管理的现状 ··（491）

二、促进林业资金投入增长和使用效率提高的政策建议 ······························（492）

第四节　海峡西岸现代林业发展的科技保障 ··（502）

一、林业科技是促进海峡西岸林业发展的第一推动力 ································（502）

二、海峡西岸林业科技创新与转化的现状及问题 ····································（502）

三、以林业科技创新为突破口，推进海西现代林业发展的建议 ························（505）

四、进一步提升海西林业科技成果转化和推广能力的建议 …………………（509）

五、加强闽台林业科技交流与合作的建议 ………………………………………（517）

第五节　海峡西岸现代林业发展的人力资源保障 ……………………………………（518）

一、人力资源建设在现代林业发展中的重要地位与作用 …………………………（518）

二、海峡西岸林业人力资源的现状分析 ………………………………………………（519）

三、推进海峡西岸现代林业发展的人力资源保障政策 ……………………………（521）

第六节　海峡西岸现代林业发展的组织保障 …………………………………………（529）

一、海峡西岸林业组织建设的现状 ……………………………………………………（529）

二、建立适应海峡西岸现代林业发展需求的林业行政管理体系 …………………（532）

三、建立适应海峡西岸林业发展需求的现代林业服务组织体系 …………………（533）

第七节　促进海峡西岸现代林业发展的若干建议 ……………………………………（537）

一、设立海峡西岸现代林业建设示范区 ………………………………………………（537）

二、建立闽台林业合作试验区 …………………………………………………………（538）

三、完善林改配套政策 …………………………………………………………………（538）

四、建立健全支持现代林业发展的公共财政制度 …………………………………（538）

五、拓宽林业建设融资渠道 ……………………………………………………………（538）

六、促进林业规模经济发展 ……………………………………………………………（539）

七、提升林业科技创新与推广服务能力 ………………………………………………（539）

八、繁荣生态文化体系建设 ……………………………………………………………（539）

九、完善林业社会化服务体系建设 ……………………………………………………（539）

参考文献 ……………………………………………………………………………………（540）

附　件 ………………………………………………………………………………………（544）

附件 1　福建省人民政府　中国林业科学研究院全面科技合作协议书 ……………（544）

附件 2　福建省林业厅　中国林业科学研究院全面科技合作首批合作
　　　　项目协议书 …………………………………………………………………………（546）

附件 3　海峡西岸现代林业发展战略研究与规划 ……………………………………（548）

附件 4　"海峡西岸现代林业发展战略研究与规划"专家评审意见 ………………（557）

附件 5　"海峡西岸现代林业发展战略研究与规划"评审专家名单 ………………（559）

附件 6　"海峡西岸现代林业发展战略研究与规划"主要研究人员名单 …………（560）

附件 7　"海峡西岸现代林业发展战略研究与规划"任务分工名单 ………………（561）

在"海峡西岸现代林业发展战略研究与规划"启动会上的致辞（江泽慧） ………（562）

在"海峡西岸现代林业发展战略研究与规划"项目评审会上的讲话（陈家骅） ……（563）

在"海峡西岸现代林业发展战略研究与规划"项目评审会上的讲话（江泽慧） ……（565）

在"海峡西岸现代林业发展战略研究与规划"项目评审会上的讲话（李育材） ……（567）

附　图 ………………………………………………………………………………………（569）

附图 1　总体布局示意图 ………………………………………………………………（569）

附图 2　林业生态体系建设布局示意图 ………………………………………………（570）

附图 3　产业体系——森林资源培育基地 ··（571）

附图 4　产业体系——林产工业 ···（572）

附图 5　产业体系——生态休闲 ···（573）

附图 6　文化体系布局示意图 ··（574）

附图 7　山地生态修复与森林保育工程 ··（575）

附图 8　沿海防护林体系建设工程 ···（576）

附图 9　城市森林建设工程 ···（577）

附图 10　绿色通道建设工程 ···（578）

附图 11　生物多样性与湿地保护工程 ···（579）

附图 12　资源培育工程 ···（580）

附图 13　特色经济林培育工程 ··（581）

附图 14　种质资源繁育与花卉培育工程 ··（582）

附图 15　林产品加工工程 ···（583）

附图 16　林业生物质利用工程 ··（584）

附图 17　生态休闲旅游工程 ···（585）

附图 18　生态文明村建设工程 ··（586）

附图 19　生态文化载体建设工程 ···（587）

内容简介 ··（588）

第一章　海峡西岸林业发展背景分析

第一节　海峡西岸概况

一、海峡西岸概念提出及范围

（一）海峡西岸概念的提出

为推进海峡西岸经济区建设，2004 年 8 月中共福建省委七届七次全会批准实施《海峡西岸经济区建设纲要（试行）》，2005 年 1 月福建省十届人大三次会议作出了《促进海峡西岸经济区建设的决定》，2006 年 11 月福建省第八次党代会对加快推进海峡西岸经济区建设作出了全面部署，进一步明确了海峡西岸经济区建设的内涵、意义和总体部署。党的十七大报告明确指出支持海峡西岸经济区的发展。

"海峡西岸"是相对于"海峡东岸"即台湾而言，是个广泛地域概念。应该从三个方面去全面阐释海峡西岸经济区概念。首先，从全国区域整合格局来看，海峡西岸经济区规定了福建省在全国区域整合格局中的位置，可以归纳为：北接长三角，南连珠三角，东据对台优势，西有内陆腹地。其次，从全省一盘棋来看，海峡西岸经济区意味着福建省各地经济的空间整合，整合的切入点和主线是发挥中心城市的核心作用，即以福州、厦门、泉州中心城市为核心，带动三大城市群的形成，再通过城市群以及它们之间的互动，使福建经济整合为一个区域整体。第三，从省内各大城市群的内部来看，通过加强中心城市的地位，以及城市的聚集和辐射能力，带动所在地区经济的发展。

海峡西岸经济区建设坚持以邓小平理论和"三个代表"重要思想为指导，以科学发展观统领经济社会发展全局，着力构建社会主义和谐社会，抓住中央继续鼓励东部地区率先发展和支持海峡西岸经济发展的重大历史机遇，始终坚持以经济建设为中心，实现又好又快发展；坚持以人为本，促进人的全面发展；坚持统筹协调，促进社会全面进步；坚持深化改革，不断提高对外开放水平；坚持提高自主创新能力，加快转变经济增长方式；坚持发挥对台独特优势，促进祖国统一大业，全面推进福建的经济建设、政治建设、文化建设和社会建设，加快建设对外开放、协调发展、全面繁荣的海峡西岸经济区。

海峡西岸经济区建设总的目标是：通过 10~15 年的努力，海峡西岸经济区综合实力显著增强，社会主义新农村建设取得明显成效，海峡西岸产业群、城市群、港口群发展壮大，资源节约型、环境友好型、创新型省份建设迈出新步伐，速度、质量、效益进一步协调，消费、投资、出口进一步协调，人口、资源、环境进一步协调，民主法制更加健全，文化更加繁荣，社会更加和谐，人民安居乐业，经济社会发展走在全国前列，成为我国经济发展的重要区域，成为服务祖国统一大业的前沿平台。

海峡西岸经济区建设的发展布局：①延伸两翼、对接两洲。发展壮大闽东北一翼和闽西南一翼，加快对接长江三角洲和珠江三角洲。闽东北一翼要发挥福州省会城市服务全省的重心和辐射作用，形成以福州为中心，周边卫星城紧密连接、分工有序、规模协调的城市体系，促进闽东北地区加快发展，推动与长江三角洲对接。闽西南一翼要发挥厦门经济特区先行先试的龙头和示范作用，发挥泉州创业型城市经济快速发展的支撑和带动作用，加强产业分工协作和市场融合，推动与珠江三角洲的对接。通过延伸南北两翼，使海峡西岸经济区与两个三角洲优势互补、联动发展。②拓展一线、两岸三地。充分挖掘沿海港口外向带动和对台合作优势，强化福州、厦门、泉州的辐射带动功能，发挥漳州、莆田、宁德拓展一线的骨干作用，突出特色，促进全省沿海的全面繁荣。依托台商投资区、海峡两岸（福建）农业合作试验区、两岸直航试点口岸等闽台合作载体平台，不断拓展闽台经济、文化、科技、教育等领域合作。依托闽港合作八大平台和闽澳四项合作，全面提升闽港闽澳合作水平。③纵深推进、连片发展。积极探索跨省区域协作的新途径、新机制，密切与内陆地区的联系，建立统一有序市场体系，促进生产要素流动集聚，实现共同发展。④和谐平安、服务全局。坚持以人为本，把不断实现好、维护好、发展好最广大人民的根本利益作为一切工作的出发点和落脚点，作为正确处理改革、发展、稳定关系的结合点，加快推进社会主义和谐社会建设。积极配合国家区域发展战略的实施，落实中央对台方针政策，强化福建对台独特地位作用，促进西部开发、中部崛起，服务全国发展大局和祖国统一大业。

（二）海峡西岸的区域范围

海峡西岸是指北起浙江省温州市，南至广东省汕头市的台湾海峡西部的海域与陆地，以福建省为主体，面对台湾省，邻近港澳地区，北承长江三角洲，南接珠江三角洲，西连内陆。海峡西岸经济区涵盖福建全省，辐射浙江省的温州、金华、衢州、丽水，江西省的上饶、鹰潭、赣州、抚州，广东省的汕头、梅州、潮州等地区。

海峡西岸经济区包括三个组成部分：第一部分是闽东南经济集聚区，是生产力布局的重点地带，是福建省经济发展的龙头；第二部分是内地山区经济推进区，它是山海之间经济交流的枢纽，是福建省生产力布局的骨架；第三部分是周边经济协作区，是福建经济发展的腹地。

（三）福建省在海峡西岸发展中的作用

1. 福建省在海峡西岸发展中的辐射作用

福建省在海峡西岸经济区建设中处于主体地位，发挥辐射作用。加快海峡西岸经济区建设，构建以高速公路、快速铁路、大型海港、空港为主骨架、主枢纽的海峡西岸现代化综合交通运输体系，为促进中部崛起、西部开发提供一条快捷顺畅的对外开放战略通道，发挥福建省在促进海峡两岸合作和交流的重要通道作用。发挥三明、南平、龙岩地区纵深推进的前锋作用，借助生态、资源、对内联接等优势，依托出省快速铁路和高速公路，山海互动，东西贯通，不断向纵深发展。福建省可以充分发挥沿海港口、外向带动、对台合作、生态资源和对内联接等优势，发挥福州、厦门、泉州地区的辐射带动功能，加快海峡西岸经济区建设，实现海峡西岸经济社会又好又快发展。

2. 福建省在海峡西岸发展中的带动作用

台湾省西隔台湾海峡与福建省相望。福建是祖国大陆离台湾最近的省份，福建的平潭岛离台湾新竹港 68 海里，湄洲岛离台中港 72 海里，马尾距马祖 35 海里。从地缘关系上看，台湾原本就是祖国大陆的一部分。后来，由于地壳运动，大约 1 万年前，相连的部分下沉为海峡，台湾于是成了中国东海中一个四面环海的大陆岛。福建与台湾同属亚热带，都具有气候温和、物产丰富的特点，森林生态环境极为类似；闽台是海峡两岸纬度最邻近的区域，物种资源极为类似；闽台均属海洋性、季风性气候，且均为多山地区，具备特殊区域小气候。可见，福建和台湾自然条件相似，有利于两地不同物种的相互引进。20 世纪 80 年代末开始，福建与台湾进行了多次林木种子的交流，在海峡

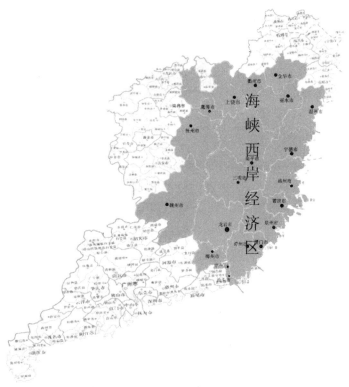

图 1-1 海峡西岸经济区范围

两岸该领域交流合作中，福建省起示范和带动作用。

3. 福建省在海峡西岸发展中的连接作用

台湾省与福建省有着非常悠久的历史渊源，福建与台湾一水之隔，两地人民有着隔不断的亲情和联系，台湾同胞80%祖籍在福建。海峡西岸区域与台湾有着血缘相亲、语言相同、习俗相近、文化相承的渊源。在人员往来方面，闽台直航、定期班轮等相继开通，借助"两门""两马"通道，扩大了与金、马、澎乃至台湾本岛人员往来，开放了福建居民赴金、马、澎旅游，简化了台胞入闽通关手续，扩大了海上试点直航成果。在文化交流方面，近年来闽台民间文化交流日趋频繁，厦门和金门、马尾和马祖都签订了经济文化交流的协议。海峡两岸社会文化交流中，福建省起着连接作用。福建可以发挥闽南文化、客家文化、妈祖文化、民俗文化、茶文化、饮食文化等祖地文化优势，不断推动闽台文化交流，努力使福建成为全国重要的文化产业基地和海峡两岸文化交流的重要基地，增进两岸人民的相互了解，消除不应有的误会和敌意，增强台湾人民对中华民族的认同感，对祖国大陆的向心力，促进祖国统一。

近年来，福建省通过一年一度的"9·8投资贸易洽谈会""海峡两岸经贸交易会""中国·海峡项目成果交易会""海峡两岸花卉博览会""中国福建商品交易会"等重大经贸交流盛会，逐步建立起与台湾的贸易渠道，促进了海峡两岸贸易的发展。福建省举办的这些交流盛会对海峡西岸经济区发展起连接作用。依托福建台商投资区、海峡两岸（福建）农业合作试验区、海峡两岸（福建三明）现代林业合作实验区和两岸直航试点口岸等闽台合作载体平台，带动海峡两岸经济、文化、科技、教育等领域合作。福建省通过食博会、艺博会、林博会、旅博会、纺博会，以及闽南文化节、妈祖文化旅游节、海峡两岸歌仔戏艺术节、客家祭祖、中国闽台缘博物馆、闽台经济合作促进委员会等涉台交流合作重要载体，发挥福建在联系海峡两岸同胞、沟通海峡两岸关系、增进海峡两岸合作中的平台作用。

今后福建可以充分发挥闽台地缘近、血缘亲、文缘深、商缘广、法缘久的"五缘"优势,在海峡两岸直接"三通"、旅游双向对接、经贸紧密融合、农林全面合作、社会文化深入交流和沟通平台建设上进一步发挥作用,发挥福建省对台工作的先行先试示范和辐射效应,使对台优势成为福建的"拳头",带动海峡西岸发展。此外,福建省在连接长江三角洲和珠江三角洲中起着重要作用。

二、海峡西岸自然、经济和社会概况

(一)自然状况

福建省位于我国东南沿海,地处东经 115° 50′ ~120° 40′,北纬 23° 33′ ~28° 20′。东西最大间距约 480 公里,南北最大间距约 530 公里。东南隔台湾海峡与台湾省相望。土地面积为 12.14 万平方公里,约占全国土地总面积的 1.3%;海域面积达 13.6 万平方公里。

福建省位于欧亚板块的东南部,境内峰岭耸峙,丘陵连绵,河谷、盆地穿插其间。素有"八山一水一分田"之称。海拔 1000 米以上的地面占福建省土地总面积的 3.3%,500~1000 米的占 32.9%,200~500 米的占 51.5%。地势自西北向东南下降,横断面略呈马鞍形。西部和中部形成走向大致与海岸平行的、斜贯福建省的两列大山带:闽西大山带以武夷山脉为主体,长约 530 公里。山势北高南低,北段海拔大多在 1200 米以上;南段以低山丘陵地貌为主,海拔一般为 600~1000 米。位于武夷山市境内闽赣交界处的主峰黄岗山海拔 2158 米,是我国大陆东南部的最高峰。闽中大山带由鹫峰山、戴云山、博平岭等山脉构成,长约 550 公里,以中低山地貌为主。闽江、九龙江将山带切割为 3 段:北段以鹫峰山为主体,平均海拔 1000 米以上,山体巍峨,最高峰辰山海拔 1822 米;中段戴云山为闽中大山带的主体,山体宏伟,海拔一般为 1000~1200 米,1200 米以上的山峰连绵不绝,位于德化县中部的主峰戴云山海拔 1856 米;南段为博平岭,地势较低,坡度较缓,以低山丘陵地貌为主,海拔一般为 700~900 米。

东部沿海为丘陵、台地、平原,海拔一般在 500 米以下。闽江口以北以花岗岩高丘陵为主体,山丘坡度较大,顶面崎岖,大部分直逼海岸。福清市至诏安县沿海广泛分布着由深厚的风化残积层组成的红土台地,面积约 4200 平方公里,海拔 10~50 米。平原仅分布在河口和海滨地带,这些平原面积不大,且被丘陵所分割,呈不连续状。较大的平原有漳州平原、福州平原、泉州平原和兴化平原。这些平原并非完全平坦,大多数散布着孤山、残丘。海岸线曲折,港湾众多,岛屿星罗棋布。陆地海岸线全长 3752 公里,仅次于广东省,居全国第二位;岸线多呈锯齿状,十分曲折,曲折率为 1∶5.7,其曲折程度居我国沿海各省份之首位。红树林沿海岸自南向北呈斑点状分布。福建省滩涂面积约 20.7 万公顷。福建省大小港湾 125 个,自北向南有沙埕港、三都澳、罗源湾、湄洲湾、厦门港和东山湾 6 个深水港湾。这些港湾多深入内陆,与半岛相间出现。福建省共有岛屿 1500 多个,原有的厦门岛、东山岛等已分别有跨海海堤与大陆相连形成半岛。

福建省水系发达,河网密度大。境内河流总长度约 1.3 万公里,河网密度每平方公里超过 0.1公里。闽江为福建省最大河流,全长 577 公里,流域面积约占福建省面积的一半。境内降水量大,径流量相当丰富,水力资源蕴藏量较大。福建省地跨中亚热带和南亚热带,气候温和、雨量充沛、光照充足、土壤肥沃,具有发展林业得天独厚的自然条件。

(二)经济状况

自 2002 年以来,福建经济进入了较快发展阶段,2002、2003、2004、2005、2006 和 2007 年GDP 增速分别为 10.5%、11.6%、12.1%、11%、13.4% 和 15.1%,连续六年保持两位数的增幅。但也存在诸多不利因素,如福建经济发展面临资源约束,石油等原材料价格上涨将给经济增长带来负面影响;环境约束也不容忽视,城市和工业区环境容量有限;并且城乡差距、地区差距扩大,山区（林区）发展明显滞后，"三农"问题突显。统筹城乡发展和区域发展需要做艰苦的工作。

2007 年福建省实现地区生产总值 9249.13 亿元，农民人均纯收入 5467 元，扣除价格因素，实际增长 7.3%；城镇居民人均可支配收入 15505 元，扣除价格因素，实际增长 10.1%。2006 年福建省林区龙岩、三明和南平市城镇居民人均可支配收入分别为 11718 元、12627 元和 11242 元，低于全省平均水平 13753.28 元。2006 年福建省林区龙岩、三明和南平市农民人均纯收入分别为 4492 元、4585 元和 4422 元，低于全省平均水平 4833.35 元。

目前，福建产业结构调整步伐加快。电子、石化、机械三大重点产业在福建经济总量中的比例显著提升，已培育出 60 个产业集群和产业集群雏形，石化一体化工程等重大项目进展顺利，福建工业正朝着轻纺工业为主向重化工业为主的方向转变。三次产业的比例从 1978 年的 36.0：42.5：21.5 调整为 2007 年的 10.8：49.2：40.0。第一产业比重下降了 25.2 个百分点，第二产业、第三产业比重分别上升了 6.7 个和 18.5 个百分点。

福建省是祖国大陆最早与台湾发展贸易往来的省份之一，从 20 世纪 70 年代末开始，到 80 年代末进入稳步发展阶段。自 20 世纪 80 年代起，海峡东岸的传统产业开始加速向西岸转移。福建沿海地区同金门、马祖、澎湖海上直接往来日益频繁，福建已成为对台经贸、农业合作交流的重要基地。从经济数字来看，近年来，海峡两岸经济联系日趋紧密，闽台经济互补互利、共同发展的格局已初步形成。台湾省是福建省仅次于日本、美国之后的第三大贸易伙伴。福建设立了海沧、杏林、集美、马尾台商投资区，建立了漳州和福州海峡两岸农业合作实验区，台湾大企业纷纷来闽投资，福建第三产业对台招商成效显著。台商投资结构也已从初期的劳动密集型产业向技术、资金密集型产业发展，并出现了上、中、下游产业配套发展的趋势，这为海峡西岸经济区的发展打下了坚实的基础。台湾已成为福建的第二大境外资金来源地，第四大贸易伙伴。台资企业中以冠捷电子、中华映管为代表的电子信息业，以东南汽车为代表的汽车业，以厦门翔鹭为代表的石化业，在福建的三大主导产业中都占有举足轻重的位置。福建经济社会的持续快速发展，也为台湾岛内经济发展创造了广阔的空间。

海峡两岸经济有着较强的互补性，合作领域众多。海峡东岸具有资金、技术、管理、经营等方面的优势，劳动生产率比较高，服务业相对发达。海峡西岸具有劳动力资源丰富、区域发展腹地大、自然资源丰富、工资和土地成本低、经济成长迅速等优势。海峡两岸经济优势互补是构建海峡经济区的重要基础。

（三）社会状况

福建省 2007 年末总人口 3581 万人，全年净增人口 23 万人。全年全省出生人口 43.0 万人，出生率 12.0‰；死亡人口 21.1 万人，死亡率 5.9‰；自然增长率 6.1‰。城镇化水平为 48.7%。

2007 年农村居民家庭恩格尔系数（即居民家庭食品消费支出占家庭消费总支出的比重）为 46.1%，城镇居民家庭恩格尔系数为 38.9%。

2007 年末参加基本养老保险人数 514.73 万人，比上年增加 59.17 万人。其中参保职工 416.31 万人，参保的离退休人员 98.42 万人。全省参加失业保险的人数 318.15 万人，增加 25.08 万人。全省参加医疗保险人数 406.12 万人，增加 36.07 万人。其中参保职工 316.32 万人，参保退休人员 89.8 万人。年末全省企业参加基本养老保险离退休人员 80.18 万人，全部实现了养老金按时足额发放；年末全省领取失业保险金人数 5.71 万人，减少 1.06 万人。

2007 年末各类收养性社会福利单位床位 12961 张。城镇建立各种社区服务设施 1073 个，其中综合性社区服务中心 546 个。全年销售社会福利彩票 14.6 亿元，直接接收社会捐赠款 1608.6 万元。

福建省委、省政府以科学发展观为指导，紧紧抓住海西经济区建设机遇，着力发展社会事业，教育、卫生、文化、体育、环保、安全生产、社会保障等诸多领域取得了较大的成就，各项社会事业全面发展，为构建和谐海西迈出了坚实的一步。具体体现为：①教育事业成就斐然。突出农村教育，城乡义务教育均衡发展；职业教育持续健康发展；大力推进高校自主创新，进一步提高高等教育质量。教师队伍的整体素质不断提高；解决上学难、就业难问题取得成效。②卫生事业在改革中完善与发展。卫生资源总量增加，服务能力提高；公共卫生体系建设得到加强；农村卫生工作持续发展；城市医疗服务逐步完善；医药费用过快增长势头得到遏制。③文化事业异彩纷呈。文化艺术成果丰硕；新闻出版发展良好；广播电视整体实力增强。④群众体育活动蓬勃发展；竞技体育水平稳步提高；体育设施建设进一步完善。⑤社会保障成绩显著。社会保障体系不断健全；城乡最低生活保障制度逐步完善。⑥环境保护成效显著。环境污染得到了基本控制，生态环境状况进一步好转，环境质量指标名列全国前茅。

总体上看，福建省教育、卫生、文化、体育、社会保障、安全生产、环境保护等领域在体制改革和结构调整中不断完善和发展，基本满足了广大人民群众的需要，维护了社会的稳定和繁荣。但与现代化建设相比仍有很大差距，社会事业的发展还存在一些困难和问题，需要解决。

第二节　海峡西岸与林业发展相关问题分析

一、生态环境与林业建设

（一）水土流失

1. 水土流失现状

（1）水土流失的空间分布

截至 2009 年，福建全省的水土流失遥感调查分别于 1995 年和 2000 年进行过两次。调查数据显示，2000 年福建省土壤侵蚀总面积为 13127.31 平方公里，占全省土地总面积 10.72%（表 1-1）。土壤侵蚀空间分布呈现从东南沿海向西北内陆山区下降的趋势（表 1-1、表 1-2）。东南沿海的泉州、漳州、宁德、福州、莆田和厦门 6 市，土地面积仅占全省土地总面积的 44.20%，其土壤侵蚀面积却占了全省土壤侵蚀总面积的 55.71%，而闽西北山区仅占全省土壤侵蚀总面积的 44.29%。2000 年与 1995 年相比，侵蚀绝对面积减少了 1942.76 平方公里，相对面积下降了 1.59%。

表 1-1　福建省土壤侵蚀地区分布

地名	土地面积（平方公里）	1995 年侵蚀面积		2000 年侵蚀面积	
		绝对面积（平方公里）	相对面积（%）	绝对面积（平方公里）	相对面积（%）
全省	122465.80	15070.07	12.31	13127.31	10.72
泉州市	11135.02	2080.27	18.68	1922.18	17.26
漳州市	12729.74	2062.09	16.20	1904.13	14.96
莆田市	3918.78	593.39	15.14	477.17	12.18
厦门市	1617.16	244.20	15.10	151.63	9.38
福州市	11729.60	1761.90	15.02	1253.54	10.69
宁德市	13005.31	1736.84	13.35	1604.50	12.34
三明市	22998.91	2389.22	10.39	1988.56	8.65
龙岩市	19031.86	1939.03	10.19	1873.39	9.84
南平市	26299.42	2263.13	8.61	1592.21	7.42

1995 年和 2000 年的土壤侵蚀现状都表明福建省土壤侵蚀空间分布上呈现出从沿海向内陆山区下降的规律（表 1-2）。

表 1-2　沿海与内陆地市不同时期土壤侵蚀状况比较

	土地面积		1995 年侵蚀面积		2000 年侵蚀面积	
	绝对面积（平方公里）	相对面积（%）	绝对面积（平方公里）	相对面积（%）	绝对面积（平方公里）	相对面积（%）
沿海地市	54135.61	44.20	8478.69	56.26	7313.15	55.71
内陆地市	68330.19	55.80	6591.38	43.74	5814.16	44.29

（2）水土流失强度变化

无论是从土壤侵蚀强度的绝对面积还是从相对面积来看，福建省土壤侵蚀的强度都呈现出减轻的趋势（表 1-3）。全省轻度、中度、强度以上的土壤侵蚀绝对面积从 1995 年到 2000 年分别下降了 15.15、647.76、1279.85 平方公里；相对面积则分别下降了 0.01%、0.54% 和 1.04%。可见，福建省土壤侵蚀强度在下降，而且随着强度级别的增加，其降幅增大。

表 1-3　福建省土壤侵蚀强度变化

年份	侵蚀总面积		轻度侵蚀		中度侵蚀		强度以上侵蚀	
	绝对面积（平方公里）	相对面积（%）	绝对面积（平方公里）	相对面积（%）	绝对面积（平方公里）	相对面积（%）	绝对面积（平方公里）	相对面积（%）
1995	15070.07	12.31	6588.06	5.38	4463.17	3.65	4018.84	3.28
2000	13127.31	10.72	6572.91	5.37	3815.41	3.11	2378.99	2.24
降幅	1942.76	1.59	15.15	0.01	647.76	0.54	1279.85	1.04

表 1-4 从绝对面积和相对面积的角度刻画了福建省沿海和内陆土壤侵蚀各强度级别及总体侵蚀状况。从绝对面积来看，无论是侵蚀总面积，还是各侵蚀强度级别，沿海下降的幅度都大于内陆，侵蚀总面积比内陆多下降了 388.32 平方公里，而且随着强度的增加，下降的幅度更大，轻度、中度和强度以上分别下降了 40.18、416.57、708.79 平方公里。因此，无论是绝对面积，还是相对面积，沿海下降的幅度都大于内陆，而且随着强度的增加降幅更大。

表 1-4　沿海和内陆土壤侵蚀动态变化

不同区域	侵蚀总面积		轻度侵蚀		中度侵蚀		强度以上侵蚀	
	绝对面积（平方公里）	相对面积（%）	绝对面积（平方公里）	相对面积（%）	绝对面积（平方公里）	相对面积（%）	绝对面积（平方公里）	相对面积（%）
全省	−1942.76	−1.59	−15.15	−0.01	−647.76	−0.54	−1279.85	−1.04
沿海	−1165.54	−2.15	−40.18	−0.07	−416.57	−0.77	−708.79	−1.31
内陆	−777.22	−1.14	25.03	0.03	−231.19	−0.34	−571.06	−0.83
相差绝对值	388.32	1.01	65.21	0.10	185.38	0.43	137.73	0.48

注：表中的数值指 2000 年与 1995 年相应的差值。

（3）福建省近年来的水土流失情况

福建省历来重视水土保持工作，特别是近十几年来，水土保持综合防治工作取得了显著的成绩。表1-5可以看出2001年到2006年福建全省水土流失的年变化情况。数据显示,经过治理之后,水土流失的面积已经从2001年的122万公顷减少到2006年的98.34万公顷,占国土面积的比重也从9.92%减少到了8.0%,下降了0.92个百分点。

表1-5 2000年以后福建省水土流失情况

年份	2001	2002	2003	2004	2005	2006
水土流失面积(万公顷)	122.00	118.13	113.20	108.33	103.30	98.34
占国土面积(%)	9.92	9.61	9.20	8.8	8.4	8.0
完成治理面积(万公顷)	11.31	12.42	11.34		10.39	10.12

2. 水土流失的危害

（1）土地土层变薄,地力下降

福建背山面海,土壤以红壤、黄壤为主,是极易流失的土壤类型。山地、丘陵占总土地面积的85%,而花岗岩地区占70%。土层薄,一般含沙量在30%左右。在未受人为干扰条件下,福建的常绿阔叶林下发育的红壤一般A层的厚度达20~40毫米,甚至50厘米以上,有机质含量8%以上;福建省红壤表层有机质含量在3.4%±1.5%。但福建省的水土流失造成A层土壤已经普遍消失,部分仅留AB层,水土流失严重的区域连AB层也缺失。在土壤有机质含量下降的同时,土壤中的全氮和可利用的磷、钾等植物所需的营养元素的含量也强烈下降;另外土壤表层沙化、土壤容重上升导致土壤紧实度增加,水分入渗率、蓄水能力均明显下降。

（2）淤积河道、水库,破坏水利、交通设施

水土流失导致河床逐年抬高,泥沙淤积使河道航程缩短。水库被泥沙淤积后,其防洪、灌溉、发电等效益明显下降。据统计,仅仙游县近5年来就有112座山塘和3座小(二)型水库被淤积报废,有6座水库因淤积而降低有效库容13万立方米,有30公里干渠、60公里支渠、80公里毛渠因泥沙淤积而无法正常引水灌溉,每年因水土流失而毁坏公路路基20公里、路面10公里、桥梁5座、公路涵洞20座,年直接经济损失达850万元。

（3）区域生态环境恶化,自然灾害加剧

水土流失导致山体发生严重滑坡,民房倒塌,农田受淹,交通、通讯中断,造成严重的经济损失,同时给人民的生产和生活带来许多不便。如2006年6月4~8日,闽北连续出现暴雨和大暴雨天气,闽江主要支流和干流发生历史少见的洪水,建瓯城区受淹,致使4681名考生高考延期,这是近半个世纪以来我国因气象灾害造成县级高考延期规模最大的一次。同时,农田、茶园、果园、旱地等耕地大量的施用肥料,水土流失发生时,土体中的营养元素和污染物也随之迁移,使河、湖、库水体遭富营养化、重金属污染、农药污染,水质变差。

3. 水土流失的原因

（1）立地条件和土壤结构,以及降水强度大是造成水土流失的自然因素

福建省背山面海,山地、丘陵占总土地面积的85%,其中花岗岩地区占70%。土层薄,一般含沙量在30%左右,在水土流失严重的区域甚至高达45%~70%。加之其地处亚热带,年降雨量在1600~2000毫米。同时,溪流纵横,大小河流长度12850公里,河网密度达0.1公里/平方公里,全省水蚀面积高达13.36万公顷,特别是暴雨成灾,泥石流、滑坡、崩塌等灾害,造成房屋倒塌,人畜伤亡,冲毁良田,同时也是新增水土流失面积的主要来源。而广大沿海地区风力大,一般秋、冬季每天在4~6级之间,7、8级大风时有发生,造成海岸地区土壤沙化,形成严重的风蚀灾害,

全省风蚀面积 1.87 万公顷。

（2）人类活动是水土流失的主要因素

森林植被的破坏导致水土流失。2006 年全省森林面积 1215 万公顷，森林覆盖率为 62.96%，活立木总蓄积量 4.97 亿立方米。尽管福建的森林覆盖率不低、但多年来我们一直在砍伐原来的阔叶林，破坏原来阔叶林下的茂盛植被，再种上被认为经济价值较高的松、杉等针叶林。结果，森林的蓄水能力大大下降了，福建天然的森林"水库"容量降低，一下大雨，水就直奔河谷。

不合理的基建、公路和铁路修筑、采矿、打石、取沙土等现象造成水土流失。这几年随着石灰石、花岗石、高岭土等矿山的大量开采，矿渣到处堆放，在各地都造成了大量的地表破坏和污染。而比矿山更为严重的是基本建设造成的植被破坏，几乎每一项工程都留下大片大片的黄土坡、乱石丛，资金紧缺的基建部门根本无力将其恢复为绿地。尤其是这几年"要致富、先修路"，造成的裸露地表随处可见。凡是沿河流修路的地方，开出来的土石方几乎都堆积在河道两岸，造成河道狭窄，洪水肆虐，水土流失明显增加。

4. 水土流失的防治

（1）恢复森林植被是防治水蚀、风蚀，搞好水土保持的根本途径

国内外无数的科学实验与实践均证明，恢复植被、增加地区的森林植被覆盖率是遏制水土流失的最重要、最有效的手段。与 1999 年相比，2006 年福建全省森林面积 1215 万公顷，增加了近 1.65 倍；森林覆盖率为 62.96%，提高了 2.44 个百分点。但依然存在森林资源质量不高、功能不强的问题。因此，今后还要进一步加大森林植被的恢复力度，以有效遏制水土流失面积的增加，防治水土流失。

（2）水土流失工作重点从治理为主转移到预防保护上来

水土流失的原因主要是人类生产过程、生活活动中造成的。只抓治理而不抓或放松预防，势必会形成边治理边流失，治理赶不上流失的被动局面。福建省自 1985 年大规模开展水土流失治理工作，已累计有效治理水土流失面积 1.4809 万平方公里，占 1985 年全省水土流失面积的 70%。但扣除同期新增水土流失面积，2006 年全省水土流失面积仅比 1985 年减少了 6.6 个百分点。有的地区甚至出现了流失大于治理，生态环境日益恶化的局面。要改变这种被动局面，水土流失工作重点必须从治理为主转移到预防保护上来，这样双管齐下，才能从根本上解决水土流失问题。

（3）加大科技投入，开展试验监测研究

深入开展保土耕作技术、退化生态系统恢复重建及区域生态环境等方面的试验研究，为山地合理开发利用提供实用的水土保持技术。同时，加强对水土流失的监测，除对全省山地水土流失现状及动态变化进行宏观监测外，还应选择比较典型的区域开展土壤流失量的测定等，用科学的数据为有效防治提供依据。

（二）水环境

1. 地表水

（1）地表水现状

福建省水系密布，全省有河流 663 条，水资源相当丰富。全省水资源总量为 1306.6 亿立方米，人均拥有水资源量为 3367 立方米，是全国人均拥有量的 1.52 倍。每公顷耕地平均拥有水资源量为 8.46 立方米，等于全国的 3.35 倍。

但福建的降水量在空间分布上从西北向东南递减，导致了水资源空间分布的不均匀。从全省人口分布及社会经济发展情况看，沿海几个城市人口密集、社会经济较发达与水资源分布不相适应，就更加凸显了水资源分布不均所造成的矛盾（表 1-6）。山区的南平、三明和龙岩 3 个设区市人均拥有的水资源量为 6866~9475 立方米，比沿海的四个设区市多 5636~6995 立方米。而厦门最少，

只有 576 立方米，人均拥有水资源量最多与最少相差 16 倍。

表 1-6　福建各设区市水资源人均和每公顷耕地拥有量

城市名称	人均拥有水资源量（立方米）	每公顷耕地拥有量
厦门市	576.00	0.90
莆田市	1213.00	1.80
泉州市	1327.00	2.00
福州市	1556.00	2.30
漳州市	2480.00	3.70
宁德市	4926.00	7.40
龙岩市	6866.00	10.30
三明市	8397.00	12.60
南平市	9475.00	14.20

福建省各个部门的总用水量从 20 世纪 80 年代起开始有了很大的变化，其中农业用水量占主导的地位格局基本不变，但比重从 80% 减少到近年的 60% 左右，而工业和生活用水所占的比重分别从 14.3% 和 4.5% 增加到 34.0% 和 11.7% 左右（图 1-2）。用水量的这种结构显然与全省社会经济的变化相一致。

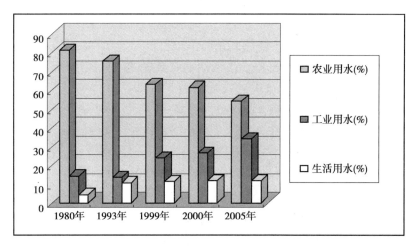

图 1-2　福建省不同时期各部门用水量所占的比重

与全国人均用水量的 458 立方米相比，龙岩、三明和南平 3 市的人均用水量明显偏大。尽管这 3 个市的水资源可以满足用水的需求，但是偏大的用水量也相应的产生了大量的废水污水，这是该地区水体污染较严重的重要原因。

（2）地表水水质状况

全省水环境质量总体保持良好。主要河流水质达标率稳步提高；集中式生活饮用水水源地水质总体良好；近岸海域、城市内河、主要湖泊水库水质有所改善。但局部河段仍受到沿岸生活污水、畜禽养殖废水污染的威胁，个别设区市城市集中式生活饮用水水源地水质达标率较低，城市内河、湖泊水库、近岸海域等污染问题未得到有效解决。

十二条主要水系水质状况。福建降水年际、年内变化较大，最大年降水量是最小年降水量的 1.6~3.6 倍，造成径流年际、年内变化大。这既是福建省洪涝、干旱频繁发生的主要原因，也是造成水体环境承载能力变化不定、进而引起水环境功能下降的主要原因。根据 2006 年全省 12 条主要水系共设置的 133 个省控水质监测断面的检测结果，按《地表水环境质量标准》（GB3838-2002）进行评价，结果显示水质状况总体良好。Ⅰ～Ⅲ类水质所占比例为 92.5%，较上年提高 3.1 个百分点；水域功能达标率为 94.2%，较上年提高 6.3 个百分点（表 1-7、图 1-3）。

表 1-7　2005 和 2006 年福建省主要水系的水质情况

河　流	Ⅰ～Ⅲ类水质比例（%）		水域功能达标率（%）	
	2006 年	2005 年	2006 年	2005 年
交　溪	100	100	100	91.7
霍童溪	100	100	100	94.4
晋　江	100	100	100	100
汀　江	94.3	73.2	100	75.6
漳　江	100	100	100	100
闽　江	95.6	92.0	97.4	92.9
萩芦溪	91.7	88.9	91.7	66.7
九龙江	89.5	88.9	89.5	78.7
木兰溪	80.6	76.7	88.9	90.0
敖　江	86.1	83.3	86.1	83.3
东　溪	77.8	91.7	77.8	91.7
龙　江	33.3	27.8	44.4	27.8
总　计	92.5	89.4	94.2	87.9

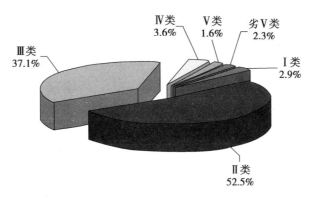

图 1-3　全省 12 条主要水系各类水质比例

集中式生活饮用水水源地和城市内河水质。2006 年 9 个设区城市的 23 个集中式生活饮用水水源地水质达标率为 99.0%，较上年提高 3.2 个百分点。但 14 个设区市城市的 18 个集中式生活饮用水水源地水质达标率仅为 83.9%，较上年下降 12.7 个百分点。

全省的城市多位于河流交汇处或河流下游的盆地中，同时随着城市周边山地的水库建设和城市沿江防洪堤的修建，水体流动性降低。再加上大量未经处理的污水、垃圾、排泄物的排入，城市水域的水质受到严重的污染。

2006 年全省内河水质污染的现象仍然很严重，全省城市内河水域功能达标率为 55.2%，较上年提高 4.9 个百分点（图 1-4）；泉州、龙海和福安 3 个城市内河水域功能达标率为 100%。

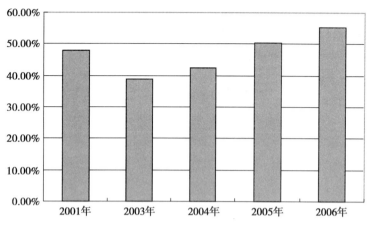

图 1-4　福建省城市内河水域功能达标率年变化

主要湖泊水库水质。全省 11 个主要湖泊水库功能达标率为 50.9%，较 2005 年提高 8.5 个百分点。福州西湖水质为 V 类，达到相应的水域功能标准；厦门筼筜湖水质为劣四类海水水质，未能达到相应的水域功能标准。龙岩棉花滩水库、宁德古田水库、三明安砂水库和泰宁金湖水质达到相应的水域功能标准，福州东张水库和山仔水库、莆田东圳水库、泉州山美水库和惠女水库水质未能达到相应的水域功能标准。以湖库营养化指数评价，福州东张水库、福州西湖和泉州惠女水库为轻度富营养状态，其余湖泊水库为中营养状态。

2. 地下水

（1）地下水的利用情况

福建省是以地表水为主要供水水源的省份，地下水开发利用量在总用水中所占的比例极低，不及总用水量的 5%。由于农业用地减少、节水灌溉面积增加等有关因素，近 30 年来的地下水农业用水量总量变化不大，但所占开采量的比重日益减少，由 20 世纪 70 年代的 44.9% 变为 1999 年的 26.7%。而由于城市人口的增长、城市化水平及人民生活水平的提高，生活用水量不断增加，已由 70 年代的 38.3% 增加到 1999 年的 49.8%（表 1-8）。

表 1-8　不同时期各部门地下水用水量（10^8 立方米／年）及比重

时期	工　业		农　业		生　活	
	用水量	百分比	用水量	百分比	用水量	百分比
70 年代	0.6365	16.8	1.702	44.9	1.4493	38.3
80 年代	0.9143	16.3	1.7920	32.1	2.887	51.6
1999 年	1.4197	23.5	1.6151	26.7	3.0159	49.8

（2）主要问题

虽然福建省的地下水开发利用量在总用水量中所占的比例很低，但局部地下水超采已造成一些岩溶塌陷及地面沉降等生态问题。岩溶塌陷的部分主要在闽西南碳酸盐岩分布区，特别是覆盖型碳酸盐岩区。引发的原因主要是地下水开采，也有个别由矿坑采空所引起。岩溶塌陷最早于 1962 年在三明市出现，到 2002 年已经有 12 个县（市）发生过不同程度的岩溶塌陷。

地下水超采引起的区域性地面沉降在福州热田区和龙岩等地较为突出，主要因素为过量开采地下热水，地下热水水位持续下降。据 20 世纪 90 年代初的调查，福州的热田 9 平方公里范围内均产生沉降，中心区累计最大沉降量 0.68 米。1987~1992 年 5 年年沉降量 2.9~74 毫米。另据调查，龙岩因地下水超采已出现 3 个较大的水位下降的漏斗，已经影响了正常的水供给。

（三）海岸海岛生态环境

福建省海域处于东海和南海的交界处，扼东北亚和东海亚航运通道的要冲，与珠江三角洲、长江三角洲地区及沿海各省份经济联系密切。福建海岸外可作业海域面积 13.6 万平方公里，海岸线漫长曲折，大陆岸线直线长度达 3324 公里，居全国第二，曲折率居全国首位；全省 500 平方米以上岛屿数达 1546 个，居于全国第二。

1. 海岸海岛生态环境的现状

（1）近岸海域环境现状

近岸海域水质现状。根据福建省环境保护局 2006 年对近岸海域的主要港湾进行的监测情况来看，福建全省海域一类、二类水质占 56.9%，三类水质占 10.8%，四类和劣四类水质占 32.3%。全省近岸海域水域功能达标率为 48.1%，较上年提高 5.5 个百分点。6 个主要海区中，莆田海区水域功能达标率较高，为 70.0%；厦门海区达标率较低，为 16.7%。10 个主要港湾中，湄洲湾、围头湾水域功能 100% 达标；沙埕港、三都湾、兴化湾和厦门港水质超标严重，水域功能达标率为 0。图 1-5 列出了福建省 2000~2006 年近岸海域海水质量的年变化情况，可以看出，2006 年全省近岸海域一类、二类海水比重总体呈现上升的趋势；三类海水所占的比重则是则是先上升再下降；四类和劣四类海水所占的比重一直都在 30% 以上。结果表明福建省近岸海域的海水质量前景不容乐观。

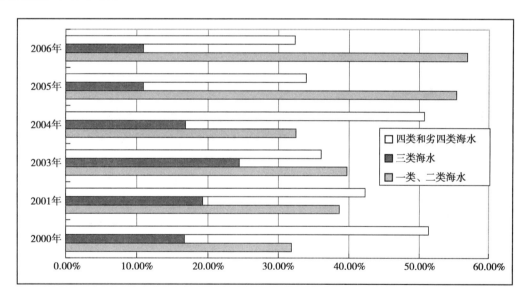

图 1-5　福建省 2000~2006 年近岸海域海水质量的年变化

近岸海域底质环境现状。福建省近岸海域表层沉积物样品近期检测结果表明：福建省近岸海域沉积物质量总体尚好，主要污染指标有铅、铜、总汞和 DDT，主要污染超限比例分别是铅（72%）、铜（12%）、总汞（4%）、DDT（%）。

铅、铜的含量及超限比例相对较高：各个检测站的铅均有检出，测值范围 18~47.1 毫克 / 千克，平均值为 28.272 毫克 / 千克，标准偏差为 7.617 毫克 / 千克，中位数 26.5 毫克 / 千克，超限值比例 72%，最大值超过限值 0.9 倍；铜的检出率为 100%，测值范围 8.9~33.3 毫克 / 千克，平均值为 16.84 毫克 / 千克，标准偏差 6.445 毫克 / 千克，中位数 15.2 毫克 / 千克，超限值比例 12%，最大值超过限值 0.1 倍。

总汞也有一定比例超限值，各个检测站的总汞均有检出，测值范围 0.015~0.719 毫克 / 千克，平均值为 0.088 毫克 / 千克，标准偏差为 0.136 毫克 / 千克，中位数 0.066 毫克 / 千克，超限值比例4%，最大超限值倍数为 2.6 倍。

从区域分布看，各沿海城市近岸海域沉积物中铅的超限值现象普遍存在，DDT 在漳州市的近岸海域中出现超标，泉州市近岸海域沉积物污染相对较轻。

近岸海域环境变化趋势。据国家近岸海域环境质量报告的资料显示，2004~2006 年福建省近海海域属轻度污染，部分海域受到无机氮和活性磷酸盐的影响。无机氮和活性磷酸盐的样品超标率分别是 31.4% 和 14.4%（表 1-9）。

表 1-9 2004~2006 年福建省近岸海域水质变化表

项目	2004 年		2005		2006 年	
	测值范围	样品超标率（%）	测值范围	样品超标率（%）	测值范围	样品超标率（%）
溶解氧	2.4–14.9	1.8	2.5–16.12	2.2	2.38–13.6	5.3
pH	7.03–8.85	3.5	6.84–8.73	3.7	6.32–9.94	4.6
活性硝酸盐	△ –0.174	23.5	△ –0.245	20.3	△ –0.328	14.4
非离子氨	△ –0.194	2.6	△ –0.053	0.95	△ –0.0590	0.28
无机氮	0.003–2.76	31.80	0.003–2.43	30.5	0.002–2.43	31.4
化学耗氧量	0.1–7.5	2.40	△ –6.80	1.8	△ –7.82	2.9
油类	△ –0.37	9.9	△ –0.28	4.9	△ –0.36	2.9
总汞	△ –0.67	3.4	△ –0.19	0	△ –0.44	0.2
铜	△ –170	8	△ –41	0.7	△ –25.0	0.8
铅	△ –28.2	6.4	△ –27.3	2.5	△ –9.87	2.2
镉	△ –4.98	0	△ –6.0	0.1	△ –10.0	0.1

根据福建省海岸带调查资料，20 世纪 80 年代中期近岸海域底质环境的主要污染物是锌、铅、DDT。将表 1-9 中近 3 年的检测结果进行对比，可以了解福建省近岸海域底质质量变化趋势。首先是近 3 年福建省近岸海域底质中重金属的含量变化不大，其中总汞的样品超标率有了很大程度的下降、镉的超标率升高 0.1%；由于近年来近岸水域的水产养殖增加和沿海经济的发展，陆源有机物的海洋输入量随之增加，才导致近岸海域底质中的有机质的含量略有上升。

（2）海岛生态环境问题

福建省海岛分布是北部和中部多，南部少。大陆海岸线以外的海岛为 1352 个，海岛总面积为759.72 平方公里，堤连岛 143 个，面积为 444.43 平方公里，堤内岛为 23 个，面积为 4.02 平方公里，河口岛为 28 个，面积为 115.95 平方公里。

淡水资源匮乏。海岛四周被海水所环抱，淡水补给主要靠大气降水。福建海岛地区是福建的少雨区，而且是全省干旱发生率和强度最大的地区，春旱、夏旱、秋冬旱均可发生，春旱几率为三年二遇，夏旱出现几率为 90%~100%，秋冬几率为 50%~90%。该地区年平均降水量仅1000~1200 毫米，比同纬度海岸地区少 300~400 毫米，比福建内陆少 800~1000 毫米。同时福建海岛地区气温高，风力大，平均年蒸发量 600~750 毫米，平均年径流深仅 375~650 毫米。大部分海岛溪流短小，有的几乎没有溪流，淡水资源十分贫乏。多数岛屿人均水资源量低于 600 立方米，远低于世界人均（8187 立方米）、全国人均（2238 立方米）、全省人均（4639 立方米）的水平，特别一些岛屿人均水资源只有 200~300 立方米，是福建省水资源最紧缺地区（见表 1-10）。淡水资源短缺严重制约海岛地区经济发展。

表 1-10　福建部分岛屿人均拥有水资源　　　　　　　　　　单位：立方米

岛屿	大嵛山	三都	琅岐	粗芦	海坛	东痒	屿头	草屿	大练	江阴	湄洲	南日	紫泥	东山
人均水资源	2330	2602	452	459	385	238	257	230	521	503	154	389	566	517

风沙危害严重。福建海岛纬度位于 23° 37′ ~27° 10′ N，在行星风系上属于东北信风带，同时这里冬季受东北季风影响，东北信风和东北季风叠加，风向稳定，风力强劲。福建海岛地区又处于台湾海峡内，受海峡"颈束"地形的影响，风速又大大加强。该地区冬季雨量少，气候干燥，海浪带来的泥沙，在强劲的东北风作用下向陆地搬运，形成各种沙地。风沙严重危害海岛人民生命财产，历史上曾出现，海坛岛的芦洋埔平原一夜之间被风沙埋没 18 个村庄和大片良田；东山岛也曾经被风沙埋掉 13 个村庄和大片粮田。新中国成立后，大力植造防风林，风沙受到很大的阻止，但现在防风林老化，风沙的危害又开始抬头。

森林覆盖率低，生态环境脆弱。福建省海岛由于土壤贫瘠，风力大，淡水资源缺乏，生态环境恶劣，海岛上森林覆盖率只有 26%，与全省森林覆盖率相比要低得多。许多山头仅残存稀疏矮小的老头林和草丛，林木覆盖度仅 10%~20%。现存较大面积的森林主要营造于 20 世纪 50 年代末至 60 年代初，局部地段相思林、黑松、湿地松等树种混交，树种结构单一，混交比重极小。而且当时营造的防风林已经老化，如湄洲岛树种仅有木麻黄，大练岛仅有黑松和相思树。防护林林带老化，树种更新困难，东山岛东南岸段的森林覆盖率已由原来的 40% 下降到 15%，琅岐岛的覆盖率不及 10%。森林覆盖率的降低，加剧了水土流失，如西洋和嵛山岛林地土壤中，中、强度水土流失的面积分别占各岛屿林地面积的 95.7% 和 83.3%。水土流失除自然因素外，人为破坏也是重要因素。人为砍伐植被，挖沙采石，严重破坏了原地貌，加快水土流失。海岸也在人为的影响下不断侵蚀，海岛的生态环境仍然比较脆弱。

海岛周围的生物资源已经遭到不同程度的破坏。福建省海岛周围的海域为亚热带大陆架浅海，冷暖海流交汇，又有海峡两侧陆域大量富含营养盐的淡水注入，极有利于浮游生物的生长繁殖。另一方面，由于资源的过度利用，海岛水域污染日益严重，海洋生物资源，特别是经济鱼类资源严重衰退；过度捕捞是影响资源再生能力的重要因素。酷鱼滥捕使得渔获物种类组成单一、种群结构低龄化、小型化，降低了资源的使用效率。一些天然的经济鱼类种群资源受到了很大程度的破坏，并且影响着水体总的生态平衡。

（3）滩涂生态环境现状

海岸和潮间带滩涂是海洋生态系统和陆地生态系统的交汇和过度带，兼具海洋生态系统和陆地生态系统的特点。潮间带滩涂是重要的湿地资源。新中国成立以来，福建省共建成大小围垦工程 973 处，总面积达 8.68 万公顷，其中大部分是在海湾内进行的。围垦对缓解沿海地区用地矛盾，增加水产养殖产量和保护海岸起到了一定的作用，但大规模围垦也使滩涂湿地的自然资源遭到严重的破坏，部分重要经济鱼虾蟹贝类繁衍场所消失。

2. 海岸海岛的生态问题存在的原因分析

（1）近岸海域周围陆域经济发展和海港的建设

海岸带是福建社会经济的精华地带，是福建人口、城镇最密集、经济最发达的地区。这些地区环绕海湾、依托港口而迅速的发展。人口的增长和经济规模的扩大,带动了福建经济的高速发展。但同时也导致了生产和生活污水排放量的迅速增加,使得近岸海域的水体水质下降和底质沉积物油类污染均大幅度增加。多年来,沿海各市为了经济的发展,制定各种优惠政策吸引内外资发展港口事业,而其产业取向和布局往往不关心海湾环境功能问题,或者回避海湾环境问题,回避全省沿海产业布局的合理分工问题,造成资源的不合理利用和开发,不仅污染了环境,还浪费了大量可利用的资源。

(2)大面积的围垦

福建省人多地狭,耕地资源十分紧张。长期以来,为解决粮食不足,福建曾几次掀起围垦的热潮。新中国成立以来,福建省共建成大小围垦工程 973 处,总面积达 8.68 万公顷。大规模的围垦缩小了天然湿地,侵占了海洋生物的天然栖息地,也改变了海湾水动力条件,导致海洋生物栖息地的水文、底质条件变化。许多有重要资源价值的海洋生物的种苗场和繁育地遭到破坏,使海洋生态系统趋于单一,自我调节能力降低;纳海量和潮流速的降低使得航道和港池淤积破坏了港口资源。

2002 年围填海面积已占沿海滩涂总面积的 46%,导致滩涂面积减少、水动力变化、纳潮量降低、河道淤积、影响了防洪排涝,有的经济鱼、虾、蟹、贝天然苗种场丧失。

(3)海洋开发引进或者带进了外来物种

外来物种的不适当引进或入侵,构成了对本地生物多样性的严重威胁。沿海互花大米草和大米草大量蔓延,侵占了大量滩涂湿地,不仅破坏了滩涂的生态系统,而且造成生物多样性的下降,造成直接经济损失高达 1 亿元以上。

(4)植被退化,水土流失

福建省海岛由于长期受人类的破坏,加之恶劣自然条件的影响,植被遭受严重破坏,急剧衰退,森林覆盖率只有 26%,许多山头仅残存稀疏矮小的老头林和草丛,林木覆盖度仅 10%~20%。同时,一些海岛林分简单,树种单一,且防护林林带老化,树种更新困难,原来木麻黄老化被砍伐后,造林成活率低,二代幼林矮化,呈灌木林状,而从外地引进的树种难以存活。森林覆盖率的降低,加剧了水土流失。此外,人为砍伐植被,挖沙采石,严重破坏了原地貌,也加快了水土流失,海岸在人为的影响下不断侵蚀。

(四)城市生态环境

1. 城市大气质量

2006 年福建省城市空气质量保持优良水平,属于轻度污染。全省 23 个城市的环境空气质量基本稳定,达到和优于二级标准的城市比例为 91.3%,与上年持平。武夷山市环境空气质量保持在一级;龙岩和三明市空气质量仍为三级,其余城市空气质量良好,达到二级标准。影响福建省大气环境质量的主要污染因子为尘类(图 1-6)。

2006 年对全省的 23 个城市共布设 50 个降水测点。降水 pH 年平均值为 4.83,较上年下降了 0.08 个 pH 单位;酸雨出现频率为 42.7%,较上年下降 2.2 个百分点。降水 pH 最低值为 3.02,出现在泉州市(表 1-11)。

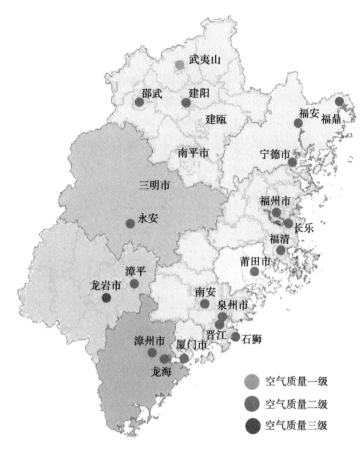

图 1-6　2006 年福建省城市空气质量级别

表 1-11　福建省城市酸雨检测结果年际比较

年份	监测城市数	降水 pH 年平均值	降水 pH 最低值	酸雨频率（%）
1999	14	5.28	3.88	70.70
2000	15	5.08	3.40	93.80
2001	15	5.24	3.60	86.60
2003	23	4.89	3.62	44.80
2004	23	4.83	3.06	42.40
2005	23	4.91	3.06	45.10
2006	23	4.83	3.02	42.70

2. 城市声环境质量

（1）道路交通噪声

2006 年对福建省的 23 个城市道路交通噪声进行检测，得到城市道路交通的平均等效 A 声级为 68.7 分贝，其中 5 个城市道路交通声环境质量属于"好"，16 个城市道路交通声环境质量属于"较好"，宁德和福鼎 2 个城市道路交通声环境质量属于"轻度污染"（图 1-7）。

（2）区域噪声环境

2006 年对福建省 23 个城市区域环境进行检测，得到区域环境噪声平均等效 A 声级为 55.4 分贝，12 个城市区域声环境质量属于"较好"，其余 11 个城市区域声环境质量属于"轻度污染"（图 1-8）。

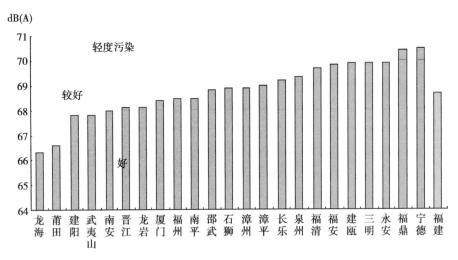

图 1-7　福建省各城市 2006 年道路交通噪声平均等效 A 声级均值

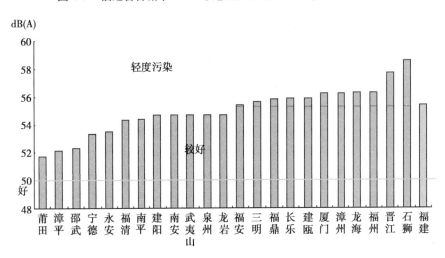

图 1-8　福建省各城市区域环境噪声平均等效 A 声级均值

3. 城市固体废弃物

2006 年，全省工业固体废弃物年产量为 4175.67 万吨，较 2000 年增加了 1985.21 万吨。综合利用率为 72.7%，尽管比 2000 年提高了 31.07%，但综合利用率仍然偏低（表 1-12）。

表 1-12　2001~2006 年福建省工业固体废物量及其利用率的年变化

年份	工业固体废物量（万吨）	综合利用率	排放量（万吨）
2001	5133.09	55.10%	4.38
2003	2980.78	63.10%	4.21
2004	3361.22	66.40%	5.76
2005	3772.53	68.90%	5.77
2006	4175.67	72.70%	3.38

4. 城市生活污染物处理

随着城市化的发展，城市人口的急剧增加，随之而来的生活垃圾和排泄物产量也迅速增加。同时各市也加快了生活垃圾无害化处理设施的建设，但是对生活垃圾没有进行分类，造成极大的资源浪费，而且以塑料包装物和废塑料制品为主"白色污染"问题日益突出。对排泄物无害化处理设施很落后，无害化处理率偏低，使得城市环境的污染加剧。

5. 城市绿化

2006 年福建省 23 个城市园林绿地面积 27800 公顷，建成区绿地面积 24500 公顷；城市公共绿地面积 6100 公顷；全省人均公共绿地面积 9.2 平方米，是 2000 年 7.25 平方米的 1.27 倍；城市建成区的绿化覆盖率基本保持不变，为 33.5%（图 1-9，表 1-13）。

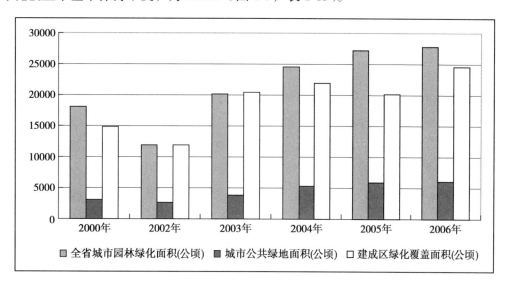

图 1-9 福建省 2000~2006 年城市绿化面积年变化

表 1-13 福建省城市绿化指标

年份	人均公共绿地面积（平方米）	建成区绿化覆盖率（%）
2000	7.25	33.12
2002	7.73	33.98
2003	6.64	31.05
2004	8.12	31.20
2005	9.16	33.08
2006	9.2	33.50

（五）农业生态环境

1. 福建农业生态环境的现状

（1）植被资源不断减少，生态功能退化

福建省位于东南沿海，地处亚热带，土地总面积 1.2×10^5 平方公里，人均土地面积为 0.37 平方公里。同时也是南方重点集体林区，全省森林覆盖率达 62.96%，居全国第一。由于人为因素的影响，森林消耗量的增长速度远大于森林生长量，森林木材蓄积量减少（表 1-14）。

表 1-14 福建省不同时期森林主要指标变化（10^4 公顷，10^4 立方米）

类别	70 年代初	1978 年	1983 年	1988 年	1993 年	1998 年	"十五" 期间
有林地面积	484.5	451.2	453.4	500.34	614.84	735.37	764.94
森林覆盖率（%）	39.9	37.1	37.3	41.2	50.60	60.52	62.96
活立木总蓄积量	44949.6	43035.1	39664.9	37888.2	39465.2	41763.6	4.96

表 1-14 的结果表明，福建省森林质量有所下降，森林活立木蓄积量由 1949 年的最高点减至 1988 年的最低点之后，至 1998 年才恢复到 41763.6 万立方米。1987~1997 年，全省天然林的面积从 425.7 万公顷下降到 370.25 万公顷，减少了 55.45 万公顷；蓄积量从 28102.0 万立方米下降到 22248.3 万立方米，每公顷蓄积量则由 66.01 立方米降到了 60.09 立方米。

此外，森林的针叶化将导致森林生态系统稳定性的下降，地力衰退，病虫害加剧，森林生态系统自我调节能力下降，生态功能减弱。福建省森林针叶化的现象较普遍，1987~1997 年全省林分中杉木面积增加了 77.77 万公顷，马尾松面积增加了 44.58 万公顷（表 1-15）。

表 1-15　福建省林分各主要树种面积变化

年份	合计		杉木		马尾松		阔叶树		木麻黄	
	万公顷	%	万公顷	%	万公顷	%	万公顷	%	万公顷	%
1987	511.53	100	89.97	17.59	290.64	56.82	129.20	25.26	1.72	0.34
1997	659.33	100	167.74	25.44	335.22	50.84	154.18	23.38	2.20	0.33

（2）水土流失严重，土壤肥力下降

近年来，为了增创山区林业优势，在政府的倡导下掀起了毁林种果的热潮，对森林的乱砍滥伐，毁林开荒和超坡度的种植，使得福建省的水土流失加剧。至 2004 年，全省水土流失面积 1.13×10^6 公顷，水土流失率 12.72%，比 2000 年的水土流失率 10.72% 增加了 2 个百分点。尽管比全国的水土流失率低 4.7%，属于全国水土流失比例较轻的省份之一。但福建省的土壤层很薄，特别是陡峭坡地不仅土壤层薄，而且风化坡积层也很薄，经不起长时间的流失，甚至可能导致基岩裸露。严重的水土流失使耕地变得越来越瘠薄，养分流失，土壤质量下降，并且造成河床、水库、渠道泥沙淤积，水利工程的效益下降，加剧了旱涝灾害的发生，妨碍了农业的发展。

（3）农业水利设施不足，水环境污染严重

福建省的水资源比较丰富，年降水量 1500~1800 毫米，但水资源时空分布不均，产业配置又与之不相适应，使得水利设施不足。同时部分在建或已建的水利工程设施的配置老化，使得蓄调供需能力不足等问题日益加剧，因而出现水资源供需矛盾突出，抗洪、抗旱能力减弱。同时工农业的迅速发展，城市建设规模的不断扩大和急剧增加，大量未经处理的工业废水和生活用水直接排入地表水或地下渗透，使得水质下降。水污染已经成为危害农牧渔业生产的一大环境问题。

（4）自然灾害频繁，生态失调

福建省属于低山丘陵区，地质灾害点多、分布面积广、突发性强、危害性强，是全国地质灾害易发区和多发区（表 1-16）。据 2006 年的资料分析：全省及近海地区发生里氏 3.0 级以上地震 9 次，最大的为 1 月 18 日发生在安溪、11 月 18 日发生在东山海外的 3.6 级地震。发现赤潮 20 起，累计面积 1800 平方公里，主要分布在三沙湾、福宁湾、平潭沿岸、厦门同安湾及西海域、东山湾海域。由于防范及时，措施得当，减少直接经济损失 2000 万元。

表 1-16　2003~2006 年福建省自然灾害发生的次数和经济损失

年份	赤潮		地震里氏 3.0 级以上的次数	台风次数	气象灾害的经济损失（亿元）
	发生次数	面积（平方公里）			
2003	29	1739	9	6	64.50
2004	12	324	8	7	54.41
2005	14	224	6	7	236.7
2006	20	1800	9	8	282.3

2. 农业生态环境问题产生的原因

（1）环境污染

农药的使用和污染。农药在福建省的使用有很长的历史，而且使用量大。1979年以前，农药的使用量很少，年递增幅度也小；20世纪80年代以后随着高效、低毒农药的出现以及农药纯度的提高，全省农药的使用量有了较小幅度的减少；但90年代后，随着农业综合开发的兴起，水果、蔬菜的种植面积和水产养殖规模的大幅度增加，农药的使用量又呈现上升趋势，至1999年农药的使用量达到最高5.64万吨（图1-10）。

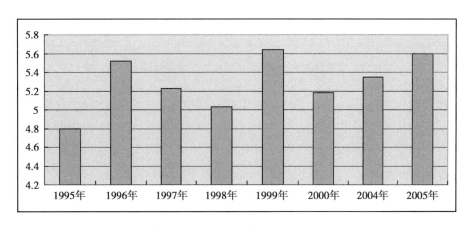

图1-10　福建省1995~2005年农药使用量年变化（单位：万吨）

化学农药作为一种化学物质，它的施用在提高农作物产量的同时，也对环境、生物和人类造成了威胁。随着化学农药的大量使用，在杀死害虫的同时，也把害虫的天敌杀死并导致害虫的抗药性不断的提高，反而引起作物病虫害猖獗造成农作物减产。农药使用量的不断增加使得农田的生态环境发生了变化。

化肥使用和污染情况。近几年来，由于农业的迅速发展，农民为增加农产品的收入，大量的使用化肥。化肥使用的折纯量也呈现了明显的上升趋势，从1985年的50万吨左右上升到2005年的120.25万吨（图1-11）。

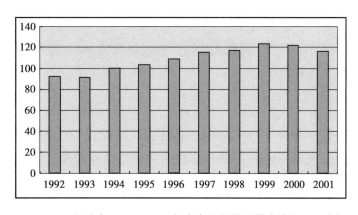

图1-11　福建省1992~2001年全省化肥使用量（单位：万吨）

据2002年资料分析，福建省各地化肥使用的水平有较大的差异。其中化肥使用折纯量最多的城市为福清市的38036吨，占全省化肥使用量的12%；而化肥使用折纯量最少的城市是石狮市，为5098吨，仅占全省化肥使用量的2%左右（图1-12）。

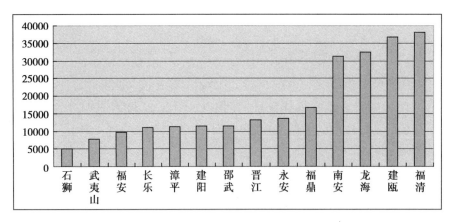

图 1-12　福建省 2002 部分城市的化肥使用折纯量（单位：吨）

农膜使用和污染。福建省在农业上使用农用塑料薄膜主要是在 20 世纪 80 年代以后。塑料地膜覆盖技术的引入和大面积推广塑料大棚种植蔬菜，对推动福建省农作物的增产增收发挥了重要的作用。福建省农用塑料薄膜和地膜的使用情况在过去的十几年呈现逐步递增的趋势。2005 年全省农膜的使用量达到了 3.60 万吨，其中地膜使用量的比重高达 45.83%（表 1-17）。但目前大量使用的农膜为不可降解塑料（聚乙烯、聚氯乙烯），在土壤中极难分解，长期使用使其在土壤中不断积累，影响农作物的正常生长。由于地膜的回收难度大，随着地膜的使用量增加，福建省已出现农田的白色污染。

表 1-17　福建省 1995~2005 年农膜和地膜使用情况

	1995 年	1999 年	2000 年	2001 年	2002 年	2003 年	2004 年	2005 年
农膜使用量（万吨）	1.84	1.96	2.12	2.27	2.56	2.65	2.95	3.60
地膜使用量（万吨）	0.75	0.88	0.98	1.15	1.38	1.42	1.50	1.65
地膜使用量占的比重	40.76%	44.90%	46.23%	50.66%	53.91%	53.58%	50.85%	45.83%

（2）农业生产的结构和方式

福建省属于低山丘陵区，受地域和自然条件的影响，农业生产无法实现规模的集中化经营，存在着种、养结构单一和品质不高、粗放式经营、基地规模偏小和名牌产品短缺等现象。部分地区的农业发展还存在着重规划、轻实施；重投入、轻产出的现象，使得各种农产品还没有真正形成产业化的生产。

（3）人地矛盾突出

近几十年来福建省处于农业人口快速增长的时期，福建的人口密度比全国的平均水平高 1 倍。但是由于自然和社会经济的区域差异，福建人口分布很不均衡，人口相对集中分布于沿海地区。福建沿海 6 个城市陆地面积仅占全省的 43.74%，人口却占全省的 76% 以上，其人口密度远高于内地的 3 个城市。1990~2000 年，人口进一步向沿海集中，其占全省的比重从 72.8% 提高到 76.3%（表 1-18）。因此，沿海地区人地矛盾比较突出，人口对农业生态环境的压力进一步加大。

表 1-18　福建省各地市第三、四、五次人口普查统计

	第三次人口普查		第四次人口普查		第五次人口普查	
	人口占全省的比重（％）	人口密度（人/平方公里）	人口占全省的比重（％）	人口密度（人/平方公里）	人口占全省的比重（％）	人口密度（人/平方公里）
全省	100.00	213	100.00	243	100.00	280
沿海 6 个地市	72.91	355	72.81	412	76.32	490
内陆 3 个地市	27.09	103	27.19	120	23.68	118

（4）农业生态系统的破坏

植被破坏、森林锐减，致使森林作为陆地最大的生态系统所具有的生态功能整体减弱；再加上农业的生产模式是小农经济，使得资源破坏，生物多样性减少，生态失调，水土流失，土地沙化退化严重，病虫害加剧。水生态失调，水资源短缺，地下水位下降，河道阻塞，河流断流，旱涝灾害频繁。据资料分析，九龙江西溪流域的洪水灾害 1911~1949 年平均每 9.5 年一次，1950~1985 年每 3.5 年一次，而现在流域内几乎每年都发生洪灾。地处闽江上游建溪流域的南平地区则与之相反，20 年间春旱概率从 33.5% 增加至 66.6%，夏季干旱概率从 30% 增加至 70%。

3. 农业生态环境的保护

为降低农用化学药品对生态环境的破坏，要选用高效、低毒、低浓度的化学药品，同时大力推广对环境污染少的生物肥料和生物农药，不仅可以增加产量，还可以提高土地的生产力。此外，还要强调森林在维护农业生态环境中的作用，并抓好低产田的改造和水土流失的治理。

（六）农村人居环境

1. **农村人居环境的现状**

近年来，随着改革开放的深入和城乡经济的发展，农民群众的生活水平有了明显提高。但农村人居环境脏、乱、差的现象依然普遍存在。有数据显示，农村每年约有 1.2 亿吨的生活垃圾几乎全部露天堆放，沟渠、水塘成为污水池和垃圾堆放场；每年有 2500 万吨的生活污水直接排到河塘，污染水源，威胁农民身体健康。村头巷尾、房前屋后，畜禽粪便随处可见，夏秋季节蚊蝇乱飞。乡村垃圾、污水无害化处理率基本为零。加之城市淘汰的电子产品、废旧电池、家电、家具等统统消化到农村，对农村的环境和农民的健康更是带来了潜在的威胁。

（1）畜禽养殖及环境污染

自 20 世纪 80 年代以来。福建省的畜禽养殖业的生产规模逐年扩大，1985~2006 年，全省生猪的年存栏数由 836.81 万头增至 1279.12 万头，增长了 1.53 倍；家禽年末数由 1985 年的 5106.83 万只增加到 2006 年的 11637.07，增长 2.28 倍（表 1-19）。

表 1-19　福建省畜禽存栏数和年末数变化

年份	年存栏数和年末数				
	猪（万头）	牛（万头）	羊（万头）	家禽（万只）	家兔（万只）
1985	836.81	118.42	61.60	5106.83	545.58
1990	893.65	125.27	55.95	6906.86	397.01
1995	863.04	103.74	67.99	10201.47	581.05
1999	1049.55	114.59	93.75	10755.15	655.30
2000	1087.66	111.44	96.22	10930.19	714.40

（续）

年份	年存栏数和年末数				
	猪（万头）	牛（万头）	羊（万头）	家禽（万只）	家兔（万只）
2001	1125.42	109.65	101.43	11113.87	719.38
2002	1162.60	109.28	106.39	11509.39	760.31
2003	1207.26	109.32	123.77	11676.22	763.35
2004	1254.12	107.84	128.94	11920.25	801.87
2005	1277.40	105.69	136.00	11600.69	822.67
2006	1279.12	100.21	132.34	11637.07	806.26

福建省的畜禽养殖业的生产规模逐年扩大。畜禽养殖业的扩大使得猪、羊、大牲畜及家禽的产值占农业总产值的比重逐年上升（表1-20），其中猪的产值从1995年的90.19亿元增加到2006年的183.17亿元，增长了近2倍。

表1-20　福建省1995~2005年畜禽养殖的年总产值

年份	猪的产值（亿元）	羊的产值（亿元）	大牲畜的产值（亿元）	家禽的饲养产值（亿元）
1995	90.19	0.97	1.14	28.3
1996	104.89	1.22	1.3	28.8
1997	129.61	1.49	1.53	31.32
1998	131.19	1.79	1.55	33.44
1999	128.31	1.91	1.5	37.33
2000	133.3	2.12	1.53	38.81
2001	137.18	2.35	1.47	40.94
2002	141.28	2.48	1.59	43.75
2004	192.07	5.74	6.3	74.16
2005	199.32	6.49	8.07	67.54
2006	183.17	8.00	7.86	67.62

随着畜禽养殖规模的不断扩大，畜禽粪便及废水的产生量也在逐年的增加，但与之相应的污水处理的基础设施却没有明显的增加。没有经过处理的畜禽粪便和废水直接的排出使环境和水质均得到不同程度的破坏。

（2）农村能源结构

福建农村能源主要是薪材、秸秆、人畜粪、小水电和乡镇煤矿及地热资源等。从能源结构上看，薪材、秸秆、小水电、乡镇煤矿和人畜粪便生产的沼气分别占能源资源总量的25.91%、29.16%、18.19%、18.81%和7.93%。

1985年以来，随着乡镇企业的蓬勃发展，农村年耗电量也出现大幅度增长（图1-13）。农村的用电量从1985年的11.24亿千瓦时增加到2005年的160.58亿千瓦时，增长了14.3倍，生产用电与生活用电的比例从1990年的48∶52转变为2005年的53∶47。

随着人民生活水平的提高，小水电、沼气的迅速发展和煤、液化气等能源的使用逐步增加，以及节柴灶普及率的提高，农村薪柴、秸秆在生活用能中的比例大幅度下降，农村能源结构的优化，对福建省森林覆盖率的上升和水土流失面积的减少起到了积极的作用。

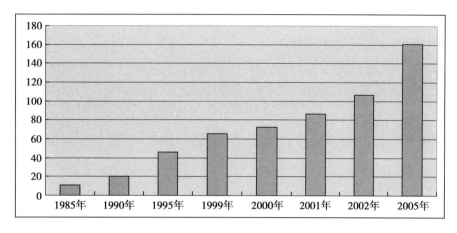

图 1-13　福建省 1985~2005 年农村用电量（单位：亿千瓦小时）

（3）农村基础设施和服务设施

随着经济的发展,原有狭窄街道不适合大型机械化设备的进出,对外交通不畅,村内道路、给水、排水、通讯等基础设施配套性、共享性差,教育、文化、卫生、环保、家政等事业落后,有些村民被迫到交通方便的村周围建新房;不少道路没有硬化,道路状况很糟糕;大部分村庄没有地下排水设施,雨水全靠地表自然排水,使得村内老房无法排涝,生活十分不便。福建省农村的投递线路总长度呈现逐年上升的趋势,投递线的长度从 1999 年的 73786 公里增加到 2003 年的 128719 公里,增长了近 1.7 倍;公交车在农村的通车里程从 1999 年的 50202.67 公里增加到了 2003 年的 54875.4公里;电话机的数量则呈现了先上升后下降的趋势,原因是移动电话的普及（表 1-21）。

表 1-21　福建省 1999~2003 年农村基础设施年度变化

年份	农村投递路线总长度（公里）	电话机数（部）	公车通车里程（公里）
1999	73786	5100191	50202.67
2000	74340	6392714	50663.01
2001	75111	8313311	53547.45
2002	129131	79411	54155.41
2003	128719	78661	54875.4

随着改革开放和经济的发展,福建省农村的医疗技术水平也有了显著的提高。卫生技术人员在农业人口中所占的比重呈现逐步上升趋势,从 1999 年的 0.3729% 增加到了 2005 年的 0.4345%,增加了近 0.06 个百分点（表 1-22）。

表 1-22　福建省农村医疗卫生条件年变化

年份	年末农业总人口（万人）	卫生技术人员（人）	医生（人）	医院病床数（张）	卫生技术人员占农业人口的比重（%）
1999	2616.96	97590	42471	82259	0.3729
2000	2623.69	97569	41461	90091	0.3719
2001	2620.30	99440	42414	82125	0.3795
2002	2217.25	95090	40273	80463	0.4287
2003	2354.73	96902	41252	86634	0.4115
2005	2323.07	100937	36668	81268	0.4345

2. 农村人居环境问题产生的原因

（1）对农村人居环境的认识理念

长期以来对城市规划的重视，使得在许多人包括相关职能部门人员的观念中，存在着农村建设不需要像城市那样进行规划的想法。把本应全盘考虑、综合协调的规划活动变成了拆房子、搬村子、改门脸、盖屋顶的简单建筑行为。这种大拆广建的情况不仅劳民伤财，同时更造成对一些历史文化传统遗存的建设性破坏。再加上农村规划水平的低下使得农村的空间资源没有得到合理的利用。

（2）建设和管理职能的不明确

不论是城市还是农村，只要有人居住，都应该形成一个合理的人居环境，但长期以来，人们在对城市人居环境的理解越来越清晰、内容越来越广泛的同时，对农村人居环境的认识和理解却仍然停留在以前的观念中。如区域教育、文化、卫生、医疗、公共设施和生活配套设施等应该由谁来建设与管理，其职能是不明确的。另外一方面是，农民在建设房屋时很少考虑与周围其他建筑的相容问题，他不认为自己有职责来保持村庄的风貌。同样的问题也表现在村庄的日常环境卫生工作上。正是由于这种对自己在村庄中应承担的职责不明确，大家都在不自觉地破坏村庄环境，造成了农村脏、乱、差现象的长期存在。

（3）对农村人居环境投入的力度不足

在工业化推进时，为了发展第二和第三产业，大量的工厂被建设起来，城市周边的土地越来越少。农民失去了土地，招工进了工厂，身份变了，但是工厂并没有给农民提供居住，这些人仍然生活在村庄里，虽然生活方式由于挣钱方式的不同起了一定的变化，但由于居住方式不变，房屋取得方式不变，农民对房屋投入的方式不变，因此农民对自掏腰包改善人居环境的意愿不强烈，因而城中村的基础设施和公共服务设施及村容村貌不变。对于城中村的村民，他的收入来源渠道比近郊村和远郊村多，村民也普遍比较富裕，接受城市文明的渗透能力也比较强，但对人居环境的认识和投入仍停留在很低的水平。

3. 农村人居环境改善的途径

（1）改变一些观念

农民是村庄的主人，农民也是村庄人居环境的受益者、实施者。农民在村庄整治中的主体地位要使农民认识到人居环境改善不仅仅是盖新房子、住大院子、修大马路等。村庄人居环境质量的提高关键在于农民自己。要提高农民自身的素质，充分发扬自主、自强、勤勉、互助、奉献精神，自力更生建设家园，使农民得到实际利益。

（2）完善农村的体系规划、布局规划和村庄建设规划

加强农户之间的紧密性联系，为提高农民组织化程度、发展乡村文化创造了条件，便于农村公共设施建设，大大降低通电、通信、通气、通水等基础设施的建设成本和公共设施的管理成本；便于集中治理环境污染，发展循环经济；便于农民生产专业化分工，便于节约的土地进入农村。要做好村庄布局规划和村庄建设规划，编制村庄整治规划和行动计划，合理确定整治项目和规模，提出具体实施方案和要求，规范运作程序，明确监督检查的内容与形式。同时以政府为主导、农民为主体来提高自身的人居环境质量。制订长期行动计划和试点示范先行方案，通过村庄整治来提高农村人居环境。

二、经济发展与林业产业

林业产业是一个完整的产业体系，它以森林资源为主要对象，包括林业产前、产中、产后的

产业链，涵盖了第一、二、三产业，但不包括林业生态建设。随着京都协议书的制订，碳汇交易机制的形成，现代林业产业的概念又有了新的拓展。即：林业产业是保护、培育、经营和利用森林资源，向社会提供林产品和森林服务的兼具公益事业性质和物质产品生产性质的事业。

现代林业产业主要包括：①林业第一产业，即培育业。主要包括森林资源培育业（林、果、竹）、花卉业、野生动植物驯养繁殖业、森林采伐运输业、林副产品生产业（食用菌、野菜、药材种植和天然林副产品采集等）等；②林业第二产业，即加工业。主要包括森林采伐运输业、木材（含竹材）加工业、木竹藤家具及工艺品制造业、制浆造纸业、林产化工业（含生物制药业）、动植物产品加工业、林副产品加工业等；③林业第三产业，即服务业。主要包括森林生态服务业、森林旅游服务业、碳汇产业、其他森林服务业（为教学、科学、国防服务）和林业信息及物流业等。

（一）福建林业经济发展现状

福建具有发展林业经济的良好条件和优势。福建地处东南沿海，与台湾隔海相望，在国家林业分区发展格局中，属于"南用"区域，也是闽台林业合作的重要窗口，区位优势明显；作为全国南方重点集体林区，自然条件优越，森林资源丰富。全省现有林地面积 9.07×10^6 公顷，森林覆盖率达 62.96%，居全国第一位；活立木蓄积量 4.97 亿立方米，居全国第七；2007 年商品木材产量为 685 万立方米；竹材产量为 3.25 亿根，居全国第一，资源优势明显；同时，福建省是全国最早对外开放的省份之一，作为全国唯一的林业改革与发展综合试验区，政策优势明显。福建土壤水热条件优越，非常适宜林木生长，林木综合生长率达 9.51%，超过全国平均 5.51% 的水平。福建省应在保护好生态环境、坚持生态优先的基础上，积极推进林业产业升级，加快林业产业发展。

1992 年 9 月，福建省委、省政府作出了《关于加快林业改革开放步伐，大力发展林业产业经济的决定》；1995 年福建省第六次党代会将林业产业确定为福建省重点培育和扶持的五大支柱产业之一，随后福建省委、省政府作出了《关于巩固绿化成果、发展绿色产业、建设林业强省的决定》；1996 年，福建省八届人大四次会议通过福建省"九五"规划和 2010 年远景目标，明确把林产业确定为福建省跨世纪的五大支柱产业之一。

1. 福建林业经济总体发展态势良好

林业产业成为福建重点产业之一，在海峡西岸经济区建设中占有重要位置。近年来，福建认真实施"以二促一带三"的林业产业发展战略，突出抓好科学引导、三大带动、优化发展环境、闽台合作、安全生产和队伍建设等重点工作，转变林业经济发展方式，促进产业优化升级，实现林业产业又好又快的发展。森林培育、花卉培育、木竹采运、木竹加工、制浆造纸、林产化工、经济林产品、野生动物驯养繁殖、森林旅游等产、运、销配套齐全的林业产业体系粗具规模。至 2007 年，全省林业产业总产值达到 1200 亿元，其中，规模以上林业工业产值 731.47 亿元，比增 34.8%。完成木材产量 685.54 万立方米，人造板生产 535.23 万立方米，人造板二次加工装饰板 1018.84 万立方米，木制家具 825.87 万件，纸浆、纸与纸制品 277.7 万吨；全省完成出口交货值 133.72 亿元，同比增长 14.9%。

2. 福建林业各主导产业发展状况

（1）林木种植业

林木种植业的快速发展为林业产业的发展奠定了基础。近年来，福建省围绕资源培育这个中心任务，基地建设取得新的进展。2007 年完成植树造林 14 万公顷，连续三年植树面积超过 13.33 万公顷。全省工业原料林面积 179.5 万公顷，初步形成了南三龙地区以杉木、马尾松，沿海以桉树、相思为主的工业原料林分布格局。至 2007 年全省共有工业原料林 65.67 万公顷，丰产竹林基地 35.33 万公顷。

（2）经济林基地

福建省土壤、气候好，经济林资源极为丰富，经济林培育业具有广阔的发展前景。2007 年全省共生产水果 362.14 万吨，干果 14.42 万吨，名特优经济林基地 103.5 万公顷，初步形成了"五带一区"：福州以南的亚热带龙眼带、荔枝带、香蕉带，闽江中下游地区的甜橙带，武夷山脉东坡南北地段的落叶果树带，以及闽南金三角的芦柑和柚子栽培区的分布格局。

（3）花卉培育业

花卉培育业是福建省林业产业中的新兴产业之一，近几年呈快速发展趋势。2000~2007 年，全省花卉种植面积从 0.67 万公顷扩展到 1.8 万公顷，年均增长 24.09%；年销售额从 9.53 亿元增加到 40 亿元，年均增长 45.68%；出口额从 248 万美元激增至 3100 万美元；受益农户从 1.18 万户增至 3.56 万户，从业人员从 3.22 万人增至 11.44 万人。基本形成福州、厦门的鲜切花，漳州、龙岩的盆栽植物，漳州、泉州的观赏苗木与草坪、水仙花，南平、福州的茉莉花，三明（清流）的绿化大苗等优势生产区和水仙花、兰花、杜鹃花、榕树盆景与人参榕、多肉多浆植物、棕榈科植物等优势拳头产品。其中，福建省水仙花、榕树盆景与人参榕、西洋杜鹃、仙人掌与多肉植物（虎皮兰）等主要花卉产品在国内市场的占有率达 60% 以上，远销日、韩、欧美等国家和地区。

（4）木竹采运业

木竹采运业在福建省林业产业中长期占有主导地位。2007 年全省木材产量 685 万立方米左右，全省竹材产量 3.25 亿根，均居全国第一。小径材每立方米由 150~300 元涨至 600~700 元；眉径 10 寸的竹材每根由 7~8 元涨至 16~18 元。仅木材和竹材原木销售收入每年就可增加农民收入约 75 亿元，其中木材和竹材采运工资收入就近 10 亿元。

（5）笋竹加工业

2007 年，全省竹林基地面积达 99.8 万公顷，居全国第一，其中毛竹林及地面积 86.27 万公顷，丰产竹林基地面积 35.33 万公顷，全省毛竹材产量达 2.1 亿根。2007 年有笋竹加工企业 2822 家，其中产值在 1000 万元以上的加工企业有 185 家，竹产业总产值达 153.1 亿元。笋竹加工初步实现了从粗加工到精加工，从手工作坊向规模化、机械化方向转化，产品除清水笋、笋干、竹席、竹编、竹工艺品等传统产品外，竹水泥模板、竹地板、竹快餐盒、高档竹家具、竹炭、即食笋系列、竹汁保健品等新产品不断涌现。

（6）人造板制造业

福建省人造板制造业起步较晚，但发展很快。2007 年全省现有规模以上人造板企业 433 家，全省人造板产量达到 535 万立方米，涌现出福人木业、永安股份、厦门涌泉、南平沪千、福清成龙等多家上规模、上水平的骨干企业，创造出"福人中纤板""永林蓝豹""企鹅胶合板""明新牌胶合板""明通牌竹木胶合板"等名牌产品。

（7）家具制造业

2007 年全省规模以上家具企业 144 家，产量约 8071 万件，总产值达 48.49 亿元，初步形成了沿海地区以生产办公家具、酒店家具、金属家具、软体家具、校园家具为主，内地山区以生产实木家具、出口木制品、竹藤家具为主的发展格局。全省涌现出诚丰、菲莉、正盛、喜盈门等十几家超亿元企业和菲莉、正盛、联福等十几家出口创汇超千万美元企业。诚丰、现代、森源、喜盈门、冠达星、成龙等多家企业产品被评为"省著名商标"或"省名牌产品"。

（8）林化产品加工业

福建省林产化工产品资源丰富，发展潜力大，某些产品在国际市场上处于垄断地位。但由于企业小而分散，设备落后，精细加工不够，发展不平稳。松香和活性炭等传统林化产品稳中有升，

2007年全省松香产量5.6万吨,规模以上林化产品工业总值达到21.64亿元。形成了一批以南平劳特、沙县松川、记安林业、武平绿洲为代表的松香重点生产企业和以南平元力、泰宁金湖炭素为代表的活性炭生产企业,并涌现出"闽山牌"萜烯树脂、"平川牌"聚合松香、合成樟脑等名牌产品。

（9）木浆及纸制品业

福建省纸和纸浆工业起步早。改革开放以来,随着国民经济快速发展和人民生活水平的不断提高,国内对各种纸和纸制品的需求急剧增加,福建省纸和纸浆工业取得了巨大的发展。2007年全省规模以上造纸企业机制纸浆产量39.85万吨,纸和纸板产量237.85万吨,规模以上企业564家,工业总产值291.79亿元。初步形成了闽西北以南纸、青纸、中竹纸业、腾荣达等为代表的新闻纸、纸袋纸生产中心;闽东南以恒安、优兰发、伟立纸业等为代表的纸袋纸、生活用纸生产中心,并涌现出"饶山""青山""安乐""心相印"等省级名牌产品。

（10）森林旅游业

森林旅游是绿色产业的重要组成部分,是21世纪新时尚产业,是现代林业产业不可缺少的重要内容。全省已建立森林公园50处,其中国家级19处,省级31处,经营保护面积达14.67万公顷;建立林业自然保护区31处,其中国家级9处,省级22处,保护总面积80.27万公顷。依托这些丰富的资源和独特的自然景观,森林生态旅游发展迅猛,2007年森林人家示范点和授牌点已达339户,共接待游客157万人次,创造社会价值7600多万元。

野生动植物驯、繁、加工业。野生动物养殖业和狩猎业、野生植物培植业和采集业稳步发展。野生动植物加工产品包括中成药、中草药、标本、化妆品等,初步形成了以黑熊、梅花鹿、龟鳖类、蛙类为主的野生动物养殖业和以南方红豆杉、厚朴等药用植物培植业。以红豆杉、柳杉、三尖杉、樟树、厚朴、杜仲等为主的珍贵及药用基地面积达6万公顷。生物制药等新兴产业势头强劲,如在红豆杉提取紫杉醇方面,明溪南方红豆杉生物有限公司年产紫杉醇40千克,实现产值3800万元,并建立栽培基地0.17万公顷。如在雷公藤制药方面（提取雷公藤甲素）,泰宁县杉阳公司与美国泛华医药公司签订了600公顷雷公藤基地建设合同（项目已实施100公顷）,用于提取雷公藤甲素。泰宁县计划建立0.67万公顷雷公藤基地,现已建立雷公藤药材基地0.18万公顷,种苗基地6.67公顷。

3. 福建林业经济发展特点

近几年来,福建省林业产业发展特点主要体现在以下几个方面:

（1）林业产业总体规模逐步壮大,实力不断增强

2007年全省林业总产值达11850.75亿元,其中规模以上林业工业企业比2003年增加了一倍多,达到2008家,总产值达731.43亿元,企业年平均产值达3642.56万元,比2006年增加307.44万元;累计实现利润32.98亿元,同比增长65%;实现利税54.82亿元,同比增长50.3%;累计完成出口交货值133.72亿元,同比增长14.9%（表1-23）。

表1-23　2005~2007年规模以上企业情况

年　份	2005	2006	2007
工业总产值（亿元）	459.77	563.61	731.43
规模以上企业数（个）	1469	1723	2008
规模以上企业平均产值（万元）	3129.82	3271.1	3642.56

（2）林业产业结构不断优化

一、二、三产的比重由2003年的55：41：4调整到2006年的31：68：1;林业工业产值比例

逐步加大,已占林业总产值的 68.23%,高于全国 48.80% 的平均水平。林业企业经济实力不断增强,2007 年全省有规模以上的林业工业企业 2008 家,其中省级林业产业化龙头企业 65 个,品牌农业重点龙头企业 3 个、闽台合作龙头企业 2 个。森林生态旅游方兴未艾,全省已建成省级以上森林公园 83 个(其中国家级 23 个),公园面积达 17 万公顷。现有 20 个森林人家示范点、92 处授牌经营点,仅"五一""十一"两个黄金周就接待游客超 50 万人次,旅游直接收入达 1000 多万元,森林人家已成为福建省内短线休闲健康旅游的首选。

(3)非公有制经济发展迅猛

从规模企业所有制结构来看,全省林产品加工企业技术水平和管理水平不断提高,整体实力日益增强,尤其是非公有制林业经济发展迅猛。非公有制企业由 2006 年的 1649 家增加到 1947 家,占全省规模以上企业的 96.96%,产值达 713.21 亿元,同比增长 30.29%;国有和集体企业由 2006 年的 74 家减少为 61 家,产值为 18.22 亿元,同比增长 12.4%。股份制企业产值所占的比重最高,达到 55.19%,也是增长幅度最快的。全省林业工业规模以上企业年平均产值达 3642.56 万元,比 2006 年 3271.12 万元增加 307.44 万元,同比增长 11.36%。其中,外商及港澳台企业年平均产值最高,达 5829.93 万元,比全省平均产值高出 2187.37 万元;国有企业年平均产值最低,仅有 1451.97 万元,还不到全省平均的一半(表 1-24)。

表 1-24　2007 年林业工业规模以上企业所有制结构统计表

指标名称	产值(万元)	产值所占比例	企业个数(个)	企业年均产值(万元)
全省企业	7314265.1	100	2008	3642.56
国有企业	4355.9	0.06	3	1451.97
集体企业	177843.6	2.43	58	3066.27
股份合作企业	152961	2.09	44	3476.39
股份制企业	4036595.9	55.19	1266	3188.46
外商及港澳台企业	2611809.4	35.71	448	5829.93
其他经济类型企业	330699.4	4.52	189	1749.73

(4)林产品产量增长迅速,且结构不断优化

木材生产保持持续稳定增长。2007 年全省累计完成 685.54 万立方米,比上年同期增加 61.25 万立方米。其中南平市、三明市和龙岩市全年完成木材生产分别为 286.69、229.52 和 92.09 万立方米,分别比上年同期增加 47.53、22.65 和 2.87 万立方米(图 1-14)。木材销售量也保持良好的增长趋势,

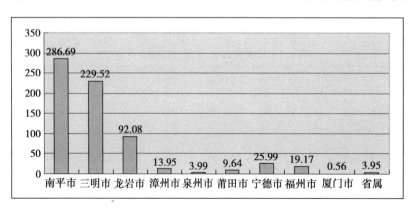

图 1-14　2007 年福建省各地区木材产量(万立方米)

全年累计完成 683.71 万立方米，比上年同期增加 79.67 万立方米；木材库存 57.17 万立方米，比上年同期减少 6.2 万立方米。木材市场出现供销两旺的局面。

人造板产量增长迅速，资源综合利用能力不断提高。2007 年，全省规模以上人造板产量达 535.23 万立方米，比 2005 年 266.49 万立方米增长了一倍；产值达 117.14 亿元，同比增长 54.42%。其中胶合板完成 183.18 万立方米，纤维板完成 166.74 万立方米，刨花板完成 114.25 万立方米，人造板二次加工装饰板完成 1018.84 万平方米。其中刨花板增长幅度最快，从 2005 年的 19.36 万立方米增长到 2007 年的 114.25 万立法米，增长了近五倍（图 1-15）。

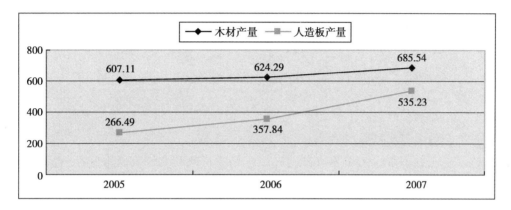

图 1-15　2005~2007 年全省木材、人造板产量变化（万立方米）

木竹制品、木制家具、木地板、造纸等产业发展迅猛。竹材加工业发展迅猛，规模以上木竹制品完成产值从 2006 年的 42.77 亿元增长到 2007 年的 66.31 亿元，增长 55.4%；木制家具完成 825.87 万件，比增 9.52%，产值 66.3 亿元；造纸及纸制品完成产值 234.64 亿元，其中纸浆完成 39.85 万吨，比增 5.76%；机制纸及纸板完成 237.85 万吨，比增 20.15%；木地板完成 211.5 万平方米，比增 11.41%（表 1-25、表 1-26）。

表 1-25　2007 年规模以上企业主要林产品生产情况

产品名称	全年累计	增长（%）
人造板（立方米）	5352301	43.47
胶合板（立方米）	1831805	48.24
纤维板（立方米）	1667428	10.76
刨花板（立方米）	1142501	113.41
二次加工装饰板（平方米）	10188391	10.39
家具（件）	80712136	5.47
木制家具（吨）	8258710	9.52
纸浆（吨）	398511	8.05
机制纸及纸板（吨）	2378500	20.15
新闻纸（吨）	302123	-3.91
箱纸板（吨）	630320	16.54
纸制品（吨）	1422201	19.11
木地板（平方米）	454162	16.25
复合地板（平方米）	1660843	10.16

表 1-26 2007 年福建林业工业规模以上产值构成统计表

指标名称	产值（万元）		产值所占比例（%）		企业个数（个）		企业平均产值（万元）	
	2006	2007	2006	2007	2006	2007	2006	2007
全省总计	5636131	7314265	100	100	1723	2008	3271.12	3642.56
锯材、木片	79559.6	113420.3	1.41	1.55	44	63	1808.17	1800.32
人造板	758558.1	1171404	13.46	16.02	324	433	2341.23	2705.32
木竹制品	426649.7	663112.6	7.57	9.07	259	323	1647.3	2052.98
家具	437986.8	484935.5	7.77	6.63	117	144	3743.48	3367.61
造纸及纸制品	2346366	2917911	41.63	39.89	527	564	4452.31	5173.60
林产化工	550416	484501.2	9.77	6.62	170	152	3237.74	3187.51
其他（果蔬类）	1000995	1478981	17.76	20.22	282	329	3549.63	4495.38

（5）林业产业集中度不断提高

南平木竹、三明林产加工、漳州家具三大产业集群不断壮大，莆田木制品—家具新兴产业集群正在逐步形成，产业集中度不断提高。其中，三明市全市规模以上林产工业 2007 年产值达到 110.58 亿元，比增 42.4%，成为三明市第二个超百亿元的产业集群。同时，积极培育发展以促进产业集聚为主的各类加工园区建设。利用国家在福建省莆田设立国家级进口木材检疫除害区的良机，创建了国家级木材加工贸易示范区。目前示范区完成总投资 4.09 亿元，共落地企业 23 家，其中投产企业 11 家。创建了国家级海峡两岸（三明）闽台林业合作试验区，承接台湾林业产业转移、开展林业科技交流、对接国际市场，成功举办了三届海峡两岸（三明）林业博览会，累计引进台资企业 231 家，总投资 30620.7 万美元。全面启动了"中国笋竹城"项目建设，进一步把福建省丰富的竹资源优势转化为产业优势，完成投资 3.06 亿元，落户企业 30 家。创建建阳"海西林产工贸城"，充分利用闽西北资源优势，打造中国东南集林产品加工、贸易、展示、电子信息交流中心和物流配送为一体的工贸城，目前已完成基础设施投入 1.96 亿元，已引进入园企业 35 家，总投资 19.36 亿元，总注册资金 6.5 亿元，总用地 1295 亩。

（6）林产品质量不断提高，竞争力有所增强

福建省林产品被评为"中国名牌产品"的有"福人中密度纤维板""永林蓝豹中密度纤维板"2 项，"中国驰名商标"4 项，"国家免检"产品 7 项，还有"福建省名牌产品"86 项。产品的质量和市场占有率逐步提高，竞争力不断增强。国际竞争力也在逐年增强，在受到出口政策调整、人民币升值等因素的影响下，2007 年全省仍累计完成出口交货值 133.72 亿元，同比增长 14.9%。

（7）福建林业产业还存在着不少亟待解决的问题

福建省林业产业集群小、产业链短、结构不尽合理、资源总体质量不高、产品附加值较低、自主创新能力不强等问题还相当突出，难以满足国民经济和社会发展对林业物质产品、生态产品和文化产品的需求。从芬兰、新西兰等林业发达国家"林业立国"的成功实践看，福建省林业产业发展的空间还很大，还有很多文章可做。

（二）福建林业经济在全国的位置

福建省地处我国东南沿海，在国家林业区域发展战略中处于"南用"区。森林覆盖率达62.96%，居全国第一位；活立木蓄积量 4.97 亿立方米，居全国第七，是我国木竹资源主产地。2007 年商品材产量 685 万立方米，约占全国木材总产量的 10%；竹材产量 3.25 亿根，占全国竹材

总产量的 20%，其中毛竹 2.1 亿根，均居全国第一位。人造板加工 535.23 万立方米，约占全国总产量的 6%（表 1-27）。

表 1-27　2006 年全国各省区木材、竹材、人造板产量前 5 位

排序	木材产量（万立方米）		竹材（万根）		人造板（万立方米）	
	全国	6611.78	全国	131175.56	全国	7428.56
1	福建	660.41	福建	28536.1	江苏	1618.2
2	广西	649.93	广西	20670.29	山东	1140
3	湖南	628.76	四川	14712.01	河北	949.9
4	黑龙江	560.15	云南	14099.36	浙江	465.91
5	江西	483.03	浙江	13469.78	福建	439.35

近年来，福建省林业工业虽然发展较快，占林业产业总产值的比重有一定幅度提高，但仍落后于广东、浙江两省，位居全国第三位。2007 年实现林业总产值 1180.75 亿元，超过浙江省居第二位（表 1-28）。

表 1-28　2006 年全国各省区林业产业总产值前 5 位

	总产值（亿元）	占全国比重（%）	排名	一产（亿元）	排名	二产（亿元）	排名	三产（亿元）	排名
全国	10652.21	100		4708.81		5198.39		745	
广东	1315.22	12.35	1	266.25	4	1038.52	1	10.45	5
浙江	1064.44	9.99	2	359.40	2	631.43	3	73.61	1
福建	1002.26	9.40	3	307.31	3	683.82	2	11.14	4
江苏	717.17	6.73	4	202.17	5	479.15	4	35.85	2
山东	717.04	6.73	5	369.56	1	333.2	5	14.3	3

（三）发展福建省林业经济的重要意义

加快林业产业发展，不仅将产生巨大的生态、社会效益，而且将创造出巨大的物质财富，最大限度地满足经济社会发展对林业的多种需求。

1. 福建林业经济在经济社会可持续发展中的重要地位和作用

加快发展林业产业，对于全面落实科学发展观，建设资源节约型和环境友好型社会，促进人与自然和谐发展，意义十分重大。随着经济社会快速发展，资源和生态环境的瓶颈约束效应日益凸显，发展循环经济，以可再生资源替代不可再生资源已成为重大战略取向。林业产业是规模最大的循环经济体，森林资源的可再生性和林产品的可降解性，为经济社会发展可持续利用森林资源展示了光明前景。

（1）加快林业产业发展是维护福建省木材安全的根本途径

世界各国的实践证明，经济越发达，对木材和林产品的需求量越大。而我国又是森林资源匮乏的国家。人均森林面积仅有 0.128 公顷，相当于世界人均的 21.3%；全国人均蓄积量为 9.05 立方米，相当于世界人均的 12.6%。随着国内经济的持续快速发展和人民生活水平的不断提高，木材需求量也不断增加。我国每年对木材蓄积消耗的总需求为 5.5 亿立方米，合理供给量仅为 2.6 亿立方米，占需求量的 40%。每年需进口原木约为 2500 万立方米。每年要用约 200 多亿美元外汇进口木制品和林产品，木材是仅至于石油、初级塑料的第三大进口商品。而维护全球生态安全、应对全球气

候变暖又对保护森林资源提出了强烈要求。森林资源的稀缺性和经济社会发展对木材的刚性需求的矛盾日益尖锐。加快林业产业发展，立足国内解决木材和林产品供应问题，已成为我国经济社会发展的迫切要求。

福建省森林面积大，覆盖率高，活立木总蓄积量多。但是，森林资源总体质量差，天然残次林多，优质天然林少；中幼人工林多，近成过熟林少；杉松纯人工林多，针阔混交林少。据统计，全省用材林分384.73万公顷，杉木、马尾松占76%，而且90%是人工林。从成熟度看，中幼林占73.5%；近成过熟林不足26.5%，且40%在边远交通不便的地区。所以，出现了"满目青山，无木可采"现象，阶段性供求矛盾十分突出。且林地生产率低，每公顷蓄积仅78.6立方米，比全国平均值84.9立方米还低。为此，福建省必须加快林产加工业发展，促进以木竹资源培育为主的第一产业的发展，从而保障福建省木材安全和林业经济的可持续发展。

（2）加快林业产业发展是保障能源安全的重要途径

福建少煤无油无天然气，常规能源匮乏，60%以上的能源消耗需要从省外调入。根据有关报告，探明的福建省煤地质储量为14.7亿吨，按福建省目前的开采速度仅能开采12年左右。而水电潜力已不大，烟煤、石油、燃气几乎全部依赖省外采购和进口，福建省的能源问题已经成为制约经济增长和社会可持续发展的重大问题。而福建省植物种类达5000种以上，其中用材树种有400余种，为全国六大林区之一，森林资源较为丰富，具有发展林木生物质能源的良好条件。每年约有300万立方米约10万吨的林业"三剩物"和次小薪材，也可用来作林木生物质固体成型燃料，每年可节约燃煤10万吨以上。福建省有三年桐（含油率30%~50%）、千年桐（含油率30%~50%）、乌桕（含油率30%~50%）、黄连木（含油率30%~40%）、山苍子（含油率30%~40%）、油茶（含油率30%~40%）等乡土油料能源树种及麻疯树等引进油料能源树种。现有木本油料林面积约13.33万公顷，以每公顷产量达3000千克计算，约有40万吨的果实，以平均30%的出油率计算，如果全部利用的话，年可产生物柴油12万吨左右。因此，发展林木生物质能源为省提供了新的能源途径，对补充福建省能源供给、减少对石化燃料的依赖、缓解资源压力、保障能源安全具有重大的意义。

（3）加快林业产业发展是其他产业发展的重要基础

森林是自然界最丰富、最稳定和最完善的碳汇库、基因库、资源库、蓄水库和能源库，具有调节气候、涵养水源、保持水土、防风固沙、改良土壤、减少污染等多种功能。根据于连生、周冰冰等专家的测算，森林生态价值是林木经济价值的10倍以上。

加快林业产业的发展，促使的林业的发展，将为农业生产提供良好的生态环境，在农田保护、改善土壤、防抗灾害等方面发挥了重要的作用。林业的发展也为畜牧业的发展提供良好的生态环境，在提供木本饲料、维护和改善牧场环境发挥了重要的作用。湿地的保护也为渔业的发展提供了重要的基础，还同时对水资源、水利的发展利用提供重要的保障。森林在提供木材产品的同时，还提供了十分丰富的非木质产品，如药材、松香、饮料、香料、染料等，为绿色森林食品、中草药、林产化工等产业发展的提供基本原料。近年来，福建省山区人民依托山林，采集和培育森林药材，发展林下种养殖，为福建省中医药业的发展做出了重要的贡献。如三明市生物医药工业总产值2007年已突破10亿元，新建药材和植物提取原料基地5万亩、面积扩大到20万亩，产值超亿元的生物医药企业达5家。同时，福建省是"八山一水一分田"，山多地少，粮食自给率仅一半左右。林业产业的发展，林业经济的开发，对缓解粮食紧张问题具有重要的意义。林业经济的发展同时也促进了森林旅游业的快速发展。林业经济发展也是森林旅游业健康发展的基础。依托自然保护区、林场、森林公园等森林景观和湿地景观，发展森林休闲健康旅游，已成为人们生活水平提高后，重要的假日出行选择。2007年，福建省借鉴"农家乐"的成功经验，以森林公园和生态公益林区为依托，按照"政府引导、市场运作、企业投资、农户联动"的原则，大力推进"森林人家"休闲健康游，制定了相应的规范标准和管理办法，于"五一"黄金周期间，启动"森林人家"示范点经营，取得较好的经济效益。

2. 林业经济在兴农富民方面发挥重要作用

福建省"八山一水一分田"的地理条件，决定了林业在福建省经济发展中的重要位置，开发山地资源、发展绿色产业是壮大县域经济、促进农民就业、增加农民收入的优势和潜力所在。尤其在闽西北山区，林产业的发展对调整农村产业结构，培育农村税源，增加农民收入，壮大山区集体经济起到了一定作用，有力地促进了山区经济发展，加速了农民致富奔小康的步伐。

（1）林业经济与林农致富

林业经济是山区农民增收的重要来源。福建省陆地总面积12.14万平方公里，其中山地、丘陵面积约占总面积的80%，有林业用地面积9.07×10^6公顷，有林地面积7.67×10^6公顷，森林覆盖率62.96%。全省总人口为3581万人，其中乡村人口1837万人，约占51.3%，基本上生活在山区。山地资源是农民重要的生产资料，广大山区农民在很大程度上还要"靠山吃山"，山地的综合开发利用，林业经济的发展成为广大山区农民增加收入的主要来源（表1-29）。2007年城镇居民人均可支配收入15505.42元；农民人均纯收入5467.08元。

表1-29　2006年人口、面积、收入主要构成情况

指　　标	年末数	比重（%）
全省陆地总面积（万平方公里）	12.14	
其中：山区面积		
林业用地面积（亿亩）	1.36	
有林地面积（亿亩）	1.15	
全省总人口（万人）	3581	100.0
其中：乡村人口（万人）	1837	51.3
城镇居民人均可支配收入（元）	15505.42	
农民人均纯收入（元）	5467.08	

据调查，南平、三明等主要林区的农户从林业发展中获得的收入已占家庭收入的一半左右。如永安市农民2006年人均林业收入2513元，占农民人均收入近一半，比改革前增长了3.4倍。同时，通过降低起征价、减免税费、实行木竹产销见面、财政转移支付等措施，使林农得到了实惠，全省每年还利于民、反哺林业资金达20.48亿元。建瓯市年实现竹业总产值10亿元，农民人均竹业收入达1520元，占农民人均总收入的35%以上。

同时，林产工业的快速发展，推动林业要素市场的发育，拉动木竹原料价格的提升，从而有力地带动林农的持续增收。2007年，8厘米的杉木小径材，每立方米价格由2003年的400元提升到710元；眉围1尺的毛竹价格由2003年的每根9元提升到16元；各种枝丫材，也因大亚项目的引入，价格从2004年每吨150元增加到300元左右，翻了一番。2007年，三明市农民人均纯收入5141元，其中来自林业收入1195元，占23.2%，成为三明市农民增收最快的领域之一。

林业经济是村集体的重要收入来源。林业是村集体公共支出的重要经济来源，林业经济的发展为农村公共基础设施的改善、公共投入的增加作出了重要的贡献。全省林地平均每公顷每年租金由林改前的45~75元上升至目前的150~450元，森林资源流转平均每公顷价格由4500~7500元涨至 15000~30000 元。据调查，南平、三明等主要林区平均每个村集体每年林业收入可达 3 万 ~5 万元，一些重点林区县的村可达 10 万元以上。邵武市村级林业收入由 2002 年的 559 万元增加到 2005 年的 1492 万元。

（2）林业经济与农民就业

林业产业纵跨国民经济的一、二、三产业，产业链条长，涵盖范围广，且很多产业是劳动密集型的产业，在解决当地剩余劳动力就业方面发挥了重要的作用。如森林旅游的发展带动社会旅游从业人员 11878 人，同时也增加了山区农民的经济收入。

2006 年福建省林业加工企业职工超过 20 万人，其中林业系统从业人员 3.37 万人。尤其是在山区，林业加工企业成为解决当地富余劳动力就业，促进农民增收的重要途径。

3. 林业经济在社会主义新农村建设中的重要作用

（1）林业经济的发展夯实新农村建设的生态基础

福建省上下掀起"种植名贵树木、建设绿色家园"的新农村绿化热潮，努力营造农村良好人居环境。目前，福建省共评比表彰省级园林式乡镇 119 个、园林式村庄 236 个。各地坚持以绿化促美化、以绿化促文明、以绿化促致富，广泛发动农村居民充分利用村旁、溪旁、路旁、宅旁和基本农田外的抛荒地、旱地、坡耕地等非规划林地，大种"名贵树、财富树、公仆树、子孙树、风水树"。2006 年全省近 20 万户农村居民参与非规划林地造林，种植珍贵和优良乡土树种 1400 多万株；今年发展到 3331 个村、30 多万农户参与非规划林地造林，已种植降香黄檀、楠木、香樟、花榈木、乳源木莲、红豆杉等名贵和优良乡土树种 2000 万株，折合面积 20 万亩，与去年相比，参与人数和株数均增加了 50%。

（2）林业经济的发展促进农民经济合作组织的发展

林业经济的发展推动了林业经济合作组织的发展。截至 2006 年年底，福建省已经成立林业经济合作组织 2426 个（表 1-30）。林业经济合作组织是一种农民专业经济合作组织，指在家庭联产承包经营的基础上，林农基于共同的利益联合起来，提供各种产前、产中、产后服务的互助性经济组织，包括各种经济性林业协会和林业经济合作社。林业合作经济组织可以为广大林农提供病虫防治、科技服务、种苗供应、农资供应、产品加工、产品销售、市场信息、技术交流等服务，有的还起到了统一品牌、组织经营、调控价格和利益协调的作用，不仅保护了林农的利益，而且增强了林业的竞争力。林业经济合作组织的建立，推动了农民组织化程度的提高，有利于其他农产品的生产和销售，有利于乡村公共事业的发展，也有利于推动乡村民主的发展。

表 1-30　2006 年福建省林业经济合作组织的规模与模式

模　式	数量（个）	占总数比例（%）	涉及农户（人）	比 2002 年增长（%）
股份制、家庭、合作制林场	1248	51.4	19700	59.0
企业与农户合办基地	245	10.1	50726	83.5
服务性行业协会	809	33.3	285258	69.2
专业合作社	269	11.1	14316	58.2
合计	2426	100	113000	65.0

三、文明社会与生态文化

文明社会是和谐发展观拓展运用于社会建设，使得社会、经济与环境协调发展、人与自然建立友善和谐关系而形成的产物，是文化发展到一定阶段的结果。而林业的文化内涵集中体现为生态文化，森林是生态文化传播与发展的主力军和先行者，因此，文明社会建设需要林业充分发挥其生态效益，形成高层次的生态文化。党的十七大报告首次提出生态文明，强调在全社会树立牢固的生态文明观念，提出"建设生态文明，基本形成节约能源资源和保护生态环境的产业结构、增长方式、消费模式"的战略方针，这是党科学发展、和谐发展理念的一次升华，是生态文化发展到一定程度的产物。从这个意义出发，依据现阶段我国的国情，文明社会建设内容包括城乡协调发展、生态环境保护与人们生活方式向更高层次的成功转型，它们对生态文化的发展提出更高的要求。

（一）城乡协调发展

新中国成立初期，为了迅速完成工业化原始积累，实现从农业国向工业国的转变，国家实行了工业优先发展战略，"挖农补工"，工业的产值很大部分是以牺牲农业为代价，城市飞速发展，农村日渐落后，两极分化趋势加剧，形成了城乡二元化结构。改革开放以来，随着"三农"问题的尖锐化，国家明确了"农业大国"的基本国情，开始重视农村建设，于 2003 年正式将"三农"问题引入工作报告，成为政府亟待解决的首要问题。"三农"问题实质是长期的城乡二元化结构的产物，解决了城乡二元化问题，"三农"问题也就迎刃而解了。城乡协调的提出就是源于城乡二元化结构，目的在于通过城乡协调发展，缩小甚至消除城乡二元化结构。

1. 城乡协调发展的内涵与意义

（1）内 涵

城乡协调是在保存城市和乡村鲜明特色的前提下，建立一种新型城乡关系，即效益共享、责任共担、相互协调、共同发展。城乡协调发展是指以和谐理论为指导，在经济全球化、社会文明化的大背景下，协调城市与农村内部各个因素，将两者紧密相联，形成经济、社会、环境发展的统一体，不断减轻或消除城乡二元化结构，建立和谐、互促互进的城乡关系体系的过程。

（2）意 义

统筹城乡发展是在新时期新形势下，顺应社会经济发展要求而产生的，主要目的在于充分发挥工业对农业的支持和反哺作用、城市对农村的辐射和带动作用，建立以工促农、以城带乡的长效机制，促进城乡协调发展。它是有效解决"三农"问题的根本途径，是促进农村经济社会全面发展的有力保障，是构建社会主义和谐社会的重中之重，是实现全面建设小康社会的重大战略举措，对构建文明社会具有重要的意义。

从政策层面上分析，党的十六大将"统筹城乡经济社会发展，建设现代化农业，发展农村经济，增加农民收入"作为全面建设小康社会的重大任务；党的十七大亦指出"统筹城乡发展，建立以工促农、以城带乡长效机制，形成城乡经济社会发展一体化新格局"是促进国民经济又好又快发展的重要策略之一。福建省第十届人民代表大会第五次会议批准的《福建省建设海峡西岸经济区纲要》中关于开创统筹协调发展新局面，提出以社会主义新农村建设和海峡西岸城市群建设促进城乡和地区协调发展，农村现代产业体系和公共服务体系更加健全，城镇体系更加合理，城乡差别逐步缩小。从社会发展角度出发，城乡协调发展是合理高效地利用和配置资源的重要手段，是实现社会、经济稳固发展的重要前提。从文化意义上理解，随着农民教育水平、文化素养的提高，以及乡村生态旅游等休闲型旅游形式所创造的生态文化对城市游客的感化，人们不容许社会存在不和谐的二元结构，而是急需一个和谐的环境，作为促进生态文化发展与提高人们生活质量的平台，从而推动文明社会的前进。

可见，统筹城乡社会经济协调发展已从理念上升到政策，并将作为发展社会主义新农村的一项重要任务付诸于实际行动，体现了统筹城乡发展的重要战略意义。城乡协调发展，从发展的角度求和谐,是贯彻落实科学发展观的必然要求,是海西全面建设小康社会的重要内容,是解决"三农"问题的根本途径,也是着眼于构建和谐海西的一项重大战略举措,是文明社会建设的一项重要内容。

2. 生态文化在城乡协调发展中的地位

（1）生态文化概述

生态文化是指自然界万物的和谐本性对人类而言的意义，或者说由人的存在出发赋予自然万物以生态的意义，也就是说，生态文化是人与自然关系的文化内涵。人类诞生至今，处处刻着生态文化发展的痕迹。从人类诞生之初完全依赖于自然界而生存的自然文化，人类对自然产生敬畏并膜拜（这一时期产生了图腾崇拜）的图腾文化，到人类改造自然、征服自然，再到人类客观认识了自然，这是一个漫长的阶段，不仅是人类社会发展的探索史，也是生态文化的创造史。生态文化的发展史，是一部人与自然的和谐关系史，它以摒弃传统文化的"反自然"性质，抛弃人类统治、无视自然的思想，走出人类中心主义，建设"尊重自然"的文化，集中体现在其物质层次、精神层次与制度层次的选择与转变。

生态文化的物质层次是指生态文化相对于社会、经济等特定形态的物质体现，这一层次包括生态产品、生态技术、生态工艺等。它是抽象的生态文化形态的具体化，通过生产渠道的生态化改造生产生态产品，通过生产工具的生态化运用形成生态技术等，集成一系列生态化的生产方式发展生态经济，是生态学理论在实践中的具体运用。生态文化的精神层次是指生态文化赋予人类热爱自然、保护环境的文化理念，为社会发展提供和谐理论的指导，包括生态伦理、生态哲学、生态艺术、生态美学等内容。生态文化的制度层次是以制度规范为手段，建立一系列以生态文化为核心，供人们遵循的法律法规，是生态文化的制度保证。生态文化的物质、精神、制度三个层次相辅相承、相互促进，是构成生态文化体系的完整内容，是生态文化发挥作用的重要途径。

（2）作用分析

生态文化的三个层次理论涵盖了社会、经济发展的方方面面，对城乡经济、文化等的协调发展起着重要的指导作用。

首先，生态文化的物质层次为城乡经济协调发展提供技术支持，是其健康稳定发展的重要条件。城乡经济协调发展是指城市和乡镇在经济发展上，以可持续发展为原则，根据各自的发展优势，采取一种相互互补、互惠互利的共同发展模式，以实现其经济发展的双赢，从而促进整个社会的经济稳步前进。它要求城市与乡镇经济要朝着一体化方向发展。除此之外，还要求经济发展建立在不破坏环境的基础上。而生态文化的物质层次正是以生态技术、生态产品等为其物质体现，满足城乡经济协调发展的要求，为城乡经济的一体化发展提供可行的技术基础，为促进城乡经济又好又快发展提供保障，在城乡经济协调发展中占据着重要的地位。

其次，生态文化的精神层次为城乡文化协调发展提供理论指导。城乡文化协调发展是城乡协调发展的重要内容之一，是在城乡一体化发展的要求下，合理配置社会文化资源，促进城市与乡镇文化同时发展、稳步提高，相互渗透，互促互进，并最终达到城乡社会和谐发展的目的。它要求城乡间的文化理念要一致,文化供求关系均衡。然而,实际中由于城乡间各方面存在较大的差距，人们对文化的需求方式、程度等都存在较大的差异，文化协调具有一定的难度。因此，生态文化的精神层次以其独有的生态伦理观、生态哲学等理论指导城乡文化朝着多元化的方向发展，不仅解决了城乡间较大的差距导致文化难以协调的问题，还提升了城市与乡镇文化的发展水平，为城乡文化的协调发展提供新思路。

再次，生态文化的制度层次为城乡协调发展提供制度保证。城乡经济、文化的协调发展需要社会的客观力量支持与人们的自觉意识支持。但是在多数情况下，人们的意识形态和行为方式总是存在较大的变异性和盲目性，这就要求政府等相关权力部门采取某些有效的制度措施加以规范，统一整合，以创造良好的社会发展条件。生态文化的制度层次正是从这方面出发，以相关的法律法规规范、监督人们的行为。同时，制定相关政策，对某些发展条件欠佳的区域进行政策扶持，力争实现区域协调发展，城乡协调发展。

总之，生态文化为城乡经济与文化的协调发展提供新思路、探索新途径，在城乡协调发展中起着重要的作用。

3. 福建城乡协调发展与生态文化

（1）福建城乡发展的概况

近年来，我国城乡间的差距日益扩大，农村的建设一度处于消极状态，国家的财力、物力、人力大多贡献在城市的建设上，卓有成果地开展了各大、中城市的建设。在大环境的影响下，各地倾力于城市建设，忽略了农村的建设，直到"三农"问题的爆发，农村建设才受到重视。

福建作为海峡西岸经济区的主体，对城市建设也相当重视，1998年福建城市化水平（47.3%）就超过世界平均水平（47%），而在农村建设上，显得相对不足。直到2004年，福建全面实施农村低保政策，直接受益农民达75.5万人；加强农业基础设施建设，建成农村路网工程7500公里，农业水利工程建设完成了年度计划的103%，森林覆盖率达62.9%，居全国首位；粮食面积和产量连续6年下降的势头得到遏制；农村劳动力转移工作得到加强，新增转移农村劳动力22.5万人。

进入21世纪，随着国家对新农村建设的重视及城市居民对农村自然化生态环境的向往，福建省启动了新农村示范点建设，开展了乡村森林旅游等形式，大大促进了农村基础建设与农民生活水平。目前，福建的城乡协调发展还处于建设阶段。

（2）福建城乡协调发展对生态文化的要求

分析福建城乡发展的现状可知，统筹福建城乡协调发展存在着如下难点：第一，农村的农、林业等资源没有得到很好的开发利用是阻碍农村经济发展的重要原因。农村是农业的发展基地，也是林业发展的重要地区，福建省山多林多，森林覆盖率居全国之首，具有很好的林业发展潜力，但这一潜力并没有得到很好的发挥；第二，由于农村经济发展较落后，相关配套设施得不到完善；农民的文化素质偏低，整体建设水平不高，与城市建设相比，相差甚大。第三，城市产业集聚，农村劳动力不断向城市转移，农业生产得不到保障，而城市劳动力急增，人口过度密集，保证了各行业的正常运行，却破坏了环境。

统筹福建城乡协调发展存在的难点对生态文化的发展提出了更高的要求。

首先，要求生态文化的物质层次发挥良好的技术指导效用，引导城乡生态经济朝着有序协调的方向发展。城乡经济的不协调发展，很大部分在于农村经济发展落后，至今，我国关于新农村建设已经出台了不少相关政策文件，对农民的生活负担也先后采取减轻措施，减免了农民的各种税收，加大了对农村的建设力度。但是工业化时期对农业的掠夺与忽视，到现在仍影响深刻，在一定程度上阻碍了农村建设，加剧了城乡二元结构。解决这一问题，就要充分运用"科技兴农"的思想，采取有效的科技手段促进农、林业的发展，提高农民的经济创收。林业是培育生态文化的主要载体，同时也是生态文化反馈的受用者。如何发挥潜在的农、林资源，就要求运用生态的技术、工艺精加工生产生态的产品，提高市场的占有额，促进农、林业经济的发展，缩小城乡间的差距。

其次，要求生态文化发挥其精神层次的生态理念，感化人们，培养人们正确的生态伦理观，建设浓厚的农村文化氛围，促进文明社会的发展。森林是大自然的总调度室，能够满足人们生态旅游、观光等需求。旅游、观光的过程实质上也是文化感受的过程，浓厚的生态文化气息，可以营造良好的文化环境，感化人们，培养人们正确的生态伦理观，并可在一定程度上促进森林旅游业和乡村旅游业的发展。

再次，要求具备完善的生态文化制度规范，以监督、规范人们的行为，保护农村生态环境，为农村经济、文化建设提供良好外部条件，同时，从政策上适当协调城乡经济发展重心，努力缩短城乡间的差距。由于农民的整体素质水平不高，自觉意识往往很朴素，无法指导行为作出正确选择，这就需要外部力量的推动，对其加以监督、管制，慢慢培养农民的生态文化意识。当然，完善的生态文化制度，有利于增强当地环境的保护力度。从另一角度出发，这也体现了政府的意志倾向，完善的生态文化制度反映了政府对农村建设的重视，可以促进农村经济、文化的发展，加速城乡协调发展的步伐。而隐约含糊不健全的生态文化制度，体现了一种敷衍的态度，政策不支持，原本薄弱的基础更是没办法发展出一片天地。可见，加大政策支持力度对城乡协调发展具有很大的促进作用。

（二）环境意识

环境意识是指人类善待自然，将自然作为自然生态系统中的一个环节进行考虑，对于人类活动与自然环境、生物物种之间关系的一系列正确看法和态度。它包含人们对环境和环境问题的认识程度和认识水平即认识意识，以及人类为保护和改善环境主动调整其经济活动和社会行为的自觉性、积极性即参与意识，以达到人与环境、人与自然的和谐发展，实现社会、环境、生态的可持续发展。"以辅万物之自然而不敢为"正是环境意识这一思想观念的体现。

然而，在人类文明发展的进程中，人们开始忽略环境生态平衡，对自然环境和资源的掠夺式开发，使得人们在创造丰硕成果的同时，也带来史料未及的环境灾难，大气污染、水污染、固体废气物污染等环境污染问题接踵而至。各种环境问题的产生，归根结底是由于人们对环境缺乏正确的认识。环境是人类生存的基础，要解决环境问题，必须要加强人们对人与自然、环境、生态的正确认识，提高人们的环境意识，认真贯彻《国务院关于落实科学发展观加强环境保护的决定》。这一项长期而艰巨的任务，不仅需要政府的力量，还需要群众和各企业的支持与配合，共同保护人类生存和发展的环境。

1. 群众环境意识与生态文化

随着社会、经济、文化的发展，人们对环境的保护意识有了很大的提高。从工业化时期人们完全无意识，到20世纪八九十年代人们对环境保护的觉醒，再到进入21世纪人们具有很强的环境保护意识，这是一个意识层次逐级递增的环境保护意识的发展过程，这一过程集中体现了人们对环境的认识过程，及对干净生存环境日益强烈的需求。

群众环境意识的变化过程与生态文化的发展有着相辅相成，相互作用的关系。浓厚的生态文化氛围环境下的人们，对生态环境有更高的需求，使得他们的环境保护意识也更显得强烈；同样，人们自觉保护环境，渴求更好的环境条件，提升了生态文化的内涵。举个例子加以说明。2006年福建厦门引进外资总额达108亿元人民币的腾龙芳烃（厦门）有限公司的一个化工项目，简称PX项目，预计该项目投产后每年可为厦门市增加800亿元人民币的工业产值。丰硕的经济诱惑，人们不为所动，坚决站在保护生存环境的立场上予以抵制，并奋斗到底，直到PX项目退出厦门。这个典型的例子充分体现了如今群众对环境有着非常强烈的主动保护意识，最直接的原因在于群众为了保护自身的利益，间接的原因则在于生态文化发展到一定程度，上升到人们的意识形态，引导人们作出正确的判断。试想，如果这个PX项目不是在厦门，而是在某些经济发展相对落后的地方，可能就不会受到群众的抵制，这就是生态文化在此发挥的作用。

2. 政府环境意识与生态文化

政府是环境保护的执法官，在环境保护工作中具有导向作用。政府的环境意识是现阶段环境改造的主要力量，对整个社会环境意识的提高具有重要作用。与群众环境意识的发展历程相似，政府在环境保护方面也经历了意识程度逐级递增的过程，从五六十年代"大跃进"时对环境问题的无视，到20世纪八九十年代提出环境保护的口号，再到21世纪，对环境保护提出更高的要求，出台一系列的环境保护政策、法律法规等，足以体现随着社会、经济的发展，环境保护的日益重要性。

但是，在现实中，政府作为主管部门，经常遇到环境建设与区域经济发展的矛盾问题，这一矛盾如何取舍，并没有一套可供遵循的标准。各地具体情况不同，采取的措施也不一样，这里的"具体情况"包括各地生态文化氛围。试想，在不破坏环境的前提下，经济建设是各地发展的重点，决不会有舍弃经济发展机会的情况出现，之所以会有取环境而舍经济的选择，便是生态文化发挥导向作用，引导政府做出决策。这种情况下，政府充分摆正了环境保护的强烈意识，也要求生态文化要发挥其应有的作用，与政府、群众的环境保护意识保持一致，共同促进生态环境的建设。因此，政府对环境的重视程度与当地的生态文化发展情况密切相关。重视环境保护，说明人们关注生存条件的好坏，对生活质量有更高的追求，对生态文化建设也提出更高的要求。

3. 企业环境意识与生态文化

企业多是环境资源的消耗者，又是废弃物的产生者，在环境保护中是主要整顿对象。若企业管理者缺乏环境意识，为追求经济效益最大化而滥用自然资源、忽视环境污染危害、逃避环保责任等，造成资源浪费、环境污染，这是加重生态破坏的主要途径。尤其是制药、炼油化工、纺织等企业的生产特点决定了其容易造成环境污染。因此，企业的环保意识对环境保护具有很重要的意义。

企业的环保意识经历了一个由被动到主动的过程，由被动实施相关法律法规到主动宣传环境保护、增加企业除污设备、加大企业治污力度，这一过程说明了企业的环保意识在不断地加强。在社会倡导"绿色"、消费者信任"绿色产品"的大背景下，企业只有不断增加环保设备，提高产品生产的清洁度，打造绿色产品，才能获得消费者的信任与认可，拥有稳定的产品销售市场。这是企业环保意识从被动转为主动的直接动力。

综上所述，群众环境意识、政府环境意识和企业环境意识，三者环环相扣，紧密相联。政府要加强环境保护宣传力度，提高企业、群众环境意识，使人们认清人与环境、生态、经济发展间的相互关系，认识到人与自然和谐统一的重要性；企业应当遵循政府政策，合理有效利用资源，自觉开展排污工作，认清发展形势，正确处理眼前利益与长远利益的关系；群众依靠个人日常行动解决消费领域的环境问题，通过购买选择等压力督促企业等解决生产领域的境问题提供了巨大的可能性，是中国解决环境问题的宝贵基础。同时，环保意识与生态文化发展紧密相关。较高程度的环保意识需要良好生态文化的支撑与引导，因为浓厚的生态文化氛围能够引导群众保持良好的环保意识、提高政府对环境的政策保护力度，从而在经济层面、文化层面影响企业培养自觉环保意识，共同创造良好的环境条件。

（三）现代生活方式

改革开放的丰硕成果惠及全国各族人民，有了物质上的保障，人们的人生观、价值观与世界观发生了根本性的转变。在多产品、多功能化的社会精神文明和物质文明的推动下，人们的生活水平有了质的飞跃，以工业文明为基础的生活方式发生了根本性的变化，现代化的社会经济、文化内涵引导着人类进入另一种新的生存环境。迈向小康社会的步伐中，人们对精神层次的追求进入了更高的境界，向往祥和的大自然，渴望清新的空气。

福建省位于祖国东海之滨，是海峡西岸经济区的主体。境内气候温和、雨量充沛，可谓水热资源丰富；森林覆盖率高，居全国首位，具有林海茫茫、层林叠翠的奇妙景观，可谓"绿色宝库"，具有丰富的森林旅游资源。近年来，福建的旅游业取得非凡的成就。据福建省统计局统计，2006年福建省的国内旅游总收入达 693.50 亿元，比上年增长 20.0%；国际旅游外汇收入 14.71 亿美元，增长 12.7%。全年接待国内旅游人数 6778.60 万人次，增长 19.3%；国内旅游人数 78.98 万人次，增长 9.1%；港、澳、台同胞 150.70 万人次，增长 20.5%。人们对"崇尚自然，回归自然"的现代复古型生活方式的追求，与福建休闲式旅游资源的开发协调发展。在福建，开展多种休闲形式的旅游活动，已成为人们日常生活的需求。

1. 旅游休闲形式

人们所追求的休闲旅游包括森林旅游、乡村旅游等。休闲的旅游方式，打开了第三产业的又一亮点，成就了人们回归自然的愿望，自然成为海峡西岸经济区建设的重点。

（1）森林旅游

森林旅游是一种以森林景观、森林环境为依托的旅游行为，范畴较广，包括到林区、森林公园、自然保护区和以森林为主体的风景区，进行游览、观光、狩猎、度假、娱乐等除公务与义务之外的活动。福建省森林旅游始于 20 世纪 90 年代初，发展于 90 年代中期，虽然起步较晚，但发展迅速，多产品化的发展渠道已逐步形成，各旅游产品朝气蓬勃、前景广阔，森林旅游事业蒸蒸日上，欣欣向荣之景象令人鼓舞。目前开展的主要旅游产品有森林浴、森林疗养、林业科普等。

森林浴。森林具有调节气候、保护环境等多种特有功能，营造了林内夏无酷暑、冬无严寒的独特小气候环境。夏天，炎热的阳光被森林遮掩，林内凉爽如秋，让人倍感舒服，而绿荫下，缕缕阳光，乘隙而入，点缀着林内斑驳树影，一片盎然生机的景象，更是令人神清气爽；冬天，森林的小气候环境将寒风挡于林外，明媚的阳光，在森林中播撒着春的希望，四季的生机在此萌芽。行走于林内小道，呼吸着纯自然清新的空气，游览着大自然层林叠翠的景观，倾听着清脆悦耳的鸟鸣，尽情享受着"蝉噪林逾静，鸟鸣山更幽"的意境，犹如冬天沐浴在温暖的阳光下，切身感受大自然的美好，不仅身心得到洗礼，更是赢得好心情。

森林疗养。森林是陆地生态系统的主体，具有经济、社会、生态三大效益。随着人类对林木研究的深入，配以先进的科学技术，森林的另一效益——健康疗养功效终被挖掘，并迅速地得到开发利用。"森林医院""森林疗养院""绿荫疗养院""花园医院"等作为医疗机构，真正服务于社会。在我国，尚未出现这种建于森林、依托森林特有功效服务于人类的疗养医院，但作为研究已广泛开展。然而，从某种意义上说，森林本身就是一个医院。森林里充足的氧气、丰富的负氧离子，植物芳香的气味，及盎然生机的绿色等，可以调节中枢神经、消除疲劳、降低血压等，对生活在城市里的"文明病"患者具有可靠的疗效，对人类的康体健身具有重要作用，这就是森林疗养。沐浴于森林特有的疗养环境里，充分享受森林植物功能，进行健康疗养活动，是现代人类陶冶情操，调节身心健康的好方法，并将成为一种时尚的生活追求而风靡各地。

林业科普。森林是林业科研的基地，它聚集着各种花、草、树、木，维持着生态平衡，蕴藏着无限的科研价值。森林哺育着林业研究素材，关联着多门学科的发展，影响着社会经济等多个领域的进步。亲近森林，眼观、手摸、耳听、鼻闻，动用一切器官去感受，认知森林，你会发现，这是个知识宝库。第一，帮助儿童认识自然，了解自然，有助于培养儿童从小热爱大自然的思想意识；第二，对植物的常识认知，有助于人们布置生活空间，提高生活品质，从广泛意义上说，有利于高品位、高质量的人居环境的建设；第三，森林为专业人士提供自然演化规律下最真实可靠的素材，有利于林业的发展。

值得一提的是，森林浴并非森林疗养，两者有着本质的区别。森林浴是人们在森林里逗留、观光时，对森林各种功效的一种体验，包括有形的绿色景观及无形的植物精气，随着旅行的结束而结束，一般持续的时间不超过一天，不带有目的性的；而森林疗养是倾向于治病，是人们针对不同需要，选择不同类型的林子，进行短期居住，如高血压的人宜在杉木居多的林子里休养，因为杉木散发出来的精气，可降低血压，稳定情绪。

（2）乡村旅游

《中华人民共和国宪法》关于行政区划，第二十九条指出县、自治县分为乡、民族乡、镇，可见乡村是指县级以下区域，亦可称非城市化，因而，乡村旅游作为一种活动，是以县城以下地区为游览地，以农民为主要经营主体，以城市居民为主要消费群体，通过出售具有乡村特色的有形和无形物质产品，获取经济收入的一种旅游业发展渠道。特别指出的是，所谓的具有乡村特色的"有形物质产品"主要包括乡村村落景观、古民居建筑、农田景观、乡村民俗等；"无形物质产品"主要包括乡村生活、乡村文化体验等。随着乡村旅游产品化、功能化渠道的不断完善，逐渐形成多样化的发展模式，如乡村自然景观旅游、民俗文化旅游、休闲度假旅游等。

乡村自然景观旅游。自然景观是天然景观和人为景观的自然方面的总称，处于原生态或准生态状态。顾名思义，乡村自然景观便是在乡村地域内，顺自然规律演化而成的景观，包括村落景观，周围风水林景观等。近年来，由于自然环境破坏的日益严重化，纯自然的原生态景观几乎灭绝，也许是大自然美好的事物唤起了人们的记忆，也许是人类开始担忧于千疮百孔的环境，抑或是物以稀为贵，人们对自然景观的热情一度高涨，特别是整日穿梭于车水马龙、时刻饱受污染侵害的城市居民，对大自然更是极度渴望，休闲式的自然景观旅游成为人们节假日外出游玩的首选。

民俗文化旅游。民俗文化旅游就是以乡村文化、民俗特色为焦点，为游客提供具有特色文化氛围的旅游环境，展现各种民族风气，如节日、服饰、风情表演等，对我国旅游业发展、民族文化发展都有重要的意义。一方面，作为一种新兴起的旅游形式，顺应旅游市场的时代发展，资源吸引力强，完全有能力推动旅游业的发展，促进第三产业的进步；另一方面，民俗文化旅游主要体现在少数民族村。开展民俗文化旅游可以引导人们关注少数民族，了解少数民族文化，对传承与发扬各民族的文化特色具有很大的帮助作用，进一步推动了我国多元化文化的发展。

据统计，福建省是我国回族的发祥地之一，现有55个民族成分，全省约有少数民族人口58.38万，仅为全省总人口的1.71%；世居的畲族人口占全国的52.87%。多民族成分与低比率的少数民族人口对比，体现了旅游市场较大的潜在消费群，丰富的民俗文化资源。可见，福建民俗文化旅游潜在开发条件良好，从市场营销学的角度出发，具备较充分的产品开发条件，消费市场见好。

休闲度假旅游。休闲度假旅游是以优美、清新的环境条件为依托，以远离尘嚣、返归自然为旅游价值取向，在欣赏优美风景的同时，为游客提供舒适的度假条件，包括饮食、住宿等方面，是旅游与度假的结合体。休闲度假旅游对环境的综合要求较高，一方面，要求旅游景观美景度较高，具有一定的视觉冲击力，环境优美、清新；另一方面，要求饮食、住宿条件良好，各种生活配套设施较完善，需要较高的服务质量。这种旅游形式的消费较高，适合经济实力较强，渴望亲近大自然，缓解压力，放松身心的城市居民。

2. 对森林文化的新要求

休闲型生活方式的出现，是森林文化发展到一定境界，升华人类对森林的认识水平，并在物质文明的推动下，发展而成的一种爱护森林的意识形态。森林文化的积累促进了新型生活方式的形成，而新的生活方式也对森林文化的发展提出了更高的要求。

第一，要求森林文化朝着和谐道路前进。人们对自然的渴望，对森林环境的青睐，充分体现了人们重新认识自然取得了非凡的成就，这个认识的过程，也是森林文化发展的一段重要的过程。和谐是社会稳定的基础，是经济、生态、社会协调发展的保证。可持续发展的原理告诉人们要尊重自然、保护自然，于是，人们选择了新的生活方式，它要求森林文化与森林生态建设要保持一致，和谐发展，以达到可持续发展。

第二，要求森林文化朝着多样化的方向发展。新兴起的休闲型生活方式，是一种复古形态，意在表达人们渴望接近原生态自然环境，但这种环境并不是单一的，不能仅有绿色，而应该是丰富多彩的，用以满足广大人群的喜好需求。这就要求，森林文化的发展也要朝着多样化方式前进，保持生态建设的一致性。

总之，现代休闲型的生活方式，揭开了环境建设的新篇章，重现大自然的生态魅力风采，充分体现了人类亲近大自然的愿望。人类维护生态环境的态度有了根本性的改变，进入一种有意识的行为状态，开始谱写一段全新的森林文化历史。

（四）闽台生态文化

生态文化是建立在关系存在论基础上的文化，是一种致力于人与自然、人与人的和谐关系和可持续发展的文化形态，是人类经历神圣文化、工具文化以后，在更高层次上向古代文化的回归。福建与台湾一衣带水，同宗同俗，源远流长，有割舍不断的地缘、血缘、文缘、商缘、法缘，似是亲密无间的手足，共同撑起发展之伞，开创文明之路。

1. 闽台生态文化的发展历程

福建与台湾的生态文化有着深厚的渊源，同宗同俗，共同经历了一段漫长的极为相似的生态文化发展阶段，但是随着两地经济、社会发展的步伐不一致，生态文化的发展也存在某些不同之处。

（1）福建生态文化的发展历程

我国生态文化的发展是伴随着生态环境建设而进行的。1972 年在瑞典斯德哥尔摩召开的联合国人类环境会议上，发表了著名的《人类环境宣言》，标志着世界进入一个环境保护的新时代，这一时期也是我国生态文化的理论探索阶段。20 世纪 90 年代我国提出了可持续发展战略，在全球环境建设的背景下，生态文化的内涵有了新的发展——国内学者提出了生态美学与生态文学的理论研究。特别是 1993 年福建省第一个国家森林公园——福州国家森林公园的成立，使得福建生态文化的发展进入了实质性的阶段。至今，福建大力发展森林公园，开发森林旅游资源，挖掘森林综合服务功能，为生态文化的发展提供了坚实的物质基础和精神支持。

（2）台湾生态文化的发展历程

明清时期，大批福建人特别是闽南人移居台湾，将闽南的风情习俗带到台湾，这是台湾与闽南具有相同的地方语言、风俗习惯的重要原因，也是闽台有着一段相似的生态文化发展历程的原因所在。

19 世纪 60 年代，德国生物学家 E·海克尔（Ernst Haeckel）最早提出生态学的概念，之后，生态的理念传遍世界各地。特别是 20 世纪中期以来，随着工业化进程加快，环境受污染破坏的程度日益严重，人类的持续生存条件受到威胁，环境保护提上政府议案。从 20 世纪 80 年代到 90 年代中期，台湾开展了轰轰烈烈的反公害污染运动、环保运动、反核运动等，开始重视环境保护，并着手生态环境建设。同时，随着经济的飞速发展，在城市化进程的推动下，20 世纪 80 年代中期台湾开始进行休闲农场建设，至此，台湾生态文化进入稳定发展阶段。

2. 闽台生态文化的基本特征

福建与台湾有着一致的文化背景，形成共同的闽台文化。溯流求源，闽台文化源于华夏文明的核心文化——河洛文化，在福建与台湾的生态文明建设中，发挥着主体导向作用，创造了独具闽台特征的生态文化。这一特征主要体现在以下三个方面。

第一，有共同的历史渊源，源于河洛文化，推崇儒家思想、孔孟之道。追本溯源，台湾居民大部分来自闽南金三角，根在闽南，方言相通，信仰相同，同祖同宗，一脉相承。自 1987 年台湾当局开放台胞赴大陆探亲以来，深厚的闽台历史渊源，吸引了大批台湾同胞到福建寻根问祖、旅游观光、投资创业；妈祖文化、关公文化是闽台人们共同信仰的文化；2004 年海峡两岸民间艺术节的启动，将两岸共同的民间艺术（歌仔戏、南音等）发扬光大，闽台一家亲，昭然若揭。

第二，具有共同的价值支点，构筑人与人和谐发展的文化形态。全国政协委员，"台湾女婿"曾文仲 2006 年 7 月 14 日在香港文汇报的评论《海峡两岸文化的异同》一文中指出海峡两岸共同的价值就是儒家思想、孔孟之道，在实践中，这些共同价值对文化的创新、企业的发展、两岸的交流有着不可替代的作用。在文化创新上，由于发展背景、地理环境、政治环境的差异，闽、台两地各具特色，人们的教育模式、生活方式、生活观念存在不同，但有着共同的价值支点，特殊的"五缘"关系——地缘近、血缘亲、文缘深、商缘广、法缘深，这些渊源指导着两岸人们在构筑人与人和谐发展的进程中，朝着同一文化形态前进。

第三，都具有丰富多彩的生态文化资源，努力构建人与自然的和谐关系。生态文化资源是现代文化发展的环境和汲取营养的源泉，也是重要的旅游资源，是当前日益强劲发展的生态旅游、文化旅游的基础条件和资源支持。近年来，在保护环境、节约资源的大背景影响下，福建对森林环境的建设给予很高的重视，并在人们的努力下取得了一定的成就，省内国家级、省级森林公园突破百个，新农村建设火热进行，森林旅游、乡村旅游掀起了第三产业的发展热潮。20 世纪 80 年代，在快速都市化进程中，台湾开始重要休闲农业的发展，为日益恶化的生存环境寻找改善的途径，为身心紧张的都市居民提供休憩娱乐的环境，至今已取得一定的进展，在此基础上，深入地开展休闲农场、休闲林场的建设工作。新世纪新提出新挑战，两岸人们本着可持续发展的原则，充分利用当地绚丽多彩的生态文化资源，开展森林生态环境保护与建设，努力构建人与自然的和谐关系。

3. 特色生态文化介绍

（1）茶文化

我国是茶原产地，茶文化的发祥地。据史载，茶发乎神农氏，闻于鲁周公，兴于唐，盛于宋，普及于明清时，发展至今，远扬国内外，与可可、咖啡并列为世界三大自然饮料之一。数千年的中华民族历史积淀和华夏文明传承，因为溶入了茶香而更为绚丽多彩。茶在我国公认为"国饮"，成为中华民族物质生活的重要组成部分，一种深沉而隽永的茶文化。在人类历史上，人们视茶为生活的享受，友谊的桥梁，文明的象征，精神的化身。

福建是我国产茶的重要地区，具有千年以上的茶文化历史。据有关文字记载，福建产茶始于公元 376 年，南安县丰州古镇的莲花峰石上的摩崖古刻"莲花茶襟太元丙子"，比陆羽的《茶经》早三百余年；宋、元两朝是鼎盛时期，出现了以"龙凤盛世"、"茗战成风"为特征的宫廷茶文化与文人茶文化。连绵中国茶文化历史，福建茶文化凝聚着地理灵性，蕴含着无限生机。如福建安溪是著名的中国茶都，福建武夷茶文化已成为武夷山世界自然·文化遗产的组成部分。福建盛产名茶，种类丰富，质量上乘，蜚声中外。主要品种有红茶、绿茶、白茶、乌龙茶，各具特色，争奇斗艳，其中当属乌龙茶最为著名。在乌龙茶中，又分有多类，如铁观音、大红袍、黄金桂、佛手、本山、梅占、白芽奇兰等。世界红茶之祖正山小种于 17 世纪开始即为英国皇家专用红茶。总之，茶类的创制数福建最多，品茶的技艺也数福建最奇，福建茶叶在中国茶叶发展乃至世界茶叶发展上具有重要的历史地位和文化价值。福建省委书记卢展工在给《走进安溪——铁观音的王国》一书作序时指出"发展茶叶生产，弘扬茶文化，是福建省农民增加收入，广大农村迅速致富，社会和谐稳定的一条重要途径"。

台湾茶文化源于福建，据史料载，嘉庆年间（1810 年），柯朝者从福建武夷山引入茶籽，植于柴鱼坑，培育台湾第一批茶树，至今逾二百年。台湾现有主要特色茶：文山包种茶、冻顶乌龙茶、木栅铁观音等，分别起源于福建安溪的乌龙茶、青心乌龙、铁观音等。可见，台湾茶文化与福建茶文化息息相关，具有不可分割的血缘关系，台湾人民的茶文化生活与中华民族文化生活是同生共息的。"以一叶之轻，承丛生之福"，茶，牵系着两岸人们的文化情愫，构筑两岸友好的合作平台，是闽台生态文化的特色之一。

（2）竹文化

竹类植物四季青翠、干直挺拔、绿叶婆娑、虚心有节，具有蓬勃洒脱之生机、高雅脱俗之情趣、挺拔雄劲之气势，独具韵味，情趣盎然，其形、姿及深厚的内涵已深入人心，成为人们的精神食粮。苏东坡的"宁可食无肉，不可居无竹"真切地表达了这一点。我国被誉为"竹子文明的国度"，有竹子王国之称，不仅在于我国竹类植物的种类、数量均居世界之首，更在于我国竹文化深厚的人文底蕴在人类文明史上发挥了巨大的作用。

福建的竹林面积居全国之首，主要种类有毛竹、麻竹、苦竹等。竹子具有丰富的用途，其笋是优良的保健食品，可加工成多种副食品，远销各地，增加收入；其竿可供建筑和篾用，可编织成多种工艺品，既可增加收入，又能传承人间绝伦手艺；其姿态、色泽，营造了很高的观赏价值，翠绿的枝叶、挺拔的竹杆、规整的竹林具有良好的视觉效果，是生态旅游的重要观光内容。此外，竹子高风亮节的优良品格象征更是令人叹服、向往，所形成的竹文化内涵丰富，寓意深刻，倍受世人关注。如今，竹文化旅游已成为生态旅游业的重要组成部分，必将成为 21 世纪的时尚。

（3）松文化

松树，独立挺拔、四季常青、高大壮观、气势非凡，树顶呈龙蟠凤翥的奇姿，大有"林中百丈松，岁久苍鳞蟠"之姿态。自古以来，松一直是文人墨客用以歌颂顽强品格的景物，以松颂德的诗文数不胜数，如东晋谢道蕴的《拟嵇中散咏松诗》，宋朝苏轼的《万松亭》，唐朝白居易的《咏松》《松树》，柳宗元的《孤松》等等。"松、竹、梅"岁寒三友，当推松为首，它集中体现了中华民族的传统美德和精神品质。此外，松还是历来倍受画家、美术家青睐的主要题材，《青松图》《松鹤延年图》《松柏长青》《迎客松》等名画，中外驰名，视为瑰宝。可见，历代文明的积淀，松文化当属其中一分子。

松树在福建造林史上有着相当重要的位置，主要树种有马尾松、黑松、火炬松、湿地松等。其中，马尾松是福建省重要的先锋造林树种和主要用材林树种。马尾松喜光、喜温，多分布于山地及丘陵坡地的下部、坡麓及沟谷，生长快，适应性强，造林更新容易，能适应干燥瘠薄的土壤。马尾松树姿挺拔，苍劲雄伟，在山风的吹拂下，发出阵阵松涛声，给人们以无尽的遐想。

松树是工业造纸的主要原料，在功能上属于用材林的范畴，但是，从森林美学的角度出发，松林是主要的旅游资源，它以常绿色彩和独特美学价值构成风景区景观。如安徽的黄山、山东的泰山、北京的松山等，均以松为主要资源，构筑景点。

（4）蜜蜂生态文化

蜜蜂生态文化是近年台湾生态文明发展的一个新内容，是台湾特色生态文化之一，与台湾热点研究——休闲农场、林场的建设相关联。新兴起的旅游产品"养蜂人家"，与福建省正热火朝天开展"森林人家"相媲美，是台湾农业发展的转型升级产品。台湾学者研究表明，从生态与文化的角度来看养蜂业，两者皆显示养蜂业具有极大的发展潜力。

第三节　海峡西岸现代林业发展区域特征

一、不同林业功能区的环境背景分析

林业区划是进行分类经营、分区施策的基础。福建省在地貌、植被、气候、水系、土壤等自然区划的基础上，近年来还根据行业建设的不同需求完成了农业综合区划、生态省建设区划等。2007 年根据国家主体功能区规划的总体要求，福建省完成了基于主体功能的林业区域划分。

生态功能区划是在自然本底调查的基础上，应用地域的分异规律，相似性与差异性原理进行地块上的宏观分区划片，提出各区发展方向、空间布局与实现目标的途径，达到合理、有效开发利用与保护自然资源，充分发挥生产潜力的目的。生态功能区划，是一种类似自然资源的区划，是根据区域生态环境要素，生态敏感性生态服务功能性等级，将特定区域分成不同的生态功能区的过程。其共同目的是为制定区域生态环境保护与建设规划、维护区域生态安全以及资源合理利用与林业生产布局、保育区域生态环境提供依据。

生态功能区划的原则主要有：持续发展与和谐发展原则、地域分异规律与相似性原则、区域生态系统整体性与地域完整性原则、人类活动差异性原则，同时应尽可能保留行政区域的完整性。功能区的命名要标明所在的地理空间及区域方位，要表明其生态区的生态系统类型服务功能，能反映人类活动强度对生态环境的影响，各生态区的命名要素要对应，并从北至南、从西至东顺序编号。根据以上分区原则，将福建省分为闽西北武夷山东部闽江上游森林生态保护水源涵养区、闽东鹫峰山东部赛江流域森林生态保育区、闽西武夷山东部闽江上游森林生态保育区、闽中武夷山东部闽江中游用材林区、闽江下游水源涵养及城市风景林建设区、闽东中亚热带沿海防护林及湿地生态建设区、闽西汀江流域森林生态恢复区、闽西玳瑁山东部工业原料林区、闽中戴云山东部一般用材林区、闽南工业原料林及茶林区、闽南南亚热带沿海防护林及城市林业建设等 11 个功能区。

（一）闽西北武夷山东部闽江上游森林生态保护水源涵养区

1. 总体状况

本区位于福建北部山区，范围包括南平市的光泽、武夷山、建阳、浦城、松溪、政和等 6 个县（市）。全区土地总面积 147.81 万公顷，占全省土地总面积的 12.05%。本区林地面积 122.56 万公顷，占全省林地面积的 13.09%；有林地面积 104.81 万公顷，占全省有林地面积的 13.46%；森林覆盖率 70.90%。活立木蓄积 6538.55 万立方米，占全省活立木蓄积的 16.20%；有林地蓄积 6199.39 万立方米，占全省有林地蓄积的 16.04%。

本区属中亚热带海洋性内陆季风气候，区内山岭连绵不断，气候温和，雨量充沛，温暖湿润，水热条件优越，林木生长茂盛，为福建省主要的林业基地，也是全国重要的林区之一，素有"绿色金库"之称。本地貌区的地带性植被是中亚热带常绿阔叶林。由于本地貌区多山地，且海拔较高，植被和土壤的垂直地带性为全省最明显。为了保护常绿阔叶林的自然生态系统，已建立了武夷山国家级自然保护区。本区土壤类型多样，自然土壤以地带性红壤为主。非地带性土壤有紫色土、石灰土、冲积土、和水稻土等，它们镶嵌于各地带性土壤之间。

本区地处闽江一级支流建溪以及赛江、霍童溪的源头区域，建溪发源于武夷山市的铜钹山、富屯溪发源于光泽县的岱坪村。闽江是福建最大的河流，发源于武夷山脉的杉岭南麓。本区地处武夷山脉及武夷山脉和鹫峰山脉之间，地貌分属闽西北花岗岩、片岩、片麻岩中山与山间盆地地貌区和闽中火山岩系中山地貌区，本地貌区在大地构造上属于闽西北台穹。区内片岩、片麻岩有着广泛的分布，有大片花岗岩侵入体，赤石群红色砂岩在区内有零星分布。断裂构造十分明显，断裂线方向以北北东及北东为主，其次为北西西向或北西向。上部盖层有着和缓的褶皱，褶皱走向以北北东及北东为主。燕山运动对本地貌区影响很大，引起断裂、凹陷和盖层褶皱，并有相当强烈的酸性岩浆活动。新构造运动时武夷山地上升幅度最大，所以这里成为全省地势最高的地区。上述几组构造方向，不仅制约着境内山脉的走向，还控制着水系的发育，使其具有明显的格子状构造等。

区内最高峰为武夷山市黄岗山，东面为鹫峰山脉。本地貌区地势高，主要的山脉走向又垂直于东南来的湿热气流，所以气旋雨和地形雨特别丰富，流水作用十分强烈，这也是本地貌区最主要的外营力。其他如物理风化作用和化学风化作用，也都具有一定的强度。在以断裂为主的构造控制下，结合外营力作用，使得本地貌区在地貌上具有下述特点：第一，地形轮廓略呈一盆地状，周围是花岗岩、火山岩和砂岩等组成的中心，海拔大多在 1000 米以上，中部是片岩、片麻岩为主组成的低平台地和丘陵，海拔一般在 300~700 米，相对高度在 150~450 米。这一盆地，只有东南部没有山岭环围，整个地势自西北向东南倾斜。第二，山地面积较大，并且以中山为主，不仅分布广，而且高度大，6 个县山地最高海拔均在 1300 米以上。境内有全省最高峰黄岗山，海拔 2158 米，是我国大陆东南最高的山峰。在中山分布的山区，断裂构造十分发育，形成为数不少的断块山和断裂谷，后者在武夷山市分水岭一带深达 500 米以上。第三，有许多山间盆地和河谷盆地，如光泽盆地、建阳盆地、武夷山盆地、浦城盆地等，这些盆地为建溪、富屯溪等河流及其支流所串连，形成了峡谷和盆谷相间排列的地表形态。在盆谷内的河流两岸，有三、四级阶地和较宽阔的河漫滩发育，河流在谷地内常形成曲流。第四，在北北东或北东和北西两组断裂构造和地形的控制下，格子状水系的结构十分明显，湖光山色密度很大。在峡谷河段，阶地不明显，河床中常有礁滩出露，险滩多给航运带来很大的不便，但水力资源却很丰富。第五，本地貌区西、北、东三面虽有较高山岭环绕，但有许多垭口，如浦城的枫岭隘、渡关、小关、太平关、岭阳关，武夷山的焦岭关、分水关、桐木关，光泽的云际关、火烧关、铁牛关、杉关、岩岭隘等，都是本地貌与浙江、江西两省之间的交通孔道，而且也是气流运行的通道。境内的武夷山丹霞地貌特别发育，有丹山碧水、奇岩异洞之胜，是我国著名的风景区之一。

2. 主要生态问题

本区地处闽江上游，属于福建暴雨中心区，年降水量 1900~2000 毫米，位居福建省之首。溪流河床比降大、河段狭窄、水流湍急，且流程长，汇水面积大，且河道比降大（万分之五），如遇暴雨，易使闽江下游发生洪涝灾害，威胁闽东下游古田等大型水库的安全。洪水频率高，季节集中，来势凶猛，致洪暴雨主要为锋面暴雨，一般 3 天降水可达 150~200 毫米，对沿江下游的威胁较大。生态公益林与生态敏感性存在错位现象，布局欠合理。森林旅游业的发展片面追求经济效益，对生态环境造成一定的破坏。本区地处闽浙赣三省交界处，交通较便捷，森林资源保护面临着较大的压力。

（二）闽东鹫峰山东部赛江流域森林生态保育区

1. 总体状况

本区位于福建中东部沿海，范围包括宁德市的寿宁、柘荣、屏南、周宁等 4 个县。全区土地总面积 45.25 万公顷，占全省土地总面积的 3.69%。林地面积 36.60 万公顷，占全省林地面积的 3.91%；有林地面积 29.78 万公顷，占全省有林地面积的 3.83%；森林覆盖率 65.81%。活立木蓄积 726.56

万立方米，占全省活立木蓄积的 1.8%；有林地蓄积 709.57 万立方米，占全省有林地蓄积的 1.84%。

本区属于福建县城海拔最高的一个区。本地貌区为鹫峰山脉所盘踞，山体大，地势高，以中、浅切割的低山为主，平均海拔在 800 米以上，大部分地区海拔在 1000~1300 米，海拔 1500 米以上的山峰数见不鲜。鹫峰山脉的东西两坡呈明显的不对称，西坡陡，为断崖所控制；东坡缓，地势作阶梯状的下降。本区北北东向或北东向断裂构造颇为发达，沿断裂带有河流发育。此种北北东向的河流，由于切过坚硬的流纹岩、花岗岩山地，加以上升幅度较大，故多峡谷。

本区在大地构造上为闽东燕山断陷带的北段，沉积盖层较厚，主要出露上侏罗统南园组，其次是下白亚统石帽山群。侵入岩多呈花岗岩体散布，中、新生代以来，形成一系列以北东和北西断裂为主的构造带。由于这些断裂的活动，形成一系列北东、北北东和北西向的断陷盆地，这些盆地在本区四个县内均有分布。盆谷内岗丘起伏，底部平坦，河道蜿蜒其中，沉积物堆积较厚，土壤肥沃，水利条件好。本区属于全省四大雨区，水系发育，溪流密布，为闽东多条河流的上、中游河段，比降大，水流急，水力资源丰富。本区为闽江中游古田溪的发源地，交溪、霍童溪亦发源于此，区内山势陡峻，其主导生态功能为保持和提高源头径流能力与水源涵养能力，保持水土。

本区土壤、植被类型也比较复杂。植被类型为中亚热带常绿阔叶林，但原生的常绿阔叶林保存不多，而以次生马尾松灌丛草坡为主。自然土壤以红壤为主，有部分山地黄壤和山地草甸土。植被覆盖度高，有机质累积多，但因坡度较陡，土层浅薄。矿质养分淋失较强，肥力中等，适于植树造林。本区是福建传统的林区县，林业在当地的社会、经济发展中起着较重要的作用。

2. 主要生态问题

本区为福建省四大降水中心之一，年降水量 1646~2464 毫米，其中周宁县年降水量 2464 毫米，为福建省各县（市、区）之首。区内相对高差大，大部分地区坡度均在 30° 以上，因长期受雨水的淋溶与冲刷，土层结持力散，立地条件差，植被生长缓慢，易发生水土流失，目前已有多处水土流失敏感区和危害区，其中尤以寿宁县最为严重，水土流失面积 244.9 平方公里，占全县土地总面积的 17.2%。森林资源总量不高，林分单位面积蓄积仅 25.02 立方米/公顷，远低于全省平均水平（56.41 立方米/公顷），林地生产力没有得到充分发挥。森林树种结构中，人工林多，天然林少，纯林多，混交林少，针叶树面积比重高达 86.94%。树种针叶化现象严重，森林多处于亚健康或不健康状态，抵御火灾和病虫害的能力弱。本区处于闽浙两省交界处，受利益驱动，木质产品的跨省流通较为频繁，森林保护难度大，且病虫害的出入境检疫任务繁重。

（三）闽西武夷山东部闽江上游森林生态保育区

1. 总体状况

本区位于福建西北部山区，范围包括三明市的建宁、泰宁、宁化、清流等 4 个县。全区土地总面积 74.80 万公顷，占全省土地总面积的 6.1%。本区林地面积 60.45 万公顷，占全省林地面积的 6.45%；有林地面积 55.44 万公顷，占全省有林地面积的 7.12%；森林覆盖率 74.13%。活立木蓄积 3385.02 万立方米，占全省活立木蓄积的 8.39%；有林地蓄积 3288.86 万立方米，占全省有林地蓄积的 8.51%。

本区在大地构造上属闽西北加里东隆起带，由一系列的复式褶皱和断裂所组成，总体构造呈北东方向展布，区内岩石主要由片麻岩、片岩、变粒岩、石英岩等组成。部分出露上古生界至下三叠统的地层，中、新生代地层多以盆地产出并呈北东方向排列，花岗岩侵入体分布也很广泛。山地是本区的主要地貌类型，多由火山岩、花岗岩、变质岩和砂岩组成。其形态受地质构造和岩性控制，山体展布多呈北东方向延伸，与构造线一致，在流水长期侵蚀、切割下，形成山岭陡峭，地势高耸，切割强烈的地貌特征。区内河谷形态以"V"形谷为主，多作峡谷与宽谷相间排列，各种成因类型的大小盆谷亦成串珠状分布。较大的盆地有建宁、泰宁、宁化等，盆地中堆积了厚度 10~20 米的第四纪沉积物，沿河两岸发育有阶地，周围有丘陵，层状地貌明显。

本区植被类型为中亚热带常绿阔叶林，主要科属是壳斗科，其次为樟科、蔷薇科、冬青科、禾本科的竹亚科、石楠科等，随着地势升高，植被类型呈垂直分布。自然土壤属于山地土壤类型，以红壤或黄红壤为主。

本区水系主要为闽江水系，为闽江的发源地之一，区内河网密布，格子状、向心状和放射状水系结构明显,闽江上游两大支流沙溪与富屯溪的源头均在本区内。沙溪是闽江上游三大支流（沙溪、建溪、富屯溪）之一，沙溪上游水茜溪为闽江水域的主河源，发源于建宁县均口镇台田村严峰山南麓。金溪是闽江上游富屯溪重要的支流之一。其源头有二：一为宁溪，发源于宁化县安远乡武夷山麓；二为澜溪，发源于建宁县客坊乡中畲，自源头至沙洲河段称都溪，沙洲至合水口河段称为澜溪。二溪自合水口汇合后始称金溪。福建省另一主要河流汀江发源于宁化县治平乡赖家山。同时，汀江的源头位于本区的宁化县治平乡赖家山。

本区山地面积较大，是传统的重点林区县，森林资源较丰富，区域森林生产力较高，林业在当地的社会、经济发展中起着至关重要的作用。区内森林林种结构不合理，资源利用率低，林地经营粗放，已划定的生态公益林中低效林分较多，与区域所处生态区位重要性目标尚有差距，水源涵养功能有待提高。

2. 主要生态问题

对闽江及汀江源头的保护力度不足，其中闽江正源头虽已建立了国家级保护区，但闽江另一一级支流金溪及汀江源头至今未建立保护区，且河流源头地区缺乏有效的保护机制；全区生态公益林面积占林地的面积比例为 30%，与所处的生态区位不协调，尤其是江河源头、两大水库周围，生态公益林面积明显偏低，无法真正起到生态安全保障作用。随着大金湖知名度的提高，入境客流量不断提高，对水体的保护难度也日益加大。此外，宁化县是福建省主要水土流失县之一，水土流失面积约占全县土地总面积的 16.7%。

（四）闽中武夷山东部闽江中游用材林区

1. 总体状况

本区位于福建中部及北部山区，范围包括南平市的邵武、顺昌、建瓯、延平等 4 个县（市、区）和三明市的将乐、沙县、明溪、梅列、三元、尤溪、永安 7 个县（市、区）。全区土地总面积 249.96 万公顷，占全省土地总面积的 20.38%。本区林地面积 208.74 万公顷，占全省林地面积的 22.29%；有林地面积 182.54 万公顷，占全省有林地面积的 23.45%；森林覆盖率 73.03%。活立木蓄积 14645.17 万立方米，占全省活立木蓄积的 36.28%；有林地蓄积 14016.99 万立方米，占全省有林地蓄积的 36.27%。本区是福建省蓄积量最大的一个区，森林资源质量也最好。

本区地处闽江上游，武夷山、戴云山两大山带之间，东接鹫峰山脉，北与武夷山北段山地为邻。在大地构造上属闽西北加里东隆起带的一部分，由一系列的复式褶皱和断裂所组成，总体方向呈北东方向展布，其次还有北西、南北和东西等构造方向，是一个长期稳定隆起的固化地块，上元古界的变质岩系广泛出露，主要由片麻岩、片岩、变粒岩、石英岩等组成，四周为燕山期花岗岩所围绕，花岗岩侵入体分布也很广泛，晚白垩世—早第三纪红色岩层零星分布。本区丘陵多由古老变质岩系和砂页岩组成,切割较破碎,山脊线明显；中山与低山多由花岗岩、火山岩和变质岩组成。

区内水系均属闽江水系，地势四周高，中间低，水系结构作向心状，闽江上游建溪、沙溪和富屯溪三大支流穿流其间，建溪和富屯溪于延平区汇合后流入闽江。本区中部地势比较开阔，海拔多在 300~1000 米，以丘陵低山为主，坡度较缓，切割不深，但密度较大，溪谷发育，多山垅田，河谷形态多呈峡谷与宽谷沿河相间分布的特征。

本区属中亚热带气候，温和湿润，地带性植被为常绿阔叶林、常绿针叶林、毛竹林或针阔叶混交林，以及灌丛草坡等。土壤类型多样，自然土壤以红壤为主，非地带性土壤有紫色土、石灰土、冲积土、和水稻土等，大多为酸性，适于稻谷栽植和林、茶、果等生长。

本区地处福建省西北内陆山区，为闽江干流及金溪、富屯溪、建溪、沙溪等闽江一级支流区域。主要河流有闽江、古田溪、大樟溪、敖江等。敖江又称岱江，上游霍口溪的源流亭下桥溪，发源于古田县东北部、鹫峰山脉东南麓的霍口溪谷地。境内大型水库有古田一级水库（库容64200万立方米）、东张水库（库容19900万立方米）、山仔水库（库容17230立方米）3个。其中山仔水库为福州市的第二水源。动植物种类丰富，是福建省重点集体林区，是主要的用材林、竹用林基地，也是福建省杉木、竹子中心产区和珍贵树种分布重点区域。拥有优越的自然地理条件，是福建省水肥条件最好的区域，也是福建省杉木种苗繁育中心区，区内延平区安曹下杉木速生丰产林每公顷达1230立方米，建瓯南雅房村8年生杉木即可成材。本区的保护和发展方向是以培育杉木大径材为主，以毛竹丰产林、珍贵用材树种基地建设为辅，以锥栗等非木材林业资源培育为补充，以自然保护区、保护小区、森林公园建设为保障，建立主次分明、特色显著的功能区，提高林地生产力，实现森林资源的可持续发展；建设海峡西岸重要林产工业基地和绿色产业基地；以培育杉木、马尾松、毛竹丰产林为中心，提升林业产业集聚能力，建成规模化的人造板、造纸、林产化工、木竹制品加工等产业集群，把区域潜在的资源优势转化为经济优势，提高区域经济。

2. 主要生态问题

一是本区既是福建省商品材重要基地，同时也是林产品加工基地，境内分布有数个大型造纸及人造板厂，是林产产业集中分布区，工业污水如处理不当将对环境造成较大的污染。如青纸的废水排放量占该县废水总排放量的80.7%，这些造纸污染物排放是否达标直接关系到南平和福州地区的用水安全。据监测，近年来沙溪沙县段的水质不容乐观。"九五"期间沙溪沙县段的水质有10项指标出现超过Ⅰ类标准，有的年份甚至超过Ⅵ类。闽江Ⅰ～Ⅲ类水质占83.0%，较2003年下降2.5个百分点；水域功能达标率为84.3%，与上年持平。干流南平段和沙溪的水域功能达标率分别为76.2%和61.5%，低于全省平均水平。

二是本区是杉木中心产区，境内杉木人工林经营历史悠久，杉木的多代连栽引起局部地力衰退，不仅影响到杉木林产量，而且对生态环境造成负面影响。

三是由于国家林业政策调整、木材价格上扬等因素，林地逐渐成为稀缺资源。境内国有或集体经营区被侵占、蚕食、非法征占用林地及森林资源被盗砍盗伐的现象时有发生。这些侵占行为，极大地影响了正常的生产、生活秩序，并对生态环境造成一定的影响。

四是三明市位于沙溪两侧，地形狭窄，空气流通性差，加上城区周围工业企业众多，污染物未达标排放，导致空气质量下降，目前空气质量为三级，二氧化硫、可吸入颗粒物年均浓度超标，是全省9个设区市中空气质量为三级的两个设区市之一，与"全国文明城市"的称号不相协调，同时，作为城市饮用水源的东牙溪水库水体已接近富营养化状态。

（五）闽江下游水源涵养及城市风景林建设区

1. 总体状况

本区位于福建中东部沿海地区，范围包括宁德市的古田以及福州市的连江、闽清、闽侯、永泰等5个县。全区土地总面积93.63万公顷，占全省土地总面积的7.63%；林地面积70.09万公顷，占全省林地面积的7.49%；有林地面积54.02万公顷，占全省有林地面积的6.94%；森林覆盖率57.7%；活立木蓄积1883.23万立方米，占全省活立木蓄积的4.67%；有林地蓄积1851.56万立方米，占全省有林地蓄积的 4.79%。

本区地处闽东沿海丘陵、台地、平原、岛屿区北段，东临东海。全区呈北北东—南南西展布，地貌类型以高丘为主，其次是低丘和平原，山地零星分布。本区出露的地层以中生代南园组和石帽山群为主，由于受断裂带控制，南园组呈北东—北东东方向展布。石帽山群于北东方向展布，又呈北西方向延伸，是组成本区地貌的主要岩层。第四纪沉积物多分布在滨海和河流下游河床的两侧，厚度较大，是平原的组成物质。燕山期花岗岩多呈岩体产出，广泛分布于全区，也是组成本区地貌的主要岩石。本区断裂构造发育，在滨海地带以北东东和北西断裂构造为主，此外还有北东向断裂，这些断裂构造对本区地貌形成和发育往往起着控制作用。

本区高丘分布面积较大，海拔多在 350~450 米，相对高度 200~350 米，主要由火山岩和花岗岩组成，多呈垅岗状，由西北向东南延伸，后缘常与山地相连，属太姥山和鹫峰山脉的组成部分。丘体切割强烈，坡度大，植被覆盖良好，但森林多被砍伐，应进行封山育林，恢复生态，保持水土。区内低丘分布面积不太，断续分布于高丘前缘、滨海岛屿和山间盆谷的周围；高度多在 100 米以下，多呈馒头状，顶部浑圆。分布于内陆的低丘，坡度多在 15°~20°，风化层稍厚，多被开垦利用；组成滨海岛屿的低丘，在构造和海洋动力的作用下，坡度较陡，基岩裸露，多为荒山秃岭。

本区植被较为简单，原生的常绿阔叶林保存不多，而以次生马尾松灌丛草坡为主。自然土壤以红壤为主，广泛分布在海拔 500 米以下的低山丘陵地，一些山地尚有山地黄壤和山地草甸土。植被覆盖度中等，有机质积累多，但因坡度较陡，土层浅薄，矿质养分淋失较强，肥力中等，适于植树造林。

本区地处福建省中东部地区，动植物种类丰富，是福建省沿海地区的重点集体林区，也是福建省最大闽江水口电站库区、闽江干流、闽江支流大樟溪的分布区。本区距省会福州市较近，是福建省经济较发达地区之一。

2. 主要生态问题

区内林分质量——尤其是生态公益林林分质量严重偏低，影响了生态功能的发挥。饮用水源闽江的水质近年来有所下降，对境内居民用水安全构成不利的影响。第二水源山仔水库为Ⅳ类水质。福州内河污染仍未得到全面治理。福州东南区水厂水源地因距离排污口较近，涨潮时污水上行，直接影响到水源地水质。古田县因发展食用菌，过度砍伐阔叶树，使境内阔叶树资源锐减，并影响到古田溪的水量及水质。福州城区绿地率、绿化覆盖率严重偏低，夏季市内热岛效应加剧，已成为新的"火炉"。福州城区周边绿色通道建设滞后，严重影响了省会城市的形象。

（六）闽东中亚热带沿海防护林及湿地生态建设区

1. 总体状况

本区位于福建东部沿海，范围包括宁德市的福鼎、福安、霞浦、蕉城以及福州市的罗源等 5 个县（市、区）。全区土地总面积 71.82 万公顷，占全省土地总面积的 5.86%。本区林地面积 52.84 万公顷，占全省林地面积的 5.64%；有林地面积 39.96 万公顷，占全省有林地面积的 5.13%；森林覆盖率 55.64%。活立木蓄积 691.88 万立方米，占全省活立木蓄积的 1.71%；有林地蓄积 677.39 万立方米，占全省有林地蓄积的 1.75%。

本区出露的地层以中生代南园组和石帽山群为主，由于受断裂带控制，南园组呈北东—北东东方向展布，石帽山群于北东方向展布，又呈北西方向延伸，是组成本区地貌的主要岩层，古生代地层在本区也有分布。第四纪沉积物多分布在滨海和河流下游河床的两侧，厚度较大，是平原的组成物质。燕山期花岗岩多呈岩体产出，广泛分布于全区，也是组成本区地貌的主要岩石，本区断裂构造发育，在滨海地带以北东东和北西断裂构造为主，这些断裂构造对本区地貌形成和发育往往起着控制作用。

本区丘陵属太姥山和鹫峰山脉的组成部分，主要由火山岩和花岗岩组成，植被覆盖良好，但森林多被砍伐，应进行封山育林，以保持水土。本区植被较为简单，原生的常绿阔叶林保存不多，而以次生马尾松灌丛草坡为主。滨海地带有以木麻黄为主的防护林，滩地有盐生植物。自然土壤以红壤为主，一些山地尚有山地黄壤和山地草甸土。

区内的主要水系赛江是闽东最大的河流，流域呈扇形，自北向南。发源于洞宫和鹫峰山脉，上游有东、西溪两大水系，在福安湖塘坂汇合经福安城区，中下游纳穆阳溪和茜洋溪，流经下白石白马门，汇入三都澳入东海。赛江流域面积 5549 平方公里，主河道长 162 公里，其中东溪流域面积 2092 平方公里，西溪 1178 平方公里。

本区地处福建省东北部沿海地区，与浙江省交界，是福建省东北部海岸线，以岩岸为主，沿岸海湾、岛屿众多，区内有重要的三都澳、沙埕、罗源湾等深港，自然地理区位优越，是福建省红树林天然分布的最北沿区；台风登陆每年 4 次以上，对人民生命财产构成较大的威胁。

2. 主要生态问题

原生植被多为次生植被以及人工植被所代替，人工林树种单一，以杉木、马尾松为主，生态系统较脆弱。现有沿海防护林带老化、退化严重，抵御台风能力不强；本区降雨量位居福建省第二位，多年平均为 2000 毫米，境内山高坡陡，其中霍童溪坡降达 62‰，位居全省主要河流之首，因长期冲刷，造成林地土层薄，蓄水保土能力差，水土流失和塌方、滑坡等问题突出。危险性病虫害已逼迫本区南侧，防治危险性病虫害的任务繁重；由于港口、码头、核电站等基础设施建设需要，占用了部分滩涂湿地，使境内湿地、红树林面积不断减少，鸟类栖息地遭受破坏，滩涂利用与保护的矛盾突出。

（七）闽西汀江流域森林生态恢复区

1. 总体状况

本区位于福建西部山区，范围包括龙岩市的长汀和武平 2 个县。全区土地总面积 57.36 万公顷，占全省土地总面积的 4.68%。本区林地面积 48.00 万公顷，占全省林地面积的 5.13%；有林地面积 45.51 万公顷，占全省有林地面积的 5.85%；森林覆盖率 79.34%。活立木蓄积 1853.34 万立方米，占全省活立木蓄积的 4.59%；有林地蓄积 1712.61 万立方米，占全省有林地蓄积的 4.43%。

本区东、北、西三面均与武夷山南段接，南界广东省，在大地构造上属闽西南海西印支拗陷带的一部分。地层发育，从元古界至新生界均有分布，断裂构造以北东和北西向为主，对地貌形成影响很大。

本区地势北高南低，海拔多在 100~500 米，500 米以上的山地仅在局部地区有零星分布。地貌类型以丘陵和平原为主，丘陵面积大，起伏和缓，大部分具有较松散的覆盖层。组成丘陵的岩性主要有三种，一种是花岗岩组成的丘陵，一般坡度较小，形态较浑圆，风化层较厚，丘间凹地较宽，土层较厚。由于森林植被遭到破坏，水土流失现象比较普遍，特别是分布于河田一带的花岗岩丘陵，水土流失更为严重；二是变质岩组成的丘陵多由低山剥蚀侵蚀而成，形态各异，有较厚的松散层覆盖，一般分布在低山的外围；三是砂页岩构成的丘陵，多分布在北部和中部，由流水侵蚀切割而成，多呈长条形，坡度较陡，有的具有单面山形态。本区平原隶属于河谷平原和山间盆谷平原，地面平坦开阔，面积较大，土层厚。

本区属中亚热带海洋性内陆季风气候，具有气候温和，雨量充沛，温暖湿润，水热条件优越等特点；自然土壤属于山地土壤类型，以红壤和黄红壤为主，非地带性土壤有紫色土、石灰土和水稻土等；区内地带性植被为中亚热带常绿阔叶林，区内森林植被破坏较为严重，造成汀江上游水土严重冲刷。

本区地处闽西边远山区，与江西省、广东省两省交界，动植物种类丰富，是福建省重点集体林区，也是福建省重要流域汀江源头。生态环境容量相对较大，生态环境良好。但是，由于历史原因，本区森林植被屡遭破坏，地表水土流失严重。

2. 主要生态问题

区内的长汀县是全国丘陵红壤区水土流失最为严重的县份，全县水土流失面积达 975.154 平方公里，占山地面积的 37.7%，水土流失历史之长，面积之广，程度之重，危害之大，居全省之首。福建省长汀县河田镇早在 20 世纪 40 年代初就与陕西长安、甘肃天水一起被列为全国 3 个重点水土保持试验区。由于降雨强度大、地质构造运动频繁，节理裂隙发育、土壤抗冲抗性能差、植被破坏严重等自然因素以及历史上战争不断、新中国成立后"文革"的干扰等社会历史因素是造成河田水土流失严重的主要因素。目前，部分地区生态破坏范围还在扩大、程度在加剧、危害在加重，并呈现区域性破坏、结构性解体和功能性紊乱的发展态势。

（八）闽西玳瑁山东部工业原料林区

1. 总体状况

本区位于福建西南，范围包括龙岩市的连城、上杭、新罗、漳平等 4 个县（市、区）。全区土地总面积 110.73 万公顷，占全省土地总面积的 9.03%。本区林地面积 93.67 万公顷，占全省林地面积的 10%；有林地面积 84.31 万公顷，占全省有林地面积的 10.83%；森林覆盖率 76.15%。活立木蓄积 4789.18 万立方米，占全省活立木蓄积的 11.86%；有林地蓄积 4502.07 万立方米，占全省有林地蓄积的 11.65%。

本区地处武夷山脉的南段，玳瑁山东部，在大地构造上属闽西南海西印支拗陷带，区内经过多次运动，构造变动强烈。燕山运动有大规模的花岗岩侵入和火山岩喷发，发育一系列北北东和北西向断裂构造，由于断裂的断块的差异运动，形成一些北东或北西向的断陷盆地，如连城的新泉、黄沅、葛坪等盆地，沉积了厚度不一的红色岩层。晚第三纪以来的新构造运动，本区以继承性的断裂活动和断块差异上升活动为主要特征，一方面是老断裂的复活，另一方面也产生一些新的断裂，但其规模较小，断距也不大，在局部地区，还有基性－超基性岩浆喷溢活动。本区是福建省地层发育最完整的地区，尤以下古生界以后各时期的沉积地层出露广，厚度大，对地貌发育的影响甚为显著。

本区地势起伏较大，岭谷相间排列中山和低山是本区的优势地貌类型，其中又以低山为主，中山主要分布于东部和中部，属于武夷山脉南段主干的东延范围，海拔均在 800 米以上，多由燕山期花岗岩和南靖群石英岩、石英砂岩组成，山体高大，山势陡峻雄伟。梅花山是东部山地的主体，它不但是闽江、九龙江和汀江的分水岭，而且又是九龙江的发源地，水系呈放射状，切割强烈，溪壑纵横，危崖耸立，植被覆盖良好，森林茂密，在苍翠的万山丛中到处云雾弥漫。这里的植物区系具有从南亚热带向中亚热带过渡的特征,常绿阔叶林和针叶林成片分布。林中栖息的动物其多，已被列为国家 A 级梅花山自然保护区。

低山是本区的优势地貌，多分布在西部和中山的外缘，是构成南武夷山脉的主体，海拔高度多为 500~800 米，组成岩石比较复杂，有花岗岩、砂页岩和变质岩等，坡度多为 25°~35°，土层深厚，是本区主要木竹生产基地。丘陵面积小，多为变质岩、砂页岩组成，切割破碎，顶部和缓，是林业生产有利的地貌条件。

本区属中亚热带海洋性季风气候，具有温暖湿润，雨量充沛，水热条件优越等特点；原生植被为常绿阔叶林，总体上大多已遭破坏，较大面积次生林主要树种有马尾松、毛竹、甜槠、青冈栎等。本区是福建省重点集体林区，也是马尾松的中心产区。有些地方由于过度采伐，成熟林、中龄林较少;土壤类型多种多样,自然土壤以地带性红壤为主,其次有紫色土,石灰土等,广泛分布于低山丘陵区。

本区地处闽西南内陆山区,九龙江的源头西溪与北溪均发源于本区,也是汀江上游,动植物种类丰富。由于森林屡遭破坏,不少地方水土流失较严重。水土流失导致自然土壤土层浅化,土壤干燥,有机质及氮、磷、钾含量少,自然肥力降低。

2. 主要生态问题

一是境内矿产资源丰富,矿业活动对生态环境的影响涉及到大气环境、地面环境和水环境,其污染和破坏形式主要有:酸雨增加、水质污染、水均衡遭受破坏、采空区地面塌陷、山体滑坡、泥石流、水土流失、植被破坏等,直接影响人们的身体健康和生产、生活。

二是结构性、行业性和区域性污染仍相当严重,尤其是九龙江流域养殖业废水污染相当严重,江河水体富营养化、山体土壤贫脊化、矿产资源开发不合理、水土流失严重。境内污染物排放总量远远超过环境容量和自净能力,龙岩市可吸入颗粒物年均浓度超标。

三是森林生态功能下降。本区是福建省三大林区之一,由于森林植被中的天然阔叶林遭到破坏,已向残次林、次生林退化,而且天然林面积锐减,森林的针叶化和幼龄化情况十分严重,林分结构也不合理,导致生物多样性指数低,森林总体质量下降,因而在一定程度上削弱了森林生态功能的发挥,防灾减灾能力随之下降。

四是生态环境具有潜在的脆弱性。境内地貌以山地丘陵为主,降水时空分布不均,容易造成旱涝、水土流失和地质灾害。

(九)闽中戴云山东部一般用材林区

1. 总体状况

本区位于福建中部山区,范围包括大田、德化、永春等3个县。全区土地总面积58.96万公顷,占全省土地总面积的4.81%。本区林地面积45.74万公顷,占全省林地面积的4.89%;有林地面积38.19万公顷,占全省有林地面积的4.91%;森林覆盖率64.77%。活立木蓄积1908.43万立方米,占全省活立木蓄积的4.73%;有林地蓄积1863.62万立方米,占全省有林地蓄积的4.82%。

在大地构造上,本区正处于闽东燕山断陷带的中段,西南隅隶属西南海西印支拗陷带。中、新生代以来,以断裂活动为主,形成一系列北东和北西断裂带。由于断裂的活动,导致了中、新生代广泛而强烈的火山喷发和岩浆侵入,使区内广泛分布侏罗-白恶系陆相火山岩喷发-沉积岩系,其中以晚侏罗纪南园组出露面积最大。其次是下白垩统石牛山组,古生代及以前的老地层,出露较常见。侵入岩以燕山期为主,分面零散,多呈岩体出露。上述断裂构造和岩层对本区地貌发育起深刻的影响。

本区地貌类型以山地为主,主要由火山岩和花岗岩组成,山体高大,连片雄伟,是戴云山脉的主体,是尤溪、梅溪、大漳溪和晋江的发源地。这种地貌条件对于发挥山区优势,大力发展林业,建立山区良好的生态环境是十分有利的。

本区属中亚热带海洋性内陆季风气候,具有温暖湿润,雨量充沛,水热条件优越等特点,生态环境良好,是福建省重点集体林区。地带性植被主要为常绿阔叶林,局部地区有季雨林存在,植被覆盖度较高,水源涵养较好,土层较厚。自然土壤以地带性红壤为主。本区的德化陶瓷、永春芦柑驰名中外,但在发展陶瓷工业和经济林产业过程中要注意地表植被的保护,避免引起水土流失问题。

2. 主要生态问题

一是部分江河水质污染。本区受闽南金三角的带动,工农业高速发展,与此相对应,工业生产的废水、废渣大量排入河道，农业生产施用化肥农药逐年增加，生活垃圾、粪水注入河道，使河道水质污染日趋严重。如永春县湖洋溪水受沿岸纸箱厂污水、生活垃圾的污染，粪大肠菌群超过Ⅲ类标准外，其余指标均为Ⅲ类，为Ⅲ类水质标准；桃溪水受沿岸的化肥厂、纸厂、屠宰厂、酿造厂、医院、居民等污水和生活垃圾的污染，粪大肠菌群、生化需氧量、溶解氧、氨氮等指标为Ⅳ类标准，其余指标均为Ⅲ类，综合为Ⅳ类水质标准。

二是果园水土流失。本区是福建省五个多雨中心区之一，年均降雨量达 2000~2200 毫米，且雨量集中，雨季长，台风暴雨频繁，降水强度大，成为土壤侵蚀的主要动力。加上地处戴云山麓，山高坡陡，增大了地表径流速度，提高了径流对土壤的冲刷能力，加剧了水力对地表的剥蚀作用。境内多数群众仍沿袭传统的"三面光"耕作习惯，茶果园 1 年除草施肥 2~3 次，"壁光、埂光、园面光"，地表草被遭受严重破坏；旱地存在顺坡耕种，园面外倾，挖土翻畦频繁等现象，且收成后长时间表土处于裸露状态，雨滴直接溅蚀土壤，造成耕作层土壤流失，理化性状恶化，地力下降。再者，近年来区内山地开发呈现规模开发、集中连片的状况，且大多采用挖掘机等机械开挖，大量扰动地表面积，侵蚀强度大，使水土流失具有工程侵蚀的特点。山地开发水土流失呈现明显季节性，且与农事耕作密切相关。每年采果采茶后（即 12 月至翌年 3 月），茶果园进行深翻、除草、施肥，是地表扰动最为严重的时期，此期因天气寒冷，植物生长慢，地表草生植被难以快速恢复。因此春、夏雨季是山地开发水土流失的高峰期。

此外，境内的永春县引种柑橘已达 50 年之久，永春县因此而享有"中国芦柑之乡"之美誉，但近年来黄龙病为害日益严重，目前全县发病率达 5%，一些果园发病率达 20%~30%，并有成片果园死亡。再者，境内煤矿资源丰富，受经济利益驱动，煤炭资源开采的竞争日趋激烈，开采过程中，不注重环保，进行掠夺性开采、乱采滥挖现象时有发生，导致植被破坏，水土流失，地质灾害，给人民群众生命财产造成不必要时的损失。

（十）闽南工业原料林及茶林区

1. 总体状况

本区位于福建南部山区，范围包括龙岩市的永定、泉州市的安溪、漳州市的华安、南靖、平和、长泰、芗城、龙文等 8 个县（区）。全区土地总面积 121.22 万公顷，占全省土地总面积的 9.88%。本区林地面积 91.91 万公顷，占全省林地面积的 9.82%；有林地面积 70.99 万公顷，占全省有林地面积的 9.12%；森林覆盖率 58.56%。活立木蓄积 2221.60 万立方米，占全省活立木蓄积的 5.50%；有林地蓄积 2170.54 万立方米，占全省有林地蓄积的 5.62%。

本区在大地构造上属闽东燕山断陷带和闽西南海西印支拗陷带的一部分，区内地层发育从古生界至中新生界均有分布，尤以中生界较多，其中以南园组出露面积较大，构造复杂，断裂发育，在西部以北东向为主，东部北西向较显著。燕山期花岗岩分布甚为广泛，它同南园组是构成本区地貌的重要岩层。地貌类型以高丘分布最广，分布西部的高丘，多由砂页岩组成，岩性较软，加之断裂发育，在长期外力作用下，地势显得缓和开阔，顶部浑圆，风化壳较厚，植被覆盖良好。分布在九龙江沿岩的高丘，多由火山岩和花岗岩组成，岩性坚硬，加之九龙江的切割强烈，丘高坡陡，山坡坡度多在 20°~25°，低丘面积不大，地势舒缓，丘顶均呈馒头状，残积层较厚，常有基岩出露。河谷平原主要分布在雁石溪、九龙江河床两侧，呈不连续带状分布，地势平坦。

本区地处戴云山脉东侧及博平岭的主体部分，博平岭位于闽中大山带的南段，地势比戴云山脉稍低，海拔多在 500~1000 米之间，以中、低山为主，是构成博平岭山脉的主体，北部山地受北东向断裂构造控制明显，河流流向北东，山脉与河流相间排列。

九龙江是本区最大的河流，由北西流向南东，横切闽中大山带，把戴云山脉和博平岭分开，河谷深切，陡峭狭窄，多呈峡谷，比降大，水流湍急，蕴藏着丰富的水力资源。本区还是闽南一些短小溪流的发源地，这些溪流由于博平岭山地新构造运动的影响，下切强烈，河床比降大，谷坡陡峻，常有基岩裸露，水流汹涌，有跌水、急滩等，侵蚀与冲积相互交替。

本区代表性植被为南亚热带季雨林，但原生植被仅在极个别地方沿有一些残迹，其余地区已不复存在。目前多为次生林或稀疏阳性林，以马尾松及稀疏灌木草丛为主。由于人为活动频繁，植被反复遭受破坏，水土流失严重。区内矿物风化较为彻底，富铝化程度高，有机分解强烈，因而丘陵台地广泛分布着赤红壤。坡面较平缓处，土层深厚，淀积层较为发育，表土多被侵蚀，有机质含量低，分解快，肥力较低。

本区地处闽南内陆山区，与广东省接壤，较大的河流为九龙江，此外还有东溪与漳江等；自然条件优势，水热条件好，具有发展农、经、果、林、茶及水产养殖等多种经营的优势条件，是福建省"水果之乡"，安溪的"铁观音"茗茶誉满全球。

2. 主要生态问题

一是水土流失较严重。本区地处闽南金三角，经济发展水平较高，对森林植被的破坏较严重，水果及茶园面积居全省首位，面积水土流失也较严重。在沿海6个设区市中，从寿宁至平和的闽东大山带东侧的县（市、区）土壤侵蚀强度多在10%~20%，成为福建省水土流失最严重的区域。据2005年调查统计，安溪县水土流失率21.86%，平和县20.55%，华安县17.91%，南靖县16.51%，长泰县17.41%，均高于全省10.72%的平均水平。其中安溪县近年来，由于受经济利益驱使，部分林农进行毁林开垦，无序发展茶园。不合理的开垦和栽培方法，导致境内水土流失加剧，使安溪县成为福建省水土流失最严重的县份之一。台风期间，发生大面积崩岗、塌方等现象。

二是果园生态退化。本区素有"天然大温室"之称，适合各种热、亚热带果树生长，水果品种有47种，面积达17.18万公顷，特别是香蕉、芦柑、荔枝、龙眼、柚子、菠萝等六大名果扬名海内外，漳州因此被誉为"花果之乡"。据2001年调查，目前漳州市果园水土流失面积达5.27万公顷，占该地类面积的29.51%。其中轻度流失面积占57.0%、中度占30.8%、强度占10.6%、极强度1.6%。水土流失导致土壤质量下降。研究资料表明，随着退化程度的增大，有机质、全氮、全磷含量和它们的总贮量，均随之降低，并影响到境内的可持续发展。

（十一）闽南南亚热带沿海防护林及城市林业建设区

1. 总体状况

本区位于福建省闽江口以南的东部沿海，西与戴云山、博平岭相接，东临台湾海峡，南与广东省毗连，范围包括福州市的晋安、鼓楼、马尾、仓山、长乐、福清、平潭等7个县（市、区）；莆田市的仙游、荔城、城厢、涵江、秀屿等5个县（区）；泉州市的泉港、洛江、惠安、南安、鲤城、晋江、石狮等7个县（市、区）；厦门市的同安、翔安、海沧、集美、思明、湖里等6个区；漳州市的龙海、漳浦、云霄、东山、诏安等5个县（区）。全区土地总面积195.03万公顷，占全省土地总面积的15.9%。本区林地面积105.75万公顷，占全省林地面积的11.29%；有林地面积72.97万公顷，占全省有林地面积的9.37%；森林覆盖率37.42%。活立木蓄积1722.01万立方米，占全省活立木蓄积的4.27%；有林地蓄积1651.48万立方米，占全省有林地蓄积的4.27%。

本区在大地构造上属闽东燕山断陷带的一部分，区内断裂构造发育，其中以北东向和北西向为主，东西向断裂也有分布并呈零星出露，这些断裂的走向大致为北西310°左右，倾角较陡，为张扭性，它控制着沿海地区一系列呈北西走向的断陷盆地或断陷海湾的发育。这些断裂各自平行斜列，往往彼此相互切割，构在网格状断裂构造格局，对区内地貌发育有深刻的影响，把该地区切割成大小不一的块体，形成北东向成条，北西向成块的地貌框架。

本区属东南沿海地层分区的一部分，西部大片分布南园组和石帽山群，区内岩性较为复杂，有花岗岩、火山岩、沉积岩、变质岩等，局部地区分布有上三叠－侏罗系混合岩和变粒岩等，第四系是全省发育最好的地区之一，类型繁多，燕山期花岗岩广泛出露，这些岩层是本区地貌的主要组成物质。由于岩性软硬不同，明显影响地貌形态的特征。

本区背山面海，地势西北高东南低，呈阶梯式下降，海拔多在400米以下，地貌类型以丘陵、台地、平原为主，山地仅有零星分布，为戴云山脉的延伸部分，海拔约500~600米，多为花岗岩和火山岩组成。丘陵多由花岗岩组成，少部分由火山岩、变质岩和砂页岩组成。花岗岩高丘，海拔多在350~450米，成片分布于山地外缘和河谷两侧，多呈脉状排列，分布密集，常与邻近的相连，似属戴云山脉和博平岭的延伸部分，大多切割不深，风化层较厚，植被覆盖良好，水土流失轻微。花岗岩低丘，海拔多在150~250米，多分布在高丘周围，河谷两侧和滨海地带，丘体比较破碎，常呈饲养状，植被覆盖差，冲沟发育，石蛋垒垒，基岩裸露，水土流失现象严重。台地以花岗岩组成为主，台面呈波状起伏，分布广泛，多由深厚的残积层组成，厚可达数十米，红壤化程度深，并发育有网纹红土，形成于中更新世晚期至蝎更新世早期，是地壳处于相对稳定有间歇活动的产物，一般在海拔50米以下，微向海或谷地倾斜，常呈波状起伏，其上发育有浅而宽的坳谷，切割较微，台地多被开垦利用，以旱作为主，坳谷中为水田，常有水土流失现象。沿海海岸线漫长而曲折，以砂岸为主，多港湾、半岛和岛屿，其中较大的港湾自北向南有福清湾、兴化湾、平海湾、湄洲湾、泉州湾、深沪湾、围头湾、厦门港、浮头湾、东山湾和诏安湾等；较大的半岛有龙高半岛、笏石半岛、惠安半岛、晋江半岛、六鳌半岛、古雷半岛、陈城半岛和宫口半岛等。岛屿星罗棋布，其中较大的有海坛岛、江阴岛、琅岐岛、南日岛、湄洲岛、金门岛、厦门岛、东山岛等。

平原在本区占有一定的面积，其中较大的有福州平原、泉州平原和兴化平原等，福州平原位于闽江下游，周围为山、丘怀抱，属冲积－海积平原，闽江自西北向东南贯穿平总，分南北两支，北支称闽江，南支称乌龙江，中间是南台岛。组成平原的物质为晚更新世至全新世的冲积、洪积和海积层，不整合覆盖于风化基岩之上。

本区代表性植被为南亚热带季雨林及海岸植被。但原生植被仅在极个别地方尚有一些残留，其余地区已不复存在。目前多为次生林或稀疏阳性林，以马尾松及稀疏灌木草丛为主。由于人为活动频繁，植被反复遭受破坏，水土流失严重。海岸植被仅残存榕树、露兜及小片红树林。

在南亚热带生物气候条件下，矿物风化较彻底，富铝化程度高，有机残体分解强烈，因而丘陵台地广泛分布着赤红壤。坡面较平缓处，土层深厚，淀积层较为发育，具棱柱状结构和明显铁质胶膜，表土多被侵蚀，有机质含量低，分解快，肥力较低。山丘顶部和陡坡地侵蚀严重，肥力极低。在一些滨海台地，以玄武岩为母质，铁铝富集程度更高，分布着变性土。一些岛屿和半岛上则分布着较大面积的风沙土，港湾滩涂多分布着滨海盐土。本区自然条件优越，水热条件好，具有发展农、经、果、林及水产养殖等多种经营的优势条件。但本区人口密集，人为活动频繁，丘陵台地植被屡遭破坏，水土流失严重，导致丘陵地区土层浅薄，耕地土壤沙化，肥力下降，养分缺乏，缺素面积较大。

本区地处福建省东南部沿海地区，城镇化水平较高，人口密集，是福建省经济最发达区域，为木兰溪干流载、晋江干流区、九龙江出海口。海岸线以沙岸、泥岸为主，区域内有多个深水良港，拥有优越的地理区位，但沿海少雨，常有旱情，台风影响频繁，加上森林过度砍伐，植被遭受破坏，径流量大，自然降水利用率低，因而旱、涝、风灾害常出现，台风危害频繁。主导生态功能是保护植被，维护区内红树林湿地的生态系统，提高区内森林，尤其是沿海防护林的防护效能，防范旱、涝及风灾危害，为当地的经济发展提供良好的生态环境，为城乡居民的生活提供良好的生活环境。

2. 主要生态问题

区域性森林生态系统的结构不稳定，生态功能低下。人口密度大，历史上薪柴短缺，对林地的人为影响相对较大。原生植被已无分布，形成大面积的低效次生林，植被稀疏，水土流失严重，土层薄、肥力低。人工营造的大面积针叶纯林，因林地肥力不足，危险性病虫害蔓延，形成低效林分，有些已退休成以草本植被为的的林型。这种树种少、结构不合理、生长差、效益低的林分在闽东南沿海丘陵比较常见，是生态脆弱的主要原因，亟须治理。

夏秋之间常受台风、洪涝和干旱影响，如果恰逢天文大潮，往往形成风暴潮，而酿成灾害。区内降水量小于蒸发量，土壤易盐碱化。近几年沿海地区基础设施建设加快，如铁路、公路、码头、核电站等建设，占用了大量的林地。项目建设将进行大量的取土、填方、挖方和弃土等，这些环节如处理不当，有可能造成水土流失。沿海地区因经济发展需要，大量围垦造地，使湿地、红树林面积不断减少，鸟类生存环境破坏，导致生态问题。

二、林业产业发展的区域集聚性与需求分析

（一）林业产业区域集聚性的特点及研究方法

1. 产业布局与产业集聚

产业布局是指产业在一定地域空间上的分布与组合。由于规模经济、专业化分工和运输成本等因素的影响，产业在空间布局过程中，都有一定的区域集中倾向，即产业的集聚。产业集聚是生产力实现空间布局上的优化，是各种生产要素在一定地或范围的大量集聚和有效集中。国内外实践表明，加快产业集聚，发展产业集群是区域经济发展战略的重要组成部分，市场经济条件下工业化发展到一定阶段的必然选择。产业集群是产业集聚的重要形式，是一组在地理上靠近的相互联系的公司和关联的机构，它们同处或相关于一个特定的产业领域，由于具有共性和互补性而联系在一起。产业集群不是一般的企业扎堆，集群的重要特征是它有积极的渠道来促进商业交易、对话和交流。产业集群是以某一个或几个相关产业为核心，以价值链为基础的地方生产系统，包含最终产品或服务厂商，专业元件、零部件、机器设备以及服务供应商、金融机构、及其相关产业的厂商。认定集群与否的关键是其中的行为主体之间有密切的联系和互动。

2. 林业产业集聚的特点

林业产业是以林木、林地资源为加工利用对象，以获取经济效益为目的的产业，涵盖范围广、产业链条长、产品种类多，具有商品产出和非商品产出两大功能。林业产业横跨第一、第二、第三产业多个门类，主要包括林木种植业、经济林培育业、花卉培育业、木竹采运业、木竹加工业、人造板制造业、林化产品加工、木浆造纸、林副产品采集加工、森林旅游10大亚产业。并且，各个亚产业之间既有非常强的产业关联关系，形成完整的产业链条（图1-16）。因此，林业产业区域布局应考虑的是这些亚产业在不同区域的配置和关联。

影响产业区域布局即企业选择重要的因素是运输成本，包括原料的运输和产成品的运输，即企业所在地与原料供应地和市场二则的距离。总体上，林业产业是资源依赖性较强的产业，影响林业亚产业区域布局的重要因素之一是企业所在地与森林资源供应地的距离和企业所在地与市场的距离。以木竹加工为主的林业产业原料主要来源于本省闽西北的主要林区和从国外进口，产成品主要是供应下游产业、出口和国内消费。这就形成了闽西北山区经济带和闽东南沿海经济带的林业产业布局特点。越是产业链的前端对资源的依赖度越大，分布在山区森林资源丰富的地区就越能发挥优势；福建省的林产加工多是出口倒向型，越是产业链的末端，对产品市场的依赖度就

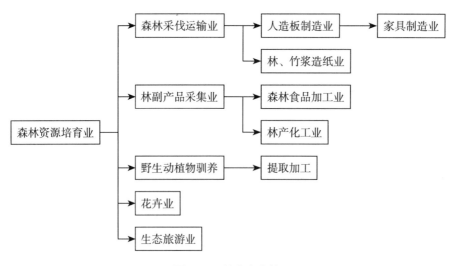

图 1-16　林业产业链

越大，分布在沿海近港口地区就越有优势。

3. 林业产业区域集聚性的判别方法及指标

目前尚无统一的产业区域集聚性判别方法和指标，综合产业集聚理论和林业产业的特点，我们选取了区域集中度这个指标对林业产业区域集聚性进行判别。具体办法是，以 9 个设区市为单位，对林业产业总体情况和各个亚产业情况进行排序，选取排在前面的三个地区合计占全省总量的百分比来衡量（表 1-31）。在各主导产业分析中，还对主要地区生产集中的县市区和龙头企业情况进行深入分析。具体公式如下：

区域集中度 = 前三地区产量（产值、面积）/ 全省总产量（产值、面积）× 100%

表 1-31　林业产业区域积极性衡量指标

前三地区所占比重（%）	区域集中度	前三地区所占比重（%）	区域集中度
100-90	非常高	69-60	较低
89-80	高	60 以下	低
79-70	较高		

整体情况选取了工业总产值、规模以上企业个数两个指标来衡量，并用规模以上企业平均产值、增长速度两个指标来分析林业产业布局总体发展趋势。在各主导产业区域集聚性分析中，除了木竹种植业用面积指标衡量外，其他亚产业主要以产量来衡量。另外人造板工业还增加了产能的衡量指标。

在以上分析的基础上，对现有林业产业区域集聚所形成的产业集群内部产业关联情况进行分析，并指出存在的问题及下一步需要调整的方向。

（二）林业产业发展区域集聚性的整体情况分析

1. 工业总产值分布情况

2007 年全省林业规模以上工业总产值为 731.43 亿元，其中泉州市、漳州市、南平市工业总产值居 9 地市前 3 位，分别为 164.88 亿元、116.16 亿元和 112.78 亿元，产值合计占全省的 53.84%；莆田市、龙岩市、宁德市居全省后 3 位，分别为 35.82 亿元、27.98 亿元和 22.23 亿元，产值合计仅占全省的 11.76%，3 市合计仅相当于泉州市的一半（表 1-32）。

表 1-32　2007 年林业规模以上工业总产值（万元）

	林业规模以上工业总产值		林业规模以上工业总产值
全省	7314265	福州市	911170.5
泉州市	1648751	厦门市	498914.9
漳州市	1161622	莆田市	358208.7
南平市	1127786	龙岩市	279810.2
三明市	1105751	宁德市	222251.3

纳入林业产业统计的林产工业包含锯材木片，人造板，木、竹、藤、棕制品，家具，造纸，林化和精茶加工、茶饮料、果汁、罐头制品 7 大类。从规模以上工业总产值的构成情况来看，泉州市以茶、家具和纸制品为主；漳州市主要是家具和纸制品；三明市是木材的主产区，主要是人造板（也包括二次饰面板和木地板）、造纸；南平是木竹材的主产区，主要是人造板、造纸、竹制品；福州主要是人造板、木地板；厦门主要是家具；莆田主要是家具和锯材；龙岩也是木材主产区，主要是人造板和木、竹、藤、棕制品；宁德主要是人造板、工艺品。人造板、制浆等林业产业链较为前端的亚产业主要集中在南三龙山区森林资源丰富的地区，家具、纸制品、林化深加工产品等林业产业链较为末端的亚产业主要集中在厦漳泉沿海地区。总体分布符合林业产业区域集聚的特点。

2. 规模以上企业分布情况

（1）林业规模以上企业数分布情况

2007 年全省规模以上林业企业 2008 家，山区规模以上企业数量增多，已超过沿海。南平、三明、龙岩、宁德 4 个市的规模以上企业 1028 家，占全省的 51.2%；福州、厦门、莆田、泉州、漳州 5 个市的规模以上企业 980 家，占 48.8%。

（2）林业规模以上企业平均产值分析

沿海地区规模以上企业平均产值仍大大高于山区。南平、三明、龙岩、宁德 4 个市的规模以上企业平均产值为 2661.09 万元，比全省平均规模低近 1000 元；福州、厦门、莆田、泉州、漳州 5 个市规模以上企业平均产值为 4672.11 万元（表 1-33）。

表 1-33　2007 年林业规模以上企业情况

	个数	平均规模
全　省	2008	3642.56
南平市	456	2473.22
三明市	326	3391.87
福州市	260	3504.52
漳州市	258	4502.41
泉州市	247	6675.11
龙岩市	147	1903.47
厦门市	121	4123.26
宁德市	99	2244.96
莆田市	94	3810.73

（3）林业规模以上企业发展速度分析

随着高速公路、高速铁路的建设和完善，福建省交通等基础设施的不断完善（图1-17），沿海经济对山区腹地的辐射和带动能力增强，一直以来制约福建省山区经济发展的交通运输瓶颈将被进一步打破，沿海与山区腹地的差距将逐渐缩小。

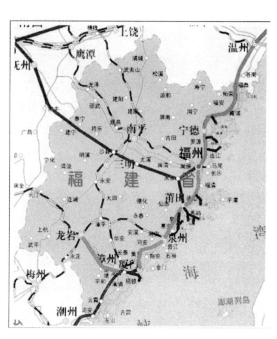

图 1-17　福建省高速公路和铁路建设规划图

2007年，规模以上企业工业总产值全年累计增长速度三明市45.6%、南平市41.7%、龙岩市36.4%、宁德市35.1%，4个市增长速度均超过全省平均，累计增长速度34.8%；沿海仅漳州市（41.9%）、泉州市（38.8%）2个市超过全省平均速度（图1-18）。

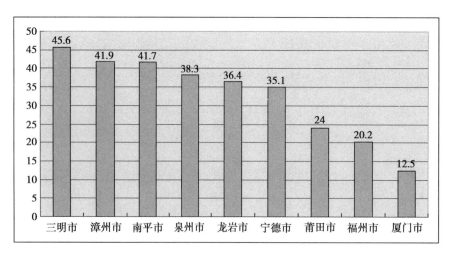

图 1-18　2007 年各地区累计增长速度

（三）各主导产业区域集聚性分析

1. 木竹种植业

闽西北的南平市、三明市、龙岩市是福建省主要林区，其有林地面积和活立木蓄积量分别占全省的 66.4% 和 81.6%。其中，马尾松面积占全省马尾松总面积的 57.12%，蓄积量占 74.16%；杉木面积占全省杉木总面积的 74.36%，蓄积量占 83.7%。漳州市、泉州市、莆田市闽南沿海地区是桉树等速成生树种种植的主要地区，三个地区桉树面积占全省桉树总面积的 67.8%，蓄积量占 60.25%（表 1-34）。

表 1-34　福建主要树种面积和蓄积量分布情况表（公顷）

指标名称	马尾松面积	马尾松蓄积量	杉木面积	杉木蓄积量	桉树面积	桉树蓄积量
福州市	278945.33	770064.07	77462.67	311910.20	3742.33	2269.73
厦门市	31379.33	90985.27	3321.20	15780.20	873.27	2401.27
莆田市	82302.47	145602.40	26006.53	79529.67	6152.00	4823.53
三明市	643649.67	3465111.33	423454.33	2866396.53	15556.27	46762.47
泉州市	321354.33	796771.53	88866.33	314331.87	6614.80	11328.40
漳州市	219603.93	361407.73	82294.87	343066.20	49837.13	80381.47
南平市	474265.00	2717210.40	513600.07	3693499.20	1557.40	2726.13
龙岩市	735135.47	2619653.40	232595.33	1004580.07	7683.73	9239.13
宁德市	457414.33	902825.47	125410.40	408313.80	322.47	288.67

2007 年末，全省有竹林面积 107.21 万公顷，其中南平市、三明市、龙岩市竹林面积排全省前 3 位，竹林面积分别为 38.08 万公顷、30.98 万公顷和 17.66 万公顷，合计占全省的 80.88%（表 1-35）。

表 1-35　2007 年末各设区市竹林面积（公顷）

地市	面积	地市	面积
南平市	380750.47	福州市	42630.60
三明市	309779.13	漳州市	39432.73
龙岩市	176559.73	莆田市	3337.13
宁德市	70834.80	厦门市	0
泉州市	48753.67		

2. 木竹采运业

（1）木材生产

从林产品加工主要产品结构来看，一是木材：2007 年全省木材生产保持持续稳定增长，全年累计完成 685.54 万立方米，比上年同期增加 61.25 万立方米。其中南平市全年完成木材生产 286.69 万立方米，比上年同期增加 47.53 万立方米；三明市全年完成木材生产 229.52 万立方米，比去年同期增加 22.65 万立方米；龙岩市全年完成木材生产 92.09 万立方米，比上年同期增加 2.87 万立方米（图 1-19）。南平、三明、龙岩三个地市的木材产量合计 608.3 万立方米，占全省总产量的 88.73%。木材销售量全年累计完成 683.71 万立方米，比上年同期增加 79.67 万立方米，其中南平、三明、龙岩 3 个市合计完成木材销售 601.77 万立方米，占全省的 88.02%；木材库存 57.17 万立方米，比上年同期减少 6.2 万立方米，其中南平、三明、龙岩 3 个市合计占 76.7%。

（2）竹材生产

2007 年全省毛竹产量 20995 万根，其中三明、南平、龙岩 3 个市毛竹产量居全省前 3 位，分

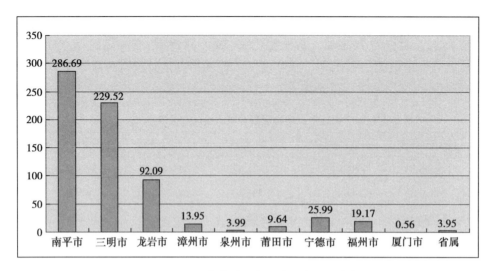

图 1-19　2007 年各地区木材产量（万立方米）

别为 6725 万根、6449 万根和 3517 万根，合计占全省的 79.50%（表 1-36）。

表 1-36　2007 年各设区市毛竹生产情况（万根）

地市	产量	地市	产量
三明市	6725	漳州	679
南平市	6449	泉州	433
龙岩市	3517	莆田	220
宁德市	1682	厦门	23
福州市	1267		

3. 经济林产品的种植和采集

福建省林业经济林产品主要有生漆、油桐籽、茶油籽、板栗等。

2007 年全省生漆产量 516 吨，生漆主要集中在南平的蒲城、光泽、松溪县，三明市和福州市。松脂产量 63205 吨，其中三明、龙岩、南平产量居全省前 3 位，分别为 341868 吨、16881 吨和 9327 吨，合计占全省的 95.55%。油桐籽产量 17506 吨，其中三明、南平、龙岩产量居全省前 3 位，分别为 7232 吨、6160 吨和 2471 吨，合计占全省 90.61%。油茶籽产量 60646 吨，其中三明、南平、龙岩产量居全省前 3 位，分别为 37242 吨、16099 吨和 2816 吨，合计占全省 92.6%。

4. 花卉培育业

花卉培育业是福建省林业产业中的新兴产业之一，近几年呈快速发展趋势。2007 年，福建省的花卉种植面积达到 1.8 万公顷，与 2000 年相比，增加了 1.13 万公顷，产值从 10 亿元增加到 40 亿元，出口创汇从 248 万美元增至 3100 万美元，从业人员也从 3 万多人增加到 13 万人。基本形成福州、厦门的鲜切花，漳州、龙岩的盆栽植物，漳州、泉州的观赏苗木与草坪、水仙花，南平、福州的茉莉花，三明（清流）的绿化大苗等优势生产区和水仙花、兰花、杜鹃花、榕树盆景与人参榕、多肉多浆植物、棕榈科植物等优势拳头产品。

5. 主要林产加工业区域集聚性分析

（1）人造板生产

2007 年，全省规模以上企业人造板产量达 535.23 万立方米，产值达 117.14 亿元。其中胶合板完成 183.18 万立方米，纤维板完成 166.74 万立方米，刨花板完成 114.25 万立方米。刨花板增长幅度最快，从 2005 年的 19.36 万立方米增长到 2007 年的 114.25 万立方米，增长了近五倍。

人造板主要分布在三明、南平和龙岩，这三个地级市规模以上企业的人造板产量分别为 227.12 万立方米、181.6 万立方米和 48.85 万立方米，三个地市产量合计占全省总量的 85.49%。三明、南平和龙岩胶合板产量在九个地市中居前 3 位，产量分别为 78.46 万立方米、67.5 万立方米和 23.8 万立方米，合计占全省的 92.67%；三明、南平和龙岩纤维板产量在九个地市中居前 3 位，产量分别为 71.31 万立方米、23.01 万立方米和 21.6 万立方米，合计占全省的 69.52%；三明、南平和福州刨花板产量在九个地市中居前 3 位，产量分别为 81.09 万立方米、17.4 万立方米和 7.68 万立方米，合计占全省的 92.93%。胶合板和刨花板的产量前三位合计产量占全省比重都在 90% 以上，产业集中度高；纤维板产量前三位合计产量仅占全省比重的 69.52%，集中度相对较低（表 1-37）。

表 1-37　2007 年规模以上企业人造板产量（立方米）

人造板		胶合板		纤维板		刨花板	
全省	5352301	全省	1831805	全省	1667428	全省	1142501
三明市	2271197	三明市	784589	南平市	713097	三明市	810850
南平市	1815996	南平市	674985	三明市	230082	南平市	174036
龙岩市	488517	龙岩市	237973	龙岩市	215962	福州市	76843
福州市	363815	福州市	91378	福州市	195594	漳州市	46190
漳州市	198139	宁德市	21665	漳州市	137275	龙岩市	34582
泉州市	113927	泉州市	17554	泉州市	96373	厦门市	0
宁德市	100710	漳州市	3662	宁德市	79045	泉州市	0
莆田市	0	厦门市	0	厦门市	0	宁德市	0
厦门市	0	莆田市	0	莆田市	0	莆田市	0

胶合板生产集中度比较低，产量在 5 万立方米以上的县（市、区）有：南平市的顺昌县 9.19 万立方米、建阳市 6.96 万立方米、延平区 5.26 万立方米，三明市的三元区 12.78 万立方米、沙县 12.38 万立方米、永安 11.96 万立方米，漳州的龙文区和龙海县。竹胶合板生产主要集中在南平的建瓯 5.59 万立方米、延平 2.35 万立方米，三明的永安 6.12 万立方米、沙县 2.78 万立方米，龙岩的漳平 2.31 万立方米。纤维板生产产量在 5 万立方米以上的县市区有南平的建瓯 16.7 万立方米、建阳 12.75 万立方米、蒲城 12.06 万立方米、光泽 11.22 万立方米、邵武 8.96 万立方米、南平市属 8.31 万立方米，三明的永安市 18.92 万立方米，龙岩的新罗 10.64 万立方米、连城 6.09 万立方米、漳平 5.72 万立方米，宁德的福鼎，泉州的永春以及福人木业的 19.82 万立方米。刨花板生产主要集中南平的邵武 8.7 万立方米，三明沙县的大亚 42.4 万立方米，清流 6.06 万立方米，漳州龙海 3.68（2006 年），福人木业 7.73 万立方米。

从产能看纤维板生产企业的生产能力在全省排前三的为南平、龙岩、三明三个设区市，合计占全省 80.82%，产业区域集中度高。其中重点县市和生产企业有南平的建阳 30 万立方米（其中森岚 20 万、丽阳 10 万），建瓯 15 万立方米（其中建瓯福人 10 万、丽瓯 5 万），光泽沪千 10 万立方米，南平沪千 8 万立方米，浦城丽平 7 万立方米，邵武绿源 6 万立方米；三明的永安林业 20 万立法米；龙岩的绿源 10 万立法米，连城百冠 5 万立方米，漳平丽菁 5 万立方米；福州福人 20 万立方米；宁德福鼎绿星 5 万立方米；泉州永春美岭 3 万立方米。

刨花板生产企业的生产能力在全省排前三的为三明、福州、南平三个设区市，合计占全省

92.88%，产业区域集中度非常高。其中重点县市和生产企业有三明沙县的大亚45万立方米，福建福人20万立方米，邵武王斌7万立方米，邵武福人5万立方米（表1-38）。

表1-38　2007年人造板产能分别情况（立方米）

纤维板		刨花板	
全省	1503900	全省	1066600
南平市	780000	三明市	600400
龙岩市	232000	福州市	200300
三明市	203500	南平市	190000
福州市	202600	漳州市	40000
宁德市	50000	泉州市	20900
泉州市	30300	龙岩市	15000
漳州市	5500	宁德市	0
莆田市	0	莆田市	0
厦门市	0	厦门市	0

全省规模以上企业累计完成人造板二次加工装饰板1018.84万平方米。三明、福州、龙岩人造板二次加工装饰板产量居前3位，产量分别为34.49万平方米、25.61万平方米和23.37万平方米，合计占全省81.92%，产业集中对相对较高（表1-39）。

表1-39　2007年规模以上企业二次加工装饰板产量（平方米）

地市	产量	地市	产量
三明市	3448790	泉州市	0
福州市	2560591	宁德市	0
龙岩市	2337341	莆田市	0
南平市	1538686	厦门市	0
漳州市	302983		

（2）林产化工

2007年规模以上林产化工企业数量有所减少，从2006年的170家减少为152家，产值从55.04亿元减少为48.45亿元，林产化工产业还在不断调整过程中（表1-40）。

表1-40　2007年规模以上林产化工企业情况表

指标名称	产值（万元）		产值所占比例（%）		企业个数（个）		企业平均产值（万元）	
	2006	2007	2006	2007	2006	2007	2006	2007
林产化工	550416	484501.2	9.77	6.62	170	152	3237.74	3187.51

2006年全省松香类产品产量66390吨，三明、龙岩、南平产量居前3位，分别为42480吨、20844吨和1736吨，合计占全省98%；松节油类产品产量15426吨，其中三明、南平、龙岩产量居前3位，分别为6137吨、5405吨和3627吨，合计占全省98.33%；樟脑产品产量5523吨，主

要在南平和龙岩；活性炭产量 50056 吨，主要在南平、三明和龙岩（表 1-41）。

表 1-41　2006 年全省主要林化产品产量（吨）

松香类		松节油类		樟脑		活性炭	
全省	66390	全省	15426	全省	5523	全省	50056
三明市	42480	三明市	6137	南平市	4597	南平市	28996
龙岩市	20844	南平市	5405	龙岩市	926	三明市	18675
南平市	1736	龙岩市	3627	三明市	0	龙岩市	2385
泉州市	1314	泉州市	257	宁德市	0	宁德市	0
宁德市	16	宁德市	0	福州市	0	福州市	0
福州市	0	福州市	0	莆田市	0	莆田市	0
莆田市	0	莆田市	0	泉州市	0	泉州市	0
漳州市	0	漳州市	0	漳州市	0	漳州市	0
厦门市	0	厦门市	0	厦门市	0	厦门市	0

（3）木制家具

2007 年全省规模以上企业累计完成木制家具 825.87 万件，产值 47.52 亿元。其中厦门、三明、漳州完成木制家具产量居前 3 位，产量分别为 222.48 万件、180.01 万件和 172.91 万件，合计产量占全省的 69.67%，产业集中度相对较低（表 1-42）。

表 1-42　2007 年规模以上企业木制家具分地区产量（件）

地市	产量	地市	产量
厦门市	2224816	龙岩市	643221
三明市	1800081	宁德市	151607
漳州市	1729061	泉州市	0
福州市	859044	莆田市	0
南平市	850880		

（4）制浆造纸

2007 年全省规模以上企业累计完成纸浆 39.85 万吨，机械纸及纸板累计完成 237.85 万吨，造纸和纸制品业实现规模以上产值 291.79 亿元。纸浆生产主要集中在三明、南平和漳州，产量分别为 25.52 万吨、12.54 万吨和 1.41 万吨，合计占全省的 99.03%，产业集中度非常高，主要集中木竹资源丰富的南平市、三明市和工业原料林主要所在地漳州市。机械纸及纸板主要集中在漳州、泉州和三明 3 个市，产量分别为 63.43 万吨、55.5 万吨和 50.54 万吨，合计占全省的 71.25%，产业集中度并不是很高（表 1-43）。

表 1-43　2007 年全省规模以上企业制浆造纸情况（吨）

纸浆		机械纸及纸板	
全省	398511	全省	2378500
三明市	255179	漳州市	634262
南平市	125376	泉州市	555014

（续）

纸浆		机械纸及纸板	
漳州市	14083	三明市	505419
泉州市	3873	南平市	348105
龙岩市	0	福州市	167885
福州市	0	龙岩市	86585
宁德市	0	莆田市	53832
莆田市	0	厦门市	23317
厦门市	0	宁德市	4080

（5）木地板

2007年规模以上企业累计完成木地板产量211.5万平方米。其中三明、福州、厦门的产量居前3位，分别为146.19万平方米、33.33万平方米和30.58万平方米，合计占全省的99.34%，产业集中度非常高（表1-44）。

表1-44　2007年规模以上企业木地板产量（平方米）

地市	产量	地市	产量
三明市	1461903	漳州市	0
福州市	333263	泉州市	0
厦门市	305786	宁德市	0
南平市	14053	莆田市	0
龙岩市	0		

6. 非木质利用

（1）森林食品

森林食品是指由森林动植物为原料进行采集食用或经过加工开发出的各类食品。当前福建省已开发的森林食品有竹笋、茶、浆果干果、食药用菌、山野菜等几类产品。森林食品的显著特征是市场附加值高，体现在无污染、原产地、高营养、药食同源四个要素。

其中笋制品主要集中在闽西北。尤其是南平的建瓯、三明的永安。建瓯有规模以上笋加工企业17家，已成为全国最大的水煮笋罐头生产和销售基地。加工清水笋出口为主向精深加工终端软包装系列产品，出口日本、东南亚、欧美等市场。三明的形成了健盛、三和食品等龙头企业，主要生产有机水煮笋，出口日本。三明健盛一家产量就达2.5万吨，产值过亿。

食用菌主要集中在宁德的古田、龙岩的漳平和漳州的龙海。目前开发的有香菇、木耳、花菇、平菇等品种。2007年福建省食用菌总产量约180万吨，总产值80多亿元，初步形成一批有较强竞争力、带动力强的食用菌工厂化生产、规模化栽培的龙头企业。2007年，福州口岸出口干香菇3166.7吨、货值3030.28万美元，约占全国出口总量的1/3。

福建地处南亚热带，盛产各种亚热带水果。目前已开发龙眼、荔枝、菠萝、枇杷、柑橘、柚子及其他名优绿色食品水果20多种。2007年永春芦柑已检验出口62026吨、4413.6万美元，占全国出口量的近60%。

福建是中国产茶第一大省。主要集中在安溪、永春、诏安、南靖、平和、武夷山、建瓯，全省茶园面积240万亩，产量20万吨，占全国1/5，毛茶产值42.7亿元，涉茶行业产值近200亿元，占全国 35%，茶叶市场占有率占全国 60%。福建省的茶叶总产、单产、良种数量、良种普及率、出口创汇单价、销售总额、特种茶等均居全国第一。

在建立绿色食品水果等原料产地的基础上，开发绿色食品深加工生产，已开发枇杷酒、猕猴桃汁、山楂等饮料、酒类和其他食品。

（2）生物质能源

福建的森林资源中蕴涵着丰富的燃料油植物，三年桐（含油率 30%~50%）、千年桐（含油率 30%~50%）、乌桕（含油率 30%~50%）、黄连木（含油率 30%~40%）、山苍子（含油率 30%~40%）、油茶（含油率 30%~40%）等乡土油料能源树种，麻疯树等引进油料能源树种适合开发生物柴油，以三年桐、千年桐等为主的油桐在福建省具有较广的分布。

福建省较大的生物柴油生产企业有中国生物柴油国际控股有限公司（包括龙岩卓越新能源发展有限公司和厦门卓越生物质能源有限公司）、福建古杉生物柴油有限公司、中源新能源（福建）有限公司和漳州鼎能生物科技有限公司四家。龙岩卓越新能源发展有限公司、漳州鼎能生物科技有限公司、中源新能源（福建）有限公司等企业已经开始在龙岩、漳州、福州等地建立油桐原料林基地。

7. 野生动植物驯、繁、加工业

初步形成了以黑熊、梅花鹿、龟鳖类、蛙类为主的野生动物养殖业和以南方红豆杉、厚朴等药用植物培植业。全省野生动植物产业年产值约 10 亿元，以红豆杉、柳杉、三尖杉、樟树、厚朴、杜仲等为主的珍贵及药用基地面积达 6 万公顷。

根据调查核实，福建省现有野生南方红豆杉、红豆杉资源 3120 公顷，总株数 86810 株，总蓄积 26683.15 立方米，分布于全省 8 个设区市、45 个县；福建省现有红豆杉人工培植企业 20 多家，人工林总面积约 4171.9 公顷，栽培总株数 5883.68 万株；育苗总面积 193.1 公顷，总株数 1.485 万株，其中 2005 年育苗 73.54 公顷，总株数 4962.5 万株；2006 年育苗 77.16 公顷，总株数 6900 万株（表 1-45）。

表 1-45　福建省设区市南方红豆杉主要资源统计表　单位：公顷、株、平方米

	面积	南方红豆杉株数				名木古树株数		备注
		幼树	大树	合计	蓄积量	红豆杉	南方红豆杉	
南平市	669.6	3096	9040	12135	5114.94	154	367	
三明市	1208.21	25775	7736	33511	11506.2	235	247	
龙岩市	510.19	13787	1714	15501	3916	8	87	
福州市	27.22	1160	166	1326	163.77	30	69	
泉州市	52.2	1572	354	1926	708	90	25	
宁德市	638.5	3326	255	3581	5056.84	118	257	
莆田市	14.7	342	30	372	217.4	7		
全　省	3120.62	49058	19295	68352	26683.15	642	1056	

生物制药等新兴产业势头强劲，如在红豆杉提取紫杉醇方面，明溪南方红豆杉生物有限公司年产纯紫杉醇 120 千克，实现产值过亿，并建设基地共 2333.33 公顷，定植红豆杉 3500 万株，每年可以提供 3000~5000 吨红豆杉枝叶。

在雷公藤制药方面（提取雷公藤甲素），泰宁县计划建立 0.67 万公顷雷公藤基地，现已建立

雷公藤药材基地 0.18 万公顷，种苗基地 6.67 公顷。目前已有泰宁杉阳雷公藤产业发展有限公司集雷公藤种植加工一体化的企业。公司与美国泛华医药公司签订了 600 公顷雷公藤基地建设合同（项目已实施 100 公顷），用于提取雷公藤甲素。2006 年 3 月福建华辰集团福州君临天辰贸易有限公司与福建杉阳雷公藤产业发展有限公司合资组建了福建省汉堂生物制药股份有限公司，投资兴建生物制药厂，公司依托华辰集团的雄厚资金与杉阳雷公藤产业发展公司的雷公藤原料基地为基础而建立。公司以中国科学院上海药物研究所为技术依托合作单位，以研究开发生产雷公藤药物为目标，致力于推进雷公藤特色中药产业的发展。计划总投资 1.2 亿元，总体规划建设用地 10 公顷。

8. 森林旅游业

森林旅游是绿色产业的重要组成部分，是 21 世纪新时尚产业，是现代林业产业不可缺少的重要内容。福建省已建立森林公园 50 处，其中国家级 19 处，省级 31 处，经营保护面积达 14.67 万公顷；建立林业自然保护区 31 处，其中国家级 9 处，省级 22 处，保护总面积 80.27 万公顷。依托这些丰富的资源和独特的自然景观，森林生态旅游发展迅猛，2006 年全省接待森林旅游游客达 670 万人次，创造社会旅游总产值 25 亿多元。

初步形成了福建沿海的森林旅游休闲带和中西部的武夷山脉森林旅游观光带。沿海的森林旅游休闲带包括闽南滨海休闲森林旅游区、闽中休闲度假森林旅游区和闽东山海风光森林旅游区。闽南滨海休闲森林旅游区分布在厦门市、泉州市、漳州市。该区是福建森林旅游接待入境游客的主要基地，是建设海峡西岸旅游经济繁荣带的关键地域，现有国家森林公园 6 个、国家级自然保护区 3 个、省级森林公园 14 个、省级自然保护区 4 个。闽中休闲度假森林旅游区，分布在福州市、莆田市。该区是全省森林旅游较为发达地区，现有国家森林公园 4 处、省级森林公园 8 处、省级自然保护区 3 处。闽东山海风光森林旅游区，分布在宁德市。该区以滨海风光与畲族风情为胜，现有省级森林公园 3 处、省级自然保护区 2 处。

福建中西部的武夷山脉森林旅游观光带，包括闽西客家文化森林旅游区和闽北森林生态旅游区。闽西客家文化森林旅游区分布在龙岩市。该区集"绿"（森林生态）、"红"（红色苏区）、"土"（客家土楼）于一体，现有国家森林公园 4 处、国家级自然保护区 2 处，省级森林公园 1 处、省级自然保护区 1 处。闽北森林生态旅游区，分布在南平市、三明市。该区有"世界双遗产地"的武夷山、泰宁金湖等旅游名胜，有古闽越文化、朱熹文化，森林旅游资源品位高、组合佳、规模大，现有国家森林公园 5 处、国家级自然保护区 3 处，省级森林公园 1 处、省级自然保护区 12 处。

（四）现有林业产业布局及存在的问题

1. 现在形成的主要林业产业集聚区

根据我们对林业产业集中度的分析可以看出，福建省林业产业基本形成了南平竹木制品产业集聚区、三明林产加工产业集聚区、闽东南家具制造产业集聚区、闽南纸制品产业集聚区。

南平竹木制品产业集聚区包含以杉木、马尾松、竹等工业原料林基地建设为主的森林资源培育业，以纤维板为主的人造板加工产业，以竹制餐具为主的竹制品加工产业，以新闻纸为主的木竹浆造纸产业，以笋和锥栗等加工为主的森林食品产业五个相互关联的亚产业。这些亚产业具有明显的区域集中特征，且互相支撑相互关联。木竹加工生产主要集中在建瓯、建阳、邵武、延平、顺昌，人造板加工业主要集中在 205、316 国道沿线，竹制品加工生产主要集中在建瓯、延平、武夷山、顺昌，纸制品生产主要集中在延平、邵武。

三明林产加工产业集聚区包含以马尾松、杉木、桉树、竹等工业原料林建设为主的森林资源培育业，以木浆、绒毛浆为主的木浆造纸业，以刨花板、竹木地板为主的人造板加工业，以笋、果汁加工为主的森林食品业，以活性炭、松香深加工为主的林化产业，以生物制药为主的生物质综合利用业六个相互关联的亚产业。制浆造纸主要集中在沙县、将乐等县，人造板生产主要集中在永安、沙县、三元等县（市、区），林化主要集中在泰宁、尤溪、宁化等县，森林食品生产主要集中在永安、梅列、建宁、尤溪等县（市、区），生物质综合提取利用主要集中在明溪、三元等县（区）。

闽东南家具制造产业集聚区包括莆田仙游的木雕和古典家具制造，漳州、泉州的现代家具制造，厦门的木门、床等建筑构件和室内家具制造。

闽南纸制品产业集聚区包括泉州的卫生巾、高档用纸等纸深加工产品，漳州的纸箱、纸板等机械制纸。

2. 现有林业产业布局存在的问题

总体看，通过这些年的规划发展，福建省林业产业已经基本形成较好的区域布局，但仍存在以下问题：

（1）产业集聚效应不明显

一些地方领导认识不到位，把产业集聚、产业集群简单的等同于工业园区建设。很多地方尽管建立了林业产业专业园区，也通过税费优惠、低廉的土地价格等各种政策手段吸引了不少企业入园，但企业的集中不等于产业集聚。简单的企业堆积，产业集聚效应弱是福建省林业产业集聚面临的最大问题。

（2）产业集群规模小

总体处于自然分散集聚状态，初步形成的南平竹木制品、三明林产加工、闽东南家具、闽南造纸产业集群规模偏小。

（3）区位优势没有得到较好的利用

承接台湾林业产业转移的效果不是很明显，对台的优势并没有得到较好的利用。

（4）资源流动性不够

由于地方保护主义的影响，地方割据、重复建设现象严重，木材等资源和生产要素没办法充分流动，难于根据市场规律合理配置资源，从而使林业产业布局不尽合理，集聚程度有待进一步提高。

（5）森林资源供给潜力变化

以木竹加工为主的林产加工业是福建省林业产业的主体，而木竹加工业又是资源依赖性产业。经过多年的砍伐，闽西北传统林业主产区也面临可伐资源不足的问题，资源供给压力导致乱砍滥伐破坏森林资源的案件频频发生，给林业产业布局带来很大的压力。而闽南沿海过去非林业主产区，经过这几年发展短周期工业原料林，木材资源供给的潜力很大。这种资源供给能力的变化，将给林业产业的布局带来很大的影响。

三、生态文化发展的区域特色与需求性分析

生态文化是人与自然关系演变的历史积淀，倡导人与自然、人与人和谐发展，并将实现可持续发展落实到实处的一种文化形态，具有显明的区域性。区域生态文化是人类在处理人与自然关系及适应特定区域环境的过程中积累而成的文化，它融入区域化特色，是当地文化与以"绿色文化"为标志的环境文明的结合，在林业领域里，充分表现为林业生态文化形态。林业是生态文明建设的主力军和先行者，分析区域生态文化的特点与需求，是明确林业工作任务的关键，是构建完整、有序的福建生态文化体系的前提与基础。

（一）区域生态文化综合背景分析

森林是培育生态文化的主要源泉，研究森林文化的发展潜力，对明确区域生态文化的特点、优势等具有重要作用，为区域生态文化体系布局提供依据。福建丰富的森林植被、树种资源给福建的森林文化发展奠定了坚实的物质基础，而生动的精神内容赋予了森林文化深厚的内涵基础。

1. 资源基础

森林文化发展的精神需求集中表现为一种理论形态，如森林美学、森林哲学、森林伦理等，这种抽象化的理论形态可通过森林景观营建、森林环境布置等方式具体化。福建优越的气候环境资源，为森林的发育提供了良好的条件，创造了丰富的植被资源，也孕育了多元化的森林生态文化，特别是树种文化，如茶文化、竹文化、松文化等汇集了许多历史瑰宝，构成了福建区域文化的最大特色。近年来，在环境保护的大主题下，福建广泛开展了新农村示范点、森林公园、森林旅游区等建设工作，并于 2007 年提出"森林人家"建设，森林日渐成为旅游资源之一，备受人们的青睐，森林旅游业也在人们的期待与需求中蓬勃发展，以森林为主体的旅游区得到充分的扩展与开发。至 2007 年底，福建省已拥有国家级森林公园 23 处、省级森林公园 60 处。

2. 人文基础

福建发展森林旅游不仅在于其森林资源丰富，而且在于其人文荟萃，已拥有一批闻名于海内外的风景名胜区，如武夷山世界文化与自然遗产、宁德白水洋奇观、厦门鼓浪屿等等。同时，福建还是著名的老区、苏区，闽西、闽东等都是重要的革命根据地，有 10 个县是中央苏区，62 个县（市）是革命老区。此外，全国共有 56 个民族，而长年居住于福建境内的就有 55 个民族，几乎涵盖所有民族成分，是个多民族聚居的地方。少数民族中尤以畲族人口最多，约 35 万人，占全国畲族人口的 50% 以上。多元化的文化底蕴，与山岭耸峙、丘陵起伏、树茂林立、绿意盎然的山体森林景观相得益彰，是旅游资源的新亮点。这一亮点在闽东一带的新农村建设中表现得淋漓尽致，畲族独特的风俗人情与优美的森林景观相互融合，是极佳的旅游圣地。

福建是中国著名侨乡，旅居世界各地的闽籍华人华侨上千万人，台湾同胞中 80% 祖籍福建。福建特有的区位、自然、人文资源，展现了其"奇山秀水美不胜收，文物古迹遍布八闽"。

3. 制度基础

福建发展森林文化具有完善的制度支持。为了规范省内森林旅游业的发展、森林景观的建设，相关部门也先后出台多项法律、政策，如 2002 年的《福建省营造林工作管理办法》、2007 年 10 月制定的《关于推进生态公益林管护机制改革的意见》、2008 年 1 月份刚出炉的《福建省人民政府关于加强林业自然保护区建设解决区内群众生产生活有关问题的意见》等。2007 年福建林业厅推出了旨在促进林农增收的林业特色产业——森林人家品牌，融入森林旅游行业，将森林的观赏、游憩、疗养等多种功能一体化，共同打造林业的第三产业。这些法律法规、政策文件，为福建森林文化的发展提供了制度支持。

（二）区域生态文化差异分析

生态文化是人与自然关系的综合体，与自然条件、人类思想发展、社会发展程度等因素密切相关。区域生态文化的发展离不开区域自然、历史、人文条件及其相互间的关系演绎，演绎的对象包括客观的基础性因素如区位、地方风俗等，还包括社会、经济发展引发的需求性因素，它们是推动生态文化朝着多元化发展的动力，也是形成不同的生态文化模式的主导力量。

1. 基础差异性分析

基础差异性是指与生态文化直接或间接相关的客观性因素在地域上的体现，包括区位、地方文化习俗（语言、饮食、服饰）等。从区位优势上分析，闽南地区如泉州、厦门等地沿海而立，具有绝对的港口优势，特别改革开放带来的机遇使得其经济有了飞速的发展，形成了对外贸易的工业产业链，在服装、食品等行业占据一定的国外市场。而闽西、闽北山地多，森林资源丰富，重在发展农、林产业，近年来随着人们对森林多功能化的认识与追求，森林旅游逐渐发展起来，于是，以森林为主要资源而兴起的第三产业已在闽西北一带有了根本性的发展，森林公园、自然保护区的规模得到了充分的扩展，相关配套设施也逐步落实到位。从地方文化习俗上分析，各地在语言、饮食习惯、民族服饰等方面均有差异。语言是祖宗留下的宝贵财富，是人类沟通交流的重要工具，也是文化产生和发展的关键，可以说语言与文化是共生的。随着人类的移居，语言出现了分化，从而产生方言，方言是语言的地方变体，亦是体现一个地方文化多样化的衡量标准之一，是构成多姿多彩的文化内涵的一部分。福建是我国方言最为丰富的省份之一，在全国的七大方言中拥有五大方言，分别是北方方言、闽方言、吴方言、客家方言、赣方言，分有闽东、闽南、莆仙、闽中、闽客、闽赣七大方言区。不同的方言、习俗创造了不同内涵的文化区，有闽东的江营文化区，闽南的海播文化区，闽北的山耕文化区和闽西的移垦文化区。

2. 需求差异性分析

需求差异性是指由于各地社会、经济等的发展不等而引起人们对生态文化的认知与追求程度的差异，它体现了经济发展水平与人们对生态文化的需求程度的正相关关系。纵观福建文化发展的历程，便可证明这一点。唐朝之前，福建人口稀少，经济发展封闭落后，文化停滞不前，极为萎靡。而中唐以后特别是入宋时期，福建濒海优势被挖掘，山区和沿海的开发成绩显赫，对外贸易日趋频繁，经济呈现一派兴旺之象，有力推动了福建文化的整体化发展进程，使之一改先前的落后状态。可见，经济发展与文化建设具有紧而强的联系。然而，就全省而言，经济发展仍存在不均衡性，沿海一带的闽南和闽中部分地区的经济较发达，而闽西北一带的经济发展水平相对较低。经济发展水平较高的地区争先打造"园林城市"，并开始努力提升生活质量，包括对精神文化的强烈追求，这一方面集中体现在人们对环境的更高要求与需求，渴望拥有"绿化、美化、净化"的人居环境，人们向往森林的近自然环境、清新的空气，带动了森林旅游业的飞速发展，也撰写了生态文化发展的历史新篇章。而闽西北地区则开始加大对森林旅游资源的开发与建设力度，森林旅游业成为其经济的增长点之一。同样是森林环境建设，经济水平高的地区用以提升城市内涵、满足人们需求，而经济发展较落后的地区则用以提高经济收入，这就是区域生态文化需求差异的主要体现，也是生态文化多样化发展的动力。

（三）森林文化与相关旅游资源的配合度分析

森林文化是表征人与森林、环境关系的文化，与森林文化相关的旅游资源主要体现为森林旅游资源。余美珠依据国家标准《旅游资源分类、调查与评价》（GB/T18972—2003）和国家旅游局、中国科学院地理研究所主编的《中国旅游资源普查规范》将森林旅游资源分为森林自然景观资源、森林人文景观资源、森林生态环境资源三大主类。福建森林文化的发展与森林旅游资源的协调程度，是促进和谐生态文化发展的重要条件。

1. 森林文化与森林自然景观资源的配合度分析

近年来，在人们对森林更高要求与需求的推动下，福建森林旅游业有了飞速的发展，森林景观建设也取得了一定的成就，尤其是闽东闽北一带，森林资源丰富，发展森林旅游条件较成熟，已先后开展多项森林景观建设工程。这一过程中，森林景观的建设与规划是依据森林美学、生态学等相关理论开展，可见，森林文化与森林自然景观资源互促互进，协调发展。

2. 森林文化与森林人文景观资源的配合度分析

开展森林自然景观建设的同时，森林人文景观资源也备受关注，成为一项重要的旅游资源得以开发、利用，而森林人文景观资源往往是历史的积淀，是加深森林文化内涵的主要材料，两者具有密切的相关关系。

3. 森林文化与森林生态环境资源的配合度分析

森林生态环境资源包括负离子、植物精气等，具有康体健身、放松身心等功效，倍受广大人们的喜爱，尤其是生活在车水马龙的城市居民，更是极为向往这种休闲型旅游方式，具有很大的需求市场，是 21 世纪森林旅游业发展的重点。人们对森林生态环境资源的认识，也是森林文化发展的阶段，森林文化与森林生态环境资源融为一体，具有较高的协调一致性。

分析表明，福建森林文化与相关旅游资源具有较高的配合度，为福建生态文化的发展提供有利条件。

（四）区域生态文化需求分析

唯物主义认为物质是第一性，精神是第二性，世界的本原是物质，精神是物质的产物和反映。当人们的物质需求得到满足后，必然产生对精神文明的意识追求。这种精神追求集中体现在人们对森林环境的向往、对大自然清新气息的渴望，反映了现阶段人们对森林生态文化的追求，体现了区域文化发展的方向。在第二届森林文化学术研讨会上但新球提出"生态文化是新时代的先进文化，表现在文化的物质、精神与制度层次上"，开展生态文化三个层次的需求调查，挖掘福建林业区域文化的需求，是更好进行林业建设的保障。

1. 生态文化的物质需求分析

生态文化的物质内涵要求摒弃一切掠夺自然的行为，以欣赏自然、构建人与自然和谐关系为主题，在生产、生活上倡导环保、绿色、节约等行为意识，它要求一切的社会活动要遵循生态、和谐的原则。在第二届森林文化学术研讨会上但新球指出物质层次的生态文化通过对生产方式的生态化选择，不但为生态文化的普及提供物质保障，也对生态科学的发展和生态林的培育提出了更高的要求。

在生态科学发展方面，充分汲取工业化发展的惨痛教训，切忌以牺牲环境为代价换取高速率的经济发展。要做到：节约、保护自然资源，注重发展绿色循环经济，既能为社会创造更多的产品，更能保护环境，寻求高效率经济发展途径；加强企业环境保护意识，取谛一切危害环境健康的经济行为；注重新技术的开发，采用生态技术和生态工艺创造经济利益，减轻环境的污染负荷。在森林培育方面，要求大力培育生态林苗木，加强乡土树种、古树名木、珍稀树种等生态文化传承主体的保护和宣传工作。

构建物质层次的生态文化，对生态科学建设和生态林培育提出的要求，落实到福建"绿色海西"的工作进程，要求做到：①加强森林资源保护，明确林业工作思想，端正森林经营态度，以"绿色海西"建设为目标和行为宗旨，将生态建设摆在首位，经济发展服从于生态建设；②研发新技术，构建林业生产绿色通道，促进林木的产、供、销体系的生态化，建立林业生态产业体系；③加强森林公园、森林人家、森林博物馆、自然保护区等主要生态文化载体的建设；④积极开展绿色城市、新农村绿色家园等"绿色工程"建设。

生态文化的发展需要一系列"绿色工程"的支撑，在福建森林生态文化建设中，要以构建和谐社会为出发点和归宿点，以建设"绿色海西"为主体任务，坚持可持续发展原则，在全社会树立"绿色""生态"的旗帜，通过改造生产设备、设施、工具、景观等物质形态要素，形成生态化生产方式，满足生态文化物质层次的需求。

2. 生态文化的精神需求分析

精神是一种意识形态、行为反应的概况，融入文明的内涵，便是精神文明，是人类社会发展进程中所创造的精神财富，包括教育、素质、科学技术、道德水平等。精神层次的生态文化，在意识形态上，表征为对生态理论、生态艺术、生态美学、生态教育等形态要素的追求，立足福建生态省建设的目标，明确福建生态文化的精神形态要素，对其进行生态化建设，便是生态文化精神需求所在。

（1）福建生态文化的精神形态要素组成

2002年，福建启动了生态省建设规划，提出了生态省建设六大体系，即协调发展的生态效益经济体系、永续利用的资源保障体系、自然和谐的人居环境体系、良性循环的农村生态环境体系、稳定可靠的生态安全体系和先进高效的科教支持与管理决策体系，旨在将福建建成生态效益型经济发达、城乡人居环境优美舒适、自然资源永续利用、生态环境全面优化、人与自然和谐发展的可持续发展省份。以此为依据，福建生态文化的精神形态要素包括生态经济、生态学美、生态安全、生态科技。

（2）精神形态要素分析

以构建福建生态省建设的六大体系为目标，得出福建生态文化的精神需求，即对其形态要素的需求。

生态经济。构建协调发展的生态效益经济体系与永续利用的资源保障体系，事关福建经济与环境的协调发展，表达了生态文化发展的意识需求之一：生态经济。生态经济是人类对经济增长与生态环境关系的反思，是在一定区域内，遵循一定经济发展规律，结合生态学理论，开展经济和生态环境建设，以实现经济稳步增长、资源持续利用和环境生态化建设"三赢"。周立华提出了生态经济学的三个基本理论范畴：生态经济系统、生态经济平衡和生态经济效益，其中生态经济系统是载体，生态经济平衡是动力，生态经济效益是目的。福建经济总量不大，人均收入水平还较低，经济增长方式有待进一步转变，生态环境承载压力较大并且在资源供需方面矛盾较突出，急需发展生态型经济，用以解决经济、环境与资源三者协调发展。可见，发展生态经济，是节约资源、保护环境、促进经济更快增长的最佳途径，是实现美好生态文化建设的要求。

生态美学。绿色海西的宏伟蓝图，构思着自然和谐的人居环境与良性循环的农村生态环境，这是生态美学的理念。生态美学，强调健康、安全的美，是以可持续理论和生态建设相结合，在保障环境生态化的前提下，为人类创造具有强观赏效果、高游憩价值的生态景观与舒适美好的人居环境，满足人们对生态环境日益增长的需求，为提高人们生活质量、提升城市绿化品位、促进社会全面发展奠定坚实的基础。福建生态省建设是社会发展和人们需求相互作用产生的结果，是推动福建生态文明建设乃至全国、全世界生态环境建设的友好模范，即将成就一段光辉的生态文化史，需要生态美学的理论支持与帮助。

生态安全。它是指人类在生产、生活与健康等方面不受生态破坏与环境污染等影响的保障程度，包括饮用水与食物安全、空气质量与绿色环境等基本要素，这些基本要素是人类社会得以存在和发展的基本要求，是区域文化产生的源动力。只有安全、健康的环境，才能赋予万物生机，才能促进经济、社会与环境的和谐、可持续发展。因此，保障环境健康、安全的生态安全工程是可持续发展的核心和基础，是弥补工业化对环境造成的巨大损失，具有区域性、整体性、战略性、阶段性等特征。福建生态文化发展，需要稳定可靠的生态安全体系的维护。

生态科技。我国有学者提出科学技术表现为三种形态：生态科技、非生态科技和反生态科技，其中，生态科技是解决生态危机、实现可持续发展的必由之路。"科学技术是第一生产力"，科技生态化，就犹如一股新鲜的血液注入科学发展，改变传统的科技观念，树立全新的生态科技思想。福建位于我国东南沿海，东临太平洋和台湾隔海相望，独特的区位条件是其最大的优势，也是最大的挑战，随着台海局势的不断变化，福建的经济发展策略带有很强的时势性，此外，福建产业结构不尽合理、产业整体素质不够高，这就对科技的发展提出更高的要求。生态科技就是满足这一要求的最佳对策，对构建先进高效的科教支持与管理决策具有重要作用，是实现科教兴省的保证。

3. 生态文化的制度需求分析

生态文化要得以可持续发展，需要依赖一定的行为准则，对一定的行为活动加以限制或鼓励，这就是制度。制度是由一系列相互关联的对人类行为和社会关系加以约束和控制的社会规范系统，是人的意识与观念形态的反映。它既是适应物质文化的固定形式，又是塑造精神文化的主要机制和载体。有正式与非正式之分，正式制度是由国家或企业为实现组织的某一目标，有意识建立起来的并以正式方式加以确定和保障实施的各种制度安排，如法律、法规、规章等；非正式制度是人们在长期实践中所形成的一系列行为规范或意识形态。

福建生态文化发展对制度的需求集中体现在：①创新管理制度。改善生态、保护环境必须进行制度创新，传统的正式制度往往带有强烈的统治阶级的主观意志，而非正式制度体现着某一时段人们生活方式的趋向、思想动态，两者的不和谐发展，必然引起一场改革。福建在生态建设方面，可遵循的成文制度少且大多传统化，没跟上时代发展的需求，造成人们在追求更高生活质量时，对生态建设提出的新需求得不到满足，这种制度发展与需求增长间的矛盾，单靠技术的力量是远远不够的，而是需要从根本上彻底摆脱传统的制度模式，开展制度创新。②充分发挥制度的激励和约束功能。为了保证人与自然的协调性，保证社会、经济、资源、环境的统一性，必须强化制度安排，运用制度的激励功能、约束功能来抑制经济主体可能发生的造成生态环境破坏的机会主义倾向。福建生态文化的发展，需要发挥制度的激励和约束功能，用以规范企业、个人的日常行为，提高他们的环境意识，增强他们的环境保护责任感，带动全体社会成员一致朝着建设"绿色海西"的目标前进。

（五）区域生态文化的主要载体

生态文化是一种和谐文化形态的表征，是人与自然协调发展的产物，需要一定的载体支撑。林业是生态文明建设的主力军和先行者，森林作为林业产业的主体和原材料，是生态文化建设的主要载体。福建省植被资源丰富，森林类型多样，森林覆盖率居全国第一，具有良好的生态文化建设背景。以森林为背景题材的自然保护区、森林公园、湿地公园、森林人家及其主体——纪念林、乡村人居林、风景游憩林、古树名木、森林古道等便是生态文化得以传承与建设的主要载体，它们记载着福建林业发展的点点滴滴，实践着福建林业发展的各项措施，共同谱写福建林业发展的美好明天，为建设福建生态文明、构建21世纪文明社会作出贡献。

1. 自然保护区

自然保护区是为保护生物多样性、维护自然生态环境、保持无人为干预的自然发展状态而设立的受国家法律法规保护的自然区域。自然保护区遵循自然发展规律，演绎自然界发展的普遍真理，是野生动植物资源的基因库，是生态环境建设的先锋队。国家通过划定自然保护区，实现对自然资源的高效保护，同时，通过自然保护区，传递生态信息，使人们更深入地了解自然，改善人与自然的关系，为建设生态文化、构建和谐社会发挥作用。

首先，自然保护区以纯自然形态传递生态信息，有利于引导人类与自然产生感情共鸣。人们通过亲临自然保护区，近距离感受大自然，呼吸自然气息，唤起久违的自然情愫。在感受、怀念中深入了解、认知大自然，充实自然、生态知识，潜移默化，化作自觉生态意识，这是人类通过与自然界的接触而产生的感情共鸣，是增强人们环境保护、生态建设意识的重要基础。

其次，自然保护区以独特的自然景观表现观赏特性，有利于改善人与自然的关系。自然保护区不仅是自然生态保护地,还具有优美的森林风景资源。奇山秀水、林峰嶙峋、突兀峥嵘,山石水林一幅画,浑然天成。优美奇丽之景,尽显自然之美,蕴含源远之韵,打造了良好的生态环境,以此向人们传达自然美好之处。从某种意义上讲,为人们提供原始的自然环境,使人们享受无限的自然风光与难得的清新空气,引导人们深入认知自然,进而产生保护自然的意识,对改善人与自然的关系有很大的帮助。

第三,自然保护区以协调的生态系统演绎自然规律,有利于生态基础研究。自然保护区是无人为干预的自然区域,万物存亡遵循自然规律,延续自然发展步伐,为自然科学研究提供最真实、宝贵的素材,为人们合理利用自然、保护自然创造基础条件。这一过程必将引导人们正确面对自然,改正对自然掠夺式的利用,并以维护、建设生态环境的行为弥补对自然环境造成的创伤。这种行为的积累,便是生态文化得以发展的证据,对生态文化建设具有促进作用。

自然保护区是生态文化建设的主要载体,承载着源远流长的自然文化、蕴含着意韵幽长的生态理念,对培养人们生态意识、树立生态文明观念具有重要作用。

2. 森林公园

自从人们意识到"森林是改善生态环境的主力军",森林保护就提上议程,各项法规相继出炉,《中华人民共和国森林法》《中华人民共和国环境保护法》等开始对破坏森林制造罪名,这是强制性的手段;随着这种意识的普遍化,人们开始向往森林环境,森林旅游萌发出充满生气的嫩芽,此时森林公园成为满足人们接近自然需求与改善环境的主要载体,取得很好的效果,带动森林旅游业迅猛发展。1993年福建省第一处国家级森林公园——福州国家森林公园成立,至2007年年底,短短十几年的时间,福建省已拥有国家级森林公园23处,省级森林公园60处,经营区总面积接近18万公顷。

森林公园作为林业生态文化建设的主要载体,作用有三:第一,保护森林资源与改善生态环境;第二,打造高品位、高质量的森林旅游产品,提升人们的生活质量,增加旅游业的经济创收,调整林业产业结构,开发林业第三产业经济;第三,培养人们保护环境、热爱森林的自觉意识。

福建的森林公园,是福建特色文化与地理灵性的结合体,是福建森林文化瑰宝的传承者,闪耀着各地森林文化的特征与精华,蕴含丰富的特色文化内涵,已成为推动福建森林旅游业发展的主要力量。如厦门、漳州、泉州的森林公园建设,主要以亚热带季雨林、名花名果、海滨海岛为景观,以弘扬闽南文化、闽台文化为主题;龙岩、三明则以林涛竹海、岩溶地貌、平湖秀色为主要景观,以传承客家文化为主题。森林公园作为生态文化建设的传承者与发扬者,正以其蓬勃的发展潜力、浓厚的人文底蕴、独特的本土文化,彰显福建特有的区域文化特征,传承福建独具的生态文化内涵。

3. 湿地公园

1971年英国、澳大利亚等23个国家签订了《拉姆萨国际湿地公约》,启动了国际湿地研究,1996年3月在澳大利亚布里斯班召开的第6届湿地国际缔约方大会宣布每年2月2日为世界湿地日。湿地是一类特殊的生境,与森林、海洋并称为全球三大生态系统,越来越受到重视。

我国于1992年正式加入《拉姆萨国际湿地公约》,各地开始着手湿地公园的工程建设。2005年2月,中华人民共和国建设部颁布了《国家城市湿地公园管理办法(试行)》,同时,杭州西溪湿地成为我国第一个国家级湿地公园试点,我国湿地建设进入一个较活跃的发展阶段。湿地公园是指生态旅游和生态环境教育功能的湿地景观区域兼有物种及其栖息地保护。它的宗旨在于:科学合理地利用湿地资源,充分发挥湿地的生态、经济和社会效益,为人们提供游憩和享受优美的自然景观的场所。

湿地这一生态系统包含着自然界丰富的生物资源，具有自然性，这一性质决定了湿地是产生生态文化的重要源泉，具有挖掘、开发生态文化的潜力。而湿地公园有效地保护了湿地，从生物学意义上分析，维护了物种生境的多样性，为生物的多样性发展提供了保证，有力地促进了自然生态系统的协调稳定发展。从文化层面上分析，湿地公园为湿地文化的发展提供新途径、新思路，是生态文化建设的主要载体，这一载体为生态文化的发展提供坚实的物质基础——自然界的生物及其生境，及丰富的精神内涵，即透过优美、生态的自然景观而产生的生态美、生态艺术等。总之，湿地公园作为 21 世纪环境保护的一种新形式，在满足人们游憩、观赏需求的同时，也为生态文化的发展提供良好的条件，是生态文化建设的重要载体。

4. 森林人家

依据福建省林业厅下达的关于确定首批森林人家示范点的通知，将森林人家定义为以良好的森林环境为背景，以有较高游憩价值的景观为依托，充分利用森林生态资源和乡土特色产品，融森林文化与民俗风情为一体的，为游客提供吃、住、娱等服务的健康休闲型品牌旅游产品。森林人家倡导"吃农家饭，住农家屋，做农家事"，与台湾火热的"休闲农场"有着相似的性质，为游客提供了一个全新的体验环境。

森林人家是近两年新兴起的一种休闲型旅游产品，在福建省首先提出，并趋向规模化发展，自《福建省林业厅关于推进"森林人家"休闲健康游的实施意见》（闽林综〔2007〕10 号）下达后，全省各地涌现了兴办森林人家的热潮，森林人家管理、经营、等级划分等相关措施、标准也逐渐出炉。可见，森林人家在福建省呈现出一派欣欣向荣、勃勃生机的发展态势。森林人家品牌创建，对于挖掘林区饮食文化、林业耕作文化、森林休闲文化等具有重要的作用。

5. 纪念林

纪念林，顾名思义，是具有纪念意义并将世代传承的林子，如香港回归纪念林、成人纪念林、共青纪念林、将军林、红军林等。纪念林作为区域文化的主要载体，反映着某一时段的文化特征，对彰显光辉历史、弘扬生态文明、提高城市绿化品位有着重要的意义。

第一，加载区域文化内涵，彰显历史意义事件。纪念林记录着某一时段的区域文化特征或某一区域具有历史意义的事件，如 1999 年 4 月 5 日，1000 余名北京和澳门的青年在大兴县魏善乡京九铁路沿线栽植杨、柳、柏树 1999 棵，建成"京澳青年纪念林"；1996 年 3 月 10 日，中央军委副主席张震、张万年、迟浩田等 110 位将军在大兴县榆垡乡植树，营造"将军林"等。这些纪念林的建立，将难忘的时刻留住，让有意义的事件永垂不朽，丰富了区域文化内涵，彰显了光辉历史事迹，成就了一段段历史瑰宝，铭记在人们心中，世代传承。

第二，弘扬生态文明，增强人们的绿色意识。纪念林是某一历史事迹的象征，是文化内涵的现实印迹，得到有关部门的保护。人们通过参观、考察等接触这一类特殊林子，一方面加深了对历史事迹的认知，培育人们的文化素养；另一方面，激发了潜在的绿化需求，提高人们的生态意识。可见，作为区域文化传播的主要载体，纪念林在弘扬生态文明、增强绿色意识方面具有强而广泛的宣传和感化作用。

第三，催化绿化美化效果，提升城市绿化品位。以林木为主体的纪念林，绿色是永恒的色彩，不仅美化了城市环境，更是寄予城市深刻的历史、人文内涵，使绿化美化渲染浓厚的文化色彩，催化了其观赏效果，提升了城乡的绿化品位。

纪念林作为区域文化的主要载体之一，是生态建设中构建美好生态环境的主体；在文化发展上，是文化种子的传播者，是生态精神的弘扬者，加载了区域文化内涵，加深了区域文化底蕴，提升了城乡绿化品位。

6. 乡村人居林

乡村人居林是指在农村一定区域内，为保障乡村生活、生产安全，提高生活品质，丰富乡村文化内涵，发展农村经济，为此而进行的以林木为主体的新农村绿色家园建设的重要内容。乡村人居林作为新农村生态文化建设的主体之一，在推动区域生态文化的发展中起着绿化美化、环境保护、生态经济等作用。福建多元化的文化特征赋予乡村人居林丰富的文化内涵，具体体现在如下方面：

第一，乡村人居林具有浓厚的区域地带性生态价值。乡村人居林中，蕴含了众多的乡土树种。所谓乡土树种，是指经物竞天择，适应当地的生境条件而长期存在的树种，具有适应性强、成活率高、抚育成本低等特征。从树木学的角度出来，乡村人居林（尤其是风水林）范围内的乡土树种，其生物学与生态学特性均与当地自然地理等客观条件相吻合，展现了当地植被特色；同时，以群落形式出现的乡村人居林（风水林等），是良好的区域地带性植被类型，具有重要的生态、科研意义。

第二，村人居林具有深厚的历史价值与人文底蕴。乡村人居林中的植被，不管是乡土还是外来植被，均具有浓厚的历史价值与文化底蕴，从文化层面上看，分布于房前屋后四旁的大部分林子，尤其是风水林，都具有一定的年代，是前人保护或栽植至今具有较高纪念意义的林子，伴随着当地人们的居住历史代代相传，它见证了乡村自然和人文的沧桑巨变，在纪念、延续和弘扬乡村生态文化方面具有重要的意义。

第三，乡村人居林的观赏与游憩价值，是现代林业发展的新方向，是现代生态文化建设的重要载体。近来年，随着社会、经济的发展，林业产业发生了巨大的转型，林业第三产业的比重日益增加，需求的转变，将林业的发展聚焦于建设具有较高生态和美学意义的森林景观，于是，风景游憩林成为现代林业发展的一个重要方向。乡村人居林，是营造村庄环境的主体，具有许多风景游憩资源，将成为新农村林业建设的新方向，赋予生态文化新的内涵。在弘扬传统生态文化的同时，引导了生态文化发展的新模式。

7. 风景游憩林

风景林是具有较高美学价值的并以满足人们审美需求为目标的森林的总称。游憩林是指具有适合开展游憩的自然条件和相应的人工设施，以满足人们娱乐、健身、疗养、休息和观赏等各种游憩需求为目标的森林。风景游憩林是对风景林和游憩林的总称，或者当森林的满足审美需求功能和满足综合游憩需求功能两者很难界定时，称之为风景游憩林。

立足于人们的实际需求和福建风景游憩林的开发潜力，本着可持续发展的基本原则，风景游憩林具有保护环境并美化环境的双重功能，一方面，发挥了森林的风景游憩价值，更好地改善了人们生存环境，提高了生活质量，为建设海峡西岸经济区创造了良好的社会环境，另一方面，客观上有效保护了森林植被，改善了生态环境，极大地加强了森林的综合服务功能，实现了森林的健康发展和可持续经营。风景游憩林作为林业发展的新方向，是培育区域生态文化的主要载体之一。构建优美的森林景观、建设生态的人居环境可为生态文化的继承与发扬提供良好的外部条件，使生态文化的内涵得以升华，并最终上升到人们的意识领域，提高人们的文化素养，提升社会文化发展内涵。

总之，运用森林美学、园林规划学等理论知识营建具有环境保护、森林景观观赏和人文关怀功能的生态风景林，对区域生态文化的发扬及其内涵深化具有重要的作用。也因此，在森林旅游景观建设中，风景游憩林具有其独特的优势与作用，必将成为景观建设与生态文化传播的重要载体。

8. 森林古道

古道，顾名思义，就是古代遗留下来的道路。当然，为了传承和映衬古文化的精髓，在许多景区开始出现人工古道，大多是通过对破损古道进行近似原貌修复。古道具有浓厚的古文化韵味，保存着古时社会、经济、文化发展的点滴印迹，如被喻为"中国西南民族经济文化交流走廊"的民间国际商贸通道茶马古道、古历史上著名的唐藩古道等，印载着古文化发展的历程，彰显了古人艰苦奋斗的非凡史迹。森林是人类最早的生存之地，蕴藏着无数瑰丽的文化珍宝与宝贵的文化遗产，森林古道就是其中之一。

天然的森林古道不仅是宝贵的旅游观光资源，还是珍贵的古文化遗产，它记载着古人在森林中生存的历史故事，向世人描述了古文化的发展历程，宣扬优良的传统文化精神，是重要的生态文化载体。古道用于承载着深厚文化内涵的具体要素包括：古道本体景观、古道附属的驿站、驿桥（风雨桥）、风雨亭、碑刻等设施，以及古树、老植物等植物景观。遵循森林文化发展的规律，森林古道保护、修复或重建，将传统森林文化在古道上不断延续、将古文化的闪耀光芒在现代生活中继续撒播，成就一条条集约人文、地域精神的森林旅游道路，对弘扬传统生态文化、提倡现代生态文明建设具有重要的意义。

9. 古树名木

古树是指树龄达 100 年以上的树木，名木是指具有历史、文化、科学意义或其他社会影响的树木。古树名木因其特有的价值、意义，成为生态文化建设的重要组成部分，对发扬传统优良的生态文化、培植深入人心的生态理念、建设文明健康的现代生态林业具有重要的作用。

首先，古树名木在现代生态文明建设中发扬和传承着传统优良生态文明，是传统生态文明与现代生态文明相联系的重要纽带。历尽时代磨练的树木，不仅在生物学特性上与当地的立地条件相符，具有顽强的生命力，而且从文化含义上理解，古树名木见证了历史的沧桑巨变，它在不断发展的生态文明中，起着不可忽视的推动作用。延续着世代生态文化建设的脚步，并不时融入现代生态理念，将传统与现代良好结合，使人们在现代生态文明建设中不忘优良的传统文明，并使传统文明得到发扬与继承，提升现代生态文明的内涵。树木是绿化、美化并保护区域环境的主体，是区域自然历史条件的重要表征，在很大意义上对地区生态文明的发展具有重要作用，大部分地区都有其在各方面具有代表意义的树木，如福州的"市树"榕树、厦门的"市树"凤凰木等，各地"市树"在很大意义上表现出一种很强的地方特色，代表了地方的形象。

其次，古树历史悠久、名木意义非凡，表达了一种很强的文化色彩，对培育人们的生态文化理念具有重要的作用。响应生态文化发展所形成的文化思维与信念，人们对古树名木有一种特殊的情愫，敬仰、热爱、怀念等，它在人们心中的形象坚不可摧，其延续而来的生态文明、蕴含的生态文化意义在人们心中具有很强的说服力。古树名木以其形象、意义，"言传身教"，引导人们了解传统生态文明，参与生态文明建设，培养人们自觉的环境保护意识与生态文明建设思想，对保护树木、编写生态文化新篇章具有重要的意义。

第三，古树名木是重要的森林景观资源，促进森林旅游业的发展。古树名木强烈明显的文化色彩、历史效应，是最为吸引游客的景观资源，是主要的森林旅游资源，对推动森林旅游业的发展具有重要的促进作用。

10. 其他特色森林文化载体

除了以上的生态文化载体以外，还有许多独具特色的生态文化载体，如茶（茶园、茶饮等）、竹林、樟树、苏铁、松、竹、梅等许许多多文化内涵极其丰富的树种。

比如，茶是公认的"国饮"，在我国，自古就有"开门七件事，柴、米、油、盐、酱、醋、茶"。我国具有悠久的茶树栽培与利用历史，早在公元 200 年左右的《尔雅》中就有提及；中国茶承载着极其深厚的文化底蕴，中华民族几千年的文明史册，几乎处处都散发出淡淡的茶香，它与民族的兴衰密切相关。如今，茶更成为人们物质、文化、精神生活的重要组成部分，并在国际上享有盛誉。某种意义上，中国茶是以饮料而为世人所熟知。近年来，随着旅游假日经济的兴起，休闲农业已成为当今农业发展的一大新热点和生态旅游的重要品牌，茶园以其独特的物质文化魅力吸引着人们，茶文化的复兴在神州大地掀起一轮又一轮的热潮，除了弘扬茶艺茶道外，其栽培种植过程及因此形成的姿态各异的茶园，也日渐成为人们观光和生态体验的良好去处。茶园具有观光、休闲、度假的现实意义，更具有深远、博大的文化内涵。

此外，松的高洁、竹的虚怀、梅的傲骨，都是人们咏物言志典型例子，古代典籍对其均有诸多记述，这些文人韵味极其浓厚的树种，承载了极其深厚的文化内涵。

第二章　海峡西岸现代林业发展理念

第一节　林业发展现状与形势

一、海峡西岸林业现状与建设成就

根据第六次森林资源连续清查情况，福建省森林资源状况为：全省林地面积908.07万公顷，占土地总面积的74.74%；非林地面积306.94万公顷，占土地总面积的25.26%。在林地面积中：有林地面积764.94万公顷，占84.24%；疏林地面积20.21万公顷，占2.22%；灌木林地面积26.70万公顷，占2.94%；未成林造林地面积13.71万公顷，占1.51%；无林地面积82.51万公顷，占9.09%。在有林地面积中：林分面积563.85万公顷，占73.71%；经济林面积112.57万公顷，占14.72%；竹林面积88.52万公顷，占11.57%。全省森林覆盖率62.96%，居全国第一。全省活立木总蓄积量49671.38万立方米，其中：林分蓄积量44357.36万立方米，占89.30%；疏林蓄积量364.25万立方米，占0.73%；散生木蓄积量4683.57万立方米，占9.43%；四旁树蓄积量266.20万立方米，占0.54%。毛竹立竹总株数1627.79百万株。在林分资源中，按起源分：天然林林分面积329.79万公顷，占林分面积58.49%；蓄积量26315.8万立方米，占林分蓄积量59.33%。人工林林分面积234.06万公顷，占林分面积41.51%；蓄积量18041.56万立方米，占林分蓄积量40.67%。这次复查统计数据与上期复查（1998年）结果比较表明，各类土地面积和林木蓄积量等调查因子都有新的变化，其中有林地面积稳定提高，森林覆盖率继续保持全国前茅，活立木总蓄积量上升，消耗量下降，林分质量有所改善。

福建省是集体林区，林地所有权国有的占10%，集体的占90%。林木所有权国有的占15%，共有国有林场107个、国有林业采育场94个。

福建林业凭借着优越的对外开放条件，大力引进国外的资金和先进的技术设备，特别是世界银行贷款造林一期和二期项目、武夷山自然保护区GEF项目、中日林业科技合作项目、新西兰援助寿宁社会林业项目、福州人造板厂一期和二期技术改造项目、南平劳特公司林产化工等一批重大对外开放项目的成功实施，为福建林业建设注入了生机和活力。

（一）森林生态体系建设

近10年来，政府对林业投入逐步增加，尤其对林业生态投入迅速增加，林业投资重点已转向林业生态工程。

1. 沿海防护林体系建设

福建地处我国东南沿海，全省大陆海岸线长达3752公里。沿海防护林是福建省沿海地区人民的"生命林"和"保安林"，是福建省防灾减灾防御体系之一。沿海地区森林覆盖率已从34.8%提高到 58.53%，比新中国成立前的 8% 提高了 50 个百分点，沿海基干林带基本合拢。沿海地区已基本形成海岸林成带、农田林成网、荒山荒滩林成片，形成生态、经济、社会效益相结合的多功能、多效益的森林防御体系，这对于改善沿海地区生态环境、防灾减灾、加快吸引外资步伐、加快海峡西岸经济区建设发挥极其重要的作用。

在沿海防护林的庇护下，沿海地区流动沙丘面积从 20 世纪 50 年代的 4.85 万公顷减少到现在的 0.189 万公顷；沙改田面积由 1.29 万公顷增加到 4 万公顷；3 万公顷农田一熟变两熟。东山县成为全国最大的芦笋生产基地和著名的旅游胜地，马祖故里湄州岛成为国家级旅游度假区。生态环境的改善，促进了外商投资和旅游业发展。

2. 生物多样性保护

福建自然保护区事业起步较早。1956 年，建瓯万木林和南靖乐土热带雨林就被划为禁伐区。1980 年 9 月，福建省开始自然保护区的规划工作。1995 年，福建省委、省政府决定把生物多样性保护工程列为跨世纪林业建设的五大工程之一。

1995 年，全省自然保护区数量 15 个，面积占全省土地面积的 0.89%。1996 年生物多样性保护工程实施后，自然保护区建设进入快速发展阶段。截至 2007 年，全省自然保护区 93 个，其中国家级自然保护区 12 个；自然保护区面积 50.22 万公顷，占全省土地面积的 4.05%。初步建成了布局合理、类型齐全、功能完善的自然保护区网络，使福建省 90% 以上的珍稀濒危野生动植物和典型的生态系统得到了有效保护。

福建省海岸滩涂及河流、湖泊湿地为福建主要湿地。特别是浅海、河口、红树林和滩涂湿地为福建省重点湿地，占天然湿地总面积的 85% 以上。此外，还有众多人工湿地，如稻田、水库和鱼虾塘等人工湿地。截至 2007 年，全省天然湿地面积 83.07 万公顷。

3. 生态公益林保护

1987 年福建省生态公益林占林地面积的比例为 7.7%，1997 年上升为 24.6%。但是，由于长期以来森林过量采伐，原生植被破坏严重，森林总体质量不高。存在中幼林多，近、成熟林少；人工林多、天然林少；针叶林多、阔叶林少；纯林多、混交林少；劣质林分多、优质林分少的现象，森林生态功能降低，全省森林生态系统尚处在较脆弱阶段，生态环境不断恶化的趋势还没有得到根本遏制。森林生态环境建设离全省人民的需求还相差甚远。为此，2001 年全省区划界定生态公益林 286.27 万公顷，占全省林地面积的 30.7%。按照权属来分，集体林 259.22 万公顷，占 90.5%；国有林 27.07 万公顷，占 9.5%。2005 年 3 月开始全省开展生态公益林分级保护、分类施策的区划界定工作，全省 286.27 万公顷生态公益林经营区，共区划界定为：一级保护（严格保护）51.53 万公顷，占 18%；二级保护（重点保护）125.53 万公顷，占 44%；三级保护（一般保护）109.2 万公顷，占 38%。并且允许在指定的类型区域内有限度地利用林木资源。

2007 年福建省启动了生态公益林管护机制改革。按照"落实主体、维护权益、强化保护、科学利用"的总体要求，在稳定生态公益林所有权的基础上，以落实管护主体为核心，将生态公益林管护的责任、限制性经营的权利、补偿与林下利用的收益有机结合起来，建立主体落实、监管到位、补偿合理的责权利相统一的管护机制。改革遵循有利于生态公益林的保护管理、有利于林农权益的维护、有利于生态公益林质量的稳步提高，责任共担、利益共享，因地制宜、因村施策，公开、公平、公正规范操作，严格保护、科学利用的原则推进。目前，改革在试点林区形成了三类管护主体：行政村村级组织是直接责任主体，广大林农群众是管护主体，聘请的专职监管护林员是监督主体。探索、形成了三种主要管护模式："落实到户、联户管护"机制，"责任承包、专业管护"机制，"相对集中、委托管护"机制。福建推进生态公益林管护机制改革，为全国管好、用好生态公益林积累了有益的经验。

4. 绿色通道与城乡绿化一体化建设

城市建成区绿化覆盖率由"九五"末的 32.89% 提高到 2007 年的 36.58%，城市人均公共绿地面积由"九五"末的 7.02 平方米提高到 2007 年的 9.45 平方米。2007 年福建省有 3331 个村、30 多万农户参与非规划林地造林，种植珍贵和优良乡土树种 1350 万株，促进村庄绿化美化。永安、邵武、建瓯、新罗等 4 个县（市、区）荣获首批"全国绿色小康县"称号，有 35 个村、361 个农户被评为"全国绿色小康村、小康户"。2007 年福建省各级交通公路部门投资 19363 万元，完成公路绿化和补植 5659 公里；省高速公路建设指挥部投入 768 万元补植乔灌木 22.6 万株，铁路系统投入 2521 万元植树 162.7 万株。

城市林业建设能为城市提供多方面的社会经济效益。随着我国城市建设规模的不断扩大，城市的生态环境形势越来越严峻。城市中以林木为主的各种绿地、水体等用地比例偏低，导致人工环境与自然环境严重不协调；城市化过程造成了以森林为主的自然生态系统不断被肢解和蚕食，使城市化地区的生物多样性受到破坏。许多城市新建的人工绿地结构简单，或者盲目强调大面积的草坪、广场，热衷于引进外国植物及新品种，导致城市绿地系统单调，缺乏自然特性，生态效益低下。城市中存在的这些突出的问题，使得以绿化为主的城市生态建设日益受到人们的关注，城市生态文明建设急待加强。城市森林具有调节小气候、缓解热岛效应、减少噪声、改善人居环境质量等多种功能，是改善城市生态环境的重要途径。目前，城市林业作为一个新兴行业得到了世界范围的广泛承认和接受。各国相继开展了城市森林培育与经营理论研究和具有各自特色的城市林业建设实践。在欧美等发达国家，许多城市都是建设在森林之中，体现城中有森林、森林包围城市的特点。进入新世纪，世界城市森林建设呈现积极的发展态势。美国的洛杉矶、纽约、亚特兰大，日本的东京，韩国的首尔、釜山，印度的新德里等城市，都正在把建设城市森林作为新世纪生态化城市发展的重要内容。按照保障城市生态安全、建设生态文明城市为战略要求和"城在林中、路在绿中、房在园中、人在景中"的布局要求，建设以林木为主体，总量适宜、分布合理、植物多样、景观优美的城市森林生态网络体系，实现城区、近郊、远郊协调配置的绿色生态圈，形成城区公园及园林绿地、河流、道路宽带林网、森林公园及自然保护区等相结合的城市森林。加快城市林业发展步伐，走生态化城市的发展道路，有效地改善城市生态环境，促进城市生态文明建设。

（二）林业产业体系发展

2007 年福建省林业产值 1180.75 亿元，林业增加值 473.91 亿元。

1. 营林业

"十五"期间福建省重点建设丰产竹林基地、速生丰产林基地、珍贵树种和名特优经济林基地、种苗和花卉基地、森林食品和药材基地等五大基地，促进了森林资源增长和农民增收。

2007 年福建省完成植树造林总面积 14.25 万公顷，其中，完成人工造林更新总面积 11 万公顷，比上年增长 6.7%。其中荒山造林 3.55 万公顷，增长 52.9%；人工迹地更新面积 7.46 万公顷，下降 6.7%。全省非公有制人工造林更新面积 7.78 万公顷，增长 7.9%。商品材产量 693.0 万立方米，增长 5.2%。

2. 林产工业

"十五"期间福建省重点培植五大林业支柱产业：人造板工业、制浆造纸业、林产化工业、木竹制品工业、森林生态旅游业。

2007 年全省林业工业经济运行态势良好，全年全省林业工业产值累计完成（规模以上）

731.43 亿元，比增 34.8%，比上年同期加快 8.5 个百分点。累计完成销售产值 707.53 亿元，比增 36.7%，比上年同期加快 10.6 个百分点；产销率 96.73%，增长 1.34%。累计实现利润 32.98 亿元，同比增长 65%，比上年同期加快 54.3 个百分点。全省利税增长幅度也较快，累计实现利税 54.82 亿元，同比增长 50.3%，比上年同期加快 35 个百分点。全省亏损企业累计亏损额 3.88 亿元，同比增长 17.9%，比上年同期减少 52.3 个百分点。全年累计完成木材产量 685.54 万立方米，比上年同期增加 61.25 万立方米。全年累计完成木材销售 683.71 万立方米，比上年同期增加 79.67 万立方米；木材库存 57.17 万立方米，比上年同期减少 6.2 万立方米。累计完成人造板 535.23 万立方米，同比增长 43.47%。木制家具完成 825.87 万件，比增 9.52%。纸浆完成 39.85 万吨，比增 5.76%；机制纸及纸板完成 237.85 万吨，比增 20.15%；木地板完成 211.5 万平方米，比增 11.41%。全省累计完成出口交货值 133.72 亿元，同比增长 14.9%，比上年同期减缓 4 个百分点，主要受出口退税政策调整和人民币升值的影响。

福建省林业产业结构布局不尽合理，产品附加值低，名牌产品少；林产工业规模小，龙头带动弱；资源利用率不高，低水平重复建设造成区域结构趋同，特色经济、比较优势和协作效益不明显，资源增值率低，核心竞争力弱。

3. 林业新兴产业

福建省林业新兴产业不断发展，如森林旅游、花卉竹藤、森林食品等发展速度较快，已成为福建省林业产业新的经济增长点。福建省森林旅游业始于 20 世纪 90 年代初期，起步晚，但发展较快，目前，森林旅游业正蓬勃发展，前景看好。福建省花卉业已成为林业经济重要的新增长点。漳州林业组培中心等花卉示范点建设取得成效，漳州百里花卉走廊和延平区的百合花基地、南靖的兰花基地、周宁的鲜切花基地等花卉生产初具规模。花卉产业正往规模化、专业化和商品化方向发展，逐步形成了"公司加农户"的发展模式。2000 年到 2006 年，全省花卉种植面积从 0.67 万公顷扩展到 1.7 万公顷，年均增长 25.62%；年销售额从 9.53 亿元增加到 30 亿元，年均增长 35.8%；年亩均销售额从 9482 元上升到 11690 元，居全国之首；受益农户从 1.18 万户增至 3.56 万户，从业人员从 3.22 万人增至 11.44 万人；尤其可喜的是年出口额从 248 万美元激增至 2227 万美元，位列全国第三。2007 年销售额 39.9 亿元，比上年增长 33%，出口额 3181.5 万美元，比上年增长 43%。福建省水仙花、榕树盆景与人参榕、西洋杜鹃、仙人掌与多肉植物（虎皮兰）等主要花卉产品在国内市场的占有率达到 60% 以上，远销日、韩、欧美等国家和地区。增长最快的当属蝴蝶兰，福建蝴蝶兰在开辟欧美市场方面取得了新突破。

福建省野生动植物资源除现在已被开发的用材林、经济林、薪炭林和五禽六畜外，还有淀粉和糖类植物 315 种，油料植物 270 种，纤维植物 3388 种，化工原料植物 377 种，药用植物 793 种，以及众多的肉用类、药用类、观赏类、皮革类动物。野生动物养殖业和狩猎业、野生植物培植业和采集业稳步发展。野生动植物加工产品包括中成药、中草药、标本、化妆品等。2007 年三明市生物医药工业总产值突破 10 亿元，新建药材和植物提取原料基地 0.33 万公顷，面积扩大到 1.33 万公顷，产值超亿元的生物医药企业达 5 家。明溪县南方红豆杉提取物的生产和配套的相关企业发展速度较快。

4. 林业经济结构

从林业所有制结构看，个体私营企业逐渐增加，国有集体企业的比重下降。股份制、外资、合资、独资企业逐渐增加，目前国有的比重不到 10%。资源依赖型企业逐渐减少，高科技、环保型、非木质利用、资源综合利用型、机械加工企业逐渐增加。

近年来，福建省通过改造提升以人造板加工、木竹加工、林产化工、制浆造纸等优势产业集群为主的第二产业，促进以森林资源培育为主的第一产业，带动以森林生态旅游、现代物流配送、信息服务为主的第三产业，逐步建立起现代林业产业体系。福建省针对近年一些地方盲目引资、无序竞争、"五小"企业浪费资源等问题，加大了清理整顿和引导力度。2006年制定了《福建省林产加工业发展导则》，指导各地严格新建木竹加工企业的准入条件，清理整顿"五小"木竹加工企业，淘汰生产工艺落后、产品质量低下、污染环境、浪费资源的木材加工企业；限制锯材等初级加工产品生产；鼓励生物制药、林产化工精深加工等新兴产业和家具、纸业等高附加值产业的发展，提高资源利用率。2006年全省共清理木材加工企业9393家，注销取缔1446家，责成1105家企业整改，有力地促进了林产加工企业的健康发展。

通过积极的政策引导，福建省林产工业结构已有所优化，但从林业第一、二和三产业比重来看，2007年林业第一、二、三产业增加值比重分别为44.83%、52.88%、2.29%，以森林旅游为主的第三产业还有待进一步发展。从产品的结构看，二次以上深加工的产品还是不够丰富，产品附加价值还有待进一步提高。

5. 闽台林业合作

2005~2007年，福建省林业合同利用台资3.06亿美元。其中，2007年全省林业行业新增台资34项，项目总投资1.2亿美元，利用台资1亿美元，其中合同项目31项，合同利用台资8601万美元，实际利用台资3850万美元，协议台资3项，利用台资1700万美元。海峡两岸（三明）林业合作实验区现已有涉林台资企业57家，总投资1.63亿美元，合同利用台资1.23亿美元。

20世纪80年代末开始，福建与台湾进行了多次林木种子的交流，引进了10多个优良用材树种，营建品种收集圃1315公顷，试验示范林130多公顷，其中较大规模的引进项目有3个，即福建省林业科学研究院与台湾林业试验所于1999年签定的"两岸种源交流计划备忘录"，开展了乌心石、红桧等台湾珍贵树种的引种试验；省林业科技推广总站实施的国家"948"引进项目——"台湾"莲雾等优良果树品种引进，引进莲雾、印度枣、杨桃、芒果、番石榴、番荔枝、龙眼等；2002年立项实施的"优良台湾爱玉子无性系引进及优化栽培技术研究"，引进了爱玉子优良无性系10多个。近年来通过闽台林业种质资源交流，福建省共引进峦大杉、台湾杉、台湾侧柏、红桧等针叶树种5种；台湾栲木、台湾栾树、大头茶、乌心石等阔叶用材树种6种；小叶榄仁、山樱花、阿勃勒、福木等观花观果绿化树种12种；台湾莲雾等果树树种19种38个品种。除乌心石、大头茶等少数树种外，其余树种生长良好，特别是峦大杉、台湾肖楠、台湾栾树等，显示出较大的发展潜力。

闽台花卉交流与合作起步较早，改革开放以来更是日益频繁，范围不断拓展。特别是近几年，福建省连续举办了六届海峡两岸（福建漳州）花卉博览会，有力地促进了闽台花卉的交流与合作，取得了巨大的成功。福建省现有台资花卉企业90多家，主要分布在漳州、厦门、泉州、福州市，年销售额达6亿多元，约占福建省花卉销售总额的1/3，成为福建省花卉业的一支生力军。通过引进新品种、新技术，极大地丰富了福建省花卉栽培品种，提高了花卉栽培技艺。福建省花卉栽培品种从20世纪90年代初的3500多种，增加到现在的7600多种。新增的4100多种绝大部分从台湾或通过台湾引进。其中引种成功的有蝴蝶兰、文心兰、发财树、姜荷树、南屿肉桂、台湾栾树、菊花新品种、一品红、凤梨等。

闽台林业科技交流和合作逐步开展。福建省林业科学研究院与台湾林业界进行了多个科研项目合作，引进了多种优良树种。1999年4月，台湾林业试验所所长一行来省林业科学研究院考察，并签订了"两岸种源交流计划备忘录"，开展台湾珍贵树种的引种试验，取得良好成效；2001年国家林业局正式立项"948"项目"台湾红桧、香楠等优良用材树种引进"，2002年省林科院组团到台湾学习、考察该项目。应福建省林业科学研究院的邀请，2006年1月台湾中国文化大学农学院吴功显院长、嘉义大学的林业专家等一行 4 人来闽进行林业技术交流活动，在学术交流会上，台湾的林业专家作了《台湾林业总览及在 21 世纪的经营前景》《台湾林木组织培养研究近况》及《台湾海岸林的育林现状》的报告，应邀的福建农林大学林业专家也作了《中国杉木林资源动态及地力衰退研究进展》的学术报告。并且，省林业科学研究院与台湾中国文化大学农学院还签定了《学术科技合作交流协议书》。应台湾中国文化大学的邀请，以福建省林业科学研究院、福建林业职业技术学院、福州国家森林公园管理处和三明海峡两岸林业合作实验区项目办公室等有关单位组团一行 9 人，于 2006 年 12 月 19 日至 12 月 28 日到台湾进行为期 10 天的科技学术交流考察。考察团先后参观了台湾中国文化大学、台湾林业试验所、栖兰山森林保育处、嘉义大学等单位；实地考察了台湾沿海防护林、社区林业、森林生态、森林旅游、林木育种、森林保护、林产加工、天然更新林保护与经营、森林生态与森林文化等；参观了森林生态科学园区和竹类标本园的建设等；了解了台湾西海岸环境保护林研究及实践技术、台湾用材遗传改良和培育试验研究和天然林保护和更新利用试验研究。2007 年 5 月，应台湾神农科技发展协会的邀请，由福建省林业厅黄建兴厅长率领的省林学会赴台湾参访团一行 8 人赴台湾进行为期十天的参观访问，并与嘉义大学校友总会签订关于开展精致农业产销班对接培训合作协议。2007 年，台湾嘉义大学及校友总会、台湾原住民族产业发展协会的专家教授，来闽举办精致农林产销组织培训班共 5 期，累计培训林业部门业务骨干、乡镇领导、农林经济实体负责人 742 人次。并在明溪、梅列、沙县、三元等县（区）开展试点，建立毛竹、茶叶、蔬菜、休闲山（农）庄等精致农林产销班 8 个、合作社 5 个、农林示范基地 3 个。据不完全统计，2007 年，省林业部门接待来参访、观光、考察的台湾各界人士 7000 余人次。组织赴台（包括金门）交流考察 10 多个团，近百人次。同时开通海峡林业网，加强对台的信息交流和林业项目对接。

为了承接台湾林业产业转移，进一步发展对台林业科技交流和经贸合作，国家林业局批准三明设立:海峡两岸(三明)现代林业合作实验区,这是全国唯一的海峡两岸现代林业合作交流的平台,实验区规划建设"六区一会"，即：林产品加工、生物医药及中成药开发、森林食品加工、生物多样性保护及苗木花卉繁育、森林生态休闲观光、林业科技开发园区等六个合作区和海峡两岸（福建三明）林业博览暨投资贸易洽谈会（简称"林博会"）。林博会是全国林业对台交流合作的重要平台和国家级林业专业会展，由国家林业局和福建省人民政府共同主办，国务院台湾事务办公室为支持单位，由福建省林业厅、福建省台湾事务办公室、福建省外经贸厅、福建省海峡办和三明市人民政府承办，台湾五家团体为联办单位。林博会创办于 2005 年，每年在福建省三明市举行。

第一届林博会于 2005 年 6 月 26~28 日举办。到会嘉宾和客商 940 人，其中台商 89 人，签约项目 120 项，总投资 24 亿元，仅林业项目就 74 项，其中外引 18 项，总投资 5310 万美元；内联 56 项，总投资 10 亿元。

第二届林博会于 2006 年 11 月 6~8 日举办，参会的客商达 772 人，其中台商 224 人，占 29.05%。共签约投资项目 144 项，签订合同 101 项，总投资 217609 万元，其中外引合同 38 项，投资 11855 万美元，利用外资 7940 万美元。

参展的台湾及台资企业 22 家，并首次由海峡东、西两岸 9 家单位联合主办。新党主席郁慕明等一批台湾知名人士、重要台商、媒体记者莅临，在海峡两岸引起较大反响。在第二届林博会期间，与台湾嘉义大学校友总会、台湾原住民产业协会共同举办"海峡两岸林业合作论坛"和"海峡两岸农林合作产销组织研讨会"，邀请台湾和大陆的林业专家做讲座；经与台湾有关方面的交流、洽谈和合作，与台湾八采兴业有限公司合作试种"台湾超级白杨树"协议在第二届林博会期间签订；与台湾嘉众农业科技公司签订三明市林业产权制度改革精致农业产销班培训合作协议，2007 年开始实施；与香港嘉农农业发展基金会达成海峡两岸农林科技合作项目，投资 150 万美元，开发利用三明山地资源、生态资源和劳动力资源。

第三届林博会于 2007 年 11 月 6~9 日举行。参会的来宾、客商共 1680 人，其中台商 42 个团组 486 人，13 个国家的专家和客商 125 人。共签约项目 223 项，总投资 185.49 亿元，利用外资 149.28 亿元。本届林博会坚持"以林为桥，沟通两岸，加强合作，共同发展"的指导思想，突出对台交流、突出海西林业、突出项目带动。以"加强两岸合作、共铸绿色海西"为主题，吸纳了 5 家来自台湾地区的产业社团、协会作为联办单位，超过千名来自海内外的客商参会，其中台、港、澳和外商共计 400 余人。林博会期间，还举办围绕生物医药产业发展的海峡两岸林业合作发展论坛、以集体林权制度改革为主题的林改研讨会。

近几年，累计邀请来三明市考察农林项目的台湾农林界客商 84 个团组 1508 人次。与此同时，主动去台湾推介三明，三明市累计组织赴台交流考察的农林科技人员 12 个团组 166 人次，特别是 2006 年 7 月和 9 月，三明市委、市政府分管领导分别率农林界和涉台部门专家、科技人员、企业负责人两次赴台，广泛接触台湾社团组织、知名人士和台商台资机构，大力宣传推介了三明市投资环境和合作项目，扩大了三明在台湾岛内的影响。近几年，三明市已同台湾中华自然资源保育协会、中华两岸农渔牧经贸暨科技文化发展促进会、台湾区木材工业同业公会、台湾区家具工业同业公会、财团法人中华农业发展基金会、台湾金马两岸交流协会等 10 多家社团组织建立协作机制；与 80 多个台湾各方的协会、近千位台商及相关台资企业初步建立了联系渠道。新党主席郁慕明对三明林业很感兴趣，第二届林博会后，已多次派助手来三明市作前期考察，就森林资源经营、林产品深加工、生物医药加工、森林旅游资源开发等领域开展交流。闽台林业合作也存在一些需要今后加以解决的问题，主要表现如下：①政治因素干扰。由于台湾当局采取"高新技术严防溢出"等干扰限制政策，海峡两岸存在"三通"问题、投资限制问题等，增加了两岸林产品正常经贸往来的不确定因素。②投资规模偏小。福建台资林业企业绝大多数投资规模较小。众多小规模的台资林业企业虽然投资见效快，能在一定范围内促进林产品深加工和带动周围农民致富，但却难以推动福建林业生产方式的根本转变。同时，部分台资林业企业科技含量偏低，一般以初级林产品生产为主，仅利用大陆农村廉价的劳动力和土地资源进行简单的林业生产来赚取利润。③盲目引种与创新能力不足。引进台湾新品种，除考虑市场需求和经济效益外，更重要是考虑品种对气候、土壤、水质等自然条件的适应性。目前官方引种渠道尚未开通，引种以民间渠道为主，大部分引进品种通过渔民或台资企业引进，存在随意性、盲目性、风险性大等问题。从深层次上看，引种工作也存在着消化创新能力不足问题，对引进的台湾优良经济林和花卉等品种存在引种多，驯化少，吸收少的现象，尚未在引种基础上建立起具有自主知识产权的新品种改良繁育体系。④投资环境不够完善。福建原有工农业基础相对薄弱，从主观上看，福建省利用台资思想观念、工作效率、服务质量仍然滞后，政策措施不够灵活，项目审批环节繁多，效率不高。品种、技术、设备进口审批手续繁杂，导致部分台资企业北上南下。

（三）生态文化体系建设

我国现阶段在提供生态文化产品方面，还远跟不上发达国家，不适应我国经济社会发展要求，生态文化产品已成为我国最短缺、最急需大力发展的产品。目前福建已经举办一些生态文化节庆活动，如福州榕树文化节、漳州花卉博览会、泉州和武夷山茶文化节，永安竹文化节等。

通过建立生态文明建设示范基地，进一步传播生态文化，让人民体验生态与文化、生态与旅游密切融合的独特魅力，体悟生态文明与社会和谐的良性互动。2007 年 11 月 1 日，国家林业局、中国生态道德促进会向福建省莆田市授牌"中国生态文明建设湄州岛示范基地"，标志着我国第一个海岛生态文明建设示范基地诞生。福建省莆田市湄州岛背靠海峡西岸，面临台湾海峡，素以"妈祖圣地，海上明珠"著称于世。把湄州岛打造成中国生态文明建设的品牌，可以大大推动妈祖文化进一步走向世界。近年来，湄州岛围绕建设生态文明、改善海岛生态、创建绿色家园，做了大量卓有成效的工作。湄州岛坚持"生态立岛"，通过制定实施城乡绿化一体 10 年建设规划，每年都实施一个主题绿化工程，同时加大造林绿化力度，先后被评为"全国绿化百佳县（区）"、"全国造林绿化先进单位"、"首届全国绿化模范县"。特别是开展了以"敬妈祖大种树"为主题的绿化活动，发动全民植树造林，共种植各类乡土名贵树种 10 万多株，进一步提升湄洲岛的绿化总量和质量，优化了生态旅游环境。

"森林人家"是以良好的森林环境为背景，以较高游憩价值的景观为依托，充分利用森林生态资源和乡土特色产品，为游客提供吃、住、娱等服务的健康休闲型旅游产品。"森林人家"强调经营主体是林农，注重的是良好的生态环境，提倡的是一种生态旅游形式，这种旅游形式揉入了森林文化与乡风民俗的内容，引导游客用生态保护的旅游态度走进自然，亲近自然，与大自然交流，实现城乡互动、人与自然和谐的目的。"森林人家"是将第一产业与第三产业有机结合的新型旅游形式，是符合福建省资源特色的全新品牌，具有广阔的前景。"森林人家"对于弘扬、挖掘和传播森林文化意义重大。

"森林人家"是福建省林业厅联合省旅游局共同打造的，在林业厅党组的统一部署下，全省"森林人家"建设按照"调研、启动、推广和规范管理"四个阶段逐步推进：第一，调研阶段，制定"森林人家"实施方案；建立"森林人家"休闲健康游联席会议；"森林人家"商标域名注册。第二，启动阶段，编制福建省"森林人家"休闲健康游近、中期发展规划；制定"森林人家"管理规范；加快示范点建设；举办"森林人家"启动仪式。第三，推广阶段，宣传"森林人家"品牌；授牌经营；组织"森林人家"线路；加强"森林人家"网站建设。第四，规范管理阶段，组织"森林人家"培训；开展星级评定。

新罗区龙门镇洋畬村是福建省创"绿色家园、建富裕新村"试点村，也是全省首批十个"森林人家"示范村之一。2007 年新罗区林业、旅游等政府部门投入 100 多万元进行村庄绿化、村容整治和农村公园景观建设，新增园林绿地 2 千多平方米。村民在林业局的引导下办起了"森林人家"接待户，仅 2007 年"五一"黄金周就接待游客上千人。随后，林业部门进一步加大投入，组织了 16 个接待户参加烹调培训，召开了"森林人家"推动会，来自省内 20 个"森林人家"示范点与 92 户"森林人家"授牌点的代表及各市县林业部门的领导共 120 多人参加了会议。会议总结回顾了"森林人家"启动以来的工作成效，交流、推广了各地"森林人家"的建设经验。2007 年国庆黄金周期间，全省 20 个"森林人家"示范点和 92 处授牌经营点全面对外营业，游客络绎不绝，生意十分火爆。据不完全统计：10 月 1 日至 7 日，全省"森林人家"共接待游客超过 28 万人次，旅游直接收入达 680 多万元。同时，为了推进"森林人家"品牌宣传，福建电视台经济频道《热线 777》栏目推出"走进山水森林，体验健康生活"的国庆专题节目，以空气维生素（负氧离子）体验公益活动为主题，邀请大众走进森林公园，走进"森林人家"，品农家小菜，体验空气维生素、植物精气等森林健康因子。

在台湾，处处可见环境绿化和自然教育、生态保育的耦合衔接的生动实例，时时体现森林游乐和陶冶情操、国民健康的有机结合及文化理念。在社区免费开办自然科普讲座、森林生态和森林文化论坛等；遍及各地的植物园、森林生态科教园、森林游乐区、森林公园等几乎全部免费对公众开放。台湾专家认为现代的森林工作者不应只是墨守传统林业的"木头人"，应该是关怀人类生态的"社会人"，更应成为提升森林文化层次的"文化人"。

福建省森林生态文化体系建设刚刚起步不久，森林生态文化体系还不完善，建设任务还比较艰巨。

（四）林业产权制度改革

党的十一届三中全会促进了福建林业改革。20世纪80年代初，福建通过林业"三定"，为深化集体林经营体制改革打下了基础。随后，国务院批准三明市集体林区列入全国林业改革试验区，试验区摒弃简单的统或分的做法，提出"分股不分山，分利不分林"，"折股联营，经营承包"等，在南方集体林区经营体制改革中首开先河。在试验区的示范和推动下，集体林区体制改革在闽西北全面铺开，并形成了各具特色的改革模式。各地以明晰林木产权为重点，探索产权重组、组建家庭联营林场等形式，建立新型的林业合作经济组织；竹林经营全面推行"集体所有，长期承包，明确职责，合理分配"的制度，调动了农民生产积极性。福建是我国新一轮集体林权制度改革最早试点的省份，截至2008年6月30日，已有59个县（市、区）成立了林权登记管理机构。发放林权证宗地数108.6万个，已发证林地面积6.67×10^6公顷，已发林权证证本数58.3万本；开展林权抵押山林面积33.2万公顷；有56个县起用了全国统一式样林权证；有63个县（市、区）建立林权档案室；有65个县（市、区）成立林业服务中心。进一步提高了林权管理和为林农服务的水平与效率。

继集体林经营体制改革后，福建省对林政资源管理、木材经营体制、林业资金管理体制、林业分类经营等改革都进行了大量卓有成效的探索。国有林业企业实施抓大放小的改革战略，成效明显。福州人造板厂从国外引进成套设备，建成我国第一条中密度纤维板生产线。永安林业（集团）股份有限公司成为我国首家以森林资源为主要资产的上市公司。福建省29.1%的森工小企业经过改制、改组、改造，逐步适应了社会主义市场经济环境。上下游企业实现比较好的对接，产业链得到进一步的延伸。产业集群逐步形成，大企业比重不断增加。

二、海峡西岸现代林业发展的必要性

（一）落实科学发展观的需要

科学发展观，第一要义是发展，核心是以人为本，基本要求是全面协调可持续，根本方法是统筹兼顾。深入贯彻落实科学发展观，要求我们积极构建社会主义和谐社会。现代林业就是科学发展的林业，是以人为本、全面协调可持续发展的林业，是体现现代社会主要特征，具有较高生产力发展水平，能够最大限度拓展林业多种功能，满足社会多样化需求的林业。

全面推进现代林业建设，加强生态建设，是实现人与自然和谐的根本途径，是构建社会主义和谐社会的重要内容。林业在促进人与自然和谐相处中承担着重大的历史使命。地球三大生态系统中，有两个属于林业工作职能的范围：森林是陆地生态系统的主体，在维护陆地生态安全、保护生物多样性等方面发挥着支柱作用，被称为"地球之肺"；湿地在维护水资源平衡方面同样具有巨大的生态功能，被誉为"地球之肾"，它既是一个完整的生态系统，又是联接海洋和森林生态系统的纽带与桥梁。科学把握林业发展基本规律，因势利导推动传统林业向现代林业转变，是实施现代林业发展战略的根本途径，也是林业参与构建和谐社会的重要举措。积极实施兴林富民，促进山上绿起来、林农富起来、林业活起来，是实现人与自然和谐的必然要求。

现代林业发展以人为本，突出表现在三方面：首先，要把绿化成果带到人们最需要的地方去。其次，坚持以人为本就是要更加注重林业经济和林业产业的发展，要充分发挥林业作为基础产业的地位和功能，大力实施兴林富民工程，不断提高林业效益和林农收入，满足社会对林产品的需求和促进国民经济的发展。再次，坚持以人为本就是要更加注重生态安全，要切实加强森林资源的保护和管理，确保资源安全和环境安全。坚持以人为本、科学发展，必须正确处理好林业建设各方面的关系。

现代林业必须以持续林业理论为指导。现代林业的发展必须符合经济社会可持续发展的需要，为实现经济、社会和生态的全面发展作贡献，统筹山区和平原、生态和产业、培育和保护等各方面工作，努力实现生态建设与产业发展相协调，严格保护与合理利用相协调，发展速度和质量效益相协调。目前，福建省林业行业面临着由传统林业向可持续林业转变的历史使命，需要总结过去成功的林业经营管理经验，研究可持续林业发展的理论、策略和技术，对林业的多种效益进行综合规划，逐步走向可持续林业。

2007 年 11 月 12 日，中共福建省委八届三次全体（扩大）会议在福州召开。会上，省委书记卢展工作了题为《深入学习贯彻党的十七大精神，全面推进海峡西岸经济区建设》的讲话，指出：努力把海峡西岸经济区建设成为科学发展的先行区、两岸人民交流合作的先行区。整合宝贵资源，发挥后发优势，加快产业集聚，推进自主创新，统筹城乡发展，完善基础设施，建设生态文明，推进海西一体化建设，切实把经济社会发展转入全面、协调、可持续的轨道，真正使海峡西岸经济区成为科学发展的先行区。现代林业就是科学发展的林业，海峡西岸现代林业发展战略研究是落实福建省委、省政府两个先行区建设的需要。

（二）维护国土生态安全的需要

森林具有吸收二氧化碳、涵养水源、调节气候、防风固沙、保护生物多样性等生态功能，是陆地生态系统的主体。森林的兴衰直接影响着生态环境，也直接关系到全球经济和社会的发展。现在，不管是公众还是学术界，对于以下两点已没有任何科学见解上的分歧：第一，生态服务功能支持和维护了地球的生命支持系统，并且这种服务正逐渐变得稀缺；第二，生态服务功能不能完全被技术替代，尽管技术可以在一定范围内对其施加影响。可是，目前森林状况堪忧，造成这种状况的主要原因有：①土地使用的冲突，贫困、人口压力引起的毁林开垦、毁林发展畜牧业和毁林解决燃料问题，在中国，大部分森林分布在贫困县；②发展中国家为发展经济大量采伐森林；③发达国家对发展中国家的资源掠夺；④自然灾害等。

中国已经确立以森林植被为主体、林草结合的国土生态安全体系；林业作为生态建设的主体，在维护国土生态安全中发挥着重要作用。由于森林是自然界功能最完善的资源库、生物库、蓄水库、贮炭库、能源库，具有多种生态功能，对于保护人类生存发展的环境起着决定性作用，它的生态价值是巨大的。森林是山川秀美的标志，林业是实现经济社会可持续发展的重要基础。发展现代林业、增加森林植被，是减少水土流失、治理沙患、维护生物多样性的根本措施，是减缓气候变暖的有效措施，对涵蓄淡水、提高淡水的利用效率和净化水质具有根本性作用。发展现代林业是维护物种安全的必要条件。

《海峡西岸经济区建设纲要》提出要构建安全可靠的防灾减灾支撑体系。发展现代林业，建立沿海防护林和主要江河流域生态公益林保护体系、农林牧渔病虫害防治减灾体系、森林火灾防治体系等，能够全面提高抗御自然灾害的能力。

（三）促进社会主义新农村建设的需要

党中央作出建设"生产发展、生活宽裕、乡风文明、村容整洁、管理民主"的社会主义新农村的重大战略决策，为福建林业发展指明了方向，明确了目标，提出了新的更高要求。福建素有"八山一水一分田"之称，农村多数分布在山区、林区，发展现代林业是建设社会主义新农村的重要内容之一。通过发展现代林业，既有利于保障农业稳产、高产，又可利用林地资源，拓展农村经济的发展空间，加快农村生产发展；通过发展速生丰产林、笋竹、名特优经济林、花卉、生物制药、森林食品等经济效益日益显著的林业产业，既有利于扩大就业，又可增加林农收益，使农民生活更加宽裕；通过生态公益林保护和开展森林旅游，既有利于保障国土生态安全，又可促进人与自然和谐相处，增进森林文化交流；通过乡村绿化美化和庭院林业建设，可以改善农村生态环境和人居环境；通过集体林权制度改革，让农民自己管理和经营好集体林地这一重要的生产资料，有利于落实农民各项合法权益。

在福建省林区县，林业是当地的支柱产业之一，是林区财政收入的主要来源，现代林业的发展将带动当地社会经济的发展，提高林区的人均收入水平。通过发展经济林和用材林，为林区农民提供增收来源；发展乡镇林业企业，可为当地农民提供就业岗位，帮助他们脱贫。在福建省一些重点林区县（市），林业收入占农民人均收入约三分之一。

林业在改善农村生态环境、促进农村经济发展、扩大城乡就业和农民增收中发挥重要作用。要充分认识林业巨大的经济功能，努力保障木材供给和发展林业产业。福建省森林覆盖率62.96%，80%的国土面积是山地，林业在福建农村经济社会发展中的巨大潜力和优势远未发挥出来。林区有丰富的物种资源、丰富的劳动力资源，林产品又具有巨大的国际、国内市场空间。要充分挖掘林业的巨大潜力，充分发挥林业的独特优势，为全面推进社会主义新农村建设做出应有的贡献。

（四）满足人们对森林产品及服务的需要

随着人民生活水平的提高，对林副产品的需求日益增长，社会对林业的需求也正在由单一的木材需求向多种需求转变，花卉竹藤、药用植物、优质果品和森林食品等正随着需求的增加而快速发展壮大，森林旅游也呈现出跳跃式增长。这些兼具经济、生态、社会效益的林业新兴产业，是国家鼓励和支持发展的产业，也是21世纪的朝阳产业，这些将拉动林业产业快速发展。

近年来，随着世界范围内环保意识的增强和可持续发展战略的实施，限制和禁止木材特别是原木出口的国家日益增多，国际木材供应进一步趋紧，木材及其制品已成为越来越稀缺的战略物资。我国长期主要依赖采伐天然林来满足国内需求，可是目前实施天然林保护，天然林区调减木材产量。所以，我国国内木材和林产品是求大于供。一方面，随着世界经济的发展，对木材的需求增加；另一方面，全球生态环境恶化，对森林保护的呼声不断增强，全球木材供给受到限制。近几年，中国木材进口大幅度增加，已经引起一些国家和世界环保组织的争议。而且随着我国国民经济的进一步发展，木材需求越来越大，木材等林产品的供应问题日益突出。"十五"期间，我国年均林木蓄积消耗需求为5.5亿立方米，而国内只提供了3.65亿立方米，其余靠进口弥补；"十一五"期间，年均消耗需求将达7亿立方米，而国内最多只能提供约4亿立方米。到2015年，中国木材供需缺口数预计高达1.4亿~1.5亿立方米。进口解决我国的木材需求问题，是十分困难和难以持续的，也是国际木材市场难以承受的，必须立足国内解决13亿人口的木材需求问题，这是维护国家木材安全的惟一选择。这为中国林业发展提供了广阔的市场空间。

福建省生态环境良好，福建森林覆盖率62.96%。福建气候条件和自然条件优越，森林生产力较高，适宜于发展速生丰产林。在国家"东扩、西治、南用、北休"林业发展格局中，福建处于东扩、南用区域，是中国重要的商品材培育基地，能够为减轻木材供求矛盾贡献一份力量。从芬兰、新西兰等林业发达国家"林业立国"的成功实践看，如果林地生产力达到世界自然条件相近的发达国家的水平，福建省森林资源总量和林业产值将成倍增长，可见福建营林业发展具有巨大潜力。

随着我国国民经济的发展和人民生活水平的提高，对木材和林副产品的需求进一步增加，对生态需求也随着提高，这为海峡西岸林业发展提供了不竭动力。

随着世界经济的不断发展，能源资源过度消耗且日显匮乏。根据国际能源机构统计，天然气可开采的年限为50多年，石油可开采的年限为70多年，煤炭可开采的年限也只有200多年。在化石能源渐趋枯竭、能源需求和油价持续上升、世界能源资源争夺愈演愈烈的背景下，开发新能源已经成为 21 世纪人类的当务之急。同时，化石能源燃料所释放的大量废气和有毒物质，严重污染了大气环境，导致了温室效应等诸多生态危机。

随着能源问题的日益突出，维护我国能源安全显得越来越重要、越来越迫切。目前，我国能源消耗位居世界第二，2005 年能源消耗量已达 22.2 亿吨标准煤，石油对外依存度已超过 40%。但人均能源资源占有量低于世界平均水平，随着我国经济的持续高速增长，能源需求还在快速增长，我国石油的对外依存度将会更高，富煤、缺油、少气的能源结构使得我国能源安全问题凸显。我国煤炭剩余可开采储量仅为 1390 亿吨标准煤，按照现行的开采速度，只能维持 83 年。我国能源的紧张趋势和能源需求的扩大，引起了世界各国的关注，有的甚至发出"中国威胁论"。能源问题，关系到我国社会经济发展和我国国际形象，是一个经济问题，更是一个政治问题。福建省是缺煤少油少气的地区。生物质能就其能源当量而言，是仅次于煤、石油、天然气的第四大能源，占生物物种 50% 以上和占生物质总量 70% 以上的森林和野生动植物资源，以其可再生性，已成为各国能源战略的现实选择。目前,美国、瑞典和奥地利的生物质能已分别占本国一次能源消耗量的 4%、16% 和 10%，德国木质能源在其全部能源需求量中占 2.5%，占发电能源的 6.5%。

加快可再生能源开发利用是应对日益严重的能源资源和环境问题的必由之路。我国第一部《可再生能源法》从 2006 年 1 月 1 日起开始执行。据调查测算，我国现有林木中，可用作工业能源原料的生物量有 3 亿多吨，可替代 2 亿吨标准煤；利用现有林地，可培育能源林 2 亿亩，每年可提供生物柴油 500 多万吨，木质燃料近 4 亿吨，折合标准煤约 2.7 亿吨。加快发展林木生物质能，对改善我国能源结构、维护国家能源安全十分重要。在我国可选择的生物能源原料中,农作物秸秆、农产品加工废弃物等许多农业原料出现了一些新的情况。最近一段时期农副产品价格上涨，原因是多方面的，其中农作物秸秆等被用作生物能源原料，导致人工饲料供应量减少也是原因之一。利用农作物秸秆等发展生物能源，会引发农副产品价格波动，给社会和谐带来负面影响。而林业具有可再生性，又具有不与粮争地、不与民争粮的优势，随着油价的不断上涨，与油价相比，木材价格相对较低，市场需求将会增加。中央领导同志和国家有关部门一致认为，今后发展生物能源最主要的还要靠林业，这必将为现代林业带来前所未有的发展空间。国家林业局提出，"十一五"期间将重点扶持林业生物质能源与材料的发展。当前，有关部门正努力做好与中石油、中粮集团合作的生物质能源项目。有些地方还将利用退耕还林、防沙治沙发展起来的灌木林资源，以及间伐材和主伐剩余物，加工成固体成型高效燃料，供直接燃烧或发电使用。同时积极开发生物质能高效转化发电技术、定向热解气化技术和液化油提炼技术，逐步形成从原料培育、加工生产、市场销售到科技开发的"林能一体化"格局。福建完全有必要在发展林业生物能源产业方面取得重大突破，因为福建省气候条件有利于生物的快速生长。福建要在品种选育、科研投入、企业培育、基地建设、技术开发等几个重要环节，进行全面的规划布局，投入相应的人力物力，以尽快形成林业生物能源产业。

（五）加强海峡两岸合作交流的需要

认真贯彻中央对台大政方针，按照"五缘六求"（"六求"指闽台之间今后进一步拓展关系、推进交流合作的六个方面，即求紧密经贸联系、求两岸直接"三通"、求旅游双向对接、求农业全面合作、求文化深入交流、求载体平台建设）的工作思路，更加突出先行先试，更加突出民族民心，更加突出融合融洽，更加突出以人为本，进一步深化闽台交流合作，努力把海峡西岸经济区建设成为维护两岸共同家园、联系两岸同胞命运共同体、促进两岸人民交流合作的先行区。福建省省长黄小晶指出："福建将着力建设两岸经贸合作的紧密区域、两岸文化交流的重要基地、落实惠台政策的示范地区和两岸直接往来的综合枢纽。"海峡两岸（福建三明）现代林业合作实验区是全国唯一的海峡两岸现代林业合作交流的平台，要充分发挥现代林业合作实验区的窗口和辐射作用；海峡两岸（福建三明）林业博览暨投资贸易洽谈会已经开展三届。在海峡两岸林业生态文化交流、森林旅游方面，要先行先试，凸显特色。

福建与台湾纬度相近，在气候、地理条件、降水、光照等自然环境方面非常相似。福建是80%台胞祖籍地，人文、习俗相近，亲缘密切。开展两岸林业合作，福建具有得天独厚的区位优势。"海峡两岸（福建漳州）花卉博览会暨农业合作洽谈会""海峡两岸林业合作暨福建三明投资贸易洽谈会"为闽台林业合作搭建了平台。福建省要从第一、二、三产业全方位推动与台湾的林业合作，包括林木培植、家具加工、生态旅游、生物制药等。目前除花卉行业合作项目颇具规模外，物种交流、家具制造和林业机械加工方面的合作也逐渐起步。以家具加工为例，该产业对资源的依赖性很高，而台湾大部分使用的板材均由国外进口，因此，许多台商将其家具加工厂投资在福建，降低生产成本。福建是和台湾距离最近的林业大省，森林覆盖率高达62.96%，居全国之首，但目前仍处在原材料的初级加工阶段，急需技术和资金；而台湾在林木种苗培育、竹木加工、生物资源利用和保护等方面的技术先进，在资金方面也有优势，海峡两岸林业投资和技术合作前景广阔。台湾的林业科技、教育比较先进，通过合作，有利于推进福建林业科技进步。海峡两岸（三明）现代林业合作实验区已成为两岸林业合作交流的重要平台。预计合作实验区将促成一批科技含量高、技术设备先进、精深加工能力强、产品附加值大的台资企业入驻三明，使整个实验区在3~5年内形成一定规模。规划在三明高新技术产业开发区金沙园和尼葛园，建立闽台林产品加工合作区，重点发展人造板、纸制品及林产品精深加工等项目，延伸产业链，加快林产加工的产业升级，实验区成立以来新引进耀兴木制品等5家台资企业；规划在三元、明溪设立生物医药加工集中区，现已完成投资2.5亿元，开发面积200公顷；规划在梅列瑞云工业园区设立森林食品加工集中区，现已完成投资2亿元，开发面积130公顷；建设生物多样性保育及苗木花卉合作区，重点开展台湾林木花卉新品种引进和珍贵乡土树种改良，着力发展珍稀树种、绿化大苗和特种花卉；建设森林生态休闲观光合作区，目前，泰宁大金湖与台湾日月潭实现了"两水"对接，以客家文化、族亲、宗亲文化为主题的文化旅游互动交流也正在积极展开，已先后接待台湾客人1200多人；台商杨文华先生投资700万美元开发的清流大丰山森林公园项目已批办注册，并进入全面实施阶段，三条旅游精品线路的合作项目正在洽谈；与台湾原住民族产业发展协会、台湾嘉义大学校友会、台湾嘉农农业发展基金会等社团组织签订海峡两岸农林科技系列合作协议，闽台林业研究所在三明学院已经正式挂牌成立，为推动两岸林业科技的互动交流搭建一个新的平台；清流台湾农民创业园建设规划面积1.13万公顷，已进入全面建设阶段，种植苗木、花卉4万多公顷，建设多处生态休闲观光景区，目前，创业园已有25家企业落户，其中台资企业11家，利用台资1800多万美元。

三、林业发展面临的机遇

（一）国家生态文明建设的战略部署

党中央、国务院对林业高度重视。胡锦涛同志到甘肃考察林业工作时，要求"要下更大的气力，继续推进天然林保护、退耕还林、退牧还草、防沙治沙等工作，努力遏制生态恶化趋势，实现人与自然和谐发展"。温家宝同志在参加首都义务植树时强调："植树造林是每个公民的义务和责任，是国家的一项重要制度。一代接一代人坚持不懈地干下去，就一定能够实现绿化祖国的目标"。党的十七大报告指出：要"建设生态文明，基本形成节约能源资源和保护生态环境的产业结构、增长方式、消费模式……。生态文明观念在全社会牢固树立。"这为海峡西岸林业发展指明了正确方向。

森林是维系人与自然和谐发展的关键和纽带，林业是生态建设的主体，为建设生态文明提供生态环境基础。建设生态文明，赋予了林业光荣而艰巨的使命。林业肩负着森林保护和培育、湿地保护和恢复、防沙治沙、治理水土流失、野生动植物保护和自然保护区建设的重任。建设生态良好的国家，需要林业部门付出艰苦的努力。林业部门是生态文明建设的主力军和示范者。

林业以森林资源为主要经营管理对象，为建设生态文明提供物质保障。森林是既可再生又可降解的自然资源，是规模巨大的循环经济体。林业是生态文化的主要阵地，为建设生态文明提供文化支撑。应对气候变暖，提升大国形象，林业为中国建设生态文明赢得国际声誉。

发展现代林业是实现人与自然和谐的必由之路，可为建设生态文明提供坚实的生态基础。搞好国土绿化，可以改善生态环境，各地区、各有关部门要从促进生态文明的高度，充分认识国土绿化工作的重要性，按照党的十七大作出的建设生态文明的战略决策部署，切实加大造林绿化工作力度，继续推进林业生态工程建设，不断巩固和发展国土绿化成果。要继续深入开展全民义务植树运动和林业重点生态工程建设。建设生态文明，一个重要内容就是要实现生态良好。作为生态建设的主体，现代林业在生态文明建设中具有举足轻重的地位和作用。要积极参与现代林业建设，形成全社会爱林兴林护林的良好氛围；要确实搞好自然保护区建设，不断扩大自然保护范围，保护好自然物种资源；要充分挖掘森林人文、历史和自然景观潜力，弘扬生态文化。

森林文化是生态文化的主体，从属于生态文化，因此，森林文化必须为生态文明建设服务，森林文化体系建设目标与生态文明目标一致。森林文化是人与森林、人与自然之间建立的相互依存、相互作用、相互融合的关系，以及由此创造的物质文化与精神文化的总和。森林文化是人们不断认识、调整人与森林、人与自然相互关系的必然产物，是从森林生态系统角度，研究探讨森林的建设，推进生态文明建设。发展现代林业是实现人与自然和谐的关键和纽带，是推进生态文化建设的载体和平台。抓好生态文化建设，提升现代林业对生态文明建设的引领作用主要体现在三个方面：在生态文化基础建设方面，加强森林博物馆、自然保护区、城市园林等一批森林文化设施的建设，保护好旅游风景林和革命纪念林，为人们了解森林、认识生态自然提供场所和条件；在培养生态文化方面，深入挖掘森林文化、花文化、竹文化、茶文化、湿地文化、野生动物文化等文化的发展潜力，以满足社会需求；在树立人与自然和谐价值观方面，通过音乐、美术等多种文化形式普及生态和林业知识，让更多的人知道森林、湿地、野生动植物、生物圈对人类生存发展的重要性，增强国民生态意识和责任意识，使人与自然和谐相处的重要价值观深入人心。

（二）林业产权制度的改革

《中共中央　国务院关于全面推进集体林权制度改革的意见》指出：集体林权制度改革是推进现代林业发展的强大动力。林业是国民经济和社会发展的重要公益事业和基础产业。实行集体林权制度改革，培育林业发展的市场主体，发挥市场在林业生产要素配置中的基础性作用，有利于发挥林业的生态、经济、社会和文化等多种功能，满足社会对林业的多样化需求，促进现代林业发展。

在详细描述长期变迁的各种现存理论中，马克思的分析框架是最有说服力的，这恰恰是因为它包括了新古典经济学分析框架中所遗漏的所有因素：制度、产权、国家和意识形态。马克思强调在有效率的经济组织中产权的重要作用。美国著名经济学家、诺贝尔经济学奖获得者斯蒂格利茨认为：产权向人们提供重要的激励，它不仅使人们投资和储蓄，而且使他们的财产得到最佳使用。可见，产权具有激励功能，海峡西岸林权改革将激励社会投资林业，从而促进林业发展。

2003年以来，福建省在推进以明晰所有权、放活经营权、落实处置权、确保收益权为主要内容的集体林权制度改革方面取得了积极进展，各地林地使用权和林木所有权得到了进一步明晰，林业生产经营形式也趋向多样化，自留山经营、家庭承包经营、联户经营、租赁经营、股份合作经营、折价转让等各种经营模式丰富多彩，林业经营活力又现，林业生产力得到了进一步提高。从林改实践看，森林资源质量不断优化；村集体经济组织收入渠道拓宽，干群关系得以密切，社会和谐了；林木林地权属明晰，涉林纠纷减少，林区社会更加安定；农村产业结构趋向合理，林业生产投入增多，有力地推动了当地农村经济的发展。林改后，山定权，人定心，树定根，林农预期收入提高，一些地方出现了"争山争苗"造林的喜人现象，林农造林、育林、护林的积极性空前高涨，促进了林业发展，非公有制林业发展迅速，林权制度改革吸引了更多国内外投资者的目光。

完善集体林权制度改革的配套政策措施，如林业税费改革、完善林木采伐管理机制；规范林地、林木流转；建立支持集体林业发展的公共财政制度；推进林业投融资改革；加强林业社会化服务等，也为现代林业发展带来了机遇。"十五"初期，福建省认真贯彻中央农村税费改革精神，在南平市率先开展了木材税费改革，在取得成效的基础上迅速向全省推开。几年来，通过调低木竹税费计征价、落实间伐材税费优惠政策和减免特产税等一系列措施，显著地减轻了林农和林业经营者的税费负担，扩大了林业生产经营的利润空间，据初步测算，每立方米木材税费由改革前占木材销价的60%下降到现在的18%。林业税费改革极大地调动了林业生产经营者的积极性，有力地推动了全省林业经济快速发展。两金返还比例的提高进一步提高了营林的经济效益，为林业投资者提供了机遇，将促进非公有制林业的迅速发展。

（三）国家现代林业发展战略的实施

2008年，贾治邦局长在全国林业厅局长会议的讲话中指出：建设生态文明是科学发展重大战略思想的进一步深化，是贯彻落实科学发展观的新要求，是党执政兴国理念的新发展，也是现代林业建设的新目标。建设生态文明有三项本质要求：一是加强生态建设，维护生态安全，实现生态良好；二是基本形成节约能源资源和保护生态环境的产业结构、增长方式和消费模式；三是在全社会牢固树立生态文明观念。林业是一项十分重要的公益事业，又是一项十分重要的基础产业，也是一项十分重要的文化载体，具有巨大的生态功能、经济功能和社会文化功能，这是林业的基本属性。建设现代林业就是要按照林业的基本属性和内在规律，构建三大体系，提升三大功能，发挥三大效益，以林业的多种功能满足社会的多样化需求。这为海西现代林业发展带来了机遇。2007年中央"一号文件"《中共中央 国务院关于积极发展现代农业扎实推进社会主义新农村建设的若干意见》也为福建现代林业发展带来机遇。

必须把建设生态文明作为现代林业建设的战略目标，作为林业工作的出发点和落脚点，作为全体林业建设者义不容辞的神圣职责，始终不渝地坚持抓好。同时，要正确处理好林业三大体系之间的关系。只有坚持以生态建设为主的林业发展战略，构建完善的生态体系，才能维护生态安全，实现生态良好，为产业体系和生态文化体系建设提供坚实的物质基础；只有构建发达的林业产业体系，才能充分发挥林业的经济功能，更好地推动生态体系和生态文化体系建设；也只有构建繁荣的生态文化体系，才能使全社会牢固树立生态文明观念，保障生态体系和产业体系持续发展。林业三大体系建设互为补充、相互促进，现代林业发展战略必须坚持统筹兼顾，推动林业三大体系全面协调可持续发展。

我国现代林业发展战略以可持续发展理论为指导，以生态建设、生态安全和生态文明为核心，以产业化发展为动力，以全社会共同参与和支持为前提，广泛地参与国际交流与合作，实现林业资源、生态和产业的统筹、协调与和谐发展，生态效益、经济效益和社会效益高度统一。

近20年，国家对林业投入逐步增加，特别是20世纪90年代末以来，国家对林业生态投入迅速增加。可见，国家对林业投资重点已转向营林，特别是林业生态工程建设，1998年长江、嫩江发生特大洪水以来，这种趋势更加明显。近几年，国家为了促进现代林业发展，进行了林业税费改革，实施了林业贴息贷款项目和国家开发银行林业贷款项目等。

（四）海峡西岸经济区战略的实施

福建省委、省政府颁发了《中共福建省委　福建省人民政府关于加快林业发展建设绿色海峡西岸的决定》。"海峡西岸经济区"第一次写进中央文件，对福建省经济发展起着极大的促进作用。海峡西岸经济区有可能成为中国东南沿海一个新的区域经济增长极，有望建成两岸经贸合作与科技文化交流的重要地区，是海峡两岸和平统一的前沿平台。在目前的两岸关系形势下，海峡西岸经济区是促进经济发展与祖国统一的有机结合，不仅有一般的经济意义，而且有特殊的政治意义。海峡西岸经济区的构想确定了正确的发展方向，意在使海峡西岸在市场、资源、劳动力等方面的优势与海峡东岸在资本、技术、管理等方面的优势相结合，形成闽台经济相互补充、相互依存、互惠共荣的区域合作关系。

海峡西岸经济区战略有利于改善林业投资环境，落实外商投资林业的相关优惠政策措施，发挥"五缘"优势，加强闽台林业合作，发展现代林业。按照"优势互补、互利互惠、共同发展"的原则，重点加强花卉与种苗、森林培育与保护、木竹加工（特别是家具制造）、森林旅游、林业机械制造、林产品物流、科技人才交流等方面的合作，加快莆田秀屿木材加工台商投资区和海峡两岸（三明）现代林业合作实验区建设，承接台湾家具制造业、木竹加工业生产线的转移，并由此辐射带动福建林产加工业发展。

2007年，国家林业局局长贾治邦指出：发展林业是实现人与自然和谐的关键和纽带，是推进生态文化建设的载体和平台。2008年初，国家林业局出台了《关于支持海峡西岸经济区林业发展的意见》，提出要大力支持海峡西岸经济区林业建设，共同推动海峡西岸林业又好又快发展。主要在以下方面给予大力支持：一是支持海峡西岸林业综合改革与发展实验区建设，重点在森林可持续经营试点、深化集体林权制度改革，以及沿海防护林、林木种苗、野生动植物保护、森林病虫害防治、森林防火等林业基础设施建设加大支持。二是支持海峡两岸（三明）现代林业合作实验区建设，在林木采伐管理制度改革试点、设立林业台商投资集中区、与台湾开展物种交流等方面予以扶持。三是支持海峡西岸林产品加工、贸易示范区建设，特别是要加大对莆田秀屿进口木材检疫除害处理区、国家级木材加工贸易区，建瓯笋竹加工、贸易区，闽北林产品加工、贸易区，闽南花卉标准化基地等示范区建设的扶持。四是支持海峡西岸湄洲岛等林业生态文明示范基地建设，加快湄洲岛生态建设示范区、生态教育与科研中心、两岸生态建设交流与合作基地等三大主体功能区建设，搭建海峡两岸合作交流平台。五是支持海峡西岸开展林业融资和保险工作，加大对福建林业贴息贷款的贴息力度，协调有关部门建立担保基金或设立风险准备金，为林业中小企业和林农个人贷款提供风险保障。六是支持海峡两岸（三明）林业博览会和（漳州）花卉博览会，加快福建林产品和花卉市场建设，进一步简化花卉出口审批手续及允许进出口证明书办理手续，在福建建立花卉产品流通绿色通道。七是支持海峡西岸开展森林资源经营管理改革工作，同意扩大森林采伐管理制度改革试点面，积极探索森林资源保护、培育、发展和合理利用相统一，经营权与处置权相统一的森林经营管理模式，逐步形成科学编制县域森林经营规划，以及引导业主自主编制森林经营方案的管理机制。八是支持海峡西岸林业科技工作，同意中国林科院与福建合作，建立中国林科院海西分院，继续支持邵武市科技服务林改示范点建设、林业科技基础设施建设与科技交流与合作，培育形成区域林业科技创新中心和对台合作交流中心。九是支持海峡西岸开展对外林业合作，在福建实施的中德技术合作森林可持续经营政策与模式项目给予重点倾斜。

2008年11月4日海基会与海协会签署了海峡两岸"海运直航""空运直航""通邮"及"食品安全"四项协议，推进两岸实现"三通"，这有利于闽台林产品贸易，促进福建现代林业发展。

（五）国际社会对森林问题的关注

目前国内外公众的森林生态环境意识有所提高，全球保护森林的呼声高涨。地球上自然的陆地生态系统包括森林、草原、荒漠。无论从所占地域面积、系统净生产力和生物量，或者碳储量形成的碳库，以及社会影响来看，森林生态系统都是陆地生态系统的主体。对人类而言，该系统具有重大的生态效益、经济效益和社会效益。1992年在巴西召开的世界环境与发展大会制定的所有重要文件，如《气候变化框架公约》《生物多样性公约》和《防治荒漠化公约》都与森林密切相关，而且还专门提出了《关于森林问题原则声明》，后来又签订了《京都议定书》，表达了全球对森林问题的重视。

国内外对林业的重视也促进了对福建林业投资，2004、2005和2006年福建省林业实际利用外资合计68562万美元。中央政府和省政府近几年也不断增加森林生态保护和建设资金投入，"十一五"期间各级政府对福建省林业发展规划建设主要项目计划投入资金435064万元。

国际应对气候变化给林业带来了机遇。世界范围内应对全球气候变暖的行动对林业提出的要求前所未有。气候变暖成为全球共同关注的焦点，成为世界各国面临的共同挑战。减少二氧化碳排放量，主要有两个途径：第一是直接减排，第二是通过植树造林吸收二氧化碳间接减排。直接减排，是十分重要的，是必须完成的，但从一定意义上说，直接减排会影响经济发展。我国是发展中国家，发展经济是相当长时期的首要任务，直接减排的空间十分有限。如果采取植树造林的方式间接减排，不但可以在不影响工业发展的情况下实现减排目标，而且还可以赢得外交工作的主动权和更大的发展空间，同时还可以促进国土绿化进程，维护生态安全，实现减排、发展、生态三赢的目标。当前，国际上很多国家已把扩大森林资源、吸收二氧化碳，作为缓解气候变暖的最现实、最有效的途径。比如，日本承诺在二氧化碳等温室气体减排目标中一半以上要采取林业措施来完成。就我国而言，林业间接减排潜力十分巨大，前景十分光明。一方面，我国约有5.33×10^7公顷宜林荒山荒地，可通过扩大造林面积来减排；另一方面，我国现有的1.73×10^8亿公顷有林地生产力很低，人工林每公顷蓄积量仅为世界平均水平的50%左右，福建省森林平均蓄积量也较低，可通过提高单位面积森林蓄积量增加固碳功能来减排。

目前，广西、云南、四川、内蒙古、辽宁、河北等省（自治区）都以不同形式和发达国家政府、多边组织、非政府组织、世界银行或公司开展了森林碳汇项目合作，已经引进外资投入公益林，而福建省至今尚未研究和开发森林碳汇项目，也没有开展森林碳汇项目储备工作。按照政府间气候变化专门委员会（IPCC）预计，林业有潜力抵消大约世界温室气体排放的15%，预计巨额资金将注入公益林保护和建设。

预计在2008~2012年间的第一承诺期，通过在我国实施清洁发展机制下碳汇项目所产生的碳汇，折合造林面积大约在100万公顷左右。到2050年，我国的森林覆盖率将达26%以上，每年我国森林碳净吸收能力将比1990年增加90.4%。另外，通过加大控制毁林力度，适当增加木材使用量，通过一定技术措施，延长木材使用寿命，将会增加我国森林的整体固碳能力。

四、林业面临的主要问题与挑战

当前海西林业仍存在一些比较突出的问题，诸如森林质量不高、功能不强；区域特色不明显，分类指导不到位；海西林业与可持续林业发展有很大差距等。同时，林业产业面临着激烈的国内外市场竞争，林业在应对各种自然灾害中面临着巨大挑战。

（一）森林资源质量有待于进一步提高

福建省森林资源质量较低，主要体现在：单位面积平均蓄积量低，全省林分单位面积蓄积量每公顷仅为 75.96 立方米，低于全国平均水平；用材林单位面积蓄积量、年均生长量分别为每公顷 79.6 立方米和 8.78 立方米，与林业发达国家相比仍有较大差距；低效残次林比重较大，约占林分总面积的 1/3；林龄结构不合理，成过熟林比重小，可用木材供应减少；树种、林种结构不合理，针叶林多，人工针叶纯林面积大，阔叶林少；用材林径级结构失衡，大径材培育目标仅占 5.7%，单一的树种、材种结构难以满足社会对木材多层次、多规格的需求。

长期以来，木材生产以采伐利用天然林为主，生态防护功能较强的天然林特别是阔叶林日趋减少，生态公益林总体质量下降，生物多样性丧失严重；农田防护林体系建设总量不足，沿海防护林树种单一，林分老化。这导致福建省森林生态系统较脆弱，水土流失比较严重，全省水土流失面积 149.47 万公顷；洪涝、风沙灾害仍时有发生，造成严重经济损失。

（二）林业产业竞争力有待于进一步增强

福建林产工业技术水平与国内林业产业发达的省份、世界林业发达的国家相比，存在较大差距。林业产业新产品开发能力低，产品附加值低，名牌产品少，林产工业规模不大，使福建省林业在国内外激烈的市场竞争中处于劣势。

福建林业产业集群小，产业链短，产业实力不强。福建林业生产力发展水平低，全省林业产业结构布局不尽合理，龙头企业带动弱；森林资源利用率不高，低水平重复建设造成区域产业结构趋同，特色经济、比较优势和协作效益不明显。福建林业企业总体技术装备仍较落后，产品档次低，初级产品过多，具有自主知识产权的产品较少，林产业初级产品产值占 70% 以上，技术创新能力较弱，林业企业核心竞争力有待于进一步增强。原因之一在于林业科技投入低，福建林业工业企业 R&D 资金占销售收入的比重大大低于发达国家。这与现代林业发展要求不匹配。福建林业产业资本密度偏低，自动化生产程度低，主要以劳动密集型企业为主。产品结构不适应需求结构、资源结构的变化，第二、三产业增加值比重偏低。福建林业生产要素市场发育比较滞后，特别是林业资本市场。而现代林业需要发达的林业资本市场。

随着绿色产品与环保意识、消费者自我保护意识的强化，对林产品质量、环保标准等要求更高；随着人民生活水平的提高，国内外市场对林副产品质量安全的要求越来越高，设立标准、技术法规、技术壁垒已经成为国际贸易保护的一个重要手段，林副产品质量安全水平已经成为林副产品市场竞争的主要因素。而福建省林副产品质量安全还有待于进一步加强。同时，随着我国成为林副产品生产和出口大国，林副产品的国际竞争环境及贸易条件更加困难，面临的不平等待遇和非关税壁垒越来越多，林副产品在国内外市场的竞争更加激烈。

我国加入 WTO 以后，原木和大部分锯材已经取消进口关税，人造板进口关税也大幅度下降，国外林产品进入我国的门槛进一步降低，我国不具备比较优势的高端产品、技术密集型产品面临的竞争压力更大，我国林产品资本密集程度低和规模偏小等使进口林产品的优势凸显出来，国内林产品生产将受到进一步挤压，面临国际分工和国际市场剧烈竞争的严峻挑战。福建现代林业发展也面临同样的状况。

（三）生态文化建设内容有待于进一步拓展

福建省森林生态文化体系建设刚刚起步不久，森林生态文化体系还不完善，建设任务还比较艰巨。目前，人们的生态保护意识还不够强，各种生态文化载体还不够完善，只有"森林人家"、森林公园等少数生态文化载体建设力度较大，需要完善生态文化建设机构、加大其他森林文化载体投资，进一步拓展建设内容。

（四）分区施策有待于进一步加强

福建省各个地市林业发展条件相差较大，在亚热带水果、速丰林，珍贵用材树种、旅游、古典家具生产等方面初步形成一定特色，但这种区域特色仍不明显。必须分区施策，加强区域引导，突出林业的区域特色。

（五）林业发展保障制度有待于进一步完善

制度是为了决定人们的相互关系而人为设定的一些制约，也就是说，制度是一种行为规则，这些规则涉及社会、政治及经济行为。制度创新将影响生产要素配置、利益分配和激励机制，影响生产可能性曲线和利益相关者福利。健全的制度有利于促进现代林业发展。但是，福建省一些林业管理制度仍不适应林业生产力发展和现代林业发展的需要。

首先，林权制度仍然需要继续探索和突破，诸多配套政策需要继续完善。虽然福建省集体林权制度改革取得了显著的成效，但依然存在一些不足之处，主要表现在：少数地方部分领导思想认识还不够到位，对林改工作重视不够，采取措施不够有力，导致改革进展缓慢；林权登记和发换证总体进度偏慢，各地工作进展不平衡；解决改革疑难问题办法不多，影响了改革进程；部分地方林改程序不够规范等。这些问题如果得不到有效解决，势必会影响群众对林改的信心，影响改革的实效。目前，福建省林权配套改革刚刚起步，社会化服务体系、林产品市场、林权登记服务中心、森林资源资产评估、林业标准化建设、林业科技服务、森林认证等相关配套制度建设任务十分艰巨。

其次，科学技术是第一生产力，科技创新需要投资，只有加大科技投资力度，才能提高林业科技创新能力，才能提高科技对现代林业的贡献。政府增加投入力度是提高现代林业科技水平的重要条件和根本保证。福建省研究和开发人员比例较低，林业科技研究和推广资金不足，林业企业研究与开发经费占产值比重较低，导致林业新技术产业增加值比重、科技成果运用率较低。目前，福建省林业科技投入的整体水平低，这种低投入的状况不能适应现代林业发展的需要。需要政府完善林业科技投入制度。

第三，我国对林木采伐实行了限额采伐管理制度。这种制度对保护森林资源曾经起到十分重要的作用。但随着社会主义市场经济体制的建立，这种制度已明显滞后于林业经济发展的步伐，适应不了当前集体林权制度改革后林木、林地权属明晰和非公有制林业快速发展的需要，林业所有者和经营者对改革限额采伐管理制度呼声越来越高。政府正在探索新的限额采伐管理制度。福建省正在准备进行限额采伐制度改革，今后可能将按照森林经营方案中的时间安排进行采伐。这将消除目前营林投资的又一制约因素（采伐指标难以获得），解除营林投资者的后顾之忧，也将进一步提高造林的积极性，促进现代林业发展。政府要尽快完善和全面实施按照森林经营方案中的时间安排进行森林采伐的制度。

第四，集体林权制度改革后，林农发展林业生产的积极性明显提高。但由于林业经营周期长，受自然灾害影响大，而且从林木种苗的购买、培育到后期的林木管护、采伐，都需要资金投入，而农户经济能力普遍有限，向金融机构申请贷款又受诸多条件限制，林农发展林业资金匮乏。需要政府尽快完善林业投融资制度。

第五，集体林权制度改革促进了林地林木的流转。但是，由于缺乏可操作的法律依据，各地林地林木的流转行为难以规范。主要表现在：一是流转合同不够规范。二是流转价格核定标准不科学。三是流转资金不足。四是市场管理问题。需要政府完善森林资源交易制度。

（六）林业发展面临着较大风险

福建省森林火灾每年都发生，随着全球气候变暖，森林火灾发生的概率增大。由于天然林减少，人工纯林面积增大，森林病虫害发生的概率也增加。森林被盗伐的风险依然存在。由于林业经营周期长，林业政策性风险和价格风险也存在，林农担心林业优惠政策是否长期稳定，将来采伐时木材价格是否会下降？冻害和雪灾也给林业带来风险。需要探讨规避或分散风险的机制。

森林资源保护困难，我国实行林业分类经营管理制度，要求管严生态公益林。但是，一些地方乱砍滥伐林木、乱捕滥猎珍稀野生动物、乱征滥占林地等破坏森林资源的现象屡禁不止。集体林权制度改革后，林木所有权和林地使用权落实到户、联户和其他经济实体，林业经营主体明确。但是，林业经营主体相对变小，从原来的大部分由村集体经济组织统一经营变为现在的单家独户自主经营。由于单个经营主体能力有限，护林防火、病虫害防治力量相对减弱。

（七）海西林业与可持续林业存在较大差距

1995 年我国已正式把可持续发展作为国家基本发展战略。原林业部根据《中国 21 世纪议程》制定了《中国 21 世纪议程 - 林业行动计划》，确定了中国林业可持续发展的总体战略。

可持续林业丰富了持续性的内涵。这种持续性强调，在时间尺度上，当代人的需求不能危害和削弱后代人满足他们对森林资源系统及其产品或服务需求的能力；在空间尺度上，特定区域的需求不能危害和削弱其他区域满足其需求的能力。美国 Perry 早在 1988 年就使用了"可持续林业"这一概念。J.R.Boyle（1990）把可持续林业定义为既满足当代人的需要，又不对后代人满足其需求能力构成危害的森林经营。加拿大林学会（1990）把可持续林业理解为可持续林地管理，并把它定义为确保任何森林资源的利用都是生物可持续的管理，并且这种管理将不损害生物多样性或在未来用于经营其他森林资源同样的土地基础。潘存德把可持续林业定义为"在对人类有意义的时空尺度上，不产生空间和时空上外部不经济性的林业；或者在特定区域内不危害和削弱当代人和后代人满足对森林生态系统及其产品和服务需求的林业"。

有了可持续林业这个理解基础，就不难界定区域森林资源可持续发展的内涵。区域森林资源的可持续发展就是既满足当代人对森林资源的需求，又不危害和削弱后代人满足他们对森林资源的需求；既满足特定区域内的人对森林资源的需求，又不危害和削弱其他区域的人对森林资源的需求。这就要求我们既考虑局部利益，又兼顾全局利益，既发展眼前利益，又统筹长远利益。也就是说区域森林资源在空间上要保持区域与区域之间平等的发展机会，在时间上要保持当代人与后代人之间公平的发展机会。

可持续林业是从森林生态系统在生命支持系统中的整体作用出发，以森林生态系统在自然、社会系统中的功能维护为中心，目的是通过对森林生态系统的管理，向社会提供可持续的福利，而不仅仅是某种物质产品，这种功能的维护不仅是获取森林使用价值的基础，而且是由使用价值所表现出的经济获益持续的保障。可持续林业以人为中心，更强调了人的作用，注重人与人之间的和谐及人与森林生态系统的和谐，强调了当代的横向公平性及不同代人之间的纵向公平性。林业持续发展的经营模式遵循生态系统的客观规律，经营和利用要限制在保持未来生态系统良好状态的目标内。表现为森林健康化，提供最优的功能和效益。森林可持续经营是可持续林业的核心，是实现林业可持续发展的途径；分类经营是可持续林业技术保障体系的基础；生态系统经营是可持续林业的具体技术保障体系，是实现林业可持续发展的工具；森林资产化管理是可持续林业的配套措施，是实现林业可持续发展的条件。

从前述的海西林业发展现状来看，与上述可持续林业发展要求存在较大差距。

第二节　海峡西岸现代林业基本内涵与特征

一、基本内涵

现代林业是可持续发展的林业，是充分发挥林业资源的多种功能和多重价值，不断满足社会多样化需求的林业发展状态和方向。公益性、市场性、协调性、高效性和开放性是现代林业的基本特征。现代林业的基本内涵是以建设生态文明为最高目标，以科学发展观为指导，用多目标经营做大林业，用现代科学技术提升林业，用现代物质条件装备林业，用现代信息手段管理林业，用现代市场机制发展林业，用现代法律制度保障林业，用扩大对外开放拓展林业，用高素质的新型务林人推进林业，努力提高林业科学化、机械化和信息化水平，提高林地产出率、资源利用率和劳动生产率，提高林业发展的质量、素质和效益，建设完善的林业生态体系、发达的林业产业体系和繁荣的生态文化体系。

胡锦涛同志在"十七大"报告中强调指出，在建设生态文明的过程中，要基本形成节约资源和保护生态环境的产业结构、增长方式、消费模式。循环经济形成较大规模，可再生能源比重显著上升。主要污染物排放得到有效控制，生态环境质量明显改善。生态文明观念在全社会牢固树立。党的"十七大"为福建省现代林业建设指明了方向，可以说，林业在福建省建设全局中的地位越来越重要，作用越来越突出，任务越来越繁重。新形势下，福建省现代林业建设已成为福建现代化建设的重要组成部分，加快以森林为主体的生态环境建设，林业产业建设和生态文明建设，早日实现全面建设小康社会的奋斗目标，赋予了福建省现代林业发展的新内涵。福建省现代林业是相对于传统林业而提出的一个以可持续发展理论为指导，以生态建设为主，以发挥森林多种效益，建设生态文明为目标的全新的发展阶段，主旨是整体效益最优，核心是以人为本，基本要求是"三多一持续"，根本方法是改革创新。根据海峡西岸目前的林业现状和中国现代林业建设的要求，福建省现代林业的基本内涵主要包括以下六个方面：

（一）以建设生态文明为目标

党的十七大报告在全面建设小康社会奋斗目标的新要求中，第一次明确提出了建设生态文明的目标，这是我们党在对经济社会发展规律和人类文明发展趋势深刻认识的基础上做出的重大决策，是符合中国特色社会主义初级阶段实际情况的战略选择，不仅对中国特色社会主义现代化建设具有深远影响，而且对维护全球生态安全具有重要意义。福建林业是生态建设的主体，也是生态文明建设的主要承担者，建设福建现代林业，必须以建设生态文明为目标。

建设福建现代林业就是要按照林业的基本属性和内在规律，构建三大体系，提升三大功能，发挥三大效益，以林业的多种功能满足社会的多样化需求。这既是福建现代林业建设的基本内容，也是生态文明建设的本质要求。所以，要把建设生态文明作为福建现代林业建设的战略目标，作为林业工作的出发点和落脚点，作为全体林业建设者义不容辞的神圣职责，始终不渝地坚持抓好。同时，要正确处理好福建现代林业三大体系之间的关系。只有坚持以生态建设为主的林业发展战略，构建完善的生态体系，才能维护生态安全，实现生态良好，为产业体系和生态文化体系建设提供坚实的物质基础；只有构建发达的林业产业体系，才能充分发挥林业的经济功能，更好地推动生态体系和生态文化体系建设;也只有构建繁荣的生态文化体系,才能使全社会牢固树立生态文明观念,保障生态体系和产业体系持续发展。福建现代林业三大体系建设互为补充、相互促进,必须坚持统筹兼顾,推动林业三大体系全面协调可持续发展。

福建省历史悠久,孕育了丰富多样的生态文化。2005 年以来,在推进海峡西岸建设中,依托海峡两岸(三明)现代林业合作实验区,已成功举办两届海峡两岸(福建三明)林业博览会,取得了明显成效。两岸交流持续深化,经贸合作日益密切,项目对接不断拓展,产业优势实现互补,正成为海峡两岸林业交流合作的示范窗口。"十一五"期间,福建省依托森林公园、自然保护区以及森林生态旅游区,按照"生态优先、适度开发、合理利用"的原则,构建各具特色的森林旅游带,发展以山野风光、森林生态、湿地系统、休闲度假为主要载体和内容的森林旅游区,加强森林旅游基础设施建设,开发森林旅游产品,这为大力发展生态文化奠定了坚实的基础。福建省大力发展生态文化,可以引领全社会了解生态知识,认识自然规律,树立人与自然和谐的价值观,促进社会转变生产生活方式;可以引导政府部门的决策行为,使政府的决策有利于促进人与自然和谐;可以推动科学技术不断创新发展,提高资源利用效率,促进生态改善。生态文化是弘扬生态文明的先进文化,是建设生态文明的文化基础。福建现代林业不仅要担当起生态建设的重任,还要做发展生态文化的先锋,不仅要创造大量的生态成果和物质成果,还要尽可能地创造出丰富的生态文化成果,努力构建繁荣的生态文化体系,大力传播人与自然和谐相处的价值观,为全社会牢固树立生态文明观,推动生态文明建设发挥重要作用。

(二)以整体效益最优为主旨

福建省现代林业在经营过程中,要以整体效益最优为主旨,在充分发挥林业子系统综合功能基础上,实现自然经济社会大系统所需求和接受的生态效益、经济效益、社会效益的综合与统一。

福建省现代林业生态效益是指林业作为一个生态系统在能量转化和物质循环、信息传递过程中所发挥的功能作用于系统中生物和非生物环境所产生的效益。一般是无形的,具有使用价值,是维持自然经济社会大系统有序结构和动态平衡等方面的输出效益之和。经济效益是反映经济再生产的一种效益形态,反映在福建省现代林业生产上投入与产出的比例关系,林业生产利用劳动转化生态系统的物质和能量为经济系统提供有形的物质产品,具有价值和使用价值,可在市场上进行交换。社会效益是福建省现代林业的经济效益和生态效益综合服务于社会系统所产生的结果,它是自然经济社会系统利用和开发,再利用和再开发林业经济效益、生态效益,并由社会系统得到体现,是林业的社会属性。

福建全省有林地面积 764.94 万公顷,森林覆盖率达 62.96%,居全国第一;活立木总蓄积量 4.96 亿立方米,居全国第七位;生态公益林得到初步保护,沿海防护林建设不断加强,在全省 3752 公里海岸线上筑起了一道绿色屏障。随着全国木材生产格局的调整和木材市场的复苏,"十五"期间福建省木材生产取得了快速增长,全省商品材产量达 2573 万立方米,竹材 12.7 亿根,人造板产量达 1172 万立方米,木竹加工产品种类不断推陈出新,产品附加值显著提高,林业经济呈现出快速发展的良好态势。作为重要的基础产业,福建省现代林业产业发展要在区域经济可持续发展和新农村建设中发挥重要作用,就需要按照市场经济体制的要求,以市场和社会需求为导向,以提高效益为核心,转变经济增长方式,走内涵式、集约型、科技含量高的现代林业产业发展模式,走出具有福建省现代林业产业特点的发展道路。同时,福建省现代林业建设要以建设森林公园、设立生态文化教育基地、举办生态文化成果展览等形式,提高林业社会效益,提升林业社会地位,进一步加强生态文化基础建设,不断丰富生态文化产品,拓展生态文化传播形式,普及人与自然和谐、人与社会和谐等价值观,履行建设生态文明的重大使命,推进现代林业又好又快发展。

福建省现代林业三大效益之间有着密切的相互联系。生态效益在整体效益中处于基础地位。林业是维持自然再生产最核心的组分,而维持自然再生产是社会再生产的前提,如果生态平衡遭到破坏,不仅经济平衡不了,而且造成的损失,还将加剧经济的不平衡。福建省现代林业的整体效益取决于合理的林木覆盖和森林资源的增长,但不同阶段又有所侧重,总的趋势是,随着福建省经济社会的发展,生态平衡是经济效益的宏观基础,是长远的经济效益。所以,要实现整体效益最优,就需要把福建省现代林业的生态效益、经济效益和社会效益相统一,统筹考虑,综合发展。

(三)以坚持以人为本为核心

人与自然的关系是一个运动着的矛盾统一体,由和谐到不和谐,再到更高层次的和谐,这是人与自然关系矛盾运动的必然规律。人,既是自然中的普通一员,同时也是自然中特殊一员,人类追求与自然和谐的最终目的,是为了人类自身的发展。林业发展是为了人,发展林业又要依靠人。福建省林业现代化在实现构建完善的林业生态体系、发达的林业产业体系和繁荣的生态文化体系目标过程中,要把实现好、发展好、维护好福建人民群众的根本利益作为福建林业现代化建设目标的出发点和落脚点,把调动好、保护好、发挥好福建人民群众的积极性作为林业现代化建设目标的着力点和关注点,坚持以人为本,创建生态文明社会,实现人与自然和谐。

福建省现代林业追求的人与自然和谐相处,决不是将人与自然的关系停留在一个固定的水平上,而是要在生产力有了飞速发展、社会财富极大增长、人们生活水平显著提高的基础上,寻求和建立与自然相适应、相匹配的新的更高水平的和谐。同时,福建人民追求与自然和谐的过程,是福建人民不断认识自然、适应自然的过程,是福建人民不断修正自己的错误、调整与自然关系的过程,是福建人民在不断发展自己、提高自己的同时不断改善自然、完善自然的过程。因此,在福建省现代林业建设过程中。一定要端正人对自然的思维,校正人对自然的认识,调整人对自然的行为;一定要在发展中寻求和谐,在发展中建立和谐,在发展中完善和谐,在发展中升华和谐。

虽然福建省林业建设取得了一定的成就,但是也还存在着许多问题,如资源总体质量不高的问题,全省林分单位面积蓄积量每公顷仅为75.96立方米,低于全国平均水平;低效残次林比重较大,约占林分总面积的1/3;用材林单位面积蓄积量、年均生长量分别为每公顷79.6立方米和8.78立方米,与林业发达国家相比仍有较大差距;用材林径级结构失衡,大径材培育目标仅占5.7%,单一的树种、材种结构难以满足社会对木材多层次、多规格的需求等。因此,福建省现代林业建设在统筹人与自然和谐中具有重大的、独特的、不可替代的关键作用。所以,需要准确把握福建省经济社会发展所处历史方位和时代特点,准确把握福建省经济建设与环境保护相协调的客观需要,准确把握市场经济与自然生态的客观规律,以人为本,加快福建省现代林业发展,努力促进人与自然和谐发展。

(四)以"三多一持续"为基本要求

福建省现代林业建设要以实现林业的多效益,森林的多功能,发展的多目标,以及林业发展的可持续为基本要求。福建省现代林业建设追求生态效益、经济效益和社会效益最大化,要充分认识新时期福建省现代林业巨大的生态功能,努力加强生态建设和保护,切实担负起促进人与自然和谐发神圣的使命;充分认识林业巨大的经济功能,努力保障木材供给和发展林产业,切实担负起促进农民增收、新农村建设和国民经济又好又快发展的光荣任务;充分认识林业巨大和社会功能,努力增加就业和建设生态文明,切实担负起促进社会和谐、推动社会进步的重要职责,努力提供生态、经济和文化产品,不断满足福建人民日益增长的生态、物质和文化需求,促进经济社会的可持续发展。

可持续发展是以自然资源为基础,同环境承载能力相协调,可持续性可以通过适当的经济手段、技术措施和政府干预得以实现，目的是减少自然资源的耗竭速率，使之低于资源再生速率。可持续发展以提高人类生活质量为目标，同社会进步相适应，单纯追求产值的经济增长不能体现发展的内涵。由此可见，可持续发展包括生态持续、经济持续和社会持续，它们之间互相关联而不可分割。孤立追求经济增长必然导致经济崩溃；孤立追求生态持续不能遏制全球环境的衰退，生态持续是基础，经济持续是条件，社会持续是目的。人类共同追求的应该是自然—经济—社会复合系统的持续、稳定、健康发展。

促进林业和经济社会协调发展，这既是贯彻落实党的"十七大"精神，全面建设小康社会，推进福建省工业化、产业化进程的必然要求，也是加快福建省现代林业建设的迫切需要。建设福建省现代林业，构建布局科学、结构合理、功能协调、效益显著的林业生态体系；构建特色突出、优质高效、竞争有序、充满活力的林业产业体系；构建主题鲜明、内容丰富、贴近生产、富有感染力的生态文化体系，是全面提高福建省现代林业发展的整体水平的基本要求。

（五）以改革创新为根本动力

"十五"以来，福建省林业干部职工紧紧围绕"举改革旗，走创新路，千方百计激活福建林业"的发展思路，大力推进以集体林权制度改革为核心的林业各项改革，有效调整了林业生产关系，解放和发展了林业生产力，使福建林业充满生机活力。

全面推进福建省现代林业建设的过程，实际上是一个不断深化林业改革，建立新型体制机制，理顺生产关系的过程；是一个改造和提升传统林业，转变增长方式，发挥多种功能，满足社会多样化需求，实现可持续经营的过程。因此，要把改革创新作为推动福建省现代林业又好又快发展的根本动力，努力发展和形成符合福建省现代社会发展要求的林业生产力和生产关系。所以，要按照福建省经济体制转型的要求，在不断深化和完善林业分类经营管理体制改革的基础上，以全面抓好林业产权制度改革为重点，带动形成符合现代林业发展要求的新型体制机制、经营形式、市场主体、动力机制、行政方式、政策措施等。一方面，要实施分类经营，该由市场做的，让市场的作用发挥充分；该由政府做的，把政府的责任落实到位。另一方面，要重视林业产业发展，充分激发林业的内在活力，调动林业经营者的积极性，增强林业发展动力。

建设福建省现代林业要进一步推进林业分类经营改革，按照森林主导功能的不同，将全省的森林划分为生态公益林和商品林，并根据其不同特点分别采取不同的管理体制、经营机制和政策措施。生态公益林以满足生态安全和改善生态状况为主要目的，实行由政府统一规划并以宏观调控为主的事业化管理；商品林以追求经济利益最大化为主要目的，实行面向市场、自主经营、自负盈亏的企业化管理。要制订生态公益林分级管理办法，开展生态公益林限制性利用试点，积极探索保护和利用相结合的路子。对商品林管理则应努力放活，通过改进林政资源管理等，进一步落实林业生产经营者对林木的处置权。

（六）以深化闽台林业合作为重要任务

在推进福建省林业现代化建设的进程中，要顺应全球经济一体化进程和世界林业的发展趋势的要求，以市场经济为基础，按照生产要素的优化配置原则，积极主动地加强国际间的合作与交流，参与国际林业科技、经济、环境、生态保护和贸易合作，充分利用两种资源和两个市场，进而促进中国和世界各国林业的共同发展，推动林业全球化发展步伐。

2007年1月，福建省人大会议审议通过了《福建省建设海峡西岸经济区纲要》，体现了福建人民的共同意志，建设海峡西岸经济区是中央战略决策的重要组成部分，是福建贯彻落实十六大以来党中央提出的一系列重大战略思想的伟大实践，是福建服务全国发展和祖国统一大业的历史责任，是站在新的历史起点上加快福建发展的战略选择。

面向未来，面对经济全球化和区域经济一体化进程加快、区域合作势头强劲、两岸三地经贸关系日益密切的新形势，福建省现代林业建设要充分发挥区位优势，以深化闽台林业合作为重要任务，发展以闽台侨外合作为特色的外向型林业，拓展林业发展空间。这将进一步促进海峡两岸林业合作交流，经济互动联动，彼此互利共赢，使福建现代林业建设成为海峡两岸合作和交流的结合部、先行区和重要通道，提高台湾同胞对祖国的向心力和认同感，为发展两岸关系、推进祖国统一大业做出新贡献。

二、主要特征

胡锦涛同志在"十七大"报告中强调指出，促进国民经济又好又快发展，要加强能源资源节约和生态环境保护，增强可持续发展能力。坚持节约资源和保护环境的基本国策，关系人民群众切身利益和中华民族生存发展。必须把建设资源节约型、环境友好型社会放在工业化、现代化发展战略的突出位置，落实到每个单位、每个家庭。

我国的现代林业应该与国家的现代化进程相适应，能满足国家经济社会发展对森林生态、物质和文化需求，能满足现代消费者从追求物质消费扩大到追求精神消费和服务消费转变需要，而且自身权具有可持续发展特点。这样才能确保现代林业建设目标与全面建设小康社会的整体目标相一致，提高人民群众生活质量，促进中华民族和谐发展。

福建省现代林业建设要综合运用现代人类的一切文明成果，对林业进行全面武装和改造，依靠现代科技手段，开发林业的多种功能，满足社会的多样化需求，最大限度地实现林业资源的最佳生态、经济和社会效益。因此，福建省现代林业建设应具有以下五个特点：

（一）领先的林权制度

2008 年 6 月 8 日，中共中央、国务院发布了《关于全面推进集体林权制度改革的意见》，指出了集体林权制度改革的重大意义；明确了集体林权制度改革的指导思想、基本原则和总体目标；确定了集体林权制度改革的主要任务；提出了完善集体林权制度改革的政策措施；要求要加强对集体林权制度改革的组织领导。福建省各级领导非常重视林业发展的体制与机制创新，工作求真务实，努力拓展新思维，探索新路子，尤其在林权制度改革方面，各级领导统一思想，协力配合，早在2003 年，作为第一批集体林权制度改革试点，福建省就开展了新一轮的集体林权制度改革，通过成立机构、宣传发动、试点先行、落实责任、确权发证、检查验收等工作步骤，扎实稳步地推进集体林权制度改革工作，逐步实现了"山有其主、主有其权、权有其责、责有其利"的改革目标。从改革实践看，集体林权制度改革解放了林业生产力，促进了农村生产发展；增加了农民收入，改善了农民生活；调解了社会矛盾，促进了乡风文明和社会和谐；增强了村级组织为民办实事的能力，改变了村容村貌；宣传了党的方针、政策和法律法规，加快农村民主化进程，推动整个林区农村社会走上"生产发展、生活宽裕、乡风文明、村容整洁、管理民主"的社会主义新农村建设道路。通过改革，林地的生产潜力不断得到挖掘，价值不断提升，林农的主体地位得到确立，全社会造林务林的积极性空前高涨，非公有制林业发展迅速，林业已成为福建省不少地方的主导产业。在明晰产权的基础上，许多地方相继完善政策与制度体系，开展了森林资源流转、林权证抵押贷款、林业社会化服务体系建设、森林保险以及林业投融资体制变革等林权配套改革，使集体林权制度改革成效更加显著、外延不断拓展，一个适应社会主义市场经济要求、充满生机活力的林权制度体系逐渐形成。

（二）更高的综合效益

福建省现代林业建设树立全面的森林经营观，把科学管理的理念渗透到林业生产建设的全过程，针对不同林种树种，实行不同的标准化、优质化、系统化经营，争取最大的林业生态、经济和社会效益。一是加强了林木种子区划和良种基地建设，积极推进林木种苗由数量保障型向质量效益型转变，加大种苗市场监管力度，强化社会化服务，科学管理种苗生产，保证种苗数量，提高种苗质量，为提高综合效益奠定良种壮苗基础；二是坚持因地制宜、适地适树，狠抓作业设计，周密组织实施，完善质量管理，提高造林成活率和保存率，进而提高造林整体质量，更好地发挥森林的综合效益；三是科学管理森林采伐，探索分地区、分林种、分所有制类型管理资源，改善采伐指标使用管理，赋予森林经营者以更大自主权，科学指导采伐活动，努力提高出材率，同时，发展林下经济，提高森林经营者的经营效益；四是科学管理资源利用，积极推广节约、高效、综合、循环利用的技术模式，提高森林资源综合利用率，实现森林的可持续经营与利用。通过采取各种有效措施，福建省营造林质量大大提高，生态效益日益凸现，林业管理也日趋科学高效，林业产值明显增加，社会效益得到提升，综合效益大幅度提高。

（三）有力的科技支撑

科学技术是第一生产力，福建省现代林业建设必须以科技进步为动力，否则观念再"现代"，没有现代科学技术作支撑，永远不能称其为现代林业。福建省现代林业建设广泛地应用现代科技成果，依靠技术进步，采用高新技术、先进的装备和现代化的管理手段，迅速提高科技对林业建设的贡献率，全面推进森林资源培育和管理、生态环境建设以及林业产业化进程，体现出科技是第一生产力的特点。首先是认真组织实施林木种苗科技攻关，提高良种供应率，实行种苗生产、经营许可证制度，满足资源培育快速发展的需求；其次健全了科技推广和技术监督体系，建立科技示范园区，加快林业科技推广功能性改革，促进科研与生产相结合；第三充分发挥科研院所和高校的科研优势，开展生产实用型科技攻关项目，建立起了林业科研与生产实践对接的长效机制，为林业大发展提供了强有力的科技支撑；第四大力气提高科技兴林水平，把依靠科技进步贯穿于林业工程建设的全过程和营造林各个生产环节，不断推出能够促进工程建设的新技术、新产品、新工艺，构筑先进的林业工程建设科技支撑体系；第五是加大科技推广的资金投入，提高科技成果转化率、应用率和贡献率，促进福建省现代林业建设向高质量、高标准发展。

（四）灵活的市场机制

市场经济是以市场调节为主，通过"无形之手"去实现供求平衡、优胜劣捷。市场经济应该是追求高效率的经济。随着市场经济体制的建立与完善，福建省现代林业建设的所有制形式正在发生显著的变化，呈现出多元化趋势，市场在生产力要素配置方面的作用越来越明显。福建省现代林业建设在分类经营的基础上，对公益林应采取"林权分散，经营管理集中"的形式，以政府为主导；对商品林采取林主认为合适的经营形式，尽可能地放开放活，以经营成本最低，经济效益最高为目标，适宜什么形式就采取什么形式，以市场为主导。完善的市场机制是福建省现代林业建设明显的特征，尤其是在商品林产、加、销的各个环节搞好市场衔接，尽量使商品林投资者低成本建设项目，高质量加工产品，获得较高收益回报。与此同时，福建省委、省政府开拓创新，出台优惠政策，营造良好的市场经济发展环境，各地区建立适合本地区现代林业发展的长效机制，正确引导、规范管理好非公有制林业发展，大力推行股份制、合作制、合同制造林，吸引社会生产要素流向林业生产建设。在此过程中，各级政府制定标准，规范管理，提供信息，严格监督，极大地调动了全社会广泛参与林业建设的积极性，提高了现代林业建设的可持续发展能力。

（五）广泛的两岸合作

林业行动的国际化是现代林业较之传统林业的一个显著变化。这也是由可持续发展的协同性所决定的。福建省现代林业建设充分发挥区位优势，利用国内外两种资源、两个市场，拓展发展空间。一是积极参与林业国际合作，加大与有关国家和地区在森林资源开发与利用方面的合作力度，不断提升福建省林业的国际形象和地位。二是下决心改善林业投资环境，落实外商投资林业的相关优惠政策措施，提高林业对外招商，尤其是对台商的吸引力，努力扩大林业利用外资规模。三是建立了适应 WTO 要求的行业管理机制，加快开展与世贸规则相衔接的林业相关政策、标准、措施的研究与制定，积极开展森林认证工作，努力解决海峡两岸林产品出口市场准入问题。四是通过召开海峡两岸林业博览会暨投资贸易洽谈会，加大海峡两岸企业合作交流，同时，继续实施"走出去"战略，大力发展对外工程承包，加强对外技术劳务合作，支持组建开发海外林业经济实体。五是积极争取海峡两岸农业、林业项目合作交流，同时，大力争取国际援助资金，发展野生动植物保护、森林生态建设、林业基础研究、水土保持等事业。六是发挥"五缘"优势，加强闽台林业合作，按照"优势互补、互利互惠、共同发展"的原则，重点加强花卉与种苗、森林培育与保护、木竹加工（特别是家具制造）、森林旅游、林业机械制造、林产品物流、科技人才交流等方面的合作，加快莆田秀屿木材加工区台商投资区和海峡两岸现代林业合作实验区建设，承接台湾家具制造业、木竹加工业生产线的转移，并由此辐射带动福建林产加工业发展；同时，积极搭建平台，办好海峡两岸交流、合作、贸易洽谈会等，全方位加强闽台林业的交流与合作。

三、林业发展优势

改善生态环境，促进人与自然的协调与和谐，努力开创生产发展、生活富裕和生态良好的文明发展道路，既是中国实现可持续发展的重大使命，也是新时期林业建设的重大使命。面对新的形势，在推进福建省社会经济可持续发展的重要历史进程中，福建省林业的地位和作用发生了根本性的变化，正处在一个十分关键的转折时期。

（一）优越的自然经济条件

福建省发展现代林业具有优越的自然条件。位置紧靠北回归线北面，气候、地貌、水文、土壤、植被等要素组合和物质能量循环影响下形成的生态系统具有很高的生产能力，十分有利于高效优质森林植被的生长；独特的地貌空间结构形成特殊的生态环境，山间盆地镶嵌体结构所具有的山间盆地汇水范围，与大部分乡级行政单元相吻合，有利于集中人力、物力、财力，加大生态环境的整治力度；福建省有南亚热带雨林，南亚热带山地常绿阔叶林，热带、亚热带常绿阔叶林，红树林，竹林，马尾松林，黄山松林，黑松林，杉木林，柳杉林，铁杉林，福建柏林，落叶阔叶林，亚热带灌丛，亚热带滨海沙生植被，亚热带草丛，沼泽和水生植被，人工植被等18种植被类型，种类丰富的森林资源有利于保护生物多样性，维护生态平衡；福建既是一个省级行政区，又是一个相对独立的自然地理单元，这种综合自然区具有区域内生态环境的整体性和空间关联性，使福建的陆域和海域基本上不会受到外省生态环境破坏后果的影响，因此，福建可以相对独立自主地实施本省生态建设计划，为有计划地建设现代林业，开发利用和整治保护生态环境提供了方便。

福建省发展现代林业具有优越的经济条件。福建是全国改革开放综合试验区，是最早对外开放的省份之一，改革发展的思想深入人心，创新观念优势明显；从发展基础看，改革开放以来，福建国民生产总值不断提高，综合经济实力稳步提升，外经外贸发展迅速，交通、邮电、通信、电力、信息等基础设施不断完善，为现代林业发展创造了良好的经济条件；从政策支持看，经过长期探索、实践和理论总结，福建省委、省政府逐步形成了比较系统、比较完整的发展思路和发展战略。再加上国内完善社会主义市场经济体制的大背景，以及经济全球化和区域经济一体化加速发展的大趋势，可以说，福建省得天时、占地利、拥人和，建设现代林业面临大好机遇。

（二）丰富的林业资源

福建省地处亚热带常绿阔叶林带，具有充足的光、热、水、土资源，气候温和，适宜发展林业，全省森林覆盖率达 62.96%，居全国第一，活立木蓄积量 4.96 亿立方米，居全国第七。丰富的森林资源，蕴藏了丰富的物种资源，全省仅木本植物就有 1943 种，陆生野生动物 824 种，种类占全国三分之一，生物多样性特点明显，生态环境优越。

福建素有"八山一水一分田"之称，农村多数分布在山区、林区，丰富的林地资源为发展现代林业和建设社会主义新农村提供了坚实的物质基础。现有林业用地面积 9.07×10^6 公顷，占土地总面积的 74.7%，其中有林地面积 7.65×10^6 公顷。在有林地中竹林 88.53 万公顷，居全国首位，约占全国竹林面积的五分之一，速生丰产用材林 59.33 万公顷，经济林 112.6 万公顷。福建通过利用林地资源，可以拓展农村经济的发展空间，加快农村生产发展。

福建林业产业发展潜力巨大。全年的商品木材产量 518 万立方米，竹笋干 15 万吨，茶叶 15 万吨，油茶籽 6.5 万吨，松脂 6.8 万吨，水果 442 万吨，机制纸和纸板纸 143 万吨，人造板 152 万立方米。通过发展速生丰产林、笋竹、名特优经济林、花卉、生物制药、森林食品等经济效益日益显著的林业产业，既有利于扩大就业，又可增加林农收益，提高广大林农民生活水平。以原料结构调整为重点，南平、三明的林纸板一体化及竹木加工产业集群已经初具规模，为今后林业产业发展积累了宝贵经验。

福建省具有如森林文化、花文化、竹文化、茶文化、湿地文化、野生动物文化、生态旅游文化等，这些文化集中反映了福建人民热爱自然、与自然和谐相处的共同价值观。通过开展森林旅游，加强森林文化交流，既有利于保障国土生态安全，又可促进人与自然和谐相处，同时又可提高农民生态道德意识，通过促进乡风文明。浓郁的生态文化底蕴不仅是福建省在新形势下，大力发展生态文化的优势，而且为现代林业发展奠定了良好的文化发展氛围。

（三）独特的台海优势

福建省是祖国大陆离台湾最近的省份，具有得天独厚的区位优势。福州市平潭县东澳至台湾本岛新竹仅 68 海里，马尾距马祖仅 35 海里，泉州晋江市围头距金门只有 5.6 海里。福建省与台湾隔海相望，一衣带水，这一特殊的地理位置加上深远的历史渊源，有利于促进两岸经贸联系，并且可以在实现祖国和平统一大业中发挥独特作用。目前，福建省可以签发五年期《台湾居民来往大陆通行证》（由福州、厦门受理），台湾居民到福建省可以在福州、厦门、泉州、莆田落地签注。福州和厦门开通了高雄港的试点直航，福建沿海地区同金门、马祖、澎湖的海上直接往来日益频繁，福建正在成为对台经贸、林业交流的重要基地。

福建与台湾同根共祖，闽台两地具有"血缘亲、史缘久、文缘深、语缘通、神缘合、俗缘同"的"六缘"特色，交流合作源远流长。福建是 80% 的台胞祖籍地，台湾民间习俗的主要发源地。闽南人的后裔是台湾最大的社会群体，闽南话是台湾的主要方言，闽南文化、客家文化、妈祖信仰在台湾具有广泛影响。两地语言相通，两岸同胞亲情、友情深厚，民间的文化、科技、教育等领域的往来交流频繁。早在明清时期，福建人三次赴台大移民，把福建茶叶品种和较进步的生产技术引入台湾，推动了台湾早期林业的开发与发展。20 世纪 80 年代初期，福建沿海地区率先通过民间渠道，引进中小台商在林业领域进行试探性投资。到 90 年代后期，以引进资金、良种、管理、技术合作为重点，台商投资向种植业、养殖业、加工业全面发展。目前，福建省已经做了大量的华侨、台湾和港澳工作，在吸引资金、技术和管理经验方面取得了明显成绩，800 万海外华侨、80 万港澳同胞、80% 的闽籍台胞，已经成为福建整体实力的重要组成部分。今后，在福建省的社会经济发展以及现代林业的建设过程中，全方位参与双向交流，尽快与先进国家和地区接轨，推进闽台林业共同发展有着广阔的合作空间。

解决台湾问题、实现祖国完全统一，是全体中华儿女的共同心愿，两岸统一是中华民族走向伟大复兴的历史必然。中华文化是中华民族生生不息、团结奋进的不竭动力，森林文化是中华文化的重要组成部分。福建省历来重视森林文化的挖掘和保护，做好文化典籍整理工作，在新的形势下，建设与当代社会相适应、与现代文明相协调，保持民族性，体现时代性的森林文化，是加强福建省对外文化交流，吸收各国优秀文明成果，增强森林文化国际影响力的必由之路。发展森林文化，并在时代的高起点上推动福建省生态文明建设步伐，是加强两岸交流合作，进一步繁荣中华文化的重要途径。

（四）富有活力的林业发展机制

"十五"以来，福建省先后出台了加快人工用材林发展、调整商品林采伐管理意见等一系列的政策措施，并以林业产权为突破口，大力推进集体林权制度改革及其配套改革，进一步明晰了林木产权，放活了林业经营权，落实了林木处置权，确保了林农收益权，调整了不适应林业生产力要求的生产关系，逐步形成了以市场为主配置资源的新的发展机制，出现了"争山、争苗"造林和全社会办林业的喜人局面，林业发展焕发出新的生机和活力。

近年来，通过制定国有林投入产出量化评价制度，完善生态效益补偿制度，补充完成集体决策制度、行业管理制度、投资计划制度、科技支撑制度、项目检验制度以及工作监督制度和问责制度等，进一步完善了政策体系，强化了行政、经济和法治手段，为福建林业体制改革与机制创新提供了坚实的政策与制度保障。富有活力的新的发展机制的形成，为新时期福建林业的快速发展奠定了基础，创造了条件。

此外，福建省紧紧抓住被国家林业局确定为"国家林业改革与发展综合试验区"的机遇，坚持改革创新，大胆探索，积极推进林政资源管理、科技体制创新、资源培育保护、林业管理体制等方面的改革，为促进福建省现代林业建设提供了改革动力。

（五）创新务实的人才队伍

林业是福建省的一大优势、一大潜力、一大支撑、一大保证，各级党委、政府对林业高度重视，"十五"期间，福建省委、省政府做出了《关于加快林业发展　建设绿色海峡西岸》的决定，全社会办林业、全民搞绿化的意识进一步提高。现代林业建设的成败，关键在人才。经过多年的林业发展，福建省培养锻炼拥有了一支改革创新，求真务实的人才队伍。

福建省拥有一支改革创新，精干高效的管理队伍。福建省林业建设强化领导责任制，按照林业建设规划确定的发展目标和建设重点，真抓实干，分步实施，稳步推进绿色福建省建设步伐，确保各项任务顺利完成，同时，对全省县（市、区）以上林业行政主管部门的党政主要领导开展林业专业知识轮训，加强了党政人才队伍建设力度。

福建省拥有一支业务精通，求真务实的从业人员队伍。福建省林业建设以人为本，努力提高从业人员的综合素质，在加强林业现代化建设的同时，在全行业深入开展理想信念教育、政策法规学习和业务知识培训，着力提高专业岗位能力、推动发展能力、依法行政能力、服务基层能力、抗腐保廉能力，逐步建立一支以技师、高级技师为重点，以林农实用人才为主体，工种岗位配套、业务技术精湛，具有较高素质的实用型从业人才队伍。

福建省拥有较为健全的林业教育与培训机构，近年来加大对科技人才开发的投入，加大教育培训力度，培养拥有一支业务精、素质高、讲奉献的林业科技人才队伍；另外，通过优化整合教育培训资源，培养引进了一批熟悉林业、懂贸易、善经营的复合型人才队伍。福建省林业发展"十一五"和中长期规划中明确提出了以人为本的发展思路，这必将推进福建现代林业大发展。

四、林业发展潜力

新中国成立后尤其是改革开放以来，福建省林业建设取得了巨大成就，但从总体上看，林业的地位和作用还不够突显，林业蕴含的比较优势和生产力大发展的潜力还远远没有发挥出来，因此，加快福建省现代林业建设步伐，需要及时抢抓历史机遇，充分发挥比较优势，全面挖掘发展潜力，确保福建省现代林业建设战略目标早日实现。

（一）林业产权制度改革的潜力

福建省林权制度改革后，各地、县逐步建立了林地、林木流转市场，不仅促进了信息、评估、交易等中介市场的发育，这将极大地盘活了林地和林木资源。还需要进一步深化税费改革，以便吸引更多的社会资金投入；进一步深化林业融资体制改革，以便从根本上解决林业发展资金不足问题。"十一五"期间，福建省认真贯彻中央农村税费改革精神，通过调低木竹税费计征价、落实间伐材税费优惠政策和减免特产税等一系列措施，减轻林农和林业经营者的税费负担，扩大了林业生产经营的利润空间，林业税费改革促进了林业经济快速发展。同时，福建省正在深化林业融资体制改革，这将从根本上破解多年来制约林业发展的资金缺乏"瓶颈"难题。经多方努力，福建省林业与金融、保险部门合作全面深化，省林业厅先后与国家开发银行福建分行、中国人民银行福州支行、福建省保监局等签订了营造林合作备忘录，全面推进以林权证等抵押贷款和森林保险业务为主要内容的林业融资体制改革。另外，林业社会化合作组织也正在建立和完善过程中。今后，随着集体林权制度改革的深入进行，健全配套政策，完善辅助措施以保证林权制度改革目标实现还任重道远。

（二）林业生态建设的潜力

随着国家和福建省生态公益林生态效益补偿机制的健全，公益林数量和质量可望提高，抚育管护、科技支撑力度将会大大改善。城市森林、乡村林、绿色通道、沿海防护林将得到进一步发展。

"十五"期间，福建省林业生态体系日趋完备，这为福建省现代林业大发展奠定了坚实的基础。2001年，福建省共区划界定生态公益林286.26万公顷，占全省林地面积的30.7%，并从当年开始被列为国家森林生态效益补助试点省，省财政也逐年加大对生态公益林管护的补助力度。森林生态效益补助政策的出台，标志着森林生态效益由无偿使用向有偿使用转变。"十五"期间，全省累计投入森林生态效益补助（补偿）资金5.61亿元。目前，全省共聘任生态公益林护林员1.83万人，建立了管护责任制，对划定的生态公益林实施有效保护。今后，随着国家森林生态效益补偿机制的健全以及福建省社会经济的发展，福建省公益林建设的人力抚育管护、资金扶持强度、科技支撑力度以及发展重视程度都会大大改善，公益林发展面临新的机遇，生态建设空间广阔。

（三）林业产业发展的潜力

福建省商品材产量居全国第一，"十一五"期间，在集体林权制度改革和省政府《关于大力发展人工用材林的若干意见》等政策的推动下，全省兴起了商品林资源培育的热潮，商品林造林积极性空前高涨，许多地方出现了争山造林、争苗造林的喜人景象，个体造林正逐步壮大成为商品林资源培育的主力军。今后，商品林在林业产业发展的带动下，市场前景看好。与此同时，福建省林业产业一体化进程加快，后续产业发展潜力巨大。一是林纸、林板、林化一体化进程加快。随着福建经济快速发展，工业资本开始直接进入林木种植业，并将林业产前、产中、产后各环节纳入到统一的经营体内，使林木种植业"内化"为企业第一车间，为后续产业发展提供了充足优质的森林资源。二是供求契约关系更加明确规范。即加工企业和农户建立严格的经济责任和稳定的业务关系，从而保障一体化经营正常运行。三是在以龙头企业带动，产业链条趋于延长完整。

通过龙头企业带动和市场流通组织的促动，福建省逐步形成完整的林业产业链，实现各生产环节的有机结合。目前，以龙头带动促基地建设，以基地建设促龙头发展，各环节相互促进的利益机制正逐步形成，并将在今后福建省现代林业产业发展过程中发挥巨大作用。林业产业技术不断升级，产业链不断延伸，新兴产业发展动力充足，将促进林业产业迅速发展。如果林分单位面积平均蓄积量达到世界自然条件相近的发达国家的水平，福建省森林资源总量将成倍增长，可见福建营林业发展具有巨大潜力。

（四）闽台林业合作的潜力

福建与台湾地缘近、血缘亲、文缘深、商缘广、法缘久，合作源远流长。特别是自 1997 年 7 月国务院台办、外经贸部、农业部批准福州、漳州设立全国首家"海峡两岸农业、林业合作实验区"以来，福建省按照先行探索、大胆试验的要求，大力推进实验区建设，取得了良好的成效。到 2006 年年底，福州、漳州实验区累计批办农业、林业台资项目 1300 多个，合同利用台资 20 多亿美元，引进先进技术 600 多项，先进设备 4000 多台套。实验区建设，为来闽台商的再创业提供了新天地，区内绝大部分台资农业、林业企业效益好，取得丰厚的回报，增强了永续发展的实力。近年来，一些林业跨国大公司纷纷来闽考察洽谈，福建省也大力推进"走出去"战略，对外合作交流日益增多。随着对外交往的密切，有力地带动了闽台林业经贸合作的发展。台湾一批大中型企业正在落户福建，不少台资企业不断增资扩厂，投资合作规模呈加速发展态势，闽台林业合作势头良好。今后两岸关系将会进一步密切，闽台林业合作交流的机会也越来越多，将带动闽台林业经贸合作的发展。

（五）科技强林的潜力

福建省现代林业建设高举科技大旗，充分发挥科技第一生产力的作用，不断创新科技机制，走科技兴林、科技强林之路。

一是继续开展林业科技攻关潜力巨大。重点实施林木种苗科技攻关，逐步选育出适合福建省的优良乡土树种、防护林树种、速生丰产树种、珍贵用材树种等，切实解决林改后林农反映的"种什么树"的问题，满足新时期造林绿化的需要。

二是深化科技体制创新空间广阔。加快建立以企业为主体、市场为导向、效益为目的、产学研紧密结合的林业科研体制。完善林业与科研院所的合作机制，积极搭建合作平台，促进科企、科农对接，推进林业科技成果的转化和应用。推行科技研究项目招投标制度，基础公益性项目，由政府资助或购买科技成果。建立政府扶持和市场引导相结合，有偿与无偿相结合，国家林业技术推广机构与科研单位、院校、农民技术员等社会力量相结合的林业技术推广体系。鼓励和引导科研单位、大专院校、科技人员到林业生产第一线开展有偿技术开发、服务、承包和组建利益共同体，允许科技人员从项目的获利年度起 3~5 年内，按比例提取科技咨询费。重点林业建设工程可从建设资金中安排 3% 作为该工程的科研和技术推广经费。

三是急需全面增强科技自主创新能力。把自主创新作为调整优化林业产业结构、转变林业经济增长方式的中心环节，不断提高原始创新、集成创新和引进消化吸收再创新能力，努力掌握核心技术和关键技术，促进林业产业由资源主导型向资源、资金与科技主导型转变，经济增长方式由粗放型向集约型转变，走内涵式扩大再生产的路子。不断完善自主创新的激励机制，加大知识产权保护力度，健全知识产权保护体系，优化技术创新环境。鼓励应用技术研发机构进入林产加工企业，发挥各类企业特别是中小企业的创新活力。

四是健全福建省林业标准化体系任务明确。健全福建省林业标准体系、林业标准推广保障体系、林产品质量认证体系、林业标准监督体系和林产品质量检验检测体系，做到林业建设工程按标准设计、施工和验收，林产品按标准生产和检验检测。

五是积极推进科技入户任务紧迫。结合林业重点工程建设和实用技术推广，大力开展基层林业技术人员培训、农村实用技术培训、劳动力转移培训和林业工人岗位技能培训，继续推广"96355"林业科技服务热线等有效形式，普及林业科技知识，提高科技服务林农水平。

今后，福建通过大力开展科技项目攻关，增强科技自主创新能力，健全林业标准化体系，大力开展基层林业技术人员培训，推进林业科技成果转化利用，将不断提升科技强林实力。

（六）生态文化建设的潜力

福建省生态文化类型多，生态文化具有良好的基础和优势。省内蕴藏着极其丰厚的生态文化宝藏，生态文化大致可分为三类。一是以树种文化、茶文化为突出特色的传统生态文化；二是以宗教信仰为突出特点的山地生态文化；三是以神山、神林、神水为特征的区域生态文化。福建省生态文化是我国传统林业的综合体现，反映了各民族在以森林为主的自然环境下，人与自然和谐相处、世世代代持续生存与发展的真实历史，反映了各民族利用森林、保护森林、以林为家的发展史。

福建省生态文化内容广，生态文化的主流态势是保护森林及其环境。在各区域、各民族的传统生态文化在形式上各具特色，在本质上却具有极大的相似性。在多层面的生态文化中，福建省不同民族、不同区域的生态文化内容及其相似，是最具继承与发展价值的部分，生态文化包含的内容非常丰富。一是森林保护意识，包括山、水、林、草、兽等综合的保护。二是森林家园意识，以林为家的环境意识是福建省生态文化的突出特点。三是森林伦理意识，认为森林及其环境要素与人有同等伦理地位。四是森林哲学，以宗教信仰为主要表现形式的森林哲学，体现了福建人民的自然观、价值观、审美观、道德观，以及适应自然和社会发展的方法论。五是森林美学与森林艺术，深刻的自然烙印以及崇尚自然成为福建人民美学与森林艺术的又一共同特点。

今后，随着福建省社会经济的发展，以及对生态文化建设的日益重视，闽北森林文化、闽东山海文化、闽西客家文化、闽南海滨文化、闽中森林休闲文化等活动将日趋频繁，内容将逐渐拓展，生态文化发展面临着巨大的发展空间。在新的形势下，多样的生态文化类型，丰富的生态文化内容，不仅构成了海峡西岸生态文化的精神实质，也显示出福建省生态文化大发展的巨大潜力。

第三节　海峡西岸现代林业地位的确定

确立海峡西岸林业在区域经济社会发展中和国家林业发展中的战略地位，是制定林业政策的基本前提，也是林业长期稳定发展的保障。林业为海峡西岸生态、经济和社会发展作出了重要贡献。造林绿化成效显著，林业生态体系日趋完备，福建省森林覆盖率达62.9%，居全国第一，生态公益林得到有效保护，沿海防护林在3324公里海岸线上形成了一道绿色屏障；林业产业体系初步建成，商品木材、人造板、纸浆、松香等主要林产品产量居全国前列，森林旅游、花卉、野生动植物驯养繁殖等新兴产业迅速崛起。建国以来，累计提供木材1.98亿立方米、竹材30亿根，林业在维护国土生态安全、保障农业稳产高产、增加农民收入、促进山区经济发展等方面作出了重大贡献。

回顾新中国成立以来海峡西岸林业发展的历程，发现生态环境是否得到保护、林业政策是否有效实行、林业的经济效益是否得到提高，这些现实的问题很大程度上取决于如何认识林业在经济和社会发展中的地位。林业的定位对确定林业现代化的目标、原则、策略等具有重要意义，明确海峡西岸林业的地位是林业管理部门制定政策的基本前提，也是海峡西岸林业长期发展的保障。

2003 年 6 月，中共中央、国务院做出《关于加快林业发展的决定》，确立了林业新战略定位："在贯彻可持续发展战略中，要赋予林业以重要地位；在生态建设中，要赋予林业以首要地位；在西部大开发中，要赋予林业以基础地位。"2004 年 7 月，福建省委、省政府做出《关于加快林业发展，建设绿色海峡西岸的决定》提出"在海峡西岸经济社会可持续发展中，要赋予林业以重要地位，在海峡西岸生态建设中，要赋予林业以首要地位，在海峡西岸经济区建设中，要赋予林业以基础地位。"

从政府各项方针政策的持续性考虑，发展定位应该是在较长时间内的定位。海峡西岸现代林业的定位的原则是：把握科学发展观的要求，以邓小平理论和"三个代表"重要思想为指导，正确评价当前国内外林业发展状况，认识海峡西岸林业发展的实际情况，科学分析预测未来发展形势，充分认识森林和林业的特点及林业现代化发展的规律，进行科学定位。使海峡西岸现代林业定位适应现代化发展的规律、合乎全国林业现代化建设的总体规划、符合区域经济全面、协调、可持续发展的要求、具有一定的前瞻性和可预见性。根据以上原则，海峡西岸现代林业应定位于在海峡西岸生态建设中处于首要地位、在海峡西岸经济和社会可持续发展中处于基础地位、在全国林业对台合作与交流中处于优势地位、在全国现代林业建设中处于先导地位。

一、在海峡西岸生态建设中处于首要地位

福建是"八山一水一分田"的省份，具有得天独厚的林业发展自然条件，是我国重点集体林区，林业承担着建设绿色家园和发展绿色产业的双重任务，具有重要的生态、社会和经济地位，林业是福建省的一大优势、一大潜力、一大支撑、一大保证。党中央、国务院《关于加快林业发展的决定》指出："在生态建设中，要赋予林业以首要地位"。福建省各级政府充分认识到林业在海峡西岸经济区建设中的关键地位，在《中共福建省委、福建省人民政府关于加快林业发展建设绿色海峡西岸的决定》中，海峡西岸林业被定位于"在海峡西岸生态建设中，要赋予林业以首要地位。"福建省大力推进以公路、铁路、江河绿化为主线的"绿色通道"建设，以沿海防护林体系建设、生态公益林保护为重点的"绿色屏障"建设，以城市园林绿化和乡村种植珍贵树为主要内容的"绿色家园"建设。

（一）山地森林对维护国土生态安全起着不可替代的作用

福建省山地多，平地少，山区人口约占总人口的 50% 以上，山地比较陡峭，山峰海拔高，据统计，海拔在 2000 米以上的山峰有 20 多座，山地土壤层比较薄，平均仅有 40~60 厘米，而且由于福建的降雨量大，雨水的淋溶作用使土壤有机质含量低，土壤易被冲击而流失，并且有形成泥石流的危险。山地森林对于保障人民财产安全，保证正常的生产生活起到了极为关键的作用，同时对于下游的农业生产具有保土保墒，对于工业生产具有提供常年水源，防洪防涝等作用，森林的保持水土和涵养水源的生态效益明显。同时，森林还具有净化空气，杀菌降噪，防风防寒等作用，为当地的人民提供了良好的生活环境，保障人民身体健康，同时为旅游业、服务业等提供了良好的自然条件，改善了山区发展的环境基础。

（二）沿海防护林是抵御自然灾害的有力屏障

福建大陆海岸线长达 3752 公里，居全国第二位，沿海岛屿 1400 多个，岛屿岸线长 1779 公里。福建沿海地跨宁德、福州、莆田、泉州、厦门、漳州 6 个设区的市，沿海县（市、区）有 31 个，临海乡（镇）有 220 个，总面积 272.37 万公顷，总人口 1564 万人。沿海地区属典型的亚热带海洋性季风气候，由于受地理位置和气候条件的影响，自然灾害频繁发生，危害严重，主要灾害性天气有干旱、台风、洪涝、海潮等。沿海自然灾害已成为海峡西岸社会经济可持续发展的重大制

约因素之一。

沿海防护林是保障沿海人民安乐业的"生命林""保安林"，福建省于1994年开始建设防灾减灾五大防护体系工程，2002年开始建设十大防灾减灾体系，沿海防护林体系建设始终是重点建设工程之一。福清、福鼎、东山三县（市）被国家林业局列为全国100个重点生态建设县之一，惠安、平潭两县被列为全国100个农田防护林更新改造试点县之一。经过多年的努力，沿海县（市、区）的有林地面积从1987年的101万公顷增加到2006年的137.67万公顷，大陆海岸沿海基干林带达2478公里，占全省大陆海岸线长度的75%，占宜林海岸线长度的91.5%；沿海地区已建湿地类型自然保护区23处，总保护面积达13.2万公顷。沿海地区已基本建成海岸林成带、农田林成网、荒山荒滩林成片的"带、网、片"相结合，生态、经济、社会效益相统一的多功能、多效益的综合森林防御体系，为改善生态环境、抗御自然灾害发挥了重要作用。

（三）城市森林建设是改善城市人居环境的最有效途径

近年来，福建省的城市林业发展很快，沿海城市的森林建设从规模和水平上都有较大的提高，形成了以厦门、泉州、福州等城市建城区绿化为点，以各主要公路、铁路沿线和海岸线绿化为线，以广大农村和山地森林为面的态势，基本形成了林网化与水网化的分布格局。城市森林对城市及周边的自然生态保护发挥了重要作用，特别是在改善人居环境，保障城市人民身体健康等方面的作用非常突出，为城市居民提供了休闲游憩的场所，为社会文化活动提供了良好的环境，为城市提供了良好的森林景观，在林水相依的良好生态环境中，改善了人们的身心状态，提升了市民生活质量。从森林的多种效益的发挥上，城市森林更加贴近了老百姓的生活，成为广大群众生产生活中不可或缺的部分，城市森林不仅是概念上的新提法，而且已经成为党的惠民政策的重要载体，各级政府部门把建设城市森林作为提高百姓福祉，改善经济发展环境的一项重要举措，成为沟通政府和百姓的桥梁。随着人民生活水平的不断提高，对生态建设的需求越来越高，城市森林建设必将受到更多的关注，成为一项重要的公益事业。

（四）绿色家园创建是新农村建设的必要措施

在推进社会主义新农村建设的进程中，围绕"生产发展、生活宽裕、乡风文明、村容整洁、管理民主"的要求，福建省开展"创绿色家园、建富裕新村"行动，从2006年6月起，计划全省每两年创建和表彰省级绿色小康县3~5个、绿色小康乡10~20个、绿色小康村50~100个、绿色小康户500~1000户。规划至2020年，全省创建省级绿色小康县30个、绿色小康乡100个、绿色小康村500个、绿色小康户5000户。以尊重农民意愿、维护农民利益为原则，以增加农民收入、改善农村生产生活条件为重点，以加快非规划林地造林、创建园林式乡村为抓手，以绿化促美化、绿化促文明、绿化促致富，推进全省农村走上生产发展、生活富裕、生态良好的文明发展之路。"创绿色家园　建富裕新村"行动与省委、省政府"百村示范、千村整治"工程相结合，与林业"三五"重点工程建设相结合，与创建文明村镇和园林式乡村活动相结合，与开展保护母亲河行动和建设三八绿色工程相结合，因地制宜，科学规划，突出特色，注重实效，规定了绿色小康县、绿色小康乡、绿色小康村、绿色小康户的创建标准，以培育森林资源为中心，以创建绿色家园为载体，组织实施了沿海防护林工程、绿色通道工程和城乡绿化一体化等林业重点生态工程，实现了"造林绿化好、资源保护好、绿色产业好、兴林富民好"，不断夯实新农村建设的生态基础，努力营造农村良好的人居环境。

二、在海峡西岸经济社会可持续发展中处于基础地位

从世界林业发展趋势上看，林业所具有的多效益使其越来越成为公众关注的焦点，作为协调生态环境、政府、公众、企业、林农利益的重要杠杆，将发挥更加重要的作用。2007年福建林业产值达1200亿元，占全省当年GDP的13%，同时林业带动相关的建筑、化工、制药等产业发展，其效益规模更为可观，森林作为可再生资源，提供木材、木本粮油和生物质能源，其对石油、煤、钢铁、粮食等具有替代作用，在经济发展中起到了价格稳定器的作用；林业不但是经济资源，同时也是社会资源，林业的良性发展对于避免经济危机，减灾防灾、维持社会稳定均具有重要的作用。

（一）林业是促进海峡西岸经济腾飞的基础

木（竹）材生产是推动海峡西岸经济发展的重要资源。木材是森林产出的初级产品，是工业原料,同时也是一些重要生产部门的生产资料,木（竹）材的生产是林产工业产业链的起点,木（竹）材质量的好坏和供给量的大小对整个产业影响很大。福建省是我国南方重要的木（竹）材生产基地，杉木和马尾松林的面积很大，特别是近年来大力发展桉树种植，短周期速生丰产，福建的土壤和气候条件适合速生树种成活和成材，全省木材年产量很大，随着林权改革的深入，林农的木材供应的积极性增强，种植大面积的速生丰产林，运用高投入高产出的林业经营模式，使木（竹）材的供给量大大提高，2007年，木材的年供应量已经达到685.54万立方米，充沛的木材资源带动了当地木材加工也发发展，木材和竹子的应用广泛，分别应用于家具、化工、造纸、建筑等领域，当前福建省西部山区的工业对木材的依赖性很强，工业产值中约有70%与木竹材有关。从未来发展趋势来看，木材作为可再生原料的利用前景将更加广阔，木竹材的生产将对海峡西岸的经济发展起到越来越重要的作用。

非木质林产品发展潜力巨大。福建省地处亚热带，林业用地面积占全省土地总面积的73.5%，山地面积广阔，水热资源丰富，全年雨量充沛，温和湿润，小气候环境多样，植被保护较好，森林资源丰富，土壤肥沃，适合众多的植物生长。自古以来，福建的经济林名优品种繁多，荔枝、龙眼、枇杷、柚子、橄榄、杨梅、柿子、锥栗、板栗、油茶、柑橘、桃李等果品与经济林产品名扬海内外。2006年，福建经济林总面积131.7万公顷，总产量571.9万吨，总产值190.9万元。其中干果类9.16万公顷，产量9.6万吨；水果类54.2万公顷，产量495.4万吨；木本油料类8.2万公顷，产量3.4万吨；实现经济林总产值190.9亿元。与1985年相比，经济林总面积增长了6.8倍、水果总产量增长了25.08倍、果品总产量增长了52.93倍、人均果品占有量增长了24.49倍。全省已形成了"五带一区"的区域化经济林布局。未来福建的非木质林产品生产将加大实施品种改良、龙头带动和名牌推动战略，大力推进产业化经营，实行一体化经营的新的生产组织形式和经营机制，使非木质林产品产业在林业的比重将会有所扩大。

林产工业为海峡西岸经济发展提供巨大动力。福建林产工业发达,2007年,纸浆造纸、人造板、家具、木竹制品四大类的总产值达到731.43亿元，约占福建省工业产值的18%，其中出口达到交货值133.72亿元，约占福建省出口总值的5%。近年来，林产工业经济运行保持良好态势，工业产值快速增长，产销衔接正常，主要林业工业产品产量、质量、品种均有一定幅度上升，资源综合利用能力大大提高，人造板板种结构朝着良性方向发展。未来林产加工业将在生物质能源、木本粮油加工产业中将有非常美好的前景。

林产工业结构日趋合理，股份制企业、外商及港澳台投资企业占所有规模以上企业的80%，成为林产工业规模以上企业的主体。在产品结构上，高新技术产品不断增多，新型板种推陈出新，绿色环保产品不断面世，产品附加值得到提升，资源综合利用水平得到提高。产业布局逐步完善，产业集群初步形成，初步形成以森林资源为依托的闽西北林产工业加工中心和以进口材为主，两头在外型的林产品深加工中心、以建瓯、永安为中心笋竹加工产业集群，以厦门、漳州为中心的家具产业集群、以木材为主要原料的闽北造纸产业集群、以进口废纸和桉树速丰林为主要原料的闽南造纸产业集群。技术装备水平提高，产品质量不断增强，如沙县大亚 45 万立方米的刨花板生产线、福人木业 30 万立方米的复合结构微粒板生产线、厦门中坤林化深加工、明溪红豆杉和泰宁雷公藤生物制药等极大地提升了林产工业技术水平；涌现出"福人""蓝豹""万家利"等 10 个国家免检产品和 36 个省名牌产品，到 2007 年末，福建林业行业已拥有永林蓝豹、饶山、福人、森源、梅春、漳州水仙花共 6 枚中国驰名商标，占全省 77 枚的 7.79%。

海峡西岸森林旅游业发达。海峡西岸地处亚热带，多山多雨，旅游资源丰富，福建省政府重视森林旅游的开发，已经形成了大发展、大产业、大带动的产业态势。截至 2007 年年底，全省已建立森林公园 83 处，其中国家级 21 处，省级 62 处。年度森林公园总收入 1.6 亿元，其中旅游收入 1.4 亿元，为社会创造旅游产值 8 亿多元，带动社会旅游从业人员 11878 人。全年共接待旅客人数达 670 万人次，其中海外旅客 23.68 万人次。森林旅游基础配套设施得到了很大的改善，吃、住、行、游、购、娱旅游六要素基本条件已逐步成熟。

（二）林业是促进海峡西岸社会和谐的重要力量

林业是联系政府和人民的重要纽带。林业是海峡西岸人民致富奔小康的重要产业，福建省林业厅提出了把林业建设成为惠民、利民、富民工程，把农民增收、农民就业和投资人投资作为林业的一个重要的目标，先后出台了方便群众生产的相关政策，减轻农民负担，在林业产业布局上合理规划，扩大了农村就业，把林业发展和扶贫联系起来，使林业成为增加农民收入的重要增长点，林农在生产和生活中需要体会到党和政府的关心和温暖。林业成为政府服务人民的重要领域，也是落实党和国家政策、法律的重要载体。福建省森林面积广，涉及的社会主体多元，效益面广泛，受到社会各界的普遍关注，林业工作在一定意义上决定了政府形象，决定了社会风习，决定了安定团结，林业在海峡西岸的社会进步中将发挥更加关键的地位。

林业是增加农民收入、促进城乡和谐发展的重要途径。当前我国的城乡居民收入差距较大，增加农民的收入，减小城乡收入差异，走城乡一体化道路是我国的一项基本战略。随着集体林权改革的深入，农民获得了土地，林农的林地经营收入增加了，更重要的是由于林产品加工业的快速增长，拉动了木材产品价格上升，同时大量林产品加工企业吸纳农村富余劳动力就业，农民的收入在近年来增加较快，主要林区的农民从林业发展中获得的收入继续占到家庭收入的一半以上。这对缩小城乡差距、保持社会稳定具有重要意义。

林业丰富了人民精神文化生活，推进精神文明建设。森林为人民提供了丰富的物质产品的同时也提供了重要的精神财富，作为精神文明建设的重要方式，福建林业为广大市民提供了良好的休闲娱乐和健康的空气和水源，这些都为推进精神文明建设作出大贡献，森林在潜移默化地改变着人们的生活方式和精神状态，福建林业部门以森林为主要场所，依托植树节、世界环境日、各种宣传资料和展览等形式，以林产工业产品、旅游产品为载体开展了大量文化活动，丰富人们的业余文化生活，增强了人民的环保意识，促进精神文明建设。在福建的城市乡村，以环保意识为核心的森林环境理念已经深入人心。

林业在保障安定团结和社会稳定中负有重大责任。随着改革的不断深入，农村森林的矛盾还将在一定阶段存在，林业工作在这方面的工作形式依然严峻，能否对涉林矛盾有效处理关系到农村的稳定大局，是政府和人民都关心的重要大事。在福建农村，因为林业引发的矛盾纠纷很多，2005 年发生了近千起关于林地的纠纷，这些矛盾的产生都与森林相联系，林业工作在化解群众矛盾，安抚群众情绪方面作了大量的工作，各级党委、政府要高度重视林区稳定，认真开展林区矛盾排查，定期分析林区治安动态，妥善解决各种矛盾纠纷，做到早发现、早介入、早解决，把矛盾纠纷消除在萌芽状态，确保林区长治久安。

三、在全国林业对台合作与交流中处于优势地位

近年来，闽台林业合作日益紧密，对于促进海峡两岸共同发展、实现和平统一大业起到了积极作用。闽台林业合作是两岸经济比较优势的必然产物。福建与台湾林业开展合作与交流具有独特的区位优势。福建与台湾隔海相望，是祖国大陆离台湾最近的省份，两地具有"五缘"关系。开展闽台林业交流是促进两岸往来的重要途径，不仅有利于两岸经济合作，而且会促进两岸文化交流。闽台自然条件相似，为福建开展对台林业合作与交流创造了先天优势。福建与台湾同属亚热带，都具有气候温和、物产丰富的特点，森林生态环境极为类似；闽台是海峡两岸纬度最邻近的区域，物种资源极为类似；闽台均属海洋性季风气候，且均为多山地区。两地自然条件相似，利于不同物种的相互交流。20 世纪 80 年代末开始，福建与台湾进行了多次林木种质资源的交流，为促进海峡两岸交流合作发挥示范和带动作用。闽台林业科技、教育合作具有优势，两地可加强在林业科技人才交流、林业教育合作，特别是研究生教育的合作方面作大胆的探索。两地均拥有丰富的森林资源和林业资源，打破行政限制，率先建立共同的林业旅游产品市场、林产品市场、林业原材料市场和林业人才市场。两省习俗相近，传统文化共通，在森林文化上有相同之处也有各自特点，两岸在诸如木竹工艺品、家具文化、森林文学艺术、园林与城市森林文化、茶文化等森林文化方面交流的议题将会更为深广。

（一）闽台林业合作是顺应大局的适时之举

闽台林业合作是两岸和平统一的重要战略。解决台湾问题，实现祖国完全统一，是海内外中华儿女的共同心愿。长期以来，政府为此进行了不懈努力。坚持以邓小平理论和"三个代表"重要思想为指导，贯彻"和平统一、一国两制"的基本方针和现阶段发展两岸关系、推进祖国和平统一进程的八项主张，以最大的诚意、尽最大的努力争取和平统一的前景，同时绝不容忍"台独"，绝不允许"台独"分裂势力以任何名义、任何方式把台湾从祖国分割出去。2005 年，胡锦涛同志就新形势下发展两岸关系提出了四点意见：第一，坚持一个中国原则决不动摇；第二，争取和平统一的努力决不放弃；第三，贯彻寄希望于台湾人民的方针决不改变；第四，反对"台独"分裂活动决不妥协。闽台林业合作是落实中央对台政策的重要举措，是从经济、文化、政治上争取更多台湾人民支持，是惠及广大台湾民众，瓦解台独分裂势力的一项重要战略，是和平统一的一项基础性工作，闽台林业合作具有重大的政治意义。

闽台林业合作是两岸经济比较优势的必然产物。闽台林业发展的相似点两省森林立地条件相似，两省山地多，河流湖泊众多，植被丰富，森林覆盖率高，林业生态建设地位突出，森林旅游资源丰富，旅游产业发达，两省在森林资源管理上存在相似之处两省都实行分权属经营的资源管理体制，同时都有集体林、国有林和私有林，从历史上看，都走过了从森林资源的过度开发到管理思想转变和体制转型的过程，在多年的林业管理过程中都积累了丰富的经验和教训。闽台林业发展的差异主要表现为森林资源在总量和结构、林木采伐政策和年均林木采伐量、林产加工业的若干环节、生产原料来源、林业企业产品销售去向、林业企业在人才、管理和科技创新、林业合作的角色等方面。台湾林业的发展战略是以生态保护为主、以森林旅游为主要产业，强调社会办林业，投入林业的方式多种多样。当前闽台林业合作的主要方式是台湾企业来福建投资设厂，或者以承包，租赁等方式获取森林资源，同时利用当地人力资源，福建省在与台湾的合作中扮演的是台湾林业企业开发地的角色，主要的合作行为是承接台湾林产加工企业的产业转移，福建林业企业与台湾的合作交流主要是经验的学习和借鉴。

根据比较，台湾省在林业企业技术和管理、森林的经营管理技术、林业生产和管理的投入上

存在优势，特别是林业高新技术产业化上，台湾省的企业表现出较强的市场竞争能力，综合管理能力很强，这些将向福建省转移，而福建省在森林面积总量、林木总量、劳动力成本、合作政策导向、年木材收获量等方面存在相对优势，这些优势将向与台湾省互补。

闽台林业合作是建设绿色海峡的客观选择。产品周期理论认为在产品创新阶段，由于产品创新厂商垄断着新产品生产的技术，同时新产品需求价格弹性低，生产成本差异对区位选择影响不大，产品宜在区域内生产。在产品成熟阶段，技术已经定型，此时需要大量的廉价且略有技术的劳动力；由于竞争者增加，价格需求弹性增大，降低成本成为竞争的关键，此时宜将生产基地转移到其他成本低的区域，同时推出另一种新产品。进入新世纪的台湾林业倡导生态系统经营理念，生态建设在林业发展中的地位日趋重要，林业产业特别是加工业发展空间狭小，岛内因为林业造成的公众对政府的质疑与责难不休，台湾林业企业在岛内已经不得人心，自20世纪90年代以来已经表现出低迷停滞的状况，需要拓展发展空间，以解决生计问题；通过两省林业发展的比较可知台湾林业企业的产品周期到了扩张期，需要拓展原料来源地；福建与台湾自然条件的相似点决定了福建是台湾林业企业原料和劳动力的重要拓展地；福建省与台湾省存在较大的技术和价格差异为台湾林业企业拓展提供了可能。

（二）闽台林业交流是促进两岸往来的主要途径

闽台林业合作促进两岸经济交流。近年来，福建省利用"海峡两岸（福建三明）林业博览暨投资贸易洽谈会""两岸农业科技合作成果展览暨项目推介会"和"第八届海峡两岸（福建漳州）花卉博览暨农业合作洽谈会"平台，做好对台招商引资活动，加强闽台经济合作。第一届林博会签订项目120项，第二届林博会签订项目144项，第三届林博会签订项目223项，2005~2007年，全省林业合同利用台资3.06亿美元，约占全省当年利用外资总额的15%，占利用台资总额的80%。目前除花卉行业合作项目颇具规模外，物种交流、家具制造和林业机械加工方面的合作也逐渐起步。

闽台林业合作加深了两岸社会交流。福建林业为两岸文化交流与合作提供了平台，促进了两岸文化交流，森林旅游部门为文化交流提供了物质条件，台资企业带来了先进的技术同时也带来了先进的林业企业文化。已经成功举办了两届海峡两岸林业博览会，在会上洽谈项目的同时，也展示了地方文化，交流增进了了解，加深了感情，福建省与台湾的林业科技教育交流往来也较多，福建省开辟台湾—厦门—漳州—泉州—莆田—福州的闽台合作森林旅游专线，吸引台湾客源。三明森林生态休闲观光合作区重点整合旅游资源，主动与台湾旅游同业洽谈对接。两岸的林业科技交流频繁，引进优良种苗和先进的管理技术，两岸对于历史上的营林经验的总结和升华，在森林特别是生态林的管理上交流较多，通过省林业科学研究院、福建林业职业技术学院等科研院所，加强与台湾林业职业技术教育方面合作，建立两岸生物繁育中心，开展林业生物种源、良种繁育的研究与交流，引进吸收台湾在品种培育和种植方面的先进技术通过一系列的活动，两岸森林文化都得到了相互促进和提高。

闽台林业合作沟通两岸人民感情。闽台林业合作已经成为沟通两岸人民感情的载体，每年有大量的台湾游客来到福建游览观光，饱览祖国的大好河山，表达出对祖国美好风景的热爱，在闽台经济合作中合作的双方建立了深厚的友谊，三明闽台现代林业合作实验区先后与台湾中华自然资源保育协会、台湾区木材同业公会、布袋港促进会等社会团体建立了友好合作关系，与漳州、东莞、顺德等台商集中区的台协会、开发区管委会建立了良好的工作关系。

（三）闽台林业合作具有广阔的共赢合作前景

在林业科技与教育合作方面，高新技术企业具有外部经济的特征，可以带动其他企业的技术改革，是促进产业经济发展的重要推动器。林业高新技术作为台湾林产加工业的特长，正是福建林业企业缺乏的，长期以来，福建省很少有国际上附加值高的林产工业品，当然这里有资金的问题，更重要的是由于技术问题，没有自主的成熟的技术，拿不出国际上有竞争力的木材终端产品，在这方面台湾的企业有很多经验值得借鉴。闽台林业合作对于福建林业企业更新换代、产业升级是一个大好机遇。面向国际林产品竞争的需要，开发高科技新产品，对传统产品进行技术改造，目的是把区域林业产业的技术水平提高，力争达到出口替代和进口替代，使整个区域的林业产业得到良性发展。林业产业高新技术的合作可以采取多种形式，可以由台湾企业出资建厂并实行股份制管理，或台湾企业出技术，福建企业出资金和人员的方法。由于闽台同处中亚热带纬度区，物种相似，立地条件相似，所以在林业科技上存在许多可以交流的课题，如生态林经营论和技术、优质种苗技术、花卉竹藤加工技术、林产品加工关键技术、森林保护技术等都是两省林业科研人员合作研究的重要领域。两省要在林业科技人才交流、林业教育合作特别是研究生教育的合作方面作大胆的探索。

在林业共同市场的合作方面，建立专业化的市场服务机构，产、供、销协调配合，构建产业集群。福建企业要借鉴台资企业先进的市场营销经验，增强市场竞争力；建立共同原材料市场。台资企业和福建企业要在两地公平地收购木材，打破行政限制，以市场来决定价格，以价格来调控供求。区域范围内增加产业链条，使合作企业间构成较为稳定的供应关系，有利于降低企业成本，提高流通环节的交易效率，在产生前向规模经济的同时也促进后向的规模经济；两省均拥有丰富的森林旅游资源，在这方面，福建的森林旅游部门拥有很大的市场空间，可以考虑与台湾旅行社联合开发，建立共同的旅游产品市场，两省的旅游机构联合，减少中间环节，使两岸游客减少游览的费用，也可以通过台湾和大陆的民间机构，加大宣传力度，同时放开部分非垄断性旅游资源，如旅游地的商业和服务业等，欢迎台资进入开发；建立共同的人才市场。促进两省的林业人才交流，解决富余劳动力就业，引进台湾高级人才，合理配置林业企业的人力资源。

在城市林业与森林文化的合作方面，城市林业对改善城市人居环境具有重要的作用，台湾的经济发展水平高，城市规模较大、城市化水平较高，城市人口约占总人口的80%，台湾省在城市森林多功能树种选择、城市生态绿地的可持续经营、城乡绿化一体化管理、城市绿化设计等方面拥有较多的经验，这对于正处于城市化进程中的福建省来说具有重要的借鉴意义，当前福建省的城市林业相关政策法规和科研成果较少，可以通过两岸合作和交流来逐渐解决。两省习俗相近，传统文化共通，在森林文化上有相同之处也有各自特点，两岸的森林文化产品，如木竹工艺品、家具、森林文学艺术、园林与城市森林文化、茶文化等进行广泛的交流，特别是在古典家具文化上两省交流的议题将会更为深广。

在林业资源管理的经验与技术交流方面，两省林业管理部门都经过了从森林木材利用为主到发展生态林业的道路，同时在林业管理中也面临着许多问题，有些问题是有共性的，如生态林的管理和建设、私有林的经营管理政策、森林灾害的防治、林业相关标准的制定、林业管理的信息化、林业科技成果转化等，在这些方面，两省都有着宽广的交流和合作空间。

四、在全国现代林业建设中处于先导地位

福建省委、省政府历来重视林业的改革与发展，先后作出了"大念山海经""大干七年、绿化八闽""巩固绿化成果，发展绿色产业，建设林业强省""加快林业发展，建设绿色海峡西岸"等战略部署，林业建设取得了显著的成绩。先后被党中央、国务院、全国绿委、原林业部、国家林业局授予"全国荒山造林绿化先进省""1987~1996年全国人工造林成绩优异省""国家造林质量奖"

等称号，在我国建设物质文明、精神文明和生态文明的全面小康社会中，福建林业发扬优良传统，全面落实科学发展观，在我国现代林业发展中保持先导地位。

（一）海峡西岸林业是我国林业产权制度改革的先锋

福建省以"明晰林地使用权和林木所有权、放活经营权、落实处置权、确保收益权"为主要内容的集体林权制度主体改革实践，破解了山区、林区发展的难题，获得了成功。2008 年 6 月 8 日发布的《中共中央　国务院关于全面推进集体林权制度改革的决定》中提出的许多改革举措都来源于福建的林改经验。

1. 林权制度改革主体阶段成果显著

集体林权制度改革是农村改革的重要组成部分，是农村联产承包责任制的继续和完善，是农村改革的又一次重大突破。福建省是集体林区，集体所有权林地占 90%。2003 年率先在全国开展了以"明晰所有权、放活经营权、落实处置权、确保收益权"为主要内容的集体林权制度改革，将集体林地使用权、林木所有权和经营权落实到户、到联户或其他经营实体，落实和完善以家庭承包经营为主体、多种经营形式并存的集体林经营体制。极大地调动广大林农以及社会各方面造林育林护林的积极性，经过 3 年多的努力，全省基本完成明晰产权改革任务，实现"山有其主、主有其权、权有其责、责有其利"的目标，按照均山、均权、均利的要求，切实落实家庭承包政策，做到了公平、公正公开，初步建立起经营主体多元化、权、责、利相统一的集体林经营管理新机制，实践证明，集体林权制度改革解放和发展了林业生产力，福建集体林区焕发出新的活力。集体林产权改革成效初步显现，林农积极性得到充分调动，森林资源得到有效保护，林业产业得到迅速发展，大量历史遗留问题得到逐步解决。集体林家庭承包率、林地划分准确率、林权证颁发率、林权纠纷调处率、建档率和群众满意率均位于全国前列。

2. 林权制度配套改革作出有益探索

明晰产权任务已基本完成后，配套改革有所突破，福建省委、省政府在明晰产权主体改革任务基本完成之际，又审时度势，及时作出了以"稳定一大政策、突出三项改革、完善六个体系"为主要内容的深化集体林权制度改革部署，进一步完善林业发展机制，加快海峡西岸现代林业建设。调整了不适应林业生产力要求的生产关系，逐步形成了以市场为主配置资源的新的发展机制，全面启动了生态公益林管护与补偿机制改革。进一步明确补偿资金的分配标准和使用管理，确保补偿资金能够直接补到老百姓手中。成立了林权管理和林业行政执法机构，推进林业小额贷款，加快商品林采伐管理改革，根据国家林业局的批复，全面启动了采伐管理制度改革试点，加快林业服务组织建设，已建立 66 个县级林业服务中心、1000 多家林业行业协会和 200 多家森林资源评估等中介机构。加快林业合作组织建设。新组建了农村林业合作经济组织 2724 个、护林联防组织 3491 个，提高了林业的组织化程度。2007 年由国家林业局等六部委组成林改联合调研组，到福建省调研后一致认为，福建配套改革又走在全国最前沿，为全国创造了许多带有普遍指导意义的做法和经验，为全国林改工作的顺利推进提供了可贵的借鉴。

3. 林权制度改革受到广泛关注，影响深远

福建省的林权改革伴随着党中央、国务院的支持和关心，多位国家领导人亲临福建调研林权改革工作，国家林业局对福建林权改革给予充分肯定，各个省市的林业管理者纷纷到福建参观学习，并且把好的经验推广到了全国，福建林改的经验主要表现为：一是坚持耕者有其山，权利平等。二是坚持体现民意，谋求民利。三是保持政策的稳定性和连续性。四是坚持因地制宜，分类指导。五是坚持农民得实惠并兼顾集体利益。六是坚持稳定第一。福建省在林改中创造了许多带有普遍指导意义的做法和经验，在江西、辽宁、云南等许多地方推广，为全国林改工作的顺利推进提供了可供借鉴的经验。

福建的林改实践经验给各级政府的林改工作以启示：一是党委、政府高度重视，才能强化责任机制，形成良好的改革氛围，为林改工作顺利推进提供重要保障。二是改革是一个渐进过程，必须审慎周密、有效运作，提高改革决策的科学性和改革措施的协调性。三是福建林改之所以成功关键在于从方案设计，到组织实施，到检查评估，都始终按照执政为民的要求，把林农得实惠作为改革的基本出发点和落脚点，做到符合民心，体现民意，维护民利。福建的林改实践证明：只有还山于民、还利于民、还权于民，才能真正体现执政为民，改革才能够有坚实的群众基础，才能顺利推进。福建省为全国林改做出了重大贡献，获得了胡锦涛同志和温家宝同志的肯定，福建林改的经验将会在未来产生更加深远的影响。

（二）海峡西岸林业是我国林业生态建设的一面旗帜

海峡西岸林业肩负着重大的生态安全责任,沿海防护林、物种保护和山地防护林建设地位突出，福建省大胆探索生态林的管理，为有效解决集体林权制度改革后生态公益林保护与管理工作面临的新问题、新情况，研究制定与其相适应的经营机制和管理体制，开创了生态建设的良好局面。

1. 海峡西岸林业的生态责任重大

福建地处亚热带,气候温和,雨量充沛。年平均气温 15.3~21.9 度,平均降水量 930 至 1843 毫米,是全国雨量最丰富的省份之一。福建山地，地形复杂，形成了多种多样的地方性气候，而且气候的垂直变化也比较显著。陆地面积 12.14 万平方公里，其中，山地、丘陵占陆域的 80%，海域面积 13.63 万平方公里。全省海岸线总长 6128 公里，其中大陆线 3324 公里，居全国第二位。大小岛屿 1546 个，占全国 1/6，福建地形以山地丘陵为主，加之台风、暴雨频繁，在山地容易引起山体滑坡和水土流失，在沿海容易导致风害，山地和海岸防护林的生态作用非常重要。

海峡西岸林业肩负着更多的物种保护责任。福建植物种类繁多，计有 5000 多种，福建省野生动物主要属于东洋界动物区系，但由于高海拔的地方存在着跨地带性气候，所以一些古北界的动物也可以在福建省栖存。全省各种野生动物有数千种，仅在脊椎动物方面，即有：兽类 130 种，占全国四分之一；鸟类 540 种，占全国二分之一；爬行类 115 种，占全国三分之一；两栖类 44 种，山溪鱼类几十种；昆虫类 5000 种以上，占全国五分之一。在各种野生动物中，属国家明令保护的珍稀动物有猕猴、大小灵猫、黄腹角雉、红嘴相思鸟等 12 种。屏南白岩溪一带被誉为"鸳鸯之乡"。特别是武夷山自然保护区的森林类型有常绿阔叶林、针叶林、针阔叶林混交林以及毛竹林、灌木林、高山矮林等 30 多个群系、100 多个群落，脊椎动物 442 种。鸟类有 256 种，保护区范围内发现有华南虎，有罕见的金斑喙凤蝶和宽尾凤蝶等珍稀品种。面对如此多的物种，特别是特有物种，林业在保护生物多样性方面面临着更艰巨的任务。

2. 生态公益林建设工作走在全国前列

实行生态分级管理。一级保护，按禁伐林施策，在森林经营管理上作为禁伐区，实行全封山，禁止一切形式采伐；二级保护，按非生产性施策，森林采伐实行严格控制，采伐方式采用生态疏伐，以采伐后保留林分郁闭度 0.5 为最低下限，林分中的阔叶树为保留木，确保林下植被不受破坏。森林经营实行梯度经营，首次采伐采取条状、隔行的方式，第二次以后的采伐转入利用主林层、培育亚林层，采伐方式以梯层采伐，形成复层混交异龄林。同时为确保分级保护、分类施策工作有序、规范进行，县（市、区）林业主管部门应建立严格的采伐管理审批制度，对生态公益林伐区实施全过程监控，防止生态林择伐后降低林分质量。

启动生态公益林管护机制创新试点工作。充分调动各级政府、广大林农和全社会参与生态公益林建设与保护的积极性，提出"落实主体、维护权益、积极保护、科学利用"的改革思路，创新生态公益林管护和补偿机制。总的思路是：以林改的思路落实管护主体；以林改的程序民主决策，确保林权单位和林木所有者权益；以林改精神调动广大林农积极性共同参与保护生态公益林；以林改机制引导林农科学经营生态公益林，缓解禁伐生态公益林给林农带来的生活压力。结合各地实际，因地制宜采取联户经营、专业承包、委托管理等办法，进一步落实管护主体，建立主体明晰、责任明确、责权利相统一的管护机制。解决好"均"的问题、"联"的问题和生态补偿到户问题。

福建省沿海防护林建设在我国占有重要地位，沿海防护林是沿海地区人民的"生命林"、"保安林"，也是极为重要的"国防林"，是保障沿海经济繁荣和社会可持续发展的重要支撑。新中国成立后，沿海地区就开始进行了沿海防护林体系建设，取得了很大成效。1988年，国家的统一部署，作出了全面实施沿海防护林体系建设的决定，经过沿海地区各级党委政府和广大干部群众的共同努力，沿海防护林体系建设取得显著成效。沿海地区初步建成了"带、网、片"相结合，生态、经济、社会效益相统一的多功能、多效益的综合森林防御体系。

3. 自然保护区建设成效显著

海峡西岸自然保护区建设始于20世纪50年代，至改革开放前，划定了武夷山、三明格氏栲、南靖乐土、建瓯万木林等4处禁伐区。1979年，正式建立了第一个国家级自然保护区——武夷山国家级自然保护区。截至2006年，自然保护区面积占全省土地总面积的6.55%，居华东地区之首。在自然保护区中保护了许多我国南方特有的珍贵动植物品种，并且加强科考调查和科学研究，提高自然保护区科技水平。重点加强了自然保护区本底资源调查和科学考察，完善自然保护区资源档案；为认识我国南方物种作出了巨大贡献；开展了珍稀、濒危野生动植物种繁育研究等，取得了较大的成就。如梅花山自然保护区通过实施华南虎拯救繁育工程，积极开展华南虎的繁育研究，取得了重大突破，已成功繁殖12只华南虎；三明罗卜岩自然保护区积极参与完成多项生态学研究课题；漳江口红树林自然保护区参与开展鸟类研究等，全省有20个保护区进行了科考并出版考察报告。在自然保护区内，因地制宜地发展森林生态旅游业、笋竹业、反季节蔬菜、森林采集业、林下种养业、小水电等，引导社区调整产业结构，协调好保护与社区发展的矛盾，使自然保护区的资源得到有效保护和合理利用，社区经济有了新的增长点，为我国南方地区自然保护区建设提供了有益的经验。

（三）海峡西岸林业对全国林业经济发展具有拉动作用

林业是福建的支柱产业之一，是林区财政收入的主要来源，现代林业的发展将带动当地社会经济的发展，福建省贯彻"以二带一促三"的林业产业发展思路，改造提升以人造板加工、木竹加工、林产化工、制浆造纸等优势产业集群为主的第二产业，促进以森林资源培育为主的第一产业，带动以森林生态旅游、现代物流配送、信息服务为主的第三产业，逐步建立起现代林业产业体系，森林旅游、花卉竹藤、森林食品等发展速度较快，已成为福建新的经济增长点。

1. 海峡西岸是我国南方重要的初级林产品基地

福建成为我国南方重要的良种基地丰富的木竹资源种质，福建植物种类繁多，生长快，长势好。在中国南方10省份中，福建杉木生长最快，根据2005年森林清查，福建杉木成熟林每亩蓄积量为12.9立方米，竹林面积88.47万公顷，居全国首位，约占全国竹林面积的五分之一，建瓯、顺昌2县（市）进入全国十大"竹子之乡"行列；经济林面积112.53万公顷，有12个县被国家林业局授予"中国经济林之乡"。闽西北的南平、三明、龙岩是福建省主要林区，其有林地面积和活立木蓄积量分别占全省的66.4%和81.6%。到2006年底，福建省已经基本形成了木材生产、贮存、加工、销售配套齐全的体系。福建林业提出了一整套有利措施，作出了"抓两点，带三项工作"的产业发展部署，最大限度地挖掘现有林地资源，充分发挥林地生产力，为投资造林的业主提供准确的林地面积、位置及立地质量等信息，以便为加快森林资源培育业市场化发展提供基础性平台，推动营造林向规模化、集约化方向发展。

福州以下沿海属南亚热带气候，光热条件较中亚热带优越，适宜发展亚热带水果和经济作物全省果树共 120 种，种植面积 9.33 多万公顷。其中，龙眼产量居全国第一位；荔枝产量仅次于广东，居全国第二位；香蕉产量居全国第四位；柑橘、菠萝、柚子、枇杷等名果也闻名于世。茶叶、甘蔗的产量在全国占有重要地位。甘蔗单产和出糖率均居全国首位。

福建省突出抓好良种繁育中心、重点国有苗圃建设，积极探索种苗基地管理体制、经营机制的改革，促进了种苗基地的生产转型、产品结构优化和经济效益的提高。已有 6 个苗圃被授予全国质量信得过苗圃、3 个全国特色种苗基地和 12 个无危险性病虫害苗圃。

2. 第二产业发展在全国处于前列

福建省紧紧围绕加快林业产业升级为目标，以"两区"建设、产业集聚为重点，以"三大带动"战略为手段，以"五个对接"为保障，狠抓各项林业各项工作的落实。2006 年商品材生产 628 万立方米，商品材销售 601 万立方米；毛竹生产 1.5 亿根，篙竹生产 1 亿根，全年完成人造板生产 400 万立方米，纸浆、纸及纸板产量 255 万吨；锯材生产 98 万立方米；松香产量达 7 万吨，比增 10%，2007 年全省林业产业总值达到 1200 亿元，列全国各省份的第二位。

福建省林产品加工产业布局逐步完善，产业集群初步形成。根据区位特点和资源特色，通过实施项目带动和龙头带动战略，初步形成以森林资源为依托的闽西北林产工业加工中心和以进口材为主，两头在外型的林产品深加工中心，初步形成建瓯、永安为中心笋竹加工产业集群，以厦门、漳州为中心的家具产业集群，以木材为主要原料的闽北造纸产业集群，以进口废纸和桉树速丰林为主要原料的闽南造纸产业集群，形成具有区域特色的林产工业发展新雏型。

福建是我国林业产业发展对外开放的前沿阵地，具有悠久的林业对外贸易历史，加之有厦门和泉州等口岸和港口，林业对外贸易规模日趋壮大，2007 年全年完成出口交货值 133.72 亿元，林业对外贸易的形式也在不断进步，形成了两头再外的企业经营模式，大进大出的产品流通数量和全面的林产品进出口结构。

3. 拥有我国南方重要的森林旅游资源

福建濒临东海，众多的山脉、交错的河流、茂密的森林、辽阔的海域，构成迥异于中国北方大平原的自然风光。福建森林旅游资源丰富而且独特。武夷山、厦门鼓浪屿 - 万石岩、泉州清源山、福鼎太姥山、泰宁金湖、永安桃源洞、鳞隐石林、平潭海坛、连城冠豸山、屏南鸳鸯溪等 9 个国家重点风景名胜区景色奇异秀丽，截至 2007 年年底，全省已建立森林公园 83 处，其中国家级 21 处，省级 62 处。森林公园数量列全国各省份前列，自然保护区、森林公园、风景名胜区的面积占全省土地面积的 8%，形成了人与自然和谐共处的良好环境。

（四）海峡西岸森林文化在我国具有鲜明的地域特色

福建通过建立生态文明建设示范基地，进一步传播生态文化，让人民体验生态与文化、生态与旅游密切融合的独特魅力，体悟生态文明与社会和谐的良性互动，举办一系列生态文化节庆活动，如福州榕树文化节、漳州花卉博览会、泉州和武夷山茶文化节，永安竹文化节等。促进生态文化发展，形成了具有我国南方特色的森林人家文化、竹木文化、茶文化、森林食品和药品文化及森林管理及科教文化。

1. "森林人家"文化

"森林人家"是以良好的森林环境为背景，以有较高游憩价值的景观为依托，充分利用森林生态资源和乡土特色产品，融森林文化与民俗风情为一体，为游客提供吃、住、娱等服务的健康休闲型品牌旅游产品。它是具有福建特色的乡村旅游形式，是福建森林旅游的重要组成部分。人们通过"森林人家"走进大自然，享受森林之美，感受大自然的神奇，从而最大限度地满足人们生理、心理、保健和精神等方面的需求。同时，"森林人家"品牌突出了"家"的概念，让旅游者进得来、住得下、留得住、回得来，促进了生态旅游区从游览观光型旅游向休闲度假型为主，参与体验型为辅相结合的转变，引领了生态旅游产品的升级。由福州国家森林公园榕树王园林规划设计院设计商标图案并向工商局申请注册"森林人家"商标，同时申请注册"森林人家.com"和"森林人家休闲健康游.com.cn"域名，链接中国林业网、福建森林旅游网、福建旅游网、福建林业网。将"森林人家"休闲健康游产品融入全省大旅游范畴，协调旅游部门适时推出"森林人家"休闲健康旅游线路。由森林人家各级管理部门对"森林人家"经营户进行资格审核，准入许可和级别评定，将符合规范的乡村旅游点纳入"森林人家"的管理范畴，实行授权经营，做大做强，提高品牌效应。并按统一规划，统一标准，统一促销的原则，实行统一管理。各地加强对森林人家的宣传和对林农参与森林人家建设的推动与引导，积极争取将"森林人家"的宣传促销纳入全省乡村旅游的推广渠道，通过与媒体的合作，召开新闻发布会和现场会，邀请媒体记者宣传报道，推出走进"森林人家"系列专题，展示玩什么？吃什么？看什么？展示"森林人家"休闲健康游在社会主义新农村建设中的地位和作用，强化游客的生态意识，让广大林农认识到绿色、生态也可以生钱，变生态公益林的被动保护为主动保护，达到以城带乡、城乡互动、协调发展的目的。

2. 竹木文化

在物种文化上，福建省植物种类繁多，总数达 5000 多种。地带性植被为常绿阔叶林，主要树种有红栲、栲树、格氏栲、苦槠、大叶槠、甜槠、青冈栎、石栎、厚壳桂、肉桂、黄楠、紫楠、香叶树、红桂木、白桂木、榕树、阿丁枫、蚊母树、木荷、黄杞、石楠等几十种。藤木植物也很丰富，主要种类有密花豆藤、花皮胶藤、倪藤、金樱子等。竹类有毛竹、麻竹、苦竹、芦竹、绿竹、黄竹、青竹、刚竹、方竹等。此外，还保存有许多白垩纪和第三纪遗留下来的古老植物，如银杏、金钱松、罗汉松、三尖杉、红豆杉、建柏、鹅掌楸、长叶榧、钟萼木等。全省各种野生动物有数千种，属国家明令保护的珍稀动物有猕猴、大小灵猫、黄腹角雉、红嘴相思鸟等 12 种。为了保护保护生物多样性，福建已先后建立建瓯万木林保护区、南靖和溪季雨林保护区、三明莘口格氏栲保护区和武夷山自然保护区。形成了野生动植物资源的监测网络，武夷山自然保护区是福建省野生动物资源最为丰富的地区，以"模式标本采集圣地"闻名于世。另外全省还建立种质资源库 1178 个，整理收集保存 35 个树种的优良种质资源 2899 份，选出 9 个树种 660 个优良繁殖材料。福建省华安竹类植物园收集竹种 31 属 330 种，成为科普和民俗教育基地；全国十大森林公园之一的福州国家森林公园，收集了 2500 多种珍贵树种和 226 种竹子品种。

福建的林产工艺品和土特产品享有很高的声誉。福州脱胎漆器与北京景泰蓝、江西景德镇瓷器并列中国传统工艺品三宝；玲珑典雅的软木画和棉花画，形象逼真的泉州木偶头等，都是令人爱不释手的独特工艺品。在竹产品开发方面，除了传统产品清水笋、笋干、土纸、竹筷、竹席、竹编、竹工艺品等产品外，竹浆造纸、竹水泥模板、竹地板、竹快餐盒、高档竹家具、竹炭、即食笋系列等加工龙头企业大量增加。永安市举办永安笋竹节，把笋竹节作为民间传统节日以人大决议的形式确定下来，沙县组织有关部门共同出资为青竹集团"天河"品牌竹凉席做广告宣传。永安市特邀我国著名品牌策划专家对"永安竹业"品牌进行策划，并利用各种传媒、信息进行宣传，大大提高了永安竹业的知名度。

3. 茶文化

茶在福建已有上千年之久，茶类的创制要数福建最多，品茶的技艺也数福建最奇，福建茶叶在中国茶叶发展乃至世界茶叶发展上具有重要的历史地位和文化价值。莲花茶襟书东晋，南洋思乡忆石亭福建产茶文字记载，最早见诸于南安县丰州古镇的莲花峰石上的摩崖石刻"莲花茶襟"（公元 376 年）。这比《茶经》中记载的要早三百余年，福建是中国主要产茶省之一，茶文化丰富，武夷岩茶是中国名茶，安溪铁观音、闽北水仙茶、福州茉莉花茶等名牌产品享誉海内外。带给人们饮料的同时带给了其蕴含的历史感和世界观。福建是乌龙茶的故乡，有一千年的茶文化历史，是茶文化的发祥地，福建产茶文字记载比《茶经》早 300 余年，著名的莲花峰及其莲花茶构筑了一道独特的侨乡茶文化风景线。建茶、斗茶在宋元二朝蔚然成为，明清时期，茶叶创新增多，开创乌龙制茶工艺，茶叶贸易渐盛，武夷山的茶山、茶水更加点缀了福建茶的文化底韵。现代福建茶文化在继承前人的基础进一步发扬光大，种茶、制茶、售茶、品茶、赛茶等几乎占据了茶乡人的生活内容。制茶讲科学，品茶有文化，构成独特的福建区域人文特征。

近年来，福建茶叶产业化、规模化、品牌化取得新进展。2006 年，福建省茶园面积 16 万公顷，产量 20 万吨，毛茶产值 43 亿元，涉茶行业产值近 200 亿元，已成为全国重要的茶叶产区。全省涉茶人员超过 300 万人，占全省总人口的十分之一。福建省安溪、福安等十个产茶大县茶叶产量占全省的 55.8%，其中安溪县茶叶产量达 2.27 万吨，占全省的 13.8%。福建茶叶创下了六个全国第一：一是茶叶产量占全国五分之一，位居全国第一，各种类型茶叶总产量达 20 万吨；二是茶类之齐全为全国第一，乌龙茶、红茶、绿茶、花茶四大类都有较大的产量和有一定知名度的品牌企业生产；三是乌龙茶产量、产值、出口创汇居全国第一。2006 年福建乌龙茶产量首次超过绿茶产量，成为第一大茶类，全省涌现出一批名牌产品，有 35 个乌龙茶主产县通过了"福建乌龙茶"原产地保护评审。乌龙茶种植面积超过 2.67 万公顷，产量 9 万吨，毛茶产值超过 25 亿元，出口创汇 4850 万美元；四是茶叶单产居全国第一，每亩茶园茶叶产量成品茶平均 83 千克。2006 年，福建省名优茶产量 6.9 万吨、产值 34 亿元，产量虽只占总产量的 34%，但产值却占总产值的 80%；五是国家级、省级茶树品种，无性系茶树良种率均居全国第一。至 2006 年年底，福建省已有 4 个茶树品种被认定为国家品种，11 个被认定为省级品种，15 个品种参加全国茶树品种区试验。福建省已有 64 家企业获得有机茶认证，有机茶面积近 0.13 万公顷，有近 0.53 万公顷的 34 个产品获得绿色食品标志使用权，28 个产品获得无公害认证，通过出入境检验检疫局备案的出口企业基地达到 272 个，面积近 2.67 万公顷；六是茶叶知名品牌在全国获奖第一。有 3 家茶叶企业获中国驰名商标，一个获得"中国名牌产品"称号，14 个产品获"福建省名牌产品"称号，6 个产品获得地理标志保护。茶叶企业中有国家级农业产业化龙头企业 4 家，省级龙头企业 13 家。随着各地茶叶批发市场的建立，茶叶交易日趋活跃，市场容量增加，促进了福建省茶叶市场良性发展，促进了福建省茶叶产业化发展。

"安溪铁观音"是我国茶叶第一个驰名商标，"八马"和"日春"相继被评为中国驰名商标；"武夷星大红袍"被评为中国名牌农产品。截至 2006 年，全省茶叶企业获得中国驰名商标 3 个、中国名牌农产品 1 个、省名牌产品 14 个，39 家企业通过有机食品认证，获得绿色食品标志使用权的有 44 个产品，获得无公害认证的产品有 33 个。去年，"安溪铁观音"和"武夷岩茶"先后通过原产地保护认证，35 个县（市、区）通过"福建乌龙茶"原产地保护。据近日召开的全国茶叶产业发展座谈会透露，以福建乌龙茶为代表的东南沿海优质乌龙茶列入全国茶产业建设重点，并成为全国四大优势区域之一，政和县被国家林业局经济林协会等单位命名为"中国白茶之乡"。

4. 花卉文化

福建是花卉的主产省份之一，拥有野生花卉资源 450 多个种。1300 多年的花卉栽培历史，历来频繁的海外交流，培育引进不少名花异卉，如今已建立水仙、建兰、榕树盆景、仙人掌与多肉植物、棕榈科植物、苏铁、西洋杜鹃以及鲜切花、阴生观叶植物、新潮盆花等专业化、规模化的生产基地，繁育的商品花卉达 370 个种左右，全省有 3 个县（市）、镇被国家林业局、中国花卉协会命名为"中国花木之乡"，还有 3 个镇被国家林业局、中国花卉协会分别授予"中国水仙花之乡""中国杜鹃花之乡"和"中国榕树盆景之乡"。基本形成优势区域布局，全省已形成以福州、泉州、厦门为主产地的鲜切花优势生产区域；以漳州、龙岩、福州为主产地的盆栽植物优势生产区域；以漳州、泉州、福州为主产地的观赏苗木与草坪优势生产区域；以漳州、福州为主产地的水仙花优势生产区域和以南平、福州、宁德为主产地的茉莉花优势生产区域。先后参加了中国花卉博览会、国际花卉博览会、中国插花花艺大赛，取得了良好的成绩，举办了"海峡两岸（福建·漳州）花卉博览会"树立闽花形象，塑造知名品牌，拉动福建花卉业发展。

5. 森林食品文化

自古以来，福建的经济林名优品种繁多，荔枝、龙眼、枇杷、柚子、橄榄、杨梅、柿子、锥栗、板栗、油茶、柑橘、桃李柰等果品与经济林产品名扬海内外。新品种不断涌现。经济林产业得到了迅猛发展。如枇杷早熟品种"早钟 6 号"，晚熟荔枝"东刘一号""三月红"和龙眼新品种"水南 2 号""松风本"等品种，提高了果品质量，提高了华南产区市场和全国季节性市场占有率；多方吸引国外和台湾的资金、名、特、优品种和先进技术，建立了众多、较大规模的高优经济林示范区，不仅使名、特、优新产品不断推陈出新，而且对周边经济林产业的发展起到良好的示范和辐射作用。全省已形成了"五带一区"的区域化经济林布局，即：福州以南亚热带龙眼带、荔枝带、香蕉带、闽江中下游地区的甜橙带、武夷山脉东坡南北地段的落叶果树带，以及闽南金三角的芦柑和柚子栽培区。闽菜作为中国八大菜系之一，花色品种有 200 多种，其中许多名菜用材料都取自森林食品。

6. 森林药品文化

福建省药用生物和矿物资源十分丰富，共有 445 科、2468 个品种，约占全国的 1/6，地道药材有莲子、太子参、泽泻、青黛、神曲、枇杷叶、乌梅、鱼腥草、薏苡仁、桂元肉、黄栀子、银杏、百合、金线莲、海马等 120 多个品种，全省经营的中药材达 800 多种，其中大宗药材 91 种，珍稀名贵药材 27 种。柘荣县是著名的"中国太子参之乡"，除了柘荣的太子参，目前已初步形成了闽西北山区的南方红豆杉（明溪、延平）、三尖杉、建泽泻（建欧）、建莲子、雷公藤（泰宁）、绞股蓝、鱼腥草（建阳）、鹿茸、厚朴（三明、南平）；闽东南山区和沿海的绿衣枳实（莆田）、南玉桂（华安）、枇杷叶、茵陈、巴戟天（南靖）、春砂仁（长泰）等 16 种中药材生产种植基地。以片仔癀制药、厦门中药、福州中药为代表的漳州、厦门、福州中药现代化产业集群，打造出享有盛誉的漳州"片仔癀"、柘荣"太子参"、建瓯"建泽泻"等一批国内国际知名品牌。"柘荣太子参"近年来相继获得了国家证明商标、福建省著名商标、中国驰名商标等称号及国家地理标志产品保护，其 GAP 生产标准也成为全国太子参生产的指导标准。

7. 森林经营管理文化

时代赋予森林文化以新的内容。福建在森林文化建设中作风扎实，在森林管理文化上，侧重取信于民，将特色的区域文化和传统文化应用在当代林业建设中，巧妙利用民间传统观念，提出营造风水林，富贵林、子孙林，提高了林农的积极性，对乡村造林起到了促进作用。广泛发动农村居民充分利用村旁、溪旁、路旁、宅旁和基本农田外的抛荒地、旱地、坡耕地等非规划林地，大种"名贵树、财富树、公仆树、子孙树、风水树"。激发了群众造林的积极性。

福建省积极倡导绿色文明，鼓励企事业单位、社会组织和个人踊跃捐资建设绿化公益事业，广泛开展种植纪念树（纪念林）、认建绿地、认养古树名木等植绿护绿行动；在清明节期间，组织开展了"种孝顺树、尽孝顺心"植树活动，以植树种花的形式来缅怀先人，共种植"孝顺树"。尤溪县提出大种"公仆树"，县乡两级党委政府领导带头帮助高龄党员、贫困户等在房前屋后种植名贵树，群众称之为"连心树"。

福建省林业部门以国家和省级森林公园、动植物展览、森林旅游设施等为依托，通过各种活动，印发宣传材料，制作各种宣传标语，宣传环境保护知识，在部门内、部门间和群众中开展了丰富多彩的文化活动，寓教于乐，一方面使人们了解大自然，另一方面提高了人们的环境保护意识，让全社会来关注森林，保护森林。福建省积极组织参加全国"森博会"，获得了多种奖项，同时组织编印了图文并茂的《福建省森林旅游招商引资项目指南》。策划开展福建森林公园系列宣传活动。筹划拍摄重点森林公园的系列风光宣传片，同时制作一套多媒体招商项目库，策划森林公园自驾体验游、海峡西岸论坛、新闻启示录、诗书画名家盛赞森林公园等活动，编撰了《福建森林公园画册》。

福建的林业管理工作者为林业作出了重大贡献，广大护林员、森林公安干警、林政管理者们艰苦奋斗、吃苦耐劳的工作作风激励了人们的勤奋向上的精神，涌现出无数的感人事迹，林业干部谷文昌同志是党员领导干部的楷模，也是林业人的楷模，一生牢记党的宗旨，为党的事业和人民的利益，鞠躬尽瘁，是林业干部为党为公服务精神的集中体现。

8. 林业科技教育

林业科技管理体制顺畅。福建省注重林业科技管理体制建设，林业产学研合作取得新成果。各级林业单位纷纷与省内外甚至国外科研院校开展产学研合作。福建省与中国林科院等 4 个省内外科研院校建立了长期的科技合作关系。通过科技项目成果交易会、科企联谊会、科企对接会、成果推介会等载体，搭建科企项目对接平台，成功对接和实施了竹材加工、木材改性与防腐、纳米改性竹炭、轻基质育苗、胚胎育苗和人工栽培的红豆杉提取紫杉醇等一大批项目成果。产学研合作有力地促进了科技与经济建设的结合，为实施项目带动战略，推广应用新技术、新成果，改造企业传统工艺，开发新产品，提高经济效益探出了新路子。

林业科技工作紧紧围绕建设绿色海峡西岸，积极开展林业科学研究、科技试验与示范，大力推广应用新技术、新成果，推动林业科技与生产的结合，取得显著成效。科教支撑能力不断增强。通过强化科技攻关，在林木良种选育、优良树种引进、资源培育和保护、林产品加工、木竹综合利用等技术研究方面都取得重大进展。"十五"以来，实施省部级各类林业科技计划项目 600 多个，取得科研、推广成果 160 多项，获省科学技术奖和省优秀新产品奖 118 项，林业科技进步贡献率达 45%，建立了 2 个部级科技兴林示范县（场）和 12 个省级科技兴林示范县，制修订各类省级地方标准 43 项，建立 7 个全国林业标准化示范县和 17 个省级林业标准化示范县。林木种苗科技攻关取得丰硕成果，通过整合资金、项目、技术和科研力量，建立种质资源库 1178 个，选出 9 个树种 660 个优良繁殖材料，建立了 994 亩高质量的种苗生产基地，提供各类优良苗木 1 亿多株。种苗科技攻关项目的实施，不仅为资源培育提供了优良的种质材料和良种优苗，而且在理念创新、机制创新和管理创新等方面，也为福建省林业科技发展提供了新的模式。同时，加强了林业质量监督工作，建立了 2 个省级林产品质量检测中心和 4 个市级林木种苗质量检测站，福建省林业标准化工作继续保持在全国前列。福建省林业科学研究院的科研水平和科研开发能力在全国省级林业科研院所中名列前茅，在福建省科研院所中名列第二，在南方主要造林树种选育、沿海防护林培育、森林主要病虫害防治等研究领域居国内先进水平。

积极探索以成果为依托、市场为导向、效益为中心的成果转化新形式和技术服务新手段，林业科技推广功能性改革取得初步成效，得到国家林业局的肯定并在全国推广。不断创新林业技术推广和服务方法，在 19 个县（市、区）开通 96355 林业服务热线，培训村级林农技术员 1.2 万多人次，推广科技特派员和村级协会模式，促进科技推广机构与林农、林业企业、农村技术协会的联系。组织推广了桉树、光皮桦、锥栗、雷公藤等树种优良新品种和栽培技术以及毛竹笋竹两用林丰产高效培育配套技术等 100 多项对林业生产起重大作用的科技成果和实用技术。科技兴林示范建设工作上了一个新台阶，建立了南平全国林业科技开发试验示范区、2 个部级和 12 个省级科技兴林示范县、7 个林业科技示范园区，还建立了一大批科技兴林示范乡（镇）、村、片，初步构建起林业科技示范网络，促进了科技成果的转化应用，提高了林业科技的显示度。如竹子科技园区通过实施定向培育技术和集约经营管理技术，科技成果在园区推广率达 100%，带动千家万户的竹农应用竹林高效经营技术，大大提高了周边地区竹林的经济效益和竹农的收入。

据《福建省志·林业志》记述："福建近代林业教育，始于 20 世纪初。清光绪二十九年（1903），福州创办农业别科，开设林学课程。"在时代的教育大变革背景下，福建林业教育继往开来，在省、校两级领导和管理下，加速创新，拓展办学空间与规模，承担全面的社会任务，更加自觉地实行为林业、林区、林农现代化服务，为学生毕业的就业与继续升学服务，为社会成员终身学习、提高职业本领、转换职业、提高生活质量服务。优化林业教育的层次结构，逐步实现林业高等教育与林业经济发展的相互协调，根据社会需要和林业教育的实际，确定研究生教育、本科和专科、中专教育的多层次的目标结构。加强林业教育培训，全省设有 1 所林业大学、1 所高职、2 所中专，每年培养林业各类专业人才 3000 余人；设置了福建农林大学、福建林业职业技术学院、福建三明林业学校等院校组成的多层次的教育机构，其中福建农林大学的 2006 年林科分单位在校研究生达 302 人，本科生人数达 1696 人，在全国专业林业院校之外的高校中排在前列；福建林业职业技术学院在校专科生达 639 人，在全国林业职业院校中排名靠前；福建三明林业学校林科在校生达 3279 人，列在全国普通中等林业职业学校中的第二位。福建省的林业教育为林业发展作出了重要的贡献，为社会提供了大量的技术、产业、管理人才，农业院校的广大教师辛勤任教，涌现出了许许多多感人事迹；校园文化也在不断推陈出现，为社会文化的进步提供不竭动力。

第四节　林业发展核心理念及其实现途径

在海峡西岸建设现代林业，要求进一步解放思想、更新观念。基于海峡西岸林业发展的现状水平和地位作用的分析，面向未来的海峡西岸林业发展将以"和谐绿色海西，高效持续林业"为核心理念。其实现途径主要包括三个方面：一是建设生态良好的绿色家园；二是发展集约高效的循环经济；三是培育进步繁荣的生态文化。

一、"和谐绿色海西，高效持续林业"的核心理念

（一）现代林业发展理念的确立

"和谐绿色海西，高效持续林业"的发展理念的确立，是在充分考虑海峡西岸的实际，党和国家在新时期的现代化发展战略，新时期的林业发展战略，并借鉴国际国内林业发展的经验，对各方面情况进行认真思考、综合分析的基础上提出的。

第一，发展理念符合海峡西岸生态、经济与社会全面谐调可持续发展的实际与需求。改革开放以来，海峡西岸经济社会全面快速发展，林业建设取得巨大成就。同时，在发展过程中，生态环境问题也日益凸显出来。人民群众对生态环境质量的要求、对林业富民水平和改善民生能力的

要求也越来越高。原来的以生产木材为主要任务的传统林业,已经不能满足社会对林业的多种需求。因此,为了实现林业的又好又快发展,就必须用新的理念指导海峡西岸林业建设。现代林业不仅要体现在外部,即实现国土的全面和深度绿化,而且要体现在林业的生产方式和消费方式等各个方面,即要达到循环经济要求,推动人们牢固树立保护自然、热爱森林的生态文明观念。"绿色海西",主要是从外在的视觉效果来体现林业发展的目标,而"现代林业"则从是内在的本质特征来反映林业发展的要求和目标。

第二,发展理念符合党和国家新时期新阶段科学发展观和建设生态文明指导方针对林业的要求。在新时期,我国林业发展要以"科学发展观"为指导。即"坚持以人为本,树立全面、协调、可持续的发展观,促进经济社会和人的全面发展",必须"统筹城乡发展、统筹区域发展、统筹经济社会发展、统筹人与自然和谐发展、统筹国内发展和对外开放"。同时,林业发展要为构建社会主义和谐社会、建设社会主义新农村的战略任务服务。人与自然和谐相处是社会主义和谐社会的重要内容。人与自然和谐相处,是生产发展,生活富裕,生态良好。构建和谐社会离不开统筹人与自然和谐发展,而林业是统筹人与自然和谐发展的关键。生态文明是人类在发展物质文明过程中保护和改善生态环境的成果,它表现为人与自然和谐程度的进步和人们保护与尊重自然观念的增强。改革开放以来,我们党多次郑重提出,在建设社会主义物质文明的同时,建设社会主义政治文明和社会主义精神文明。党的十七大报告在阐述实现全面建设小康社会奋斗目标的新要求时,第一次明确提出建设生态文明。海峡西岸林业的发展理念要充分体现以人为本,体现现代社会全面、协调、可持续发展的新要求,积极为和谐社会、生态文明建设服务。

第三,发展理念符合我国新时期以生态建设为主的现代林业发展战略。2003年6月,党中央、国务院做出《关于加快林业发展的决定》,吸收《中国可持续发展林业战略研究》成果,确立了"三生态"林业发展战略、并给林业以"三地位"的新战略定位。"三生态"林业发展战略是"确立以生态建设为主的了林业可持续发展道路,建立以森林植被为主体、林草结合的国土生态安全体系,建设山川秀美的生态文明社会"。林业的"三地位"是"在贯彻可持续发展战略中,要赋予林业以重要地位;在生态建设中,要赋予林业以首要地位;在西部大开发中,要赋予林业以基础地位"。2007年年初,国家林业局提出在全国推进现代林业建设的新命题。并指出,当前和今后一个时期林业工作的基本思路是:坚持以邓小平理论和"三个代表"重要思想为指导,用科学发展观统领林业工作全局,以全面推进现代林业建设为主题,以根本转变林业增长方式为主线,以全力构建林业三大体系为目标,着力培育森林资源,着力深化林业改革,着力推进科教兴林,着力抓好依法治林,着力加强经营管理,着力强化基础建设,充分发挥林业的三大效益,满足社会的多样化需求,为建设社会主义新农村、构建社会主义和谐社会作出更大贡献。建设现代林业,是对全国提出的要求,海峡西岸林业有基础也有条件走在全国现代林业建设的前列。

第四,发展理念是认真总结和借鉴国际林业发展经验的结果。进入21世纪,世界林业发展出现了新的发展趋势。首先,和谐发展已成为世界林业发展的取向。在发展方向上,鼓励开发"生态友好"的森林产品和服务;推动"生物经济"发展,注重森林资源利用的效率与价值;发展森林社区文化,保护传统知识与精神价值;信息知识共享,政府的角色与作用转换。其次,城市森林建设在世界生态化城市发展中具有重要作用。进入21世纪,城市规模扩大、人口增加、生态环境压力加大,是世界城市发展的一个共同特点。加快城市森林建设,建设生态结构合理、生态服务功能高效的城市生态系统,推动生态化城市建设,已成为世界城市发展的新潮流。第三,全球人工林建设保持快速发展势头。随着全球经济的迅速成长,一方面国际市场对林产品需求攀升,另一方面天然林保护的呼声高涨,天然林供材压力加大,使得人们的目光更多地转向了人工林。第四,通过清洁发展机制增强森林"碳汇"功能。森林问题是全球气候变化控制中一个热点问题。2001年《波恩政治协议》和《马拉喀什协定》已同意将造林、再造林项目作为第一承诺期合格的清洁发展机制（CDM）项目，这意味着发达国家可以通过在发展中国家实施林业碳汇项目抵销其部分温室气体排放量。第五，发展森林认证以推动森林可持续经营。第六，私有林成为推动林业发展的重要力量。私有林在市场经济国家的林业建设与发展中，是一支重要力量，各国政府对私有林的发展十分重视，并通过健全的法律保障体系和积极的政策扶持措施，推动着私有林的健康发展。确立海峡西岸林业的发展理念，也必须进一步拓展全球思维、运用开放视野，以"绿色"和"现代"为关键词和主旋律，充分和集中体现世界林业发展的新动向和新趋势，以提升海峡西岸林业的综合实力，缩小与世界发达国家的差距。

（二）现代林业发展理念的基本内涵

现代林业是可持续发展的林业，是充分发挥林业资源的多种功能和多重价值，不断满足社会多样化需求的林业发展状态和方向。公益性、市场性、协调性、高效性和开放性是现代林业的基本特征。现代林业是科学发展的林业，以人为本、全面协调可持续发展的林业，体现现代社会主要特征，具有较高生产力发展水平，能够最大限度拓展林业多种功能，满足社会多样化需求的林业（贾治邦，2007）。发展现代林业的总体要求是，用现代发展理念引领林业，用多目标经营做大林业，用现代科学技术提升林业，用现代物质条件装备林业，用现代信息手段管理林业，用现代市场机制发展林业，用现代法律制度保障林业，用扩大对外开放拓展林业，用培育新型务林人推进林业，努力提高林业科学化、机械化和信息化水平，提高林地产出率、资源利用率和劳动生产率，提高林业发展的质量、素质和效益。

海峡西岸的现代林业，就是按照科学发展观的要求，坚持以人为本，实现海峡西岸山区、沿海、城市地区的全面协调可持续发展的林业。"建设和谐绿色海西，发展高效持续林业"的核心发展理念，主要两个方面的基本内涵。

1. 和谐绿色海西

"和"是中国文化的精髓所在。"天人合一"是中国传统生态文化的核心观点。所谓"和实生物""和而不同""和为贵"，都是强调和谐的重要性。今天，科学发展观强调人与自然和谐发展，强调建设社会主义和谐社会，也都把"和谐"提高到十分重要的位置。

建设"和谐海西"，就是按照科学发展观的要求，通过现代林业建设，从根本上改善人与自然的关系，同时统筹城乡发展、统筹区域发展、统筹经济社会发展、统筹国内发展和对外开放，促进海峡西岸地区的全面、协调、可持续发展，社会主义新农村及和谐社会建设。

一是人与自然的和谐发展。促进人与自然和谐发展，是科学发展观的一个重要观点。2004年3月10日，胡锦涛同志在中央人口资源环境工作座谈会上指出："要牢固树立人与自然相和谐的观念。自然界是包括人类在内的一切生物的摇篮，是人类赖以生存和发展的基本条件。保护自然就是保护人类，建设自然就是造福人类。"2006年4月1日，胡锦涛同志在北京奥林匹克森林公园参加首都义务植树活动时说："各级党委、政府要从全面落实科学发展观的高度，持之以恒地抓好生态环境保护和建设工作，着力解决生态环境保护和建设方面存在的突出问题，切实为人民群众创造良好的生产生活环境。要通过全社会长期不懈的努力，使我们的祖国天更蓝、地更绿、水更清、空气更洁净，人与自然的关系更和谐。"同时，促进人与自然和谐发展，也是生态文明的核心价值观。通过现代林业建设，使海峡西岸地区森林、湿地等自然生态系统得到有效保护，城市、乡村等自然经济社会生态系统的结构和功能得到优化，可持续性得到加强。不仅实现人和社会的发展，还要实现自然界的发展，使两者协调共生、相互促进、共同进步和繁荣。

二是城市与乡村的和谐发展。从目前情况看，海西的城市经济发达，但生态环境问题相对突出；而乡村则是经济相对落后，生态环境相对良好。在生态和经济方面，城乡发展不够协调。我们的发展理念是，通过现代林业建设，完善生态补偿机制，发展城市林业，使城市和乡村的生态环境更加良好，经济发展前景更加广阔。

三是山区与沿海的和谐发展。山区和沿海的关系，不仅是上游与下游的关系，在一定程度上也是乡村与城市的关系，生态保护与经济发展的关系。这要求在现代林业发展中，对林种的布局，三次产业的布局，生态文化的布局，政策的制定都要统筹兼顾，作到分类指导，分区施策。

四是海峡两岸之间、地区内外之间的和谐发展。为了加强海峡两岸的经济文化合作交流，建设共同繁荣的和谐绿色海峡两岸，借鉴台湾林业发展经验，加强两岸生态文化交流是一条重要途径。同时，海峡西岸的林业建设，也需要借鉴长三角、珠三角、京津环渤海等国内其他地区的发展经验，以及国外林业发展的经验，加强相互间林业经济文化的合作与交流，促进区域协调发展。

绿色代表生命，绿色承载文明。中国传统的天人合一哲学观认为："日新之谓盛德，生生之谓易。""天地之大德曰生。"老子说："道生一，一生二，二生三，三生万物。"人类应该按照自然之道对待万物，要"生之蓄之，长之育之"。孔子也说："天何言哉？四时行焉，百物生焉，天何言哉？"对天生万物之德表示赞美。生态文明在本质上是一种绿色文明。

所谓"绿色海西"，是指通过林业建设，将海峡西岸的整个国土建设成为山青水秀、森林资源丰富、生态环境优美、处处生机盎然、欣欣向荣、人与自然和谐美好的绿色家园。

绿色代表生命，而生命体现繁荣，生命标志和谐。绿色，从数量上有多有少、从程度上有深有浅。我们所建设的绿色海西，是数量上由少而多、程度上由淡而浓的绿色海西。建设繁荣和谐的绿色海西，就如同国家第一任林业部长梁希先生所提出的奋斗目标："黄河流碧水，赤地变青山。"以及他（1951年）在《新中国的林业》一文中，为祖国山河描绘了一幅动人的远景："无山不绿，有水皆青，四时花香，万壑鸟鸣，替河山装成绵绣，把国土绘成丹青，新中国的林人，同时也是新中国的艺人。"

生态文明本质上是一种绿色文明。有学者说，农业文明是"黄色文明"，工业文明是"黑色文明"，生态文明则是"绿色文明"。文明是反映人类社会发展程度的概念，它表征着一个国家或民族的经济、社会和文化的发展水平。生态文明是指人们在改造客观世界的同时，不断克服改造过程中的负面效应，积极改善和优化人与自然、人与人的关系，建设有序的生态运行机制和良好的生态环境所取得的物质、精神、制度方面成果的总和。它包括生态环境、生态意识和生态制度。党的十七大首次把"生态文明"写入党代会报告，将生态文明作为全面建设小康社会的奋斗目标之一，提出到2020年使生态环境质量明显改善。这为林业的改革和发展指明了前进方向。建设生态文明有三项本质要求：一是加强生态建设，维护生态安全，实现生态良好；二是基本形成节约能源资源和保护生态环境的产业结构、增长方式和消费模式；三是在全社会牢固树立生态文明观念。林业是一项十分重要的公益事业，又是一项十分重要的基础产业，也是一项十分重要的文化载体，具有巨大的生态功能、经济功能和社会文化功能，这是林业的基本属性。建设现代林业要以推进生态文明为目标。

完善的"绿色海西"要具备三个条件：

一是森林资源的丰富性。在数量上，必须保证有充足的森林资源。无论是山地、内地、农村，还是平原、沿海、城市，都要通过植树造林、绿化荒山荒地、森林资源保育等措施，尽可能地增加森林资源，让绿色覆盖整个海峡西岸，处处绿树成阴，四季花香鸟鸣。

二是森林结构的合理性。在森林的空间布局方面，要根据海峡西岸山区、沿海和城市三类地区的自然经济社会条件进行合理布局。对防护林、用材林、经济林、薪炭林及特殊用途林等林种要实现合理搭配，对公益林、商品林进行科学规划和合理分类经营。在人工林的树种配置方面，要选用乡土树种，尽可能地进行针阔叶树种混交和健康经营，提高森林资源的质量。

三是森林功能的强大性。森林资源具有生态、经济、社会、文化等多种功能。按照区域特点，采取分类经营管理和多目标经营，以有效发挥森林的多种功能，尤其是生物多样性保护、固碳、水土保持、改善城市环境等生态功能，满足社会的多种需求，促进经济社会可持续发展和人与自然和谐发展。

2. 高效持续林业

讲究生产的高效率、高效益，是现代社会的核心价值追求之一。高效，意味着用尽可能少的人力、物力和财力的投入，获得相对多的产出和价值。只有高效，才能在有限的资源条件下较好地满足社会的需求，也只有高效才能实现各种资源的节约，也才有可能实现可持续发展。

所谓"高效林业"，是指通过海峡西岸现代林业建设，极大地提高林业生产力，发挥森林生产生态产品、物质产品和生态文化产品的功能，显著提高林业的生态、经济、社会和文化效益，实现林业综合产出的高效性。实现林业的全面高效发展，要求我们改变传统的以木材生产、以强调经济效益为主的森林价值观念，转变为以增加森林生态系统的绿色 GDP 为核心的森林价值观念，调整林业发展的评价标准体系。

一是建设完善的林业生态体系，发挥林业巨大的生态效益。把握以生态建设为主的发展方向，这是现代林业建设的根本任务。通过培育和发展森林资源，着力保护和建设好森林生态系统、湿地生态系统，在农村和城市可持续发展中充分发挥林业的基础性作用，努力构建布局科学、结构合理、功能协调、效益显著的林业生态体系。

二是建设发达的林业产业体系，发挥林业巨大的经济效益。发达的林业产业体系，事关海峡西岸经济可持续发展和新农村建设。研究优化林业产业发展方向和结构布局，实现一二三产业协调发展，全面提升林业对现代化建设的经济贡献率。切实加强第一产业，全面提升第二产业，大力发展第三产业，不断培育新的增长点，积极转变增长方式，努力构建门类齐全、优质高效、竞争有序、充满活力的林业产业体系。

三是建设繁荣的生态文化体系，发挥林业巨大的社会文化效益。林业要做发展生态文化的先锋，尽可能多地创造出丰富的文化成果，努力推进人与自然和谐重要价值观的树立和传播，为现代文明发展做出自己独特的贡献。普及生态知识，宣传生态典型，增强生态意识，繁荣生态文化，树立生态道德，弘扬生态文明，倡导人与自然和谐的重要价值观，努力构建主题突出、内容丰富、贴近生活、富有感染力的生态文化体系。

四是处理好林业三大体系之间的关系，使林业总体效益最大化。只有坚持以生态建设为主的林业发展战略，构建完善的生态体系，才能维护生态安全，实现生态良好，为产业体系和生态文化体系建设提供坚实的物质基础；只有构建发达的林业产业体系，才能充分发挥林业的经济功能，更好地推动生态体系和生态文化体系建设；也只有构建繁荣的生态文化体系，才能使全社会牢固树立生态文明观念，保障生态体系和产业体系持续发展。林业三大体系建设互为补充、相互促进，我们必须坚持统筹兼顾，推动林业三大体系全面协调可持续发展，促进林业整体效益的不断优化。

可持续发展理论，是人类在 20 世纪 90 年代所提出的带有革命性的全新发展理念。被誉为人类 20 世纪科学发展的重大成果。它是对与工业文明时代所对应的传统发展理论的扬弃，而最能够体现生态文明的本质要求。其核心是强调一种既能满足当代人的需求而又不对满足后代人需求的能力构成危害的发展模式。这种发展模式符合人类的根本利益和长远利益，也是人类期望长久生存于地球所需要的。

所谓"持续林业",是指通过海峡西岸现代林业建设,建成经济、社会、环境和资源相互协调的、既能满足当代人的需求而又不对满足后代人需求的能力构成危害的,保持林地、森林和林业生产力持续发挥的林业。

实现林业发展的持续性,需要具备以下条件:

一是近自然的林业经营管理。所谓"近自然"林业,是指从森林结构和类型上看、从经营方式上看是近自然的。包括:森林的树种是乡土树种,群落结构是混交林,森林能够天然更新。实践证明,只有近自然林,才能保证森林生物多样性的丰富度,森林的生命力才旺盛,生态功能也才能实现高效化和持续性。

二是多维度的林业发展模式。即集多效益林业、多功能的林业、多目标林业于一身的林业。包括:①多效益林业,是指通过科学的森林经营,努力发挥森林的生态效益、经济效益、社会效益和文化效益。②多功能林业,是指通过林业建设,尽可能多地生产森林物质产品、森林生态产品、森林生态文化产品,高效发挥林业的多种功能,全面满足社会多方面的需要。③多目标林业,是指林业发展要充分考虑海峡西岸不同地区、不同社会阶层对林业发展需求的差异性,最大限度地协调人与自然的关系,实现生态受保护、林农得实惠、市民享安康等多目标协调共赢的局面。

三是林业科学技术和发展方式的改革创新。积极推进现代科学技术在林业生产中的应用,提高森林生产力,最大限度地发挥森林的多种功能和效益。尤其是在树木新品种选育、乡土珍贵树种培育、森林可持续经营,非木质林产品利用,生物质能源,生物质材料,森林景观利用及生态与文化服务等方面加强科研与成果推广力度,提高林业综合实力。在林业发展方式上,要彻底改变过去粗放经营的发展模式向依靠科技进步和多方投入的集约经营转变;由过去把林业单纯作为第一产业向加快第二产业发展,以第二产业带动第一产业、促进第三产业转变;由小工程产生小发展向大工程带动大发展转变。

四是林业管理体制的改革创新。福建是我国南方重点集体林区,在全省1.35亿亩的林业用地中,集体所有的林地占了90%。福建是我国集体林权制度改革最早试点的省份,自2003年开始试点以来,到目前已基本完成以"明晰产权、承包到户、落实经营主体"为核心的主体改革任务,实现了"山有其主,主有其权,权有其责,责有其利"的改革目标,正在推进配套改革。在已完成的主体改革的基础上,要积极探索采伐管理、减轻税费、生态补偿、专业合作等配套政策改革,真正建立起生态受保护、农民得实惠的长效机制。在实现"明晰产权、明确林种、明了经营方案"的基础上,创新管理体制,调动林农、政府、专业组织等各方面投入林业建设的积极性。在新的形势下,海峡西岸林业要充分利用独特优势,进一步改革完善政策,为闽台林业合作创造新机遇和新平台,促进闽台林业合作更加密切、更加富于成效,实现两岸的优势互补,互惠共赢。

二、实现核心理念的基本途径

具体地说,实现"和谐绿色海西,高效持续林业"的发展理念,就是按照科学发展观的要求,坚持以人为本原则,努力开展好三个方面的工作,也可以说是发展理念的进一步深化,即:建设生态良好的绿色海西;发展集约高效的林业产业;培育进步繁荣的生态文化。

(一)建设生态良好的绿色海西

加强生态建设,维护生态安全,建设生态文明,是21世纪人类面临的共同主题,同样也是海峡西岸经济社会可持续发展的重要内容。为了促进人与自然和谐相处,构建社会主义和谐社会,尤其是创建社会主义新农村,海峡西岸要走生产发展、生活富裕、生态良好的文明发展道路。森林作为陆地生态系统的主体，为了保障海峡西岸的生态安全就必须强化林业生态体系建设，不断提高森林生态系统的数量、质量和效益。

胡锦涛同志 2007 年 10 月 15 日在十七大报告中，提出了实现全面建设小康社会奋斗目标的新要求，其中强调"建设生态文明，基本形成节约能源资源和保护生态环境的产业结构、增长方式、消费模式"。生态文明的理念充分体现了科学发展观，是党在新时期指导经济建设的全新提法。生态文明与物质文明、精神文明和政治文明相辅相成。生态文明的提出是基于人类在追求物质财富的进程中，对经济与生态两者关系的深层领悟，是人类正确把握客观事物规律的进步表现。倡导生态文明就是要转变粗放式的数量盲目增长型的发展模式，走出一条资源节约、环境友好、可持续发展的新型工业化之路。

把握以生态建设为主的发展方向，是现代林业建设的根本任务。生态产品已成为我国最短缺、最急需大力发展的产品，成为我国与发达国家的主要差距。在海峡西岸，要加强培育和发展森林资源，保护和建设森林生态系统、湿地生态系统，充分发挥林业在农田生态系统、城市生态系统发展中的基础性作用，构建布局科学、结构合理、功能协调、效益显著的完备的林业生态体系。

加强完备的林业生态体系建设，主要是指构筑点、线、面、体相结合功能齐备的森林生态网络体系，并在基础上逐渐提高森林生态系统的质量和效益。包括以森林公园、野生动植物与湿地自然保护区、城市森林、城镇及乡村人居森林为重点，构建森林生态网络体系的"点"；以沿海防护林、江湖防护林带、公路铁路防护林带以及农田林网为重点，构建森林生态网络体系的"线"；以生态公益林、速生丰产林基地为重点，构建森林生态网络体系的"面"；以森林科学经营、提高森林质量为重点，构建森林生态网络体系的"体"。从而形成资源丰富、布局合理、结构稳定、功能完备、优质高效的现代林业生态网络体系。森林生态网络体系具有整体性、多功能性、高效性和可操作性的特点，有利于长期发挥森林多目标、多功能、多效益的整体作用。

1. 保障山地生态安全

福建是"八山一水一分田"的省份。全省地势西北高，东南低，境内山地丘陵面积占土地总面积 90% 以上。可见，做好这一地区的林业工作，搞好生态公益林建设，对于水土保持、涵养水源、实现生物多样性、促进生态旅游尤为重要。

山区林业应处理好商品林业与生态林业的关系。随着现代林业的不断推进，按照分类经营原则，山区林业在整体上分为公益林业和商品林业，分别采取不同的经营机制和政策措施。山区是江河的源头，现在普遍存在着不同程度的水土流失，并且已成为生态环境建设的重点。山区林业的发展，不仅可为名特产品加工业和服务业提供充足的原料和创造条件，且将对经济社会的可持续发展起着重要的不可替代的生态保护作用。山区林业应将生态公益林建设放在重要位置。立足于公益林森林多功能多效益的发挥，加大退耕还林、封山管护、科学经营等森林经营管理力度，增强公益林的生态功能。加大对人工纯林的改造力度，促进形成混交林、近自然林；积极采用珍贵阔叶用材树种造林，采取补植、除密等特殊经营措施，实行定向培育。建设一批森林和湿地的保护管理与经营示范点，不断探索优化林分结构、退化湿地恢复的最佳理想模式，提高全省森林和湿地保护及经营管理水平。

健全森林生态效益补偿制度。2001 年，福建省共区划界定生态公益林 286.26 万公顷，占全省林地面积的 30.7%，并从当年开始被列为国家森林生态效益补助试点省，省财政也逐年加大对生态公益林管护的补助力度。森林生态效益补助政策的出台，标志着森林生态效益由无偿使用向有偿使用转变。"十五"期间，全省累计投入森林生态效益补助（补偿）资金 5.61 亿元。目前，全省共聘任生态公益林护林员 1.83 万人，建立了管护责任制，对划定的生态公益林实施有效保护。

为了加强生态公益林建设，今后应从增加数量、提高质量两方面努力。一方面，为了促进数量的增长，应该制定科学的公益林发展规划。随着经济社会的不断发展、社会生态需求的进一步提高，公益林的规模应该不断增加。另一方面，为了提高公益林的质量，应该从增加投入、科学经营、规范管理等方面加强做好工作。要进一步完善森林生态效益补偿机制，调动务林人的生产积极性。加大政策倾斜，在森林生态效益补偿制度的基础上，提高补偿标准，规范补偿办法，并建立使林农直接受益的多种补偿渠道，使为保护生态而受到经济损失的农民得到相应的经济补偿，真正调动他们参与生态建设的积极性，巩固林业生态建设的成果。

提高生态公益林的经营管理水平。福建省山区的生态公益林包括野生动植物自然保护区、森林公园、水土保持林、水源涵养林、风景林、名胜古迹林、特种用途林，以及散布各地的古树名木等。全省森林和野生动物类型的国家级自然保护区 10 个，省级自然保护区 22 个，市县级自然保护区 61 个，自然保护小区 3322 个，自然保护区（小区）总面积达 83.56 万公顷，占全省土地总面积 6.88%，居华东地区首位。全省普查登记保护名木古树 49432 株，其中一级保护 2954 株、二级 6485 株、三级 39993 株。管护好全省山区的生态公益林，加强自然保护区建设，对于维护生态安全，促进经济社会可持续发展具有重要意义。根据国际国内经验，建设"近自然、健康、可持续森林"应作为生态公益林经营管理的方向和目标。根据山区的实际情况，尤其是在高海拔、坡度大的地方，划定适当比例的生态公益林，加强水土保持林、水源涵养林、自然保护区建设十分必要。生态公益林建设要严格保护、科学经营管理。认真制定并落实生态公益林管理规定，严格控制生态公益林采伐。同时，要改变造林绿化中树种少、结构单一，人工痕迹较强，与自然不够和谐的现象，提高生态林的整体功能。增强林木管护和森林资源安全保障能力，特别是护林防火能力，确保森林资源安全。同时应该结合集体林权制度改革，制定和完善公益林管理相关条例，健全政策机制，调动各方面的积极性，为公益林建设提供有力的制度保障。

2. 改善城市和乡村人居环境

拥有一定数量和质量的城市森林，是城市现代化与文明进步的重要标志。20 世纪 90 年代以来，福建省城市化进程明显加快，城市化水平从 1990 年的 21.4% 上升到 2003 年的 45.1%，年均增长 1.82 个百分点，增幅居全国前列；全省城市以占全省约 1/3 的国土面积和约 2/5 的人口，创造了近 70% 的 GDP 和近 80% 的工业增加值，有力地推进了福建经济的快速发展。福建省主要城市有福州市、厦门市、三明市、莆田市、泉州市、漳州市、永安市、石狮市、福清市。

在城市化进程中大气污染、水污染、土壤污染、光污染、噪音污染、热岛效应等环境问题相应而生，发展城市林业、改善生态环境的任务日益重要。城市森林是城市的天然水源，如果一座城市的区域 30% 被森林覆盖，那么雨水的流量将减少 14%，有林地区比无林地区的空气湿度高 15%~25%，夏天气温低 3~5℃，冬季气温高 2~3℃，会有效地缓解城市热岛效应。当城市的绿化覆盖率达到 50% 时，才能与人工环境达成较佳的协调效果，要想使整个城市保持 CO_2 与 O_2 的平衡，必须保证人均 60 平方米的绿地。城市森林在降低城市风速的同时，还是一道天然的隔音墙。据测定，70 分贝的噪音通过 40 米宽的隔离带能降低 10~15 分贝，有绿化的街道比无绿化的街道噪音低 8~10 分贝，公园中的成片森林可降低噪音 26~43 分贝，为城市居民的生活、工作营造良好的环境。此外，城市森林在维持生物多样性，减弱光污染、净化城市地下水源等方面也发挥着重要的作用。

从全面建设全面小康社会的要求看，不仅要在吃穿住用等方面达到小康水平，更重要的是城乡居民要有一个处处有草地树木、山青水秀、鸟语花香、街道整洁、空气清新、水体清洁的生活、出行和工作环境。特别是海峡西岸多数城市环境状况不尽如人意，其中城市森林和湿地保护与管理对于生态的改善起着举足轻重的作用。否则，虽然人均国民生产总值达到了小康社会水平，但是生态环境因单纯追求经济发展而恶化，显然不是全面建设小康社会的本意。

福建在城市绿化建设中取得一定成绩。城市建成区绿化覆盖率由"九五"末的32.89%提高到35%；城市人均公共绿地面积由"九五"末的7.02平方米提高到2005年的8.15平方米。现有国家园林城市5个。国家规定的园林城市绿化标准为，对于我国南方地区，人均公共绿地7.5平方米，绿地率31%，绿化覆盖率36%。城市森林的建设标准为，南方城市林木覆盖率需达到30%以上，城市规划建成区绿地率需达到35%以上。福建作为亚热带宜林省份，为了将城市建设成宜居城市，应该加强城市林业建设。

城市森林建设不仅十分必要，而且建设的条件也日益成熟。城市居民亲近大自然、回归森林的愿望十分强烈；政府对城市森林建设日益重视；较强的经济实力和技术支撑；公民有义务植树的法律保障；国内外城市林业发展拥有宝贵的历史经验等。这些因素都使得建设城市森林成为城市发展的必然要求。

为了构筑完善的生态体系、强化生态功能，城市的森林和生态建设，应该作好全面长期的科学规划，同时大力完善城市林业建设的相关政策制度。规划应以实现"林网化、水网化"为目标，致力于"林水相依"，进一步加大和提高森林湿地生态体系建设的力度和标准。实现林网化与水网化，要符合本省城市地区的特点，以林地、林网、散生木等多种方式，有效增加城市和郊区林木数量；恢复城市水体，改善水质，使森林与各种级别的河流、沟渠、塘坝、水库等连为一体；建立以核心林地为生态基地，以贯通性主干森林廊道为生态连接，以各种林带、林网为生态脉络，实现在整体上改善城市地区生态环境的林水一体化生态系统。做好各山体的生态植被建设，以及风景区、风景林地的保护，因地制宜合理选择树种，建立科学的绿化养护机制，改善绿化的生态效果和景观效果，形成具有当地特色的绿色生态体系。

建设绿色文明新村，改善乡村人居环境。党的十六届五中全会向全社会提出了新时期建设生产发展、生活宽裕、乡风文明、村容整洁、管理民主的社会主义新农村的战略任务。海峡西岸林业主要集中在山区，而山区又大多属于经济欠发达的农村地区，在新农村建设中林业可以大有作为。大力发展乡村林业，推动城郊的休闲观光林、庭院和围庄型生态经济林、道路林、水岸林、风水特用林建设，促进社会主义新农村建设，推进海峡西岸林业现代化，发挥林业富民、绿化美化和改善农村人居环境的作用。乡村林业不仅是建设社会主义新农村的必要保障，也是建设社会主义新农村的重要内容。

在海峡西岸农村，村容村貌整治可以与林业建设结合起来。到"十五"期末，全省已有省级园林式乡镇102个，省级园林式村庄210个。由于发展的不平衡性，在广大农村不少地方还存在着生态环境较差、村容村貌不够整洁的问题。村容整洁，是社会主义新农村建设的目标之一。在新农村建设中，结合村庄规划，建设与村庄、住宅房屋、墓地、道路等相配套的围庄林、庭院林、小型公园、行道树、水岸林、风水林等，不仅可以使村容村貌更加整洁，而且可以使生态环境更加良好。同时，乡村林业产业的发展可促进农民开拓致富门路，促进农民增收。由此可见，林业对增加社会就业、促进农村经济发展具有非常巨大的作用。

3. 构筑沿海生态屏障

福建省海岸线漫长曲折，海岸外可作业海域面积13.6万平方公里，大陆岸线直线长度达3752公里，居全国第二，曲折率居全国首位；全省500平方米以上岛屿数达1546个，居全国第二。海岸地区环绕海湾、依托港口而迅速的发展，是福建人口、城镇最密集、经济最发达的地区。同时，这里也是受台风、海洋灾害危害较为严重的地区。

沿海地区的快速发展，同时也产生了一系列生态环境问题。人口的增长和经济规模的扩大，导致了生产和生活污水排放量的迅速增加，使得近岸海域的水体水质的下降和底质沉积物油类污染均大幅度的增加。福建省人多地狭，耕地资源十分紧张。长期以来为解决粮食不足，福建曾几次掀起围垦的热潮。2002年围填海面积已占沿海滩涂总面积的46%，大规模的围垦缩小了天然湿地侵占了海洋生物的天然栖息地；改变了海湾水动力条件，导致许多有重要资源价值的海洋生物的种苗场和繁育地遭到破坏。外来物种的不适当引进或入侵，构成了对本地生物多样性的严重威胁。福建海岛由于长期受人类的破坏和恶劣自然条件的影响，植被遭受严重破坏急剧衰退，森林覆盖率只有26%，许多山头仅残存稀疏矮小的老头林和草丛，林木覆盖度仅10%~20%。东山岛东南岸段的森林覆盖率已由原来的40%下降到15%，琅岐岛的覆盖率不及10%。森林覆盖率的降低，加剧了水土流失。为了解决上述生态问题，在客观上要求加快沿海地区的生态建设和现代林业发展。

近年来，福建省不断加大沿海防护林建设投入，实施以沿海基干林带、沙荒风口造林、老林带更新、红树林建设和受病虫危害的基干林带改造为重点的骨干工程建设，沿海防护林体系逐步完善。沿海防护林造林中阔叶林和针阔混交林比例逐步提高，树种结构进一步改善。沿海地区森林覆盖率达58.53%，全省3752公里海岸线上初步建成带网片点相结合，生态、经济、社会效益相统一的多功能、多效益的沿海森林生态屏障，成为保障福建省沿海人民安居乐业的"生命林""保安林"。

今后，要结合沿海地区的实际，制定科学的林业发展规划，实现林业生产力在空间上的合理布局，以及在时间上的循序渐进，并通过运用行政、法律、经济、科技等手段，对所作规划认真加以落实。在保护和经营好已有森林资源的基础上，要重点做好海峡西岸沿海防护林基干林带合拢加宽、老林带与病虫危害严重林带的更新改造、沙荒风口治理、农田林网、红树林建设等，加快高效防护林体系配置、低效低质林改造、红树林引种驯化技术等示范建设步伐，调整优化树种结构，积极创新沿海防护林建设和管护机制，形成以基干林带为主导的、多层次、纵深型的综合防护林体系。在不远的将来，建立起与沿海经济和社会发展相适应的、结构较为稳定、功能较为完善的海峡西岸绿色屏障。

4. 提高森林可持续经营水平

福建省森林资源的数量虽然已经达到了很高的水平，但资源的质量和效益却仍然较低，有很大的发展空间。森林经营是提高森林资源质量、增强森林多种功能和效益的重要措施。

一是开展科学的林业分类经营。20世纪70年代，美国林业经济学家克劳森和塞乔等提出"林业分工论"。1992年，雍文涛提出并系统论证了"林业分工论"，主张：按森林的用途和生产目的，把林业划分为商品林业、公益林业和兼容性林业三大类，其核心问题是通过专业化分工协作提高林业经营的效率。自20世纪90年代初林业分类经营理论产生之后，它便被引入实践领域。1994年首先在广东省始兴县进行试点。1995年12月，林业部重点部署了分类经营改革工作。1996年，林业部成立专门领导办事机构，选择示范点，编制分类经营规划。从此分类经营理论成为指导林业工作的核心理论，并在实践中不断地得到丰富和发展。

2003年6月，中共中央、国务院在《关于加快林业发展的决定》中明确指出，实行林业分类经营管理体制。在充分发挥森林多方面功能的前提下，按照主要用途的不同，将全国林业区分为公益林业和商品林业两大类，分别采取不同的管理体制、经营机制和政策措施。改革和完善林木限额采伐制度，对公益林业和商品林业采取不同的资源管理办法。公益林业要按照公益事业进行管理，以政府投资为主，吸引社会力量共同建设；商品林业要按照基础产业进行管理，主要由市场配置资源，政府给予必要扶持。凡纳入公益林管理的森林资源，政府将以多种方式对投资者给予合理补偿。要逐步改变现行的造林投入和管理方式，在进一步完善招投标制、报账制的同时，安排部分造林投资，探索直接收购各种社会主体营造的非国有公益林。公益林建设投资和森林生态效益补偿基金，按照事权划分，分别由中央政府和各级地方政府承担。加快建立公益林业认证体系。

福建省在分类经营方面，2001年，福建省共区划界定生态公益林286.26万公顷，占全省林地面积的30.7%，并建立了管护责任制。2005年3月，全省开展生态公益林分级保护、分类施策的区划界定工作。2007年福建省启动了生态公益林管护机制改革，进一步落实管护主体。今后，随着林业分类经营实践的不断深入，通过流转、整合、再划分等途径，对商品林和公益林的数量、结构、质量、效益必将渐趋合理，两者的管护机制也必将得到进一步完善。

二是实施森林近自然、可持续、健康经营。德国等欧洲国家所实行的"近自然林业"理论，美国的"森林生态系统经营理论"，联合国以及我国许多专家所倡导的"森林可持续经营"理论，都强调森林的科学经营，以高效持续地发挥森林的多种功能和效益。

对于森林可持续经营的概念，由于人们对森林的功能、作用的认识，要受到特定社会经济发展水平、森林价值观的影响，有不同的解释。1992年联合国环境与发展大会通过的《关于森林问题的原则声明》文件中，把森林可持续经营定义为："可持续森林经营意味着对森林、林地进行经营和利用时，以某种方式，一定的速度，在现在和将来保持生物多样性、生产力、更新能力、活力，实现自我恢复的能力，在地区、国家和全球水平上保持森林的生态、经济和社会功能，同时又不损害其他生态系统"。这一定义实际上已经综合了许多研究者的观点，由此，也被认为是一个具有普遍指导意义的概念。自林业可持续发展提出以来，国际社会就3个方面开展了森林可持续经营的国际性活动：一是森林可持续经营的标准与指标体系研制，二是有关的试验活动，三是可持续木材生产的认证制度的研讨和建立。三者都可有国际性的活动和国家性的活动两类。

近自然林业是在多功能森林经营目标指导下的一种顺应自然地计划和管理森林的模式，其体系包括立足于生态学和伦理学的善待自然、善待森林的认识论基础和思想财富，对原始森林的基础研究及促成森林反应能力的"抚育性经营"技术核心等方面。近自然林业的理论体系总体上包括了善待森林的认识论基础；从整体出发观察森林，视其为永续的、多种多样功能并存的、生气勃勃的生态系统的多功能经营思想；把生态与经济要求结合起来培育近自然森林的具体目标；尝试和促成森林反应能力的技术和抚育性森林经营利用的核心思想。为实现多功能可持续林业目标，近自然林业提出的基本技术原则可简要归纳为：确保所有林地在生态和经济方面的效益和持续的木材产量同时发挥，实用技术知识和科学探索兼顾地经营森林，保持森林健康、稳定和混交的状态，适地适树的选择树种并保护所有本土植物、动物和其他遗传变异种，除小块的特殊地区外不做清林而要让林木自然枯死和再生，保持土壤肥力并避免各类有害物质在土壤中高富集的可能性，在森林作业设计中应用可能的技术来保护土地、固定样地和自然环境，维持森林产出与人口增长水平的适应关系。

三是大力倡导实行森林认证管理。森林认证是森林可持续经营认证的简称，它是伴随着人们对消费产品进行"生态标签"应运而生的。它力图通过对森林经营活动进行独立的评估，以达到将"绿色消费者"与寻求提高森林经营水平和扩大市场份额以求获得更高收益的生产者相联系的目的。森林认证包括森林经营认证和产销监管链认证。森林认证是促进森林可持续经营的一种市场机制，这一点已经得到国际社会的普遍认可。福建省应结合本地的情况，加快公益林业森林认证步伐。

（二）发展持续高效的林业产业

现代林业产业的发展和壮大，不仅是广大林农致富的客观要求，也是森林资源扩增和生态建设的强大推动力。建设发达的林业产业体系是兴林富民的迫切要求。海峡西岸山区农民经济相对落后，发展经济、迅速致富是他们的迫切愿望和要求。壮大林业产业是强省富民的重要途径。只有走林业产业化发展道路，林业发展才有后劲，生态建设也才有动力。现代林业的发展，必须要走"以经济促生态，以生态促经济"的生态与经济良性互动、互惠双赢的发展道路。

1. 促进循环持续的林业产业发展

循环经济的思想萌芽诞生于20世纪60年代的美国。美国经济学家肯尼思·鲍尔丁在1966年发表《一门科学——生态经济学》，开创性地提出生态经济的概念和生态经济协调发展的理论。"循环经济"这一术语在中国出现于90年代中期，学术界在研究过程中已从不同角度对其作了界定。

循环经济（cyclic economy）即物质闭环流动型经济，是指在人、自然资源和科学技术的大系统内，在资源投入、企业生产、产品消费及其废弃的全过程中，把传统的依赖资源消耗的线形增长的经济，转变为依靠生态型资源循环来发展的经济。它要求运用生态学规律来指导人类社会的经济活动，其目的是通过资源高效和循环利用，实现污染的低排放甚至零排放，保护环境，实现社会、经济与环境的可持续发展。循环经济是把清洁生产和废弃物的综合利用融为一体的经济，本质上是一种生态经济。国家发改委对循环经济的定义："循环经济是一种以资源的高效利用和循环利用为核心，以'减量化、再利用、资源化'为原则，以低消耗、低排放、高效率为基本特征，符合可持续发展理念的经济增长模式，是对'大量生产、大量消费、大量废弃'的传统增长模式的根本变革。"从长远来看，循环经济本质上是一种生态经济，是可持续发展理念的具体体现和实现途径。它的目标是实现经济活动的生态化，建立与生态环境系统的结构和功能相协调的生态型社会经济系统。

从生态文明建设的角度来看，林业是规模巨大的循环经济体，必须为循环经济形成较大规模发挥重要作用。林业以森林资源为主要经营管理对象，是规模最大的循环经济体。大力加强对森林资源的科学经营和合理利用，进行多功能、多效益的循环高效利用，可以满足经济社会发展对林产品和生态产品的需求，扩大循环经济规模，促进循环经济发展。林业生物质能源是可再生、可降解的绿色能源，必须为显著提升可再生能源的比重发挥重要作用。生物质能源具有可再生、可降解的优势。大力开发研制林业生物质能源，可以提升可再生能源比重，保障我国能源安全，促进节能减排降耗。

发展林业循环经济，推行集约生产，是建设资源节约型和环境友好型社会的必然要求。

集约化经营的本义是指农业上在同一面积投入较多的生产资料和劳动进行精耕细作，用提高单位面积产量的方法来增加产品总量的经营方式；现代意义的"集约化经营"的内涵，则是指在社会经济活动中，在同一经济范围内，通过经营要素质量的提高、要素含量的增加、要素投入的集中以及要素组合方式的调整来增进效益的经营方式。简言之，集约是相对粗放而言，集约化经营是以效益（社会效益和经济效益）为根本对经营诸要素重组，实现最小的成本获得最大的投资回报。集约化经营具有质量经营、集团规模经营、效益效率经营、高科技电子化经营、人才经营等特征。

具体地说，林业循环经济的集约化经营主要包括以下内容。

一是加强节材和森林资源综合利用。坚持节约优先，按照"减量化、再利用、资源化"的原则，加快开发资源节约代用和综合利用新技术、新工艺和新设备，发展环保、节能、高附加值产品，不断提高木（竹）材的综合利用水平和废纸、废旧木质产品的回收利用水平。建立健全全省废旧木质材料回收利用网络，成立废旧木质材料回收利用集散中心，制定鼓励废旧木质材料回收利用的经济政策。

加快发展森林资源综合利用，满足经济建设对森林产品的需求。随着海峡西岸森林资源的增长，经营过程中产生的森林剩余物，相关的林产品将日益丰富，为资源综合利用产业发展提供了物源基础。进行科学合理的开发，在维持森林生态环境稳定的前提下做到永续利用。提高森林资源的保护和利用水平，优化林业产业结构，促进农民致富奔小康。加大科技投入，加快新技术、新产品的开发力度，提高木材资源综合利用率。

二是走环境友好型生产之路。林业产品从生产到使用乃至废弃、回收、处理处置的各个环节都力求做到对环境无害或危害甚小。要强化政策引导，全面推行清洁生产，加快林产品加工企业技术改造，形成低投入、低消耗、低排放和高效率的节约型增长方式，形成一批经济效益好、资源消耗低、环境污染少的清洁生产企业。对生产工艺落后、污染严重的林产品加工企业进行清理，并防止企业在生产经营中造成新的污染。要按照国家《环境影响评价法》有关规定对相关项目开展环境影响评价。

三是降低能源消耗。林产加工项目的设计和建设，应符合相关建设标准、技术标准和《中国节能技术政策大纲》的节能要求。淘汰现有耗能过高、严重浪费能源的林产加工项目。

四是推进节约型、循环型和环保型木（竹）材林产品生产示范区建设。积极推行综合利用、森林无害化处理污水和垃圾、"林—禽—鱼"立体种养等生产经营模式，以发挥示范带动作用。

2. 发展集约高效的林业产业

继续坚持"以二促一带三"的林产业发展思路，建设林业集群，促进产业结构优化、技术进步、模式优化和升级转型。

（1）大力实施产业集群战略、名牌战略和龙头带动战略

发展现代林业产业带。"产业带"，是指在一个区域范围内，由原材料的生产、加工、贸易和各种服务行业共同组成的一种区域性产业群体，它包括第一、二、三产业，它由投资主体与社区居民共同参与。海峡西岸地区适宜发展林业产业带，开展商业造林，推进林业产业基地建设。加快以企业原料林基地建设为基础、龙头企业为核心、示范基地为榜样、专业经济合作组织为纽带、项目为载体的产业集群建设。

培育龙头企业和名牌产品。打造一批带动能力强、示范效应大的骨干企业。抓紧开展林业名牌产品、绿色产品和产业集群认定扶持工作。鼓励和引导龙头企业对其上下游企业、配套企业进行重组与合作，吸引更多相关企业集聚，通过集聚效应降低综合成本，提高龙头企业的竞争力。统筹区域发展，发挥闽西北森林资源优势，构建绿色产业带。积极发展林、果、竹、茶、菌等绿色产品和优势产业，形成规模经济，培育名牌林产品，促进形成闽西北木竹产业集群、造纸产业集群、人造板产业集群；闽东南利用临港优势和气候条件，培育壮大木制品-家具产业集群、花卉产业集群、经济林及其加工产业集群等。积极对接"两洲"，推进绿色海峡西岸承接长三角、珠三角项目，接受产业辐射，建设产业协作区，培育形成合作型、互利互惠型林业产业集群。

发挥"两岸三地"和对外开放省份优势，以台湾和国外的林业产业集群转移为契机，加大对外合作力度，积极吸引外向型项目，培育形成集基地、加工、贸易于一体的产业集群。发展林业新技术产业，推进新型林产品加工园区建设，突出抓好一批重大林产加工业项目，培育形成一批新兴林产业集群，发挥产业的示范引领作用。大力实施名牌战略，培植壮大技术含量与附加值高、有市场潜力的名牌产品，加大名牌推介力度，提升企业及产品在国内外的知名度、美誉度，打造一批国家级名牌产品，发挥名牌效应，开拓国内外市场，以名牌带动林业产业发展，促进产业升级。

（2）优先发展林业第二产业

加快发展竹木加工业，满足经济建设对森林产品的需求。应在现有基础上不断提高竹木加工的科技含量，增强产品的市场竞争力。林纸（板）一体化。木质、竹藤家具、木竹地板及木制品加工。

加快发展林业生物质能源和生物制剂产业，弥补社会对环境友好型能源产品的需求。未来经济是生物经济的时代。世界各国都在致力于生物经济技术的研究和开发。林业生物经济是生物经

济的重要组成部分。海峡西岸作为森林资源大省，充分发挥资源和社会经济的优势发展林业生物经济，将是大有潜力。积极开发生物质能源产业。生物质能源是新兴的可再生能源产业。目前世界各国，尤其是发达国家都致力于开发高效、无污染的生物质能源产业。要充分利用海峡西岸光热条件好的自然优势，突出发展木本植物生物质能源林培育，以生物燃料油和气化发电为主线，建立有林业特色的新兴生物质能源产业。在近期，要利用现有的技术优势，研究、培育、开发速生高产的木本生物质能源林新品种，在条件允许的市县，建立能源林基地；加强生物质能源利用技术的研究和转化工作，突出生物柴油和燃料乙醇的开发利用，制定技术标准，形成可持续发展的生物质能源产业。加强技术监督和市场管理，规范市场行为，为生物质能源技术推广、开发创造良好的市场环境。

发展木工机械制造业，提高现代林业物质装备水平。现代中国是一个木工机械生产大国。木工机械制造业能满足国内大部分需求，甚至还有一部分产品远销国外，但对于一些高精尖产品，还需要从国外进口以满足生产工艺需要。德国、意大利、中国台湾、美国和日本是国际木工机械产品的主要生产国家和地区，在国际市场供给中占有主导地位。欧洲是国际木工机械最大的制造基地，也是最大的消费市场，被德国和意大利占据。中国台湾木工机械在美洲和亚洲市场都居第一位。中国大陆木工机械技术水平与中国台湾相当，争取美洲、俄罗斯较大的市场份额很有潜力。中国木机产品与国际商家的竞争总体上不是同一水平的竞争，是各自发挥劳动力优势和技术优势的贸易互补。调整产品结构，研制大规模连续平压人造板成套设备替代进口，研制高技术含量的自动化、集成化木工机械产品，是我国所面临的紧迫问题。在发展木工机械制造业方面，福建具有很大优势和潜力。

（3）大力巩固林业第一产业

加快推进速生丰产林工程建设。在国家林业战略布局中，海峡西岸属于南方商品用材林区域，我国重点木材和林产品供应战略基地，是林业产业发展最具活力的地区。同时，按照国务院批准的《林纸一体化工程规划》和国家计委批复的《重点地区速生丰产用材林基地规划》，海峡西岸属于工业原料林产业带，以建设短周期短纤维浆纸原料林基地为主，培育工业原料林，兼顾周期较长的大径级用材林基地建设，适量发展周期较长的特有珍贵用材树种。

建设经济林与森林食品基地。充分发挥海峡西岸丰富的资源优势。森林药材树种资源也非常丰富，充分发挥经济树种资源丰富的巨大优势，挖掘潜力，培育产业，最大限度地提升林业效益。

打造野生经济动物驯养繁殖加工基地。在加强野生动物资源保护的前提下，科学合理地开发利用野生动物资源，培育成新的林业经济增长点，组建一批管理规范的驯养繁殖加工企业，形成产业链。

大力发展花卉、苗木产业。随着人民生活水平的提高，社会对海峡西岸省花卉、苗木的需求越来越旺盛。在花卉、苗木生产方面，海峡西岸已有很好的基础。今后应加强基地建设，以更好地满足人民的绿化美化需求。加强林木种子种苗工程建设，应用新技术加快新品种的选育，收集整理和保存种质资源，引进驯化国外新品种，提高良种使用率和优质苗木的供应率。积极开发、合理利用海峡西岸省丰富的乡土树种及野生花卉资源，培育具有特色的国际竞争力的名特优新品种，全面提高产品的品质和生产水平。发展的重点是高档盆花及观叶植物和绿化种苗产业带。根据市场需要，稳妥发展，控制生产规模。同时保持药用花卉的生产优势，加快室内观叶植物和盆栽植物的发展，提高自给率。

（4）延伸提升林业第三产业

福建省努力拓展森林旅游资源，做大森林旅游产业。以文化壮大产业，以产业支撑文化，已成为一种趋势。森林旅游是生态文化的龙头和主导产业。福建省森林旅游业起步虽晚，但发展速度较快。根据旅游资源分布状况和不同地理区域，福建森林旅游将形成五区、三线、三中心分布格局。截至 2006 年年底，福建省各森林公园年度总收入 1.6 亿元，其中森林旅游收入 1.4 亿元，创社会旅游产值 8 亿元，带动社会旅游从业人员 11878 人。福州"森林人家"是福州林业部门利用旗山国家森林公园，推出的森林生态文化旅游品牌，是森林生态文化市场化运作的探索。通过"森林人家"，把森林文化与当地的民俗风情相结合，与不同区域的森林人文资源相结合，打造一种生态型旅游产品，传播森林生态文化，并带动当地乡村经济发展，增加林区群众收入。此外，森林生态文化产业还包括茶文化产业，竹文化产业，花卉文化产业等。

随着人民生活水平的提高，生态旅游、森林休闲已成为朝阳产业，表现出方兴未艾的强劲发展势头。发挥海峡西岸森林和湿地资源的优势，大力发展森林旅游、湿地旅游等生态旅游业。进一步完善海峡西岸省的森林和湿地生态旅游工程的建设，坚持沿城、沿路、沿水开发原则，发展集群经济的圈层结构。提升旅游文化品味。

各地应突出区域特色，挖掘潜力，依托载体，延长林业生态文化产业链，促进传统林业第一、第二产业向生态文化产业升级。既要在原有基础上做大做强山水文化、树文化、竹文化、茶文化、花文化、药文化等物质文化产业，也要充分开发生态文化资源，努力发展体现人与自然和谐相处这一核心价值的文艺、影视、音乐、书画等生态文化精品。同时，充分挖掘生态文化培训、咨询、网络、传媒等信息文化产业，打造森林氧吧、森林游憩和森林体验等特色品牌。有序开发森林、湿地、沙漠自然景观与人文景观资源，大力发展以生态旅游为主的生态文化产业。鼓励社会投资者开发经营生态文化产业，提高生态文化产品规模化、专业化和市场化水平。

3. 完善林业产业发展政策

为促进现代林业产业发展，在近期重点开展以下工作。

一是改善宏观调控。尽快出台《林业产业政策要点》，明确发展重点和方向，积极采取市场化手段，促进形成区域优势明显的林业产业发展新格局。加强政府投入引导，继续调整林业税费政策，完善林业贷款和贴息政策，建立多元化投入渠道。优化林产品进出口管理，扩大高附加值产品出口，减少原料性产品出口，鼓励企业到海外办厂。加强各级林业部门产业行政管理机构建设。

二是加强市场监管。完善行业标准和法律法规体系，强化监管措施。建立木材经营加工、野生动植物及其产品经营利用等行业市场准入制度。

三是优化公共服务。加强产品和要素市场建设，以大流通促进大发展。理顺林业产业统计口径，为科学决策提供真实完整的信息。提高信息化、社会化服务效率和水平。依靠科技进步，提高森林资源培育、木材和经济林产品加工利用、林木种苗培育的科技含量。

四是强化社会管理。积极发挥林业产业协会的作用，切实加强对各种林业经济合作等社团中介组织发展的指导、监督、管理和服务，不断提高林业产业发展的组织化程度。

五是抓好山区综合开发。根据加强新农村建设的要求，在全面总结山区综合开发成功经验的基础上，抓好政策性文件的研究起草和实施方案的组织编制工作，推动山区综合开发深入开展。

（三）培育进步繁荣的生态文化

生态文化是现代林业的重要组成部分，也推进现代林业发展的重大精神动力。海峡西岸林业要做发展生态文化的先锋，尽可能多地创造出丰富的文化成果，努力推进人与自然和谐重要价值观的树立和传播，为现代文明发展做出自己独特的贡献。普及生态知识，宣传生态典型，增强生态意识，繁荣生态文化，树立生态道德，弘扬生态文明，倡导人与自然和谐的重要价值观，努力构建主题突出、内容丰富、贴近生活、富有感染力的生态文化体系。海峡西岸拥有丰富的传统历史文化和生态文化，在建设海峡西岸现代林业中要认真继承和发扬传统的优秀的生态文化，同时不断地充实其新的文化内涵，不断提高森林文化在海峡西岸历史文化和少数民族文化中的地位，促进建设"绿色海峡西岸"宏伟目标的更好实现。

在福建，生态文化观念深入人心。东山县广为流传的"先祭谷公，再祭祖宗"，就是为了纪念县委书记谷文昌同志献身林业的事迹。在福建林业系统，有许多像谷文昌一样的干部，把森林看作自己的生命。南平市林业局的詹夷生，武夷山自然保护区高级工程师汪家社就是他们中间突出的代表。在不少地方，保护森林蔚成风气。在"把森林引入城市"的活动中，厦门和长沙走在了前列。近年来，厦门市加大绿化力度，初步形成点、线、面相结合的城市森林生态网络格局。

1. 建立生态文化组织

生态文化建设是一个涉及多个管理部门的整体工程，需要林业、环保、文化、教育、宣传、旅游、建设、财政、税收等多部门的协调与配合。森林文化是生态文化的主体，森林文化建设是生态文化体系建设的突破口和着力点，由林业部门在生态文化建设中承担主导作用。建议省委和省政府成立生态文化建设领导小组，协调各个部门在生态文化建设中的各种关系，确保生态文化体系建设"一盘棋"。

在林业部门内部将生态文化体系建设作为与林业生态体系建设、林业产业体系建设同等重要的任务来抓，加强领导，明确职责，建成强有力的组织体系和健全有效的工作机制，加快推进生态文化体系建设。

2. 完善生态文化制度

为使生态文化建设走上有序化、法制化、规范化轨道，必须尽快编制规划，完善政策法规，构建起生态文化建设的制度体系。首先，要将生态文化体系建设纳入省和林业部门的《"十一五"和中长期发展规划》。在此基础上，进一步编制《生态文化体系建设"十一五"和中长期发展规划》，明确指导思想、目标任务、实施步骤、保障措施，指导全省的生态文化建设。建议选择在生态文化建设有基础的单位和地区作为试点，然后总结推广。其次，将生态文化体系建设纳入制度化轨道。要在现有林业法规的基础上，做好与生态文化建设相关法律法规的立法、修订和完善工作，使之做到有法可依、有法必依、执法必严、违法必究。在政策、财税制度方面给予倾斜和支持，鼓励支持生态文化理论和科学研究的立项，制定有利于生态文化建设的产业政策，鼓励扶持新型生态文化产业发展，尤其要鼓励生态旅游业等新兴文化产业的发展。第三，加快生态文化体系建设制度化进程。生态文化体系建设需要规范的制度作保障。建立和完善各级林业部门新闻发言人、新闻发布会、突发公共事件新闻报道制度，准确及时地公布全省生态状况，通报森林、湿地信息。建立生态文化宣传活动工作制度，及时发布生态文化建设的日常新闻和重要信息。建立生态文化建设的专项经费保障制度，生态文化基础设施建设投入纳入同级林业基本建设计划，争取在各级政府预算内基本建设投资中统筹安排解决等等。

3. 创新生态文化科技

在森林生态文化的理论研究方面，福建省部分林业专家学者取得可贵的理论成果。上世纪90年代初由傅先庆先生主编了《林业社会学》，提出了林业社会科学理论的观点，其中内容就牵涉到林业文化建设的问题。近年来福建省福清市林业局高级工程师苏祖荣编写了《森林美学概论》，与福建林业职业技术学院的苏孝同共同撰写《森林文化学简论》，这是迄今为止国内首部的森林文化学专著。

在海峡西岸进行生态文化建设，这是一个全新的时代课题，必须加强关于生态文化建设的理论研究。建议省林业厅组织相关专家学者，对生态科学、生态经济、生态政治、生态哲学、生态文化等知识学科进行系统研究，打牢指导和推进生态文化体系建设的理论和知识基础。当前，重点研究：生态文明与生态文化的关系、人与自然的关系、生态文化与和谐社会的关系、生态文化体系与林业产业体系和林业生态体系之间的关系、生态伦理与生态价值观等重大问题进行研究攻关。支持召开一些关于生态文化建设的研讨会，出版一批专著和学术期刊，宣传生态文化研究成果。在对生态文化体系建设情况进行专题调查研究和借鉴学习国外生态文化建设经验的基础上，构建生态文化建设的理论体系，形成比较系统的理论框架。加强生态文化学科建设、科技创新和教育培训，培养生态文化建设的科学研究人才、经营管理人才，打造一支专群结合、素质较高的生态文化体系建设队伍。

4. 建好生态文化载体

福建省十分重视自然保护区建设。福建省重点投资建设了一批自然保护区、野生动物救护中心、野生动物园、湿地公园等。自然保护区对于约束人的行为，保护生物多样性、拯救濒于灭绝的生物物种、提高生态文明等都取得明显效果，构成森林生态文化建设最重要的物质载体。武夷山自然保护区、梅花山野生动物保护区、东山海防森林与谷文昌纪念馆，分别代表了不同类型的生态文化基础建设。

建立以政府投入为主，全社会共同参与的多元化投入机制。在省林业厅的统一领导下，启动一批生态文化载体建设工程。对改造整合现有的生态文化基础设施，完善功能，丰富内涵。切实抓好自然保护区、森林公园、森林植物园、野生动物园、湿地公园、城市森林与园林等生态文化基础设施建设。充分利用现有的公共文化基础设施，积极融入生态文化内容，丰富和完善生态文化教育功能。广泛吸引社会投资，在有典型林区、湿地、城市，建设一批规模适当、独具特色的生态文化博物馆、文化馆、科技馆、标本馆、科普教育和生态文化教育示范基地，拓展生态文化展示宣传窗口。保护好旅游风景林、古树名木和各种纪念林，建设森林氧吧、生态休闲保健场所，充分发掘其美学价值、历史价值、游憩价值和教育价值，为人们了解森林、认识生态、探索自然、休闲保健提供场所和条件。

5. 拓展生态文化平台

在森林生态文化的传播方面，福建省林业部门高度重视在自然保护区内建设博物馆、观鸟屋、宣教中心等，作为森林生态文化传播的重要平台。当前，全省林业系统已建成31个省级以上自然保护区，有25个自然保护区在开展科普教育活动。福州国家森林公园利用自身优势和特点建造了目前全国唯一的、也是规模最大的以森林为主题的博物馆。目前，福州国家森林公园已经成为重要的生态文化传播基地，先后被评为"全国科普教育基地""全国环境教育基地""福州市青少年德育教育基地""福州市青少年科技教育基地""福建省科普教育基地"等，还被福建省林业厅作为福建林业行业两个文明建设的"窗口"，被省政府作为接待中央领导和外宾的接待点。旗山森林公园在旅游目的地设置一些很人性化的标识牌和警示牌，让游客在愉悦中增强生态意识，使"森林人家"成为提高人们生态意识的天然大课堂。此外，还可通过环境纪念日、民间环保组织、专业渠道进行传播。

在采用报纸、杂志、广播、电视等传统传播媒介和手段的基础上，充分利用互联网、手机短信、博客等新兴媒体渠道，广泛传播生态文化；利用生态文化实体性渠道和平台，结合"世界地球日""植树节"等纪念日和"生态文化论坛"等平台，积极开展群众性生态文化传播活动。特别重视生态文化在青少年和儿童中的传播，做到生态文化教育进教材、进课堂、进校园文化、进户外实践。在林业系统内部，继续作好"国家森林城市""生态文化示范基地"的评选活动，使生态文化理念成为全社会的共识与行动，最终建立健全形式多样、覆盖广泛的生态文化传播体系。

第五节 海峡西岸现代林业指导思想与战略目标

一、指导思想

高举中国特色社会主义伟大旗帜，以邓小平理论和"三个代表"重要思想为指导，全面落实科学发展观，深入贯彻中共中央、国务院《关于加快林业发展的决定》和《关于全面推进集体林权制度改革的意见》，中共福建省委、省政府《关于加快林业发展建设绿色海峡西岸的决定》精神，以"和谐绿色海西，高效持续林业"为理念，以建设海峡西岸科学发展先行区、两岸人民合作交流先行区为契机，以"三多一持续"为要求，以改革创新为动力，大力建设生态良好的绿色海西，发展持续高效的林业产业，培育进步繁荣的生态文化，力争在全国率先实现林业现代化，为建设物质文明、政治文明、精神文明和生态文明全面协调可持续发展，加强海峡两岸合作与交流做出重要贡献。

二、基本原则

（一）生态建设优先，保障生态安全

海峡西岸林业的首要任务是要为海峡西岸经济区的持续、健康、快速发展提供可靠的生态保障。良好的森林生态环境是发挥森林经济和社会功能、全面满足人民的物质和精神需求的基础，是实现人与自然和谐相处的重要条件，是弘扬生态文明、构建和谐社会的保障，是现代林业的重要标志。推进生态文明建设成为海峡西岸全面建设小康社会、率先实现现代化的重大使命，在海峡西岸现代林业建设中，要强化生态安全意识，遵循生态建设优先的原则，走生产发展、生活富裕、生态良好的文明发展道路，倡导森林资源节约与环境友好的发展模式。打造"绿色海峡西岸"，要广泛开展造林绿化活动，加强森林资源的培育和经营，提高森林资源质量，优化林种、树种配置，实施重点林业生态工程，改善农村生态环境和城市人居环境。

（二）以二带一促三，提升林业产业

林业产业是海峡西岸经济的重要组成部分，是农民增收、农业增效和农村经济发展的重要途径，同时为建设完备的生态体系提供内在动力。在海峡西岸林业产业建设中，要以"以二带一促三"为原则，促进林产品加工业升级，坚持扩大对外开放，充分利用国内外"两种资源""两个市场"，积极推动"走出去战略"，发展闽台林业合作，拓展林业发展空间，拉长产业链条，壮大产业规模；加强速生丰产用材林基地建设，加快竹产业、茶产业、花卉产业和其他非木质林产品产业发展，促进森林旅游业发展，创建好"森林人家"品牌，提高森林旅游产品与服务质量。在林业建设中要突出区域特色，以产业富民为落脚点，以市场为引导，全面提高林业产业竞争力，促进林区的经济水平提升和农民收入增加，使林业成为海峡西岸经济区建设的重要经济增长点。

（三）突出区域特色，弘扬生态文化

要吸取海峡西岸特色的区域文化、历史文化和民族文化精华，大力弘扬和发展新时期具有海峡西岸特色的森林生态文化。应以提升人民森林生态保护意识为核心，着力抓好森林物种文化、森林产品文化、森林产业文化、森林管理文化和森林相关的文艺作品，打造生态人文，弘扬绿色文化为主体的生态文化。送文化进入社区农村，使文化进入千家万户，让文化深入人心。发挥森林文化的鼓舞、教育和娱乐功能，培养广大群众的生态保护意识、忧患意识、责任意识和参与意识，

提升对林业的关注，提高全社会参与林业的积极性，促进森林文化产业发展，丰富和满足人们向往自然、回归自然的物质文化需求，为海峡西岸现代林业建设打下坚实的群众基础。

（四）发挥"五缘"优势，拓展闽台合作

进一步发挥闽台"地缘近、血缘亲、文缘深、商缘广、法缘久"的"五缘"优势，按照"优势互补、共同发展"的宗旨，重点加强花卉与种苗、森林培育与保护、森林旅游、林业机械制造、林产品物流、科技人才交流、森林文化和城市林业等方面的合作，加快莆田秀屿木材加工区台商投资区和海峡两岸（三明）现代林业合作实验区建设。通过展会和商务会谈活动，积极为闽台林业合作搭建合作交流平台，加大对台招商引资力度，继续抓好良种资源繁育、木竹加工合作、闽台花卉合作交流、闽台森林旅游合作和民间学术交流等五个林业合作重点领域的促进工作。对合作项目，强化调度落实，做好跟踪服务，及时协调解决项目建设和生产经营过程中遇到的困难和问题，做好后期服务与管理的各项工作。

（五）合理规划布局，促进协调发展

坚持整体协调的原则，要把海峡西岸林业作为一个整体进行研究、统一布局，最大限度地发挥森林在海峡西岸生态环境和经济发展中的作用。按照国家"五个统筹"的要求，与海峡西岸经济区建设总体规划相适应，制定符合现实的林业发展规划、协调好林业与其他部门的关系。根据海峡西岸的立地条件、森林类型以及经济社会发展水平等因素，对海峡西岸林业进行功能分区。立足统筹协调，统领生态、经济、文化发展，促进生态体系与产业体系和文化体系互利共进；规划布局三次产业发展，增加第一产业效益、提升第二产业实力、促进第三产业振兴，实现发展的速度、结构、质量、效益的统一；坚持城乡一体的原则，统筹考虑城乡经济、社会和生态环境的协同，正确处理林、水、城、乡的关系，按照林水相依的原则，通过林网化和水网化的理念开展森林建设，加快城市林业建设，同时又要积极发展乡村林业，有效解决"三农"问题，走生态化的城市与乡村协调发展的道路。统筹政府主导和社会参与的林业发展体制，推动城镇化进程，建设小康社会。

（六）坚持科教兴林，促进管理创新

在海峡西岸林业现代化建设中，必须强调科技兴林的原则，按照建立创新型国家的总体要求，结合海峡西岸林业的实际，切实落实全国林业科技大会关于创新和推广"两手抓"的精神。依靠现有的高校和科研院所，以林业人才队伍的建设为基础，建立完善的林业教育体系、林业科技创新体系和科技推广体系。建设以企业投入为主体的林产品加工业技术创新体系，加强自主创新能力建设，重点解决长期制约林业产业发展的重大关键技术，抓好引进消化吸收再创新建设。

继续深化林权制度改革，做好与之相适应的配套制度改革，发挥政府职能，改革管理机制。加强政府管理思想创新，用现代理念和制度管理林业，依法治林，实现管理的科学化、现代化和规范化；加强政府管理手段、完善建立森林资源监测保护体系、林业行政执法监管体系、林业信息化体系、林业标准体系和社会组织管理体系，提升林业管理的水平和效率。

三、战略目标

到2010年，努力实现"十一五"林业发展既定目标。森林资源进一步增长，生态环境进一步改善，林业产业实力进一步增强，全社会的生态文明意识进一步提高。林业生态体系、林业产业体系和生态文化体系进一步完善，为现代林业建设奠定良好基础。具体说：森林覆盖率达63.02%；生态公益林面积比重达31.0%；城市人均公共绿地面积达10平方米；林业增加值达到650亿元；林分单位面积蓄积量达78.80立方米/公顷；森林旅游人数达到1900万人；林业利用台资数量达85518万元；森林文化教育示范基地数达到146个；森林人家达500个；林业科技贡献率提高到48%。

到 2015 年，森林资源较快增长，生态环境明显改善，林业产业结构和效益进一步优化和增强，全社会的生态文明意识显著提高。林业生态体系、林业产业体系和生态文化体系初具规模，现代林业建设取得初步成效。具体说：森林覆盖率稳定在 63% 以上；生态公益林面积比重达 32%；城市人均公共绿地面积达 11 平方米；林业增加值达 900 亿元；林分单位面积蓄积量达 82 立方米 / 公顷；森林旅游人数达 2100 万人；林业利用台资达到 12 亿元；森林文化教育示范基地数达 179 个；森林人家达 1000 个；林业科技贡献率达 50%。

到 2020 年，森林生态环境趋于良好，森林资源增长，林业产业布局更加合理，实力显著增强。建成资源丰富、布局合理、功能完备、优质高效、管理先进、文化繁荣、科技进步的现代林业体系。把海西现代林业建成比较完善的林业生态体系，比较发达的林业产业体系和比较繁荣的生态文化体系，使林业真正成为国土的安全屏障，农民增收、农村经济收入来源，改善人居环境、促进人与自然和谐发展的重要载体，较好地满足海峡西岸建设山川秀美、经济社会可持续发展的生态经济区的需求，基本实现林业现代化。具体说：森林覆盖率稳定在 63% 以上；生态公益林面积比重达 38%；城市人均公共绿地面积达 12 平方米；林业增加值达 1200 亿元；林分单位面积蓄积量达 85 立方米 / 公顷；森林旅游人数达 3300 万人；林业利用台资达 16 亿元；森林文化教育示范基地数达 224 个；森林人家达 1200 个；林业科技贡献率达 53%。

第三章 海峡西岸现代林业发展指标

第一节 区域现代林业发展指标研究进展

由于林业发展受自然、社会、经济等多种因素的影响，定量确定区域林业发展指标是一个十分复杂的问题。其中既涉及林业发展的需求指标，如防止土壤侵蚀的森林需求量、防治空气及水污染的森林需求量、涵养水源及减灾防灾的森林需求量等等，又涉及林业发展的潜力指标，如水资源承载力、土地资源承载力、光热资源、资金财力等的限制。

同样林业发展的结构指标诸如林种数量指标、林种质量指标（林龄构成、蓄积量、生物量、健康林面积、各林种低效林面积）、林种分区空间结构布局指标、平面布局指标（如城市各屏障带各林种面积、各小城镇林种面积、各保护区及旅游景点已有与新建林地面积、以乡镇为单位的各林种面积）、垂直布局指标（不同海拔分级高度带各林种面积）；林业发展的产业指标，如林业一产指标（经济林果、花卉种植业、种苗、蜂蚕产业）；林业二产指标（林果产品加工业）；林业三产指标（森林旅游等服务业、咨询业）；林业发展的基础设施指标：林木种苗生产、森林防火体系、森林病虫害防治体系、林业信息网络系统、林业生态环境监测体系等。也只有在结合林业发展需求、林业发展潜力分析的基础上，根据林业发展的自然规律和经济规律，才有可能加以确定。

目前国内外已经开展的研究主要是针对林业综合效益评价研究（在空间上可以是省级、县级）以及森林可持续经营管理指标的研究（主要是在森林经营单元或生态系统尺度上）。在区域林业综合效益评价（在空间上可以是省级、县级）方面，高兆蔚（2003）选定了16项林业生态环境评价指标，利用层次分析法结合福建省的16项指标中各项指标在全国所占的地位状况，进行合理地评分，得出福建省林业生态环境建设处于刚刚合格的程度。谢金生等（1999）在分析了国内外可持续林业评价指标体系和评价标准的基础上，提出了包括社会、经济和自然生态三类指标的区域可持续林业评价指标体系和标准。李宝银（2004）采用层次分析法，用以上三类指标进行专家评分的基础上，对福建省林业现代化程度进行了评价。总之，这类研究主要是在对三类指标设定的基础上，采用层次分析法进行林业发展的综合评价。

一、国外林业发展指标概述

森林可持续发展的标准与指标是实现森林可持续发展的基础和手段，因此受到各国政府和组织的关注。在森林可持续经营管理指标方面，自从1992年联合国环境与发展大会后，对森林持续利用的标准与指标体系已展开了国际性广泛的研讨和协调行动，一些国家制定了国家级标准与指标，少数国家开展了示范区的实验性研究。目前世界上主要的森林经营指标与标准有：①蒙特利尔行动纲要（温带与北方森林保护与可持续经营标准与指标），提出了 63 个指标；②亚马孙行动（Amaironia Process），分 3 个方面，即国家水平的 41 个指标，经营单位水平的 23 个指标，为全球服务水平的 7 个指标；③赫尔辛基行动，提出了 28 个指标；④国际热带木材组织（ITTO）指标，分两方面，即国际水平的指标 27 个，森林经营单位水平的指标 23 个。另外还有森林政府间工作组（IWCF）、印度—英联邦活动、森林管理委员会（FSC）、森林和可持续发展的世界委员会（WSFSD）、国际林业研究中心（CIFOR）在 1994 年 12 月开展了森林可持续经营的国际对话，有世界各国 50 余名代表参加，发表了相应文件，还组织了在加拿大、印度尼西亚、巴西和非洲的森林可持续经营标准与指标的实施示范。区域林业发展指标研究的方法主要是根据区域社会、经济、自然、地理、资源、环境、生态、人文方面的要求与可能，确定林业发展总体控制指标，其目的主要是为区域林业发展制定切实可行的目标，为林业总体规划制订提供宏观控制指标，引导林业与其他行业协调发展。

1992 年联合国环境与发展大会后，森林可持续发展进入了一个实质性的阶段。同年国际热带木材组织（ITTO）便制定了世界上第一个关于森林可持续发展的标准和指标体系。此后，对森林可持续发展的标准和指标体系的讨论和研究，在全世界范围内逐渐展开。目前世界上共有 150 多个国家参加了 9 个有代表性的进程（个别国家参加了 2 个进程）。生态区域包括热带（ITTO 进程、塔拉波托倡议、非洲木材组织进程）、温带与北温带（赫尔辛基进程、蒙特尔进程）、撒哈拉以南干旱地区（非洲干旱地区进程）、干旱地区（近东进程、亚洲干旱森林进程）等。在内容、目标和方法上，这些标准和指标都比较相似。一般都包括森林资源和全球碳循环、森林生态系统的健康和活力、森林生态系统的生物多样性、森林的生产功能、森林的保护功能、社会经济功能和条件、机构、政策和法律框架（Steven E.Johnson，2001）。但各个进程侧重点有所不同。ITTO 进程重点在木材生产的可持续经营上，赫尔辛基进程强调的是资源管理，而蒙特尔进程的标准与指标则是在生态系统的框架内，结合社会经济等方面的因素而制定的。这些进程所制定的标准与指标大多涉及国家水平，少数包含森林经营单位的标准和指标，有的还包含区域和全球水平的标准。如 ITTO 进程、塔拉波托倡议和中美洲进程的标准与指标就适用于森林经营单位水平。1995 年 2 月联合国粮食及农业组织（FAO）和热带木材组织（ITTO）在意大利罗马召开了旨在协调全球森林可持续经营行动的专家会议并建议全球在标准和指标的制定方面进行合作，以形成全球水平的森林可持续经营的核心标准。2000 年 11 月 FAO、ITTO、联合国环境规划署（UNEP）、世界林业研究中心（CIFOR）、IUFRO 又召开了一次专家会议，会议考虑到各进程在标准和许多指标之间的相似性，提出各进程要加强森林可持续经营的野外试验，并加强各进程标准与指标之间的兼容性和可比性。

但这些进程的标准与指标在执行中面临许多的困难。由于各国的森林面积、质量和类型以及所有制、社会和经济条件差异极大，因此有些指标只适应于一些特定的国家和区域，而不适应于其他国家和区域。除此之外，有些指标数据的收集和分析限于条件也存在许多困难。

在上述几个行动日趋完善的同时，世界上许多国家也在制定基于本国实际情况的森林可持续标准和指标体系，如新西兰、日本、加拿大、俄罗斯、美国、印度尼西亚等。

二、国内林业发展指标概述

我国森林可持续发展标准与指标体系包括国家水平、地区水平和森林经营—单位水平三个层次。1995 年中国林业科学研究院建立了林业可持续发展研究中心，并在国家林业局领导下，结合 UNDP 援华项目，在参照蒙特尔进程，遵循统一性、实用性和可操作性的原则下，考虑中国特色，开始研制中国国家级的森林可持续发展标准与指标体系，并于 1997 年开始了地区级和森林经营单位级指标体系的制订和验证。这些研究工作是在东北国有林区、南方集体林区和西北干旱少林地区 3 个典型林区的 8 个森林可持续经营示范区（分别位于黑龙江、河北、甘肃、江西、浙江、广东等省）内进行的。国家级森林可持续经营标准与指标体系共有 8 个标准和 80 个指标，地区级及森林经营单位级指标体系也有 8 个标准，其中东北国有林区共 77 个指标，南方集体林区共 60 个指标，西北干旱少林地区共 68 个指标。各指标的确定都充分考虑了各地区人口、社会经济发展和自然条件的差异，以及森林的类型、数量、质量与经营状况等特点（张守攻，2001）。尽管实施的标准与指标体系在我国已经初步形成，但要以此来准确评价森林是否可持续仍然需要较长的时间和精力来不断摸索。从近几年的实践来看，这些标准和指标体系还存在不少问题，如：一些指标缺乏足够的信息；社会经济和环境效益方面缺乏定量的数据；缺乏适当的方法来收集和处理数据等（祝列克，2001）。

国内有许多学者对区域森林资源可持续发展也进行了研究，对研制森林可持续经营、林业可持续发展的标准和指标体系在理论与实践方面做了不少的工作。江泽慧等从国家及区域的不同层次出发考虑问题，分别建立了我国国家层次及地区层次的现代林业发展综合评价指标体系。她们基于我国林业发展状况，考虑林业发展的各个领域，从林地资源、林木资源、生态环境、经济发展、社会效益和科技发展及贡献共 6 个方面，选择了 60 项和 102 项指标分别构成国家水平和地区水平林业发展的综合评价指标体系，并提出了软系统归纳集成法（SSMll）作为评价指标体系建立的方法和软件支撑（江泽慧，2000）。朱永法等（1998）以可持续发展理论为指导，结合我国森林资源的特点和利用中存在的问题，论述了构建森林资源可持续发展指标体系的依据与原则，并从生态、经济和社会三个方面给出了相应的指标体系及其评价方法。李朝洪（2000，2002）在可持续发展理论基础上，探讨了我国森林资源综合评价的方法论和森林资源可持续发展状况的评估准则及方法。他把我国森林资源作为一个大系统，提出了兼顾森林资源系统多种效能的可持续发展指标体系，包括可持续发展描述指标体系和动态评价指标体系。他在文章中重点阐述了森林资源可持续发展描述指标体系的构建，并将指标体系分为可持续发展水平指标体系和可持续发展能力指标体系。可持续发展水平指标体系作为一个总目标系统，分解为生态效能可持续发展水平、经济效能可持续发展水平和社会效能可持续发展水平三个子系统：森林资源可持续发展能力指标体系分解为：资源承载能力、环境缓冲能力、森林生产能力、经济支撑能力、科技支撑能力和管理调控能力六个子系统。

潘存德（1994）系统探讨了林业可持续发展理论、区域可持续发展及其指标体系，并利用该指标体系衡量了新疆伊犁河流域社会发展的可持续性。孙玉军（1995）对福建明溪县和伊春林区 16 个林业局可持续发展能力进行了测定。谢金生（1996）从可持续发展和可持续林业的关系出发，构建了县级区域的林业可持续性发展评价指标体系，并对江西省安福县的林业可持续发展进行了定量评价。王燕（1996）研究了新疆天山中部林区森林可持续指标体系，提出用资源丰富度、环境耐度、经营强度和系统整合度在内的 11 个具体指标，评价森林的经营水平。李玉珍（1998）对乡一级林业发展的指标体系进行了研究，并以临安市临目乡为例对乡级可持续发展的可持续性进行了分析。孟宪宇等（1998）在评价东北林区国有企业局可持续发展能力时提出用资源承载力指数、环境承载指数、生态质量指数、经济发展水平指数、技术管理水平指数及社会发展水平指数共 6 个类指标和 16 个具体指标构成评价体系。黄选瑞（1998）通过构建县级可持续发展能力指标体系对县级可持续发展能力进行了评价分析。罗明灿等（1998）通过构建区域森林资源可持续发展综合评价的理论框架，对新疆维吾尔自治区伊犁地区天西区 9 个国有林场进行了评价。马阿滨（2000）根据资源、环境、经济、社会协调发展的原则，提出了黑龙江森工林区可持续发展评价指标体系。据此对森工林区的发展状况做出了分项和综合的评价，并从总体上讨论了提高黑龙江森工林区可持续发展能力的对策和措施。张万里等（2000）预测了大兴安岭新林林业局可持续发展能力。王洪波（2000）针对吉林省国有林区的特点，建立了由资源承载指标、环境承载力、生活质量、经济发展、技术管理和社会发展指标在内的6个二级指标和15个三级指标构成的国有林业局可持续林业评价指标体系，并对松江河林业局进行了验证。励龙昌（2001）探讨了区域发展理论，并分析了淳安县森林经营状况。张守攻（2001）对森林可持续发展的理论、标准及指标体系进行了系统的论述。李春静等（2001）以驻马店地区薄山林场为研究对象，提出了评价指标体系。并运用模糊数学的综合评价分析理论对该林场的可持续经营能力进行了评价。赵国华（2002）在构建由资源、环境、经济、社会指标构成的森林资源可持续发展指标体系基础上，运用层次分析法对浙江省森林资源的可持续发展进行了评价分析。郭正刚等（2003）在森林资源可持续发展理论指导下，以白龙江林区为例，构建了由经济发展指数、社会发展指数、资源丰富度指数、生态环境指数和技术管理指数5个策略层，20个措施层组成的森林资源可持续发展力评价指标体系。并将森林资源可持续发展力分为可持续和非可持续两种。评价结果表明，白龙江林区森林资源可持续发展力虽然处于非可持续发展状态，但正朝可持续发展目标前进。

第二节　海峡西岸现代林业发展指标构建

一、海峡西岸现代林业发展指标构件研究总体思路

深入贯彻落实科学发展观，按照国家提出的全面建设小康社会的要求，在充分借鉴国内外林业发展现代林业经验的基础上，结合福建发展定位、经济社会发展对林业的多种需求，根据福建社会经济、地理位置、气象气候、土壤植被、生态环境、人文历史等各方面的客观条件和福建林业经济体制创新发展的自身特点，以可持续发展理论、系统科学理论、景观生态学理论、生态经济学理论为指导，以系统层次性、前瞻性、科学性、可行性、综合性和针对性为原则，围绕福建林业发展总体目标，提出体现现代林业新理念的海峡西岸林业发展指标。

通过落实海峡西岸现代林业发展指标，巩固和提升现有林业改革发展的成果，全面实现林业生态、林业产业和生态文化稳步协调发展。这对指标构建的基本要求是要实现：①健全稳定的生态体系；②发达高效的林业产业体系；③繁荣文明的生态文化体系；④坚实创新的林业保障体系。具体是：

建设功能齐备的林业生态体系指标：指标应能体现通过保护、培育和发展森林资源，构建了布局科学、结构合理、功能协调、效益显著的林业生态体系。林业生态指标体系中的地域格局子系统包括：森林生态系统、湿地生态系统、农田生态系统、城市生态系统；林业生态指标体系中的林业结构功能子系统包括：生态系统结构测度子系统，生态系统安全测度子系统，生态系统功能测度子系统。

建设优质高效的林业产业体系指标：指标应能体现通过优化林业产业发展方向和结构布局，切实加强第一产业，全面提升第二产业，大力发展第三产业，一二三产业协调发展，构建门类齐全、优质高效、竞争有序、充满活力的可持续发展的林业产业体系，实现全面提升林业对现代化

建设的经济贡献率。林业产业指标体系中的产业资源子系统包括：木产业子系统、竹产业子系统、珍稀植物产业子系统；产业指标体系中的结构功能子系统包括：林业产业基础指标子系统、林业产业资源容量指标子系统、林业产业结构指标子系统、林业产业生产力指标子系统、新兴林业产业指标子系统。

建设海峡西岸多样的林业生态文化体系指标：指标应能体现通过继承和发扬传统的优秀的生态文化，构建出特色鲜明、内容丰富、贴近生活、富有感染力的生态文化体系。生态文化指标体系中包括：生态文化基础设施建设子系统、历史生态文化保护继承子系统、现代生态文化发展水平子系统、海峡西岸特色生态文化子系统。

建设海峡西岸现代林业发展保障体系指标：指标应能体现通过林业管理体制的稳步扎实、卓有成效的改革，科技兴绿、人才强林、依法护林，构建出适应海峡西岸现代林业发展的、可靠的现代林业发展保障体系。保障指标体系中包括：政策法规子系统、林业管理装备子系统、林业科技支撑子系统、林业才人培养子系统、社会参与两岸共建林业子系统。

二、海峡西岸现代林业发展指标体系制订的原则

海峡西岸林业发展的指标体系，既要明确福建省林业的未来发展方向，也要反映福建林业的建设现状和成果。这些内容包括客观现状的评价、生态安全的保障、环境贡献的能力、可持续发展的基础等一系列的指标。以上这些内容的指标构成了指标体系的框架，在制定指标体系时，必须要有制定的原则以保证指标体系的科学准确、全面综合以及容易操作等，为制定科学的林业发展规划奠定坚实的基础。确定这些指标所遵循的原则是：

1. 科学性原则

林业的发展是一项长期的、复杂的工程，应该以科学为根本，从实际出发，构建反映林业发展客观规律的适度超前的先进性指标。

2. 系统性原则

林业资源和管理具有明显系统特征。海峡西岸林业发展指标应该遵循系统论的思想，保证指标体系的完整性。

3. 层次性原则

林业是复杂的巨系统，包含若干层次的子系统。指标的选取与确定也必须分门别类按层次确定。通过所设计的指标体系，把林业发展的各个层次子系统有机结合起来，实现海西林业发展的总体目标。

4. 稳定性原则

林业资源和林业建设以及林业的生态环境贡献等需要经过较长时间和较大空间的实施与累积过程。所以确定反映未来林业发展的指标，一定要突出稳定性原则，使选择的指标既具有发展目标的稳定性又具有长期评价和时空比较的稳定性。

5. 可操作性原则

指标应容易测定。降低指标测定、评价的复杂性，减少测定成本、评价成本是现代林业发展的基本要求。简便易行的指标在实际工作中可行性强，利于真正落到实处，推广使用。

6. 综合性原则

林业系统是个庞大、复杂的系统。指标既要全面反映系统特征，又不能事无巨细，面面俱到，需要在表现林业系统总体特征的前提下，突出重点，适度综合。

7. 针对性原则

指标既要包括反映国家和区域总体需求的共性指标，更要突出福建特色，使林业发展符合福建自然、社会和经济发展的实际。

第三节　海峡西岸现代林业发展指标体系的建立

根据上述依据，在深入分析福建省林业发展的现状、潜力以及对福建林业发展森林资源动态分析与评价的基础上，以建设海峡西岸现代林业为核心，参照国内外林业建设实践与建设标准，从森林生态环境、环境质量、林水结合度、生态安全等方面综合分析与考虑，按照系统层次性原则，构建福建省森林发展指标体系。福建省委、省政府高度重视林业工作，把林业作为海峡西岸建设的一大优势、一大潜力、一大支撑、一大保证，出台了《关于加快林业发展　建设绿色海峡西岸的决定》，召开了高规格的全省林业工作会议，强调：在海峡西岸经济社会可持续发展中，要赋予林业以重要地位；在海峡西岸生态建设中，要赋予林业以首要地位；在海峡西岸经济区建设中，要赋予林业以基础地位。

资源优势：福建地处南亚热带和中亚热带，气候温暖湿润，境内山岭蜿蜒，丘陵起伏，地形复杂，自然条件优越，生物资源丰富，已知的树种约有1000多种，其中不少属于子遗植物、珍贵树木和特有种，如银杏、华东黄杉、长叶榉树、伯乐树、福建青冈、花榈木、石梓、格木、香果树、闽楠、福建柏、红椋子、香花木、鹅掌楸、南方铁杉、金钱松、水松等，还有国内仅有的近万亩青钩栲林。边远林区尚存一部分原始的森林。在闽南沿海滩涂，还保存有热带海岸植被红树林。福建又是我国特有优良用材树种杉木的主产区。动物区系上，福建属于东洋界的华中区和华南区东部交界地带，已发现鸟、兽、爬行、两栖等各类脊椎动物700多种，鱼类500多种。还有许多特有和珍惜动物。

地域优势：海峡西岸经济区面向台湾海峡的东岸，对台区位突出，它的建设有利于完善全国区域布局。现在，海西效应显现，福建的优势、潜力进一步凸显，已形成战略明确、人心凝聚、经济发展的良好局面。对台是福建的优势，是福建的潜力，是福建的希望。

发展特色：建设社会主义新农村给林业发展带来新机遇；社会对林业需求升级使林业发展前景更加广阔；改革使林业发展后劲显著增强；公众对林业认识提高使林业发展更得民心。

一、海峡西岸现代林业发展指标选择理论依据

（一）可持续发展理论

可持续发展在全球的兴起与林业有密切的关系。美国学者最早提出了"可持续林业"定义为：既满足当代人需要又不对后代人满足需要能力构成危害的森林经营。加拿大"可持续林业"的概念是：确保任何森林资源的利用都是生物可持续的管理，并且这种管理将不损害生物多样性或目标的土地基础未来用于经营其他森林资源的利用。潘存德经研究给出可持续林业的定义：在对人类有意义的时空尺度上，不产生空间和时间上外部不经济的林业。可持续林业的研究基本上在森林可持续经营这个水平上展开，这是近年来可持续林业研究的主要趋势。在森林可持续经营水平上的研究热点主要是森林可持续发展的标准和指标问题，这是实现林业可持续发展的基础性工作。

现代社会对林业的需求包括：①自然保存、生物多样性保护、固土保肥、蓄水滤水、调节气

候、遏制荒漠化、防污抗污和减尘减噪等；②森林游憩、人类文化遗产保护、卫生保健、科研教育及增加就业机会、消除贫困等；③用材、木质纤维、薪炭材、林化原料、干鲜果品、药材、饮料、饲料和野生经济动植物等。按照森林在社会经济发展过程中的作用和预期目的，现阶段林业可持续发展的目标是由相互联系和相互制约的生态环境目标、社会目标、经济目标所构成①经济目标：建设优质高产的经济林基地，发展薪炭林，培育速生丰产林，营造饲料林；②环境目标：优化土地利用格局，提高森林覆被率，扩大环境容量，增强现有森林生态系统的稳定性；③社会目标：增加就业机会，增加农民收入，消除贫困。

（二）系统科学理论

林业系统是一个复杂的生物生态系统，又是一个复杂的经济系统、资源系统。具有多目标、多功能、多制约的特性。现代林业的巨大发展，出现了许多大型、复杂的工程技术和社会经济问题，它们都以系统的面貌出现，都要求从整体上加以优化解决。系统科学从客观世界组分之间相互作用的过程出发，揭示出微观和宏观世界之间的联系和产生的特性，这为我们认识现代林业的森林资源和森林资源管理问题提供了很好的方法。福建省林学会高兆蔚先生对森林生态系统的开放性、非线性、耗散结构、混沌性、突变性、自组织与不可逆性等系统特征进行了阐述，强调林业工作整体思维和系统思考的重要性。国家林业局在总结五十年来正反两个方面的经验和教训的基础上提出，把握新时期林业问题要从以下三方面入手：一是要认清林业所处的历史阶段，抓住林业的主要矛盾；二是要把林业放在国家经济社会发展的全局来考察；三是要把林业放在一个动态的过程来观察。并制定了以大工程带动大发展的新世纪林业跨越式发展战略思路。这是系统思想在林业决策实践中取得明显成效的一个典范。系统科学的发展和系统思想的运用从总体上直接影响现代林业经营的理论和模式。

（三）景观生态学理论

在景观生态学的发展过程中，围绕着生态学中空间关系和空间效应的核心领域，等级理论、空间种群理论、渗流理论和源—汇系统理论等新理论，为现代化林业的定量化格局、随机估算的检验，以及解决复杂性尺度提供了有效的方法。其基本理论有：

等级理论：等级（系统）理论是关于复杂系统结构、功能和动态的理论。等级系统中的每一层次都是由不同的亚系统或整体元(holon)所组成，每一级组成中元相对于低层次表现出整体特性，而对高层次则表现出从属性或受制约件。

空间种群理论：生物个体迁入并建立新的格局种群，以及局部种群的灭绝过程，但岛屿地理学更注重格局研究，它是从群落水平上研究物种变化规律，对物种多样性保护有意义。

渗透理论：由于景观连接度与通过景观的生态流（物质、能量、生物）有密切的联系，因而渗透理论应用于生态过程对空间格局的假设检验很有前景，它可以对景观中的生态过程进行理论估测，而这种随机估测与野外观测数据之间的统计差异反映了空间格局的待征。

源—汇系统理论：源—汇模型在景观生态学研究中可解释生物个体在景观生境斑块的各个部分具有分布特征的原因，并成为研究种群动态和稳定机制的基础。

（四）经济学理论

第一，森林生态效益价值的计量评价要以马克思主义的政治经济学原理为基础。具体地说，马克思主义的劳动价值论、级差地租理论和节约理论，是研究森林生态效益价值计量方法和计量模型的理论基础。

第二，森林生态效益价值评价应以最佳效能理论为基础，其主要内容是：当一种资源或生产成果有若干效能或效能组合时，应利用它对社会影响或国民建设作用最大的效能或效能组合；当几种资源或生产成果可以在社会发展或国民经济建设中发挥同样作用时，应利用劳动量消耗最小的资源或生产成果。据此，进行森林生态效益价值计量研究，不能就森林谈森林，而必须综合考虑与之有联系的各项生产活动及其经济指标。因此，森林生态效益价值的大小，不能由森林自身的价值来表示，而必须借助等效物，采用替换法来评价森林生态效益价值的大小。这是目前国内外研究中采用较多的计量评价方法。

第三，在市场经济条件下，森林生态效益价值大小取决于环境供求状况和森林生态效益要素使用者所获得的效用量两个方面。即森林生态效益价值的大小同森林多寡密切相关，因此，应根据森林生态效益要素使用者所获得的实际效用的数量与效用单位价格乘积作为森林生态效益价值大小。但有人认为效用是一种主观概念，在实际中难以准确计量。这种方法虽然在理论上完美无缺，但在实际操作中缺乏准确性。

第四，在森林生态效益评价中应抛弃人为主观因素的干扰，采用客观的价值通约"能值"进行综合评价。人类社会和自然界的一切资源财富皆遵循能量等级原理。太阳能是最原始和基本的能源形式，一切物质的能量均直接或间接地来自于太阳能。

二、海峡西岸现代林业发展指标体系

参照国际、国家、与各省市，特别是福建省已有的现代林业发展指标，根据指标确立的原则，在广泛征求了各方意见的基础上，提出了海峡西岸现代林业发展指标体系，如图 3-1。

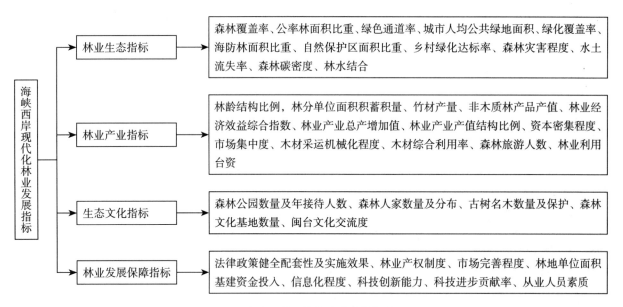

图 3-1　海峡西岸现代林业发展指标体系图

海峡西岸现代林业发展指标体系中的生态、产业、文化、保障四大方面的主要指标的具体内容和计算方法，表述如下：

（一）林业生态指标

能够反映林业发展对区域生态安全和区域生态保障方面的功能和需求。达到相应的发展指标，能够获得特定的森林生态功能和效益（表 3-1）。

表 3-1　林业生态指标

序号	指标及其确定方法	指标作用
1	森林覆盖率（％）$=\dfrac{有林地面积}{土地总面积}\times100\%+$ $\dfrac{国家特别规定灌木林地面积}{土地总面积}\times100\%$	体现森林资源保护、造林绿化建设成就
2	生态公益林面积比重 %=∑国家规定公益林林种占地面积 / 林地面积 ×100%	生态公益林面积体现福建省生态空间的大小
3	绿色通道率 %=∑县级以上交通线绿化长度 / 县级以上交通线里程 ×100%	反映公路铁路沿线的绿化状况，体现对野生动物的保护力度和绿色屏障建设状况
4	城市人均公共绿地面积 = ∑建成区各类公共绿地面积 / 建成区人数	反映都市绿地建设服务城市居民、满足人们生态环境需求的状况，有利于以人为本推动城市绿地建设
5	海防林面积比率 %=$\dfrac{海防林面积}{土地总面积}\times100\%$	反映海防林占有的份额，体现海防林资源的重要指标
6	自然保护区面积比重 %=（自然保护区 + 自然保护小区）/ 国土面积 ×100%	反映生物多样性的保护范围
7	乡村绿化达标率 %= ∑行政村绿色家园数 / 行政村总数目 ×100%	这是新农村建设的重要指标，直接体现村民生活的生态环境状况和乡村开展绿色观光休闲产业的条件
8	森林灾害程度（％）= 灾害（病虫害、火灾、及其他灾害）发生面积 / 森林面积 ×100%	指森林发生病虫害、火灾、及其他灾害的程度
9	水土流失率 %= 水土流失总面积 / 国土面积 ×100%	作为最重要的陆地生态系统的森林，对水土保持起着不可代替的作用
10	森林碳密度 = 碳总储量 / 森林面积	森林碳密度是指单位森林面积中森林碳总储量，固碳是增加温室气体汇（吸收）、减缓气候变暖、保护人类生存环境的重要途径，对于我国的环境保护与履行国际公约将起到重要作用
11	林水结合度 = ∑（干流两岸 + 主要水库库岸 + 主要湖泊岸边 + 主要水塘岸边）绿化面积 / ∑（干流两岸 + 主要水库库岸 + 主要湖泊岸边 + 主要水塘岸边）应有绿化面积	反映森林网络体系健康的重要指标，是城市森林网络体系重要测度之一

（二）林业产业指标

林业产业体系反映了林业未来发展的潜力以及对区域经济的贡献份额，达到相应的发展指标，能够获得特定的森林经济功能和效益（表 3-2）。

表 3-2 林业产业指标

序号	指标及其确定方法	指标作用
1	林龄结构＝幼龄林面积（蓄积）：中龄林面积（蓄积）：近熟林面积（蓄积）：成熟林面积（蓄积）：成过熟林面积（蓄积）	即林龄结构，指林地的面积或林木的蓄积按林龄的分配，反映森林结构是否合理
2	林分单位面积蓄积量＝林分蓄积量／林分面积	反映林地生产力的高低及经营措施的效果
3	竹林产量，指竹林每公顷每年产出竹子的数量	反映单位面积竹林生产能力的大小
4	非木质林产品产值＝非木质产品单位面积产量×单价	指以货币形式表现的除林木以外的山特产品和林特产品单位面积产量按照采集的林副产品单位面积产量乘单价计算，反映林业生产水平、评价林业生产成果
5	林业经济效益综合指数 $Q=\sum_{i=1}^{7}(s_i \div z_i \times t_i) \div \sum_{i=1}^{7} t_i$ 其中：Q 为林业工业经济效益综合指数 s_i 为某项经济效益指标报告期数值	评价和考核林产工业经济效益总体水平，各指标权数及标准值引用 1999 年福建省林业厅出版的《福建省林业统计工作手册》（第 170 页）如下：
6	z_i 为某项指标标准值 t_i 为某项经济效益指标相应的权数 林业总产增加值＝林业总产出－林业中间投入	总资产贡献率 20，10.7%；资本保值增值率 16，120%；流动资产周转率 15，1.52 次；成本费用利润率 14，3.71%；产品销售率 13，96%；资产负债率 12，60%；全员劳动生产率 10，16500 元／（人·年） 是衡量林业企业生产成果的重要指标，在林业经济核算中占有十分重要的地位，是反映一定时间内林业生产的总规模和总水平。
7	林产业产值结构比例＝林业第一产业产值：第二产业产值：第三产业产值	反映产业结构的合理化和高度化水平
8	林产工业资本密集度＝资本总额／企业从业人员总数	反映林产工业集约化程度的一个指标
9	市场集中度	
10	木材采运机械化程度	
11	木材综合利用率	
12	森林旅游人数	
13	林业利用台资	反映林业利用台资及闽台贸易交流情况

（三）生态文化指标

林业生态文化指标反映生态文化的建设情况和地区生态文明的发展水平和发展方向（表 3-3）。

表 3-3 生态文化指标

序号	指标及其确定方法	指标作用
1	闽台文化交流合作（次／年）	发挥区位优势，利用国内外两种资源，发展林业产业，拓展发展空间
2	森林公园数量＝国家级森林公园数量＋省级森林公园数量 森林公园年接待人数＝国家级森林公园接待人数＋省级森林公园接待人数	反映了一个国家和地区的物种基因库的丰富程度和保护力度

（续）

序号	指标及其确定方法	指标作用
3	森林人家数量及分布	反映了一个地区森林旅游、森林休闲活动开展的程度
4	名木古树数量及保护	反映城市文明悠久的绿化文化
5	森林文化教育示范基地 = 自然保护区数量 + 森林公园数量 + 森林博物馆数量 + 生态文明建设示范基地数量 + 林权改革试点数量	是森林文化教育宣传的茶馆场所，反映森林科普知识宣传程度和范围的指标

（四）发展保障指标

反映林业发展在法律、人员素质、资金等方面的支撑保障的力度和制约瓶颈，表示出应当进一步完善和加强的保障条件。科学技术和人力资本对林业现代化具有巨大的推动作用，科技支撑和从业人员素质指标能够反映科学技术和人力资本对林业现代化的影响。政府在林业现代化建设过程中将发挥重要作用，可以采用保障体系指标反映（表3-4）。

表3-4　发展保障指标

序号	指标及其确定方法	指标作用
1	法律政策是否健全、配套及实施效果：问卷调查	是得健全、完善、配套、适宜的法律政策是林业发展的重要保障；反映法律政策的实施效果，保证森林法的实施效果
2	林业产权制度：问卷调查	反映产权制度改革适应生产力的程度，分析林业产权制度，使林地的生产潜力得到挖掘，价值得到提升
3	市场完善程度：问卷调查	用林业相关中介机构功能完整性、林业的社会化机构种类健全程度以及林业物流体系程度等来评价，是市场体系完善程度是现代化程度的标志之一
4	林地单位面积基建资金投入 = $\dfrac{累计营林基建投入 + 森工基建}{森地面积}$	衡量林地单位面积基建资金的投入
5	林业信息化程度	用基础设施建设、数据建设、系统建设和人才建设等来评价，是林业基础设施是林业现代化的基础条件
6	林业科技创新能力 = $\dfrac{林业科技投入奖金}{林业 GDP} \times 100\%$	国际上通用的反映科技发展的重要指标，用来衡量科技投入的强度
7	科技进步贡献率，指科技进步对经济增长的贡献份额	是衡量林业区域科技竞争实力和科技转化为现实生产力的综合性指标，反映林业技术进步在林业经济增长中的作用
8	从业人员素质 = $\dfrac{系统内专业技术人员}{在册职工人数}$	直接关系到林业生产中科技的开发和应用程度。

三、海峡西岸现代林业发展核心指标筛选

本规划确定的发展目标是凝聚海西现代林业发展的战略意图，体现了海西人民的根本利益和

长远利益，实现"三多一持续"（林业的多效益、森林的多功能、发展的多目标以及林业发展的可持续），也就是高效的近自然林业。

结合海西林业的优势特点和突出问题，针对海西林业三个不同类型，提出有针对性的分类指导的指标，同时，根据指标的特点将指标分为预期性、约束性和评价性指标三类：

预期性指标是政府希望的发展方向，主要是自然资源的天然增长和不以人类主观努力而发展的指标。林业部门通过各种政策引导以及约束性指标的实现来体现，实现的方式是努力争取实现。

约束性指标是在预期性基础上进一步强化了林业部门政府意志的指标，是海西现代林业的核心指标。林业部门通过合理配置公共资源和有效运用行政力量，确保实现。

评价性指标是对林业建设成果进行总结、评价的指标，同时，通过评价性指标还可以对林业的生态环境的贡献等进行分析与估价，展示林业建设对社会的综合贡献。

原则上，以上预期性指标和约束性指标都可以是不同评价目标的评价性指标。

核心指标是指在现代林业发展中更具优先发展的内容，在指标体系中处于重中之重的地位，对实现现代林业发展战略目标，发挥基础作用、关键作用、骨架作用、导向作用、支配作用的指标。

（一）核心指标筛选方法与步骤

1. 筛选方法

综合评议与层次分析计算相结合。海峡西岸现代化林业发展指标涉及的内容广泛，生态环境的改善更是一项复杂的工程，涉及的内容和类别方方面面，指标多且繁，各个指标不能简单的堆放在一起，需要以一种特定的方式进行将其整合成一个整体。对指标进行分析分类应用层次分析法，将海峡西岸现代化林业发展指标分为三个层次：目标层、组分功能层、指标层，根据指标层对目标层的贡献率确定核心指标。

2. 筛选步骤

（1）分析指标体系中各指标之间的关系，建立体系的递阶层次结构，见表3-5；

（2）对同一层次的各指标关于上一层次中某一指标准则的重要性进行两两比较，构造两两比较判断矩阵；

（3）由判断矩阵计算被比较指标对于该准则的相对权重；

（4）计算各层指标对体系目标的合成权重，并进行排序；

（5）综合评议，提出核心指标数量，确定核心指标。

（二）核心指标筛选结果

核心指标共18个，其中，生态指标5个，产业指标7个，文化指标2个，保障指标4个。见表3-5、表3-6所示。

表 3-5 指标体系递阶层次结构

综合指标最佳 A	生态指标 B1	森林覆盖率（%）	C1
		生态公益林面积比重（%）	C2
		城市人均公共绿地面积（平方米）	C3
		森林灾害发生面积比率（%）	C4
		水土流失面积率（%）	C5
	产业指标 B2	林业总产增加值（亿元）	C6
		林分单位面积蓄积量（立方米/公顷）	C7
		竹材产量（根/公顷）	C8

（续）

	林业产业产值结构比例	C9
	木材综合利用率	C10
	森林旅游人数（人）	C11
	林业利用台资（万元）	C12
文化指标 B3	森林文化示范基地数量（个）	C13
	森林人家数量（个）	C14
保障指标 B4	法律政策健全配套状况及实施效果（分）	C15
	林地单位面积基建资金投入（元/公顷）	C16
	林业科技贡献率（%）	C17
	专业技术人员占在职人员比例	C18

表 3-6　核心指标筛选排序结果（32）

B 对 A 权值	核心指标	生态指标 B1 0.33333	产业指标 B2 0.33333	文化指标 B3 0.16667	保障指标 B4 0.16667	C 对 A 权值	C 值排序
森林覆盖率 C1	√	0.20993	0	0	0	0.069977	2
生态公益林面积比重 C2	√	0.20993	0	0	0	0.069977	3
绿色通道 C3		0.04448	0	0	0	0.014828	18
城市人均公共绿地面积 C4	√	0.20993	0	0	0	0.069977	4
沿海地区森林覆盖率 C5		0.04448	0	0	0	0.014828	19
自然保护区面积 C6		0.03012	0	0	0	0.010043	23
森林灾害发生面积比率 C7	√	0.20993	0	0	0	0.069977	5
水土流失面积率 C8	√	0.02059	0	0	0	0.006864	26
森林碳密度 C9		0.02059	0	0	0	0.006864	27
林业总产增加值 C10	√	0	0.13636	0	0	0.045455	7
林分单位面积蓄积量 C11	√	0	0.13636	0	0	0.045455	8
竹材产量 C12	√	0	0.13636	0	0	0.045455	9
非木质资源年产出 C13		0	0.02272	0	0	0.007576	24
林业产业产值结构比例 C14	√	0	0.13636	0	0	0.045455	10
林业工业资本密集度 C15		0	0.02272	0	0	0.007576	25
木材综合利用率 C16	√	0	0.13636	0	0	0.045455	11
森林旅游人数 C17	√	0	0.13636	0	0	0.045455	12
林业利用台资 C18	√	0	0.13636	0	0	0.045455	13
闽台文化交流合作 C19		0	0	0.06715	0	0.011191	20
名木古树数量及保护程度 C20		0	0	0.06715	0	0.011191	21
森林文化示范基地数量 C21	√	0	0	0.43945	0	0.073241	1
森林人家数量 C22	√	0	0	0.35911	0	0.059852	6

（续）

B 对 A 权值	核心指标	生态指标 B1	产业指标 B2	文化指标 B3	保障指标 B4	C 对 A 权值	C 值排序
		0.33333	0.33333	0.16667	0.16667		
乡村绿化达标率 C23		0	0	0.06715	0	0.011191	22
法律政策健全配套状况及实施效果 C24	√	0	0	0	0.21167	0.035279	14
从业人员执法水平及执证上岗率 C25		0	0	0	0.04038	0.006731	28
林地产权证分发率 C26		0	0	0	0.02417	0.00403	30
信息化程度 C27		0	0	0	0.04038	0.006731	29
林区道路密度及等级 C28		0	0	0	0.02418	0.00403	31
森林病虫害防治防火和监测设备投入比重 C29		0	0	0	0.02418	0.00403	32
林地单位面积基建资金投入 C30	√	0	0	0	0.21167	0.035279	15
林业科技贡献率 C31	√	0	0	0	0.21167	0.035279	16
专业技术人员占在职人员比例 C32	√	0	0	0	0.21167	0.035279	17

第四节　海峡西岸现代林业发展核心生态指标

一、森林覆盖率

（一）福建省土地利用概况

1. 土地利用现状与特点

1）土地利用类型齐全。根据全国土地利用现状调查的土地分类系统，在全国一级类 8 个、二级类 46 个土地类型中，除冰川及永久积雪这一个二级类外，其他地类福建都具备，这是由于福建地形复杂，具有多种多样的农业气候及丰富的生物资源，加上人们长期对土地的开发利用，从而形成类型齐全的土地利用现状。

2）林地多，耕地少，各地类面积悬殊大。由于福建是一个山地多平地少，气候温暖湿润的地区，林业发展条件好，全省林业用地面积占土地总面积的 67.29%，其他 7 大地类面积合计占福建省土地利用构成 1/3 左右。

3）土地资源总量少，人均数量更少。福建省土地总面积为 12.40 万平方公里，只占全国陆地面积 960 万平方公里的 1.29%。人均土地资源更少，人均土地面积 0.377 公顷，不到全国人均量 1.32 公顷的 1/3；人均耕地面积只有 0.042 公顷，远低于全国 0.076 公顷的平均数。

4）土地面积分布与土地利用结构具有明显的地域差异。三明、南平、龙岩 3 个内陆地市，人口仅占全省总人口的 26.39%，而土地却占全省土地总面积的 55.02%；地形以山地为主，有着丰富的林业资源，林业用地面积大。沿海的福州、厦门、漳州、泉州、莆田、宁德 6 地市，人口占全省总人口的 73.61%，而土地却占全省土地总面积的 44.98%；沿海地区山地较少，林地面积比重亦小，而耕地、园地、居民点及工矿用地、水域和未利用地，所占比重较大。

根据福建省土地利用现状图数据统计，福建省土地利用总面积中，林地占土地总面积的 74.7%，耕地占 9.3%，居民点及工矿用地占 5.0%，水域占 2.98%（水域包括水面和水利水工用地），牧草地占 0.7%，未利用地占 3.4%，土地利用率为 96.6%。

2. 土地利用存在的主要问题

1）人地矛盾突出。通过土地利用结构调整来改善生态环境的余地十分狭窄。福建人均土地面积只有 0.377 公顷，不到全国人均量 1.32 公顷的 1/3；加上山地丘陵占有很大比重，人均耕地面积更少，仅 0.042 公顷，远低于全国 0.076 公顷的平均数，可用土地资源十分紧缺，人地矛盾相当突出。因此，通过调整土地利用结构来改善生态环境的空间十分狭窄。

2）非农用地迅速扩大，占用大量耕地，破坏大面积的植被，形成大量的弃土废渣，引起水土流失加剧和频繁的地质灾害。福建山地多、平原少，居民点及农田密集分布在大大小小的盆谷地和狭窄的沿海平原及低丘台地上，并向外扩展到山地下部的坡地上，有的地方连 >25° 的坡地也被利用。因此城镇和工交等非农用地的扩大。主要是占用农田。尤其是城郊优质农田。同时福建是一个非金属矿产十分丰富但矿点又十分分散的省份，在市场需求的推动下，小型矿业遍地开花，大量资源开发型的乡镇企业破坏植被，产生大量弃土废渣，引起工程性水土流失及其频繁的塌方、滑坡和泥石流等地质灾害。

3）农业用地内部结构变化强烈引发新的生态环境问题。自 20 世纪 80 年代以来，福建茶果园发展迅速，至 2000 年全省茶果园面积已达 69.3 万公顷，相当耕地面积的一半，约占全省土地总面积的 5%。这些新增茶果园大部分是开发原来植被良好、无水土流失或水土流失较轻的高密度灌草地、疏林坡地和森林砍伐迹地。由于果园生态系统结构单一，植被层次极为单调，加上清除地物的习惯，其保土保水的效益还不如植被密集的高密度灌草地，生态功能更不如森林；加上福建山丘多，地形破碎，许多大面积连片果园覆盖了不少坡度较大，立地条件较差的坡面，加剧了水土流失。

4）在维护生态平衡的条件下实现稳定的耕地占补平衡十分困难，如果片面强调耕地占补平衡势将以破坏生态平衡为代价。鉴于耕地的迅速减少，为了粮食安全，1994 年以后，福建加强了耕地保护工作，共划定基本农田保护区 11.6 万片，保护面积为 121.42 万公顷，保护率为 84.63%。从 1998 年起耕地净减量明显下降，耕地面积趋于占补平衡。但是，今后要在维护生态平衡条件下实现稳定的占补平衡是十分困难的。这是因为福建土地利用结构在生态稳定和优化条件下调整的余地十分狭小；因经济发展和人口增加不可避免占用的耕地要从其他土地转为耕地来弥补，在许多情况下，无论是生态效益还是经济效益上均存在不少问题。

（二）福建省土地利用多目标优化

土地利用规划就是根据社会生产的发展、国民经济建设的需要，以及土地本身的自然、经济特性，在时（间）空（间）上所进行的总体的、战略的，在一定区域内对土地资源进行配置和组织开发利用的最优化安排。土地利用规划的任务概括地说，是对土地利用进行控制、协调、组织和监督，为国民经济建设和满足人民的物质生活需要服务，也是为创造良好的土地生态环境服务。

1. 优化方法

土地是农业生产的主要生产资料，是农作物生长发育的重要场所。土地利用优化是保证农业长期稳定、社会安定和谐和地区生态平衡的前提和基础。多目标优化是一种先进的优化方法。和单目标优化相比，多目标优化能解决同时满足多个目标要求这一类的优化问题。土地利用涉及到方方面面的因素，如经济发展、自然环境等，优化目标也多种多样。因此，在进行土地优化时，要根据当地的自然、社会、经济条件，选择主要目标作为目标函数，采用多目标决策法，建立数学模型，形成合理、高效、集约的土地利用结构，增加有效耕地面积，提高土地利用效率，适应社会经济发展对土地的需求。

目标线性规划的基本思想：在充分利用各种资源和满足各种需求的前提下，尽可能地达到预期目标，使得各项规划目标的偏离变量值达到最小，并按照目标的优先级序依次实现每个目标。目标规划摒弃了单一目标规划只求目标最大（或最小）的缺陷，能够充分体现规划者的决策意图，极大地发挥人的主观能动性，更接近现实。

（1）技术路线

多目标优化方法的技术路线：①优化目标的确定，包括经济目标、社会目标和环境目标；②确定有关土地利用的各个决策变量；③确定优化目标值，包括由预测得到的各业用地数量；④确定与决策变量有关的约束条件：如总土地面积约束、耕地动态平衡约束、专项约束以及非负约束等；⑤建立总目标函数，确定各个目标的优先级及其权重，加和形成总目标函数；⑥求一系列非劣解，得到多个方案，根据决策者的要求进行多方案比较，从中选定一个较满意的优化方案，形成最终的优化方案

（2）多目标函数模型

多目标优化中目标函数模型主要有以下五个方面构成：决策变量、目标函数、约束方程、参变常量和变量参数。

约束条件：$\sum a_{ij} x_j = (\geq, \leq) b_j$（$i=1, 2, \cdots, m; j=1, 2, \cdots, n$）；且 $x_j \geq 0$。

其中：x_j——各种类型土地面积（单位：公顷），决策变量；

$\quad\quad a_{ij}$——约束系数（单位依具体情况而定）；

$\quad\quad b_j$——约束常数（单位依具体情况而定）。

目标函数 $\max f\mathrm{L}(x) = \sum_{j=1}^{n} C_j x_j$（$j=1, 2, \cdots, n$）

其中：x_j——各类型土地面积（公顷），决策变量；

$\quad\quad C_j$——利益系数（单位依具体情况而定）；

$\quad\quad f\mathrm{L}(x)$——利益，即目标函数（单位依具体情况而定）。

它的一组解称为最优解，即最优的土地利用结构。

建立模型时要尽可能全面考虑，并找出主要因素，使问题尽可能地简化。考虑多目标函数时，也应使目标函数尽可能少，约束条件可因问题的需要而设，不需要的则可去掉。

（3）模型求解

多目标优化问题可用逐步法求解。逐步法是一种迭代法，在求解时，每进行一步，分析者把计算结果告诉决策者，决策者对计算结果作出评价。如果决策者认为满意，则迭代停止；否则分析者要根据决策者的意见进行修改和再计算，直至决策者认为结果满意为止。

设有 k 个目标的线性优化问题。$V\text{-}\underset{x \in R}{\mathrm{Max}}\ Cx$

其中 $R = \{x \mid Ax \leq b, x \geq 0\}$，$A$ 为 $m \times n$ 矩阵。

C 为 $k \times n$ 矩阵，也可表示为

$$C = \begin{pmatrix} c^1 \\ \vdots \\ c^k \end{pmatrix} = \begin{pmatrix} c_1^1 & c_2^1 & \cdots & \cdots c_n^1 \\ \cdots & \cdots & \cdots & \cdots \\ c_1^k & c_2^k & \cdots & c_n^k \end{pmatrix}$$

求解的计算步骤为：

第一步：分别求 k 个单项目标线性优化问题的解。

$$\underset{x \in R}{\mathrm{Max}}\ c_j x, \quad j=1, 2, \cdots, k$$

得到最优解 $x(j)$，$j=1$，2，$\cdots$，k 及其相应 $c_j x(j)$。

并作表 3-7 $Z=(Z_i^j)$，其中 $z_i^j = c_j x(j)$，$z_i^j = \underset{x \in R}{\text{Max}} \ c_j x = c_j x(j) = M_j$

表 3-7　z 值列表

	z_1	z_2	z_3	z_4
$x^{(1)}$	z_1^1	z_2^1	$\cdots\cdots z_i^1 \cdots\cdots$	z_k^1
$\vdots$	$\vdots$	$\vdots$	$\vdots$	$\vdots$
$x^{(i)}$	z_1^i	z_2^i	$\cdots\cdots z_i^i \cdots\cdots$	z_k^i
$\vdots$	$\vdots$	$\vdots$	$\vdots$	$\vdots$
$x^{(k)}$	z_1^k	z_2^k	$\cdots\cdots z_i^k \cdots\cdots$	z_k^k
M_j	z_1^1	z_2^2	$\cdots\cdots z_i^j \cdots\cdots$	z_k^k

（表中 M_j 为第 j 个目标的最优值，z 为总目标函数）

第二步：求权系数

从上表中得到，M_j 及 $m_j = \underset{1 \leq i \leq k}{\text{min}} \ z_i^j$，$j=1$，$2$，$\cdots$，$k$

为了找出目标值的相对偏差以及消除不同目标值的量纲不同的问题，进行如下处理。

当 $M_j \geq 0$，$\alpha i = \dfrac{M_j - m_j}{M_j} \cdot \dfrac{1}{\sqrt{\sum\limits_{i=1}^{n} (c_i^j)^? c_i^j}}$　；当 $M_j < 0$，$\alpha i = \dfrac{m_j - M_j}{M_j} \cdot \dfrac{1}{\sqrt{\sum\limits_{i=1}^{n} (c_i^j)^2 c_i^j}}$

经归一化后，得权系数 $\pi_j = \dfrac{\alpha_j}{\sum\limits_{j=1}^{k} \alpha_j}$，$0 \leq \pi_j \leq 1$，$\sum \pi_j = 1$，$j=1$，$2$，$\cdots$，$k$。

第三步：构造以下线性优化问题，并求解。

假定求得的解为 $x^{-(1)}$，相应的 k 个目标值为 $c^1 x^{-(1)}$，$c^2 x^{-(1)}$，$\cdots$，$c^k x^{-(1)}$，若 $x^{(1)}$ 为决策者的理想解，其相应的 k 个目标值为 $c^1 x^{(1)}$，$c^2 x^{(1)}$，$\cdots$，$c^k x^{(1)}$。这时决策者将 $x^{-(1)}$ 的目标值进行比较后，认为满意了可停止计算。如果相差太远，则进行适当修正。如考虑对 j 个目标宽容一下，减少或增加一个 Δc^j，并将约束集 R 改为

$$R1: \begin{cases} c^j x \geq c \ x^{-(1)} - \Delta c^j \\ c^j x \geq c^i x^{-(1)} & i \neq j \\ x \in R \end{cases}$$

并令 j 个目标的权系数 $\pi_j = 0$，这表示降低这个目标的要求。再求解以下线性优化问题

$$LP（2）: \begin{cases} \text{Min} \ \lambda \\ \lambda \geq (M_i - c^i x) \ \pi_i & i=1, 2, \cdots, k, \ i \neq j \\ x \in R^1, \ \lambda \geq 0 \end{cases}$$

若求得的解为 $x^{-(2)}$，再与决策者进行对话，如此反复，直到决策者认为满意为止。

2. 土地利用近期（2007~2010 年）优化研究

（1）变量设置

变量主要是根据现有土地利用类型来设置，本优化方案共设 8 个基本变量。其意义如下：X1

耕地面积；$X2$ 林地面积；$X3$ 园地；$X4$ 牧草地面积；$X5$ 水利水工用地面积；$X6$ 城乡居民点及独立工矿面积；$X7$ 未利用地面积（表 3-8）。

表 3-8　土地利用类型决策变量设置　　（单位：公顷）

耕地	林地	园地	草地	水域	城乡、工矿居民用地	未利用地
$X1$	$X2$	$X3$	$X4$	$X5$	$X6$	$X7$
1129020	9080700	542080	895.26	361903.2	609769.3	415632.2

（遥感技术在区域土地利用 - 覆被变化中的应用 - 以福建省为例）

（2）土地约束分析

约束条件主要是根据各类土地资源的限制、城市发展需求以及某些发展战略来确定的。

耕地：根据国家对耕地的保护政策，基本农田保护区经依法划定后，任何单位和个人不得改变或者占用。因此规划耕地面积要不小于 1219300 公顷。

考虑到建设用地、生态绿地的增加，未来耕地面积将有减少的趋势。根据统计资料（表 3-9），近几年耕地面积年平均递减率减少率为 1.2%，结合现有耕地的条件和认真贯彻落实严格保护耕地政策，耕地面积按年均最多减少 1.5% 且要大于基本农田保护面积，得到以下约束方程：$11267499 \leqslant X1 \leqslant 1219300$。

表 3-9　主要年份耕地面积变化　　（单位：万公顷）

指标	1995	2000	2004	2005
年初实有耕地总资源	1210.40	1213.85	1149.02	1140.82
年内增加耕地总资源	0.31	0.44	0.15	0.14
年内减少耕地总资源	0.95	3.12	0.98	1.32
年末实有耕地总资源	1203.99	1187.09	1140.82	1129.02

（福建省统计年鉴）

林地：林木具有防止水土流失、调节气候、涵养水源、防风固沙、减少污染、美化环境、改善生态等重要作用。福建林业在福建和谐发展中具有关键地位；在中部生态建设中具有基础地位；在实施以生态建设为主的全国林业发展中具有重要地位。因此，在保护原有的林地面积的基础上，努力增加林地的面积有：$X2 \geqslant 9080700$。

园地：园地产出是农村土地农业产出的主要来源，园地面积应按市场需求、土地资源条件来确定。园地发展面积的制约因素除市场、资金、投入外，主要还受到果农技术力量、灌溉用水和土层较厚的土地面积的制约。平原地区除裸岩外，土层厚度基本满足园地要求。

自 20 世纪 80 年代以来，本省不少农田用于栽种水果而成为果园。在规划期间，为保证耕地保有量的落实，有部分园地将退园还田。因此，今后园地的发展要考虑从品种改良、技术进步方面提高果农收入，从"数量型"增长向"质量型"增长转变。水果年产量基本能够满足人们的需要。则有以下约束：$542080 \leqslant X3 \leqslant 542179$。

草地：草地多为土层较薄、坡度较大的草灌坡，对于保持水土具有重要意义，因此至少应保留现有牧草地面积。1995 年福建省年末实有牛、猪、羊出栏量为 1057.90 万头；2000 年年末为 1679.93 万头；2004 年年末为 2330.6 头；2005 年年末为 2422.75 头；平均年增长率为 7.6%。对奶、肉类产品的需求将会有大幅度增加。牧业的产值按 5.7% 的速率递增，到 2010 年牧草地面积至少增加 5%，有 $X4 \geqslant 921.6$。

水域用地：由于加入了人工湿地的建设，2010 年福建省水利水工用地面积加大。则有 $361903.2 \leqslant X5 \leqslant 362011.8$。

城乡居民点及独立工矿：据《福建省年度数据》，2006 年福建省人口 3558 万人，1999~2006 年的人口增长曲线为 $y=109.59\text{Ln}(x)+3320.2$，按此曲线预计 2010 年常住人口可以达到 3592.51 万。按照 2006 年人均居民点及独立工矿用地面积计算，则到 2010 年最大居民点及独立工矿用地面积为 609827.4 公顷，则有 $609769.3 \leqslant X6 \leqslant 609827.4$。

未利用地：考虑到土地资源的特殊性质要留有一定数量的后备土地资源，方程约束中未利用地要不小于 2006 年未利用地的 70%，约束为：$290942.5 \leqslant X7 \leqslant 415632.2$。

土地总量不变约束：无论土地利用结构如何优化，土地总面积是保持不变的。

土地总面积保持不变方程如下：

$$X1+X2+X3+X4+X5+X6+X7=12140000$$

约束方程见表 3-10：

表 3-10　约束方程

	$X1$	$X2$	$X3$	$X4$	$X5$	$X6$	$X7$	约束	约束值
1	1							<=	1219300
2			1					<=	542179
3					1			<=	362011.8
4						1		<=	609827.4
5							1	<=	415632.2
6	1	1	1	1	1	1	1	=	12140000
7	1							>=	11267499
8		1						>=	9080700
9			1					>=	542080
10				1				>=	921.6
11					1			>=	361903.2
12						1		>=	609769.3
13							1	>=	290942.5

（3）目标函数

目标的设定主要从生态目标、经济目标和社会目标三个方面来考虑。生态目标涉及的方面很多，本优化从土壤保持量、碳储量、绿量三个方面来考虑；经济目标可用产值最大化来设定；社会目标主要考虑就业价值。

优化系数值的设置基于以下三点考虑：①已有研究资料的收集、综合分析；②不同地区变动范围与平均值；③今后 20 年变化趋势。根据福建省土地利用优化的实际情况以及所能收集到的资料，拟采用以下三个目标函数。

自然价值最大：生态环境恶化是当今世界面临的重大问题，其主要特征就是水土流失严重；水质恶化，形成水质性缺水；生物多样性锐减等。因此，计算土地的单位面积自然价值包括水土保持、水循环、净化污染、气候调节和生物多样性几个方面，结果见表 3-11。

表 3-11　福建省不同用地类型单位面积价值　　　　　（单位：万元/公顷）

类型	耕地	园地	林地	城乡、工矿居民用地	水域
水土保持	0.002	0.004	0.011		
水循环	−0.07			−1.76	0.40
污染净化				−3.40	
固碳释氧	1.37	1.54	1.74		
生物多样性			5.93		
自然价值	1.302	1.544	7.681	−5.16	0.40

（整理自：杨志峰等.生态城区环境规划理论与实践.北京：化学工业出版社.2004）

参照统计资料福建省单位土地面积自然价值拟采用以下数值（表 3-11）：耕地 1.302 万元/公顷，园地 1.544 万元/公顷，林地取 7.681 万元/公顷，草地按林地的 2/3 取 5.121 万元/公顷，居民点及工矿总价值 −5.16 万元/公顷，水域用地取 0.4 万元/公顷，未利用地 0。

经济价值最大：土地是人类赖以生存的最基本的自然资源。土地利用结构优化的主要标准就是使有限的土地生产出尽可能多的产品和服务。即让有限的投入生产出尽可能多的符合需要的产品和服务。

福建省可利用的土地资源紧缺。因此，必须合理利用土地资源，鼓励集约用地，提高土地产出率，提高土地的经济效益。特别是随着社会经济的发展，人类对土地资源开发利用强度加大，导致了严重的水土流失，生态环境恶化，农林牧生产质量降低。土地利用现状及经济效益分析，对促进土地利用结构的调整与优化、保护土地、充分挖掘土地利用潜力以及国民经济持续发展具重要意义。

依据福建省经济情况，确定福建省单位面积价值量（表 3-12）。耕地：11.24 万元/公顷；林地 59.97 万元/公顷；草地经济价值是林地的 1 倍，即 119.94 万元/公顷；居民点及工矿按总价值 14.38 万元/公顷；水域价值 3.95 万元/公顷计；未利用地取 0。

表 3-12　福建省用地生态系统单位面积价值　　　　　（单位：万元/公顷）

类型	耕地	园地	林地	居民用地	水域
农业价值	11.24				
林业价值			3.61		
水产价值					3.95
果业价值		2.59			
工业价值					
建筑价值					
运输价值					
电信价值				14.38	
商饮价值					
旅游价值			56.36		
总经济价值	11.24	2.59	59.97	14.38	3.95

（整理自：杨志峰等.生态城区环境规划理论与实践.北京：化学工业出版社.2004）

社会价值最大：一个规划必须要考虑土地利用组成的要求和它们的位置形式上的要求，必须确定社会可以利用的种种手段。首先要对自然演替过程中固有的社会价值有所识别，这样才能最有效、最适当地利用土地，提高土地的社会价值。这里单位面积社会价值主要从居住价值、就业价值、文教价值、医疗价值、行政价值等方面进行计算。

依据福建经济情况，福建省单位面积社会价值可以近似来定（表3-13）。即耕地：0.01万元/公顷；林地0.065万元/公顷；草地社会价值取0.13万元/公顷；居民点及工矿20.524万元/公顷；水域价值0.01万元/公顷计；未利用地取0。

表3-13　福建省不同用地类型单位面积社会价值　　　　（单位：万元/公顷）

类型	耕地	园地	林地	居民用地	水域
居住				15.33	
就业	0.01	0.025	0.065	0.084	0.01
文教				2.18	
医疗				1.54	
行政				1.39	
总社会价值	0.01	0.025	0.065	20.524	0.01

（整理自：杨志峰等.生态城区环境规划理论与实践.北京：化学工业出版社.2004）

（4）求解

上述模型为多目标线性模型，利用逐步法求解该模型。先求单项目标，即分别按自然价值、经济价值、社会价值目标计算（表3-14），结果如下（表3-15）：

表3-14　目标函数及参变系数　　　　（单位：万元/公顷）

	耕地	林地	园地	草地	水域	居民点及工矿用地	未利用土地
	$X1$	$X2$	$X3$	$X4$	$X5$	$X6$	$X7$
自然价值	1.302	7.681	1.544	5.121	0.4	−5.16	0
经济价值	11.24	59.97	2.59	119.94	3.95	14.38	0
社会价值	0.01	0.065	0.025	0.13	0.01	20.524	0

表3-15　按单项目标优化土地利用情况（2010年）　　　　（单位：10^4公顷）

	$X1$	$X2$	$X3$	$X4$	$X5$	$X6$	$X7$
自然价值	1126749	9207634.4	542080	921.6	361903.2	609769.3	290942.5
经济价值	1126749	9080700	542080	127856	361903.2	609769.3	290942.5
社会价值	1126749	9080700	542080	127797.9	361903.2	609827.4	290942.5

求系数　①权系数；②α系数；③π系数。

输入参变常量系数（表3-16）和约束方程，启动程序，会自动求出上述系数，结果见表3-17。

表3-16　参变常量系数表

	目标1函数值	目标2函数值	目标3函数值
目标1最优解	70030909.75	576559017.8	13141959.68
目标2最优解	69705957.69	584171273.8	13150210.42
目标3最优解	69705360.36	584165140.7	13151395.31
目标（1）权系数	目标（2）权系数	目标（3）权系数	
0.000431455	9.62285E-05	3.49563E-05	
目标（1）归一权系数	目标（2）归一权系数	目标（3）归一权系数	
0.766840277	0.171030563	0.062129161	

表 3-17　新约束方程（松弛变量、剩余变量、人工变量未列出）

$x1$	$x2$	$x3$	$x4$	$x5$	$x6$	$x7$	$X8$	约束	约束值 b
0.99842604	5.890100164	1.184001387	3.926989056	0.306736111	−3.956895827	0	1	>=	53702522.2
1.922383525	10.25670285	0.442969157	20.51340569	0.675570723	2.459419492	0	1	>=	99911141.68
0.000621292	0.004038395	0.001553229	0.008076791	0.000621292	1.275138894	0	1	>=	817085.1524
1								<=	1219300
		1						<=	542179
				1				<=	362011.8
					1			<=	609827.4
						1		<=	415632.2
1	1	1	1	1	1	1		=	12140000
1								>=	1126749
	1							>=	9080700
		1						>=	542080
			1					>=	921.6
				1				>=	361903.2
					1			>=	609769.3
						1		>=	290942.5

构造新目标函数：Min λ（$x10$）：

满意解见表 3-18：

表 3-18　2010 年土地利用多目标优化结果　　　　　　　　（单位：公顷）

耕地	林地	园地	草地	水域	城乡、工矿居民用地	未利用地
$X1$	$X2$	$X3$	$X4$	$X5$	$X6$	$X7$
1126749	9102700	542080	105856	361903.2	609769.3	290942.5

（5）优化结果分析

结构优化分析：土地利用优化是一个极为纷繁复杂的问题，采用常规的优化方法，人为因素很强，而且也难以综合处理多方面的关系。多目标优化通过协调经济效益、社会效益和生态效益的平衡关系，实现土地的综合效益最大化。

总的看来，多目标优化的结果，基本满足优化的原则，也满足了提高综合效益的目标，因此，优化方案是可行的。

影子价格分析：影子价格是现代经济学中的重要参量，广泛应用于宏观经济分析和微观经营活动。它是企业适应市场变化，优化配置人、财、物等资源，正确作出经营管理决策的有力工具。它是指某种资源或劳务被用于一种用途、放弃另一种用途时的价值。是资源利用问题的数学优化中，对偶模型最优解。

影子价格是衡量生产资源达到最优配合的一种尺度。计算结果表明（表 3-19）：资源 1、2、10、12、14、15、16 等所对应的影子价格为正，表明它们为限制性资源。资源 3、4、5、6、7、8、11、13 等所对应的影子价格为 0，说明它们不是限制性资源，能够满足国民经济发展的需要。

表 3-19 影子价格分析

影子价格	（单位资源增量对目标贡献值）	影子价格	（单位资源增量对目标贡献值）
资源 1	0.84375	资源 9	−6.59375
资源 2	0.15625	资源 10	5.4375
资源 3	0	资源 11	0
资源 4	0	资源 12	5.53125
资源 5	0	资源 13	0
资源 6	0	资源 14	6.21875
资源 7	0	资源 15	9.515625
资源 8	0	资源 16	6.59375

灵敏度分析：灵敏度分析又称最优化后分析。是指系统或事物因周围条件发生变化而显示出来的敏感程度的分析，即要分析为决策所用的数据可在多大范围内变动，原最优方案继续有效。在求出线性优化的最优解后，如果市场、资源发生变化，以致目标函数的系数 C_j、约束条件的右端项 b_i 或左边的系数 a_{ij} 发生变化，那么，那么会使最优解发生什么样的变化，又如何用最简单的办法求出新的最优解，此类问题就是线性优化最优解的灵敏度分析。

福建省土地利用结构优化的线性优化模型的灵敏度分析分为：对约束条件右端常数（即约束条件 b_i）范围的分析：从应用的角度出发，仅对松弛变量取 0 值的约束条件右端常数进行灵敏度分析，这类约束条件对应的影子价格不为 0。

表 3-20 对约束条件右端常数值变化范围

B 值	现有值	可减少值	可增加值	最低值	最高值
b（1）	53702522.2	249098.5898	1301928.422	53453423.61	55004450.62
b（2）	99911141.68	1298286.811	249186.3306	98612854.87	100160328
b（3）	817085.1524	无限制	208998.6202	0	1026083.773
b（4）	1219300	92551	无限制	1126749	无限制
b（5）	542179	99	无限制	542080	无限制
b（6）	362011.8	108.6	无限制	361903.2	无限制
b（7）	609827.4	58.1	无限制	609769.3	无限制
b（8）	415632.2	124689.7	无限制	290942.5	无限制
b（9）	12140000	15023.5181	31719.32871	12124976.48	12171719.33
b（10）	1126749	38401.533	15909.78327	1088347.467	1142658.783
b（11）	9080700	无限制	20391.99055	0	9101091.991
b（12）	542080	37822.03858	99	504257.9614	542179
b（13）	921.6	无限制	106542.4095	0	107464.0095
b（14）	361903.2	33582.11953	108.6	328321.0805	362011.8
b（15）	609769.3	19373.0109	58.1	590396.2891	609827.4
b（16）	290942.5	31719.32871	15023.5181	259223.1713	305966.0181

对目标函数系数（即利益系数 c_j）的范围分析：是对非基变量的目标函数系数的灵敏度分析，

既要合乎数学模型，又要合乎实际。

表 3-21　目标函数值变化范围

决策变量	现有系数值	可减少值	可增加值	最低值	最高值
x（1）	0	5.444734511	1E+14	−5.444734511	1E+14
x（2）	0	10.25670285	1.963111108	−10.25670285	1.963111108
x（3）	0	5.526639488	1E+14	−5.526639488	1E+14
x（4）	0	1.963111108	10.25670285	−1.963111108	10.25670285
x（5）	0	6.225604839	1E+14	−6.225604839	1E+14
x（6）	0	9.517709993	1E+14	−9.517709993	1E+14
x（7）	0	6.591594169	1E+14	−6.591594169	1E+14
x（8）	1	1	1.05067E+13	0	1.05067E+13

3. 土地利用远期（2011~2020 年）优化研究

优化方法、计算步骤均与 2005~2010 年土地利用优化研究相同，只是约束条件有所变化，这里就不再一一详述。

4. 优化结果

2010 年和 2020 年土地利用多目标优化结果见表 3-22。

表 3-22　土地利用结构优化比较　　　　　　　　　　（单位：公顷）

类型	现状值		2010 年		2020 年	
	面积（公顷）	%	面积（公顷）	%	面积（公顷）	%
耕地	1129020	9.30	1126749	9.28	1126749	9.28
林地	9080700	74.80	9102700	74.98	9103865	74.99
园地	542080	4.47	542080	4.47	542080	4.47
草地	895.26	0.01	105856	0.87	104691	0.86
水域	361903.2	2.98	361903.2	2.98	361903.2	2.98
城乡、工矿居民用地	609769.3	5.02	609769.3	5.02	609769.3	5.02
未利用地	415632.2	3.42	290942.5	2.40	290942.5	2.40

（三）福建省森林覆盖率指标的确定

根据福建省林业用地多目标规划的结果及福建省土地利用现状将农荒地、休闲地和草田轮作地及未利用地中的一部分纳入林地，故预测福建森林覆盖率见表 3-23。

表 3-23　福建省森林覆盖率

指标	现状值	2010 年	2015 年	2020 年
森林覆盖率	62.96	63.02	63.08	63.13

二、生态公益林面积

（一）福建省林业用地现状与结构

全省陆地面积 12.14 万平方公里，其中林业用地面积 932.13 万公顷，占 76.78%，生态公益林

286.26 万公顷,占林地面积的 30.7%;竹林面积 88.47 万公顷,居全国首位,疏林地面积 6.35 万公顷,灌木林地面积 18.18 万公顷,未成林造林地面积 16.95 万公顷,苗圃地面积 0.14 万公顷,宜林地面积 48.72 万公顷;另有四旁树面积 0.878 万公顷。森林覆盖率 62.96%;林木绿化率 63.03%;活立木蓄积量 4.97 亿立方米,居全国第七。

根据福建省 2003~2004 年的森林资源调查资料统计（表 3-24）,福建省林地面积中,用材林地面积最大,占林地总面积的 49.78%,其余依次是防护林占 20.15%,经济林占 5.97%,特种用途林占 3.18%,薪炭林占 14.72%,竹林占 11.57%。

表 3-24　2004 年福建省林业用地现状　　　　　　　　　　（单位:公顷）

项目	生态公益林			商品林		
	防护林	特种用途林	用材林	经济林	薪炭林	竹林
国有	142000	76900	584500	21600	4800	24100
集体	1400000	166000	3223400	1104100	40900	861100
合计	1542000	242900	3807900	45700	1125700	885200

（二）福建林地利用的特点

1. 用材林和防护林面积占较大比例

全省林地中用材林的比例为总林地面积的 47.31%。防护林面积占林地地总面积的 22.09%,用材林处于优先发展地位,同时随着生态环境要求的不断提高,防护林也成为主要的林业用地类型。体现了福建省确立在生态建设为主的林业可持续发展道路以后,继续推进生态建设的同时,加快林业产业的发展的战略思想。

2. 沿海防护林体系和绿色通道建设带动林业用地变化

沿海防护林造林中阔叶林和针阔混交林比例逐步提高,树种结构进一步改善。沿海地区森林覆盖率达 58.53%,全省 3324 公里海岸线上初步建成带网片点相结合,生态、经济、社会效益相统一的多功能、多效益的沿海森林生态屏障,成为保障福建省沿海人民安居乐业的"生命林""保安林"。

绿色通道与城乡绿化一体化建设成效显著。城市建成区绿化覆盖率由"九五"末的 32.89% 提高到 35%;城市人均公共绿地面积由"九五"末的 7.02 平方米提高到 2005 年的 8.15 平方米,完成公路绿化 7031 公里、铁路绿化 297 公里、江河堤坝绿化 1405 公里。

（三）林地利用存在的主要问题

1. 公益林面积有限

福建省公益林面积不到商品林的 40%,在中央国务院确立以生态建设为主的林业可持续发展道路的战略指导下,急剧增长的生态需求与落后的林业生产力成为林业发展主要矛盾,福建省要增加公益林面积同时提高公益林的管护率。

2. 商品林用地的增加缓慢,对林业经济建设形成一定压力

林业用地面积 932.13 万公顷,占 76.78%,已达到一个很高的比例,而商品林的面积每年 0.7% 的速度递增。这意味着商品林的面积增加缓慢,而要提高林业的经济价值,势必要增加商品林的占地面积的同时增加产量。

（四）优化方法

同土地多目标规划。

（五）林地利用近期（2007~2010年）优化

1. 变量设置

变量主要是根据现有林地利用类型来设置（表3-25），本优化方案共设5个基本变量。其意义如下：$X1$ 防护林面积；$X2$ 特种用途林面积；$X3$ 用材林面积；$X4$ 薪炭林面积；$X5$ 经济林面积；$X5$ 竹林面积。

表3-25 林地利用类型决策变量设置 （单位：公顷）

生态公益林			商品林		
防护林	特种用途林	用材林	薪炭林	经济林	竹林
$X1$	$X2$	$X3$	$X4$	$X5$	$X6$
1542000	242900	3807900	45700	1125700	885200

（福建省森林资源主要数据汇编2003年）

2. 林地约束分析

约束条件主要是根据各类林地资源的限制、生态环境建设发展需求以及某些发展战略来确定的。根据《福建省森林资源规划设计调查技术规定》中所列防护林：是生态公益林的重要组成部分，以发挥生态防护功能为主要目的的森林、林木和灌木林。它包括水源涵养林、水土保持林、防风固沙林、农田牧场防护林、护岸林、护路林、其他防护林（表3-26）。

表3-26 主要年份林地面积 （单位：公顷）

年份	1998年	2003年	年份	1998年	2003年
防护林	798300	1542000	薪炭林	93800	45700
特种用途林	153800	242900	经济林	1034400	1125700
用材林	4452500	3807900	竹林	820200	885200

（福建省森林资源连续清查第五次复查成果，2003）

防护林面积的确定：随着生态环境建设水源涵养林、水土保持林、防风固沙林、农田牧场防护林的面积基本上保持不变或变化不大，而护路林、护岸林随着城市建设的发展有所增加故定其最小面积为1542000公顷，1998~2003年防护林增加面积比例为12.17%，根据宜林荒山、宜林沙荒、其他宜林、封育火烧迹地技术林地和灌木林中的一部分会成为防护林，故其约束方程 $1542000 \leqslant X1 \leqslant 2731747$。

特种用途林：特种用途林以保存物种资源、保护生态环境，用于国防、森林旅游和科学试验等为主要经营目的的森林、林木和灌木林，它和防护林共同构成生态公益林。其国防林、试验林、母树林的面积变化不大，但随着生态环境的改善和提高，环境保护林、风景林和自然保护区林的面积将增加。根据福建省的"十一五"规划增加的自然保护区面积和特种用途林的发展趋势确定特种用途林有以下约束：$242900 \leqslant X2 \leqslant 328300$。

用材地：以生产木材为主要目的的森林，包括短轮伐期工业原料用材林，速生丰产用材林，一般用材林和天然用材林，至2010年，人造板产量达600万立方米，产值250亿元。全省机制纸浆产量达262万吨，纸和纸板产量达480万吨，两者产值达450亿元，木材的综合利用率达到75%。故用材林的约束条件为：$3807900 \leqslant X3 \leqslant 3970007$。

薪炭林：以生产热能燃料为主要经营目的的乔木林和竹林、疏林、灌木林。福建省有丰富的煤炭资源，城市中加快煤气的普及，农村中大力发展天然气、沼气和太阳能，而薪炭林会在一定程度上产生水土流失，1998~2003年间薪炭林年均减小率为13.76%。故定薪炭林的约束条件为：$X4 \leqslant 45700$。

经济林：以生产油料、干鲜果品为主要目的的乔木和灌木林。包括果树林、食用原料林、林化工业原料林、药用林、其他经济林。2010年，全省珍贵树种用材林基地面积达6.7万公顷，全省名特优经济林基地面积达60万公顷，森林食品和药材基地面积达6.7万公顷，故经济林的约束条件为$1125700 \leqslant X5 \leqslant 1136027$。

竹林：以竹类为经营主要对象的森林，包括毛竹林和杂竹林。"十一五"期间，建设丰产毛竹林基地和中小径竹高优基地15.3万公顷。至2010年，全省竹林面积达93.3万公顷，其中丰产竹林基地36.1万公顷，故竹林的约束方程为$885200 \leqslant X6 \leqslant 933000$。

林地总量约束：林地总面积按土地利用优化的结果进行计算。

有：$X1+X2+X3+X4+X5+X6=7945800$。

约束方程见表3-27。

表3-27　约束方程

	$X1$	$X2$	$X3$	$X4$	$X5$	$X6$	约束	约束值
1	1						<=	2731747
2		1					<=	328300
3			1				<=	3970007
4				1			<=	45700
5					1		<=	1136027
6						1	<=	933000
7	1	1	1	1	1	1	=	7945800
8	1						>=	1542000
9		1					>=	242900
10			1				>=	3807900
11					1		>=	1125700
12						1	>=	885200

3. 目标函数

目标的设定主要从生态目标、经济目标两个方面来考虑。生态目标涉及的方面很多，本优化从固土保肥、固碳释氧、改良土壤、水源涵养四个方面来考虑；经济目标可用产值最大化来设定；社会目标主要考虑就业价值。

优化系数值的设置基于以下三点考虑：①已有研究资料的收集、综合分析；②不同地区变动范围与平均值；③今后20年变化趋势。根据福建省林业用地优化的实际情况以及所能收集到的资料，拟采用以下两个目标函数。

（1）生态价值最大

生态环境恶化是当今世界面临的重大问题，其主要特征就是水土流失严重；土壤结构严重破坏，土壤肥力下降；水源涵养能力锐减等。因此，计算土地的单位面积生态价值包括固土保肥、固碳释氧、改良土壤、水源涵养几个方面，结果见表3-28。

表 3-28　福建省不同林地类型单位面积价值　　　　（单位：万元／公顷）

类型	防护林	特种用途林	用材林	薪炭林	经济林	竹林
固土保肥	0.89407	0.74506	0	0	0.149011	0.7321
固碳释氧	1.21368	1.0114	0.5057	0.2028	0.20228	1.3465
改良土壤	0.35985	0.29987	0	0	0.059975	0.1488
水源涵养	1.07288	0.77124	0.447035	0.178814	0.128541	1.2746
自然价值	3.54048	2.82757	0.952735	0.381614	0.539807	3.5020

（阮君. 福建省森林固碳制氧价值估算. 2006，2）

参照福建省森林公益效能经济评价和福建省森林资源调查的数据，福建省林地面积自然价值拟采用以下数值：防护林 3.54048 万元／公顷，特种用途林 2.82757 万元／公顷，用材林 0.952735 万元／公顷，薪炭林以灌木为主则固碳释氧和水源涵养为防护林的 1/2，且薪炭林在这两方面有时会放生负面作用，将正负作用抵消故取值为 0.381614 万元／公顷，经济林按防护林的 1/5 来进行计算所以取值为 0.539807 万元／公顷。竹林按 3.5020 万元／公顷。

（2）经济价值最大

林业既是一项重要的公益事业，又是一项重要的基础产业。福建省林业经济在全市的经济中占有重要的比重。林业经济的发展涉及经济社会发展和人民生产生活的诸多方面，加快林业产业发展和加强生态建设具有同样重要的作用。在继续推进生态建设的同时，加快林业产业的发展，为林业发展增添更大的活力，从而实现林业生态建设与产业发展的良性和协调发展，更好地满足社会对林业的多种需求。

依据福建省林地单位面积经济价值量，确定经济价值的目标方程（表 3-29）。防护林 1.627 万元／公顷；特种用途林 2.081 万元／公顷；用材林 4.88 万元／公顷；薪炭林的地位和作用将逐渐被新的能源所替代故其在经济价值上的作用很小，此处忽略不计。经济林 4.15 万元／公顷，竹林 4.75 万元／公顷。

表 3-29　福建省林业用地单位面积经济价值　　　　（单位：万元／公顷）

类型	防护林	特种用途林	用材林	薪炭林	经济林	竹林
农业价值	0.293					
水利价值	0.777	1.071				
林、茶、果价值					3.04	1.01
工业价值			3.66			2.33
建筑价值			1.22			0.85
商饮价值					1.11	
旅游价值	0.56	1.01				0.56
其他价值				0.01		
总经济价值	1.627	2.081	4.88	0.01	4.15	4.75

4. 求解

上述模型为多目标线性模型，利用逐步法求解该模型。

输入参变常量系数（表 3-30）和约束方程，启动程序，会自动求出上述系数，结果见表 3-31。

表 3-30 目标函数及参变系数 （单位：万元 / 公顷）

目标项目	防护林 X1	特种用途林 X2	用材林 X3	薪炭林 X4	经济林 X5	竹林 X6
自然价值	3.540484	2.82757	0.952735	0.381614	0.539807	3.5020
经济价值	1.627	2.081	4.88	0.001	4.15	4.75

表 3-31 参变常量系数表

	目标 1 函数值	目标 2 函数值
目标 1 最优解	1.4693E+11	3.10298E+11
目标 2 最优解	1.41798E+11	3.17713E+11
目标（1）权系数	目标（2）权系数	
5.97797E-07	2.77785E-07	
目标（1）归一权系数	目标（2）归一权系数	
0.682742088	0.317257912	

构造新目标函数（表 3-32）：Min λ （$x6$）：

表 3-32 新约束方程

$x1$	$x2$	$x3$	$x4$	$x5$	$x6$	$x7$	约束	约束值 b
24172.374	19305.010	6504.7228	2605.4393	3685.4895	23909.627	1	>=	1.00315E+11
5161.7862	6602.1371	15482.18	31.725791	13166.203	15069.750	1	>=	1.00797E+11
1							<=	2079592
	1						<=	328300
		1					<=	3970007
			1				<=	45700
				1			<=	1136027
					1		<=	933000
1	1	1	1	1	1		=	7945800
1							>=	1542000
	1						>=	242900
		1					>=	3807900
				1			>=	1125700
					1		>=	885200

满意解（表 3-33）：

表 3-33 土地利用多目标优化结果 （单位：公顷）

生态公益林			商品林		
防护林	特种用途林	用材林	薪炭林	经济林	竹林
X1	X2	X3	X4	X5	X6
2509250	473586	4037197	0	832466	93300

5. 优化结果分析

（1）结构优化分析

林业用地优化是一个极为纷繁复杂的问题，采用常规的优化方法，人为因素很强，而且也难以综合处理多方面的关系。多目标优化通过协调经济效益和生态效益的平衡关系，实现林地的综合效益最大化。

总的看来，多目标优化的结果，基本满足优化的原则，也满足了提高综合效益的目标，因此，优化方案是可行的。

（2）影子价格分析

影子价格是现代经济学中的重要参量，广泛应用于宏观经济分析和微观经营活动。它是企业适应市场变化，优化配置人、财、物等资源，正确作出经营管理决策的有力工具。它是指某种资源或劳务被用于一种用途、放弃另一种用途时的价值，是资源利用问题的数学优化中，对偶模型的最优解。计算结果表明（表3-34）：资源1、2、8、11、12等所对应的影子价格为正，表明它们为限制性资源。资源3、4、5、6、7、10、12等所对应的影子价格为0，说明它们不是限制性资源，能够满足国民经济发展的需要。

表3-34　影子价格分析

影子价格	（单位资源增量对目标贡献值）	影子价格	（单位资源增量对目标贡献值）
资源1	0.375	资源8	6157.585419
资源2	0.625	资源9	-12171.8125
资源3	0	资源10	0
资源4	0	资源11	885.578125
资源5	0	资源12	0
资源6	0	资源13	2501.546875
资源7	0	资源14	0

（3）灵敏度分析

灵敏度分析又称最优化后分析。是指系统或事物因周围条件发生变化而显示出来的敏感程度的分析，即要分析为决策所用的数据可在多大范围内变动，原最优方案继续有效。在求出线性优化的最优解后，如果市场、资源发生变化，以致目标函数的系数 C_j、约束条件的右端项 b_i 或左边的系数 a_{ij} 发生变化，那么，那么会使最优解发生什么样的变化，又如何用最简单的办法求出新的最优解，此类问题就是线性优化最优解的灵敏度分析。

福建省土地利用结构优化的线性优化模型的灵敏度分析分为（表3-35）：对约束条件右端常数（即约束条件 b_j）范围的分析：从应用的角度出发，仅对松弛变量取0值的约束条件右端常数进行灵敏度分析，这类约束条件对应的影子价格不为0。

表3-35　对约束条件右端常数值变化范围

b 值	现有值	可减少值	可增加值	最低值	最高值
$b(1)$	1.00315E+11	2670941688	1866117365	97644308287	1.02181E+11
$b(2)$	1.00797E+11	1866117365	2670941688	98930695497	1.03468E+11
$b(3)$	2079592	309967.5015	无限制	1769624.498	无限制

（续）

b 值	现有值	可减少值	可增加值	最低值	最高值
b（4）	328300	85400	无限制	242900	无限制
b（5）	3970007	95431.4985	无限制	3874575.502	无限制
b（6）	45700	45700	无限制	0	无限制
b（7）	1136027	10327	无限制	1125700	无限制
b（8）	933000	47800	183479.538	885200	1116479.538
b（9）	7945800	98162.00051	97812.80916	7847637.999	8043612.809
b（10）	1542000	无限制	227624.4985	0	1769624.498
b（11）	242900	242900	85400	0	328300
b（12）	3807900	无限制	66675.5015	0	3874575.502
b（13）	1125700	93745.86304	10327	1031954.137	1136027
b（14）	885200	无限制	47800	0	933000

（4）对目标函数系数（即利益系数 c_j）的范围分析

是对非基变量的目标函数系数的灵敏度分析，既要合乎数学模型，又要合乎实际（表 3-36）。

表 3-36　目标函数值变化范围

决策变量	现有系数值	可减少值	可增加值	最低值	最高值
x（1）	0	9672.533259	1143.225974	−9672.533259	1143.225974
x（2）	0	885.5751882	1E+14	−885.5751882	1E+14
x（3）	0	16944.61838	2457.3672	−16944.61838	2457.3672
x（4）	0	11191.04394	无限制	−11191.04394	无限制
x（5）	0	2501.552886	1E+14	−2501.552886	1E+14
x（6）	0	无限制	6157.585419	无限制	6157.585419
x（7）	1	1	39975169247	0	39975169248

（六）林地利用远期（2011~2020 年）优化

优化方法、计算步骤均与 2007~2010 年土地利用优化研究相同，只是约束条件有所变化，这里就不再一一详述，只将变动部分（约束条件）介绍如下（表 3-37）：

表 3-37　约束方程

	$X1$	$X2$	$X3$	$X4$	$X5$	$X6$	约束	约束值
1	1						<=	2378454
2		1					<=	334600
3			1				<=	3973394
4				1			<=	23900
5					1		<=	1148029
6						1	<=	954200
7	1	1	1	1	1	1	=	7965800

（续）

	X1	X2	X3	X4	X5	X6	约束	约束值
8	1						>=	1769624
9		1					>=	242900
10			1				>=	3874575
11				1			>=	1125700
12					1		>=	933000

1. 约束条件

防护林：在 2011~2020 年间按宜林荒山、宜林荒沙、其他宜林、封育火烧迹地和灌木林中可转化为防护林的面积为 2000~2010 年的 70% 计算，故其约束方程 $1769624 \leqslant X1 \leqslant 2378454$。

特种用途林：根据生态公益林的总体面积控制和自然保护区发展的要求，定其约束条件为：$242900 \leqslant X2 \leqslant 334600$。

用材地：根据福建省木材的需求按用材林加工工艺提高的水平用材林的约束条件为 $3874575 \leqslant X3 \leqslant 3973394$。

薪炭林：根据近年天然气、沼气和煤气数量的增加，薪炭林的面积一直处于减少的情况。故定薪炭林的约束条件为：$X4 \leqslant 23900$。

经济林：根据福建省林业产业经济发展的要求。经济林的约束条件为 $1125700 \leqslant X5 \leqslant 1148029$。

竹林：根据福建省竹材的需求和加工工艺提高的水平约束条件为 $933000 \leqslant X5 \leqslant 954200$。

林地总量约束：根据土地利用规划结果，结合"九五"和"十五"期间有林地的变化：$X1+X2+X3+X4+X5+X6=7965800$。

2. 求解

计算结果见表 3-38。

表 3-38　林地多目标优化结果　　　　（单位：公顷）

生态公益林			商品林		
防护林	特种用途林	用材林	薪炭林	经济林	竹林
X1	X2	X3	X4	X5	X6
2769624	542900	2874575	0	1055270	933000

（七）公益林面积预测

生态公益林是指保护和改善人类生存环境、保存物种资源、维护生态平衡、开展科学试验、森林旅游以及国土保安等需要为主要经营目的的森林、林木和林地。生态公益林在整个福建省的生态建设和环境保护上发挥着巨大的作用。本次多目标规划旨在得出生态公益林在林地中的面积进行预测，为更好经营生态林提供依据。结果见表 3-39。

表 3-39　生态公益林面积及比重　　　　（单位：公顷）

类型	现状		2010 年		2015 年		2020 年	
生态公益林	面积2862600	比重30.7%	面积2889603	比重31%	面积2982816	比重32%	面积3542094	比重38%

三、绿色通道长度

森林绿色带对与维护道路交通安全，改善道路交通环境，提高驾驶员和乘客舒适度等方面都可以发挥十分重要的作用。

（一）高速公路及国道林带模式

（1）高速公路、国道景观生态型林带（10~30米）

对于高速公路及国道的景观生态型林带，其模式应选择既有较好观赏效果，又有较高生态功能的植物组成。林带配置方式以行列式规则种植为主，局部景观节点也可进行自然式块状混交，并使植物配置体现南方地域植物特色和城市风格。

该林带模式靠近道路的5~10米以常绿树种为主，其余5~20米为彩叶树种和花灌木等。

（2）高速公路、国道生态防护型林带模式（10~30米）

对于高速公路及国道的生态防护型林带，其模式为近自然的人工森林群落型林带。一是选择具有较高生态效益的乡土树种为基调树种，二是结合较为适应当地环境、生长稳定的绿化树种。采取带状、块状或株间混交等配置方式，以高大乔木或喜光树种构成森林群落的上层乔木层，以耐阴中小乔木和灌木构成下木层，从而组成稳定的森林群落。

高速公路及国道两侧林带模式的技术思路是主干道路的林带为主体，形成贯通性生物廊道和通风廊道，加强省内各城市之间自然生态系统的生态连接，改善生态环境和保护生物多样性。

（二）省道景观生态型林带模式（5~15米）

该模式以行列式规则种植为林带的主要配置方式。靠近道路的5米以常绿树种、彩叶树种和花灌木为主，丰富道路两侧的景观，形成一定的景观序列；其余5~10米可选用速生用材树种如桉树、相思类等，以及生态经济树种。在体现道路森林景观效应的同时，还能产生一定的经济效益。

（三）城市快速路林带模式

（1）城市快速环路景观生态型林带模式（5~30米）

对于福州、厦门等一些大中城市，其城市快速路林带模式是选择既有较好观赏效果，又有较高生态价值的植物，在保障通道绿化基本生态功能的基础上，增加景观效果。以观花观叶灌木为前景，以中小乔木和高大乔木构成中后景，形成景观空间层次。

采取行列式规则种植与自然式块状混交相结合的植物配置方式。一是以行列式规则种植形成简洁流畅的景观效果；二是通过乔灌草高低、远近、疏密的合理搭配，自然式块状混交，形成错落有致、富有韵律的林冠线和天际线，提高景观多样性和自然度。

此外，可根据道路特色的需要选择观叶观花观果等植物，形成不同的季相特色和景观序列，增强各路段的识别功能。

（2）城市快速环路生态防护型林带模式（30米）

对于城市快速环路的生态防护型林带，其模式应借鉴自然森林群落的层次结构和植物间的伴生习性，选择具有较高防护和生态效益的乡土树种，以及经引种驯化多年、较为适应当地环境的归化树种，构成人工近自然森林群落型林带。该林带模式以形成森林廊道为目标，突出林带的生态隔离、防护功能和维护城市生物多样性的作用，以至于以多样化的森林群落，组成结构稳定的林带，提高景观异质性和增强林带的生态功能。

（四）铁路生态防护型林带模式（25米）

每侧林带植物配置可采用带状或行间混交方式，两边栽植灌木和中小乔木，中间栽植高大乔木的密林式，使林带横断面成"山"字型，以增强林带的抗风能力。距铁路路基12米以内及填方路基的边坡应种植胡枝子、合金欢等灌木，以便于养路施工；12 米以外可开始栽植乔木。在闽北高大乔木可选用马尾松、木荷、苦楝、闽粤栲、楠木等；闽南选用相思树、木麻黄、桉树、龙眼、荔枝等；竹类用绿竹、麻竹、苦竹等。

根据以上模式，确定福建省高速公路以及三级以上等级公路，可以采用单侧林带宽度为 5~30 米的国道、高速公路景观林带模式，铁路沿线采用铁路景观林带模式来进行道路绿化（表 3-40）。

表 3-40　绿色通道长度现状及预测表　　　　　　　　（单位：公里）

类别	现有长度	2010 年规划	2015 年规划	2020 年规划
绿色通道长度	30309	40309	44350	48391

四、城市人均绿地面积

按照世界卫生组织推荐的国际大都市生态环境主要绿化标准为绿化覆盖率 >40%，人均绿地面积 40~60 平方米，人均公共绿地 20 平方米。截至 2006 年年底全国城市人均公共绿地面积已经达到 7.89 平方米，比 1981 年增长一倍多。根据规划到 2010 年，我国城市中心区人均公共绿地要达到 6 平方米以上。

国家建设部"园林城市"的绿化标准中建成区绿地指标也基本上是人均绿地面积、人均公共绿地、绿化覆盖率这三项，只是指标值略有不同。以上三项指标中，人均公共绿地面积是与城市居民生活最为直接和建成区绿地建设最为根本的一项指标，它直接反映了建成区的绿地建设水平和质量。因而，选取建成区人均公共绿地作为本次规划的指标之一。

人均绿地面积指报告期末区域内人口平均每人拥有的绿地面积。计算公式：人均绿地面积 = 区域内绿地面积／区域内城市人口数，是反映居民居住区环境质量的指标。2005 年统计，福建省人均公共绿地面积 9.16 平方米；2006 年数据显示，福建省人均绿地面积 9.2 平方米。

根据福建省福建省近几年城市发展迅速，各级政府也非常重视城市绿化建设，城市绿化发展快速，而人口的增长速度远小于此，故确定福建省人均公共绿地面积增长率 1.8%，确定其发发展目标（表 3-41）。

表 3-41　福建省城市人均绿地面积　　　　　　　（单位：平方米／人）

指标	现状	2010 年	2015 年	2020 年
城市人均绿地面积	9.45	10	11	12

五、沿海防护林

福建大陆海岸线长达 3324 公里，其中淤泥岸 1864 公里，占 61.1%；基岩海岸 621 公里，占 20.4%；沙岸 566 公里，占 18.5%。沿海岛屿 1400 多个，岛屿岸线长 1779 公里。新中国成立初期：福建省连江县以南 20 个沿海县，有林地面积 14 万公顷，森林覆盖率仅为 8%。沿海各县风、沙、旱、潮等自然灾害频繁发生，生态环境恶化，人民生活贫困。"文命"期间：沿海防护林遭到严重破坏，近 0.67 万公顷的木麻黄林带和片林、1000 多公里的护路林被毁。风沙继续危害着农田、道路和村庄。此外，毁林造田、无序采石采矿，加剧了水土流失。至 20 世纪 80 年代初期，沿海地区水土流失面积达 60 多万公顷，占土地总面积的 22.4%。

沿海防护林体系一期工程期间，共完成造林更新面积 538432.1 公顷，占国家下达计划任务 305000 公顷的 176.0%，占工程规划总任务的 125.0%，其中：人工造林 421066.4 公顷，占工程规划任务的 147.0%；封山育林 92721.0 公顷，占规划任务的 97.0%；低效林改造 24644.7 公顷，占规划任务的 110.0%。人工造林中基干林带造林 56764.2 公顷，占工程规划任务的 107.0%。根据福建省林业用地多目标规划的结果及福建省土地利用现状将沿海地区可用于造林的部分纳入林地，故预测福建沿海地区森林覆盖率见表（3-42）。

表 3-42 沿海防护林指标

沿海防护林指标	现状值	2010 年	2015 年	2020 年
沿海地区森林覆盖率	58.53%	60.23%	61.56%	62.98%

六、自然保护区

自然保护区是大自然的一个缩影，它可以恢复和接近于自然界的本来面目。建立自然保护区有以下四方面的意义：①保护自然环境和自然资源，维护自然生态的动态平衡；在科学的管理下，保持本来的自然面貌，一方面维持有益于人类生存与发展的生态平衡，另一方面创造最佳人工群落模式和进行区域开发的自然参照系统；②保持物种的多样性，既保存动物、植物、微生物物种及其群体的天然基因库，又保护着珍稀物种和濒危物种，使其免遭灭绝；③维持生态系统和自然资源的永续发展和持续利用，保护种质资源的提供基地和经济建设的物质基础；④保护特殊有价值的自然人文地理环境，为考证历史、评估现状、预测未来提供研究基地。自然保护区保护的对象主要包括：有代表性的自然生态系统，濒危动植物的主要分布区，水源涵养区，有特殊意义地质构造、地质剖面和化石产地等。自然保护区不能有人为的直接干涉，任自然流程正常进行，包括特定时间内的一些自然作用，如自然火烧、群落自然演替、自然病虫害、冈暴、地震等。目前福建省自然保护区中还存在一些问题：传统的经济活动方式和对自然资源不合理的开发利用，导致天然林迅速减少，动物栖息地和珍稀植物生长环境恶化，生态系统质量和多样性下降，化肥、农药的大量使用和"三废"的大量排放，造成环境污染，严重威胁着野生动植物的生存；对野生动物的乱捕滥猎和对野生植物的乱采滥挖，致使野生动植物种群数量迅速减少以致灭绝，越是珍稀且经济价值高的物种减少或灭绝的速度越快。

福建地处南亚热带和中亚热带，气候温暖湿润，境内山岭蜿蜒，丘陵起伏，地形复杂，自然条件优越，生物资源丰富，已知的树种约有 1000 多种，其中不少属于孑遗植物、珍贵树木和特有种，如银杏、华东黄杉、长叶榧树、伯乐树、福建青冈、花桐木、石梓、格木、香果树、闽楠、福建柏、红楝子、香花木、鹅掌楸、南方铁杉、金钱松、水松等，还有国内仅有的近万亩青钩栲林。边远林区尚存一部分原始的森林。动物区系上，福建属于东洋界的华中区和华南区东部交界地带，已发现鸟、兽、爬行、两栖等各类脊椎动物 700 多种，鱼类 500 多种。还有许多特有和珍惜动物。自然保护区的建立可以有效的保护福建省的现有宝贵的自然资源。将自然保护区内生长状况较好的森林、河流及陡坡上盖度较高的灌木林划为禁伐区，禁止一切采伐利用活动，运用高科技手段采取强制性措施保护好现有的野生动植物资源。同时切实加强对全省生物多样性的保护，要在建立保护区、加强对现有生物保护的同时，积极开展引种和育种等工作，进一步丰富生物多样性。

根据福建省的实际情况，从保证生态安全角度出发，自然保护区还应该在目前已有基础上加大自然保护区数量和面积，制定自然保护小区管理办法（表 3-43）。

表 3-43　福建省自然保护区的面积及预测

	现状	2010 年	2015 年	2020 年
自然保护区数	3322	3365	3377	3389
总面积（万公顷）	83.56	92.1	94.95	97.8
占国土面积比率（%）	6.88	7.58	7.81	8.04
国家级数量	10	14	15	16
省级数量	22	29	32	34

同时，更多保护区的设立可以保证自然资源的合理利用达到有序的释放。对于科研和教学的作用、科普教育、生态教育等都具有非常重要的作用。

七、森林灾害程度

森林是地球上最大的植物群体，是地球上最大的生态系统之一，也是经济社会实现可持续发展的生态屏障。森林面积的大小对森林资源存量有显著影响，森林经营水平越高，森林资源的范围越广泛，发挥其经济效果和对人类的支持发展作用也越大。对森林灾害进行研究，在有助于人们最大限度地获取生态、社会、经济效益的同时，更有助于帮助人类保护现有的森林资源和改善人类生存的环境。福建省的森林灾害主要是森林火灾和病虫害灾害。根据福建省林业统计年鉴2002~2006 年的火灾和森林灾害发生情况确定森林灾害程度指标见表 3-44。

表 3-44　森林灾害发生面积比率

指标	现状	2010 年	2015 年	2020 年
森林灾害发生面积比率	2.42%	2.03%	1.95%	1.85%

八、水土流失率

水土流失作为国土安全的重要指标对福建省森林生态安全也起着重要作用，福建省属全国水土流失比例较轻的省份之一，但福建省土壤层薄，特别是陡峭坡地经水土流失，可能导致基岩裸露。近年来，福建省通过生态修复、流域治理、多元化治理等方式开展水土保持工作，生态效益、经济效益、社会效益同时显现。"十五"以来，福建共完成水土流失综合治理面积 84.67 万公顷，尤其是 2004 年福建开展"千万亩水土流失治理工程"以后，水土流失治理取得明显效果。目前，福建省水土流失面积占全省土地总面积的比例，从 2000 年的 12.3% 下降到 7.9%。

表 3-45　福建省水土流失率

指标	2007 年	2010 年	2015 年	2020 年
水土流失率	7.9%	7%	6.8%	6.5%

九、森林碳密度

森林植物在全球碳平衡及潜在的碳储存中扮演着重要的角色，已成为与全球气候变化密切相关的重要有机体。森林生态系统是地球上除海洋之外最大的碳库，约占全球陆地总碳库 46%，森林本身维持着巨大的碳库（约占全球植被碳库的 86% 以上），同时森林也维持着巨大的土壤碳库，因此森林生态系统在调节全球碳平衡、减缓大气中 CO_2 等温室气体浓度上升以及维护全球气候等方面中具有不可替代的作用，同时对揭示陆地生态系统中 CO_2 的源和汇有重要意义。碳密度是指单位面积内的碳储量，是用来表征生态系统储碳能力的一个重要参数。福建省森林碳储量对整个生态系统有重要意义。根据系统动力学计算结果确定福建省森林碳密度见表3-46。

表 3-46　福建省森林碳密度　　　　　　　　　　　　　　（吨／公顷）

指标	2007 年	2010 年	2015 年	2020 年
森林碳密度	2.39	2.41	2.42	2.43

第五节　海峡西岸现代林业发展核心产业指标测算

　　林业产业是一个涉及国民经济第一、第二和第三产业多个门类，涵盖范围广、产业链条长、产品种类多的复合产业群体。在全面贯彻落实科学发展观、构建社会主义和谐社会、建设社会主义新农村中具有独特的优势和巨大的潜力。

　　所谓比较发达的林业产业体系就是产业门类和产品数量与森林资源的多样性和丰富程度相称；既有数量，又有质量，数量和质量并重，产业规模和产业素质并重；与市场紧密连接，对内对外高度开放；产业结构合理有效，能够体现多项目增收、多层次增值；坚持多产业、多渠道、多形式、多成分开发，一二三产业全面发展；以林产工业为龙头，以科技为依托，以效益为前提；能够持续发展的，富有生命力和竞争力。要兴办林业大产业，彻底改变过去那种林业是大资源、小产业、低产值、微效益的状况，让林业的资源优势真正转变为林业的产业优势。林业产业体系建设的目标是通过以培育森林资源为重点，以提高综合效益（包括生态、经济和社会效益）为中心，坚持"以林为本，合理开发，综合经营，全面发展"的方针，实行分类经营，分类管理，尽快建立起产业结构合理、区域化布局、符合市场经济规律要求的林业产业体系，为生态环境建设和社会的可持续发展提供物质支撑。

　　建设完善的林业生态体系和发达的林业产业体系是林业现代化的目标，林业产业体系反映了林业未来发展的潜力以及对区域经济的贡献份额，可用林业产业体系指标衡量，达到相应的发展指标，能够获得特定的森林经济功能和效益。林业产业指标体系主要是要考虑林业产业的生态效益、社会效益、经济效益，优化林业产业，对林业产业发展水平进行科学的评价，为林业产业的可持续发展做出指标的规划。

　　2005 年 7 月，经中央同意，商务部、农业部、国务院台湾事务办公室批准福建省将海峡两岸农业合作试验区由福州、漳州扩大到全省，福建省编制了《海峡两岸（福建）农业合作试验区发展规划》，明确了"十一五"期间试验区建设的主要目标是：通过引进台湾农业资金、良种、技术及管理经验，引进并推广台湾的新品种、新技术、新农药、新肥料和新机具，促进闽台农业产业对接，使闽台农业交流合作向更高层次、更大规模方向发展。而福建与台湾在发展林业上各有优劣，可以进行优势互补。福建在森林资源、劳动力、市场空间、发展环境等方面具有明显优势，缺乏的是资金、技术、管理水平、林木良种、木竹精深加工能力等；而台湾拥有较雄厚的资金和丰富的林木良种资源，木竹加工业和机械制造业发达，不足的是劳动力成本高，资源主要依赖进口，两地开展林业合作具有较强的互补性和广阔的前景。

　　随着海峡西岸经济区建设的不断推进，闽台林业合作的环境将更加优化、范围将更加广阔、合作平台将越来越大。目前两岸林业合作日趋活跃，以两岸相继加入世贸组织为契机，推动两岸产业对接，逐步实现海峡两岸林业生产要素、林业资源和林产品的优势互补，同时，逐步扩大合作领域，不断提高合作层次。而在林业产业的发展上也有广阔的合作前景，可以在几个方面加强交流：

一是在种苗研发与繁育方面。两地自然气候条件相似，同属物种资源比较丰富的地区，特别是台湾在林木种源改良、花卉苗木培育、生物资源利用等方面水平较高，两地完全有条件在物种引进、生物资源利用等方面有所作为，实现种质资源的优势互补。可利用省级种苗示范基地的设施设备基础，在福州市建立一个以引进、选育和扩繁推广的台湾优良树种、品种种苗繁育保存中心。基地拟建设总规模70公顷，其中在福清宏路建设台湾优良树种种苗繁育中心，引进台湾用材树种、珍贵树种、观赏树种、经济林树种和沿海防护林树种等优良品种20~30个，建设育苗大棚5000平方米、采穗圃1公顷、炼苗区9公顷，配套建设闽台林木种苗交流培训中心、标本馆、信息库等建筑面积1500平方米，完善省级基地供电供水设施等；在闽侯南屿林场建立台湾优良树种收集保存试验区60公顷，其中建设台湾树种繁殖圃2公顷、收集展示区18公顷、树种试验林20公顷、示范林20公顷，配套建设管理房300平方米、自动喷灌系统2套，完善供水供电和道路系统等，总投资估算为1200万元，形成比较完善的种苗繁育基地。

二是在闽台花卉合作与交流方面。近几年来，福建省花卉科技水平明显提升，花卉生产正从传统栽培向现代栽培转变，新品种的研发应用，新技术的推广，标准化的规模生产，使产品质量明显提高，产品结构日趋合理。在加强闽台花卉产业合作，延伸花卉产业链，发挥台商投资区优势和功能，提高台资花卉企业的"集聚"效应，发挥福建近台优势，推动两岸花卉物流产业合作等方面，两岸的合作交流呈现出巨大的发展潜力和美好前景。厦门市依托厦门农产品集团有限公司规划建设"厦门花卉批发物流中心"，筹建海峡两岸最大的花卉集散中心，以期成为海峡两岸花卉进出口集散中转基地、产品展示中心、价格发布中心和信息服务中心，为两岸花卉务流提供路线短、成本低、时间快的服务。该中心总建筑面积约14万平方米，工程总投资8000万元，建成投产后年交易额可达10亿元。福州市也在与台湾有关方面接触，商讨建设两岸花木交易市场的可行性，希望采取优势互补、技术互助、经济互惠的办法联手开发，共同开拓国际花卉市场，以争取更大的市场份额。福建省花卉协会及各设区市花卉协会致力于推动闽台两地花卉界的交流与合作，先后举办了闽台花卉精品展、闽台兰花精品展、闽台花艺交流展，并协助举办了七届海峡两岸（福建漳州）花卉博览会。

三是在木竹加工方面。台湾家具产业及木材综合利用在世界上处于领先地位，家具出口产值居世界第三位，玩具、小木屋、运动器材、家用木架等加工业相当发达，木竹加工机械设备制造业也比较先进。近年来，由于东南亚各国纷纷禁止原木出口，台湾面临原料输入的困难，加上海运价格和本地劳动力价格上升，台湾家具业主纷纷赴祖国大陆投资，现已在天津、上海、大连、浙江嘉善、江苏昆山等地办厂。而福建恰恰在原材料、劳动力价格等方面优势突出，十分适合承接台湾木竹加工制造业的转移，两地在这方面具有广阔的合作前景。以莆田秀屿国家级木材加工贸易示范区、三明现代林业合作实验区和南平建瓯笋竹城、建阳林产品加工贸易园区为中心，大力引进家具加工、木竹加工机械设备制造业。海峡两岸（三明）现代林业合作实验区经过一年多来的实践和运作，各项工作进展顺利，并开始出现"磁吸效应"，招商引资取得突破性进展。宁德市委、市政府决定在东侨开发区建立台湾产业园区，一期区划200公顷，并规定凡是台商在园区落户的项目给予相应的税收等优惠政策，并在项目审批时，实行一条龙公开审批，简化行政审批程序。2005年，柘荣县引进一家台商企业，建设竹浆粕加工厂，项目总投资 6000 多万，年产 2 万吨竹浆粕，目前该项目已进入设备调试、试生产阶段，预计正常投产后年产值可达 5 亿元。

四是在森林旅游方面。福建省青山绿水兼备，山海风光共存，森林旅游资源具有"山海一体、闽台同根、民俗奇异、宗教多元"的优势和特点，要充分发挥资源优势，打造福建特色森林旅游品牌。福建省现有森林公园 76 处，省级以上自然保护区 37 处，这些地方正成为人们旅游休闲度假的新去处。闽台两地共有血缘相同的居民达 5500 多万，是两岸森林旅游互为目的地的巨大客源市场。在森林旅游开发中，要紧紧抓住两岸的密切关系，依托闽台历史渊源，积极开发 5 个森林旅游功能区，即闽南滨海休闲森林旅游区、闽中休闲度假森林旅游区、闽西客家文化森林旅游区、闽北森林生态旅游区、闽东山海风光森林旅游区。开辟台湾—厦门—漳州—泉州—莆田—福州的闽台合作森林旅游专线，吸引台湾客源。2005 年森林旅游接待游客量已达 586 万人次，旅游直接经济收入 1.2 亿元，森林旅游业正在兴起。而台湾森林旅游业起步早、发展快，开发和管理经验丰富，资金也比较雄厚，两地在这方面的合作潜力巨大。三明森林生态休闲观光合作区重点整合旅游资源，主动与台湾旅游同业洽谈对接，现有泰宁大金湖 - 台湾日月潭旅游项目对接成功。

林业作为国民经济的基础产业，持续不断的提供多种林产品，满足人类生存发展过程中对与森林密切相关的林副产品的需求是林业现代化的目标之一。因此单位面积林地生产能力以及林产工业的生产力水平是林业现代化程度的重要衡量指标。

一、林地生产能力

该指标反映了单位面积林业用地的生产能力。在具体评价时，根据具体树种分别进行，商品林以每年每公顷林地的蓄积量计算。对木质资源和非木质资源的计算方法分别为：①单位面积平均蓄积（木质资源）；②单位面积平均产值（非木质资源）。

（一）林龄结构

林龄结构是指林地的面积或林木的蓄积按林龄的分配，反映森林结构是否合理（表 3-47）。

表 3-47　林分各林种林龄组面积蓄积统计表　（单位：百公顷、百立方米）

优势树种	幼中龄林		近成熟林		过熟林	
	面积	蓄积	面积	蓄积	面积	蓄积
马尾松	13063	492826	5357	487400	144	15991
杉木	14145	10362225	13881	546458	120	19967
硬阔类	12100	948904	2767	489869	145	35925

备注：资料来源于福建省林业厅资源站。

（二）成熟林单位面积平均蓄积量

成熟林单位面积蓄积量的大小标志着林地生产力的高低及经营措施的效果。

福建省 2006 年统计成熟林面积为 4499 万公顷，蓄积量为 621319 万立方米，单位面积平均蓄积量为 138.1 立方米 / 公顷。

（三）竹林年产出量

竹林年产出量指竹林每年产出竹子的数量，是反映单位面积竹林生产能力的大小指标。

福建是中国竹子的重点产区，现有竹类 19 个属近 200 种，竹林面积 89.4 万公顷，占有林地面积的 12.4%，其中毛竹林面积 83.6 万公顷，中小径竹 5.8 万公顷，毛竹总立竹株数 16.73 亿株，居全国首位。福建省先后启动实施竹业开发一期、二期工程，全面实施竹材工业化利用技术研究与开发项目，大力扶持丰产竹林基地建设，培育笋竹加工产业，促进竹业经济快速发展。现有竹加工企业 3200 多家。其中产值在 1000 万元以上的加工企业 112 家，除清水笋、笋干、土纸、竹筷、竹席、竹编、竹工艺品等传统产品外，竹水泥模板、竹地板、竹快餐盒、高档竹家具、竹炭、即食笋系列等大宗新产品大量增加，研究和推广一批如竹纤维复合材料、纳米改性竹炭光触媒材料、从毛竹笋加工废弃物中提取黄酮素等高科技产品，并实现产业化，初步实现了从粗加工到精加工，从手工作坊向规模化、机械化方向转变。

福建 2006 年统计竹林年产出量为 28536 万根，小径竹为 401562 吨。

（四）非木质林产品产值

非木质林产品是指除林木以外的山特产品和林特产品。山特产品包括林蛙、冷水鱼、有经济价值的菌类、林木的果实、山野菜及中草药等；林特产品包括、榛材、藤条、绍条和牧草等。非木质林产品单位面积产值是以货币形式表现的非木质林产品单位面积产量，按采集的非木质林产品单位面积产量乘单价计算。它是反映林业生产成果的重要经济指标，也是反映林业生产水平、评价林业生产成果、确定林业生产发展规模和速度及进行科学决策的重要经济指标（表 3-48）。

表 3-48　非木质林产品单位面积产值 （计量单位：公顷、吨、千克/公顷）

品种	葡萄	茶叶	荔枝	龙眼	枇杷	橄榄	杨梅	李	柿子	桃	香蕉	梨
面积	4829	145060	3800	85678	30696	11026	14630	33673	27410	26249	29434	22824
产量	67449	157649	173825	250822	137999	31900	57868	229461	152424	190248	819928	142254
公顷产量	13965	10860	4575	2928	4495.5	2893.5	3955.5	6814.5	5560.5	7248	27855	6216

备注：资料来源于福建省林业厅资源站。

二、林业企业生产力水平

当前，我国现代化建设进入了加快推进重要时期，对林业发展提出了新的要求，为林业建设赋予了新的使命。加快林业产业发展是实施以生态建设为主的林业发展战略的内在要求，只有大力发展林业产业，建立起发达的产业体系，充分发挥林业巨大的经济功能，满足社会和人们对林产品的需求，积累雄厚的财富和充足的资金，生态建设才有坚实的资金保障和发展动力。这也是建设资源节约型、环境友好型社会的客观需要。提高林业企业生产力水平，既能提供支持经济建设、促进可持续发展的丰富的、可再生的能源资源，又能提供绿色环保产品，完全符合建设资源节约型、环境友好型社会的内在要求，完全可以起到"反弹琵琶"、逆向拉动生态建设的作用，是我国现代化建设的客观需要，有着广阔的空间和光明的前景。实际工作中要处理好兴林与富民的关系，就要不断地解放和发展林业生产力，通过大力发展林业企业，充分挖掘林业的经济潜力，不断地增加农民的收入。在这个良性发展的过程中，必然会进一步推动生态建设，推动社会主义新农村建设。

（一）林业经济效益综合指数

中国社会科学院院士宋健撰文提出：全世界经济学家一致认为，一个国家，特别是发展中国家，实现现代化的前提是工业化。虽然评价一个国家现代化重要指标之一是第三产业的比重上升，即人们所说的现代社会是个"后工业化时代"，但是，"后工业化"是以工业化为前提的，工业发展状况指标又是评价经济现代化的重要指标。

现阶段使用的工业经济效益评价指标体系是 1998 年由国家统计局推行的，是反映工业运行质量的总量指标，由七项指标组成，它们分别是：反映企业盈利能力的总资产贡献率和成本费用利润率；反映企业发展能力的资本保值增值率；反映企业营运能力的流动资产周转率；反映产出效率的全员劳动生产率；反映产销关系的产品销售率；反映偿债能力的资产负债率。林产工业经济效益综合指数是由这七个指标加权平均所得，指数计算所用的权重系数和标准值引用 1999 年福建省林业厅出版的《福建省林业统计工作手册》（第 170 页），该指数是评价和考核林产工业经济效益总体水平的一个相对数。

计算公式 ={（某项经济指标报告期数值 / 该项经济指标全国标准值 × 该项指标权数）} 之和 /
总权数

其权数和指标标准值见表 3-49。

表 3-49　工业经济效益考核指标权数、标准值表

名称	权数	标准值	名称	权数	标准值
总资产贡献率	20	10.7%	产品销售率	13	96%
资本保值增值率	16	120%	资产负债率	12	60%
流动资产周转率	15	1.52 次	全员劳动生产率	10	16500 元 / 人·年
成本费用利润率	14	3.71%			

计算公式如下：

$$Q = \sum_{i=1}^{7}（s_i \div z_i \times t_i）\div \sum_{i=1}^{7} t_i$$

其中：Q 为林业工业经济效益综合指数；

s_i 为某项经济效益指标报告期数值；

z_i 为某项指标标准值；

t_i 为某项经济效益指标相应的权数。

各单项指标计算公式如下：

$$总资产贡献率 = \frac{利润总额 + 税金总额 + 利息支出}{平均资产总额} \times \frac{12}{累计月数} \times 100\%（\%）$$

$$资本保值增值率 = \frac{报告期期末所有者权益（万元）}{上期同期期末所有者权益（万元）} \times 100\%（\%）$$

$$资产负债率 = \frac{负债总额（万元）}{资产总额（万元）} \times 100\%（\%）$$

$$流动资产周转率 = \frac{销售收入（万元）}{流动资产平均余额（万元）} \times \frac{12}{累计月数}（次）$$

$$产品销售率 = \frac{现价工业销售产值（万元）}{现价工业总产值（万元）} \times 100\%（\%）$$

$$全员劳动生产率 = \frac{工业增加值（元）}{全部职工平均人数（人）} \times \frac{12}{累计月数}（元／人）$$

$$成本费用利润率 = \frac{利润总额（万元）}{成本费用总额（万元）} \times 100\%（\%）$$

根据现有的从福建省林业厅计财处收集到的 2006 年数据，对林业经济效益综合指数中的 2 个指标进行经济核算，如下：

（1）资产负债率 = 负债总额÷资产总额×100%

    =49.46%

（2）产品销售率 = 现价工业销售产值÷现价工业总产值×100%

    =196715 万÷242872 万×100%

    =81%

备注：由于没有现成的林业企业统计资料，因此采用的数值是福建省规模林业工业企业的数据。

（二）林业总产增加值

林业总产增加值是衡量林业企业生产成果的重要指标，在林业经济核算中占有十分重要的地位，是反映一定时间内林业生产的总规模和总水平。

林业总产增加值 = 林业总产出 – 林业中间投入

（三）林业产业结构比例

产业结构状况对经济发展及现代化进程有着重要影响，不同的产业结构必然带来不同的经济增长效益、资源配置效率和不同经济现代化程度。产业结构是经济结构最重要的内容，就产业结构转换的一般规律而言，随着经济的发展，第三产业在整个经济总量中所占比重会越来越大，经济增长越来越多地来自第三产业的增长，这是由于物质产品劳动生产率的提高和人们需求结构的变化及第三产业对整个经济影响作用的加强所致。

林业产业结构是指林业各产业部门之间的比例关系。合理的林业产业结构，有利于林业产业之间相互促进、合理利用自然资源，取得最大的经济效益。林业现代化理论对林业三次产业的划分如下：第一产业指森林培育业，第二产业指森林采运业、林产工业（包括制浆造纸工业）等，第三产业指森林旅游业、中介组织、林产品流通等。我国以原木为中心的原始生产割据仍无根本改变，森林采运产值仍占林业总产值的比重较大。在产品结构方面，林业工业产品多为初级产品，精深加工产品少，附加值低；比如，我国的松香生产虽保持着产量和出口量两个世界第一，但再加工比例只是总产量的 7%~8%，而美国、日本几乎没有松香初级产品进入市场。

合理的林业产业结构，不仅可以提高林业整体水平，而且可以促进区域经济发展，并推动社会经济全面、快速、健康发展。产业结构比重反映产业结构的合理化和高度化水平，林业的现代化必将伴随林业产业结构的优化，从西方发达国家实现现代化的历程来看，随着现代化水平的提高，第一产业总产值比重下降，第三产业总产值比重将上升。

近年来，福建省通过改造提升以人造板加工、木竹加工、林产化工、制浆造纸等优势产业集群为主的第二产业，促进以森林资源培育为主的第一产业，带动以森林生态旅游、现代物流配送、信息服务为主的第三产业，逐步建立起现代林业产业体系。福建省针对近年一些地方盲目引资、无序竞争、"五小"企业浪费资源等问题，加大了清理整顿和引导力度。2006 年制定了《福建省林产加工业发展导则》，指导各地严格新建木竹加工企业的准入条件，清理整顿"五小"木竹加工企业，淘汰生产工艺落后、产品质量低下、污染环境、浪费资源的木材加工企业；限制锯材等初级加工产品生产；鼓励生物制药、林产化工精深加工等新兴产业和家具、纸业等高附加值产业的发展，提高资源利用率。2006年全省共清理木材加工企业9393家，注销取缔1446家，责成1105家企业整改，有力地促进了林产加工企业的健康发展。

通过积极的政策引导，福建省林产工业结构已有所优化，但从林业第一、二和三产业比重来看，以森林旅游为主的第三产业还有待进一步发展。从产品的结构看，二次以上深加工的产品还是不够丰富，产品附加价值还有待进一步提高。

林业产业结构状况用林业第一、二、三次产业产值占林业总产值的比重反映，公式如下：

$$林业第\,N\,次产业的比重 = \frac{林业第\,N\,次产业产值（万元）}{林业总产值（万元）} \times 100\%$$

其中：N 依次为一，二，三。

福建省2006年统计林业第一产业、第二产业和第三产业比例为11.8∶49.8∶38.4。

三、林产工业集约化水平

生产要素的投入是为了最大限度地获得经济产出。所投入的要素如何组合与配置，直接关系到产出的数量和质量。正是生产要素的组合、使用方式决定着生产力系统的效率和发展状况。经济学中将总产出即GDP的增长归结为两种不同的效应：一种是由各种生产要素投入增加所产生的产出效应；另一种则是投入要素生产率提高的产出效应。进而，对应这种区分，可表征为粗放外延型和集约内涵型两种增长方式。要素的增加是粗放外延方式，要素生产率的提高则与集约内涵方式相当。它们之间的区别在于，前者基本是一种数量扩张型的经济增长，而后者则为一种质量效益型。由此，林业经济增长方式的转变，就被理解为是由依靠增加要素投入的粗放外延增长向依靠要素生产率提高的集约内涵增长转变，也就是从数量扩张型增长向质量效益型增长的转变。

社会生产实践表明现代化程度越高的国家（地区），集约化程度越高。因此集约化程度是评价一个地区（国家）的现代化程度的一个重要指标。一般来说，随着林业现代化水平的提高，林业产业结构趋向高度化，林产工业将逐步实现经济增长方式的转变，从粗放经营转变为集约经营。集约经营水平可用资本密集程度来衡量。

（一）林产工业资本密集度

资本密集度指把投入转化为产出所使用资源的集中程度，它是反映工业集约化程度的一个定量指标。亚当·斯密、李嘉图和马歇尔等著名经济学家都认为资本积累是促进经济增长的重要因素，这也是现代西方经济学界的共识，资本投资已成为现代企业发展必不可少的因素。资本密集度越高，资本有机构成越高，技术装备水平比较高；历史和现实说明，随着技术进步的不断提高，自动化（半自动化）程度越高，直接人工越来越少。

$$林产工业资本密集度 = 资本总额 / 企业从业人员总数$$
$$=17907.06\,万 \div 3352\,人$$
$$=5.34\,万（元 / 人）$$

备注：以上为抽样调查的10家林业工业企业数据，其中资本总额为企业注册资本总额。

（二）木材采用机械化程度

木材采用机械化程度是指木材生产过程中，使用机械进行采伐、造材、集材、运材、装卸、归楞作业量占总作业量的比重，反映的是林业科学技术的现代化程度。

（三）木材综合利用率

木材综合利用率指木材的综合利用效率，是反映木材利用的程度的指标；通过提升木材加工技术，提高木材综合利用水平，促进木材的合理、高效利用，降低森林资源的使用成本。

据统计，2006年福建省木材综合利用率为68%。

（四）四厂集中度

四厂集中度反映林业企业的规模化程度。一个地区某行业产值如果集中于某几个大的企业，在一定程度上反映了该地区该行业的规模化程度。

四厂集中度＝行业内部最大的四家企业产值之和／该行业总产值

四、闽台合作产业指标

闽台林业合作取得了一定的成效。据初步统计，截至2006年年底，台商在福建投资创办的林业企业达400多家，其中规模以上190多家。合作范围涵盖了经济林种植、花卉、木竹藤加工、人造板、森林旅游、林产品贸易及林业科技交流合作等领域。闽台林业合作保持良好的发展势头。2006年，全省林业合同利用台资6000多万美元，林产品出口额约4亿美元。福建省充分发挥闽台自然环境与气候条件相似，花木资源都很丰富的优势，通过科技交流等形式，大力引起一批台湾优良林木、花卉、经济林种苗。从20世纪80年代末开始，福建与台湾进行了多次林木种子的交流与合作，引进了10多个优良用材树种，营建品种收集圃13.5公顷，试验示范林130多公顷。闽台花卉交流与合作起步早，改革开放以来更是日益频繁，内容不断丰富，范围不断拓展，技术不断加深。根据闽台林业产业合作发展的趋势和潜力特制定闽台合作产业指标见表3-50：

表3-50 闽台合作产业指标

指标	2007	2010	2015	2020
合作项目（个）	400	550	870	1410
利用台资（亿元）	0.6	3.6	9.8	18.6

五、森林旅游产业指标

森林旅游人数反映了森林公园的游客人数的多少，是反映当地居民生活休闲的指标。森林旅游是综合性消费行为，具有很强的消费关联性。其直接消费涉及行、游、吃、住、购、娱等领域，派生消费涉及的领域更宽，为消费者提供了更大的消费选择空间，为相关领域的从业者提供了更多的收益机会。

第六节　海峡西岸现代林业发展核心文化指标

一、森林公园数量及年接待人数

森林公园是指经过修整可供短期自由休假的森林，或是经过逐渐改造使它形成一定的景观系统的森林。森林公园是一个综合体，它具有建筑、疗养、求知和林木经营等多种职能，同时也是一种以保护为前提，利用森林的多种功能为人们提供各种形式的旅游服务和可进行科学文化活动的经营管理区域。在森林公园里可以自由休息——假日旅游、游览和散步、在水边浴场和水上运动场休息、钓鱼、滑雪、采集野果和蘑菇，以及森林浴等。

森林公园年接待人数反映了森林公园的游客容纳量的大小，是反映当地居民生活休闲的指标。森林旅游是综合性消费行为，具有很强的消费关联性。其直接消费涉及行、游、吃、住、购、娱等领域，派生消费涉及的领域更宽，为消费者提供了更大的消费选择空间，为相关领域的从业者提供了更多的收益机会。

据 2005 年、2006 年和 2007 年的年统计数据，福建省森林公园年接待人数为 586 万人次、670 万人次和 821 万人次，呈逐年递增的趋势。

二、森林人家数量及分布

森林是人类绿色的摇篮，返璞归真、走进自然越来越成为人们外出旅游的首选，"回归自然"已经成为一种旅游时尚。森林人家正是适应这种生态旅游的巨大需求的一种新型休闲健康旅游品牌产品。森林人家是以良好的森林环境为背景，以有较高游憩价值的景观为依托，充分利用森林生态资源和乡土特色产品，融森林文化与民俗风情为一体的，为游客提供吃、住、娱等服务的健康休闲型品牌旅游产品。福建省森林覆盖率达 62.95%，是中国的绿都。森林人家依托福建丰富森林资源，立足于增加林农收入，促进城乡互动，是构建和谐海峡西岸乡村游的重要组成部分，也是福建省建设社会主义新农村的重要内容。

从经济统计数据来看，福建省人均 GDP 超过 1000 美元，近几年福建省经济增长速度持续以近 2 位数的水平递增，财政收入已突破千亿元大关，城市居民已经开始兴起休闲旅游。如依托漳平市天台山国家森林公园的九鹏溪森林人家于 2004 年开发，2005 年"五一"黄金周开园，2006 年已接待游客 10 万人次，营业收入达 300 万元。目前，该景区以休闲度假为主题的旅游项目十分火爆，游客必须提前预订才能入住，而且年底 2 个月的住宿都订购一空。2007 年"五一"黄金周，福州的旗山国家森林公园试点村双峰村，7 户林农个人投资经营的森林人家营业收入 12 万元，森林人家授牌点棋盘寨等 7 户接待游客 3.6 万人次，营业收入 73 万元，仅棋盘寨森林人家平均每天接待 2000 人以上，营业收入 5 万余元。福建"八山一水一分田"，农民基本都是林农，开展集体林权制度改革后，286 万公顷的生态公益林的利用问题一直困扰着大家，如何解决保护与利用的矛盾，充分发掘福建丰富的森林资源，森林人家是一条很好的途径，这是一个非物质化利用、永续利用的路子。

森林人家依托福建省丰富的森林资源，开展森林人家休闲健康游，切合福建的省情。森林人家是福建森林旅游的主力军，也是海峡西岸乡村游的重要形式，它出现在福建响应党中央提出建设社会主义和谐社会和福建省建设海峡西岸新农村建设的历史时刻，是福建省林业厅和省旅游局积极融入海峡西岸新农村建设的重要举措。森林人家是福建乡村旅游的重要组成部分，是推动福建省从旅游大省向旅游强省过渡的新生力量，是符合福建省资源特色的全新旅游品牌，是建设社会主义新农村的一个重要手段，是和谐社会建设的内在要求，更是集体林权制度改革后增加林农收入的配套措施，是改变生态公益林利用模式，解决保护与利用矛盾，变被动保护为主动保护的切入点，是林业产业新的经济增长点，是森林公园和森林生态旅游发展的突破口，是城乡文化的一个交汇点，是弘扬、挖掘和传播森林文化的重要平台。因此，在福建省开展森林人家休闲健康旅游符合省情，具有重大历史意义。

森林人家以良好的森林环境为背景，以有较高游憩价值的景观为依托，充分利用森林生态资源和乡土特色产品，融森林文化与民俗风情为一体的，为游客提供吃、住、娱等服务的健康休闲型品牌旅游产品。森林人家数量反映了一个地区森林旅游、森林休闲活动开展的程度，同时也反映了该地区居民经济生活水平的高低。

据 2006 年统计，福建省森林人家的数量为 339 户，接待旅游人数 157 万人次，实现旅游收入 7500 余万元。

三、名木古树数量及保护

古树名木的数量和保护是一个城市悠久文明的见证，是城市在发展现代林业过程中保护古木古树这一历史文化意识的体现。古树名木是一种绿化文化，为灿烂的城市文化增光添彩。一座城市如果缺少绿化文化，无疑是不完美的。保护古树名木就是保护城市文化。古树名木不仅具有绿化价值，而且是有生命力的"绿色古董"，它见证了中华民族的古老文明，失而不可复得，从某种意义上讲，古树被毁意味着一段历史的缺失。

名木古树是我国林木资源中的瑰宝，是自然界和前人留下来的宝贵财富，是重要的人文与自然遗产，也是生物多样性保护的重要组成部分，具有重要的科学、文化和经济价值。加强古树名木的保护，对了解和研究当地气候和人文历史变迁，弘扬民族精神，普及林业科学知识，促进社会主义物质文明和精神文明，都具有十分重要的意义。

建议对名木古树的保护对策：

1. 加大宣传力度，提高人们对保护名木古树重要性的认识

一是充分利用各种舆论宣传工具，广泛宣传保护名木古树的重要意义，宣传《中华人民共和国森林法》和《中华人民共和国野生植物保护条例》等有关保护名木古树的法律法规，提高群众保护名木古树的意识；二是通过普及名木古树保护知识，加强宣传教育，让广大人民群众认识到保护名木古树就是保护历史文化遗产、自然遗产和生物多样性，是一项功在当代，利及千秋的大事。

2. 建立名木古树档案

在前期调查的基础上，利用卫星定位仪（GPS）和地理信息系统（GIS）等先进技术，对每株名木古树进行定位、拍照，调查记录其生长状况，并对每株名木古树进行编号建档，输入电脑，定期实施监测，实施科学、规范的管理。

3. 建立名木古树保护网络

根据名木古树资源的分布情况，县人民政府或县级以上林业主管部门与各乡镇政府签订名木古树管护责任书，乡镇政府与名木古树所有者或管理者签订管护合同，把每株名木古树的保护责任落实到人，形成名木古树保护网络。

4. 依法保护名木古树

一是禁止采伐国家一级保护的名木古树，对因科学研究等特殊需要确实需采伐名木古树的，应严格按照国家有关法律法规规定申办。二是加大对毁坏、盗伐名木古树犯罪分子的打击力度，公安机关要集中警力，统一行动，组织开展专项斗争，做到发生一起，立案查处一起，对触犯法律的犯罪分子要给予严惩、重判，充分利用法律武器保护名木古树。

5. 建立名木古树发展基金

名木古树是国家的宝贵资源，也是自然环境的重要组成部分，对于揭示当地的气候、历史变迁具有重要意义。应把保护名木古树纳入公共事业管理，保护名木古树的经费应列入当地政府的财政预算，保证经费来源，使保护名木古树事业能够健康、持续发展。

6. 建立拯救珍稀、濒危名木古树研究机构

县林业局应建立拯救珍稀、濒危名木古树研究中心，培养高素质的野生植物保护专业技术队伍。一是积极开展对名木古树的生态学、生物学等的调查研究，对部分珍稀、濒危名木古树要采取特殊保护措施，进行有效保护。二是加快科研步伐，大力拯救濒危物种，通过引种驯化，人工培植，增加种群数量，以弥补野生资源的不足。

7. 加强珍稀树木的培育，满足社会需要，以开发促保护

在加强资源保护，努力恢复和壮大野生物种的同时，以市场为导向，对具有重要经济价值的珍稀物种，积极推行人工培育，扩大栽培规模，满足社会需要，以开发促保护，做到保护与利用协调发展。

8. 开发名木古树旅游资源，增加当地经济收入

许多名木古树具有很高的观赏价值，大力开发名木古树观赏旅游资源，增加当地经济收入，让群众真正得到保护古树的实惠，从而自觉保护古树、爱护古树，为名木古树创造良好的社会环境。

据 2006 年统计数据显示，福建省现有名木古树数量为 49458 株。

四、森林文化教育基地数量

森林科普的主要评测指标是森林博物馆，生物科普基地数量及年接待人数。森林博物馆和生物科普基地是充分展示和学习丰富的森林资源和林业成就，以及揭示森林的起源、分布、人类与森林的关系的处所。福州国家森林公园中的森林博物馆是我国第一个以森林为主题的专类博物馆。它外形如同树桩，占地 2000 平方米，建筑面积 3865 平方米，屋顶是树桩斜切面，一圈圈花草相间形成的"年轮"，意为"记忆的年轮"，记载着福建多样的生态类型和丰富的森林动植物资源，记载着林业产业建设的成就，是人们了解森林文化，热爱绿色家园的美好展示。

森林博物馆，生物科普基地的年接待人数是衡量博物馆和科普基地对游客的接待容纳量以及当地居民对森林文化、林业科普知识的了解程度。

福建省森林文化教育示范基地包括：森林公园、森林人家、自然保护区、林权改革试点、湄州岛生态文明建设示范基地、森林博物馆。

表 3-51 福建省森林文化教育基地的建设 （单位：个）

名称	现状值	2010 年	2015 年	2020 年
森林公园	83	100	120	150
森林人家	339	500	1000	1200
自然保护区	32	43	54	65
林权改革试点	1	1	2	5
生态文明建设示范基地	1	1	1	1
森林博物馆	1	1	2	3
合计	457	646	1179	1424

注：数据来源于福建省林业厅林场局、自然保护中心，并采用专家评议法确定。

五、闽台文化交流

推动闽台文化交流，扩大对外开放，加强闽台林业合作。可以充分发挥区位优势，利用国内外两种资源、两个市场，发展林业产业，拓展发展空间。

一是进一步改善林业投资环境，落实外商投资林业的相关优惠政策措施，提高林业对外招商的吸引力，努力扩大林业利用外资规模；积极参与林业国际合作，加大与有关国家和地区在森林资源开发与利用方面的合作力度，不断提升福建省林业的国际形象和地位。二是建立适应 WTO 要求的行业管理机制，加快开展与世贸规则相衔接的林业相关政策、标准、措施的研究与制定，

积极开展森林认证工作，努力解决林产品出口市场准入问题。三是继续实施"走出去"战略，大力发展对外工程承包，加强对外技术劳务合作，支持组建开发海外林业经济实体。四是积极争取国际援助资金发展野生动植物保护、森林生态建设、林业基础研究、水土保持等事业。五是发挥"五缘"优势，加强闽台林业合作，按照"优势互补、互利互惠、共同发展"的原则，重点加强花卉与种苗、森林培育与保护、木竹加工（特别是家具制造）、森林旅游、林业机械制造、林产品物流、科技人才交流等方面的合作，加快莆田秀屿木材加工区台商投资区和海峡两岸（三明）现代林业合作实验区建设，承接台湾家具制造业、木竹加工业生产线的转移，并由此辐射带动福建林产加工业发展；积极搭建平台，办好"海峡两岸（福建漳州）花卉博览会暨农业合作洽谈会""海峡两岸林业合作暨福建三明投资贸易洽谈会"，全方位加强闽台林业的交流与合作。

2006 年福建省林业厅按照福建省委、省政府关于海峡西岸经济区建设的重大战略部署，积极推进闽台林业的全面交流与合作。2005~2006 年，全省合同利用台资 16064 万美元，同比增长 16.46%，实际到资 9690 万美元，同比增长 30.22%。台资企业生产的成套家具及竹木加工制品、花卉、笋制品等林副产品出口保持增长态势，形成多个具有地方特色的林产品出口基地，如安溪的竹藤，惠安、仙游的木雕，漳州的花卉、福州和厦门的成套家具，闽西北的竹木加工制品等。

通过闽台林业科技交流会、闽台林业合作和产业发展论坛等科技学术交流、商务洽谈活动，福建省从台湾方面引进了林业的先进技术和管理经验以及台湾优良用材树种、花卉、经济林等树种。据不完全统计，截至 2009 年，福建省引进台湾针叶树种 5 种，台湾桤木、台湾栾树、大头茶、乌心石等阔叶用材树种 6 种，小叶榄仁、山樱花、阿勃勒等绿化树种 12 种，优良果树品种 19 种。大部分引进品种在福建省适应性较强，均显示出较大的发展潜力。

福建省连续举办了九届海峡两岸（福建漳州）花卉博览会，有力地促进了闽台花卉的交流与合作，取得了巨大的成功。据调查，全省现有台资花卉企业 90 多家，主要分布在漳州、厦门、泉州、福州等市，年销售额达 6 亿多元，约占全省花卉销售总额的 1/3，成为省花卉业的一支生力军。同时不断从台湾或通过台湾引进世界各地花卉优良品种及其配套技术，扩大品种数量。

闽台主要合作领域及具体推动措施：

（一）加强闽台在种苗研发与繁育方面的合作

（1）继续发挥福清宏路台湾优良树种种苗繁育中心在闽台种苗繁育领域的合作。充分利用其省级种苗示范基地的设施设备基础，进一步完善闽台林木种苗交流培训中心等基础设施建设，继续引进台湾用材树种、珍贵树种、观赏树种、经济林树种和沿海防护林树种等优良品种。

（2）加快闽侯南屿林场建立台湾优良树种收集保存试验区建设，完善供水供电和道路系统等公共基础设施，形成比较完善的种苗繁育基地。发挥其在引进台湾优良树种、优质种苗繁育和种苗研发等方面的作为。

（二）加强闽台在花卉合作与交流方面

（1）抓好厦门花卉批发物流中心规划建设工作，努力将其建成海峡两岸最大的花卉集散中心，使其成为海峡两岸花卉进出口集散中转基地、产品展示中心、价格发布中心和信息服务中心，为两岸花卉物流提供路线短、成本低、时间快的服务。

（2）积极促进福州市与台湾共建两岸花木交易市场项目。采取优势互补、技术互助、经济互惠的办法联手开发，共同开拓国际花卉市场，以争取更大的市场份额。

（3）积极发挥福建省花卉协会及各设区市花卉协会在推动闽台两地花卉界交流合作的积极作用。

（4）积极利用已有的"海峡两岸（福建漳州）花卉博览会暨农业合作洽谈会、闽台花卉精品展、闽台兰花精品展、闽台花艺交流展"等良好交流平台，开展花卉展览交流活动，努力拓展新的合作交流活动。

（三）加强闽台在木竹加工方面的合作

台湾以家具等木材综合利用为主的木竹加工业在世界上处于领先地位，家具出口产值居世界第三位，玩具、小木屋、运动器材、家用木架等加工业相当发达，木竹加工机械设备制造业也比较先进。近年来，由于原材料、劳动力成本等问题，台湾木竹加工业纷纷向祖国大陆转移。福建省应积极利用我们的原材料、劳动力和地理位置的突出优势，主动承接台湾木竹加工制造业的转移。

（1）继续推动海峡两岸（三明）现代林业合作实验区建设。继续利用实验区与台湾"中华自然资源保育协会""台湾木材同业公会""布袋港促进会"等社团建立的良好关系，进一步拓展合作渠道，加大实验区缺项项目的对台招商引资，形成较为完整的产业链条。对落地的台资企业加强后续服务工作，积极帮助其解决生产经营中的实际困难，扶持其做强做大，鼓励现有的台资企业改造升级。

（2）坚持由单一企业向行业集聚延伸，综合吸收台湾林业一产、二产、三产的优势，协同发展。利用海峡两岸（三明）现代林业合作实验区、莆田秀屿国家级木材加工贸易示范区、南平建瓯笋竹城、建阳林产工贸城的区域特色优势，吸引台湾相关特色企业到园区内投资建厂。

（3）吸收台湾森林经营管理的先进经验。特别在农民产销班经营模式方面，做好引进、吸收、改造，为全省林业经济合作组织建设提供示范和经验。

（4）做好对台招商引资工作。积极做好项目落地和相关企业的服务工作，积极协助召开每年一届的"11·18"三明海峡两岸林业博览会林业博览暨投资贸易洽谈会。

（四）加强闽台在森林旅游方面的合作

在森林旅游方面，要依托福建省5个森林旅游功能区（即闽南滨海休闲森林旅游区、闽中休闲度假森林旅游区、闽西客家文化森林旅游区、闽北森林生态旅游区、闽东山海风光森林旅游区），开辟台湾—厦门—漳州—泉州—莆田—福州的闽台合作森林旅游专线。做好现有的泰宁大金湖-台湾日月潭旅游项目对接成功后的后续服务工作，扩大合作的成效和影响，带动更大范围的闽台森林旅游合作。

（五）加强闽台在林业科技合作交流方面的合作

开展闽台两岸林业科技合作交流，充分利用台湾先进的技术、管理经验和雄厚的资金，引进台湾优良的种质资源、提高林业科技含量，推动林业产业升级。

（1）积极搭建交流平台。通过福建省林业科学研究院、福建林业职业技术学院等科研院所，加强与台湾林业职业技术教育方面合作；积极建立两岸生物繁育中心，开展林业生物种源、良种繁育的研究与交流，引进吸收台湾在品种培育和种植方面的先进技术。

（2）寻求长期合作交流机制。积极主动联系台湾林业科技民间团体组织，寻去合作的基点，并与其建立与长期交流合作的关系网络和协调机制。

闽台合作交流的其他相关辅助措施：

（1）开展闽台林业合作调研。结合全省林产工业普查，摸清台资（涉台）林业企业的数量、分布、规模、经营状况，选择一批带动能力强、科技先进、影响力大的台资林业企业及重点项目，建立项目库，作为当前及今后一个时期重点跟踪扶持和招商引资的项目。

（2）建立闽台林业合作沟通协调机制。加强与省台办、海峡办等部门的沟通协调。建立两岸林业民间团体组织的联系和交流机制，充分发挥海外华侨、华人和港澳同胞多、并与台湾同胞有广泛联系的优势，探索"以侨联台、以港会台"的合作方法。

（3）强化闽台林业合作项目后期服务与管理。加强闽台林业合作项目的后期服务与管理，实现"以台引台"。认真办好现有闽台林业合作项目，做好已引进的项目或已经签约未开工的项目的跟踪服务工作，定期组织召开台资林业企业家座谈会，及时协调解决项目建设和生产经营过程中遇到的困难和问题，为台商排忧解难，扶持台资企业做大做强。不断改进服务方式，坚持林业"一条龙"服务积极创造有利于吸引台商投资的良好环境。

第七节　海峡西岸现代林业发展核心关键保障指标

实现林业现代化，必须具备一定的保障条件，即必须完善其保障体系，保障体系创新是林业现代化的驱动力；本部分指标在一定程度上影响林业现代化进程。

一、生产关系适应生产力发展程度

现代化不仅体现在经济现代化和社会现代化，而且要体现制度的现代化。林业现代化也要体现林业法规制度的现代化，体现法规的完善程度和影响效果情况。

法律政策属于上层建筑的范畴，直接或间接地调整着林业生产关系，具有指导、促进、规范林业现代化建设的作用。法律政策的具体内容包括：进出口政策、投融资政策、税费政策、产业政策、资源利用政策等。

采用以下指标定性分析：

（一）法律政策是否健全、完善、配套、适宜及实施效果

不健全的法律和法律监管框架是林业发展的瓶颈，创造适应的法律政策及监管网络。完善法律法规，为林业的发展创造和营建良好的法制环境。健全、完善、配套、适宜的法律政策是林业发展的重要保障。

（二）林业产权改革制度

集体林权制度改革激活了林业生产力。自2003年开展集体林权制度改革以来，全省通过成立机构、宣传发动、试点先行、落实责任、确权发证、检查验收等工作步骤，扎实稳步地推进集体林权制度改革工作，逐步实现了"山有其主、主有其权、权有其责、责有其利"的改革目标。从改革实践看，集体林权制度改革解放了林业生产力；推动整个林区农村社会主义新农村建设道路。通过林权改革，林地的生产潜力不断得到挖掘，价值不断提升，林农的主体地位得到确立，全社会造林护林的积极性空前高涨，非公有制林业发展迅速，林业已成为福建省不少地方的主导产业。胡锦涛同志在永安考察后指出："林改意义确实重大。"国家林业局前局长贾治邦在调研福建省林改时说："福建集体林权制度改革是农村生产力又一次大解放，对推进社会主义新农村建设具有重大现实意义"。

福建省集体林权制度改革促进了林业发展新机制的形成。改革明晰了林业经营主体，实现了"山定权，树定根，人定心"，调动了广大林农和社会各界参与林业发展的积极性，促进了森林资源的有效保护和非公有制林业的迅猛发展。林权制度改革使林农成为山林的主人，使农村一批富余劳动力通过耕山育林实现了就地转移就业，为农民可持续增收奠定了基础。同时，林改使林农的经营主体地位得以确立，权责利关系明确，林业经营效益与林农收入直接挂钩，林农敢于投入、舍得投入，"把山当田耕，把林当菜种"，提高了林地单位面积产出效益。林权制度改革优化了森林资源的配置。通过建立规范有序的森林资源流转市场，林农的林木所有权和林地使用权可依法、

自愿、有偿流转，促进了林业生产要素的合理流动和森林资源的优化配置，盘活了森林资源，吸引了社会资本和金融资本向林业集聚，使林业经营开始从资源经营向资本经营转变。

2003年6月，福建省在全国率先开展了集体林权制度改革—将集体林地均分到户（联户），以法律形式颁发林权证，将集体林变成真正意义上的私有林；建立林权流转平台，农民可依法将拥有的林木所有权和林地使用权流转、买卖、变现，降低了木竹税费。林权改革后，大部分集体商品林由各家各户自主管护、自主经营，减少了村集体管护山林费用和造林开支，通过适当收取林地使用费和参与现有林的收益分成，确保了村集体有持续稳定的收入来源，增加了村集体收入。据初步统计，在主要林区每个村集体每年的林业收入可达3万~5万元，沿海林区山村也在万元左右。如永安市228个村每年仅收取林地使用费就达2000多万元，平均每个村在10万元以上。林改期间福建省主要林区有林改的主体改革进展情况和配套改革进展情况：主体改革进展情况的指标村级林改到位率、明晰产权率、林权证发放率分别为99.6%、97.0%和91.0%；配套改革进展情况的指标已改革生态公益林面积占应改革面积比重、林权抵押贷款额、森林保险投保面积分别为21.0%、40.1亿元和15.33万公顷。

通过林权改革，新的林业合作经济组织、社会化服务组织和农民自律组织应运而生，替代了过去由乡、村和林业部门管不了、管不好的职能，促进了政府职能转变。林业部门从过去繁重的育林护林事务中解脱出来，把工作重心转移到行政执法、公共服务、指导帮助上来。村一级则把更多精力投入到带领村民共同致富和办实事上。同时，缓解了基层干群矛盾，减少了山林纠纷，促进了林区社会的稳定。永安等一些地方通过对林改收益的二次分配，解决了老有所养、幼有所教、病有所医、困有所帮的难题，成为健全农村社会保障体系的有益探索。

二、市场完善程度指标

目前，世界上已实现现代化的国家都是市场经济发达的国家，市场化进程与现代化进程是同步的，市场化是经济运行机制现代化的代名词。市场化是现代化的基础与前提，这种认识是对世界和中国经济现代化过程的一种概括，是以世界和中国近代发展的事实为依据的。在社会主义市场经济条件下，市场在资源配置过程中起基础性作用，林业现代化的实现也需要提高市场化程度。

市场体系完善程度是现代化程度的标志之一，世界上已实现现代化的发达国家，市场体系都高度发达。福建林业现代化也需要统一、开放、竞争、有序的林业现代化市场体系。

市场经济是由市场机制在资源配置中起基础性作用的经济，那么生产要素也应当由市场进行配置，资金、劳动力、土地、技术是四大生产要素，是进行社会再生产最宝贵的资源。生产要素价格的形成与变动，从不同方面和不同角度影响着物质产品和劳务的价格水平。要建立社会主义市场经济必须实现生产要素由市场进行分配。对于企业来说，资金是企业起步、发展的基础资源，金融机构对企业提供资金的多少直接影响着企业未来的发展。由于受固有思想的影响，我国金融机构贷款的发放在一定程度上还受到行政的干预，而要实现林业现代化，企业特别是非公有制企业必须获得足够的资金，信贷资金必须由市场分配到林业产业最具有潜力的地方。

对于生产关系适应生产力发展的程度通过几个定性指标的问卷调查来统计，结果如下：

（1）林业法律、政策是否健全（加权平均得分78.78分）

  A. 很健全（100分）152人；   B. 健全（80分）271人；

  C. 较健全（60分）98人；   D. 一般（40分）26人；

  E. 不健全（20分）8人；   F. 没有（0分）3人

（2）林业法律、政策实施效果（加权平均得分73.33分）

A. 很好（100 分）102 人； B. 好（80 分）241 人；

C. 较好（60 分）153 人； D. 一般（40 分）52 人；

E. 较差（20 分）9 人； F. 很差（0 分）1 人

（3）林业从业人员执法水平（加权平均得分 73.40 分）

A. 很高（100 分）124 人； B. 较高（80 分）236 人；

C. 中上（60 分）128 人； D. 中下（40 分）39 人；

E. 较差（20 分）22 人； F. 很差（0 分）9 人

（4）产权制度适应生产力发展程度（加权平均得分 72.26 分）

A. 很适应（100 分）74 人； B. 较适应（80 分）258 人；

C. 中上（60 分）164 人； D. 中下（40 分）60 人；

E. 不适应（20 分）2 人； F. 很不适应（0 分）0 人

（5）林业市场健全程度（加权平均得分 67.17 分）

A. 100%（100 分）98 人； B. 80%（80 分）167 人；

C. 60%（60 分）172 人； D. 40%（40 分）88 人；

E. 20%（20 分）24 人； F. 0（0 分）9 人

（6）与林业相关的中介机构功能完整性（加权平均得分 68.60 分）

A. 很完整（100 分）53 人； B. 完整（80 分）224 人；

C. 较完整（60 分）221 人； D. 较不完整（40 分）39 人；

E. 不完整（20 分）12 人； F. 很不完整（0 分）0 人

（7）与林业相关的学会、协会健全程度（加权平均得分 68.50 分）

A. 很健全（100 分）52 人； B. 健全（80 分）269 人；

C. 较健全（60 分）176 人； D. 较不健全（40 分）64 人；

E. 不健全（20 分）22 人； F. 很不健全（0 分）5 人

（8）社会化服务机构种类是否健全？有以下机构的，请在（　）内打"√"。

① 采伐设计组织（√）； ② 检尺机构（√）；

③ 林权证交易机构（√）； ④ 森林保险服务（√）；

⑤ 护林组织（√）； ⑥ 森林资产评估机构（√）；

⑦ 营林贷款担保机构（√）； ⑧ 林政管理组织（√）；

⑨ 森林防火队（√）； ⑩ 病虫害防治机构（√）

打"√"每项为 10 分，合计为 100 分。

（9）林业物流（流通体系完善程度）（加权平均得分 70.97 分）

A. 很完善（100 分）68 人； B. 完善（80 分）228 人；

C. 较完善（60 分）211 人； D. 较不完善（40 分）46 人；

E. 不完善（20 分）3 人； F. 很不完善（0 分）2 人

三、林业基础设施

林业基础设施是指为林业生产和森林健康生长提供保障的物质工程设施，是用于保证林业生产经营活动正常进行的公共服务系统。完善的林业基础设施对加快林业发展，促进林业现代化起着巨大的推动作用。建立完善的林业基础设施往往需较长时间和巨额投资。林业基础设施是林业现代化的基础条件。

（一）林业信息化程度的建设

林业信息化与电子政务建设是林业现代化建设的重要内容，也是提高林业主管部门的决策、管理和服务水平，全面推进林业可持续发展的重大举措。近年来，福建省林业厅高度重视林业信息化与电子政务建设，围绕网络、硬件、数据、软件、人才开展了一系列建设活动，力争将福建省林业信息化与电子政务建设建成省级示范工程。主要有：基础设施建设方面，以数字福建政务网为基础搭建了全省林业系统政务网络系统，建成了省级"数字林业"中心，可以实现国家林业局—省—市—县等各级林业部门的连接，获得了 2005~2006 年度的"福建省政务信息网站的先进单位"，初步实现了厅机关信息化办公资源共享及国家林业局、省林业厅、市（县）林业局政务信息的集中显示。数据建设方面，为了规范数据，编制了《数字林业 - 森林经营区划编码与用户名》《数字林业 - 森林资源数据代码》《数字林业 - 森林资源基本图式》《数字林业 - 森林资源数据库基本规则》《数字林业 - 森林资源矢量数据采集技术规范》等 5 项福建省地方标准，并于 2006 年 6 月 15 日起实施。按照标准对福建省森林资源数据进行改造，建立了 1：1 万、1：5 万森林资源空间数据库。在此基础上搭建了福建林业信息服务系统的信息共享发布平台，成果已在福建省多个部门、单位的林业建设项目中得到应用。系统建设方面，完成了福建省数字林业工程一期的全部建设内容，以全省森林资源遥感监测体系为主要内容的数字林业二期工程也在积极筹备之中。人才建设方面，为了适应新形势下林业发展趋势，使林业工作人员符合林业信息化和电子政务建设的需要，福建省林业厅开展了 3 期全省林业信息化与电子政务培训，来自全省各设区市、县林业局及厅直各单位的 135 位从事有关林业信息化与电子政务的技术骨干和操作人员参加了培训；全省林政管理应用系统建成后也举办了 6 期业务培训班，600 多人参加了培训；森林资源监测管理应用系统举办了 3 期业务培训班，200 多人参加了培训，加快了福建省林业信息化进程。

虽然福建省林业信息化与电子政务建设取得了一定成绩，但还有一定不足之处，表现在：目前建设的系统已投入使用，但是应用相对滞后，不少功能尚未发挥出应用的作用；林业基本数据已建成数据库，但数据的更新维护工作未开展，限制了数据库作用的发挥；信息化人才队伍有待进一步扩大。

下一阶段主要加强各级林业部门门户网站建设，实现政务公开，树立林业部门的良好形象；加快全省林业系统办公自动化，以办公自动化促进林业信息化；尽快构建面向社会主义新农村的全省林业政务网络，将"数字林业"服务功能延伸到乡镇林业站；做好林政管理业务应用系统和森林资源监测管理应用系统软件的推广应用，推动林业电子政务发展。

（二）林地单位面积基建资金投入

林地单位面积基建资金投入指林地单位面积上资金投入的总额。

福建省 2007 年林地资金投入情况：累计营林基建 35980 万元，森工基建 10674 万元，合计投入 46654 万元。

$$林地单位面积基建资金投入 = \frac{累计营林基建投入 + 森工基建}{林地面积}$$

$$= \frac{466540000\ 元}{56385000\ 公顷} = 83\ 元/公顷$$

四、科技支撑和从业人员素质

为了全面推进林业科学技术进步，加快发展现代林业，推进创新型林业建设，促进林业科技工作更好地适应集体林权制度改革后林业又好又快发展的要求，福建省林业厅于 2007 年颁布了《福建省林业厅关于增强自主创新能力加快林业科技发展的决定》。该决定根据中央和省委关于加快林业发展的决定和加强科技自主创新的精神，对增强自主创新能力建设，加快林业科技发展做出了一系列的规定。

为了突出科技在当今社会发展中的重要地位，把科技单列为一项指标。科技是第一生产力，是实现现代化的最根本和重要的因素，也是实现林业现代化的主要动力和决定因素。科技对社会和经济的发展产生巨大的推力，以及成为经济和社会发展的决定因素（何团经，2002）。林业现代化的发展离不开投入、政策和机制等因素，但是最根本的还要依靠科学技术，要依靠科技来装备林业，把科技创新作为林业现代化发展的动力，不断地推进林业现代化的发展。

在未来只是经济社会，从业人员的素质（袁贵仁，1998；王洪树，2004），即人力资本和林业科学技术将极大地推动林业现代化进程。"科学技术是第一生产力"，科技投入的多少，科技投入转化为生产力的效率如何，以及科技创新的潜力，都将影响林业现代化进程。本指标由科技人员、成果等方面内容组成，通过这一指标体系可反映林业科技的水平对生产力的贡献。

科技投入是反映科技进步的一项重要内容，可从人力、物力、财力各方面反映。财力投入也可有多种口径，从而产生不同的指标，但 R&D 占 GDP 比例是其中最具代表性的指标。R&D 占 GDP 比例成为目前国际上衡量科技投入水平高低的统一指标。

《十五计划纲要》指出，要发展高科技，实现产业化，反映科学技术产业化程度的指标（一般采用高技术产业增加值占 GDP 的比重），既反映了科技进步的状况，而且还包括了科技进步对产业结构优化升级、国家竞争力增强等诸多经济增长质量的内容，将其列入科技指标体系十分必要。

（一）林业科技创新能力

林业 R&D（科技投入资金）资金占林业 GDP 的比重。这是国际上通用的反映科技发展的重要指标，用来衡量科技投入的强度。

福建省林业科技研究和推广资金不足，林业企业研究与开发经费占产值比重较低，导致林业新技术产业增加值比重、科技成果运用率较低。科学技术是第一生产力，林业现代化也离不开林业科学技术创新，而科技创新需要投资，只有加大林业科技投资力度，才能提高林业科技创新能力，才能提高科技对林业现代化的贡献水平。

林业生产和林业科技具有特殊性，林业科技是公益事业。林业科技的公益性特征决定了市场机制无法保证林业科技的持续创新，政府增加投入力度是林业科技实现现代化的重要条件和根本保证。目前，福建省林业科技投入的整体水平低，这种低投入的状况远不能适应林业现代化发展的需要。坚持以政府投入为主，社会投入为辅，建立多渠道、多形式、多层次的林业科技投入体系，从根本上改变林业科技投入严重不足的状况。在林业基本建设投资中，要安排一定数量的专项资金，用于林业科技的基础设施建设。可以通过建立林业科技基金制度，广泛吸引和接纳企业、社会资金，用于林业高新技术的研究和开发。进一步扩大对外开放，积极争取外资，积极拓宽林业科研资金来源渠道。林业贴息贷款要优先安排科技含量高的项目。对林业科技成果转化和科技产业要给予政策性支持。在大幅度增加各级政府对林业科技投入的同时，支持林业高校和科研机构创办的企业。

建立以开放性实验室为龙头的创新体系。紧紧围绕生态建设和林业可持续发展这一主题，以林业技术开放性实验室为核心，加快福建省林业科技创新体系建设。力争建设国内一流、融林业科研和人才培养为一体的开放性的林业科技研发中心。在森林生态、林木遗传育种、森林经营和保护、防护林建设以及林业高新技术应用等方面研究出一系列高水平的科研成果及实用配套技术。积极引进国外先进技术和智力，有选择地、有重点地与国际上一流水平的实验室、大学等科研和教学机构建立全面的交流合作关系，聘请国内外知名专家学者进行客座研究及学术交流，提高福建省林业科研的超前性和敏感性，促进福建省林业科技水平和创新能力的快速提升。

增加林业重大工程建设科技投入，建立林业重大工程科技支撑制度，工程设计方案要加大科技内容，并作为工程考核指标之一。鼓励科研院所和科技人员参与林业重大工程建设，提高科技含量和水平，使林业科研院所真正与林业重大工程相结合，并成为其主要的科技支撑力量。

2007年统计数据显示，全年科技投入经费达600余万元，林业科技投入资金占林业GDP的比重为0.75%。

（二）林业科技进步贡献率

林业科技进步贡献率是指科技进步对经济增长的贡献份额。它是衡量林业区域科技竞争实力和科技转化为现实生产力的综合性指标，反映林业技术进步在经济增长中的作用。

"十五"以来，林木种苗科技攻关取得丰硕成果，通过整合资金、项目、技术和科研力量，建立种质资源库1178个，整理收集保存35个树种的优良种质资源2899份，选出9个树种660个优良繁殖材料，建立66.27公顷高质量的种苗生产基地，提供各类优良苗木1亿多株。种苗科技攻关项目的实施，不仅为资源培育提供了优良的种质材料和良种优苗，而且在理念创新、机制创新和管理创新等方面，也为福建省林业科技发展提供了新的模式。"十五"以来，实施省部级各类林业科技计划项目600多个，取得科研、推广成果160多项，获省科学技术奖和省优秀新产品奖118项。这些科技成果的取得，进一步提高了福建省林业科学研究的整体实力，使全省林业科技进步贡献率由"九五"末的38%提高到目前的45%。

（三）从业人员及其素质情况

生产要素中，人是最活跃的因素。从业人员的素质直接关系到林业生产中科技的开发和应用程度。目前，福建省的林业人力资源在数量上具有一定的规模，在质量上比以前有了较大程度的提高，截至2006年年底，福建省全省林业系统在册职工人数总计为33717人，其中在岗职工29716人，长期职工29177人，临时职工为539人，女性职工为7487人。在岗职工中，各类专业技术人员为9939人，占33.45%。

与往年的数据相比，福建省林业系统在册职工的情况呈现出以下几个方面的变化：福建省林业系统在册职工的情况呈现出逐步下降的趋势，如2000年为61794人，2005年为30935人，到了2006年则进一步降为29716人，主要原因在于各级林业行政管理部门对机构人员的精简，这一数据的变化也从另一侧面说明了林业从业人员的工作效率得到了提高；林业系统在岗职工的平均工资数呈逐步上升的趋势，如2000年为7366元/人，2005年为14200元/人，到了2006年则进一步上升为15848元/人，这说明林业从业人员的收入水平得到了稳步的提高；林业系统在岗职工中，各类专业技术人员的绝对数逐渐减少，但其在在岗职工中所占的比重却呈现逐年不断上升的势头，如2000年，福建省各类林业专业技术人员为15312人，占26.02%，2005年各类林业专业技术人员为9913人，占32.04%，到了2006年，各类林业专业技术人员为9939人，比例进一步上升为33.45%，说明福建省林业从业人员的总体素质在不断的提高，各种林业专业技术人员所占的比例日益增长，这也符合现代林业建设的需要。

截至2006年数据显示，福建省林业系统中高级林业技术人才基本情况是：按照专业技术职务层次分，中级职称有2628人、高级职称有653人、教授级职称有34人。有如下对指标的计算：

中级职称人员比重 =2628/3315=79.28%

高级职称人员比重 =653/3315=19.70%

教授级职称人员比重 =34/3315=1.02%

表 3-52　福建省林业系统中高级林业技术人才基本情况调查表（2006 年）

单位	专业技术职务层次	专业分类				单位性质				合计
		营林	园林（含森旅）	森保	森工	林化	机关	事业	企业	
全省	中级	2125	42	145	263	53	179	2250	199	2628
	高级	486	13	87	51	16	36	590	27	653
	教授级	23	0	7	3	1	1	30	3	34
厅属	中级	70	18	6	83	7	11	104	69	184
	高级	113	9	18	27	7	9	143	22	174
	教授级	16	0	6	3	1	1	22	3	26

注：资料来自于福建省林业厅人事教育处。

第八节　海峡西岸现代林业发展指标系统动态模拟

系统是一个在文献中很常见的词，有关它的定义也很多。统计学家爱德华戴明（Edward Deming）认为"系统是诸多相互依赖的因素为实现一定的目标而有机组合在一起的整体"；Russell Ackoff 则认为"系统就是不能被分解成多个不受约束的独立部分的一个整体，它不是多个部分的一个简单总和，而是它们之间相互作用的产物"。系统动力学专家 Gunther Ossimitz 认为系统的内涵有以下几个要点：

（1）系统包含有很多元素，这些元素之间存在着或多或少的相互联系；

（2）系统不仅仅是各元素的物理堆砌，还包括诸元素之间的内在相互关系；

（3）每个系统都有一个与"周围环境"区别的边界。边界并非一定是清晰可见的分界线，因为系统与环境存在着相互渗透。边界可以是物质的（如人体的皮肤），也可以是非物质的（如一个确定的社团组织的成员资格）。系统的边界非常重要，因为：①边界能确保（甚至是决定）系统的"身份"；②系统与周围环境的关系主要发生在边界—系统的输入输出都分别从这里进入或离开系统。

（4）系统通常都有随时间而变化的动态行为。这些行为一般跟系统的目标和结构有关。比如生产系统要在一定时间范围内生产出一定数量的产品。

（5）在某种意义上，系统的元素可能也是一个完整的系统，我们称它为子系统。如一个发动机是一辆汽车的一个元素，它同时也是一个子系统。

苏联大百科全书的定义则是："系统是彼此相关联的元素的集合，这个集合具有一定的完整性和共同性"。换句话说，系统是由相互联系、相互依赖、相互制约、相互作用的事物和过程组成的具有整体功能和综合行为的统一体。为了实现系统自身的稳定和功能，系统需要以一定方式取得、使用、保持和传递能量、物质和信息，也需要对系统的各个构成部分进行组织。系统内部的组织是协同的有序的。

系统动力学（system dynamics，SD）是研究信息反馈系统动态行为的计算机仿真方法。它把信息反馈的控制原理与因果关系的逻辑分析结合起来，面对复杂的实际问题，从研究系统的微观结构入手，建立系统的仿真模型，并对模型实施各种不同的政策，通过计算机仿真展示系统的宏观行为，寻求解决问题的正确途径，其系统观主要是植根于系统科学的思想体系。

系统动力学的方法是麻省理工学院的 Jay W. Forrester 教授于 1956 年创立的。SD 用因果关系图（causal loop diagrams）和栈一流图（stock-and-flow diagrams）来描述互相关联的系统，并用仿真语言 Dynam 来定量仿真系统的动态变化特性。其中栈表示系统变量的状态，不同时间点变量的状态是不同的；流表示系统变量的活动。随着 Industrial Dynamics（Forrester，1961）、Urban Dynamics（Forrester，1969），World Dynamics（Forrester，1971），The Limit to Growth（Meadows 等，1972）等专著的相继出版，SD 也逐渐完善并得到国际上的广泛关注。

SD 以鲜明的系统观面世之后，一直以系统方法论的基本原则考察研究客观世界，经数十年发展充实了系统方法论。故国际系统动力学界才以"系统思考"（system thinking）一词来概括系统方法论的基本原则及其系统观。随着系统动力学的发展完善，系统思考逐渐形成了一系列重要的原理、原则，成为研究、处理解决社会经济复杂系统问题的有效工具。

至此，基于系统动力学的管理决策建模方法也逐渐成熟。在 SD 的基础上，不但综合了系统思考和学习型组织理论，而且融合了先进的计算机技术。这主要表现在：新的仿真软件具有友好的人机交互界面、灵活的输入输出形式、简单易懂的操作等优点；最重要的是新的仿真软件不需要使用者构造艰深的数学算法与方程式，也不需要编写大量复杂的仿真程序。所以基于系统动力学的管理决策建模方法受到了越来越多的关注。目前应用较广的仿真软件有 Powersim，STELLA/ithink，Vensim，Modus 等。

一、构建现代林业生态效益系统动态模型的目的

无论所研究区域的大小或范围如何，其林业生态效益系统的长周期运转特性，决定了对系统进行整体性实体结构调控是非常困难的。建立总体动态仿真模型，在计算机上进行仿真试验，不但使不可能进行的试验变为可能，而且多方案试验能在短时间内完成，也提高了试验结果的实用价值。

林业生态效益总体系统模型——系统动力学模型突出以下特点：以解决动态问题为目的，是一种源自反馈控制的系统动态仿真模型；由多变量、多方程互相联系组成，适宜于对非线性复杂大系统的模拟；能方便地进行能量、物质、信息多路循环，社会、经济、环境多因素多关系一体化运转的多方案总体动态仿真试验；不片面要求数据的精确性，适宜于对难以获得全部准确参数的系统进行模拟；通过近几年有关学者的努力研究，已形成了比较成熟的模拟技术。

SD 模型作为复杂系统的重要研究方法之一，能模拟系统随时间变化的过程，虽然具有预测效果，但不是预测的工具。建立模型的过程，就是将真实系统经过特定的抽象，在计算机上转换成可调节控制的人工系统的过程。由此看来，对林业生态效益进行总体分析与未来发展的预测，采用系统动力学模型分析方法是必要的，也是可行的。

二、现代林业生态效益系统动态模型的构建

（一）系统动力学对系统的数学描述

SD 强调对系统（S）整体性和非线性特性的描述。为了清晰地描述系统，SD 一般是在尽量完整地描述系统内各组成部分之间相互作用的非线性关系、复杂的因果反馈关系和生克关系（R_{jk}）的基础上，把系统划分成若干个相互关联的子系统（P），其描述关系式如下：

$$S=(P, R_{jk})$$
$$P=\{Pi \mid i \in I\}$$
$$R_{jk}=\{r_{ik} \mid j \in J, k \in K \text{ 且 } J+K=I\}$$

S—整个系统；P—系统 S 中的子系统；R_{jk}—关系矩阵，描述各子系统间的关系。接下来是对子系统 P 的进一步描述。一般 SD 将子系统划分为两类：良结构子系统和非良结构子系统。良结构

子系统一般由一个或若干个基本单元一阶反馈回路组成。对它们的描述一般用状态变量、速率变量和辅助变量以及其他数学函数、逻辑函数、延迟函数以及常数等。比较规范的数学描述式: *L*—状态变量; *R*—速率变量; *A*—辅助变量向量; *L*—纯速率向量, 通常为各速率向量 *R* 的组合; *T*—转移矩阵, 为变系数或常值阵; *W*—关系矩阵, 为变系数阵, 反映变量 *R* 与 *L* 之间以及 *A* 在同一时刻上的各种非线性关系。

上面涉及到的只是对实际系统中能定量描述的那一部分, 但系统中一般还有一些不能用微分方程和其他数学函数精确地加以描述的结构, 也就是非良结构。它们只能用半定量、半定性或定性的方法来处理。

总之, SD 模型一般包含对良结构和非良结构的描述说明两个部分, 并且以定量描述为主辅以半定量、半定性或定性的描述。因此, 可以说 SD 模型是一种定量模型与概念模型相结合而以前者为主体的模型。

（二）系统模型的构建

本文通过应用 Visual Basic 语言来完成动态系统仿真模型的构建。

1. 系统模型的数据

本模型构建及模拟过程中, 基础数据信息来源于 2004 年福建省森林二类调查资料, 主要对 2005~2020 年间各种生态效益的变化趋势进行预测。

2. 系统模型主体方程

系统动力学仿真系统的动态仿真模型主体方程为差分方程:

$$S_i(t) = S_i(t-1) + \Delta S(t)$$
$$\Delta S(t) = f[S_{i-1}(t)] + f[S_i(t)]$$
$$M_i(t) = S_i(t) \times PM_i(t)$$
$$B_i(t) = S_i(t) \times PB_i(t)$$

其中: $S_i(t)$——第 i 龄级面积;

$M_i(t)$——第 i 龄级蓄积;

$PM_i(t)$——第 i 龄级单位面积蓄积量;

$B_i(t)$——第 i 龄级各效益值;

$PB_i(t)$——第 i 龄级单位面积各效益值。

对福建省林业发展生态效益系统模型共选取 103 个变量, 其中 32 个状态变量, 29 个流速变量, 42 个辅助变量; 其系统流程如图 3-2 至图 3-6 所示。由图可知, 将福建省地林分共分为生态针叶林、生态阔叶林、用材针叶林、用材阔叶林、薪炭针叶林、薪炭阔叶林、经济林、生态疏林针叶林、生态疏林阔叶林、用材疏林针叶林、用材疏林阔叶林、生态竹林、用材竹林、生态灌木、薪炭灌木、经济灌木林 17 种林分。对每种林分地蓄积量、生物量、总面积、吸收 SO_2、XF 和固碳量进行仿真模拟。幼龄林依次生长成为中龄林、近熟林、成过熟林; 成过熟林通过采伐利用变为荒山荒地; 在林分成长的过程中, 若遭受到各种灾害和人为活动地影响。这里我们用延迟函数表示:

当前时刻幼林面积 = 前时刻幼林面积 – 死亡面积（死亡率）– 砍伐面积（砍伐率）– 项目开发占地面积（项目开发占用率）+ 新增幼林面积（造林保存率）, 函数中地死亡率、砍伐率、项目开发占地率、和造林保存率深受政策、人们观念和经济发展地影响, 我们主要根据福建省十一五规划和福建省森林资源清查数据中地有关内容进行确定。通过各龄林活立木总蓄积。再由生长每立方米木材固碳量、吸收 SO_2、XF 的量可得总的固碳量、吸收 SO_2、XF 量。

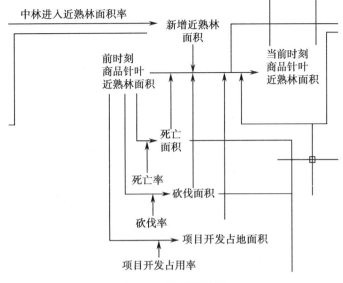

图 3-2 流程图细部

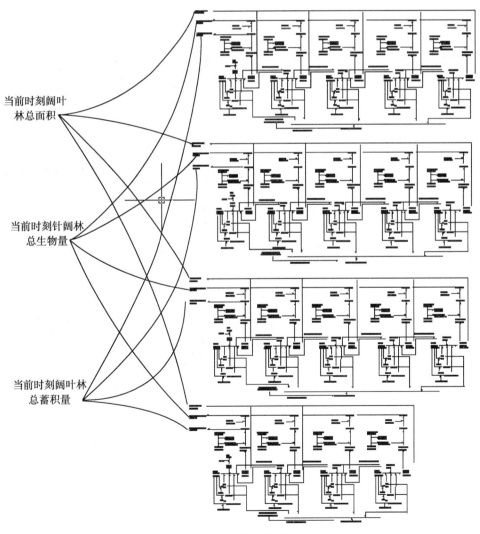

图 3-3 阔叶林流程图

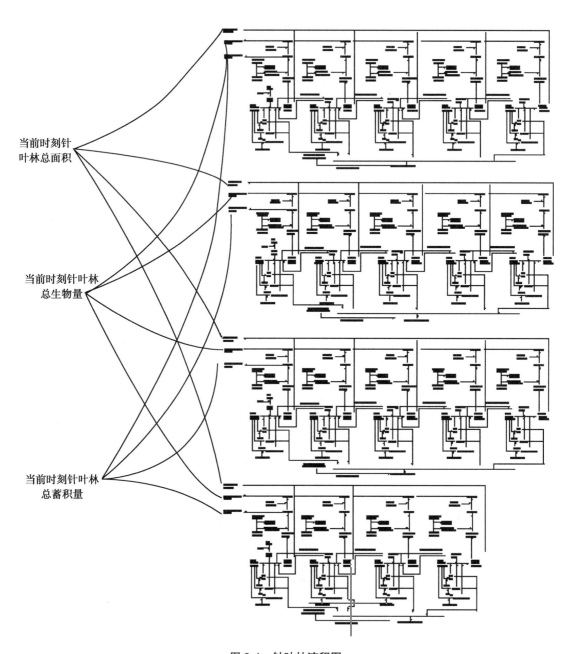

当前时刻针
叶林总面积

当前时刻针叶林
总生物量

当前时刻针叶林
总蓄积量

图 3-4　针叶林流程图

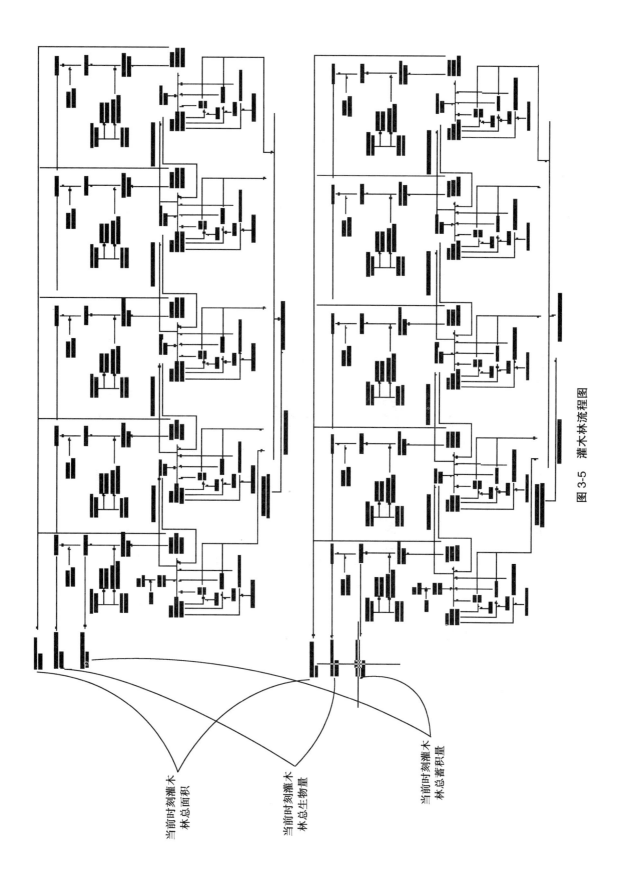

图 3-5　灌木林流程图

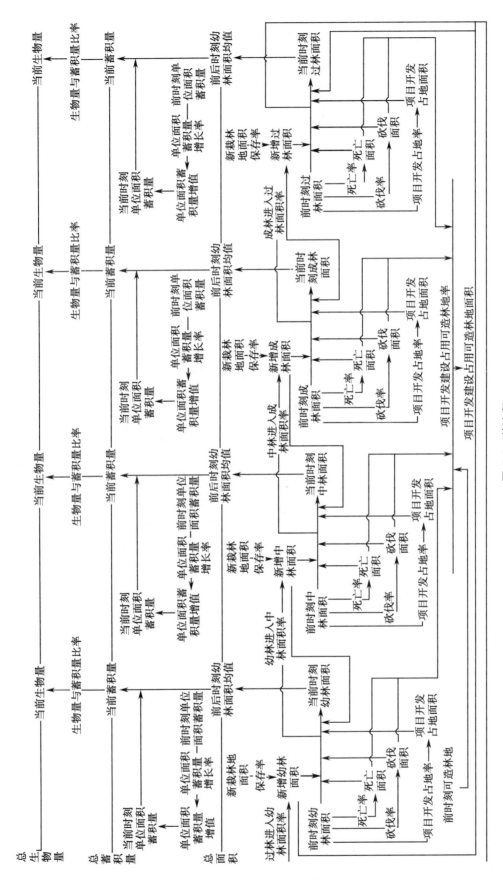

图 3-6　单流程

3. 主要变量及约束条件的确定

森林面积受国家政策和自然因素的影响，处在不断的变化之中。有林地经采伐、灾害可变为采伐迹地、宜林荒山荒地；宜林荒山荒地经过荒山造林、封山育林，采伐迹地经过迹地更新可变为有林地，项目建设用地等使森林面积不断地发生变化。故福建省林业发展综合效益仿真模型主要变量如下：

1）各林地面积

2）各林地面积小计

3）林地总面积

4）各林地面积比率

5）计算龄组

6）单位面积蓄积量

7）各龄组单位面积蓄积量（竹林百株生物量年增，灌木林单位面积生物量年增）

8）各林地蓄积量

9）各林地年增蓄积量

10）竹林单位面积生物量

11）灌木林地单位面积生物量

12）死亡面积

13）死亡面积率

14）更新面积

15）更新面积率

16）更新面积小计

17）自然更新面积

18）项目占地面积

19）项目占地面积率

20）造林及未成林造林面积

21）造林及未成林造林面积率

22）公益林未成林造林面积

23）商品林未成林造林面积

24）各种林未成林造林初始面积

25）新增可造林面积

26）可造林面积

27）项目占可造林面积

28）单位面积逐年吸收 SO_2 量

29）单位面积逐年吸收 XF 量

30）单位面积逐年固碳量

福建省林业发展综合效益仿真模型主要变量的约束方程如下：

蓄积量（生物量）$_n = \sum_i \sum_j \sum_k$ 林地面积 $_{ijk} \times$ 单位面积蓄积（生物量）$_{ijk}$

乔木林生物量 $_n = \sum_i \sum_j \sum_k$ 乔木林地蓄积量 $_{ijk} \times$ 单位蓄积量与生物量转化率 $_{ijk}$

林地面积 $_{ijk} =$ 林地面积 $_{ijk-1} + \Delta$ 林地面积 $_{ijk-1}$

$$\Delta \text{林地面积}_{ijk-1} = \text{低林龄进入本林龄面积（未成林进入林地面积）}_{ijk-1} -$$
$$\text{项目占地面积}_{ijk-1} - \text{成灾面积}_{ijk-1} - \text{更新面积}_{ijk-1}$$

$$\text{项目占地面积}_{ijk} = \text{林地面积}_{ijk} \times \text{项目占地率}_{ijk}$$

$$\text{成灾面积}_{ijk} = \text{林地面积}_{ijk} \times \text{成灾面积率}_{ijk}$$

$$\text{未林成进入林地面积}_{ijk} = \text{低林龄未成林进入本林龄未成林面积}_{ijk-1} -$$
$$\text{项目占地面积}_{ijk-1} - \text{成灾面积}_{ijk-1} - \text{转入林地面积}_{ijk-1}$$

$$\text{更新面积}_{ijk} = \text{林地面积}_{ijk} \times \text{更新面积率}_{ijk}$$

$$\text{更新面积率}_{ijk} = k \times (1 - \Delta \text{更新面积率}_{ijk})$$

$$\text{单位面积蓄积（生物量）}_{ijk} = \text{单位面积蓄积（生物量）}_{ijk-1} +$$
$$\Delta \text{单位面积蓄积（生物量）}_{ijk-1}$$

$$\Delta \text{单位面积蓄积（生物量）}_{ijk} = \text{单位面积蓄积（生物量）}_{ijk-1} \times$$
$$[1 + \text{单位面积蓄积（生物量）增长率}]^{n-1}$$

$$\text{未成林进入林地面积}_{ijk} = \text{低林龄未成林进入本林龄未成林面积}_{ijk-1} -$$
$$\text{项目占地面积}_{ijk-1} - \text{成灾面积}_{ijk-1} - \text{转入林地面积}_{ijk-1}$$

4. 初值计算

初值计算见表 3-53 至表 3-62。

表 3-53 乔木林计算龄组

乔木林	未成林		幼林		中林		近熟林		成熟林		过熟林	
	始	终	始	终	始	终	始	终	始	终	始	终
公益乔针林	0	2	3	10	11	20	21	28	29	43	44	63
公益乔阔林	0	2	3	10	11	20	21	30	31	50	51	70
用材乔针林	0	1	2	8	9	15	16	22	23	33	34	53
用材乔阔林	0	1	2	8	9	13	14	19	20	30	31	50
薪炭乔针林	0	2	3	10	11	20	21	28	29	43	42	61
薪炭乔阔林	0	2	3	10	11	20	21	30	31	50	51	70
经济林	0	1	2	4	5	7	8	10	11	15	16	35
公益疏针林	0	2	3	10	11	20	21	28	29	43	44	63
公益疏阔林	0	2	3	10	11	20	21	30	31	50	51	70
用材疏针林	0	1	2	8	9	15	16	22	23	33	34	53
用材疏阔林	0	1	2	8	9	13	14	19	20	30	31	50

表 3-54 经济林产果计算龄组

产前期		初产期		盛产期		衰产期	
始	终	始	终	始	终	始	终
0	3	4	8	9	20	21	30

表 3-55 竹林计算龄组

	新造林		幼-壮龄		中龄		老林	
	始	终	始	终	始	终	始	终
公益竹林	0	1	2	4	5	7	8	12
用材竹林	0	1	2	3	4	5	6	8

表 3-56 灌木林计算龄组

	新造林		幼林		中林		成熟林		过熟林	
	始	终	始	终	始	终	始	终	始	终
公益灌木林	0	1	2	10	11	20	21	40	41	60
薪炭灌木林	0	1	2	3	4	5	6	10	11	30
经济灌木林	0	1	2	2	3	4	5	10	11	30

表 3-57 单位面积蓄积量

		合计	幼林	中林	近熟	成熟	过熟
生态乔木林	合计	46.3579232	10.043989	50.7965	73.038057	87.4434601	100.4110394
	针叶	52.7460157	12.134445	51.44321	73.8750772	88.4329024	101.5664919
	阔叶	28.3858671	7.8700624	48.14134	66.5921386	79.9115643	88.77360971
用材乔木林	合计	41.7425546	8.8981958	51.3012	72.0024841	88.802311	113.1533079
	针叶	49.7768135	11.597876	52.10615	72.4455799	89.7982719	138.232719
	阔叶	30.3685181	7.3194698	49.10127	70.4200307	87.3497864	98.32155117
薪炭乔木林	合计	10.811275	3.9164467	41.98736	54.5395273	53.2055874	65.9970015
	针叶	12.8921365	5.1046828	42.64616	54.8751431	53.8023098	80.62464195
	阔叶	7.86541281	3.221587	40.18684	53.3408666	52.3353183	57.34633646
经济林		7.098004365	7.09800437	2.8442441	22.66686	31.473224	31.4085841
生态疏林	合计	17.3	3.7	21.3	29.9	36.8	46.9
	针叶	20.6	4.8	21.6	30	37.2	57.3
	阔叶	12.6	3	20.4	29.2	36.2	40.8
用材疏林	合计	16.2	3.5	17.8	25.6	30.6	35.1
	针叶	18.5	4.2	18	25.8	30.9	35.5
	阔叶	9.9	2.8	16.8	23.3	28	31.1

表 3-58 各种林分林单位面积吸收 SO_2 ［单位：吨／（公顷·年）］

		合计	幼林	中林	近熟林	成熟林	过熟林
生态乔木林	针叶林	0.188248557	0.043861454	0.197057766	0.273978484	0.339604	0.522775728
	阔叶林	0.045117311	0.010874248	0.072947818	0.104620267	0.129772	0.146072457
用材乔木林	针叶林	0.199477642	0.045890679	0.194550638	0.279384632	0.33444	0.384109473
	阔叶林	0.042171765	0.011692242	0.071521696	0.098933318	0.118721	0.131887456
薪炭乔木林	针叶林	0.048756156	0.019305157	0.161281467	0.207529687	0.203472	0.304910489
	阔叶林	0.011685334	0.004786185	0.059704003	0.079246425	0.077753	0.085197194
经济林		0.010545226	0.004225581	0.033675266	0.04675853	0.046662	0.03431432

表 3-59 森林火灾病虫害建设项目更新面积

森林面积（万公顷）	森林火灾病虫害面积	森林火灾病虫害面积率	开发建设项目占用面积	开发建设项目占用面积率	人工更新面积	人工更新面积率
1187.076	7525.542	0.0006	3529.89	0.00028668	6771	0.000570393

表 3-60　自然更新率

		成熟林	过熟林
乔木林自然更新率	公益乔针林	0.02	0.05
	公益乔阔林	0.02	0.05
	公益疏针林	0.02	0.05
	公益疏阔林	0.02	0.05
		中林	老林
竹林自然更新率	公益竹林	0.02	0.05
灌木林自然更新率	公益灌木林	0.02	0.05

表 3-61　吸收氟　　　　　　　　　　　　　　　　　［单位：千克/（公顷·年）］

公益乔针林	0.5	公益疏阔林	0.93
公益乔阔林	4.65	用材疏针林	0.1
用材乔针林	0.5	用材疏阔林	0.93
用材乔阔林	4.65	生态竹林	2.064
薪炭乔针林	0.5	用材竹林	2.064
薪炭乔阔林	4.65	公益灌木林	2.58
经济林	1.55	薪炭灌木林	2.58
公益疏针林	0.1	经济灌木林	2.58

表 3-62　科技进步单位面积蓄积量增长率

林地	年增长率	林地	年增长率
公益乔针林	0.001	公益疏阔林	0.0005
公益乔阔林	0.001	用材疏针林	0.001
用材乔针林	0.002	用材疏阔林	0.001
用材乔阔林	0.003	生态竹林	0.002
薪炭乔针林	0.002	用材竹林	0.003
薪炭乔阔林	0.002	公益灌木林	0.001
经济林	0.001	薪炭灌木林	0.003
公益疏针林	0.0005	经济灌木林	0.002

三、动态模拟结果及分析

通过运行模型，预测出福建省森林 2006~2020 年生态效益。主要从森林覆盖率、蓄积量、固碳量、吸收 SO_2 量、吸收氟量等几个指标来反映。

从图 3-7 可见，2007~2020 年间福建省的森林覆盖率、森林蓄积量、固碳量呈现相同的变化趋势，即开始的 3 年左右的时间内迅速增加，到 2010 年后增加趋势减缓并有下降的趋势，2013 年降到最低后上升，到 2017 年后变化趋缓。森林是有生命的，随时在消长的，其生长量是具有复利效应的。同时由于人们对森林的经营利用活动，也对其产生影响。按系统功力学的观点信息、资金、物质等传递需要时间，这个时间就是延迟。它表示活动的"阻尼"特性。森林是有延迟现象的。根据森林资源清查结果乔木林幼、中、近、成、过的比例为 1：1.68：0.55：0.28：0.03，其中幼、中、近占的林地面积比例大，而过熟林比例占的很小，故可进入更新的林地面积较小，出现了林地面积在 2010 年后的下降，后经调整各项速率变量减小林地面积大的波动，使森林覆盖率趋于稳定（表

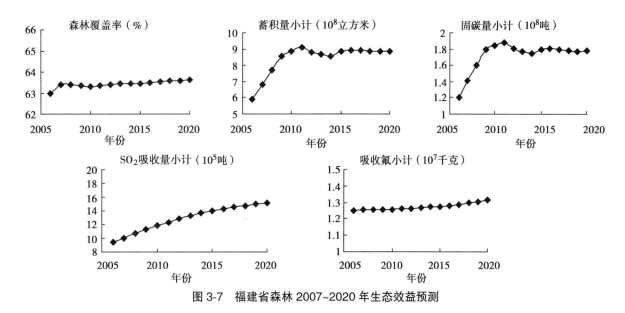

图 3-7 福建省森林 2007~2020 年生态效益预测

3-63）。蓄积量幼、中、近、成、过的比例为 1：5.14：2.36：1.43：0.24，中、近占的蓄积量比例大，在前 3 年时间里幼林进入中龄林、中龄林、成熟林还未大量进入成熟林和过熟林，表现在图上前 3 年蓄积量、固碳量迅速增长，随着进入成熟和过熟林面积的增加，蓄积量、固碳量增加趋势减缓，降到 2013 年的最低值，后又回升。吸收 SO_2 和吸收氟的量受不同林型影响很大变化，固呈现出与森林覆盖率、森林蓄积量、固碳量不尽相同的波动变化。

（一）福建省森林 2005~2020 年蓄积量预测

对于生态公益林和用材商品林，蓄积量是衡量森林产量、森林生产力、森林多种效益的重要指标；而材种出材量是用材商品林价值量的重要指标，在森林资源资产化管理中显得更为重要。从图 3-8 及表 3-64 反映了不同林型蓄积量的变化，用材针叶林、用材阔叶林、生态阔叶

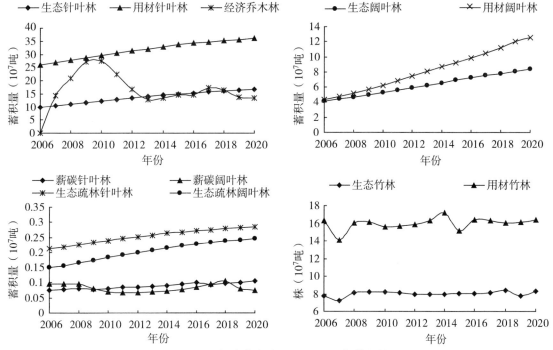

图 3-8 福建省森林 2007~2020 年蓄积量

表 3-63　福建省 2007~2020 年林地面积（公顷）

年份	生态针叶林	生态阔叶林	用材针叶林	用材阔叶林	薪炭针叶林	薪炭阔叶林	经济林	生态疏林针叶林	生态疏林阔叶林	生态竹林	用材竹林	生态灌木	薪炭灌木	可造林面积	未成林面积	项目占地
2007	1229579.762	546376.6	3088876.226	700233.9059	34877.97	9946.825	1117974	131011.5	68400.98	108950.8	662504	246875	14073.63	133307.7	986803	908.07
2008	1220676.894	547290	3312440.929	824030.2858	34253.57	9799.514	1222791	128988.2	67997.42	121722.6	751669.2	246200.9	14033.79	68108.3	508881.6	907.9792
2009	1321312.833	609793.3	3280255.174	887107.194	36858.68	11444.9	1231437	127769.1	67954.92	123075.2	753335.9	246212.2	14034.58	62009.88	305375.1	907.8884
2010	1320712.534	626902.8	3227616.834	945903.9459	36548.45	12180.75	1225209	126684.1	67945.41	122983.3	727111.6	246230	14035.67	61613.8	315389.5	907.7976
2011	1311175.251	639088.3	3176365.337	1000706.709	36000.24	12790.04	1190886	125667.1	67938.72	121884	729078.2	246231.7	14035.8	61737.6	342575	907.7068
2012	1301341.637	651118.4	3128246.088	1051873.122	35463.32	13404.58	1054328	124708.5	67932.24	118453.3	734171.7	246227.5	14035.57	62505.36	471443.6	907.616
2013	1291995.365	662488.9	3083191.265	1099693.253	34959.02	13982.32	1060127	123804.1	67925.75	118526	750923.8	246221.7	14035.25	62407.71	444063.7	907.5253
2014	1283168.26	673203.3	3040987.529	1144422.529	34486.46	14522.75	1087599	122950.6	67919.26	118615.1	792924.7	246215.4	14034.9	61954.05	370433.6	907.4345
2015	1274833.022	683300.6	3001426.469	1186292.187	34043.41	15028.47	1193853	122144.8	67912.76	118777.4	696927.8	246208.8	14034.53	61825.88	355921.5	907.3438
2016	1266959.678	692819.5	2964316.521	1225512.836	33627.75	15502.03	1193749	121383.6	67906.26	119225.5	749309.4	246202.2	14034.16	61475.66	299599.2	907.253
2017	1259519.985	701796.2	2929482.395	1262276.731	33237.52	15945.81	1189422	120664.5	67899.76	120680.2	744780.3	246195.4	14033.77	61473.97	303307.1	907.1623
2018	1252487.623	710264.2	2896763.55	1296759.655	32870.95	16361.95	1171425	119984.7	67893.26	124206.2	728768	246188.5	14033.39	61655.08	330146.6	907.0716
2019	1245838.068	718254.6	2866012.727	1329122.576	32526.38	16752.42	1173345	119341.9	67886.76	114135.2	732322.7	246181.4	14032.98	61616.47	331532.8	906.9809
2020	1239548.425	725796.5	2837094.567	1359513.084	32202.31	17119.04	1181581	118733.9	67880.25	121895.6	740545.3	246174.3	14032.55	61493.61	304384.2	906.8902

表3-64 福建省不同林型 2005~2020 年蓄积量（立方米）

年份	生态针叶林	生态阔叶林	用材针叶林	用材阔叶林	薪炭针叶林	薪炭阔叶林	经济林	生态疏林针叶林	生态疏林阔叶林	生态竹林	用材竹林
2007	103526825.3	44166384.02	267187089.6	47939337.9	771755.043	954330.5	141873521.6	2187411.79	1555904.67	7234371.52	14098707.9
2008	109422499.7	46957738.66	278959218.7	52314234.8	794575.109	968713.1	208393629.9	2253680.95	1648834.07	8098583.65	16044214.6
2009	1159671173.7	49525093.32	288016601.5	57318352.3	786529.399	800792.4	2710045911.3	2320851.82	1739460.56	8204957.64	16128029.4
2010	122195607	52673626.13	296522964	62723419.6	815232.663	711587.5	276107985.2	2386878.38	1827942.68	8215228.27	15613299.2
2011	128266125.1	55908365	304710601	68500043.6	843510.862	684556.1	224487912.4	2451643.74	1914306.08	8158080.53	15702494.7
2012	134201828.9	59175138.33	312625988.6	75038135.1	868119.18	677861.1	167562820.5	2515208.76	1998577.14	7944307.43	15859632.3
2013	140012445.7	62474661.35	320295718.1	80815584.8	888982.947	691698.8	1288845015.2	2577644.59	2080785.44	7965079.43	16270176.7
2014	145705694.5	65802017.53	327067274.5	86935624.8	906310.568	726562.6	1343364326.7	2639017.23	2160961.42	7987012.59	17231745.1
2015	148930257.3	69285696.81	336681005.2	92284944	965336.436	781281.4	147314965.5	2677787.88	2225380.57	8013935.68	15190988.9
2016	152076352.5	72830759.33	342465102.9	98522061.5	1022775.11	854645.7	147471656.4	2721039.32	2290771.52	8060256.59	16381753.5
2017	157990508.9	75442069.05	347547025.4	105011469	939825.055	950631.2	172693949.2	2758297.57	2335194.16	8174918.64	16331585
2018	161226740.6	78195736.84	352096314.1	112176944	973078.498	1063514	164047039	2794556.82	2377613.66	8430601.02	16028406.1
2019	164155416.4	80951409.83	356241458.4	120143477	1016993.19	808337.1	137941646.7	2829812.15	2418050.43	7762517.57	16154909
2020	167002482.7	83688828.23	360004611	125775085	1061597.25	763154.7	134427981.4	2864092.56	2456535.83	8306896.56	16385305.7

林、生态针叶林、薪炭针叶林、生态疏林阔叶林、用材疏林阔叶林都呈上升趋势变化，其中用材阔叶林上升的幅度最大，其与福建省的经济发展和生态需求密切相关。经济乔木林与蓄积量总体变化趋势大体一致。经济林是人们对森林的经营利用活动最直接的表现和反映。生态竹林和用材竹林蓄积量的变化呈"脉冲型"生态竹林的变幅较小，而经济竹林前半段的变幅很大且规律不明显,后半段变幅趋于稳定。主要由于经济竹林受到的影响因素大于生态竹林，在模型中影响其变化的流速变量中除生态因素还包括大量的经济因素，故表现在结果上，变化幅度大。

（二）福建省不同林型森林 2005~2020 年固碳量预测

森林生态系统在全球碳循环中具有重要的意义，主要表现在：森林是陆地生态系统中最大的碳库；森林单位面积的碳贮存密度很大，达 $189Mg\ C \cdot hm^2$；森林的面积变化直接影响到陆地生态系统的碳源碳汇作用；森林植被的碳积累速度快。为此森林生态系统的固碳措施，包括造林、森林采伐和再造林，已经被纳入到旨在减少全球大气 CO_2 排放的《京都议定书》中。世界各国科学家都在不断探讨和估算全球和区域的森林生态系统的固碳能力。中国森林植被的固碳能力一直受到国际社会的高度关注，福建省的森林系统在全国占有重要的地位，对全国的碳储量发挥着重要的作用。图 3-9 及表 3-65 和表 3-66 反映福建省不同林型森林固碳量 2007~2020 年间的变化趋势，生态疏林阔叶林、生态阔叶林、用材阔叶林、用材针叶林、生态疏林针叶林、生态针叶林、薪炭针叶林、薪炭阔叶林、经济林、生态灌木等的变化趋势与蓄积量的变化趋势一致，因本系统中以蓄积量为基础推求生物量的变化，进而计算各种不同林型的固碳量。用材竹林和生态竹林的变化幅度比较大，主要是竹林的生长周期较短，一般在 8 年左右就成为老龄林，故其波动性较大。

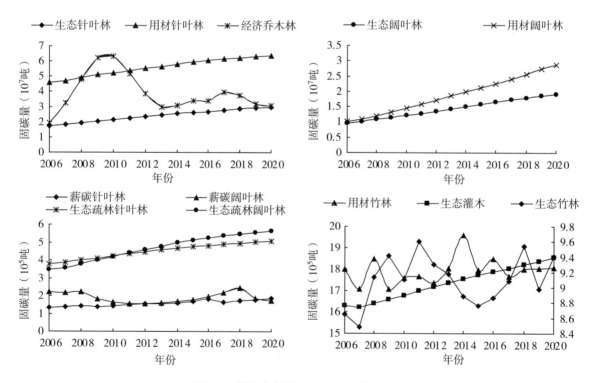

图 3-9　福建省森林 2007~2020 年固碳量

表 3-65　福建省不同林型 2005~2020 年生物量（吨）

年份	生态针叶林	生态阔叶林	用材针叶林	用材阔叶林	薪炭针叶林	薪炭阔叶林	经济林	生态疏林针叶林	生态疏林阔叶林	生态竹林	用材竹林	生态灌木	薪碳灌木
2007	18308719.05	10136185.13	47252036.79	11002078.05	136484.87	219018.85	325559973.2	386843.77	357080.12	848415	1707840.75	1621677.94	65174.124
2008	19351369.08	10776801.02	49333937.82	12006116.89	140520.60	222319.65	47826338.07	398563.47	378407.41	913638.74	1846841.05	1639723.37	71832.023
2009	20508794.67	11366008.92	50935735.98	13154561.84	139097.72	183781.84	62205036.65	410442.64	399206.19	941895.86	1709025.78	1659320.27	75701.535
2010	21610293.1	12088597.2	52440086.19	14395024.8	144173.89	163309.34	63366782.6	422119.44	419512.84	910180.05	1759428.94	1678922.99	78616.237
2011	22283864.22	12830969.77	53888069.79	15720759.99	149174.89	157105.61	51519975.9	433573.19	439333.24	960751.19	1765103.31	1698292.16	80490.225
2012	23733593.44	13580694.25	55287906.08	17221252.01	153526.87	155569.11	38455667.3	444814.66	458673.45	929789.32	1735599.14	1717386.41	80775.783
2013	24761201.02	14337934.78	56644297.74	18547176.71	157216.63	158744.87	29569930.99	455856.44	477540.25	917785.35	1804625.55	1736200.38	80484.329
2014	25768052.06	15101563.02	57841847.5	19951725.89	160281.02	166746.11	30836612.98	466710.19	495940.64	889103.9	1960880.11	1754736.35	79622.699
2015	26338316	15901067.42	59542035.76	21179394.64	170719.74	179304.08	33808784.59	473566.78	510724.84	876472.82	1794691.13	1772998.36	78197.324
2016	26894702.94	16714659.27	60564953.44	22610813.11	180877.77	196141.19	33844745.14	481215.80	525732.06	886487.25	1847757.28	1787806.79	78242.813
2017	27940621.49	17313954.85	61463691.44	24100132.05	166208.06	218169.85	39633261.33	487804.92	535927.05	908552.34	1766496.39	1804976.88	78257.107
2018	28512949.07	17945921.6	62268233.15	25744608.65	172088.93	244076.50	37648795.45	494217.37	545662.33	953677.57	1801061.23	1821849.61	78272.225
2019	29030885.39	18578348.55	63001301.92	27572927.97	179855.24	185513.37	31657607.91	500452.27	554942.57	898589.12	1804507.44	1838436.33	78288.382
2020	29534389.07	19206586.08	63666815.46	28865382.07	187743.47	175143.99	30851221.73	506514.76	563774.97	940766.19	1807495.6	1854761.57	78304.694

表 3-66 福建省不同林型 2005~2020 年固碳量（吨）

年份	生态针叶林	生态阔叶林	用材针叶林	用材阔叶林	薪炭针叶林	薪炭阔叶林	经济林	生态疏林针叶林	生态疏林阔叶林	生态竹林	用材竹林	生态灌木	薪炭灌木
2007	40686042.33	22524855.85	1050004526.2	24449062.3	303299.732	486708.573	72355495.99	859652.832	793511.38	1885366.67	3795201.676	3603728.75	144831.387
2008	43003042.39	23948446.72	1096309072.9	26680259.8	312268.018	494043.674	106280751.3	885696.612	840905.374	2030308.31	4104091.212	3643829.71	159626.718
2009	45575099.26	25257797.59	1131190524.4	29232359.7	309106.054	408404.101	138233414.8	912094.765	887124.888	2093101.91	3797835.055	3687378.38	168225.634
2010	48022873.56	26863549.33	1165335524.9	31988944	320386.436	362909.646	140815072.4	938043.201	932250.766	2022622.34	3909842.095	3730939.97	174702.749
2011	50408587.17	28513266.15	1197511266.2	34935022.2	331499.769	349123.599	114488835.3	963495.992	976296.102	2135002.66	3922451.808	3773982.57	178867.167
2012	52741318.75	30179320.55	1228620113.5	38269448.9	341170.838	345709.15	85457038.44	988477.042	1019274.34	2066198.48	3856886.974	3816414.24	179501.74
2013	55024891.15	31862077.29	1258762217.2	41215948.2	349370.298	352766.395	65710957.77	1013014.33	1061200.58	2039523.01	4010278.998	3858223.06	178854.064
2014	57262337.92	33559028.94	1285374389	44337168.6	356180.053	370546.923	68525806.62	1037133.77	1102090.32	1975786.44	4357511.353	3899414.12	176939.332
2015	58529591.12	33535705.37	132315635	47065321.4	379377.219	398453.528	75130632.42	1052370.64	1134944.09	1947717.38	3988202.499	3939996.35	173771.831
2016	59766006.53	37143687.26	134588785.4	50246251.4	401950.618	435869.328	75210544.76	1069368.45	1168293.48	1969971.66	4106127.295	3972903.98	173872.918
2017	62090269.98	38475455.21	136585981	53555849	369351.246	484821.911	88073914.07	1084010.94	1190949.02	2019005.21	3925547.525	4011059.73	173904.683
2018	63362109.04	39879825.79	138373851.5	57210241.4	382419.85	542392.231	83663989.88	1098260.83	1212582.97	2119283.49	4002358.288	4048554.69	173938.278
2019	64513078.64	41285219.01	140002893.2	61273173.3	399678.323	412251.943	70350239.79	1112116.17	1233205.72	1996864.71	4010016.523	4085414.07	173974.183
2020	65631975.72	42681302.4	141481812.1	64145293.5	417207.721	389208.882	68558270.52	1125588.38	1252833.28	2090591.52	4016656.892	4121692.37	174010.43

（三）福建省不同林型森林 2005~2020 年吸收 SO₂ 量预测

生物对 SO₂ 的净化作用主要是指树木，根据公式：

$$树叶净化 SO_2 潜力 = 树叶生物量 × SO_2 吸转强度 × SO_2 吸转周期数$$

即可推算出各树木树叶每年吸转硫量。树木净化量为树叶净化量与枝条净化量之和，枝条净化量为树叶净化量的 1/3，为此，树木净化 SO₂ 潜力 =4/3× 树叶净化 SO₂ 潜力 =4/3× 树叶生物量 × SO₂ 吸转强度 × SO₂ 吸转周期数。因树叶的生长受季节和环境的影响很大，故计算森林吸收 SO₂ 量时系统采用以生物量为基础推求。图 3-10 及表 3-67 反映福建省不同林型森林吸收 SO₂ 量 2007~2020 年间的变化趋势，其趋势与不同林型的蓄积量呈基本相同的变化趋势，经济乔木林、用材竹林和生态竹林的波动较大，这与森林的林龄组成和吸收能力相关，但在整个森林系统中经济林吸收 SO₂ 的量远远小于生态乔林、用材乔林和薪炭乔林，其中生态针叶林单位面积吸收 SO₂ 的量是经济林的 18 倍。

（四）福建省不同林型森林 2005~2020 年吸收氟量预测

氟在大气中一般以氟化氢的形式存在，其毒性比二氧化硫大 20 倍左右。目前，我国的技术和管理水平还难以控制氟污染，生物防治不失为一种补救措施。在进行大面积森林的生态效益计量中，一般采用面积 - 吸收能力法进行计量。各种林型吸收氟的变化相差很大，从表 3-68 可见。生态阔叶林、用材阔叶林、薪炭阔叶林单位面积吸收氟的量是最大的达到 4.65 千克 / 公顷·年，其次是生态灌木林、薪炭灌木林和经济灌木林为 2.58 千克 / 公顷·年，最小的是生态疏林针叶林和用材疏林针叶林仅为 0.1 千克 / 公顷·年。其余的生态针叶林、用材针叶林、薪炭针叶林、生态疏林阔叶林和用材疏林阔叶林单位面积吸收氟的量都在 0.5~0.93 千克 / 公顷·年之间。结合图 3-11 和表 3-68 生态竹林和用材竹林的变化虽然很大但其在众多林型中所占的面积比例很小，对整个森林系统吸

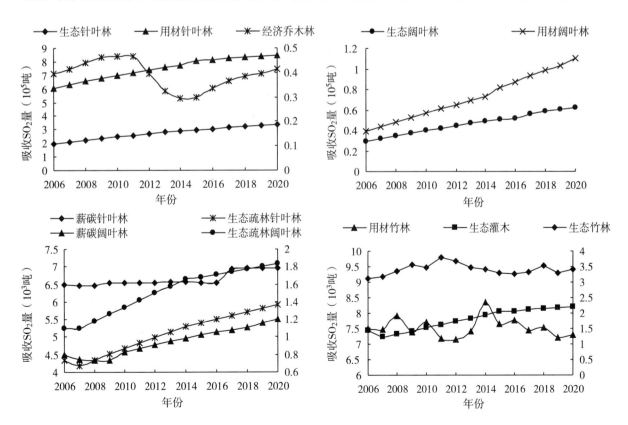

图 3-10 福建省森林 2007~2020 年吸收 SO₂ 量

表 3-67 福建省不同林型 2005~2020 年吸收 SO₂ 量（吨）

年份	生态针叶林	生态阔叶林	用材针叶林	用材阔叶林	薪炭针叶林	薪炭阔叶林	经济林	生态疏林针叶林	生态疏林阔叶林	生态竹林	用材竹林	生态灌木	薪炭灌木
2007	209202.08	31976.14	628236.63	43193.35	6471.21	740.02	41496.47	4189.41	1102.26	3173.42	7463.29	7229.934	345.2299
2008	220664.40	34350.71	656807.69	47826.00	6470.92	733.31	44162.29	4347.32	1181.51	3363.35	7922.38	7318.118	390.8296
2009	234536.77	37070.17	679482.11	52207.27	6528.69	734.55	46346.52	4507.52	1261.25	3547.88	7383.86	7416.756	405.948
2010	246217.23	39561.50	700816.08	56611.50	6537.84	829.61	46638.77	4667.36	1340.98	3485.14	7697.93	7518.682	419.7061
2011	257441.55	42010.37	721312.25	61033.18	6543.68	874.73	46798.12	4826.67	1420.65	3785.74	7168.41	7622.447	425.4185
2012	268388.33	44439.48	741082.74	65193.22	6550.40	913.07	39711.47	4985.53	1500.22	3675.32	7148.24	7727.7	433.1659
2013	279088.64	46845.83	760196.43	69668.92	6558.34	951.65	32516.64	5144.01	1579.70	3458.40	7397.88	7834.331	440.0661
2014	289558.07	49228.84	772373.93	72968.48	6567.44	988.15	29479.32	5302.20	1659.08	3416.00	8359.17	7942.286	446.1414
2015	295795.48	50389.53	805782.00	81635.99	6552.18	1022.57	29788.54	5394.48	1682.33	3304.10	7641.41	8051.528	451.4131
2016	301903.88	51547.20	815986.38	87532.92	6540.54	1055.05	33421.64	5496.63	1710.25	3277.11	7761.41	8072.384	452.8194
2017	318734.00	56071.59	823647.80	93239.33	6918.40	1081.64	36500.20	5604.84	1741.10	3318.89	7442.50	8107.491	454.2974
2018	325417.31	58357.92	830869.69	98645.12	6955.13	1106.62	38619.29	5710.51	1771.25	3534.53	7535.50	8141.378	455.7651
2019	331050.31	60385.66	837637.81	103534.20	6961.63	1160.66	39561.38	5813.64	1800.67	3292.26	7212.17	8174.162	457.2242
2020	336494.62	62387.75	843992.05	109963.20	6967.26	1197.70	41357.76	5914.34	1829.37	3423.00	7298.02	8206.172	458.6765

表 3-68　福建省不同林型 2005~2020 年吸收氯量（千克）

年份	生态针叶林	生态阔叶林	用材针叶林	用材阔叶林	薪炭针叶林	薪炭阔叶林	经济林	生态疏林针叶林	生态疏林阔叶林	生态竹林	用材竹林	生态灌木	薪碳灌木
2007	614789.88	2540651.06	1544438.11	3256087.66	17438.99	46252.73	1732859.38	13101.15	63612.91	224874.53	1367408.29	636937.42	36309.97
2008	610338.45	2544898.28	1656220.47	3831740.83	17126.78	45567.74	1895325.38	12898.82	63237.6	251235.39	1551445.14	635198.43	36207.17
2009	660656.42	2835538.77	1640127.59	4125048.45	18429.34	53218.78	1908727.29	12776.91	63198.07	254027.28	1554885.22	635227.41	36209.23
2010	660356.27	2915098.14	1613808.42	4398453.35	18274.23	56640.47	1899074.39	12668.41	63189.23	253837.59	1500758.38	635273.31	36212.04
2011	655587.63	2971760.77	1588182.67	4653286.2	18000.12	59473.69	1845873.73	12566.71	63183.01	251568.67	1504817.44	635277.7	36212.35
2012	650670.82	3027700.38	1564123.04	4891210.02	17731.66	62331.3	1634208.02	12470.85	63176.98	244487.63	1515330.43	635267.07	36211.78
2013	645997.68	3080573.4	1541595.63	5113573.63	17479.51	65017.77	1643196.8	12380.41	63170.95	244637.62	1549906.74	635252.07	36210.95
2014	641584.13	3130395.44	1520493.77	5321564.76	17243.23	67530.81	1685778.77	12295.06	63164.91	244821.63	1636596.52	635235.73	36210.03
2015	637416.51	3177347.82	1500713.24	5516258.67	17021.7	69882.37	1850471.67	12214.48	63158.87	245156.57	1438458.96	635218.83	36209.09
2016	633479.84	3221610.9	1482158.26	5698634.69	16813.87	72084.44	1850310.58	12138.36	63152.82	246081.42	1546574.64	635201.59	36208.12
2017	629759.99	3263352.53	1464741.2	5869586.8	16618.76	74148	1843604.62	12056.45	63146.78	249083.92	1537226.63	635184.04	36207.14
2018	626243.81	3302728.61	1448381.78	6029932.4	16435.47	76083.05	1815709.21	11998.47	63140.74	256361.65	1504177.09	635166.22	36206.13
2019	622919.03	3339884.06	1433006.36	6180419.98	16263.19	77898.77	1818684.52	11934.19	63134.69	235575.11	1511514.14	635148.12	36205.1
2020	619774.21	3374953.71	1418547.28	6321735.84	16101.16	79603.53	1831451.07	11873.39	63128.63	251592.61	1528485.46	635129.74	36203.99

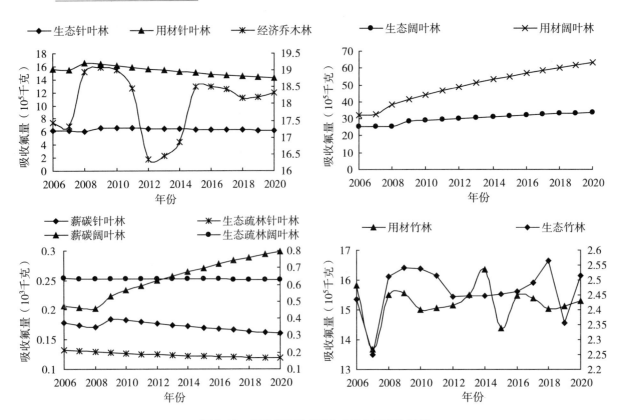

图 3-11　福建省森林 2005~2020 年吸收氟量

收氟的影响不大。经济林在图 3-11 中表现出在 2013 年出现低谷，反映在图上使整体的上升趋势中出现轻微的波折。其他林型的发展趋势与全省森林总吸收氟的趋势一致。

第九节　海峡西岸现代林业发展指标综合

根据前述研究分析，将海峡西岸现代林业发展指标综合见表 3-69 所示。

表 3-69　海峡西岸现代林业发展核心指标

	编号	指标内容	现状值	2010 年	2015 年	2020 年
生态指标	1	森林覆盖率（%）	62.96	63.02	63.08	63.13
	2	生态公益林面积比重（%）	30.7	31.0	32.0	38.0
	3	城市人均公共绿地面积（平方米）	9.45	10.00	11.00	12.00
	4	森林灾害发生面积比率（%）	2.42	2.03	1.95	1.85
产业指标	5	林业总产增加值（亿元）	473.9	650.0	900.0	1200.0
	6	林分单位面积蓄积量（立方米/公顷）	75.96	78.80	82.00	85.00
	7	竹材产量（根/公顷）	200	225	250	275
	8	林业产业产值结构比例	31∶68∶1	25∶69∶6	20∶67∶13	16∶65∶19
	9	木材综合利用率（%）	68.00	70.00	75.00	80.00
	10	森林旅游人数（万人）	1200	1900	2100	3300
	11	林业利用台资（万元）	54618	85518	124143	162768

（续）

	编号	指 标 内 容	现状值	2010年	2015年	2020年
文化指标	12	森林文化教育示范基地数（个）	118	146	179	224
	13	森林人家（个）	339	500	1000	1200
社会保障指标	14	法律政策健全配套性及实施效果（分）	78	80	83	85
	15	林地单位面积基建资金投入(元/公顷)	83	85	110	130
	16	林业科技贡献率（%）	45	47	50	53
	17	专业技术人员占在职人员比例（%）	29	35	40	45

第四章 海峡西岸现代林业发展布局规划

第一节 海峡西岸现代林业发展总体布局

一、规划依据

1.《中华人民共和国森林法》

2.《中华人民共和国环境保护法》

3.《中华人民共和国土地管理法》

4.《中华人民共和国城市规划法》

5.《中华人民共和国野生动物保护法》

6.《中共中央 国务院关于加快林业发展的决定》（2003年6月）

7.《中共中央 国务院关于全面推进集体林权制度改革的意见》

8.《全国生态环境建设规划》

9.《福建省委、省政府关于加快林业发展建设绿色海峡西岸的决定》

10.《福建生态省建设规划（2005~2020）》

11.《"十一五"海峡西岸社会主义新农村建设规划纲要》

12.《福建省"十一五"水资源开发利用与保护专项规划》

13.《福建省城镇体系规划（2001~2010）》

14.《福建省环境状况公报（2006）》

15.《福建省土地利用总体规划（1997~2010）》

16.《福建省委 省人民政府关于加快发展壮大中心城市若干意见》

17.《海峡西岸城市群协调发展规划》

18.《海峡西岸经济区发展报告（2006）》

19.《海峡西岸经济区公路水路交通发展规划纲要（2003~2010）》

20.《海峡西岸经济区建设纲要（试行）》

21.《闽江口城镇群发展规划》

22.《泉州湾城市群概念规划》

23.《厦门海湾型城市发展纲要》

24.《厦泉漳城市发展走廊规划研究》

25. 福建省政府批复建设的有关生态、林业、水利等相关方面的规划

二、规划目标

通过规划实施生态、产业、文化等三大体系建设工程，加强山地森林资源保育，提高森林资源质量；加快沿海防护林、城市和乡村人居林的建设，增强生态敏感地区的森林防护能力，改善城乡人居环境；发展以竹木加工、森林旅游、森林食品等为龙头的林业产业，提高林业富民能力。到 2020 年，使福建的森林覆盖率稳定在 63% 以上，建成功能完备的山地、河流、海岛、城市、农田一体的森林生态网络体系，形成山地茂林修竹、江河水秀鱼跃、海岛鸟语花香、城市林荫气爽、田园果硕粮丰的生态景观，实现强化森林系统功能，提高林业产业效益，丰富森林文化内涵的总体目标，为建设山川秀美、人与自然和谐、经济社会可持续发展的生态海西奠定基础。

三、规划原则

（一）服务海西发展需求，促进人与自然和谐

加快林业发展，改善生态环境，增强富民能力，是全面繁荣海峡西岸经济区的重要保障，对于提升福建的可持续发展能力尤为重要。福建按照"双心带动、轴线推进、山海协作、圈层发展"的总体部署，正逐步形成以福州、厦门等城市为依托，大、中、小城市以及小城镇协调发展、功能明确、布局合理、设施完善的省域城镇体系。因此，福建林业建设要结合海峡西岸经济区建设的新形势，特别是"四带三区"发展和融入两岸三地经济合作体的发展趋势，在战略定位上要突出服务型林业的特点，为全省的生态环境建设服务，为经济发展服务，为旅游产业服务，为山区农民脱贫致富服务，为福建省发展再上新台阶服务，促进人与自然和谐发展。

（二）立足福建省域范围，突出两岸三地优势

福建既是海峡西岸经济区的主体，又具有两岸三地和两个三角洲联结点的区位优势，已经打下了比较雄厚的发展基础。特别是在国家鼓励东部地区率先发展、支持海峡西岸经济发展的两个重大历史机遇面前，福建经济将迎来新的腾飞。从福建自然环境特点来看，福建具有相对独立的地理单元和优越的气候条件，地貌和水系自成体系，水资源总量比较丰富，森林资源优势突出，海洋资源得天独厚，旅游资源兼备山、海、岛特色。因此，林业规划必须着眼整个福建省域范围的生态、经济、社会协调发展，兼顾周边地区的需求和发展特点进行综合规划布局，达到互相补充、互相促进，实现区域生态建设的一体化发展，提高福建省的整体综合竞争力。

（三）统筹山海城乡规划，健全森林生态网络

按照福建省自然地貌和土地利用类型来看，大体呈现山地、乡村、城市、海洋的空间格局，从面积比重、生态建设重要性以及今后发展的潜在空间来看，山地的森林保育是保障生态安全的基础，而配合海洋经济发展和沿海地区城市化发展的沿海防护林、城市森林建设也将成为新的热点。因此，要贯彻全省生态建设一体化的理念，以山丘岗地森林、城市地带片林、森林公园，以及现有的森林、湿地等自然保护区为主体依托，使之成为福建完备森林生态体系的核心生态斑块，成为保护生物多样性的基础；结合闽江、九龙江、晋江、汀江等主干水系以及高速公路等主干道路绿化，构筑林水结合、林路结合的贯通性主干林带，使之成为地域内生物交流、水系连通、城市通风送氧降温的主体生态廊道，从而建设"山海城乡，林水相连，生态一体"的森林生态安全格局。

（四）结合区域资源特色，发展富民林业产业

林业产业是实现林业富民的根本途径，也是生态林得以保护和维持的重要保障。对于山地面积占 80% 以上的福建省来说，要全面建设小康社会，实现城乡共同富裕、区域经济协调发展，必须大力发展高效林业产业。经过多年的发展，福建林业产业区域特色逐步显现，产业集聚效应逐

步增强，闽西北的森林资源和闽东南的临港优势得以充分发挥，逐步形成了具有区域特色的闽西北竹产业集群、造纸产业集群、人造板产业集群及闽东南木制品‐家具产业集群、花卉产业集群。福建林业产业的发展要根据不同地域特点、现有林业产业的发展状况，按照不同地区的比较优势及市场需求变化确定合理的产业林基地发展方向和规模，达到"产业促生态，产业促发展，产业促经济"的目标。

（五）弘扬森林生态文化，建设城乡绿色家园

福建省域有许多名胜古迹，古树名木众多，独特的山海文化是福建悠久历史的直接写照。除了弘扬历史问化以外，现实最需要的还是引导人们的生态观。通过全面推进城市森林和乡村绿化建设，大力弘扬爱护自然、保护环境的生态文化，在高度人工化的城市建设中，把生态学原理应用于具体的工程建设当中，尽可能保留自然景观，营造低维护、高效益的近自然林。因此福建林业发展必须与福建古老的园林文化相结合，与文化古迹保护相结合，与传播生态意识相结合，加强古树名木和各类名胜区森林的保护，同时顺应现代城市居民生态文化需求，大力发展以各类纪念林为代表的文化林建设，丰富森林文化内涵，弘扬绿色文明，把福建建设成为生产发展、生活富裕、生态良好的绿色家园。

四、总体布局

（一）结构布局

1. 布局依据

（1）林业本身特点

林业是一项重要的公益事业和基础产业，承担着生态建设和林产品供给的重要任务。林业是一个既生产物质产品、精神产品，又生产生态产品的综合部门，具有生态、经济、社会"三大效益"。生态产品包括改善生态、净化空气、涵养水源、保持水土等为主的生态服务，是林业承担的首要任务；物质产品包括人们生产生活需要的木材、纸浆、家具、林果、花卉等，具有巨大的直接经济效益，也是长期以来社会赋予林业的主要任务；文化产品包括森林观光、森林休闲、森林文学、森林艺术等，发展的历史久远，也是近年来随着社会经济的发展日益受到人们关注的林业具有的特殊功能。物质产品和文化产品可以通过贸易和交流解决，而清新的空气、蔚蓝的天空、纯净的水质、优美的环境等生态产品只能就地解决，不可能到别国和别的地区引进或购买。林业的这三方面特性是林业进行结构布局的立足点。

（2）国家现代林业发展战略

2003 年国家确立了"生态建设、生态安全、生态文明"的"三生态"林业建设思想，2007 年又提出了建设完备的森林生态系统、发达的林业产业体系和繁荣的生态文化体系的现代林业发展战略，为今后我国林业发展确定了方向，这个战略在明确林业承担着保护国家生态安全、富民增收等生态、经济效益的同时，进一步明确了林业在建设生态文明社会当中的重要作用。因此，林业发展必须根据现代林业三大体系建设的要求在建设过程中兼顾生态、经济、文化三种效益，制定具体的发展目标，这是福建现代林业结构布局的基础。

（3）福建现代林业发展理念

福建现代林业发展是以"和谐绿色海西，高效持续林业"为基本理念，并发展生态林业以保障生态安全，发展富民林业以满足多种需求，发展人文林业以弘扬绿色文明。因此，基于这种指导思想，可以根据不同地带、不同类型森林在生态、经济、文化三方面主导功能的差异，进行相对的划分。

在林业发展的结构布局上,要首先满足保障福建省生态安全的需要,在森林资源空间布局方面,以生态公益林为骨架构建覆盖全省的比较完备的生态林体系,在森林营造、培育、管理的各个环节都要把提高现有林的生态功能放在首位,在这个森林生态安全体系的框架之下,根据现实状况和市场需求发展具有福建特色和发挥本地资源优势的产业林体系,并与福建历史文化、环境科普教育等结合起来,加强森林旅游、城乡人居森林、各类纪念林等发展,建设以森林为载体的人文林体系。

2. 布局框架

根据森林具有生态、经济、社会"三大效益"和国家林业发展战略提出的"三生态"思想,结合福建林业的现状和发展趋势,按照森林的主导功能,提出福建林业发展的"三林"体系结构布局,即生态林体系、产业林体系和人文林体系。

"三林"体系是一种相对的划分,他们共同构成福建森林资源的整体。生态林体系是基础,体现了现代社会对林业"生态优先"的主导需求,是产业林体系和人文林体系实现持续、健康发展的保障,而产业林体系和人文林体系是对生态林体系生态功能的有效补充,实现林业富民,满足人们的生态文化需求,避免或延缓生态林体系可能面临的破坏压力,发展绿色产业和弘扬绿色文明,为福建林业的发展带来了巨大的活力。其具体内涵是:

（1）生态林体系

生态体系是指以生态公益林为主,包括各类自然保护区在内的森林、湿地资源,其主体应该是以地带性森林植被为主的生态公益林,发挥生态功能是第一位的。生态林体系的建设目标是形成合理布局、保障生态安全。它对全省的生态环境起着主要控制作用,是长期稳定的。主要以原有的山地森林资源为主,并针对城市周边地区、平原区、盆地丘陵等地的防灾需要,以及生态敏感区维护、人居环境需要等设置,具有保护生物多样性,减轻水土流失,降低洪灾危害,净化河流水质,阻隔病虫害传播等多种生态功能。在这些生态公益林营造、改造过程中,要向近自然林的方向引导,并借鉴欧洲恒用林的经营理念,适当增加长寿命、高经济价值珍贵树种,使山地森林成为福建省森林生态系统健康稳定的基础,成为生物多样性保护的基地。

（2）产业林体系

产业林体系主要是指省域范围内以提供木（竹）材、绿色森林食品、苗木花卉、林副产品为主的经果林、竹林、苗圃等,包括利用林下环境开展的种植、养殖产业。产业林体系的建设目标是提供林副产品、促进产业发展。产业林是对生态林体系的补充,拓宽林业富民渠道,减轻了对其人为采伐利用的压力,对改善全省的生态环境起着增强作用。产业林更主要受产业发展的经济效益左右,在一定的时期内是随市场波动的,但这部分森林资源用地面积、林种结构等方面的波动不会对全省的生态环境产生大的影响。因此,产业林体系建设要结合福建林业产业发展的区块特色,以服务福建林业产业发展为导向,满足本省乃至其他地区对福建林副产品消费需求,发挥比较优势,发展以竹产业、绿色森林食品、森林旅游为主、多种产业复合发展、具有福建特色的高效产业林体系。

（3）人文林体系

人文林是改善人居环境和具有丰富文化内涵的森林,是森林文化体系的重要组成部分。其建设目标是改善人居环境、传播生态文明。人文林体系建设是福建林业的一大特色,也是福建经济社会发展到现实水平后向建设和谐社会目标迈进过程中,要继续加强的一项重要工作。建设和谐社会的很关键问题是实现人与自然和谐,要处理好人与自然的关系,提高包括务林人在内全社会公民的生态意识,把爱护环境的意识体现在具体的行动中、日常的行为上。人文林体系是弘扬生态文明的重要载体。福建山川秀丽，名胜古迹众多。针对福建的特点，主要包括福建的森林公园、名胜古迹林、森林与湿地生态文化教育基地、墓地林和各类纪念林，在发挥改善环境功能的同时，更主要的是对城市历史文化的反映，具有传承历史文化的功能。因此，发展人文林，改善城乡人居环境，加强环境保护意识的培养，有助于增强人们的生态意识，丰富森林文化内涵，促进福建的和谐社会建设。

因此，福建林业发展的结构布局可以概括为：通过构筑布局合理、长期稳定的生态林体系，为福建生态环境的改善提供保障，满足福建经济社会可持续发展和改善人居环境的需要；通过发展经济效益好、具有市场弹性的产业林体系，稳固生态林体系，促进福建林业产业发展；通过加强古典园林、古树名木、名胜古迹林的保护，大力发展各类纪念林，实现人文与森林景观的完美结合，传承福建悠久的历史文化，并注重森林旅游、沿海旅游、生态教育基地等项目中的科普功能建设；从而建立以生态公益林为主的、完备的生态林体系，以及依附于生态林体系之上的发达的产业林体系和丰富的人文林体系，为建设生态福建做贡献。

（二）空间布局

1. 布局依据

林业发展的总体布局要以满足社会对林业的主导需求为重要依据。迈入新世纪，福建围绕建设对外开放、协调发展、全面繁荣的海峡西岸经济区的战略构想，推进可持续发展战略的实施。作为林业资源大省，全面发挥林业在生态、经济、社会等方面的多种效益，走生产发展、生活富裕、生态良好的文明发展道路，是福建经济社会发展对林业提出的迫切要求。因此，福建现代林业的空间布局要做到三个结合：

一是与国家和福建省主体功能区规划相结合，充分发挥林业的多种功能和多重价值，满足社会的多元化需求；

二是与福建林业综合区划相结合，按照不同区域森林资源现状、潜力和优势，因地制宜确立发展方向；

三是与闽台合作的发展态势相结合，突出不同区域的资源、环境和区位优势，发展具有合作潜力的闽台合作特色林业。

（1）生态安全需求分析

福建省生态环境特点：一是具有相对独立的地理单元和优越的气候条件。地貌和水系自成体系，气候温暖湿润，生态系统具有较高的生产力。

二是水资源总量比较丰富。水资源总量1168.7亿立方米，人均水资源3471立方米，均居全国第8位；可开发的水力资源居华东地区首位。

三是森林资源优势突出。福建是我国重点集体林区，有林地面积达764.94万公顷，森林覆盖率62.96%，居全国首位；活立木总蓄积量4.967亿立方米。

四是海洋资源得天独厚。海域面积13.6万平方公里，大陆海岸线长3324公里，居全国第二位；港湾资源优势突出，拥有大小港湾125个；可开发的风能、潮汐能资源居全国前列。

五是旅游资源兼备山、海、岛特色。初步形成了武夷山、厦门鼓浪屿、湄州妈祖朝圣、泉州海上丝绸之路文化（惠女风情）、福建土楼、上杭古田会址红色之旅、福州昙石山文化遗址和船政文化、宁德白水洋奇观、泰宁大金湖、漳州滨海火山国家地质公园等旅游品牌。

六是生物物种丰富。有植物物种2万多种，约占世界植物种属的80%；脊椎动物1000多种，约占全国的61%；国家Ⅰ、Ⅱ级保护野生植物52种、野生动物159种，全省生物物种多样性居全国第三位。

福建省生态环境主要问题：一是水资源分布不平衡与水污染，特别是沿海一些城市和开发区工程性和水质性缺水问题比较严重。

福建省水资源总量相对丰富，但时空分布十分不均衡，现有蓄水工程的调蓄能力不足。从时间分布看，水资源量年际变化大，最大值与最小值之比一般为 2~4 倍，年内分配集中于汛期，汛期 4~9 月占全年水量的 75%~80%，枯水期 10~3 月水量只占 20%~25%，水资源汛枯相差悬殊，而且汛期来水又往往集中在几场洪水过程。从地域分布看，水资源北多南少，差异明显。闽西北地区水资源丰富，人均水资源量 7224 立方米，亩均水资源量 7281 立方米；东南沿海地区水资源贫乏，人均水资源量仅 1566 立方米，亩均水资源量仅 4042 立方米；特别是沿海半岛（突出部）与海岛，人均水资源量少至 500 立方米，亩均水资源量少至 1000 立方米，属绝对贫水区。从调蓄能力看，全省已建水库总兴利库容约 93.19 亿立方米，其中以灌溉供水功能为主的水库总兴利库容约 42.60 亿立方米，分别只占多年平均地表水资源量的 7.9% 和 3.6%，还达不到年调节能力，全省总的调蓄能力明显不足。

表 4-1　福建省各设区市境内水资源情况　　　　（单位：亿立方米）

设区市	福州市	厦门市	莆田市	泉州市	漳州市	龙岩市	三明市	南平市	宁德市	全省
多年平均水资源总量	101.76	12.64	35.06	96.49	121.26	183.64	213.39	269.86	146.46	1180.56

同时，福建省局部地区水环境问题也十分突出。2005 年全省主要江河评价河长 2583 公里，全年水质符合和优于《地表水环境质量标准》（GB3838—2002）Ⅲ类的河长 2048 公里，占评价河长的 79.3%，污染（Ⅳ、Ⅴ和劣Ⅴ类）河长 535 公里，占 20.7%。水体污染主要集中在城镇过境河段和厂矿排污口河段，水质主要超标项目为氨氮、溶解氧、BOD 和高锰酸盐指数等，属有机型污染。全省主要江河中，闽江、汀江、闽南诸小河的水质较好，水质符合和优于Ⅲ类的河长比例超过 80%，其次为闽东诸小河和九龙江，水质符合和优于Ⅲ类的河长比例超过 70%，木兰溪和晋江水质相对较差，污染河长比例分别为 36.5% 和 66.7%。2005 年全省 12 条主要水系水质达到或优于Ⅲ类标准的断面占 89.4%。城市饮用水源地水质良好，9 个设区市城市饮用水水源地水质达标率为 95.8%，14 个县级市达标率为 96.6%。福建省目前的水资源保护状况总体上良好，但部分城镇过境河段污染较为严重，湖泊、水库水质有富营养化倾向，随着工业化和城镇化的不断推进，废污水排放总量有增加趋势，局部地区水环境问题日益突出，全省水环境保护压力不断加大。

表 4-2　2005 年全省主要河流水质评价

河流名称	评价河长（公里）	符合和优于Ⅲ类的河段		污染河段	
		长度（公里）	比例（%）	长度（公里）	比例（%）
闽江	1307	1099	84.1	208	15.9
九龙江	466	335	71.9	131	28.1
汀江	300	300	100.0	0	0.0
晋江	171	57	33.3	114	66.7
闽东诸小河	190	146	76.8	44	23.2
木兰溪	104				

二是福建近岸海域海洋生态环境形势依然严峻。近几年来，福建省海洋生态环境保护取得实质性的进展，对遏制生态恶化趋势起到一定作用，特别是采取了建立海洋自然保护区、特别保护

区、封岛保护管理等措施,使得局部生态环境和部分物种得到保护和初步恢复。但是,由于污染物入海控制较差,不合理的海洋开发利用活动尚未得到有效控制,海洋生态环境问题仍较严重。

■ 近岸海域污染趋势尚未有效遏制

随着沿海经济的快速发展和城市化进程的加快,大量生活污水、工业废水和农业污水进入海洋,船舶排污、海洋倾废、海岸和海洋工程建设等都对近岸海域生态环境造成压力,根据《2006年福建省环境状况公报》,按《海水水质标准》(GB3097—1997)评价,全省海域一类、二类水质占56.9%,三类水质占10.8%,四类和劣四类水质占32.3%。2005年全省近岸海域水域功能达标率

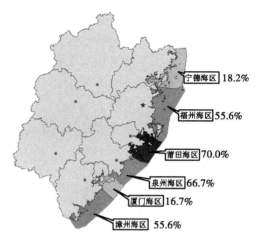

图 4-1 福建省主要海区水域功能

为48.1%。6个主要海区中,莆田海区水域功能达标率较高,为70.0%,厦门海区达标率较低,为16.7%。10个主要港湾中,湄洲湾、围头湾水域功能100%达标;沙埕港、三都湾、兴化湾和厦门港水质超标严重,水域功能达标率为0。同时,局部海域养殖布局不合理,密度过大、品种单一,养殖自身污染,加重了港湾的污染趋势,部分海洋生态系统结构与功能失调,赤潮发生频率呈逐渐上升趋势,范围也不断扩大,给海水养殖业、捕捞业和滨海旅游业等造成危害。

■ 海洋生物多样性降低

由于海洋资源开发不当、海洋生态环境破坏以及外来物种入侵等原因,福建省海洋珍稀物种的种群数量继续减少,面临着消失和灭绝的危险。中国鲎等原来分布较广且数量较多的物种也日趋减少;大黄鱼等已经不成渔汛;刘五店文昌鱼渔场已经消失;中华白海豚的数量不足百头。

■ 滩涂湿地面积继续减少

围填海面积已占沿海滩涂总面积的46%,导致滩涂面积减少、水动力变化、纳潮量降低、河道淤积、影响了防洪排涝,有的经济鱼、虾、蟹、贝天然苗种场丧失。

■ 红树林、珊瑚和滨海湿地生态系统受损

红树林、珊瑚和滨海湿地面积继续缩小,防潮护岸功能减弱。红树林主要分布区群落结构简单化,城镇建设和水产养殖占用红树林滩地的现象依然存在。

■ 外来物种入侵

沿海互花大米草和大米草大量蔓延,侵占了大量滩涂湿地,不仅破坏了滩涂的生态系统,而且造成生物多样性的下降,造成直接经济损失高达1亿元以上。

三是福建城市空气质量优良,但酸雨污染仍普遍存在。根据《2006年福建省环境状况公报》,福建城市空气质量基本达到或优于二级标准,以API指数统计均为优和良,优于全国47个环保重点城市的平均水平,但酸雨污染仍普遍存在。其中闽东南沿海城市是酸雨污染中心区域。福州等六个酸雨控制区全部出现酸雨,厦门、建阳等市是福建省酸雨污染最严重的城市。2006年福建省降水pH年平均值为4.83,酸雨出现频率为42.7%(其中邵武市酸雨频率为100%),降水pH最低值为3.02,出现在泉州市。

森林资源现状与生态安全:福建省的生态环境总体上比较优越,森林资源、水资源相对丰富,但随着社会发展对资源的消耗、环境破坏的不断加剧,森林资源质量下降,有林地涵养水源、保护水土、调节径流、减少洪涝灾害等生态功能较弱,保障生态安全的能力降低。同时,从现有林的资源状况来看,目前福建省人工林主要以杉木、马尾松为主,森林资源质量不高,火灾、病虫

害发生的现实威胁和潜在风险都比较突出，森林资源自身的安全还不能够得到完全保障。因此，进一步优化全省森林生态网络体系，合理开发利用森林、湿地等自然资源，在山地森林资源经营中增加长寿命、珍贵树种的培育，强化生态敏感区的生态公益林建设非常重要。

城市群发展趋势与林业生态建设：城市化进程的快速发展，对资源环境产生了巨大的压力，也对林业生态环境建设提出了新的需求，给城市林业发展带来了新的机遇。许多国家和地区都高度关注城市生态安全，把它作为城市林业建设作为改善城市环境、提高城市综合竞争力的重要举措。近年来福建省对未来城市发展作出了新的规划，以福州、厦门、泉州为核心的多个城市发展组团正在形成。福建要吸引更多的外商、侨胞来投资落户，保持城市群地区经济快速健康发展，就必须加强城市林业建设，更加注重生态保护和环境建设，缓解城市群发展带来的环境压力和对林业的多种需求，努力在更高层次和水平上谋求有力的环境支撑。以区域可持续发展的有利条件，全面参与海峡两岸的经济合作和对接两洲的区域合作，进一步提升福建的综合竞争力。

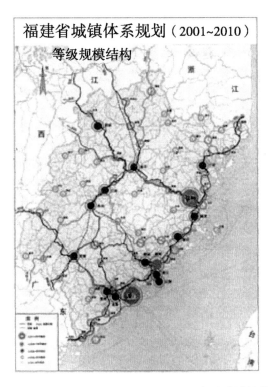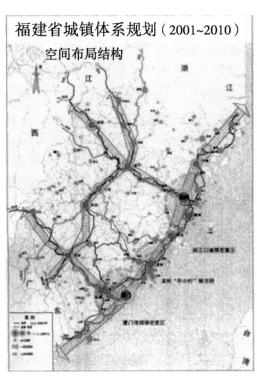

图 4-2　福建省城镇体系规划（2001~2010）

随着福建高速发展的经济，对资源的需求量越来越大，耕地、能源、淡水等资源短缺的矛盾更加突出，对环境的压力会越来越大。森林是陆地生态系统的主体，林业是一项重要的公益事业和基础产业。《中共中央　国务院关于加快林业发展的决定》指出："林业不仅要满足社会对木材等林产品的多样化需求，更要满足改善生态状况、保障国土生态安全的需要，生态需求已成为社会对林业的第一需求。"因此，加快林业的发展，有利于保障福建经济社会可持续发展和提高福建综合竞争力。

（2）产业发展需求分析

林业是国民经济的重要基础产业，在山区综合开发、巩固农村集体经济，引导农民脱贫致富奔小康等方面具有重要作用，同时，没有产业的林业，是没有后劲和活力的林业。福建作为我国南方重要的国有林区，林业的产业发展很大程度上折射了中国林业产业的发展状况，它的实践对全国林业的发展都具有很好的借鉴意义。

产业发展趋势分析：福建林业产业的发展经历了不平凡的历程。20世纪80年代以前，产业结构主要以生产原木为主和生产部分锯材，商品材生产在南方集体林区占有举足轻重的地位。改革开放以来，福建林业产业取得了长足的进步，特别是近10年来福建林业产业的发展明显加速，全省林业产业总产值从1995年300亿元，增加到2006年的1000亿元，增长了230%。近年来，福建认真实施"以二促一带三"的林业产业发展战略，把实施林业经济结构调整，以龙头企业带动和项目带动，作为福建林业工作的重点来抓，取得了明显成效。森林培育、花卉培育、木竹采运、木竹加工、制浆造纸、林产化工、经济林产品、野生动植物驯养繁殖、森林旅游等产、运、销配套齐全的林业产业体系初具规模。林业产业已成为福建省重点产业之一，并在海峡西岸经济区建设中占据重要位置，同时，伴随着福建林业产业结构的深入调整和不断优化升级，福建产业林业发展也必将进入一个全新的发展阶段。

福建经济发展与林业产业贡献：福建作为森林资源大省，在提供保障全省生态安全的生态贡献同时，如何发挥资源优势大力发展壮大林业产业，提高林业对国民经济发展的经济贡献率，是福建林业发展的基本动力。2006年全省完成规模以上工业产值578亿元，完成销售产值558亿元，规模以上林业工业实现产品销售收入520亿元。全省商品材生产628万立方米，商品材销售601万立方米；毛竹生产1.5亿根，篙竹生产1亿根。全省全年完成人造板生产400万立方米，纸浆、纸及纸板产量255万吨，锯材生产98万立方米，松香产量达7万吨。全省全年完成出口交货值136亿元。全省林业产业总产值突破1000亿元，居全国第2位。

城乡绿色消费需求与林业产业需求：福建的花卉产业是发展迅速的产业，具有重要的经济效益和社会效益。福建省花卉产业主要包括两大类：一是以中国水仙花、建兰、杜鹃花、榕树盆景、仙人掌与多肉植物、棕榈科植物等六大优势特色花卉为主的观赏花卉类，二是以茉莉花为主的工业用花类。福建省花木生产进入快速发展的轨道，已经成为全国的著名产区，在全省的农业经济中占有十分重要的地位。随着我国经济的发展，生活水平的提高，人们为改变了城镇生态环境，美化家庭生活环境，花木需求增长快速，花木产业也相应成为具有物质文明和精神文明双重象征的产业，对增加农民收入发挥着重要作用。同时，花木产业的发展也使一批面临困境的国营、集体林场、农场出现了生机，增加了就业机会。另外，花木产业的兴起和发展、产业经济的壮大也带动了园林机械设备、喷灌设备以及花盆、遮阳网等相关企业经济的发展。随着生活环境建设进程的加速，花木需求将会进一步扩大。

旅游业作为当今世界的朝阳产业，其发展水平已经成为衡量一个国家和地区经济发展、社会进步、人民生活质量的重要标志之一。森林使人们回归自然、亲近绿色、休闲度假，具有独特的保健、景观、文化价值，森林旅游已成为旅游业新的经济增长点，成为发展迅猛的新兴绿色产业。福建省作为旅游大省，森林旅游资源得天独厚，地理位置优越，人文古迹荟萃，无论是历史古迹还是红色景点都拥有非常明显的比较优势和特色，发展潜力巨大，特别是闽台之闽具有深厚的渊源关系，在森林旅游资源、文化习俗、客源等方面具有极强的互补性优势。福建许多的名山大川、森林公园以及自然保护区内分布着优秀的文化遗产以及具有鲜明个性的旅游资源，是对森林公园和自然保护区的重要点缀，吸引了国内外大量的游客，为福建经济的发展和扩大影响起到重要的作用。

（3）社会发展需求分析

建设生活宽裕新农村与林业发展：国家提出建设生活富裕的社会主义新农村建设，一方面要发展特色产业增加农民收入，另一方面还要改善人居环境、提高生态环境保护意识，促进农村人与自然和谐的生态文明建设。对于山地资源占70%以上的林业资源大省，福建林业发展对增加农民收入、促进农民致富发挥着至关重要的作用。在南平、三明、龙岩等许多内陆山区县，林业收入占财政总收入的 30%~50%，永安、建瓯、尤溪等林业大县，年采伐量 30万~50 万立方米，这些县集体林所占面积高达 80% 以上，林业的发展对当地社会经济及林农增收影响巨大。漳州、龙岩、泉州等地，气候适宜，水热条件好，近年来大面积发展桉树，取得了巨大的成功，这些地方不同程度地出现了争地造林的情景，外资大量涌入，发展桉树成为当地林农致富的重要途径。

海岸海岛生态安全与林业发展：福建省地理区位和气候环境比较特殊，台风袭击频繁，海洋大潮经常威胁着沿海居民生命财产的安全。沿海防护林和濒海湿地不仅是重要的国土资源和自然资源，而且还可以拦蓄沉降沉积物，削弱海流和水流的冲力，防止或减轻对海岸线、河口湾和江河湖岸的侵蚀。实验表明，盐沼和红树林能通过消浪、缓流和促淤实现防浪护岸，50 米宽的红树林带可使 1 米高的波浪减至 0.3 米以下；红树林对潮水流动的阻碍，使林内水流速度仅为潮水沟流速的 1/10。因此，健全和完备的沿海防护林体系和滨海湿地保护系统可以为抗风救灾、抗潮减害赢得时间和机会，可以减少自然灾害造成的损失和抢险救灾的成本。濒海林业是抵御自然灾害的缓冲带，是保障福建省国土和人民生命财产安全的"救命带"，对于福建海岸海岛生态安全发挥着不可替代的作用。

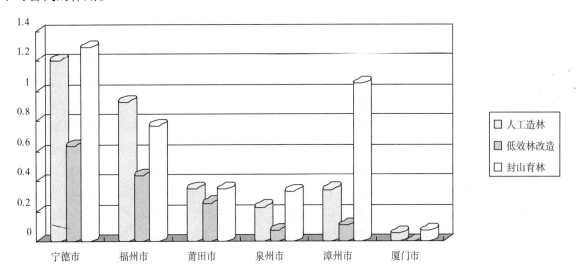

图 4-3　"十一五"期间福建沿海设区市防护林体系建设规划图（万公顷）

城乡人居环境改善与林业发展：生态环境建设是构筑和谐社会的必然要求。近年来，福建经济保持持续快速发展，人民生活水平显著提高。人们已不再仅仅满足于温饱状态，社会消费层次也由过去的生存消费为主，向生存消费、发展消费、享受消费并存状态转变，精神性生态需求已成为一种基本的社会需求。良好的生态环境成为人们提高生活质量和健康素质、追求优美的生产生活环境的基础。因此，只有不断加强生态环境建设，才能促进人与自然的和谐，推动整个社会走上生产发展、生活富裕、生态良好的文明发展道路，构筑和谐发展的社会。

生态文明社会建设与森林文化：生态文明，已成为人类现代文明的基本内涵和重要标志。弘扬生态文明，丰富和发展精神文明，对于不断丰富和满足 21 世纪人们向往自然、回归自然的物质文化需求，促进资源环境与经济社会可持续发展具有重要的现实意义。森林作为建立新型的人与自然和谐统一关系的重要文化载体，代表先进文化前进的方向，对推动新时期具有中国特色的社会主义文化具有重要作用。福建作为经济发展迅速、森林资源丰富、历史文化悠久的省份，在林业建设中挖掘、整理、弘扬丰富的森林文化，对于建设爱护自然、保护环境、人与自然和谐的生态文明社会具有重要的现实意义。

城乡居民就业与林业发展:林业产业纵跨国民经济的一、二、三产业,产业链条长,涵盖范围广,很多产业都是劳动密集型的产业,在解决当地剩余劳动力就业方面发挥了重要的作用。2000~2006年,全省花卉培育业受益农户从1.18万户增至3.56万户,从业人员从3.22万人增至11.44万人。2006年全省林业加工企业职工超过20万人,其中林业系统从业人员3.37万人。尤其是在山区,林业加工企业成为解决当地富余劳动力就业,促进农民增收的重要途径。因此,林业的发展不仅仅是关系到生态与经济效益的问题,而是提供庞大就业机会、促进农村发展的绿色产业链条。

2. 布局框架

福建省现代林业发展布局规划,要以中国森林生态网络体系点、线、面布局理念为指导,山、海、田、城、乡统筹,林水结合,区域生态一体规划,以健全森林生态安全体系、促进特色林业产业发展、弘扬生态文化为目标,全面整合山地森林、平原与水系防护林、城市森林、城镇村庄绿化等多种模式,实现森林资源空间布局上的均衡、合理配置,使林业更好地服务于区域经济发展、城市群融合和新农村建设的多种需求。

从福建的地形地貌、森林资源分布格局、未来林业建设重点与趋势来看,闽西、闽西北和闽南山地的森林应该成为福建省生态公益林建设的核心,也是用材林、森林旅游发展的重要基地,而东部沿海地区的防护林体系是本地区城乡生态安全的重要屏障,同时与福建省东部河口、沿海地区的福州城市群(以福州为核心城市,辐射宁德、南平形成东北城市群)、泉州城市群(以泉州为核心城市,辐射三明、莆田形成中东部城市群)和厦门城市群(以厦门为核心城市,辐射漳州、龙岩形成闽西南城市群)等三个城市群交错分布的城市周边地区森林,是这些地区生态安全的保护屏障,也是支撑各类经济林等林业产业发展的重要基地,传播森林生态文化的重要载体。根据这种自然格局和林业发展的功能定位,按照优化布局、强化功能、分区施策的原则,规划提出"一带三区三群多点"为一体的福建林业发展空间格局。

(1)一带——沿海林业

沿海防护林是沿海地区第一道生态屏障,在福建,这一屏障贯穿整个闽东南地区,涵盖宁德、福州、莆田、泉州、厦门和漳州六个城市的沿海一线,包括闽南南亚热带沿海防护林建设区、闽东中亚热带沿海防护林及湿地生态建设区及闽江下游水源涵养及城市风景林建设区的临海县。该区林业建设的原则是:依靠资源、发挥优势、延伸产业、做大林业。

沿海防护林体系建设:本区地处海岸前沿,风、沙危害严重,建设好沿海防护林体系事关重大。依据《全国沿海防护林体系建设工程规划(2006~2015年)》,建设沿海防护林体系建设工程。①基干林带是福建省广大人民的生态线、生命线、致富线。必须加强基干林带保护与管理,严格林地审批制度,防止林地流失,防止造成新的断带。②要加快木麻黄等老林带更新速度,提高森林的防护功能。③将城乡绿化美化工作纳入防护林建设体系,发挥绿化、美化效果。④推动山地经济林果的集约高效经营,加快区域生态产业发展。⑤扶持、鼓励高校、科研机构等相关部门参与沿海防护林营建技术研究。

湿地与红树林保护:①对列入国家重要湿地名录和达到国际重要湿地主要区域,以及位于自然保护区内的自然湿地,已开垦占用或其他方式改变用途的,规划采取各种补救措施,努力恢复湿地的自然特性和生态特征。②在滨海地区滩涂适宜种植红树林的区域,在全面禁止无序围垦湿地的基础上,开展退养还林,有计划地恢复红树林湿地面积,构建红树林示范和恢复与重建示范工程。湿地恢复主要包括退养还滩、污染治理、人工辅助自然恢复、有害植物控制、封滩育草和红树林恢复等措施。

（2）三区——山区林业

本区域位于福建西北地区，包括福建省的南平、三明、龙岩三个完整的设区市和沿海地区部分山区县，是福建省山地的主体，也是重要的生态源。该区林业建设的原则是：依赖资源、培育资源、发展产业、做强林业。

本区域林业建设的重点为：①加强闽江、汀江、九龙江、晋江等源头森林生态保护与治理工作。在这些江河源头地带建立保护区，严格进行保护，恢复森林植被，提高生物多样性，改善区域生态环境，为下游地区提供充足的优质水源。②加强对境内国家级与省级重点生态公益实施严格的保护。采取各种切实有效的措施，不断提高生态公益林林分质量，确保境内的生态公益林面积不减少；通过调整布局，将重点区位的森林划定为生态公益林；提高生态公益林补偿标准，实行林改配套改革，明确生态公益林保护主体，加强生态公益林保护。③加强武夷山、梅花山、龙栖山等国家级与省级自然保护区建设。充分发挥其在保护森林生态系统、保持生物多样性等方面的作用。④加强境内龙岩紫金山、大田煤矿等矿区治理力度。采用先进技术，进行造林种草，加强矿区裸露山体治理，减少水土流失，不断改善境内的生态环境。⑤在汀江主要源头区、主要河流两岸水源涵养区、水土保持的重点预防保护区和重要生态功能区，逐步建立一批生态功能保护区。⑥培育以短轮伐期的工业原料林、丰产笋竹用材林、阔叶乡土树种用材林等为主的工业原料林基地；以生物质原料林、名特优经济林、花卉和种子资源为主的非木质利用原料基地。⑦发展以人造板加工、竹木制品加工、制浆造纸、林产化工、森林食品、生物质提取加工等为主的林产工业。⑧依托自然保护区、森林公园等森林生态资源，发展以森林生态休闲旅游为主的旅游产业。

- 闽北山区

该区涵盖整个南平县域地区。南平是我国南方的重要林区，全市有林地面积接近3000万亩，森林覆盖率高，有"绿色金库""南方林海"之誉。丰富的植被资源是该区山地森林建设的重要基础条件。建设重点：①大力推动杉木、马尾松及福建含笑、乳源木连、马褂木、光皮桦等优良乡土阔叶树种工业原料林建设，建成福建省重要的商品林基地。②加大毛竹丰产林培育，努力营建毛竹等笋竹丰产林基地，扩展、深化笋竹加工产业链，促进竹业经济的发展。③加强江河源头和河流库区的水源涵养林建设。④依托森林资源基础，发挥山地资源优势，加大特色林产品加工生产力度，鼓励并培植具有发展潜力的林业型企业发展。⑤发展以人造板加工、竹木制品加工、制浆造纸、森林食品加工、林产化工等为主林产工业。⑥依托武夷山自然保护区等发展以生态文化体验为主的森林休闲旅游。

- 闽中山区

该区涵盖三明市各县（市、区）。三明属亚热带常绿阔叶林区，森林资源丰富，林木品种繁多，森林覆盖率高，是全国南方集体林区综合改革试验区；有银杏、香樟、三尖杉、红豆杉等稀有珍稀树种，享有"绿色宝库"之美誉。优厚的森林资源与良好的生态条件，为三明林业经济的发展提供了基础与保障。建设重点：①大力推动杉木、马尾松等工业原料林建设，培育毛竹等丰产林基地，局部地区利用产业布局优势，努力推动桉树工业原料林建设，建成福建省重要的商品林基地。②加强江河源头和河流库区的水源涵养林建设。③制订珍稀树种保护措施，加强南方红豆杉、三尖杉等珍稀树种资源培育，加快树木提取物等科研及其转化，促进森林非木质利用产业的发展。④发展以人造板加工、木制品加工、纸浆及纸袋纸为主的林产工业。⑤依托泰宁金湖等旅游名胜，发展生态休闲旅游。

- 闽西山区

该区涵盖整个龙岩市各县（市、区），其地形主要为低山丘陵，区域内水热资源丰富，具有得天独厚的森林生长条件，培育了种类繁多的绿色植物，有天然阔叶林、竹林、经济林等，是福建省三大林区之一，亦是竹子盛产区和马尾松中心产区。此外，龙岩是福建三大江——闽江、九龙江、汀江的发源地，具有深厚的文化底蕴，可为开展森林旅游增添文化色彩。建设重点：①加快山地丘陵区用材林建设，并努力推动杨梅、油茶等经济林果的发展。②推动江河源头及一重山的水土保持林等生态公益林建设，并不断加强原生植被与古树名木保护，营建生态优良、景观优美的森林环境。③针对该区林业发展基础，努力培育竹类资源，深度开发竹木产品及加工技术，推动林区经济发展；④提升森林文化内涵，将红色旅游、客家文化资源与绿色旅游资源有机结合，推动该区生态旅游业发展。

（3）三群——城市林业

是指福建经济最为发达、城市化水平最高、人口最为密集的福州城市群、泉州城市群和厦门城市群。重点是加强城市林业建设，这既是改善城市生态环境，提高人居质量的重要途径，也是最能够体现现代林业特色，提高三大城市群地区综合实力和国际竞争力的有效举措。该区林业建设的原则是：依托资源、突出生态、营造环境、提升林业。

这些地带的林业建设要突出服务城市发展、改善人居环境等综合需求的城市林业特色，重点依据林网化、水网化原则促进城乡一体的森林生态网络建设。城市水土保持、水源涵养林建设主要采取人工促进天然更新的措施，促进林分向地带性森林群落恢复；城市公共绿地建设以植物造景为主，适当配置园林建筑或小品，绿化材料以乡土种类为主，乔、灌、藤、草相结合，营造能体现生物多样性和地方特色的城市森林；城市街道绿化不仅要注重美化与绿色，而且要兼顾生态与社会功能的协调统一，丰富文化内涵；城市工业园区绿化，采用城市林业、城市景观园林理论，使厂区周围绿树林荫；市郊乡村林建设，要加大风水林保护力度，通过精心规划，将其建设成休闲公园，充分利用"四旁"可绿化用地，进行非规划林地造林。

- 福州城市群

是指以福州为核心城市，辐射宁德、南平形成东北城市群。该区是福建省经济发达的城市群地区，其独特的地理条件和优越的区位优势，决定了在福建省林业现代化建设过程中发挥重要作用。建设重点：①沿海、沿江、沿湖、沿路的通道绿化和大规模扩绿，重点实施沿海防护林、岛屿国防林；②把森林引入城市，在城市周边大面积构建森林防护景观林；③根据水网化的地理特点，重点实施水乡和滩涂的湿地保护及生态修复；④整合森林旅游资源，提升森林休闲旅游效益；⑤发挥区域优势，加大外向型特色林产品产业带的建设和加工龙头企业的扶植。

- 泉州城市群

是指以泉州为核心城市，并辐射莆田、三明等地，形成闽中城市群。泉州位于闽南沿海，是海上丝绸之路的起源地，社会发展水平较高，经济发达，是我国服装鞋业的重要生产基地。随着泉州到三明高速公路的建成通车，泉州经济将对三明产生巨大的辐射作用。该区三明是山区城，山地多，森林资源丰富，与核心城市在资源上优势互补，为带动林业产业发展具有重要作用。建设重点：①城乡绿化建设，主要内容包括交通道路、居民住宅区、城郊绿化，本着因地制宜、乡土树种优先原则，根据不同需求选择树种类型，开展城乡绿化建设；②适当扩大防护林比例，重点建设沿海防护林带、水源涵养林带、防风林带等；③依托"泉三高速"，结合森林资源优势与沿海区位优势，鼓励森林公园、森林人家建设，推进森林旅游业发展；④区内提升与区外拓展相结合，营建多样化、多层次的森林景观，以提升城市形象，打造该区绿色生态品牌。

- 厦门城市群

是指以厦门为核心城市，辐射漳州、龙岩形成东南城市群。厦门是我国五大经济特区之一，是福建经济最发达地区，也是我国东南沿海对外贸易的重要口岸。市内岛、礁、岩、寺、花、木相互映衬，是一座风姿绰约的"海上花园"，经济发展带动的绿色需求将进一步推动厦门城市林业朝着更高的方向前进。而漳州、龙岩地域面积广，生态优良，依托厦门发达的区域经济，扩展城市居民对森林观光和游憩的需求，林业相关产业的发展潜力较大。将沿海发达城市与内陆山区城市集合一体，进行林业建设，将是促使林业产业快速发展的一个重要举措。建设重点：①加快厦门城市林业建设步伐，大力推动生态风景林建设，创建该城市群尤其是龙岩各县市区的森林公园、自然保护区等森林旅游品牌，提升城市的档次与品味；②重视城市美化建设，主要包括行道树、居民区绿化等。③开展城郊森林的开发与保护，以及沿海防护林体系的构建。

（4）多点——乡村林业

主要是指福建省村镇的林业生态建设。重点结合福建乡镇的环境整治，通过保护风水林、风水树，加强以珍贵树种为主的村镇绿化建设，促进乡村生态文明。乡村林业建设的原则是：突出特色、增加效益、改善人居、拓展林业。

森林不仅具有良好的生态功能，在改善生态状况、美化人居环境方面作用突出；而且也是人类文化的重要源泉，是传承和弘扬生态文化的重要载体，生态文化的繁荣对农村的文明进步具有巨大的推动作用。建设重点：①着眼于乡风文明、村容整治，加大生态建设力度，切实保护好农村风水林为主的自然生态，改善农村人居环境；②通过种植珍贵用材树种、特色经济树种等开展村庄绿化；③加强生态文化建设，发展生态文化旅游，促进生态文明发展，尽快形成节约森林资源的增长方式、健康文明的生活方式和保护生态的价值概念，实现人与自然和谐相处，为建设社会主义新农村提供精神动力。

第二节　海峡西岸现代林业发展三大体系建设布局

一、林业生态体系建设布局

（一）布局依据

（1）森林资源总体状况

福建省森林覆盖率位居全国首位，生态环境总体上较好，但森林质量不高，单位面积平均蓄积量仅 56 立方米 / 公顷，远于全国平均水平，与福建省良好的气候及自然条件极不相称，且复层林少，人工林面积大，中幼林多，从而影响到生态效益的发挥。福建省现有生态公益林 286.26 万公顷，这些生态公益林对改善生态环境，确保生态安全，起到了重要了作用，但生态公益林分布不尽合理，林分质量不高，对森林生态效益的发挥，造成不利的影响。

（2）沿海防护林状况

沿海地区是福建省经济最发达的地区，也是生态脆弱区，受台风影响较大，洪涝、干旱等自然灾害发生频率很高，沿海地区是福建的生命线、经济线，确保这一地区的生态安全，对福建社会经济的发展，具有十分重要的作用，因此建设沿海防护林体系事关重大。近年来，随着港口工业的发展，大量的围垦造地，使红树林及湿地面积不断减少。同时，地处沿岸前沿的沿海基干林带平均宽度不足 50 米，树种以木麻黄、松类为主，树种单一，且木麻黄老林带更新任务繁重。这些问题的存在对沿海地区的生态安全构成一定的威胁。

（3）人居与景观林状况

福建省最主要的城市群福州、厦门、泉州、漳州、莆田等地，是福建省经济的排头兵，这些地区也是森林资源相对匮乏的区域，森林生态效益得不到充分的发挥。除厦门市外，大多数城市景观林发展不快，人均绿地面积偏小，城乡一体化建设步伐滞后，国道、省道、高速公路及城镇周边由于不合理的开采，形成了较多的裸露山体，不仅影响到城市形象，而且也影响了森林的保育功能，以及森林的景观效果。

（4）水源林状况

福建省的水系大多自成体系，独流入海。这些水系的干流及一级支流大多发源于福建省两大山脉。由于江河源头地区生态公益林面积明显不足，一些生态区位重要的地区，未建立保护区或保护级别太低，对江河源头的森林植被保护力度不足，森林植被破坏严重，导致森林的水源涵养功能不强，固土保水能力下降，并直接对下游地区的生活及工业用水构成威胁。

福建省森林资源丰富的的地区，分布着本省主要的大型造纸厂，这些厂多靠近江河沿岸，一些纸厂将未经处理或处理不达标的工业污水直接排入江河，从而造成水体污染，影响到下游地区的用水安全。工业的快速发展，使用电量猛增，近年来各地蓬勃发展的小水电站导致部分江河断电，影响到生态环境。此外，目前福建省各主要城市的饮用水源受到不同程度的污染，据监测，三明东牙溪水库和厦门的汀溪、坂头水库已接近富营养状态，福州东南区水厂水源地受排污影响突出。

（5）生态环境整体脆弱性

福建陆域生态环境具有潜在的脆弱性，主要由于三方面因素的综合影响：①福建山地丘陵面积占85%以上，山地、坡地多，土层薄（土壤层厚度仅20~80厘米），且很容易冲刷，这是一种最易破坏的地形环境；②福建降水年际、季节分配不均，多暴雨（全省平均每年有2次以上日降水量＞300毫米的暴雨），受台风影响较大，洪涝、干旱等自然灾害发生频率很高；③生态系统矿质营养和灰分元素相当大部分积累于活质地上部分，而土壤相对瘠薄。在这些因素的综合影响下，植被成为福建生态链条中一个比较脆弱的环节，一旦植被受到破坏，生态要素组合中的"高温、多雨"这两个有利条件就会迅速地转化为破坏的力量。高温，加速了土壤中含量并不多的有机质的分解，并破坏土壤性状；多雨，加上山高坡陡，成为冲刷表土的力量。由此导致生态环境退化，并加剧自然灾害的危害。因此，福建的地带性植被——常绿阔叶林生态系统的保育和重建是福建生态安全和稳定的中心环节。

从海域生态环境看，福建海域多腹大口小呈半封闭的海湾，其自净能力差，受陆域生态环境变化的影响十分明显，很容易造成污染。加上沿海自然灾害频繁，特别是每年夏秋季节常遭台风袭击和影响，如果恰逢天文大潮，往往形成风暴潮，而酿成潮灾。因此海域生态环境也比较脆弱。由海湾和河口所组成的海岸带是福建海陆之间自然和社会经济密切关联和交流的界面，因此，海湾和河口区域生态环境的保育是福建山海协调互补和社会经济可持续发展的保障。

（二）布局框架

福建省林业生态建设布局为：沿海生态屏障带，城市群环城景观林，重点水土流失治理区，河流源头森林资源保育区。

1. 沿海生态屏障带

在北起福鼎、南至诏安的福建省沿海地区，以基干林带为主建立起一道布局合理、结构稳定、功能完善，乔灌草、带网片相结合的多树种、多层次、多功能、多效益的沿海绿色屏障，为实现沿海地区资源、环境和社会经济的可持续发展和建设社会主义新农村奠定良好的生态安全基础。

2. 城市群环城景观林

（1）福州城市群

以福州市的五区为主体，以永泰、连江、长乐、闽侯为依托，以宁德及南平市所辖的县（市、区）的为延伸，通过高起点、高标准、高质量、高效益建设，形成结构合理、景观优美、功能完善、人居环境宜人的环城景观林。

（2）泉州城市群

以泉州市的丰泽、洛江、鲤城、泉港、晋江、石狮、惠安以及莆田市的四区一县为主体，以南安、安溪、永春、德化为腹地，以三明市所辖的县（市、区）为辐射，以城区为绿轴，以道路、河流两侧绿地及各种带状绿地为绿带，以公园、广场绿地、风景林地、居住区绿地、单位附属绿地、城镇周边景观林为绿块，通过绿轴、绿带、绿块的有机结合，优化布局、提升功能、美化环境，创建山水园林城市。

（3）厦门城市群

以厦门市的同安、翔安、海沧、集美、思明、湖里为主体，以漳州市的龙文、芗城、龙海、长泰及龙岩市的新罗、漳平、上杭、长汀、连城、武平等县（市、区）为延伸，以城市街道、城市公园、工业园区等城市公共绿地以及城郊水源涵养林、水土保持林、风水林、"四旁"树等为抓手，积极发展城市林业，通过精心规划、科学设计、优势配置，形成"城在林中、林在城中"的景观格局，创建花园式的滨海旅游城市。

3. 重点水土流失治理区

（1）宁德西北部重点水土流失区

主要包括宁德市的寿宁、周宁、福安、柘荣等4个县（市），本区山高坡陡，是福建省第二个降雨中心，也是水土流失较严重的区域之一。通过封山育林、封山护林，严格控制采伐面积，提高森林覆盖率，不断提高林分质量，进一步加大水土流失治理力度。

（2）漳泉西部重点水土流失区

主要包括泉州市的安溪、永春、南安、惠安及漳州市的长泰、南靖、华安、平和等8个县（县、市），该区水热条件好，茶果园面积大，人为干扰频繁，水土流失严重。应在保护好现有森林植被的基础上，严格控制茶园及果园开垦面积，采取有效措施，加强水土流失较严重地区茶果园的治理力度，实现区域的可持续发展。

（3）长汀、宁化县重点水土流失区

包括龙岩市的长汀和三明市的宁化2个县，本区的长汀县是我国四大红壤流失区之一，宁化县也是福建省主要水土流失区之一。积极开展水土流失治理研究，应用最新科研成果，采取乔灌草相结合的方法，提高红壤流失区水土流失治理水平，恢复与重构区域生态环境。

4. 河流上游水源涵养区

（1）闽江源区

闽江是福建省最大的河流，其支流有沙溪、富屯溪、建溪、大樟溪等。本区主要分布于南平市的武夷山、光泽、浦城、松溪等4个县（市、区）的部分区域，以及三明市建宁、泰宁、清流、将乐等4个县（市、区）的部分区域。应加强源头水土流失治理，提高林分质量，增强森林涵养水源、固土保水能力，加强沿岸污染源治理，改善水质，为下游地区提供优质水源。

（2）汀江源区

汀江发源于宁化县治平乡，经长汀流入广东，在其下游地区的永定县建有棉花滩特大型水库。本区建设及保护范围包括三明市宁化县和龙岩市长汀县的部分区域。开展重点水土流失区治理，加强森林保育，严格保护大型水库周边一重山森林植被，保障下游地区生产与生活用水安全。

（3）九龙江源区

九龙江发源于龙岩市的新罗区，是漳州及厦门的重要水源地。本区建设及保护范围包括新罗、漳平、华安等县（市）的部分地域。加强江河源头森林生态保育，严禁保护生态脆弱区森林植被，保障森林健康，提高其水源涵养能力，为沿海发达地区提供用水保障。

（4）晋江源区

晋江为闽中主要河流，发源于戴云山脉东麓永春县一都坑头，位于南安的山美水库是福建省第五大水库，两者共同为泉州地区输送水质水源，建设与保护范围包括永春、安溪、南安等部分区域。重点加强江河源头、江河两岸、大中型水库周边生态公益林保育，严禁乱砍滥伐，有效提高林分质量，增强其净化水质，涵养水源能力，为实现区域经济高速发展提供重要保障。

（5）赛江源区

赛江是闽东最大的河流，流域呈扇形，自北向南。发源于洞宫和鹫峰山脉，上游有东、西溪两大水系，本区建设与保护范围包括政和、寿宁及周宁的部分区域。严格保护江河源头、陡坡、险坡等生态脆弱区森林植被，加大对江河两岸生态公益林的投入力度，加强管护与水土流失治理，确保境内及下流地区用水安全。

（三）建设重点

1. 继续完善海防林体系，构筑沿海生态屏障

一是加快老林带的更新改造步伐。按照适地适树、因地制宜、因害设防、突出重点的原则，重点抓好基干林带断带缺口的填平补齐，采用工程和生物措施相结合的方法治理海岸前沿强风区缺口，确保基干林带的全面合拢。

二是大力开展封山育林或封山护林。充分利用自然力，采用补植、抚育、人工促进天然更新的办法，尽可能增加林草植被，提高森林覆盖率。

三是进一步优化林种、树种结构。提倡营造阔叶树混交林或针阔混交林，立足乡土树种，大力引种适生优良阔叶树种，改变树种单一现状。

四是根据当地资源与市场需求，重点建设经济生态型的防护林基地，做到生态建设与经济发展同步，提高森林的综合效益。

五是保护和发展红树林：把红树林作为沿海防护林体系的第一道防线，加大对现有红树林的保护力度，加快红树林造林步伐，提高红树林引种驯化与恢复技术，发挥红树林在保护海岸堤坝、保持沿海生物多样性等方面的重要作用。

六是开展滨海湿地保护与恢复：滨海湿地不仅是沿海野生动植物的生存繁衍之地，而且对减弱风暴潮危害有重要作用。要抢救性地将滨海重要湿地划为自然保护区，加大投入，加强保护。

2. 积极发展城市林业，营造适宜人居环境

包含福建省福州、莆田、泉州、厦门、漳州等主要城市，城市林业的发展方向和重点，城市森林、绿地经营措施分为以下几类：

（1）城市水土保持、水源涵养林建设主要采取人工促进天然更新的措施，促进林分向地带性森林群落恢复。

（2）城市公共绿地建设以植物造景为主，适当配置园林建筑或小品，绿化材料以乡土种类为主，乔、灌、藤、草相结合，营造能体现生物多样性和地方特色的城市森林。

（3）城市街道绿化不仅要注重美化与绿色，而且要兼顾生态与社会功能的协调统一，提高文化内涵。

（4）城市工业园区绿化，采用城市林业、城市景观园林理论，使厂区周围绿树林荫。

（5）市郊乡村林建设，要加大风水林保护力度，通过精心规划，将其建设成休闲公园，充分利用"四旁"可绿化用地，进行非规划林地造林。

此外，要建设城乡绿化一体化工程，尤其要做好城郊和郊县面城、面江、面路一重山的绿化、美化和"青山挂白"治理。

3. 加快水土流失治理，恢复重建秀美山川

一是加快长汀、宁化等历史上红壤严重水土流失区的治理步伐，采用先进技术进行种草植树，恢复地带性森林植被，形成良好的生态环境。

二是加大泉州市的安溪、永春、南安、惠安及漳州市的长泰、南靖、华安、平和等以茶果园为主的水土流失区的治理力度，控制茶园规模，提倡建设生态果园，有效改善生态环境。

三是在宁德市的寿宁、周宁、柘荣、福安等重点水土流失区，开展水土流失治理，建设高效的近自然林业，恢复地带性植被，确保境内的生态安全。

4. 致力保护江河源头，提高水源涵养能力

一是以保护和改善生态环境为出发点，以水源涵养、水土保持、保护生物多样性为核心，以科技支撑和机制创新为动力，加强对闽江、汀江、九龙江、晋江、赛江及一级支流的保护，增加森林资源，提高森林固土保水能力，为下流地区提供优质的水源。

二是开展以武夷山为代表的自然保护区的生物多样性保护，保护境内地带性植被，保存优良的物种基因。

三是保护区内泰宁金湖、永定棉花滩、南安山美等大型水库的水环境，为下游地区输送优质水源。

二、林业产业体系建设布局

（一）布局依据

产业布局主要受当地的自然环境和社会环境两方面的因素影响。福建省的林业产业布局依据也是主要取决于这两个方面的因素。

1. 福建省自然环境特点

林业产业是资源依赖性产业，自然地貌和资源条件对林业产业布局具有重要的影响。

（1）福建的地理环境决定了第一产业资源培育业的布局

福建素有"八山一水一分田"之称，地势总体上西北高东南低，横断面略呈马鞍形。在西部和中部形成北（北）东向斜贯全省的闽西大山带和闽中大山带。两大山带之间为互不贯通的河谷、盆地，东部沿海为丘陵、台地和滨海平原。总体气候温和、雨量充沛、光照充足、土壤肥沃，土壤水热条件优越，极适宜林木生长，林木综合生长率达 9.51%，超过全国平均 5.51% 的水平。主要可分为闽西北中亚热带和闽东南南亚热带，两个区域的地势、气候、水土环境都存在较大的差异，因此在资源培育上也存在较大的差别。

全省用材林分 384.73 万公顷，杉木、马尾松占 76%，而且 90% 是人工林。从成熟度看，中幼林占 73.5%；近成过熟林不足 26.5% 且 40% 在边远交通不便的地区。所以，出现了"满目青山，无木可采"现象，阶段性供求矛盾十分突出。且林地生产率低，每公顷蓄积仅 78.6 立方米，比全国平均每公顷 84.9 立米还低。

（2）福建的资源状况决定了第二产业林产加工业的布局

福建省林产加工业主要原料来源于省内自给和省外（包括进口）流入。从省内资源自己的情况看，闽西北的南平、三明、龙岩是福建省主要林区，其有林地面积和活立木蓄积量分别占全省的 66.4% 和 81.6%。其中，马尾松面积占全省马尾松总面积的 57.12%，蓄积量占 74.16%；杉木面积占全省杉木总面积的 74.36%，蓄积量占 83.7%。2007 年，三个地区的商品材产量占全省 80% 以上。

漳州泉州莆田闽南沿海地区则是桉树等速成生树种种植的主要地区，三个地区桉树面积占全省桉树总面积的 67.8%，蓄积量占 60.25%。

从海外进口来看，主要集中在沿海近港口的莆田、漳州、泉州地区，尤其是莆田秀屿，依托我国唯一的国家级海上进口木材检疫除害区，建成莆田秀屿国家级木材加工贸易示范区。

（3）福建的生态环境决定第三产业森林旅游服务业的布局

森林旅游服务主要依托于自然保护区、国有林场的森林景观，因此森林旅游服务业的布局取决于这些森林景观的分布。

2. 福建省林业产业发展的社会环境

区域的人口因素、市场因素、交通运输因素、地域内部基础设施因素、外部经济因素（集聚因素）、政治因素、文化因素等产业发展的社会环境都将对产业布局形成影响。

（1）福建的区位特色

福建地处东南沿海，与台湾隔海相望，闽台"五缘"趋同，80% 的台胞祖籍地在福建。福建的地理位置、自然条件与台湾相近，且海峡两岸林业优势的互补性很强，具有开展闽台林业合作的良好条件。国家不设限、零关税开放台湾水果等农产品登陆之后，国家林业局批准在福建三明设立了大陆首个海峡两岸林业合作实验区，也是闽台林业合作的重要窗口，取得了承接台湾林产业转移、在全国独一无二的先行先试、同等优先的发展机遇。成为我国对台林业合作交流的重要窗口和平台。这些年来，福建林业通过海峡两岸（三明）现代林业合作试验区的建设、"海峡两岸（福建三明）林业博览暨投资贸易洽谈会"和"海峡两岸（福建漳州）花卉博览暨农业合作洽谈会"平台，增进闽台林业合作交流、商务往来，为促进祖国尽快和平统一作出贡献。随着海峡西岸经济区建设和绿色海峡西岸战略的提出，福建林业产业将在闽台之间承接林业产业转移、开展林业科技交流、对接国际市场等方面发挥更加积极的作用。

（2）外部规模经济

任何一个产业都不能孤立地存在于某一个地域中，必须有相关产业的配套发展。随着产业部分分工的不断细化，企业之间的各种协作关系也就越发密切，企业空间布局的集中所产生的外部规模经济性将给企业带来可观的外部效益，即产业集聚效益。产业集群是指同一产业的企业以及该产业的相关产业和支持性产业的企业，基于地缘关系、产业技术链、价值链、供应链等关系而在地理位置上的高度集中的特定产业群落。产业集群中的企业既竞争又合作，既相互学习又相互保密，并共享同一基础设施所带来的低成本。因此，在林业产业布局过程中，要考虑现有的林业产业集群分布和规划发展状况。在林业产业布局上，省政府批准了南平木竹加工产业集群、三明林产工业产业集群和漳州家具产业集群的建设，并拟培育莆田以两头在外为特色的木制品加工产业集群。其中，三明林产加工产业集群 2007 年产值达到 110.58 亿元，已成为三明市第二个超百亿元的产业集群。在重点项目中，福建省正着力进行"两区两城"的建设，即莆田秀屿国家级木材加工贸易示范区（已完成投资 4.09 亿元）、海峡两岸（三明）闽台林业合作实验区（已完成投资 1.63 亿美元）、建瓯"中国笋竹城"（已完成投资 3.06 亿元）和海西（建阳）林产工贸城（已完成投资 1.96 亿元）。

（3）政策因素

主要是现有的发展区域经济相关的政策、规划。在党的十七大报告中，明确把支持海峡西岸经济区建设写入文件。建设海峡西岸经济区成为中央决策和国家发展战略的重要组成部分，国家 31 个部委认真落实中央决策部署，从大局着眼、从政策着手、从项目着力，先后与省政府签署合作协议或会议纪要，给予海西建设多方面的倾斜支持。在全国跨省经济发展战略布局中，海西与长江三角洲、珠江三角洲、京津冀经济区，并列为第二个发展层次的重要组成部分，凸显在全国的新位置、新格局。在国家林业分区发展格局中，福建属于"南用"的重要区域，在政策措施上将推动福建林业产业率先发展，尤其是在 2008 年初，国家林业局出台《国家林业局关于支持海峡西岸经济区林业发展的意见》，提出九条明确的支持意见，大力支持海峡西岸经济区林业建设，共同推动海峡西岸林业又好又快发展。

在 2004 年 7 月 21 日中共福建省委、省人民政府出台《关于加快林业发展建设绿色海峡西岸的决定》（闽委发［2004］8 号），提出要大力实施建设绿色海峡西岸的"三五"工程，即实施五大工程加快生态建设、建立五大基地加快资源培育、培植五大支柱加快产业发展。并在《福建省国民经济和社会发展十一五规划》中，提出加快建设以福州、厦门、泉州三大中心城市为核心；发展新型港口工业城市、永安—三明—沙县、建瓯—建阳—武夷山和顺昌—邵武等区域性中心城市。

在福建省林业发展三级区划中，将福建省分为 19 个区域，其中划分为适宜产业发展的区域有三块：一是闽中闽北山地丘陵大径材培育林、竹林区，二是闽中林产基地工业原料林、珍贵用材林区，三是闽南短周期工业原料林、经济林区。

福建省经贸委制定的《福建省十一五加快产业集聚培育产业集群专项规划》已将南平林产工业集群、三明林产工业集群和漳州家具产业集群纳入十一五重点发展的 32 个产业集群中。且福建省人民政府积极实施培育产业集群战略，出台《福建省人民政府关于推进工业项目建设加快产业集聚的若干意见》（闽政［2005］19 号），以多项优惠政策推动产业集聚。

福建省林业厅与省经贸委、发改委在全国率先制定了《福建省林产加工业发展导则》，导则要求各地已建立木材经营加工集中区或工业园区，今后新办木质加工企业加工地点不在工业园区或工业集中区的，投资主管部门不得核准或备案建设，县级以上林业主管部门不得核发木材经营加工批准书。

（4）市场网络

闽商在国内外是经历历史时间最长，且最为活跃的一支商人队伍，尤其是莆商在林业行业中占据了绝对的优势。莆商在全国各地经营木材的人数达 16 万多人，创办进口木材贸易加工规模企业达 750 多家，年创产值达 100 多亿元。现已在全国各地建立起庞大的木材销售网络点，覆益北京、天津、上海、广东、黑龙江、吉林、辽宁、新疆、云南、山东、河北等地各大中城市，其中北京、黑龙江、吉林、辽宁、新疆等地市场占有率达 70%，上海、广东等地市场占有率达 50%。近年来，兴起了一股闽商尤其是莆商回闽投资木材行业的热潮。同时为福建林产品销往全国乃至世界各地积累了可贵的市场网络优势。

（5）现有龙头企业的影响

现有的龙头企业具有明显的集聚带动效应，通过分工和合作，将相关配套企业集聚在一起，形成产业集群，发挥集聚效益。但同时，在林产加工这种对资源依赖性较大的行业，现有的龙头企业也形成了较高的行业进入壁垒，资源的限制决定了未来企业的发展和布局。

（二）布局框架

产业布局主要受当地的自然环境和社会环境两方面的因素影响。福建省林业产业发展布局为：森林资源二大培育基地，林产工业发展四块聚集区和二块潜在发展区，生态休闲五片旅游区，闽台合作三个交流平台。

1. 森林资源二大培育基地

（1）木竹质资源基地：以短轮伐期的工业原料林培育、当地乡土树种为主的大径材培育和速丰笋竹用材林培育为主的闽西北工业原料林基地；以速生丰产用材林培育、引种的名贵树种培育和经济林培育为主的闽西南工业原料林基地。

（2）非木质资源基地：以高产优质油茶林培育、优质特色果树培育、食用菌培育等为主发展名特优经济林基地；以生物质能源林培育、生物医药原料林培育为主，发展生物质原料林基地；以观赏类花卉和工业类花卉及野生花卉为主，发展花卉培育基地；以良种采种基地和优质种苗繁育为主，发展种子资源基地。

2. 工业发展四块聚集区

（1）闽西北竹木制品加工集聚区：以南平为中心，以人造板加工、竹木制品加工、纸浆及新闻纸、森林食品、林化产品等为主的木竹加工产品。

（2）闽中林产工业加工聚集区：以三明为中心，以人造板加工、家具制造、纸浆及纸袋纸为主的林产工业产品。

（3）闽东南家具木制品加工聚集区：以莆田、漳州两地为中心，以进口材加工木制品、现代家具、仿古家具、雕刻等为主的木材精深加工产品。

（4）福州人造板加工聚集区：以人造板及精深加工为主的人造板产品。

3. 林业产业二大潜在发展区

（1）闽东南纸制品加工发展区：以龙头企业为主，发展以进口废纸与速丰林为原料的纸制品加工。

（2）闽西北非木质利用发展区：以林下利用为方向，发展植物提取加工利用的生物医药和生物质能源和油茶加工利用产品。

4. 生态休闲五片旅游区

（1）闽南滨海生态休闲旅游区：涵盖厦门市、泉州市、漳州市为三个区域的闽南滨海生态休闲旅游区，开展接待国内外游客为主的滨海生态休闲旅游。

（2）闽中休闲度假森林旅游区：涵盖福州市、莆田市为两个区域的闽中休闲度假森林旅游区；结合莆田妈祖文化、福州船政文化，开展以文化体验和生态文明教育相结合的生态休闲旅游。

（3）闽西客家文化森林旅游区：以龙岩为主要区域的闽西客家文化森林旅游区；开展以绿（森林生态）、红（红色苏区）、土（客家土楼）为一体的生态休闲旅游。

（4）闽北森林生态旅游区：涵盖南平市、三明市为两个区域的闽北森林生态旅游区；开展以世界双遗武夷山、泰宁金湖等旅游名胜和朱熹文化、古闽越文化体验为主的生态休闲旅游。

（5）闽东山海风光森林旅游区：以宁德为主要区域的闽东山海风光森林旅游区，开展以滨海风光和畲族风情体验为主的生态休闲旅游。

5. 闽台合作三个交流平台

（1）三明经贸合作交流平台：以每年一届的海峡两岸（三明）林业博览会为平台，以三明国家闽台合作实验区为载体，开展林产加工业的闽台合作交流。

（2）闽南物种交流平台：以每年一届的海峡两岸（福建漳州）花卉博览会暨农业合作洽谈会为平台，以漳州花卉走廊、厦门东孚花卉种苗中心等为主要载体，开展名贵树种、花卉、经济林的物种交流合作。

（3）福州科技交流平台：以每年一届的6·18中国·海峡项目成果交易会为平台，以福建林科院为主，开展闽台林业科技技术交流与合作。

（三）建设重点

1. 培育森林资源，保障林业可持续发展

积极培育森林资源，改善现有林分质量，保障林业的可持续发展。大力发展速生优质高产的

短周期工业原料林基地，培育丰产竹林基地，鼓励利用非规划地大面积营造珍稀名贵用材林，从而提高林产工业原料的有效供给。积极培育生物质原料林基地、种子资源基地、名特优经济林基地和花卉基地。从而满足林产加工业发展对森林资源的需要，实现林业可持续发展。

重点是在闽西北定向培育以杉木、马尾松、湿地松及马褂木、香樟类、乳源木莲、光皮桦为主的优良乡土树种为主的用材林基地和培育丰产竹林基地；在闽西南建设以桉树、相思树、拟赤杨等为主的短周期工业原料林基地。在闽西北培育以麻疯树、无患子、小桐子等为主的生物质能源原料林基地；在闽西北和闽南培育以林下套种等林下利用为主的雷公藤、黄花蒿等生物制药原料基地；闽西北、闽东发展以油茶、锥栗、龙眼、荔枝、蜜柚等优质果品为主的名特优经济林基地；在闽南、闽东和闽西发展以盆景、观赏类花卉和工业类花卉为主的花卉培育基地，闽西北乡土珍稀阔叶树种和非木质利用树种，闽中南短周期工业原料林树种、名特优新经济林树种、园林绿化树种，闽东地区乡土阔叶树种及香料、药用植物等树种优质种子采集、优良种苗繁育基地。

（1）工业原料林基地

工业原料林基地包括：以短轮伐期的工业原料林培育、当地乡土树种为主的大径材培育和速丰笋竹用材林培育为主的闽西北工业原料林基地和以速生丰产用材林培育、引种的名贵树种培育和经济林培育为主的闽西南工业原料林基地两部分。

闽西北工业原料林基地以短轮伐期的工业原料林培育、当地乡土树种为主的大径材培育和速丰笋竹用材林培育为主。以南平、三明两个地区为主。这两个地区是福建省南方亚热带常绿阔叶林、针阔混交林重点开发区，是杉木、马尾松的中心产区和毛竹最适宜区，区域立地、气候条件，十分适宜杉木、马尾松、毛竹生长，具有成材快、产量高的优势，是工业原料林培育的最适宜区域。具体是在南平的建阳、邵武、建瓯、顺昌、延平发展以杉木、马尾松和马褂木等本土优良树种为主的工业原料林；在三明市的沙县、永安、尤溪、将乐、明溪发展以马尾松、湿地松、杉木和桉树为主的工业原料林。在南平的建瓯，三明的永安、尤溪、宁化发展以速生竹林为主的基地林。在三明的尤溪重点发展以油茶籽为主的经济林基地。在南平的建瓯、建阳发展以锥栗为主的经济林基地。

闽西南工业原料林基地以速生丰产用材林培育、引种的名贵树种培育和经济林培育为主。具体是在龙岩市的新罗、漳平、连城、上杭发展以桉树为主的速生原料林和以马尾松、香樟等乡土树种为主的工业原料林以及速生丰产竹林基地。在漳州的南靖、华安、平和、诏安，泉州的德化、永春，莆田的仙游等地区发展以桉树、相思树为主的短周期工业原料林基地。

（2）非木质利用原料林基地

非木质利用原料林基地包括生物质能源和生物医药原料林基地、名特优经济林基地、花卉培育基地、种子资源培育基地四部分。

生物质能源和生物医药原料林基地：生物质能源原料林基地主要是培育以麻疯树、无患子、小桐子等为主。主要是在龙岩、莆田主要发展麻疯树；在南平、三明发展无患子、三年桐、千年桐等油料能源树种。积极鼓励生物质能源加工企业发展原料林基地，走"林油一体化"道路。生物医药原料林基地主要是培育杜仲、厚朴、南方红豆杉、三尖杉、黄栀子、铁皮石斛、银杏、柘树、雷公藤、黄花蒿等为主。主要是在三明、南平市的各县（市、区）和宁德市的内地山区县、泉州的永春等内地山区县发展以林下套种方式培育药用价值大的红豆杉、三尖杉、雷公藤等珍贵药材原料林基地和以杜仲、厚朴、银杏等常见中药材丰产优质原料林培育基地。

名特优经济林基地：在南平的建瓯、建阳、政和等闽西北山区县市重点发展板栗、锥栗和柿子等干果类名特优经济林基地；在福州的永泰、闽清，莆田的仙游县，泉州的永春县，漳州的平和县、龙海市等闽东及闽南地区重点发展柑橘、荔枝、龙眼、柚子、枇杷等果树类名特优经济林基地;在南平顺昌、浦城、邵武、光泽,三明尤溪、大田、宁化、清流,龙岩长汀、漳平、连城,宁德福安,漳州华安,福州永泰,泉州德化等闽西北、闽东南沿海地区的低山、丘陵地带重点发展以高产优质油茶为主的木本粮油类经济林基地。

花卉培育基地:在闽南、闽东和闽西发展以中国水仙花、建兰、杜鹃花、榕树盆景、仙人掌与多肉植物、棕榈科植物等六大优势特色花卉为主的观赏花卉类和以茉莉花、茶花、桂花等为主的工业用花类培育基地。观赏花卉类培育基地主要布局:①漳泉厦花卉优势生产区,包括漳浦县、龙海市、漳州市辖区、南靖县、长泰县、泉州市辖区、南安市、晋江市、厦门市辖区等。②福州花卉优势生产区,包括闽侯县、福清市、长乐市、罗源县、平潭县等。③龙岩花卉优势生产区,包括漳平市、新罗区、连城县、上杭县、武平县等。④宁德花卉优势生产区,包括蕉城、福鼎、霞浦、福安重点发展园林绿化大苗、室内观叶植物、切花切叶和盆景产业;周宁、寿宁、屏南等山区主要利用高山反季节优势重点发展百合、唐菖蒲、香石竹等冷凉型花卉,积极开发驯化野生花卉资源,建立高山种球花卉种子基地。工业用花类培育基地主要布局在南平的政和县、松溪县、建阳市,建瓯市,宁德的福鼎市、蕉城区、福安市、霞浦县,福州的闽侯县、长乐市、连江县,三明的沙县等地区。

种子资源培育基地:在闽西北地区重点建设乡土珍稀阔叶树种和非木质利用为目标的优良林木种子采集和苗木繁育基地,重点发展乳源木莲、光皮桦、大叶楠、钟萼木、格氏栲、乐东拟单性木兰、长叶榉、观光木、广玉兰等园林绿化用乡土珍稀阔叶树种,金叶女贞、紫叶小檗等彩叶树种,楠木、厚朴、红豆杉等化工、药用树种。在闽中南重点建设短周期工业原料林树种、名特优新经济林树种及棕榈科、榕树等亚热带优良园林绿化树种的种苗繁育基地,重点发展桉树、相思类等速生树种,红锥、福建柏等优良地方特色树种,枇杷、龙眼、荔枝等名特优果树以及榕树、棕榈科等绿化苗木。在闽东地区乡土阔叶树种及香料、药用植物等树种优质种子采集、优良种苗繁育基地,重点发展发展香椿、银杏、金钱松、青钱柳等乡土、园林绿化树种,高山型多季开花地被物,芳香樟、三尖杉等化工、药用树种的苗木培植繁育。

2. 大力发展林业工业,实现林业产业集聚

根据产业分工理论和区域绿色海峡西岸产业战略布局,林产工业可持续发展坚持有缓有急,有轻有重,明确其重点,以产业结构优化升级为核心,在建设现有四块产业集聚区的基础上,重点发展两块潜在产业集聚区。

(1)闽西北竹制品加工集聚区

主要是以南平为中心,不断壮大南平市现有延平大洲工业区和来舟—峡阳沿线工业区、邵武城南和紫云工业区、建瓯徐墩和东峰工业区、建阳麻沙工业区、武夷山兴田工业区、顺昌的建西工业区六个木竹加工集中区,积极培育建瓯中国笋竹城、建阳海西林产工贸城两大新兴木竹加工产业集聚区。重点发展以中密度纤维板、刨花板为主的人造板等木材深加工产品;发展以竹胶合板、竹纤维板、竹集成材和竹工艺品为竹的竹材深加工产品;发展以竹笋蔬菜、锥栗等为主的绿色森林食品;发展以木竹浆造纸、新闻纸制造等造纸及纸制品,发展以松香及深加工产品、活性炭等为主的林产化工产品。形成一批具有一定规模和科技含量、产品附加值高、资源消耗低、经济效益好、产业关联度大、经济拉动力强的深加工或生产最终产品的核心龙头企业。

具体是以建阳林产工贸城为依托,以建阳森岚木业有限责任公司、建阳丽阳人造板有限公司、建瓯福人木业有限公司、光泽沪千人造板制造有限公司、南平沪千人造板制造有限公司、邵武绿源人造板有限公司等企业为龙头,在建阳、建瓯、延平区发展中密度纤维板为主的人造板制造业,开发功能型、环保型、薄型、防水型中高密度纤维板等新型人造板种。以邵武王斌装饰材料有限公司、邵武福人林产有限公司等为龙头，充分利用闽北丰富的杉木、小径材和三剩物等资源，在建瓯、邵武重点发展科技含量较高、附加价值较大的木竹深加工产品。开发与现代建筑相配套的功能型、节能型、环保型的建筑构件和新型装修装潢材料为主的复合材料，发展以杉木层集材、异型胶合板、单板层积材、板条平行层积材、定向层积材、木（竹）塑复合板、木（竹）金属复合板、木（竹）聚酯复合板、无机涂饰等结构型人造板。同时，以邵武杜氏集团、建瓯金田木门有限公司等为龙头，发展以人造板深加工为主的橱柜家具、园林家具和宠物家具等为主的特色家具，提高产品的附加值，走精深加工发展道路。

以建瓯中国笋竹城为依托，以建瓯明良集团、颖食物产有限公司、新叶食品有限公司、易扬食品有限公司、天添食品有限公司，松溪亚达食品有限公司、三信食品有限公司为龙头企业，在建瓯和松溪重点发展以竹笋蔬菜、锥栗等为主的绿色食品。以建瓯三森竹木有限公司、福建昌隆竹业有限公司、邵武市梦迪欧竹业有限公司、邵武市叶之林木竹有限公司为龙头，重点在建瓯和邵武发展以竹人造板、集成材、竹纤维等竹材深加工产品，开发木（竹）塑板、纳米技术复合板、竹木与其他材料复合的水泥刨花板、石膏刨花板、集装箱底板和车用胶合板。以福建篁城科技竹业有限公司、武夷山绿洲竹木制品有限公司、光泽光华竹木制品有限公司、浦城县仙楼竹制工艺品有限公司等企业为龙头，重点在建瓯、武夷山、蒲城发展以竹木、竹编、竹胶餐盒、托盘为主的系列餐具产品和以"竹文化"和"根雕文化"为主的旅游工艺品等特色竹制产品。

以福建南纸股份有限公司、邵武中竹纸业有限公司为龙头，重点发展新闻纸和以纸袋纸为主的各类包装用纸，鼓励开发特种用纸和工业加工用纸。同时要大力发展以马尾松和速生竹林为主的短周期工业原料林基地，走林纸一体化道路。

以建阳市青松化工有限公司发展以合成樟脑系列产品为主的松脂深加工产品；以南平天富精细化工有限公司、南平元力活性炭有限公司、建瓯特艺竹木有限公司等为龙头，发展以木竹加工剩余物为原料的活性炭产品。

（2）闽中林产工业加工聚集区

主要是以三明为中心，在现有三明金沙高新技术开发园区和永安尼葛林业高新技术开发园区的基础上，向三明市区和永安市拓展，形成北起沙县青州南至永安尼葛的"百里林业工业长廊"，并辐射尤溪、将乐、清流、宁化等县，重点发展人造板、家具制造、制浆造纸、笋竹制品、木竹生化利用等项目，逐步建立一个各具特色、层次分明、相互配套的林产工业产业集聚区。

具体是以永安林业集团有限公司、沙县大亚木业有限公司、清流鸿伟木业有限公司、尤溪三林木业有限公司、尤溪百营木业有限公司等为龙头，在永安、沙县、尤溪重点发展胶合板、中密度纤维板、刨花板、细木工板、木地板等为主的人造板及其深加工产品。沿沙溪流域和205国道、铁路向两翼辐射拓展，建立一个各具特色、重点各异、层次分明、相互配套、互相促进的原料种植、加工、销售一条龙的人造板加工产业集聚区。同时，引进和采用先进技术、设备、工艺，在扩大发展规模的同时，进一步提高产品质量，大力发展以杉木材、小径材为原料的人造板新品种，重点开发人造板二次以上精深加工系列产品，努力打造木地板和木质家具等木制品产业集群。

以永安市兴国人造板有限公司、永安市吉通板业有限公司竹胶合板、永安市亨雅竹业有限公司、永安市大地竹业有限公司、永林竹业有限公司、三明恒晟竹木业有限公司等为龙头在永安、沙县重点发展以竹胶合板、竹集成材、竹地板、竹工艺品等为主的竹材深加工产品和木竹与其他材料复合的新板种，努力发展竹材加工产业集聚区。

以青山纸业股份有限公司、青州造纸有限责任公司、福建腾荣达制浆有限公司、泰宁绿山大有纸业有限公司、建宁铙山纸业有限公司、建宁县联丰造纸有限公司、大田华闽纸业有限公司等企业为龙头，在沙县、将乐、泰宁、建宁沿京福高速公路，规模生产牛皮卡纸、拷贝纸及薄页纸、绒毛浆纸、瓦楞纸、水砂纸，开发特种纸等新产品的制浆造纸产业集聚区。

以尤溪县金闽林化工有限公司、沙县青州日化有限公司、美维克（沙县）林产化工有限公司、沙县松川化工有限公司、沙县嘉利化工有限公司、清流县闽山化工有限公司、宁化利丰化工有限公司等为龙头，重点在尤溪、沙县、清流、宁化发展发展以松香、松节油、树脂、松油醇、塔尔油等松香及其深加工产品，提高产品附加值。以泰宁金湖炭素有限公司、三明市润德化工碳素有限公司、三明市丰润化工有限公司等为龙头，在泰宁、三元区重点发展活性炭及其深精深加工产品，提高木竹综合利用率。

以三明市健盛食品有限公司、沙县三和食品有限公司、建宁孟宗笋业有限公司、尤溪县沈郎食用油有限公司、福建兴辉食品有限公司等为龙头重点在梅列、沙县、尤溪、建宁发展以水煮笋、茶籽油、果汁类等绿色森林食品。

（3）闽东南家具木制品加工聚集区

以莆田、漳州两地为中心，辐射到泉州、厦门，以进口材加工木制品、现代家具、仿古家具为主的木材精深加工产品。以莆田秀屿国家级木材加工贸易示范区为依托，利用莆田秀屿这个全国唯一的海上进口原木检验检疫区、莆田漳州进口原木加工锯材出口试点和遍布全世界的莆商网络等优势，大力发展两种资源、两个市场的木竹制造业。

具体是以仙游仿古家具城和莆田工艺美术城为依托，重点发展特色家具、木雕、根雕等附加价值高的木竹制品。以福建省莆田市北岸木业有限公司、莆田市宏龙木业有限公司、莆田三山木业有限公司为龙头，重点在莆田秀屿木材加工示范区发展以锯材、木质建筑构件等为主的木竹制品。以莆田仙游坝下工业园区为依托，以大家之家古典家具有限公司、唐结仿古工艺厂和荔城区的莆田市精工家具有限公司等为龙头，大力发展仿明清古典硬木家具和现代木质家具。进一步整合产业资源，优化产业布局，延伸产业链，把仙游建成全国规模最大、现代化水平最高的中国古典工艺家具之都。提高企业的产品设计能力和科技水平，按照国内外市场的需要开发创新的产品，向中高档家具市场进军，加大家具产业整体品牌的创立和营销力度，逐步扩大高端家具的生产总量和竞争实力，发展壮大家具产业集群。

以漳州尧富家具有限公司、漳州丰笙实业有限公司、漳州市国辉工贸有限公司、漳州全世好家具有限公司、漳州市红梅家具有限公司、福建永嘉家具有限公司等企业为龙头，在漳州芗城区、龙文区、龙海重点发展以出口为主的高档西式仿古、整体橱柜等实木家具和木材与金属复合家具的现代家具产业集群。并辐射到邻近的泉州和厦门两个地区。以泉州南安环球家具城为依托，以南安市森源木业有限公司、福建省安溪恒星工艺有限公司、泉州现代家具企业有限公司、南安市长胜家具有限公司等企业为龙头，重点在泉州南安发展家具制造和经贸。以厦门喜盈门家具制品有限公司、厦门欧迈家居有限公司、厦门涌泉科技发展股份有限公司为龙头企业，依靠厦门良好的港口和经贸环境，在厦门的海沧重点发展以实木门、橱柜、装饰材料等为主的现代家具产业。

（4）福州人造板加工聚集区

重点是发展人造板、竹木地板、木制家具、竹木工艺品等以人造板及其精深加工为主的产品。

具体是以福人木业有限公司为龙头，发展以中密度纤维板和刨花板为主的人造板制造业。以福人木地板、福州金山木材制品有限公司木地板、天福木业有限公司的压贴板、福州华鸿木业有限公司的竹地板等企业为龙头，发展发展木地板等人造板精深加工为主的产品。不断发展工业原料林基地，走林板一体化发展道路。同时不断发展精深加工系列产品及无污染、高稳定性、功能性人造板，加强木材、人造板、薄木仿真技术的研究和开发，鼓励开发拥有自主知识产权的新板种，促进传统产品的升级换代。

以福清福建成龙林产工业有限公司、诚丰家具（中国）有限公司、闽侯的福建联福林业有限公司、马尾区的福州恒鑫轻工制品有限公司、晋安区福州宝良家具有限公司等企业为龙头，发展以木制家具为主的人造板精深加工的制造业，不断提升产品设计能力，提高产品的附加价值和核心竞争力。以鼓楼区的福州福田工艺品有限公司、马尾区的福州开发区森森工艺品有限公司为龙头发展木制工业品制造业。

（5）闽东南纸制品加工发展区

以莆田金鹰集团为主，发展以进口废纸与速丰林为原料的纸制品加工。

造纸方面主要在泉州的南安、晋江、永春，漳州的龙海发展以进口废纸、纸浆为主的造纸业，构建对外开放型林产加工业；在莆田以金鹰集团为龙头发展以桉树等速生丰产林为原料的造纸业，构建新型林纸一体化持续型林产加工业。

纸制品方面主要在泉州的晋江、南安、惠安发展卫生巾、纸箱、包装纸、办公用纸等高附加价值的纸深加工产品；在漳州的龙海、南靖发展机械制纸及纸板，在龙文、芗城区的纸板纸箱包装等深加工产品；在厦门湖里区、海沧区、同安区、集美区的纸箱纸板纸制品等深加工；在福州的仓山、罗源、福清发展包装纸、纸箱纸板等纸深加工制品。

（6）闽西北植物提取加工发展区

发展植物提取加工利用的生物制药、生物质能源和油茶加工利用。

生物制药：以福建南方红豆杉生物有限公司、三明市华健生物工程有限公司、福建杉阳雷公藤产业发展有限公司、百事达变性淀粉有限公司、尤溪县绿地生物制品有限公司等为龙头，重点在三明的明溪、三元区发展以红豆杉、三尖杉、黄桅子、草珊瑚等为原料的生物制药，以雷公藤等为原料的生物农药。重点是选择开发具有创新意义且能形成优势的新药和医药中间体，开发与应用具有知识产权的生物工程药物技术和中成药技术。并逐步向周围兄弟县及南平市辐射，形成产生集群效应。以建瓯颖食物产有限公司、顺昌诺得生物制品有限公司为龙头，重点在南平建瓯、顺昌发展笋竹剩余物有效成分提取、天然香料提取等生物制药、保健品等。以海源生物医药研发中心、海鑫生物科技研发中心两大技术研发中心为平台，以海裕生物、海汇化工、永春堂生物、海宁制药等为龙头，在重点泉州永春发展黄花蒿、芦柑皮、青钱柳、千层塔、野葛、东方肉穗草等中草药物种植和综合开发，以基地种植和植化药的中间体加工生产为主，构建生物医药产业从品种研究、筛选、组培、推广、种植、提取、成药的整个链条。

生物质能源：以中国生物柴油国际控股有限公司（包括龙岩卓越新能源发展有限公司和厦门卓越生物质能源有限公司）、福建古杉生物柴油有限公司、源华能源科技（福建）有限公司、中源新能源（福建）有限公司、泉州福建创世纪生物能源科技有限公司为龙头，重点在龙岩、莆田、泉州发展以麻疯树为主要原料的生物柴油提取加工。在南平顺昌等县市重点发展以无患子提取加工利用为主的生物能源产业。

木本粮油茶加工：以福建省尤溪县食用油有限公司、顺昌天福油脂有限公司、蒲城龙凌植物油开发有限公司、福安乾龙生物有限公司等企业为龙头，以三明尤溪、南平顺昌、宁德福安等为中心，重点发展以油茶加工综合利用为主的木本油料作物加工产业。以建瓯天添食品有限公司、天然食品有限公司等为龙头，重点以南平建瓯为中心，重点发展干果类果品加工产业。

3. 生态休闲五片旅游区

（1）闽南滨海生态休闲旅游区

闽南滨海休闲森林旅游区包括厦门市、泉州市、漳州市3个地区。依托该区内现有的6个国家森林公园、3个国家级自然保护区，14个省级森林公园、4个省级自然保护区，发展滨海休闲森林旅游。重点以厦门天竺山森林公园、长泰天柱山国家森林公园、德化石牛山森林公园、德化戴云山自然保护区、永春牛姆林自然保护区、虎伯寮国家级自然保护区、诏安乌山国家森林公园、东山国家森林公园为主，发展山海森林观光休闲旅游；以漳江口红树林国家自然保护区、惠安鲤鱼岛、厦门同安湾等海边湿地为主，发展湿地景观生态休闲旅游；以厦门海沧野生动物观赏园为重点，发展体验观光旅游。

（2）闽中休闲度假森林旅游区

闽中休闲度假森林旅游区包括福州市、莆田市2个地区。依托该区内现有的现有4个国家森林公园，8个省级森林公园、3个省级自然保护区，发展生态休闲旅游。重点以福州国家森林公园、福州旗山国家森林公园、福清灵石山国家森林公园、永泰藤山自然保护区，发展森林休闲度假、城市周边游等旅游。以平潭海岛国家森林公园、长乐闽江河口国家湿地公园为重点，开发闽江河口、福清兴化湾黑脸琵鹭、黑嘴端凤头燕鸥等水禽观光旅游区，结合莆田妈祖文化、福州船政文化，开展以文化体验和生态文明教育相结合的生态休闲旅游。

（3）闽西客家文化森林旅游区

闽西客家文化森林旅游区以龙岩市为主。依托该区内现有的4个国家森林公园、1个省级森林公园、1个省级自然保护区，发展闽西客家文化森林旅游。重点以上杭国家森林公园、永定王寿山国家森林公园、漳平天台山国家森林公园、梅花山国家级自然保护区、武平梁野山国家级自然保护区、长汀圭龙山自然保护区等为主，发展集"绿"（森林生态）、"红"（红色苏区）、"土"（客家土楼）于一体的客家文化森林旅游。

（4）闽北森林生态旅游区

闽北森林生态旅游区包括南平市、三明市2个地区。依托该区内现有的5个国家森林公园、3个国家级自然保护区、1个省级森林公园、12个省级自然保护区，发展山区森林生态旅游。重点以世界双遗的武夷山国家级自然保护区龙栖山国家级自然保护区、南平茫荡山自然保护区、邵武将石自然保护区、建瓯万木林自然保护区、三明格氏栲自然保护区、永安天宝岩自然保护区、建宁闽江源自然保护区、尤溪九阜山自然保护区为主，发展与朱熹文化、古闽越文化体验相结合的森林生态休闲旅游。

（5）闽东山海风光森林旅游区

闽东山海风光森林旅游区以宁德市为主。依托该区域内现有的3个省级森林公园、2个省级自然保护区，发展山海风光森林旅游。重点以古田溪森林公园和屏南鸳鸯猕猴自然保护区为主，发展以滨海风光和畲族风情体验为主的生态休闲旅游。

4. 打造闽台合作平台，促进两岸合作交流

福建省应充分利用对台的优势，努力打造经贸合作、物种交流、科技交流三大中心平台，发挥对台合作交流先试先行的作用，推动绿色海峡西岸建设，为推动祖国和平统一作出应有的贡献。

（1）三明经贸合作交流平台

以每年一届的海峡两岸（三明）林业博览会为平台，以三明国家闽台合作实验区为载体，开展林产加工业的闽台合作交流。通过搭建"海峡两岸（福建三明）林业博览暨投资贸易洽谈会"平台，增进闽台林业合作交流、商务往来，增进台湾企业对福建林业的了解，吸引台资企业到福建省投资发展林业经济。

从2005年至今，福建省已成功举办了三届海峡两岸（福建三明）林业博览暨投资贸易洽谈会（简称林博会）。2007年第三届林博会成功升格为国家林业局和福建省人民政府共同主办的全国性

的林业对台交流合作和国家级林业专业会展，支持单位从国家林业局木材行业管理办公室、中国林产工业协会提升为国家商务部、国台办，办会单位从12家增加到25家。三届届林博会共签订合作项目487项（包括非林项目），总投资232亿元，其中，利用外资22.72亿美元。参会参展的台商从第一届的89人增加到第三届的486人，参展的台资企业也增加到62家74个展位。

今后，主要是继续以海峡两岸（三明）现代林业合作实验区为载体，推进六个专业功能区的建设，开展林产加工业的闽台合作交流。

一是推进林产品加工合作区建设。在现有三明金沙高新技术开发园区和永安尼葛林业高新技术开发园区的基础上，在沙县开辟闽台林业合作加工区，向三明市区和永安市拓展，形成北起沙县青州南至永安尼葛的"百里林业工业长廊"，并辐射尤溪、将乐、清流、宁化等县，重点发展人造板、家具制造、制浆造纸、笋竹制品、木竹生化利用等项目，逐步建立一个各具特色、层次分明、相互配套的林产工业产业集群。

二是推进生物制药及中成药开发合作区建设。以明溪县为中心，辐射清流、宁化、泰宁、三元、永安、大田等县（市、区），建立珍贵乡土药材培育基地及生物药业研发生产合作区。重点是在泰宁发展雷公藤、九节茶，在明溪发展红豆杉，在建宁发展莲子，三元区发展草珊瑚。

三是推进森林食品加工合作区建设。以现有沙县三和、三明健盛、建宁孟宗和尤溪沈鹭为龙头骨干企业，辐射全市12个县（市、区），建设笋竹两用林基地，生产笋系列食品。以建宁、泰宁、尤溪为重点，辐射周边县，建设猕猴桃、黄花梨、锥栗、金柑等果类食品生产基地。在大田、尤溪等地建设无公害高山云雾茶生产基地，在沙县、清流、永安等地建设有机茶生产基地，并新建一批精制茶加工企业。

四是推进生物多样性保护及苗木花卉繁育合作区建设。以三明现有3处国家级、8处省级自然保护区和全市近50万公顷生态公益林为基地，开展闽台生物多样性保护措施、技术应用和管理经验的交流合作，并承担国际组织和民间团体的协作援助项目，提高保护管理水平，促进人与自然和谐发展。与此同时，充分利用丰富的种质资源，建立珍稀树种繁育和野生动物驯养基地，大力发展苗木花卉产业。

五是推进森林生态休闲观光合作区建设。依托三明市独特的森林生态景观和丰富旅游资源，做好泰宁大金湖–台湾日月潭旅游对接项目，跟踪落实清流大丰山森林公园综合开发项目和规划发展三元格氏栲森林公园综合开发项目，扩大合作的成效和影响，带动更大范围的闽台森林旅游合作。

六是推进林业科技开发园区建设。规划在三明仙人谷国家森林公园附近建立林业科技交流中心及台湾林业研究所，在各县（市、区）设立林业科技示范园，充分发挥现有林业人才的作用，并柔性引进各类紧缺的高层次人才，培育和带动形成一批科技示范点。同时，组织闽台两地科技人员开展多种形式的教育、科研、学术交流及人才培训，开展新技术、新品种的引进、消化和创新，开展林业科技协作攻关和经济技术合作，提高林业科技对经济增长的贡献率。

（2）闽南物种交流平台

以每年一届的海峡两岸（福建漳州）花卉博览会暨农业合作洽谈会为平台，以漳州花卉走廊、厦门东孚花卉种苗中心等为主要载体，与台湾开展名贵树种、花卉、经济林的物种合作交流。由两岸花卉业界携手联办的"花博会"始于1999年，每年办一届，是目前海内外较有影响的花事盛会之一。2007年，第九届花博会暨农洽会由国台办、国家质检总局、国家林业局、福建省人民政府、海峡两岸农业交流协会共同主办。邀请了台湾岛内外台商500多人参加，台湾兰花产销发展协会、台湾精致农业园艺联谊会等台湾农业社团集体参会。两岸花卉展上，共有560多家海内外花卉企业的 1500 多个花卉品种参展，其中台湾花卉企业 120 多家。据初步统计，九届"花博会"共接待企业海外客商 1 万多人，签约 533 个项目，总投资达 21.12 亿美元。

今后，主要是继续以海峡两岸（福建漳州）花卉博览会暨农业合作洽谈会为平台，推进闽台林业良种资源繁育、花卉、经济林等物种的交流合作。

一是推进闽台林业良种资源繁育中心建设。利用省级种苗示范基地的设施设备基础，在福州市建立一个以引进、选育和扩繁推广的台湾优良树种、品种种苗繁育保存中心。其中拟在福清宏路建设台湾优良树种种苗繁育中心，引进台湾用材树种、珍贵树种、观赏树种、经济林树种和沿海防护林树种等优良品种 20~30 个，建设育苗大棚 5000 平方米、采穗圃 1 公顷、炼苗区 9 公顷，配套建设闽台林木种苗交流培训中心、标本馆、信息库等建筑面积 1500 平方米，完善省级基地供电供水设施等；拟在闽侯南屿林场建立台湾优良树种收集保存试验区 60 公顷，其中建设台湾树种繁殖圃 2 公顷、收集展示区 18 公顷、树种试验林 20 公顷、示范林 20 公顷，配套建设管理房 300 平方米、自动喷灌系统 2 套，完善供水供电和道路系统等，总投资估算为 1200 万元，形成比较完善的种苗繁育基地。

二是推进闽台花卉合作交流。加强闽台花卉产业合作，延伸花卉产业链，发挥台商投资区优势和功能，提高台资花卉企业的"集聚"效应，推动两岸花卉物流产业合作等。重点抓好厦门闽台花卉批发物流中心项目建设。改中心将由厦门夏商农产品集团有限公司承建，背靠高崎航空港，占地规模约 30 公顷，整个项目建设将投入近 2 亿元，预计于 2008 年下半年奠基建设，2009 年全面建成运营，建成后的年营业总收入在 2.13 亿元左右。届时，将依托厦门航空港健全的航空运输网络和便捷的物流配送优势，利用夏商农产品集团与台湾农产品行业之间的密切往来，加快对台湾的名、优、新、特花卉品种的引进及先进技术和管理经验的交流，将该中心建成对台花卉品种及技术交流中心，并发展成为海峡西岸经济区最具有辐射力和影响力的花卉进出口集散中心。

（3）福州科技交流平台

以每年一届的 6·18 中国·海峡项目成果交易会为平台，以福建林科院为主，开展闽台林业科技技术交流与合作。从 2003 年至今，福建省已经成功举办了六届"6·18"项目成果交易会，全省林业共征集和推介科研成果 1220 项、企业技术需求和行业发展空白点 483 项，对接林业项目 1168 项，总投资 108 亿元。其中，今年的第六届"6·18"闽台两岸直接对接及相关的林业对接项目就达 17 个。

由于历史原因，海峡两岸官方往来受到种种限制，民间团体的交流与往来成为联系两岸关系的重要桥梁和纽带。通过省林业科学研究院、福建林业职业技术学院等科研院所，加强与台湾林业职业技术教育方面合作，建立两岸生物繁育中心，开展林业生物种源、良种繁育的研究与交流，引进吸收台湾在品种培育和种植方面的先进技术。主动与台湾林业科技民间团体组织协商，确立两地林业科技界制度性合作交流的主要形式、具体项目和协调机制。省花卉协会多次组织协调闽台有关花卉协会及专业人员赴台、来闽开展学术交流，并积极筹备成立在闽台商花卉企业家联谊会，进一步促进闽台两地花卉企业家的交流与合作，发挥协会组织、协调、服务与指导的作用，共同推动福建花卉业的发展。

三、生态文化体系建设布局

近年来，福建省充分发挥其区位、资源与政策优势，以林业第一产业和第二产业的发展，促进以森林旅游业为主的第三产业发展，逐步建立起现代林业产业发展体系，推动福建现代林业健康有序发展。

生态文化体系作为福建现代林业三大体系的重要内容之一，是传承生态文明、提升现代林业文化内涵的主体。福建优势的地理区位条件与森林资源和海峡西岸经济区建设的大背景，决定了其生态文化发的多元化、多功能性，与林业产业、林业生态构成了福建现代林业的三维空间。

（一）布局依据

前述表明，福建已具备开展生态文化产业化发展的内、外部基础条件，然而，生态文化作为文化的一个有机组成部分，其布局应该遵循整体文化格局，同时，它又有其生态特质；因此，在规划生态文化布局时，应明确福建文化格局，并充分掌握各地区地理气候因素影响下形成的生态环境资源特点。因此，客观上说，生态文化布局依据包括文化依据和生态环境资源依据。

1. 文化依据

福建文化源于秦汉前古越族先民在福建这片土地上创造的闽越文化，乃"百越文化"分支之一，当时的文化特征集中表现在使用双肩石斧、从事稻作农业、几何印纹陶器、断发纹身等习俗与善水事活动等，现在福建泰宁的傩文化就是古越族先民遗留下来的。汉晋唐宋以来，一批批中原汉民的南迁，将中原文化带入福建，逐渐改写了闽越文化，并逐步形成新的福建文化格局。至南宋，大量移民涌入，福建山区和沿海开发取得成功，经济迅速发展，成为经济发达地区之一。随之，福建文化一扫先前的低迷状态，进入发展高潮，被誉为"海滨邹鲁"，不仅科举教育发达，而且学术文化相当兴盛。据《宋史》所列的《儒林传》和《道学传》中有闽人17位，居全国第一；福建的进士总数居全国首位；《宋诗纪事》《全宋词》等所见闽人均居全国前列；《宋元学案》中福建学者数量位居第一；并形成了影响深远的学派——闽学。纵观福建文化发展历程，水系、方言是形成福建文化格局的两大主导因素。不难发现，人群迁移、经济发展、教育受重视等因素是形成生态文化格局的主导力量。

（1）水系对文化格局的影响

水系是自然地形（尤其是山脉）对气候、水文作用的具体结果，它是一个地区自然山水相互作用的最终结果。水路交通是促成人流迁移的主要交通形式，而人群迁移是形成差异性文化格局的来源，也是形成多元化文化的动力。福建境内河流密布，水利资源丰富，全省拥有 29 个水系，663 条河流，内河长度达 13569 公里，河网密度之大全国少见。

福建文化发展至今，其地域分布与水系流域关系密切。自汉晋以来，人们顺溪迁移、择溪而居、沿溪传播文化，从内陆到沿海，从闽越文化到中原文化，形成各种不同的风俗人情，影响着文化格局的发展。福建文化从入唐前的沿河开发到之后的沿海地区快速发展，再到两宋时期的沿海对外贸易，福建滨海平原得到飞速的发展，以此为依托的文化带率先发育起来，河口地区成为文化发展的密集地。

福建以山地丘陵为主，由闽中、闽西两列均呈东北—西南走向的大山带构成整体地形骨架。闽中大山带被闽江、九龙江截为三部分，闽江干流以北为鹫峰山脉，闽江与九龙江之间称戴云山脉，九龙江以南为博平岭。福建以纵贯南北的鹫峰山—戴云山—博平岭等山脉为中轴线，分成东部沿海与西部内陆两大亚区。依据地形与水域系统，在闽江、晋江、九龙江、汀江、木兰溪等流域分别构成闽北、闽东、闽南、闽西与莆仙等五大区域，形成福建文化地域分布新格局。

闽东南沿海一带物阜民丰，经济较发达，是福建文化的高速发展区，尤其是两宋以来，在对外贸易的推动下，这一带的文化发展突飞猛进，并向内陆地区辐射，从而促进了福建文化的整体发展。这一带的文化特色主要体现在深远悠长、底蕴丰富的海洋文化，以及独特一方的木偶戏、高甲戏、布袋戏等民间艺术文化。依托木兰溪的莆仙一带是妈祖文化的发源地，具有丰厚的历史文化积淀，既保留中原古风，又独具地方特色，如上元赏灯、龙舟赛会、重阳登高等节俗活动，与中原古俗一脉相承，而莆仙戏、十音八乐等艺术文化尽显地方神韵与文化特色，构成万象森罗、令人留连忘返的文化景观。坐落于汀江流域的闽西，是我国著名的革命老区，亦是海内外客家人的祖地，这里渗透着闽越族、畲族等文化习俗，千年的历史文化延续至今，培育了底蕴深厚、特性显著的客家文化，如被誉为"世界建筑奇葩"的永定土楼、长汀九厅十八井等典型客家建筑，充分展现了客家文化的独特风格。闽北是多元文化融会通浃之地，既传承着闽越文化遗风，又融汇吴楚、中原以及宗教文化，同时，在长期的发展过程中，逐渐产生一种与当地生产劳动和社会生活密切相关、具有鲜明地方特色的民俗文化活动，如挑幡、战胜鼓、高照、祭游酢公等。可见，各区域的文化风格、表现形式等独树一帜、特色鲜明，共同开拓福建文化新格局。

（2）方言对文化格局的影响

语言最能体现和代表一个地方的文化特色，尤其是语言的地方变体——方言，是祖祖辈辈传承而来的，记载着祖宗的奋斗史、发家史，蕴含着一个地方的文化特色，这点在福建文化发展史上具有绝对的地位。福建省是汉语方言最复杂的省份之一，境内拥有5种方言，其中以闽方言和客方言影响力最大。闽方言又分为5个次方言，分别是以福州话为代表的闽东次方言、以厦门话为代表的闽南次方言、以莆田话为代表的莆仙次方言、以永安话为代表的闽中次方言和以建瓯话为代表的闽北次方言；客方言主要是以长汀话为代表的客家话，分布在闽西的宁化、清流、长汀、连城、上杭、永定、武平，以及闽南的平和、南靖、诏安西沿；赣方言以邵武话为代表，分布在邵武、光泽、建宁、泰宁4个县市；吴方言分布在南平市浦城县城南浦镇以北大半个县；北方言主要包括南平市区"土官话"和长乐县洋屿满族乡的"京都话"。

可见，福建省的方言分布并不均匀，较分散，全省大部分方言属闽方言，吴方言、北方言和赣方言只分布在少数县城。而闽方言遍布福建各地，客方言主要聚集地为闽西地区，但在闽南也稍有分布。可依据次方言，将福建文化格局规划成五个区，分别是以福州话为代表的闽东区，以厦门话为代表的闽南区、以莆田话为代表的莆仙区、以客家话为代表的闽西区和以建瓯话为代表的闽北区。这五区各具特色、各抒风情。

以福州话为代表的闽东，其方言是现代汉语八大方言之一，形成过程与历史上中原人迁徙入闽关系密切，因此，至今仍保留有大量的古汉语语法和古语词，以及古汉语的语音特点，如有七个声调等。此外，以福州话为代表的闽剧、评话、尺唱等，独具匠心地诠释了闽东人民的社会文化生活，彰显闽东文化独特的一面。以厦门话为代表的闽南，具有丰富的语言底蕴，与台湾的闽南话一脉相连，其特点在于有五十韵母、十五切音、八个声调，并且不同区域闽南话声调各有差异，如在"十五音系统"上形成的"泉州语"与"中古音"演变而来的"漳州语"，同是闽南语，但在声调上各异。以莆田话为代表的莆仙，其方言是以中原古语、闽越语音的结合体为主，并逐渐吸取现代语汇和一些外国语为辅的地方话，具有八音分明、留着边擦清音及沿用唐朝以前中原古汉语等特点，这也是其独特的标志。以客家话为代表的闽西，其文化是中原汉文化与南方的土著文化融合的产物，因此，具有深厚的中原文化底蕴，保持着汉文化的基本特征，如客家文化中具有的十分强烈的寻根意识与乡土意识、以团结和奋进为核心的客家精神等，另外，客家的"农事帮工"、以水车灌溉农田、客家人"六礼"的婚姻方式、客家土楼等，体现了客家文化的与众不同之处。闽北方言的形成与社会分化、人民迁徙、山河阻隔等关系密切，因此其文化是在继承、发扬多种文化形式（如闽越文化、吴楚文化、中原文化等）的基础上，融入社会生产力、区域地理特征等影响因素，逐步形成具有地方特色的文化产物。建瓯方言是闽北方言的代表，与其他方言相比，具有明显的差异，体现了闽北方言的独特之处，如在建瓯话中，保留有大量的古代词语，有些词语现在已成为"文言文"。

语言是人们交流、沟通的重要工具，是见证文化分化的标志之一，亦是区域文化演变的分水岭，同一方言区，其亲缘关系，在很大程度上高于不同方言区。因此，一种方言可以代表一个地区的文化发展，展现一个地区的文化特色。福建省具有五大方言，各据一方，相互联系，相互区分，是文化格局发展的一种趋势所向。

2. 生态环境资源依据

地域环境是承载外来文化的载体，也是本土文化孕育的温床。福建省山水交融、蕉岛棋布，赋予了福建省深厚的生态文化特质。

福建省位于欧亚板块的东南部，地势总体上西北高东南低，横断面略呈马鞍形。境内多山，群峰耸峙，山岭蜿蜒，河谷盆地穿插其间，地形复杂多样。地貌类型以低山、丘陵为主，沿海地区主要是台地和平原，此外，海岸曲折，多港湾，多岛屿。全省主要地貌资源有丹霞地貌景观，如武夷山、连城冠豸山等；有花岗岩地貌景观，如太姥山、厦门万石岩等；有岩溶地貌景观，如永安大湖石林、将乐玉华洞等；此外，还有火山岩地貌、海蚀地貌、滨海地貌等。

福建省西北部是由武夷山脉组成的闽西大山带，中部是由鹫峰山、戴云山和博平岭等山脉组成的中部大山带，两大山带斜贯全省，将福建分为闽西北中亚热带和闽东南南亚热带两个气候区，两个区域的自然环境条件存在较大差异，形成了各自特色的森林植被类型，因此造就了它们在生态文化上的差异。福建省森林植被划分为两个地带，即：南亚热带季风常绿阔叶林带和中亚热带照叶林地带。主要森林类型有：亚热带针叶林景观、常绿阔叶林景观、针阔混交林景观、落叶阔叶林景观、常绿落叶阔叶混交林景观、山地矮林景观、灌丛景观、竹林景观、沿海防护林景观、古树名木景观等。此外福建省境内还分布有丰富的野生动植物资源，其中不乏国家重点保护动植物资源，给生态文化平添了许多靓丽的色彩，并赋予了森林生态文化更深的科学文化内涵。

从资源分布看，闽西北的南平、三明、龙岩是福建省主要林区，其有林地面积大，活立木蓄积量高，分别占全省的66.4%和81.6%。森林中，主要以人工杉木林和马尾松林占最大优势；此外，该区几大自然保护区也保护了一定数量的天然林，为我们留下了可贵的地带性植被和生物多样性资源；同时，长期劳作在这片土地上的先民们，为我们遗存了众多传统森林文化，包括非物质的森林耕作文化和物质形式体现的禁伐碑刻等。而莆田泉州漳州闽南沿海地区，传统上以滨海特色植被为主，在经济林、薪炭林等方面具有特色；近年来由于该区经济的快速发展，带来自然资源在一定程度上的缺失，目前主要是以桉树等速生树种种植为特色的工业原料林基地迅速崛起，从而在森林文化上也有他独特的一面，同时也因为该区经济的快速发展，带来对环境改善和生态体验场所旺盛需求，为弘扬生态文化注入了极大的动力和活力。

（二）布局框架

河口是福建文化的发祥地，一直以来，福建的水域系统影响着福建文化的分布与发展，对福建文化格局的形成具有重要的作用，而方言是最能体现一个地方文化特色的因素。因此，将福建的水域系统与福建方言分布相结合，研究福建文化的布局，具有重要意义。它积极拓展文化形式，充分集约各种元素的相似点，深入分析各种形式的差异点，有利于多元文化的持续、健康发展。

福建水域系统将福建按方位分成五个区，而各具特色的方言、次方言亦将福建分为五个区。综合分析可得四个主要文化分布区，分别是沿闽江流域以福州话为代表的闽东文化区、沿汀江流域以客家话为代表的闽西北文化区、沿晋江与九龙江以厦门话为代表的闽南文化区和沿木兰溪以莆田话为代表的莆仙文化区。这种文化新格局，具有如下特点：一方面，它从产生文化差异性的主要因素（水系、方言）入手，综合考虑其影响，借以分析，寻找两者的平衡点，作为分区的主要依据，使得格局更清晰，各区间的特色更突出；另一方面，新格局遵循福建省地带性划分特点（中、南亚热带），即以戴云山—鹫峰山—博平岭等组成的闽中大山带为分区线，有利于分区内地带性植被的统一管理与布局，带动其生态文化可持续发展，为生态文化规划布局作铺垫。

综合以上分析，将福建生态文化建设的布局分为：一条生态文化风光带，三大生态文化建设区。

1. 闽东南沿海滨海湿地与闽台生态文化风光带

（1）涵盖范围

福州市13个县（市、区），莆田5个县（区），泉州12个县（市、区），厦门6个区，漳州11个县（区）。

（2）生态文化的基本情况

生态文化主要根基：深厚的海洋（妈祖文化）、民俗风情、湿地、森林文化底蕴。

特色文化产品：闽剧、评话、十番；南音、木偶戏、高甲戏、梨园戏、斗笠舞、惠安女服饰；莆仙戏、十音八乐。

（3）生态文化载体的主要情况

闽东南沿海滨海湿地生态文化风光带中，主要生态文化载体包括各类生态旅游观光景区，如国家森林公园（如福州国家森林公园、平潭海岛国家森林公园等）、湿地公园（如长乐闽江河口国家湿地公园等）、自然保护区生态旅游景区（如闽清黄楮林温泉景区、漳江口红树林保护区、龙海红树林自然保护区等）。这些景区既展示了森林生态文化，又展示了滨海生态文化的特色，其资源主要内涵包括：湿地生态、鸟类生态文化、滨海生态、森林生态、古榕文化、人文底蕴等。

2. 闽西北丹山碧水生态文化区

（1）涵盖范围

南平市各县（市、区），三明市的梅列区、三元区、大田县、沙县、永安市、尤溪县、泰宁县、建宁县、将乐县。

（2）生态文化的基本情况

生态文化主要根基：璀璨的森林、丹霞文化。

特色文化产品：挑幡、战胜鼓、高照、喊山、柴头会、祭游酢公。

（3）生态文化载体的主要情况

该区主要生态文化载体包括国家森林公园（如泰宁猫儿山国家森林公园、建宁闽江源森林公园等）、自然保护区生态旅游景区（如武夷山国家自然保护区、将乐龙栖山国家自然保护区等）和各种类型的乡村风水林（如建瓯万木林等）。该区是闽江的重要生态屏障，既展示了良好的自然生态植被底蕴，又孕育了深厚的闽江源生态文化，同时，积累了深厚的山区人民生产、生活文化习俗，是孕育山乡生态文化的摇篮。其生态文化的特质和内涵包括：森林生态、丹霞地貌、人文底蕴、林区耕作文化等。

3. 闽西客家文化红色胜地生态文化区

（1）涵盖范围

龙岩市各县（市、区），三明市的宁化县、明溪县、清流县。

（2）生态文化的基本情况

生态文化主要根基：浓郁的客家文化、丰富的绿色资源、深厚的革命历史底蕴。

特色文化产品：永定土楼、古田会议旧址、梅花山自然保护区（华南虎文化）、客家服饰、客家风俗、客家祖地。

（3）生态文化载体的主要情况

该区主要生态文化载体包括国家森林公园（如上杭国家森林公园、漳平天台国家森林公园、龙岩国家森林公园等）、自然保护区生态旅游景区（如梅花山自然保护区、武平梁野山国家自然保护区等），梅花山的华南虎文化在我国生态文化中独树一帜，特色明显。该区还是我国重要的红色文化基地，我国老一辈无产阶级革命家曾在这里谱写了轰轰烈烈的篇章，为新中国的成立奠定了良好的基础，留下了古田会议旧址、中共苏维埃旧址等。此外，这里还是客家人的主要聚集地，具有深厚的客家文化底蕴，其民风民俗、饮食起居均具有浓厚的特色，有汀江客家母亲河、宁化客家祖地、永定土楼等，客家的择居文化、风水林文化、农耕文化等极大地充实了以良好的生态环境为基础的森林生态文化内涵。其资源主要特色和内涵有：森林生态、客家文化、山乡文化、红色旅游、华南虎文化等。

4. 闽东畲族生态文化区

（1）涵盖范围

宁德市9个县（市、区）。

（2）生态文化的基本情况

生态文化主要根基：浓厚的畲族文化、丰厚的绿色资源。

特色文化产品：畲乡文化、憩山亲水文化。

（3）生态文化载体的主要情况

该区地形立基于鹫峰山的崇山峻岭，由于山势险峻、陡峭，造就了闽东奇山秀水的生态文化根基。这里的山水特色显著，青山绿水在中国的生态旅游中异军突起，全国十佳完美假期旅游线路闽东亲水游的评选成功，给闽东生态旅游注入了无比的生机和活力，以白水洋的奇山秀水为龙头的闽东旅游是我国生态旅游的新亮点。此外，宁德支提山、霍童古镇的深厚的宗教文化，周宁鲤鱼溪、闽东廊桥文化、闽东畲乡（上金贝畲族村、猴盾畲族村等）等特色浓郁的乡土文化，三都澳军港等海岛景观，正以其独特的魅力给闽东生态文化予深厚的底蕴。其资源主要特色和内涵有：畲乡文化、森林生态、亲水文化、渔耕文化等。

（三）建设重点

生态文化成为人类认知自然并开始履行人与自然和谐共处的宣言书，诠释着人与自然共处的每种现象，既传承传统福建文化关于人与自然关系的历史，又拓宽了人们对自然的认识尺度。

1. 闽东南沿海滨海湿地与闽台生态文化风光带建设重点

（1）湿地生态文化建设

加强湿地生态保护是实现可持续发展的内在要求。福建是国内滨海湿地资源最为丰富的省份之一，全省有八处湿地被列入中国重要湿地，分别是三都湾、福清湾、泉州湾、深沪湾、九龙江河口、厦门湾、漳江口和东山湾，均位于闽东南。可见，闽东南一带具有丰富的湿地资源，尤其是红树林资源。闽东南具有较丰富的红树林资源，其中，闽南龙海的红树林保护区是国家保护的重要湿地之一。目前，福建已建成各级湿地自然保护区30处，保护面积20万公顷，占自然湿地面积的25%。同时，开始动工建立面积达281公顷的长乐闽江河口国家湿地公园，这将成为福建省首个滨海湿地公园，也是福建省面积最大的湿地公园。然而，随着该区工业化进程的加紧，很多湿地开始被填埋，改建成工业用房等，湿地面积在不断地减少。所以，加强以湿地公园、红树林保护区等为载体的湿地生态文化建设，开发湿地生态文化旅游产品，开展湿地生态旅游，是该区建设的主要任务之一。

这一区域中，除了具有丰富的湿地资源，闽东南沿海一带，还具有悠久深厚的海洋文化。海洋文化是中华文明的标志之一，也是福建最重要最具特色的文化，"海上丝绸之路""郑和下西洋"等展示了其古文化积淀深厚的一面，海上丝绸之路文化、妈祖信仰、船政文化、闽越文化、惠女风情等凸现了其丰富多彩的文化内涵。东山岛、鼓浪屿、湄洲岛、平潭岛等作为海洋文化传承的载体，景色优美、风光旖旎，是福建省重要的旅游胜地。在这些区域，应着力将沿海防护林文化和海洋文化融入其中，建设滨海旅游休闲度假新品牌和载体。

（2）森林生态文化建设

闽东南沿海一带，具有优美的滨海风光，从"榕城"福州到"刺桐城"泉州，到"滨海园林城市"厦门，沿海城市的绿化工作越来越受到重视，且具有古榕文化等深厚的森林生态文化，如何利用丰富的植物资源营建生态优美的环境，成为城市建设者的重要任务之一。森林以其特有的美化、绿化、保健、改善环境等游憩与生态功能，成为城市建设倍受青睐的素材，沿海一带的森林公园不断得到开发与利用，现有国家级森林公园10余处，省级国家森林公园40多处，形成了滨海优美森林景观，不仅带动全省森林旅游业得以快速发展，更推动森林生态环境建设与森林文化发展，充分发挥森林的综合服务功能。在这一带，挖掘以古榕为代表的古树名木文化、沿海防护林文化、森林古道文化等，建设乡村风水林，拓展森林综合服务功能，将发达城市近郊的休闲、度假、会务经济推向一个新的高度。不断推进以森林公园、森林人家为载体的森林文化建设，是沿海经济发展的需求，更是提升该区文化品味的不可或缺的重要内容。

（3）闽台生态文化建设

福建与台湾山水相依、血脉相连，地缘近、血缘亲、文化缘深、商缘广、法缘久，同根同源、一脉相承的人文历史事实，将闽台两地紧密相连，也为闽台生态文化建设打下坚实的基础。相似的自然条件、共同的文化根源将闽台生态文化融为一体，并随着闽台交流的日益深入，不断前进，实现可持续发展。"海峡百姓论坛""闽台文化交流研讨会"等活动的开展、厦门金门双向贸易的实行、台湾农民创业园的成立、"小三通"政策的实施等，对闽台两地的文化交流与经济发展起着重要作用，进一步强化了闽台合作交流，包括台湾同胞到福建寻根问祖、闽台经济合作等，也为闽台生态文化建设创造良好的沟通平台。这一平台将继续深化闽台生态文化建设内涵，不仅有寻根文化，还包括妈祖文化、闽南民俗风情、花卉产业发展与木材生产的双向合作等。

妈祖文化。福建是妈祖的诞生地，是妈祖文化的发源地。走进历史，妈祖的故事历代传颂，保护舰队、涌潮济师，击退敌寇，功盖天下，被各朝皇帝加封为英烈妃、天妃、天后等；走进民俗，妈祖的显灵传说故事数不胜数，甘泉济师、澎湖助战、天妃神助、庇佑致胜、神女救船、护助剿寇等，充满传奇色彩。妈祖文化是闽台人们共同信仰的文化，凝聚着海峡两岸的亲情、爱国情。台湾同胞对妈祖文化充满了敬仰之情；1989年5月，200多名台湾同胞不畏台湾当局禁令，乘船直抵湄洲妈祖祖庙朝拜；1997年1月至5月，湄洲妈祖金身巡游台湾，引起巨大反响；2005年，连战和宋楚瑜朝拜湄洲妈祖庙时，分别题词"神昭海表""圣德配天"。自1994年第一届妈祖文化旅游节举办以来，闽台两地的文化、经济交流日益密切，妈祖成为海峡两岸通航、通商的和平象征，成为密切同胞往来的和平女神。如今，妈祖文化旅游节已成为海峡两岸三地的文化盛事，2007年第九届妈祖文化旅游节，以突出和谐主题、文化内涵、两岸交流、旅游品牌为四大特点，启动了"中国生态道德建设湄洲岛教育基地"授牌仪式，标志着妈祖文化内涵得以提升，是闽台生态文化建设的重要内容，为人类文化宝库增添奇光异彩。

闽台民俗风情。闽南金三角厦漳泉虽与台湾隔海相望，却有着割舍不断的渊源，乾隆《台湾府志》云："厦门、台郡如鸟之两翼，土俗曰厦即台，台即厦。"两岸人们语言相通、信仰相同、习俗相近，拥有共同的民间艺术，如歌仔戏、南音等。此外，闽台两地还拥有相似的民俗风情，如中秋博饼等。在闽南地区，中秋博饼这一民俗文化，已作为闽南文化的独特奇范被加以保护、倡导。据最新博饼民俗研究成果表明，早在明代后期闽南便有这一习俗，更有确凿证据说明民族英雄郑成功将博饼这一习俗带进台湾。如今，在中秋这一重要节日，海峡两岸共欢场面不断涌现，如海峡两岸中秋晚会、海峡两岸中秋博饼王中王大赛等，充分展现了两岸同胞的手足情。随着闽台两地交流的日益频繁，两岸形似神似的民俗文化将会有更多的共同之处，闽台一家亲的事实不容置疑。闽台民俗风情蕴含着两岸同胞的手足之情，也散发了自然文化的璀璨光芒，为构建人与自然的和谐关系发挥作用，在闽台生态文化建设中扮演重要角色。

花卉产业发展与木材生产的合作。台湾拥有先进的花卉生产技术和优良的花卉品种，但其劳动力资源缺乏，与福建广阔的生产基地和丰富的劳动力资源，刚好形成优势互补；台湾对珍稀木材、中草药等生态产品的亟需与福建丰富的木材、中草药资源形成资源互补。可见，福建丰富的资源条件与良好的投资环境是台湾产业转移的天然腹地，而台湾先进的生产技术与完备的森林保护措施是福建林业经济发展、生态建设的需要，闽台合作将互补所需、实现双赢。因此，充分利用相关政策条件（如"小三通"等），以台湾农民创业园为载体，引进台湾先进技术、经验，加强交流，发展福建林业，对福建山区经济、文化建设具有重要意义，也是今后深化、提升闽台生态文化内涵的重要内容。

2. 闽西北丹山碧水生态文化区建设重点

（1）丹霞碧峰生态文化保护与建设

丹霞文化起源于韶关丹霞山，当时生活于此的古越族先民，流传着女娲造人补天的传说，丹霞文化记录了古越族先民居于天然洞穴，为避战乱在悬崖之顶筑山寨的历史，是山区文化遗迹的一大特色。此外，壮丽的丹霞景象吸引众多文人墨客赋诗题字、刻石立碑，留下荟萃闪耀的摩崖石刻和碑刻，成为珍贵的文化遗产和重要的旅游资源。在福建，武夷山、泰宁、连城、永安等闽西北地区，发育着我国典型的丹霞地貌。武夷山、永安、连城等地出现红色岩层外露，勾画出瑰丽奇特的丹霞地貌景观；永安、宁化、龙岩、将乐等地发育有较大面积的喀斯特地貌如溶洞、溶蚀洼地、峰林等。"色如渥丹，灿若明霞"是丹霞景观的真实写照，像闽西北地区如此规模优美壮观的丹霞地貌景观在我国屈指可数，武夷山、泰宁大金湖在全国七大最美丹霞地貌中分别位居第二、第三位。闽西北丰富的植被资源与丹霞资源相互融合，共同营造特色生态景观，是生态文化建设的原材料。可见，丹霞地貌带给闽西北丹山碧水的优美景象，不仅是其重要的旅游资源，还是促进闽西北生态文化建设的重要基础。

（2）山乡生态文化建设

乡村旅游是现代休闲旅游形式之一，以其纯朴归真之情、自然野趣之景，营造轻松舒适的环境，融化人们工作、生活中紧张压抑的情绪，因而倍受人们喜爱。闽西北一带崇山峻岭、茂林修竹，驻扎着一处处具有深厚乡土气息、优美田园风光的山里人家，为人们提供休闲的旅游环境。随着乡村旅游的发展，山里人家的服务项目日益丰富，不断创造满足人们多样化需求的服务功能，如农家生活体验、田园景观游赏等，伴以隽秀的山体景观、壮丽的林木景色，似有"蝉噪林愈静，鸟鸣山更幽"之意境。在该区，应着力打造森林人家的品牌，挖掘林区农耕文化、推行林农生产生活体验（挖冬笋为手段的笋竹文化体验等），品味山乡四季美食，是该区生态文化品牌创建的一个亮点。

（3）林区产业生态文化建设

闽西北山地资源丰富，植树造林历史悠久，是福建省重要的工业原料林生产基地，以此为载体培育了以杉木、马尾松等工业原料林基地建设和竹林生产、茶叶生产为内容的深厚山区农耕文化。山区农耕文化积累了历代祖祖辈辈开发山地、造林营林的经验，沉淀着源远流长的造林文化。闽西北具有规模化的杉木、马尾松等工业原料林基地和竹林生产基地，便是延续这一文化的重要平台。

如南平溪后安曹下杉木速生丰产林，39 年生时每公顷蓄积达到 1185 立方米，这是山区农耕文化的经验使然，同时也延续了农耕文化的发展。以永安九龙竹海森林公园等为载体，发扬继承山区农耕文化，展示毛竹等竹文化、武夷大红袍、正山小种红茶等深厚文化底蕴，是闽西北林区产业生态文化建设的一大亮点。

（4）地带性森林植被保护及自然保护区生态文化建设

随着森林旅游业的发展，闽西北丰厚的森林资源优势得到充分地发挥，以地带性森林植被保护及自然保护区生态旅游为载体的生态文化，绵延森林文化，融入旅游文化，形成独有的精神理念，使得森林之美在旅游中被认知，深化人们对森林、对自然的感情，慢慢衍化成一种自觉意识。这种意识不仅在于保护环境，还在于热爱自然、热爱生活等内容，这是森林旅游在生态文化发展中所起的效应。这一生态文化建设内容主要以武夷山、将乐龙栖山、永安天宝岩、南平茫荡山、建瓯万木林等自然保护区为载体，开展原生植被类型保护、生物圈保护等森林生态、森林与环境建设，将推动森林生态科普、弘扬生态文明与开展生态旅游相结合，推动生态文化朝着更高的层次发展。

（5）闽江源生态文化建设

闽江是福建第一大河，发源于武夷山脉杉岭南麓，流域面积 6.1 万平方公里，约占全省面积的 1/2，由建溪、富屯溪和沙溪 3 大支流在南平市交汇而成，全长 541 公里。河口是文化发展的聚集地，位于闽西北的闽江源在历史积淀中形成其特有的生态文化内涵。以闽江源国家自然保护区、闽江源国家森林公园等为载体，闽江源生态文化更真实地被人们认知。闽江源国家自然保护区植物资源丰富、群落特色显著，保护区内拥有 11 个植被型 44 个群系 84 个群丛，包括多个特有群落，如南方红豆杉群落、福建山樱花群落、深山含笑群落、雷公鹅耳枥群落、香果树群落、浙江红山茶群落等，如此多样的珍稀群落，全国罕有。闽江源国家森林公园位于建宁县，以曼妙多姿的水体景观、壮观秀丽的森林景观为主要资源依托，将旅游与保护有机结合，在森林文化中融入旅游文化，使其文化内涵更为丰富。闽江源国家自然保护区与闽江源国家森林公园致力于闽江水源涵养林、珍稀树种等的保护，对保护闽江、改善生态环境具有重要作用，正是闽江源生态文化建设的主要体现。

3. 闽西客家文化革命胜地生态文化区建设重点

闽西众多的革命旧址、革命文物等红色资源是中国共产党在闽西的革命斗争实践中所形成的伟大革命精神的物质载体，是革命精神的传承者，是革命传统教育与爱国主义教育的圣地，是闽西重要的红色旅游资源；浓郁的客家文化、丰厚的绿色资源为闽西生态文化建设打下深厚的物质基础。总之，闽西深厚富裕的红色资源，伴着其特有的自然生态、人文地理、民族风情，与绿色资源、人文资源交相辉映，为建设红色旅游、绿色旅游与人文旅游相结合的闽西客家文化、红色旅游生态文化区提供了丰厚的物质与精神条件。

（1）红绿相映的革命胜地生态文化建设

闽西位于福建省西部，是革命老区，现今保留有二十几处革命旧址，其中古田会议旧址群、福建省苏维埃政府旧址汀州试院、福音医院、辛耕别墅、福建省总工会旧址、中共福建省委旧址长汀中华基督教堂、长汀云骧阁等 7 处是国宝级革命旧址，拥有全国重点文物保护单位 15 处。这片曾洒过众多老一辈无产阶级革命家汗水的土地，是一片承载着壮丽革命篇章的神圣土地，到处印下革命先辈们浴血奋战、勇于探索的足迹，闪耀着革命精神的思想光华。闽西，这块神圣的土地，印载着无数宝贵的红色史迹，从辛耕别墅到古田会址，从闽西第一个红色政权——长汀县临时革命委员会成立到福建省苏维埃政府成立，这段峥嵘岁月，将在闽西永远放飞思想的光芒。同时，闽西的红色政权的成长壮大，与闽西碧峰秀水的自然生态紧密相连。

（2）峰林交融的森林生态文化建设

闽西是福建三大林区之一，气候温和、水量充沛，适宜林木生存，植被资源丰富，种类繁多，森林覆盖率高，具有丰富的绿色资源和良好的生态条件，梅花山自然保护区、武平梁野山自然保护区等是其良好生态的典型代表。所到之处，绿浪层叠、竹苞松茂。此外，闽西山体形态迥异，发育着一道道奇峰异石的佳景，与秀美的森林景观相互融合，营造一派流离绚彩、绮丽无比的景致，令人流连忘返、意犹未尽，由此开创了闽西峰林交融的森林旅游。被誉为"北回归荒漠带上的绿色裴翠"的国家自然保护区梅花山、"阳刚天下第一，阴柔举世无双"的国家级风景名胜区连城冠豸山，以及龙岩国家森林公园等各级森林公园均是闽西丰富绿色资源的实践地，亦是森林生态旅游的圣地。依托丰富的绿色资源与良好的生态条件，闽西森林生态文化内涵日益丰富，其中最具特色的有华南虎文化、亚热带常绿阔叶林生态文化等。立足其优势与条件，闽西绿色旅游生态文化建设重点在于将山、石、林的建设融合一体，丰富其文化内涵。

（3）山水交融的客家生态文化建设

闽西是客家人的聚集地，有着丰富的客家文化。客家文化是具有汉唐风韵的中原文化与具有浓郁乡土气息的土著文化的融合体，包括特有的客家建筑、客家语言、客家节日、客家服饰、客家精神等。典型的客家建筑如永定的土楼、长汀的九厅十八井等，永定土楼被誉为"世界建筑奇葩"；客家话是福建省五大方言之一。坐落于山清水秀的闽西一带，客家文化融入江河水系及群峦叠嶂的生态之意，在山水之景中得到更好地诠释，丰富的客家文化使闽西这片革命根据地拥有浓郁的民族文化气息。

4. 闽东畲族生态文化区建设重点

（1）畲乡本土生态文化建设

闽东的畲族人口达17万，约占全省畲族人口的1/2、全国畲族人口的1/4，是全国最大的畲族聚居地。畲族是古闽越族的后裔，宋朝以前，畲民被称为"蛮僚"，入宋后普遍称为"畲民"。畲族有自己的语言，属汉藏语系苗瑶语族，有独特的民族传统文化及生活习俗，如"三月三赛歌会""九月九比武会""端午节采茶"等传统文化节日，还有反映畲族同胞勤劳、勇敢、无畏精神的"上刀山""下火海""奶娘刑罡"等世代传承的优秀畲族传统节目，等等。该区集合畲族这一独特而丰富的少数民族文化，本着传承和弘扬的精神，开展生态文化建设，同时，将生态文化建设往四周辐射，并在闽东原有旅游品牌的基础上，创造"畲家寨"新品牌，带动闽东的生态旅游区建设。目前，以宁德市蕉城区上金贝畲族村及八都镇猴盾畲族村为代表品牌的社会主义新农村建设已普遍在闽东开展，为畲乡本土生态文化区建设提供了良好的经验和典范。

（2）闽东奇山秀水生态文化建设

闽东依山傍水、山峦叠嶂，富有奇山异林、山海川岛和民俗风情之景，乃生态文化培植地，同时，亦是多元文化集合地，以宁德支提山森林公园为典型。宁德支提山森林公园山高谷深、草木茂盛，是集游憩观赏和爱国教育为一体的旅游景点，其中支提山被明朝永乐皇帝赐以"天下第一山"称号。公园内除了丰富的森林资源，还承载着支提山佛教文化、霍童道教文化。此外，还有国内独一无二的屏南白水洋、周宁九龙漈生态景区、人鱼和谐闻名数百载的周宁鲤鱼溪、素有"海国桃源""闽海蓬莱"盛誉的宁德七都溪，以及天然良港三都澳等，这些著名的旅游景区，是假日亲水旅游的圣地，也是宣扬生态文化的重要载体。将这些优越的景观资源，与畲族浓厚的民俗文化相融合，开发闽东畲族生态文化区，不仅集约闽东生态文化资源，大力宣传优良生态文化，而且拓宽了文化尺度，对弘扬生态文明、开创生态文化建设新纪元具有重要作用。

（3）滨海渔耕生态文化建设

在社会文化发展进程中，农耕文化与渔耕文化分别代表了两种不同农事活动的历史积淀，前者是陆面田地耕种文化,后者则是海上渔耕文化。渔耕文化是祖先在特定的地域环境和生存状态下,产生的一种由物质和精神需求所组成文化层面的历史沉淀。虽然这种时代已不复存在,但渔耕文化是一种活态文化,其文化脉络在沿海滨海地区仍随处可寻,并随着环境保护、生态建设的推进,越发精彩与倍受重视,一些带有渔耕文化印记的事件或物品成为炙手可热的旅游资源。闽东滨海地区渔耕文化具有一定历史底蕴,与生态旅游业发展相结合,在一定程度上文化生态保护与旅游开发并举,实现双赢,尤以宁德三都澳海上渔排旅游为代表。宁德市的山、海、川、岛,三都澳的四面环山、众岛为屏,礁石岸屿、奇峰怪石,风光绮丽,是海上避风港、渔业生产基地,亦是旅游胜地。三都澳海上渔排,有着得天独厚的海上天湖,延绵数平方公里的海上渔排,气势壮观,既传承渔耕文化,又依托渔耕文化,将自然生态、物质生态、文化生态交相辉映,共同营造和谐的渔排旅游环境。滨海渔耕生态文化是闽东文化的重要组成部分之一,深化渔耕文化,与旅游开发相结合,是今后闽东生态文化建设的重要内容之一。

第五章 海峡西岸现代林业建设重点工程

第一节 森林生态建设重点工程

一、山地森林保育工程

福建境内多山地丘陵，陆地面积 12.38 万平方公里，其中山地面积占 75%，丘陵面积占 15%，平原面积占 10%，素有"八山一水一分田"之称。福建省区域水土流失较为严重，其中，泉州、龙岩和漳州等地还有剧烈水土流失区，三明、龙岩、南平、宁德和泉州等地还有较大面积的强度以上级的水土流失区。山地森林是全省陆地生态系统的主体，山地森林的质量直接影响着福建省的生态环境质量。福建省实施林业分类经营改革，按照森林的主导功能将全省的森林划分为生态公益林和商品林，其中，生态公益林面积为 286.26 万公顷，占全省林地面积的 30% 以上，制订了生态公益林分级管理办法，开展生态公益林限制性利用试点，积极探索保护和利用相结合的路子。目前，福建省生态公益林主要是从原有用材林划分出来，对公益林而言，林分树种单一、结构简单、针叶树比重过重，林分生态效能较低，尤其是在水系两岸、交通要道、城镇及乡村周边等人为活动频繁的地段，林分长期受到人为频繁干扰，有待于根据不同类型生态公益林进行保护和培育，同时，福建省山地水果及茶叶的发展，引发较严重的水土流失，有待于加强山地森林的保育。

1. 建设目标

山地森林保育的目标是保护生物多样性、增强森林生态系统健康活力、保持水土、以提高山地森林的防灾减灾能力，同时，维持森林生态系统的生产力，提高森林的社会效益和经济效益。福建省生态公益林保育的重点是逐步增加生态公益林比例，加强 4.3005 万公顷在水系、交通要道、城镇及乡村周边等重要地段生态公益林的封育与改造，加强公益林火烧迹地的更新；山地水土保持的治理重点是增加植被覆盖度，以减少山地水土流失的面积和降低水土流失的等级。具体目标是：2010 年以前，生态公益林面积保持在全省林地面积的 30% 以上，完成 78255 公顷重点生态公益林的改造，28434 公顷水土流失区的治理；2011~2015 年生态公益林面积达 307.60 万公顷，占全省林地面积的 32% 以上，改造重点生态公益林 170116 公顷；2016~2020 年生态公益林面积达 344.89 万公顷，占全省林地面积的 37% 以上，改造重点生态公益林 20209 公顷。改造目的是增加阔叶林比例，形成林分结构比较合理、功能比较稳定、景观比较优美的林分，基本满足国土生态安全、改善环境和提升区域生态质量的需要。

2. 建设范围

福建省域重要水系、城镇及乡村周边重点生态公益林，山地重点水土流失区，公益林火烧迹地。

3. 建设内容

福建省山地生态公益林在封山育林保护的前提下，一方面是加强重点地段生态公益林改造，另一方面是根据经济社会发展需要进一步扩大生态公益林面积，加强水土流失区治理，重点落实总体布局和生态体系布局中的"三区"区域，以改善区域生态环境，提高森林的防灾减灾能力。

（1）河流及大中型水库周边公益林改造：针对福建省闽江、九龙江、汀江、晋江、赛江、敖江、木兰溪及库容5亿立方米以上水库流域，进行自然地形中第一重山脊的生态公益林改造。目前，福建省有152.67万公顷的重点生态公益林，其中，江河源头、江河两岸及水库区域的重点生态公益林为48.05万公顷。该区域中的疏林地、灌木林地、未成林地和宜林地重点进行封育和掺砂改造，引入地带性阔叶树种。对原来以经营针叶用材林为主的林分，由于其树种单一，林分结构简单，重点进行林分结构优化，增加乡土阔叶树种的比例，提升林分质量，提高物种多样性，增强森林涵养水源、净化水质、保持水土的功能。到2010年以前，该区域重点进行江河两岸47140公顷和水库周围7461公顷的疏林地、灌木林地和宜林地等的封育和改造，工程规模计共15.74万公顷；2011~2015年，重点对该区域10.28万公顷原来为针叶纯林的低效公益林进行改造，改造为针阔混交林或常绿阔叶林。2016~2020年，全面加强生态公益林的管护，同时，进行8.04万公顷的低效公益林改造（表5-1）。

表5-1 水岸生态公益林保育工程 （单位：公顷）

项目	区域	名称	规模			合计
			至2010年	2011~2015年	2016~2020年	
江河两岸	闽江水系	闽江干流	7980	9237	6354	23571
		建溪	10087	6782	4123	20992
		沙溪	3713	9264	4284	17261
		富屯溪	3773	6061	3012	12846
	九龙江水系	九龙江	2596	7787	14580	24963
	汀江水系	汀江	2350	7049	8298	17697
	晋江水系	晋江	1658	4973	7130	13761
	闽东沿海诸水系	赛江	7905	23714	8140	39759
		敖江	6558	19674	9860	36092
	闽南沿海诸水系	木兰溪	522	1565	3120	5207
	小计		47142	96106	68901	212149
水库		水口水库	420	1647	1785	3432
		棉花滩水库	1967	834	2543	3377
		街面水库	1807	1549	3176	4725
		池潭水库	2213	346	1341	1687
		山美水库	260	163	371	534
		古田溪水库	487	210	394	604
		安沙水库	307	1943	1931	3874
		小计	7461	6692	11541	18233
共计			54603	102798	80442	230382

该区域生态公益林在闽江、九龙江、汀江、晋江、赛江、敖江等地开展示范区建设。

（2）城镇及乡村周边生态公益林改造：福建省该区域人口较为密集，受人为活动影响较大，生态公益林保育主要是为了改善居住区周围的生态环境，为周边居民提供休憩的场所，同时改变生态公益林的经营模式，发展非木质林产品种植工程，兼顾提高居住区居民的经济效益。建设内容主要是在保护原有的乡土植被的基础上，对低效林进行改造，恢复乡土植被。在城市周边以发展景观游憩林，对低质低效林以套种亚热带阔叶树为主，形成地带性景观群落。在村镇周边，套种具有亚热带特色的红锥、楠木、红豆杉、秃杉、黄檀等珍贵树种和香樟、沉水樟、建柏、格氏栲、观光木、闽粤栲等优良乡土树种，有计划、分步骤地恢复和发展珍贵树种资源，加快优良乡土树种种质资源的开发；同时，在林下发展食用菌及中药材，提高林分经营经济效益。2010 年前，进行 2.37 万公顷的公益林改造；2011~2015 年，重点进行完成 6.73 万公顷益林改造；2016~2020 年，完成 12.17 万公顷（表 5-2）。通过该区域生态公益林改造，建立一个稳定、优质、高效的森林生态系统，形成优美的山区自然生态景观，为发展生态旅游创造良好的环境，同时进一步拓展山区农民致富途径，减轻公益林保护压力。

该区域生态公益林在设区市周边城镇郊开展示范区建设。

表 5-2　城镇及乡村周边生态公益林改造及公益林建设工程面积分布　（单位：公顷）

地点	至 2010 年	2011~2015 年		2016~2020 年		合计
	改造	改造	新增	改造	新增	
南平市	4957	14108	20000	26691	55000	45756
三明市	5098	14508	20000	27448	52000	47054
龙岩市	2402	6838	20000	12936	48000	22176
福州市	3951	11246	31000	19757	40000	34954
厦门市	50	142	8000	166	10852	358
漳州市	3269	9305	41000	10897	45000	23471
泉州市	878	2498	41362	2925	45000	6300
莆田市	1446	4116	4000	4820	32000	10382
宁德市	1601	4558	28000	16013	45000	22172
共计	23652	67318	213362	121654	372852	212623

（3）生态公益林扩建：在保护和恢复福建省现有 286.26 万公顷生态公益林的基础上，根据福建省经济发展的需求，通过逐渐加大生态公益林投入，探索公益林补偿和利用机制，改变公益林经营模式，大力发展非木质林产品和珍贵树种等多种途径，把关系区域生态安全的林分逐步划归为生态公益林，使生态公益林面积稳步提高。2010 年以前，主要是加强现有生态公益林的封禁管护，全面提高生态公益林质量；至 2015 年，重点在厦门、泉州、福州、漳州和莆田等地，扩大公益林面积，使生态公益林面积达 307.60 万公顷，占全省林地面积的 33% 以上；至 2020 年，在继续扩大厦门、泉州、福州、漳州和莆田等地公益林面积的基础上，重点扩大南平、三明、龙岩和宁德等地的生态公益林面积，使福建省生态公益林面积达 344.89 万公顷，占全省林地面积的 37% 以上（表 5-2）。

该项生态公益林率先在福建省厦门、泉州、福州三个城市开展扩建示范林建设，探索经营管护的方式和机制。

（4）山地水土流失植被恢复：福建省山地面积大，人口密度较高，人为干扰大，山地水土流失较为严重。目前，山地水土流失其主要由果树、茶叶种植及传统不合理利用方式所造成，为减少山地水土流失，应以生物治理方式为主，针对水土流失成因，采取不同的措施，主要措施有：

一是转变经营观念，改变不合理的经营方式；二是加强水土流失区的封育，增加植被覆盖度；三是对山地果树、茶叶种植水土流失区进行改造，由传统种植园向生态种植园方向发展，以减少山地水土流失的面积和降低水土流失的等级。2010 年以前，主要是加强剧烈、极强度和部分强度水土流失区的治理，全省完成山地水土流失治理 28434 公顷；至 2015 年和 2020 年，重点加强强度水土流失区的治理，分别完成 81852 公顷、163704 公顷的治理（表 5-3）。

该项工程在福建省长汀、安溪、诏安率先开展示范建设。

表 5-3　山地水土流失治理工程面积分布　　　　　　　　　　（单位：公顷）

地点	2010 年前	2011~2015 年	2016~2020 年
南平市	4804	14413	28825
三明市	5459	16378	32757
龙岩市	5824	15097	30193
福州市	2032	6097	12194
厦门市	223	669	1339
漳州市	2396	7154	14309
泉州市	3777	10287	20575
莆田市	574	1721	3442
宁德市	3345	10035	20071
共　计	28434	81852	163704

（5）迹地更新：重点做好现有火烧迹地的更新，每年新形成的迹地限期在两年内完成更新。迹地更新以人工造林、补植为主，对有条件进行封山育林更新的地段，可采取天然更新方式。在迹地更新时，要与阔叶林发展工程相结合，尽可能发展阔叶林和针阔混交林。

二、沿海防护林体系建设工程

福建省委、省政府根据原林业部的统一部署，作出了全面实施沿海防护林体系工程建设的决定，规划在南起诏安、北至福鼎、长度达 3324 公里的海岸线上，建起带、网、片相结合，林种、树种结构合理的森林综合防御体系，构筑绿色屏障，以改善沿海地区生态环境，促进沿海地区经济发展。通过沿海地区广大人民群众的不懈努力，取得了令人瞩目的成就。至 2006 年，共完成造林更新面积 109688.0 公顷，占工程规划任务的 27.9%，其中：人工造林 57790.7 公顷，占 94.3%；封山育林43509.8 公顷，占 15.1%；低效林改造 8387.5 公顷，占 19.1%。人工造林中基干林带造林 11242.2 公顷，占工程规划任务的 347.4%。目前，全省沿海基干林带长度达 3014.0 公里，占全省海岸线长度的78.1%。

在沿海防护林体系建设过程中，各地坚持生态、经济和社会三大效益的协调发展，通过调整林种、树种结构，大力培育森林资源，使沿海林业显示出巨大的生机与活力。主要成就有：一是林种、树种结构得到进一步调整；二是木麻黄老林带二代更新得到有效解决；三是沙荒风口治理取得了明显成效；四是沿海地区生态环境得到进一步改善。

另外，福建省实施沿海防护林体系工程建设项目以来，也积累了许多成功的经验和做法，主要有：一是加强领导，强化责任；二是因地制宜，科学规划；三是广筹资金，增加投入；四是科技兴林，提高成效；五是突出重点，强化管理；六是加强管护，巩固成果。

沿海防护林体系建设任重道远，在总结成绩的同时，要清醒地看到沿海防护林体系建设仍然存在不少问题，面临着许多困难，主要表现为：一是沿海防护林体系质量不高、功能作用不强；二是配套建设资金投入严重不足，影响建设成效；三是经济发展的要求与沿海防护林保护之间的矛盾仍然突出；四是沿海防护林体系建设难度加大；五是红树林建设举步维艰。

1. 建设目标

根据新的形势和需求，福建省沿海防护林体系建设要实现以下"三个扩展"。一是在建设目标上，要向"高度"扩展，实现从一般性生态防护功能，向以应对海啸和风暴潮等突发性生态灾难为重点的综合防护功能的扩展。二是在建设内容上，要向"广度"扩展，将滨海湿地保护与恢复、沿海区域造林绿化统筹到沿海防护林体系建设之中，实现从结构相对单一的防护林体系，向以基干林带为主导，滨海湿地、滩涂红树林、城镇乡村防护林网、荒山绿化等有机结合的多层次结构防护林体系的扩展。三是在建设档次上，要向"美度"扩展，将沿海防护林体系建设与农田、道路、居民区绿化美化有机地结合起来，把沿海防护林建设成为福建省海峡西岸经济区一道"靓丽风景线"，实现从单纯营造防护林向绿化美化城乡、改善人居环境的扩展。

（1）阶段目标

到 2010 年，工程区范围沿海防护林体系得到较大优化和完善，初步建立起与沿海经济发达地区相适应的、功能较完善的、多层次的综合性防护林体系，沿海地区森林覆盖率进一步增长，红树林面积不断扩大，基干林带得到改造和加宽，城乡绿化一体化进程明显加快，森林资源和湿地保护得到加强，体系结构进一步优化，质量和功能明显提高，局部地区生态恶化的势头得到全面遏制。到 2015 年，工程区范围海防林体系更加优化和完善，森林覆盖率保持稳定增长，森林资源得到有效保护，森林质量和生态功能进一步提高，湿地保护与恢复取得进展，生态环境步入良性循环。到 2020 年，工程区范围海防林体系趋于完善，森林覆盖率保持稳定，森林资源得到全面有效保护，森林质量和生态功能进一步提高，湿地保护与恢复取得重大进展，生态环境步入良性循环，建成生态结构稳定、防灾减灾功能强大以及与国民经济社会可持续发展相适应的生态防御体系，促进沿海地区经济社会持续、稳定、健康地发展。

（2）具体目标

到 2010 年

1）森林覆盖率、林木绿化率：沿海防护林建设工程区森林覆盖率达 60%，林木绿化率达 62%。

2）红树林保护和发展：营造红树林面积达 1015 公顷，使红树林面积达到 2437 公顷。

3）基干林带：人工造林基干林带面积达 6780 公顷，其中断带造林面积 1008 公顷，长度 94 公里，基干林带建成长度达 3083 公里。基干林带更新面积达 2800 公顷。

到 2015 年

1）森林覆盖率、林木绿化率：沿海防护林建设工程区森林覆盖率稳定在 61% 以上，林木绿化率稳定在 63% 以上。

2）红树林保护和发展：营造红树林面积达 6200 公顷，使红树林面积达到 7600 公顷。

3）基干林带：人工造林基干林带面积达 7510 公顷，其中断带造林面积 1240 公顷，长度 107 公里，基干林带建成长度达 3105 公里。基干林带更新面积达 4100 公顷。

到 2020 年

1）森林覆盖率、林木绿化率：沿海防护林建设工程区森林覆盖率稳定在 62% 以上，林木绿化率稳定在 65% 以上。

2）红树林保护和发展：营造红树林面积达 10200 公顷，使红树林面积达到 11600 公顷。

3）基干林带：人工造林基干林带面积达 9010 公顷，其中断带造林面积 1440 公顷，长度

127 公里，基干林带建成长度达 3115 公里。基干林带更新面积达 5700 公顷。

2. 建设范围

根据总体布局，在北起福鼎、南至诏安的沿海地区，建设以基干林带为主，布局合理、结构稳定、功能完善，乔灌草、带网片相结合，多树种、多层次、多功能、多效益的保障沿海生态安全的沿海生态屏障带，为实现沿海地区资源、环境和社会经济的可持续发展和建设社会主义新农村奠定良好的基础。具体建设范围涉及宁德、福州、莆田、泉州、漳州、厦门等 6 个设区市所辖的蕉城、福鼎、福安、霞浦、古田、柘荣、仓山、马尾、晋安、罗源、连江、长乐、福清、平潭、永泰、闽清、闽侯、荔城、城厢、秀屿、涵江、仙游、泉港、丰泽、洛江、鲤城、惠安、晋江、石狮、南安、永春、安溪、德化、龙文、芗城、龙海、漳浦、云霄、东山、诏安、长泰、平和、南靖、华安、同安、翔安、海沧、集美、思明、湖里等 50 个县（市、区）。

3. 建设内容

（1）红树林保护和发展

红树林人工造林面积 10203.7 公顷，其中裸根苗造林 5071.6 公顷，胚轴插植 5132.1 公顷；封滩（育林）面积 560.0 公顷。其中：城市林业区，红树林人工造林面积 834.7 公顷，其中裸根苗造林 121.6 公顷，胚轴插植 713.1 公顷；封滩（育林）面积 140 公顷。详见表 5-4。

表 5-4　红树林建设一览表　　　　　　　　（单位：公顷）

统计单位	建设期	人工造林面积			封滩（育林）面积
		合计	裸根苗	胚轴扦插	
全省	小计	10203.7	5071.6	5132.1	560
	至 2010 年	5102.0	2535.9	2566.1	280.0
	2011~2015 年	3061.1	1521.5	1539.6	168.0
	2016~2020 年	2040.6	1014.2	1026.4	112.0
宁德市	小计	8135.8	4950	3185.8	
	至 2010 年	4067.9	2475.0	1592.9	
	2011~2015 年	2440.7	1485.0	955.7	
	2016~2020 年	1627.2	990.0	637.2	
福州市	小计	552.8	41.7	511.1	
	至 2010 年	276.5	20.9	255.6	
	2011~2015 年	165.8	12.5	153.3	
	2016~2020 年	110.5	8.3	102.2	
莆田市	小计	260.2		260.2	
	至 2010 年	130.1		130.1	
	2011~2015 年	78.1		78.1	
	2016~2020 年	52.0		52.0	
泉州市	小计	79.9	79.9		140
	至 2010 年	40.0	40.0		70.0
	2011~2015 年	24.0	24.0		42.0
	2016~2020 年	15.9	15.9		28.0

（续）

统计单位	建设期	人工造林面积			封滩（育林）面积
		合计	裸根苗	胚轴扦插	
漳州市	小计	973		973	420
	至 2010 年	486.5		486.5	210.0
	2011~2015 年	291.9		291.9	126.0
	2016~2020 年	194.6		194.6	84.0
厦门市	小计	202		202	
	至 2010 年	101.0		101.0	
	2011~2015 年	60.6		60.6	
	2016~2020 年	40.4		40.4	

（2）基干林带

人工造林：规划期内，新增人工造林基干林带长度 315.03 公里，面积 9088.88 公顷（其中国有林场 118.59 公顷）。其中断带造林长度 126.84 公里，面积 1440.72 公顷；基干林带加宽造林长度 188.19 公里，面积 7648.16 公顷。按海岸类型划分：泥质海岸基干林带长度 40.87 公里，面积 71.56 公顷；沙质海岸基干林带长度 89.16 公里，面积 966.95 公顷；岩质海岸基干林带长度 185.00 公里，面积 8050.37 公顷。

其中：城市林业区，新增人工造林基干林带长度 74.11 公里，面积 1890.62 公顷。其中断带造林长度 52.34 公里，面积 665.46 公顷；基干林带加宽造林长度 21.77 公里，面积 1225.16 公顷。按海岸类型划分：泥质海岸基干林带长度 9.14 公里，面积 12.47 公顷；沙质海岸基干林带长度 14.7 公里，面积 150.73 公顷；岩质海岸基干林带长度 50.27 公里，面积 1727.42 公顷。详见表 5-5。

（3）纵深防护林

规划期内，新增纵深防护林面积 20814.89 公顷，其中防风固沙林面积 730.68 公顷，护岸林面积 230.31 公顷，水土保持林面积 16567.79 公顷，水源涵养林面积 3359.76 公顷。其中：城市林业区，新增纵深防护林面积 8537.23 公顷，其中防风固沙林面积 525.37 公顷，护岸林面积 131.58 公顷，水土保持林面积 6478.98 公顷，水源涵养林面积 1401.3 公顷。详见表 5-6。

（4）重点工程示范区

基干林带造林示范区 1 个，位于长乐市；老林带更新示范区 1 个，位于平潭县。

三、城市森林建设工程

城市森林是城市中唯一有生命的基础设施建设，在改善城市生态环境和人居环境方面发挥着主体作用，是建设生态城市不可缺少的重要内容，社会经济发展的重要指标，城市文明的重要标志。通过建立相对稳定而多样化的城市森林生态系统，能够有效控制和改善城市的大气污染、热岛效应、粉尘污染，解决城市居民游憩休闲、生态保健等实际需要，全面提高城市人居环境质量。福建省近几年城市发展迅速，各级政府也非常重视城市绿化建设，城市绿化发展快速，开展了城乡绿化一体化，进行省级园林式乡镇、园林式村庄、花园式单位、城郊森林公园（或义务植树基地）的巩固和创建；以街道为单位，建立健全义务植树登记考核制度和信息档案管理体系。当前，以厦门、福州等城市林业建设为试点，带动了全省城市林业发展步伐。厦门市荣获"全国绿化模范城市"称号，永安、武夷山、长乐、泰宁和德化 5 个县（市）荣获"全国绿化模范县（市）"称号；厦门、三明、

表 5-5　基干林带人工造林面积一览表

（单位：公里、公顷）

统计单位	建设期	造林类型 合计 长度	面积	断带造林 长度	面积	加宽造林 长度	面积	合计 长度	面积	海岸类型 泥质海岸 长度	面积	沙质海岸 长度	面积	岩质海岸 长度	面积
全省	小计	315.03	9088.88	126.84	1440.72	188.19	7648.16	315.03	9088.88	40.87	71.56	89.16	966.95	185	8050.37
	至2010年	157.55	4544.48	63.44	720.38	94.11	3824.1	157.55	4544.48	20.44	35.79	44.6	483.48	92.51	4025.21
	2011~2015年	94.48	2726.66	38.02	432.22	56.46	2294.44	94.48	2726.66	12.22	21.46	26.75	290.09	55.51	2415.11
	2016~2020年	63	1817.74	25.38	288.12	37.62	1529.62	63	1817.74	8.21	14.31	17.81	193.38	36.98	1610.05
宁德市	小计	143.11	6423.8	33.71	602.79	109.4	5821.01	143.11	6423.8	2.1	2.47	10.16	256.72	130.85	6164.61
	至2010年	71.56	3211.91	16.86	301.4	54.7	2910.51	71.56	3211.91	1.05	1.24	5.08	128.36	65.43	3082.31
	2011~2015年	42.92	1927.14	10.1	180.84	32.82	1746.3	42.92	1927.14	0.61	0.74	3.05	77.02	39.26	1849.38
	2016~2020年	28.63	1284.75	6.75	120.55	21.88	1164.2	28.63	1284.75	0.44	0.49	2.03	51.34	26.16	1232.92
福州市	小计	54.6	1789.29	41.88	630.86	12.72	1158.43	54.6	1789.29	0.5	0.6	8.17	119	45.93	1669.69
	至2010年	27.3	894.65	20.94	315.43	6.36	579.22	27.3	894.65	0.24	0.3	4.09	59.5	22.97	834.85
	2011~2015年	16.37	536.79	12.55	189.26	3.82	347.53	16.37	536.79	0.14	0.18	2.45	35.7	13.78	500.91
	2016~2020年	10.93	357.85	8.39	126.17	2.54	231.68	10.93	357.85	0.12	0.12	1.63	23.8	9.18	333.93
莆田市	小计	59	457.78	20.93	120.8	38.07	336.98	59	457.78	21.53	52.27	35.21	291.04	2.26	114.47
	至2010年	29.51	228.89	10.47	60.4	19.04	168.49	29.51	228.89	10.77	26.13	17.61	145.52	1.13	57.24
	2011~2015年	17.7	137.33	6.28	36.24	11.42	101.09	17.7	137.33	6.46	15.68	10.56	87.31	0.68	34.34
	2016~2020年	11.79	91.56	4.18	24.16	7.61	67.4	11.79	91.56	4.3	10.46	7.04	58.21	0.45	22.89
泉州市	小计	15.53	97.53	6.79	32.07	8.74	65.46	15.53	97.53	4.66	8.07	6.53	31.73	4.34	57.73
	至2010年	7.77	48.77	3.4	16.04	4.37	32.73	7.77	48.77	2.33	4.03	3.27	15.87	2.17	28.87
	2011~2015年	4.65	29.26	2.03	9.62	2.62	19.64	4.65	29.26	1.39	2.42	1.96	9.52	1.3	17.32
	2016~2020年	3.11	19.5	1.36	6.41	1.75	13.09	3.11	19.5	0.94	1.62	1.3	6.34	0.87	11.54
漳州市	小计	38.81	316.68	19.86	51.67	18.95	265.01	38.81	316.68	8.1	4.35	29.09	268.46	1.62	43.87
	至2010年	19.41	158.35	9.93	25.84	9.48	132.51	19.41	158.35	4.05	2.18	14.55	134.23	0.81	21.94
	2011~2015年	11.65	95	5.96	15.5	5.69	79.5	11.65	95	2.43	1.3	8.73	80.54	0.49	13.16
	2016~2020年	7.75	63.33	3.97	10.33	3.78	53	7.75	63.33	1.62	0.87	5.81	53.69	0.32	8.77
厦门市	小计	3.98	3.8	3.67	2.53	0.31	1.27	3.98	3.8	3.98	3.8				
	至2010年	2	1.91	1.84	1.27	0.16	0.64	2	1.91	2	1.91				
	2011~2015年	1.19	1.14	1.1	0.76	0.09	0.38	1.19	1.14	1.19	1.14				
	2016~2020年	0.79	0.75	0.73	0.5	0.06	0.25	0.79	0.75	0.79	0.75				

表 5-6　纵深防护林面积一览表　　　　　　　（单位：公顷）

统计单位	建设期	合计	防风固沙林	护岸林	水土保持林	水源涵养林
全省	小计	20888.54	730.68	230.31	16567.79	3359.76
	至 2010 年	10444.32	365.36	115.16	8283.91	1679.89
	2011~2015 年	6266.57	219.21	69.10	4970.33	1007.93
	2016~2020 年	4177.65	146.11	46.05	3313.55	671.94
宁德市	小计	6671.56	56.01	93.32	4946.86	1575.37
	至 2010 年	3335.79	28.01	46.66	2473.43	787.69
	2011~2015 年	2001.47	16.80	28.00	1484.06	472.61
	2016~2020 年	1334.30	11.20	18.66	989.37	315.07
福州市	小计	8027.33	521.90	122.32	6285.43	1097.68
	至 2010 年	4013.67	260.95	61.16	3142.72	548.84
	2011~2015 年	2408.20	156.57	36.70	1885.63	329.30
	2016~2020 年	1605.46	104.38	24.46	1257.08	219.54
莆田市	小计	1621.49	62.51	3.54	1248.88	306.56
	至 2010 年	810.75	31.26	1.77	624.44	153.28
	2011~2015 年	486.45	18.76	1.06	374.66	91.97
	2016~2020 年	324.29	12.49	0.71	249.78	61.31
泉州市	小计	400.69	3.47	9.26	94.54	293.42
	至 2010 年	200.35	1.74	4.63	47.27	146.71
	2011~2015 年	120.21	1.04	2.78	28.36	88.03
	2016~2020 年	80.13	0.69	1.85	18.91	58.68
漳州市	小计	4058.26	86.79	1.87	3893.07	76.53
	至 2010 年	2029.15	43.40	0.94	1946.54	38.27
	2011~2015 年	1217.48	26.04	0.56	1167.92	22.96
	2016~2020 年	811.63	17.35	0.37	778.61	15.30
厦门市	小计	109.21			99.01	10.20
	至 2010 年	54.61			49.51	5.10
	2011~2015 年	32.76			29.70	3.06
	2016~2020 年	21.84			19.80	2.04

福州、泉州和漳州先后荣获"国家园林城市"称号，永安、邵武、石狮、龙岩、晋江和惠安等被授予"省级园林城市"称号，建瓯、武夷山、福清、湖里、思明、永春等被评为"省级绿化模范县（市、区）"。目前，福建省城市建成区平均绿化覆盖率由 1981 年的 5.8% 提高到 36.58%，人均公共绿地面积由 2.03 平方米提高到 9.45 平方米，城市园林绿地面积增加到 27139 公顷，公共绿地面积增加到 5845 公顷，城市公园数量增加到 314 个，面积达 4445 公顷。然而，由于人们对城市森林建设的认识不足，城市森林建设的理念尚没有被广泛认识，建设技术也还处于探索和发展之中，城市森林的建设有待于进一步加强。

1. 建设目标

重点加强海峡西岸三大城市群城市森林建设，在城市间以防护、分隔和美化为目标，城市内以优化为目标，按照"城在林中、路在绿中、房在园中、人在景中"的布局要求，初步建成以林木为主体、总量适宜、分布合理、植物多样、景观优美的城市森林生态网络体系，形成森林围市、围城镇的人居在林格局。至 2010 年，城市建成区绿化覆盖率达 40%，县城达 30%，城市人均公共绿地面积 10 平方米，县城 8 平方米；至 2015 年，城市建成区绿化覆盖率达 42%，县城达 32%，城市人均公共绿地面积 11 平方米，县城 9 平方米；至 2020 年，城市建成区绿化覆盖率达 45% 以上，县城达 35% 以上，城市人均公共绿地面积 12 平方米，县城 10 平方米以上。

2. 建设范围

福州、厦门、泉州、漳州、龙岩、三明、南平、宁德、莆田等城市及其下辖县城（市）、区的建成区和近郊区。

3. 建设内容

重点落实海峡西岸现代林业发展总体布局中"三群"及林业生态体系布局中"三环"等区域城市森林发展，改善城市地区人居生态环境。

（1）城市间和城市区间生态隔离林带建设

生态隔离林带建设不仅对维护城市生态环境、改善城市生态景观有重要作用，同时，对控制城市无序扩张，促进社会经济可持续发展也具有重要作用。根据现实及潜在绿化需求，针对城市经济发展规划，对目前及今后具有污染性的企业聚集区以及未来具有污染性的产业聚集区，充分利用自然地形，在城市间和城市区间建设一定规模的生态隔离林带，把城市周边公园、片林连结在一起，控制城市无序扩张，改善城市周边环境。根据城市地貌及气候特点，在厦门、泉州、漳州、莆田、福州等沿海城市，要把生态隔离林与沿海防护林建设有机结合起来，建立污染隔离防护林；在南平、三明、龙岩和宁德等山区为主的城市，把自然山体的森林作为城市森林的基本骨架和生态屏障进行建设和完善，形成结构稳定、功能高效的城市森林生态系统。至 2010 年前，建设城市间生态隔离林带 2607 公顷；2011~2015 年，新建城市间和城市区间生态隔离林带 9245 公顷；至 2020 年，新建城市间和城市区间生态隔离林带 13443 公顷（表5-7）。

表 5-7　城市森林建设工程规模分布

城市群	地点	2010 年		2011~2015 年		2016~2020 年	
		隔离林带（公顷）	休闲林（处）	隔离林带（公顷）	休闲林（处）	隔离林带（公顷）	休闲林（处）
福州城市群	福州市	228	2	809	3	1148	6
	宁德市	383	1	1358	2	2035	5
	南平市	425	1	1509	2	2141	4
	小计	1036	4	3676	7	5324	15
泉州城市群	泉州市	417	2	1479	3	2099	6
	三明市	185	1	658	2	933	5
	莆田市	137	1	486	1	689	3
	小计	739	4	2623	6	3721	14

（续）

城市群	地点	2010 年		2011~2015 年		2016~2020 年	
		隔离林带（公顷）	休闲林（处）	隔离林带（公顷）	休闲林（处）	隔离林带（公顷）	休闲林（处）
厦门城市群	厦门市	34	1	119	1	170	3
	漳州市	543	2	1926	3	2948	6
	龙岩市	254	1	902	2	1279	4
	小计	831	4	2947	6	4397	13
总　计		2607	12	9245	19	13443	42

该类型示范林在重点在厦门市岛外区和泉州市开展示范建设。

（2）城郊休闲森林建设

为有序进行城郊休闲森林的建设，按照"统一规划、科学布局、分类指导、重点推进"的原则，将城郊现有林分改造为城郊休闲森林基地或公园，按照不同的区域和景观功能、特色进行分类，突出各类型的建设重点，以点带面推进改造和建设，使其成为城市居民休闲旅游的重要场所。根据城市经济发展和居民消费需求，对城市近郊区林场森林或集体林改造为城郊休闲森林，在"十五"的基础上，至2010年前，新增城郊休闲森林公园12处，2011~2015年，新增城郊休闲森林公园19处；2016~2020年，新增城郊休闲森林公园42处（表5-7）。

在福州、厦门、泉州、漳州、龙岩、三明、宁德、莆田等地级以上城市率先开展休闲森林示范建设。

（3）建城区森林建设

休闲片林建设：保护城市中及其周边山地森林，加强核心片林建设、城市休闲公园、森林公园及各类纪念林（包括义务植树、陵园、大型活动、婚庆等纪念林）建设，使城市社区周边500米内有休闲绿地。

生态健身走廊建设：福建省城市周边多为山地森林，具有较好的生态环境，但城市绿地相对分散，部分城市缺乏贯通性的城市森林生态廊道，因此该类型城市森林主要建成运动型、休闲型城市森林走廊，为市民散步、跑步等提供健身生态走廊，同时把城市中分离的绿地有效的连结起来，形成较好的生态景观格局。2015年前，在全省9个地级以上城市建成至少一条贯通性的城市森林生态廊道；至2020年，在60%以上县（市）开展生态健身走廊建设，在城镇沿江建成贯通性生态廊道，以建设生态步道为主，把城市休闲片林、绿地、城郊森林公园连接起来，提高走廊沿线各类绿地的景观和生态价值，为市民提供休闲和亲近自然的场所。

城市降温生态林：在福建省9个地级以上城市，根据城市热场分布，有目的的开展林带片林建设及屋顶绿化，以缓解城市热岛效应。在城市人口密集分布区，把城市降温生态林纳入城市规划中，预留生态空间，同时，在城市建筑设计和旧城改造时优先考虑屋顶绿化，加强立体绿化，增加中心城市区的绿量，以有效缓解城市热岛效应，改善城市人居生态环境。

建成区城市森林在厦门市岛内、福州、泉州三个城市率先开展示范区建设。

四、绿色通道建设工程

根据国务院和全国绿化委员会关于开展绿色通道建设的工作部署，福建省各级党委、政府和各有关部门积极行动，精心组织，扎实推进绿色通道"三步曲"建设，实现从启动实施、快速推进到全面提升的跨越式发展。

启动实施阶段（"九五"后三年）：1998~2000 年，交通、铁路、水利、林业等有关部门分别制定并实施了绿化计划，全省共建设绿色通道 6295 公里，绿化面积达 5413 公顷。

快速推进阶段（"十五"期间）：全省绿色通道建设步入快车道，累计完成公路、铁路、江河沿线绿化 8733 公里，绿化面积达 8426 公顷，超额完成"十五"规划任务的 12%。

全面提升阶段（"十一五"期间）：2007 年，福建省政府成立了省绿色通道工程建设指挥部，并对高标准规划、高起点建设绿色通道工作进行了全面部署，向各设区市政府下达了工程建设责任书，启动了沈海高速、福银高速沿线景观绿化工程，沿线 13 个试点县（市、区）完成两侧一重山造林绿化 3333 公顷，交通部门完成公路绿化 3553 公里，绿化补植改造 2106 公里，全省上下掀起了新一轮绿色通道建设高潮。

根据《福建经济和社会统计年鉴》（2007 年），至 2006 年，福建省公路通车里程达 86560 公里，其中，高速公路 1229 公里，国道 3129 公里，省道 5800 公里，其他公路 76402 公里，公路密度 71.3 公里 / 百平方公里。在公路建设快速发展的同时，公路绿化也取得了长足的进步。一是提高了绿色通道的绿化水平；二是兴建了一批绿色通道示范路段；三是促进了城乡绿化一体化建设；四是优化了沿线大环境绿化质量。

绿色通道工程建设虽然取得了较好成效，但由于起步晚、基础差、任务重，建设规模与质量不高，建设水平总体上仍处于低级阶段，主要表现为：一是已建公路两侧绿化、美化程度不高，新建、改建、扩建道路绿化配置的标准偏低；二是绿化总量不足，质量不高；三是缺乏系统的绿化规划设计，绿化跟不上工程建设；四是管理措施没跟上；五是道路两侧绿化用地困难；六是绿化资金紧缺。

1. 建设目标

针对福建省绿色通道工程建设现状，全面加快福建省高速公路、国道、省道沿线绿化美化和城乡园林绿化建设步伐，力争使可绿化里程绿化率达 90% 以上，沿线一重山一面坡森林覆盖率达 90% 以上、"青山挂白"得到有效治理，建成景观丰富、层次分明、质量上乘、生态环境优美的标志性绿色"生态走廊"。

通过绿色通道工程建设，进一步改善生态环境，丰富旅游景观，建设绿色文明，提升窗口形象和海西品位，对促进福建省国民经济的可持续发展，实现生态、经济、社会三大效益的协调共赢，为做大、做强对外开放的前沿——绿色海峡西岸提供坚实的生态防护后盾。

至 2010 年，高速公路绿化率达 100%，国道绿化率达 100%，省道绿化率达 90%，县乡道路绿化率达 80%，铁路绿化率达 80%，江河堤坝沿线绿化率达 80%。

至 2015 年，高速公路绿化率达 100%，国道绿化率达 100%，省道绿化率达 95%，县乡道路绿化率达 85%，铁路绿化率达 85%，江河堤坝沿线绿化率达 85%。

至 2020 年，高速公路绿化率达 100%，国道绿化率达 100%，省道绿化率达 100%，县乡道路绿化率达 90%，铁路绿化率达 90%，江河堤坝沿线绿化率达 90%。

2. 建设范围

绿色通道工程建设规划包括福州、厦门、莆田、三明、泉州、漳州、南平、龙岩、宁德等 9 个设区市现已建成通车的高速公路两侧隔离栅外 10~30 米，国道、省道两侧边沟外缘起 10~20 米，高速公路隔离栅或国道、省道和铁路沿线可视范围内的"青山挂白"治理和一重山造林绿化等。

3. 建设内容

（1）全 省

绿色通道工程建设规划包括道路两侧绿化、一重山造林绿化、"青山挂白"治理，绿化总面积

83290.4 公顷。

高速公路两侧隔离栅外 10~30 米，国道、省道两侧边沟外缘 10~20 米范围的绿化，绿化长度
9609.4 公里，绿化面积 13235.0 公顷。

高速公路、国道、省道和铁路沿线可视范围内一重山宜林地造林绿化，对一重山疏林地和低质、
低效林分进行改造。总面积 69188.8 公顷。

高速公路、国道、省道和铁路沿线可视范围内的"青山挂白"治理，共 762 个点，治理面积
866.6 公顷。见表 5-8。

（2）山区林业区

道路两侧绿化、一重山造林绿化、"青山挂白"治理，绿化总面积 37201.0 公顷。

高速公路两侧隔离栅外 10~30 米，国道、省道两侧边沟外缘 10~20 米范围的绿化，绿化长度
4512.6 公里，绿化面积 4931.4 公顷。

高速公路、国道、省道和铁路沿线可视范围内一重山宜林地造林绿化，对一重山疏林地和低质、
低效林分进行改造。总面积 32104.8 公顷。

高速公路、国道、省道和铁路沿线可视范围内的"青山挂白"治理，共 92 个点，治理面积
164.8 公顷。

（3）沿海林业区

道路两侧绿化、一重山造林绿化、"青山挂白"治理，绿化总面积 46089.4 公顷。

高速公路两侧隔离栅外 10~30 米，国道、省道两侧边沟外缘 10~20 米范围的绿化，绿化长度
5096.8 公里，绿化面积 8303.6 公顷。

高速公路、国道、省道和铁路沿线可视范围内一重山宜林地造林绿化，对一重山疏林地和低质、
低效林分进行改造。总面积 37084.0 公顷。

高速公路、国道、省道和铁路沿线可视范围内的"青山挂白"治理，共 670 个点，治理面积
701.8 公顷。

其中：城市林业区

道路两侧绿化、一重山造林绿化、"青山挂白"治理，绿化总面积 19248.6 公顷。

高速公路两侧隔离栅外 10~30 米，国道、省道两侧边沟外缘 10~20 米范围的绿化，绿化长度
2555.4 公里，绿化面积 4617.0 公顷。

高速公路、国道、省道和铁路沿线可视范围内一重山宜林地造林绿化，对一重山疏林地和低质、
低效林分进行改造。总面积 14141.6 公顷。

高速公路、国道、省道和铁路沿线可视范围内的"青山挂白"治理，共 372 个点，治理面积
490 公顷。

（4）13 个示范县：福鼎市、福安市、霞浦县、蕉城区、罗源县、长乐市、闽侯县、闽清县、城厢区、
南安市、诏安县、漳浦县、尤溪县。

五、生物多样性保护工程

新中国成立以来，特别是 1995 年福建省委、省政府决定把生物多样性保护工程作为建设福建
林业强省的重要生态工程。工程实施以来，在福建省各级党政、人大、社会各界及林业主管部门
的关心重视下，福建省生物多样性保护和自然保护区建设已初见成效。

自然保护区建设取得重大进展，建立了一批生物多样性丰富和野生动植物赖以生存、繁
衍的自然保护区、保护小区（点）。至 2006 年 12 月现有县级以上自然保护区数量达到 119

表 5-8 各设区市工程建设内容与规模统计表

统计单位	建设期	绿化面积合计（公顷）	道路两侧绿化									一重山造林面积（公顷）	"青山挂白"治理	
			小计		高速公路		国道		省道				个数（个）	面积（公顷）
			绿化长度（公里）	绿化面积（公顷）	绿化长度（公里）	绿化面积（公顷）	绿化长度（公里）	绿化面积（公顷）	绿化长度（公里）	绿化面积（公顷）				
全省	小计	83290.40	9609.40	13235.00	783.40	1796.80	2185.60	3542.20	6640.40	7896.00	69188.80	762.00	866.60
	至 2010 年	41645.20	4804.70	6617.50	391.70	898.40	1092.80	1771.10	3320.20	3948.00	34594.40	381.00	433.30
	2011~2015 年	24987.00	2883.00	3970.50	235.00	539.10	655.60	1062.70	1992.20	2368.90	20756.50	230.00	260.00
	2016~2020 年	16658.20	1921.70	2647.00	156.70	359.30	437.20	708.40	1328.00	1579.10	13837.90	151.00	173.30
福州市	小计	13930.20	989.40	1593.00	301.00	626.00	195.80	253.40	492.60	713.60	12040.80	152.00	296.40
	至 2010 年	6965.10	494.70	796.50	150.50	313.00	97.90	126.70	246.30	356.80	6020.40	76.00	148.20
	2011~2015 年	4179.00	296.80	477.90	90.30	187.80	58.70	76.00	147.80	214.10	3612.20	46.00	88.90
	2016~2020 年	2786.10	197.90	318.60	60.20	125.20	39.20	50.70	98.50	142.70	2408.20	30.00	59.30
厦门市	小计	1863.20	392.60	1756.80	95.40	661.60	178.00	864.20	119.20	231.00	93.40	138.00	13.00
	至 2010 年	931.60	196.30	878.40	47.70	330.80	89.00	432.10	59.60	115.50	46.70	69.00	6.50
	2011~2015 年	558.90	117.80	527.00	28.60	198.50	53.40	259.30	35.80	69.30	28.00	41.00	3.90
	2016~2020 年	372.70	78.50	351.40	19.10	132.30	35.60	172.80	23.80	46.20	18.70	28.00	2.60
莆田市	小计	4942.80	436.20	540.20	71.00	103.20	57.20	89.80	308.00	347.20	4345.60	32.00	57.00
	至 2010 年	2471.40	218.10	270.10	35.50	51.60	28.60	44.90	154.00	173.60	2172.80	16.00	28.50
	2011~2015 年	1482.90	130.90	162.10	21.30	31.00	17.20	26.90	92.40	104.20	1303.70	10.00	17.10
	2016~2020 年	988.50	87.20	108.00	14.20	20.60	11.40	18.00	61.60	69.40	869.10	6.00	11.40
三明市	小计	5860.00	2008.20	2154.40	116.00	8.80	202.00	231.60	1690.20	1914.00	3690.20	12.00	15.40
	至 2010 年	2930.00	1004.10	1077.20	58.00	4.40	101.00	115.80	845.10	957.00	1845.10	6.00	7.70
	2011~2015 年	1758.00	602.50	646.30	34.80	2.60	60.60	69.50	507.10	574.20	1107.10	4.00	4.60
	2016~2020 年	1172.00	401.60	430.90	23.20	1.80	40.40	46.30	338.00	382.80	738.00	2.00	3.10

（续）

统计单位	建设期	绿化面积合计（公顷）	道路两侧绿化								一重山造林面积（公顷）	"青山挂白"治理	
			小计		高速公路		国道		省道			个数（个）	面积（公顷）
			绿化长度（公里）	绿化面积（公顷）	绿化长度（公里）	绿化面积（公顷）	绿化长度（公里）	绿化面积（公顷）	绿化长度（公里）	绿化面积（公顷）			
漳州市	小计	8681.60	1408.60	2115.80	192.40	382.60	409.40	680.60	806.80	1052.60	6482.40	74.00	83.40
	至2010年	4340.80	704.30	1057.90	96.20	191.30	204.70	340.30	403.40	526.30	3241.20	37.00	41.70
	2011~2015年	2604.40	422.60	634.70	57.70	114.80	122.80	204.20	242.00	315.80	1944.70	22.00	25.00
	2016~2020年	1736.40	281.70	423.20	38.50	76.50	81.90	136.10	161.40	210.50	1296.50	15.00	16.70
泉州市	小计	3455.20	1173.40	1267.20			35.20	137.00	1138.20	1130.20	2007.40	82.00	180.60
	至2010年	1727.60	586.70	633.60			17.60	68.50	569.10	565.10	1003.70	41.00	90.30
	2011~2015年	1036.60	352.00	380.20			10.60	41.10	341.50	339.10	602.20	25.00	54.20
	2016~2020年	691.00	234.70	253.40			7.00	27.40	227.60	226.00	401.50	16.00	36.10
南平市	小计	11345.20	1253.20	1700.20	7.60	14.60	490.40	597.20	755.20	1088.40	9612.80	26.00	32.20
	至2010年	5672.60	626.60	850.10	3.80	7.30	245.20	298.60	377.60	544.20	4806.40	13.00	16.10
	2011~2015年	3403.60	376.00	510.10	2.30	4.40	147.10	179.20	226.60	326.50	2883.80	8.00	9.70
	2016~2020年	2269.00	250.60	340.00	1.50	2.90	98.10	119.40	151.00	217.70	1922.60	5.00	6.40
龙岩市	小计	19995.80	1251.20	1076.80			436.80	431.80	814.40	645.00	18801.80	54.00	117.20
	至2010年	9997.90	625.60	538.40			218.40	215.90	407.20	322.50	9400.90	27.00	58.60
	2011~2015年	5998.70	375.40	323.00			131.00	129.50	244.30	193.50	5640.50	16.00	35.20
	2016~2020年	3999.20	250.20	215.40			87.40	86.40	162.90	129.00	3760.40	11.00	23.40
宁德市	小计	13216.40	696.60	1030.60			180.80	256.60	515.80	774.00	12114.40	192.00	71.40
	至2010年	6608.20	348.30	515.30			90.40	128.30	257.90	387.00	6057.20	96.00	35.70
	2011~2015年	3964.90	209.00	309.20			54.20	77.00	154.70	232.20	3634.30	58.00	21.40
	2016~2020年	2643.30	139.30	206.10			36.20	51.30	103.20	154.80	2422.90	38.00	14.30

处（表 5-9），自然保护小区（点）约 3200 处。其中国家级自然保护区 11 处、省级自然保护区 26 处、县级自然保护区 82 处，保护总面积达 75 万公顷，保护面积占福建省陆地面积的比例由 1995 年的 0.89% 上升到 2006 年底的 6.18%，形成布局较为合理、类型齐全、等级完善的福建省自然保护区网络。为生物多样性、珍稀濒危野生动植物保护提供了良好的栖息地。

表 5-9　福建省县级以上自然保护区统计表（截至 2006 年 12 月）

项目	合计				森林生态及物种				湿地类型			
	小计	国家级	省级	县级	小计	国家级	省级	县级	小计	国家级	省级	县级
福建省	119	11	26	82	82	8	20	54	37	3	6	28
福州市	16		4	12	6		2	4	10		2	8
厦门市	2	1		1					2	1		1
莆田市	2		1	1	1		1		1			1
三明市	14	3	8	3	14	3	8	3				
泉州市	6	2	3	1	4	1	2	1	2	1	1	
漳州市	24	2	2	20	14	1		13	10	1	2	7
南平市	13	1	4	8	13	1	4	8				
龙岩市	5	2	1	2	5	2	1	2				
宁德市	37		3	34	25		2	23	12		1	11

相关生物多样性保护的法律、法规体系初步形成，规章制度逐步完善，全社会生物多样性保护意识得到明显提高，加强了野生动植物保护管理机构的建设，广泛开展资源调查，执法力度不断加强，开展了珍稀、濒危物种的繁育研究和合理开发利用，加强野生动植物进出口管理。

生物多样性保护工程建设取得了较大的成绩，但仍然存在不少问题，主要表现为：一是天然阔叶林面积不断缩小；二是环境污染严重，天然湿地面积不断缩小，红树林遭受严重破坏；三是对生物多样性保护的重要性认识不足；四是管理机构不健全，队伍力量薄弱。

1. 建设目标

（1）总体目标

通过实施福建省生物多样性保护工程建设，拯救一批国家和省重点保护野生动植物，保存现有典型地带性森林植被和天然湿地，扩大、完善和新建一批国家级、省级自然保护区，恢复和发展珍稀物种资源。到工程建设期末，使福建省省级以上自然保护区总数量达到 54 处，省级以下自然保护区（小区、点）4501 处，国际重要湿地 4 处，总面积 123.1 万公顷，占陆地面积的 10.13%，形成一个以自然保护区、重要湿地为主体，布局合理、类型齐全、等级完善、设施先进、管理高效、具有国际国内重要影响的生物多样性保护网络。

（2）分期目标

① 近期目标（2007~2010 年）

完善省级和设区市野生动植物保护管理机构的体系建设，实行依法保护、管理，使福建省重点地区的生物多样性管理工作在保护、繁育、生产、运输、市场、医药和进出口等方面能够做到有效运转。到本建设期末省级以上自然保护区总数 43 处，其中国家级自然保护区数量达到 14 处，省级自然保护区 29 处，自然保护小区（点）4288 处，总面积约 88.13 万公顷，占陆地面积的 7.26% 左右，形成较为完善的自然保护区网络；建立国际重要湿地 3 处，90% 国家和省重点保护野生动植物和 90% 的典型生态系统类型得到有效保护，极大改观濒危物种的生存状况。制定全省湿地保护和可持续利用规划，提高对湿地保护的管理、科研和监测水平。认真履行国际公约，有效管理全省濒危野生动植物物种的进出口。建设一批生物多样性保护工程示范区。

② 中期目标（2011~2015 年）

进一步加强省级和各设区市野生动植物保护管理机构的管理能力建设，使指挥、查询、统计、监测等管理工作实现网络化，完善福建省野生动植物保护的管理体系、监测体系、科研体系和进出口管理体系。到本建设期末省级以上自然保护区总数达 54 处，国际重要湿地 4 处，其中国家级自然保护区数量达 17 处、省级自然保护区数量达 37 处，省级以下各类自然保护区 4501 处，保护总面积 123.1 公顷，占陆地面积 10.13%，福建省自然保护区保护网络基本建成，省级以上各类自然保护区建设基本达到国家级或省级的标准。续建一批生物多样性保护工程示范区。

③ 远期目标（2016~2020 年）

全面提高野生动植物保护管理的法制化、规范化和科学化水平，实现野生动植物资源的良性循环。福建省 60% 的国家和省重点保护野生动植物种数量得到恢复和增加，使福建省所有的典型生态系统类型得到良好保护。建成具有中国特色的自然保护区保护、管理、建设体系，成为我国自然保护区管理的先进省份。建立比较完善的湿地保护、管理与合理利用的法律、政策和监测体系。

2. 建设范围

武夷山脉重点生物多样性保护群。位于山区林业区，处于福建省西北部，以福建武夷山脉为主。本范围是福建陆地生物多样性最为丰富的区域，建立以森林生态及野生生物类型自然保护区为重点的生物多样性保护群。

戴云山脉、博平岭和鹫峰山脉生物多样性保护群。主要位于山区林业区和沿海林业区交接处，处于福建省中部，以戴云山脉为主向二端延伸，大部分属于中南亚热带过渡区。本区域生物多样性较丰富，建立以森林生态及野生生物类型自然保护区为主的生物多样性保护群。

沿海湿地重点生物多样性保护群。位于沿海林业区和城市林业区，处于福建省东南部、东亚—澳大利西亚水鸟迁徙通道，以沿海海湾、河口湿地为主。本范围是福建湿地生物多样性最丰富的区域，建立以湿地生态及野生生物类型自然保护区和国际重要湿地为主的生物多样性保护群。

3. 建设内容

（1）国家和省重点野生动植物保护

生物多样性物种保护工程包括国家重点的野生鹿类和麝羚保护、野生雉类保护、兰科植物保护、苏铁保护等 4 项工程 16 个物种；省重点的灵长类保护、大型食肉类保护、穿山甲保护、珍稀鸟类保护、珍稀爬行类保护、珍稀植物保护等 6 项工程 15 个物种。在全省范围内加强自然保护区建设、改善栖息环境和建设禁猎区、建设种源基地，合理利用资源。重点建设沿海林业区梅花山国家级自然保护区珍稀濒危雉类物种示范区和梁野山国家级自然保护区珍稀植物示范区、沿海林业区的兴化湾珍稀濒危水鸟示范区等 3 处物种多样性保护工程。

（2）国家和省重点生态系统保护

生物多样性保护工程以生态系统保护为主，带动生物多样性保护。包括森林生态系统保护和自然保护区建设，湿地生态系统保护、自然保护区和示范区建设工程，自然保护小区（点）建设。

① 森林生态系统保护和自然保护区建设

福建分布着以常绿阔叶林为代表的森林，丰富的生物物种资源，地跨中亚热带和南亚热带两个自然地理带。地带性植被区划为南亚热带雨林植被带和中亚热带常绿阔叶林植被带，植被垂直分布明显。动物地理区系属华中区的东部丘陵平原亚区和华南区的闽广沿海亚区，珍稀动物丰富。加强建设全省现有森林生态及野生生物国家级自然保护区 8 处、省级自然保护区 20 处，晋升国家级自然保护区 4 处，新建省级自然保护区 10 处。重点建设山区林业区的福建武夷山国家级自然保护区示范区和武夷山脉中段龙栖山、闽江源与君子峰自然保护群示范区 2 处森林生态系统多样性保护工程。

② 湿地生态系统保护和自然保护区建设

福建省是中国东南沿海最重要的海岸湿地分布省，选择区域生态环境产生重大影响、湿地区域集中连片、野生动植物丰富、生态环境脆弱、具有国际和国家重大意义的区域湿地生态系统建设自然保护区，保护好典型的湿地生态系统和野生动植物以及特殊的栖息地。建设一批适合福建省情的湿地保护与恢复区。加强建设现有沿海林业区和城市林业区的湿地生态国家级自然保护区 3 处、省级自然保护区 6 处，晋升国家级自然保护区 2 处，新建省级自然保护区 7 处。对现存的天然红树林进行保护规划，建立天然红树林野外保护体系和育苗基地，逐步进行红树林生态系统的恢复，建立和完善红树林保护网络系统。重点建设城市林业区的泉州湾河口红树林保护和示范区和福清江镜华侨农场国家级湿地保护与合理利用示范区、沿海林业区的漳江口红树林国家级自然保护区示范区等 3 处湿地生物多样性保护工程。

③ 国际重要湿地建设

福建目前有国家重要湿地 6 处。争取将城市林业区的福建闽江河口湿地和泉州湾河口湿地、沿海林业区的兴化湾湿地和云霄漳江口湿地等 4 处湿地列入"国际重要湿地名录"，对重要湿地的生态系统特性进行动态跟踪、研究，增加科研设施和基本建设投入。重点建设闽江河口国际重要湿地示范区。

④ 自然保护小区（点）建设

自然保护小区（点）的建立，是针对福建省人口稠密地区实施对珍稀野生动植物及其栖息地保护的一种有效方法和措施。可以在全社会范围内，进一步改善自然生态环境、人民群众生活环境和生物多样性的保护，从身边做起，保护自然资源，提高全民保护生态环境意识。

因地制宜、采取多种多样的形式在全省范围内建立各种类型的自然保护小区（点）。自然保护小区（点）主要包括国家重点保护野生动植物的主要栖息地、繁殖地和原生地，有益的和有重要经济、科学研究价值的野生动植物栖息繁殖地，水鸟越冬地和迁徙停歇地，有保存价值的原生植被、次生植被和水源涵养林，有特殊保护价值的地形地貌、人文景观、历史遗迹地带，烈士纪念碑、烈士陵园地，机关、部队、企事业单位的风景林、绿化带；自然村的绿化林、风景林等。

加强对已建自然保护小区（点）的支持和管理，扩大新建一批自然保护小区（点），到建设期末使福建省自然保护小区（点）总数达到 4501 处，并确定自然保护小区建立标准，制定管理办法。重点建设武夷山市自然保护小区（点）示范区。

具体建设指标见表 5-10。

表 5-10 生物多样性保育工程规模表

项目名称		合计	2010 年	2011~2015 年
物种保护	项目（个）	10	4	6
	物种（个）	31	12	19
	示范区建设	3	1	2
生态系统保护	新建省级自然保护区（处）	17	6	11
	晋升国家级自然保护区（处）	6	3	3
	国际重要湿地（处）	4	3	1
	自然保护小区（点）（处）	1301	1088	213
	增加保护面积（万公顷）	48.09	13.13	34.96
	示范区建设	7	3	4

第二节 林业产业建设重点工程

一、资源培育工程

（一）工业原料林培育工程

福建地处亚热带，气候温和，雨量充沛，光照充足，土壤肥沃，具有发展工业原料林基地得天独厚的自然条件。据全省二类资源调查统计，适宜培育工业原料林的Ⅰ、Ⅱ类地占全省林业用地的 49.7%。闽北是全国的杉木中心产区之一，闽西是全国的马尾松优良种源区，闽南具有良好的引种热带、亚热带树种的条件。

福建省工业原料林建设经历了萌芽、起始、工程化管理、项目带动、林纸（林板）初步结合和非公有制为主体造林等 6 个阶段，特别是"十五"以来，福建省坚持以森林资源培育这个中心不动摇，着力在体制机制创新上下工夫，先后出台了加快人工用材林发展、推动集体林权制度改革、调整商品林采伐管理、鼓励企业办工业原料林基地、加快非规划林地植树造林等政策性文件，较好地解决了林业税费负担重、产权不明晰、处置权不落实、收益权不保证等问题，在一定程度上解放了林业生产力，调动了林农主体、企业、个私造林育林的积极性，有力地促进了福建省森林资源培育业的发展。"十五"期间，全省工业原料林建设面积达 16.6 万公顷（其中桉树为主的短周期工业原料林 8.1 万公顷），是计划造林面积的 178%。从 2005 年开始，福建省工业原料林面积每年突破 6.67 万公顷，其中桉树造林每年在 2.67 万公顷以上，工业原料林建设迈入了快速发展的轨道。经统计，到 2006 年，福建省工业原料林基地保存达标面积达 61.7 万公顷，其中以桉树为主的短周期工业原料林已达 13.1 万公顷。从林龄结构看，中幼林面积占 68.04%，近成过熟林面积占 31.96%；从区域分布看，闽西北林区占 80.3%，其他地区仅占 19.7%；从树种结构看，杉木占47.0%，马尾松 36.1%，桉树占 13.1%，其他树种占 3.8%。

在工业原料林建设呈现蓬勃发展态势的同时，也存在着一些问题和困难，比如用地规划与政策调控乏力、经营管理和栽培技术粗放、忽视保水、固土、固碳等生态功能、培育目标单一等。尤其是林改后经营主体发生了变化，如何引导林农科学种树、在经营过程中维护地力和生物多样性等方面还缺乏有效的管理，这些问题不利于工业原料林建设的持续发展，应当引起高度重视，并认真加以解决。

1. 建设目标

重点建设桉树、相思树为主的短周期工业原料林基地和以杉木、马尾松为主的用材林基地。到 2010 年，全省工业原料林基地面积达 66.7 万公顷，每年可提供木材 480 万立方米，可支撑木浆生产能力 70 万吨、人造板 120 万立方米、大径材 30 万立方米；到 2015 年，全省工业原料林基地面积达 100 万公顷，每年可提供木材 880 万立方米；到 2020 年，全省工业原料林基地面积达133.3 万公顷，每年可提供木材 960 万立方米。各设区市建设规划如图 5-1。

2. 建设范围

南平、三明、龙岩、漳州、泉州、莆田、福州、宁德等设区市及其下辖县（市、区）。

3. 建设内容

建设以桉树、相思树、拟赤杨为主的短周期工业原料林基地，以楠木、樟树、红豆树、马褂木、香樟、乳源木莲、光皮桦为主的优良乡土阔叶树种和以杉木、马尾松、湿加松为主的用材林基地，

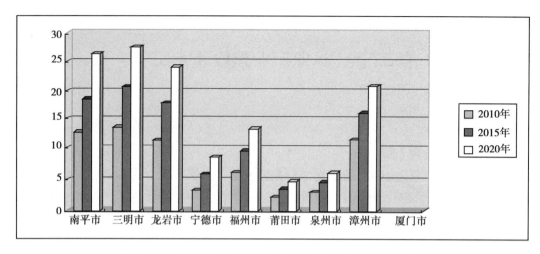

图 5-1　各设区市工业原料林基地建设规划图（万公顷）

大力推进林纸、林板、林化一体化，开展工业人工林材质的定向培育，建立优良速生乡土树种科技示范片，不断调整优化工业原料林树种、材种结构。闽西北地区，包括南平、三明、龙岩三市所属各县（市、区），重点发展以杉木、马尾松为主的工业原料林，以楠木、樟树、红豆树、马褂木、香樟、乳源木莲、光皮桦等为主的乡土树种用材林，至 2010 年建立原料林基地面积达 39.2 万公顷，至 2015 年达 58.65 万公顷，至 2020 年达 78.1 万公顷。

闽东地区，包括宁德市的各县（市、区）、福州市的罗源县，重点发展以闽粤栲、拟赤杨等为主的食用菌原料林，以柳杉、耐寒桉树、火炬松、湿地松等为主的工业原料林，至 2010 年建立基地面积达 3.5 万公顷，至 2015 年达 6.25 万公顷，至 2020 年达 9 万公顷。

闽东南地区，包括漳州、泉州、莆田、福州市的各县（市、区），重点发展以桉树、相思树等为主的短周期工业原料林，以红锥、肉桂、柚木等特色树种原料林，至 2010 年建立基地面积达 24 万公顷，至 2015 年达 35.1 万公顷，至 2020 年达 46.2 万公顷。

到 2010 年全省工业原料林基地面积达 66.7 万公顷；到 2015 年全省工业原料林基地面积达 100 万公顷；到 2020 年全省工业原料林基地面积达 133.3 万公顷，其中：山区林业区建设工业原料林基地面积达 78.1 万公顷，沿海林业区建设工业原料林基地面积达 30 万公顷，城市林业区建设工业原料林基地面积达 20.2 万公顷。详见表 5-11。

表 5-11　工业原料林培育工程一览表　　　　　　　（单位：万公顷）

统计单位	工程规模		
	至 2010 年	至 2015 年	至 2020 年
全省	66.7	100	133.3
南平市	13.2	19.8	26.4
三明市	14.1	20.8	27.5
龙岩市	11.9	18.05	24.2
宁德市	3.5	6.25	9
福州市	6.5	10.15	13.8
莆田市	2.3	3.65	5
泉州市	3.2	4.8	6.4
漳州市	12	16.5	21

（二）竹林高效培育工程

福建是我国竹子的重点产区。竹林资源优势突出，全省现有竹类 19 个属近 200 种，竹林面积 99.8 万公顷，其中毛竹 86.3 万公顷，居全国首位。建瓯市、顺昌县、武夷山市、沙县、永安市、尤溪县等六个县（市、区）被评选为中国竹子之乡，占全国竹子之乡总数 30 个的五分之一。"十五"以来，省委、省政府高度重视竹产业建设，启动实施竹业开发工程，大力扶持全省丰产竹林基地建设，培育笋竹加工企业，全省竹业经济快速发展，逐步形成集资源培育、加工利用和出口贸易为一体的竹产业群，在促进农村经济发展、增加农民收入、全面建设小康社会等方面发挥着越来越重要的作用。"十五"以来，全省竹林面积年均增长 2.07 万公顷，每年抚育竹林面积达 46.67 万公顷、竹林施肥面积 9.33 万公顷以上、竹林喷灌面积 1.33 万公顷、建设竹山便道 2500 公里。2007 年全省毛竹材产量 2.34 亿根，全年鲜笋产量 193.3 万吨，竹业总产值达 153 亿元。

虽然竹业经济的发展调整了农村产业结构，培育了农村税源，增加了农民收入，壮大了山区集体经济，促进了山区经济发展，加速了农民致富奔小康的步伐，但也仍然存在区域发展不平衡、笋竹加工业发展滞后、集约经营水平不高、特色经济小径竹规模不大等问题。

1. 建设目标

到 2010 年，竹林面积达 93.3 万公顷，其中竹林高效培育基地达 36.1 万公顷；建设竹山便道 5000 公里；年产竹材 3 亿根，年鲜笋产量 280 万吨。到 2015 年，竹林面积达 100 万公顷，其中竹林高效培育基地达 51.4 万公顷，建设竹山便道 15000 公里。到 2020 年，竹林面积达 106.7 万公顷，其中竹林高效培育基地达 66.7 万公顷，建设竹山便道 25000 公里。各设区市建设规划如图 5-2。

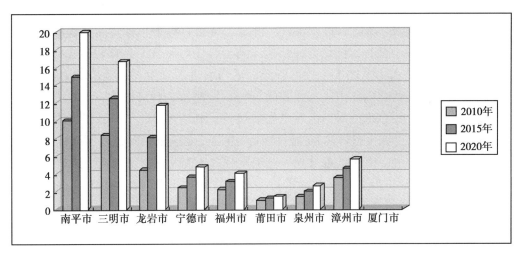

图 5-2　各设区市竹林高效培育基地建设规划图（万公顷）

2. 建设范围

南平、三明、龙岩、漳州、泉州、莆田、福州、宁德等设区市及其下辖县（市、区）。

3. 建设内容

毛竹丰产林基地建设：根据竹产业布局、市场需求情况，按照材用、笋用、笋材两用、纸浆用等培育目标，采取不同经营措施，实施毛竹林定向培育。大力发展笋用毛竹林基地、加工用竹林基地，使基地建设和加工利用有机结合起来，形成竹产业链。大力推广毛竹丰产培育技术，在强化护笋养竹、竹林抚育施肥、合理采伐挖笋的基础上，推广应用竹林喷灌、覆盖、配方施肥等先进技术。至 2010 年全省改造低产毛竹林、建立各类丰产毛竹林基地 13.33 万公顷，平均单产由现在的 150 根／公顷提高到 225 根／公顷，笋产量由 1395 千克／公顷提高到 2025 千克／公顷。至

2015年全省改造低产毛竹林、建立各类丰产毛竹林基地40万公顷；至2020年全省改造低产毛竹林、建立各类丰产毛竹林基地50万公顷，其中：山区林业区建设毛竹丰产林基地面积达36.2万公顷，沿海林业区建设毛竹丰产林基地面积达8.8万公顷，城市林业区建设毛竹丰产林基地面积达5万公顷（表5-12）。

表5-12 竹林高效培育工程一览表 （单位：万公顷、公里）

统计单位	工程规模								
	毛竹丰产林基地			中小径竹丰产林基地			竹山道路开设		
	至2010年	至2015年	至2020年	至2010年	至2015年	至2020年	至2010年	至2015年	至2020年
全省	31.43	40	50	4.67	11.4	16.7	5000	15000	25000
南平市	9.43	12	15	1.40	3.41	5	1429	4286	7143
三明市	7.86	10	12.5	1.17	2.87	4.2	1286	3857	6429
龙岩市	5.47	6.96	8.7	0.84	2.05	3	857	2572	4228
宁德市	2.20	2.8	3.5	0.34	0.82	1.2	357	1072	1786
福州市	1.89	2.4	3	0.28	0.68	1	286	857	1428
莆田市	0.63	0.8	1	0.11	0.27	0.4	143	428	761
泉州市	1.26	1.6	2	0.17	0.41	0.6	214	642	1072
漳州市	2.70	3.44	4.3	0.36	0.89	1.3	429	1286	2143

中小径竹丰产基地建设：新建麻竹、绿竹、雷竹、黄甜竹等中小径竹高产优质基地，努力开发具有地方特色的名优中小径竹，优化竹种结构，满足市场对笋竹产品日益多元化的需求。福建省优良适生竹种繁多，要大力发展乡土竹种资源，适当引进适宜生长、经济价值高的外来竹种，规模发展，提高效益。闽西北内陆山区重点发展苦竹、黄甜竹、台湾桂竹、茶秆竹等散生型或混生型优质笋用材用竹种，闽东南沿海地区重点发展绿竹、麻竹等丛生竹种，沿江沿溪重点地段和沿海防护林内侧地带重点发展生态竹林，在城区周边、旅游开发区重点发展观赏竹林，在"四旁""四荒"适宜地段发展经济竹种。有目的地选择一些有规模、有基础的竹种园建成若干个竹子种苗供应基地。至2010年全省建设麻竹、绿竹、雷竹、黄甜竹等中小径竹高产优质基地4.67万 公顷；至2015年全省建设中小径竹高产优质基地达11.4万公顷；至2020年全省建设中小径竹高产优质基地达16.7万公顷，其中：山区林业区建设基地面积达12.2万公顷，沿海林业区建设基地面积达3.5万公顷，城市林业区建设基地面积达1万公顷（表5-12）。

竹山便道项目建设：扶持和引导群众采取集资投劳、"以竹换路"等措施，加快竹山便道建设步伐，节约竹林生产成本，提高竹林单产，更好地发挥竹山经济效益。特别是推广"以竹换路"的做法，企业垫资为竹区修路，竹区以今后生产的竹材、竹笋作价偿还，既能解决企业原料供应问题，又能解决竹农修道资金的不足，实现企业与竹农双赢的目的。至2010年全省建设竹山便道5000公里；至2015年全省建设竹山便道15000公里；至2020年全省建设竹山便道25000公里，其中：山区林业区建设竹山便道17800公里，沿海林业区建设竹山便道4700公里，城市林业区建设竹山便道2500公里（表5-12）。

（三）珍贵树种培育工程

福建地理条件优越，森林资源丰富，生物多样性物种丰富程度仅次于云南、广西，居全国第三位。据初步统计，福建主要珍贵树种共有73种，其中国家一级保护树种5种，国家二级保护树种 26 种。"十五"以来，福建重点开展种质资源的收集、保存、选择和科学利用，重要造林树种良种遗传改良与繁育技术，开展了珍贵树种用材林基地建设规划。同时充分调动各方面营造林积极性，实行商品林开发扶持政策如吸引外商、外资造林建基地的优惠政策，鼓励林业加工企业投资办基地，以提高造林的科技含量和集约经营水平。大力开展非规划林地植树造林工作，鼓励林农充分利用一切闲散地块，因地制宜、见缝插绿营造片林、林带或单株种植。2006 年全省近 20 万户农村居民参与了非规划林地植树造林，共种植珍贵和优良乡土树种 1400 万株，折合面积 0.933 万公顷；2007 年全省有 3331 个村、30 多万户农村居民参与非规划林地植树造林，完成植树 2070 万株，其中珍贵和优良乡土树种 1350 万株，折合面积 0.9 万公顷。目前，全省珍贵树种用材林基地面积约为 2.667 万公顷。

主要问题：一是珍贵树种资源总量不足，后备资源严重匮乏，珍贵用材树种的供需矛盾日益突出；二是珍贵树种资源培育长期没有受到重视，且种苗少、造林难、投入大、生长慢、回报期长、发展机制不活，群众培育珍贵树种的积极性不高；三是种苗和科研滞后，采种母树林、采种基地建设技术落后，种质资源稀少、采种困难，难以做到稳定供种，良种供给率低，限制珍贵树种的规模发展；四是投资不足，缺乏稳定有效的资金扶持渠道。

1. 建设目标

重点建设以樟树、楠木、檫树、红豆杉、三尖杉为主的珍贵乡土树种。至 2010 年珍贵树种用材林基地建设总规模 6.667 万公顷，其中新造 6 万公顷，现有幼林培育 0.667 万公顷。至 2015 年珍贵树种用材林基地建设总规模 10 万公顷，其中新造 9 万公顷，现有幼林培育 1 万公顷。2020 年基地面积达 13.33 万公顷。各设区市建设规划如图 5-3。

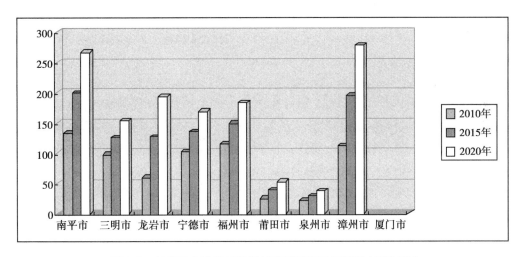

图 5-3 各设区市珍贵树种用材林基地建设规划图（百公顷）

2. 建设范围

南平、三明、龙岩、漳州、泉州、莆田、福州、宁德等设区市及其下辖县（市、区）的珍贵树种适生区。

3. 建设内容

珍贵用材乡土树种与引种基地：重点建设银杏、柳杉、建柏、秃杉、红豆杉、长苞铁杉、长叶榧等珍贵乡土针叶树和樟树、楠木、檫树、香椿、红锥、格氏栲、观光木等珍贵乡土阔叶树基地，发展具有亚热带特色的珍贵树种大径材，加快优良乡土种质资源的开发，为利用珍贵树种的木材价值、生化价值、药用价值和保健价值奠定较为坚实的资源基础。加大花榈木、降香黄檀等珍贵用材树种的引种试验、种苗繁育、造林技术研究，并在实践中不断总结、提高，进一步探索珍贵树种用材林基地的营造林模式。采取高度集约经营的措施，对造林、抚育、施肥、密控、修枝、整形等各个生产环节实现全过程质量监督，把现有的一些营造林科技成果经过组装配置应用到基地建设中，最大限度地发挥林地生产力，提高基地建设的经济效益。至 2010 年，全省建设珍贵用材树种基地 4 万公顷；至 2015 年，全省建设珍贵用材树种基地 6 万公顷；至 2020 年，全省建设珍贵用材树种基地 8 万公顷，其中：山区林业区建设珍贵用材树种基地达 3.703 万公顷，沿海林业区建设珍贵用材树种基地达 2.975 万公顷，城市林业区建设珍贵用材树种基地达 1.322 万公顷（表 5-13）。

表 5-13　珍贵树种培育工程一览表　　　　　（单位：百公顷）

统计单位	工程规模					
	珍贵用材乡土树种与引种基地			乡村非规划林地珍贵树种示范基地		
	至 2010 年	至 2015 年	至 2020 年	至 2010 年	至 2015 年	至 2020 年
全省	400	600	800	266.7	400	533.3
南平市	80	120	160	53.4	80.0	106.7
三明市	45.9	68.8	91.8	30.6	45.9	61.2
龙岩市	57.9	86.8	115.8	38.6	57.9	77.2
宁德市	50.7	76	101.4	33.8	50.7	67.6
福州市	55	82.5	110	36.7	55.0	73.3
莆田市	16	24	32	10.7	16.0	21.3
泉州市	11.2	16.6	22.2	7.4	11.1	14.8
漳州市	83.4	125.1	166.8	55.6	83.4	111.2

乡村非规划林地珍贵树种示范基地：以绿化美化为重点的村容村貌环境整治，加快促进农民公园、农田林网、"四旁"植树、农户庭院、环村庄风景林的建设。建设树种包括银杏、建柏、长苞铁杉、樟树、楠木、红豆树、檫树、米槠、红锥、闽粤栲、格氏栲、观光木、光皮桦、降香黄檀等。至 2010 年全省建成非规划林地种植珍贵树示范基地面积 2.667 万公顷；至 2015 年全省建成非规划林地种植珍贵树示范基地面积 4 万公顷；至 2020 年全省建成非规划林地种植珍贵树示范村 8000 个，面积 5.333 万公顷，其中：山区林业区建设基地面积达 2.451 万公顷，沿海林业区建设基地面积达 2.001 万公顷，城市林业区建设基地面积达 0.881 万公顷（表 5-13）。

（四）特色经济林培育工程

福建自然条件优越，适宜发展各种干鲜林果。福建的经济林名优品种繁多，龙眼、荔枝、柑橘、橄榄、枇杷等名果驰名中外。新中国成立以来，福建经济林建设蓬勃发展，科技含量逐年提高，其面积、产量快速同步增长，布局更趋合理化、区域化、基地化，产品不断得以调整和优化，并注重加工、贮藏、保鲜、销售等增值配套工作，形成了一个外联国内外大市场、内接千家万户的经济林产业链，经济效益逐年上升。至 2006 年，全省经济林总面积 131.7 万公顷，总产量 571.9 万吨，总产值 190.9 万元。其中：干果类 9.2 万公顷，产量 9.6 万吨；水果类 54.2 万公顷，产量 495.4 万吨；木本油料类 8.2 万公顷，产量 3.4 万吨。全省已形成了"五带一区"的区域化经济林布局，即：福州以南亚热带龙眼带、荔枝带、香蕉带，闽江中下游地区的甜橙带，武夷山脉东坡南北地段的落叶果树带，以及闽南金三角的芦柑和柚子栽培区。

福建省的经济林事业取得了很大的发展，但也存在突出问题：①结构不均衡，林种比例失调。②种植和加工比例失调。具体表现为种植业所占比例过大，产品加工业所占比例太小。加工、储藏保鲜能力严重滞后，阻碍了经济林产业的进一步快速发展。③地区之间发展不平衡。表现为沿海地区经济林水果面积大，产值产量高；而内陆山区面积小，产值、产量低。④低产低值林分所占比例仍然很大，全省低产林面积目前仍占40%左右。

1. 建设目标

重点建设枇杷、龙眼、橄榄、柑橘、柚子、黄花梨、锥栗、板栗、桃、李、茶叶、油茶、食用菌林、竹笋等特色经济林基地。至2010年特色经济林优质高效培育基地面积达60万公顷、2015年达85万公顷、2020年达110万公顷。各设区市建设规划如图5-4。

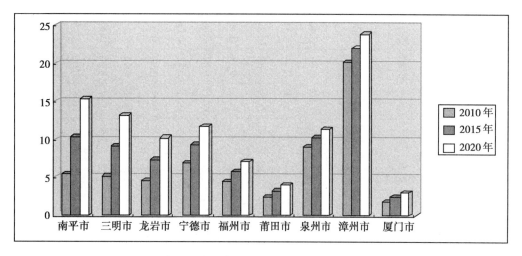

图5-4　各设区市特色经济林基地建设规划图（万公顷）

2. 建设范围

南平、三明、龙岩、漳州、厦门、泉州、莆田、福州、宁德等市特色经济林适生区。

3. 建设内容

木本油类优质高效示范基地：闽西北、闽东南沿海地区的低山、丘陵地带，以发展木本油料为主，重点改造油茶低产林，推广油茶优良品种，调整品种结构，提高油茶林的质量和产量，扩大产品供应。抓好木本油料加工业，以创立区域性统一品牌作为突破口，推动木本油料向标准化、品牌化、产业化发展，形成具有福建区域特色的木本油料产业。至2010年、2015年、2020年全省改造油茶低产林、推广优良品种、建设木本油类优质高效基地分别达14.7万公顷、20.7万公顷、26.7万公顷。在规划期内，山区林业区建设木本油类优质高效示范基地15.26万公顷，沿海林业区建设木本油类优质高效示范基地7.72万公顷，城市林业区建设木本油类优质高效示范基地3.82万公顷（表5-14）。

森林食品类优质高效示范基地：充分发挥福建省林特产品众多的优势，科学制定绿色无公害森林食品基地发展规划和生产建设标准，强化绿色无公害森林食品质量体系认证。闽西北和闽东南地区，以发展森林食品为主，重点发展如食用菌林、竹笋、森林野菜、食用花卉、香椿等基地，建成全国最大的笋制品、食用菌生产基地，形成一批有较强竞争力、带动力强的龙头企业。至2010年、2015年、2020年全省建设鲜笋、食用菌、森林野菜、香椿等森林食品类基地分别达5.7万公顷、8.9万公顷、11.9万公顷。在规划期内，培育绿色无公害森林食品龙头企业30个，山区林业区建设森林食品类示范基地面积达6.74万公顷，沿海林业区建设森林食品类示范基地面积达

表 5-14　特色经济林培育工程一览表

（单位：万公顷）

工程规模

统计单位	木本粮油类 至2010年	木本粮油类 至2015年	木本粮油类 至2020年	森林食品类 至2010年	森林食品类 至2015年	森林食品类 至2020年	水果类 至2010年	水果类 至2015年	水果类 至2020年	干果类 至2010年	干果类 至2015年	干果类 至2020年	茶叶 至2010年	茶叶 至2015年	茶叶 至2020年	药材类 至2010年	药材类 至2015年	药材类 至2020年	生物质能源类 至2010年	生物质能源类 至2015年	生物质能源类 至2020年	调料香料类 至2010年	调料香料类 至2015年	调料香料类 至2020年
全省	14.70	20.70	26.70	5.70	8.90	11.90	19.8	26.4	33	7.8	10.4	13	8.4	11.2	14	1.40	2.40	3.40	1.00	3.00	5.00	1.00	2.00	3.00
南平	3.15	4.44	5.72	1.05	1.63	2.18	0.6	0.8	1	2.4	3.2	4	1.2	1.6	2	0.21	0.36	0.51	0.30	0.90	1.50	0.20	0.40	0.60
三明	3.68	5.18	6.68	1.14	1.78	2.38	0.6	0.8	1	1.2	1.6	2	0.6	0.8	1	0.28	0.48	0.68	0.30	0.90	1.50	0.20	0.40	0.60
龙岩	1.57	2.22	2.86	1.05	1.63	2.18	0.6	0.8	1	1.2	1.6	2	0.6	0.8	1	0.11	0.18	0.26	0.24	0.72	1.20	0.20	0.40	0.60
宁德	2.10	2.96	3.81	0.89	1.40	1.88	1.2	1.6	2	0.9	1.2	1.5	1.5	2	2.5	0.25	0.42	0.60				0.20	0.40	0.60
福州	1.05	1.48	1.91	0.38	0.59	0.79	2.1	2.8	3.5	0.3	0.4	0.5	0.6	0.8	1	0.11	0.18	0.26						
莆田	0.53	0.74	0.95	0.06	0.08	0.10	1.5	2	2.5	0.3	0.4	0.5	0.3	0.4	0.5	0.04	0.06	0.09						
泉州	1.05	1.48	1.91	0.43	0.67	0.89	3	4	5.0	0.3	0.4	0.5	2.1	2.8	3.5	0.21	0.36	0.51						
漳州	1.57	2.22	2.86	0.63	1.01	1.37	8.4	11.2	14	1.2	1.6	2	1.5	2	2.5	0.18	0.30	0.43	0.16	0.48	0.80	0.20	0.40	0.60
厦门				0.08	0.10	0.12	1.8	2.4	3							0.04	0.06	0.09						

4.35 万公顷，城市林业区建设森林食品类示范基地面积达 1.80 万公顷（表 5-14）。

水果类优质高效示范基地：闽南及闽东沿海、闽江下游沿岸低丘地区和厦门以南的南亚热带地区重点推广应用柑橘、荔枝、龙眼、柚子、杨梅、枇杷、橄榄等名特优品种，闽西北中亚热带地区重点推广应用梨、桃、奈等落叶果类优质早熟品种，调整和改造中低产经济林。抓好果树类食品加工业，突破保鲜、贮藏及精深加工技术，并不断开发开发果酒、果醋、果汁等绿色食品。至 2010 年、2015 年、2020 年全省建设水果类丰产优质高效基地分别达 19.8 万公顷、26.4 万公顷、33 万公顷。在规划期内，山区林业区建设水果类丰产优质高效示范基地 3 万公顷，沿海林业区建设水果类丰产优质高效示范基地 18.5 万公顷，城市林业区建设水果类丰产优质高效示范基地 11.5 万公顷（表 5-14）。

干果类优质高效示范基地建设：闽西北及闽东山区中低山、丘陵地带，以发展干果类为主，重点建设板栗、锥栗等基地，稳定基地面积，逐步改造优良品种。至 2010 年、2015 年、2020 年全省建设干果类优质高效基地分别达 7.8 万公顷、10.4 万公顷、13 万公顷。在规划期内，山区林业区建设干果类优质高效示范基地 8 万公顷，沿海林业区建设干果类优质高效示范基地 4 万公顷，城市林业区建设干果类优质高效示范基地 1 万公顷（表 5-14）。

茶叶优质高效示范基地：加强优质茶树良种推广与繁育体系建设，开展绿色食品茶叶和有机茶认证，发展无公害茶园，加快茶叶品种的更新换代。闽东茶区基地建设以宁德市 9 个县市为重点，闽南、闽北茶区基地建设以安溪、永春、平和、武夷山、建瓯等县市为重点，调整茶叶结构，适当调减绿茶比例，增加乌龙茶、红茶、白茶等名优茶的比重，提高茶叶品质，突出抓好铁观音、武夷岩茶、水仙、白芽奇兰、正山小种等品牌产品建设。至 2010 年、2015 年、2020 年全省建设无公害茶园和生态茶园基地 8.4 万公顷、11.2 万公顷、14 万公顷。在规划期内，山区林业区建设茶叶优质高效示范基地 4 万公顷，沿海林业区建设茶叶优质高效示范基地 5.5 万公顷，城市林业区建设茶叶优质高效示范基地 4.5 万公顷（表 5-14）。

动植物药材类优质高效示范基地：以市场需求为导向，发展生物制药、生物农药等市场需求看好的新型种类，充分发挥福建省林特产品众多的优势，科学制定森林药材基地发展规划和生产建设标准，推行中药材生产管理规范（GAP）。在闽西北和闽东地区，以发展森林动植物药为主，重点建设杜仲、厚朴、南方红豆杉、三尖杉、黄栀子、铁皮石斛、银杏、柘树、太子参、梅花鹿、黑熊等森林动植物药材优质高效示范基地。至 2010 年、2015 年、2020 年全省建设动植物药材类优质高效基地分别达 1.4 万公顷、2.4 万公顷、3.4 万公顷。在规划期内，山区林业区建设动植物药材类优质高效示范基地 1.45 万公顷；沿海林业区建设动植物药材类优质高效示范基地 1.12 万公顷，城市林业区建设动植物药材类优质高效示范基地 0.86 万公顷（表 5-14）。

生物质能源类优质高效示范基地：在闽西北和闽南地区，以黄连木、麻疯树、油桐、光皮树、乌桕等主要木本燃料油植物为对象，重点选育培育一批速生高产、高含油和高热值能源植物品种，实现规模化、基地化种植。至 2010 年、2015 年、2020 年全省建设生物质能源类优质高效基地分别达 1 万公顷、3 万公顷、5 万公顷。在规划期内，山区林业区建设生物质能源类优质高效示范基地 4.2 万公顷，沿海林业区建设生物质能源类优质高效示范基地 0.8 万公顷（表 5-14）。

调料香料类优质高效示范基地：闽西北、闽东山区及闽南的华安县，重点发展山苍子、肉桂、芳樟等基地，加强科技攻关和推示范，调整品种结构，提高原料林的质量和产量。至 2010 年、2015 年、2020 年全省建设山苍子、肉桂等调料香料林优质高效基地分别达 1 万公顷、2 万公顷、3 万公顷。在规划期内，山区林业区建设调料香料林优质高效示范基地 1.8 万公顷，沿海林业区建设调料香料林优质高效示范基地 1.2 万公顷（表 5-14）。

（五）种质资源繁育和花卉培育工程

1. 种质资源繁育工程

林木种苗是森林世代繁衍的遗传载体,是提高林分质量、加速森林资源增长的关键因素。"十五"以来,福建林木种苗取得了令人瞩目的成就。启动林木种苗科技攻关项目工程,率先建立了杉木第三代育种群体及三代种子园,杉木育种继续保持全国领先水平。大力实施种苗国债项目工程,突出良种繁育中心和快繁基地建设,林木种苗生产和供应能力显著增强,到2006年全省林木种子基地面积达5610公顷,年产各类种子3.38万千克,造林苗年育苗面积380公顷左右,年培育苗木3.20亿株,较好地满足了林改后福建森林资源培育快速发展的需求。加强了林木种苗行业监管,规范种苗市场秩序,维护了林木种苗生产者、经营者和使用者的合法权益,有力地保障了海峡西岸现代林业和社会主义新农村建设。

主要问题:一是林木良种事业缺乏长效机制,良种化基础薄弱,品种结构不合理,管理粗放,现代生物育种技术应用水平较低。二是林木种苗基础设施设备落后,市场不够规范,产业化水平不高,结构性矛盾突出,适宜大面积推广的速生、丰产、优质、抗逆性强的树种品系不多,优良乡土树种、名贵树种的种苗短缺。

（1）建设目标

重点建设杉木、马尾松、相思、桉树、木麻黄、红豆杉等11类优良林木种苗繁育基地;至2010年林木种苗基地面积达2.23万公顷,种子贮备能力达到当年用种量的20%,主要造林树种基地供种率达到90%,主要造林树种良种使用率达到90%;至2015年林木种苗基地达2.62万公顷、2020年达3万公顷。各设区市建设规划如图5-5。

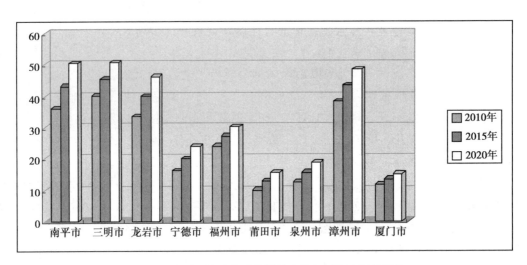

图5-5 各设区市林木种苗基地建设规划图（百公顷）

（2）建设范围

南平、三明、龙岩、漳州、厦门、泉州、莆田、福州、宁德等设区市及其下辖县（市、区）。

（3）建设内容

种质资源保护基地:重点收集、保存主要造林树种、乡土树种和珍稀濒危树种等种质资源,尤其是支撑全省林业经济的杉木、马尾松、建柏、柳杉、相思树、桉树、西南桦、光皮桦、鹅掌楸、红豆杉、三尖杉等种质资源。规划期内重点在国有林场、国有苗圃建设主要造林树种、乡土树种和珍稀濒危树种等种质资源基地20~30个。至2010年、2015年、2020年全省建设示范面积分别

达 3700 公顷、4350 公顷、5000 公顷。在规划期内山区林业区建设种质资源保护基地面积达 2660
公顷，沿海林业区建设种质资源保护基地面积达 1250 公顷，城市林业区建设种质资源保护基地面
积达 1090 公顷。

种子生产基地：加强良繁中心、良种基地和采种基地不同类型和层次的良种繁育基地建设，
积极开展选、引、育、繁、推工作，调减过剩的、低水平重复的种子生产基地，在不同生态区域
重点建设杉木、马尾松、特色经济林、红豆杉等珍稀乡土树种、竹种、花卉等 6 个良种繁育中心；
在不同生态区域建设 28 个重点国有林场良种基地和 10~15 个重点县市的良种基地；在优良乡土树
种集中分布区，重点建设 25~30 个采种基地。至 2010 年、2015 年、2020 年全省建设良繁中心、
良种基地和采种基地示范面积分别达 9620 公顷、11310 公顷、13000 公顷。在规划期内山区林业
区建设基地面积达 6380 公顷，沿海林业区建设基地面积达 3820 公顷，城市林业区建设基地面积
达 2800 公顷。

苗木培育基地：建立和完善以市场为导向，国有、集体、个人、股份制等多种主体共同发展
的苗木生产供应体系。鼓励社会积极培育优良乡土或名贵树种种苗，研发轻型基质等种苗资材，
优化产业结构，延伸种苗产业链。加强研究和推广应用工厂化快繁技术，示范推广优良的繁殖材
料，培育出成本低、质量高、品种多的造林绿化苗木，确保人工林速生优质且健康、稳定。突出
建设省级林木种苗示范基地、永安林业集团种苗中心、省林业科技试验中心、漳州市林业组培中心、
国家林木良种繁育（厦门）基地等林木种苗繁育基地。重点推动鑫闽种业发展成为集研究、开发、
生产、加工、销售、园林工程建设于一体的综合型种苗集团；推动泉美园艺、天生林艺成为跨区
域经营的大型现代种苗生产龙头企业；在福州、漳州各建设 1 个大型现代种苗交易中心；建设 2 个
工厂化快繁基地，发展 25 个左右上规模的苗木培育企业。形成以大型种苗龙头企业为主导，国有
苗圃、非公有苗圃、股份制苗圃和个体苗圃共同参与苗木生产经营的种苗产业化体系，并完善种
苗标准制订和推广。至 2010 年、2015 年、2020 年全省建设林木种苗示范基地面积分别达 8990 公
顷、10495 公顷、12000 公顷。在规划期内山区林业区建设基地面积达 5900 公顷，沿海林业区建
设基地面积达 3510 公顷，城市林业区建设基地面积达 2590 公顷。各设区市种质资源繁育工程建
设详见表 5-15。

表 5-15　种质资源繁育和花卉培育工程一览表　（单位：百公顷）

| 统计单位 | 工 程 规 模 | | | | | |
| | 种质资源繁育工程 | | | 花卉培育工程 | | |
	至 2010 年	至 2015 年	至 2020 年	至 2010 年	至 2015 年	至 2020 年
全省	223	262	300	165	266	367
南平市	36	43.2	50.4	18.9	30.45	42
三明市	40.1	45.45	50.8	12.7	25.55	38.4
龙岩市	33.6	39.9	46.2	19.8	31.9	44
宁德市	16.3	20.1	23.9	4	10.2	16.4
福州市	24.1	27.70	30.4	25.3	40.4	55.5
莆田市	10.2	12.95	15.7	4.3	11.05	17.8
泉州市	12.5	15.75	18.9	19.2	33.45	47.7
漳州市	38.3	43.4	48.5	53.5	66.75	80
厦门市	11.9	13.55	15.2	7.3	16.25	25.2

2. 花卉培育工程

福建境内峰岭连绵, 溪河纵横, 生态环境多样, 垂直变化显著, 拥有野生花卉资源 450 多个种。福建有 1300 多年花卉栽培历史, 与海外交流频繁, 培育引进不少名花异卉, 现已建立水仙、建兰、榕树盆景、仙人掌与多肉植物、棕榈科植物、苏铁、西洋杜鹃以及鲜切花、荫生观叶植物、新潮盆花等专业化、规模化的生产基地, 繁育的商品花卉品种达 370 个, 福建的根艺、金鱼驰名中外, 产品远销海内外, 被列为中国花卉综合实力的十强省 (市) 的第四位。

花卉业是当今世界最具活力的产业之一。福建省现有大中型花卉企业 500 家, 也是全国的花卉生产大省, 每年需花卉种苗 4.8 亿株, 年增种苗需求量 480 万株。"十五"以来, 福建省通过调整产品结构, 推进科技创新, 促进规模经营, 改善市场流通, 花卉产业呈现了稳健、持续发展的趋势。到 2006 年, 全省花卉种植面积从 2000 年的 0.67 万公顷扩展到 1.7 万公顷, 年均增长 25.62%; 年销售额从 9.53 亿元增加到 30 亿元, 年均增长 35.8%; 年亩均销售额从 9482 元上升到 11690 元, 居全国之首; 受益农户从 1.18 万户增至 3.56 万户, 从业人员从 3.22 万人增至 11.44 万人; 尤其可喜的是年出口额从 248 万美元激增至 2227 万美元, 位列全国第三。

存在问题: 一是花卉产业科技创新能力不强, 种苗研发平台建设滞后, 缺乏自主知识产权的品种; 二是冷藏物流中心和全程冷链运输等配套服务与设施不够完善, 导致花卉产品质量不稳定; 三是缺乏质量评定分级标准。

（1）建设目标

大力发展水仙花、兰花、杜鹃花、多肉植物、棕榈科植物、榕树盆景等六大花卉拳头产品。至 2010 年花卉生产基地面积达 1.65 万公顷, 培育、开发新品种 8~10 个, 建立省级花卉良种良苗繁育基地; 至 2015 年花卉生产基地面积达 2.66 万公顷, 培育、开发新品种 10~15 个; 至 2020 年花卉生产基地面积达 3.67 万公顷, 培育、开发新品种 15~20 个。各设区市建设规划如图 5-6。

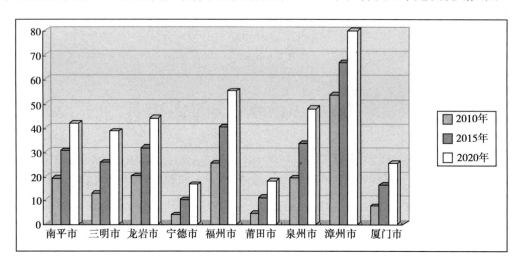

图 5-6 各设区市花卉基地建设规划图（百公顷）

（2）建设范围

南平、三明、龙岩、漳州、厦门、泉州、莆田、福州、宁德等设区市及其下辖县（市、区）。

（3）建设内容

南亚花卉建设基地: 开展花卉新品种培育、引进和驯化工作, 培育拥有自主知识产权的产品, 提高福建省花卉产品的竞争力。加强标准化体系建设和信息网络建设, 尽快与国际接轨。充分发挥闽台花卉合作优势, 深挖潜力, 做优做强花卉产业。漳州重点发展水仙、榕树盆景、以墨兰为主的兰花、仙人掌与多肉植物、棕榈科植物、热带切花切叶；泉州重点发展榕树盆景、棕榈科植物；厦门重点发展兰花、观果植物、芳香植物、园林观赏植物；莆田重点发展食用、药用花卉。至 2010 年、2015 年、2020 年全省建设南亚花卉基地面积分别达 8100 公顷、12960 公顷、18000 公顷。在规划期内开发新品种 8 个，培育科技型花卉示范企业 50 家，山区林业区建设基地面积达 6100 公顷，沿海林业区建设基地面积达 5610 公顷，城市林业区建设基地面积达 6290 公顷。

中亚花卉建设基地：开展花卉新品种培育、引进和野生乡土花卉资源开发利用工作，强化花卉标准化体系建设和信息网络建设。福州重点发展切花菊、洋兰、南洋杉盆景、园林观赏植物；龙岩重点发展西洋杜鹃、兰花；南平重点发展切花百合、以寒兰为主的国兰、蕨类植物、工业用花。至 2010 年、2015 年、2020 年全省建设中亚花卉基地面积分别达 5400 公顷、8640 公顷、12000 公顷。在规划期内开发新品种 7 个，培育科技型花卉示范企业 30 家，山区林业区建设基地面积达 4070 公顷，沿海林业区建设基地面积达 3740 公顷，城市林业区建设基地面积达 4190 公顷。

高海拔地域花卉建设基地：利用高山反季节优势，积极开发驯化野生花卉资源，建立高山种球花卉种子基地。龙岩重点发展高山花卉及种球生产，珍稀野生花卉开发；南平重点发展野生花卉资源研发；漳州重点发展食用、药用花卉；宁德重点发展百合、唐菖蒲、香石竹等冷凉型花卉。至 2010 年、2015 年、2020 年全省建设高海拔地域花卉基地面积分别达 3000 公顷、4985 公顷、6670 公顷。在规划期内开发新品种 5 个，培育科技型花卉示范企业 20 家，山区林业区建设基地面积达 2250 公顷，沿海林业区建设基地面积达 2090 公顷，城市林业区建设基地面积达 2330 公顷。各设区市花卉培育工程建设详见表 5-15。

二、林产品加工工程

（一）人造板加工工程

人造板工业是高效利用木材和节约木材资源的支柱产业之一，是林业可持续发展战略的重要组成部分。改革开放以来，重点建设了一批人造板骨干项目，同时在充分吸收、消化国外技术的基础上，大力推进了国产设备开发和应用，初步形成了以胶合板、纤维板、刨花板（俗称"老三板"）为主导产品的人造板工业体系。特别是 20 世纪 90 年代以来，福建省人造板工业呈迅猛发展之势，人造板产品总量迅速增长，产业和产品结构得到有效调整，产业布局日趋合理，进出口贸易日益活跃，已成为我国人造板生产大省，为满足我国经济社会发展对林产品需求的快速增长做出了重要贡献。形成了南平、三明、龙岩、福州、漳州等人造板加工中心，涌现出福人、永林、丽人、沪千、绿源、成龙等一大批人造板骨干企业，形成了若干个有鲜明特色的木、竹材加工产业带和产业园区，呈现了大工程带动大发展的可喜局面。2006 年，全省人造板产量为 439 万立方米。但与世界人造板工业发达国家相比，福建省人造板工业还存在木材资源总量不足、企业规模小、产业集中度低、产品总体质量不高、用途单一、管理和技术水平较差等差距。

1. 建设目标

在稳步发展中高密度纤维板、细木工板、新型刨花板的基础上，重点开发木竹与其他材料复合的新板种和人造板二次以上精深加工系列产品。至 2010 年，产量达 600 万立方米，产值 250 亿元；至 2015 年，人造板产量达 800 万立方米，产值 375 亿元；至 2020 年，人造板产量达 1000 万立方米，产值 500 亿元。各设区市建设规划如图 5-7。

2. 建设内容

大力发展以人工林小径材、薪材、"三剩物"、枝丫材及城市废料等为原料制成的单板层积材

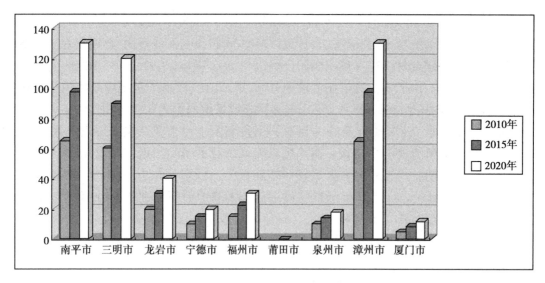

图 5-7　各设区市人造板工程建设规划图（亿元）

（LVL）、定向成材（OSL）、定向单板条成材、重组木等人造成材产品,品种结构向复合结构、功能化、环保型人造板新型板种以及深加工终端产品转变。在稳步发展中高密度纤维板、细木工板、胶合板、新型刨花板的基础上,大力发展薄型中密度纤维板,多功能型、环保型中密度板;加大小径材在胶合板生产中的应用,积极开发新板种,发展单板层积材、细木工板、指接木、复合材、重组木等;积极发展建筑用人造板,主要开发水泥刨花板、石膏刨花板、木塑板、水泥模板等人造板在建筑上的应用;加大力度开发木竹与其他材料复合的新板种,发展精深加工系列产品及无污染、高稳定性、功能性人造板,如阻燃、防潮、抗辐射等功能性人造板产品;加强木材、人造板、薄木仿真技术的研究和开发,发展壮大环境友好型、低能耗高效益、自主研发能力强、品牌优势明显、辐射带动面大的龙头企业,限制并逐步淘汰高能耗低效益、规模小、污染严重的低水平重复建设项目;提倡木质资源的循环利用,加大以木质材料为主的现代城市垃圾处理的研究、开发力度,培育以旧木料、旧家具为主要原料的加工企业,既有利于生态保护,又可缓解紧张的木材供需矛盾,提高以木质材料为主的现代城市垃圾处理利用水平;充分发挥福建省竹资源优势,加快竹材加工新技术、新产品研究开发,发展技术含量高、综合利用好、附加值高的竹板项目,如混凝土模板用竹木复合胶合板、竹木复合集装箱底板、竹地板以及汽车、火车用竹胶合板、竹纤维板、竹纤维复合新型材料、竹家具、竹地板等生产项目。

进一步做大福州、南平、三明、龙岩、漳州人造板工业,进行适度规模的扩建和技改;在内陆山区以南平、三明为中心,调整优化产品结构,发展复合结构、功能化、环保型人造板新型板种,培育一批环境友好型、资源节约型、自主研发能力强、品牌优势明显、辐射带动面大的龙头企业,限制并逐步淘汰高能耗低效益、规模小、污染严重的低水平重复建设项目;在沿海地区以漳州、福州为中心,新建一批具有高科技含量的人造板精深加工系列产品及无污染、高稳定性、功能性人造板项目;加快木塑、竹塑等木（竹）质分子聚合材料,大力发展高附加值的终端产品,形成新型人造板产业集群。重点抓好以福人木业、永安股份、沙县大亚、厦门涌泉、南平沪千、福清成龙等为龙头的人造板加工企业等项目建设。至 2010 年全省人造板产量产量达 600 万立方米,至 2015 年达 800 万立方米;至 2020 年全省人造板产量达 1000 万立方米,实现产值 500 亿元,其中:山区林业区实现产值 290 亿元,沿海林业区实现产值 150 亿元,城市林业区实现产值 60 亿元。各设区市建设规划详见表 5-16。

表 5-16 林产品加工工程建设规划 （单位：亿元）

统计单位	建设规模											
	人造板加工			制浆造纸			林产化工			木竹制品加工		
	至2010年	至2015年	至2020年	至2010年	至2015年	至2020年	至2010年	至2015年	至2020年	至2010年	至2015年	至2020年
全省	250	375	500	500	750	1000	120	210	300	200	350	500
南平市	65	97.5	130	170	225	280	40	70	100	40	70	100
三明市	60	90	120	200	270	340	65	107.5	150	40	70	100
龙岩市	20	30	40	40	60	80	10	20	30	20	22.5	25
宁德市	10	15	20	2	3	4	2	4	6	5	9	13
福州市	15	22.5	30	2	3	4				15	26	37
莆田市				80	180	280				25	50	75
泉州市	10	14	18	5	7.5	10	3	8.5	14	10	17.5	25
漳州市	65	97.5	130	1	1.5	2				25	50	75
厦门市	5	8.5	12							20	35	50

（二）制浆造纸工程

制浆造纸产业包括纸浆制造、造纸及纸制品业，是与国民经济和社会事业发展关系密切的重要基础原材料产业，纸及纸板的消费水平是衡量一个国家现代化水平和文明程度的标志。主要产品有木浆、竹浆、新闻纸、箱板纸、涂布白纸板、薄页纸、拷贝纸、纸袋纸、复印纸、卫生纸、纸箱、卫生巾和纸尿裤等产品，其中纸袋纸、拷贝纸、薄页包装纸等产品产量目前在全国仍占第一位，新闻纸占第三位。全行业拥有2个中国驰名商标，5个国家免检产品，8个省名牌产品。2006年全省规模以上造纸及纸制品业企业527家，总资产241亿元，纸浆产量36.81万吨，机制纸及纸板193.2万吨，箱纸板52.6万吨，纸制品123.8万吨，完成现价工业总值233.74亿元。

福建省造纸产业进入快速发展期，林纸一体化建设初具规模，原料结构有所改善，产品结构进一步优化，产业集中度有所提高，资源消耗进一步降低，污染防治初见成效。但也面临资源约束、环境压力等问题，主要表现在：一是规模不合理，规模效益水平低；二是优质原料缺口大，对外依存度高；三是资源消耗较高，污染防治任务艰巨；四是装备研发能力差，先进装备依靠进口；五是外商投资结构有待优化，统筹协调发展任务紧迫。

1. 建设目标

重点发展新闻纸和以纸袋纸为主的各类包装用纸，适当发展生活用纸，加快发展木竹浆造纸。至2010年全省木（竹）浆产量达262万吨，纸和纸板产量达480万吨，实现产值450亿元；至2015年，全省木（竹）浆产量390万吨，纸和纸板产量达720万吨，总产值725亿元；至2020年，全省木（竹）浆产量520万吨，纸和纸板产量达960万吨，总产值1000亿元。各设区市建设规划如图5-8。

2. 建设内容

大力推进林纸一体化，重点发展新闻纸和以纸袋纸为主的各类包装用纸，适当发展生活用纸，加快发展木竹浆造纸，开发现代信息办公用纸、高科技工业技术用纸、卷烟纸生产系列产品，开发彩色纸系列产品以及其他新产品。调整优化制浆、造纸原料结构、产品结构、企业结构和技术

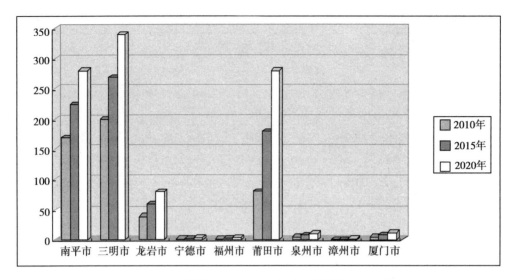

图 5-8　各设区市制浆造纸工程建设规划图（亿元）

结构，加快高强度、高得率、低污染的制浆生产技术研发，提高废纸的回收和利用水平。加大制浆造纸企业技术改造力度，鼓励企业技术创新，提升制浆造纸技术水平。限制并逐步淘汰污染严重、产品竞争力不强的小规模低水平重复建设项目。

抓好林浆纸一体化工程建设，定向培育适合福建不同区域的速生优质的主导树种，为产业发展提供廉价的原料。依托福建丰富的竹类资源，利用竹纤维原料有利于资源利用、有利于环境、可替代部分木浆的优点，积极支持和鼓励发展竹浆造纸业，调整造纸工业结构，解决纸浆原料短缺的问题。至 2010 年在闽西北地区建设以马尾松等树种为主的速生丰产造纸原料林基地 32.4 万公顷，年提供木浆原料 243 万立方米；营造竹林基地 4.67 万公顷，年产竹材 105 万吨。在闽东南沿海地区，建设以桉树等树种为主的短周期速生丰产造纸原料林基地 38.67 万公顷，年提供木浆原料 541 万立方米。两大宜林地区合计建设林业基地 75.74 万公顷，年提供木浆原料 784 万立方米，竹浆原料 105 万吨。与之相配套的是内外结合，积极招商引资，建设大型林浆纸一体化工程项目。争取建成几个几百万吨以上生产能力和上百亿元产值的以商品纸浆和文化用纸为主的大型企业。至 2010 年全省木（竹）浆产量达 262 万吨，纸和纸板产量达 480 万吨；至 2015 年，全省木（竹）浆产量 390 万吨，纸和纸板产量达 720 万吨；至 2020 年，全省木（竹）浆产量 520 万吨，纸和纸板产量达 960 万吨，实现产值 1000 亿元，其中：山区林业区实现产值 600 亿元，沿海林业区实现产值 386 亿元，城市林业区实现产值 14 亿元。各设区市建设规划见表 5-16。

在内陆山区，重点抓好以福建南纸股份有限公司、青山纸业股份有限公司、福建腾荣达、泰宁绿山、建宁铙山、邵武中竹、龙岩造纸等为龙头的木浆造纸骨干企业建设，建成以南平、三明、龙岩为中心的闽西北制浆造纸产业集群，并对现有企业进行适度规模的扩建和技改；在沿海地区漳州、泉州、福州、莆田充分利用港口优势，大力发展以进口废纸、纸浆为主的造纸业，重点抓好恒安、优兰发、伟立纸业等为代表的纸袋纸、生活用纸骨干企业建设，以莆田金鹰集团为龙头，建设一座年产木浆 120 万吨、纸 150 万吨的大型制浆造纸，建成闽东南纸制品加工发展区，形成一个新的制浆及生产高档纸制品的制浆造纸集群。

（三）林产化工工程

林产化工产业是利用森林资源进行化学加工的产业。福建省林产化工经过 30 多年的建设，特别是改革开放以来，初步建立起规模、布局比较合理，品种比较齐全的产业体系。全省现有林产化工企业 50 余家，主要产品有松香、松节油、合成樟脑、萜烯树脂、聚合松香、活性炭、木竹炭、松焦油、糠醛、大漆、桐油、天然香料等。据统计，2006 年福建省松香及深加工产品产量为 6.6 万吨，活性炭产量为 5 万吨。近年来，林产化工企业改造、新产品开发、深度加工技术应用取得一定的进展，为单一产品到系列产品、中间产品到终端产品的转化创造了良好的条件。但总体上，福建省林产化工业技术进步相对滞后，技术装备比较落后，原料和能源单耗高，初级产品多，再加工产品少，规模小，抵抗市场风险能力较弱。

1. 建设目标

重点发展松香、松节油、竹炭、活性炭等系列精深加工产品，开发具有自主知识产权的产品和多次增值的高附加值产品。至 2010 年，松香及深加工产品产量 20 万吨，活性炭产量 12 万吨，新兴产业增加值 10 亿元，总产值达 120 亿元；至 2015 年，松香及深加工产品产量 25 万吨，活性炭产量 21.3 万吨，新兴产业增加值 20 亿元，总产值达 210 亿元；至 2020 年，松香及深加工产品产量 30 万吨，活性炭产量 30.6 万吨，新兴产业增加值 30 亿元，总产值达 300 亿元。各设区市建设规划如图 5-9。

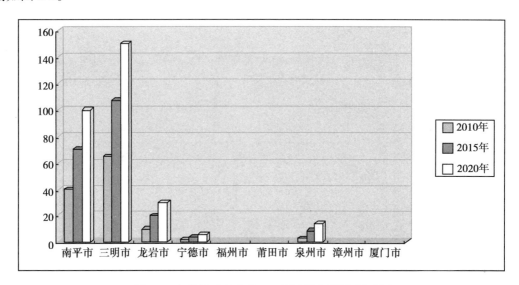

图 5-9 各设区市林产化工工程建设规划图（亿元）

2. 建设内容

在建立原料林基地的基础上，调整企业布局，实现适度规模经营，加快建成一批基地、加工、出口一体化的大中型林产化工骨干企业，大力开展林化产品精深加工，增加松香、松节油精深加工产品的出口创汇。重点抓好现有松香、松节油生产企业的改造，大力发展氢化松香、歧化松香、马来松香、聚合松香、松香脂等松香深加工系列产品和芳樟醇、萜烯树脂、彩色油墨等松节油深加工系列产品；加大活性炭新品种的开发力度，发挥福建省竹资源优势，积极发展竹炭、竹活性炭系列产品，延长产品产业链，努力向各领域延伸，力争在军用、工业用炭的基础上，向生活用炭、保健用炭、医药用炭等领域延伸；进一步开发香精香料、木竹材提取物等高附加值林化新产品，以适应并拓宽不同的市场需求。至 2010 年全省松香及深加工产品产量 20 万吨，活性炭产量 12 万吨；至 2015 年全省松香及深加工产品产量 25 万吨，活性炭产量 21.3 万吨；至 2020 年全省松香及深加工产品产量达 30 万吨，活性炭产量达 30.6 万吨，实现产值 300 亿元，其中：山区林业区实现产值 260 亿元，沿海林业区实现产值 6 亿元，城市林业区实现产值 34 亿元。各设区市建设规划见表 5-16。

重点抓好厦门涌泉、厦门中坤、南平劳特、南平元力、永安林业、沙县松川、泰宁金湖炭素、武平绿洲等重点技改项目，逐步形成以松香、活性炭为基础，以深加工产品为龙头的骨干企业，实现适度规模经营，建成一批基地、加工、出口一体化的大中型林产化工骨干企业，发展名牌产品、具有自主知识产权的产品和高附加值产品，逐步淘汰规模小、附加值低、资源浪费和环境污染严重的小型林产化工企业。

（四）木竹制品加工工程

木竹制品主要包括家具制造、日常生活用品、工艺品等。"十五"以来,通过制定林业产业导则、搭建科企对接服务平台以及加大招商引资力度，福建省吸引了一大批木竹制品加工企业，尤其是一些技术含量高、市场潜力大、规模效益明显的大项目纷纷落户。特色家具、木（竹）质建筑构件以及根雕、竹雕等木竹工艺品发展迅速，尤其是两头在外的家具和工艺品产业，产值达 200 亿元。仅仙游古典家具生产企业达 1500 多家，从业人员 6 万多人，古典家具高档产品占国内市场份额六成以上，2006 年被授予"中国古典家具之都"的美称，实现销售收入 20 亿多元，创利税 2 亿多元。当前福建木竹制品业发展迅猛，产品结构趋于优化的同时，仍存在科技创新能力不强，初级产品产值占 70% 以上，精深加工、高附加值、高技术含量、名牌、具有自主知识产权的产品较少，林业产业集群小，产业链短，产业实力不强等突出问题。

1. 建设目标

重点发展家具和木竹工艺产品，大力发展两头在外的家具和工艺品产业。至 2010 年产值达 200 亿元、2015 年达 350 亿元、2020 年达 500 亿元。各设区市建设规划如图 5-10。

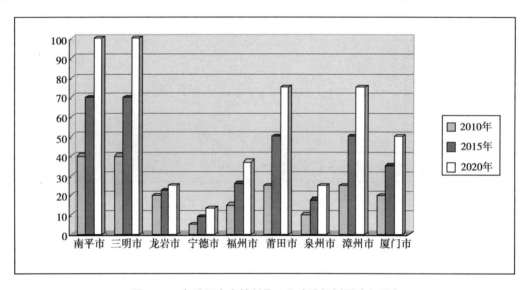

图 5-10 各设区市木竹制品工业建设规划图（亿元）

2. 建设内容

加强木材防腐、改性以及木（竹）基复合新材料等技术的研究与推广，发展以竹木、竹编、竹胶餐盒、托盘为主的系列餐具产品和以"竹文化""根雕文化"为主的旅游工艺品，拓宽木竹材用途，提高木竹材及其产品的价值。鼓励使用环境友好型材料，开发可循环利用材料及其替代技术和产品,减少不可再生废物造成环境污染,扶持应用新技术、新工艺、新装备对次、小、薪材及"三剩物"（山场剩余物、采伐剩余物、加工剩余物）进行深加工的项目,以替代原木生产各种高附加值木制品,不断提高木（竹）材的综合利用水平。

家具是福建省特色出口林产品，应进一步发挥福建省木竹资源和港口优势，抓住世界制造业的转移机遇，加大招商引资力度，充分利用两种资源、两个市场，大力发展两头在外的家具产业，强化森林论证和国际质量体系论证，继续保持出口竞争优势。要提高设计、加工工艺水平，注重技术含量与原创性。按照国内外市场的需要开发创新办公家具、酒店家具、民用家具等产品，向中高档家具市场进军，加大家具产业整体品牌的创立和营销力度，逐步扩大高端家具的生产总量和竞争实力，发展壮大家具产业集群。至 2010 年全省木竹制品加工产值达 200 亿元；2015 年全省木竹制品加工产值达 350 亿元；至 2020 年全省木竹制品加工业实现产值 500 亿元，其中：山区林业区实现产值 225 亿元，沿海林业区实现产值 163 亿元，城市林业区实现产值 112 亿元。各设区市建设规划见表 5-16。

在厦门、漳州、泉州、莆田等沿海地区，建立以进口木材为主要原料的木制品、木质家装材料以及家具加工集群；莆田重点发展特色家具、木雕、根雕等附加价值高的木竹制品，漳州重点发展以出口为主的高档西式仿古、整体橱柜等实木家具和木材与金属复合家具，泉州、厦门重点发展以实木门、橱柜、装饰材料等为主的现代家具产业；积极推进莆田秀屿国家级 13.33 平方公里木材加工区和木材贸易区、莆田妈祖工艺城、仙游工艺品研发生产中心和东南工艺品市场建设，大力发展仿明清古典硬木家具和现代木质家具，把仙游建成全国规模最大、现代化水平最高的中国古典工艺家具之都；重点抓好诚丰、菲莉、正盛、喜盈门、联福、现代、森源、冠达星、成龙等龙头骨干企业建设。南平、三明、龙岩内地山区以利用本地木竹材为主要原料建立木竹制品、木竹工艺品、实木家具、竹藤家具生产基地；利用南平、三明竹产业集中度高、带动力强的特点，依托三明金沙高新技术开发园区、永安尼葛林业高新技术开发园区、建瓯中国笋竹城、建阳海西林产工贸城等四大新兴木竹加工产业集聚区，建立具有区域特色，集资源培育、加工利用和出口贸易为一体的竹制品产业集群；抓好永安林业（集团）股份有限公司竹制品生产线扩建和技改、建瓯三森竹木有限公司竹制品生产线扩建和技改、建瓯天丰竹业有限公司竹制品生产线扩建和技改等项目的建设。

三、林业生物质利用工程

林业生物质产业是以森林资源为基础，建立在生命科学和生物技术创新与突破基础上的新兴产业和高技术产业。福建地处亚热带，森林资源较为丰富，植物种类有 5000 种以上，其中用材树种有 400 余种，具有发展生物产业独特的资源优势。随着经济快速增长，人民收入水平不断提高，对生物资源、生物质产品的需求将会迅速增加，利用森林资源生产生物材料、生物质能源、生物制剂，发展林业生物质产业，具有巨大的市场潜力。近年来，福建省在林业生物质产业技术的研究取得长足进展，在纳米改性竹炭、木塑复合材料、红豆杉提取紫杉醇等领域具有一定的优势，研发一批具有自主知识产权的技术成果，涌现出一批快速发展的企业，呈现集聚化发展趋势。

虽然福建省林业生物质产业具备加快发展的有利条件，但仍存在一些突出问题和制约因素。主要是：管理体制不完善，缺乏配套的税收等扶持政策，融资渠道不畅，发展资金严重匮乏；科技成果转化率低，高素质人才缺乏，以企业为主体的创新体系亟待建立；产业规模和技术基础与发达国家相比仍存在较大差距，产业集聚度不高，产业结构不合理，企业规模小；生物资源流失和外来物种入侵比较严重，生物安全存在较大隐患等。

1. 建设目标

大力发展林业生物质产业技术，大幅度提高林业高技术产业份额，形成具有福建特色的林业生物质高技术产业群（带）。基本建立一个布局合理、结构优化、装备先进、特色明显、规模适度、效益显著的林业生物质产业体系。至 2010 年全省实现生物质新材料、生物质新能源、森林生物制药和生物制剂等产值达 40 亿元；至 2015 年全省实现产值达 70 亿元；2020 年全省实现产值达 100

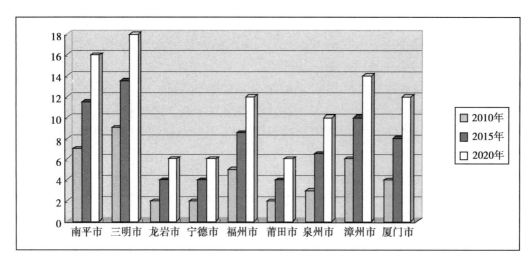

图 5-11　各设区市林业生物质工程建设规划图（亿元）

亿元。各设区市建设规划如图 5-11。

2. 建设内容

林业生物质新材料工程：利用生物质资源开发新材料是材料工业发展的重要方向。要充分发挥福建在竹木加工方面的良好基础，拓展产业领域，延伸产业链，提高附加值。通过竹木生物质材料的改性、重组和复合，重点发展新型木基（木塑）复合材料、陶瓷化木材、竹木纤维新材料以及林业绿色化学品，加快人工林木材增值利用的产业化步伐；加快提高产业的装备水平和研发能力，培育竹基新材料高附加值深加工产业群，开展生物质可降解高分子新材料产业化示范打造一批品牌产品。至 2010 年全省林业生物质新材料产值达 12 亿元；2015 年实现产值达 21 亿元；2020 年实现产值达 30 亿元，其中：山区林业区产值 6 亿元，沿海林业区产值 14 亿元，城市林业区产值 10 亿元。各设区市建设规划见表 5-17。

表 5-17　林业生物质利用工程建设规划　　　　　　　（单位：亿元）

统计单位	建设规模								
	生物质新材料			生物质能源			生物制药和生物制剂		
	至 2010 年	至 2015 年	至 2020 年	至 2010 年	至 2015 年	至 2020 年	至 2010 年	至 2015 年	至 2020 年
全省	12	21	30	12	21	30	16	28	40
南平市	2.4	4.2	6	2.4	4.2	6	1.6	2.8	4
三明市				2.4	4.2	6	4.8	8.4	12
龙岩市				2.4	4.2	6			
宁德市							2.4	4.2	6
福州市	2.4	4.2	6	2.4	4.2	6			
莆田市	2.4	4.2	6						
泉州市	1.6	2.8	4				2.4	4.2	6
漳州市	3.2	5.6	8				2.4	4.2	6
厦门市				2.4	4.2	6	2.4	4.2	6

林业生物质能源工程：林业生物质能源是通过植物的光合作用而贮存于植物中的太阳能，是

一种可再生能源，就其能源当量而言，仅次于煤、石油、天然气。结合福建的资源源特色，以黄连木、麻疯树、油桐、光皮树、乌桕等主要木本燃料油植物为对象，重点选育一批速生高产、高含油和高热值能源植物品种，实现规模化、基地化种植，促进木本油料作物等生物质原料产业化进程。开发林业生物质能源关键技术，发展林业生物质的气化、液化、成型固化及气热电联产技术；发展生物柴油、燃料乙醇、可降解高分子材料、生物制氢等；发展生物质致密成型燃料技术，鼓励利用农作物秸秆、林木剩余物，加工致密成型燃料，为农村、林区提供使用方便、清洁环保、燃烧效率高的能源，减少农村燃料消耗对林木等植被的破坏。以厦门、福州、南平、三明、龙岩为中心，重点建设利用废动植物油生产生物柴油、利用生物质废弃物制造高密度固体燃料、微生物单细胞油以及规模化酶法制造生物柴油等项目；建立起福建特色的生物质能利用体系。至2010年全省林业生物质能源产值达12亿元；2015年实现产值达21亿元；2020年实现产值达30亿元，其中：山区林业区产值18亿元，城市林业区产值12亿元。各设区市建设规划见表5-17。

森林生物制药和生物制剂工程：以保护濒危稀缺中草药资源为重点，加快濒危中草药材和关键中草药材的生物培养和拟生态条件的规模化生产，建设一批道地药材种植基地，促进中医药可持续发展；开发高性能植物生长调节剂、复合菌根菌肥、专用缓/控释肥料以及多功能生物肥料；利用资源优势发展生物制药以及环保型生物农药；利用生物反应器技术生产高附加值植物提取物。大力发展红豆杉、三尖杉、黄栀子、草珊瑚等为原料的生物制药，以雷公藤等为原料的生物农药，以黄花蒿、芦柑皮、青钱柳、千层塔、野葛、东方肉穗草等中草药物种植和综合开发，构建从品种研究、筛选、组培、推广、种植、提取、成药的生物医药产业集群。重点建设紫杉醇及其脂质体冻干粉剂、银杏提取物、雷公藤单体、雷公藤内酯醇等项目。加快建设以明溪、泰宁、永春、柘荣为中心的生物制药产业集群，以建瓯、永安为中心的天然植物提取为原料生产生物药品、生物保健品（如膳食纤维）和天然化妆品产业区。至2010年全省森林生物制药和生物制剂产值达16亿元；2015年实现产值达28亿元；2020年实现产值达40亿元，其中：山区林业区产值16亿元，沿海林业区产值12亿元，城市林业区产值12亿元。各设区市建设规划见表5-17。

四、生态休闲旅游工程

福建省素有"八山一水一分田"之说，森林覆盖率居全国之首，素有"绿色宝库"之称。境内风光旖旎，风情浓郁，森林生态与人文历史交相辉映。优越的自然条件，异彩纷呈的森林景观，形成了福建生态休闲旅游发展的广阔前景。至2006年，全省利用森林景观资源开展生态休闲旅游的单位200多家。其中国家级森林公园21家，省级森林公园55家，全省森林公园经营面积169305.84公顷；国家级自然保护区11处，省级自然保护区27处，自然保护区经营面积6.5万公顷；主要利用森林旅游资源的风景名胜区、旅游区、公园、旅游公司70多家，经营面积达6.8万公顷；主要利用湿地旅游资源的现有县级以上自然保护区数量达到119处，其中国家级自然保护区11处、省级自然保护区26处、县级自然保护区82处。保护总面积达75万公顷。

改革开放以来，福建省生态休闲旅游业出现从无到有稳步发展的好势头，产业规模不断扩大，取得了令人瞩目的成就。一是生态休闲旅游发展速度较快，产业地位不断提升；二是生态休闲旅游资源开发不断深化，产品结构渐趋完善；三是生态休闲旅游时尚异军突起，多元化市场初步形成；四是旅游各大要素各有发展，旅游生产力逐步提高；五是生态休闲旅游行业管理力度加强，旅游法规逐步健全。

纵观全省生态休闲旅游20多年的发展历程，虽然取得了可喜的成绩，建立了较好的基础，但仍存在下列问题。全省生态休闲旅游开发建设尚处初步发展阶段。一是分布不均，发展不平衡；

二是资金短缺，基础设施建设滞后；三是多种主管体制并存、良莠不齐；四是游客量大，生态休闲旅游收入偏低；五是生态休闲旅游景区开发城市化、污染化初露端倪；六是交通建设是生态休闲旅游发展的瓶颈；七是生态休闲旅游系统的从业人员素质有待提高。

1. 目 标

福建省生态休闲旅游战略目标的确定，主要依据省委、省政府"建设'生态省'，大力改善生态环境"的重要决策；省林业厅提出的林业"286"计划工程建设精神；大力发展生态休闲旅游业，使之成为林业产业建设的新的经济增长点。

（1）总目标

生态休闲旅游整体形象。建立森林、湿地景观为主体，山海风光兼备、闽台民俗风情、多元宗教文化为特色，旅游产品丰富、设施完备、服务上乘，管理先进的生态休闲旅游大省。

生态休闲旅游在全省大旅游中的地位。生态休闲旅游的接待旅游人数和旅游收入占全省大旅游的两项指标，从目前的38.8%和1.35%分别上升到2020年的50%和10%。

生态休闲旅游资源开发。全省生态休闲旅游资源得到科学、合理开发，形成几条国内独有的生态休闲旅游专线和一批独具风格的旅游精品。通过合理的资源配置，在全省建立数个跨地区、跨所有制成份、高效信息化运作、在国内具有一定竞争力的旅游骨干企业，使福建省的生态休闲旅游经济全面、健康、有序地发展。

生态休闲旅游的社会功能。生态休闲旅游业在全省林业改革开放、招商引资中发挥先导作用；在生态休闲旅游区的国民经济和社会发展中起到带动辐射功能；在行业精神文明建设中起到示范作用；在海峡两岸文化交流和旅游合作中起到桥梁作用；在祖国和平统一大业中发挥先行作用。

旅游接待设施和服务水平。食、宿、行、游、购、娱协调、配套发展，各种旅游接待设施达到国内先进水平；旅游服务实现规范化、标准化，达到国内同行业领先水平。

总之，在规划期内，通过不断努力，将福建省的生态休闲旅游业建设成生态休闲旅游资源丰富，产品特色鲜明，布局合理，环境优美，经营管理先进，配套设施完善，产业效益显著，相关专业共同发展的生态休闲旅游新格局，使福建的生态休闲旅游成为集生态、观光、休闲、度假、文化、科考为一体的专业旅游区；使全省的生态休闲旅游业成为支柱产业，到2020年，生态休闲旅游产值占全省林业产值的18%，成为全国生态休闲旅游大省。

（2）阶段目标

阶段性目标的制定，是以福建省生态休闲旅游"九五"期间和2001年旅游接待量、旅游收入、旅游发展指标体系为参考依据；在分析全省生态休闲旅游业发展实际基础上进行具体安排。

近期规划阶段目标（2007~2010年）：为振兴发展阶段，初步建成旅游设施完善、旅游产业结构合理、服务质量和管理水平达到国内先进水平的生态休闲旅游大省。基本实现生态休闲旅游的主导产业地位，实现省内各生态休闲旅游区的区域合作。到2010年，力争使森林公园总数达100处，森林人家总数达500家，湿地公园总数达2处，经营区总面积达16.6万公顷；使全省的林业自然保护区（自然公园）总数达77处，湿地资源保护区省级以上湿地自然保护区总数43处，其中国家级自然保护区数量达14处，省级自然保护区29处，自然保护小区（点）4288处，经营区面积达90.63万公顷。增加生态休闲旅游消费项目，使游客人均消费水平提高150元；生态休闲旅游年接待人数达1900万人次，占全省大旅游总接待人数的45%；生态休闲旅游收入达28.5亿元，占全省旅游总收入的3.5%，相当福建省GDP的0.38%，形成较为完善的生态休闲旅游市场网络。

中期发展阶段目标（2011~2015年）：为成熟阶段，全面建成生态休闲旅游主导产业，成为国内著名的生态休闲旅游目的地。在景区建设、配套设施、科学管理方面达到规范化、标准化，整个行业旅游呈现协调、持续发展局面；在省内旅游区域合作基础上，开拓闽台生态休闲旅游合作区，使福建生态休闲旅游成为海峡西岸的旅游繁荣带的重要组成部分；全面建成全省生态休闲旅游的五大旅游区和三条生态休闲旅游专线。到 2015 年，力争使森林公园总数达 120 处，森林人家总数达 1000 家，湿地公园总数达 5 处，经营区总面积达 29.3 万公顷；使全省的林业自然保护区（自然公园）总数达 85 处，省级以上湿地自然保护区总数达 54 处，国际重要湿地 4 处，其中国家级自然保护区数量达到 17 处、省级自然保护区数量达 37 处，省级以下各类自然保护区 4501 处，保护总面积 125.9 公顷。增加生态休闲旅游消费项目，使游客人均消费水平提高 300 元；生态休闲旅游年接待人数达 2100 万人次，占全省大旅游总接待人数的 48%；生态休闲旅游收入达 63.0 亿元，占全省旅游总收入的 6.0%，相当福建省 GDP 的 0.69%。

中期发展阶段目标（2016~2020 年）：为成熟阶段，全面建成生态休闲旅游主导产业，成为国内著名的生态休闲旅游目的地。在景区建设、配套设施、科学管理方面达到规范化、标准化，整个行业旅游呈现协调、持续发展局面；在省内旅游区域合作基础上，开拓闽台生态休闲旅游合作区，使福建生态休闲旅游成为海峡西岸的旅游繁荣带的重要组成部分；全面建成全省生态休闲旅游的五大旅游区和三条生态休闲旅游专线。到 2020 年，力争使森林公园总数达 150 处，森林人家总数达 1200 家，湿地公园总数达 10 处，经营区总面积达 47.2 万公顷；使全省的林业自然保护区（自然公园）总数达 95 处，经营区面积 3.0 万公顷，福建省 60% 的国家和省重点保护野生动植物种数量得到恢复和增加，使福建省所有的典型生态系统类型得到良好保护。增加生态休闲旅游消费项目，使游客人均消费水平提高 450 元；生态休闲旅游年接待人数达 3300 万人次，占全省大旅游总接待人数的 50%；生态休闲旅游收入达 80.0 亿元，占全省旅游总收入的 10.0%，相当福建省 GDP 的 0.85%。实现生态休闲旅游强省的愿望。具体战略目标见表 5-18。

表 5-18　福建省生态休闲旅游发展战略目标一览表

战　略　目　标	到 2010 年	到 2015 年	到 2020 年
森林公园数量（个）	100	120	150
森林人家数量（个）	500	1000	1200
湿地公园数量（个）	2	5	10
经营区总面积（万公顷）	16.61	29.28	47.15
林业自然保护区（自然公园）数量（个）	77	85	95
省级以上湿地保护区数量（个）	43	54	54
经营区面积（万公顷）	90.63	125.9	126.1
旅客人均消费水平（元）	150	300	450
生态休闲旅游年接待人数（万人）	1900	2100	3300
占全省旅游接待人数（%）	45	48	50
生态休闲旅游收入（亿）	28.5	63.0	80.0
占全省旅游收入（%）	3.5	6.0	10.0
相当全省 GDP	0.38	0.69	0.85

2. 建设范围

根据福建省旅游资源区划意见和福建省森林旅游发展规划资源调查，福建省生态休闲旅游功能划分为5个区，即闽南滨海生态休闲旅游区、闽中休闲度假生态休闲旅游区、闽西客家文化生态休闲旅游区、闽北生态休闲旅游区、闽东山海风光生态休闲旅游区。

（1）闽南滨海休闲森林旅游区：厦门市、泉州市、漳州市；

（2）闽中休闲度假森林旅游区：福州市、莆田市；

（3）闽西客家文化森林旅游区：龙岩市；

（4）闽北森林生态旅游区：南平市、三明市；

（5）闽东山海风光森林旅游区：宁德市。

3. 建设内容

（1）打造五条生态休闲旅游线路，包括沿海生态休闲旅游线、山区生态休闲旅游线、闽东生态休闲旅游线、山海结合生态休闲旅游线路、闽台合作生态休闲旅游线路。

● 沿海生态休闲旅游线

以临海沿岸为背景，把闽中、闽南的滨海森林公园、自然保护区、野生动物专类观赏园、珍稀植物观赏园连成一条线，同时向南与潮州、汕头相接，形成福州—莆田—泉州—厦门—漳州—潮州—汕头生态休闲旅游线。重点开发建设景点50处；重点风景资源保护与建设：风景资源保护1339公顷，风景林营造659公顷，防火林带71公里，外来物种防控281公顷；重点基础设施建设：道路531.2公里，停车场8750平方米；重点服务设施建设：宾馆、木屋、商业网点43个，度假村29个，旅客接待中心4个。

● 山区生态休闲旅游线

由福建省西北部山区的森林公园、自然保护区（自然公园）构成，包括龙岩市、三明市和南平市，把闽北、闽西的森林旅游连成一条线，同时向南与梅州相接，向北与上饶相连，即梅州—龙岩—三明—南平—武夷山—上饶生态休闲旅游线。重点开发建设景点25处；重点风景资源保护与建设：风景资源保护670公顷，风景林营造330公顷，防火林带70公里；重点基础设施建设：道路265.6公里，停车场4375平方米，水上码头5个；重点服务设施建设：宾馆、木屋、商业网点22个，度假村15个。

● 闽东生态休闲旅游线

以太姥山国家级风景名胜区、杨梅岭森林公园为依托，通过旅游线路组织，把闽东森林旅游分散的旅游点连成一片，开发鸳鸯溪、三都澳、日屿岛观鸟、海上游乐等旅游项目，向北与浙江的瑞安、温州、雁荡山相接，组成福州—宁德—福安—福鼎—雁荡山生态休闲旅游线。重点开发建设景点10处；重点风景资源保护与建设：风景资源保护268公顷，风景林营造132公顷，防火林带6公里，外来物种防控40公顷；重点基础设施建设：道路106.2公里，停车场1750平方米；重点服务设施建设：宾馆、木屋、商业网点9个，度假村1个。

● 山海结合生态休闲旅游线路

山海结合森林旅游线，主要利用福建山海风光组合，以国道319线、省道泉州—三明—泰宁线、国道316、205线为交通脉络，形成山海组合游。包括厦门—漳州—龙岩—冠豸山森林旅游线，泉州、三明、金湖森林旅游线，福州、南平、武夷山生态休闲旅游线。重点开发建设景点9处；重点风景资源保护与建设：风景资源保护241公顷，风景林营造119公顷，防火林带14.9公里，外来物种防控31公顷；重点基础设施建设：道路95.6公里，停车场1575平方米，水上码头1个；重点服务设施建设：宾馆、木屋、商业网点8个，度假村6个。

● 闽台合作生态休闲旅游线路

紧紧抓住两岸的密切关系，依托闽台历史渊源，开辟台湾—厦门—漳州—泉州—莆田—福州的闽台合作生态休闲旅游专线，吸引台湾客源。重点开发建设景点 18 处；重点风景资源保护与建设：风景资源保护 482 公顷，风景林营造 237 公顷，防火林带 19 公里，外来物种防控 68 公顷；重点基础设施建设：道路 191.2 公里，停车场 3150 平方米；重点服务设施建设：宾馆、木屋、商业网点 16 个，度假村 10 个，旅客接待中心 1 个。

（2）重点建设内容

生态休闲旅游建设点多面广，国家和地方政府投入的有限资金主要用在重点森林公园、自然保护区、湿地公园和湿地自然保护区等的重点建设项目上，如景观资源保护、基础设施建设等，至于景区景点开发建设、旅游服务设施建设所须资金要多方位融资，遵循"谁投资、谁经营、谁受益"的办法，充分调动各方的投资积极性，尤其要发挥福建省的"侨乡"作用，积极吸引外资、侨资，以加快森林旅游建设步伐。

按照福建省重点森林公园的建设要求，结合本省实际确定福州国家森林公园、长泰天柱山国家森林公园、泰宁猫儿山国家森林公园、平潭海岛国家森林公园、华安国家森林公园、福清灵石山国家森林公园、福州旗山国家森林公园、三明三元国家森林公园、龙岩国家森林公园、惠安崇武海滨森林公园、福建支提山国家森林公园、东山国家森林公园、德化石牛山森林公园、三明金丝湾森林公园、将乐天阶山森林公园、厦门天竺山森林公园、福建九龙谷国家森林公园等 17 个森林公园为重点建设森林公园。

确定武夷山国家级自然保护区、龙栖山国家级自然保护区、南平茫荡山自然保护区、邵武将石自然保护区、建瓯万木林自然保护区、三明格氏栲自然保护区、永安天宝岩自然保护区、建宁闽江源自然保护区、尤溪九阜山自然保护区、德化戴云山自然保护区、永春牛姆林自然保护区、虎伯寮国家级自然保护区、永泰藤山自然保护区、梅花山国家级自然保护区和屏南鸳鸯猕猴自然保护区的生态旅游区为重点建设的生态旅游区域。

湿地公园：主要建设长乐闽江河口国家湿地公园、宁德东湖塘国家湿地公园；惠安鲤鱼岛、厦门同安湾、马銮湾、连江闽江河口、漳浦浮头湾、兴化湾、福清湾、诏安湾等湿地公园。

福建漳江口红树林国家级自然保护区、福建闽江源国家级自然保护区、福建深沪湾海底古森林遗迹国家级自然保护区、厦门海洋珍稀物种国家级自然保护区、宁德宫井洋大黄鱼繁育增殖区、福建闽江河口湿地省级自然保护区、平潭三十六脚湖自然保护区、长乐海蚌资源增殖保护区、泉州湾河口湿地省级自然保护区、龙海九龙江口红树林省级自然保护区、东山珊瑚礁省级自然保护区。

重点生态休闲旅游建设单位的主要建设项目有风景林建设、林相改造、景观保护、病虫害防治、病虫害监测站点建设、外来有害物种防控、防火道建设、防火瞭望塔建设、防火生物隔离带建设、放火设备配置、干道建设、游步道建设、供水设施、供电设施、通讯设施、"三废"处理系统配置、环保厕所、垃圾箱、安全设施、生态科普中心、科研监测中心、标本馆（室）、科普宣教中心、宣教标牌、宣传材料、宾馆、度假村、小木屋、商业网亭（点）等项目建设。

（3）近、中、远期重点项目建设内容

近、中、远期重点项目建设内容有：景区景点建设、风景资源保护与建设、基础设施建设、科研宣教建设、服务设施建设等 5 项内容。

生态休闲重点景区景点建设。充分利用生态休闲旅游的景观资源进行开发建设，挖掘具有福建省地方特色的生态休闲旅游产品，增加全省生态休闲旅游知名度，是生态休闲旅游建设首要任务。重点开发建设景点 112 处，其中：山区林业区 30 处，沿海林业区 82 处（城市林业区 40 处），见表 5-19。

表 5-19　福建省生态休闲旅游重点景区景点开发建设工程表

统计单位	规　模				单位	备注
	合计	至 2010 年	2011~2015 年	2016~2020 年		
合计	112	59	30	23	处	
福州市	9	5	3	1	处	
厦门市	6	1	3	2	处	
泉州市	25	10	8	7	处	
莆田市	13	7	4	2	处	
三明市	11	6	3	2	处	
漳州市	23	13	5	5	处	
南平市	12	8	2	2	处	
龙岩市	7	5	1	1	处	
宁德市	6	4	1	1	处	

　　生态休闲重点风景资源保护与建设。风景林资源是森林旅游的载体，生态休闲旅游重点风景资源保护与建设内容包括风景林建设、林相改造、景观保护、病虫害防治、外来有害物种防控、病虫害监测站点、防火道、防火瞭望塔、防火生物隔离带、防火设备等项目。重点建设项目有 41 处，其中：山区林业区 10 处，沿海林业区 31 处（城市林业区 20 处）（表 5-20）。

表 5-20　福建省生态休闲旅游重点风景资源保护与建设工程表

统计单位	项目名称	规　模				单位	备注
		合计	至 2010 年	2011~2015 年	2016~2020 年		
合计	风景资源保护	3000	2000	500	500	公顷	
	风景林营造	1477	267	648	562	公顷	
	风景林营造	180.9	145.9	18	17	公里	防火林带
	外来物种防控	420	60	210	150	公顷	
福州市	风景资源保护	1000		500	500	公顷	生物多样性
	风景林营造	61	61			公里	防火林带
	外来物种防控	120	30	60	30	公顷	
厦门市	风景林营造	60	60			公顷	
	外来物种防控	60		30	30	公顷	
泉州市	风景林营造	80	80			公顷	
	外来物种防控	60		30	30	公顷	
莆田市	风景林营造	160	50	60	50	公顷	
	风景林营造	49.9	49.9			公里	防火林带
	外来物种防控	30		30		公顷	
三明市	风景资源保护	1000	1000			公顷	
漳州市	风景资源保护	1000	1000			公顷	
	风景林营造	1127	52	575	500	公顷	
	外来物种防控	120		60	60	公顷	

（续）

统计单位	项目名称	规 模				单位	备注
		合计	至 2010 年	2011~2015 年	2016~2020 年		
南平市	风景林营造	20	20			公里	防火林带
龙岩市	风景林营造	40	15	13	12	公顷	
	风景林营造	50	15	18	17	公里	防火林带
宁德市	风景林营造	10	10			公顷	
	外来物种防控	30	30			公顷	

生态休闲旅游重点基础设施建设。生态休闲旅游基础设施是开展生态休闲旅游活动物质保障，内容包括干道（主干道、次干道）、游步道、供水（镀锌钢管、高位水池）、供电（发电机组、变压器、电缆）、通讯（电话机、信号接收差转台）、环保厕所、安全设施等项目。道路工程重点建设项目有 93 项，其中：山区林业区 25 处，沿海林业区 68 处（城市林业区 33 处）（表 5-21）。

表 5-21 福建省生态休闲旅游重点基础设施建设工程表（道路工程）

统计单位	项目名称	规 模				单位	备注
		合计	至 2010 年	2011~2015 年	2016~2020 年		
合计	道路	1189.8	618.8	307	264	公里	
	停车场	19600	15000	2400	2200	平方米	
	水上码头	6	2	2	2	座	
福州市	道路	128	98	20	10	公里	
厦门市	道路	33	13	10	10	公里	
	停车场	4600	4000	300	300	平方米	
泉州市	道路	269	152	60	57	公里	
莆田市	道路	113	17	56	40	公里	
	停车场	6000	3000	1600	1400	平方米	
三明市	道路	65	30	18	17	公里	
	水上码头	2		1	1	座	
漳州市	道路	238	72	86	80	公里	
	停车场	5000	4000	500	500	平方米	
南平市	道路	208.8	148.8	30	30	公里	
龙岩市	道路	94	47	27	20	公里	
	停车场	4000	4000			平方米	
	水上码头	4	2	1	1	座	
宁德市	道路	41	41			公里	

生态休闲旅游重点服务设施建设。旅游服务设施主要解决游客在旅游过程中住宿、餐饮和购物等问题。合理规划旅游服务设施，有利于提高生态休闲旅游的整体质量。旅游服务设施规划建设内容包括宾馆、度假村、小木屋、商业网亭（点）等项目。重点建设项目 164 项。其中：山区林业区 30 项，沿海林业区 134 处（城市林业区 66 处）（表 5-22）。

表 5-22 福建省生态休闲旅游重点服务设施建设工程表

统计单位	项目名称	规模				单位	备注
		合计	至 2010 年	2011~2015 年	2016~2020 年		
合计	宾馆、木屋、商业网点	98	51	25	22	个	
	度假村	61	23	19	19	个	
	旅客接待中心	5	3	1	1	个	
福州市	宾馆、木屋、商业网点	7	2	3	2	个	
	度假村	2	2			个	
厦门市	旅客接待中心	5	3	1	1	个	
	宾馆	4	4			个	
泉州市	宾馆、木屋、商业网点	17	5	6	6	个	
	度假村	31	1	15	15	个	
莆田市	宾馆、木屋、商业网点	17	2	8	7	个	
	度假村	6	6			个	
三明市	宾馆、木屋、商业网点	4	4			个	
	度假村	2	2			个	
漳州市	宾馆、木屋、商业网点	18	14	2	2	个	
南平市	宾馆、木屋、商业网点	1	1			个	
龙岩市	宾馆、木屋、商业网点	3	2	1		个	
	度假村	20	12	4	4	个	
宁德市	宾馆、木屋、商业网点	27	17	5	5	个	

（3）重点工程示范区（点）

森林公园示范区：福州国家森林公园、东山国家森林公园、德化石牛山森林公园、福建九龙谷国家森林公园、泰宁猫儿山国家森林公园、福清灵石山国家森林公园、龙岩国家森林公园、福建支提山国家森林公园、厦门天竺山森林公园和武夷山国家森林公园。

自然保护区生态旅游示范区：武夷山国家级自然保护区、龙栖山国家级自然保护区、永安天宝岩自然保护区、建宁闽江源自然保护区、德化戴云山自然保护区、梅花山国家级自然保护区、屏南鸳鸯猕猴自然保护区的生态旅游区。

森林人家示范点：建阳县潭城街溪源村、宁化县丰坪采育场、建宁县高峰村、沙县大佑山森林公园盖竹村、永安青水畲族乡龙头村、龙岩新罗区龙门镇洋畲村、闽侯南屿旗山森林公园双峰村、泉州罗溪森林公园、漳州南靖林场、虎伯寮国家级自然保护区、顺昌县大干镇宝山上湖村、浦城县富岭镇匡山双同村、政和县杨源乡洞宫村西门自然村、延平区四鹤街道办事处上洋村、泰宁县杉城镇南会村李家坊、沙县南霞乡茶坪村、梅花山国家级自然保护区（步云乡）、永春县岵山镇北溪村、莆田涵江区大洋乡杏山西湾村、宁德福口国有林场。

湿地公园：长乐闽江河口国家湿地公园、宁德东湖塘国家湿地公园和厦门马銮湾湿地公园等。

湿地自然保护区：福建漳江口红树林国家级自然保护区、福建闽江源国家级自然保护区、福建闽江河口湿地省级自然保护区、泉州湾河口湿地省级自然保护区、龙海九龙江口红树林省级自然保护区。

第三节　生态文化建设重点工程

一、生态文明村建设工程

林业是一项重要的公益事业和基础产业，集生态效益、经济效益、社会效益于一身。围绕"生产发展、生活宽裕、乡风文明、村容整洁、管理民主"的社会主义新农村建设要求，以尊重农民意愿、维护农民利益为原则，以增加农民收入、改善农村生产生活条件为重点，以加快非规划林地造林、创建园林式乡村为突破口，通过绿化宜林荒山、构筑农田林网、绿化、美化村庄和发展庭院林业等，实现村民家居环境、村庄环境、自然环境的和谐优美，以绿化促美化、绿化促文明、绿化促致富，绿色家园建设成为生态文明村建设的重要内容。

（1）生态文明村建设已初见成效

按照中央关于新农村建设的统一部署，2006年福建省委宣传部、文明办、省绿化委、林业厅等六部门联合开展"创绿色家园、建富裕新村"行动，进一步提出"绿色小康村"建设标准和创建目标。全省实施了首批30个"省级绿色小康村"创建试点、186个市级试点村和244个县级示范村，广大农村掀起了"种植名贵树木、建设绿色家园"的生态文明村建设热潮。2007年全省有35个村和361个农户被评为"全国绿色小康村"和"全国绿色小康户"。

（2）生态文明村——"绿色家园"建设中存在的问题

村庄绿化整体水平不高：全省现有乡（镇）934个，村民委员会14630个，达到省级"园林式村庄"标准的行政村不足总村数的5%，且山区和沿海发展不平衡，绿化美化水平参差不齐。

村庄绿化规划相对滞后：农村大部分村庄都是老村，屋挨屋，可绿化的空地很少。有的旧村改造或新村建设虽然有总体规划，但在规划时没留足绿化用地，特别是公共活动场所绿地偏少，造成想绿化时无空地绿化的被动局面。

村庄绿化植物搭配不科学：有的村片面追求城市绿化模式，广植草坪，重种灌木，未注重乔木特别是乡土树木种植，致使绿化养护成本过高，未能体现农村应有的田园风光和自然特色。村庄周围的古树名木资源未得到良好保护和利用。

村庄绿化养护管理不到位：管护问题是村庄绿化中最难破解的一大难题，由于后续的绿化养护资金没保证，专业管理人员未配备，绿化管护制度不健全，造成"年初一片新绿，年底一片枯黄"，甚至"年年植树不见绿"。

1. 目　标

围绕"生产发展、生活富裕、乡风文明、村容整洁、管理民主"的生态文明村建设总体目标，坚持以人为本，乔、灌、花、草合理配置，绿化、美化、香化、净化有机结合，生态、社会、经济三大效益兼顾，初步建成以林为主、植物多样、景观优美的乡村森林生态体系，基本实现"林在村中，路在绿中，房在园中，人在景中"的新农村绿化景观。

（1）近期（2008~2010年"十一五"规划）：福建省林业厅决定，从2008年起，每年重点建设1000个种植珍贵树种示范村。全省行政村村所在地（村庄建成区）绿化覆盖率达到20%以上，农村四旁绿化率达到70%以上，村域范围的主要路、河、渠、堤的绿化率达到70%以上，新建"绿色小康村"235个，全省有270个村达到"绿色小康村"标准。

（2）中期（2011~2015年"十二五"规划）：全省行政村村所在地（村庄建成区）绿化覆盖率

达到 22% 以上，农村四旁绿化率达到 75% 以上，村域范围的主要路、河、渠、堤的绿化率达到 80% 以上，新建"绿色小康村"360 个，全省有 630 个村达到"绿色小康村"标准。

（3）远期（2016~2020 年"十三五"规划）：全省行政村村所在地（村庄建成区）绿化覆盖率达到 25% 以上，村庄建成区人均公共绿地面积达 3 平方米以上，古树名木保护挂牌率达 90% 以上；农村四旁绿化率达到 80% 以上，村域范围的主要路、河、渠、堤的绿化率达到 95% 以上，村庄周围风水林、景观林等原有树种资源保护良好。新建"绿色小康村"370 个，全省有 1000 个村达到"绿色小康村"标准。具体目标见表 5-23。

表 5-23 生态文明村建设规划

设区市	2005 年行政村数量	2007 年已创建绿色小康村数	"十一五"规划（2008~2010 年）		"十二五"规划（2011~2015 年）		"十三五"规划（2016~2020 年）	
			累计	新建	累计	新建	累计	新建
全省合计	14611	35	270	235	630	360	1000	370
南平市	1632	5	35	30	85	50	135	50
三明市	1732	5	35	30	85	50	135	50
龙岩市	1783	5	35	30	75	40	120	45
漳州市	1679	4	34	30	74	40	119	45
厦门市	170	3	13	10	28	15	43	15
泉州市	2149	4	34	30	84	50	134	50
莆田市	768	3	18	15	43	25	68	25
福州市	2438	3	33	30	83	50	133	50
宁德市	2260	3	33	30	73	40	113	40

2. 范 围

全省各地共 1000 个村。

3. 建设内容

（1）生态文明村的生态建设

福建地处热带、亚热带区系交叠地带，全省处于从沿海平原到山地逐步上升的复杂地形，不同区位的自然条件和社会、经济条件不同，农村环境差异巨大。通过庭院绿化、村庄绿化、路渠绿化、乡村风水林、风景优憩林建设，完善农村自然生态，改善农村人居环境；2010 年、2015 年和 2020 年，绿化覆盖率分别达 20%、22% 和 25%；农村四旁绿化率分别达 70%、75% 和 80%，村域范围的主要路、河、渠、堤的绿化率分别达 70%、80% 和 95%。

（2）生态文明村的文化建设

福建闽东、南沿海有风光崎旎的海岛渔村；闽北、闽西北有群山环绕、碧水长流的山区村落；闽西有积淀深厚、享誉海内外的客家村落；福建省乡村地域文化浓厚，民俗风情多姿多彩，保护和展示传统文化，是生态文明村建设的又一重要内容。

保护乡村风水林、名木古树，寺庙林、陵园林；把建设风水林，景观林、冠名林、纪念林等人文林建设与开展的全民义务植树活动相结合，促进乡村生态文明建设。2010 年、2015 年和 2020 年，有 5%、10%、30% 山区村庄的风水林得到保护和改造。至 2020 年，古树名木保护挂牌率达 95% 以上，村庄周围风水林、景观林等资源保护良好。

（3）生态文明村的经济建设

把非规划林地造林，与种植珍贵用材树种、特色经济树种，与发展特色资源相结合，与探索树种更替、混交造林等新模式相结合，与建设造纸、制药等工业原料林基地相结合，与建设防火林带、保障森林资源安全相结合，拓展造林空间，缓解林农对现有山林的依赖程度，使农民增收。

利用乡村丰厚的绿色资源和文化根基，合理开发以生态文化为核心的旅游资源，通过森林人家、乡村森林公园建设，发展生态休闲经济。

二、生态文化载体建设工程

1. 目　标

挖掘生态文化在物质层面、制度层面、精神层面的内涵，丰富和发展以自然保护区、森林公园、湿地公园、森林人家、森林博物馆、生态文化教育示范基地、城市森林、纪念林、乡村风水林、风景游憩林、古树名木、森林古道等为主要载体的生态文化建设，保障生态体系和产业体系持续健康发展。到2010年，加强生态文化教育基地设施建设146个，森林博物馆提升改建2处，纪念林、乡村风水林建设100公顷；2011~2015年，建设生态文化教育基地33个，森林博物馆新建3处，纪念林、乡村风水林建设1367公顷；2016~2020年，建设生态文化教育基地总数45个，森林博物馆新建4处，纪念林、乡村风水林建设4033公顷，全省9市各有一座具有地方特色的博物馆或大型林业科普教育基地，并逐步免费向公众开放，使全社会生态文明意识明显增强。

2. 建设范围

福州、厦门、莆田、三明、泉州、漳州、南平、龙岩、宁德等9个设区市。

3. 建设内容

（1）加强生态文化教育基地建设

自然保护区、森林公园、湿地公园、森林人家等根据自身资源的特点，加强生态文化教育基地建设，挖掘森林文化、湿地文化、滨海文化、竹文化、茶文化的科学内涵，发展多类型的人们乐于接受且富有教育意义的生态文化基地，满足社会多元化的需求，如：永安的"九龙竹海"公园、漳州"茶博院"等。2010年，以自然保护区、森林公园、湿地公园、森林人家为核心的生态文化教育示范基地总数达146个；到2015年，以自然保护区、森林公园、湿地公园、森林人家的生态文化教育基地总数达179个；到2020年，以自然保护区、森林公园、湿地公园、森林人家的生态文化教育基地总数达224个。

（2）加强生态文化解说体系建设

林业是面向社会、联系社会的主要窗口，也是人们认识森林、亲近自然、了解自然的重要窗口，是我国林业生态文化建设的重要阵地。大批的自然保护区、森林公园、湿地公园在开展生态休闲游的同时，成为大中小学生的科普基地、夏（冬）令营基地、实习基地、爱国主义教育基地，成为科研人员的实验基地和广大艺术爱好者的创作基地，是弘扬生态文化的主要场所，加强生态文化的基础设施建设，包括森林博物馆、标本馆、游客中心、科普长廊、解说步道以及生态文化宣传的标识、标牌、解说牌等，设置植物标牌、解说牌，开展"认知植物　亲近自然"等一系列科普活动；制作生态文化的出版物、宣传册、光盘等宣传品，强化生态文化的科普教育功能。加强对导游员、解说员及管理人员、表演人员等的培训，提高生态文化人员解说的素养；与大中专院校、科研单位和专业社团等合作，聘请义务讲解员，普及生态知识。

到2010年改造、提升福州、南平现有森林博物馆2座，新建游客中心200个，科普长廊300个；

到 2015 年,在厦门、漳州、泉州新建森林博物馆 3 座,游客中心 300 个,科普长廊 500 个;到 2020 年,在龙岩、莆田、三明、宁德等地新建森林博物馆 4 座,游客中心 500 个,科普长廊 1000 个。

（3）策划以生态文化为主要内容的各类活动

"寓教于游、寓教于乐",结合节假日,策划以生态文化为特色的节庆活动,如:继续举办福州榕树文化节、（漳州）海峡两岸花卉博览会、泉州和武夷山的茶文化节、永安竹文化节、清流和浦城的桂花节、昭安的杨梅节等;新办"泉州生态旅游文化节""海峡两岸（厦门）城市森林论坛""古道文化节"等活动,探索多种传播、弘扬生态文化的途径,使人们在游览休闲过程中拓宽对自然的认知,增加的生态意识。

结合绿色家园、森林公园、绿色通道建设,建立全民义务植树基地。在乡村,开展营造风水林、陵园林活动、在城市,开展营造风景林、游憩林活动。到 2010 年,福建省每个县有 1~2 个植树基地,全省县城全民义务植树基地总数达 200 个,有 500 个山区村庄开展风水林的建设和改造;至 2015 年,福建省县城全民义务植树基地总数达 500 个,另有 1000 个山区村庄的风水林得到保护和改造,风水林面积达 1333.3 公顷;至 2020 年,福建省县城全民义务植树基地总数 800 个,另有 3000 个山区村庄的风水林得到保护和改造,风水林面积达到 4000 公顷。

（4）出版以生态文化为题材的各类读物

自然保护区、森林公园、湿地公园、森林人家、森林博物馆等生态文化教育基地根据自身资源特色,编写、印制介绍森林、花卉、植物、海洋、鸟类、昆虫等各类科普手册,免费发放给参观者,让人们在游览的过程中认识自然、了解自然、热爱自然。2010 年,生态文化教育基地提供免费宣传品 5 万册,至 2015 年,2020 年,分别达 10 万册、20 万册。

出版、发行以森林、树木、花鸟、古树名木、森林古道等为题材的林谚、山歌、民谣、神话、史诗、传说、诗词、随笔、散文、游记等当代的生态文学作品及音像科普作品。

表 5-24　海峡西岸现代林业生态文化载体建设规模

类型		指标编号	指标内容	至 2010 年	2011~2015 年	2016~2020 年
文化载体	生态文化基地	1	自然保护区、森林公园、湿地公园、森林人家为核心的生态文化教育示范基地	146	33	45
	生态文化解说	2	森林博物馆	2（改造）	3（新建）	4（新建）
		3	游客中心、标标识、标牌、解说牌、宣传册、光盘等宣传品	游客中心 200 个;解说牌 1 万面;宣传品 5 万册	游客中心 100 个;解说牌 2 万面;宣传品 3 万册	游客中心 200 个;解说牌 3 万面;宣传品 10 万册
	生态文化载体保护	4	纪念林、乡村风水林（公顷）	100	1367	4033
		5	古树名木保护率（%）	85	90	98
		6	森林古道保护（条）	20	30	50

第四节　闽台林业合作工程

闽台林业合作取得了一定的成效。据初步统计,截至 2006 年年底,台商在福建投资创办的林业企业达 400 多家，其中规模以上 190 多家。合作范围涵盖了经济林种植、花卉、木竹藤加工、人造板、森林旅游、林产品贸易及林业科技交流合作等领域。闽台林业合作保持良好的发展势头。

（1）利用台资及林产品贸易保持稳步增长。2006 年，全省林业合同利用台资 6000 多万美元，林产品出口额约 4 亿美元。台资企业生产的成套家具及竹木加工制品、花卉、笋制品等林副产品出口保持增长态势，形成多个具有地方特色的林产品出口基地，如安溪的竹藤、惠安的木雕、漳州的花卉、福州和厦门的成套家具、闽西北的竹木加工制品等。

（2）闽台林业种苗科技交流合作活跃。福建省充分发挥闽台自然环境与气候条件相似，花木资源都很丰富的优势，通过科技交流等形式，大力引起一批台湾优良林木、花卉、经济林种苗。从 20 世纪 80 年代末开始，福建与台湾进行了多次林木种子的交流与合作，引进了 10 多个优良用材树种，营建品种收集圃 13.5 公顷，试验示范林 130 多公顷。据不完全统计，通过近年来的闽台林业种质资源交流合作，福建省共引进峦大杉、台湾杉、台湾侧柏、红桧等针叶树种 5 种，台湾桤木、台湾栾树、大头茶、乌心石等阔叶用材树种 6 种，小叶榄仁、山樱花、阿勃勒等绿化树种 12 种，台湾莲雾等果树 19 种 38 个品种。除乌心石、大头茶等少数树种外，其余树种生长良好，特别是峦大杉、台湾肖楠、台湾栾树等，均显示出较大的发展潜力。

（3）闽台花卉交流日益频繁。闽台花卉交流与合作起步早，改革开放以来更是日益频繁，内容不断丰富，范围不断拓展，技术不断加深。特别是近几年来，福建省连续举办了六届海峡两岸（福建漳州）花卉博览会，有力地促进了闽台花卉的交流与合作，取得了巨大的成功。据调查，福建省现有台资花卉企业 90 多家，主要分布在漳州、厦门、泉州、福州等市，年销售额达 6 亿多元，约占福建省花卉销售总额的 1/3，成为福建省花卉业的一支生力军。福建省不断从台湾或通过台湾引进世界各地花卉优良品种及其配套技术。通过引进新品种、新技术，极大地丰富了福建省花卉栽培品种，提高了花卉栽培技艺。福建省花卉栽培品种从 20 世纪 90 年代初的 3500 多种，增加到现在的 7600 多种。新增的 4100 多种绝大部分从台湾或通过台湾引进。其中引种成功的有蝴蝶兰、文心兰、发财树、姜荷树、南屿肉桂、台湾栾树、菊花新品种、一品红、凤梨等。

闽台林业合作虽然取得了一定的成绩，但也存在一些问题。一是林业利用台资数量少、质量低。迄今为止，福建省还没有一体化的台商林业投资项目。台资龙头企业不突出，林业利用台资的后劲不足。二是闽台林业合作不平衡。台资林业企业主要集中在漳州、泉州、福州等设区市，其他设区市为数很少。投资领域大多局限于种植业及木竹加工领域。三是对引进的台湾优良经济林、花卉等品种吸收、消化、创新少。引种多，驯化少，缺乏创新能力，尚未在引种基础上建立起具有自主知识产权的新品种繁育体系。四是林业投资环境和经济运行环境还很不完善。林业基础设施薄弱，林区开发性建设费用大，资源培育成本高，对台资投资林业缺乏足够的吸引力。

一、合作交流平台建设工程

（一）建设目标

到 2010 年，引进台湾林业资金、良种、技术及管理经验，使闽台林业交流合作向更高层次、更大规模方向发展，确保福建在海峡两岸林业合作中走在内地其他省区市的前面；到 2015 年，逐步形成布局合理、功能完善的闽台林物流集散、科技交流、物种繁育、有害生物预警与控制等体系；到 2020 年，全面开展闽台林业交流与合作，形成宽领域、多层次、良性互动的合作交流机制，建成大陆最大的亚热带良种引进繁育基地、国际林产品贸易的重要基地。

（二）建设内容

1. 举办两个展会

海峡两岸（福建·漳州）花卉博览会暨农业合作洽谈会：每年 11 月 28 日~12 月 4 日在漳州定期举办一次，由政府搭台，企业运作，协会、民间组织积极参与，是海峡两岸花卉及林业产业科研开发、技术交流、高新成果转化的平台和载体。通过交流与合作，促进两岸花卉及农业领域的良性互动。

海峡两岸（福建·三明）林业合作暨投资贸易洽谈会：每年定期举办一次，形成宽领域、多层次、良性互动的合作交流机制，实现科企对接、银企对接、政企对接、基地对接、市场对接，吸引台湾大财团、大企业入驻福建省，推进台湾林业技术、资金与福建省丰富的劳动力、森林资源、市场的紧密结合。

2. 建设四个中心

海峡两岸（福建）林产品物流集散中心：建设林产品物流中心，提高产、运、销的组织化程度，提高国内外市场占有率；充分发挥福建省丰富的竹资源优势，建设区域笋竹集散中心。包括：国家林产品交易中心福州分中心、国家林产品交易中心漳州分中心、国家林产品交易中心莆田分中心、永安笋竹集散中心、建瓯"笋竹城"。

闽台林业科技交流合作中心：在福建省林业科学研究院设立"闽台林业科技、人才合作与交流中心"，在厦门天竺山国有林场建立"海峡两岸生态科技示范中心"，在福建省林业职业技术学院设立"闽台林教合作基地"，在已建立的福建福人木业有限公司"木材加工工程技术研究中心"与厦门中坤化学有限公司"林产化工工程技术研究中心"开展两岸木材加工与林产化工领域的合作研究，提升福建省林产工业整体科技水平。重点开展：生物技术在林木育种中的应用研究、两岸重要濒危珍稀物种的保护与扩繁技术研究、海防护林造林树种的筛选、推广及营造林技术研究、生态公益林可持续经营技术研究、流域生态治理与修复技术研究、竹木综合利用技术研究、树木生物活性物质的提取利用技术研究、林业生物制剂研发技术研究。

闽台林业物种繁育交流中心：在漳州建立闽台林业物种繁育交流中心，在福清建立闽台种苗研发与繁育中心，收集两岸森林植物的优良种类、品种，通过种子保存、异地保存方式建立两岸林、果、竹、花卉优良种质资源基因库和示范基地，展示两岸植物的同源性、多样性，同时进行引种试验、驯化、扩繁和示范推广。

闽台林业有害生物预警与控制中心：建立省级林业有害生物预警与控制中心、县级林业有害生物预警与控制区域站，加强林业检疫性有害生物疫情监控和重大病虫应急防治体系的基础设施建设；建立和完善林业有害生物监测预警和陆生野生动物疫源疫病监测应急预案，完善工作机制，从根本上增强林业有害生物的监测、预警和控制能力，实现有害生物的可持续控制，促进林业生产安全和生态环境良性循环。

二、示范园区建设工程

1. 建设目标

到 2010 年力争新办闽台林业合作项目 100 个，5 年合同利用台资 3 亿美元。到 2015 年力争新办闽台林业合作项目 300 个，5 年合同利用台资 6 亿美元，全省林业利用台资在大陆各省区市中保持领先水平。到 2020 年力争新办闽台林业合作项目 500 个，5 年合同利用台资 10 亿美元，全省林业利用台资在内地各省份中继续保持领先水平。

2. 建设内容

（1）建设三个产业集中区

三明闽台林业合作示范区：范围为整个三明市，总面积 22964 平方公里，内容为林产品加工、生物制药及中成药开发、木竹生化利用、苗木花卉及珍稀树种繁育、森林食品加工、森林生态休闲观光旅游和林业科技交流等。

莆田秀屿国家级木材加工区：建设面积13.33平方公里，分三个区，即进口木材检疫除害处理区、木材加工区和木材贸易区，按照高起点规划、高标准建设、高水平运作，建成功能齐全、布局合理，集木材检疫、加工、贸易于一体的环保进口木材加工区。

闽北木竹加工产业集聚区：包括延平大洲工业区和来舟-峡阳沿线工业区、邵武城南和紫云工业区、建瓯徐墩和东峰工业区、建阳麻沙工业区、武夷山兴田工业区、顺昌的建西工业区六个木竹加工集中区，重点建设建瓯中国笋竹城、建阳海西林产工贸城两大新兴木竹加工产业集聚区。

（2）建设五个示范园

台湾农民林业创业园：通过借鉴台湾农业合作社和产销班等农民合作组织模式及运行机制，吸引台湾农民参与闽台林业生态、产业和文化建设，在闽东南、闽西北地区建设特色花卉、果树、茶叶、绿化苗木、森林食品保鲜加工等台湾农民林业创业园。建立现代设施园艺示范推广基地，主要配套建设标准化生产田间（山地）设施、管灌、微灌或喷灌等节水设施、蓄水池、田间管道、机耕路、保温保湿防寒设施、机械化管理等；建立脱毒组培中心、生物实验室、引种苗圃、试验基地等；建立林业科普培训中心、林业科技试验中心和集生态开发、科普教育、休闲、旅游观光为一体的林业生态示范园区等。

高优林业合作示范园：在漳州、厦门、三明、南平等地建立良种引进试验基地，乡土阔叶树等速生丰产用材林示范园区，在漳州、莆田建立经济林（水果）生产示范园区，在漳州、泉州、福州、龙岩等地建立花卉优良种苗生产示范示范园区，在漳州、三明、南平、龙岩等地建立竹业高产栽培示范园区，在三明、泉州、宁德等地建立中药材生产示范园区，在南平、三明、龙岩、宁德等地建立食用菌原料林高效优质栽培与工厂化规模生产示范园区。

林产品加工合作示范园：在漳州、福州、三明、南平等地重点合作开展人造板示范园区建设，在南平、三明、龙岩等地合作开展纸及纸浆制品、林化制品、木竹制品、森林食品、森林药材等示范园区建设，在漳州、泉州等地合作开展花卉深加工示范园区建设，在福州、漳州、泉州等地合作开展林业机械制造示范园区建设。形成一批具有一定规模和科技含量、产品附加值高、资源消耗低、经济效益好、产业关联度大、经济拉动力强的深加工或生产最终产品的核心龙头企业。

休闲林业合作示范园：重点合作建设"两带五区"的国家森林公园和国家级自然保护区，实现海峡两岸森林生态旅游，包括：以厦漳泉为主体的闽南滨海休闲森林生态旅游区、以福州为主体的闽中休闲度假森林生态旅游区、以龙岩为主体的闽西客家文化森林生态旅游区、以南平和三明为主体的闽北森林生态旅游区、以宁德为主体的闽东山海风光森林生态旅游区。

生物多样性保育示范园：在武夷山国家级自然保护区和闽江河口分别建立陆地和湿地生态系统生物多样性保育交流中心；在闽江河口、漳江口等地，与台湾曾文溪口、香港米埔自然保护区建立协作关系，共建自然保护区，开展两岸三地黑脸琵鹭、黑嘴端凤头燕鸥等水禽与湿地保育；在武夷山市开展兰花保育与可持续利用研究；在武夷山、龙栖山、梅花山自然保护区开展珍稀濒危蝶类物种保育研究；在泉州、南平开展雉类等野生动物驯养繁殖及利用研究等。

第五节　现代林业科技创新平台与能力建设工程

一、科技创新平台建设工程

科技平台与基础设施建设是福建林业现代化实现的重要硬件保障。根据对现状、发展趋势和需求的分析，规划提出科技平台发展的具体目标和建设内容，针对森林防火、病虫害防治、林业信息化管理等重点领域的基础设施建设，提出未来发展的总体思路和建设重点，通过加强林业科技平台和基础设施建设，提升林业科技自主创新能力，提高林业综合发展实力，为实现福建林业可持续发展提供科技支撑。

（一）创新平台建设工程

"十五"以来，福建省已形成了比较健全的林业科学研究体系、科技推广服务体系、技术监督体系、技术开发试验示范网络、森林生态定位研究网络等，为建立全省林业科技创新体系奠定了良好的基础。至 2006 年底，全省有林业科研机构 23 个、省市县乡四级林业科技推广机构 1049 个，建立了博士后工作站 2 个、林业生产力促进中心 1 个、企业技术中心 7 个、工程研究中心 2 个、科技示范园区 7 个。"十五"以来，根据建设绿色海峡西岸和适应集体林权制度改革的新要求，组织开展林业科技试验与示范，实施了省部级各类林业科技计划项目约 600 个，取得科研、推广成果 150 多项，获省科学技术奖和省优秀新产品奖 105 项；完成制（修）订省地方林业标准 38 项，建立了 3 个省林产品质量检测中心和 3 个市级林木种苗质量检测站；建立了全国林业标准化示范县（区）6 个、全省林业标准化示范县（项目）18 个，示范面积 1 万多公顷，辐射带动 20 多万公顷。目前，福建省沿海防护林建设技术、杉木和马尾松育种技术、生物防火林带建设技术和大型人造板加工设备引进消化吸收创新技术，在全国处于领先地位。尤其是林木种苗攻关取得了重大成果，一期筛选出 9 个树种 660 个优良繁殖材料，二期新选 17 个树种 1659 份育种材料和 5 个树种 111 个繁殖材料，提供优良种苗近 2000 万株。通过实施林业自主创新和种苗科技攻关，产生了一批具有重大影响的林业科技成果，提升了全省林业生产建设的整体水平，林业科技进步贡献率由 1996 年的 33% 提高到目前的 45%。

1. 目　标

适应建设现代林业建设的需求，整合、优化科技资源，构筑好源头创新平台，提高福建林业科技创新能力，为实现福建林业可持续发展提供科技支撑。到 2010 年，主要研究领域达到国内先进水平，科技进步在林业增长中的贡献率达 50%，技术创新增加值年递增率达 20% 以上，科技成果转化率达 40% 以上。到 2015 年，主要研究领域达到国内领先，科技进步在林业增长中的贡献率达 55%，技术创新增加值年递增率达 30% 以上；到 2020 年，主要研究领域在国内领先，部分达到国际先进水平，林业科技进步贡献率达 60% 以上。

2. 重点建设内容

继续抓好现有的南方山地用材林开放性重点实验室、森林培育与林产品加工利用重点实验室、人造板研究中心、林产化工研究中心等基础建设。重点建设集体林产权、珍贵树种繁育、竹子工程、林木种苗、森林食品、森林灾害防控、生物质资源利用、生态文化等研究中心。

（1）集体林产权研究中心

重点开展集体林产权的界定、变更和维持、资源配置效率以及林业要素市场、社会化服务体系、支撑体系和保障体系等研究。

（2）珍贵树种繁育研究中心

重点开展珍贵树种资源调查、种质资源保护、良种繁育、引种试验示范、定向培育、可持续经营与高效加工利用等方面技术研究。

（3）竹子工程技术研究中心

重点开展竹资源培育、可持续经营、竹材高效加工利用自动控制、新型竹木复合多功能新材料开发、竹化学加工利用等方面技术研究。

（4）林木种苗技术研究中心

重点开展木本植物优质、抗逆、抗病虫的基因工程，福建省特色树种种质资源的收集、保存与创新利用，生态公益林高抗性和多用途动植物材料选育，珍稀干果、山地水果、木本药材等特色经济林良种选育，珍稀濒危树种种质材料的快速繁育等领域的研究。

（5）森林食品技术研究中心

重点开展"森林食品"标准制（修）订、环境和质量监测、标志论证等；"森林食品"安全生产的全程监控技术体系；主要经济林、笋用林等重大病虫害的监测及综合控制技术；生物农药、生物肥料研制等关键、共性技术研究。

（6）森林灾害防控技术研究中心

重点开展应用"3S"技术进行森林火灾探测，森林火灾地形、地貌和植被类型对林火蔓延的影响及扑灭，适宜南方丘陵山地森林火灾扑救的轻便型器械，松材线虫病等重大森林病虫害的监测、应急防治和综合控制，基于营林措施的灾害控制自然力加成，森林生态系统基于生物灾害生态控制原则的构建和重建以及恢复，健康森林生态系统的保健技术等方面的技术研究。

（7）林业生物质资源利用技术研究中心

以森林生物质资源为对象，以生物、化学、物理技术为手段，重点开展竹木高效加工与综合利用、非木质森林资源加工利用、低污染生物制浆造纸、生物质资源循环利用、生物质能源等研究与推广，从而合理高效地开发、利用森林资源及其衍生资源，发展新兴产业，催生新的经济增长点。

（8）生态文化研究中心

重点开展以生态产品、生态技术、生态工艺等为内容的物质层面、以生态伦理、生态哲学、生态艺术、生态美学等为内容的精神层面、以政策、法律、法规等为内容的制度层面以及生态文化传播与发展途径等研究。

这些研究中心的建设，主要依托于福建省林科院、福建农林大学、中国林科院及其他相关的科研院所及高等院校，整合科技资源，优化创新环境，提升林业科技的创新能力和水平。

3. 重点研究领域

（1）森林可持续经营与定向培育技术领域：重点开展林木种质资源的收集、保存与科学利用技术，重要造林树种、名特优新经济林和花卉良种的遗传改良与繁育技术，林木抗逆能力的定量测评及早期预测筛选技术，工业原料林、珍贵用材林、能源林、竹林和经济林的优质高产定向培育技术，森林可持续经营的理论、技术与认证体系等研究与应用。

（2）森林减灾防灾技术与生态安全领域：重点开展森林灾害信息技术与可持续控制技术，森林灾害的监测、预警与救治新技术，森林生态网络体系构建技术，水土保持林、水源涵养林、农田防护林、沿海防护林、景观生态林体系构建与经营技术，典型困难立地植被恢复技术，低效低产林分改造技术，退化山地与湿地生态系统保育与恢复技术等研究与应用。

（3）林业生物质资源高效利用技术领域：重点是开展竹木高效加工与综合利用、林业特产资源高效利用、非木质森林资源加工利用、低污染生物制浆造纸、生物质资源循环利用、生物质能源等技术研究与开发。

（4）林业高新技术领域：重点开展生物技术在林业新品种培育的应用，纳米技术在生物质材料领域的应用，数字化、网络化、智能化和可视化的数字林业应用体系，生物质新材料、林业绿色化学品、森林生物制药与生物制剂和高技术装备等研究与开发。

（二）成果转化平台建设工程

"十五"以来，福建省已建成了比较健全的省、市、县林业科技推广网络，具有较强的技术力量。全省已建立县级以上林业科技推广机构83个，其中省级机构1个，市级机构9个，县级机构69个，省、市、县三级推广体系基本形成，各类协会、合作经济组织2400多家，科技人员约1.5万人、村级林业农民技术员7407人。南平、三明等主要林区市，乡一级普遍成立了以林业站为依托的林技站，村有林业农民技术员，形成了市县乡村四级推广体系。"十五"以来，围绕林业两大体系建设，以资源培育为中心，以项目为纽带，以推广示范和技术服务为载体，以创新机制为动力，充分调动科技人员投身林业生产建设的积极性和创造性，取得了显著的成效。一是推广了一批技术先进、见效快、效益显著的林业科技成果。如组织推广了桉树、相思树、马褂木、乳源木莲、光皮桦等适生速生树种和集约化经营、定向培育技术，锥栗、油茶、雷公藤、山樱花等名特优经济林、药用林、珍贵树种用材林及花卉等优良新品种和栽培技术，以及毛竹低产林及丰产高效笋竹两用林等配套技术等100多项对林业生产起重大作用的科技成果和实用技术，建立各类丰产高效示范基地90多万公顷。同时不断创新科技推广方法，由过去的点面推广到现在的产业带推广，大大提高了林业科技推广应用的覆盖率。二是科技兴林示范建设工作上了一个新台阶。目前全省建立了南平全国林业科技开发试验示范区、2个部级科技兴林示范县和12个省级科技兴林示范县，还建设了"福建省竹子现代科技园区""福建省银杏科技试验园""厦门（闽台）花卉高科技园"等7个科技园区，初步构建了林业科技示范网络，促进了科技成果的转化应用。如竹子现代科技园区通过实施定向培育技术和集约经营管理技术，科技成果在园区推广率达100%，科技园区的竹林产值平均达2000元/亩以上，而且竹林高效经营新技术已被千家万户的竹农所应用，大大提高了竹林的集约经营效益和林农的收入。三是创新科技服务机制。为适应集体林权制度改革的要求步深入，满足广大林农对林业科技服务的迫切需求，通过开展林业科技推广功能性改革，强化推广能力建设，创办"96355"林业服务热线，开展科技入户工程，积极推广科技特派员、村会协作模式，把先进适用的林业科学技术送到千家万户。据不完全统计，"十五"以来全省培训林农达18万人次，培养了一大批具有科技素质的农民技术员。

1. 目　标

为加快林业科技成果的转化与应用，加速高技术成果产业化步伐，促进林业产业的集聚与示范，根据福建块状经济和林业区域化布局的特点，在区域科技创新服务平台建设方面，拟建立六大林业示范区、九大区域林业特色产业科技推广带、构建三大林业科技转化平台。到2010年，林业科技推广能力全面提升，基层林业科技推广人员、林农和林业生产经营者素质普遍增强，林业科技推广条件明显改善，"96355"林业热线电话服务全面开通，科技入户率达50%以上，推广服务质量和效率明显提高，林业科技成果转化率达40%以上。到2015年，基层林业科技推广人员、林农和林业生产经营者素质普遍增强，林业科技推广条件明显改善，科技入户率达60%以上，林业科技成果转化率达50%以上；到2020年，建立起适应林业发展需要，运行高效、支撑有力的区域林业科技推广服务体系，全面提升福建省林业科技整体素质和水平，科技入户率达70%以上，林业科技成果转化率达60%以上。

2. 重点建设内容

（1）建立六大林业示范区

充分利用福建省区位优势和资源优势，切实加强闽台林业科技合作，利用海峡两岸（福建）农业合作试验区的优惠政策，主动承接台湾的林业产业转移，加强闽台林木种苗繁育、动植物保护、生物资源利用、林业信息交流、科技人员培训等方面的交流与合作。大力推进海峡两岸（三明）现代林业合作实验区、莆田秀屿进口木材检疫除害处理区和国家级木材加工贸易示范区、海峡两岸（漳州）森林资源培育科技示范园、闽台种苗研发与繁育中心、建瓯中国笋竹城、建阳海西林产工贸城等建设，允许实验区、示范园、示范区等在政策、体制、机制上探索和创新，逐步将其建设成为对外开放、合作与交流的示范窗口。到 2010 年，林业示范区科技进步贡献率达 50%，技术创新增加值年递增率达 20% 以上，科技成果转化率达到 40% 以上，技术创新增加值年递增率达 20% 以上，企业研究开发资金投入占销售收入的 1%~2%，龙头企业达 3%。到 2020 年，林业示范区基本建成具有国内一流水平，部分达到国际先进水平的综合研发大平台，科技进步贡献率达 70% 以上，科技成果转化率达 80% 以上。

（2）形成九大区域林业特色产业科技推广带

充分发挥福建省林业产业的比较优势，实施扶优扶强发展战略，以调整优化生产布局和产业结构为主线，应用高新技术提升传统产业。在整合资源，实现重点领域突破的同时，发挥各地的区位优势，进行区域分工，加大区域林业特色产业科技推广带建设，各设区市建设重点分别是：南平市以推广杉木、竹材、乡土阔叶树种的培育与利用技术为主；三明市以推广竹材、乡土阔叶树种、生物制药树种的培育与利用技术为主；龙岩市以推广马尾松种质资源与乡土野生花卉的培育与利用技术为主；漳州市以推广桉树等工业原料林、花卉和珍稀名贵树种的培育与利用技术为主；厦门市以推广城市林业建设和生物质化学利用技术为主；泉州市以推广生物制药树种、花卉培育与利用技术为主；莆田市以推广珍稀名贵树种、工业原料林培育与利用技术为主；福州市以推广沿海防护林建设、花卉培育与利用技术为主；宁德市以推广食用菌原料林和木本油料林培育与利用技术为主。通过九大区域林业特色产业科技推广带，形成区域优势，促进区域经济发展。

到 2010 年，重点推广 20 项重大组装配套技术，林业重点工程良种使用率提高到 70% 以上，林农受训率达 20% 以上，工程造林保存率超过 85%，森林病虫害防治率达到 80%。到 2020 年，重点推广 50 项重大组装配套技术，林业重点工程良种使用率提高到 90% 以上（其中速生丰产林良种使用率达 100%），林农通过产业带建设增加收入达 50% 以上。

（3）构建三大林业科技转化平台

一是健全林业科技推广与社会化服务体系。以林业科技服务"三农"、林业重点工程科技支撑、林业科技成果转化和人才兴林为重点，努力构建一个适应需求、服务林业、手段先进、运行高效的林业科技推广服务体系。认真落实《国务院关于深化改革加强基层农业技术推广体系建设的意见》，地方各级财政应公益性推广机构履行职能所需经费纳入财政预算。市、县、区林业科技推广机构要加强推广服务能力建设，做到有机构、有编制、有人员、有经费、有示范基地。乡镇林业工作站要强化科技推广职能，配备专职技术推广人员。大力扶持专业技术协会、林业技术中介机构和农村经济合作组织建设，形成政府支持的林业科技推广机构、林业企事业单位和其他所有制推广组织共同发展、优势互补的社会化服务组织，为广大林农提供技术、人才、培训、市场、信息等全方位的服务。加强各类社会化技术服务机构的管理和指导，强化从业人员技能培训，提高技术服务水平和能力。

二是实施 2 个"百千万"工程。全面实施"百企千村万户"林业科技入户工程。按照"推广一项技术，带动一个产业，致富一方百姓"的思路，建设 100 个科技示范企业、1000 个科技示范村、10000 个科技示范户，采取技术培训、科技下乡、"96355"林业服务热线、村会协作、企业＋农户、科技特派员和科技入户等形式，为广大林农提供高效、便捷的技术、经济、政策、信息等服务，切实解决科技与生产的脱节问题，促进县域经济发展，为社会主义新农村建设和农民致富做出积极贡献。全面实施"百千万"林业科技人才工程。进一步加大林业科技人才的培养和引进力度，抓好林业科技队伍建设和从业人员的科技文化素质，培养造就 100 名林业科技优秀拔尖人才，培养造就 1000 名林业科技行家能手，培养造就 10000 名农村乡土实用人才。

三是建设"1230"科技示范服务平台。完善和新建 10 个林业科技示范县、20 个科技示范园区和 30 个研究开发和服务平台，充分发挥其在科技推广中的示范、辐射和带动作用。

二、林业能力建设

（一）林业信息化建设

林业信息化建设是林业现代化建设的重要内容之一，是一项林业现代化的基础设施建设，也是提高林业主管部门的决策、管理和服务水平、全面推进林业可持续发展的重大举措。福建省林业信息化工作经过几年发展，在网络环境、基础数据库，以及在此基础上的信息应用系统开发利用正在进入一个新的阶段。面向林业资源各环节管理的政务管理信息信息系统和社会服务系统显著提高了林业资源管理的效率和水平，也在一定程度上带动了林业资源管理方式向信息化、规范化、科学化方向转变。

随着计算机技术的发展、计算机应用普及，近年来，福建省林业系统引进了相当数量的计算机，并研发一些应用软件，解决了当前林业生产信息管理的一些实际问题，在林业资源信息建设方面，有了一定的基础，已经基本完成基础林业资源信息的数字化工作。总体来讲，全省林业信息化水平走在全国和省行业部门的前列，对信息化建设的紧迫性达成了广泛的共识，得到了领导的大力支持和高度重视。为保证福建省现代林业的发展，提高林业部门管理、决策和服务水平，需要贯彻以林业资源的采集、更新、管理为核心，在林业公共基础数据建设、网络基础设施建设、应用信息系统建设和林业信息共享与服务四个大的方面进行统筹规划、统一标准、全面领导、逐步实施。

1. 目 标

（1）总体目标

林业信息化建设主要是以"福建省数字林业"项目建设来体现的，其主要建设目标是把项目建成国家林业局"数字林业"建设的省级"数字林业"建设示范工程、"数字福建"行业信息化建设的示范工程。总体建设内容是实现福建省林业政务信息处理办公自动化；组建福建省林业公众信息网；建立数字林业空间框架，规范林业数据采集、处理、组织、管理、更新、维护、共享标准方法；组织林业各业务部门空间数据和属性数据，建立林业公共属性和空间数据库、多比例尺的基础地理信息数据库及多分辨率的遥感数据库；利用 3S 技术（地理信息系统技术 GIS、遥感技术 RS、全球定位系统技术 GPS）和网络技术开发不同应用层次和应用目标的林业信息系统，实现林业业务管理计算机化；利用网络技术实现省级、市区级、县级林业管理部门间互联互通、信息共享；实现纵向可以与国家林业局进行数据交换和信息共享，横向可以与福建省其他相关行业进行数据交换和信息共享。通过林业信息化管理，提高林业部门的管理、决策和服务水平，满足建设生态省和实现林业可持续发展的需要，推动福建省林业现代化进程，实现林业跨越式发展。

（2）分阶段目标

林业信息化工程建设是一项结构复杂、技术难度大、涉及面广包括计算机、数据库、网络通讯、3S、数据融合与虚拟现实、数据仓库与数据挖掘等技术且周期长的系统工程。该工程将按照"统一规划、统一标准、分步实施、联合建设、创新发展、软硬并重"的实施原则，根据建设内容，将实施计划分为三个主要阶段：①2008~2010年期间的基础软硬件设施、数据库基础的建设期；②2011~2015年期间的关键应用系统建设期和数据库的改造建库应用期；③2016~2020年期间的完善基础设施、全面发展和体系创新期。

① 2008~2010年，是基础软硬件设施、数据库基础的建设时期。该建设阶段的主要任务是制定各类实施计划，突出森林资源数据库地理数据库的建设、改造和更新，信息传输网络基础设施建设。

② 2011~2015年，"数字林业"省级林业信息与共享综合服务体系顶级平台的建设；按照标准先行的原则，运用和完善各种标准规范和管理体系，结合福建省的实际，建设完成重要的各类业务应用系统、信息服务平台软件开发、各级林业主管部门电子政务应用系统和信息网站建设特别是县级林业信息资源数据库建设等。

③ 2016~2020年，是完善基础设施、全面发展和体系创新时期。该建设阶段是结合林业信息技术的发展，对前一阶段的建设内容进行完善和技术提升，同时将重点建设知识库、方法库、模型库，并对多源数据、知识、预测决策支持系等的信息资源进行高层次的开发利用，提高林业信息资源的挖掘利用潜力，逐步深入"福建省数字林业"各方面的信息化建设，重点是应用3S信息获取和分析技术、信息和智能化技术来创新和完善各种应用系统的发展，全面建成福建省林业信息化现代工程，推动林业建设的现代化进程。

2. 建设原则

本着"统一规划、统一标准、分步实施、联合实施、创新发展、软硬并重"的原则，林业信息化建设应充分利用已有资源和"数字福建"资源，扩充完善信息化系统，少投入、高效益。林业信息化工程建设严格遵循以下设计原则：

（1）统一规划、顶层设计、逐层细化、分步实施的原则：整个项目建设将从全省林业信息化建设全局性、整体性的高度入手，建设过程中突破专业界限、部门界限，根据管理需求的轻重缓急进行建设；抓住顶层设计的关键环节进行设计，然后根据顶层设计逐步细化各个应用系统的细节，分步实施。

（2）联合建设、创新发展、软硬并重的原则：运用现代计算机技术、通讯和3S技术等信息化高新技术解决林业管理和发展的问题，在系统的建设中既要注重监督建设，又要注重软件的建设，要软硬并重，充分利用"数字福建"工程建设的技术支撑体系，进行联合建设。

（3）开放性原则：信息化基础设施建设应充分考虑和国际标准和工业标准的一致性和兼容性，在设备选择和联网方案上坚持开放性，保证不同厂家产品的互联性和互操作性；在软件上支持跨平台和开放数据接口，便于与其他系统相互集成。

（4）先进性和可扩展性原则：技术选型应采用当今国际上成熟、先进的网络技术和软件开发体系，不仅着眼于现在而且要放眼未来，要考虑到今后的应用提升、广域连接、网络扩容和向新技术迁移的能力。

（5）经济性和实用性原则：不但要融进国内外先进的建设经验，而且要结合行业业务运行的实际，以应用为驱动来选择合适的软硬件体系结构和设备，从技术的先进性、成熟性、可靠性、适用性、时效性以及经济性多方位进行优化设计，并达到最优性价比。

（6）优先利用共有资源的原则：信息化建设的目标之一是资源共享，在建设时应尽量利用共有资源，尽量利用"数字福建"的基础设施和省信息共享平台中已有的市政、社会经济、国土资源等方面信息资源，减少管理压力和资金投入。

（7）系统的高度集成性：软件的模块化程度要高，在一个模块中聚合了多种功能，用户只需记忆少量功能模块的使用方法就能融会贯通，使用其他功能。

（8）信息化标准规范原则：系统采用的各种协议，接口标准，符合相关标准，保证系统能与其他系统进行快速、顺利的信息交换。

3. 技术框架

遵循"统筹规划、统一标准、联合建设、互联互通、资源共享"的指导方针，按照林业信息化建设的总体目标和任务要求，构建全省级林业信息化工程建设的系统框架。林业信息化系统工程是由数据（信息）集和功能体两大块构成的有机体，涉及计算机技术、网络技术、通信技术、信息安全技术、空间数据库和数据仓库技术、虚拟技术、遥感、地理信息系统、全球定位系统、应用模型建模理论、智能技术、信息化建设标准和规范等，是一极为复杂和规模庞大的综合体。全省林业信息化工程建设总体技术框架由三层结构构成，即核心层、基础数据层、应用层，如图5-12。

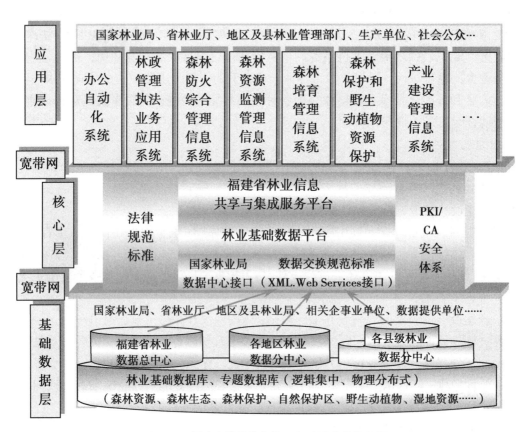

图 5-12 福建省林业信息化工程建设总体框架图

（1）核心层

核心层构建了全省林业信息化系统的数据与技术支撑环境，主要包括计算机网络和数据传输网络，是保证信息正确、安全传输的基础。按照一定的标准和规范，采用数字化、网络化、智能化、可视化等相关技术建立的公共信息平台，也将为林业专题应用系统相应的技术、标准和安全保证。

（2）基础数据层

信息源、数据、数据库是全省林业化系统的基础。在基础数据层，数据的分类、采集、预处理和数据库建立是系统的关键，为林业信息共享与集成综合服务系统平台和林业专题应用系统的建设及正常运行提供数据的准备和保证。

　　由基础数据层和核心层共同构成了林业信息化系统的基础设施，是整个系统基础平台，它包括有信息网络、信息采集与预处理系统、综合服务系统（信息服务平台）、林业基础数据库和专题数据库、数据中心以及相应的标准和规范等，为各种专题应用系统和辅助决策支持系统提供数据与信息共享和应用集成环境。

　　（3）应用层

　　应用层是各种专题应用系统的集合，是建立在基础设施层之上的应用系统。为提高各部门的管理和决策水平，提供辅助决策依据，为相关部门提供各种管理和决策支持功能。主要包括森林资源监测与管理、森林培育、森林灾害、森林保护、林政执法管理、产业建设等信息管理系统。关键技术是数据的整合和信息融合技术、可视化技术、在线分析和处理技术（如数据仓库、空间分析、数据实时更新等）、数据挖掘与知识发现、人工智能技术、专家系统或知识库、方法库、模型库等智能数据库的建立。

　　（4）技术体系

　　林业信息化建设将以计算机技术、网络技术、数据库技术、3S 技术为基础，将 RS、GIS、GPS 三种独立技术领域中的有关部分与其他高技术领域等关键技术如网络、计算机通讯、数据库、数据融合与虚拟现实、数据仓库与数据挖掘等技术有机地构成一个整体而形成的一项新的综合技术，其内涵是林业信息化建设。林业信息化建设就是以 3S 技术为基础，利用先进技术获取大量的相关数据，并进行处理，在应用时准确和快速地提供数据。其突出表现在信息获取与处理的高速，实时与应用的高精度、可定量化、智能化和可视化。通过这些技术的综合集成应用，实现林业资源信息的快速采集和处理，为林业决策提供强有力的基础数据、信息、知识和决策支持。

　　4. 内　容

　　（1）网络建设

　　福建省林业信息化网络建设的规划、网络的设计根据全省林业信息化网络系统平台的应用需求、网络规模、网络的地理分布、网络的建设规划，提出合理可行的网络建设方案和实施计划，完成整个网络系统建设任务。在实现对各个子项目及已有的应用系统的总体集成基础上，使得网络设备、服务器、视频会议系统、网络安全系统、存储系统和其他应用系统设备形成一个有机的整体。网络系统的建设主要包括以下方面：与 Internet 连接的省林业厅外网建设，完善福建林业信息公众网站的建设；与福建省政务网连接的省林业厅内网改造升级，建设完善福建省林业信息政务网；采用 VPN 技术实现省林业厅与各地市林业局、林业厅直属单位的林业信息广域网建设；以全省森林防火视频会议系统为主的省—设区市专网建设等。网络基础设施建设是福建省林业信息化建设的信息高速公路。整个网络系统按使用性质可分为内网、政务专网及外网。

　　（2）数据库和数据中心

　　包括福建省林业资源与地理空间信息资源基础库建设、全省林业系统数据中心、全省森林资源数据源改造等。主要是按照数字福建政务共享平台的有关共享标准，进行相应的森林资源属性数据库改造，以乡为森林资源空间数据和属性数据的数据组织基本单位，建立县级森林资源共享数据库，在县级共享数据库基础上，逐级组织成设区市、省级森林资源共享数据库。

　　（A）共享数据库的规范化和网络化改造

　　福建省林业信息化技术体系包括了信息资源的标准化改造，根据"统一标准统一框架、权威部门权威数据、一库多用分步改造"原则成熟一个改造一个，并力求标准、数据、文档和质量控制同步考虑。按照建设规划，对林业信息资源进行规范化与标准化改造，把条件较成熟的各类林业资源数据纳入标准化改造的信息源，分期分批地进行数据源改造。数据源的标准化改造工程还将对政务信息和用户进行分类，在保证信息安全的前提下最大限度地盘活信息资源。

（B）数据库规范化与标准化改造流程

数据符合一定的标准和规范是使信息能够共享的必备条件，其标准化原则为标准化规范化改造按照已有国家标准、"数字林业"行业标准进行。所有数据库都必须按照相应的信息分类标准及编码系统进行数据分类和编码改造，表明地理要素空间特征的字段要严格按照地理信息标准与规范进行规范。采用公共基础地理信息共享平台所提供的统一的空间定位框架，根据地形图进行坐标转换，并将各数据层与底层平台叠加，把各种地理要素转入统一的空间定位系统。各数据库（包括矢量数据、栅格数据、统计数据等的标准格式）在对数据进行改造时利用转换工具把所有数据转换成标准格式。

（C）林业公共基础数据库建设

林业公共基础数据库建设是以海量林业资源空间数据库为基础的，主要包括 DLG 数据（数字线划图数据）、DRG 数据（数字栅格数据）、DOM 数据（数字正射影像图数据）、DEM 数据（数字高程模型数据）、元数据、各种专题数据等。福建省现有林业资源数据有：1∶1 万扫描地形调查底图、林相图、林权权属图、福建省连续清查数据、行政区划勘界图、村调查界、乡调查界、1∶100 万地形数据、1∶25 万 DEM、1∶5 万 DEM、1∶5 万扫描地形图、1∶1 万扫描地形图、ETM 合成遥感影像、沿海 SPOT 遥感影像、气象卫星影像、属性数据等。

（3）数字林业标准化

数字林业标准化主要是福建省数字林业公共信息交换标准的编制与实施工作。包括：森林经营区划编码与用户命名、森林资源数据代码、森林资源基本图图式、森林资源数据库基本规则、森林资源矢量数据采集技术规范等 5 个系列标准。

这 5 个数字林业系列标准分别参考现有的国际、国家、行业的相关标准和规范，结合福建数字林业工程建设实际，制定林业区划代码与用户命名规则的术语与定义、林业区划代码、用户命名规则；制定森林资源数据代码的类别与内容、分类与编码；制定比例尺为 1∶1 万的林业基本图上主要要素编码、符号、林相色标；制定森林资源数据库的文件命名、数据项、数据提交格式、元数据；制定森林资源矢量数据采集技术的术语和定义、技术指标、前期准备工作、技术流程、数据质量控制和评价、成果、验收等内容。

（4）信息服务平台建设

福建省林政管理业务应用系统：根据福建省当前和今后林政管理业务的需要以及林业信息化在林政管理上的应用和发展要求，以全省森林资源基础数据、林业信息服务系统、全省政务网应用为基础，构建统一的基于网络的全省林政管理业务系统，系统将伐区调查规划设计管理、森林采伐管理、木材运输管理、木材经营加工管理、林地征占用管理、林业行政执法管理、林政报表与信息管理等林政管理应用集为一体，实现对森林资源从征占用林地、采伐、运输、到经营加工整个林政管理业务流程的信息化网络管理。本系统建设项目主要包括：伐区调查规划设计管理子系统、森林采伐管理子系统、木材运输管理子系统、木材经营加工管理子系统、林地征占用管理子系统、林业行政执法管理子系统、林政报表与信息管理子系统等。

福建省森林资源监测管理应用系统：建立全省统一、高效、安全、集各种森林事务处理、信息服务和辅助决策为一体的森林资源管理电子政务办公平台，实现专题信息系统的互联互通、系统兼容、数据共享，实现现乡、县、市、省的森林资源数据管理标准化、规范化、一体化；为一类清查、二类调查、生态公益林管护以及森林资源数据更新和维护提供信息技术支撑和软件平台；

在全省范围之内实现森林资源空间属性管理、统计报表、森林资源地图和表格制作、资源数据动态更新等工作的计算机化。通过系统的建立和使用，极大的提高森林资源管理的效率和现代化水平，为其他林业业务管理工作提供及时、可靠、准确的森林资源数据奠定基础。本系统建设项目主要完成森林资源及基础地理数据建库、森林资源连续清查、森林资源年度变化调查、森林资源数据管理更新维护、森林资源共享与发布、生态公益林监测管理、森林资源空间数据处理等 7 个方面的内容。

福建省林业信息共享与集成服务系统：福建省林业信息共享与集成服务系统的建设是对福建省政务信息共享平台建设有益补充和积极扩展，是针对福建省现代林业林业系统内部的业务需求而开展的信息化基础设施建设。本系统在横向上与福建省政务信息共享平台紧密衔接，在纵向上实现国家、省、地、县三级系统的生态信息空间和属性数据的综合查询、检索、并实现林业资源与生态信息的共享。其任务是对各类资源的数据组织和利用、信息获取、融合和知识的挖掘，并对这些数据进行综合集成，在此共享与服务系统基础之上，结合各个业务部门开发符合他们业务流程的专业化管理信息系统，以此为用户提供信息共享、交互、分析评价等服务手段。

福建省林业政务办公自动化系统：福建省林业政务办公自动化系统是构架在全省政务信息网体系上，覆盖省、市、县三级林业主管部门站点、面向省、市、县各级林业主管及其部门用户的福建省林业政务办公的系统。该系统综合运用当今计算机网络的最新技术和标准，建立了一个全新的、全方位的无纸化办公自动化系统。主要包括功能包括公文管理、行政审批、日常业务、信息服务、个人办公、系统管理等。

福建省林地林木及林产品交易服务系统：福建省林地林木及林产品交易服务系统是林权制度改革工作后的重要内容之一。为了响应福建省人民政府作出的关于推进集体林权制度改革的意见，经过 3 年的时间，福建省林业部门在全省基本完成集体林权制度改革任务。改革后要实现"山有其主，主有其权，权有其责，责有其利"。对林木所有权和林地使用权尚未明晰的集体商品用材林及县级人民政府规划的宜林地等以及对已明晰权属的自留山、农民已承包经营的竹林、经济林，以及国有、外资、民营企事业等单位和个人依据合同租赁集体林地营造的林木进行合理正确划分，经核实后，登记发放林权证书。因此在林权制度改革推进过程中，需要建设一个全省的林地林木及林产品交易服务系统，全面对新的信息进行有效管理，满足林地林木及林产品交易服务，在互联网上开展招商交易信息管理工作，在计算机上实现交易信息的查询、变更、统计等，并实现网上交易。

（5）安全技术措施

主要安全技术措施应针对林业信息化的特点，从信息系统安全体系结构来看，网络安全体系应该是一个多层次、多方面的结构。通过对福建省林业信息化建设工程的系统安全风险、安全策略和安全性设计原则的全面分析，可将福建省林业信息化建设工程的系统安全体系结构分为四个层面：网络级安全、系统安全、应用级安全和企业级安全。

（6）机构及队伍建设

强化人才队伍建设是福建省林业信息化工程基础设施建设重要内容之一，要将林业信息化人才培养纳入各类人才培养计划，建立人员培训制度；要建立人才培训基地，采取有效措施建立一支稳定的林业信息技术专业化队伍；可以引进信息技术人才，也可以通过专业培养、应用培训、联合培养等方式提高技术和管理人员的知识与能力水平。要配备相应的技术人员，负责项目建设、运行与日常维护，全面提高林业政务队伍的信息化水平。

（二）森林防火能力建设

"盛世兴林、防火为先"，坚持"预防为主，积极消灭"的方针，福建省森林防火工作紧紧围绕集体林权制度改革这个中心，深入贯彻国务院办公厅《关于进一步加强森林防火工作的通知》和《关于切实加强当前森林防火工作的紧急通知》精神，以及省委、省政府的工作部署，坚持加强领导、强化各项防扑火措施的落实，有效控制森林火灾发生。2006年，全省共发生森林火灾155起，其中一般森林火灾132起，森林火警23起，过火面积2066公顷，受害森林面积1275公顷，未发生重特大森林火灾和人员伤亡事故。森林火灾发生率、过火率、受害率比2005年分别下降了50%、60.4%和62.8%，比2004年分别下降了90%、90.8%和90.7%，取得历史最好成绩。拟制了《福建省人民政府2006~2010年森林防火责任书》，以省政府名义下达各地，规定了各级人民政府"十一五"期间进一步加强森林防火工作的工作目标。并出台了《福建省2006~2010年森林防火责任书考核奖惩办法》，强化各级森林防火行政领导负责制的落实。全省进一步完善森林火灾扑救预案，形成省、市、县三级完备的处置突发公共事件专项（扑火）预案体系，并组织修订了《福建省处置重特大森林火情应急预案》，以省政府办公厅名义下发各地执行。

1．目　标

2008~2010年，生物防火林带达17.91万公里，每10万公顷有林地发生火灾（火警）的次数不超过10次，年受害率控制在1‰以内。

2011~2015年，生物防火林带达20万公里，开设防火隔离带2万公里，建立骨干扑火队100支，森林警察队伍2000人。

2016~2020年，生物防火林带达26万公里，开设防火隔离带4万公里，建立骨干扑火队200支，森林警察队伍2500人。重点加强森林防火信息网络和指挥系统建设，进一步完善森林防火预测预报系统，加大生物防火林带、防火阻隔带建设力度，全面推进专业、半专业扑火队伍和航空护林灭火站建设，使森林防火达到"四网两化"（即火险预测预报网、瞭望网、通讯网、阻隔网以及队伍专业化、扑火机具化）的要求。

2．主要内容

（1）森林防火地理信息系统

森林火灾不仅烧毁森林植被，影响林木生长和更新，破坏森林结构，危害生态平衡；还烧毁林区设施，造成人民生命财产的重大损失。如何严格预防、尽早发现和及时扑救森林火灾，快速准确地引导灭火人员到达现场，实现"打早、打小、打了"的要求，是森林防火部门急需解决的问题。

森林防火地理信息系统是以先进的计算机、网络、通讯、GPS定位、管理信息系统、地理信息系统技术为手段，建立能满足市、县级森林防火指挥中心日常工作、值班管理、指挥和监控调度的完整系统。系统主要有森林防火应用软件和地理信息平台软件系统、森林防火应用基础地理信息数据系统、森林防火预警监测系统集成网络三大部分。整个中心系统运行通过引入3S技术，将基础地理信息、林火信息、态势信息、防火设施信息、日常业务信息进行综合管理，实现林火信息及森林防火业务中的各类空间属性和特征属性的结合，提高了林火信息定位查询、检索的效率；当发生森林火灾时，能够实现火灾的快速定位，及时了解翔实的火场及其周围的地理和资源要素，制定合理的扑救方案，实现扑救力量的最优配置，提高扑救效率，把火灾造成的损失尽可能减少到最低程度，进而提高森林防火工作的管理水平，使福建省森林防火工作从传统的经验型的定性管理转化成标准的、规范的定量管理，提高了森林防火管理的效率和现代化水平。

（2）林火预测预报系统建设

建立森林火险预测预报系统，及时提供短期（3天、1周）、中期（半个月、1个月）林区气候（温度、风力、风向、火险等级）预报，便于指挥中心实行分类指导，是一项非常必要的工作。进一步加强与气象局合作，依托气象局设立森林防火指挥中心测报站，引进人机对话系统等设备，完善林区气象和火险等级的预测预报等工作，做到能接收气象卫星短、中期气象和森林火险动态信息，与分布各要塞的瞭望台及时沟通反馈，形成相互连贯的预测预报系统。森林火险预测预报系统建设方案详见附表。

（3）林火瞭望监测系统建设

现有高山瞭望台（哨）普遍失修，不能满足当前森林防火工作的需要，必须增加必要的设施、设备，提高瞭望监测覆盖率，建成山头瞭望、地面巡逻组成的林火监测体系，提高防控森林火灾的能力。火情瞭望监测系统建设方案详见附表。

（4）林火阻隔系统建设

生物防火林带具有难燃、抗火性强、冠幅大、林冠下杂草少，能有效地阻截森林火灾蔓延的功能。营造生物防火林带工程是南方集体林区遏制森林火灾的有效措施。为了提高林区整体防火效能，应充分利用现有公路、溪河、防火路等防火阻隔带，并因害设防、突出重点，通过新建或改建防火林带，增加生物防火林带总长度，使之与河流、道路、阔叶林、果树林连成网，发挥出应有的阻隔效益。每年规划新建生物防火林带8000公里。

（5）专业（半专业）森林扑火队伍建设

森林防火专业队是预防森林火灾、扑救森林大火最主要的战斗力量，建立健全森林防火专业队伍，可有效地提高森林防火水平和扑救林火的能力。拟依托林业局、场、站建立专业扑火和半专业扑火队，配备适用精良装备，使之召之即来，来之能战，战之能胜。

专业扑火队伍建设：每个县建立1支人数为100人的专业扑火队伍。每队配备油锯5台、风力灭火机10台、对讲机6对、海事卫星电话1部、移动电话2部、小型抽水泵4台、摩托车4辆、灭火弹500个、2号扑火工具20套、扑火服装100套等。火险季节整装待命。全省森林警察队伍2000人。

半专业扑火队伍建设：以林业场、站职工和乡村基干民兵为骨干，在各乡（镇、街道办）、国有林场、采育场各组建1支30人左右的快速扑救队伍。每队配备油锯、微型抽水泵各1台，风力灭火机2台，对讲机1对，灭火弹50个，2号扑火工具10套。全省森林警察队伍2500人。

（6）防火宣传培训系统

利用广播、报刊、电视、宣传车、宣传牌等宣传媒体和宣传工具定期或定点开展宣传，扩大森林防火的舆论氛围，让《中华人民共和国森林法》《中华人民共和国森林防火条例》更加深入人心，让群众懂法、用法和守法，做到防患于未然。

在防火宣传方面：①在生态公益林区外沿和大面积速生丰产用材林基地主要交通要道的醒目处，设立大型森林防火宣传牌。②在乡（镇）、村、旅游景区、农村集贸墟场等人流量多的地段，设置艺术色彩好的固定森林防火宣传警示牌。③定期出动宣传车，深入广泛地宣传防火常识及其他林业科技知识。④印刷森林火灾扑救操作规程、安全扑火技术、广告、布告等宣传品。

（7）建立森林防火教育培训机构

市级森林防火指挥中心可兼做森林防火技术培训和科技成果推广中心，县级森林防火指挥部可兼做森林防火培训点。培训工作实行分级负责的办法，市培训中心主要负责培训办事机构人员和专业扑火队、快速扑火队的领队，制定和提供有关防火预案、森林火灾发生图解、火源分析资料、扑火专业知识等授课教材和学习资料。林火瞭望监测、火源管理、快速扑救队伍、村场护林员由县级指挥部负责培训。

在搞好宣传教育培训的同时，应建立和完善领导干部任期森林防火目标责任制，坚持一级抓一级，一级带动一级。做到用火管理审批制度严密，防火扑救工作有序，以重点治理促进全面综合治理，达到林区长治久安。

（三）森林生物灾害防控能力建设

重点是加强林业有害生物预警监测、检疫御灾和防治减灾体系建设，防止外来有害物种对生态系统的破坏，加大林业有害生物综合防治技术研究和基础设施建设力度，提高森林灾害综合治理水平。加强森林、湿地等资源和生态环境综合监测与评价体系建设，不断提高监测能力，完善评价体系，及时、准确掌握全省资源消长动态变化。

虫害和火灾潜在危险较大。"十五"期间，全省森林火灾和森林病虫危害均较为严重，过火面积达 4.7 万公顷，森林病虫害年均发生面积近 25 万公顷，其中松毛虫等危险性森林病虫害传播和扩散迅速，对全省 360 多万公顷松林构成了较大威胁。二是征占用林地、破坏森林和湿地生态系统的现象增加。据统计，"十五"期间，全省因各种建设需要平均每年征占用林地达 5340 公顷，此外，受台风、泥石流、塌方等自然灾害影响，森林植被在一定程度上遭到破坏，需要不断、及时地恢复。到 2005 年，森林病虫害防治面积达 133 万公顷，对主要病虫害的有效防治率达 83% 以上，监测覆盖率达 75% 以上，森防检疫达标站 79 个，国家级预测预报中心 45 个，进一步完善森林病虫害综合防治体系，提高综合防治能力。

1. 目 标

到 2010 年，林业有害生物成灾率控制在 3‰ 以下，灾害测报准确率达 85% 以上，无公害防治率达 85% 以上，种苗产地检疫率达 100%，防治救灾应急能力进一步提高，有效防止外来有害生物入侵与传播。

至 2015 年和 2020 年，实施主要林业有害生物综合治理面积分别达 8 万公顷／年和 11 万公顷／年，危险性有害生物除治与监控工程面积 80 万公顷／年和 100 万公顷／年，建成林业有害生物监测预警和检疫检验中心 8 个和 10 个。至 2020 年建设大型林业生物制剂厂、天敌繁育基地、隔离试种苗圃和疫情除害处理中心各 1 个。

2. 主要内容

（1）森林病虫害防治体系

坚持"预防为主，综合治理"的方针，加强森林病虫害防治体系建设。主要是加强植物检疫和控制危险性森林病虫害的发生、传播和蔓延，重点是建立和健全省级、市级森林病虫害中心测报站，并设立南平市、三明市、武夷山、将乐、连城、福鼎、福清、云霄等 17 个监测网点；基本完成森林病虫害防治检疫达标站、预测预报网、检疫网、防治网及全省森防检疫管理系统与信息系统的建设；在马尾松毛虫、毛竹枯梢病、木毒蛾等森林病虫害比较严重的地区分别建立工程治理示范区，完善防治、检疫设备及配套设施。

2010 年，对主要森林病虫害的有效防治率达 84% 以上。2015 年，对主要森林病虫害的有效防治率达 85% 以上。到 2020 年对主要森林病虫害的有效防治率达 86% 以上。未来 20 年内国家级工程治理项目主要包括马尾松毛虫工程治理，区划面积 60 万公顷；毛竹主要害虫工程治理，区划面积 20 万公顷；松突圆蚧工程治理，区划面积 60 万公顷；松材线虫病除治与预防工程，区划面积 60 万公顷；毛竹枯梢病工程治理，区划面积 60 万公顷；省级工程治理项目有木麻黄病虫害工程治理，区划面积 10 万公顷。

（2）建立有害生物的监控网络

林业有害生物防治的重点是加强林业有害生物预警监测、检疫御灾和防治减灾体系建设，防止外来有害物种对生态系统的破坏。

加大林业有害生物综合防治技术研究和基础设施建设力度，提高森林灾害综合治理水平。

（四）林业执法能力建设

1．目　标

2008~2010年，初步建成以林政管理为主体，以综合监测、监督检查为两翼的林政资源管理体系，林业行政执法能力显著提高。全省各县级林业主管部门全面完成林业综合行政执法体制改革，木材、野生动植物违法运输案件查处率达80%以上。

2011~2015年，进一步完善林业行政执法体制，完善基础设施建设，以强化林政资源管理基础和能力建设为重点，相对集中林业行政执法权，积极稳步推进林业综合执法。重点建设森林资源林政行政管理体系，完善林政稽查和林业承包经营权争议仲裁队伍，加强林业检查站网络建设。建立全省林政资源管理信息平台和林政案件监控系统。完善检查站值班、办公、检查场道、执法安全设施等基础设施建设，添置必要的交通、通讯、勘验检测等技术设备。根据道路交通及森林资源的变化，对现有99个林业检查站进行调整，优化检查站布局。在林区市、县建立木材、野生动植物运输巡查机制，探索、建立高速公路、铁路木材运输管理制度，完善木材、野生动植物运输监督网络。加强林业站建设，稳定机构，改善林业站工作生活条件，实现办公现代化。

2016~2020年，完善森林公安基础设施，加强森林公安机关的防范打击能力建设。在全省范围内实施"金盾工程"，使各级森林公安机关并入所在地公安机关网络，建立现代化的森林公安综合信息网络，基本实现省、市、县（市、区）森林公安机关和森林派出所信息网络和通讯系统的互联互通。加强快速应变能力建设，使全省森林、野生动物和林区社会治安案件发生率有明显下降。全省70%的森林公安机关达到相关的装备标准，55%的派出所基础设施得到改善，52%的派出所达到公安部的"五小工程"要求，案件的侦破能力不断增强。

2．内　容

一是完善林业立法工作，加快林业法制建设，要依据《中华人民共和国森林法》等有关法律法规，制定符合福建实际的林业地方性法规和规章，"十一五"期间，重点制定、修订《福建省林木林地权属争议处理办法》《福建省湿地保护条例》《福建省林木林地权属登记管理办法》《福建省沿海防护林条例》等。

二是扩大林业综合行政执法改革试点，结合集体林权制度改革，积极探索林业综合行政执法的有效模式，整合现有林业行政执法队伍，成立林业综合行政执法机构，从根本上克服以前多头执法、重复执法和在执法中出现的各种推诿扯皮现象，实现由分散执法向集中执法的转变，为林改后林业的快速发展提供可靠的执法保障。

三是加强森林公安队伍建设，加大林业执法力度，严格林木、林地和野生动植物资源保护管理，严厉打击乱砍滥伐林木、乱垦滥占林地、乱捕滥猎野生动物等违法犯罪行为，严禁随意采挖野生植物。

四是加强林业执法监管，充实执法监督力量，改善执法监督条件，提高执法监督队伍素质，实行错案追究和赔偿责任制度。

五是逐步建立与社会主义市场经济体制和WTO原则相适应的林业行政审批制度，进一步规范林业行政审批，公开审批程序，减少审批环节，促进依法行政，提高行政效率。

六是加强全社会的林业法制教育和生态道德教育,对乡、村干部和林区群众进行林业法制培训,创造良好的执法环境和依法治林氛围。

(五)森林资源、野生动植物与湿地资源监测监管

"十五"期间,建立省、市、县、乡四级森林资源监测监管网络。建立以地理信息系统为平台,以森林资源连续清查,森林资源规划设计调查和森林资源年度变化调查为主要内容的森林资源监测管理信息系统。

"十五"期间,已初步建设省级、各设区市和部分县级野生动植物与湿地资源监测网络,实行依法管理,使福建省重点地区的野生动植物管理工作在保护、繁育、生产、运输、市场、医药和进出口等方面能够做到有效运转。重点实施新建省级野生动植物资源和湿地资源监测中心,野生动植物和湿地监测站(点)共46个。初步完善三级监测网络,为提高管理水平提供科学依据。认真履行国际公约。

1. 目 标

2008~2010年,进一步加强和完善森林资源监测监管体系,使指挥、查询、统计、监测等管理工作实现网络化。

2011~2015年,建立野生动植物、湿地监测站(点)共132个,进一步加强省级和各设区市野生动植物与湿地监测体系,使指挥、查询、统计、监测等管理工作实现网络化。

2016~2020年,全省建立起完善的森林资源监测监管体系,全面实现法制化、规范化管理。全省建立起比较完善的野生动植物与湿地的监测网络,全面实现法制化、规范化管理。

2. 内 容

(1)完善省、市、县、乡四级森林资源监测监管体系规模,建设森林资源监测监管网络,建立以地理信息系统为平台,以森林资源连续清查,森林资源规划设计调查和森林资源年度变化调查为主要内容的森林资源监测管理信息系统。

(2)以加强森林采伐、林地征占用、森林灾害性破坏监管力度,为评价分析森林资源质量、数量、分布的变化发展趋势提供依据和手段,为制定森林资源保护管理措施和政策提供科学依据。

(3)加强野生动植物与湿地资源监测监管工作(建设规模见表5-25),实现管理科学化、规范化、法制化。积极采用"3S"新技术、新方法,提高资源监测效率和准确率,增强资源信息的处理、分析能力,以便及时、准确地掌握资源消长变化动态。

表 5-25 福建省野生动植物和湿地监测体系建设表(个)

项 目 名 称	合计数量	2010 年数量	2015 年数量
合计	132	48	84
1. 省级野生动植物与湿地资源监测中心	1	1	
2. 野生动植物重点物种监测站	2	1	1
3. 野生动物定位监测点	50	20	30
4. 野生植物定位监测点	40	10	30
5. 湿地监测点	15	5	10
6. 湿地管护机构	9	5	4
7. 省级鸟类环志中心	1	1	
8. 鸟类环志点	14	5	9

第六节　投资估算与效益分析

一、投资估算

（一）投资估算

全省十五项重点建设工程总投资为 766.14 亿元，其中生态体系建设五项工程 272.01 亿元，产业体系建设四项工程 405.74 亿元，森林文化体系建设两项工程 59.42 亿元，现代林业科技平台与能力建设两项工程 15.21 亿元，闽台林业合作工程 16.91 亿元（具体情况见表 5-26）。

（1）不同建设时期投资划分

➢ 2008~2010 年需要投资 162.25 亿元

➢ 2011~2015 年需要投资 280.10 亿元

➢ 2016~2020 年需要投资 323.79 亿元

（2）不同工程投资划分

➢ 山地森林保育工程 157.15 亿元

➢ 沿海防护林建设工程 5.43 亿元

➢ 城市森林建设工程 78.53 亿元

➢ 绿色通道建设工程 12.00 亿元

➢ 生物多样性保护工程 18.90 亿元

➢ 资源培育工程 213.91 亿元

➢ 林产品加工工程 90.15 亿元

➢ 林业生物质产业工程 2.10 亿元

➢ 生态休闲旅游工程 99.58 亿元

➢ 新农村绿色家园建设工程 32.83 亿元

➢ 森林文化载体建设工程 26.59 亿元

➢ 闽台林业合作工程 16.91 亿元

➢ 科技平台建设 0.70 亿元

➢ 林业能力建设 14.51 亿元

（二）资金筹措

工程投资的资金来源包括财政投资、社会融资、单位和个人自筹等方面。其中，中央和省级财政投入主要用于生态、文化、科技工程建设及产业工程中公益性基础设施建设，产业工程建设资金主要由地方配套及民营投资解决。总投资 731.52 亿元，其中需要中央投入资金 33.51 亿元，地方各级政府投入资金 301.58 亿元，社会融资 399.89 亿元。

表5-26 海峡西岸现代林业建设投资概算表（2008~2020年）

序号	工程名称	工程建设任务（万公顷）			计算依据	投资金额（万元）				资金筹措比例		备注
		2010年	2015年	2020年		总投资	2008~2010年	2010~2015年	2016~2020年	财政	社会	
	合计						7315197	1548230	2664985	3101982		
1	山地生态公益林保育工程	294.5149	303.9873	307.1853		1571526	217103	519684	834739	1	0	
	（1）水岸公益林改造	5.4603	10.2798	8.0442	水岸公益林:12000元/公顷；城镇村周边绿地18000元/公顷更新。公益林补偿标准：2010年前，按75元/公顷，2011~2015 按120元/公顷、2016~2020年按150元/公顷	318936	35478	100977	182481	1	0	
	（2）城镇及乡村周边生态公益林改造	2.3652	6.7318	12.1654		318936	35478	100977	182481	1	0	
	（3）山地水土流失治理	2.8434	8.1852	1.63704		821970	85302	245556	491112	1		
	（4）迹地更新	0.42939	0.71565	0.71565		33492	7729	12882	12882	1	0	
	（5）公益林管护	286.26	286.26	286.26		111716	23070	36912	51734	1	0	
2	沿海防护林建设工程	3.4804	1.6743	1.6365		54317	22101	16200	16015	1	0	
	（1）营造林工程	2.0015	0.4558	0.5405	基干林带:6112元/公顷；纵深防护林:2864元/公顷	11620	8018	1543	2060	1	0	
	（2）现有林经营	1.1913	0.6771	0.5735	低效林改造:3963元/公顷；林分更新:4618元/公顷；封山育林:1916元/公顷；幼林抚育:1649元/公顷	7005	3418	1932	1655	1	0	
	（3）红树林保护和发展	0.2876	0.5414	0.5225	人工造林:22500元/公顷；有害生物控制:30000元/公顷	35692	10666	12726	12300	1	0	
3	城市森林建设工程	0.2607	0.9245	0.13443		785310	118521	302010	364779			

（续）

序号	工程名称	工程建设任务（万公顷）			计算依据	投资金额（万元）				资金筹措比例		备注
		2010年	2015年	2020年		总投资	2008~2010年	2010~2015年	2016~2020年	财政	社会	
	（1）生态隔离林带	0.2607	0.9245	0.13443	3万元/公顷	75885	7821	27735	40329	1	0	
	（2）城郊休闲森林(处)	12	19	42	225万元/处	16425	2700	4275	9450	0.6	0.4	
	（3）建城区森林(个/市)	9	9	9	12000万元/城市	693000	108000	270000	315000	0.8	0.2	
4	**绿色通道建设工程**	**5.2851**	**2.6426**	**2.6426**		**119992**	**59993**	**30001**	**29998**	**1**	**0**	
	（1）道路两侧绿化	0.6617	0.3309	0.3308	33075元/公顷	43772	21886	10945	10941	1	0	
	（2）一重山造林	3.4594	1.7297	1.7298	5550元/公顷	38400	19200	9600	9600	1	0	
	（3）"青山挂白"治理	0.0433	0.0217	0.0217	73275元/公顷	6353	3173	1590	1590	1	0	
5	**生物多样性保护工程**	**5个（国家1个，省4个）**	**10个（国家4个，省10个）**	**16个（国家11个，省5个）**		**189000**	**37000**	**67000**	**85000**	**1**	**0**	
	（1）重点野生动植物保护				国家重点3000万元/物种，省重点1000万元/物种	63000	7000	18000	38000	1	0	
	（2）重点生态系统保护	24	43	51	国家级自然保护区3000万元/处，省级自然保护区1000万元/处；国际重要湿地2000万元/处；保护小区500万元/万公顷	126000	30000	49000	47000	1	0	
6	**资源培育工程**	**24.72**	**78.32**	**78.32**		**2139070**	**326650**	**906210**	**906210**	**0.1**	**0.9**	
	（1）工业原料林	5	33.3	33.3	8000元/公顷	572800	40000	266400	266400	0.1	0.9	

（续）

序号	工程名称	工程建设任务（万公顷）			计算依据	投资金额（万元）				资金筹措比例		备注
		2010年	2015年	2020年		总投资	2008~2010年	2010~2015年	2016~2020年	财政	社会	
	（2）竹林高效	3.9	15.3	15.3	9000元/公顷	310500	35100	137700	137700	0.1	0.9	
	（3）珍贵树种	4	3.33	3.33	12000元/公顷	127920	48000	39960	39960	0.1	0.9	
	（4）特色经济林	11.27	25	25	15000元/公顷	919050	169050	375000	375000	0.1	0.9	
	（5）种质资源	0.15	0.38	0.38	30000元/公顷	27300	4500	11400	11400	0.1	0.9	
	（6）花卉	0.4	1.01	1.01	75000元/公顷	181500	30000	75750	75750	0.1	0.9	
7	**林产品加工工程**					**901500**	**164750**	**360875**	**375875**			
	（1）人造板工业（万立方米）	80	200	200	8万立方米生产线投资约4500万元	270000	45000	112500	112500	0.05	0.95	
	（2）制浆造纸业(万吨)	140	270	270		382500	78750	151875	151875	0.05	0.95	
	（3）林产化工业(万吨)	5	14.3	14.3	建设一条生产能力为5000吨松香及深加工产品生产线投资约1500万元；建设一条生产能力为10000吨活性炭生产线（国产设备），总投资约5000万元	144000	21000	61500	61500	0.05	0.95	
	（4）木竹制品工业（亿元）	200	350	500	按产值1%经费支持	105000	20000	35000	50000	1.00	0.00	
8	**林业生物质产业工程（亿元）**	**40**	**70**	**100**	按产值1%经费支持	21000	4000	7000	10000	1.00	0.0	

（续）

序号	工程名称	工程建设任务（万公顷）			计算依据	投资金额（万元）				资金筹措比例		备注
		2010年	2015年	2020年		总投资	2008~2010年	2010~2015年	2016~2020年	财政	社会	
9	生态休闲旅游工程					995776	473497	273001	249278	0.10	0.90	
	（1）景区、景点建设（项）	59	30	23	575.78万元/项	64487	33971	17273	13243	0.10	0.90	
	（2）风景林资源保护与建设（项）	13	7	7	风景资源保护0.3万元/公顷、风景林营造4.5万元/公顷、风景林防火带营造0.3万元/公里、外来物种防控150元/公顷	6797	1306	2940	2551	0.10	0.90	
	（3）基础设施建设（项）				道路100万元/公里、停车场200元/平方米、水上码头20万元/座	119492	62220	30788	26484	0.10	0.90	
	（4）服务设施建设（项）	15	8	8	宾馆、木屋、商业网点5000万元/个、度假村5000万元/个、旅客接待中心2000万元/个	10320	4994	2663	2663	0.10	0.90	
10	新农村绿色家园建设工程					328250	100000	110500	117750	0.20	0.80	
	（1）绿色小康村（个）	1000	2000	1965	50万元/个	248250	50000	100000	98250			
	（2）绿色家园先行区（个）	100			550万元/个		50000					
	（3）乡村森林公园（个）		35	65	300万元/个			10500	19500			
11	森林文化载体建设工程					265860	47200	89560	129100	0.3	0.7	

（续）

序号	工程名称	工程建设任务（万公顷）			计算依据	投资金额（万元）				资金筹措比例		备注
		2010年	2015年	2020年		总投资	2008~2010年	2010~2015年	2016~2020年	财政	社会	
	（1）生态文化基地	146	179	224	自然保护区、森林公园、湿地公园、森林人家为核心的生态文化教育示范基地100万个	54900	14600	17900	22400			
	（2）生态文化解说				博物馆改造3000万/个、新建10000万/个、游客中心100万/个、解说牌300元/面、宣传品20元/册、古树名木500元/株、古道保护50万元/条	210960	32600	71660	106700			
12	闽台林业合作					169100	23100	75000	71000			
	（1）合作交流平台建设工程				每年举办2场展会，每场展会费用600万元，建设4个交流中心，每个交流中心投入1500万元	21600	5600	10000	6000	0.8	0.2	
	（2）示范园区建设工程				建设产业集中区，每个投资4.5亿元，建设示范园，每个投资2500万元	147500	17500	65000	65000	0.1	0.9	
13	科技平台建设					7000	1100	3200	2700	1.00	0.00	
	（1）创新平台建设				建设竹子、森林生态、林木种苗、森林食品、森林次害防控、生物质资源利用等8个技术研究中心	4000	500	2000	1500	1.00	0.00	
	（2）成果转化平台建设				建立五大林业示范区、九大区域林业特色产业科技推广带、构建三大林业科技转化平台	3000	600	1200	1200	0.50	0.50	
14	林业能力建设					145134	43200	48630	53304	1.00	0.00	
	（1）信息化建设				包括网络建设、数据库、数字林业标准化、应用系统开发、安全技术措施等经费	1634	700	630	304	1.00	0.00	

（续）

序号	工程名称	工程建设任务（万公顷）			计算依据	投资金额（万元）				资金筹措比例		备注
		2010年	2015年	2020年		总投资	2008~2010年	2010~2015年	2016~2020年	财政	社会	
14	（2）防火能力建设				生物防火林带、森林防火预警监测系统、专业（半专业）森林扑火队伍等建设经费	71500	18500	24000	29000	1.00	0.00	
	（3）生物灾害防控能力建设				包括省级及区域预测预警中心建设，主要林业有害生物工程治理，省级及区域检疫隔离试验种苗圃建设，省级远程诊断与区域林业有害生物危险性远程检验中心建设，省级和区域疫情处理中心建设，省级天敌繁育中心与林业生物制剂中心建设，省级及区域应急物质储备中心，省级型飞机、简易机场、航空监测及治服务队伍建设	45000	15000	15000	15000	1.00	0.00	
	（4）执法能力建设				包括林业公安、林业检察、法院建设：包括林业部、林政稽查装备、林业执法综合行政执法试点单位、重点治安区等基础设施建设、福建省森林公安训练基地等	27000	9000	9000	9000	1.00	0.00	

备注：各工程年投资金额根据其总体规划确定或主管部门测算提供

二、效益分析

工程实施后，将产生巨大的生态、经济和社会效益，主要体现在如下几个方面：

（一）生态效益

1. 抗御自然灾害效益

福建自然灾害频繁发生，台风、洪水、旱涝、生物疫病等灾害经济损失巨大，特别是沿海地区台风及台风经过造成的狂风、暴雨洪涝灾害等自然灾害频繁。据统计，2006 年仅洪灾、台风、和旱灾等气象灾害，全省共有 9 个设区市、84 个县（市、区）、1042 个乡（镇）受灾，受灾人口达 1352 万人次，直接经济总损失 282.34 亿元，同时，福建省的森林病虫害灾害也十分严重。福建省现代林业重点工程实施后，沿海地区森林面积增加，山地森林质量提高，台风、暴雨等灾害的危害将得以减轻，山地森林的健康程度增加，将能将有效缓解或减轻自然灾害，减少有害生物、森林火灾的发生。

2. 控制水土流失效益

据研究，无林地土壤侵蚀模数平均为 3000 吨 /（平方公里·年），而有林地的保土率平均在 95% 以上，据此计算森林防止水土流失量为 28.5 吨 /（公顷·年）。重点工程实施后，在不考虑其他使森林面积下降的因素，仅山地森林营造和沿海防护林工程就可使森林覆盖面积增加 164.37 万公顷，则保土能力增加 4684.4 万吨 / 年。通过重点工程实施，286.26 万公顷的生态公益林得到有效保护，林分质量总体上得到提高，也将有助于减轻水土流失。

3. 涵养水源效益

森林具有涵养水源的功能。与无林地相比，有林地平均可多蓄水 322.5 立方米 /（公顷·年）。项目建成后，仅森林面积增加一项可使区域森林增加水源涵养能力 5.30 亿立方米 / 年。阔叶林和常绿阔叶林的水源涵养能力较针叶林为高，山地保育工程实施后，将大大提高福建森林中的阔叶林和针阔混交林比例，森林的水源涵养能力将大为提高。与此同时，生态公益林保护、低效林分改造和森林经营，也将促使森林调节地表径流、保持水土的能力提高，区域内水土流失面积必将减少，程度减轻，从而使区域内现有大中型水库、河道得到有效保护，进而提高水资源的有效利用率。

4. 制造氧气、净化空气的效益

据有关研究，森林在生长过程中释放氧气、吸收二氧化碳，从而净化空气。据研究，亚热带森林类型年固定二氧化碳量在 14.8~54.2 吨 / 公顷，其中天然阔叶林 37.5 吨 / 公顷，马尾松林 29.3 吨 / 公顷，则仅山丘森林保育工程中增加的森林就可增加固定温室气体二氧化碳量约为 58942 万吨 / 年（在新增的森林面积中，按 80% 为阔叶林，20% 为针叶林计算）。

5. 生物多样性保护效益

通过重点工程建设，区域重点湿地、阔叶林资源和动植物资源得到保护，地带性植被得到较好的恢复和发展。阔叶林的比例得到显著提高，林分结构更趋复杂，为各种动物、微生物、珍稀植物提供良好的生存、栖息环境，从而有效地保护生物物种及其遗传多样性。与此同时，森林生态系统中各种生物之间、生物与非生物之间的物质循环、能量流动和信息传递将保持相对稳定的平衡状态，从而有效地保护生态系统多样性，维护生态平衡。

6. 农业增产效益

福建沿海平原地区建设完备的农田林网后，将为农业高产稳产提供有力保障。例如，沿海防护林体系工程实施后，沿海防护林体系建设范围内的耕地基本可得到有效保护。据测定，农田防

护林网对农业的增产效益在正常年景为 4%~10%，气候异常年份为 10%~15%，粮食生产的增产效益可达到 8%~12%。

7. 净化环境效益

森林具有吸收污物、阻滞粉尘、杀除细菌、降低噪声及释放负氧离子和核烯物质的机能。福建是一个人口密集、工业相对发达的省份，森林在环境保护、健康卫生和生产生活等方面有十分重要的作用。根据《中国生物多样性经济价值评估》，森林对二氧化硫的吸收能力：针叶林为 215.6 公斤 /（公顷·年），阔叶树为 88.65 公斤 /（公顷·年），山地森林保育和沿海防护林体系建设工程增加的森林就可增加二氧化硫的吸收能力为 18.74 万吨 / 年（在新增的森林面积中，按 80% 为阔叶林，20% 为针叶林计算）。在滞尘方面，根据有关研究，针叶林的滞尘能力为 33.2 公斤 /（公顷·年），阔叶林为 10.11 公斤 /（公顷·年），则两项工程的新增森林面积可增加滞尘能力 11059 吨 / 年。

（二）社会效益

重点工程的实施社会效益至少体现在以下几个方面：

1. 为社会提供就业机会

重点工程的实施可以为当地居民提供许多直接和间接就业机会，如人工造林、林分改造、竹木业加工等等。据初步估计，仅人工造林、林分改造、抚育及管护等工作，就需投工约 17642 万个工，可安排近 13.57 万人工作 10 年，这在一定程度上可以缓解农村劳动力出路问题。此外，项目开展后将直接带动种苗、交通等的发展，从而带来间接的就业机会。

2. 有利于改善投资环境

重点工程完成后将形成优越的环境，改善福建全境的生态状况，有效地改善福建的投资硬件，提升福建知名度，从而有利于扩大对外开放，促进国际国内的经济、技术合作，为更多更好地引进资金、人才、技术服务。

3. 带动其他经济部门的发展

重点工程实施时需要大量的苗木，首先将使种苗花卉业被带动起来。其次，森林质量的全面提高必将促进旅游业的发展，从而带动许多经济部门和行业的发展，如交通运输业、邮电通信业、建筑业、工商业、餐饮娱乐业以及文化教育、财政金融业等。总之，投资如此之大的林业工程必将带动福建经济的发展，增加地方税收，带动和促进地方经济的全面发展。

4. 改善人居环境

森林、湿地景观和环境的改善，为人们的生产、生活提供了更好的场所，从而提高人们的生活质量，促进人类健康。与此同时，沿海防护林体系的建成，将有效地抵御自然灾害，减少台风暴雨、风暴潮、泥石流、干旱、森林火灾、森林病虫害等自然灾害对人民生命财产的威胁，维护人民群众正常的生产、生活秩序和安定团结的社会局面，为构建和谐社会作出贡献。

5. 提高干部群众的生态意识，提升林业的社会地位

重点工程中的森林文化工程作为生态文明建设的重要载体，对促进森林文化的传播有重要意义。重点工程实施的过程也是一个宣传教育的过程，通过项目建设，不仅有效地提高项目区广大干部群众的生态建设意识、环境保护观念，同时也培养和锻炼了一大批林业专业技术人员，提高了他们的专业技术水平，而且通过项目招投标、施工监理等一系列先进管理手段、先进管理经验的引入，从根本上改变区域林业生产和管理的综合水平，同时也使林业的社会地位得到提高。

（三）经济效益

重点工程的经济效益体现在以下两个方面：

1. 直接经济效益

首先，重点工程中的林业产业工程主要以产生经济效益为主，工程实施后，仅资源培育工程产值平均每年可增加 150 亿元，林产品加工产值每年可达 2400 亿元，至项目期末，福建省仅资源培育基地规模面积增加 159.88 万公顷，以每公顷 4500 元计，则年经济效益为 71.95 亿元。林业高新技术产业工程的实施也将产生巨大的经济效益。

其次，森林旅游通过收取门票和相应配套服务，将具有可观的经济效益，另外，森林生态工程中的低产林改造，森林抚育等工作中通过间伐抚育、更新采伐也可以产生一定经济效益。

2. 间接经济效益

间接经济效益包括水土保持效益、林木储备效益、水储备效益、防护功能效益、保护生物多样性效益、风景旅游效益、控制生物灾害的效益，目前尚难货币化。

（四）效益总体评价

重点工程的实施将为建成比较完备的林业生态、产业、文化三大体系和在全国率先基本实现林业现代化奠定基础，为建设空气清新、环境优美、生态良好、人与自然和谐、经济社会全面协调可持续发展的福建奠定基础。工程将产生巨大的生态、社会、经济效益，推动整个福建经济社会的快速发展，在全国现代林业建设中作出行业示范。

附图

1. 山地生态修复与森林保育工程（附图 7）
2. 沿海防护林体系建设工程（附图 8）
3. 城市森林建设工程（附图 9）
4. 绿色通道建设工程（附图 10）
5. 生物多样性与湿地保护工程（附图 11）
6. 资源培育工程（附图 12）
7. 林产品加工工程（附图 15）
8. 林业生物质利用工程（附图 16）
9. 生态休闲旅游工程（附图 17）
10. 生态文明村建设工程（附图 18）
11. 生态文化载体建设工程（附图 19）

第六章 林业生态文化建设关键技术

第一节 山地生态公益林经营技术

生态公益林是以发挥森林生态功能并以提供生态效益为主的一种特殊森林，其经营目的是发挥森林的多种生态效益。以生态效益为主导功能的生态公益林经营在实现可全球经济与环境可持续发展中具有不可代替的作用，特别是在改善生态环境建设中担负着维护生态平衡，保护物种资源，减轻自然灾害，解决人类面临的一系列生态环境问题的重大使命。因此，在我国南方林区林业实行分类经营后，随着生态公益林在林业经营中所占的比例大幅度提高，开展生态公益林经营技术的攻关研究，对促进海峡西岸现代林业建设进程，实现我国林业的永续发展具有十分重要的意义。

一、低效生态公益林改造技术

（一）低效生态公益林的类型

由于人为干扰或经营管理不当而形成的低效生态公益林，可分为四种类型。

1. 林相残次型

因过度过频采伐或经营管理粗放而形成的残次林。例如，传统上人们常常把阔叶林当作"杂木林"看待，毫无节制地乱砍滥伐；加之近年来，阔叶林木材广泛应用于食用菌栽培、工业烧材以及一些特殊的用材（如火柴、木碗以及高档家具等），使得常绿阔叶林遭受到巨大的破坏，失去原有的多功能生态效益。大部分天然阔叶林变为人工林或次生阔叶林，部分林地退化成撩荒地。

2. 林相老化型

因不适地适树或种质低劣，造林树种或保留的目的树种选择不当而形成的小老树林。例如，在楠木的造林过程中，有些生产单位急于追求林木生产，初植密度 3000 株以上，到 20 年生也不间伐，结果楠木平均胸径仅 10 厘米左右，很难成材，而且林相出现老龄化，林内卫生很差，林分条件急需改善。

3. 结构简单型

因经营管理不科学形成的单层、单一树种，生态公益性能低下的低效林。例如，福建省自 20 世纪 50 年代以来，尤其是在 80 年代末期，实施"三、五、七绿化工程"，营造了大面积的马尾松人工纯林。随着马尾松人工林面积的扩大，马尾松人工林经营中出现了树种单一、生物多样性下降、林分稳定性差、培育成了小老头林，使得林分质量严重降低等一系列问题。

4. 自然灾害型

因病虫害、火灾等自然灾害危害形成的病残林。例如，近几年，毛竹枯梢病已成我国毛竹林产区的一种毁灭性的病害，为国内森林植物检疫对象。该病在福建省的发生较为普遍，给毛竹产区造成了极为严重的损失，使得全省范围内毛竹低效林分面积呈递增趋势，急需合理的改造。

（二）低效生态公益林改造原则

生态公益林改造要以保护和改善生态环境、保护生物多样性为目标，坚持生态优先、因地制宜、因害设防和最佳效益等原则，宜林则林、宜草则草或是乔灌草相结合，以形成较高的生态防护效能，满足人类社会对生态、社会的需求和可持续发展。

1. 遵循自然规律，运用科学理论营造混交林

森林是一个复杂的生态系统，多树种组成、多层次结构发挥了最大的生产力；同时生物种群的多样性和适应性形成完整的食物链网络结构，使其抵御病虫危害和有害生物的能力增强，具有一定的结构和功能。生态公益林的改造应客观地反映地带性森林生物多样性的基本特征，培育近自然的、健康稳定、能持续发挥多种生态效益的森林，这是生态公益林的建设目标，是可持续经营的基础。

2. 因地制宜，适地适树，以乡土树种为主

生态公益林改造要因地制宜，按不同林种的建设要求，采用封山育林、飞播造林和人工造林相结合的技术措施；以优良乡土树种为主，合理利用外来树种，禁止使用带有森林病虫害检疫对象的种子、苗木和其他繁殖材料。

3. 以维护森林生态功能为根本目标，合理经营利用森林资源

生态公益林经营按照自然规律，分别特殊保护区、重点保护区和一般保护区等三个保护等级确定经营管理制度，优化森林结构，合理安排经营管护活动，促进森林生态系统的稳定性和森林群落的正向演替。生态公益林利用以不影响其发挥森林主导功能为前提，以限制性的综合利用和非木资源利用为主，有利于森林可持续经营和资源的可持续发展。

（三）低效生态公益林改造方法

根据低效生态公益林类型的不同，而针对性地采取不同的生态公益林改造方法。通过对低效能生态公益林密度与结构进行合理调整，采用树种更替、不同配置方式、抚育间伐、封山育林等综合配套技术，促进低效能生态公益林天然更新，提高植被的水土保持、水源涵养的生态效益。

1. 补植改造

主要适用于林相残次型和结构简单型的残次林，根据林分内林隙的大小与分布特点，采用不同的补植方式。主要有：①均匀补植；②局部补植；③带状补植。

2. 封育改造

主要适用于郁闭度小于 0.5，适合定向培育，并进行封育的中幼龄针叶林分。采用定向培育的育林措施，即通过保留目的树种的幼苗、幼树，适当补植阔叶树种，培育成阔叶林或针阔混交林。

3. 综合改造

适用于林相老化型和自然灾害的低效林。带状或块状伐除非适地适树树种或受害木，引进与气候条件、土壤条件相适应的树种进行造林。一次改造强度控制在蓄积的 20% 以内，迹地清理后进行穴状整地，整地规格和密度随树种、林种不同而异。主要有：①疏伐改造；②补植改造；③综合改造。

（四）低效生态公益林的改造技术

对需要改造的生态公益林落实好地块、确定现阶段的群落类型和所处的演替阶段、组成种类，以及其他的生态环境条件特点，如气候、土壤等，这对下一步的改造工作具有重要的指导意义。不同的植被分区其自然条件（气候、土壤等）各不相同，因而导致植物群落发生发育的差异，树种的配置也应该有所不同，因此要选择适合于本区的种类用于低效生态公益林的改造，并确定适

宜的改造对策。而且，森林在不同的演替阶段其组成种类和层次结构是不同的。目前需要改造的低效生态公益林主要是次生稀树灌丛、稀疏马尾松纯林、幼林等群落，处于演替早期阶段，种类简单，层次不完整。为此，在改造过程中需要考虑群落层次各树种的配置，在配置过程中，一定要注意参照群落的演替进程来导入目的树种。

1. 树种选择

树种选择时最好选择优良的乡土树种作为荒山绿化的先锋树种，这些树种应满足：择适应性强、生长旺盛、根系发达、固土力强、冠幅大、林内枯枝落叶丰富和枯落物易于分解，耐瘠薄、抗干旱，可增加土壤养分，恢复土壤肥力，能形成疏松柔软，具有较大容水量和透水性死地被凋落物等特点。新造林地树种可选择枫香、马尾松、山杜英；人工促进天然更新（补植）树种可选择乌桕、火力楠、木荷、山杜英。

根据自然条件和目标功能，生态公益林可采取不同的经营措施，如可以确定特殊保护、重点保护、一般保护等三个等级的经营管理制度，合理安排管护活动，优化森林结构，促进生态系统的稳定发展。生态公益林树种一般具备各种功能特征：①涵养水源、保持水土；②防风固沙、保护农田；③吸烟滞尘、净化空气；④调节气候、改善生态小环境；⑤减少噪声、杀菌抗病；⑥固土保肥；⑦抗洪防灾；⑧保护野生动植物和生物多样性；⑨游憩观光、保健休闲等。因此，不同生态公益林，应根据其主要功能特点，选择不同的树种。

乡土阔叶林是优质的森林资源，起着涵养水源、保持水土、保护环境及维持陆地生态平衡的重大作用。乡土阔叶树种是生态公益林造林的最佳选择。目前福建省存在生态公益林树种结构简单，纯林、针叶林多，混交林、阔叶林少。而且有相当部分林分质量较差，生态功能等级较低。生态公益林中的针叶纯林林分已面临着病虫危害严重、火险等级高、自肥能力低、保持水土效能低等危机，树种结构亟待调整。利用优良乡土阔叶树种特别是珍贵树种对全省生态公益林进行改造套种，是进一步提高林分质量、生态功能等级和增加优质森林资源的最直接最有效的途径。

2. 林地整地

水土保持林采取鱼鳞坑整地。鱼鳞坑为半月形坑穴，外高内低，长径 0.8~1.5 米，短径 0.5~1.0 米，埂高 0.2~0.3 米。坡面上坑与坑排列成三角形，以利蓄水保土；水源涵养林采取穴状整地，挖明穴，规格为 60 厘米 ×40 厘米 ×40 厘米，回表土。

3. 树种配置

新造林：在I~II类地采用枫香 × 山杜英；各类立地采用马尾松 × 枫香，按 1∶1 比例模式混交配置。人促（补植）：视低效林林相破坏程度，采用乡土阔叶树乌桕、火力楠、木荷、山杜英进行补植。

二、生态公益林限制性利用技术

生态公益林限制性利用是指以林业可持续发展理论、森林生态经济学理论和景观生态学理论为指导，实现较为完备的森林生态体系建设目标；正确理解和协调森林生态建设与农村发展的内在关系，在取得广大林农的有力支持下，有效地保护生态公益林；通过比较完善的制度建设，大量地减少甚至完全杜绝林区不安定因素对生态公益林的破坏，积极推动农村经济发展。

（一）生态公益林限制性利用类型

1. 木质利用

对于生长良好但已接近成熟年龄的生态公益林，因其随着年龄的增加，其林分的生态效益将逐渐呈下降趋势，因此应在保证其生态功能的前提下，比如在其林下进行树种的更新，待新造树种郁闭之后，对其林分进行适当的间伐，通过采伐所得木材获得适当的经济效益，这些经济收入又可用于林分的及时更新，这样能缓解生态林建设中资金短缺的问题，逐渐形成生态林生态效益及建设利用可持续发展的局面。

2. 非木质利用

非木质资源利用是在对生态公益林保护的前提下对其进行开发利用，属于限制性利用，它包含了一切行之有效的行政、经济的手段，科学的经营技术措施和相适应的政策制度保障等体系，进行森林景观开发、林下套种经济植物、绿化苗木，培育食用菌，林下养殖等复合利用模式，为山区林农脱贫致富提供一个平台，使非木质资源最有效地得到开发和保护。目前，福建生态公益林很大部分布在经济欠发达山区，那里的林农对森林依赖性较强，很大部分经济收入来自森林，而且很多生活必需品如薪材、果品等也来源于森林，现在政策规定生态公益林不能采伐和这些地区林农产生了尖锐矛盾；因此如何通过对生态公益林非木质资源的合理利用，在保证生态公益林生态效益前提下最大限度发挥生态公益林能获的经济效益的经营模式，解决生态公益林不能采伐和林农需求的矛盾，调动公益林经营主的生产积极性，最终从根本上解决生态公益林建设的资金短缺问题，从而提高公益林的数量和质量，为林业的可持续发展打下坚实的经济基础。

福建地处东南沿海，地跨中、南亚热带，自然条件优越，蕴藏着大量的非木质资源，主要包括茶叶、干果、水果、花卉、药材、食用菌、竹子及其副产品以及森林景观等森林资源。这类资源具有一个显著的特点，大多数是可再生的，可以重复利用，而且具有多种用途，是人类对其利用的自然宝库。而且，多数非木质资源具有营养和食疗双重功效。具有风味独特，营养丰富，富含蛋白质、脂肪、糖类、维生素多种氨基酸和多种矿物质元素，是亟待开发的宝贵膳食、药用资源。这些森林将不能采伐或限制采伐使所有者在经济上必然受到较大的损失，而且生态公益林资金补助短缺已远远不能满足山区林农迫切脱贫致富的愿望。随着时间的推移，必然不利于公益林的长期保护和发展，也难以实现森林可持续经营。这为森林非木质资源开发利用提出了迫切要求。因此对生态公益林非木质资源的利用将成为今后一段时期的限制性利用的主要方面。

（二）生态公益林限制性利用原则

（1）坚持"三个有利"的原则。生态公益林管护机制改革必须有利于生态公益林的保护管理，有利于林农权益的维护，有利于生态公益林质量的稳步提高。

（2）生态优先原则在保护的前提下，遵循"非木质利用为主，木质利用为辅"的原则，科学合理地利用生态公益林林木林地和景观资源。实现生态效益与经济效益结合，总体效益与局部效益协调，长期效益与短期利益兼顾。

（3）因地制宜原则依据自然资源条件和特点，社会经济状况，处理好森林资源保护与合理开发利用的关系，确定限制性利用项目。根据当地生态公益林资源状况和林农对山林的依赖程度，因地制宜，确定相应的管护模式。

（4）依法行事原则要严格按照规定，在限定的区域内进行，凡涉及到使用林地林木的问题，必须按有关规定、程序进行审批。坚持严格保护、科学利用的原则。生态公益林林木所有权不得买卖，林地使用权不得转让。在严格保护的前提下，依法开展生态公益林资源的经营和限制性利用。

（三）生态公益林限制性利用技术

1. 木质利用技术

以杉木人工林为主的城镇生态公益林培育改造中，因其不能主伐利用材，没有经济效益，但是通过改造间伐能够生产一部分木材，能够维持培育改造所需的费用，并有一小部分节余，从而达到生态公益林的持续经营。以杉木人工林为主的城镇生态公益林培育改造可生产木材 60 立方米／

公顷，按 500 元 / 立方米计算，可收入 30000 元 / 公顷；生产木材成本 6000 元 / 公顷，培育改造营林费用 3000 元 / 公顷；为国家提供税收 2400 元 / 公顷；尚有节余 18600 元 / 公顷，可作为城镇生态公益林的经营费用，有利于城镇生态公益林的可持续经营。

以马尾松林为主的城镇生态林培育改造中，通过间伐能够生产一部分木材，也能够维持培育改造所需的费用，并有一小部分节余，从而达到生态公益林的持续经营。以马尾松人工林为主的城镇生态公益林培育改造可生产木材 45 立方米 / 公顷，按 500 元 / 立方米计算，可收入 22500 元 / 公顷；生产木材成本 4500 元 / 公顷，培育改造营林费用 3000 元 / 公顷；为国家提供税收 1800 元 / 公顷；尚有节余 13200 元 / 公顷，可作为城镇生态公益林的经营费用，有利于城镇生态公益林的可持续经营。

2. 林下套种经济植物

砂仁为姜科豆蔻属多年生常绿草本植物其种子因性味辛温，具有理气行滞、开胃消食、止吐安胎等功效，是珍贵南药；适宜热带、南亚热带和中亚热带温暖湿润的林冠下生长。杉木林地郁闭度控制在 0.6~0.7，创造适宜砂仁生长发育的生态环境，加强田间管理，是提高砂仁产量的重要措施。因为砂仁对土、肥、荫、水有不同的要求，在不同季节又有不同需要，高产稳产的获得，是靠管理来保证。

雷公藤为常用中药，以根入药，具祛风除湿、活血通络、消肿止痛、杀虫解毒的功能。雷公藤也是植物源农药的极佳原料，可开发为生物农药。马尾松是南方常见的造林树种，在林间空隙套种雷公藤，可以大力提高土地利用率，提高林地的经济效益。马尾松的株行距为 150 厘米 × 200 厘米，雷公藤的株行距为 150 厘米 × 200 厘米。种植过程应按照相应的灌溉、施肥、给药、除草、间苗等标准操作规程进行。根据雷公藤不同生长发育时期的需水规律及气候条件，适时、合理进行给水、排水，保证土壤的良好通气条件，需建立给排水方案并定期记录。依据《中药材生产质量管理规范（试行）》要求，雷公藤生长过程必须对影响生产质量的肥料施用进行严格的控制，肥料的施用以增施腐熟的有机肥为主，根据需要有限度地使用化学肥料并建立施肥方案。

灵香草又名香草、黄香草、排草零陵香，为报春花科排草属多年生草本植物。具有清热解毒、止痛等功效，并且具有良好的防虫蛀作用。在阔叶林下套种灵香草。其生长情况和产量均呈山脚或山凹＞中下坡＞中上坡在同坡位下，灵香草的藤长、基径、萌条数均随扦插密度增加而递减其单位面积生物总量与扦插密度关系则依主地条件不同而异，立地条件好的则随密度加大而递增。林分郁闭度为 0.7~0.85，灵香草的生长与产量最大，随林分郁闭度下降，其产量呈递减趋势。

肉桂是樟科的亚热带常绿植物，其全身是宝，根、枝、皮、花、果均可入药；叶可提取桂油，是现代医药、化工与食品工业的重要原料。肉桂属浅根性耐阴树种，马尾松属深根性喜光村种，选择在马尾松林分内进行套种，一方面，由于它们的根系分布层次不同，有利于充分利用地力；另一方面，既可充分利用空间，又可利用马尾松树冠的遮阴作用，避免阳光对肉桂幼树直射而灼伤，减少水分流失，提高造林成活率。在郁闭度 0.4、0.6 的马尾松林下套种肉桂造林，成活率可比进地造林提高 19.1% 和 19.6%，是发展肉桂造林的好途径。在生产上应大力提倡在郁闭度 0.4 左右的马尾松林分中套种肉桂。但不宜在部闭度较大的林分内套种，以免影响肉桂后期生长和桂油品质。

3. 林下养殖

林下养殖选择水肥条件好，林下植被茂盛、交通方便的生态公益林地进行林下养殖，如养鸡、养羊、养鸭、养兔，增加林农收入。林下养殖模式，夏秋季节，林木为鸡、鹅等遮阴避暑，动物食害虫、青草、树叶，能减少害虫数量，节省近一半饲料，大大降低了农民打药和管理的费用，动物粪又可以肥地，形成了一个高效的绿色链条。大力发展林下经济作为推动林畜大县建设步伐的重要措施，坚持以市场为导向，以效益为中心，科学规划，因地制宜，突出特色，积极探索林下养殖经济新模式。经过学习外地经验，探索出符合景县实际的林-牧草-羊、林-牧草-兔、林-草-鸡（鸭、鹅）等多种形式，并通过讲好处、算细账、比条件、论效益等方式，激发农民发展林下养殖的积极性。同时还应结合考虑所选择的鸡、羊、兔、牛品种，进行林下养殖试验，什么样的林下植被能适宜养殖，对生态公益林又不造成损坏，同时能为林农获取较好的经济效益，通过比较试验，在获取较佳经济效益的基础上向全省推广。

发展林下规模养殖的总体要求是，要坚持科学发展观，以市场为导向，以效益为中心，科学规划，合理布局，突出特色，因地制宜，政策引导，示范带动，整体推进，使林下养殖成为绿色、生态林牧业生产的亮点和农村经济发展、农民增收新的增长点。

在农村，许多农户大多是利用房前屋后空地养鸡，饲养数量少，难成规模，而且不利于防疫。林下养鸡是以放牧为主，舍饲为辅的饲养方式，其生产环境较为粗放。因此，应选择适应性强、抗病力强、耐粗饲、勤于觅食的地方鸡种进行饲养。林地最好远离人口密集区、交通便利、地势高燥、通风光照良好，有充足的清洁水源，地面为砂壤土或壤土，没有被传染病或寄生虫病原体污染。在牧地居中地段，根据群体大小选择适当避风平坦处，用土墙或砖木及油毛毡或稻草搭成高约 2 米的简易鸡舍，地面铺砂土或水泥。鸡舍饲养密度以 20 只 / 平方米为宜，每舍养 1000 只，鸡舍坐北朝南。

4. 森林生态旅游

随着生活水平的不断提高以及人们回归自然的强烈愿望，丛林纵生，雪山环抱，峡谷壁立，草原辽阔，阳光灿烂，空气清新，少数民族文化色彩浓厚，人与自然和谐而备受人们向往和关注。森林生态旅游被人们称为"无烟的工业"，旅游开发迅速升温。

有些生态公益林所处地形复杂，生态环境多样，为旅游提供了丰富的资源，其中绝大部分属森林景观资源。以这些资源为依托，开发风景区，发展生态旅游，同时带动了相关第三产业的发展，促进了经济发展。

森林浴：重在对现有森林生态的保护，沿布设道路对不同树种进行挂牌，标示树种名称、特性，对保护植物应标明保护级别等，提醒游人对保护植物的关爱。除建设游步道外，不建设其他任何设施，以维护生物多样性，使游人尽情享受森林的沐浴。

花木园：在原有旱地上建立以桂花、杜英、香樟及深山含笑等为主的花木园，可适当密植，进行块状混交，一方面可增加生态林阔叶林的比重，增加景观的观赏性，另一方面也可提供适量的绿化苗，增加收入。

观果植物园：建设观果植物园，如油茶林、柑橘林，对油茶林进行除草、松土，对柑橘林进行必要的除草培土、修剪和施肥，促进经济林的生长，从而提高其产量和质量，增加经济收入，同时，也可为游人增加一些如在成熟期采摘果实参与性项目。

休闲娱乐：根据当地实际情况，以及休闲所在地和绿色养殖的特点，设置餐饮服务和休闲区，利用当地木、竹材料进行搭建，充分体现当地民居特色，使游人在品尝绿色食品、体验优美自然环境后有下次再想去的欲望。

生态公益林区还可以作为农林院校、科研机构以及林业生产部门等进行科研考察和试验研究的基地，促进林业科研水平和生产水平的提高。

森林生态旅游的开发必须服从于生态保护，即必须坚持在保护自然环境和自然资源为主的原则下，做好旅游开发中的生态保护。森林生态旅游的开发必须在已建立的森林生态旅游或将规划的森林生态旅游要进行本底调查，除了调查人文景观、自然景观外，还要调查植被类型、植被区系、动物资源等生物资源方面的调查，了解旅游区动、植物的保护类型及数量，在符合以下规定的基础上制定出生态旅游区的游客容量及游览线路。制止对自然环境的人为消极作用，控制和降低人为负荷，应分析人的数量、活动方式与停留时间，分析设施的类型、规模、标准，分析用地的开发强度，提出限制性规定或控制性指标。保持和维护原有生物种群、结构及其功能特征，保护典型而示范性的自然综合体。提高自然环境的复苏能力，提高氧、水、生物量的再生能力与速度，提高其生态系统或自然环境对人为负荷的稳定性或承载力。以保证游客游览的过程中不会对珍稀动植物造成破坏，并影响其自然生长。

三、重点攻关技术

生态公益林的经营是世界性的研究课题，尤其是在近年全球环境日趋恶化的形势下生态公益林建设更是引起了全世界的关注，被许多国家提到议事日程上。公益林建设中关键是建设资金问题，不可否认生态公益林建设是公益性的事业，其建设资金应有政府来投入，但是由于许多国家存在着先发展经济、后发展环境的观念，生态公益林建设资金短缺十分严重。因此有些国家开始考虑在最大限度地发挥生态公益林生态效益的前提下，在公益林上进行适当经营，以取得短期的经济效益，从而解决公益林建设的资金问题。美国制定的可持续林计划，为森林工作者、土地拥有者、伐木工人及纸业生产商提供了一种有效的途径，使他们在保证有效经营的同时，又能满足人们不断提高的环保要求，最终用森林资源的经济效益来保证其生态效益的发挥，他们也提出了发挥森林生态效益和经济效益结合的模式，如适当的间伐、套种经济作物等。法国在20世纪80年代成立自然资源核算委员会，开展森林资源、动植物资源的核算试验，以评估生态公益林的经济价值，并进行改造和提高现有生态公益林的生态功能试验。此外加拿大、日本、德国也在这方面做了很多研究，但发展中国家在这方面的研究比较少。

（一）生态公益林的经营利用模式比较分析

目前国内在不影响生态公益林发挥生态效益的前提下，进行生态公益林适当经营的研究还不多，特别是把生态公益林维持生态平衡的功能和其产业属性结合起来，从中取得经济效益并能提高生态公益林生态功能的模式的研究更少。

在保护生态公益林的前提下，寻找保护与利用的最佳结合点，开展一些林下利用试点。在方式上，要引导以非木质利用为主、采伐利用为辅的方式；在宣传导向上，要重点宣传非木质利用的前景，是今后利用的主要方向；在载体上，要产业拉动，特别是与加工企业对接，要重视科技攻关，积极探索非木质利用的途径和方法，逐步解决林下种植的种苗问题。开展生态公益林限制性利用试点，开展林下套种经济作物等非木质利用试点，探索一条在保护前提下，保护与利用相结合的路子，条件好的林区每个乡镇搞一个村的试点，其余县市选择一个村搞试点，努力探索生态林限制性利用途径。在保护资源的前提下进行开发利用，采取一切行之有效的行政、经济的手段，科学的经营技术措施和相适应的政策制度保障等体系，进行森林景观开发、林下套种经济植物、绿化苗木，培育食用菌，林下养殖等复合利用模式，为山区林农脱贫致富提供一个平台，使非木质资源最有效地得到开发和保护。

（二）生态公益林的非木质资源综合利用技术

非木质资源利用是山区资源、经济发展和摆脱贫困的必然选择，也是改善人民生产、生活条件的重要途径。非木质资源利用生产经营周期大大缩短，一般叶、花、果、草等在利用后只需1年时间的培育就能达再次利用的状态。这种短周期循环利用方式不仅能提高森林资源利用率，而且具有持续时间长、覆盖面广的特性。因此，能使林区农民每年都能有稳定增长的经济收入。所以，公益林生产地应因地制宜大力发展林、果、竹、药、草、花，开发无污染的天然保健"绿色食品"，建设各种林副产品开发基地。

建立专项技术保障体系生态公益林限制性利用技术支持系统，包括资源调查可靠性，技术方案可行性，实施运作过程的可控制性和后评价的客观性，贯穿试验工作全过程。由专职人员对试验全过程进行有效监控，建立资源分析档案。

非木质资源利用对服务体系的需求主要体现在科技服务体系、政策支持体系、病虫害检疫和防治体系、资源保护与控制服务体系、林产品购销服务体系等方面，这些体系在我国的广大公益林地区还不够健全，尤其是山区。对非木质资源的利用带来不利因素。应结合政府机构改革，转变乡镇政府职能，更好地为林农提供信息，技术，销售等产前产中产后服务。加强科技人员的培训，更新知识，提高技能，增强服务意识，切实为"三农"服务。

（三）促进生态公益林植被恢复和丰富森林景观技术

森林非木质资源的限制性开发利用，使农民收入构成发生变化，由原来主要依赖木质资源的利用转化为主要依赖非木质资源的利用，对森林资源的主要组成部分——林木没有直接造成损害，因此，对森林资源及生态环境所带来的负面效应很小。而且，非木质资源的保护和利用通过各种有效措施将其对森林资源的生态环境的负面影响严格控制在可接受的限度之间，在一定程度上还可以提高生物种群结构的质量和比例的适当性、保持能量流和物质流功能的有效性、保证森林生态系统能够依靠自身的功能实现资源的良性循环与多途径利用实现重复利用，使被过度采伐的森林得以休养生息，促进森林覆盖率、蓄积稳定增长，丰富了森林景观。而且具有收益稳、持续时间长、覆盖面广的特性，为当地林农和政府增加收入，缓解生态公益林的保护压力，从而使生态公益林得以休养生息，促进森林覆盖率，丰富森林景观，维护森林生物多样性，促进森林的可持续发展。

（四）生态公益林结构调整和提高林分质量技术

通过林分改造和树种结构调整，能增加阔叶树的比例，促进生态公益林林分质量的提高，增加了森林的生态功能。另一方面，通过林下养殖及林下种植，改善了土壤结构，促进林分生长，提高了生态公益林发挥其涵养水源、保持水土的功能，使生态公益林沿着健康良性循环的轨道发展。

建立对照区多点试验采取多点试验，就是采取比较开放的和比较保守的不同疏伐强度试验点。同时对相同的林分条件，不采取任何经营措施，建立对照点。通过试验取得更有力的科学依据，用于补充和完善常规性技术措施的不足，使林地经营充分发挥更好的效果。

第二节 流域与滨海湿地生态保护及恢复技术

福建依山面海，内陆水系密布，多发源于本省，独流入海，主要的有"五江一溪"，即闽江、九龙江、晋江、汀江、赛江、木兰溪。而从生态保育的角度上看，只有在流域层次上，加强水陆生态系统研究的结合，才能从更高层次上对流域生态系统进行管理。在对流域这一复合生态系统的结构和功能研究之基础上，进一步从中、大尺度上对流域内各种资源的保护及恢复问题进行研究，可为流域中陆地和水体的合理开发利用决策提供理论依据，从而为区域的社会经济可持续发展提供决策。

福建天然湿地面积 79.8 万公顷，分为近海和海岸湿地类、河流湿地类、湖泊湿地类、沼泽和沼泽草甸湿地类等 4 类 18 种类型，主要有漳江口、九龙江口、泉州湾、厦门大屿岛、兴化湾、福清湾、闽江口、环三都澳、沙埕湾、屏南鸳鸯溪等 10 处重要湿地。湿地是具有多种经济功能与生态服务功能独特的生态系统，具有重要的应用价值和科学价值。流域与湿地保护，对于维护生态平衡，改善生态状况，实现人与自然和谐，促进经济社会可持续发展，具有十分重要的意义。

一、流域生态保护与恢复

福建境内流域山多平原少，土地肥沃，气候温和，雨量充沛，森林资源丰富。如闽江流域的各市县是福建省的主要林区和商品粮基地。由于流域森林过度采伐，天然林和成熟林的森林面积不断减少，林分质量下降，造成水土流失日趋严重，自然灾害频繁发生，严重破坏了流域的生存环境和社会经济的发展。1988 年"6·22"特大洪灾造成了巨大损失。根据流域生态学和景观生态学原理，应用生态工程技术和恢复生态学方法，对退化的流域生态系统进行恢复或重建，再现受干扰前的生态系统结构、功能、多样性和动态变化过程，以及相关的物理、化学和生物学特性，改造并建成一个高效、稳定的流域生态系统。

（一）流域生态保育技术

1. 流域天然林保护和自然保护区建设

福建植被的基本类型有：南亚热带雨林、南亚热带山地照叶林、中亚热带常绿阔叶林、红树林、竹林、亚热带针叶林、落叶阔叶林、山地苔藓矮曲林、亚热带灌丛、亚热带滨海沙生植被、亚热带草丛、沼泽和水生植被以及人工植被。生物多样性保护与经济持续发展密切相关。自然保护区和森林公园的建立是保护生物多样性的重要途径之一。自然保护区由于保护了天然植被及其组成的生态系统（代表性的自然生态系统，珍稀动植物的天然分布区，重要的自然风景区，水源涵养区，具有特殊意义的地质构造、地质剖面和化石产地等），在改善环境、保持水土、维持生态平衡具有重要的意义。目前福建境内具有武夷山、龙栖山、闽江源、梅花山、梁野山、天宝岩、戴云山、漳江口、南亚热带雨林等国家级自然保护区，以及众多的省级自然保护区为生物多样性的保护奠定了坚实的基础。

2. 流域森林生态系统的结构与功能监测

闽江流域具有代表性的中亚热带森林生态系统。常绿阔叶林如甜槠林、米槠林、格氏栲林，常绿针叶林如马尾松林、黄山松林，以及毛竹林等群落的结构、生物量、生产力、凋落物产量、营养元素循环、土壤性质、能量动态、水文效应、生态位、物种多样性研究，为闽江流域森林持续经营、可持续发展和天然林保护提供了重要的理论依据。

3. 流域监测、信息共享与发布系统平台建设

流域的综合管理和科学决策需要详实的信息资源为支撑，以流域管理机构为依托，利用现代信息技术开发建设流域信息化平台。完善流域实时监测系统，建立跨行政区和跨部门的信息收集和共享机制，实现流域信息的互通、资源共享、提高信息资源的利用效率。

4. 流域生态补偿机制的建立

流域生态经济理论认为：流域上中下游的生态环境、经济发展和人类生存乃是一个生死与共的结构系统。它们之间经济的、政治的、文化的等各种关系，都通过生命之水源源不断的流动和地理、历史、环境、气候等的关联而紧密相连。合理布局流域上中下游产业结构和资源配置。加大对上游地区的道路、通讯、能源、水电、环保等基础设施的投入，从政策、经济、科技、人才等多方面帮助上游贫困地区发展经济，脱贫致富。加强对交通、厂矿、城镇、屋宅建设的管理。实行"谁建设，谁绿化"措施，严防水土流失。退耕还草，退耕还林，绿化荒山，保护森林。立法立规，实施"绿水工程"，对城镇的工业污水和生活污水全面实行清浊分流和集中净化处理，严

禁把大江小河当作垃圾池和"下水道"的违法违规行为。动员全社会力量尤其是下游发达地区政府和人民通过各种方式和各种渠道帮助上游人民发展经济和搞好环境保护。

（二）流域生态恢复

流域生态恢复的关键技术包括流域生境恢复技术、流域生物恢复技术和流域生态系统结构与功能恢复技术。

1. 流域水土流失综合治理

坚持小流域综合治理，搞好基本农田建设，保护现有耕地。因地制宜，大于25°陡坡耕地区域坚决退耕还林还草，小于15°适宜耕作区域采取坡改梯、节水灌溉、作物改良等水土保持综合措施；集中连片进行"山水田林路"统一规划和综合治理，按照优质、高产、高效、生态、安全和产业化的要求，培植和发展农村特色产业，促进农村经济结构调整，并逐步提高产业化水平。

建立水土保持监测网络及信息系统，提高遥感监测的准确性、时效性和频率，促进对水土流失发生、发展、变化机理的认识，揭示水土流失时空分布和演变的过程、特征和内在规律。指导不同水土流失区域的水土保持工作。

2. 流域生物恢复技术

流域生物恢复技术包括物种选育和培植技术、物种引入技术、物种保护技术等。不同区域、不同类型的退化生态系统具有不同的生态学过程，通过不同立地条件的调查，选择乡土树种。然后进行栽培实验，实验成功后进行推广。同时可引进外来树种，通过试验和研究，筛选出不同生态区适宜的优良树种，与流域树种结构调整工程相结合。

3. 流域退化生态系统恢复

研究生态系统退化就是为了更好地进行生态恢复。生态系统退化的具体过程与干扰的性质、强度和延续的时间有关。生态系统退化的根本特征是在自然胁迫或人为干扰下，结构简化、组成成分减少、物流能流受阻、平衡状态破坏、更新能力减弱，以及生态服务功能持续下降。研究包括：生态系统退化类型和动因；生态系统退化机制；生态系统退化诊断与预警；退化生态系统的控制与生态恢复。

流域内的天然林进行严格的保护，退化的次生林进行更新改造，次生裸地进行常绿阔叶林快速恢复与重建。根据流域内自然和潜在植被类型，确定造林树种，主要是建群种和优势种。也包含灌木种类。流域主要的植被类型具有常绿针叶林、常绿针阔混交林、常绿阔叶林、山顶苔藓矮曲林、竹林、灌草丛等。气候顶级群落的构成种有樟科、壳斗科的许多种类。丝栗栲、罗浮栲、闽粤栲、栲树、石栎、甜槠、米槠、青冈、润楠、新木姜子、木荷、阿丁枫、黄杞等是常绿阔叶林乔木层的主要种类，冬青、枪木、鼠刺、杜茎山、山矾、黄瑞木、杜鹃等为灌木种类。在地势低洼和流域沿岸种植禾本科的芦苇、毛竹、绿竹、麻竹、孝顺竹、凤尾竹、水竹、木竹等种类。

在流域生态系统恢复和重建过程中，因地制宜地营造经济林、种植药材、培养食用菌等相结合的生态林业工程，使流域的生物多样性得到保护，促进流域生态系统优化。

二、湿地生态系统保护与恢复

（一）湿地生态系统保护

由于湿地处于水陆交互作用的区域，生物种类十分丰富，仅占地球表面面积6%的湿地，却为世界上20%的生物提供了生境，特别是为濒危珍稀鸟类提供生息繁殖的基地，是众多珍稀濒危水禽完成生命周期的必经之地。因此，湿地的保护需要从水资源保护和生物多样性保护着手，通过湿地资源清查，建立湿地资源数据库和湿地自然保护区。

1. 湿地资源综合调查

福建省良好的生态环境和特殊的地理位置，使福建成为众多鸟类的重要繁殖栖息地、越冬场所和中途停歇地，尤其是沿海成为众多水鸟中的冬候鸟的重要越冬场所和中途停歇地。福建省湿地又是福建与台湾之间，特别是金门、马祖之间鸟类迁飞栖息、觅食、繁殖和越冬的重要场所，沿海湿地资源特别鸟类资源的保护管理和监测，对于当前加强禽流感防控，确保沿海经济区生态安全具有极其重要的意义。此外，由于沿海地区是福建省经济发展的龙头，也是人口密集区，同时是台风、风暴潮等自然灾害的高发区，因此加强福建省湿地的保护管理，对于保障海峡西岸经济区建设成果，显得尤其重要。

根据国家林业局关于开展湿地资源调查的工作部署，福建省于1997~2000年期间组织开展了全省湿地资源调查以及湿地生物多样性、沿海冬季水鸟、黑嘴鸥、红树林等专项资源调查。自2002年冬季起至今，福建省与世界自然（香港）基金会合作，对全省沿海鸟类进行了长期监测调查。根据《关于特别是作为水禽栖息地的国际重要湿地公约》（以下简称《湿地公约》）对湿地的定义及分类标准和中国湿地类型及标准，福建湿地可划分为4类（近海和海岸湿地类、河流湿地类、湖泊湿地类、沼泽与沼泽化草甸湿地类）18种类型。

2. 湿地自然保护区建设

我国湿地处于需要抢救性保护阶段，努力扩大湿地保护面积是当前湿地保护管理工作的首要任务。建立湿地自然保护区是保护湿地的有效措施。要从抢救性保护的要求出发，按照有关法规法律，采取积极措施在适宜地区抓紧建立一批各种级别的湿地自然保护区，特别是对那些生态地位重要或受到严重破坏的自然湿地，更要果断地划定保护区域，实行严格有效的保护。

通过划定湿地自然保护区、保护小区，加强对重点湿地的保护。重点加强对闽江口、九龙江口、漳江口和泉州湾等湿地自然保护区的建设。目前，福建省已建湿地类型自然保护区27处，其中国家级3处（漳江口、厦门珍稀海洋生物、晋江深沪湾），省级7处（九龙江、泉州湾、三十六脚湖、屏南鸳鸯溪、东山珊瑚、长乐海蚌、宁德官井洋大黄鱼），市县级17处，保护小区20处，总保护面积达20万公顷，占福建省自然湿地的25%。根据《福建沿海湿地保护和恢复规划（2006~2015年）》，福建省到2010年将初步形成全省滨海湿地保护区网络体系，其中建设各级湿地自然保护区34个，建设国际重要湿地3个，全省35%以上的滨海天然湿地得到有效保护。

3. 湿地生态系统保护

一个系统的面积越大，该系统内物种的多样性和系统的稳定性越有保证。因此，增加湿地的面积是有效恢复湿地生态系统平衡的基础。严禁围地造田，对湿地周围影响和破坏湿地生境的农田要退耕还湿，恢复湿地生境，增加湿地面积。湿地入水量减少是造成湿地萎缩不可忽视的原因，水文条件成为湿地健康发展的制约因素，需要通过相关水利工程加以改善。增加湖泊的深度和广度以扩大湖容，增加鱼的产量，增强调蓄功能；积极进行各湿地引水通道建设，以获得高质量的补充水源；加强水利工程设施的建设和维护，加固堤防，搞好上游的水土保持工作，减少泥沙淤积；恢复泛滥平原的结构和功能以利于蓄纳洪水，提供野生生物栖息地以及人们户外娱乐区。

湿地保护是一项重要的生态公益事业，做好湿地保护管理工作是政府的职能。各级政府应高度重视湿地保护管理工作，在重要湿地分布区，要把湿地保护列入政府的重要议事日程，作为重要工作纳入责任范围，从法规制度、政策措施、资金投入、管理体系等方面采取有力措施，加强湿地保护管理工作。

（二）湿地生态恢复技术

湿地恢复是指通过生态技术或生态工程对退化或消失的湿地进行修复或重建，再现干扰前的结构和功能，以及相关的物理、化学和生物学特性，使其发挥应有的作用。根据湿地的构成和生态系统特征，湿地的生态恢复可概括为：湿地生境恢复、湿地生物恢复和湿地生态系统结构与功能恢复3个部分。

1. 湿地生境恢复技术

湿地生境恢复的目标是通过采取各类技术措施，提高生境的异质性和稳定性。湿地生境恢复包括湿地基底恢复、湿地水状况恢复和湿地土壤恢复等。湿地的基底恢复是通过采取工程措施，维护基底的稳定性，稳定湿地面积，并对湿地的地形、地貌进行改造。基底恢复技术包括湿地基底改造技术、湿地及上游水土流失控制技术、清淤技术等。湿地水状况恢复包括湿地水文条件的恢复和湿地水环境质量的改善。水文条件的恢复通常是通过筑坝（抬高水位）、修建引水渠等水利工程措施来实现；湿地水环境质量改善技术包括污水处理技术、水体富营养化控制技术等。由于水文过程的连续性，必须严格控制水源河流的水质，加强河流上游的生态建设。土壤恢复技术包括土壤污染控制技术、土壤肥力恢复技术等。在湿地生境恢复时，进行详细的水文研究，包括地下水与湿地之间的相互关系，作为湿地需要水分饱和的土壤和洪水的水分与营养供给，在恢复与重建海岸湿地时，还需要了解潮汐的周期、台风的影响等因素；详细地监测和调查土壤，如土壤结构、透水性和地层特点。

2. 湿地生物恢复（修复）技术

主要包括物种选育和培植技术、物种引入技术、物种保护技术、种群动态调控技术、种群行为控制技术、群落结构优化配置与组建技术、群落演替控制与恢复技术等。在恢复与重建湿地过程中，作为第一性生产者的植被恢复与重建是首要过程。尽管水生植物或水生植被是广域和隐域性的，但在具体操作过程中因遵循因地制宜的原则。淡水湿地恢复和重建时，主要引入挺水和漂浮植物，如菖蒲、芦苇、灯心草、香蒲、苔草、水芹、睡莲等。植物的种子、根茎、鳞茎、根系、幼苗和成体，甚至包括种子库的土壤，均可作为建造植被的材料。

3. 生态系统结构与功能恢复技术

主要包括生态系统总体设计技术、生态系统构建与集成技术等。湿地生态恢复技术的研究既是湿地生态恢复研究中的重点，又是难点。

退化湿地生态系统恢复，在很大程度上，需依靠各级政府和相关部门重视，切实加强对湿地保护管理工作的组织领导，强化湿地污染源的综合整治与管理，通过部门间的联合，加大执法力度。要严格控制湿地氮肥、磷肥、农药的施用量，控制畜禽养殖场废水对湿地的污染影响，大型畜禽养殖场废水要严格按有关污染物排放标准的要求达标排放，有条件的地区应推广养殖废水土地处理。

植物是人工湿地生态工程中最主要的生物净化材料，它能直接吸收利用污水中的营养物质，对水质的净化有一定作用。目前，在人工湿地植物种类应用方面，国内外均是以水生植物类型为主，尤其是挺水植物。由于不同植物种类在营养吸收能力、根系深度、氧气释放量、生物量和抗逆性等方面存在差异，所以它们在人工湿地中的净化作用并不相同。在选择净化植物时既要考虑地带性、地域性种类，还要选择经济价值高、用途广以及与湿地园林化建设相结合的种类，尽可能的做到一项投入多处收益。植物除了对污物直接吸收外，还有重要的间接作用，输送氧气，提供碳源，从而为各种微生物的活动创造有利的场所，提高了工程对污水的净化作用。

（三）红树林恢复技术

红树林是生长于热带亚热带海岸潮间带，处于陆地生态系统与海洋生态系统过渡带的一类特殊湿地生态系统，兼有陆地生态系统和海洋生态系统的特征，是热带亚热带海岸带的生态关键区。

作为海岸滩涂和河口海湾的一种湿地生态系统，它不仅具有促淤沉积、扩大海滩、护堤防波、保护农田和村庄等生态功能，而且为许多动物提供重要的栖息地和食物。同时，红树植物本身还具有木材、薪炭、食物、药材、化工原料以及观赏和环境教育等价值；并且在全球变化中的碳循环过程中起重要的作用。

（1）严格界定了红树种类标准，确定了"真红树"和"半红树"种类的科学界限，现已为全国广大红树林研究、保护和管理人员所采用；并参与联合国教科文组织的国际"红树林宪章"的制定。

（2）提出了红树林的"三高"特性理论，为发展海岸河口湿地水产渔业，选择鱼虾亲本苗饵料基地奠定了理论基础，提出以拐点温度作为半致死温度的估测值，提出了红树植物10℃的生物学有害临界低温。

（3）建立红树抗盐胁迫、胎生和陆海迁移进化新观点。将抗盐胁迫与叶片衰老过程的生态生理机制结合起来，对红树植物叶片衰老过程中元素的内吸收率（RE）进行了测定，发现红树植物叶片衰老过程中盐分有从韧皮部内吸收现象，丰富了红树林湿地生态学的抗盐理论。揭示了抗盐胁迫对抗衰老物质形成的正效应。

（4）揭示红树林具有抵御全球变化、抗风暴潮、防灾减灾效应。红树林区大型藻类达55种，藻类生物量为无林区的7倍，减少了红树林区的富营养化程度。在生态环境保护方面揭示农田、河口隐态有机氯农药在耕作期内的动态分布和重金属变化规律，建立一套生态恢复宜林地选择的技术指标。

三、重点攻关技术

（一）流域保护与生态恢复技术

流域治理面对洪、涝、旱、污等一系列的自然和社会经济问题，治理难度大、复杂程度高。必须采取强有力的措施，将污染防治放在流域各项水问题的首位加以解决。

1. 流域生态功能区划与景观生态格局构建关键技术

生态功能区划是根据区域生态环境要素、生态环境敏感性与生态服务功能空间分布规律，将区域划分为不同生态功能区的过程。目的是为制订区域生态环境保护与建设规划、维持区域生态安全、资源合理利用与工农业生产布局以及保育区域生态环境提供科学依据，并为环境管理部门和决策部门提供管理信息与管理手段。建立研究区域坡度、地形起伏度、土壤侵蚀敏感度、各景观要素生态功能重要度、流域集水量等评价要素的空间属性数据库，然后将所有图层通过矢栅转换，根据研究目的对各要素在某种特定意义上的生态敏感度进行相应的重分类并赋予正向的半定量属性值，得分越高则表示敏感度越高，从而确定区域生态环境敏感度的评价指数。

在上述分项评价基础上，运用GIS的选置分析模块对区域生态敏感度进行综合评价。根据区域自然特征、生态环境问题及社会经济发展情况，并综合运用GIS分析方法和统计学方法，将流域生态功能进行分区。流域中山、水是两个重要的景观要素，流域两岸的山系、城镇、工矿、风景地段、林地等是景观评价和规划的重点。

2. 流域规模化养殖环境风险评价的关键技术

规模化畜禽养殖业在快速发展的同时，由于养殖场的不合理布局或者缺少自有土地等因素造成种植业与养殖业脱离，大量粪尿流失，成为城市和农村水环境的主要污染源。在农业生态系统中，氮磷等养分一般按土壤→植物→动物→土壤的途径流动，构成农业生态系统养分循环的最简单形式。其中动物排泄物于放牧条件下直接返回土壤，或于集约化条件下经农业施肥进入土壤。如果进入农田的动物排泄物超出了作物对养分的需求，便存在向环境流失的危险。因此，可用农田对畜禽粪养分的消纳能力来评价畜禽养殖的环境风险程度。地理信息系统（GIS）是将电子地图与数据库结合在一起的计算机技术系统，具有强大的空间数据管理、空间分析及可视化分析功能。鉴于畜禽养殖业污染具有明显的地理及空间分布特征，因此在研究中有必要引入 GIS 作为分析和评价的辅助手段。在 GIS 支持下，采用养分收支平衡方法评价规模化养殖养分流失的环境风险，并分析其污染负荷的空间分布规律，为流域畜禽养殖业污染控制和管理提供科学依据。

3. 流域生态环境需水量关键技术

研究流域生态环境需水量的意义在于防止过量的开发河流和占用水资源的生态空间，有利于实现水资源的合理开发、配置和利用，促进流域的可持续发展。生态环境需水量分为河道内生态环境需水量、河道外生态环境需水量两部分分别进行研究估算。根据水文学方法计算的河道内生态环境需水量，可以仅以河流径流量的历史数据进行统计分析，类似于经验判断。这种方法是目前应用最为成熟和方便的计算方法，可采用 70% 频率最枯月平均流量计算结果作为河道内生态环境需水量，能够较好控制流域的水资源开发利用率，不至于造成河道内生态危机。河道外生态环境需水量估算方法涉及生态、环境、水文、生物多学科领域。河道外生态环境需水量是指为维持河道外各种天然生态系统的功能与状态基本稳定时所需的最小水量。

（二）滨海湿地生态保护与恢复

湿地丧失和退化的主要原因有物理、生物和化学等三方面。它们具体体现如下：围垦湿地用于农业、工业、交通、城镇用地；筑堤、分流等切断或改变了湿地的水分循环过程；建坝淹没湿地；过度砍伐、燃烧或啃食湿地植物；过度开发湿地内的水生生物资源；废弃物的堆积；排放污染物。此外，全球变化还对湿地结构与功能有潜在的影响。

湿地恢复是指通过生态技术或生态工程对退化或消失的湿地进行修复或重建，再现干扰前的结构和功能，以及相关的物理、化学和生物学特性，使其发挥应有的作用。根据湿地生态过程（水文、生物地球化学、生态系统动态、物种适应等），恢复重建湿地生态系统。

1. 湿地退化机理与生态恢复机制

湿地退化的主要原因是人类活动的干扰，其内在实质是系统结构的紊乱和功能的减弱与破坏，而在外在表现上则是生物多样性的下降或丧失以及自然景观的衰退。湿地恢复和重建最重要的理论基础是生态演替。由于演替的作用，只要消除干扰压力，并且在适宜的管理方式下，湿地是可以恢复的。恢复的最终目的就是再现一个自然的、自我持续的生态系统，使其与环境背景保持完整的统一。

加强湿地生态系统结构、功能及生态系统内在的生态学过程与相互作用机制研究，湿地生态系统生产力、恢复力、演替规律、可持续性研究，湿地的环境功能及人类活动对湿地资源与环境的影响研究，不同干扰条件下湿地生态系统的受损过程及其响应机制研究，湿地生态系统退化的景观诊断及其评价指标体系研究，湿地生态系统退化过程的动态监测、模拟及预报研究等。

2. 退化湿地生态系统恢复技术

与其他生态系统过程相比，湿地生态系统的过程具有明显的独特性：兼有成熟和不成熟生态系统的性质；物质循环变化幅度大；空间异质性大；消费者的生活史短但食物网复杂；高能量环境下湿地被气候、地形、水文等非生物过程控制，而低能量环境下则被生物过程所控制。这些生态系统过程特征在湿地恢复过程中应予以考虑。采用工程与生物措施相结合的方法恢复；恢复湿地与河流的连接为湿地供水；恢复洪水的干扰；利用水文过程加快恢复（利用水周期、深度、年或季节变化、持留时间等改善水质）；停止从湿地抽水；控制污染物的流入；修饰湿地的地形或景观；改良湿地土壤（调整有机质含量及营养含量等）；根据不同湿地选择最佳位置重建湿地的生物群落；

减少人类干扰提高湿地的自我维持能力；建立缓冲带以保护自然的和恢复的湿地；建立不同区域和类型湿地的数据库；建立湿地稳定性和持续性的评价体系。

3. 湿地生物多样性保护与合理利用

湿地的生物多样性占有非常重要的地位。依赖湿地生存、繁衍的野生动植物极为丰富，其中有许多是珍稀特有的物种，是生物多样性丰富的重要地区和濒危鸟类、迁徙候鸟以及其他野生动物的栖息繁殖地。在40多种国家一级保护的鸟类中，约有1/2生活在湿地中。中国许多湿地是具有国际意义的珍稀水禽、鱼类的栖息地。湿地是重要的遗传基因库，对维持野生物种种群的存续，物种的筛选和改良，均具有重要意义。

将系统化的分子标记技术 - 等位酶技术，RAPD技术，ISSR技术，SSR技术，AFLP技术等，开展海滨植物分子分类及鉴定，物种亲缘关系研究，物种起源和进化研究，种群遗传多样性分析等植物分子生态学领域研究工作。为海滨植物的资源保护、引种扩种和开发利用提供科学依据。

（三）红树林保护与发展关键技术

1. 红树林造林宜林地的选择标准

红树林滩涂宜林临界线的确定，是红树林造林成败的关键。红树林是海岸潮间带的森林，最适生长在中潮带和高潮带。低潮带浸水时间过长，除先锋树种外，多数不易生长。目前全国尚无一个有效的宜林地标准。要选择宜林地，必须考虑潮位、浸水时间、潮速、海流速度、土壤和海水盐度（最适在0.5%~2.5%）和种苗特性（不同种类耐浸水能力）等。在福建红树林区秋茄不适应太高的盐度，一般在10‰~20‰的水环境里生长最好，过高的盐度反而抑制生长。在红树林营造工程中，建立适合红树林生态恢复所要求的潮位、潮流、盐度、底质和病虫害防治等可行性技术指标体系以及抗盐、抗潮方案。

2. 红树林主要树种的造林配套技术

福建红树植物有5科6种，即红树科的木榄、秋茄；大戟科的海漆；紫金牛科的桐花树；爵床科的老鼠勒和马鞭草科的白骨壤。确定本地树种在不同地带的物候期、适宜的采种时间、不同类型种实采后处理及贮藏方法、苗圃地选择及不同树种育苗技术。另外，须加强红树植物化感作用的研究。从宜林地的非生物环境条件来看，大多数红树植物具有混合种植的可能性。但混合种植还必须考虑的一个重要因素是植物的种间相互作用如化感作用，而对于红树植物化感作用，在国外是研究空白，在国内仅有过极其初步的报道，且是对于秋茄和木榄这两种明显可以混生的种类的研究。因此，进一步扩大和加深红树植物化感作用的研究，是实现红树林生态恢复佳效果的理论基础。

3. 污染海滩造林技术

随着沿海地区经济迅速发展，城市的废水、有机废料、工业废渣、油污物质、重金属废物等大量排放入海，导致海岸潮间带严重污染。一些污染物对红树林幼苗有毒害作用，导致人工营造的幼林死亡。

污染海滩造林关键：测定淤泥及海水污染物含量，确定该海滩能否造林，油污染超过国家Ⅲ类海水水质标准的海岸带不适于造林，污染较轻的海滩可选用抗污染能力强的树种造林；一些红树造林树种的抗污染能力为：无瓣海桑＞海桑＞木榄＞银叶树＞杨叶肖槿＞海莲＞秋茄＞海榄＞桐花＞红海榄；依据海滩污染程度选择适宜造林树种，选择木榄和海漆为污染中高滩造林树种。

4. 红树林区外来有害生物入侵的控制技术

外来物种的生态入侵已危及红树林生态系统的发展，也危及人们生产和生活活动，生态入侵问题已列入全球环境变化的重要研究内容之一，并逐步引起世人的重视。防止生物污染和不必要的生态入侵，对环境保护、自然资源保护和生态系统良性循环的维护是很重要的。

互花米草（*Spartina alterniflora*），它来源于北美大西洋沿岸，已在福建省宁德市、泉州市、厦门市许多地方造成生态入侵。监测外来引进种对红树林湿地生态影响与生态安全的研究十分重要。

在红树林区根据外来有害入侵生物的生物学特性、种群动态、群落的结构和功能，天敌等开展研究，抑制生物入侵，恢复红树林生态系统健康。

5. 红树林恢复生态工程技术

在海峡西岸红树林湿地应用生态恢复原理，提出生态适应条件、林地选择和育种等栽培技术规范。研究台风对红树林的影响，对于红树林功能的发挥和完善具有重要的意义。天然红树种类如秋茄、桐花树、白骨壤等，因为生长较为缓慢（与速生的海桑属红树植物相比），茎干木材致密坚硬，韧性大，抗风力强；同时，稀疏的林木受台风的破坏严重，而比较稠密的林分，受台风的影响较小。因此红树林林分密度与台风的关系需要研究的重点之一。台风对红树林生态系统的组成和结构，幼苗更新，生物量生产力，功能和效益的影响是红树林保护和发展的关键技术之一。研究半红树植物在沿海防护林体系工程建设中的作用，开展红树人工林生态恢复过程中的综合定位研究，建立人工促进红树林演替的长期定位观察等。

第三节　沿海防护林体系营建技术

海峡西岸地处我国陆海交接和陆海气候突变地带，自然灾害频繁，风沙、旱涝、水土流失、台风和风暴潮等严重自然灾害频频发生，给沿海地区社会经济建设、社会发展和人民生命财产安全带来极大危害。据统计，福建省平均每年台风影响 7.9 次，其中登陆 2.0 次，秋冬季 8 级以上东北风频数平均 100 天以上。台风挟带暴雨和风暴潮，日降雨量 200 毫米以上，占年降雨量 35%，从而引发洪涝灾害；秋冬大风引发流沙，掩埋村庄和农田。通过现有成熟技术的集成组装和发展完善，尽快构建起高效完备的沿海防护林体系，大幅度提高海防林的防灾减灾效果和综合效益，是减轻自然灾害、改善生态环境和发展沿海地区经济的有效保障。

一、防护林立地类型划分与评价

根据地质、地貌、土壤和林木生长等因素，在大量的外业调查资料和内业分析测算数据的基础上，运用综合生态分类方法、多用途立地评价技术，确定了基岩海岸防护林体系建设中适地适树的主要限制因子，筛选出影响树种生长的主导因子，建立了符合不同类型海岸实际的立地分类系统，进行了多用途立地质量评价，并根据立地类型的数量、面积和质量，提出了与立地类型相适应的造林营林技术措施。为沿海基岩海岸防护林体系建设工程提供"适地适树"的理论依据，将大大提高工程质量和投资效益，充分发挥土地生产潜力，并可创造出更高的经济和社会效益。

二、防护林树种选择技术

（一）造林树种选择的依据

造林树种的选择必须依据两条基本原则。第一，要求造林树种的各项性状（以经济性状及效益性状为主）必须定向地符合既定的育林目标的要求，可简称为定向的原则。第二，要求造林树种的生态习性必须与造林地的立地条件相适应，可简称为适地适树的原则。这两条原则是相辅相成、缺一不可的，定向要求的森林效益是目的，适地适树是手段。人工林的生产力水平应是检验树种选择的主要指标，同时也要考虑其他经济效益、生态效益和社会效益的综合满足程度。

沿海基干林带和风口沙地生境条件恶劣，属于特殊困难造林地，表现在秋冬季东北风强劲，台风频繁，海风夹带含盐细沙、盐雾，对林木有毒害作用；沙地干旱缺水、土壤贫瘠，不利于林木生长，因此，选择造林树种时，应根据生境条件的特殊性，慎重从事，其主要原则和依据是：生态条件适应性，所选择的树种要能适应地带性生态环境；经营目的性原则，要能够符合海岸带基干林带及其前沿防风固沙的防护需要以生态效益为主；对沿海强风、盐碱和干旱等主要限制性生态因子要有很强的适应性和抗御能力。

（二）沿海防护林造林材料选择

福建省林科院东山和惠安两地对 10 多个树种和木麻黄若干种源和无性系进行多点和较长时间的造林测定，以树种造林效果和生长表现及其对滨海地区林木生长限制性因子的抗性等综合比较的方法进行筛选。同时，由各种试验示范林造林试验实际效果加以验证，从中筛选出适用于基干林带和风口造林的优良树种、种源和无性系。其中，风口干旱沙地适宜造林的树种、种源和无性系有木麻黄种源 15198、澳 C_{38}、惠 1#、粤 701#、9201# 和厚荚相思等；基干林带造林树种和无性系包括木麻黄粤 701#、粤 501#、东 1#、厚荚相思、纹荚相思、刚果 12# 桉、火炬松、湿地松等，低洼积水地木麻黄粤 601#。

木麻黄基干林带造林，可用木麻黄无性系 701#、601#、厚荚相思等材料，生长表现较好；刚果 12# 桉虽生长表现较好，但林木个体间生长差异较大，分化程度较高，且抗风倒能力差，在台风期间部分树高较高的个体容易倒伏，建议慎重使用；湿地松生长量小，容易受害虫金龟子的危害，且抗风能力差，建议在基干林带造林中不要使用。木麻黄惠安 1# 无性系和澳大利亚 C38 种源是较好的适宜于在滨海风口沙地立地上的造林材料。短枝木麻黄、木麻黄澳大利亚 15198 种源、木麻黄无性系 701# 和细枝木麻黄在风口沙地上造林的成活率高，生长较好，受风害程度轻，在滨海风口沙地上栽植有一定的潜力。在前沿有少量稀疏木麻黄老林带保护的风口沙地上，厚荚相思是适宜的树种，抗风能力强，长势强劲，生长表现较好；纹荚相思和马占相思为较适宜树种。

适宜在东南滨海后沿沙地上生长的树种有巨尾桉、刚果 12# 桉、厚荚相思、纹荚相思、和马占相思等 5 个树种，其生长量较大；山地木麻黄、山神木麻黄、柠檬桉、毛娟相思、大叶相思、肯氏相思、湿地松、火炬松、卵果松和加勒比松等 10 个树种生长量较低，但可以在这类立地上造林时使用，以增加滨海防护林的树种资源。

三、海岸基干林带构建技术

（一）基干林带造林方式

由于基干林带的重要地位和独特的防护功能，对其更新造林必须十分慎重。在海岸强风区木麻黄基干林带选择方式时，首先要有一个前提条件，就是不论采取何种更新方式，林带前沿应保留一定宽度（50 米左右）的老林带，保持林带闭合状态和整体性，保持林带永续防护功能。

根据两种海岸基干林带风力区，林带类型和更新期分别采用相应的更新方式。采伐更新带宽度：强风区的各类林带 15~20 米，弱风区 25~30 米。强海风区林带更新以木麻黄、厚荚相思、刚果 12 号桉和湿地松等树种多行混交配置为较佳结构模式，可以形成多树种多层次结构林带，以提高其防护功能，相思类树种对土壤有较大的改良效果。弱风区可以营造速生型木麻黄无性系以及相思类、桉类、松类树种均可。如连片林带采伐更新（采伐面积可放宽到 2~4 公顷），采伐一片更新一片，片林更新间隔保留有 20~30 米宽老林带即可。

（二）基干林带造林措施

海岸前沿造林最大的困难，其主要原因是风大、干旱和飞沙三大危害，其中大风是导致造林失败的罪魁祸首。主要造林技术包括：

1. 培育具有抗逆性的木麻黄大苗

采用木麻黄惠安 1 号、粤 701、平 18、粤 501 等优良无性系，培育 2 年生大容器苗，容器袋规格为 25 厘米 ×40 厘米，容器袋的营养土要采用黄红壤 85%、沙土 12%、过磷酸钙 3% 三种材料混合拌匀后使用，木麻黄无性系水培苗移栽营养袋后，在苗圃必须对水、肥、草三项进行较为集约的管理 1.5~2.0 年，营养袋大苗的高度需达 1.6~2.5 米，地径为 1.3~2.5 厘米范围内出圃造林最佳，方可抵御较为恶劣的环境。

2. 设置有效风障与沙障

每年秋、冬季节，海风呼啸、飞沙频繁。为提高造林成效，务必在造林后设置风、沙障。风、沙障的设置，其正面必须与主害风向相垂直；风、沙障建造的材料可以就地取材，采用木麻黄小径材与铁线组建为坚固耐用的基本骨架，然后再用木麻黄枝条或竹屏等材料固定在骨架上，形成一道道挡沙、削风屏障。风障一般制作的高度为 2.5~3.0 米；设置的间距为造林后幼树高度的 8~10 倍。沙障以主害风侵袭方向进行设置，一般制作的高度为 1.8~2 米；间距为 25~35 米设一道，有 4~5 道即可在 2~3 年内阻挡飞沙对幼林的埋没。

3. 施放客土与磷肥

风沙土的养分极为贫乏，结构比较松散，尤其是沙土中磷的元素最为缺乏，为了使风口造林迅速成林，所以须在造林之前计算栽植总株数，以便预先准备客土与过磷酸钙数量。客土量以每株（穴）放 15~20 公斤、过磷酸钙 150~200 克为宜，客土以泥炭土、黄红壤、红壤为好，一般是边挖穴、边放客土与过磷酸钙，两者拌匀后即刻种植，以防隔夜，备好的穴、客土、肥料被风沙埋没。株行距以前沿 5~10 行采用 1.5 米 ×1.5 米或 1.5 米 ×2.0 米为宜，11 行以后采用 2.0 米 ×2.0 米或 2.0 米 ×2.5 米为宜；穴规格以 50 厘米 ×50 厘米 ×60 厘米较为适宜，种得深，夏季可吸收到较深的地下水以及抵抗大风刮倒。

4. 适时栽植及浇水

木麻黄大营养袋在风口造林，一年四季均可进行。但为了保证造林效果，一年中最佳的造林时间是 3~6 月份雨季造林，6 月份以后，降水量逐步减少，其造林效果会有所影响。栽植后最好浇透定根水一次，遇到晴天造林，应连续浇水 3~5 天，除此之外，木麻黄大苗的枝条适当修剪，以保持植株 1/2 的冠长即可。确保"大苗深栽法"成活率达 95% 以上，风口造林一次成林的目标。

5. 套种草灌、覆盖地面

经对海岸风口和基干林带生境条件与木麻黄造林效果的关系分析，认为以往造林失败的一个主要原因是造林措施粗放、浅栽苗木易遭干旱死亡，通过多年研究发现，采用深挖整地、放客土、拌泥浆、提早造林季节、大雨天冒雨造林、大苗深栽、浇定根水等抗旱造林配套技术以及旱季培土抚育，浇水保苗和筑沙堤设风障防潮防风工程措施相结合的造林措施，在木麻黄造林屡次失败的风口和基干林带造林保存率可提高到 80%~90%。在基干林带更新造林关键技术方面，因秋冬节大风、干旱少雨、土壤缺水贫瘠等不良生境条件，必须挖深穴（40 厘米 ×40 厘米 ×50 厘米）整地、放适量客土、施磷肥、拌泥浆、春季雨天冒雨造林、用容器大苗深栽和幼林培土保墒抚育等系列化抗旱造林技术。应用抗旱造林配套技术，一般可使多数树种造林保存率达到 90% 左右，且早期生长迅速，较好地解决了沿海干旱沙地造林保存率低、幼林生长不良的技术难题。

四、沿海防护林结构配置技术

（一）防护林结构配置的原则

1. 生态适应性原则

沿海地区立地条件复杂多样，局部地形差别极大，在考虑防护林结构配置模式时，必须根据造林区具体的风力状况、土壤条件选择与之相适应的树种进行合理搭配，以提高造林效果和防护功能。

2. 防护效益最大化原则

防护林营建的主要目的是发挥其抵御风沙危害，改善沿海生态环境，因此，防护林结构配置，应以实现防护林防护效益最大化为目标，在选择配置树种时，要尽可能采用防护功能强的树种，并在迎风面按树种防护功能强弱和生长快慢顺序进行混交，促进防护林带早成林和防护效益早发挥。

3. 种间关系相互协调原则

不同树种有其各自的生物学和生态学特性，在选择不同树种混交造林时，要充分考虑树种间的关系，尽量选用阳性 - 耐阴性、浅根 - 深根型等共生性树种混交配置，以确保种间关系协调。

4. 防护效益优先，经济效益兼顾原则

沿海防护林体系建设属于生态系统工程，在防护林树种选择和结构配置上，必须优先考虑生态防护效益，但还要兼顾经济效益，以充分调动林农积极性，实行多树种、多林种和多种经营模式的有效结合。特别在基干林带内侧后沿重视林农、林果和林渔等优化配置，在保证生态功能持续稳定发挥的同时，增加防护林保护下发展农作物、果树、畜牧和水产养殖的产量和经济收益。

5. 景观多样性原则

不同树种形体各异，叶、花、果和色彩等均存在差异性，防护林结构配置在保证防护功能的前提下，需要充分考虑到树种搭配在视觉上协调和美感，增强人工林景观的多样性和复杂性，有利于促进森林旅游，提高当地旅游收入和带动其他行业发展。

（二）防护林配置模式设计

1. 基干林带防护林配置模式

基干林带防护林配置模式主要有树种间多行带状混交配置和多树种多行混交配置2种，采用的树种有木麻黄、厚荚相思、刚果 12# 桉和湿地松。树种间多行带状混交配置设计有：木麻黄（7行）+厚荚相思（6行）、木麻黄（7行）+刚果 12# 桉（6行）、木麻黄（7行）+湿地松（6行）和厚荚相思（7行）+湿地松（6行）共4种混交配置组合，株行距2米×2米，定植点三角形配置；多树种多行混交配置设计有：木麻黄4行+刚果 12# 桉3行+厚荚相思3行+湿地松3行和厚荚相思3行+木麻黄4行+湿地松3行+刚果 12# 桉3行共2种混交配置组合，这2种组合均由临海前沿往内陆顺序排列，株行距2米×2米，定植点三角形配置。

2. 基干林带后沿防护林配置模式

基干林带后沿防护林以树种间多行混交配置为主，混交树种有木麻黄、湿地松、马占相思和柠檬桉等。混交配置设计有：木麻黄3行+湿地松3行、木麻黄3行+马占相思3行和木麻黄3行+柠檬桉3行，树种搭配时采用木麻黄在前，混交树种在后的配置方法，株行距采取树种间行距扩大，约4米左右，树种内株行距约2米×2米，形成树种间宽行距、树种内窄株距的造林配置模式。

五、沿海防护林更新改造技术

（一）沿海防护林更新技术

1. 更新方式

当木麻黄防护林进入防护成熟末期（35年），防护效能显著下降时，便可进行采伐更新。为避免林分大面积采伐对该地区木麻黄林防护效能的影响，木麻黄更新应按照一定的时间和空间顺序进行合理安排。木麻黄防护林的采伐更新方式大体有皆伐带状更新、皆伐块状更新、渐伐林下更新等几种，对于基干林带还可采取前沿造林的换带更新方式。据对东山县木麻黄基干老林带进行渐伐更新，把林带郁闭度调整至 0.4 以下后在林下营造湿地松、木麻黄和乌墨形成复层林，林带结构和防风效能得到极大改善，林带后平均风速比单层林减弱 7.3%。换带更新方式即在原有基干林带前沿沙地重新造林，待新造幼林长至 3~5 米高，基本可发挥防风作用，对原有林带进行更新。由于采用带状更新或林下更新方式，对原有林带的破坏性较小，并可发挥保留林带对幼林的保护作用，适于基干林带的更新。对于后沿沙地木麻黄片林，采取皆伐块状更新方式比较适宜。

2. 更新树种和优良品系选择

近年来，随着木麻黄树种、种源引进数量增多，通过优树选择和子代测定选育木麻黄家系，建立木麻黄育种群体，在木麻黄种源试验和家系选择的基础上，经造林测定选育出一批适合于沿海不同生境造林需要的优良无性系，有效解决木麻黄防护林更新困难的问题。其中，适合于沿海青枯病多发区造林的抗病无性系有粤 501#、粤 601#、粤 701# 和龙 7-18；速生无性系有粤 501#、平 2#、平 20、平 10、东 2# 等；抗风无性系有惠 1# 和澳 C_{38} 等。经将速生无性系粤 501#、平 20 和平 10 在平潭、长乐和东山等地进行木麻黄更新造林验证，无性系造林成活率比对照提高了 24.4%，林分保存率增加了 34.5%，树高和胸径分别增加了 82.1% 和 127.5%，呈现出较强的适应性和生产力。

3. 更新配套措施

在干旱沙地挖大穴深栽有利更新幼林生长，深翻 60 厘米同深翻 45 厘米相比 2 年生树高、胸径增长 12% 和 20%；对低洼积水地宜开沟排水，起高垄提高耕作层；在造林时施放海泥、海藻、鱼盐或过磷酸钙等作基肥，或以泥碳土、红壤、砖红壤为客土有利于保水保肥，据试验造林穴中施用 2.5 公斤红壤土的 1 年生木麻黄，树高和胸径比对照增加 26% 和 64%；木麻黄人工林对土壤养分消耗较大，20 年生林分年生产 1 吨干物质需消耗氮 3.72 公斤、磷 0.29 克、钾 2.05 公斤、钙 2.66 公斤、镁 1.22 公斤。在木麻黄更新过程中采用套种绿肥植物，保护林下植被和凋落物等措施，能够增加人工林生态系统的养分积累和归还量，提高养分生物循环速率，使营养物质和水分循环保持平衡状态。

（二）低效防护林改造技术

1. 改造方式

木麻黄低效的改造方式，主要有全面改造、带状改造、隔行套种和局部补植等，对于密度偏大的低效林可采取抚育间伐的方式进行改造。对于立地不适、树种选择不当形成的木麻黄残次林，或因林木自然衰老形成的过熟林，在沙地后沿片林可采取全面改造或隔行套种的方式，在前沿基干林带宜采取带状改造和隔行套种的方式。厚荚相思、马占相思、纹荚相思、火炬松、刚果桉等也是木麻黄低效林改造的适宜树种。凡因人为破坏、台风或病虫害构成的木麻黄低效林，应清除受害和长势不良的植株，采取局部补植的方式，补栽木麻黄优良品系、湿地松等适生树种，形成新的防护林生态系统。

2. 改造措施

木麻黄与桉树、相思树和湿地松混交林，湿地松与木麻黄按 3：1 或 1：1 比例混交效果较好，立木蓄积量比木麻黄纯林分别提高 75% 和 70%。在木麻黄低效林改造过程中营造与湿地松、相思树和桉类等树种的混交林，或在林分改造时套种胡枝子等灌木、草木植物，改变单纯林、单层林冠等消耗地力的林分结构，形成多层次的群体结构，增强林分的生物多样性，有利于改善林地微生物区系等生态环境，促进凋落物分解和土壤养分循环，维持和增进林地肥力，提高了林地生产力和防风效能。

木麻黄低效林的产生与林分经营管理是否得当有密切关系。滨海沙地环境条件恶劣，现有林常遭受风沙、盐分、病虫和人为干扰破坏，必须加强木麻黄林的抚育和管护，对受害的植株应及时伐除，补植或混栽适生树种，对于土壤条件较差造成的木麻黄低效林，特别应加强林地土壤管理改善林地营养条件和水分状况，促进林木更好地生长发育。

六、重点攻关技术

印度洋海啸发生后，沿海防护林体系建设引起了党中央、国务院的高度重视，并把沿海防护林体系二期工程纳入国民经济和社会发展"十一五"规划。以木麻黄为主的海峡西岸防护林体系建设得到福建省委、省政府的极大重视，省政府重新调整了省沿海防护林体系建设工程指挥部，开展了沿海防护林体系建设工程规划，作为海西战略的保障体系内容。鉴于沿海防护林在福建省社会、经济发展中的重要地位，为配合沿海防护林体系建设，必须加强防护林良种选育、困难立地短期成林技术和生态经济型防护林营建技术研究，以构建起多功能、多效益的稳定防护林体系，保障沿海生态安全，促进沿海防护林体系建设健康发展。今后重点攻关技术包括：

（一）抗逆型木麻黄良种综合选育技术

针对福建沿海木麻黄优良种质资源有限和立地条件多样性的特点，开展不同类型木麻黄良种选育，筛选出抗逆型、用材型和景观型等适合于各种生境类型和培育目标要求的木麻黄优良品种，持续不断地为福建沿海防护林体系建设提供种类繁多的木麻黄优良苗木，进一步提升福建省防护林生产经营水平。

在全省范围内广泛收集已筛选出的木麻黄优良树种、种源、家系和无性系，分别在沿海的东山、惠安、平潭和漳浦等地建立采穗圃，不断提供优质穗条，通过水培和沙培等无性繁殖手段扩大育苗数量，在沿海防护林更新造林中推广应用。继续通过现有林调查和室内测试实验，以抗风、抗旱、抗病虫害和耐盐碱为主要指标，测定不同品种的抗逆性差异，筛选出适应沙荒风口、基干林带和病虫害多发地造林的木麻黄优良无性系，以满足福建省沿海防护林困难立地造林需要并向东南沿海省份辐射应用。利用性状相关、早晚期相关、生理生化技术和生物技术手段进行多指标测定，选育出速生、产量高、主干明显、易繁殖、适应性广的用材需要的木麻黄优良无性系，应用于海岸后沿防护林大面积的二代更新和农田林网营造，以达到全面提升沿海防护林的经营水平。从澳大利亚和台湾等地引进木麻黄新树种、种源和家系，建立优良品种预试圃和基因库，研究木麻黄种源与家系选择、杂交育种和无性系选择等联合选择及综合改良方法，依照速生、优质、高抗的要求，选育出拥有自主产权的木麻黄新品种，通过常规育种和现代生物技术相结合的方法不断完善木麻黄优良品种繁殖技术，短期内充分满足沿海防护林工程建设中良种壮苗的需要。

（二）海岸基干林带恢复与风口造林技术

针对当前福建沿海基干林带老化、枯死严重，甚至形成新的风口危害的局面，深入开展基干林带恢复与重建、缺口补齐和加宽，通过抗逆树种选择、合理结构配置和造林技术综合配套，实现林带短期闭合和加宽，增强林带防灾减灾能力，促进后沿作物稳产高产。

根据风口地段生境条件恶劣，适合于沙荒风口生长的树种缺乏的现状，进行风口沙荒地不同树种在造林成活率、保存率、生长量、抗盐碱、抗干旱和防护效能等方面综合比较，筛选出适合于风口困难立地造林的优良种质材料；探索风口沙荒地短期内恢复林带的营造林措施，采用团状、篱状等造林方法，并辅以适当的削风阻沙工程技术措施，以提高风口困难地段造林效果和防护功能。

在泥质海岸开展红树林生态恢复与重建模式研究。不断加强红树植物引种扩种，增加红树植物种类和恢复红树林植被，深入开展提高红树林生态工程质量的原理研究；监测外来引进种对我国红树林湿地生态影响与生态安全；研究半红树植物营造技术及其在沿海防护林体系工程建设中的作用；在红树林湿地生态系统恢复过程中，加强红树植物对潮汐水位适应能力的研究，确定各树种（尤其幼苗）的淹水临界时间；开展红树人工林生态恢复过程中的综合定位研究，建立人工促进红树林演替的长期定位观察。

（三）海岸不同类型区防护林配置模式和可持续经营技术

开展海岸西岸纵深防御型沿海防护林体系构建技术研究，进行典型区域沿海综合防护体系的空间布局、结构配置试验示范，包括滩涂消浪林带、海岸基干林带、农田林网、村镇绿化和荒山绿化相互衔接配套；风口沙荒地、新围海涂等特殊环境的造林技术；滩涂消浪林带、海岸基干林带构建与经营技术。

研究海岸带防护林的空间结构、时间结构、景观结构及其与防护效能的关系，通过种植材料搭配、配置格局和林农复合经营等方式，对海岸带防护林结构进行调节控制和合理构建，形成优质高效的海岸带防护林生态系统和符合社会经济发展需要的林带配置模式。根据海岸带防护林不同经营模式对林地土壤、环境生态和防护效能的影响研究，运用生态系统管理、林业生态工程的相关原理，探索建立有利于地力维护、稳定高效和防护效能持续发挥的海岸带防护林体系建设模式及集成技术，确保防护林的健全生长和可持续经营。

（四）沿海防护林生态系统健康经营技术

以遗传控制、立地控制、结构控制和病虫害控制为基础，合理保持沿海防护林生态系统的健康状态，研究福建沿海防护林的树种配置与密度管理模式，各种生态系统管理措施在整个经营过程中对林木生长过程、防护林结构变化和防护效能的影响，合理林分结构的确定和生态系统管理综合配套技术措施，采取生物防治为主的办法进行木麻黄等防护林的病虫害控制等，进行木麻黄等主要树种的抗性遗传改良研究，以充分发挥防护林的多种效能，改良土壤肥力，确保防护林生态系统健全稳定，促进沿海防护林工程可持续发展。研究和引进常规技术与现代技术相结合的防护林病虫害监测方法，及时准确地发现和控制病虫害蔓延。以森林健康为理念，研究并集成生物防治等多种最新关键技术。

（五）海岸后沿生态经济型防护林综合配套技术

比较分析海岸后沿防护林树种组成、配置方式和林分结构对防护效能和经济效益的影响，通过不同林种（树种）和种植业及养殖业相结合的林农、林果、林渔模式建立和对比，确定出防护和经济效果俱佳的模式结构和配置方式，改善沿海地区生态环境和提高林农经济收入。根据沿海防护林工程区的特点，提出农林复合系统景观格局优化配置技术，农林复合系统设计与资源高效利用技术，农林复合系统经营管理技术体系，建立高效、稳定的农林复合系统可持续经营综合技术，提高工程区林农的经济收入，保障沿海防护林生态工程的稳定发展。

第四节　城市森林与城镇人居环境建设技术

城市是人类活动的聚集地，是人类文明和社会进步的象征，是一个国家社会经济发展水平和社会文明的重要标志。20世纪以来，伴随着工业革命的推进，全球城市化发展逐步加快。城市随着规模扩大、各种设施的完善以及人口的增加，促进了城市经济、社会和文化等诸多方面的繁荣，但与此同时，城市化又带来了一系列的社会和环境问题。城市生态环境建设用地比例失调、污染程度加剧、住房紧张、交通困难、生物多样性丧失等问题，引起城市生活质量下降，制约了城市可持续发展。城市森林作为城市生态系统中具有自净功能的重要组成部分，在保护人体身心健康、调节生态平衡、改善环境质量、美化城市景观等方面具有不可替代的作用。

一、城市森林道路林网建设与树种配置技术

（一）城市道路景观的林带配置模式

城市道路景观的植物配植首先要服从交通安全的需要，能有效地协助组织车流、人流的集散，同时，兼顾改善城市生态环境及美化城市的作用。在树种配置上应充分利用土地，在不影响交通安全的情况下，尽量做到乔灌草的合理配置，充分利用乡土树种，展现不同城市的地域特色。福建省城市道路绿化主要乔木树种有：大叶榕、盆架子、杧果、海枣、凤凰木、高山榕、小叶榄仁、大王椰子、台湾栾树、菩提、刺桐、蒲葵、麻楝、南洋杉、华棕、垂榕、樟树、木棉、皇后葵、天竺葵、重阳木、洋紫荆、人面子、大花紫薇、石栗、印度胶榕、尖叶杜英、海南蒲桃、印度紫檀、桃花心木、红花羊蹄甲、美丽异木棉、广玉兰、凤凰木、朴树、黄葛树、银桦等；灌木树种主要有：黄花槐、鸡蛋花、木绣球、桂花、米兰、扶桑、海桐、九里香、鹅掌柴、希茉莉、美蕊花、山茶花、紫薇、福建山英花、红绒球、榆树、黄槿、三角梅、千头柏、小腊、黄心榕、变叶木、红桑、美蕊花、含笑、散尾葵、红背桂、木槿、棕竹、美丽针葵、朱蕉等，最低层可配置常绿草本地被，如五彩马缨丹、马尼拉草、假俭草、美女樱、万年青、蟛蜞菊、倭竹、丝兰、蜘蛛兰、鸢尾、大叶红苋、龙舌兰、虎刺梅、一品红、红叶苋、小蚌花、花叶假连翘、红桑、紫鸭趾草等。

城乡绿色通道主要包括国道、省道、高速公路及铁路等，城乡绿色通道由于道路较宽、交通流量大，树种配置时主要考虑滞尘、降低噪音的生态防护功能，兼顾美观效果。树种配置时应采用常绿乔木、亚乔木、灌木、地被复式结构为主，乔、灌、花、草的互相搭配，形成立体景观效应，增强综合生态效益。交通线两边的山体斜坡或护坡，也可种上草或藤，有些地方还可以种上乔、藤、花等。主要乔木树种可选用：巨尾桉、厚荚相思、马占相思、木麻黄、龙眼、荔枝、杧果、假槟榔、大王椰子、凤凰木、枇杷、南洋杉、高山榕、木棉、鹅掌楸等；灌木可选用：黄花夹竹桃、黄花槐、黄槿、三角梅、福建茶、九里香、黄心榕、变叶木、红桑、美蕊花、含笑、棕竹、美丽针葵、扶桑、朱蕉等；裸露山体林相改造树种有：木麻黄、台湾相思、厚荚相思、马占相思、团花、千年桐、香樟、榕树、橡皮树、南洋楹、银合欢、木麻黄、丛生竹、巨尾桉、柠檬桉、木荷、杨梅等；彩化景观树种有：枫香、山杜英、红叶乌桕、香樟、红花羊蹄甲等。

（二）城市森林水系林网建设与树种配置技术

1. 市级河道景观生态林模式

市级河道两岸是城市居民休闲娱乐的场所，在景观林带设计上应将其生态功能与景观功能相结合，树种配置上除了考虑群落的防护功能外，还应选择具有观赏性较强的或具有一定文化内涵

的植物，以形成一定的景观效果。每侧宽度应根据实际情况，一般应保持20~30米，宜宽则宽，局部可建沿河休闲广场，为城市居民提供良好的休闲场所。在淡水水域河道树种主要选择：水杉、水松、落羽杉、池杉、垂柳、龙爪柳、邓氏柳、枫杨、鹅耳枥、桤木、木波罗、印度榕、菩提树、小叶榕、凤凰木、香樟、橄榄、苦楝、川楝、秋枫、乌桕、荔枝、羊蹄甲、合欢、木棉等；在咸水水域河道树种选择有：木麻黄、黄槿、苦槛兰、老鼠刺、秋茄、桐花树、木榄、竹节树等；灌木有鸡冠刺桐、红花夹竹桃、软枝黄蝉、三角梅、黄花槐、扶桑、紫薇、悬铃花、美丽针葵、桂花、石榴等；竹类有观音竹、黄金间碧玉竹、孝顺竹等。

2. 区县级河道生态景观林模式

区县级河道主要是生态防护功能，兼顾景观功能和经济功能。在树种配置上以复层群落配置营造混交林，形成异龄林复层多种植物混交的林带结构，充分发挥河道林带的生态功能。同时，根据河道两岸不同的景观特色，进行不同的植物配置，营造不同的景观风格。河道宽度一般控制在10~20米，根据河道两岸实际情况，林带宜宽则宽，宜窄则窄。在树种选择上乔木主要有：龙眼、荔枝、乌桕、榕树、相思树、橄榄、苦楝、番石榴、垂柳、水杉、水松、杧果、杨梅、香蕉、菠萝、厚荚相思、番木瓜、洋蒲桃、第伦桃、柿树、香椿、广玉兰、樟树、大叶桉、巨尾桉等；灌木树种选择有：鸡冠刺桐、红花夹竹桃、米兰、三角梅、龙船花、杜鹃花、美蕊花、含笑、龙牙花、红叶乌桕、朱槿、红桑、四季桂等；竹类有佛肚竹、凤尾竹、刚竹、黄金间碧玉竹、孝顺竹、绿竹、麻竹、大头点竹等。

（三）城市森林隔离防护林带配置模式

1. 工厂防污林带的配置模式

该模式主要针对具有污染性的工厂而建设污染隔离防护林，防止污染物扩散，同时兼顾吸收污染物的作用。根据不同工业污染源的污染物种类和污染程度，选择具有抗污吸污的树种进行合理配置。树种选择如下：工厂防火树种：选择含水量大的、不易燃烧的树种，如银杏、海桐、泡桐、女贞、杨柳、桃树、棕榈、黄杨等。抗烟尘树种：黄杨、五角枫、乌桕、女贞、三角枫、桑树、紫薇、冬青、珊瑚树、桃叶珊瑚、广玉兰、石楠、构骨、樟树、桂花、大叶黄杨、夹竹桃、栀子花、槐树、银杏、榆树等。滞尘能力的树种：黄杨、臭椿、槐树、皂荚、刺槐、冬青、广玉兰、朴树、珊瑚、夹竹桃、厚皮香、构骨、银杏等。抗二氧化硫气体树种：榕树、九里香、棕榈、雀舌黄杨、瓜子黄杨、十大功劳、海桐、女贞、皂荚、夹竹桃、广玉兰、重阳木、黄杨等。抗氯气气体的树种：龙柏、皂荚、侧柏、海桐、山茶、椿树、夹竹桃、棕榈、构树、木槿、无花果、柳树、枸杞等。

2. 沿海城市防护林带的配置模式

城市防护林不但为城市区域经济发展提供庇护与保障，而且在环境保护方面、提高市民经济收入和风景游憩功能等方面发挥重要的作用。城市防护林应充分考虑其防御风沙、保持水土、涵养水源、保护生物多样性等生态效应，建立多林种、多树种、多层次的合理的结构。在防护林的带宽、带距、疏透度方面，根据城市特点、地理条件来确定，一般林带由三带、四带、五带等组合形式组成。城市防护林树种选择时，要根据树种特性，充分考虑区域的自然、地理、气候等因素，因地制宜地进行合理的配置。可选择乔木类树种主要有：如台湾相思、厚荚相思、木麻黄、湿地松、马占相思、香樟、黄槿、小叶榕、大叶榕、肯氏南洋杉、火力楠、异叶南洋杉、高山榕、柠檬桉等；灌木类树种有：夹竹桃、红叶乌桕、山桑子、杜鹃等；竹类植物有：麻竹、绿竹、佛肚竹、粉丝竹等；攀缘类植物有：凌霄、紫藤、爬山虎、金樱子、络石、炮仗花、五爪金龙等。在福建地区适宜的红树林树种有：红树科的木榄、秋茄，大戟科的海漆，紫金牛科的桐花树，爵床科的老鼠簕，马鞭草科的海榄雌，海桑科的无瓣海桑，锦葵科的黄槿。

二、城市森林核心林地（片林）构建技术

（一）风景观赏型森林景观模式

该模式以满足人们视觉上的感官需求，发挥森林景观的观赏价值和游憩价值。风景观赏型森林景观营造要全面考虑地形变化的因素，既要体现景象空间微观的景色效果，也要有不同视距和不同高度宏观的景观效应，充分利用现有森林资源和天然景观，尽量做到遍地林木阴郁，层林尽染。在树种组合上要充分发挥树种在水平方向和垂直方向上的结构变化，体现由不同树种有机组成的植物群体呈现出多姿多彩的林相及季相变化，显得自然而生动活泼。在立地条件差、土壤瘠薄的区域，可选择速生性强、耐瘠薄、耐旱涝和根系发达的树种，如巨尾桉、马占相思、山杜英、台湾相思、木麻黄、夹竹桃和杨梅等；常绿阔叶林主要组成树种有：木荷、青冈、润楠、榕属、潺槁树、厚壳树、土密树、朴树、台湾相思等；彩化景观树种主要有：木棉、黄山栾树、台湾栾树、凤凰木、黄金宝树、黄花槐、香花槐、刺桐、木芙蓉、山乌桕、山杜英、大花紫薇、野漆、幌伞枫、兰花楹、南洋楹、细叶榄仁、红花羊蹄甲、枫香、槐树等。

（二）休息游乐型森林景观模式

该模式以满足人们休息娱乐为目的，充分利用植物能够分泌和挥发有益的物质，合理配置林相结构，形成一定的生态结构，满足人们森林保健、健身或休闲野营等要求，从而达到增强身心健康的目的。树种选择上应选择能够挥发有益的物质，如桉树、侧柏、肉桂、柠檬、肖黄栌等；能分泌杀菌素，净化活动区的空气，如含笑、桂花、米兰、广玉兰、栀子、茉莉等，均能挥发出具有强杀菌能力的芳香油类，利于老人消除疲劳，保持愉悦的心情。枇杷能安神明目，广玉兰能散湿风寒。该模式的群落配置为：枇杷树＋桃树＋八仙花—八角金盘、枸骨—葱兰、广玉兰＋香樟—桂花＋胡颓子—薰衣草、含笑＋桂花—栀子—玫瑰＋月季、木荷＋乐昌含笑—垂丝海棠、含笑—八仙花等群落。在福建地区可采用的乔木树种有：枫香、香椿、喜树、桂花、杨梅、厚朴、苦楝、杜仲、银杏、南方红豆杉、女贞、木瓜、山楂、枇杷、紫薇、柿树、枣树；灌木植物有：粗榧、小檗、十大功劳、枸杞、贴梗海棠、木芙蓉、连翘、九里香、枸骨、南天竺、羊踯躅、玫瑰、胡颓子、接骨木、火棘、石楠、夹竹桃、迎春；草本植物有：麦冬、沿阶草、玉簪、菊花、垂盆草、鸢尾、长春花、酢浆草、薄荷、水仙、野菊、万年青、荷花、菱、菖蒲、天南星、石蒜。

（三）文化展示型森林景观模式

该模式在植物群落建设同时强调意与形的统一，情与景的交融，利用植物寓意联想来创造美的意境，寄托感情，形成文化展示林，提高生态休闲的文化内涵，提升城市森林的品位。如利用优美的树枝，苍劲的古松，象征坚韧不拔；青翠的竹丛，象征挺拔、虚心劲节；傲霜的梅花，象征不怕困难、无所畏惧；利用植物的芳名：金桂、玉兰、牡丹、海棠组合，象征"金玉满堂"；桃花、李花象征"桃李满天下"；桂花，杏花象征富贵，幸福；合欢象征合家欢乐；利用丰富的色彩：色叶木引起秋的联想，白花象征宁静柔和，黄花朴素，红花欢快热烈等。在地域特色上，通过市花市树的应用，展示区域的文化内涵。如厦门的凤凰木、三角梅，福州的榕树、茉莉花，泉州的刺桐树、含笑花，莆田的荔枝树、月季花，龙岩的樟树、茶花和兰花，漳州的水仙花，三明的黄花槐、红花紫荆与迎春花等。

三、城市广场、公园、居住区及立体绿化技术

（一）广场绿化树种选择与配置技术

城市广场绿化可以调节温度、湿度、吸收烟尘、降低噪音和减少太阳辐射等。铺设草坪是广

场绿化运用最普遍的手法之一，它可以在较短的时间内较好地实现绿化目的。广场草坪一般要选用多年生矮小的草本植物进行密植，经修剪形成平整的人工草地。选用的草本植物要具有个体小、枝叶紧密、生长快、耐修剪、适应性强、易成活等特点，常用的草种植物有：假俭草、地毯草、狗牙根、马尼拉草、中华结缕草、沿阶草。广场花坛、花池是广场绿化的造景要素，应用彩叶地被灌木树种进行绿化，可以给广场的平面、立体形态增加变化，常见的形式有花带、花台、花钵及花坛组合等，其布置灵活多变。地被植物有：龙舌兰、红苋草、红桑、紫鸭趾草、小蚌花、红背桂、大花美人蕉、花叶艳山姜、天竺葵、一串红、美女樱；灌木彩叶树种有：黄金榕、朱顶红、肖黄栌、变叶木、金叶女贞、红枫、紫叶李、花叶马拉巴栗、紫叶小檗、黄金葛等。

（二）公园绿化树种选择与配置技术

城市公园生态环境系统是一个人工化的环境系统，是以原有的自然山水和森林植物群落为依托，经人们的加工提炼和艺术概括，高度浓缩和再现原有的自然环境，供城市居民娱乐游憩生活消费。植物景观营造必须从其综合的功能要求出发，具备科学性与艺术性两个方面的高度统一，既要满足植物与环境在生态适应上的统一，又要通过艺术构图原理体现出植物个体及群体的形式美及人们在欣赏时所产生的意境美。树种配置主要是模拟和借鉴野外植物群落的组成，源于自然又高于自然，利用国内外先进的生态园林建设理念，进行详尽规划设计，多选用乡土树种，富有创造性地营造稳定生长的植物群落。

（1）营建滨水区的植物群落特色，利用自然或人工的水环境，从水生植物逐渐过渡到陆生植物形成湿生植物带，植物、动物与水体相映成趣、和谐统一。由于水岸潮间带是野生动植物的理想栖息地，能形成稳定的自然生态系统，是城市中的最佳人居环境。

（2）利用地形地貌营造的植物群落，福建省丘陵山地多，峭壁、溪涧、挡墙、岩石、人工塑石等复杂地形特征很常见，依地形而建的植物群落易成主景，利用本土树种、野生植物、岩生植物、旱生植物进行风景林相改造，营造出层次丰富、物种丰富的山地植物群落。

（3）以草坪和丛林为主的植物群落，大草坪作衬底，花镜作林缘线，丛林构成高低起伏的天际线，中间层简洁，整个群落轮廓清楚、过渡自然、层次分明，观赏性强，人们可以在群落内游憩，这类植物群落可以在广场绿地、休闲绿地等中心绿地广为应用。

（4）以中小乔木为主突出季相变化的小型植物群落，乔木层结构简单、灌木层丰富、以大花乔木和落叶乔木为主，搭配大量灌木、观叶植物、花卉地被，突出植物造景，这类植物群落可用于街头绿地、建筑广场、道路隔离带等小型绿地。

（5）以高大乔木为主结构复杂的植物群落，借鉴和模拟亚热带和中亚热带原始植物群落景观，上层选用高大阳性乔木，二、三层为半阴性中小乔木和大藤本，灌木层由耐阴观叶植物、藤灌、小树组成，地被为耐强阴的草本、蔓性地被，在树枝上挂着附生植物，这类植物群落适宜在城市中心绿地、道路两侧绿化带等城市之"肺"上营造。

（6）以棕榈科植物为主的植物群落，以高大的棕榈树高低错落组合形成群落主体，群落中间配置丛生及藤本棕榈植物，增强群落层次，底层选用花卉、半阴性地被、草皮来衬托棕榈植物优美的树形。

（三）居住区与单位庭院树种配置模式

居住区与单位是人们生活和工作的场所。为了更好的创造出舒适和优美的生活环境，在树种配置时应注意空间和景观的多样性，以植物造园为主进行合理布局，做到不同季节、时间都有景可观，并能有效组织分隔空间，充分发挥生态、景观和使用三个方面的综合效用。

1. 公共绿地

公共绿地为居民工作和生活提供良好的生态环境，功能上应满足不同年龄段的休息、交往和娱乐的场所，并有利于居民身心健康。树种配置时应充分利用植物来划分功能区和景观，使植物景观的意境和功能区的作用相一致。在布局上应根据原有地形、绿地、周围环境进行布局，采用规则式、自然式、混合式布置形式。由于公共绿地面积较小，布置紧凑，各功能分区或景观间的节奏变化较快，因而在植物选择上也应及时转换，符合功能或景区的要求。植物选择上不应具有带刺的或有毒、有臭味的树木，而应利用一些香花植物进行配置，如白兰花、广玉兰、含笑、桂花、栀子花、云南黄素馨等，形成特色。

2. 中心游园

居住小区中心游园是为居民提供活动休息的场所，因而在植物配置上要求精心、细致和耐用。以植物造景为主，考虑四季景观，如体现春景可种植垂柳、白玉兰、迎春、连翘、海棠、碧桃等，使得春日时节，杨柳青青，春花灼灼；而在夏园，则宜选用台湾栾树、凤凰木、合欢、木槿、石榴、凌霄、蜀葵等，炎炎夏日，绿树成阴，繁花似锦；秋园可种植柿树、红枫、紫薇、黄栌，层林尽染，硕果累累；冬有蜡梅、罗汉松、龙柏、松柏，苍松翠柏，从而形成丰富的季相景观，使全年都能欣赏到不同的景色。同时，还要因地制宜地设置花坛、花境、花台、花架、花钵等植物应用形式，为人们休息、游玩创造良好的条件。

3. 宅旁组团绿地

是结合居住区不同建筑组群的组成而形成的绿化空间，在植物配置时要考虑到居民的生理和心理的需要，利用植物围合空间，尽可能地植草种花，形成春花、夏绿、秋色、冬姿的美好景观。在住宅向阳的一侧，应种落叶乔木，以利夏季遮阴和冬季采光，但应在窗外 5 米处栽植，注意不要栽植常绿乔木，在住宅北侧，应选用耐阴花灌木及草坪，如大叶棕竹、散尾葵、珍珠梅、绣球花等。为防止西晒，东西两侧可种植攀缘植物或高大落叶乔木，如五叶地锦、炮仗花、凌霄、爬山虎、木棉等，墙基角隅可种植低矮的植物，使垂直的建筑墙体与水平的地面之间以绿色植物为过渡，如植佛肚竹、鱼尾葵、满天星、铺地柏、棕竹、凤尾竹等，使其显得生动活泼。

4. 专用绿地

各种公共建筑的专用绿地要符合不同的功能要求，并和整个居住区的绿地综合起来考虑，使之成为有机的整体。托儿所等地的植物选择宜多样化，多种植树形优美、少病虫害、色彩鲜艳、季相变化明显的植物，使环境丰富多彩，气氛活泼；老年人活动区域附近则需营造一个清静、雅致的环境、注重休憩、遮阴要求，空间相对较为封闭；医院区域内，重点选择具有杀菌功能的松柏类植物；而工厂重点污染区，则应根据污染类型有针对性地选择适宜的抗污染植物，建立合理的植被群落。

（四）城市立体绿化模式

城市森林不仅是为了环境美化，更重要的是改善城市生态环境。随着城市社会经济高速发展，城区内林地与建筑用地的矛盾日益突出。因此，发展垂直绿化是提高城市绿地"三维量"的有效途径之一，能够充分利用空间，达到绿化、美化的目的。在尽可能挖掘城市林地资源的前提下，通过高架垂直绿化、屋顶绿化、墙面栏杆垂直绿化、窗台绿化、檐口绿化等占地少或不占地而效果显著的立体绿化形式，构筑具有南亚热带地域特色的立体绿色生态系统，提高绿视率，最大限度地发挥植物的生态效益。垂直绿化是通过攀援植物去实现，攀援植物具有柔软的攀援茎，以缠绕、攀援、钩附、吸附等四种方式依附其上。福建地区适合墙体绿化的攀援植物有：爬山虎、异叶爬山虎、络石、扶芳藤、薜荔、蔓八仙花、美国凌霄、中华常春藤、大花凌霄等；适宜花架、绿廊、拱门、凉亭等绿化的植物有：三角梅、山葡萄、南五味子、葛藤、南蛇藤、毛茉莉、炮仗花、紫藤、龙须藤等；适宜栅栏、篱笆、矮花墙等低矮且通透性的分隔物绿化植物有：大花牵牛、圆叶牵牛、藤本月季、白花悬钩子、多花蔷薇、长花铁线莲、炮仗花、硬骨凌霄、三角梅等；屋顶绿化应选用浅根性、喜光、耐旱、耐瘠薄和树姿轻盈的植物，主要植物有：葡萄、月季、金银花、雀舌黄杨、迎春、茑萝、马尼拉草、圆叶牵牛、海棠、金叶小檗、洒金榕、凌霄、薜荔、仙人球、龙舌兰、南天竹、十大功劳、八角金盘、桃叶珊瑚、杜鹃等。

四、村镇多功能绿化模式

为统筹城乡经济社会协调发展，推进农业农村现代化进程，福建省开展了"创绿色家园建富裕新村"的活动。各地充分利用村旁、河溪旁、路旁、沟渠旁、田旁和基本农田外的抛荒地、旱地、坡耕地等非规划林地种植珍贵和优良乡土树种，如仙游县的"户种百株黄檀，留下百万家产"、顺昌县提出了"村村种植风水林"活动、闽清、闽侯县的"种好三棵树（财富树、子孙树、风水树）"、尤溪县提出大种"公仆树"、浦城县号召农民"户种百棵丹桂"，建设丹桂之乡。福州市委、市政府提出"种植万棵名贵树，扶万家贫困户"等等，让造林绿化与农民致富有机结合，全省各地掀起了村屯等非规划林地种植名贵树木的新高潮。

（一）村镇多功能绿化总体布局理念

提供广阔的农业空间，兼顾生态、游憩和居住的发展，同时延续场地的历史信息。主要通过种植规划、基础设施选线、延续历史特征以及确定自然保护区和生态网络来支撑经济发展，提升乡村地区的自然价值和景观价值。

村镇绿化总体布局：根据村镇自然环境条件、社会经济状况和地方文化特色，运用景观生态学、生态经济学等原理，开展城乡一体、多村镇联合的村镇绿化网络体系优化布局与空间结构配置技术，通过全面整合林地、林网、风水树等多种模式，把具有一定结构和功能的所有"点""线""面"有机地联系在一起而形成具有村镇特色的生态环境体系，建立以山地森林、农田、果园、水库等为生态面，通过乡村河流水域、道路林带、农田防护林、沿海防护林等形成网络绿线廊道，以及结合村镇绿化、居民点风水树、小果园、小竹园、小花园和乡村小游园等为生态点进行有机结合，形成有机生态网络系统。

（二）树种配置与群落的结构

以乡土树种兼顾具有经济、社会效益树种为主，引进树种为辅，选择落叶与常绿树种，针叶与阔叶树种，进行村镇多功能绿化配置。树种的配置模式有：①生态景观模式：厚夹相思＋杨梅、乳源木莲＋马褂木、台湾栾树＋潺槁树＋山杜英等；②观光果园模式：枇杷林、龙眼林、李梅林、柿树林、杨梅林、草莓等；③防风护堤模式：水杉＋香樟＋夹竹桃、木麻黄＋女贞＋紫薇＋黄素馨、杧果＋龙眼等；④庭院绿化模式：桂花＋杜鹃＋山茶花＋兰花、黄檀＋山茶花等；⑤村镇道路绿化模式：杧果＋桂花＋黄杨、龙眼＋夹竹桃等。村镇绿地以乔木为骨架、木本植物为主体的乔、灌、藤、草复合群落，并充分考虑群落的发展和动态演替规律，促使村庄绿地群落与潜在植被特征相接近，形成接近自然植物群落的结构。

五、重点攻关技术

福建省城市绿化建设发展较快，城市生态环境得到明显的改善。但是，城市绿化无论在规模、数量、结构及生态功能上与其得天独厚的自然条件和社会经济发展还有一定差距。尤其是对城市森林的功能定位、生态效益、功能树种的选育、优化模式构建、村镇人居环境建设等方面尚需要进一步研究。研究符合福建人文景观要求的林木景观空间格局配置，突出城市绿化的防护林局部区段个性化，特殊区段的功能性；研究如何应用树种混交的空间结构来实现城市绿化的最佳景观配置；研究不同绿地通道、城郊区域的生态风景林功能优化配置、"青山挂白"的林地景观恢复与改造技术等。体现南亚热带特色、四季美观、香化、文化休憩和生态多功能。主要有以下几个方面需要进行重点研究：

（一）城市森林多功能树种选择技术

根据城市发展和人们对居住环境改善、人体保健和环境美化的要求，把现代化育种技术与传统技术相结合，依据树种的生态学及生物学特性，采用选、引、育等多途径选育优良的植物，探讨城市森林不同功能区树种选择与优化配置模式构建技术；以抗污性、保健和美化为育种目标，选育适应性强、高抗污和美化树种，尤其是对 SO_2、氟化物、Cl_2 等有害气体抗性高、吸收强的绿化树种。

（二）城市森林健康经营技术

针对当前影响城市森林功能发挥的主要问题，探索城市森林和树种科学管护技术。提高土壤通透性、土壤肥力，恢复土壤微生物系统，促进林木生长的林地土壤的综合改良技术；林分抚育管理、结构调整，建设高效稳定城郊森林的营建技术；从群落生物多样性、组成树木的生长动态、群落生态环境的变化程度等分析干扰的影响与作用，研究稳定群落结构、立地、密度与干扰强度的关系，监测不同经营措施对森林群落健康的影响，提出高效稳定城市森林的经营技术。

（三）城市森林监测与评价技术

借鉴吸收国内外评价技术和方法，开展城市森林评价探索。基于"3S"系统高新信息技术，在进行城市森林生态效益监测、社会效益考察、经济效益测评等基础上分析生态系统稳定性影响因素，建立信息管理、绩效评价、专家诊断与决策支持等方面的综合信息系统，进行生态、经济和社会文化等方面的价值评价，为政府决策、城市森林信息管理和城市森林结构优化提供依据。

选择具有一定规模且具有典型南亚热带特征城市森林区域类型，如风景林、片林、湿地林、防护林、固堤护岸林等，建立长期的生态定位观测点。从树木个体及群体两个层次，研究城市森林生态功能，包括城市森林的降温增湿、缓减热岛效应、调节小气候、净化空气、减噪效应、净化土壤、维护生物多样性等效应，研究群落水平与垂直结构特点、种类组成与生态关联度、组成种生态位与群落生境关系、组成种间关系，预测城市森林群落发育动态，建立稳定群落生态功能特性评价方法与指标。

（四）城郊生态风景林改造技术

通过对城郊生态风景林低产低效林分、林相的调查研究，根据低产低效林分的不同立地类型，探讨采取不同治理模式和措施对森林进行人为科学干扰，研究不同的城市森林生态健康的恢复途径和改造措施，配置或补植相应的植物材料，改善城市森林中的低产低效林分，形成多树种、多层次、多色彩、多功能的生态风景林，达到绿化、美化、香化、彩化的效果，提高森林资源的数量和质量。

（五）城镇人居环境构建技术

根据城郊与村镇社会经济发展趋势、特点和自然气候地理条件，对不同地域城郊、小城镇、村庄绿地系统作出总体规划和功能性布局；运用现代生态学、经济学、景观学原理，对城郊、小城镇、村庄绿地系统的树种、种群结构、规模生态效益等进行科学配置；强调人居环境，体现以人为本、人与自然相互协调，研究适合福建山地、丘陵、平原、沿海等不同区域环境条件下的城郊与村镇绿化模式和综合集成技术，建立具有区域特色的多功能城郊与村镇人居环境绿化模式示范区。

第五节　林业生态文化构建技术

　　林业生态文化，从某种意义上是人类对自然生态环境的一种适应。在人类与森林朝夕相处中，一方面认识和利用森林，把森林作为采伐对象，另一方面又尊敬和膜拜森林，把森林作为审美对象，把人类的意识、思想、情感寄托在森林上，形成一整套植树护林的传统、习俗、制度，便是现代意义上的森林生态文化。

　　森林生态文化源远流长，主要体现在：①古树崇拜中的森林生态文化。福建的古树主要有榕树、香樟、重阳木等。这些古树散落在寺庙、祠堂、乡村、地头，构成城乡的一道风景。福州自北宋时期太守张伯玉倡导"编户植榕"以来，满城绿阴，暑不张盖，福州因而有榕城的美称，福州全市有古榕树近千株，福州国家森林公园内千年古榕，相传为北宋治平年间种植，覆地1330平方米，被称为榕树王。榕与"龙"同音，被当地民众视为龙树和神树，节日期间，树身披上红布，点烛焚香，祈求平安，形成闽台一带独特的崇榕文化。②宗教信仰中的森林生态文化。儒、道、释文化，无论是儒教的仁、佛道的慈、道教的善，都倡导爱护森林树木。几乎所有寺庙、道观、文庙、祠堂的四周皆是林木森森。武夷山的朱子书院，鼓山的涌泉寺均坐落在青山绿水间。建瓯的万木林自然保护区，其前身是当地乡绅的风水林，著名的上杭古田会议会址背后的片林，相传是廖氏祠堂的风水林，随着时代变化，风水林被赋予不同的文化含义。③乡规民约中的森林生态文化。用乡规民约和法律条文，约束人们的行为，保护森林树木，这是森林生态文化在制度层面的表现。在永安市天宝岩，有立于清朝的禁伐摩崖石刻。在东山，有《邑侯郑公风沙惠农功德碑》，在韶安，有《韶安县正堂郭示》，对民间伐林毁林作了严格的制度性规定。④民居建筑中的森林生态文化。福建山区民居建筑，多数是土木结构，生土建筑，有的甚至是竹寮木屋，并非现代混凝土结构、会留下建筑垃圾。且民居依山就势，临水而居，与青山绿水和谐统一。特别是永定的土楼，以大山为屏障，以森林为遮蔽，像巨大的蘑菇掩映在绿树间。土楼的内部的向心性和对称性，正是儒家文化的一个缩影。⑤动物图腾中的森林生态文化。中国传统文化以龙为图腾。但也有以狼、蛇、虎、鹿、熊、鸟等为图腾的。福建人的祖先闽越先人，便以蛇作为图腾。"闽"字中的虫，据说就是蛇的简约。蛇是十二生肖之一，蛇是人类的朋友，是生物链中主要一环。武夷山作为蛇的王国，经营蛇产业的有十余家，有模拟生态蛇园，蛇博物馆，蛇医院，以及经销蛇油、蛇毒、蛇皮等制品的蛇商店。福建人还崇拜虎。虎位于生物链的顶端，是森林之王，其勇猛和威力无人可比，正因为此，一直被当作权力和力量的象征，在民间不但有虎的图腾，有虎的门联，还有虎的装饰，如虎头帽，虎头鞋等。中国传统文化中对动物的崇拜，体现人类对动物的敬畏和尊奉，也是人类与动物和谐相处的见证。

一、城市森林生态文化构建技术

　　城市森林是保持塑造城市风情、文脉和特色的重要方面，它以自然生态条件和地带性植被为基础，将民俗风情、传统文化、宗教、历史文物等融合在城市森林中，使城市森林系统具有地域性和文化性特征，产生可识别性和特色性。在传统文化和传统园林艺术中，园林植物往往具有丰富的寓意和象征，如比德、吟咏雅趣和形实兼丽，通过合理种植设计，可在局部地区将园林植物的寓意和韵律予以表达，促使植物形与神的结合，启迪居民的益智和陶冶人们的情操。城市森林还为人们提供休闲游憩、强身健体等有益身心的休闲保健场所，兼有健身益智、自然教育、陶冶情趣、启发灵感等多种功能，从而提高城市森林建设的品位。因此，文化、休闲和游憩是城市森林的承载品位，城市森林的构建往往把地域文化习俗、社会风俗习惯、城市的历史的沿革和传统文化融入于环境建设之中，汲取和借鉴传统园林的文化传统，融合自然规律和人文传统，综合园林的生态、审美的精神功能，创造意境，烘托环境氛围，增加品位和身心再生需求，丰富和提升城市内涵和功能。

（一）城市森林生态建设技术

福建沿海或内陆城市，多依山傍水，临水而设，故城市森林生态文化的基本模式由山地森林生态文化（森林公园）、湿地水网森林生态文化（湿地公园或水网林网）、园林文化、公园文化、名林古树文化等组成。以厦门为例，近年来厦门斥巨资绿化环海观光带和圆当湖（水网林网湿地森林）;建设天竺山、莲花等森林公园（山地森林）。福州则实行显山露水工程，显山是把屏山、于山、乌山内三山，金牛山、金鸡山、高盖山中三山，还把鼓山，棋山和福州森林公园列入城市森林生态系统。露水是把闽江两岸的江滨大道和白马河、晋安河的水网林网列入城市森林生态系统，打造"城市之肺"（山地森林）和"城市之肾"（湿地森林），以改善城市生态，让市民在喧嚣的都市中感受到森林的清净和惬意。

（二）森林公园建设技术

森林公园是城市森林与传统意义上的城市绿地系统的区别之一。传统城市绿化系统只限于市区的园林、公园、草坪和行道树，绿化面积小，其功能主要是装饰和美化；森林公园则突破传统城市绿化系统的局限，其功能由装饰美化转为改善城市的生态系统，并向城市居民提供休闲、观光、保健、游憩等生态和文化服务功能。有计划把市郊的山地森林建成森林公园，使之成为城市生态系统的重要部分，成为城市生态文化的一部分，是生态文化建设面临的一项重要任务。

1. 以乔木为主体构建森林景观

城市公园绿地建设的目标是改善自然与人，自然与经济，生物与生物，生物与环境之间的多元关系，解决城市绿化功能的问题。有些城市曾片面地追求大色块，草坪风和广场风，忽视生态功能，局部地区乔木和林带的占有比例较低，从而大大降低了城市绿地生态功能。草坪的生态效益远远低于乔木林，高大乔木可以有效减缓热岛效应。城市公园绿地建设应以乔木为骨架，以木本植物为主体，合理选择配置植物种类，以地带性乡土植物为主，突出城市森林的地域特色，艺术地再现地带性植物群落特征，构成乔、灌、竹、草、藤的复合群落，提高群落乃至森林景观的稳定性。

2. 以生态学为指导构建稳定森林系统

城市公园森林景观建设在运用生态学原理和借鉴自然生态系统结构的基础上，为促进城市生态系统的良性循环，所建立的最佳人工生态系统。一个优良的生态系统，应该是把生命系统（各种园林植物、昆虫类、鸟类、微生物）和环境系统（土壤、光照、水分、山丘、水体、各种景观建筑等）内部的各组成要素，在城市空间（或公园）中排列与结合构成最佳状态，即让其生态系统结构在单位空间和单位时间上对光能利用率及同化率最高，整个系统以最高的生物生产力，使其结构功能、自我再生、抵御外界不利因素的能力均处于最佳，从而发挥出森林生态的最大综合效益。建设城市公园最佳陆地人工植物群落和水生植物群落，应依生态系统的立体结构规律，将不同种类和习性的园林植物、昆虫类、鸟类、鱼类、微生物类等，合理地配置在系统中的不同生态位上，健全公园生态结构层次，促进物质循环，维持公园生态系统的持续稳定。

3. 以地域为主创造森林景观特色

城市公园坚持以生态为主的原则，突出城市森林景观地域特色，遵循自然规律进行植物配置，促使城市公园绿地群落与自然植被特征相接近，形成近自然的人工植物群落。建设具有地方特色的森林植物群落景观及山水景观，应依区域自然生态景观和植被生态类型，选择森林植物群落配置和山水布局的生态模式。我国南北方因水分和温度分布的差异，森林类型由南向北，依次分布为热带雨林—季雨林—亚热带常绿阔叶林—暖温带落叶阔叶林—温带针阔混交林等，不同生物气候带上的地带性植物群落的结构层次，植物区系组成，既是形成各地区城市公园植物群落生态模式的源泉，又是引种驯化和培育栽培园林植物的天然基因库。除从宏观上创造城市公园森林景观特色外，从公园生态系统的结构成分入手，通过建立分区专类园和专题园，配置多种类型园林植物群落，创造不同形式的绿地空间等途径，来突出公园各分区的森林景观特色。

4. 以文化为依托创建森林景观

公园文化是城市森林文化的重要组成部分，是人类文明进步的一个缩影，也是精神文明和物质文明的综合反映。公园的人文景观、历史文化遗产、科学文化内涵都包含着文化的创造，结合和保护地方传统文化，保留城市自然环境、人文资源、对地方的原材料、艺术风格与文化内涵进行整合运用，创造出地方特色的城市风格和城市个性。城市公园是以植物为主体创造的游憩环境，是城市与自然和谐共处，充分体现自然的美、自然的意境。城市公园以其山水地形美，借用天象美，再现生境美、建筑艺术美、工程设施美、文化景观美、色彩音响美，造型艺术美、联想意境美来满足人们的求美需求。因此，城市公园在规划建设中，应运用具体布局、空间组合、体型、比例尺度、色彩、节奏韵律、质感等园林语言，来构成其特定的艺术形象，形成风格与特色兼具的园林美。城市公园中流畅的水际线，各具特色的植物造型，错落有致的植物群落，与人共处的野生动物，无不体现公园的文化内涵。

（三）城市水网林网化和湿地森林营建技术

水网林网和湿地森林是城市森林区别于传统城市绿地系统的又一标志。福建省但凡城市所在地皆为水系汇合集中之处，这里不仅水系水网纵横，且湖泊水塘散落其间。重视沿江沿海和水系水网的绿化，重视以湖泊水塘为重点的湿地森林建设，并作为城市森林生态的组成部分，无疑是极为重要的。这样做，不仅还江海湖泊于城市居民，且城市中的沿河垂柳，湖光艳丽，乃是城市风景中最动人的部位。水是一座城市的灵魂，失却水面，很难有城市完整的生态。

在城区范围内建立起一个能够最大限度地改善城市环境的水网林网生态体系，以乡土树种为主，近自然式布局为依托，全面整合林地、林网、和散生木等多种模式，有效增加城市林木数量；恢复城市水体，改善水质，使森林与各种级别的河流、沟渠、塘坝、水库等连为一体；建立以核心林地为森林生态基地，以贯通性主干森林廊道为生态连接，以各种林带、林网为生态脉络，实现在整体上改善城市环境、提高城市活力的林水一体化城市森林生态系统。

（四）重点攻关技术

要把城市森林作为城市的基础设施，纳入城市总体规划，组织实施。重视森林公园（山地森林）和水系水网林网（湿地森林）建设，重视公园、园林、风景林、绿色通道建设，把森林引入城市，重建城市森林生态系统。以福州、厦门、泉州、漳州等沿海城市的森林建设，带动内地和其他城市，以地级市为重点，带动县级市，并辐射到乡镇，以市促县，以城带乡，城乡一体。

1. 城市森林文化内涵的挖掘

通过融入造园理论和艺术风格，汲取诗、书、画等文学艺术的文明精华，于大自然的山水之中，巧妙地将自然景观和人文景观相融合，创造"虽为人作，宛自天开"的人与自然和谐的高尚境界，形成具有森林文化、生态文明、园林艺术、自然遗产文化、科普文化、城市个性文化集一体的城市绿色文化，使城市成为具有艺术外貌和文化艺术氛围的聚居境域。

2. 城市森林文化传统的继承

在中国的古籍和现代著作以及民间广泛的言传中，关于树木、森林的文化内容是十分丰富的，描述、歌颂青松与翠竹的"松、竹文化"尤是其例。在每个城市，从传统继承与现实创造的融合上，已经形成各自的森林文化形式并具有某种特色。例如，城市绿化、园林建设以及古树名木的保护等，所积累的经验与教训，便蕴含着森林文化或其元素，即使其间尚存在的某些问题也可从中进行文化的透视。当今，亟需对传统与现实的城市森林文化素材，进行搜集与整理、改造与提升，使之系统化、科学化，成为现代城市森林文化的发展基础与构件。

兹叙述众人易于理解的两个事例。一是城市周边的乡村，群众性的"风水林"意识，曾使村头村尾、房前屋后的风景水源林，得到世代的保护与其多样性功能被尽享。赋予科学含义的"风水林"，确是风景、防风与涵养水源的森林。曾一度被破坏的，应逐步予以以恢复。现代城市十分需要这类科学的风水林。二是同佛教、道教寺庙景观相依存而自成体系的那部分森林与林业，可命名为"宗教林业"。千百年来，中国的僧、道人员总是在尽其所力植树护林不止。这是以护林植树为基础，僧、道人与森林和谐相处，实现良性运行的林业。宗教林业所具有的内在活力，对于城市森林文化与林业建设，也是一种有效的借鉴。

3. 先进森林文化成果的选择性吸收

发达国家工业化、城市化积累了丰富的历史经验，尤其是发展经济以牺牲环境为代价的惨痛教训十分深刻。他们经历破坏森林到恢复森林，建设现代森林城市的过程，如今在人与森林的相互关系中所形成的许多观念与制度，是比较先进的。例如日本，保护国土地表，被看作是生存发展之本，八成的地表已有森林覆盖，城市与乡村都满布针叶林与阔叶林，一座座现代建筑物皆有绿树环抱，街道绿阴夹蔽，还有街头公园，在路上行车犹如绿海泛舟。

我国正在加速城市建设和城市化，层管绿化与园林建设的成就很大，但在道路两侧各栽植一行树、房屋建筑物一侧留下若干穴位栽植树木的"绿化"标准与观念，依然起着主导作用。目前，从城市建设的发展和经济力量的状况看，结合国情，有选择地吸收国外森林文化的优秀成分，改变城市"绿化"观念与标准，正是时候了。其焦点是城市不仅要广栽树木花草，同时要培植城市森林，尽快进入城市森林与森林文化的国际化境界。

4. 城市森林文化协调与发展

尽管人类的祖先从树上爬下来，从森林里走出来，但人类永远离不开森林。城市既要钢筋混凝土文化，又要有森林文化。目前急切的是，要求城市的人们，摆脱某种的生活惯性，在城市的平面与空间位置上，科学地配置钢筋混凝土与森林，使之各得其所，重建城市人与森林植物相制共轭的良性化关系，从而满足人们高质生活的需求。

城镇许多古树名木应有的空间早已受人挤占，原有生境的光、热、气、水、土等条件已经大变。为满足城市居民对钢筋混凝土和森林生物的两全需要，城市规划与建设的观念与制变，要实行大转变大更新，要促使从事这项规划、设计、施工者，吸收高层次的森林文化知识，焦点是要求他们在摆布城市建筑物、道路的同时，必须有城市森林的布局。城市周边有百千万亩的现代风水林；城区的区域带、建筑群、道路、水边（湖、江河、海岸）设置林带，形成城市森林网；林网上和林网间，因地制宜，有树群、森林小群落、小型森林公园的交错配置（小型森林公园比当今许多"城市花园"的成本低，利人效果大而长）。林业、园林工作者要研究城市森林、树木的树种配置，根据树种的生态学特性，将乔木与灌木、针叶树与阔叶树、乡土树与引种树、阳性树与耐阴树、速生树与非速生树合理搭配，体现树木分类学的树种多样性。要充分满足人们向树木、森林求遮阴、纳凉的需要。

5. 城市森林文化的普及

这是城市森林文化建设的重要任务，应由林业部门牵头，联合城建、园林、环保、文史、旅游、教育、科技、电视、新闻、出版等部门，动员他们从各自涉及城市森林的职能上，关注、支持、参与森林文化的研究与宣传。要联合多方力量，组织一支兼职为主并有少数专职的森林文化宣传队伍，要向这支队伍普及生物学、林学知识。要更多地组织和发表城市森林文化的文章以及出版书籍。要求有关森林文化的新闻报道增加思想性、知识性的内涵，以利提高市民的森林文化知识水平。要求学校和相关的学术机构，承担城市森林文化的实质性课题研究，提倡科学与人文结合，发扬良好学风。力求较快地建立城市森林文化的学科和课程，相应地形成一支求真、务实的专家队伍。

二、乡村森林生态文化构建技术

以生态建设为中心的林业发展战略，使森林生态文化观念逐步深入农村。名木古树作为城乡的文化遗产，普遍得到保存和尊重；乡村森林公园的林间道路，即使树木档道，也都得到很好保护，以接近原生态。林农们打出绿色和生态品牌，推销山区的土特产品。商店超市标有绿色和生态的商品，随处可见。追求绿色和生态，已成为一种时尚和流行色。通过乡村森林生态文化体系的建构，促进全省森林旅游业、竹文化产业、花卉文化产业和茶文化产业的发展和提升，打造一批有海西特色的乡村生态文化科普、教育基地，普及生态意识、生态理念、生态道德宣传教育，进一步提升村民的生态道德水准，做到面向基层，面向林区，面向广大林农，繁荣山区林区文化事业。

（一）乡村森林生态文化产业开发

福建省森林旅游文化、茶文化、竹文化等十分丰富。大力开展城乡森林生态文化体系的建构，加强森林旅游、竹文化、花文化和茶文化发展，活跃山区文化生活，促进山区社会和谐稳定。

1. 森林旅游文化及其产业

已建成省级以上森林公园76处，其中国家级森林公园21处，经营面积17万公顷。基本形成福州森林旅游区（以福州和棋山森林公园为主），厦漳泉滨海旅游区（以名花名果为主），闽西森林旅游区（以梅花山为主），闽北森林旅游区（以武夷山为主），闽东森林旅游区（以太姥山、白水洋为主）等五个森林旅游区。林区的山乡山寨，靠山吃山，自给自足，是传统农业的一个缩影，虽然有其封闭性和滞后性的缺陷，但山乡山寨的农林生产是一个自然循环体系，不用农药，不用化肥，又不产生垃圾，体现了生态学的循环和共生理念，值得我们深思和学习。一种成熟的文明在发展进程中，合理接纳传统文明的精华，是一个明智的选择。乡村森林旅游文化的建设要点：①突出森林资源的本色特点，在保障旅游者可进入以及环境保护设施达到要求的前提下，尽量减少和避免人为的干扰性建设以及资源地的城市化倾向，使之源于自然，体现自然。在突出自然美的基础上，深入挖掘其生态文化内涵，做到情景交融，交相辉映。②应充分利用当地山村村落农家农舍，略加修饰，做到修旧如旧，保持自然古朴，使森林人家同当地原生态环境相吻合，同当地民俗风情相吻合。③要进行旅游环境容量与环境承载力的评价，符合乡村、景区和森林公园的总体规划；在没有总体规划的情况下，切忌一哄而上，盲目建设，以免造成对景区的破坏，注意保护森林生态景观的原汁原味。④建筑要按相关设计部门的图纸施工。不设置人造景观，切忌贪大求洋，避免采用钢筋混凝土建筑。要以木、竹、砖瓦材料为主，其建筑风格要同乡村和景区风格相吻合。⑤重视无公害的森林绿色食品的开发与利用，促进林区环境、生态、经济的协调发展。

2. 茶文化及其产业

福建有武夷岩茶，安溪铁观音等名茶，武夷山的"大红袍"更是声名远扬。近年来福建红茶悄然兴起，武夷山的"正山小种"和宁德的"坦洋功夫"在红茶市场上各领风骚。

（1）红茶品种开发："正山小种"红茶原产地属现武夷山自然保护区桐木庙湾，早在明朝末期就开始生产，但不被重视。经邹新球对红茶文化的研究，提出欧洲的红茶，最早正是在1610年由闽南茶贩从武夷山桐木生产贩运的正山小种。在英国皇室的倡导下，红茶成为风靡世界的三大非酒精饮料之一。《世界红茶的始祖——武夷山正山小种红茶》一书出版，填补了红茶研究的空白，也使正山小种红茶价格倍增。武夷山自然保护区已成立红茶研究所，红茶生产上了一个新的台阶。"坦洋功夫"红茶产于宁德福安坦洋村，清咸丰同治年间试制成功，后经广州销往欧美各国。据载，从清光绪二年至民国二十二年（1881~1936）的50余年间，"坦洋功夫"红茶年出口近千吨，其中光绪七年出口达2100多吨，远销20多个国家和地区，为历史上出口红茶最多的年份。民国四年（1915年），福安商会选送的"坦洋功夫"红茶获得巴拿马太平洋博览会金奖。近年来，宁德市委、市政府重视红茶开发，从2001年起每年拨出30万元专款，用于红茶开发。目前"坦洋功夫"价格看涨，"早春毫"的茶青每公斤最高价格达130元，茶业增效，茶农增收局面开始出现。

（2）茶树景观资源开发：武夷山的"大红袍"位于九龙窠峡谷岩脚下，名声遐迩，旅游部门利用"大红袍"的品位和身份，开发"大红袍"茶室及景区，供游人品尝游览，各地都有类似的古茶树及附庸的历史和故事，应加以保护和开发。

3. 竹文化及其产业

福建竹类资源丰富，文化底蕴深厚，先后有建瓯、顺昌、尤溪、沙县、永安、武夷山被国家林业局命名为"中国竹子之乡"，开发竹文化及其产业不容忽视。

（1）竹乡旅游资源的开发：竹乡旅游资源开发指以竹林为背景，对竹乡的观光、生态，民俗风情等资源进行的一种开发形式，以供游客旅游休闲。如建阳市的华家山，大竹岚均可开发竹乡旅游资源。武夷山风景区的茶室，几乎都是用竹材构成。竹瓦，竹柱，竹墙，竹门，竹窗，以及竹桌、竹椅、竹杯，俨然一个竹的世界。九曲溪上的漂流，艄公头戴竹笠，手持竹篙，点击竹排，让游客在小小的竹排之上，倘佯于武夷自然山水的怀抱之中，不能不说是竹文化的一次精致演绎。

（2）竹工艺资源的开发：利用竹材料，经能工巧匠的创意和加工，制作成的竹刻、竹雕、竹编、竹根雕等竹工艺品，是竹文化重要组成部分。闽北各市地，尤其是武夷山市的竹工艺研究所和加工场，多达几十家。竹工艺充分利用竹筒、竹根、竹片的形态和质地，融中国传统诗、书、画、印、刻于一炉，成为独树一帜的装饰艺术，或山水，或人物，或花鸟，或书法，无论在竹筒、竹片或竹屏风、竹联上都表达的淋漓尽致，令人爱不释手。2001年在泰国曼谷举办的中国武夷山赋竹居竹刻展，张栋华成为首位在国际上举办大型竹刻展的艺术家。《世界日报》《亚洲日报》和韩国中央台、香港翡翠台等30多家媒体都对此作了专题报道。

（3）竹食品资源开发：竹笋是传统的山珍美味，又是普通百姓餐桌上菜肴。除毛竹笋外，还有黄笋、苦笋、方笋等。竹笋能制成白明笋、黑烟笋、玉兰片、金丝条等笋干，以及各类笋制品，如酱笋、咸笋、各色清水罐头等。永安每年举行一次笋竹节，沙县"三和"食品集团，引进国外生产线，年产竹笋产品10万吨，外销日本等国，成为我国最大竹笋企业。

4. 花卉文化及其产业

花卉业是当今世界最具活力的产业之一，2000~2005年，中国花卉种植面积从13万公顷猛增到67.86万公顷，五年增长了4.22倍，2005年全国花卉销售额突破500亿元。福建省花卉业坚持产业化发展方向，通过调整产品结构，推进科技创新，促进规模经营，改善市场流通，总体上呈现了稳健、持续发展的趋势。2000~2006年，全省花卉种植面积从0.67万公顷扩展到1.7万公顷，年均增长25.62%；年销售额从9.53亿元增加到30亿元，年均增长35.8%；年亩均销售额从9482

元上升到 11690 元，居全国之首；受益农户从 1.18 万户增至 3.56 万户，从业人员从 3.22 万人增至 11.44 万人；尤其可喜的是年出口额从 248 万美元激增至 2227 万美元，位列全国第三。花卉本是普通之物，但随着对花文化内涵的挖掘，花卉成为人们团拜、慰问、集会、社交、友谊、节日的重要中介物，成为联结情感的纽带，从而大大扩展了花卉的销路和内在附加值。福建省有 3 个县（市）被国家林业局、中国花卉协会命名为"中国花木之乡"；有 3 个镇被国家林业局、中国花卉协会授予"中国水仙花之乡""中国杜鹃花之乡"和"中国榕树盆景之乡"的称号。全省通过调整花卉种植结构、产品结构渐趋合理，切花、切叶、种用花卉比例上升，盆栽植物比重上升，园林观赏苗木发展迅猛，并建立起水仙花、杜鹃花、建兰、榕树盆景等传统名花生产基地，极大提高了花卉文化的鉴赏品味。以水仙花作为市花的漳州市，利用海峡西岸的优势，在生态文化产业方面发展对台合作，成功举办了 7 届"海峡两岸（福建漳州）花卉博览会"，盛况空前。花博会成为闽台农业合作与花文化交流的有效载体和有影响力的经贸活动。以花文化为媒，树立闽花形象，塑造知名品牌，提高福建花卉在市场的份额，意义重大。

（二）"森林人家"构建技术

"森林人家"是乡村旅游的一个品牌，以良好的森林生态环境为背景，以优美的自然景观为依托，以林农为主体，利用乡村生态旅游资源和土特产品，融森林文化与民俗风情为一体，为游客提供吃、住、游等服务的旅游产品。适合短线旅游，双休日假日游和森林休闲旅游。"森林人家"的建设目标，一是利用林区良好的森林生态环境，推动乡村旅游，扩大林区就业，增加林农收入；二是适应"双休日""黄金周"城市居民休闲和短线旅游的需要，促进乡村旅游，带动森林旅游业的发展。

1. 绿色技术

"森林人家"是以良好的森林生态环境为背景的一种乡村旅游方式，所以，"森林人家"的总体布局应以保护森林，或者说以保护绿色为前提，否则就有违"森林人家"的建设宗旨了。因此，森林人家的规划布局要体现一个"绿"字，体现绿色规划技术：①"森林人家"的规划，其最佳方案是以原有山村山寨为基本架构，在保持山村山寨原有的土木建筑、古井、石板路，保持原有山村山寨的生态和风貌的基础上，配套交通、通讯、信息、能源等现代基础设施，需要维修的，要做到修旧如旧，保持原貌；②新建的"森林人家"，建在森林公园的，要符合森林公园总体规划；建在市郊乡村的，要符合新农村建设总体规划。在没有总体规划的情况下，切忌一哄而上，盲目堆砌，造成对景区和环境的破坏。

2. 传统技术

"森林人家"的品牌标志，是以森林为背景的农家小屋，属传统农家木构建筑。所以"森林人家"建筑应采用传统技术和手工技艺：①要经相关设计部门设计，按图施工，切忌贪大求洋，切忌用钢筋混凝土堆砌；②要以木、竹、土砖材料为主，建筑风格要求简洁、古朴，不采用高层建筑，要体现农家风貌，其建筑风格、风貌要同乡村或森林公园景区的风格风貌相吻合，体现一个"农"字；③在森林公园和自然保护区内建设"森林人家"，其建筑更应从严掌握，避免盲目建设，体现保护的宗旨。

3. 适度技术

"森林人家"提供的是乡村旅游产品，因此，在游客感受农舍和田园风光的同时，还要品尝到乡村农家的土特产品，要体现一个"土"字。而农产品要体现"土"字，必须采用适度技术，农家饲养，少用化肥，不用农药，不用添加剂，使乡村农产品保持"土、特"的特征。如家养猪、土鸡、土鸭、竹笋、红菇、山野菜等，这些都是在城市超市不容易买到的土特产品。

4. 个性化技术

"森林人家"的工作人员,要经过培训,考试合格后持证上岗。要遵规守法,规范经营,信守承诺,礼貌待客。要坚持以人为本,微笑服务,以诚待人,以情感人,使游客有宾至如归和回家的感觉,体现一个"人"字。用"森林人家"的承诺,打造"森林人家"旅游品牌。

(三)"绿色家园"构建技术

构建绿色家园,其核心是体现一个绿色,而绿色只是外在面貌的感性表述,绿色的内涵是生态。这就是说,在创建"绿色家园"活动中,在外在形态上要体现绿色,而内涵则要符合生态原理和生态技术。要以生态原理为指导,运用生态技术,指导农村生态环境建设和林业生产,达到创建"绿色家园"之目标。创建"绿色家园"的目标一是通过创建"绿色家园"活动,保护森林,绿化、美化环境,改善和提高农村生态环境水准;二是通过创建"绿色家园"活动,以生态学原则指导林业生产,兴办各种绿色产业,增加农户收入,提高农民的生活水平,促进小康社会的建设。

1. 整体性技术

整体性是生态学的重要思想和原则,表现在技术层面上是整体性技术,或称系统技术。以沿海防护林体系建设为例,在规划上,应当考虑沿海铁路、高速公路和规划中的福厦滨海大道这三条道路贯穿沿海后,沿海地块变动的状况;考虑泉州、莆田秀屿、福清江阴码头、工业集中区和专线对沿海地块的分割状况;考虑县、乡、村三级农村公路网的中长期规划和布局给沿海地块带来的变化;考虑乡、村两级在新农村建设中对村庄、道路、渠道及其他基础设施的布局,以及农村农田基本保护区的范围、面积、位置,以便正确确定沿海防护林主林带、副林带和林网的具体位置和走向。这样做既从实际出发,因地制宜,又能充分利用道路和城镇的绿化基础设施,避免重复建设和浪费。在绿色产业的选择上,整体性技术要求广泛了解市场动态和产业情况,既要了解省内市场状况,还要了解省外以至国际市场状况,以便选择适合当地发展的产业。在把握全局的情况下,才能投出好的棋子。

2. 多样性技术

生态学另一重要思想是多样性。自然本身就是多样、完善和丰富多彩的。多样性技术要求人们用多元视角,看待和处理问题。例如在树种选择上,要因地择树,切忌一刀切、一阵风,切忌集中连片、大面积营造单一树种,造成生态灾难。不能只选择马尾松、杉木等传统树种,也不能一律发展桉类树种,要多样化选择。要倡导多种珍稀阔叶树,如樟、楠、檫、栓皮栎、苦楝等树种,要作长线投资,培育大径材。在产业选择上同样如此,要充分发挥林改后的产业优势,打造一村一品,做到人无我有,人有我优,人优我特。在多样化选择中,以优取胜,以质取胜。

3. 循环性技术

生态学的核心思想是循环。循环性技术指通过物质的多次循环、反复利用,自成系统,达到零排放。循环性技术在构建"绿色家园"活动中体现为:①建立农林复合经营模式,如林粮间作模式,林药间作模式,林果间作模式,林蔬间作模式等,利用林下空间,发展粮食、水果、药材、蔬菜、蘑菇等产品;②利用林中剩余物和人畜粪便,建立沼气池发电、沼气的废弃物留作肥料,形成人畜粪便—沼气发电—肥料返田的良性循环;③绿色林业产业要建立良性的生态工艺,上游的剩余物要成为下游的原料,多次利用,循环利用,做到物尽其用,化废为宝,良性循环;④固守乡村生态的乡土性和生态文化。中国传统乡村本身就是一个良性循环系统,如利用林下剩余物作燃料,森林中腐殖质肥田,木屑碎片铺路,人畜粪便返田,形成良性循环,体现的是循环共生的理念。因此,固守乡村生态的本土性,既可保存传统的有机农业和农耕文化,又可开展乡村旅游。

4. 近自然技术

近自然的技术观认为，保留自然的生态内在因子，遵循自然规律，能获得最大的生产力。而过多的人工和技术投入，往往适得其反。这些技术包括：①在树种选择上，尽量采用乡土树种，慎用或少用外来树种，以保持树种的乡土性；②在新农村建设上，不能一切推倒重来，要尊重和保护乡村的古建筑、古桥、古树等农耕文明的遗产，努力实现现代基础设施同农村传统建筑的融合；③在乡村公园设计上，要因地制宜，因形置景，反对大挖大填，不破坏原有的地貌特征。

（四）重点攻关技术

乡村森林的重点是保护好天然林,风景林、风水林和名木古树;要发展绿色产业,创建绿色家园;有条件的地方，可开展乡村旅游，发展森林旅游业。加大对乡村公益林的补偿和投入，兴办各类乡镇森林公园，以供民众休闲。

1. 乡村森林生态系统建设技术

在城乡二元社会格局中，乡村森林生态文化不能忽视。福建依山面海，多数乡村依山临水建造民居，其材料取自山中木竹，土木结构，敦厚朴实。村前村后，层层梯田，其水源和肥料源自森林中流出的水源和腐殖质，不用化肥和农药，自行灌溉，旱涝保收。林农家中燃料，取自林中剩余物。餐桌上的山珍，来自森林的笋竹和草菇。燃烧的烟灰和人畜粪便，又集中返田，自成系统，形成良性循环。乡村生态文化中蕴含着循环共生的生态理念。

2. 风水林营建技术

乡村中尚存风水林，祠堂林，寺庙林，道观林，是以某种宗教或信仰的名义得以保存的。乡村的风水林，多为常绿阔叶林，林内不但保存大量的古树和珍稀物种，也绿化和美化乡村景观，有效保持水土，防止滑坡等地质灾害造成对乡村的破坏。这些风水林的存在,显然不单是物的存在，而是一种文化符号，表示人们对自然生态的一种敬重，一种与之相处的和谐。

3. 名木古树保护技术

乡村的名木古树，是乡村的一道风景，也是乡村的标志和历史见证，是活的文物。各乡村寺庙祠堂，房前屋后都存留有名木古树，如周宁埔阳的鸳鸯古柏，福清镜洋的屋形榕等，这些名木古树的存在，既体现当地群众的生态道德水准和文化修养，也是创造绿色家园和建构社会主义新农村的重要内容。

4. 林区生态文化构建技术

林区生态文化是以国有林场，采育场，乡镇集体林场，以及林业企业为基本载体所表述的文化。建国以来，随着闽西北林区的大规模开发，国有林场，采育场的建立，集体林区存在着一个独特的社会和文化单元。这里有林业职工，林业组织机构，林业教育，林业宣传，并产生一批优秀的林业宣传、林业报道、林业摄影，林业文学作品和林业影视作品，同时还活跃着一批林业职工业余文艺队伍，为林区职工服务。

加强林区生态文化建设，要重视国有林场、采育场，乡镇集体林场和林业企业文化建设，建立图书阅览室和文化娱乐设施，奖励业余文艺创作，组织业余文艺演出队，活跃林区文化生活。面向基层，组织文化下乡，包括图书、电影、摄影和文艺演出，丰富林区文化生活，提升林区文化品位。定期组织全省性文艺调演，以及文学、美术、摄影，工艺等作品的展评工作，推动生态文化向纵深发展。鼓励作家，艺术家、文艺工作者深入林区基层，深入实践，体验生活，体验自然，为他们创造宽松的环境和自由的创造空间。要保持生态文艺作品的多样性，不同题材和不同风格作品的相互包容和相互融通，是生态文化进步的标志。

三、湿地生态文化构建技术

我国的湿地面积辽阔,居亚洲第一、世界第四位,湿地类型多样。辽阔、丰富和多样的湿地资源,在维持我国自然生态平衡、保护生物多样性和文化价值、蓄洪防旱等方面,发挥着非常重要的作用。由于湿地面积急剧减少、功能逐渐降低,湿地污染日益加剧、质量严重下降,生物资源过度利用、生物多样性逐渐丧失,生态、文化等功能严重破坏,已经直接威胁到我国生态安全和经济社会的可持续发展。湿地的文化多样性与生物多样性共同构成物质和精神上支撑人类的自然财富。湿地的文化遗产是人类与湿地长达数千年融合的产物,这种融合曾给先人带来财富,这种财富要延续下去,同样有赖于我们这辈人的努力。因此,保护现有湿地、恢复退化湿地,提高湿地的生态文化功能具有重要的意义。

(一)湿地景观文化资源开发

湿地生态环境的形成依靠于一个大的生态环境,包括周边的植被、物种、水域等等,应该围绕湿地形成一个相互依存、多层次、立体性的生态景观。湿地蕴藏着独特的景观文化资源,在流域文明、中华文明的发展中占有重要地位。湿地景观文化资源包括以下方面:①物质文化(稻耕文化、船文化、建筑文化、生产文化、工程文化等);②精神文化(端午节、民俗艺术、湖乡忌禁、饮食文化、抗洪抢险、植物文化等);③制度文化(流域文化、历史遗迹、湿地文物等)。湿地景观文化资源的保护和开发,要突出区域文化特点,彰显湿地特色,保护湿地的自然生态系统和景观,保持其高度的真实性及完整性。

(二)湿地生态文化价值的保护

为了保护湿地的生态文化价值,要悉心呵护湿地,亲近自然,区域生态经济的可持续发展,体现《湿地公约》关于湿地保护和合理利用的基本原则。重视湿地生态建设,弘扬湿地文化,通过信息沟通、资源共享、合作交流,普及湿地知识,宣传湿地生态保护理念,增强公众湿地保护意识,探索湿地保护和合理利用的有效途径,逐步形成湿地生态文化价值保护和管理的合理模式,从而对湿地生态文化功能的维护产生积极影响。要确保湿地社区民众的发展权力,在物质生活得到相对保障的基础上进行生态文化建设,同时要提高他们的生态文化意识。

(三)湿地公园与自然保护区建设

湿地自然保护区建设必须遵循自然规律,在重点保护和拯救珍稀濒危动植物的前提下,以生态优先和可持续发展理念,把保护区建设成一个结构合理、功能完善、效益稳定的湿地生态系统,成为绿色生态屏障的核心及野生动物的天然栖息地与生态乐园。充分发挥保护区湿地多样性的优势,办好绿色产业,创绿色文明,使湿地自然保护区真正成为弘扬湿地文化,展现秀美自然湖泊风光、传播绿色文明的窗口,为人类提供休养生息恬静优雅的自然环境。强化自然保护,拓展保护空间范围,使野生动植物、自然风景、人文遗产以及湿地等都得到最有效保护,把保护区建成功能完善、物种丰富、生态明显的保护体系。

(四)重点攻关技术

湿地是重要的社会经济资源和生态文化资源,在湿地开展生态文化建设,不仅能够促进区域生态环境的可持续发展,从而实现对湿地生态环境的积极保护,保护湿地的文化多样性,推动生态文明建设。因此,湿地生态文化建设是实现湿地保护与可持续发展的重要途径。

1.湿地生态文化的社区共管技术

将湿地生态文化建设同社区民众的生活与生产结合起来,才能避免出现一边建设一边损毁的现象。广西、云南等地的湿地生态文化建设就很有特点,由于那里处处风景、步步山水,生态区域与旅游景点和人们日常生活就没有了严格意义上的"围墙"之隔，日常生活、生产建设和生态保护取得了共同的行为价值立场。于是，湿地生态文化保护与建设就成为当地人民日常生活份内的事。这样，广大民众的生态文化意识被充分调动起来，而他们正是生态文化建设最前沿和最直接的实践主体。

2. 湿地生物多样性保护技术

确认并管理湿地生物多样性热点地区，在湿地区及其周边地区制定并实施替代生计方案，对公众加强湿地价值与功能的教育。建立湿地走廊带，加强湿地自然保护区水体的恢复与管理，在保护区缓冲区开展有利于生物多样性保护的农业开发示范。编制有利于生物多样性保护的湿地利用规划，针对典型地区湿地的现状，结合湿地公园的建设，以恢复生态学、景观生态学为最基本的指导理论，将湿地自然景观与人文景观相结合，进行湿地资源保护、恢复与可持续综合利用的技术试验示范。

3. 湿地生态旅游产业开发

生态旅游的迅速发展和湿地资源的特殊性，使得湿地生态旅游活动备受关注。湿地生态旅游开发必须遵循可持续发展思想，把旅游开发与旅游行为同生态文明建设、生态环境保护有机结合起来，协调好旅游开发建设与湿地生态保护的关系。旅游项目建设不能影响保护区工作的开展，力求使湿地生态旅游活动实现经济效益、社会效益和生态效益的统一。针对不同类型的湿地，依据其历史文化底蕴、生态系统的完善性、市场竞争力以及区域经济社会条件等特点，采取不同的开发模式。

第七章 森林资源培育与保护关键技术

森林资源不仅是世界三大主要自然资源之一，也是地球陆地生态系统的主体和林业两大体系建设的物质基础，而且与土地、矿产资源不同，森林资源是一种具有可再生性的重要自然资源。森林一方面能够为人类社会提供诸多丰富的林产品，具有巨大的经济价值，同时还能为人们提供良好的生态，为经济、社会可持续发展创造有利条件。当今社会，森林资源已经成为衡量国家经济发展、人民生活水平提高、民族文明昌盛的重要条件和标志之一，森林资源的培育、保护和开发利用正日益受到国内外的广泛关注。森林资源同时兼有生态、经济、社会三大效益，培育和发展森林资源既是一项公益事业，也是一项重要的基础产业。从主要获取生态效益的目的出发，森林资源培育业是一项社会公益事业；从主要获取经济效益的目的出发，森林资源培育业又是一项重要的基础产业。福建是一个森林资源相对丰富又具有巨大发展潜力的省份，森林资源的培育，不仅事关林业事业的发展，而且事关生态的改善，关系到可持续发展战略的实施。必须从经济社会可持续发展的战略高度出发，尽快研究制定一整套成熟实用的森林资源培育与保护技术体系，加快培育扩大森林资源的数量，提高质量，合理利用好各类森林资源，充分发挥森林的综合效益。

第一节 林木种苗与花卉繁育技术

林业的生态建设和产业发展关键在于森林资源培育，而森林资源质量的高低关键在于能否研发并推广应用优良种苗。因此，林木种苗是林业建设的基础，是森林资源培育的关键。参天大树源于种，种优苗壮则林丰。长期以来，福建省林木种苗工作得到了各级林业主管部门的大力支持，从20世纪60年代初开始进行杉木选优至今，相继开展了马尾松、柳杉、福建柏、湿地松、木麻黄、油茶、桉树、光皮桦、相思等树种的选优改良工作，全国第一个杉木初级种子园、第2代种子园和第3代种子园均在福建省营建。迄今福建省保持了杉木遗传改良的全国领先水平，林木良种繁育工作取得了显著成绩。

改革开放20多年来，福建省充分发挥地域优势和传统花卉养殖优势，形成多个国家花木之乡，在盆景、水仙花、兰花、杜鹃花、茉莉花、苏铁、棕榈科植物等花卉产品的主要生产和批发基地。近年来块根榕更以中国根品牌源源不断地销往东南亚与欧盟各国，永福镇已成为全国三大杜鹃花生产基地之一。福建从世界各地引进了百余种棕榈科植物，成为全国最大的耐寒棕榈生产基地，产品畅销长江以南各省份。

因此很有必要对福建省林木良种选育与花卉种苗生产技术现状进行全面地总结评估，在此基础上提出下一阶段林木良种选育与花卉种苗生产技术方面的重点攻关技术。

一、林木种苗繁育技术

（一）外来树种的筛选与应用技术

林木引种驯化历史悠久，林木引种驯化是一项科学性、长期性、系统性很强的工作，开展引种必须目的明确地选择树种，坚持长期试验逐步推广的原则，严格按照引种程序进行。引种程序包括从选择引种树种、开展引种试验到摸索驯化培育措施直至成为当地栽培树种的全过程。按照阶段划分，包括初选树种试验、区域性试验、生产性试验和鉴定推广四个阶段。林木引种必须坚持先试验后推广的原则，科学选择引种树种，根据引种树种的生物学特性采取不同的驯化措施，包括某些特殊的栽培措施，研究配套的栽培技术，在取得成功后方可扩大和推广。在引种程序上，应按照选择引种树种—初选试验—区域性试验—生产性试验—推广的程序进行。新中国成立至今，福建省引进树种达千种以上，其中引种成功并予以推广的有 200 余种，丰富了福建省树种资源，改善生态环境，并为人民生活生产提供重要的原料。如今作为用材和观赏的引种树种有：湿地松、火炬松、雪松、池杉、水杉、南洋杉、贝壳杉、秃杉、柏木、几十种桉树及其杂交种、火力楠、南洋楹、洋紫荆、八角、天竺桂、降香黄檀、盆架木、红椿、麻楝、八宝树、假槟榔、华盛顿棕榈、大王椰子、鱼尾葵、桃花心木、木棉、兰花楹、菜豆树等。其中湿地松、火炬松造林 10 万多公顷，火力楠 1 万公顷，20 世纪 90 年代以来推广巨尾桉、巨桉等树种已达几万公顷。作为防风固沙及水土保持的外来树种有：木麻黄、黑松、肯氏相思、大叶相思、毛荆相思、厚荚相思、金合欢、银合欢等，其中营造木麻黄 5 万公顷以上，黑松 1 万公顷以上，成为防风固沙的主要树种。在野生树种栽培驯化方面，福建省林业科技人员对福建柏、光皮桦、红锥、竹柏、油杉、南方红豆杉、金钱松、青钩栲、鹅掌楸、小红栲、苦槠栲、刺栲、栲树、拉氏栲、青岗栎、竹叶青冈、福建青冈栎、观光木、福建含笑、深山含笑、乳源木莲、木莲、花榈木、鄂西红豆树、木荚红豆树、檫树、闽楠、长序榆、细柄阿丁枫、枫香、黄杞、青钱柳、中华杜英、南酸枣、山乌桕、乐东拟单性木兰等都总结了相应的苗木培育与栽培技术，有的已在全省推广，其中福建柏、光皮桦、檫树、红锥、鹅掌楸、小红栲等已成为造林树种。为了给一些外来树种和野生珍贵树种的造林提供用种，从 20 世纪 70 年代中期开始建立良种生产基地，已建湿地松种子园 20 公顷、母树林 206 公顷，火炬松母树林 44 公顷，福建柏种子园 16 公顷、母树林 13 公顷，长叶松、萌芽松、秃杉、火力楠、闽楠、观光木、鄂西红豆树、花榈木、福建青冈栎、栲属、光叶石楠等 20 多个树种建立母树林 130 公顷以上，并已提供用种，极大地丰富了福建林木种质资源和造林树种的多样化。

（二）林木良种选育技术

林木良种选育技术涉及的领域有：林木种内性状的遗传变异、选择育种、杂交育种、抗性育种等等，其中种内选择改良、遗传测定和优良种源、家系和无性系选择工作占主导地位，在研究基础上发展了技术方法，基本掌握了杉木、马尾松等主要造林树种的地理变异规律，划分了相应的优良种源区，选择出一批优良的种源、家系、无性系，并在生产中推广应用，选择保存了主要造林树种优树 3185 株及各种种质资源 3957 个。

1. 杉木良种选育技术

杉木良种选育技术比较成熟，已选育出一批优良遗传材料在生产上推广应用。福建杉木优良种源区的轮廓线是以武夷山杉岭的东南、博平岭北端、戴云山西北和鹫峰山以西所包围的地带，尤以闽江上游富屯溪、沙溪、建溪三支流中下游流域地区的海拔 400 米下谷地丘陵地带的种源，增产趋势更为明显。在邵武卫闽林场等 9 个林场进行遗传测定，参试家系 700 多个次，目前已从 316 个家系中选出速生、适应性好的优良家系 30 个，材积遗传增益在 40% 左右。通过对杉木无性系测定林进行生长、材性、适应性状的调查分析，从中选择出一批优良无性系，以这些优良无性系为材料开展杉木组培技术研发。杉木种苗攻关项目收集杉木优良种质资源 500 多份，引进红心杉 38 个家系，筛选出杉木优树 11 株，选育出杉木速生、优质优良无性系 23 个，其中洋林 020、洋林 061、洋林 062、洋林 003、洋林 024 等 5 个无性系的胸径年平均生长量超过 2 厘米以上，如洋林 061 无性系生长速度快，材质好，抗病虫，9 年生时树高 12 米，胸径 22.5 厘米，材积 0.25141 立方米，亩蓄积量达 23.3 立方米。

2. 马尾松良种选育技术

根据马尾松各种源生长发育适应性综合评价的结果可将马尾松种群划分为五个类群，其中第一类群中的广东西部和广西东部种源表现最优，如邵武卫闽林场试验点种源试验资料，5 年生马尾松树高生长量排在前十名的，有八个是两广种源，其他几个试验点情况相类似。1990 年由省种苗总站布署，在武平、永定、连城共选出优良林分 102 个，优树 212 株。通过长期的攻关，取得了可喜的成果，区划出马尾松最佳种源区，筛选了一批优良家系；建立优良种质资源库，收集含速生、高纤维、高产脂、高红心材率等不同类型马尾松育种材料 1000 多份，为种子园建设提高了大批优良的遗传材料。

3. 其他树种良种选育技术

福建省在木麻黄、桉树、福建柏、柳杉、光皮桦、楠木、樟树、红豆杉、三尖杉等树种的良种选育方面也做了大量的工作，选出了一批适宜不同培育目标的优良繁殖材料，自主选育出 660 个优良繁殖材料（9 个树种），其中：发现 1 个桦木新种，选出优良种源 3 个，优良无性系 115 个，优良家系（个体）542 个。从传统林木育种中的木材的产量和质量改良指标，拓展到抗逆性、非木质林产品、木材品质、景观型等特性的改良，开辟了马尾松、木麻黄等老树种的工业用材、装饰用材等其他方面的新用途，提高了森林资源的质量和效益。其中选出马尾松高产脂无性系 37 个，优良单株 19 个，红心材优良单株 16 个；选出速生耐寒桉树无性系 17 个，优良单株 83 株，其中：赤桉 2 号（MLC2）和 8 号（MLC8）无性系，耐寒性可达 -4℃，年蓄积量 1.5 立方米；巨桉（A₁~A₁₁）无性系、耐寒性可达 -3℃，尤其巨桉 A4 优良无性系的速生性状突出；选出木麻黄无性系 13 个，其中：抗病无性系龙 7-18、抗旱抗风无性系惠 1 和抗 1、抗 3、C4 等 3 个无性系，生长快、干形通直的用材型优良无性系 4 个，垂帘木麻黄等 4 个景观型品种，为沿海防护林营造增添了新的材料；选出芳樟 6 个无性系，得油率大于 1.6%，含芳樟醇 95% 以上，含樟脑 0.5% 以下，得油率比自然界杂樟高 1 倍以上。脑樟 4 个优良无性系，得油率 2.6%~4.3%，比自然界杂樟高出 4 倍，樟脑含量高 3 倍；选出西南桦优良种源 3 个家系 6 个 12 个优良单株，发现 1 个桦木新种—闽桦，西南桦 12 个优良单株，2.5 年生平均胸径、树高分别为 5.95 厘米、6.1 米，最优单株胸径、树高达 7.9 厘米、8.3 米。保存了一批优良的林木种质资源，建立种质资源库 78.53 公顷，整理、收集、保存了相思、红豆杉、三尖杉、樟树、楠木等 35 个树种（含杂种）的优良种质资源 2899 份。引进木麻黄 15 个树种、145 个种源和 165 个家系，西南桦 25 个种源 297 个家系；速生耐寒桉树优良无性系柳窿桉 9 号和 11 号、尾巨桉、尾细桉、尾赤桉等 24 个；相思类树种 21 个种源、12 个无性系。选出速生、抗逆性或非木质利用优树 654 株。

（三）林木苗木培育技术

目前苗木生产的形式主要是实生苗木、扦插苗木和组培苗木培育技术。尤其是扦插和组培苗木培育技术已成为福建省优良无性系苗木的主要生产形式，桉树、木麻黄、相思、杉木、红豆杉、马尾松等树种的无性系苗木年产量已达 2 亿多株。无性繁殖是指利用植物细胞的全能性使植物的部分营养器官（根、茎、叶等）或组织（髓、皮层、叶肉等）以及细胞和原生质体，在适当条件下，通过体细胞的有丝分裂，分化发育成各种组织和器官，再形成完整植株的一种繁殖方法。

1. 扦插育苗技术

扦插育苗是将植物的根、茎、叶等器官插在土壤、沙子、蛭石等湿润的基质中，使植物器官生根发芽，发育成完整植株。扦插的优点是能够大规模繁殖，它没有嫁接不亲和的忧虑，简单易行，效果高，价钱低廉，是无性繁殖的主要形式。但成熟作用使生根困难，阻碍了扦插繁殖的大规模应用。长了根的扦插苗有时生长不旺，此外还有些阔叶树种在插床中由于切口裸露，易受病毒感染，引起成片死亡。用来扦插的茎切段、根切段或叶片能不能很快生长出不定根来，是这种繁殖方法成活率高低以致成败的关键。植物扦插得以生根，是由于植物的某些组织和器官具有再生能力和分生机能。但各种植物的再生能力和分生机能又不尽相同，在同一种类中有的品种易于生根，有的品种不易于生根。另外，生根的难易，还与扦插的时期，母树的年龄及从母株采取枝条的部位、营养、环境因素、内外源物质的作用等有关。福建省在桉树、木麻黄、红豆杉、相思、杉木、马尾松等树种的扦插技术都比较成熟。

2. 林木组织培养技术

林木组织培养是根据植物细胞具有全能性的理论，利用植物体离体的器官、组织或细胞，在无菌和适宜的人工培养基及光照、温度等条件下，能诱导出愈伤组织、不定芽、不定根，最后形成与母体遗传性相同的完整植株。组织培养作为无性繁殖中最重要的技术手段之一，其主要优点是能够在短期内大量繁殖遗传基因型比较一致的优良材料，而且能充分利用繁殖材料的遗传潜能，达到最佳的效益水平，同时苗木的生产可以在室内进行，降低自然环境条件的不良影响，全年生产组培苗木。

3. 容器育苗技术

容器育苗是当代世界林业的一项较先进技术。它采用各种容器装入配制好的营养土进行育苗。容器苗与普通裸根苗相比，容器苗具有育苗期短、造林季节长、苗木规格和质量易于控制、节约种子、起苗过程中根系不易损伤、苗木失水少、造林成活率高、无缓苗期、便于育苗机械化等优点，很适合气候干旱、土壤瘠薄地区造林。因此，培育容器苗得到了国内外广泛的重视与应用。国外容器育苗始于20世纪50年代中期，70年代前半期为高速发展期，在生产上最先推广应用的国家是瑞典、芬兰、挪威等，目前已发展到在50多个林业先进国家中应用，并作为规范化育苗的必要手段。20世纪80年代，全省各地大力推广容器育苗。尤其在马尾松、桉树的苗木培育多采用容器育苗技术，目前在楠木等珍稀树种的苗木培育也开始使用容器育苗技术，发挥了巨大的经济社会效益。所有这些技术的突破为进一步实现福建林业种苗生产工厂化具有极其重大的意义。

二、花卉产业关键技术

（一）沙西榕树盆景制作技术

以榕树为素材，以观赏榕树的树桩及根茎叶奇异形态为目的，通过修剪、整枝、吊扎、嫁接，精心培育，长期控制其生长发育，使其成为独特的艺术造型的盆栽榕树。沙西榕树盆景的地方特色品种为"块根型榕树盆景""气根型榕树盆景""树桩型榕树盆景"三种，统称为沙西榕树盆景。与其他产区相比，沙西榕树盆景具有姿态优美、寿命长、抗性强、易造型、块根丰满、感观好等特点。有的苍劲古朴，老干虬枝；有的枝叶块疏，横条斜影；有的亭亭玉立，高耸挺拔；有的悬根露爪，古奇雅致，野趣横生，别具一格。造型或苍劲雄浑，或潇洒轻盈，诗情画意，融合一体，被称为"无声的诗，立体的画"，有较高的艺术欣赏价值和可观的经济价值。

沙西榕树盆在栽培上选用本地榕树品种育苗，培育成各类盆景的桩坯，然后嫁接上泰国榕、印度榕、金钱榕、红榕、花榕等其他品种作树冠，为榕树盆景增添丰富色彩。榕树桩坯一般一年四季均可移栽。

（二）水仙花种植及雕刻技术

漳州水仙花基地位于龙海市九湖镇圆山南麓的九龙江衡积平原，这里土地肥沃，水源丰富，北有高山抵挡寒流袭击，地下有温泉渗透增温。已形成完整的"净化、开盖、疏隙、剥苞、削叶、刮梗、雕侧鳞茎、修整"雕刻程序和技术。

（三）兰花栽培技术

福建是全国兰花主要产地之一，改革开放以来，兰花有了长足发展，主要表现在：面积成倍增长，品种不断推陈出新，专业化程度有所进展，出口创汇占有其一定的份额并深受境外客户的青睐。不仅如此，福建所产的兰花不论在历届中国花卉博览会，还是全国兰花博览会上摘取各种奖杯、奖牌之殊荣多多，有人赞说"福建兰花花香飘八方"。

福建兰花种质资源丰富，品种多，不仅有建兰、寒兰，还有墨兰、春兰等。与全国主要产兰省份相比较，广东的优势是墨兰、四川是剑兰、云南是莲瓣兰、浙江是春兰、福建则是建兰与寒兰。福建经中国兰协组成专家组鉴定的标准园艺品种，有建兰128个品种、寒兰50个品种。由此，中国兰协把全国的建兰、寒兰样品园分别设在福建的上杭县和武夷山市。

（四）野生花卉引种驯化技术

龙岩市武平县广大花农以丰富的富贵籽、虎舌红、金毛狗蕨及竹柏等野生花卉资源为依托，县委、县府采取了灵活的优惠政策和措施，并实行县校挂钩，联合攻关，使全县野生花卉得到了较大的发展，在2003年第五届海博会上，富贵籽获得特色产品一等奖，矮化金毛狗蕨获得金奖，朱砂根获得银奖。

三、重点攻关技术

建设绿色海峡西岸，加快森林资源培育、提高森林资源质量是解决当前福建林业主要矛盾，缓解森林供需矛盾，加强生态保护最重要、最基本、最急迫和最有效的措施。我国和世界林业科学和林业生产发展的实践证明，林木良种选育始终是最基础、最关键的因素，是林木生长发育的物质基础，在林业生产中起主导作用，而当前林木、花卉良种少、良种化程度较低已经成为制约福建林业发展的技术瓶颈。因此，开展林木、花卉良种培育技术研究，不仅为解决福建森林整体质量不高、品种单一、生态功能不强的问题提供了重要途径，为林业生态工程建设提供主要树种种苗生产的技术支持，而且对保证生态环境建设的顺利进行和林业产业结构的调整、增加农民收入具有十分重要的现实和长远意义。今后要优先开展以下几个方面研究：

（一）重要、特色树种、珍稀濒危树种种质资源的收集、保存与创新利用

种质资源是开展林木新品种选育的物质基础，在林木种质资源的收集、保存与科学利用方面，大力选择收集优良种质资源，建立林木种质资源库和备份库，加强福建省主要造林树种、乡土树种、珍稀濒危树种、名特优经济林、竹林及花卉品种的种质资源收集、保存、创新与利用的研究力度，为福建林业可持续发展和生物多样性提供物质保障。

（二）用材林特定用途、生态公益林高抗性、沿海防护林树种定向选育

在工业用材林特定功能用途、生态公益林高抗性及沿海防护林树种的定向育种方面，根据人造板材、木地板、建筑装饰材、木质工艺材、纸浆材等特定功能用途，重点开展用材树种杂交育种及子代测定、无性系测定，不断选育出高产、优质、耐瘠薄、抗逆性强的繁殖材料，采用有性育种、有性和无性繁殖等办法，使良种尽快形成生产力；优先引进、选育和培育一批具有抗旱、

耐盐碱、抗病虫害、耐瘠薄、抗风耐水等高抗性的生态公益林树种；针对福建沿海灾害多发的特点、分布规律及防护林树种配置与林带结构要求，选育耐干旱瘠薄、耐盐碱、抗病虫害、抗风耐水、生长较快的防护林带树种。完善主要经济、适应性及抗病虫害的遗传评定技术，缩短评价育种进程；逐步引入生物技术和遗传工程，开拓林木育种新途径，把树木改良工作引向高科技领域，加快育种进程。

（三）珍稀干果、山地水果、木本药材等新名特优经济林良种选育

在珍稀干果、山地水果、木本药材等新名特优经济林良种选育与快繁方面，采取选择、引进、测定、繁育、利用相结合，不断选育出优良新品种，建立无性系采穗圃和高级采穗圃，研究组培与扦插或嫁接相结合的快繁技术、高产技术，低产经济林的改造及更新复壮技术，探讨遗传品质和环境因子及相配套的栽培技术和经济性状的遗传特点等。

（四）良种繁育基地建设配套技术

加快福建省林木种质创新和新品种繁育研发平台的建设及应用；以提高良种生产水平为目标，针对树种特性和现有研究基础，从各类试验林中选育出一批优良种植材料，包括优良的种源、家系和无性系，建立良种繁育基地。今后福建省杉木、马尾松等主要造林树种的良种基地建设应当坚持"高起点、高标准、高档次"原则，重点建设杉木第3代种子园、红心杉木专营种子园、马尾松第2代种子园，提高种子园的产量。加快林木良种定向选育，特别是要加快杉木、松类、桉树、相思类、木麻黄等5大类树种的定向改良，实施高投入、高产出、高强度的育种，开展多世代遗传改良，实现种子园不断升级换代。通过有性和无性相结合的途径，不断选育耐瘠薄、低耗、高效以及面向制浆造纸、"三板"用材、建筑材、室内环保装修用材的杉木新品种/无性系，高产脂、纤维材、红心材以及抗虫、抗病等马尾松新品种/无性系，速生、优质、耐寒的桉树树种品种，以及适宜造纸或园艺观赏的相思类优良家系及无性系。建设一批林木种苗快繁基地，重点突破并完善桉树、杉木、相思的组培快繁技术，推进无性系林业的发展。

（五）花卉种质创新与新品种培育技术

利用诱变、倍性、基因工程等生物技术、航天育种技术等进行品种改良，与杂交育种和杂种优势利用相结合，提高性状控制效率、缩短育种年限、节约育种空间、加速新品种育种。

以水仙花为例，漳州种植的水仙花品种只有"金盏银台"和"玉玲珑"，而且"玉玲珑"的面积越来越少。近些年来，大家多关注利用先进的基因工程技术将洋水仙艳丽的花色导入到中国水仙中来，很少有人考虑中国水仙花特有的"香味"。控制水仙花的香味与色彩的基因之间是否存在连锁关系，以及什么样的连锁关系至今并未弄清。

（六）安全花卉产品生产关键技术

1. 环保花卉产品生产技术环节控制技术

目前我国花卉生产中存在着大量的能源浪费、肥料、化肥的无控制使用，在获得商品花卉产品的同时，对环境造成了极大的污染，生产者、花卉消费者的健康被长期忽视。伴随着人们环保意识的增强，花卉产品的安全生产、环保型花卉产品的生产将是我国花卉产业必须面对的挑战。因此，开展花卉栽培基质研究与开发、生物农药的研发、化肥施用种类与数量的控制研究、花卉产品药剂残留检测与控制研究等势在必行。

2. 安全花卉产品生产关键技术

（1）环保花卉产品生产技术环节控制技术

目前我国花卉生产中存在着大量的能源浪费、肥料、化肥的无控制使用，在获得商品花卉产品的同时，对环境造成了极大的污染，生产者、花卉消费者的健康被长期忽视。伴随着人们环保意识的增强，花卉产品的安全生产、环保型花卉产品的生产将是我国花卉产业必须面对的挑战。因此，开展花卉栽培基质研究与开发、生物农药的研发、化肥施用种类与数量的控制研究、花卉产品药剂残留检测与控制研究等势在必行。

（2）环保型花卉标准指标体系及等级

在充分调研中国花卉生产企业在花卉种植现状和正确认识花卉生产过程中对环境的影响的基础上，初步提出我国花卉环保指标体系。建立相应指标的数据库，划分适应中国环保花卉指标体系和等级。

3. 水仙花种球标准化培育及采后贮运技术

包括：①水仙花种球生产的技术规程制定；②水仙花种球采收技术研究，不同种球质量鉴定、等级划分技术标准研究；③水仙花种球贮藏技术及标准体系研究，包括常温贮藏技术、低温贮藏技术以及相应的标准体系研究。

4. 各类花卉商品化生产技术体系研究

①人参榕快速繁殖技术；人参榕生长调控技术；人参榕盆景专用栽培基质选择与配制研究；人参榕病虫害繁殖技术。②杜鹃花栽培环境因子与花期调控技术研究；杜鹃花专用肥料研发。③野生花卉种质资源调查；野生花卉开发利用模式研究；野生花卉人工栽培技术体系研究。④各种盆栽花卉无土栽培技术及专用肥料研制。

第二节　工业原料林定向培育关键技术

福建省地处我国东南沿海，具有发展工业原料林得天独厚的自然条件，是我国南方重点林区和重要的速生丰产林基地。商品木材、人造板、纸浆等主要林产品也居全国前列。随着福建林业工业化进程加快，以培育短周期工业用材林为主要目标的集约化人工林培养技术异军突起，由此引发的现代人工林技术体系研究、组装、推广、应用等科技活动活跃非凡；与土壤学、生物化学、生理学、遗传学、生态学密切相结合的现代速生丰产林培育学理论得到迅速发展，速生丰产林无性系技术、适度密度控制技术、定向施肥技术、植物生长调节技术、树木形数控制技术、土壤有机处理技术及种苗优选综合技术等基础应用技术在林业实践中得到广泛重视。建立优质、高效持续的短周期速生丰产林是解决林产原料短缺、改善生态环境、增加社会经济效益的重要途径，是现代林业的一个重要内容。

一、工业原料林立地控制技术

立地最优控制即对造林地树种选择作出最优化决策的控制。造林规划设计是立地控制的具体表现，是林业建设的先行和基础工作，是科学造林和最优经营管理的重要组成部分。造林规划设计中方案的优化不但要遵循适地适树的自然法则，而且要根据当地、当时社会经济条件、林业生产计划和经营目的，来选择最适宜的造林规划设计方案，做到满足经济、计划、物质等方面的条件下，合理利用林地，最大限度挖掘林地自然生产力，充分发挥人工林的生产效益，使得营林生产获得较好的经济效益。这是当前造林规划设计中的一个重要研究课题，具有重大现实意义和应用价值。

立地控制途径也就是适地适树的问题。立地质量是一个起支配作用的因子，特别是当树木对立地要求比较严格，不同的优良种源或无性系要与一定的立地条件相配合。从广义上讲立地控制也可包括细致整地、科学施肥、合理间种、强化抚育等栽培和育林措施；既坚持适地适树又进行立地改良，用地与养地结合，以确保林地的持续利用与树木的优质丰产。

速生丰产林的营造必须要以立地分类与评价作为基础，选择什么样的立地营造人工林，一定的树种是否与一定的立地相匹配，以及采取什么样的营林措施，都需要了解立地的特性，才能做出正确的选择，从而保证造林的成功与林分的稳定。人工林的培育越来越集约，对育林技术的要求也越来越高，因此精确地评价立地质量，严格的立地控制是今后林业工作者的研究目标。

林地施肥是维护林地可持续经营的主要措施之一。林地养分收支通常是稳定的，但各种营林措施会打破这种平衡，利用程度愈高，林地养分的亏损也就愈多，在肥力低及生产短轮伐期林木的林地上，林地养分亏损就显得特别严重。研究结果表明幼林施肥能促使林地提早郁闭、改善林分结构、降低林分分化程度、肥效增益可持续到 10 年以后；中龄林施肥，效应主要反应在蓄积与胸径增长，树高不明显，蓄积生长量增加 48%；近熟林施肥当年效果不明显，施肥 3 年后才会体现其效益。施肥是改善林地肥力状况，促进林木生长的有效措施，但从肥料来源及投资成本考虑，对大面积速生丰产林长期施肥存在较大困难，但要考虑初植时及幼龄期的施肥问题。同时速生丰产林建设应重视和提高自肥能力，如营造混交林和种植固氮植物（豆科植物）或林下种植绿肥植物，保护林下植被，这些措施对促进林木凋落物分解，改善林分的养分循环，增加土壤有机质和速效养分有很大效果，对提高土壤肥力有重要作用。

二、工业原料林密度控制技术

在造林种苗、造林地块确定之后，对速生丰产林生产力影响最大的是经营密度。依据造林树种的生物学特性和生态学特性的基础上，根据不同的培育目标，确定合理造林密度及经营密度。树种特性及立地条件不同，造林密度也不一样，生长慢、耐阴、干形差和树冠小的树种，应比生长快、喜光、干形好和树冠大的树种种植得密一些，如林分稀植，很难及时达到郁闭，杂草丛生，需要多次除草松土、增加抚育费用；林分过密，不仅浪费苗木，增加各种造林费用，同时还影响林木发育，降低林木质量和产量。

当立地不成为速生丰产林培育的障碍时，年龄和密度对目标材种的形成将发挥重要作用，即在立地选择、树种选择决定之后，对人工林生产力影响最大的就是林分密度。相同立地条件下，保留密度比林分年龄的影响更大，所以密度控制应是培育大径材的重要营林措施。密度控制是林分结构的核心，通过密度控制来保证林分在不同生长发育时期有一个合理的林分郁闭度和疏密度，调节控制林分的小环境，达到速生丰产优质的目的。通过密度控制来保证林分结构合理，最充分有效地利用光能和地力，使生态位利用饱和，获得大面积人工林的最高产量。

马尾松速生丰产林依据不同培育目标，确定适宜的经营密度。据研究结果表明，经营密度对马尾松林分平均胸径的影响最为明显，而对树高影响较小；林分断面积和蓄积随经营密度的增大而上升，但当密度超过一定程度时，它们都有下降的趋势。一般而言，在中等立地条件下，马尾松中径材合理经营密度为 1080~1575 株 / 公顷，大径材合理经营密度为 690~915 株 / 公顷。

三、工业原料林遗传控制技术

遗传控制的途径就是选择树木的优良种源、无性系等材料，进行试验与选择，通过遗传改良培育新的抗性强生长快的新品种；进行良种选育，提供繁殖材料，建立良种生产基地，生产品质优良的种子，培育壮苗，最后提供造林。其中树木种源选择是树木遗传改良的第一步，也是树木育种的基础，种源实测结果表明，树木种源生长特性在不同空间位置上存在明显的差异，即树木种源生长的空间变异。选用经过遗传改良的造林材料造林，使人工林具有优良的、符合培育目标遗传成分组成，是国外人工林集约栽培中发展得最快、最有效的手段。已有足够的研究与实践证明，树木的许多有利经济性状是完全可以遗传给后代，并通过选育，可以得到加强，这些性状包括树高与直径生长速度、木材比重、管胞长度、冠形、茎部弯曲茎部分叉、抗病力、抗旱性、枝长、分枝角度以及天然整枝习性等。树木改良的目标也已经从生长速度和产量发展到材质、材性和抗性等方面，由于树木改良技术的发展，使林木生产力大大提高。

适宜的栽培条件和良好的管理措施，是保证林木正常生长的外在条件。而速生丰产林的速生丰产，主要取决于树种的遗传学特性。种源不良，苗木质量差，再好的栽培条件和管理措施也难达到目的，选择遗传品质好的良种育苗造林是速生丰产用材林基地建设的关键。自20世纪70年代以来，福建杉木研究中心在俞新妥教授的带领下，开展了全国最早的杉木种源试验，根据20多年的跟踪调查研究，筛选出以福建建瓯、四川丽水等6个优良种源；20世纪80年代后，在南京林业大学的帮助及指导下，在洋口林场、卫闽林业建立了杉木1代、2代及高世代的种子园，每年生产出大量的遗传品质较好的优良种子，为杉木种质资源的提供奠定了坚实的基础。自2003年以来，在福建省林业厅的组织下，组织福建省林业界的专家开展了杉木、马尾松、相思树、桉树等速生丰产林良种选育及种苗快繁技术的攻关，经过近5年的努力，杉木、马尾松、相思树、桉树等速生丰产林树种的优良单株选择、优良种源选择等方面取得了较为突出的成绩，初步选育出6个树种131个优良繁殖材料，其中优良无性系29个、家系102个，新建和扩充种质资源库47.67公顷，收集保存优良种质1549份，完成624个杂交组合，收获杂交种子约3.5公斤，建设试验林167.4公顷、示范林309.47公顷；一批实用技术研发取得突破，杉木、巨桉、灰木相思、卷荚相思等优良无性系快繁技术基本成熟，这为福建省速生丰产林的跨越式发展奠定了坚实的种质基础。

四、重点攻关技术

（一）工业原料林可持续经营技术

1. 全球气候变化对速生丰产林生态系统的影响

人类活动所引起的温室效应及由此造成的全球气候变化和对全球生态环境的影响正越来越引起人们的关注。作为全球陆地生态系统一个重要组分的森林对未来气候变化的响应更是人们关注的重点。以杉木人工林、马尾松人工林、毛竹人工林、针阔混交林、毛竹阔叶树混交林、次生阔叶林、天然阔叶林等为研究对象，主要开展以下几个方面的研究：①全球气候变化（温度、水分、物侯变化、日照和光强变化、酸雨等）对福建省主要树种生理生态特性的影响；②全球气候变化（温度、水分、物侯变化、日照和光强变化、酸雨等）对福建省不同森林类型主要树种种间关系的影响；③全球气候变化（温度、水分、酸雨等）对不同类型森林生态系统生物地球化学循环的影响；④全球气候变化（温度、水分、物侯变化、日照和光强变化、酸雨等）对不同类型森林生态系统养分循环的影响；⑤全球气候变化（温度、水分、物侯变化、日照和光强变化、酸雨等）对不同类型森林生态系统物种组成和结构的影响；⑥全球气候变化（温度、水分、物侯变化、日照和光强变化、酸雨等）对福建省不同森林类型物种分布及类型分布的影响；⑦全球气候变化（温度、水分、物侯变化、日照和光强变化、酸雨等）对福建省不同森林类型森林生产力的影响；⑧有害生物入侵对福建省不同森林类型物种组成和结构的影响。

2. 工业原料林地力衰退机理

20世纪70年代以来，全球发生了大面积的森林衰退，成为我国乃至全球重大的林业和环境问题，造成经济上很大的损失，对人类生存构成了严重威胁，引起了许多国家政府、学者的高度重视。福建省主栽树种是杉木和马尾松，这两个树种种植面积占福建省林业用地总面积的72%以上。杉木、马尾松等树种枯枝落物较分解，林分内养分循环缓慢，且其分解的腐殖质易形成有机酸，在林地积累到一定浓度后造成自毒作用。针对人工林的自毒作用，应主要围绕以下几个方面开展研究工作：①在研究内容上，应注重自毒物质释放的机制研究；自毒物质的生物活性检测及其物质鉴定；同种或异种植物对自毒物质感应机制；植物化感作用的生理、生化和生态机制以及相应的分子生物学基础；逆境胁迫条件下自毒物质对受体的化感作用；自毒物质间的协同作用及拮抗作用。②在研究对象上，注重生态系统中植物与微生物、植物与植食性昆虫、植食性昆虫与天敌以及植物—植食性昆虫—天敌间的化学关联。③在研究方法上，化感作用的研究应与分子生物学的研究手段紧密结合起来，从基因、蛋白质水平研究自毒物质的基因调控途径，为今后的基因克隆奠定基础；④在应用研究上，应注重选择典型的耐自毒物质的优良种源及无性系的筛选。

（二）工业原料林壮苗培育配套关键技术

精确施肥技术是综合运用现代农业科技成果，根据幼苗需肥规律、土壤供肥性能与肥料效应，在有机肥为基础的条件下，提出氮、磷、钾和微肥的适宜用量和比例，实行有机肥与化肥、氮肥与磷肥、钾肥、微量元素肥料适量配比平衡施用的一种科学施肥方法。该技术的核心内容是根据土壤测试结果，幼苗的需肥规律和特点，结合肥料效应，有针对性地、科学合理地确定氮磷钾化肥中微量元素的适宜用量和比例，并加工成各种苗木的专用配方肥，供应给农户，并指导农民使用，达到提高苗木产量，提高化肥利用率和使用效益的目的。为达到精确施肥的目的，首先要进行土样采集与调查，采用科学和先进的土样采集方法，真实地反映和代表土壤本身的肥力状况。其次要确定肥料施用量。根据土壤测试结果及对苗木年生长规律的研究，确定不同苗木不同生产时期的最佳氮、磷、钾配比和最佳肥料施用量。主要根据地块取土化验的结果，按照"因缺补缺，缺多多施，缺少少施。丰者不施"的原则确定施用量。再者科学施肥的原则是必须因土壤、苗木特性，肥料品种按照科学的方法进行配合施用。有机肥和无机肥配合施用。使肥效缓急相济、互补长短、提高肥效。

（三）工业原料林定向培育关键技术

1. 短周期工业用材林定向培育关键技术

短周期速生丰产林指以满足林产加工企业特定需要的生产工业用木质原料为主要目的，定向培育的短轮伐期工业原料用材林。建立优质、高效持续的短周期速生丰产林是解决林产原料短缺、改善生态环境、增加社会经济效益的重要途径，是现代林业的一个重要内容。因其速生性，发展速生丰产林不可避免带来地力衰退等严重后果。福建省地处我国东南沿海，地跨三个气候带，具有发展林业得天独厚的自然条件，是我国南方重点林区和重要的速生丰产林基地，商品木材、人造板、纸浆等主要林产品也居全国前列。福建省优越的自然条件十分适宜发展各种速生丰产林的生产，但福建省现有的林业原料林林分质量不高，定向培育方向不明确，培育技术也严重滞后于日益扩大的速生丰产林基地的需求。在今后相当长的一段时期内，专家应重点攻关以下几个方面的问题：①筛选不同用途速生丰产林树种优良种源、家系及无性系，促进速生丰产林的速生、丰产、优质；②速生丰产林立地控制技术研究，实现速生丰产林的可持续经营；③速生丰产林密度控制技术研究，确定不同利用方向速生丰产林的合理经营密度，在不影响林地可持续经营的基础上，达到单位林地面积的最大经济效益；④速生丰产林不同栽培模式的技术研究。以闽楠、闽粤栲、丝栗栲等福建省乡土阔叶树种作为主要混交树种，营造不同混交方式、不同混交比例混交林，定期跟踪观测混交林生长状况、养分循环状况以及群落稳定性状况，确定合理混交树种及混交比例。

2. 生物质能源原料林定向培育关键技术

从生物质能源商品林建设入手，以科技为先导，走生物技术等高新技术与常规技术相结合的道路，重点开展高效速生丰产定向生物质能源商品林的林木种苗科技、优质高效生物质能源商品林培育科技这2大关键技术研究。①针对福建林业的基本情况，从几个主要能源用树种的基因库建设，引种驯化，挖掘乡土优良生物质能源树种，从基因工程结合传统技术开展速生、多抗、丰产、优质定向育种及遗传改良，植物细胞工程与传统技术结合开展苗木快繁等研究及推广工作。重点开展乡土生物质能源树种资源调查及外来生物质能源树种如等种质资源和基因的收集、保存与研究，建立生物质能源用优良无性系分子标记信息库；摸清全省乡土生物质能源树种及外来树种如小桐子、等种质资源分布情况和适生区域，绘制出分布图。筛选出"高产量、高油量"的能源树种等不同无性系，耐瘠薄且适应性强的能源树种优良无性系；利用转基因技术、细胞工程等生物技术手段，克隆出能源树种的"高油量"基因并进行移植，筛选出适合于不同能源树种的最佳培养基配方及育苗技术并进行推广；开展能源用树种工厂化育苗技术及筛选轻质专用容器苗基质配方的筛选等工作。②加强环境友好的生物质能源速生丰产林定向培育技术的研究，乡土生物质能源树种的定向培育模式的研究。建立生物质能源营林生产信息管理和决策系统，生物质能源林生态功能监测与评价技术体系，生物质能源林资源监测与评估体系等综合应用系统。

3. 工业原料林无性系高效栽培配套关键技术

无性林业是实现林地单位面积高产出的重要材料基础，也是现代林业发展的必然趋势之一。在相当长的一段时期内，福建省林业的造林方式主要是实生苗造林，因林木种苗的遗传性状表现不一，很大地限制了福建省林业的跨越式发展步伐。自闽南引种不同桉树无性系以来，特别自2003年以来，福建省林业厅成立了杉木、马尾松、相思类树种、桉树、木麻黄、芳香樟、楠木等树种种苗攻关课题，经各个课题组成员的共同努力，上述树种的优良无性选育及种苗繁育技术得到较大突破，无性林业的发展将成为福建林业发展的最重要模式之一。然而，目前福建省杉木、马尾松等树种优良无性系的配套栽培技术研究，却滞后于无性系发展的步伐。

不同树种无性系的生物学特性、生态学特性表现不一，即使同一树种不同无性系其生物学特性、生态学特性也存在差异。因此，在无性系栽培及培养过程中，应根据其生物学特性、生态学特性，制订合理、科学的与之相匹配的配套栽培技术。①加强不同无性系生物学及生物学特性的研究。了解其年生长节律，掌握其光、热、水及肥的需求特性。②不同无性系的造林技术研究。在不造成水土流失的基础上，制度合理的造林技术措施，依据不同气候带、不同立地条件、不同培育目标确定合理的造林密度。③不同无性系种苗专用肥、幼林抚育专用肥的研制与开发。科学的施肥量不仅是无性系速生的营养基础，而且也是降低生产成本的重要保障。依据无性系不同生长时期的需肥特性，确定合理的施肥量及施肥配比。④不同无性系合理经营密度的确定。根据树种的材质特性及培养目标，确定合理经营密度。⑤无性系二代林及多代林树种更替技术的研究。无性系因其速生，是强耗地力的树种，且其分泌的物质易在林地积累，造成自毒作用，多代连栽后地力下降现象更为明显。因此，为保持林地的可持续经营，无性系二代林及多代林树种更替技术的研究就成为其关键技术之一。在选择更替树种时，应首先考虑其生态学特性具有互补的树种或生态位幅度较宽的树种。

（四）工业原料林长期生产力维护关键技术

长期以来，由于受单纯追求丰产高产的短期经济利益驱动，人工林经营中普遍实行高度集约化和纯林化，造成林分生态系统树种单一，结构简单，生物多样性严重下降，系统功能和稳定性减退，已出现严重的水土流失、地力衰退、生产力下降和病虫害蔓延等各种生态问题。以森林可持续经营作为指导，应用当今森林经营新理论如接近自然林业理论、森林生态系统经营管理技术和生物多样性保护技术等，深入开展速生丰产林长期生产力的维保技术及其机制研究。速生丰产林林地力退化的核心问题是人工林生态系统养分平衡及土壤肥力改变问题，通过对人工林养分循环、水分循环、能量流动、群落结构及土壤动态变化研究，进行人工林养分预算和养分平衡分析，掌握人工林地力退化机制。在此基础上，分别从开展林木营养诊断，变革不同林地清理方式、整地方式等营林制度，间种绿肥、推广混交栽培模式，加强林分林下植被管理，人工林收获方式与施肥方式研究，研究筛选出环境友好的短周期速生丰产林长期生产力保持措施，提出提高生产力最佳立地管理方法和优化栽培模式，供生产上推广应用。人工林林下套种绿肥技术研究：选择具有代表性的人工纯林，实施不同绿肥套种模式试验，一方面研究不同绿肥种类对不同人工林生态系统的适应性；另一方面研究不同绿肥套种模式对人工林生长、土壤肥力、水土流失等方面的影响机制，并应用多目标决策方法，筛选出能较好适应于人工林林下环境生长的绿肥种类，供生产上推广应用。

第三节　珍贵树种培育技术

珍贵用材树种资源是关系一个国家经济发展和社会进步，且是唯一可再生的重要战略资源，谁先开展珍贵用材树种的资源培育，谁就将占据未来国际木材市场竞争的制高点。据了解，近年来，珍贵木材社会需求日益增长，如红木等价格每年递增 30%~40%。但长期以来我国种植的大多是杨树、杉木、桉树、马尾松、落叶松等速生树种，珍贵树种资源总量不足，后备资源严重匮乏。在现有 5326 万公顷的人工林面积中，珍贵树种只有小规模发展和零星种植，不得不主要依赖进口。在当前世界各国都开始控制珍贵木材出口的情况下，过度依赖进口使我国木材安全面临风险。

福建省地处南亚热带和中亚热带的过渡地带，自然环境类型复杂，植物种类繁多，资源丰富。具有国家重点保护的珍贵树木 44 种，第一批地方重点保护珍贵树种 25 种。珍贵树种按其用途可分为具有重要科研价值的孑遗树种，具有较高观赏价值的园林树种，以及具有重要经济价值的用材树种。珍贵树种木材价格是一般木材价格的 2~10 倍。随着社会的进步、国民经济的发展和人民生活水平的提高，人们对珍贵树种的需求日益增加，珍贵树种资源已逐渐成为我国重要的战略资源。随着林权制度改革的不断深入，充分利用林地和闲荒地摆在林农的面前，因此，珍贵树种资源的培育已成为海峡西岸现代林业建设的重要内容之一。

一、珍贵树种的种苗繁育技术

（一）种子采集与调制

种子的采集工作需要了解当地物种的种子成熟的时节，采种时期主要根据种子的成熟期和脱落期确定。例如青冈栎只能周期性结出饱满的"坚果"，如果错过这种机会，可能需要再等很长的时间才能获得种子。育苗造林所需的种实要具有优良的遗传品质和品质，因此，最好从本地或气候、土壤条件与造林地相近似的地区的或中采种。在林木良种基地面积小，种子产量不足以满足造林要求的情况下，则可选择天然林或人工林的优良林分，甚至选择符合优良母树标准的散生树木采种。采种的林分应年龄适宜，优树比例高，采种母树要求速生、干直、材质优良、无病虫害、壮龄。

（二）播种苗培育技术

种子催芽和播种育苗技术是珍贵树种培育的基础，珍贵树种的种子成熟和处理方式上有较大的差异，应采取不同的处理方式。

表 7-1　主要珍贵树种育苗技术

树种	播种方法	播种时间（月）	公顷播种量（公斤）	公顷产合格苗量（万株）	播种后发芽大约天数	培育时间	1级苗木规格	
							地径	苗高
楠木	条播	1~2	225~300	45	15~20	1 年生	0.4	30
樟树	条播	1~2	187.5~225	30~45	40~50	1 年生	0.9	70
柳杉	撒播	1~3	90~112.5	60~75	20~25	1 年生	0.45	35
观光木	条播	2~3	60~75	15	30~40	1 年生	0.6	50
光皮桦	撒播或条播	1~3	15	22.5~30	5~6	1 年生	0.5	40
鹅掌楸	条播	1~3	150~225	18~22.5	20~30	1 年生	1.0	60
乐东拟单性木兰	撒播或条播	2~3	97.5~112.5	30~45	40	1 年生	0.5	50
桂花	条播	2~3	225~300	45~49.5	30~80	1 年生	0.35	30
福建含笑	条播	2~3	75~90	30~37.5	15~20	1 年生	0.5	35
深山含笑	条播	2~3	75~90	30~37.5	15~20	1 年生	0.5	35
乳源木莲	条播	2~3	37.5~75	37.5~45	40	1 年生	0.7	60
枫香	条播	2~3	15~22.5	24~30	27	1 年生	0.7	75
泡桐	条播	2~3	7.5~9	幼苗移 30000~45000 株 / 公顷	7	1 年生	2.0	200
银杏	条播	1~3	750~1125	30~37.5	30~40	2 年生	1.4	28
厚朴	条播	2~3	187.5~225	37.5~45	40	1 年生	0.45	40
杜仲	条播	1~2	75~120	24~30	15~20	1 年生	0.9	75
山杜英	条播	2~3	60~75	12~15	30	1 年生	0.5	50
格氏栲	条播	3~4	1125~1500	37.2~45	30	1 年生	0.35	30

（三）容器育苗技术

容器苗与裸根苗相比，容器育苗能保持完整根系，不受造林天气限制，苗木不需要恢复期，促进快速成材，造林成活率和成苗率高，不受圃地限制，节省种子，有利良种化，有利于机械化和工厂化，苗木规格统一，是提高造林质量的重要手段之一。不足之处为育苗成本高，搬运苗木上山用工较多，生产造林投资大。造林地条件恶劣、成活率低的地方，用此方法可保证造林成功。造林容器苗不宜过大，要保持根球、枝叶完整，避免受损。一般情况下容器苗移栽可不受季节限制，但应尽可能避开在高温且长期干旱季节进行移栽。如红楠、华东楠等幼期喜阴树种，在夏季移栽时，最好有遮阴条件。

（四）珍贵树种的无性繁殖技术

1. 珍贵树种的扦插繁殖技术

扦插也称插条，是一种培育植物的常用繁殖方法。可以剪取某些植物的茎、叶、根、芽等，或插入土中、沙中，或浸泡在水中，等到生根后就可栽种，使之成为独立的新植株。不同植物扦插时对条件有不同需求，树种的不同生物学、生态学特性不同，在插穗的选择和处理、温度和湿度控制上各有不同，也是关系到能否扦插成功的关键性的问题。在珍贵树种扦插上前人做了大量的工作，如南方红豆杉、桂花、鹅掌楸、水杉、银杏、秃杉、雪松、绒柏、龙柏、罗汉松、香果树等树种取得了成功，摸索了穗条部位、发育年龄、长度、土壤基质、环境条件等对成活率的影响。

2. 珍贵树种的组培技术

珍贵树种大多生长速度慢，开花结实迟，种子少或难予收集，实施组培技术对于少种子或扦插难存活的树种具有重要意义。如银杉播种育苗，因种源极缺、且种子空瘪率很高、难以繁殖大量苗木，采用扦插繁殖，亦然缺乏材料，且生根困难，限制了其发展。通过组织培养方法，快速繁殖木本植物是为植树造林提供大量优质苗木的一个重要途径，尤其是繁殖优良树种和难繁珍贵树种的捷径。用于繁殖或保存优良珍贵树种，在生产上很有应用价值。前人在珍贵树种的组培的最佳外植体、培养程序及培养基配方等方面做了些工作。如南方红豆杉的组织培养基以 B5 为基础，多与 IAA、NAA、KT、6-BA 等外源激素组合使用，取得较好效果。香果树叶外植体诱导植株再生，柚木茎尖的培养，樟的离体繁殖等也都作了些研究。

二、珍贵树种山地造林技术

（一）树种选择

福建是我国南方重点林区，自然条件优越，树木种类繁多，是许多珍贵树种的适生区，如楠木、红豆杉、黄花梨等。树种的选择必须坚持多样性原则，越是比较好的立地，越宜选择种类更为丰富的珍贵树种多样配置，以营造结构复杂的森林体系，发挥更好的生态效益和生产潜力。珍贵树种的选择既要满足国民经济建设的需要，又不能违背其生物学生长的基本规律，否则不能达到造林目的。

在生物学特性上，树体高大的树种需要较大的营养空间，因而要求比较高的立地条件。其木材和枝叶的产量比较高，美化和改善环境的效果比较强烈，适宜作为用材林、防护林、风景林、文化林等特种用途林。

通过对众多人工造林珍贵树种的生物学和造林生态学特性的进一步调查研究和系统总结，为各地确定了一些主栽的珍贵用材阔叶树种。如邵武的马褂木和光皮桦、浦城的山杜英、建瓯的福建含笑、沙县的乳源木莲、三明的观光木、武平等地的南酸枣、尤溪的细柄阿丁枫等人工造林极具地方特色。福建省中亚热带和部分南亚热带的中山，低山山地适宜发展南方红豆杉，应选择水湿条件比较好，土层深厚的山地。

树种对于环境条件的需求，主要表现为与光照、水分、温度和土壤条件的关系。珍贵树种对于热量的要求也有较大的差异，这与其水平分布区和垂直分布有关，分布得越靠北，海拔越高，对于热量的要求也就越低。以福建省的格氏栲为例：格氏栲分布于福建、江西、广东、广西、湖南等地海拔 200~1000 米及台湾地区海拔 2900 米的天然林内，属中性偏喜光树种，幼苗时耐阴，怕日灼，喜高温多雨、湿度大的山区。对立地要求不苛，适应性强，生长迅速，速生期持续时间长。对珍贵树种生态习性的了解将有助于营造大面积的珍贵树种林区。

（二）适地适树的途径与方法

一般造林的适地适树的途径可归纳为两条：一是选择，即选地适树和选树适地；二是改造，即改地适树和改树适地。在选择上，就是根据当地的气候土壤条件确定了主栽树种或拟发展的造林树种后，选择适合的造林地；而选树适地是在确定了造林地以后，根据其立地条件选择适合造林的珍贵树种。在改造上，由于珍贵树种对生境要求通常较高。现今大部分造林只能寻求改地适树的方式，通过整地、施肥等土壤管理以及树种混交综合措施改变造林地的生长环境，使立地适合于所培育的珍贵树种的生长。

在立地条件划分的基础上，进行对比分析，判断不同立地上的适生珍贵树种种类；在第一步的基础之上，比较培育目标，确定造林树种类别；根据种苗来源难易程度以及栽培技术是否成熟等因素，确定用于造林培育的主要珍贵树种；同一地区，在选出主要造林树种的同时，还要选出次要造林树种，此举将可获得复合收益，并可降低单一种营造的风险。

（三）珍贵树种的引种驯化技术

种质资源收集与保存已经展开，厦门、南平、福州等地分别建立引种树木园，并开展了优良珍贵树种引种驯化、种质资源收集和异地保存技术等方面研究，丰富了福建栽培珍贵树种的种类。

福建省林业科学研究院从台湾省引进 21 个树种，通过建立试验林、示范林及推广应用比较，陆续将一些适应性强，生长较好的树种在闽南、闽北及沿海地区进行造林试验，通过对主要台湾引种树木的综合调查和评价，总结提出适宜福建省山地造林的台湾珍贵树种。如红桧、台湾肖楠、台湾扁柏等。

红锥、格木、油杉、西南桦、米老排、火力楠、柚木、蚬木、香梓楠、观光木等树种进行了程度不同的改良或引种、人工育苗、人工造林技术等方面研究。

（四）珍贵树种的优良材料选择

开展了福建柏、光皮桦、芳樟等树种的优树选择、在建成了种质资源库，筛选出了表现优良、生长稳定的优良家系。建立了马褂木母树林 13 公顷（邵武市、政和县）、乳源木莲母树林 15 公顷（沙县）、细柄阿丁枫母树林 8 公顷（尤溪县）。为福建发展珍贵树种造林提供优良材料。

对三明莘口教学林场 30 余年生的测定林进行珍贵用材树种的优选。对 10 种珍贵用材树种的多目标决策结果表明，表现最佳的当数红锥和楠木；其次为檫树、格氏栲、沉水樟、黄楮；而樟树、木荚红豆、鄂西红豆和青冈表现较差。

（五）立地选择及与树种优化配置技术

珍贵树种对立地条件一般较比较敏感，在较好立地上才能较好生长。如马褂木在较好立地上 8 年生立木蓄积高达 119.4 立方米 / 公顷和 143.4 立方米 / 公顷，在较差立地上为 54.9 立方米 / 公顷。36 年生的楠木纯林，在一类立地上平均胸径和单株材积分别达 27.10 厘米和 0.4670 立方米，分别是 Ⅱ 的 1.76 倍和 3.13 倍。相反，格氏栲和光皮桦等树种的适应性较强，可在多种立地造林。

1. 针阔混交、阔阔混交和纯林经营技术

乳源木莲、福建含笑、樟树、格氏栲等树种与杉木的种间关系协调，针阔混交效果良好。若要发展樟树用材林需种植在较好立地上，山地造林应发展混交林，纯林生长不稳定。阔阔混交尤其是落叶阔叶树与常绿阔叶树混交效果也很好，如马褂木与山杜英、光皮桦与木荷、锥栗与乳源木莲等。然而在较好的立地上，很多优良珍贵树种都可以纯林经营，如马褂木和乳源木莲等在较好土壤条件下纯林经营效果良好。楠木与杉木等混交则因杉木早期生长快，并迅速超过楠木，导致楠木成为被压木而生长不良，其纯林造林模式的造林效果比混交林好。若要营造楠杉混交林，伴生树种杉木的比例必须减少，而且在伴生树种生长超过楠木时，应尽快间伐去伴生树种，防止楠木被压。通过混交培育珍贵树种人工林还涉及到混交比例、混交方式、树种和培育目的不同，则混交比例和方式也有异。

2. 杉木萌芽更新套种或林冠下造林技术

杉木萌芽更新套种优良珍贵树种是一种低投入、高产出、符合生态林业要求的优质珍贵木干材培育理想经营方式，尤其是针对大面积的杉木人工林的迹地更新意义极为重要。建瓯营造了杉木萌芽套种珍贵阔叶树的试验林，套种树种包括马褂木、乳源木莲等，套种密度每亩 50~90 株，从早期表现来看非常成功，值得大面积推广。林冠下珍贵树种造林技术对于松杉人工林的改造和较耐阴珍贵树种的培育有重要意义，研究发现松杉林冠下种栽细柄阿丁枫、山杜英等均很成功。

3. 珍贵树种的密度控制技术

根据培育目标、立地条件、树种确定造林密度。一般株行距为 1~2 米 × 1.5~2 米，每公顷 12505~6660 株；立地条件好的可适当稀植，立地条件差的可适当密植；培养用材林可稀植 3000~4500 株/公顷。要了解造林密度与林木生长，木材质量的关系，各种配置方式的特点及应用；分析纯林、混交林的特点及其应用条件，树种种间关系的表现形式和作用方式，种间关系如何进行调控等。如闽楠初期生长较慢，造林 5~6 年后，幼林开始郁闭，但在林分郁闭后的前二年，林木分化不明显，尚未出现自然整枝；造林后 9~10 年生时，自然整枝开始，林木分化明显。此时应进行第 1 次抚育间伐，间伐强度 30%~35%，每公顷保留 1950~2400 株。间隔 5~6 年后，当树冠恢复郁闭，可安排第 2 次间伐，间伐强度 30% 左右，每公顷保留 1200~1650 株。在土层深厚、肥沃立地条件好的地方培养大径材，在第二次间伐后的 4~5 年，还应进行第三次间伐，每公顷最后保留 750~900 株。

三、非规划林地造林技术

（一）非规划林地造林的特点

与山地不同，非规划林地中的宅旁、村旁，水旁、路旁的隙地一般土层深厚，土撰湿润、肥沃，交通方便，用以栽植树木，不仅生长快，收益大，而且便于经营管理，能部分解决农村生产、生活对木材和其他林产品的需求。非规划林地的种植密度应根据不同树种确定，零星种植原则上株距不小于 2.5 米，双行以上的行距不小于 2.5 米，以 100 株折合 667 平方米计算。县级以上林业主管部门给予适当补助。另外，城市人口密集、工业集中，一般废气烟尘多，噪音污染重，工业区空气中往往含有较多的烟尘和有害气体，非规划林地造林尤其是四旁有了树木，将起到改良环境、卫生保健以及护村、护路、护岸等作用。

（二）非规划林地造林的树种选择

根据区位不同，将非规划林地的宜林地分为村庄周边，房前屋后，道路两侧，农田林网，红树林宜林滩涂等 4 个类型。根据树种选择原则和树种的栽培生物学特性，选择合适各地各类型非规划林地主要造林珍贵树种。

在全面调查研究和充分分析的基础上，需要把造林目的和适地适树的要求结合起来统筹穿排。在一个经营单位内，同一种立地条件可能有几个适宜的树种，同一个树种也可能适用于几种立地条件，要经过比较，将其中最适生、实用面最广、经济价值最大的树种列为这个单位的主要造林树种。每个经营单位根据经营方针、林种比例及立地条件特点，选定为主要造林树种的只是少数几个最适合的树种，但要注意，同一个单位内的树种也不能太单调，要把阳性树种（如降香黄檀）和耐阴树种（如沉香）、针叶树种（如秃杉）和阔叶树种（如香樟）、对立地条件要求严格的树种（如长叶榉）和广域性树种（如银杏）适当地搭配起来，确定各树种适宜的发展比例，使树种选择方案既能发挥多种立地条件的综合生产潜力，又能满足国民经济多方面的要求。

四、重点攻关技术

（一）珍贵树种山地造林技术

1. 珍贵树种良种选育

缺乏强有力的技术支撑和优良的种源。相对于主要造林树种，珍贵树种的良种、育苗和造林等研究滞后，研究的深度和广度都相当有限。如采种难，育苗难，缺少必要的遗传改良等。

种子来源困难是珍贵树种人工林培育发展的瓶颈之一。采种困难，难以做到稳定供种将影响珍贵树种人工林的规模化发展。应将优良珍贵树种采种基地和母树林作为一项重要工程来抓，不仅可解决珍贵树种种子供给困难这一瓶颈，又可达到种质资源保护的目的。一方面可将一些保存较完好的天然珍贵树种群落林规划为采种基地，另一方面可将进入结实期的现有人工纯林和混交林通过去劣疏伐改建成母树林。加强采种基地和母树林种子丰产技术研究。另外，尽管福建省珍贵树种种质资源丰富，但仅马褂木、光皮桦等个别树种开展遗传改良工作，多数树种还是物种水平上的利用。优质、高效珍贵树种资源的培育，良种选育和应用是根本。应组织联合攻关协作组，针对不同培育目标加强福建省主要珍贵树种良种选育的攻关。

2. 珍贵树种的繁殖新技术

珍贵树种具有生长慢、结果少、种源极缺、且种子空瘪率很高、难以繁殖大量苗木等特点，开展珍贵树种的扦插、组培等新技术研究，解决种苗繁育等问题，是开发利用珍贵树种种类和大量种植的前提和基础。

3. 适地适树培育技术

珍贵树种适生的立地条件要求非常严格，树种选择十分重要，首要原则是适地适树。树种选准了才有成功的可能。各地应先推广技术较成熟的树种，引种试种一些新的有发展潜力的树种，千万不要未经试验盲目发展。

4. 树种改良技术

福建省珍贵树种资源十分丰富，有许多材性优良、速生、丰产、适应性强的树种，但珍贵树种遗传改良仍十分滞后，多数树种仍处于野生状态，尚未开展遗传改良，生产造林仍是有种就采、有种就用。珍贵树种种类虽多，但单一树种资源少、分布窄而分散。根据珍贵树种种质资源特点和遗传改良现状，树种改良应采取长短结合、系统改良与局部突破结合的改良策略；边改良边利用，边研究边推广的策略。对分布较广的、种质资源丰富的树种重点改良，对种质资源分布不广的树种进行小改良，而对种质资源分布窄的树种不进行改良，直接采种育苗。

5. 栽培技术集成配套应用

与主要造林树种马尾松、杉木等相比较，目前珍贵树种造林显得十分粗放，没有针对不同树种及其培育目标制订出个性化的育苗、造林、抚育管理、森林经营的技术体系，最终表现为珍贵树种育苗难、造林成活率低等现象。因此，应加强主要优良珍贵树种造林技术体系的研究与推广工作。

建立优良珍贵树种试验示范林，在全省各地建立一批优良珍贵树种的引种试验林、区域试验林、试验示范林。大力发展经过区域试验和技术成熟的优良珍贵树种，积极开展有潜力的优良珍贵树种的引种驯化试验和区域试验，科学有序地发展优良珍贵树种。

（二）珍贵树种的管理与保护技术

福建省是我国生物多样性较丰富地区之一，同时又是生物多样性受到最严重威胁的地区之一，由于森林乱砍滥伐，使福建的许多植物种类已变濒危和渐危。植物出现濒危的原因是多种多样的、综合的，即有外来因素直接或间接的影响，又有自身适应力等因素的影响，由于出现濒危植物这一问题本身的复杂性，所以对濒危植物的保护与管理显得尤为突出和重要。

1. 山地造林中珍贵树种的保护技术

在山地造林中，珍贵树种被破坏的原因是多种多样的，外来因素直接或间接的影响较为复杂，因此对珍贵树种的保护与管理显得尤为突出和重要。综合分析，应该从以下几个方面对山地造林中的珍贵树种进行保护。

天然林是许多野生珍贵树种自然生长的聚集地，对特殊珍贵树种的群落生长尤为重要。保护天然林，就能很好地保护珍贵树种，增强其野生繁衍扩展能力，同时也保护了相应生态系统的生物的多样性。应根据天然林生长慢的特点，进行科学的经营和管护，提高天然林的质量，使其更好地发挥生态效益和社会效益。同时以林业分类经营为契机，把珍贵树种列入生态公益林管理，落实管护资金与管护责任制，严禁采伐，以促进珍贵树种种群的恢复与发展。

珍贵树种保护与开发并重发展。要加强对珍贵树种的生态学、生物学、林学特性和栽培繁殖的研究，不断改进珍贵树种的人工培育技术。特别是数量稀少、培育周期长，而社会需求量大、有广泛发展前景的珍贵用材树种、经济林木、药用珍贵树种、珍贵观赏树种人工培育的研究，通过建立基地，扩大种植等途径，做到保护与开发并重发展。缓和供求矛盾，减轻保护压力。

2. 非规划林地树种保护技术

为加强对非规划林地珍贵树种的保护和管理，发挥乡村非规划林地栽培珍贵树种的生态效益、社会效益和经济效益，根据《中华人民共和国森林法》和《中华人民共和国森林法实施条例》的有关规定，非规划林地造林要按照因地制宜、宜林则林、适地适树的原则，做到认真种植、细致管护、权责清晰、效益显著。

落实管理队伍，实行地段岗位责任制，确保种一棵活一棵，种一段成一段；镇区政府及其村民委员会（居民委员会）可以依法制定相应的规定，规范管理非规划林地种植珍贵树种的行为。任何单位或个人不得在非规划林地上设置影响树木生长的障碍物，或倾倒有损其正常生长的有害物质，违反规定的，责令改正；使珍贵树木受损的，按情节轻重，依法追究当事人的责任。依法保护非规划林地珍贵树种栽培经营者和管理者的合法权益，执行"谁种谁收""谁投资、谁收益"的政策，任何单位或个人不得侵占经营者、管理者依法享有的合法权益。

第四节　竹林与经济林培育关键技术

作为非木质资源的竹类植物，以其特有的生长特性和多功能用途，在天然林保护、退耕还林等防护林建设，在发展竹材人造板，竹浆造纸等减少木材消耗，在调整农业产业结构、农业增效、农民增收等方面，都发挥重要的作用，集经济、社会、生态效益于一体。福建地处祖国东南沿海，是海峡西岸一颗璀璨明珠，具有得天独厚的自然地理优势，竹木资源丰富，素有"竹木之乡"之美誉，是我国竹子的重点产区之一，竹林面积久居全国榜首。

经济林是福建林业很有潜力的产业之一，是提高福建省人民生活水平，增加林农收入，安排林区富余劳动力的重要途径。经济林产品的购买潜力很大且已不断地转化为现实的市场需求，如茶叶、药用植物、野生动物养殖等。在切实保护好现有资源，拯救珍贵濒危物种的同时，又能丰富人们的物质和文化生活。

一、竹林丰产培育技术

人工经营竹林的产量与竹林结构、立地条件和定向培育技术三者关系极为密切，竹林产量或生态功能效益的形成，其内因是竹林结构，外因是立地条件，而定向培育技术是通过调节竹林结构和改善竹林生长环境条件来影响竹林产量，在一定条件下，它起着决定性作用。因此，竹林实施分类经营和科学的定向培育，是竹林可持续经营的理论基础，是21世纪世界产竹国竹林资源发展与利用的必由之路，是竹业持续发展的希望所在。

（一）毛竹林丰产培育技术

1. 竹林营造与管护技术

新造毛竹林的营造关键技术应从：造林地选择，林地整理，造林密度，造林季节、母竹和竹苗规格以及挖掘，运输和栽植技术等环节入手，做到"适地适竹"，土壤、坡度、海拔、水源条件应为综合考虑因素。根据劳力，造林地条件，造林方法及拟采用株行距等不同决定造林方式；根据毛竹生长特性和气候条件选择最佳造林季节；保护好母竹与竹鞭的连接点，加强幼林抚育。以短养长，以耕代抚，间种豆类、花生、绿肥等以中耕不能损伤竹鞭和鞭芽为幼林抚育的关键技术；适当除草松土，施肥，掌握好疏笋疏竹，秋冬疏伐，以疏去弱笋，小笋及退笋，保留健壮竹笋等。

2. 成林丰产培育技术

不同经营目的，其相配套的丰产管理措施也有一定的差异。依据毛竹用途不同，可将毛竹林划分几种类型：笋用林，材用林，笋竹两用林等。①笋用林丰产培育技术如土壤管理、科学施肥、合理利用竹笋、竹林结构动态管理、竹鞭生长调控。②材用林丰产培育技术如劈山松土、合理施肥、护笋养竹、合理砍伐。③笋材两用林培育技术如留笋养竹、增施肥料、合理调整竹林结构。④毛竹低产林改造技术如林地全垦、四深四浅、调整林相、四改四留、合理立竹度、四密四稀、调整竹龄结构、四看四砍。

3. 毛竹林病虫害防治技术

病虫害的发生严重影响毛竹林的生长，降低竹林的产量、质量，也是形成低产林的原因之一。加强病虫害预测预报及防治是一项主要措施。对症下药，采用竹腔注射、施放病原性线虫和投放有关天敌等先进方法，并辅以其他防治手段，做到既控制灾情、降低损失，又保护环境、避免人畜受害。防治措施有：①加强竹林抚育，劈山松土，每年或隔年一次。②小面积发生竹林可采用人工捕捉幼虫或成虫防治。③用80%敌敌畏乳油1000倍液喷洒成虫。施肥烟雾剂和白僵菌防治毛竹小叶蜂和刚竹毒蛾。

（二）丛生竹高效经营技术

绿竹、麻竹为福建省主栽的丛生竹种，具有生长快，产量高、用途广、效益大的优良经济性状，随着竹笋广受社会需求，竹材的开发项目增多，栽培面积不断扩大，价格也不断上扬。经营密度（立竹数）与造林密度、土壤肥力状况及丛围大小等因子有着密切的关系。

1. 绿竹丰产培育技术

目前生产中采用的造林方法是无性繁殖的母竹移栽和插枝育苗造林。提高造林成活率的关键技术之一是保证母竹的质量，即母竹的年龄，笋芽的保护，竹苗的保湿技术。此外，发展绿竹生产应考虑其丰产结构、丰产生境及适宜生长的立地，即立地选择是关键技术之一，以富含腐殖质的中性至酸性的壤土、砂壤土或冲积土，易于排水，便于灌溉的小地形为佳。①竹林营造技术；②林地管理技术如扒晒技术、土壤管理技术、配方施肥技术、水分定量管理技术；③合理采伐技术；④竹林结构管理技术；⑤散生状培育技术。

2. 麻竹丰产培育技术

麻竹林培育的技术关键因素应包括竹丛密度、丛立竹数和立竹径级及年龄配比。麻竹属中大型丛生竹种，控制竹丛密度的主要途径是掌握合理的初植密度。麻竹单株立竹蔸部笋目数量相对稳定，丛立竹数对丛出笋数有显著影响，当丛立竹数8株以下时，丛立竹数及丛出笋数符合线性增长规律。①麻竹林分结构调控技术；②土壤管理技术。

3. 丛生竹病虫害防治技术

病虫害防治遵循"预防为主，综合治理"的防治方针。麻、绿竹主要病虫害为竹蚜虫、竹丛枝病、竹小蜂、竹笋象、竹蚧虫、竹秆锈病。防治对策：清除越冬病虫源，3月份前剪除丛枝，竹小蜂，竹蚧虫、黑粉等病虫枝条；对竹秆锈病采用挖除冬孢子堆；蚜虫可采用乐果、敌敌畏涂竹环可取的防治效果。

（三）散生中小径竹培育技术

过去中小径竹俗称"杂竹"，其经济价值与栽培意义一直没有得到重视。随着社会对绿色食品需要的增长，竹笋以其营养丰富、口味鲜美、无污染越来越受到消费者的青睐，而且中小型竹种类多，笋期前后交错，是四季都有出笋，不仅保证鲜笋市场，而且为笋加工企业提供重要原料。同时中小径竹也是造纸和加工竹制品出口创汇的重要原料，还是城市和居民绿化、美化的重要观赏竹种。近年，福建省人工经营的主要散生中小径竹有黄甜竹、高节竹、红哺鸡竹、雷竹、石竹、方竹、刚竹等。

黄甜竹属酸竹属，是福建省特有的最为优质笋用竹种之一，其竹笋质细嫩，味甜质脆，鲜美无涩味，营养成分较为丰富，适合山区栽培，笋期长。目前多采用早出、高产覆盖技术，竹笋可提前在春节前后上市，产量不仅提高到每项公顷15吨以上，而且每公斤售价是盛期笋价的5倍以上，大大激发农户的积极性。研究表明，在12月对黄甜竹林地覆盖谷壳、谷壳+牛粪，稻草都可以明显提高地表温度，使出笋期提前1个月多，采用谷壳+牛粪、谷壳覆盖处理的投入产出比都在1：3：3以上，每年亩纯收放比对照提高2倍，同时应加强竹林留笋养竹的管护，保持合理的立竹度、竹林年龄结构、土壤措施、初植密度也是影响竹林产量和质量的重要因素。

二、经济林培育技术

（一）油茶林培育技术

1. 油茶良种选育

近30年来，福建省油茶良种选育和推广工作取得了很大的进展，以省林科院熊年康等人为主的研究小组，筛选出的油茶杂交优闽1~闽32等32个品系，年均产油量达686.332~1046.909公斤/公顷，比国内优良无系性标准（年均产油量450公斤/公顷）增产52.518%~132.646%，而且对炭疽病具有较强的抗性。另外该研究小组在1985年还筛选出油茶闽43、闽48、闽60三个优良无性系。与此同时，芽苗砧嫁接新技术繁殖苗木也获得成功。闽43、闽48、闽60三个优良无性系栽培结果，分别比对照区增产411.4%、168.9%、282.1%。

南平市不仅从本地的油茶树种中选出了10个品质优良品种，而且从江西省林科院引进24个产量产油率高的优良品种，在浦城县仙阳镇建立100亩的良种选育示范基地和60亩的良种采穗圃。2005年顺昌县从湖南引进油茶新品种"衡东大桃"在国有采育场开展试种工作，试种面积300亩，该品种亩产油量达45~50公斤。泰宁县林业科技推广中心于1999年引进闽43、闽48、闽60三个优良品种，在大龙乡建立50亩油茶丰产示范片，营建和改造油茶低产林800亩。福安市引进了闽43、闽48、闽60等优良新品种，建立了采穗圃和种子园，还从湖南等地引进14个家系进行栽培对比试验，通过改造的油茶林平均单产从30~37.5公斤/公顷上升到198公斤/公顷。福安市国营苗圃选育的油茶优良无性系安优4、优良家系安优11、安优10及安优5等5个优良品种经过8年的种植试验，确定其具有适应性强、生长快、早实、丰产等特点。定植6年后，每公顷产油量在150公斤以上，增产7.41~9.35倍，冠幅产油量增产3.48~4.35倍。

2. 油茶栽培技术

培育壮苗的技术要点是：①选好圃地，要选用病虫害少、排水良好的土地作苗圃，注意不重茬。②施足基肥，嫁接前1个月筑床，每667平方米至少施复合肥100公斤。成活抽梢后，每30天再施复合肥5~10公斤。③适时嫁接，严格掌握在接芽发育后及早完成嫁接。④适度遮阴，采用透光度40%左右的遮阳网遮阴，使苗木在高温季节仍能抽梢。⑤做好圃地管理，及时除草、摘花芽。

（二）锥栗栽培技术

1. 锥栗优良品种

锥栗的优良品种主要有：①早熟类型的有白露仔、处暑红。②中熟类型的有乌壳长芒、毛榛、麦塞仔、薄壳仔。③晚熟类型的有黄榛、油榛、材榛。

2. 锥栗栽培技术

在确保优良品种的前提下，选择砧木与穗条愈合良好，生长健壮，根系发达，无病虫害或检疫对象Ⅰ、Ⅱ级的嫁接苗。营养元素的补充以氮、磷、钾需要量最多，钙、镁、锰、铁、硼、锌等微量元素不可缺少。一般酸性土应补充钙、镁元素，多施钙镁磷肥。幼龄树施肥在定植当年，成活后追肥1次，第2年至第3年，于3月中下旬栗树萌芽前施1次速效肥，11月下旬施越冬肥。结果树一年施肥3次，芽前肥、壮果肥和补体肥。树体整形方式采用自然开心形。休眠期修剪以1~2月最为适宜。生长期修剪自4月上旬至8月上旬开展抹芽、摘心、控梢、剪除徒长枝等。栗实应在生理成熟栗苞由绿转棕黄色并开裂时采收，采收的栗实应薄摊于阴凉处摊凉1~2天，清除杂质及捡净如病虫果、干瘪果、霉烂果、畸形果、机械破损果及未成熟果等，并根据质量等级指标进行栗果分级后包装销售或贮藏。

三、重点攻关技术

建立持续高效的现代化产业，以资源培育为基础，以低产林改造和培育高效丰产林为重点，以市场需求为导向，以市场促加工，以加工促资源培育，形成竹工贸、产供销一条龙的产业体系，实现竹业和经济林产业的可持续发展。

（一）竹林可持续经营技术

从竹林资源入手，以毛竹培育为重点，抓好大面积低产林改造，对竹林实施分区指导、分类经营，提高现有竹林单位面积产量与质量，达到整体相互协调，局部分而治之的目的，从而实现区域自然资源、技术资源和社会资源的最优化资源配置。优化资源结构，开发中小径竹，拓宽竹业发展空间。挖掘具有地方特色的乡土经济竹种，引进省内外优良竹种，优化竹种结构，以满足市场对笋竹产品日益多元化的需求，将沿海地区丛生竹与内地山区散混生型笋材用竹种分区发展，同时结合生态省建设，在沿江沿溪重点地段和沿海防护林内侧地发展生态竹林，发挥竹林防护效益。竹林培育要推广高效定向培育技术。改变过去从单纯追求竹林产量数量型转向质量效益型，运用新的培育技术和经营模式，实行高投入、高产出、高科技、高效益、集约化规模经营，逐步实现向商品竹林建设、生态竹林建设方向发展。

1. 高效竹林的生态培育技术

从20世纪70年代开始福建大力推广毛竹纯林，把竹林中伴生树种砍伐殆尽，使得原有竹木共生共荣、生态功能互补的竹木混交林生态系统遭受干扰与破坏。因此按照生态系统的原理，充分认识竹林结构的生态脆弱性，以实施分区指导和分类经营，采取生态培育技术措施，立足竹林的生物多样性、可持续经营、水土保持、CO_2固定和对环境的影响等方面考虑，研究立地改良、竹林结构调整和防火减灾技术措施等，建立竹林生态功能与效益评价体系，采取优化组合的配套技术改善竹林生态质量，从而建成竹林可持续经营新模式。

2. 低产竹林改造技术

在过去的几十年里，福建竹业发展迅速，竹子资源面积不断增长，其中低产林所占比重虽然很大，但其效益增长潜力也巨大。现阶段，福建竹林面积应从面积扩张型向单产高效型转化，分析低产林形成的原因和特点，划分类型，"对症下药"，科学合理的改造，应用现代养分平衡和土壤快速测试相结合的施肥调控技术模式，研究建立以林地土壤生态管理、竹林结构动态管理、平衡施肥、竹笋采收等技术规范为核心的低产林改造经营技术，优化竹林的生态系统，充分发挥竹林的自然调控能力，同时研究应用参与式方法进行竹林改造技术推广，为加快福建省竹林低产低效林改造步伐提供有力支撑。

3. 竹笋无公害栽培技术

一些地区竹林由于经营措施不合理，林地受到不同程度的污染，特别是为了片面追求经济利益，过量过度地不合理使用农药、化肥，导致食用鲜笋的农药残留量超标。因此通过开发无公害竹笋生产，不仅保证了食品安全、减少餐桌污染，而且减少环境污染，符合建设生态福建的发展战略。2004 年制定了福建省地方标准 DB35/T 549—2004 "无公害竹笋生产技术规范"，今后需进一步从竹林施肥技术、竹笋培育技术、病虫害防治技术等方面规范无公害竹笋的生产，提升笋产品的质量，充分发挥出福建竹类资源的优势，从而增强福建省竹笋产品在国内和国际市场上的竞争力。

4. 竹林专用肥料的研发技术

过去对竹林养分循环研究多注重于竹林施肥效果、林分枯落物养分归还等方面，从土壤生态系统"暗箱"层面上研究涉及较少，我们应以 N、P、K 等竹林生长发育所必需的基本元素为对象，从不同肥源和不同施肥季节及施肥方法等基本元素在土壤中吸附、释放、损失、累积等循环规律和有效利用效率为基点，研发系列竹林专用肥料，辅以有机肥，从时间与空间上合理分配实施，更好地适应福建省竹林立地条件多变的特点，有效强化资源培育，提高竹林单位面积产量与质量。

5. 散生中小径竹衰退竹林的改造技术

一些长期经营的散生中小径竹出现衰退现象，主要是由于长期粗放管理或掠夺性经营，长期连续耕作，土壤板结，竹林结构严重失衡等人为的经营干扰和干旱等逆境，造成竹林生长势弱，病虫害猖獗，竹林开花等竹林衰退。衰退竹林的改造应充分依靠自然力，采取定向培育技术，研究立地改良、竹林结构调整和防火减灾技术措施的优化组合技术，恢复竹林自我调控机制，提高竹林生产与生态质量。

6. 丛生竹高效培育技术

丛生竹培育按其定向培育的目标不同而各异，纸浆竹林的高效培育技术是当前急需提高的技术，针对木材原料缺口大，需求与资源短缺的矛盾十分突出，大力发展竹浆造纸，可以缓解我国木材的供需矛盾。丛生竹散生状培育的良好技术已见成效，如何更有效地达到丛生竹散生状培育的最大效益化，包括定量施肥、定点留笋养竹等技术性问题需要深入研究。

7. 竹林病虫害预警及控防技术

竹林的不科学经营产生系列生物链锁反应，竹林生态稳定性差，各种病虫害容易发生，据统计，每年发生刚竹毒蛾、竹蝗、毛竹枯梢病、叶螨等病虫害至少在 20 万公顷以上，造成重大经济损失。因此竹林病虫害防治，需考虑经济效益、环境生态效益和社会效益的关系，开展综合治理。现阶段，应立足竹林生态学，本着"预防为主，综合防治，防重于治"的原则，研究探讨竹林病虫害的预警及其控防技术研究，研究监测预报和施行预防的有效措施，优先采用物理防治和生物防治，使竹林害虫能较长期地稳定在低密度水平。在方法上，以各种营林措施为基础，提高经营水平，加强竹林培育管理，合理地、最大限度地保护害虫的天敌，建立良好的竹林生态环境，为竹林可持续经营提供保障。

（二）经济林丰产栽培技术

1. 油茶良种繁育基地建设技术

加强良种选育和配套栽培措施的研究以及良种示范宣传力度，提倡良种和无性繁殖苗木造林，加强低产林改造，培育出有一定规模，集育苗、造林、生产、科研为一体的油茶树生产基地或企业。建立省级良种繁育基地。把好良种关是提高良种造林效益的关键。建立省级良种繁育基地，完善良种繁育制度，实行苗木生产良种化、标准化和基地化管理，以规范苗木市场，防止假冒伪劣种苗泛滥，保证良种繁育和推广工作的顺利进行。

2. 锥栗丰产栽培技术

（1）锥栗高产稳产的规范化栽培技术

加强规范栽培措施研究，推广丰产栽培技术，改造低产林，提高集约经营水平，实现高产、稳产、优质。目前的锥栗单产普遍偏低，若能在栽培措施和管理上下工夫，单产上升的空间还相当大。栽培措施和管理主要应重视四个环节：种苗选择；授粉；营养管理；合理密植和植株矮化。

（2）锥栗产业化经营体系和质量标准化体系建立

建立锥栗产业化经营体系和质量标准化体系，加强对加工企业的支持，搞好锥栗收购、储藏、加工。目前建瓯市已经建立了建瓯锥栗国家标准和地方标准，应大力宣传，加大这些标准的执行。

第五节　森林灾害预警与控制技术

林业有害生物、森林火灾是森林"三害"中的两害，对森林资源造成严重破坏，是林业持续快速、健康协调发展的主要制约因素。"十五"期间，福建省年均林业有害生物发生面积近30万公顷；福建也是全国重点森林火险区，全省84个县（市、区）中被列为国家重点火险单位的有54个，占全省县级行政区划的64%，年均森林火灾上百起，过火面积数千公顷，森林防火任务历来十分繁重。林业有害生物的猖獗危害，特别是松树危险性林业有害生物的扩散传播，森林火灾的频繁发生，严重破坏了福建省造林绿化成果，威胁着国土生态安全，阻碍了绿色海峡西岸和生态省建设的进程，每年造成上亿元的经济损失。因此，对森林灾害预警与控制技术进行攻关研究，是海峡西岸现代林业建设的重要内容之一。

一、林业有害生物预防与控制技术

根据国家林业局提出的用"林业有害生物"取代"森林病虫害"这个沿用了多年的概念，把森林有害植物、鼠（兔）害纳入防治范围；防治方针由"预防为主，综合治理"调整为"预防为主，科学防控，依法治理，促进健康"的有关精神，福建省坚持科学发展观，树立森林健康理念；充分发挥学科优势与特色，推进与造林、育种、生态等学科领域的交叉与渗透，注重与福建省林业建设和生态环境改善的重大问题研究相结合，以突出重点、分步实施为原则，扎实开展林业有害生物预防与控制的各项工作。全省大力推广飞机超低容量喷洒白僵菌和高效低毒农药作业、航空监测病虫害、利用引诱剂诱杀松墨天牛、繁育花角蚜小蜂控制松突圆蚧、施药肥和释放捕食螨防治竹叶害螨等先进适用的技术成果，有效地保障了森林资源和生态环境的安全，促进了林业的可持续发展。

（一）危险性林业有害生物综合控制技术

1. 松材线虫病综合控制技术

通过完善松树枯死木季度调查和松材线虫病秋季普查制度，实施疫情监测网络、松墨天牛活虫捕捉器、标本分离鉴定、快速检验等监控技术，做到了全面、及时、准确地监测出松材线虫病。由福建林科院开发的具有自主知识产权的 FJ-Ma 系列松墨天牛引诱剂已在我国大面积推广应用。总结出病死树择伐后熏蒸除害处理，悬挂诱捕器诱捕松墨天牛成虫，设置诱木诱集天牛成虫产卵，释放管氏肿腿蜂、白僵菌等进行生物防治，清理林间衰弱木和健康松树枯死侧枝，打孔注药治疗罹松材线虫病的松树，提高林分抗逆性的营林技术等行之有效的松材线虫病持续控制模式。为遏制该病害的扩散蔓延，巩固除治效果，维护森林资源、生态环境及生态景观的安全、减少重大经济损失提供了有效的保障。

2. 松突圆蚧综合控制技术

（1）采取以营林技术措施为基础。①对受害的松树按纵向带状进行皆伐，带宽 3~5 米，把砍下的松树及枝条拉出林地进行除害处理，然后在带内挖穴，套种台湾相思、马占相思、大叶相思、木荷等阔叶树种；②在松突圆蚧发生初期，对中、重度危害林分实施不同强度的间伐和修枝，使林分郁闭度控制在 0.5~0.7 之间；③在中、重度危害林分，孤立发生的林分，边界发生的林分实施皆伐小班内的松树，保留阔叶树等非松科植物，并及时进行造林更新。

（2）释放花角蚜小蜂的生物防治技术是防治松突圆蚧的关键、有效措施。

（3）化学防治技术措施是防治松突圆蚧的辅助措施。

3. 加拿大一枝黄花综合控制技术

通过实施人工铲除和喷洒化学除草剂等综合除治技术，控制了逸野群居的加拿大一枝黄花这一恶性杂草对生态的侵害。

（二）林业有害生物灾害综合控制技术

由于受全球气候变化和福建省气候异常的影响，近年来闽西北林区马尾松毛虫、刚竹毒蛾、竹蝗、毛竹枯梢病、宁德、福州等地柳杉毛虫，沿海地区松墨天牛、木麻黄毒蛾、木麻黄星天牛、棉蝗等主要林业有害生物严重发生。针对不同的林业有害生物种类，分别采取微生物和植物源农药为主要防治手段，配合应用物理防治和低毒化学农药防治技术，结合飞机与地面人工防治的配套应用，及时控制了灾情，减少了损失。主要综合控制技术有：马尾松毛虫综合控制技术、竹叶螨综合控制技术、刚竹毒蛾、竹蝗等毛竹食叶害虫综合控制技术、毛竹枯梢病综合控制技术、防护林木麻黄病虫害综合控制技术、柳杉毛虫综合控制技术、板栗产前病虫害综合控制技术。这些主要林业有害生物综合控制技术的应用可以有效地减少侵染源的数量，减少和防止重大林业有害生物对福建主要造林树种松树、毛竹、木麻黄、板栗等的毁灭性破坏，保护森林资源健康增长。

（三）白僵菌优良菌株选育及其生产应用综合技术

应用白僵菌生物防治害虫，对保护森林资源，减少环境污染，维护生态平衡，保护生物多样性，促进林业经济的可持续发展具有十分重要的现实意义。为实现白僵菌在无公害防治害虫方面的突破，研制出安全高效的专化性菌剂，开发出新的施用方法，提高菌剂的应用防治效果，"九五"以来，林业部门通过深入到各地不同环境状态下调查主要害虫自然罹病情况，采集不同害虫的僵虫和僵蛹，有目的地反复进行分离、纯化培养、复筛与定向筛选，全面系统开展高致病力优良菌株的筛选，开发出适用于防治主要害虫的白僵菌专化性菌剂。

（四）林业有害生物监测预警技术

监测预警技术是林业有害生物生态预防工程的重要手段和前提。"十五"期间福建省对 25 种主要林业有害生物实施监测。全省已建成国家级中心测报点 40 个，省级中心测报点 47 个。按分区管理的原则，利用常年监测与定期普查，地面监测与遥感监测相结合方法，加强了常灾区、偶灾区及重点地段的监测调查。建成以国家级中心测报点为重点，以省级中心测报点为补充的省、市、县、乡四级监测预警网络。

通过加强业务管理、基础设施投入、技术人员的配备、制度建设等，使林业有害生物监测调查手段更具科学性、管理更加规范，提高了监测的精度和水平，初步建成监测数据采集较为准确、分析处理及时、传输快速便捷、信息发布及时的林业有害生物监测预警体系，为各级政府和领导提供了更加及时、准确的决策信息，为防治提供科学依据。已建立的林业有害生物基础信息库系统、重大林业有害生物监测预报软件、中心处理系统和决策支持系统等防治检疫信息系统，为林业有害生物监测预警的信息化、网络化、现代化提供重要支撑。初步实现全面监测、早期预警、准确预报的目标。

（五）林业有害生物检疫御灾技术

检疫御灾技术是林业有害生物生态预防的重要保障。检疫监管工作得到加强，危险性林业有害生物防范机制初步建立。完善的检疫队伍和监测网络、严格的检疫措施和制度，较为先进快捷的检验手段，有效地防止了重大危险性病虫害进一步传播和蔓延。

通过实施森防项目建设，建立了综合性检疫实验室，初步开展了检疫鉴定和远程诊断，完善了省、市、县检疫信息网络；实行的松材线虫病秋季普查和松树枯死木季度调查制度，准确掌握了疫情发生动态；组织开展引进林木种苗检疫隔离试种，加强疫木源头管理，强化产地检疫和调运检疫审批，重点开展市场检疫检查，全面提高检疫防范水平，初步建立了一个上下贯通、运转高效、检测准确、处置及时的检疫御灾网络，实现从源头上控制疫情的扩散传播。福建省已初步形成了部门协调配合、分工负责、齐抓共管的长效防范机制。重点开展了松材线虫病、松突圆蚧等重要病虫害的有效、快速检测与除害处理技术研究。

（六）林业有害生物生态调控技术

根据林业有害生物可持续控制基础理论，结合现代林业的经营管理制度与技术措施，构建有利于自我保健的生态环境，发挥森林植物对病虫害的自然控制作用。对现有林通过及时卫生伐、间伐、低效林改造、封山育林等措施，新造林选用抗逆性强的乡土树种、经济树种造林，实施林果、经济植物、灌木、草本的立体综合开发，以株间、行间或带状方式混交，营造多树种、多格局、多层次的混交林或景观林，提高森林生态系统的免疫能力和自我调控功能。结合重点林业生态建设项目的实施，通过不同树种和品种配置、组成和结构调整、密度控制等技术，对马尾松、杉木、木麻黄、毛竹等纯林进行改造，营造多树种、多形式的混交林，切实做到因地制宜，适地适树，增加现有纯林生态系统的生物多样性，提高抵抗病虫害的能力。

二、森林火灾预防与扑救技术

（一）生物防火树种选择和林带建设

森林生物防火林带是利用不易燃烧的长绿阔叶植物栽植而成，能够有效阻断火灾的漫延。形成绿色屏障以后受益时间长，还能防止防火道上的水土流失，同时收到防火效益和生态效益。防火树种不但应该抗火性（指不易燃烧和阻止林火蔓延的能力）和耐火性（指树木遭火烧后的再生能力）皆具，而且还应该适应当地生长。具体要求为：①枝叶茂密，含水率高，粗枝大叶，皮厚叶硬，枝下高低，枯落物易于分解，自然整枝差；②不含挥发油树脂，抗火性强（根深、皮厚、含水率高），不易燃烧；③常绿，生长迅速，郁闭快；④适应性强，耐干旱瘠薄，萌芽力、抗病虫害能力强；⑤经济价值较高，深受林农欢迎。

针对福建省针叶林比例大、森林自身抵御火灾能力弱的实际，把生物防火树种选择和林带的建设技术作为森林防火的重点工作。对福建 37 种主要针阔树种鲜叶含水率、粗脂肪、粗灰分、

SiO_2、挥发油含量和燃烧热值、燃点、燃烧速度等 10 个因子进行测试，依因子的不同取值范围划分为 6 个抗火性能等级．其中棕榈、火力楠、灰木莲、乳源木莲等 4 个树种为一级，抗火性能最强；毛栲、竹柏、大叶相思、椤木石楠、楠木、青冈栎、木荷、油茶、茶树等 9 个树种为二级，抗火性强；格氏栲、丝栗栲等 15 个树种为三级；抗火性能最差的六级是马尾松、侧柏等 3 个树种。

（二）森林防火区划与防范

采用模糊聚类分析方法,用 13 项分配因子指标值进行数据标准化处理求算样本间的相关系数,建立模糊相似关系矩阵,构造模糊等价关系矩阵进行分类,并绘制模糊聚类分系动态图,最后根据林业区划原则要求,在地域上分区划片,把福建省森林防火划分为 5 个区：Ⅰ区为闽西北多资源少火区，Ⅱ区为闽南、闽西南多资源多火灾区，Ⅲ区为闽东少资源多大灾区，Ⅳ区为闽中中等资源中等火灾，Ⅴ区为闽东南沿海少资源少火灾区。

（三）森林火灾卫星遥感监测

卫星遥感手段是森林火灾监测的重要方法，在林火监测中发挥着不可替代的作用。为了充分运用高科技、现代化监测手段，更好地做好森林火灾预防扑救工作。针对福建省地理生态条件和小林火多的特点而设计的森林火灾监测技术，利用极轨气象卫星遥感资料实时监测福建省林火的发生情况。通过计算机对卫星资料的自动处理和林火监测阈值的人工调整，将林火监测信息与地理信息进行有机地结合，能够快速准确地对林火进行识别。福建省森林火点气象卫星遥感监测软件的主要性能指标可达到：①在晴空条件下,能监测到全省面积较大的森林火灾。②林火定位准确,可具体定位到行政村一级。③监测结果可在实时气象卫星遥感资料接受完毕后半小时内得出。

（四）森林防火指挥预警、远程监测系统

远程监测森林火灾技术是现场视频图像传输方法，直接对火灾现场进行视频图像采集，然后利用光缆将视频图像信息传到指挥中心，指挥中心根据现场情况指挥森林火灾的扑救与决策。这种方式既可以进行森林火灾的预测预报，又可以对火灾进行监控并指挥扑救，是较为理想的模式。由省森林防火指挥部统一规划，建成了省和九个设区市以及武夷山国家级自然保护区共 11 个集林火卫星监测、火灾预警查询以及林火远程视频监控和视频会议系统为一体、功能比较完善的森林防火指挥预警监测系统，系统的建成全面提升了福建省森林火灾预警监测和指挥扑救的能力。

（五）气象卫星遥感预警森林火灾

应用 NOAA 卫星遥感资料和福建省地理信息系统，根据高火险等级的地理位置，预警该地可能发生森林火灾。①利用遥感图像中植被干燥指数，经过聚类划分福建省森林火险等级与实际情况吻合；②在秋冬旱的年份，翌年春天天气转晴后，全省植被处在高等级火险状况，应高度戒备防止全省发生爆发性的森林火灾；③在暖冬年份，翌年春天天气转晴后，应用地理信息系统确定遥感图像中森林火险等级不小于 4 级地区所在的乡镇，把高火险的信息传到所在地，可防止突发性的森林火灾。

三、重点攻关技术

伴随着林权制度的改革，林业生产出现了产权结构小型化、经营主体多元化、林地状态分散化的经营格局。这些特点给森林防灾减灾工作带来了新情况、新问题。在新形势下，要突出重点，有所为有所不为，探索出一条适应福建省集体林权制度改革后的森林防灾减灾新体系，攻克一批森林灾害预警与控制的关键技术,为实现绿色海峡西岸、维护国土生态安全提供强有力的科技支撑。

（一）林业有害生物综合控制技术

应坚决实行"预防为主,科学防控,依法治理,促进健康"的方针,以提高防灾减灾能力为中心,

积极推进森林健康，全面加强林业有害生物预防，严密防范外来有害生物入侵，大力推行无公害防治，坚决遏制林业有害生物高发势头。紧密结合生产实际，加强对主要林业有害生物实用技术的科研攻关。总体上以应用基础及应用研究为主，围绕林业有害生物监测预警体系、检疫御灾体系、防治减灾体系、应急反应体系建设技术开展研究，为控制福建省的主要林业有害生物扩散蔓延，成灾率在4.5‰以下的目标提供科技支撑。

树立森林健康理念，坚持以生物防治为主，突出营林措施，并逐步用森林保健的思想来指导我们的林业建设和林业有害生物的防治工作。大力加强高新技术研究与成果产业化，紧密结合福建省经济建设和可持续发展的目标，形成具有福建省特色的学科，在生物防治、蛀干害虫研究方面达国内同类研究领先水平，为福建林业经济发展提供一流的技术服务，为林业持续快速健康协调发展保驾护航。

1. 以营林技术措施为根本的生态调控技术

生态调控技术是人工林生态系统对有害生物自我控制和高质高产、高生态效益多目标制约下的管理技术，其本质是以改善人工林生态系统为目标的造林、营林技术。针对福建省人工林面积大，林业有害生物发生面广，受害程度严重等威胁生态安全的问题，今后应从人工林森林生态系统的组成即保护多样性入手，研究其结构，研究其各种结构中物质、能量、信息流动对于有害生物持续控制和系统稳定性指标的关系，阐明相应的优化结构调控有害生物动态和制约系统稳定性的基础理论。主要研究人工林相应的林种树种结构、造林技术、森林保健作业技术等以提高森林自我调控能力为目标的生物灾害生态控制技术。重点开展松树、毛竹、桉树、木麻黄等树种有害生物的生态控制技术。

2. 以白僵菌为基础的生物防治技术

1958年福建林科院首次应用白僵菌防治马尾松毛虫，开创了我国虫生真菌杀虫剂防治森林害虫的先河，目前白僵菌已是我国南方防治森林害虫应用最多的生物杀虫剂。今后在白僵菌的研究中应继续不断创新，并在绿僵菌防治森林害虫的研究中有所作为。针对马尾松毛虫、刚竹毒蛾、木麻黄毒蛾、柳杉毛虫、蛀干害虫等主要森林害虫筛选专化性菌株并开发多元化高效剂型，对生产菌株在工业发酵罐中的最佳发酵培养工艺技术参数及适应性开展深入的研究，开发现代化的规模化生产技术，适用不同森林环境特点、害虫种类和季节的施菌技术，白僵菌、绿僵菌在森林害虫中持续控灾作用的研究。采用DNA分子标记，如随机扩增多态性（RAPD）、扩增酶切片段长度多态（AFLP）、锚定简单序列重复（ISSR）等对虫生真菌的遗传多样性、群体结构等研究。

3. 主要林业有害生物持续控制技术

重点开展经济林中危害毛竹的笋期虫害，板栗、锥栗病虫害的控制技术；速生丰产林突出桉树病虫害、相思树病虫害的控制技术；商品林突出柳杉毛虫的控制技术；外来有害生物红棕象甲的持续控制技术。逐步实现主要有害生物的可持续控灾。

4. 以抗松材线虫病为重点的抗性育种技术

林木抗性育种除木麻黄在福建省有较为深入的研究外，其余树种抗性育种才刚刚起步。今后要充分利用基因工程、抗性育种等先进技术，在林业有害生物基因控制的理论指导下，从有价值抗性基因的分离、鉴定和克隆入手，选育出具有持续抗性和高质、高产双目标制约的抗性树种，并根据其抗性衰退、丧失的速度，或有害生物对抗性树种适应性进化的速度和周期，持续地选育适应立地生态环境的抗性树种。注意培育抗逆性强的乡土树种，重点开展抗松材线虫病、松突圆蚧、栗疫病、栗瘿蜂和木麻黄抗风品系的筛选。

5. 以外来林业有害生物为主的预防与控制技术

利用现有林业有害生物的调查、采集技术，空中、地面监测数据采集技术，以计算机模拟和定量分析为主的数据处理技术，有害生物时空信息数据库的建立、维护、更新和应用技术，信息网络与国内外信息交流技术。生物化学和分子生物学快速检验鉴定技术研究；远程电子鉴定与诊断技术的研究及其应用，外来有害生物监控区、缓冲区和核心区的划分方法及标准化，疫区管理技术，高效的疫木除害处理技术等。外来生物进行风险评估包括风险评估方法及标准，风险预评估和风险后评估，原产地天敌的引入及原产地生态系统模拟，外来有害生物对经济、生态和社会效益等影响的评价等。

6. 危险性林业有害生物控制技术集成应用

针对松材线虫病、松突圆蚧等传播途径的复杂性、随机性，疫情仍呈跳跃式出现的特点，组装配套国内外现有的科技成果，尤其是针对松材线虫病、松突圆蚧等重大危险性有害生物的综合控制技术，完善监测网络、快速检测技术平台，加大推广松墨天牛引诱剂、花角蚜小蜂、白僵菌、绿僵菌等生物防治技术，种植抗性品系，突出营林措施，建立综合防治试验示范林，总结出一套适合福建省情、林情，行之有效的促进森林健康、持续控制危险性林业有害生物的技术措施。

（二）森林火灾控制与施救技术

根据福建省的森林火灾现状，要依托科研院所，大专院校，生产企业的科研、教学、技术力量，加强森林防火业务部门与科研、生产单位的合作交流，有所为有所不为，突出重点，以防火基础理论、适用技术开发推广和防火科技管理为支撑，围绕森林火灾预警监测、特殊山地林火扑救技术、森林可燃物调控技术、航空灭火技术推广应用等重点课题，以市场检验成果的评价机制，鼓励创新又快又好多出成果的激励机制，大力推广应用先进技术，先进的灭火机具，开展新技术，新方法，新理论的培训和学习。加强森林防火信息网络和指挥系统建设，进一步完善森林防火预测预报系统，加大生物防火林带、防火阻隔带建设力度，全面推进专业、半专业扑火队伍和航空护林灭火站建设，使森林防火达到"四网两化"（火险预测预报网、瞭望网、通讯网、阻隔网以及队伍专业化、扑火机具化）的要求，推动森林防火的科技水平上新台阶。

1. 基于3S技术的森林火灾监测技术

针对福建省地理生态条件和小林火多的特点而设计的森林火灾监测技术，在实际应用中证明是准确有效的。但目前气象卫星遥感所给定的林火识别阈值并没有考虑到不同季节的差异，也没有考虑到福建省不同地域上的差异，如果能结合福建省土地分类图可更加有效地判断火点的性质，从而进一步提高林火监测的准确率。同时，利用气象卫星资料计算森林防火期内的森林植被干燥度指标，作出森林火险等级空间分布，将林火卫星遥感实时监测和森林火险等级预报给合起来，是森林防火工作今后的一个研究方向。

2. 森林火险监测预报预警体系

着力构建完善的监测预报预警体系，是有效预防和减轻森林火灾损失的关键措施。全面提高预报特别是短临灾害预报的精准度，力求将火灾发生的范围圈得更准，发生的强度估计得更确切，发生的预警时间提前更多。一是森林火险预报所需要的地理要素等静态数据、可燃物变化等动态数据和天气变化等实时数据的获取方法。对气象因子、可燃物特征和地形因子与森林火灾发生、发展的关系进行深入研究，引入地形因子和其他一些可燃物特征因子，从而提高森林火险指数的预测精度，使其可以更好地预测火灾的发生和发展，起到更好的预警作用。二是运行系统的构建与集成。林火预测预报系统包括森林火险等级预报系统、林火发生预报系统和林火行为预报系统。建立林火预测预报系统需要开展大量基础性研究工作，如划分森林可燃物类型、不同可燃物类型的火增长模型研究等。

3. 卫星监测森林火灾技术

MODIS 资料经过预处理后生成的 HDF 的数据量很大，网络传输相对较慢，如何确保不会减慢图像接收和处理的速度，加快提交监测成果。对于较厚云层以下发生的森林火灾还无法监测到，较薄的云层也有部分遮挡，不利火灾形势的判断和扑火决策。前土地利用类型背景资料和卫星图像分辨能力下，还无法准确区分林地和农地用地，使得炼山等传统农业生产方式产生的异常热点常常会判断为森林热点，在很大程度上增加了热点核查的作业量，造成大量的人力、物力损失。

4. 森林可燃物调控技术

随着造林面积迅速增加和生态公益林得到有效保护的同时，林内可燃物也越积越多，部分林分每公顷已高达 50~60 吨，超出国际公认的发生森林大火的 30 吨界限，特别是中幼林、人工纯林所占比重大，森林抗火性差，一旦起火极易成灾。因此，森林可燃物调控技术是森林火灾预防工作的重要研究内容，也是林火扑救工作的基础。①根据当前森林类型、造林树种和分布区域等的不断变化，要系统调查福建省森林火灾与植被类型的关系，现有森林可燃物状况，揭示林下植物种类、数量及林内可燃物积累量对火灾发生的影响。②完善可燃物类型的划分标准，建立可燃物动态变化模型，预测未来可燃物动态变化趋势。③研究高火险发生林地的生物防火技术与营林防护措施，减少林内的可燃物载量，降低森林的可燃程度，提高森林自身的防火效能。

5. 森林火灾预警监测系统

进一步完善森林防火指挥远程预警监测系统，建成省、市、县和各级自然保护区火情信息监测网络，开发出系统管理软件，做到数据共享。建立起包括信息采集、预警预报、灾害评估、远程指挥和灾害救助在内的以图像监控、无线指挥调度、有线通信、计算机网络应用和综合保障五大技术系统为依托的指挥平台。实现救灾现场与指挥部的视频、音频、数据信息的双向传递；灾害与应急指挥信息的共享和灾害管理远程指挥。构筑起全天时、全天候的火情监测网络。以便及时发现火情，制定扑救方案，科学指挥扑救。

6. 森林火灾扑救技术

根据福建省森林多山地，森林面积大；林农一体、林工一体、林军一体、城乡一体的结构已经形成，野外人为火源点多、面广、线长，难于控制，绝大多数森林火灾为人为因素造成，大型的灭火机具难以到达火灾现场，森林火灾的扑救还将以地面人工扑救为主的特点。要更加注重初始火的扑救，开发地面小型高效扑火工具，提高扑火队伍的机械化程度，开展环保型高效灭（阻）火剂的研究。利用位于林区的武夷山和连城现有机场，建立航空护林灭火机站，开展航空灭火。树立"以人为本"的森林防火理念，开展扑火队员的资格和安全扑火技术培训，减少森林火灾扑救中的事故。

7. 森林防火技术集成配套与示范应用

根据福建森林火灾的特点和森林经营体制的现状，集成现有的森林可燃物调控、林火预警监测、火灾扑救技术的最新科技成果和实践经验，充分利用森林火灾预警监测系统的现有功能，完善生物防火林带、防火道路与阻隔系统、森林防火物资储备库、县级骨干扑火队伍等项目的建设，进一步提高森林火灾预防和扑救准备工作科学化、规范化水平。通过整合利用，盘活大量已经建成的信息化基础资源，全面提升各级森林防火部门应急处置森林火灾能力。

第八章　林业生物质资源高效利用关键技术

　　林业生物质是指以木本、草木植物为主的生物质，主要包括林木（含薪炭林、灌木林、经济林或能源林、抚育间伐材等）、林业"三剩物"（森林采伐剩余物、伐区造材剩余物和木材加工剩余物）、林副产品及废弃物（油料树种果实、果壳、果核等）、木制品废弃物、草本植物等。林业生物质能是指林业生物质本身所固定或贮藏的化学能，这种化学能由太阳能转化而形成。生物质能作为地球上唯一可再生的能源，是解决当前和今后能源短缺问题的重要途径之一。可再生能源的发展，将能显著优化能源结构，减少人类对矿物质能源的依赖，缓解人类面临的资源、能源及环境压力。加快林业生物质产业的发展，有利于推动林业生物质技术领域的自主创新，促进林业生物质产业结构调整，增强林业生物质产业竞争力。

第一节　林产品加工利用技术

　　在最大程度地发挥林业在海峡西岸生态建设中主体作用的同时，建立发达的林业产业体系，满足经济和社会发展对林产品的要求，促进农业产业结构调整和农民增收，形成林业生态建设和产业互为促进、协调发展的格局，具有十分重要的意义。近年来，福建省林业产业取得了长足的发展，产值居全国第二位，但生产技术和设备先进性、产品的精加工和深加工等方面还较落后，主要问题是技术装备落后，在产品的生产过程中自动显示、自动检测、自动控制以及材料、加工精度、原器件的质量等方面与国外都有较大的差距。要充分利用国内外两种资源、两个市场，发挥比较优势，促进林业产业的快速发展。利用现代信息技术，加速提高福建林业产业技术的装备水平和生产水平。大力开发人工林及抚育间伐材的加工利用技术，开发结构型、功能型人造板，增加产品功能和用途，提高产品附加值。应大力开发结构胶合板、单板层积材、定向结构板和结构刨花板等产品。同时，还应重视功能性人造板产品的开发，以增加产品的附加值。加强木材、人造板薄木仿真技术的研究与产业开发，以满足市场日益增长的需要。

一、木材加工技术

（一）人造薄木及人造板制造技术

　　人造薄木是以普通树种木材为原料，经特殊加工制成仿珍贵树种木材材色、花纹及各种装饰图案的薄型装饰材料。由于天然珍贵树种优质木材资源日趋枯竭，限制了我国装饰单板贴面人造板生产的发展，因此以普通木材特别是速生树种木材为原料制造人造薄木，已成为弥补天然珍贵树种木材资源匮乏、发展木质装饰材料的重要途径之一。对于促进我国的室内装饰和木材加工行业的技术进步及产业结构的调整具有重要作用。

　　由于制造天然薄木的树种（如水曲柳和花梨木等）原木资源有限，价格日益上扬，单纯靠刨切天然薄木难以满足人们日益增长的需求。而木纹纸等模拟装饰材料既耗用了大量优质纸张和化工原料，又缺少天然木材的质感。所以发展人造薄木的制造技术，以人造薄木替代天然薄木和木纹纸，人造薄木是以普通树种旋切单板为原料，经漂白、染色、层积组坯和压制等工序处理，再刨切生产出的薄木。人造薄木可以仿制各种珍贵树种，纹理可做成径向或弦向纹理，具有天然薄木无法比拟的优点。它可根据所需薄木尺寸做成整张薄木，使人造板贴面工艺变得简化，由于人造薄木的纹理和色调可人为控制，因此既可模仿各种天然薄木，也可制造出天然薄木不可能具有的纹理和色调。

1. 人造板仿黑胡桃薄木贴面技术

20 世纪 60 年代以来，日本的大川勇、基太村洋子、矢田茂树等对木材的染色技术作了研究，有些国家也有关于薄木染色技术的专利和产品。我国自 90 年代以来一直对木材染色进行探索和实践，薄木仿黑胡桃木染色技术是将泡桐、杨树等速生树种的木材，或普通进口热带木材，刨切成厚度 0.13~0.15 毫米的薄木，经过染色处理，染成接近天然黑胡桃木等珍贵木材色泽的加工技术。染色过程中，薄木不破碎，染色液可循环使用，无污染，染色后的薄木颜色均匀，耐水耐晒。

2. 泡桐木材仿红木染色工艺

对家具贴面用单板进行染色试验，通过正交方法就木材染色主要因素 NaCl、乙酸、染料浓度等和它们之间的交互作用，对染色单板色差的影响进行了系统地研究。泡桐单板仿红木色最佳染色工艺参数是：NaCl 浓度 1.5%、染料浓度 0.5%、乙酸浓度 2%、渗透剂浓度 0.1%、染色温度 90℃和染色时间 4 小时。

3. 长效缓释芳香型人造板

（1）芳香型人造板

芳香型人造板包括单板型人造板和纤维碎料型人造板两类，是在人造板压制过程中添加芳香物质而制成的板材，该产品在使用过程中可缓释保健香气或其他舒适香味，是家庭装修和家具材料的理想选择。已获国家专利。

（2）长效释香木制品

长效释香木制品是利用木材自身的天然通道，贮存和释放芳香物质，使之能长时间释放芳香气味的木制品保健工艺品。该工艺品可做成各种形状，并可随时补充香料，有益于人们的身心健康。

4. 汽车内饰件木质纤维复合材料制造技术

以木纤维为基本材料，以聚丙烯纤维或聚酯纤维为增强连接体，以化工材料为补强剂，通过用人造板技术与无纺技术的嫁接而形成的一种新型复合工程材料。与木质材料相比，干湿强度均佳、刚度高、尺寸稳定性好、压延性好，且容易制成各种型面的模压制品；与塑料、金属等材料相比，有热稳定性好、无毒、不锈蚀、成本较低等优点。应用领域：轿车及其他车辆内饰（车门内衬板、顶篷、后座椅搁板、仪表板骨架、行李架搁板、车门立柱等）。另外，研究将竹纤维／聚丙烯纤维复合材料作为汽车内饰件用材料，并探讨了复合板的热压压力、物料配比、热压时间等条件对产品性能的影响，得出了最优化的工艺参数。试验表明，该复合片材比模量高，比强度大，并且加工方便，是用于汽车内饰件的一种新型材料。

5. 木 - 塑复合刨花板生产技术

将各种植物纤维材料（木质或非木质）与塑料结合，特别是与废塑料结合制成刨花板、中密度纤维板等人造板。用废弃塑料与各种木质及非木质材料结合制造木纤维 - 废塑料中密度纤维板、木屑 - 废塑料碎料板、竹屑 - 废塑料碎料板，以及用稻草、麦草、稻壳等农业剩余物与废塑料结合制造刨花板等。

该技术以回收的废弃塑料膜及塑料袋和木材刨花为原料，通过人造板加工工艺制成木塑复合刨花板。该产品耐水性、韧性等物理力学性能都优于普通刨花板，与挤出法生产的木粉（纤维）/塑料复合材料相比，具有生产效率高、原料制备成本低、能耗小等特点，可用作建筑模板基材、地板基材、室外用材料等，具有广泛的应用领域，能充分利用废弃物，无甲醛释放，并可循环再利用，有很好的环境效益，前景广阔。

6. 湿法纤维模压板生产技术

在利用我国普通湿法纤维板生产线的基础上经过适当的工艺及设备改造用于压制中高档木纤维模压制品的技术。改造后的湿法纤维板生产线可以同时生产中高档纤维模压板及普通硬质纤维板两种产品。可以代替进口纤维模压门皮。

7. 利用 MDF 工艺生产纤维模压装饰板技术

主要是在利用我国现有中密度纤维板生产线的基础上通过工艺参数改造及调整达到生产各种中高档纤维模压制品及装饰材料板的目的。可利用枝丫材、木材加工剩余物等普通纤维板用低质木材原料加工成优质纤维模压门皮。组装成的产品具有造型新颖、美观大方、装饰性好、档次高等优点。且制造工艺简便，成本相对较低。工艺流程：木片→磨浆→施胶干燥→铺装→预压→模压→制成品。

8. 废弃木质材料制造人造板循环利用技术

以城市中的废弃木质材料为主要原料，主要包括建筑工地废弃木材、废旧家具、城市垃圾中的木质材料以及园林绿化过程中产生枝桠材等，所生产的刨花板产品。利用废旧建筑材、废旧家具及废弃刨花板制造再生刨花板，对于节约木材资源、保护环境、消除污染等均具有重要意义。该项技术适合于在大城市周边投资建厂，或者紧邻大城市的刨花板厂。与传统刨花板生产工艺相比较，关键技术在于原料预处理以及杂物分离。

9. 石膏纤维板生产技术

石膏纤维板是以石膏与纤维为原料制成的板材。其中纤维可使用玻璃纤维或木质纤维。可利用湿法纤维板厂的纤维作为石膏板的加强材料，可解决湿法纤维板厂耗水量大、排放废水等问题。石膏纤维板生产时，需要纤维的含水率在 70% 以上，所以在热磨以后不打浆，加入一定量的水，再与石膏一起混合、铺装、冷压而成。石膏纤维板的性能较目前国内生产的纸面石膏板好。

10. 中 / 高密度纤维板生产技术

中 / 高密度纤维板（MDF/HDF）是以木质纤维（次、小薪材、枝丫材）或其他植物纤维为原料，经机械分离，施加尿醛树脂或其他合成树脂，再经铺装、成型和高温、热传导等工艺压制而成的板材。中密度板的密度、力学性能接近木材，是目前国际上比较流行的一种人造板材。产品可广泛用于中 / 高档家具、音响乐器、车辆、船舶、建筑等行业。中 / 高密度纤维板的应用范围不断拓展，消费量日益增加，尤其是我国家具业和强化地板业，随着我国房地产业的迅速发展，历年均以两位数的发展速度增长。该技术可大量回收利用木材废旧家具等剩余物及其他纤维素材料，制造优质板材。

（二）家具生产技术

木材加工业与家具密切相关的关键技术，主要涉及木材烘干，环保油漆的研制，环境安全型家具材料的开发，木材弯曲技术，家具的创新设计等。

1. 红木的创新设计

将传统的红木家具与现代家具时尚结合，引导红木家具企业向现代家具转型，从观念上创新，使企业家接受传统元素红木与现代元素钢、玻璃等结合的理念，设计出品种丰富的产品。如合兴家具制造有限公司提出的"软体红木"概念,在保持传统红木家具文化内涵的同时,加入现代元素,表面如沙发一样柔软,改变了红木家具冷硬的造型。

2. 家具木材定型技术

"木材定型技术"消除了家具制作留伸缩缝问题,防止木材因干缩湿胀引起的变形,用化学药剂对木制品部件进行浸注处理,在木制品部件表面形成了一层保护膜,从而有效地防止了木材的变形。这项技术可适用于各种木材,尤其是高档硬木,红木家具零部件进行处理,也可以对半成品家具(组装之前)进行处理。该技术全面提高家具产品档次,还大大延长产品使用寿命,完全符合环保标准,实用范围广,实用价值高,并且自动化程度很高,操作上简便易行。

3. 仿欧式古典家具的做旧工艺

欧式古典家具一直为不少消费者所喜爱,特别是欧美等地区近年来风行仿古家具的做旧加工,使其逐渐成为家具设计和制作的潮流之一。根据仿欧式古典家具的做旧工艺,包括撕裂痕仿制、虫孔仿制、各种金属件划痕仿制等借鉴到仿古家具的制作工艺中。

4. 仿红木家具制作技术

采用现代化工技术与中国传统的雕刻技艺相结合,辅以填充材料用模具加工而成。仿红木家具较传统的木质家具具有机械性能优异、光泽和手感好、耐火性好、刚度大、寿命长等优点,特别是不含有人造板家具对人体有害的甲醛等挥发物质。仿红木家具制造技术将欧式家具的豪华、高雅、富丽以及我国古典的装饰艺术与模具成型技术有机地融为一体,不仅可生产各式家具,而且还能生产各种规格型号的工艺雕花、装饰花线、高级艺术木线和罗马柱、大厅吊顶以及仿实木雕花门、防火门等。

5. 弯曲成型技术

(1)实木弯曲成型

实木弯曲成型是一种无屑实木成型加工工艺,它可以分成三个阶段:塑化(软化)、弯曲和定型(在模型框架中干燥冷却)。首先将木材放入实木软化专用设备,在一定条件(压力、温度、湿度)的蒸汽中软化,在金属薄板中弯曲成型,通过定型阶段消除内部张力,最后低温干燥定型。实木弯曲工艺流程为:毛坯加工→软化处理→弯曲成型→低温干燥→自然冷却→定型。该技术通常需用具有高弯曲性能的硬木如榆木、白蜡、山毛榉和核桃楸等作原料,对针叶材的弯曲效果不好。

目前高弯曲性能的硬木越来越少,迫切需要新的曲木技术,以适应性能较差的软质木材加工。

(2)多层胶合弯曲成型

将木材首先制成薄木,涂胶后在高温高压下弯曲成型。这种工艺方法,降低了对木材材质的要求,提高了出材率,增加了弯曲部件的强度,降低了生产成本,多层胶合弯曲木家具生产流程如下:单板剪切→单板涂胶→手工组坯→闭合陈化→高频模压成型→平刨→立铣分切→定位打孔→部件砂光→贴微薄木→精砂→喷漆→装配→曲木家具成品。

(3)刨花(纤维)模压弯曲成型

采用多层胶合弯曲木模压工艺与刨花板、中密度纤维板生产工艺相结合的方法。由于该技术使用的原料是分散的固体刨花或木纤维,一般设置两道工序,采用形似而尺寸相异的两套模具,分两步模压成型,即先将分散的施胶刨花或纤维在常温下通过第一套木模具"聚拢"初步预压定型,然后进一步加热、加压,最终定型使用的模具可以是钢模或木模。使用钢模时,一般采用传导加热方式;使用木模具时,可以采用高频介质加热方式,这种加热方式在加工较厚的部件时,效果更理想。

（4）中密度纤维板弯曲成型

与实木弯曲成型工艺相近，但由于中密度纤维板与实木的结构不一样，软化和弯曲成型的难度相对更大。荷兰木林成型设计公司研制开发的异形 MDF 成型技术可使 MDF 弯曲成各种形状，从而开拓了 MDF 的应用领域。主要用途有家具设计，如家具弧形门框、座椅背板和座板等；室内外装潢设计，如天花板、隔墙板、拱道、楼梯扶手成型件、框架线脚等。中密度纤维板 MDF 弯曲成型的工艺流程为：中密度纤维板 MDF →软化处理→加压成型制作→干燥→产品修饰。

6. 计算机辅助设计制造技术

人们在各种媒体上，经常可以看到或听到"先进制造技术"这一词。所谓先进制造技术，是指集机械工程技术、电子技术、自动化技术、信息技术等多种技术为一体，用于制造产品的技术、设备和系统的总称。从广义上来说，先进制造技术包括：①计算机辅助产品开发与设计（如计算机辅助设计 CAD、计算机辅助工程 CAE、计算机辅助工艺设计 CAPP、并行工程 CE 等）；②计算机辅助制造与各种计算机集成制造系统（如计算机辅助制造 CAM、计算机辅助检测 CAI、计算机集成制造系统 CIMS、数控技术 NC/CNC、直接数控技术 DNC、柔性制造系统 FMS、成组技术 GT、准时化生产 JIT、精益生产 LP、敏捷制造 AM、虚拟制造 VM、绿色制造 GM 等）；③利用计算机进行生产任务和各种制造资源合理组织与调配的各种管理技术（如管理信息系统 MIS、物料需求计划 MRP、制造资源计划 MRPII、企业资源计划 ERP、工业工程 IE、办公自动化 OA、条形码技术 BCT、产品数据管理 PDM、产品全生命周期管理 PLM、全面质量管理 TQM 等）。

7. 人工林木材干燥技术

我国在常规干燥设备的设计水平与技术性能方面，已接近国外先进水平，某些方面还有自己的特点。目前国内多数厂家生产的常规干燥设备质量已能满足木材生产的需求，而价格却远低于国外产品，因此在选择木材干燥设备时应首选国内产品。人工林木材生长速度快、内应力大、易变形和开裂如人工林桉树、杉木等，因此，常规干燥前，最好先实施预处理如气干预处理、浸泡预处理、微波预处理等等。常用的木材干燥基准有：若要保持木材浅白的颜色和光泽（如椴木、白桦）可使干球温度降低 5~10℃，而干湿球温差还保持表 2 中的数值。泡桐木材密度很低（基本密度只有 0.25 克/立方厘米），水分很容易排除，干燥时基本无开裂和变形；但干燥温度稍高就会变色，故宜采用低温、低湿的基准。干燥前还要浸泡处理，然后晾至半干，再进窑干燥。

二、林产化学加工技术

林产化学工业是将可再生的森林资源经过化学加工，生产出国民经济和人民生活所需要的各种产品。其产品具有纯天然性、不可替代性和产品结构独特性的特点。随着人们生活水平的提高，天然可再生产品的需求量日益增长，林产化学工业将具有极大的发展潜力和开发前景。

（一）活性炭生产技术

活性炭是一种无毒无味，具有发达细孔结构和巨大比表面积的优良吸附剂，广泛地应用于环保、催化、食品、医药、分离以及国防等领域，尤其是高比表面积活性炭，已成为国民经济发展和国防建设以及日常生活中必不可少的重要功能材料。

1. 超级电容器用高性能中孔活性炭的制备技术

超级电容器用活性炭不仅要求具有较高的比表面积，还要有合适的孔结构。其制备过程主要为：采用工业活性炭为原料，通过 KOH 二次活化来提高活性炭的比表面积。将活性炭与 KOH 按一定比例混合，添加少量去离子水调成糊状，放到活化炉中，按一定速率升温至 600~800℃进行活化，停留时间为 30~90 分钟。然后冷却至室温，取出样品，用去离子水洗涤至中性，制得 KOH 活化的高性能活性炭。

2. 成型活性炭的制备技术

目前活性炭产品主要是粉末活性炭。粉末活性炭堆密度低、不易储放、运输和回收，容易造成粉尘污染。成型活性炭克服了粉末活性炭的以上缺点，并可通过加工获得需要的外形，有着更为广阔的应用领域。制备成型活性炭包括 3 个步骤：制备成型体、炭化以及活化。不同的制备方法根据其条件和要求的不同，可以省略其中的 1~2 个步骤。根据 3 个步骤的不同，目前的制备方法大致可分为 3 类：①直接将具有设定形状和尺寸的木材等天然植物炭化活化；②用粘结剂将碳质前驱体原料粘结成型，然后炭化，视需要可进一步进行活化；③采用粘结剂将粉体活性炭或活性碳纤维粘结成型，然后对粘接剂进行处理，保证型炭的整体性能稳定。

3. 活性炭无纺布的制备技术

随着人民生活水平的日益提高和活性炭应用领域的不断扩大，传统的颗粒或粉末状活性炭已适应不了一些新的应用领域要求，而纤维状活性炭的成型性能好，使用方便，能弥补这方面的不足。活性炭无纺布是把活性炭与粘合剂按照一定的比例制成胶炭混合物，然后把胶炭混合物按规定的工艺涂布到无纺布上，在一定的温度下干燥后得到活性炭无纺布。在研制活性炭无纺布时，对活性炭、粘合剂及无纺布的适合选择是关键，因为它不仅要求粘合剂具有较好的粘合能力，同时也要求在活性炭与粘合剂制成胶炭混合物时，粘合剂对活性炭的吸附性能影响越小越好。其制备过程主要为：①将分散剂及其助剂加热搅拌溶解到水中；②将一定量的活性炭加入到适量水中，搅拌均匀，再加入适量粘结剂；③将上述两种溶液混合并搅拌 10 分钟；④将搅拌好的溶液倒入浸渍液循环系统，并加热至 30℃，并将浸渍液进行循环；⑤然后使无纺布通过浸渍液和压辊，再经过干燥后得到活性炭无纺布。

4. 木醋液的加工精制技术

木材在热解过程中还能够得到大量的副产品—木醋液。每烧制 1 吨木炭大约可产生 2 吨粗木醋液，粗木醋液含有甲醇、苯酚、甲醛等 200 多种有机物，需进行分离脱色精制，以适合不同的用途。

（1）简易加工精制技术

利用简易装置进行粗木醋液初步分离精制，将粗木醋液放在容器中静置一段时间，使其自然分层，上层为浅色澄清木醋液，下层为深褐色木焦油。该法加工，设备简单，易操作，成本低，主要成分没有变化，但分离效果不佳，分离时间长，一般需 3~6 个月。目前也有采用其他简易精制技术，如炭、活性炭吸附精制：采用木炭、竹炭、活性炭等按一定比例与粗木醋液混合搅拌，静置、过滤。采用该法，速度较快，精制液接近无色，然而成本较高，部分有效成分会被吸附。

（2）蒸馏技术

利用粗木醋液中各组分的沸点不同进行分离，采用普通蒸馏釜或利用精馏塔对其进行精制，采用普通蒸馏釜进行操作，操作简单，投资省，故常被使用。利用精馏塔作业，投资大，操作复杂，但蒸汽耗量低，分离程度高，产品质量好。

（二）松脂加工技术

1. 松脂加工过程废水处理技术

目前松脂加工企业多数采用中和、混凝吸附、生物氧化塘工艺处理其所产生的松脂加工废水。这种处理工艺比较简单，有一定的净化效果，但要达到国家排放标准还有较大的距离。考虑到松脂加工废水可生化性差，而且各产品生产过程中产生的废水性质差别大，不同加工过程的松脂，应采用不同的废水处理方法。炼脂松香废水酸性强，悬浮物和 COD 浓度高，可生化性较差，采用 Fe—C 微电解预处理；歧化松香废水碱性强，COD 浓度高，可生化性一般，采用酸化破乳预处理；

二氢月桂烯醇废水 COD 浓度高，且不可生化，采用汽提回收有机物。

2. 松香的精制和提纯技术

（1）松香的吸附脱色

液态粗松香或松香溶液（有机溶剂配成），经装有活性炭、活性陶土或分子筛等物资的装备后，其中的有色物质或其他杂质就会被吸附而脱除，达到脱色的目的，可制得等级较高的松香产品。

（2）松香的水洗精制

在松香的石脑油溶液中加入水，一部分不纯物就会从有机相进入水相而沉淀下来。分层后，弃其底部絮凝物和水层，上层即为较纯的松香溶液。有些杂质，如磷酯、蛋白质、胶状物质只有在无水状态下才溶解于松香中、如遇水分，就可生成水合物。这些水合物在水中絮凝下沉，从而与松香分离。加热可以加速这些杂质的聚沉。

（3）成盐反应提纯松香

将粗松香溶于乙醇，配成浓的醇溶液。然后加入氢氧化钠溶液。两者反应生成白色针状晶体。分子式为 $3C_{20}H_{10}O_2 \cdot C_{20}H_{29}O_2Na$，熔点 170~175℃。将该晶体与母液压滤分离。然后用大最醋酸与晶体作用，松香酸钠即转化为几乎无色的纯松香。

3. 马来松香的制备技术

采用连续化工艺制备马来松香，其操作过程主要为：将刚出塔的熔融松香放进贮备罐，立即用泵将熔融松香送入带有搅拌器的不锈钢反应釜，同时将马来酸酐从加料口倒入马来酸酐熔解锅内，以蒸汽进入夹套进行加热熔解，熔解后的马来酸酐溶液用计量泵按一定量抽至反应釜中与热松香进行双烯加成反应，而后产品由放料阀放入包装桶，经冷却、化验后包装入库。连续化生产，一改过去用固体松香经熔融后再与马来酸酐反应，将松香车间的热松香直接与马来酸酐进行反应，省略了固体松香熔融这一过程，不仅节约了燃料、时间、降低了劳动强度，重要的是避免了产品颜色的加深，所得产品用松香色级标准色块进行测定，色泽达到一级和特级。

4. 聚合松香的制备技术

聚合松香是松香重要的改性产品之一，既可直接应用，又可进一步与多元醇反应酯化成为聚合松香酯。与松香相比聚合松香酯具有更耐氧化、热稳定性更好、内聚力更高，与更多溶剂存在广泛的相溶性，还具有高软化点，低酸值等特点，广泛应用于造纸、涂料、油墨、日用化丁、食品、粘胶剂、橡胶、油田及电气等行业。其制备过程主要为：向反应釜中加入 1∶1 重量比的精制工业松香和甲苯，在 70℃ 的温度下将松香溶解完全。搅拌下加入、不同物质的量之比的硫酸和无水氯化锌（先加硫酸反应 30 分钟后再加 $ZnCl_2$），在氮气保护下油浴加热到 120℃，保温反应 10 小时。反应完毕后进行物料过滤，滤液用 80℃ 去离子水洗涤至无 Cl^-。将上层溶液进行减压蒸馏，除去溶剂得到二级聚合松香。提高蒸馏温度和真空度，除去二级聚合松香中的树脂酸，得到一级聚合松香。

（三）植物提取物加工技术

1. 紫杉醇的提取和分离技术

目前，主要从红豆杉树皮、树叶或嫩枝以及细胞培养中来提取紫杉醇。紫杉醇在不同植物来源以及植物体不同部位的含量与提取分离有着直接关系。成树紫杉醇的含量高低依次为：树皮＞树叶＞树根＞树干＞种子＞心材，幼苗的紫杉醇含量高低依次则是：树叶＞树根＞嫩枝条＞心材。其主要工艺流程为：原料的干燥→有机溶剂的选择→萃取→分离纯化→成品。在分离纯化过程中，柱层析是分离紫杉醇和紫杉烷类物质的常用方法之一，具有简单、高效的特点，适用于从组织培养物中分离紫杉醇。柱层析是分离紫杉醇和紫杉烷类物质的常用方法之一，具有简单、高效的特点，适用于从组织培养物中分离紫杉醇。

2. 竹叶黄酮的提取

从竹叶中提取竹叶黄酮类系列产品的生产工艺,能有效地利用废弃的竹叶原料,开发竹叶资源。竹叶提取物具有纯度高,工艺流程简单,能量消耗少,设备投入小,生产成本低,对环境无污染,易于工业化生产的特点。主要工艺流程为:竹叶→清洗与干燥→溶解→过滤除杂→减压浓缩→喷雾干燥→产品。

3. 植物精油的提取与分离

精油也称挥发油,是存在于植物体中的一类具有芳香气味,在常温下能挥发,可随水蒸气蒸馏出来的油状液体的总称。植物中含精油的量一般在 1% 以下,也有少数含量高达 20% 左右,如丁香中含丁香油约 14%~20%。精油的生产工艺主要有水蒸气蒸馏法,有机溶剂浸提法、超临界二氧化碳萃取法和分子蒸馏法等。由于水蒸气蒸馏法由于较经济,目前,国内外大多数生产厂家均采用水蒸气蒸馏法提取玫瑰精油,其精油得率较低(约为 0.03%)。其主要过程为:将植物粉碎后放入蒸馏器中,通入水蒸气,精油随水蒸气一起馏出。它避免了共水蒸馏的过热或焦化,适用于挥发性的、水中溶解度不大的成分的提取。该方法设备简单、容易操作、成本低。

(四)生物质能源利用技术

1. 生物质的气化技术

生物质气化技术,主要是以农作物秸杆、玉米芯、木屑、柴草等低生物质为原料的气化技术,使低生物质完成从固态到可燃气体的转化。其工艺路线合理性和经济性,与生物质原料的处理方法、气化反应设备的结构、气体的净化处理等工艺过程有着直接的关系。不同的生物质物料有不同的工艺路线。目前生物质气化技术按所用的气化介质分主要有四种:空气气化、富氧气化、空气—水蒸气气化和水蒸气气化。前三种气化方式所需能量由部分生物质在炉内燃烧自给,水蒸气气化需由额外的能量产生高温($>700℃$)的水蒸气。

空气气化所需设备简单,操作和维护均十分简便,运行成本较低,其气化气组成中氢气含量较低,H_2/CO 仅为 1:2,显然直接用于合成是不合适的。富氧气化与空气气化相似,属于自热型气化方式,其主要缺点是需增加制氧装置,即使用较简单的变压吸附法(PSA 法)制氧,装置也比较昂贵且能耗较高,从而使运行成本大大增加。其优点是气化气中 H_2/CO 为 1:1,且 N_2 的含量很低,有利于后续甲醇合成。水蒸气气化产生的合成气的组成从含量和比例上均有利于合成,但要获得高温水蒸气非常困难,能耗高,设备腐蚀严重,除非工厂生产过程中本身有高温水蒸气,否则很少使用。空气—水蒸气气化利用部分生物质燃烧产生热量,只需低温水蒸气,可以用较低的运行成本得到 H_2+CO 含量高的合成气,比较适合于目前的生产中,其主要过程为:将生物质废弃物由螺旋进样器进入预热过的流化床,在流化床内发生热解反应产生热解气和焦炭等,热解产物再与从底部进来的空气或水蒸气等发生化学反应产生气化气,气化气从流化床上部进入旋风分离器,将炭粒分离,然后进入焦油裂解床(通常为白云石),进行焦油的初步催化裂解,经焦油裂解后的气化气再进入通常装有镍基催化的固定床内,进行进一步的催化裂解及变换反应。

2. 生物质液化技术

生物质的液化是指生物质在溶剂介质中发生热化学反应形成以液体产物为主的过程。在液化过程中可以通过改变溶剂以及液化条件、加入催化剂及氢气等,以促进液化产物的增加以及改善液体产物的性质。目前,生物质的液化主要为:高压液化和热解液化。

生物质的高压液化主要有两种途径,即氢/供氢溶剂/催化剂路线和 $CO/H_2O/$ 碱金属催化剂路线。前者如德国联邦森林和林产品研究中心的一步法催化加氢液化技术。其试验在由 3 个 1 升的高压釜组成的系统内进行，它们分别被作为反应器、热分离器和冷却器，以此来模拟一个连续的液化过程。生物质粒子与催化剂和循环油混合。反应在 20MPa 氢压和 380℃下进行约 15 分钟。进入气相的液体产品在热分离气中快速蒸馏，塔底重油用作循环油。其余液体产物冷却到室温后得到一个沸程在 60~360℃的油品，其中 99% 为正己烷可溶物，氧含量约 12%。产物油所含能量相当于输入能（生物质和氢）的 59%。日本国家污染和再生资源研究院研究了后一种液化路线。研究者利用间歇反应器进行了生物质在水中的液化。用 He 为载气，反应温度 250~400℃，所用生物质原料包括多种木屑和几种发酵残渣，加入的催化剂为碱金属的碳酸盐。当用发酵残渣在 300℃下液化时，油产率为 50%，其中 C_5 占 5%（质量分数），热值约 35 千焦耳 / 克。

生物质热裂解液化有慢速热裂解和快速热裂解二种，但目前国内外的研究工作绝大部分集中在快速热裂解上。采用快速热裂解技术，生物质中所含的长链有机高聚物在隔绝空气和常压高温的条件下迅速受热断链为短链分子为主的热解蒸气，随后冷凝，所获得的液体油产物（生物原油）产率一般可达 60% 以上。快速热裂解的工艺及其要点如下：①原料需干燥至含水量 10% 以下；②把原料粉碎到足够小的粒度（采用一般流化床裂解，原料粒度一般应小于 2 毫米，循环流化床小于 6 毫米），以便提高加热速率、增加产油率；③以 103~104℃ / 秒的升温速率把原料加热到 400~500℃，进行超短时间的裂解反应；④热解蒸气的二次裂解会生成不凝气降低产油率，反应产物中的碳会起催化作用，造成液化油不稳定，必须快速及时彻底地分离；⑤热解蒸气停留时间越长，二次裂解的可能性越大，因此必须尽快将蒸气排出冷凝为液体，而原料颗粒要完全裂解必须有一定的停留时间，两者对停留时间的要求是不同的，蒸气停留时间一般小于 1 秒，大原料颗粒（>2毫米）的停留时间要求 1~5 秒，小原料颗粒（<2 毫米）的停留时间小于 1 秒即可。

3. 生物柴油制备技术

生物柴油的生产和使用方法有直接或混合使用法、微乳化法、热解法、酯交换法四种。其中直接或混合使用法和微乳化法属于物理法，热解法和酯交换法属于化学法。混合使用或微乳化法能够降低动植物油的粘度，但积炭及润滑油污染等问题难以解决；而高温热裂解法过程简单，没有任何污染物产生，缺点是在高温下进行，需要催化剂，裂解设备昂贵，主要产品是生物汽油，生物柴油只是其副产品。相比之下，酯交换法是一种更好的制备方法。酯交换法又可分为酸催化法、碱催化法和不用催化剂的超临界甲醇法等。考虑到经济、成本和可操作性等方面的影响，目前工业上主要采用酸碱催化法制备生物柴油。

酸和碱是目前普遍使用的生产生物柴油的催化剂，根据原料的不同生产工艺也不同，例如以精炼油脂为原料，生产工艺是在常压和 60~70℃下采用碱催化进行间歇或连续反应，醇油比一般 6：1。如果原料油未经精炼则可采用德国 Henkel 高压醇解工艺：将过量甲醇、未精炼油和催化剂预热至 240℃后送入到压力为 9 兆帕的反应器进行反应，然后把反应后甘油和甲酯的混合物分离，其中甲酯相经过水洗和分离纯化后就成为生物柴油成品。这个方法的主要优点是可以适用于游离脂肪酸高达 20% 的油脂原料。

三、制浆造纸技术

（一）化学法制浆技术

化学法制浆用化学药剂对原料进行处理而制造纸浆的方法。此法以纤维植物（主要是木材和草类茎杆）为原料，利用某种能与原料中所含木素发生选择性化学反应的化学药剂脱除大部分木素，并使原料中的单根纤维充分疏松分离为纤维素纯度较高的纸浆。工业生产上常用的有碱法制浆及亚硫酸盐法制浆两大类。其主要工艺流程为：备料→蒸煮→打半浆、洗涤→筛选、除砂→漂白→

成浆打浆。

今后相当长一段时间内硫酸盐法制浆仍将占主要地位，其主要原因是：①硫酸盐法对原料的适应性最强，几乎各种植物原料均可用此法制浆。而且硫酸盐纸浆的物理强度较高，既能用以生产强度较高的纸张，也更适应高速造纸机的抄造要求；②漂白技术的发展，使色泽较深的硫酸盐纸浆可以漂至很高的白度，能满足生产高白度纸张的要求；③碱回收技术的发展，大大减轻了这种制浆蒸煮废液的污染，同时回收了化学品与热能，生产成本大为降低。

（二）氧脱木素技术

纸浆氧脱木素技术作为蒸煮的继续，可以在保证纸浆粘度下降不多的情况下，进行深度脱木素，脱木素率可达到40%以上，从而降低后续漂白的难度，减少后续漂白化学药品的添加量，由于氧脱木素段废水可以全部送到黑浆洗筛工段作为洗涤水，因而可以大大降低后续漂白段废水的污染负荷。其主要工艺为：纸浆经提取黑液、筛选、除砂后，浓缩至12%左右的浓度，落入中浓浆泵的立管，并由中浓浆泵泵送至氧脱木素塔，在进塔之前，通过两台中浓混合器与蒸汽、氧气混合，经氧脱木素后的纸浆由塔顶排出，至喷放仓卸压，再喷放仓底部稀释，泵送至真空洗浆机进行洗涤，再经常规 CEH 漂白或 HP 漂白。

（三）废纸脱墨技术

废纸脱墨的过程是一个化学和物理结合应用的过程。常用脱墨工艺一般分为三个步骤：疏解分离纤维；使油墨从纤维上脱离；将油墨从纤维悬浮液中除去，从而得到再生浆。脱墨的方法主要有：洗涤法、浮选法、超声脱墨法、生物脱墨法，后两种方法属新的脱墨技术，尚未推广，目前应用的比较多的是洗涤法、浮选法。关于这两种工艺，浮选法的优点是纤维流失少，纸浆得率可高达85%~95%，使用脱墨剂量小，废水易于治理，但设备昂贵，工艺要求严格。而洗涤法由于操作方便，设备简单，但其水耗、功耗都很大，得浆率低、水污染严重。

（四）造纸废水的处理技术

目前，大多数厂家采用混凝沉淀技术对废水进行处理，混凝技术是利用有机大分子或多价阳离子无机盐等混凝剂与废水中的悬浮颗粒作用，得到絮凝物沉淀，然后分离的废水处理技术。向废水中投加化学药剂，使溶解态的有机物析出，形成微小的颗粒，沉淀后再用物理方法吸附，将废水中各种胶粒和悬浮物凝聚成大块密实的絮状物使之与水分离。主要过程为：进水→粗滤→混凝→沉淀→吸附→出水。

（五）提高纸张表面强度的技术

纸张的表面强度是指纸张表面纤维、胶料、填料间或纸张表面涂料粒子间及涂层与纸基之间的结合强度，它表示了纸张在印刷过程中抗油墨分裂力的能力。在生产中，由于生产条件的变化，特别是工艺控制不稳，纸张出现表面强度差的现象，在印刷和涂布的过程中，纸面或边缘的结合不牢的细小纤维以及填料粒子和涂料落下，从而影响纸张使用，影响印刷的质量。提高纸张强度的措施主要如下：①浆料优化；②控制添加填料和助剂；③加强过程控制；④表面施胶；⑤减少静电；⑥加强选切管理。

四、重点攻关技术

（一）炭化木处理技术

为了扩大人工林木材的使用范围，研究人员尝试各种办法提高木材尺寸稳定性，大多是采用化学药品浸注方法，即用化学药品预先使细胞壁增容，包括树脂浸渍如酚醛树脂处理，浸入不溶性无机盐等。主要是封闭木材中的羟基，减小木材的吸湿性。木材炭化处理是在超高温低氧环境下针对木材进行热处理，超高温条件对木材本身化学成分产生影响并由此改变木材的性能。当温度超过150℃（一般木材干燥中低于100℃为常规干燥，温度范围在100~150℃为高温干燥，温度高于150℃为超高温）时会永久改变木材的物理和化学性能，经热处理后降低了木材的平衡含水率，减小了木材的胀缩。当木材被置于接近或高于200℃的超高温低氧含量环境中持续几小时处理后，会导致木材中半纤维素的降解。经过热处理后木材细胞壁中羟基减少了，使木材的吸湿性能下降，尺寸稳定，同时耐生物破坏性能得到改善。

（二）木材自增强装饰材料技术

木材的自增强技术应用纯物理方法，完全符合环保要求，它可以让速生林木的密度、强度等综合物理性能大幅度提高。例如，泡桐经自增强技术处理后，气干密度由0.28克/立方厘米增加到0.91克/立方厘米；杉木由0.38克/立方厘米增加到0.94克/立方厘米；杨木由0.40克/立方厘米增加到0.98克/立方厘米，静曲强度均提高了34.4%，其指标已超过了花梨（0.76克/立方厘米）、酸枝（0.85克/立方厘米）、乌木（0.90克/立方厘米），甚至逼近紫檀（1.0克/立方厘米）。自增强技术的问世为木材产业发掘了一个重大商机，它可以使速生林的种植走入良性循环，不仅极大地提高了普通速生林木的身价，而且发挥了人工林木的潜在功能。

木材的自增强技术属于完全无污染的"绿色"技术，而且工艺最简单，例如压缩木需要5道以上的工序，重组木需要10道以上的工序，而自增强技术处理的超高密度原木仅需2道工序，且整个工艺与化学药物无关。它可以扩大普通木材的应用范围，特别是使人工速生林木更加广泛地满足市场要求。压缩木是在高湿热条件下对木材进行横向（横纹理）或端向压缩、弯曲，它是在机械的压力下挤压木材的管胞、导管等细胞孔隙，而自增强技术则是在超高压条件下迫使木材的细胞管腔自身收紧，从而提高原木的密度，达到原木自身增强的效果。压缩方法与自增强技术的区别在于，压缩木是由"外"力硬挤压制造的，木材的非匀质性并没有因挤压而改变，而且因压缩产生的应力，压缩木存在回弹趋势，同时由于它离不开高温高湿的软化条件，不可避免地会降低木材的强度。自增强处理的超高密度原木是由液压"柔"力均匀收缩形成的，木材的非匀质性在这种均匀的"柔"力作用下会向匀质性方面改变，其表现就是木材的体积因自紧而缩小，这种缩小是在克服应力的情况下产生的塑性变形，同时它并不需要经过任何化学药物或热处理，因此不存在环境污染问题。

（三）强化单板层积材

单板层积材（LVL），是用旋切单板，数层顺纹组坯，低压胶合而成的一种结构材料。由于全部顺纹组坯胶合，故又称为平行合板。在拼接前可对单板和各种缺陷，如节子、裂纹、腐朽等进行修补或去除。只要原木径级大于250毫米的速生小径木和间伐材都可用来做单板层积材的原料。单板层积材主要用于建筑结构、室内装修（铺地板、门窗材料）、家具、汽车和火车车厢板、集装箱板、体育器材底板（滑板、乒乓球拍板、保龄球地板）等方面。杨木人工林由于密度小、材质较差、强度低、节子多，不适合用做结构材料，但是经过旋切、干燥、胶合、组坯、热压等加工成单板层积材，是一种很好的建筑和结构材料。

（四）环保型细木工板制造技术

细木工板可以有效地改变木材的各向异性性能，生产出的人造板材几乎各向同性；由于采用奇数层结构，因此使板材的尺寸稳定性好，质量轻，几乎与原来构成芯层的木材具有同等的密度；由于可以按需加工各种幅面，可以使细木工板获得比较高的板材利用率；由于采用横拼和胶压胶合加工，大大提高了人造板材的静曲强度和其他力学性能。由于细木工板具有上述优点，所以细木工板的发展十分迅猛。

通过改变脲醛树脂胶的配方和合成工艺,生产 E_1 和 E_2 级产品已不成问题,但难以达到 E_0 级(即环保型)要求。国内虽有生产 E_0 级产品的脲醛树脂胶出售,但售价很高。由于改性脲醛树脂胶生产 E_0 级产品的难度较大,研究转向了非甲醛系列胶粘剂。水性异氰酸酯胶是研究最多的一种,少数工厂已开始使用。研究和应用表明,单板的材种和施胶量等,对异氰酸酯胶板材的性能有较大影响。在相同的胶合强度时,采用异氰酸酯胶的耗胶量低于脲醛树脂胶,可抵消部分因胶粘剂价格升高而增加的成本。总成本虽有一定增加,但可生产出 E_0 级产品。

(五)定向刨花板生产技术

定向刨花板(Oriented Strand Board,缩写为 OSB)是 20 世纪 70 年代末 80 年代初迅速发展起来的一种新型高强度人造板,多是以速生丰产的小径材、间伐材、木芯等为原料,通过专用设备加工成长 40~70 毫米、宽 5~20 毫米、厚 0.3~0.7 毫米的刨花,经干燥、施胶,将刨花定向铺装后热压成型的一种结构人造板。定向刨花板工业在北美迅速发展,并推广到世界其他国家。目前,世界定向刨花板的产量已经突破了 3000 万立方米大关。

定向刨花板生产对原料没有严格的要求,它主要是以针叶材和软阔叶材的小径木、速生间伐材为原料,如杉木、桉木、杨木间伐材等,原料来源广,价格适中,在人工林迅速发展的今天,定向刨花板的发展空间巨大。

(六)新型环保木材防腐剂开发技术

木材防腐处理可提高木材的抗菌抗虫等性能、延长木材的使用寿命,是节约木材资源、提高木材利用率的重要途径。根据国内外大量试验材料的统计结果,防腐处理后木材的使用寿命是未经处理的 5~6 倍。美国每年木材防腐处理量为 1800 万 ~2000 万立方米,芬兰、新西兰每年木材防腐处理量近为 270 万立方米,英国每年木材防腐处理量为 230 万立方米,我国木材防腐处理量约为 50 万立方米。

国外所用油溶性的防腐剂为杂酚油、8—羟基喹啉酮、环烷酸铜、环烷酸锌、五氯酚,水溶性防腐剂包括铜铬砷(CCA)、酸性铬酸铜(ACC)、氨溶砷酸铜(ACA)、氨溶性季铵铜(ACQ—B、ACQ—D)、铜唑(CBA—A)等。近年来,随着 CCA 防腐剂在欧洲一些国家禁用的提出(我国不提倡使用),以铜为基础的水溶性防腐剂如 ACQ—B、CBA—A 在国外建材业正得到广泛应用。随着环保意识的加强,我国在一些建筑领域已经开始使用低毒环保型防腐剂如季铵盐、铜唑类防腐剂等,并且从进口为主走向自主研发。

(七)红木改性处理技术

红木家具和红木装饰品一直以来都受人们的青睐,视其为使用和收藏的精品。随着现在商品经济的发展和人民生活水平的不断提高,人们对红木家具及红木工艺美术品的使用更加得到高涨。红木家具最大的问题是拼缝开裂。一套红木家具都是几万、十几万、上百万。尤其是南北方气候条件的差异,含水率的变化,导致红木制品出现开裂、变形等问题。陶然居红木家具公司委托中国林业科学研究院木材所处理红木台面板,处理后的木板开裂减少 2 毫米(没有经过处理的达 4 毫米),已经去的了一定的效果,但是红木是一个非常难处里的木材,处理条件要求比较刻薄。福建莆田仙游红木家具企业也存在同样的问题,开展红木改性处理技术研究,对提高产品质量,树立品牌意义重大。

(八)木质炭材料研制技术

为了发挥物理活化和化学活化各自的优点,将化学活化法和物理活化法结合起来,重点开展新型的活性炭生产工艺,生产出孔隙结构更加合理、发达、吸附性能更优越、用途更广泛的活性炭产品;开展活性炭制备工艺与微孔结构控制的研究;研究活性炭选择性吸附能力与微孔结构的关系；研究开发新型炭材料、特种炭和高活性木炭的制备工艺；研究活性炭的改性与其表面化学结构的关系，通过表面改性，进一步提高其吸附性能；研究成型或颗粒活性炭的制备工艺，寻找合适、廉价的粘接剂；研究活性炭的再生工艺；研究开发活性炭高附加值副产物的应用领域；高效炭化、活化设备的研制和开发。

（九）植物活性物质提取利用技术

研究植物提取物有效成分的化学组成、理化特性、检测分析方法、在植物体上的分布规律；植物提取物有效成分高效提取、分离关键技术研究，有针对性的采用先进技术如：超临界流体萃取、超声波提取、树脂分离、膜分离、分子蒸馏等技术等现代提取分离纯化技术，开发高有效成分含量的植物提取物及其制剂的制备技术；高附加值化工中间体提取及深加工配套技术，包括萜烯类、黄酮类、生物碱类和植物多糖等生物活性物质提取与衍生物制备技术；研究植物提取有效成分化学转化与利用的关键技术，重点选择植物多酚开展研究；研究植物提取活性成分的功能活性与加工利用，筛选、提取分离功能卓越的生物活性物质，开展医疗保健功效性能和安全性能研究，开发天然保护品；重点研究植物多萜醇、植物原花色素、植物黄酮、植物多糖等活性物质，开发抗心脑血管疾病、抗病毒、抗肿瘤、抗氧化和清除自由基等天然药物和天然保健品。

（十）生物质能源高效转化技术

1. 生物质生产燃料乙醇技术

研究生物质制酒精的关键技术，生物质生产燃料酒精和其他高附加值产品的新工艺技术的研究；重点研究开发新水解工艺，糖液和酸的高效经济分离工艺过程和设备及其木素利用技术；重点研究生物质原料预处理技术，大规模酶降解技术、高产酶菌株选育、纤维素酶与半纤维素酶定向制备，解决不同生物质转化过程对工艺和设备的适应性问题，包括生物质反应器的型式、模拟放大、转化效率与设备的相关性等技术，以满足不同生物质制取酒精的过程和设备的要求；重点研究戊糖己糖同步乙醇发酵的菌种选育和驯化，发酵机理和技术、微生物细胞固定化技术、在线杂菌防治技术；对生物质转化过程和生物质多层分级利用系统进行优化集成研究。

2. 生物柴油制备技术

研究提高天然油脂酯化催化反应速度和反应产物的高效分离；根据不同天然油脂的化学结构特点，同步生产附加值高的化工产品的技术和过程，创新研究制取生物柴油经济可行的综合利用技术；重点研究生物柴油性能及其改进剂的制造与工程化技术；采用高温催化裂解，薄膜蒸馏，精密分馏，催化开环，均相酯化，溶剂分相，物理化学偶合等手段，使生物柴油符合柴油的液态化、低黏度化及高十六烷的质量要求。

3. 生物质热化学转化技术

包括生物质热解、气化和液化三方面。对林业生物质的主要组分如纤维素、半纤维素、木质素、及其微量元素等的化学结构、键合方式及热化学特性的研究，从分子水平上获得对生物质化学结构及其热化学转化过程中反应历程、变化规律的认识，探索气体产物的控制机理和组成调整方法，结合流化床传质传热的规律研究生物质定向气化反应动力学，建立定向气体的反应机理模型；研究各组分生成焦油的机理，探索控制催化剂失活的方法，揭示抑制焦油生成的化学原理。

（十一）林纸一体化技术

我国木材制浆造纸发展缓慢，严重制约了我国造纸工业的发展。重点开展定向培育纤维用材林过程中木材制浆适应评价和早期预测技术；高效制浆技术；高得率化学法制浆技术；高档纸和纸板生产制造技术；制浆造纸过程的各类化学品生产制造技术；制浆废水高效低成本综合处理和资源化利用技术；纤维素、半纤维素、木质素改性和功能性特性改造技术；新型制浆造纸装备和过程控制理论和技术研究；开展生物制浆的研究技术。

第二节　竹材加工利用技术

竹材加工利用要重视复合材料，精深加工和化学利用。我国的竹材工业在国际上一直处于领先地位。进一步研究开发新型竹质和竹木复合材料，应用于建筑承重构件、火车汽车底板、集装箱地板、混凝土模板等领域，替代大规格木板方料和部分木质人造板，以缓解大径级木材供需紧张的矛盾。重视和加快竹材精、深加工产品的开发，同时还要重视竹材的化学利用。

一、竹材人造板的加工利用技术

我国自 20 世纪 70 年代起研制竹材人造板，已开发了竹编胶合板、竹材胶合板、竹帘胶合板、竹篾层压板、竹地板、竹材碎料板、覆膜竹胶合板水泥模板、竹材碎料复合板、竹木复合板等。目前发展最快、规模最大的是覆膜竹胶合板水泥模板，其表面平整光洁、脱膜性能好、重复使用次数多，广泛用于桥梁等大型建筑工程作清水混凝土模板，受到好评。竹材层压板和竹胶合板主要作汽车、火车的车厢底板，发展也比较快。竹编胶合板主要作包装箱板，因工艺简单，设备投资少，生产厂家较多，但规模较小。竹地板主要用作地板使用，也可生产大幅面板作装饰材料、家具等，产品主要出口日本、欧美等。

（一）竹胶合板

竹胶合板类主要包括竹编胶合板、竹材胶合板和竹帘胶合板三大类。竹编胶合板是将竹子劈成薄篾编成竹席，干燥后涂或浸胶粘剂，再经组坯胶合而成，可分为普通竹编胶合板和装饰竹编胶合板。前者薄板用于包装材料，厚板用作建筑水泥模板和车厢底板等结构用材，后者用于家具和室内装修；竹材胶合板是将毛竹或其他径级较大的竹子截断、剖开、去掉内外节，经水煮、高温软化后展平，再刨去竹青、竹黄并成一定厚度，经干燥、定型、涂胶、竹片纵横交错组坯热压胶合而成。具有强度高、刚性好、变形小、胶耗量小、易于工业化生产等特点，是较理想的工程结构材料，广泛应用于客货汽车、火车车厢底板和建筑用高强度水泥模板；竹帘胶合板是将竹子剖成规定厚度的竹篾，用细棉线、麻线或尼绒线将其连成长方形竹帘，经干燥、涂胶或浸胶、竹帘纵横交错组坯后热压胶合而成，可作结构材和建筑水泥模板。

（二）竹层压板和碎料板

1. 竹层压板

竹层压板类主要指竹篾层压板，是将竹子剖成竹篾，经干燥、浸胶、再干燥后，层叠组坯胶合而成。可使用小径级毛竹，因而原材料来源广。适宜生产成厚板，再将其锯成窄幅面使用，可模压成型，压制载货汽车铁木车厢的窄板条，目前该产品已在二汽东风牌载货汽车和铁路货车上得到广泛应用。

2. 竹碎料板

竹碎料板类主要是将杂竹、毛竹梢头或枝丫等原料，经辊压、切断、打磨成针状竹丝，再经干燥、喷胶、铺装、热压而成。这种碎料板一方面因竹材具有良好的劈裂性，因而加工后，很容易制成粗纤维状竹丝，又因其长细比大，故制成的碎料板强度较高；另一方面因竹材制成竹丝后，分散了竹青、竹黄对胶粘剂不润湿的影响，使竹材对胶粘剂的渗透性变差，因而施胶量比木质刨花板少。但因竹材含有较多的淀粉、糖、蛋白质等成分，在湿度较高季节，板面易产生霉变，因此需要注意防霉。

（三）重组竹和竹材复合板

1. 竹材复合板

竹材复合板类主要包括高强度覆膜竹胶合板水泥模板、竹材碎料复合板和竹材木材复合板。高强度覆膜竹胶合板水泥模板具有极高的静曲强度、弹性模量、硬度和耐磨等优良的物理机械性能，作为清水混凝土模板，在近代建筑业和大型工程施工中具有广阔的应用前景；竹材碎料复合板是以竹材胶合板生产中的经干燥、铣边后的竹片为面和背板，以施过胶的竹碎料或竹材碎料板为芯层，经一次组坯热压胶合而成，主要应用于卡车的车厢旁板、前后挡板及高强度水泥模板进行开发和应用；竹材木材复合板是采用竹片作表层材料，把木材旋切成一定厚度的单板，经干燥、修整后作芯层材料，用酚醛类树脂作胶粘剂，根据使用要求进行合理的组坯，经一次热压胶合成具高强度、高弹性模量的结构材料。该产品融合了竹材和木材胶合板的生产工艺，具有比制造竹材胶合板更高的机械化程度和劳动生产率，生产成本低于全竹结构的竹材胶合板，是一种极具开发前景的产品。

2. 重组竹

重组竹材胶合板是以小径竹及竹梢为原料，经去青、辗压、干燥、施胶、组坯、热压等工序制造而成的一种新型竹材人造板。重组竹材胶合板的出现，解决了小径竹工业化利用难题，及现有竹材人造板竹材利用率低、成本高、工艺繁琐的问题，为竹材的高效利用提供了一条新的途径。

（四）竹木复合集装箱底板和水泥模板生产技术

以人工速生林杨木、杉木和马尾松单板和竹席、竹帘为主要原材料，通过合理组坯搭配，经过浸胶、干燥、热压工艺生产出具有优良物理力学性能的竹木复合板材，可以用于集装箱底板制造、建筑工程水泥模板等。它综合了木、竹的各自优点，具有弹性好、韧性高的特点，是一种新型的人造板。

二、竹材家具生产技术

（一）竹材集成材家具的结构特性

竹材集成材家具的结构类型主要分板式家具和框式家具两类。竹材集成材色泽淡雅、自然，具有东方古典的文化韵味，而框式家具造型又有仿古（仿明清家具）家具和现代家具之分，家具种类多为餐桌椅、休闲椅及衣柜等。仿古家具多为深色，即常用炭化集成材。

（二）竹集成材家具的生产技术

近年来，国内竹材加工机械得到了一定的发展，在传统的竹材加工方式的基础上，竹材集成材家具的加工逐渐得到发展。基于地板类板材生产技术，采用层积和拼宽胶合工艺，最终形成其独特的家具生产工艺。具体来说，是用竹子经截断、开片、粗刨水煮（含漂白、防虫防霉、防腐等处理）或炭化、干燥、精刨、选片涂胶、组坯、双向加压胶合、锯边、砂光等工艺制成的板方材。然后通过对板方材进行零部件加工（开槽钻孔、砂光、铣型），表面涂饰，零部件装配，产品包装。与木质家具不同的是原竹的截断、纵剖、去青去黄等加工采用断竹机、裂竹机、去青去黄机等专用的竹材加工机械。

（三）竹工艺品生产技术

竹日用品、竹工艺品、竹装饰品、竹食品包装、竹文体用品、竹床上用品等，如竹制的鞋子、服饰、拖鞋、耳扒、碗垫、杯垫、蒸笼、果盒、果篮、面包夹和竹皿、竹铲、竹勺、竹茶具、竹篮、竹制梅花、竹筒花瓶、竹根雕刻、竹菜板、竹鞭、竹制小水桶、竹编工艺品等。

三、竹材加工剩余物的利用

（一）颗粒燃料

60% 以上的竹材在加工过程中变成剩余物。将加工剩余物加工成成型燃料，它是在高温、高压条件下，将加工剩余物压缩成棒状或颗粒状且质地坚实的成型物。其工艺科分为湿压成型、热压成型、碳化成型 3 种主要形式。

湿压成型是将原料在常温下浸泡数日，使其湿润皲裂并部分降解，然后利用高压将其水分挤出，压缩成燃料快。热压成型是目前普遍采用的生物质压缩成型工艺，分为原料粉碎、干燥混合，挤压成型和冷却包装等几个环节。碳化成型一般工艺是原料—粉碎—干燥—成型—炭化—冷却—包装。

（二）竹醋液

竹醋液是用竹材烧炭的过程中，收集竹材在高温分解中产生的气体，并将这种气体在常温下冷却得到的液体物质。竹醋液含有近 300 种天然高分子有机化合物，可以通过沉淀、过滤、蒸馏的方法进行精制，得到纯净竹醋液。现竹材加工中废弃物（刨花、锯屑）重量占原竹总重量的 60% 以上，资源利用率低，为挖掘资源潜力，变废为宝，采用机械化自动控温方式将竹材加工废弃料（刨花、锯屑）及小径杂竹（削片）干馏热解以工业化方式生产高纯度竹醋液，同时获得粉状炭。

（三）竹　炭

竹炭是一种无毒的有机质，应用领域广泛，主要用于净化空气、医疗、化工等行业以及生产竹质活性炭，是良好的日用品和工业原料，具有广阔的市场。发展竹炭可充分利用"老头竹"、小径竹和竹头、竹尾等加工剩余物，提高效益。竹炭的生产是将竹材在隔着空气或通入少量空气的条件下，在竹炭窑里经过干燥（温度≤150℃）、预炭化（温度 150~270℃）、炭化（温度 270~450℃）、煅烧（≥450℃）和冷却阶段（≤60℃）5 个阶段，历时 22 天左右的时间。竹炭的生产设备主要有砖土窑、干馏热解设备 2 种类型。

四、重点攻关技术

（一）竹材与其他材料复合加工利用技术

1. 甲醛竹材装饰材和集成材生产技术

该项技术采用以竹材为主要原材料，以无甲醛树脂为胶粘剂，通过专有技术和施胶方法，生产出无甲醛竹材集成材，可以广泛应用于室内装饰装修材料以及厨房案板用品，具有无甲醛、防潮、不变形等特点。胶合成本与脲醛树脂持平，具有良好的经济效益。该项目投资小，工艺简单，可以适用于不同规模的企业组织生产应用。

2. 小杂竹制造结构用材料技术

该项技术是以南方广大农村的小杂竹和笋用竹的轮伐材为主要原料，采用重组技术和专用设备，经过备料、浸胶、干燥、铺装、热压等工序，制造而成的结构用竹材重组材料。该项技术具有 100% 利用竹材的特点，可以根据工程使用要求制作成板材或方材。该种产品具有优良的物理力学性能和广泛的市场应用前景，投资小，经济效益好。

利用中、小径级杂竹，采用径向剖篾、径向胶合、辊搓法生产复塑竹帘胶合板、长条竹木复合地板、轻质高强竹质胶合板等竹材复合结构板材。

3. 室外用竹地板

2008 年奥运会的马术项目比赛场设在我国香港。而赛马场建设项目的承建，是面向全球公开招标的，当时中标的是一家德国企业。但在施工过程中，德国企业找不到合适的室外圈马栅栏材料。

去年4月3日，德国人来到竹乡安吉，发现嘉乐竹木业有限公司从2004年就开始研制的新型竹地板，初步符合他们要求的防水、防晒、防霉、防变形等性能。于是，嘉乐竹木业有限公司又经过一年多的科技攻关，10079次的试制失败，终于在去年11月份，研制出了符合对方要求的竹地板。今年4月，竹地板通过了德国专家严格而科学的检测，顺利运往香港。据悉，香港奥运赛马场急需的6000立方米用特殊工艺特殊技术制成的特殊室外竹地板正分期分批启运，在明年的奥运会赛马比赛中，我们就能看到"安吉制造"了。这不仅是中国竹业的一项技术突破，更重要的是开拓了竹地板市场空间，为中国竹业创造了更好的发展前景。

4. 重组竹材胶合板制造技术

在以酚醛树脂为胶粘剂的条件下，对胶液固体含量、热压压力、热压温度、热压时间四个主要参数及去青工艺，对重组竹材胶合板性能的影响进行了试验研究。结果表明：以酚醛树脂为胶粘剂生产的重组竹材胶合板，具有较好的物理力学性能，适宜作建筑模板、车厢底板等用途；以酚醛树脂为胶粘剂生产重组竹材胶合板时，胶液固体含量以20%为宜，热压工艺参数以热压压力3.14兆帕、热压温度150℃、热压时间0.9分钟/分钟为宜，去青工艺以采用竹材去青机去青和喷砂机去青为宜。

5. 竹篾层积材的制造新工艺

针对竹篾层积材制造工艺存在的不足与问题，采用径向竹篾帘替代弦向竹篾作为构成单元，用中温固化型酚醛树脂胶替代高温固化型酚醛树脂胶，用"热-热"胶合工艺替代"冷—热—冷"胶合工艺，使用特殊设计的弹性厚度规和合理的板坯结构等创新工艺，压制出一种径向竹篾帘层积材。它是竹篾层积材的改进型产品，在性能和用途上完全可以替代现有的竹篾层积材，两者与之相比，径向竹篾帘层积材具有竹材利用率高、热压机产量高、能耗低、产品质量好和成本低的优点。

6. 竹木复合单板层积材制备工艺

以浸渍酚醛树脂的杨木单板和竹帘为原料制备竹木复合单板层积材，探讨制造工艺对复合材料性能的影响.结果表明,竹木复合材料的MOE及MOR均达到或超过了日本JAS标准的相关规定,尺寸稳定性良好;单板厚度、树脂浓度、压缩率对MOE和MOR有显著影响;组坯方式对MOR影响显著;而吸水厚度膨胀率的影响作用比较复杂。

（二）竹质家具系列产品开发技术

自古以来人类就喜欢用木材和竹材来装点室内环境和制作室内家具。因此，实木家具和圆竹家具历史悠久，源远流长，直至现代仍为人们所喜爱。竹集成材家具是近几年开发出来的新生竹家具，因其材料具有大自然赋予的独特美感以及优越的材料特性，并具有生态性和环保性而为国内外所青睐。从家具基材、典型结构、基材天然的造型要素、特殊构件加工及使用场所等几个方面，对竹集成材家具的特点作分析研究。结合生产实践，提出适宜的工艺流程及技术关键，以加速新型竹集成材家具的开发与发展，进一步提高竹材的附加值。

（三）微薄竹制造技术

1. 刨切微薄竹

在竹材资源较为丰富的南方各省，对现有竹地板生产企业进行部分工序调整，稍加改进就具备建立径向集成竹块制造的设备与车间，再添加压力灌、冷压机、刨切机、拼宽机等设备就可建立竹方制造与刨切车间，实现年产量1200立方米的柔性大幅面刨切薄竹产业化生产线。大幅面刨切薄竹厚度范围为0.15~1.5毫米，厚度偏差≤±0.03毫米；薄竹宽度范围为30~40厘米；长度范围为1.0~2.6米。因此，该项目具有投资小，见效快的优势，是竹材加工利用的新方式、新途径，开创了竹材加工利用新领域。在此基础上继续开展染色，提高产品质量等方面的研究，对进一步提高竹材精、深加工、附加值更有限是意义。

2. 旋切微薄竹

旋切微薄竹是将毛竹或龙竹（直径一般大于 10 厘米）截断，竹筒进行加压软化处理，然后通过专用旋切机旋切成厚度在 0.3 毫米的竹单板，通过尼龙网带式干燥机干燥竹单板，采用无纺布增强、横拼、指接等技术集成，制成柔性大幅面旋切微薄竹。在旋切微薄竹的制造过程中，需要继续攻关的问题是竹筒软化技术，微薄竹的花纹从组技术以及提高产量和质量技术。

（四）竹笋深加工技术

根据竹笋的笋体结构特点和可食性，将笋体分割成五部分：笋尖、笋体中部、嫩笋衣、老笋衣。可用于制作笋罐头的只有笋尖，其余为可加工成其他制品。竹笋的综合利用技术其主要内容是：笋尖按传统工艺生产笋罐头；笋体中部和嫩笋衣制作即食方便小菜；不可直接食用的老化部分因含汁液较多，固形物较高，通过榨汁、发酵、澄清处理，制备笋汁饮料和笋汁保健酒，这类纯天然饮品，富含营养保健成分，且具有独特的风味。也可通过破碎、打浆、进行乳酸发酵，制得色香味佳的笋汁酸奶饮料，其笋渣通过冲洗漂白可制得优质的笋膳食纤维。

（五）高品质竹炭、活性炭及其深加工技术

竹炭是竹材在高温、缺氧（或限制性的通入氧气）的条件下，使竹材受热分解而得到的固体物质，产品是新型的保健和环保材料，具有脱臭、吸附、调湿、去除静电、抗远红外线、抗菌等效果，其工艺流程如下：竹材—热解—筒炭—切片—分选—除尘—分装—成品。近年来，竹炭已开始用于水质净化、吸附异味、居室调湿、美容、土壤改良等方面，系列产品在日本和东南亚市场热销，但在我国还是处于市场需求的启蒙期。由于从竹材到竹炭，每吨可增值 4~5 倍，再经深度加工，产品增值到 3~10 倍，因此，竹炭业有广阔的市场前景。竹炭内部形成各类孔隙，具有微孔、中孔和大孔，因而竹炭具有一定的比表面积，使它对多种有害气体具有很好的吸附能力。竹炭空隙度高，非常适合作为土壤微生物和有机营养成分的载体，可以增强土壤活力，是一种良好的土壤改良剂。

（六）竹质纤维纺纱等高科技产品开发技术

竹原纤维又称天然竹纤维，常采用出产的毛竹或簇生竹为原料，将天然竹竿锯成生产上所需要的长度。长度可根据用途在生产过程中加以确定，以满足与其他化学纤维或天然纤维混纺的需要，然后采用机械、物理的方法，通过浸煮，软化等多道工序，去除竹子中的木质素、多戊糖、竹黏、果胶等杂质，从竹竿中直接提取原生的纤维。这种纤维在获取过程中不含化学添加剂，是一种真正意义的纯天然纤维。

我国竹资源相当丰富，开发和研究竹原纤维针织服装产品，对合理开发利用我国的竹资源，推动国家林业产业和纺织的升级具有深远的意义，其社会效益和经济效益也不可估量。绿色环保产品既适应世界纺织领域的发展潮流，也可提高我国纺织品在世界市场上的竞争力，既减少纺织品对石油资源的依赖性，也顺应可持续战略的发展要求。

第三节 特色林副产品开发利用技术

特色林产品是福建林业很有潜力的产业之一，主要包括森林食品、经济林、中药材、野生动植物资源等的开发利用。森林食品是指那些生长在森林中可供人类直接或间接食用的植物、动物以及它们的制成品，是同森林环境密切相关，符合人类自然、环保、清洁生产技术要求，生态、优质、营养的食用林产品，主要包括坚果（如栗类等）、果实类（如银杏等）、食用菌（如黑木耳等）、蔬菜类（如蕨菜等）、淀粉类（如西米等）、燕窝、油料（如油茶等）、槭糖等。森林食品营养、

医疗和保健价值高，风味清香，具有无公害、纯天然、无污染、不可替代性和产品结构特有性等特点，是人们青睐、食用安全、卫生的食品。同时森林植物栽培成本低，效益高，市场竞争力强。开发森林食品不仅是我国粮油产业的重要补充，有利于优化农村产业调整，为解决"三农"问题提供重要支撑，还具有重要的生态和社会效益。药用植物是林区资源综合利用、立体开发的重要产品，随着人们对药用植物认识的进一步提高，药材有用成分提取加工技术的不断发展，药用植物越发受到重视。野生动物养殖业是一项可以广泛直接地向社会提供野生动物及其产品的生产经营性活动，是当前我国野生动物产业的重要基础。在切实保护好现有资源，拯救珍贵濒危物种的同时，大力开展科学养殖，扩大资源，既能充分发挥野生动物的生态、社会和经济效益，又能丰富人们的物质和文化生活需要。

一、森林食品安全生产技术

林产品安全生产技术包括银杏、杨梅、猕猴桃、油茶、茶叶、苦丁茶、竹笋、森林野菜等种类的无公害栽培、绿色食品栽培及其可持续经营技术，杨梅、银杏、茶叶等有机栽培利用技术。研究可食林产品有害生物综合控制技术，及其安全生产的全程监控技术体系，提高林产品质量安全和市场竞争力。

二、森林药用植物利用技术

建立闽西北山区的红豆杉、三尖杉、茯苓、灵芝、银耳、白术、山药等;闽东南山区的黄栀子、乌梅、太子参、南玉桂、穿心莲、凉粉草等多种中药材的生产种植基地，开发厚朴、杜仲、五倍子等药用植物有效成分提取和药材加工技术，采用溶剂提取法、超临界萃取法等进行森林植物有效成分提取和分离纯化，形成种植—加工（饮片）—提取（分离纯化）—新药研发生产的产业链。

三、食用菌开发利用技术

建立闽东南沿海有蘑菇、草菇、姬松茸、姬松茸、鸡腿蘑、金福菇等粪草食用菌优势种类;闽西北香菇、毛木耳、银耳、金针菇、竹荪和药用菌灵芝、猴头菌、灰树花及珍稀种类等木生食用菌优势种类种植基地，开发食用菌保鲜与精深加工综合利用技术，大型食药用真菌高附加值生物活性成份提取纯化、结构修饰及药用与保健制品产业化深加工技术。

四、特种动物养殖与利用技术

特种动物养殖与利用主要包括黑熊、梅花鹿、野猪、野鸡、蛇园养殖等，开发精、深加工的野生动物产品。现有成熟技术有：①黑熊养殖及活体取胆汁技术；②梅花鹿养殖技术；③野猪养殖技术；④野鸡养殖技术；⑤蛇园养殖技术；⑥黑熊、蛇资源深加工技术。

五、今后需要进一步攻关的技术

根据福建的实际情况，制约福建特色林副产品发展的主要因素，一是原料的瓶颈，二是效益瓶颈。必须做好以下技术的攻关工作，以实现特种资源的可持续利用。①森林食品、食用菌产品质量安全和标准化体系建设；②减少木质利用的食用菌利用技术；③中药材良种选育技术和林下种植技术；④中药材内含物提取、分离、纯化和综合利用技术；⑤野生动物良种体系培养及生态养殖技术；⑥野生动物产品质量标准和养殖防疫、检测监控体系建立。

第九章　海峡西岸林业生物质能源产业发展

能源犹如一个国家工业必不可少的粮食，根据我国国情，发展可再生能源，将能显著优化能源结构，减少对矿物质能源的依赖，缓解面临的能源与环境压力，推动人类社会发展进入"可再生能源"时代。建设环境友好型社会和资源节约型社会，寻求清洁发展、绿色发展，既是国际社会为实现人类可持续发展的共同努力方向，也是面向21世纪中国构建和谐社会的重大战略抉择，同时也为林业生物质能源提供了巨大的发展机遇。

一、当前我国能源状况对经济社会发展的影响

能源是经济社会正常运转和健康发展的重要物质基础。在世界大多数国家，能源工业成为其产业体系中的重要组成部分。工业革命以来，世界能源资源、生产和贸易就与国际经济、政治、外交乃至于军事格局紧密联系在一起，能源问题成为事关经济发展、社会稳定和国家安全的重大问题。

我国经济目前正处在快速增长期，经济发展对能源的依赖度较高。1980年以来，我国的能源总消耗量每年增长约5%，是世界平均增长率的近3倍。从现在起到2020年，是我国经济社会发展的重要战略机遇期，按照党的十六大提出的全面建设小康社会的目标，到2020年我国要实现经济翻两番。根据国际经验，这一时期是实现工业化的关键时期，也是经济结构、城市化水平、居民消费结构发生明显变化的阶段。

从能源供应与经济发展来看，我国的能源发展面临着十分严峻的形势和挑战，为保证2020年实现经济翻两番的目标，能源的供应将非常紧张。据专家估计，到2020年我国一次能源的需求在25亿~33亿吨标准煤之间，均值为29亿吨标准煤，是2000年的2.2倍。如果采取正确的能源战略和相关的政策措施，一方面开源，大力发展可再生能源，包括林木生物质能源，另一方面节流，节约能源，降低单位能耗，建设节约型社会，未来我国的能源需求将有可能保持相对较低的增长速度，也有可能在远低于目前发达国家人均能源消费量的条件下，进一步显著提高人民的生活水平。

从能源消费结构与经济发展看，随着人民生活水平的提高和消费结构的升级，能源的需求结构将发生重要变化。我国在2000年的能源消耗总量近13亿吨标准煤，其中煤炭达9.07亿吨标准煤，占69.9%；石油达3.24亿吨标准煤，占25%；天然气和一次电力分别是3.6亿吨和2.9亿吨标准煤，分别只占总量的2.8%和2.3%。从这组数据可以得知，我国的能源结构仍是以煤为主，而且这种结构在今后一个时期不可能有太大变化，这将对能源供应、能源安全、环境保护等诸多方面产生重大影响。

过去几十年我国的能源发展取得了不小成就，主要体现在以下两个方面：一是以较低的能源增长支撑了经济的快速增长。1980~2000年期间我国GDP年均增长率高达9.7%，而相应的能源消费量年均仅增长4.6%，远低于同期经济增长速度。二是能源利用效率大幅度提高。一方面，单位GDP能耗不断下降，2006年万元GDP能耗同比下降了1.79%，2007年万元GDP能耗同比下降了

3.66%，2008 年万元 GDP 能耗同比下降了 4.21%。另一方面，主要高耗能部门的产品单耗有了较大幅度的下降，主要耗能产品的能耗与国际先进水平的差距明显缩小。这些成就为我国经济社会的可持续发展作出了巨大贡献。

目前，我国的能源状况也存在几个严重的问题：

问题一，能源需求持续增长对能源供给形成很大压力。随着我国经济规模进一步扩大，能源需求总量还会持续较快地增加，对能源供给形成很大压力，供求矛盾将长期存在，石油天然气对外依存度将进一步提高。

问题二，资源相对短缺制约了能源产业发展。我国能源资源总量不小，但人均拥有量较低。能源资源勘探相对滞后，特别是能源资源分布很不平衡，东部地区能源短缺严重，大规模、长距离地运输，导致运力不足、交通紧张、成本大幅提高。

问题三，以煤为主的能源结构不利于环境保护。煤炭是我国的基础能源，富煤、少气、贫油的能源结构较难改变。我国 85% 的煤炭是通过直接燃烧使用的，煤炭清洁利用水平低，产生的污染多。目前，我国 SO_2 排放达 2200 万吨以上，CO_2 排放达 8 亿吨以上，酸雨危害面积占国土面积的 30%，给我国生态环境带来很大压力。

问题四，能源技术相对落后影响了能源供给能力的提高。我国能源技术与发展的要求相比还有较大差距，特别是可再生能源、清洁能源、替代能源等技术的开发相对滞后，节能降耗、污染治理等技术的应用还不广泛，不能适应当前治理高污染的需要。

问题五，国际能源市场变化对我国能源供应的影响较大。我国石油天然气资源相对不足，需要在立足国内生产保障供给的同时，扩大国际能源合作。但目前全球能源供需平衡关系脆弱，石油市场波动频繁，国际油价居高不下，各种非经济因素对能源国际合作影响很大。这要求我们统筹国内开发和对外合作，提高能源安全保障程度。

二、林业生物质能源在国家能源战略中的地位

人类目前使用的主要能源有石油、天然气和煤炭 3 种。根据国际能源机构统计，地球上这 3 种能源供人类开采的年限分别为 40 年、60 年和 220 年。我国煤炭剩余可开采储量仅为 1390 亿吨标准煤，按照 2003 年的开采速度，只能维持 83 年；2008 年中国石油（包括原油、成品油、液化石油气和其他石油产品）净进口量达 20067 万吨，同比增长 9.5%，在 2007 年首次占到国内油品消费量一半之后，2008 年中国石油净进口量在国内油品消费量中的占比已升至接近 52%，而在加入世贸组织（WTO）前的 2001 年，中国石油进口依存度只有 30%。因此，尽快改善能源消耗结构，加大能源保障安全迫在眉睫。正如胡锦涛总书记在给北京可再生能源国际大会致辞中所指出的，加快发展可再生能源是应对日益严重的能源资源和环境问题的根本措施。

目前，世界上技术较为成熟，可规模化工业开发利用的可再生能源主要有水能、生物质能、风能、太阳能、地热能和海洋能，可再生能源在世界能源消费中已占 22% 左右。

在各种可再生能源中，生物质能是独特的，它是贮存的太阳能，更是一种惟一可再生的碳源，资源丰富且可以再生，其含硫量和灰分都比煤低，而含氢量较高，一直是人类赖以生存的重要能源之一，就其能源当量而言，是仅次于煤、油、天然气而列第四位的能源；在世界能源消耗中，生物质能占总能耗的 14%，但在发展中国家占 40% 以上。

在生物质能中，我国 960 万平方公里的广阔土地林木生物质能源占有十分重要的地位。加快发展林木生物质能源是有效补充我国能源，改善和保护生态环境的战略举措，对维护我国能源安全，改善能源结构将发挥重要的作用。

目前，我国林木生物质能主要有三种利用方式，即生物质固体燃料利用，生物质液态燃料利用和生物质气体燃料利用。其终端产品主要有五类，一是利用含油脂转化为生物柴油，二是木质纤维素转化燃料乙醇，三是木质加工成固体燃料，四是木质转化成燃料气体，五是木质燃料发电。

林木生物质能源建设是林业发展的一个新方向、新亮点，在2008年，国家林业局造林司就组织北京林业大学、中国林科院、清华大学和林业调查规划设计院等单位的20多名专家学者，对内蒙古、吉林、浙江、四川等9省份的林木生物质能源资源总量、开发利用和发展潜力等情况进行调研，形成了《中国林木生物质资源培育与发展潜力研究报告》《林木生物质能源开发利用技术研究报告》《开发林木生物质能源的经济分析和可行性研究报告》以及《林木生物质能生产与清洁发展机制结合的相关政策研究报告》等4个专题报告，初步掌握了我国林木生物质能源种类、分布、数量和开发利用现状。同年6月，组织了由专家、企业家和管理人员组成的考察团赴欧洲，对林木生物质能资源培育、发电供热技术进行学习考察，并派员参加了国家发改委能源局组织的赴意大利、瑞典、丹麦、德国4国生物质能源考察。国家林业局林木生物质能源领导小组成立后，有关负责同志主动向国家能源管理部门汇报林木生物质能源工作开展情况，编辑《国家林业局林木生物质能源工作简报》，及时向有关主管部门及全国林业系统介绍和通报林木生物质能源及可再生能源国内外发展情况。为指导林木生物质能源的开发利用，切实推动林木生物质能源发展，当前正在抓紧制定《全国能源林培育规划》。为加快能源林培育试点示范，推动林木生物质能源利用示范项目开展，初步选定了一批能源林培育示范基地，开展了前期准备工作，并且组织了四川麻疯树资源培育开发情况和内蒙古通辽市奈曼林木生物质发电项目建设情况的实地考察，全面促进林业生物质能源建设。

三、发展林业生物质能源是海峡西岸经济社会可持续发展的重要战略性选择

生物质能源的发展方向早在1981年联合国新能源和可再生能源会议上就已得到肯定。2004年在波恩举行的可再生能源国际会议强调，生物质能源是未来最有希望的能源之一。全球经济社会的发展，特别是中国经济的快速发展，对林业生物质能源提出了新的更高的需求。大力开发和利用林业生物质能源，对于保障能源安全、改善生态环境、推动林业发展，都具有十分重要的意义。

1. 发展林业生物质能源以保障国家能源安全

我国是矿物质能源相对贫乏的国家。有关专家预计，到2010年，我国石油进口依存度可能会进一步上升。能源安全已经成为国家安全不可分割的重要组成部分，能源问题直接关系到我国经济的快速增长和社会的可持续发展。由于对化石能源大量使用可能导致的全球气候变化和资源枯竭的担忧，以及对可持续发展和保护环境的追求，世界开始将目光聚焦到了包括生物质能在内的可再生能源。专家研究指出，中国有着丰富的生物质资源。据初步估计，我国仅现有的农林废弃物约合7.4亿吨标准煤（实物量为15亿吨），可开发量约为4.6亿吨标准煤；预测2020年将分别达到11.65亿吨和8.3亿吨标准煤。充分利用这些资源开发生物质能源，对改善中国能源结构，减少对石化燃料的依赖，保障国家能源安全具有重大意义。

2. 发展林业生物质能源以提高农民的生活水平

我国从古至今，人们伐木为薪，筑木为巢，森林为人类的生存提供着庇护。能源利用曾经经历悠久从薪柴到煤炭时间，目前已进入到油气时代逐渐演变。近几十年来福建省处于农业人口快速增长的时期，福建的人口密度比全国的平均水平高1倍。福建农村能源主要是薪材、秸秆、人畜粪、小水电和乡镇煤矿及地热资源等。从能源结构上看，薪材、秸秆、小水电、乡镇煤矿和人畜粪便生产的沼气分别占能源资源总量的25.91%、29.16%、18.19%、18.81%和7.93%。

四分之一的农村人口生活燃料依赖传统的可再生能源——薪炭林。大力发展林业生物质能源，既能增加农民的收入，又能为贫困地区人们提供价廉、清洁的能源，对有效解决农村贫困和农村能源供应问题，提高贫困地区农民生活水平，是一条十分有效的途径。

3. 发展林业生物质能源以改善城乡生态环境状况

近百年来，煤、石油和天然气一直是人类能源的主角，按目前的消耗估算，21世纪下半叶，人类不仅将面临严峻的能源危机，同时还将面临过度使用矿物质能源而造成的生态环境危机。大力发展林业生物质能源，显著增加森林资源，不仅可以提供丰富的清洁能源，减少环境污染，同时还可以构建具有多种功能的森林生态系统，必将对改善严峻的生态环境状况做出积极的贡献。

四、林业生物质能源发展蕴藏着巨大潜力

我国政府十分重视林业生物质能源的开发与利用。福建自然条件优良，光热气水土特别好，是一块宝地，在林业生物质资源培育以及林业生物质能源开发方面，有着巨大的发展潜力。

1. 丰富的森林生物质资源为林业生物质能源发展提供了巨大的空间

福建省位置紧靠北回归线北面，气候、地貌、水文、土壤、植被等要素组合和物质能量循环影响下形成的生态系统具有很高的生产能力，十分有利于高效优质森林植被的生长；福建省有南亚热带雨林，南亚热带山地常绿阔叶林，热带、亚热带常绿阔叶林，红树林，竹林，马尾松林，黄山松林，黑松林，杉木林，柳杉林，铁杉林，福建柏林，落叶阔叶林，亚热带灌丛，亚热带滨海沙生植被，亚热带草丛，沼泽和水生植被，人工植被等18种植被类型，以及种类丰富的森林资源。

福建省地处亚热带常绿阔叶林带，物种资源极为丰富，具有充足的光、热、水、土资源，气候温和，适宜发展林业，全省森林覆盖率达62.96%，居全国第一，活立木蓄积量4.96亿立方米，居全国第七。丰富的森林资源，蕴藏了丰富的物种资源，全省仅木本植物就有1943种，陆生野生动物824种，种类占全国三分之一，生物多样性特点明显，生态环境优越。丰富的林业生物质资源，优越的自然环境将为福建林业生物能源的发展提供有力的资源保障。

2. 科技创新与技术突破为林业生物质能源发展提供了宽广的平台

林业生物质能源是可再生能源的重要组成部分，在林业生物质的固体成型燃料和气化发电、生物柴油和生物基乙醇等方面的科技创新与突破，为林业生物质能源的深度和广度开发利用提供了巨大的发展机遇。

一是林业生物质固体成型燃料和气化发电开发利用。我国目前每年的林业废弃物及加工剩余物高达数亿吨。福建的林业废弃物及加工剩余物也十分丰富，但目前实际利用率低，潜力巨大。这些资源都是高燃烧值生物量，一般燃烧热值高达4000~4800大卡/公斤，是开发生物质的固体成型燃料和气化发电的重要原料。近年来，林业生物质固体成型燃料和气化发电在技术方面已日趋成熟，并已开展了一定规模的产业化示范，这些为上述资源的大规模能源化开发奠定了良好基础。

二是林业生物柴油开发利用。福建的森林资源中蕴涵着丰富的燃料油植物，常见的木本燃料油植物有数百种。但是，除了油茶等少量油料树种资源被广泛利用外，大多数资源尚未得到合理利用。此外，我国近年来十分重视能源植物的开发，已选育出多种含油量高、适应性强的木本燃料油植物新品种并进行了一定面积的示范推广，在木本燃料油转化生物柴油技术方面也已具备良好基础。

三是林业生物乙醇开发利用。生物乙醇是近年来最受关注的石油替代燃料之一。目前基于粮食淀粉的生物乙醇已基本实现规模化生产。但从战略发展的视角看，世界各国都将各类植物纤维素（包括速生林木、林业采伐及加工剩余物、农作物秸秆等）作为可供使用生产燃料酒精丰富而

廉价的原料来源，其中利用木质纤维素制取燃料酒精将是解决原料来源和降低成本的主要途径之一。我国自 20 世纪 50 年代起，先后开展了生物质化学酸水解、纤维素酶水解法的研究和实践。随着科学技术的发展和转化技术的突破，在不久的将来，利用木质纤维素生产生物酒精将有望实现大规模生产，林业在可再生能源开发和利用中发挥的作用将愈来愈重要。

五、创新发展模式推动林业生物质能源的快速发展

福建特殊的人口、资源条件以及社会、经济发展特征，都要求我们在学习和借鉴国外发展经验的同时，必须结合国情、省情、林情，健全体制机制，强化科技创新，推动国际合作，走出一条具有中国特色的林业生物质能源发展道路。

1. 进一步营造林业生物质能源快速发展的有利环境

要积极制定有利于林业生物质能源发展的政策，在投资、价格和税收等方面要有计划、有步骤地支持一批新能源骨干企业的发展，培植以企业为主体的林业生物质能源高新技术产业。要从省级层面推动林业生物质能源的发展，并建议把林业生物质能源纳入中长期发展规划。加大宣传教育力度，增加公众对林业生物质能源的认知度，树立清洁能源意识。

2. 进一步加大林业生物质能源的科技自主创新力度

林业生物质能源的研发利用，是一项技术密集型事业。在林业科技创新体系的建设中，把林业生物质能源领域的科技自主创新作为优先领域，尤其是加强能源植物的选育栽培和加工利用，其中重点是利用先进的生物技术选育高抗逆、速生、高产的新品种；建立能源林示范基地，研究栽培工艺和生产开发技术；进行提炼工艺、理化和燃料特性及综合开发利用的研究。进行生物质能源高品位转换利用。在加强林业生物质能源的科研、示范及产业化建设的同时，加快建立质量监测系统，抓好产品研发与生产的标准化、系列化和通用化，加强技术监督和市场管理，规范市场活动，为林业生物质能源技术的研发与推广创造良好的市场环境。

3. 进一步推动林业生物质能源开发利用的国际合作

可再生能源开发利用是当今国际社会的共识与潮流。林业生物质能源研发利用，必须积极扩大对外开放，充分利用林业生物质能源的"两个市场，两种资源"，坚持自主开发与引进消化吸收相结合，有目的、有选择地引进先进的技术工艺和主要设备，在高起点上发展林业生物质能源技术。通过多途径、多形式的国际合作，引进国际先进技术和资金，拓展国际市场，增强林业生物质能源企业的国际竞争力。

4. 政府企业科研联动提高生物质能源企业的效益

应该实施"政府推动，企业参与，选准目标，企学研结合，着力提高经济效益，实现工业化"的生物质产业发展策略。发展生物质产业的时机已经成熟，要不失时机地利用在资源、技术、人才等方面的资源，发展这一朝阳产业。

随着林业工业技术水平的提高，木材利用率在不断攀升，因此对于生物质定义中所指的"林业废弃物"应该给予更广义的理解。对于制材加工产生的木屑、刨花板、中纤板加工产生的砂光粉、林地枝桠削片加工产生的木片，均可被视为"林业废弃物"或"林产加工剩余物"，对于它们的加工过程应该是多元化的，福建可以探索木片的能源利用。

我国在生物质能源利用方面已经做了不少的探索，具有一定的经验。早在 1958 年，从苏联引进植物纤维水解技术及设备，投资 4000 万元人民币，建立了有代表性的林产化工企业，以木屑为原料，采用稀酸加压渗滤水解工艺，生产乙醇以及其它副产品，如饲料酵母、糠醛、木素活性炭、石膏板等。1966~1984 年共生产乙醇 2 万多吨，为国家节省 5 万多吨粮食。

1984 年该企业的乙醇最高年产量达 3245 吨，达到了绝干木材产糖率 41%、100 公斤可发酵糖产乙醇 52.8 升的指标；1980 年计算的乙醇生产成本为 1047 元 / 吨。当时国家对非粮食原料生产的酒精在经济上并没有任何优惠政策。但在该时期生产实践中，广大职工消化吸收并改进了引进的设备和工艺技术，基本上攻克了阻碍生产的腐蚀和堵塞两大难关，维持了生产的正常进行。虽然后来工厂停产了，但这毕竟是一次真正的工业生产中的生物质产业开发，并取得可贵的经验。

六、福建林业生物质能发展的战略

（1）福建林业生物质的发展应实现与生态治理及环境保护相结合。只有在考虑生态环境保护的前提下，充分挖掘荒地及不适宜粮食种植的土地资源的生产潜力，才能持续地生产出生物质能，并有助于缓解"三农"、能源和环境问题。

（2）综合利用与产品多元化是降低成本与调节产量的主要途径。发展生物质能源要与生物基产品相结合，主要是液体燃料、生物能源以及生物塑料等生物有机化工产品。

（3）原料定位：应以废弃物为主，以利用低质地或荒山荒坡种植能源植物为主。

（4）正确产业定位。生物质产业既不是传统意义上的能源工业，又不是传统意义上的林业和林产品加工业，它是跨学科、跨部门、跨行业的一新兴的新型产业。

（5）丘陵岗地作为生物质能源的主要产业基地。福建在农田与山区结合部有大量的丘陵岗地，很多长期作为旱作物经营，随着经济的发展，有些已经退耕，这些土地交通方便，土层深厚，是发展生物质能源的良好基地。

七、福建发展生物质能的几点建议：

（1）成立省级联合领导小组和专家咨询小组；

（2）尽早制定整体性的科技研发计划，启动产业化项目；

（3）重视工、林业的衔接与系统优化，发展多元产品，降低成本；

（4）建立能源植物园与资源数据库平台，加强科普宣传工作；

（5）分层次、按类别逐步推进生物质能的科研及产业化工作；

（6）加强生物质能的科研、示范及产业化建设；

（7）制定优惠的政策，鼓励生物质能产品间公平竞争。

八、薪炭林建设规划

森林是最古老的能源，福建自古人民就从森林中采伐获取薪柴。《陶朱公书》记载："种柳树则足柴。"清乾隆《德化县志》记载："德化素号林区，迩来人稠用杂，旦夕斧斤，铁冶滋窑，广需柴炭。"长期以来福建农村生产生活用能源主要靠柴炭，木材消耗量很大。据有关资料，1957~1979 年 23 年，全省燃料耗材量达到 12075 万立方米，占同期森林资源总消耗量的 35.7%，到上世纪 80 年代，全省能源性消耗还占森林资源总消耗量的 26.3%，其中农村居民烧柴消耗占62.3%；生产砖、瓦、菜叶、笋干、土纸等工副业烧材占 24.7%。1981 年建阳地区调查，全区有304 个锅炉烧柴，每年烧掉木材 60 万立方米；有 600 个砖瓦窑和 20 个陶瓷厂，每年烧掉 25 万立方米；农村和城镇居民烧柴 180 万立方米。

福建薪炭林的经营很早就已经开始，在清代闽江中下游的古田、闽清一带，出现人工经营的薪炭林。主要树种是马尾松，生产的薪柴运销县城和福州。民国时期，福建省农业改进处编印的《乡村林经营须知》提出，营造薪炭用材为主的树种，以木荷、青刚栎为宜。解放后党和政府非常重视薪炭林的发展，1962 年福建省召开沿海地区林业工作会议，要求各地发动群众大造薪炭林，争取在较短时间内，解决沿海群众的烧柴问题。到 20 世纪 70 年代，薪炭林面积发展到 20 万亩。1981 年，中共中央、国务院《关于保护森林发展林业若干问题的决定》提出，"努力改变林区烧好柴的习惯，林区职工群众，改烧枝丫、茅草，有条件的以煤代木，发展沼气、小水电。""在烧柴困难的地方，要把发展薪炭林作为植树造林的首要任务"。80 年代，每年发展薪炭林面积达到 30 万 ~40 万亩。到 1990 年，全省发展薪炭林已经 540.35 万亩。未来，在福建薪炭林仍然是农村重要的能源。

福建发展薪炭林的主要树种：马尾松、相思树、合欢、栎类、黑松、木荷、桉树类、苦楝、铁刀木、木麻黄和黑荆树等。可以采用高密度、多层次、短轮伐期，多树种混交，乔灌草结合，薪炭林与防护林、经济林结合等办法发展薪炭林。

马尾松薪炭林　马尾松在福建的经营历史悠久，《古田县志》记载："迄清季，叠理官绅提倡造林，自是民间颇注意，或个人自种，或组织公司为之，逐渐发达，间以松树为多。"马尾松适应性强，传统经营薪炭林每亩种植 666~1200 株，10~15 年轮伐。

相思树薪炭林　相思树是闽南薪炭林的主要树种，适应性强，能耐瘠薄和盐性砂土，萌芽力强而持久，生长快，燃烧时火猛、烟少。可以实行矮林作业，每亩种植 375~667 株。

木麻黄薪炭林　木麻黄既是沿海防护林的主要树种，也可以作为薪炭林经营解决沿海群众的烧柴问题。在沿海沙地造林应该在雨季施工，"大雨大造，小雨小造，无雨不造"带宿土，填客土，每亩种植 667 株左右。

九、生物燃料油植物的开发和利用

实现生物燃料油产业化，首先需要丰富的可再生生物质原料的供应，特别是生物燃料油植物（能源油料植物或石油植物）的开发利用逐渐提到日程。实际上，生物燃料油植物开发利用的价值早有人提出，但普遍重视它的利用价值还是在 1973 年石油危机之后，1978 年，国际能源机构（IEA）发起了能源植物国际间的合作研究，1981 年，肯尼亚（内罗毕）国际新能源和可再生能源会议以后，国际上出现了开发利用这类资源的热潮。现代能源油料植物的研究工作始于 20 世纪 50 年代末 60 年代初，发展于 70 年代。自 80 年代以来，包括植物燃料油在内的生物质能研究得到较快的发展。美国、巴西、印度等国进行了能源油料植物的选用，富油植物的引种栽培，遗传改良，建立"柴油林林场"等方面的工作与研究。在能源油料植物特性和植物燃料油的研制上，美国、日本、巴西、芬兰、瑞典、印度、菲律宾、澳大利亚等国，在获得植物燃料油途径、燃料油使用技术上都有较大的进展。在能源油料植物资源的研究上。美国进行了重点含油植物、含油量和应用前景的研究，印度、马来西亚等国也作了油脂植物方面的研究。

植物燃料油是通过油料植物油的提取加工后，生产出的一种可以替代石化能源的燃料性油料物质。它通过植物有机体内一系列的生理生化过程而形成，以一定的结构与形式存在于油或挥发性油类等物质中。它不断地在植物器官中积累，可被人们用多种方式对其进行不断地采集，具有可再生性。其中，种子含油量在 40% 以上的植物有 154 个种。生燃料油植物是一类含有能源植物油成份的植物种（或变种），是一类可再生资源。植物燃料油是到目前为止，已用于生产的植物燃料油种类有 - 桉叶油类、黑皂油类、烃类、单脂类和醇类。

1. 生物燃料油植物的历史

首先闯入这一领域的是科学技术先进的美国。自 20 世纪 70 年代后期开始，以美国加州大学诺贝尔奖获得者卡尔文博士为代表的研究小组足迹世界各地。从寻找产生类似于石油成分的树种入手，集中研究了十字花科、菊科、大戟科、豆科、棕榈科等十几个科的大部分植物。深入分析了这些植物的化学成分，从中筛选引种了开发价值极高的续随子和绿玉树等树种进行栽培实验，开创了人工种植石油植物的先河。又在加州南部建立起石油植物林场，并作了工业应用的可行性分析研究，提出营造"石油人工林"。

卡尔文的成功引起强烈反响，激起了一股研究开发植物能源的浪潮。20世纪70年代以来，鉴于化石能源资源的有限性和环境压力的增加，世界上许多国家重新加强了对新能源和可再生能源技术发展的支持。不少国家都制定了相应的开发研究计划，如欧盟的 LEBEN 计划、日本的"阳光计划"、印度的"绿色能源工程"、美国的"能源农场"和巴西的"酒精能源计划"等。其中能源植物作为生物质能的主要原料得到重点研究。1978年，国际能源机构（IEA）发起了能源植物国际间的合作研究。1981年在肯尼亚（内罗毕）召开了国际新能源和可再生能源会议后，英国、美国、日本、瑞典、巴西、俄罗斯等国都纷纷投入大量的人力、物力和财力，成立相关的研究机构，加大植物能源的研究力度。

到目前为止，科学家们已发现了40多种"石油"植物，主要集中在夹竹桃科、大戟科、萝摩科、菊科、桃金娘科以及豆科上。许多国家纷纷建立一种全新的能源生产基地"能源林场"或"石油植物园"。目前"能源林场"有两种：一是栽种的木本植物产生碳氢化合物，提取后即可制成燃料；二是木本植物直接产生近乎石油的燃料。专家们正在进行品种选育和质量优化，并准备尽快实行商业化生产。有的直接从树中挤出就可发动汽车，有的稍经加工提炼就可作燃料油和化工产品的原料。目前，国外开发利用的主要能源植物见表9-1。

表 9-1　国内外开发利用的主要能源植物

名称	形态	原产地	产量	用途	使用
苦配巴	乔木	亚马孙河流域	50 桶 / 公顷	柴油	不经加工提炼
香槐	乔木	欧洲、美国	50 桶 / 公顷	汽油	稍经加工
海桐花	小乔木	菲律宾	50 克 / 公斤	汽油	加工
木棉	乔木	澳大利亚	0.1 公斤 / 公斤	重油	干木加工
小桐子	灌木	非洲	1.5~3 吨 / 公顷	柴油	稍经处理
黄鼠草	草本	美国	1~6 吨 / 公顷	石油	加工
桉树	乔木	澳大利亚	5 桶 / 吨	汽油	水蒸气蒸馏
棕榈	乔木	热带雨林	10 吨 / 公顷	可燃油	提炼

现今世界各国投入大量的人力、物力、财力从事能源植物的研究和开发，并且大面积种植和工业转化利用。其中重点侧重于生产乙醇植物和燃料油（生物柴油）植物，但这些植物种类非常局限，90%左右为可食用的经济类作物。在欧美等发达国家，主要油料作物总产量迅速增加，导致油料农产品滞销，为这些国家把部分农业用地转为种植能源原料作物提供了有利条件。欧洲人认为，种植能源作物（包括轮伐期短的速生林木）是解决欧盟农业生产过剩的有效方法。但是，对于发展中国家来说用食用型油料作物生产生物柴油有很大困难。我国人口众多，人多地少的矛盾突出，粮食安全形势严峻，不可能利用大量农作物来生产生物能源。因此，我国发展生物能源，其目标定位于缓解我国的粮食、能源和环境问题，促进资源节约与清洁利用；原料生产定位于不与农业争粮争地，以利用低质地或荒山荒坡种植非食用型的油料植物为主。

随着高技术的发展，一些石油植物的深度开发研究已达到实用阶段，如木屑生产石油转换率达到了70%,用蒸汽蒸馏技术处理桉树,每公顷桉树可提炼石油20多吨,这一切极大地鼓舞了人类。能源专家预言,21世纪将是能源植物新星耀眼的时代。

2. 生物燃料油植物

（1）木本植物

木本植物大多是作为薪炭林植物,部分为"石油植物"。目前国际和国内正在和已经研究利用的木本能源植物主要是油料植物,包括:苦配巴、续随子、绿玉树、三角戟、三叶橡胶树、麻疯树、汉加树、白乳木、油桐、小桐子、光皮树、油楠、霍霍巴树、乌桕、油橄榄等。

（2）草本植物

草本植物具有生长迅速、生活周期短特点,因而更利于大面积种植,易于实现产业化。从当前情况看,芒属作物可算是一种理想的生物燃料油作物。"芒"原产于中国华北和日本,从亚热带到温带的广阔地区到处都能生长,具有很强的适应性,在强日照和高温条件下生长茂盛,对肥水利用率高;这种植物生长迅速,一季就能长3米高,所以当地人称它为"象草"。芒属作物产生能量相当于用油菜籽制作的生物柴油的两倍,其投入还不及种植油菜的1/3,生产成本较低;据试验,每公顷产量高达44吨,其产量高;如果1公顷平均年收获12吨石油,比其他现有任何能源植物都高,而且可连续收获多年。此外,在澳大利亚北部发现的桉叶藤和牛角瓜,美国加利福尼亚州境内广泛生长的"黄鼠草"或"鼠忧草"以及我国的甜高粱也是高效率的太阳能转化器。

（3）水生植物

一些水生的特殊藻类同样具有极高的能源开发价值。对藻类的研究和开发是目前从植物中提炼石油最让人鼓舞的前景之一,因为它们生长迅速,产量也高。如在淡水中生存的一种丛粒藻,它们简直就是产油机,能够直接排出液态燃油。美国奥兰多市净化池里的风信子长势良好,污水是这种植物的最好营养物。因此,种植风信子可以达到一箭双雕的目的:不仅可以净化水源,而且可以得到可燃气体。

3. 植物体的使用功能

（1）富含类似石油成分的能源植物又称为"石油植物",可直接产生接近石油成分的植物,其主要成分是烃类,与石油的主要成分类似,如烷烃、环烷烃等,如大戟科、夹竹桃科、桑科、山榄科植物等。现已发现的大量可直接生产燃料油的植物,如绿玉树、三角戟、续随子、麻疯树、油楠、橡胶树和西蒙德木等。这些石油植物能生产低分子量碳氢化合物（烃类）,加工后可合成汽油或柴油的代用品,富含烃类的植物是植物能源的最佳来源,生产成本低,利用率高。据专家研究,有些树在进行光合作用时,会将碳氢化合物储存在体内,形成类似石油的烷烃类物质。如巴西的苦配巴树,树液只要稍作加工,便可当作柴油使用。

（2）富含碳水化合物的能源植物,包括富含高糖、高淀粉和纤维等碳水化合物的能源植物,这类植物主要是草本作物,如豆科、壳斗科、禾本科、棕榈科植物等,可供提取乙醇的原料,它们的茎秆和果实中含有大量的淀粉和纤维素等糖类物质,通过生物和化学方法处理后,就可以得到乙醇和沼气等高燃烧值的能源。其中,现在得到广泛应用的植物中,富含糖的能源植物,如菊芋、甘蔗、甜高粱等;富含淀粉的能源植物,如木薯、玉米、甘薯;富含纤维的能源植物,如杧果、桉树等,利用这些植物可得到生物柴油、燃料乙醇和燃气。

（3）富含油脂和挥发油的能源植物,这类植物主要为樟科、大戟科、山茶科、豆科、十字花科植物等,如油菜、向日葵、棕榈、花生等。它们体内含有大量的多种脂肪酸的混合甘油酯,其主要化学成分是甘油三酸酯,其次有少量的游离脂肪酸及各种非油脂物质,油脂中所含的脂肪酸大多属于不饱和脂肪酸。其中含碳原子数小的脂肪酸及派生物构成挥发油,它们具有香味,容易气化，具有挥发性和易燃性。现今重点开发利用的油料植物有大豆、油菜、花生、芝麻、油桐、蓖麻、核桃、油莎草、红花等。这类能源植物既是人类食物的重要组成部分，也是工业用途非常广泛的原料。

4. 利用方式类型

在利用方式上，可分三种类型：

（1）种子（种仁、块根）利用型：用种子（仁）或块根进行加工利用，如油菜、花生、大豆、麻疯树、黄连木、木薯、玉米等；目前国内已查明的木本植物中，麻疯树种子含油率达40%~60%，山桐子和光皮树含油率在30%左右，黄连木种子含油率40%（25.6%~52.6%），木姜子的种子含油率达66.4%，黄脉钓樟的种子含油率高达67.2%，清香木果实含油率11.8%。

（2）茎流型：从树枝、树干上采油，如绿玉树、苦配巴、美洲香槐等。

（3）材用或全株利用型：用木材加工或全株利用，如桉树、阔叶木棉、黄鼠草等。

第十章 海峡西岸现代林业发展保障体系构建与深化林权制度改革

第一节 保障体系建设的目标和原则

一、海峡西岸林业发展保障体系建设的概况

（一）海峡西岸林业发展保障体系建设已经取得的主要成效

新中国成立以来，特别是党的十一届三中全会之后，地处东南沿海改革开放最前沿的福建省，利用其得天独厚的社会、经济和自然地理条件，大力发展林业。由于有各级党委、政府的高度重视，有广大务林人的艰苦奋斗和无私奉献，福建林业取得了长足的发展，各个方面的成效十分显著。截至 2006 年年底，全省当年植树造林总面积高达 14.07 万公顷，完成商品材生产 660 万立方米，全省林业产业总产值首次突破 1000 亿元大关，达 1002 亿元，名列全国同行业前列。

福建林业的稳步发展是多方面原因综合作用的结果，其中作为支撑林业发展的相关的保障制度建设是一个重要因素。目前，福建省的林业保障制度建设已经取得了初步的成效，从而为取得上述这些突出的成就奠定了坚实的基础和必要的保证。经过多年的建设和发展，从总体上而言，福建林业在相关的政策、法制、科技、资金、人才、组织等方面均已经建立了较为完整的制度，而且已经渐成体系。

目前，海峡西岸林业发展保障体系建设已经取得了初步的成效，主要体现在以下几个方面：

1. 林改已取得了初步成功，林权得以明晰，林业政策相对稳定

按照《福建省人民政府关于推进集体林权制度改革的意见》的统一要求，福建省从 2003 年初开始开展的这次以"明晰所有权，放活经营权，落实处置权，确保收益权"为主要内容的集体林产权制度改革，主要包括了"明晰产权、确权发证"（简称"确权发证"）和"相关配套改革"两个阶段，其中"确权发证"为主体，而"配套改革"是必要的补充。经过多年的努力探索和实践，"确权发证"工作已于 2006 年上半年完成，目前正处于后续的配套改革阶段。截至 2008 年 1 月底，全省共完成明晰产权 12363 个村，占有改革任务村总数的 99.77%；完成整改村个数 12235 个，占应整改村个数的 98.96%；集体商品林已发放林权证面积 468.10 万公顷，占应登记面积的 88.84%。

总之，福建省目前正在开展的以"确权发证"和"配套改革"为主要内容的集体林产权制度改革，与前几次的改革相比，改革的思路更为清晰、目标更为明确、程序更加规范、步骤更加扎实、效果也更加明显，既促进了利益机制的建立，又大大地激发了林农和社会各界投资林业的积极性，是许多山区县市新农村建设的主要突破口，并成为促进海峡西岸现代林业建设的重要条件。

2. 林业法制保障渐成体系

新中国成立以来，我国的立法机关和政府有关部门已陆续发布了一系列与林业有关的法律、法规或政策规章，如《中华人民共和国森林法》《中华人民共和国森林法实施细则》《森林采伐更新管理办法》《关于森林资源资产产权变动有关问题的规范意见（试行）》《森林资源资产评估技术规范（试行）》《森林资源资产评估管理暂行规定》，等等。这些法律、法规或政策规章的颁布和贯彻实施，极大地促进了我国林业的持续和健康发展。而福建省作为我国较早开展林权制度改革的省份，其在相关的林业法律法规制定和完善方面也一直处于全国领先的位置，如福建省较早就颁布实施了《福建省森林条例》等与森林资源产权变动相关的法律法规。当然，随着福建省新一轮林改的进一步深入，目前的相关法律法规状况与快速发展的林权改革相比，显得相对滞后一些，还难以满足福建省林改后山林产权流转交易不断增加的实际需要，特别是近年来随着集体林产权交易事项的日益增加，急需制订一系列针对性强的、覆盖面广泛的、权威的关于森林资源产权变动方面的法律、法规或管理办法。

3. 林业投入逐步增加且来源趋于多元化

近年来，随着福建省林权改革的不断深入，全社会对林业的投入也呈现出不断增长的趋势。如在 2002 年，全社会对林业的投入总额仅为 64.1 亿元；到了 2006 年，这一指标值就已经突破百亿元大关，达到了 110.5 亿元，其增幅达到了 72.39%。据测算，2007 年，全社会对林业的投入有望达到 136.6 亿元。随着林业资金投入的不断增长，其投入来源也渐趋多元化，既有政府资金投入，又有林农自身的生产性投入，还包括金融机构的投资和社会其他方面的投资等。

4. 林业科技对林业发展的支撑作用不断增强

福建省素有"八山一水一分田"之称，这为林业的发展提供了较为有利的条件。然而，要想将这些地理优势及资源优势转化为经济上的优势，就需要科学技术的强有力支撑。特别是在当前建设社会主义新农村以及建设海峡西岸经济区的关键时期，福建林业的整体推进和发展壮大更需要林业科技的重要推动作用。目前，福建省的林业科技对林业经济增长的贡献率已经达到了 45%，已经在林业生产经营中发挥了重要的作用，林业科技的第一推动力作用已得到了初步的显现。

5. 林业人力资源的素质逐步提高，受教育的机会增多

目前，福建省林业系统在岗职工中，各类专业技术人员的绝对数虽然在逐步减少，但其在在岗职工中所占的比重却呈现逐年不断上升的势头。如 2000 年，福建省各类林业专业技术人员为 15312 人，占 26.02%；2005 年各类林业专业技术人员为 9913 人，占 32.04%；到了 2006 年，各类林业专业技术人员为 9939 人，进一步上升为占 33.45%。这说明福建省林业从业人员的总体素质在不断地提高，各种专业技术人员所占的比例日益增长，这也符合现代林业建设的需要。此外，林业行业在职职工的后续教育培训也开始受到重视，林业在职职工的培训机会增多。

（二）海峡西岸林业发展保障体系存在的主要问题

目前，海峡西岸林业发展保障体系建设虽然已经取得了一定的成效，但与预期的目标相比仍有一定的差距，而且在其发展过程中仍然存在着一些亟待于解决的问题，具体体现为以下几个方面：

1. 现有的林业保障体系与海西现代林业的发展要求之间还存在着差距

正如前面的"成效"部分所分析的那样，目前，海峡西岸林业发展保障体系建设已初具成效，但与海西现代林业发展的要求还有一定的差距，与现代林业所要求的以人为本、全面协调可持续发展的要求之间还存在着一定的差距，还没有真正地实现生态良好、产业发达、文化繁荣、发展和谐的要求，尚未真正地符合现代林业发展所要求的具有较高的生产力、社会广泛参与、能够最大限度地满足社会多样化需求的目标。有关各方为了实现预期的各项目标，还需要进一步加倍的

努力。

2. 林业发展保障体系建设还难以适应林改后的新情况和新变化

2003年以来，福建省按照国家林业局的统一部署，开始开展以"明晰所有权，放活经营权，落实处置权，确保收益权"为主要内容的新一轮集体林产权制度改革。经过多年的努力探索和实践，"确权发证"工作已于2006年上半年完成，目前正处于后续的配套改革阶段。应该指出的是，新一轮集体林产权制度改革使福建林业生产和经营的许多方面都出现了较大的变化，而福建省此前所致力于发展的林业发展保障体系虽然比较适合于尚未开展新一轮林改之前的福建林业，却难以适应林改后的新情况和新变化。特别是随着新一轮林改的逐步展开并不断深入，过去主要由村集体统一经营的集体林产权开始逐步地落实到林农个人或其家庭，福建省林业的产权结构已经发生了巨大的变化。与此相适应，也要求林业发展的保障体系建设作出相应的调整，以适应林改后的新情况和新变化，但目前这项工作尚处于不断地调整和完善之中，还需要有关各方的不断努力。

3. 林业发展保障体系尚未真正地发挥出其应有的支撑和保障作用

林业发展保障体系涉及的内容较多，但主要包括政策保障、法制保障、科技保障、资金保障、人力资源保障和组织保障等方面。一般认为，健全而高效的林业发展保障体系能够发挥其支撑和保障作用，从而促进林业生产按照可持续发展的要求不断地向前推进。但福建省目前的林业发展保障体系还没有真正地发挥出其应有的支撑和保障作用，其中政策保障机制因林权改革的推进而处于不断的变革之中，尚未真正地形成完善的政策体制；与此相对应，法制保障也正处于改革的进程之中，与林改后的情况相适应的法律法规构建还需要一定的时日；科技仍然没有发挥出其应有的第一生产力的作用；林改后的林农，其生产经营资金的来源无法得到必要的保障；林业生产还缺乏各种专门的科技人才。可见，林业发展保障体系还没有真正地发挥出其应有的支撑和保障作用，仍然需要根据形势的发展和变化作出相应地调整和完善。

二、构建海峡西岸现代林业发展保障体系的重要性

构建比较完备的林业发展保障体系是海峡西岸现代林业发展战略的重要组成部分，是保障和促进海峡西岸现代林业发展的需要。这里所谓的现代林业就是以人为本、全面协调可持续发展的林业，就是按照生态良好、产业发达、文化繁荣、发展和谐的要求，建设具有较高生产力、社会广泛参与、能够最大限度地满足社会多样化需求的林业。可见，现代林业要求林业的生态、产业和文化三大部分并驾齐驱，为此需要具备比较完善的政策保障、法制保障、科技保障、资金保障、人力资源保障和组织保障。只有这样，才能够保障林业三大体系建设的顺利进行，从而促进现代林业各项目标的顺利实现。

同时，福建地处祖国的东南沿海，具有发展林业生产得天独厚的自然、地理条件。然而，仅仅具备这些条件还不够，要想把这些自然和地理方面的优势转化为经济上的优势，从而使福建省真正地成为林业大省和生态强省，还必须有政策、法制、资金、技术、人才和组织方面的保障。如果没有这些必要的保障，自然、地理方面的优势就难以转化为真正意义上的经济优势，而建设福建林业大省和生态强省的目标也很难落到实处。换言之，构建比较完善的林业保障体系，是促进福建林业可持续发展的必要条件。

此外，构建比较完备的保障体系是保障和促进和谐海峡西岸经济区建设的需要。2004年，福建省委、省政府正式提出了"海峡西岸经济区"的建设规划；2006年两会期间，支持"海峡西岸"经济发展的字样出现在《政府工作报告》和"十一五"规划纲要中，计划通过10~15年的努力，在海峡西岸形成规模产业群、港口群、城市群，成为中国经济发展的发达区域，成为服务祖国统一大业的前沿平台；2007年党的十七大报告中明确提出，支持海峡西岸和其他台商投资相对集中地区的经济发展，海峡西岸经济区建设首次被写入中共党代会的报告。建设海峡西岸经济区，有利于促进福建经济、社会的全面协调发展，有助于促进海峡西岸与长三角、珠三角经济区之间的联动发展，从而有利于该地区在区域经济一体化的挑战中参与合作与竞争，是落实科学发展观的必然选择，也是实现祖国统一大业的战略构想。

而要想实现以上一系列宏伟的目标，需要各方面条件的支撑，其中必不可少的要件之一就是应该努力使海峡西岸成为一个山清水秀、生态环境优美、人和自然和谐共处的区域，而要强达到这一目标，林业的重要作用无可替代。为此，应该建立健全促进林业发展的保障体系，通过政策和法律的不断完善，科技、资金、人才等要素的持续投入，以保障和促进和谐海峡西岸经济区建设的需要。

三、海峡西岸现代林业发展保障体系构建的主要目标

海峡西岸林业发展战略保障体系建设的主要目标，就是要构建能够有效地保障海峡西岸现代林业发展的支撑和服务体系，即应建立与新的体制相衔接、符合海西林业特点、适应林业生产力发展要求的，体系完整、涉及面广且稳定、健全的保障体系。这一保障体系的构建，要有利于建立基本的法律法规和完善的政策规章及相应的体制与机制，要有利于优化资源配置，有利于吸引更多的资源和要素投入林业，要有利于发挥政策的引领功能，有利于强化组织管理与服务功能，有利于发挥科技、资金和人力等要素的支撑作用。为此，要进一步深化集体林产权制度改革、逐步建立健全具有福建特色的比较完备的政策保障体系、较为健全的法制保障体系、稳定的投入保障体系、强大的科技支撑体系、科学的人力资源保障体系和有效的组织保障体系等7大体系，并注意发挥闽台林业合作上的优势，积极地借鉴台湾在现代林业保障体系建设方面的成功经验。通过这7大保障体系的构建，强化对海峡西岸林业发展的领导和组织管理，从而实现科学有效地配置资源，稳定地增加林业的投入渠道，建立规范有序的管理体制和经营机制，加快林业产业结构调整，保证、推动和促进海西林业的可持续发展，为建设海峡西岸经济区提供强大的生态保障和产业上必要的支撑。

四、海峡西岸现代林业发展保障体系构建应遵循的基本原则

为了促进海峡西岸现代林业发展保障体系的构建，就必须遵循以下几个基本原则：

（一）宏观统领性与微观可操作性相结合的原则

由于林业发展战略所涉及的时间跨度相对较大，少则十年，多则20年、50年甚至更长的时间。因此，这就要求作为林业发展战略重要组成部分的保障体系建设也应该考虑较长的时间跨度；而且该保障体系涉及的内容广泛，其中有不少内容均属于宏观层次的，如政策、法规、科技和人力资源培育等，因此，这就要求林业发展的战略保障体系具有宏观上的统领性。同时，人们还必须清楚地认识到，林业发展保障体系作为整个战略体系的保障机制，其除了应该具有宏观上的统领性之外，还必须便于实际操作，也就是要求这些保障政策或规划经过努力是可以达到的，这实际上就是所谓的微观上的可操作性。总之，林业发展的保障体系应该同时具备宏观上的统领性与微观上的可操作性，即应坚持宏观统领性与微观可操作性相结合的原则。

（二）政策超前性与现实可行性相结合的原则

基于林业发展战略保障体系所规划的往往是今后较长一段时间内为促进林业发展的各项战略任务得以正常实现而应采取的政策、制度，所以其无疑应该具有政策上的超前性。但考虑到无论是多长的战略规划，最终总是要付诸于实施，所以在强调政策规划的必要超前的同时，还必须强

调现实的可行性，即应将政策超前性与现实可行性有机地结合起来，既不能为了体现政策的超前而无视现实的可操作性，也不能盲目地强调可行性而忽视必要的超前。

（三）系统的整体性与重点性相结合的原则

为了保障海峡西岸现代林业发展战略各项目标的顺利实现，必须构建与此相对应的保障体系，而这个保障体系的各个组成部分之间又构成了一个相对完整的系统，其中包括了政策制度保障、法制保障、投入保障、科技保障、人力资源保障和组织保障等六个有机组成部分。这些不同的组成部分之间，既要符合系统的统一要求，同时又具有自身的一些特点，而且其在整个系统之中的作用也各不相同。如在以上所提及的保障体系的各个组成部分之中，其中对于福建林业而言，由于其是作为南方集体林区率先开展集体林产权制度改革的省份，因此，其在政策保障方面的特点就显得十分地突出，因此应该将其作为分析论证的重点内容。总之，林业发展保障体系的构建应该坚持系统性与重点性相结合的原则。

（四）三大体系建设和三大效益兼顾的原则

林业发展保障体系作为促进海西现代林业发展的重要支撑，还应保证所制订出来的保障体系能够符合林业的特殊性。众所周知，林业生产具有生态、经济和社会"三大"效益；同时，现代林业的基本目标就是要建立比较完善的林业生态体系、比较发达的林业产业体系和繁荣的林业生态文化体系。与此相对应，现代林业的保障体系建设也就应分别从政策、法制、科技、资金、人力和组织等多个方面促进林业三大效益的充分发挥和三大体系建设的协调进行，即应坚持三大体系建设和三大效益兼顾的原则。

（五）市场机制和政府调控相结合的原则

我国目前正处于社会主义初级阶段，而且我国发展的是社会主义市场经济，而市场经济的主要特征之一就是市场机制应在资源配置中发挥重要的引领作用。在这个大的时代背景下制订的现代林业发展战略及其保障体系，同样也必须坚持市场机制的引领作用。然而，发展战略作为一项超前的预期规划，由于其涉及的时间较长，是对今后十几年、甚至几十年事项的预先规划，为了防范在规划制订过程中出现大的偏差，在强调市场机制主导作用的同时，也应发挥计划机制的补充作用，需要政府进行必要的宏观调控，以防出现市场失灵。此外，基于林业发展战略的主要针对对象即森林经营上所具有的长周期性，也要求有必要的宏观调控。因此，在林业发展战略保障体系构建的过程中应将市场机制的主导作用和政府调控有机地结合起来，即坚持市场主导和政府调控相结合的原则。

（六）自主创新与吸收引进相结合的原则

作为我国南方集体林区的省份之一，福建省在其制订现代林业发展保障战略体系的过程中，应该根据自身的特点和林业发展的具体情况，积极地进行自主创新，特别是在林业发展的政策保障方面，福建省作为全国率先开展集体林产权制度改革的省份，许多相关政策的选择往往都具有先期探索的性质，具有自主创新性。同时，与其他南方集体林区的省份相比，福建林业与其也有许多相同或相似之处，因此其在相关保障体系的构建方面，对于其他省份所采取的那些已经得到实际利用并被证明行之有效的保障制度，可以予以参考和利用，这样不仅有助于节约成本，而且也有利于体现不同主体之间的相通之处。因此，自主创新与吸收引进相结合的原则是福建省在制订现代林业发展战略的保障体系时应遵循的主要原则之一。

（七）继承和发展相结合的原则

海峡西岸林业发展战略保障体系的构建既是对此前已经制订并得以贯彻实施的各项先行制度的继承，又必须充分地考虑福建省当前林业发展的最新进展情况，特别是集体林产权制度改革的最新进展情况，并能以发展的眼光看问题，要有一定的超前性。这也正是继承和发展相结合原则的基本要求。

第二节　海峡西岸现代业林权制度改革

一、海峡西岸集体林权制度改革的背景及历史沿革

（一）海峡西岸集体林权制度改革的背景

福建省属于典型的集体林区，在 2003 年开展新一轮的集体林产权制度改革之前的林地所有权属构成中，国有占 10%，集体占 90%；林木所有权国有占 15%，集体占 64.7%，私营占 20.3%。可见，集体林在福建森林资源总体中居于主体地位，集体林经营的好坏直接影响着全省林业的发展水平，也影响着山区居民的生产和生活。因此，要想促进福建林业的发展，重点要解决的就是限制集体林业发展的一系列障碍问题。长期以来，对于集体林占主导地位的福建林业来说，制约其发展的因素虽然是多方面的，但最根本的原因在于林业产权问题，具体表现为林权关系不清、产权主体不明和产权纠纷不断，以及由此而引发的经营机制不灵活、利益分配不合理等突出问题，林农作为集体林业经营主体的地位没有得到有效落实，影响了其发展林业的积极性，制约了林业生产力的进一步发展。在 2003 年新一轮林改前，集体林产权问题已成为制约福建林业进一步发展壮大的最主要因素，不仅直接影响各地的社会稳定，也影响了各地的经济发展。

众所周知，我国目前正致力于建设有中国特色的社会主义市场经济，而产权清晰、主体明确是市场经济最基本的要求。因此，为了有效地促进福建林业的发展，就必须首先解决好集体林产权问题，深化集体林产权制度改革是现阶段适应市场经济发展的必然选择。针对这种情况，福建省委、省政府根据党中央、国务院和国家林业局的统一部署，于 2003 年 4 月发出了《福建省人民政府关于推进集体林权制度改革的意见》，开始实施以"明晰所有权，放活经营权，落实处置权，确保收益权"为主要内容的集体林产权制度改革试点工作，明确提出要通过进一步的林权改革来扫清林业发展的障碍，力求从根本上解决集体林产权的相关问题，从而实现"山有其主、主有其权、权有其责、责有其利"的目标，建立经营主体多元化，权、责、利相统一的集体林经营管理新机制。

（二）海峡西岸集体林权制度改革的历史沿革

应该特别指出的是，福建省之所以能够被国家林业局选定作为我国新一轮集体林产权制度改革的第一个试点省份，这既与福建省集体林业发展所具备的各个方面坚实的基础有关，也与福建省在我国过去已经开展的历次集体林产权制度改革中所发挥的重要作用有关。因此，为了更好地了解本次改革的背景和作用，有必要首先对福建省集体林产权制度改革的几个主要发展阶段进行简要的了解。

1. 林业"三定"时期的集体林权制度变迁

十一届三中全会后，随着商品经济的逐步发展和改革开放的不断深入，我国南方集体林区的集体林产权制度得以形成并逐步向前发展。1981 年 3 月 8 日，中共中央、国务院发布了著名的《关于保护森林发展林业若干问题的决定》。随后，在林业部等相关部委的大力推动下，以"稳定林权、划定自留山和确定林业生产责任制"为主要内容的林业"三定"工作在全国范围内全面展开。在当时遍及全国的农村家庭联产承包责任制的强势带动下，"分林到户、分山到户"成为民心所向、大势所趋。在这一背景下，我国集体林区的许多森林资源被分配到一家一户。然而，由于当时林

业法制不健全，广大集体林区群众的思想观念还没有得到彻底的改变，他们普遍对当时所颁布的一系列政策的稳定性和权威性还存在着重重的疑虑，担心政策的多变，加之有关部门监管不力，不少地方在分林到户之后，出现了严重的乱砍滥伐之风，致使广大集体林区的森林资源遭受了严重的破坏。鉴于这种情况的严重性，我国政府随后就将分下去的集体森林资源重新收归集体。可见，这一时期我国的集体林产权制度实际上是一次由"分"到"统"的反复。同一时期，作为我国南方集体林区典型代表省份的福建省，在周边的其他省份大力推行"分山到户"政策的时候，福建省政府出于担心"分林到户"后可能出现的混乱局面，并没有立即全面推行这一政策，许多县市仅允许划分少量的责任山，同时开始根据自身的特点着手在三明市开展林业股东会的改革探索，从而出现了后来在全国都颇具影响的三明市林业股份合作制经营模式。该模式针对当地集体森林资源管理的特点，并结合林农自身长期的实践经验，采取了"分股不分山、分利不分林"的办法，组建各种形式的林业股东会，并以其作为集体山林经营管理的主体。实践证明，在当时的社会经济条件下，以林业股东会这种股份合作制的形式取代过去村集体所有的模式，对于保护森林资源、调动广大林农造林、育林和护林的积极性，解放和发展林业生产力，从而促进林业生产和社会经济的协调发展，确实发挥了重要的作用。正因为如此，当时福建全省以及全国其他集体林区省份的不少林区，都参照福建省三明市的做法采取了林业股份合作制的形式，成立了代行林农所有权人职责的林业股东会。

2. 林业"三定"之后的集体林经营体制改革

林业"三定"工作及同一时期开始的以三明市为代表的林业股份合作制改革，对于促进福建省的集体林经营管理水平曾经发挥了一定的推动作用，然而，随着人们思想的不断进步以及社会经济的发展和变化，林业股东会自身的缺陷和林业长期存在的深层次问题日益显露，主要体现为：一是产权关系不明确；二是林业股东会的经营主体缺位；三是林业股东会的经营形式单一，难以适应各地的不同需求；四是收益分配有失公平。正是由于这些问题，到了20世纪90年代的中后期，以三明市为代表的林业股东会在经历了短暂的辉煌之后逐步趋于消亡，福建省的集体林权制度需要进一步的发展和创新。

党的十四大后，我国进入了社会主义市场经济阶段。市场经济的主要特征就是要促使市场机制在国家宏观调控之下对资源配置起基础性作用，即应充分地发挥市场规律在资源配置中的主导作用，从而促进生产要素的合理流动和实现资源的优化配置。在此背景下，号称"中国计划经济最后堡垒"之一的林业部门也开始逐步地走向市场，尤其是在实施林业分类经营改革之后，对于商品林经营而言，更需要市场机制在其中发挥主导作用。顺应这一趋势，福建省的集体林权制度改革开始进入新阶段。1994年，福建省南平市在尊重群众意愿的前提下，率先开展了116个村的林木产权明晰化的试点工作，并进行了大量的有益探索和实践。1998年，南平市委、市政府下发了《关于南平林业经营管理体制改革的意见》，要求各地在百村试点的基础上，把改革的核心放在搞活山地使用权和林木经营权上。同一时期，福建省的三明、龙岩等地也进行了一系列类似的改革。在各地市进行了先期探索的基础上，从1999年开始，福建省在主要林区开展了以"明晰产权、分类经营，落实承包、保障权益"为主要内容的集体林经营体制改革，全面落实"以家庭承包经营为主、多种形式并存"的林业生产经营责任制。经过近两年的实践和探索研究，到2001年上半年，包括三明、南平和龙岩在内的主要林区都基本上完成了改革的主要任务，重点从经营层面上调动林农发展林业生产的积极性，还相应地开展了包括林业税费、森林资源管理体制和木材流通体制等相关内容在内的配套改革措施。

首先，在林业税费改革上，开始实行林业低税负政策。即在法律法规和政策允许的权限范围内，通过规范税费项目、统一及降低计征价、实行木竹产品源头预征税费等有效的措施，使木竹初级产品的税费大大降低，从而切实地减轻了森林资源经营者的负担，以激发了他们经营管理森林资源资产的积极性，促进了林业生产的发展。其次，在集体林木材流通体制改革方面，逐步废除林业部门一家进山统一采购的僵化模式，推广产销直接见面的新体制。这项改革，极大地减少了木材等林产品销售的中间环节，降低了各种各样的交易费用，有力地促进了各种林产品的流通，保障了广大林农的正当权益。再次，改革笋竹产品的经营管理体制。永安市等一些笋竹产品较多的县市在这一时期开始着手进行相应的改革，他们根据林业税费改革的总体要求，试行按笋竹终端产品征收相应的税费，从而减轻了笋竹产品的税负;同时，他们还着手改革笋竹产品的流通机制，即通过建立笋竹产品运输"绿色通道"，允许笋竹原料、半成品自由地进入当地的笋竹加工企业，不需要再办理运输凭证，并取消了这部分笋竹产品中间环节的一切检查和收费。通过一系列改革措施，使笋竹产品的税负极大地降低，其生产经营的环节也进一步缩减，从而营造了较为宽松的竹产业发展环境，笋竹产业开始发展成为当地最具竞争优势与发展潜力的农村支柱产业之一，并成为许多盛产笋竹县市财政收入的主要来源。

通过这一阶段的改革，不仅有效地调动了广大林农投资造林的积极性，而且对促进福建林业发展和增加农民收入等方面均产生了积极的推动作用，为后续的改革奠定了良好的基础。但由于受制于当时的认识水平和政策环境，这些改革措施还无法得到真正全面、彻底地贯彻和实施，特别是随着新时期我国林业发展所面临的形势和政策环境的不断变化，福建省的集体林产权制度需要进行新的变革。

3. 新一轮的集体林权制度改革

针对前一阶段在集体林产权制度改革方面存在的不足和问题,福建省委、省政府按照中共中央、国务院的统一部署，于 2003 年 4 月份发布了《福建省人民政府关于推进集体林权制度改革的意见》（以下简称《意见》），这标志着福建省新一轮集体林产权制度改革的全面开展，其主要目的就在于进一步完善和提高集体林产权制度。鉴于这次改革的重要性极其在福建省集体林产权制度改革中的重要作用，以下单独予以分析。

二、海峡西岸新一轮集体林权制度改革的核心内容及主要做法

按照《福建省人民政府关于推进集体林权制度改革的意见》的统一要求，福建省从 2003 年初开始开展的这次以"明晰所有权，放活经营权，落实处置权，确保收益权"为主要内容的集体林产权制度改革，主要包括了"明晰产权、确权发证"（简称"确权发证"）和"相关配套改革"两个阶段，其中"确权发证"为主体，而"配套改革"是必要的补充。经过多年的努力探索和实践，"确权发证"工作已于 2006 年上半年完成，目前正处于后续的配套改革阶段。以下是福建省在新一轮林改中的核心内容和主要做法：

一是"确权"，即在保持林地集体所有的前提下，把集体林地的经营权落实到该集体所属的村民小组、各家各户或林农个人身上，从而使集体所有的森林资源有了实实在在的产权主体，并确立各个集体成员的经营主体地位，分权的过程实际上就是"确权"。这一改革思路及其具体的做法彻底地改变了过去长期存在的那种集体所有的林子名义上"人人都有份"，但由于每个集体的成员都没有实质上的控制权和处置权，从而实际上却是"人人都没有份"的尴尬境地。根据福建省林业厅提供的统计资料显示，福建省新一轮林改从 2003 年 4 月份开始，截止 2005 年年底，在不到三年的时间内，全省就完成明晰产权 11602 个村，占有改革任务村总数的 99.5%;完成明晰产权面积 500 多万公顷，占应改革面积的 97.2%;集体商品林林权已登记面积 505 万公顷，占应登记面积

的 95%;原定需要三年时间才能完成的明晰产权的第一阶段改革任务就基本完成。全省各地在"确权"的具体操作过程中,大都根据各自的实际情况,坚持因地制宜、形式多样,把集体所有的林地和林木明晰到人、到户、到村民小组或其他经营实体,不搞"一刀切"。他们有的采取均山到户,有的均权到户,有的成立股份林场,有的在完全自愿的基础上通过林权的二次流转和期权买卖促进产权的流转,实现了森林资源的适当集中经营。不论采用何种方式,都力争与各地的实际相结合,并以维护群众的利益为第一宗旨,从而得到了广大群众的拥护,使得这项改革得以顺利地迅速开展。如一直走在福建省集体林产权制度改革前列的永安市,到 2004 年年底,在不到两年的时间内,就基本上完成了"确权"的改革任务,基本上达到了预期的目的,林农对此普遍持欢迎态度,从而为后续改革和各地的新农村建设奠定了坚实的基础。

　　二是"发证",即在"确权"的基础上,通过对林权证上所涉及的林地和林木的面积、四至、树种等相关内容加以核对、确认和登记,并将证书发放给森林资源产权拥有者,从而从法律上落实了森林资源经营主体对山林的产权,以真正地实现"还山、还林、还利于民"的目标,并最终使广大林农真正地得到经营森林资源的收益。福建省自 2003 年开展集体林产权制度改革以来,始终遵循着边"确权"边"发证"的改革模式,即在确权之后及时地换发林权证,以便让林权所有者吃上定心丸。在有关各方的通力合作下,各地的林权证发放工作正按照计划推进,个别县市的进展速度喜人。其中福建省永安市于 2004 年 5 月就在全省率先基本完成了"确权发证"的主体任务,并于 2005 年 9 月成为全省第一个通过省、市联合检查验收的林改市(县)。当然,由于林权证的核发(换)除了要具备明晰的产权这一基本前提之外,还要经过一系列较为复杂的法定程序,所以其核发(换)时间和速度一般要相对滞后。据统计,截至 2007 年 6 月,全省集体商品林已换发林权证面积 439.07 万公顷,占应登记发证面积 526.56 万公顷的 83.38%,个别县市的林权证发放工作相对滞后,这已经成为影响一些地方林权改革进程的主要原因之一。

　　三是"配套改革",即在"确权"和"发证"的任务基本完成之后,通过建立健全林业要素市场、社会化服务体系、资金支持等相关的配套改革措施,以保障"确权发证"等主体改革措施的顺利实施,并增强集体林业发展的潜力和后劲。根据这一要求,福建省在基本上完成集体林权制度改革的第一阶段主体任务之后,从 2006 年开始转入对主体改革的检查验收和配套改革阶段。目前,林权改革的各项配套改革工作已经在全省铺开,各地根据自身在林权改革的主体阶段所存在的主要问题开展相关的配套改革,重点研究林业社会化服务体系、林业支撑体系及林业公共服务保障体系的建立和完善问题,具体又涉及限额采伐管理制度改革、营林资金筹集机制改革、育林基金制度改革,以及森林资源资产评估制度、产权流转制度、林业科技推广体系等相关的配套改革问题。在这方面,福建省各地的进展情况不太一致,其中三明永安市、南平延平区等县市早在 2005 年下半年开始就已经将改革的重点转移到相关的配套改革上,并已经进行了不懈的努力,并取得了初步的成效。而其他绝大部分县市则从 2006 年下半年开始这方面的改革尝试,各项配套改革目前正处于攻坚阶段。

　　可见,福建省目前正在开展的以"确权发证"和"配套改革"为主要内容的集体林产权制度改革,与前几次的改革相比,改革的思路更为清晰、目标更为明确、程序更加规范、步骤更加扎实、效果也更加明显,既促进了利益机制的建立,又大大地激发了林农和社会各界投资林业的积极性,是许多山区县市新农村建设的主要突破口,并成为促进海峡西岸现代林业建设的重要条件。

三、海峡西岸新一轮集体林权制度改革已经取得的主要成效

(一)林改提升了福建省森林培育业的竞争力

　　在林业产业链中,森林培育业是基础,也是其最薄弱的环节。因此,如何有效地提升森林培

育业的竞争力就成为促进林业可持续发展的关键所在。福建省当前正在开展的新一轮林改在提升森林培育业的竞争力方面具有十分重要的促进作用，具体体现为：

1. 林改扩大了林农的生产经营自主权，并提升了森林培育业的竞争力

福建省这次开展的新一轮林改是一次全方位、系统地落实林业产权的综合性改革。"确权"的核心内容在于确立林农的产权主体地位，即在保持林地集体所有的前提下，将林地的经营权和林木所有权直接地落实到林农或其所在的村民小组，从而确立了林农的经营主体地位，使他们拥有了实实在在的生产经营自主权。这一改革思路彻底地改变了过去那种集体所有的山林名义上"人人都有份"，而实际上却是"人人都没有份"的尴尬境地，从而极大地提高了林农的生产经营自主权和培育森林资源的积极性，有力地提升了森林培育业的竞争力。据有关专家采取典型抽样和随机抽样相结合的方法，对福建省的三明、南平等重点集体林区的林农进行的实地访谈和入户问卷调查结果显示，有90%的受调查者表示在这次林改之后，林农有了较为充分的经营自主权。而且，随着林改的逐步深入，广大林农的生产经营自主权正日益得以完善，这极大地激发了他们投资造林和经营管护森林资源的积极性，从而成为推动林业不断发展壮大的重要推动力，并有效地提升了福建省森林培育业的竞争力。

2. 林改有利于林农通过各种方式实现"以短养长"

鉴于福建省的自然地理特点和气候状况，同时受林农长期积累的经验和习惯做法的影响，杉木和马尾松等有限的几个树种已成为福建省广大林业经营主体们经营的主要树种。福建省作为杉木和马尾松的主产区，虽然通常情况下其生长状况比之在其他区域要好，但鉴于这两个树种本身的生物学和生态学特性，加之多代种植而引起的地力衰退等问题，其经营周期仍然需要20~25年，个别地方甚至更长。这对于经营资金有限的林农而言明显偏长，从而在一定程度上限制了他们投资造林的积极性，有碍于森林培育业竞争力的提升。新一轮林改通过"确权发证"使林农们拥有了较为充分的经营自主权，他们可以根据各自所分得林地的自然地理条件和自身的经验及其他相关因素决定所种植的林种、树种的类别。许多林农除了种植杉木和马尾松等常见的树种之外，还有意识地增加了那些资金回收期短、收益高的经济林和短轮伐周期工业人工林的种植面积。如福建省的漳州、泉州等地的林农多在其立地条件较好的林地上种植了荔枝、龙眼、芦柑、蜜柚等亚热带优质水果，大力发展经济林；或者大力发展桉树、相思树等速生丰产短轮伐期的工业原料林，以缩短生产经营周期和提高经济效益。福建省其他地区的林农也都有针对性地发展了各自的优势经济林，如南平、三明的锥栗、黄花梨、茶叶和各种竹类；福州的橄榄；莆田的荔枝、龙眼；等等。

此外，福建林区还因地制宜地大力发展"生态林业"和"循环林业"等综合经营模式，通过发展"林业种植→林内禽畜养殖→水生动物养殖→林业种植"或"林业种植→林内禽畜养殖→林业种植"的循环利用模式，即林业种植为林内陆生禽畜的养殖提供各种食物来源，而禽畜动物的粪便或禽畜产品加工过程中形成的下脚料又可以作为水生动物养殖的食物来源，水生动物的排泄物和水塘的淤泥及禽畜粪便又成了发展林业最好的无公害优质有机肥料，这就形成了"原料→废弃物→原料→废弃物→……→原料"的多重循环利用链条。此外，林农们还充分地运用"农林复合系统"，即在尚未郁闭的林下套种一些农作物或中草药等经济作物，不仅有利于抑制地力衰退，还有助于充分利用林地和增加林农收入，从而实现了"以短养长"。

可见，林改后通过对各种经济林和短轮伐周期树种的培育，以及"生态林业"和"循环林业"等经营模式的实际应用，不仅有助于改变过去那种树种单一的状况，使福建各地的林种和树种结构得以优化；更为重要的是，通过采取这些有效的方法和措施，直接或间接地缩短了林业经营周期，有利于实现"以短养长"和加快林业经营资金的循环周转，并最终有助于提升福建森林培育业的竞争力。

3. 林改提高了林业生产的集约化经营水平

新一轮林改通过"确权""发证"等关键性举措，明晰了山林的产权归属，促进了林区新的利益机制的建立，极大地激发了广大林农经营林业的积极性，并促使他们提高集约化经营水平和生产经营效率，从而有助于提升福建森林培育业的竞争力。新一轮林改将原先由集体统一经营的山林产权明晰到农户后，林农们象吃下了"定心丸"，其投资造林的热情空前高涨，"争山、抢山"造林、种竹蔚然成风，全省植树造林的面积不断增长，尤其是以个私造林为主的非公有制林业得到了长足的发展。据福建省林业厅提供的数据显示，2002 年福建省植树造林总面积为 6.78 万公顷，到 2007 年时达 13.93 万公顷，比 2002 年翻了一番多。其中非公有制造林面积大幅上升，从 2002 年的不足 50% 上升至 2007 年的 82%，非公有制林业正逐步成为福建林业的主体。与此同时，分户后山林的集约化经营水平也得以大幅提高，森林培育业正由传统的"粗放经营"向"集约经营"转变，林农们十分注意林地的精耕细作，许多地方甚至做到了"把山当田耕，把林当菜种"，从而有效地提升了林业集约化经营水平，提高了林业生产要素的投入产出率。

4. 林改增强了林业吸引社会资金的能力

资金不足是长期以来困扰中国林业发展的重要因素之一。新一轮林改前，由于集体林主要由村集体统一经营，存在着产权关系不清、主体不明等问题，而且那时集体经营山林的效率较低，所以往往难以得到资金持有者的青睐，从而有碍于营林资金的筹集，不利于森林培育业竞争力的提高。新一轮林改不仅确立了林农经营主体的地位，而且山林产权关系的明晰也为申请林权证抵押贷款创造了必要的前提条件。此外，产权明晰还有助于促使林农自觉地提高林业集约化经营水平和采用"循环林业""农林复合系统"等经营模式，不仅有利于节约利用资源，而且有助于生产效率的提高。明晰的山林产权关系和逐步提高的林业经营效率为林农采用信用融资方式奠定了坚实的基础。在此基础上，当林农需要采用抵押贷款融资方式时，林木资产作为他们所拥有和控制的最主要资产，理所当然地成为首选的抵押物。因此，以林权证或直接以林木资产作为抵押物的信用贷款，作为一种资金借贷双方都能接受的融资方式，已经越来越受到人们的青睐。目前，在福建的三明、南平等林改进展较快的地区，林权证抵押贷款方式正逐步地被银行所接受，从而成为当地林业经营主体筹集营林资金的主要方式之一。特别是在尤溪县、永安市、浦城县和建瓯市等县、市，林权证抵押贷款及直接的林木资产抵押贷款已经初具规模，并积累了不少成功的经验，从而为其他地方的林业信用融资提供了有益的借鉴。据统计，从新一轮林改至今，福建省金融部门已累计发放林权抵押贷款 40.1 亿元，其中主要针对林农个人的林业小额贷款 11.6 亿元，金融资金的注入还进一步带动了个人和企业的投资，从而有力地促进了社会资金向林业集聚。

可见，在林改的基础上开展的林权证抵押贷款或直接以林木资产作为抵押物的贷款，不仅是必要的，而且是现实可行的。这种信用融资方式的运用，不仅盘活了数量可观的林木资产，而且十分有利于解决营林资金短缺这一长期困扰中国林业的大难题，从而有利于提升森林培育业的竞争力。

5. 林改提高了森林资源的管护效率

由于林业生产的长周期性，加之森林资源培育具有露天生长的特点。因此，在其漫长的经营周期内，如何做好管护工作就显得十分重要。新一轮林改前，集体的森林资源主要由村集体负责管护。由于当时各个村集体所经营的山林面积较大，而管护人员的数量又十分有限，即使管护人员尽心尽责也很难保证森林资源的安全；加之当时不同村集体之间的山林地块相互交错，而且相互之间的界限不太明晰，这就进一步加大了管护的难度；此外，由于产权主体不明确，集体的山林名义上是村民"人人有份",而实际上却是"人人都没份"。村民们都认为集体山林的管护是村集体或村干部的事情,与自己无关,这就使为数不多的山林管护人员需要应对诸多方面有碍于森林资源管护的自然和人为因素,所以往往很难达到预期的效果。

新一轮林改后,原先由集体负责管护的森林资源,其产权在"确权发证"后得以明晰到具体的农户家庭,成为林农们自己有权掌控的资产,森林资源有了实实在在的产权主体,从而逐步形成了一种权、责、利相统一的新机制,森林资源管护成了林农获得最后收益的必要条件,直接关系到他们自身的利益,从而使其管护山林的积极性大大提高。同时,由于家家户户都有自己的山林,因此相互之间有意破坏或故意盗伐的现象也比较少见,即使是偶发的森林火灾也基本上能够得到及时地扑救,从而使得森林资源的管护成本大大降低,管护效率得以有效地提升,并最终有助于森林资源培育业竞争力的提升。

(二)林改增加了林农收入,有效地促进了林区"三农"问题的解决

"三农"问题的关键是农民问题,而农民问题的症结又在于农民收入水平的提高。对于具有"八山一水一分田"特点的福建而言,林区是农民的主要聚居地,也是农户收入水平相对较低的区域。因此,如何有效地增加林农的收入就成为福建"三农"问题的关键所在。新一轮林改使福建省的绝大多数林农都拥有了一定数量的山林,特别是随着山林产权的明晰,不仅有效地激发了林农生产经营的积极性,也极大地提高了林业生产要素的产出效率和山林经营的水平,从而直接或间接地增加了林农的收入,主要体现在:

第一,新一轮林改后,林农成了集体山林真正的主人,他们更加注重于山林的集约化经营,基本上实现了"把山当田耕,把林当菜种",从而使来自于林业的收入大幅增加。尤其是地处闽西、闽北的三明、南平等重点林区的林农从林业生产中所获得的收入已占其家庭总收入的50%左右,具体情况见"表10-1 林改前后全省及主要林区林农及村集体林业收入变化对比表"。以福建省较早开展新一轮林改试点的县——永安市为例,该市农民来自于林业的收入在2005年就达到了人均2430元,比2003年增长了27.7%,占农民人均收入的51%(贾治邦,2006)。

表10-1 林改前后全省及主要林区林农及村集体林业收入变化对比表

指标	计算单位	全省			其中:主要林区					
					南平			三明		
		林改前	林改后	增减(%)	林改前	林改后	增减(%)	林改前	林改后	增减(%)
农民人均林业收入	元/(年·人)	341.3	447.2	31.0	642.4	935.4	45.6	812.0	1131	39.3
村集体林业收入	元/(年·村)	16600	31400	89.2	37000	64200	73.5	41983	73695	75.5

注:林改前的数据以2002年为准,林改后的数据以2006年为准。

第二,新一轮林改促进了福建非公有制林业的迅速发展,从而增加了就业岗位,吸收了大量的农村劳动力就业,进而增加了劳动者的收入。作为一个劳动密集型产业,林业生产从采种、育苗开始,经过林地清理、造林、抚育、管护、采伐、加工等环节,直到最后的销售,这一系列环节都可以吸纳一定数量的劳动力就业。因此,与林改后非公有制林业的迅速发展相适应,福建林区劳动者的就业机会也大大增加,这既有助于缓解林区的就业压力,又有助于提高就业者的收入水平。第三,新一轮林改通过降低木竹产品相关税费的起征价和实行产销直接见面,并辅以财政转移支付等各种有效的措施,间接地提高了林农的收入水平。据统计,2005年福建省通过这些方式实现还利于民、反哺林业的资金总数达到了18.6亿元人民币,其中减免税费8.8亿元,木竹产品产销直接见面增收 5.6 亿元，省级财政通过转移支付反哺林业 2.9 亿元，另外还补助村集体运转经费 1.3 亿元（贾治邦，2006）。这些资金既有助于改善林区居民的生活状况，又间接地增加了林农的收入来源，从而有助于"三农"问题的解决。

可见，福建省的新一轮林改使林农的经营主体地位得以确立，就业机会得到增加，权、责、利关系不断明确，从而直接地增加了收入来源；同时，林业税费的大幅减免和政府转移支付的增加也使广大林农从中获得了许多间接的收益。这些直接或间接收益的增加，有效地促进了林区"三农"问题的解决。

（三）林改兼顾了效率与公平，提升了林区的公共福利水平

在社会经济发展过程中，人们经常面临着公平与效率这一对矛盾。新一轮林改作为一项复合的系统工程，同样需要解决公平与效率之间的矛盾问题。林业作为国民经济的基础产业，在国民收入分配领域属于初次分配的范畴。集体林作为福建林业的重要组成部分，其主要经营对象是商品林及其随后的林产品加工和市场流通等相关的产业，其最直接的目的就是获取最大的经济效益。因此，新一轮林改就其本质而言，应重点体现效率优先的原则。但基于森林资源资产的特殊性和林区经济发展的现状，新一轮林改还需要兼顾公平，否则就难以保证甚至可能危及经济效率的提高。正因为如此，如何协调效率与公平之间的关系，就成为新一轮林改中人们必须面对的难题之一。基于林业的基础产业属性和福建省集体林业的主要经营对象情况，新一轮林改遵循了"效率优先，兼顾公平"的改革思路。

首先，新一轮林改坚持了"效率优先"的原则。由于福建省新一轮林改的主要对象是林业的竞争性领域——商品林生产，而商品林经营主要以经济效益最大化作为其经营的主要目标，所以应鼓励其经营者通过合法、合理的途径追求最大的经济效益。新一轮林改通过山林产权的明晰，极大地激发了林农生产经营的积极性，从而有效地提升了森林资源经营的效率；同时，新一轮林改还强调应在自愿的基础上促进山林产权的再流转，从而通过资产的流动重组实现规模经营和获取规模效益，以进一步实现"效率优先"。

其次，新一轮林改也尽可能地兼顾了公平。这主要表现在以下几个方面：一是山林产权初次分配时的份额公平。即以某一特定时点的村民人口数量为基准，确保该时点在册的所有村民都能够分得一份山林，以保障其应有的权益。尽管在新一轮林改中，福建各地分林到户的方法各不相同，但基本上都注意了山林分配时的份额公平。二是程序公平。程序公平是保障结果公平的必要步骤。为保证林改的程序公平，防范村干部"暗箱操作"和上级主管部门的不当干预，福建省委、省政府明确要求各地在新一轮林改中，要严格按照《村民委员会组织法》《农村土地承包法》《森林法》和《福建省人民政府关于推进集体林权制度改革的意见》等相关的法律、法规规定的程序操作，并努力实现程序、方法、内容和结果的"四公开"，以保证村民的知情权和参与权，使广大林农成为林改的主体。三是福利公平。在福建省新一轮林改中，明确规定要收取一定比例的林地使用费。尽管各地在林地使用费的收取比例和方式上略有不同，但通过集体林地使用费的收取，不仅直接地增加了村财收入，而且通过村财的二次分配，又间接地增加了林农的收益，也体现了公平原则。林改后，由于林地的产出不断提高，村集体来自于林地使用费及收益分成等方面的收益也相应地增加，这就进一步壮大了集体的经济实力。据统计，新一轮林改后的福建林区各个村集体平均每年来自于林业的收入可达 3 万~5 万元，重点林区可达 10 万元以上，个别森林资源丰富的村甚至高达上百万元。与此同时，林改后村集体用于集体山林管护等方面的费用可大大减少，这样每年又可节省一笔开支。这一增一减最终都增加了村财的积累，壮大了村集体的经济实力。以永安市为例，全市 2005 年仅收取林地使用费一项就达到了 2750 万元，村均 12 多万元（李炳坤，2006）。

村财收入的增加使过去的许多"空壳村"摆脱了困境，这为山区农村的文化、医疗、卫生、教育等各项社会公共事业的发展提供了稳定的资金保障。目前，福建林区每年因林改而增加的各项收入中，大部分都被用于乡村的自来水、道路、电网、绿化等公共基础设施建设，还有部分被用于科教文卫等公益事业和农村社会保障体系建设，从而真正地体现了公平原则。

（四）林改推进了林区的民主进程

促进民主法制建设是中国社会主义建设的主要目标和任务之一，而福建省新一轮的林改在推进林区民主进程方面具有十分重要的作用。在新一轮林改前的福建广大林区，当时村里的重大事项基本上是"村干部说了算"，村财的收支也没有按照相关的规定对村民公开。作为林农主要经营对象的山林，其产权名义上虽然归集体，实际上却掌握在少数的村干部手里。而大多数村民对相关的法律法规以及自身应享有的权益也不甚清楚，参政议政和民主管理的意识不强。在这个背景下，如何引导村民参与乡村管理，并逐步完善农村基层民主自治制度，这是推进林区民主进程和实现乡村管理民主的关键所在。新一轮林改开始后，伴随着集体山林产权相继明晰到户，如何处理改革中出现的一系列重大事项就成为乡村干部和广大群众共同关注的问题。由于改革涉及村民的切身利益，作为当事人的他们当然应该参与其中。因此，新一轮林改既是一次对林业生产关系的重大变革，也是一次全面、深入的民主法制教育过程。

改革之初，为防范村干部滥用职权，福建省委、省政府明确要求各地在林改过程中，要严格遵循《村民委员会组织法》《农村土地承包法》和《森林法》等相关法律、法规的规定，并按照《福建省人民政府关于推进集体林权制度改革的意见》的要求，实施"阳光作业"。既要注意因地制宜和公开公正，又要注意尊重群众意愿和历史事实，要保证村民的知情权和参与权，使广大林农真正地成为改革的主体。具体而言，就是林改方案在出台前必须广泛听取村民们的意见，尊重群众的意愿，严禁"暗箱操作"和以权谋私。根据福建省委、省政府的精神，各地在进行"确权发证"和"配套改革"等涉及村民集体利益的重大林改方案时都必须由村民大会或村民代表大会投票表决，只有获得 2/3 以上的票数才能通过并得以执行。首次表决无法通过的方案要经过修改和完善后再次提交村民代表大会投票表决。毫无疑问，这种做法保证了村民的知情权和参与权，从而调动了他们参与林改的积极性和主动性，并有助于林改方案的实施和改革目标的实现。同时，村干部为了使有关林改方案能够获得通过并得到贯彻实施，也需要经常深入村民中进行宣传引导，并多方征求意见。这不仅有助于他们熟悉相关的法律法规，而且通过其不断地宣传和引导，也增强了村民们学法、用法和参与乡村管理的意识。此外，更为可喜的是，这些因林改而逐步深入民心的村民票决制等各种促进乡村民主管理的做法在福建林区已逐渐成为一种惯例，村民们开始自觉地参与集体事务管理，积极地推动村务公开，以实现自己当家作主的愿望，并使乡村的民主管理真正地落到实处，从而加快了林区民主化的进程。如今，林区一旦出现涉及广大村民公共利益的大事，基本上都要经过这套民主程序，与过去村干部包办一切的做法形成了鲜明的对比。特别是在乡村事务民主管理方面，林改后福建林区各地开始着手建立健全以村财收支公开为主要内容的村务公开和乡村事务民主管理制度，不少村集体还专门成立了村财收支监管小组，由其代表全体村民对村财的收支情况进行监管，从而使村财的收支账由过去的"糊涂账"变为"明白账"。据统计，截至 2005 年年底，福建省已有 98.9% 的村实现了村财公开，其中达到规范公开的村占66.3%（福建省林业厅，2006）。另外，全省林农对林业政策的满意度逐步上升，截至 2007 年已经达到了 98%。

可见，新一轮林改不仅增强了林区群众依法参政、维权和参与乡村民主管理的意识，也提高了乡村干部依法行政的水平，从而推进了林区的民主管理进程。

（五）林改促进了林业生态建设

新一轮林改使广大林农拥有了实实在在的山林产权，这极大地激发了他们植树造林的积极性，从而使造林成为一种自觉、自愿的行为，并因此促进了福建林业尤其是非公有制林业的迅猛发展。而非公有制林业的发展又促进了福建林业的整体进步，促进了森林资源面积、蓄积的双增长及林业产值的大幅度上升。虽然福建省近年来新增的造林面积（特别是那些非公有制林业经营主体所营造的森林资源）绝大多数都是商品林，而商品林是以提供经济效益为主要目标的，但只要商品林还没有被采伐，它同样无时无刻不在发挥着生态功能，为人类提供远远大于经济效益的生态效益。因此，按照这一思路，无论新一轮林改后林农所营造的森林是商品林还是公益林，都能够提供巨大的生态效益，并为促进林业生态建设做出巨大的贡献。同时，按照中国林业分类经营的要求，整个森林生态系统被划分为公益林和商品林两大部分，其中商品林的建设是关键，是矛盾的主要方面，而福建省新一轮林改的主要对象正是集中于商品林。通过林改及其随后的山林产权自愿流转，有助于集中一部分自然条件优越，经济、交通等社会条件比较好的区域建立速生丰产的商品林基地，以高投入、高科技、集约经营、工业化生产的方式，争取以最快的速度、在最短的时间内生产出以商品材为主的较多的林产品，这样才有助于缓解木材供需矛盾和摆脱林业经济困境。也只有商品林提供出足够多的木材和其他各种非木材林产品，公益林才能从木材生产的重压下解放出来，以更好地发挥生态效用；此外，只有商品林的经济效益达到较高的水平，才有可能从收益中返回更多的资金用以建设林业生态重点工程和补偿公益林在经济上的损失，否则公益林体系的建设将是一句空话。可见，新一轮林改对于福建林业生态体系建设和林业产业体系建设都具有十分重要的促进作用。

（六）林改促进了林业科技创新和科技成果的推广与转化

林业科技是促进现代林业发展的主要动力。福建省新一轮林改的实践已经证明，林改在促进和拉动林业科技创新和科技成果的推广与转化等方面都具有十分重要的作用。这主要体现在以下几方面：第一，由于林改明晰了山林的产权，扩大了林农的生产经营自主权，从而极大地激发了他们经营森林资源的积极性，并促使他们想方设法地提高收益水平。而林业收益水平的提高有赖于林业科技的运用。因此，林改有助于促使林农积极地采用新技术和新工艺，从而拉动林业科技创新能力的提升和现有林业科技成果的推广与转化。第二，由于林改促成了新型林业合作经济组织的创建，这不仅有利于促进林业规模化经营和获取规模效益，而且有助于增强合作组织吸收和运用新技术的能力。新一轮林改中，不少林农通过与当地或邻近区域的林产加工企业签订协议，形成了诸如"产供销一条龙""公司＋基地＋农户"和"林板、林纸一体化"等联合经营模式。这些经营模式有利于实现在产权明晰的前提下促进技术、人才、资金等生产要素的优化组合，从而运用科技和人才提高林业生产效率和促进生产发展。第三，林改还促成了林业要素市场等类似服务机构的建立和健全，从而有利于林农及时地获得科技、市场信息和法律法规等多方面的服务。面对林改后林农对于科技、信息、法律等诸多方面的需求，福建省各地积极地行动起来，并采取了不少切实可行的方式、方法。其中永安市就根据当地林农的现实需求及林改进一步发展的需要，及时地成立了永安市林业要素市场，将原先分属于不同部门和机构管理的职权和服务功能集中在一起，通过联合办公、一条龙地提供科技、信息、法律法规等多方面的综合服务，既方便了林农，也有利于提高政府机构的办事效率。此外，林农们还自发地组建了各类专业协会，并在林业生产中发挥了极为重要的作用，有力地推动了包括科技服务等诸多内容在内的林业服务体系的建立和健全。目前，福建省的大多数重点林区县（市）都相继成立了类似于林业要素市场的机构，从而在促进林业科技创新和推广转化等方面发挥了重要的推动作用。

综上所述，福建省当前正在进行的新一轮林改是一次涉及面十分广泛的全面、系统的改革，它不仅调整了林业生产关系，消除了体制上的束缚和机制上的障碍，而且顺应了社会主义初级阶段经济社会发展对林业的要求，极大地促进了林业生产力的发展，已经取得了预期的成效，是对福建林业发展的全方位推进。

四、海峡西岸新一轮集体林产权制度改革中存在的主要问题

目前，福建省新一轮的林改工作已经取得了初步的成效，基本上达到了预期的各项目标。然而，在看到成绩的同时，人们还必须清醒地认识到，由于林改涉及多方的利益，是一个复合的系统工程，加之目前改革尚处于进一步深化阶段，所以在其发展过程中仍然存在着一些亟待解决的问题，主要有以下几个方面。

（一）林木采伐管理问题

虽然中国的森林资源总量不少，但人均占有量有限，而且区域分布不均，所以其防护效用不佳，致使全国不少地方的生态环境问题仍然十分严峻。为此，中国政府目前仍然对森林资源实施严格的限额采伐管理制度，该制度按照消耗量低于生长量的原则，严格控制林木的采伐量。政府林业行政主管部门以 5 年为一个计划期确定采伐限额总量，同时下达年度木材生产计划，该计划不得超过批准的年采伐限额，即实行采伐限额和年度木材生产计划双控制。毫无疑问，林木限额采伐制度在遏制乱砍滥伐和保护生态等方面确实发挥了一定的作用，但该制度使森林资源经营者无法按照市场供求关系自主地调整木材采伐量，从而在一定程度上限制了经营者的权益，影响了他们投资造林的积极性。近年来，不少省份虽然相继出台了一些改革林木限额采伐制度的措施，但尚未实现重大的突破。如福建省于 2002 年发布的《福建省加快人工用材林发展的若干规定》中提出：对新营造的人工用材林（指 1998 年 1 月 1 日以后营造的），经营者可以自主地编制森林经营方案和确定主伐年龄，并按照培育目标选择采伐方式，但仍然要向当地的林业主管部门申请核发采伐许可证。只有那些造林规模在 66.7 公顷以上的个私造林，以及 1333.3 公顷以上的企业工业原料林，才有资格申请采伐指标单列。这些规定虽然较之以往的政策有所松动，但对于山林产权分户后以小规模经营为主的广大林农而言，其激励效果并不明显。因为只有那些大规模的个私造林者和公司才有申请采伐指标单列的资格，而一般林农往往无法享受到这种优惠，而且即使具备了申请指标单列的资格，最终是否能够得到批准，仍是一个未知数。对此，广大林农也表达了同样的担忧。据有关专家对福建林区的林农进行的实地访谈和入户面对面问卷调查结果显示，有超过 60% 的林农认为林木限额采伐问题是影响其生产经营的重要因素，甚至有超过 50% 的受调查者将其列为首要因素。

（二）关于林地的承包期限问题

新一轮林改的最主要工作就是将集体山林的产权真正地明晰到林农家庭，从而使林农拥有真正意义上的林地使用权和林木所有权，但这些产权的使用有一定的期限。如在新一轮林改中，福建省各地虽然其承包的期限不太一致，但基本上在 30 年左右，这主要是基于福建省最常见的两种用材林树种——杉木和马尾松的经营周期确定的，因为杉木和马尾松的经营周期基本上在 25 年左右，其中马尾松会稍长一些。然而，对于 30 年这一承包期限，不少林农都感觉偏短，因为 30 年的承包期限，除非林农经营像桉树这一类的速生丰产林种，否则，一般只能经营一个周期，这样就容易引发林农在这一个营业周期之内采取掠夺性的经营措施，或者其他的短期经营行为，从而不利于林地的可持续利用和林业的可持续发展。而且一个经营周期之后就回收，容易给林农造成一种政策不太稳定的感觉，而这又是林业经营上的最大忌讳，新中国建立以来出现的几次乱砍滥

伐大多与此密切相关。许多林农在分林到户后，担心政策上的不稳定会导致山林产权的再次变动，因而出现了乱砍滥伐行为，比较典型的如20世纪80年代中期出现的较大规模的乱砍滥伐问题就是这种情况。而且，从我们对林农进行的实地访谈和入户问卷调查中，许多林农也都认为目前30年的林地承包期限偏短。对于这个问题，需要引起有关各方的关注，并应尽可能地给予解决。

（三）林改后因林农的经营方式不善而引发的一些生态负外部性问题

众所周知，林业生产具有巨大的生态正效益，但不规范的林业生产经营活动也会引发生态负效应问题。在新一轮林改中，随着山林产权的相继明晰到户，广大林农成为林业生产经营的主体，这极大地激发了他们生产经营的积极性，从而有助于林业生产效率的提高。但由于受到主客观条件的限制，林农们在日常的生产经营中往往无暇顾及生态保护问题，并采用了一些有违生态保护的不规范生产经营行为，从而引发了部分生态负外部性问题。据有关专家学者对福建林区的林农进行的实地访谈和入户问卷调查结果显示，当林农们被问及在其生产经营过程中是否考虑到生态保护问题时，竟有高达66.25%的林农表示暂时没有考虑，由此可见他们环保意识的薄弱程度。而在林业生产实践中，大多数林农在林地清理时采用严重破坏生态环境的炼山方式，整地和幼林抚育多采用极易引起水土流失的全垦，除草多施用见效快但副作用也明显的化学除草剂，病虫害防治多施用对生态环境有着很强负面影响的化学农药，等等。据调查，仅有三分之一左右的林农自觉地采用了有助于保护地表土壤结构的带状或块状整地方式，却有高达50%的林农采用了炼山、全垦等有违生态保护的林地清理和整地方式。这些有违生态保护的经营活动，极易引发水土流失、生物多样性丧失、土壤板结和硬化、农药残留等问题，不仅不利于林农收益水平的持续增长，也妨碍了各地生态与经济的协调发展和林业的可持续发展，必须采用切实可行的措施予以解决。当然，以上所提及的这些生态负外部性问题，大多数并非新出现的，只是在林改后因各个方面条件的变化而有进一步加剧的趋势。

（四）林改后林农生产经营资金短缺问题

资金是促进经济增长的重要推动力，在经济学诸流派中，无论是马克思主义政治经济学，还是西方经济增长理论的各个学派，都十分重视资金在经济增长中的重要作用。在中国这样一个发展中国家，在林业这样一个具有鲜明特点的弱质产业上，要加快林业经济增长和促进林农增收，需要解决的主要难题之一就是如何筹措必要的生产经营资金。特别是在新一轮林改中，随着山林产权相继明晰到户，林农取得了山林的经营权，但他们却面临着资金不足、融资渠道有限等问题。在实地调查过程中，许多林农将资金短缺问题列为影响其生产经营的最主要因素。

（五）集体山林分户后林农经营规模不经济问题

对于一个特定的经营主体而言，当其生产经营的规模达到一定的限度之前，单位产品所分担的固定费用将随着产量的增加而递减，从而使其整体的经济效益呈现不断递增之势，这种因扩大生产经营规模而引起的经济效益递增现象就称为规模经济。林业经营对象的特殊性要求其经营者更应特别注重经营规模问题，理论界普遍认为营林业是适合于规模化经营的行业之一。由于森林培育具有长周期性，需要占用大量的资金，而林农个人或家庭的经济实力有限，往往难以提供充足的资金；而且营林业的主要生产场所是山场，其经营管理的难度较大，不适合于分散经营；此外，林业经营中还经常涉及病虫害防治、森林火灾防范和林区道路建设等诸多需要涉及多方主体利益的问题。因此，就本质而言，营林业更适合于规模化经营。

正因为如此，近年来，随着福建省新一轮林改的不断深入，越来越多的有识之士开始关注林地经营规模问题。因为按照新一轮林改的设想，其主要任务就是在保持林地集体所有的前提下，将林地使用权和林木所有权明晰到户或其他经营实体。从2003年至今，根据这一改革思路，福建省集体林中的绝大部分都已实现了"确权"。这样，改革的目标是实现了，山林的产权也确实得以明晰，但随即也带来了规模不经济问题。据我们对福建省永安市洪田村进行的实地调查显示，在该村受访的 38 户（占该村总户数的 16.2%）农户中，人均拥有山林面积不足 0.33 公顷的占 18.42%，人均 0.33~0.67 公顷的占 47.37%，二者合占 65.79%，而人均超过 0.67 公顷的仅占 34.21%。如果按户均 4 人及人均 0.67 公顷计算，则该村户均拥有的山林面积也不过 2.7 公顷，还达不到有效益的规模。加之林农自身资金不足，且融资渠道有限，往往难以筹措足额的资金供其扩大再生产；同时，小规模经营还受到人才、技术等因素的制约，集约化程度低，难以实现高效经营；此外，当前林区的资产评估、市场信息、产权流转等各种中介机构尚处于起步阶段，林农还难以获得必要的服务；等等。可见，山林产权明晰后，以家庭经营为主的经营模式还难以达到有效益的规模，从而影响了林农生产经营的积极性。而一些外资企业和造林大户虽然拥有一定数量的资金，也有进一步扩大经营规模的愿望，但由于山林分散于农户手中，而且大多数农户不愿意将自己现有的山林流转出去。因此，要想实现规模化经营，需要花费大量的交易费用。加之个别地方尚未全面完成"确权发证"任务，致使山林的权属仍不明晰，从而进一步加大了规模化经营的难度。因此，人们必须正视山林分户后的规模不经济问题。

（六）林地使用费的收取和使用问题

新一轮林改中，按照《福建省实施〈中华人民共和国土地承包法〉的若干规定》和集体土地有偿使用的原则，各地的村集体在将集体所有的山林产权明晰到农户后，都要求农户向村集体上缴一定比例（或数量）的林地使用费。林地使用费可以采取实物上缴的方式，即在林农主伐林木时，按照总材积的一定比例直接上缴村集体；也可以等到林木销售后，按销售收入的一定比例上缴。目前，在林地使用费的收取和使用上，还存在着一些亟待规范和解决的问题。如林地使用费的收取比例问题，林地使用费的收取与林农负担问题，林地使用费的管理与使用是否规范问题等。对于以上这些问题，必须及时地予以澄清或解决。

（七）育林基金的征收和使用问题

育林基金问题历来是我国林业理论界广受关注的主要问题之一，但在不同的阶段，人们对其关注的焦点也各不相同。如在育林基金制度形成的初期，人们主要关注国有林育林基金和集体林育林基金的关系及其如何协调问题；随后主要关注育林基金的征收对象、征收环节、征收比例及其管理问题；近年来，随着我国社会主义市场经济的不断发展，以及森林资源资产化管理改革的逐步推进，特别是福建、江西、浙江和辽宁等省份集体林产权制度改革的不断深入，以及与此相适应的非公有制林业的迅速发展，加之财政部又于 2006 年初颁布实施了《企业会计准则第 5 号——生物资产》之后，我国林业经济理论和实务界的许多有识之士又开始关注育林基金的性质、实际用途以及今后的取舍问题之上。以下首先分析育林基金的性质，在此基础上指出新一轮林改后育林基金征收和管理上存在的主要问题。

1. 育林基金的属性分析

育林基金是一种什么性质的资金，我国的理论工作者对此存在着不同的见解，而且至今尚无定论。在我国，育林基金在建国初期就已存在，其主要目的是为了保证森林资源培育所需的资金，但由于那时人们普遍都认为森林资源是一种无价值的自然资源，是取之不尽、用之不竭的，森林资源经营单位未能形成成本补偿的思想和相应的成本补偿措施，加之受当时高度集中计划经济体制的影响，政府有关部门就通过制定一些规章制度，并凭借其所掌控的行政权力收取一部分资金作为其重新培育森林资源的资金，故得名"育林基金"。可见，育林基金是国家在特殊的时期为筹集森林资源培育资金而采取的一种特殊方式，其目的是为了实现森林资源再生产活动的顺利进行，因此从其本质属性来看，应属于营林成本补偿的范畴。育林基金的成本补偿属性在财政部于1993年制定并颁布实施的《关于森工企业贯彻执行新的财务会计制度有关问题的通知》中得到了较为明确的体现，《通知》中明确指出（中华人民共和国财政部，1993）：采运企业和供销企业应该将按规定计算提取的育林费（即育林基金）分别计入木材生产成本和木材进货成本。翌年，财政部颁布的《国有林场与苗圃财务制度（暂行）》的第十七条也明确规定：实行林木资产核算并核定林木资本后，采伐林木的实际成本应转入木材成本得到补偿，并用回收的资金继续更新造林，以保存和扩大森林资源，达到资本保值和增值的目的。因此，按照现行的有关规定提取和征收的育林基金数中，应扣除这部分的回收数，以免重复。可见，该制度也认为育林基金具有成本补偿的属性。

综上所述可知，育林基金就其本质而言具有成本补偿的属性，是一种为维持森林资源再生产活动顺利进行而提取的专用资金。

2. 现行育林基金制度存在的主要问题

1992年，党的十四大以来，我国开始致力于发展社会主义市场经济。而号称计划经济"最后堡垒"之一的林业从20世纪90年代初期起也开始日益注意发展市场经济，林业开始逐步走向市场。而在这一转变的过程中，林业部门采取了一系列重要的举措，其中森林资源资产化管理改革就是一项卓有成效的措施，森林资源资产化管理改革的最主要内容之一就是要对森林资源进行会计核算。为此，森林资源经营单位需要设置"营林工程成本""生产成本——木材生产成本"等一系列密切相关的成本费用类账户，用以归集和分配森林资源经营过程中所发生的各项成本与费用，从而最终确定森林资源资产的总成本与单位成本，并使这部分经营成本在其最终产品的销售收入中得到补偿，以保证森林资源的再生产活动得以顺利进行。可见，通过对森林资源培育成本的计算与结转，使之包含在最终产品的成本中，这样既可以用这些补偿资金满足其再生产的需要，又可以避免各种林产品因不计培育成本而虚增利润，这就是森林资源资产会计核算的主要目的。以森林资源资产会计核算为主体的森林资源资产化管理改革设想经过10余年的不断深入研究和试点检验，最终于2006年上半年形成了最主要的成果，具体体现为财政部于当年2月15日颁布的《企业会计准则第5号——生物资产》之中。众所周知，林木资产是最主要和最典型的生物资产之一，因此，《企业会计准则第5号——生物资产》的重点之一就是明确界定了林木资产会计核算的相关问题，包括林木资产成本核算的起止时间、成本核算的主要对象、成本核算账户的设置及其相关的会计处理等一系列问题。然而，目前的主要问题在于，人们在按照《企业会计准则第5号——生物资产》的要求对林木资产进行成本核算的同时，对于同样具有成本补偿属性的育林基金应该如何改革才能使它们相互之间协调一致，从而实现改革的预期目标。对此，笔者认为，鉴于林木资产成本核算与提取育林基金的主要目的都是为了实现营林成本的补偿，所以它们二者就没有必要同时存在。否则，不仅加重了森林资源经营单位的负担，而且给人一种虚列成本、管理混乱的感觉，也难以为财政和税务部门所允许。

由于育林基金具有成本补偿的属性，而按照会计核算的一般要求，成本补偿资金作为一种维持简单再生产的资金，只能在会计主体内部循环使用，其他任何主体都不能以任何名义占用或瓜分之。而我国现行的育林基金虽然本质上具有成本补偿的属性，但其在计提方式、核算过程及使用管理等方面还存在较大的缺陷，与成本核算的要求相去甚远。如按照育林基金制度的规定，育林基金是林木资产经营单位在伐区拨交环节，按照伐区设计的立木蓄积量计提并计入木材生产成本的，这就涉及到以下几个问题：一是伐区设计的质量问题。由于大多数的林木资产经营主体难以按要求做到每木检尺，而伐区调查设计人员的素质又不高，致使设计的精度大打折扣，从而难以保证育林基金核算的准确性；二是立木林价表的使用问题。要做到立木林价表上的林价与各个林木资产经营主体所经营的各个小班的林价水平——对应，这存在着极大的困难；三是按伐区设计的蓄积量对林木计价并入账核算不符合会计核算的实际成本原则。因为伐区设计的蓄积量仅仅是一个预计数，它与最后的实际采伐蓄积量之间总是存在着一定的误差。此外，林价的大小要在伐区调查设计完成并进行了一系列复杂的计算之后，才能在林木资产经营主体的账面上体现出来，而在此之前则一直缺位，从而难以随时地了解林木资产经营成本的大小，这不仅不利于产品成本控制，而且影响了森林资源产权交易活动的正常开展。

然而，最为致命的问题还体现在这些具有成本补偿性质资金的不合理使用。因为按照我国现行育林基金制度的规定，森林资源资产经营主体提取的育林基金除了按照规定自身留下一部分之外，尚有相当部分的资金是由其上级林业行政主管部门统一管理和调配使用的，其中有不少资金被用作非生产性开支；同时，各级财政部门又把它们列入预算外资金管理的范畴，并从中抽走一部分用于平衡财政预算，一些地方甚至将育林基金当作财政收入的主要来源。这样做的直接后果是致使真正能被用于森林资源培育的资金数目极为有限，从而导致育林基金的实际用途与其成本补偿的属性相背离，并最终阻碍了森林资源再生产活动的顺利进行。实际上，提取育林基金的做法是我国计划经济体制的产物，在那个时代，森林资源经营单位的供、产、销活动都由国家统一安排，在此背景下，国家凭借行政权力集中一定比例的育林基金也就显得情有可原了。但随着我国社会主义市场经济的发展及林业经济体制改革的不断深入，森林资源经营主体日益多样化，而且其经营资金的来源也日趋多元化，国家不再是森林资源培育资金的唯一提供者，特别是随着我国集体林权制度改革的不断深入和非公有制林业的迅速发展，林业再生产所需的各种要素已主要通过市场机制予以配置。在这种情形下，对于林改后获得山林产权的广大林农及其他相关的经营主体而言，他们在向集体上缴了一定数量的林地使用费之后，为了促进林业简单再生产活动的顺利进行，要么按照《生物资产会计准则》的要求进行林木资产成本核算，并将这部分成本从其收入中扣除予以补偿；如果林农暂时还无法进行林木资产成本核算，可以暂时代之以提取一定数量的育林基金。但任何部门都没有理由对具有营林成本补偿性质的育林基金进行集中，更不用说是占用或挪用了，否则就是一种与现行的法律相违背的侵占，其结果必然要影响包括广大林农在内的森林资源培育主体再生产活动的顺利进行。因此，加快育林基金制度改革已经显得迫在眉睫了。

（八）林权流转中的产权变更登记和过户问题

新一轮林改中，随着原先由村集体统一经营的山林产权相继落实到农户家庭或联户组织，而在随后的生产经营过程中，就难以避免地面临着山林产权的进一步流转和权属变更及登记问题，而这一问题又直接关系到林权改革的进一步深入和林业规模经营问题，并影响到林业生产经营效率的提升。

为规范山林产权分户后的进一步流转，福建省林业厅于2007年12月份下发了《福建省林业厅关于进一步规范林权登记发证工作若干问题的通知》（闽林〔2007〕2号），《通知》要求各地要严格按照《农村土地承包法》和闽委发〔2006〕19号文件的精神，坚持长期稳定林地家庭承包政策不动摇。该《通知》指出，对初始登记发证后家庭承包或其他方式承包的林地再次发生流转的，应当遵循"平等协商、自愿、有偿"的原则，有关部门和机构要采取适当的方式予以正确地引导，以促使其实现规范流转，从而确保林农拥有长期而有保障的林地承包经营权。通知接着明确指出，对于林农确实需要流转的山林，应采取限期、限量的办法引导林农自觉自愿地进行林木采伐权的流转，防止炒买炒卖山林，以避免造成新的失山失地。该通知紧接着还明确规定，对于那些已经进行二次或多次流转的林地，如果受让方申请进行林权变更登记的，林权登记机构应依法予以登记，并在出让方的林权证上登记备案流转合同的主要内容，但暂不换发林权证，流转双方的权利义务按合同中的相关约定执行，但法律另有规定的除外。

　　毫无疑问，有关部门在该《通知》中是出于保障公平的目的，即为了防止广大林农出现"失山"和"失地"现象而采取的一种防范措施，如果仅仅从这一角度考虑，无疑《通知》中的相关规定是合适的。但这一规定在保障了公平的同时，却影响到了林改后林业生产经营的效率，特别是关于"暂不换发林权证"的规定对于山林产权的正常、有序流转，以及林业生产经营效率的提高都有不小的负面影响。主要原因如下：一是不换发林权证的规定不利于促进林改后山林产权的正常流转，从而不利于促进规模经营和林业生产经营效率的提高；二是不换发林权证的规定不利于受让方在流转后的正常生产经营活动的开展，如目前福建省正在极力推行的林权抵押贷款制度，其目的在于帮助那些缺少林业生产经营资金的经营者获得必要的资金，特别是对于那些一家一户的林农而言，其对经营资金的需求尤其迫切，他们都期待着能够从银行等相关的金融机构获得必要的贷款，以缓解其资金短缺的矛盾。但抵押贷款的主要依据就是贷款者必须持有代表山林产权归属的唯一合法凭证——林权证，而《通知》中不能换发林权证的规定致使山林产权的受让者在向金融机构贷款时由于拿不出林权证，从而阻碍其获得必要的金融机构贷款，并最终不利于林业生产经营效率的提高。

（九）林业社会化服务体系建设滞后问题

　　随着新一轮林改的不断深入，森林资源资产产权流转活动日益频繁。然而，由于森林资源的特殊性，使得森林资源资产产权流转活动既是交易双方相互之间的一项经济业务，又是一项涉及社会多方利益的政策性很强的经济行为。这项工作既与林业内部的资源、林政、财务、法规等部门密切相关，还涉及到林业部门以外的土地、工商、税务和国资等诸多部门的利益，需要有关各方的相互协调和支持。但在我国目前的森林资源资产产权交易活动中，不仅与林业以外的相关部门的协调不到位，存在政出多门、相互扯皮的现象，即使在林业部门内部，也存在许多不足之处，如在为森林资源资产产权交易提供服务的政策咨询、信息发布、资源调查、资产评估、交易委托、合同签订及公证、产权过户和山林权属变更登记等方面都有待规范和加强，特别是在与森林资源产权流转紧密相关的产权转让市场和资产评估机构的建立和健全方面还存在许多问题急待解决。近年来，随着各地林权制度改革的逐步展开和森林资源资产产权交易活动的不断发展和日益频繁，如何培育和发展森林资源资产产权交易市场及森林资源资产评估机构等社会化服务组织就成为林业部门和广大林业工作者必须面对的一个课题。然而，有关各方目前在理论上对这个问题的重要性认识不足，对相关理论的研究和探讨还比较有限；实践上没有注意培育与完善森林资源的产权交易市场，也没有积极引导山林权属交易双方进入市场，按照市场规则进行公平、公开、公正地交易，致使现有的许多交易活动往往是在脱离产权市场的情况下，由交易双方私下进行的。这种私下交易因交易双方信息不对称，加上买卖无竞争，交易过程又缺乏公开、公平的环境和必要的监管措施，往往存在欺诈和操纵交易过程的不正当交易行为，致使交易双方（或其中的一方）的正当权益得不到有效的保障，容易引发各种权益纠纷事件的发生，严重者甚至影响到地方的社会安定。

　　如森林资源资产评估管理是产权变动管理的重要内容之一，我国林业部和国家国有资产管理局在1995年联合制定并发布的《关于森林资源资产产权变动有关问题的规范意见（试行）》以及财政部、国家林业局于2006年底联合制定的《森林资源资产评估管理暂行规定》中，都明确规定国有森林资源资产在发生产权交易行为时，产权交易双方必须聘请有森林资源资产评估资质的资产评估机构对准备交易的森林资源资产进行评估定价，以作为双方交易定价的基础。然而，在以上所提及的两个规定（或规范意见）中并没有对非国有森林资源资产在发生产权变动时是否需要进行评估作出明确的规定，而且许多地方至今还没有成立真正具有森林资源资产评估资格的资产评估事务所，现有的森林资源资产评估事项主要由一般的资产评估事务所兼营，且多数兼营这项业务的事务所自己并没有专职的森林资源资产评估专家，只是在接受这类业务的时候临时去找这方面的专家；加之在现实中，因人们对森林资源资产评估的重要性还缺乏必要的认识，认为这是一项可有可无的工作，有人甚至认为资产评估是花钱不讨好的事情，从而致使相当部分的山林权属交易并没有经过资产评估的程序，这是导致森林资源资产低价交易和集体及国有资产流失的重要原因，也是阻碍森林资源资产产权流转活动正常进行的主要因素之一。

可见，森林资源资产产权流转的交易市场和资产评估等中介服务机构的缺位，已经严重地影响了森林资源资产产权交易活动的正常进行，成为我国森林资源资产化管理改革的主要障碍之一，必须尽快加以解决。

五、促进海峡西岸新一轮林改进一步深入的政策建议

（一）加大培训力度，确保每位参与林改的干群都能理解和掌握政策

新一轮林改是一项复合的系统工程，为了使这项改革的各项措施能够得到有效地贯彻实施，其前提是必须使这项改革的意义、作用、主要内容等为林改的各方主体所理解和接受，特别是要让广大的林农所接受和认同。为此，就应该充分地发挥各方的主观能动性和积极性，特别是要发挥那些直接参与林改的广大林区干部的主观能动性。应首先通过集中培训和学习，保证这些乡村干部能够充分地掌握和运用好林改的相关政策；在此基础上，通过其进一步引导和带动广大的林农，使他们都能够充分地理解和掌握相关的林改政策，并采取有效的措施解决林改过程中所存在的一系列问题，从而最终促进林改的顺利进行，并借以保障海峡西岸现代林业建设的顺利开展。

（二）改革和完善林木采伐管理制度

对于林木限额采伐管理制度，虽然其出发点是正确的，也发挥了应有的作用。但问题的关键在于政府不应采取"一刀切"的做法，这样不仅限制了森林资源经营者的处置权和收益权，而且最终将抑制社会各方投资造林的积极性，不利于林业的可持续发展。因此，必须适时地改革现行的林木限额采伐管理制度，改革的基本思路是"区别对待"和"逐步推进"。

"区别对待"即指在林业分类经营的基础上，针对公益林和商品林分别采用不同的采伐管理政策。对于公益林，鉴于其经营的主要目的是为了发挥森林资源的生态效益，所以这类森林资源应严格管理，虽然允许在特定的时期和区域进行更新或抚育性采伐，但应实行严格的审批制度。对于商品林，应区分国有林和非国有林分别采用不同的采伐管理政策。对于国有商品林，由于其产权属于国家，政府对其在人、财、物等方面给予了一定的支持，所以政府有理由对其继续实施限额采伐，但应改进现行的采伐限额和年度木材生产计划双控制的做法，按照消耗量小于生长量的原则，实行森林采伐限额5年总控制，年度间允许调剂，即在不突破5年采伐总量和确保林地及时更新的前提下，对于各年度的采伐限额允许根据市场供求状况自行安排。当然，如果生态公益林的面积增加到足以维护生态平衡的水平，则对国有商品林的采伐限制也应放开。对于商品林中的非国有林部分，按照中国《宪法》和《物权法》的规定，非国有林业投资者理应享有包括采伐权在内的完全的林木所有权和林地使用权。但考虑到中国森林资源的现状和国土生态安全的需要，对非国有林还不宜全盘放开，而应区分原有林和新造林分别予以管理。其中原有林部分可以采用与国有商品林类似的5年总控政策，但其前提是政府对其经营者予以必要的经济补偿，否则就不应对其采伐加以限制；而且应允许那些具有一定经营规模的速生丰产商品林和短轮伐周期工业原料林的经营者，在保证采伐迹地及时更新的前提下，自主确定采伐年龄和采伐方式，其采伐指标

应优先予以单列。至于非国有的新造林，特别是新一轮林改后林农新营造的林木，政府应采取更为宽松的采伐政策，应指导其经营者自主地编制和遵循森林经营方案，并实现按森林经营方案落实采伐指标，从而建立采伐申报制度。即由经营者在采伐前直接向林业行政主管部门申报采伐计划，而主管部门经审核如果认为采伐计划符合森林经营方案的要求则应予以批准。若政府出于生态安全需要而不给予批准，则应建立补偿资金，并给予及时足额的补偿。只有这样，才能有效地激发各方投资造林的积极性，并真正地实现新一轮林改的各项目标。

至于"逐步推进"即指以上所提及的这些限额采伐改革政策，应在三明、南平、龙岩等几个森林覆盖率较高且林改进展较为顺利的地、市先期开展试点，然后再根据试点情况，在不断总结经验教训和修正完善的基础上逐步推向全省。当然，也有一些专家学者认为林木限额采伐的先期改革可以考虑首先在那些短轮伐周期的工业原料林上进行，如桉树、相思树等，等取得一定的经验之后，再逐步推向全省。

（三）进一步稳定林地家庭承包政策，适当地延长林地承包期限

由于林业生产经营的长周期性，所以要求与林业相关的政策更要注意保持相对的稳定。有关这个问题，我国已经有许多相关的经验和教训。众所周知，新中国成立以来，我国林业（尤其是南方集体林区）部门曾经出现了几次较大范围的乱砍滥伐问题，其中的原因虽然诸多，但最根本的原因就在于林农们担心林业政策的不稳定。因此，在新一轮林改中应该特别强调承包政策的稳定性，其中尤其需要注意的是林地承包的期限。

正如本章第四部分所述，在新一轮林改中，福建省各地确定的林地承包期限大多在30年左右，而对于这个承包期限，不少林农都感觉偏短，一般只能经营一个周期，容易引发掠夺性的经营行为，而且容易给林农造成一种政策不太稳定的感觉。对此，我们认为，应该适当地进一步延长林地承包的期限，结合福建省林业生产经营的实际，这一期限确定为70年比较适宜，而且应该明确规定，在一轮承包期届满时，原承包者可以按照国家的有关规定继续予以承包。这样既符合稳定林地家庭承包政策的要求，又有助于在一定程度上防止林农的短期经营行为，而且这一规定与中央的精神也是保持一致的。因为2008年6月，在中共中央、国务院发布的《关于全面推进集体林权制度改革的意见》（中发〔2008〕10号）之中，已经明确地规定集体林地的承包期限可以延长到70年，而且在一轮承包期届满时，可以按照国家的有关规定继续予以承包。按照中共中央、国务院10号文件的精神，福建省委、省政府应该适时地发布相应的实施政策，明确将进一步坚持林地的家庭承包政策，而且对于在新一轮林改中已经落实的林地家庭承包，其承包期限不足70年的，可以根据林农的意愿顺延到70年。承包期届满时，还可以按照国家的有关规定继续予以承包。在这一系列新政策出台之后，无疑将进一步稳定林地家庭承包政策，给广大林农吃下定心丸，从而将有助于推进山林经营管理权的真正落实到位。

（四）积极防范林业生态负外部性问题

针对一些地方在新一轮林改中有进一步加剧趋势的生态负外部性问题，有关各方应采取以下对策措施。

1. 宣传引导和宏观调控相结合，促使林农在发展经济的同时兼顾生态保护

随着福建新一轮林改的逐步深入，人们已清楚地认识到，林改既是促进林业发展的需要，也是促使林农脱贫致富奔小康和新农村建设的需要。在此情形下，既不能以保护生态为由而限制林农正常的生产经营活动，也不能借口要发展经济而置生态保护于不顾。很显然，这两种极端的作法都是行不通的。比较可行的是要通过广播、电视、报刊杂志等大众媒介，以及其他一些与各地习俗相符合的喜闻乐见的方式，教育、引导林农在发展经济的同时自觉地保护生态环境，做到经济发展与环境保护相统一。当然，鉴于生态保护的公益性与林农经营趋利性之间的矛盾，为协调二者之间的关系，除了要注重宣传和引导之外，还要注意发挥政府宏观调控的作用，应借助于经济、法律和必要的行政手段，督促林农在发展经济的同时注意生态保护。

2. 采取约束和激励相结合的措施防范生态环境问题

对于水土流失和农药残留等问题，应区分问题的根源所在，并采取相应的对策以消除或降低其不利影响。

首先，对于一些林区存在的水土流失加剧问题，其主要原因在于林农在营林时对山地的作业方式不当而引起的。因此，这就要求林农从林地清理到森林资源的更新采伐，都应以科技为先导，采取一些必要的生态防护措施。如在采伐迹地清理时严格限制使用炼山等对生态环境破坏严重的方式，在种植阶段采用阶梯状整地、条垦、合理施肥等做法，并通过绿肥的栽植、适度株行距、合理选择更新轮伐期以及林种和树种的合理搭配等有效方式，以寻求最大限度地防止水土流失。这些措施既有利于生态保护，又有助于森林资源的速生丰产，个别措施还有利于降低经营成本，可谓一举多得。

其次，对于不恰当地使用农药、化肥而引发的环境污染问题，应从两方面入手：一方面，政府主管部门及行业协会应通过宣传引导和典型示范等方式，促使林农不断地增强生态保护意识和病虫害防治知识。应充分重视良种壮苗的重要性，注重抗虫、抗病种苗的培育，并做好造林后的管护工作，以减少森林病虫害发生的诱因，并降低成灾的概率；一旦发生森林病虫害，也应尽量地采用那些生态友好型的方法进行治理，如运用生物农药和害虫的天敌防灾，尽可能地少用化学农药，特别是那些高毒、高残留的化学农药，要积极倡导森林病虫害的"生态防治"模式。另一方面，政府主管部门除了应该为林农提供有关森林病虫害防治和化肥合理施用等方面的技术指导之外，还应当承担起病虫害防治专业技术人员的培训责任。特别是一旦爆发大面积的森林病虫害，政府应做好组织协调工作，引导林农相互合作，采取统一、有效的防治措施，以防范灾害的进一步蔓延。此外，鉴于规范对象的广泛性和复杂性，政府部门还要通过制订或修改完善有关森林病虫害防治的政策规章，或者推动立法部门制订相关的法律法规，并在其中突出地体现防治措施的生态要求，以约束、引导林农采用生态友好型的措施防治各种森林病虫害，从而避免或最大限度地降低因采用那些不当的防治措施而带来的环境污染及其对人类自身的危害问题。

最后，为促使广大林农采取生态友好型的生产与经营方式，除了以上所提及的各种约束措施之外，政府有关部门还可以通过提供补贴、税费减免等激励措施加以引导。如通过制订有关的规章制度，明确规定对那些采取了符合生态要求举措的林业经营者予以必要的补贴或税费减免，这样既体现了政府对那些在生态保护方面做出贡献的林业经营者的一种必要补偿，又可以发挥导向作用，可谓一举多得。目前，税费减免等激励措施已在福建省得到了较好的贯彻实施，并取得了初步的成效，为林农带来了实实在在的收益。而对于直接补贴这种激励措施，福建省的林业部门虽然偶尔也有运用，如一些地方为林农提供免费的种苗等，但总体而言比较少见。事实上，直接补贴是一种比税费减免效果更为明显的激励措施，这在瑞典、芬兰、德国等林业发达国家已经得到了很好的验证。而中国绝大多数的林业经营者也对直接补贴表现出了浓厚的兴趣。据我们对福建省的林农进行的入户问卷调查显示，有53%的林农对补贴这一方式给予了充分的肯定，认为这种激励措施有利于发挥政府的引导作用，也是对林业经营者的必要激励和补偿；同时，还有近25%的林农认为补贴政策对林业生产有一定的促进作用；只有22%左右的林农因对补贴政策不甚了解而认为这项政策可有可无。可见，直接补贴将是一种可以大力推广的激励措施。

（五）多方筹措林业发展所需的资金

对于营林资金不足问题，考虑到在林改中得以落实产权的基本上是商品林，因此，其经营资金的筹措应符合商品林的属性，即应坚持以政府财政资金为先导，非政府资金为主体，并努力拓展多元化的筹资渠道。有关这一部分的详细内容将在本专题的"第五章海峡西岸现代林业发展的投入保障"中的"促进商品林建设资金投入的政策建议"部分予以阐述。

（六）发展林业合作经济组织，实现林业的规模效益

林权改革的最终目标在于提升林业生产效率和增加林农收入，而规模经营则是提高要素生产率和增加林农收入的主要途径之一。但正如本专题前面所述，福建省产权明晰之后的山林资源却面临着规模不经济问题。为此，如何实现规模经营和获取规模效应，就成为新一轮林改中人们必须认真面对的难题之一。

任何一个经营主体实现规模效益的主要途径有两种：一是新增资产连续不断地投入，使之达到有效率的规模；二是通过现有主体之间的资产流动重组来实现规模经济。目前，对于福建省林改之后的森林资源经营主体而言，第一种方式耗时、耗力，而且很难实现。因此，当前实现规模经营主要应以第二种方式为主，也就是努力促成林农相互之间的联合，通过山林产权的流动重组来实现。政府有关部门应采取各种必要的宏观调控手段，通过各种有效的途径引导那些已获得了山林产权的林农在明晰产权和明确利益分配机制的基础上，自觉、自愿地进行优化组合，探索组建家庭联合林场、股份合作林场等各种新的林业经营实体，以实现规模经营，提高经营效益。同时，应大力推进资本与林地的联合，进一步探索企业办基地的发展模式，通过"公司＋基地＋农户"等切实可行的合作方式，发展一批以森林资源培育为依托，以林产加工为中心，以市场消费为先导，经营规模大、经济效益好，且能辐射、带动周边社区的群众共同参与的林业龙头企业，并使一家一户的林农成为整个合作组织的必要组成部分。通过这种合作模式，既实现了适度规模经营，又有效地防止和克服了林农"失山失地"的现象，还有利于形成一批带动能力强、规模效益显著的林业龙头企业。为此，有关各方要通力合作，促使那些目前已具有一定规模、产品适销对路且具有较好发展前景的公司通过与广大林农合作，以进一步发展壮大，实现规模经营，从而成为同行业中的龙头企业，并发挥其引导和示范作用，带动林区林业产业的发展和促进当地的新农村建设。在这方面，福建省的永安市已进行了积极的探索，不少成功的经验值得总结和推广。

（七）规范林地使用费的收取和使用

对于林地使用费的收取，福建省近年来的林改实践已经证明了它的必要性。毫无疑问，收取林地使用费最直接的效应就是增加了村集体的收入，使过去的许多"空壳村"摆脱了困境，并为他们改善公共基础设施提供了坚实的经济基础，也为林区的文化、医疗、卫生、教育等各项公益事业提供了稳定的资金保障，农村的基础设施和社会保障体系建设都将因此而得到加强；收取林地使用费的第二个直接效应就是增强了村集体组织及村干部推进林改的积极性，从而有助于林改各阶段工作的顺利开展，这一点已经在福建省新一轮林改中得到了充分地验证；此外，通过村集体收入的二次分配，还可以间接地增加林农的收益。

当然，由于林地使用费是林农为获得林地使用权而支付给村集体的一种费用，是其占有和经营集体林地而支付的代价，其资金主要来源于林农经营山林而获得的收益。在收益既定的前提下，林地使用费与林农最终所获得的净收益之间成反比，即集体收取的林地使用费越高，林农的收益就越小。因此，在确定林地使用费的收取比例时，既要考虑集体收入增长的需要，更要顾及林农的实际承受能力和必要的收益水平，要保证林农经营山林有利可图，否则必然影响其生产经营的积极性，甚至可能导致其退出。一旦出现这种情况，林地使用费的收取就将成为无源之水和无本之木。因此，必须科学地确定林地使用费的收取比例，使其既有利于激发林农进一步投资造林的积极性，又可以使村集体的财力得以稳步增长，从而实现双方的"双赢"。

在林地使用费的收取和使用上，应注意公开、透明，使其用途符合广大村民的共同利益，并接受村民的监督。对于比较大额的经费开支，应经过全体村民的投票表决；同时，每一笔费用的开支都应该有相应的凭证，要有据可查；林地使用费应主要运用于乡村的自来水、道路、电网、绿化等基础设施建设，或者用于科教文卫等公益事业和农村社会保障体系的建设；这些资金的使用应有助于改进了村民的生产和生活条件，而且有助于改善乡村的公共基础设施，从而有助于林区的新农村建设；村委会应该定期地公开林地使用费的收取、使用及结余数额，以接受村民的监督，从而实现各项开支的公开、公正和公平。

（八）改革育林基金制度，建立健全支持集体林业发展的公共财政制度

由前面对育林基金的属性和存在问题的分析中可知，在新一轮林改和《生物资产会计准则》颁布实施之后，进一步改革现行的育林基金制度已势在必行。对此，我们的党和政府也十分重视，中共中央国务院在2003年发布的《关于加快林业发展的决定》中就已经非常明确地指出，要改革育林基金的征收、管理和使用办法，育林基金要逐步全额返还给森林资源经营者（中共中央、国务院，2003）；而2008年6月8日由中共中央、国务院发布的《关于全面推进集体林权制度改革的意见》（中发〔2008〕10号）第16条中更加明确地指出：要进一步改革现行的育林基金管理办法，应逐步降低育林基金的征收比例，并规范其用途，各级政府要将林业部门的行政事业经费纳入财政预算之中。可见，中共中央和国务院也是坚决地支持进行育林基金制度改革的。

关于今后的改革方向，比较可行的思路是应该采取分类管理的做法。首先，对于那些以商品林资源作为主要经营对象的森林资源经营主体而言，在条件具备的情况下，应尽快地按照《生物资产会计准则》的要求对其所经营的林木资产进行成本核算，应将森林资源经营过程中所发生的各项成本费用计入最终产品的成本之中，并从这些产品的销售收入中得到及时足额的补偿，从而使森林资源产品包含完整的成本内容。在森林资源经营主体实施了规范的林木资产成本核算之后，应取消同样具有成本补偿性质的育林基金制度，以免出现二者之间的交叉和重复。而对于那些目前还难以按照《生物资产会计准则》的要求实行林木资产成本核算的主体而言，其可以暂时继续按照育林基金制度的规定提取育林基金，但所提取的育林基金应根据其成本补偿的属性，从当期所获得的收入中直接扣除，并应该将这部分资金全部留归提取单位自身用于更新造林之需，而政府相关部门或其他主体不能采取任何方式予以平调或占用，以还原其"育林基金"的本来面目。这里应该特别指出的是，作为我国新会计准则体系重要组成部分的《生物资产会计准则》虽然在2006年初就已经公开发布，而且该准则从2007年1月1日起已经率先在上市公司中先行实施，但其最终的适用对象是所有的企业。而福建省作为我国第一个开展新一轮集体林权制度改革的试点省份，目前集体林权制度改革的主体任务已经基本完成，山林的产权得以明晰，包括广大林农在内的众多森林资源经营主体所享受的各项权益相对明晰和完整，特别是那些以营林为主营业务的林业企业已经基本上具备了率先开展林木资产会计核算的条件，可以先行开展林木资产成本核算；即使是那些不具有企业法人资格，还无法进行比较规范的营林成本核算的广大林农，其目前按照规定所提取的育林基金也应全部地留归林农自身按照要求使用。

其次，对于生态公益林，鉴于其主导效益——生态效益所具有的公益性和非排他性，作为社会公众统一代表的国家及其各级政府应尽快地建立健全森林生态效益补偿制度，并给予生态公益林经营者以足额的经济补偿，其资金来源应由各级政府负责解决。目前，福建省作为我国第一个开展新一轮集体林权制度改革试点的省份，也是一个经济相对较为发达的省份，因此其已经具备

了将生态公益林补偿资金纳入政府财政预算的经济能力和条件。同时，近年来，广东、浙江和江西等福建省周边的一些省份，已经在生态公益林的补偿方面比福建省先行一步，而这些省份在其经济发展水平、森林资源的丰富程度和新一轮林改的进程等方面与福建省相差不远，在新一轮林改的进程和森林资源的丰裕程度等方面福建省甚至更具有优势，即使是在经济发展水平上，福建省虽然相对于广东和浙江省而言略为落后，但却比江西省更为发达，而江西省不仅在其生态公益林的单位补偿标准等方面已经超过了福建省，更为重要的是，在新一轮林改中江西省的各级政府已经将过去主要依靠育林基金支撑的林业部门行政事业经费纳入财政预算的范畴，这是江西省新一轮林改的最主要成效之一，也是最值得其他省份借鉴之处。

总之，在育林基金制度的改革问题上，我们认为，对于那些已实行或已经具备了实施林木资产会计核算的森林资源经营主体而言，在其将森林资源拨交主伐时，在结转了林木资产的培育成本之后，就不应再重复提取育林基金；也就是说，育林基金只有在那些尚未实施林木资产会计核算的单位，在其采伐那些尚未入账核算的林木资产时才被考虑；同时，育林基金这种具有成本补偿性质的资金，应该全部留在森林资源经营主体内部作为其森林资源的再生产培育资金，其他任何部门或单位都不能对其加以集中或占用；当然，各级林业行政主管部门可以依法督促森林资源经营主体将这些资金真正地用于森林资源的培育和管理活动。这样，既解决了营林成本的重复计算问题，又大大地简化了森林资源经营主体的会计核算程序；既有利于那些已按照《生物资产会计准则》的要求实施了林木资产会计核算的经营主体进一步加强林木资产成本核算，又有利于促进那些尚未实施林木资产会计核算的经营主体尽快地采取相应的措施，以便为今后全面地推行林木资产会计核算奠定基础。当然，这里应该特别强调的是，育林基金制度的改革已经是大势所趋，而且其最终的取消也是不可逆转的趋势，但改革的前提是各级政府应该首先将林业部门的行政事业经费纳入财政预算之中；同时，还应该将森林防火、病虫害防治以及林业行政执法体系等方面的基础设施建设纳入各级政府的基本建设规划之中，广大林区的交通、供水、供电、通信等各项相关的基础设施建设也要依法纳入相关行业的发展规划，各级政府要特别注意不断地加大对偏远山区和少数民族地区林业基础设施的投入，对于那些地处偏僻、交通不便且财政困难的林区，中央和省级财政要加大转移支付的力度。

（九）创新林权证的发放和变更方式，促进林改后山林产权的有序流转

按照福建省集体林产权制度改革的统一规定，"林权证"是目前能够证明山林产权归属的唯一合法凭证，也是林改后山林产权所有者进行一系列生产和经营活动的主要依据。如福建省目前正在大力推进的林权抵押贷款活动，该活动要求贷款者必须持有代表山林产权的唯一合法凭证——林权证，而且一般要求林权证在贷款期间由银行代为保管，但福建省林业厅于2007年12月份下发的《关于进一步规范林权登记发证工作若干问题的通知》（闽林〔2007〕2号）却基于保障公平的目的，规定对初始登记发证后家庭承包或其他方式承包的林地再次发生流转的，暂不换发林权证，流转双方的权利和义务按合同约定执行。也就是说，按照《通知》的要求，林农等相关的森林资源资产经营主体在后续流转中所获得的山林是无法获得相应的林权证的，这就使林权受让者无法进行抵押贷款等相关的经营活动。这一规定除了会限制山林产权受让者获得必要的经营资金之外，还会影响山林产权的正常流转，不利于林改后的山林产权实现自由的重新组合和规模经营，不利于提高林业生产经营的效率。毫无疑问，在这个问题上，出现了公平和效率之间的矛盾。

对于公平和效率二者之间的关系，正如本研究的前面部分所述，在可能的情况下，应该尽量二者兼顾，但一旦出现二者之间难以平衡兼顾的时候，就存在孰先孰后的选择问题。对此，我们认为，在林权改革的不同阶段，公平和效率二者之间在不能兼顾的时候就应该根据不同的情况分别有所侧重。一般而言，在林改的初期，也就是在集体山林产权由原先的村集体首次明晰到户、联户或其他相关经营主体的过程中（即首次分配），应该特别注意公平原则的应用，应该保证每个村集体所属的所有村民均能够依法获得他们应得的那部分山林权益，这也就是林改中一再强调的"均山、均权、均利"，在这个阶段主要侧重的是"公平"；而在村民们从村集体获得山林产权之后，在随后的生产经营期间，他们可能出于自身的生产经营意愿、自身的条件及其他各个方面的条件考虑，而将自己从村集体所获得的山林产权再次流转出去，即可能会出现山林产权的二次、三次甚至多次的再流转，在这个过程中，就应该将效率和公平摆在同等重要的地位，而不能一味地为了维护公平而限制山林产权的正常流转。即只要交易的双方是自觉、自愿的，而且其定价也是公平合理的，就应该允许其实现自由流转。对此，2008年6月8日，中共中央、国务院下发的《关于全面推进集体林权制度改革的意见》（中发〔2008〕10号）中也对此作出了十分明确的规定，《意见》的第十五条指出：在依法、自愿、有偿的前提下，林地承包经营权人可采取多种方式流转林地经营权和林木所有权。但流转期限不得超过承包期的剩余期限，而且流转后不得改变林地的用途。可见，党和政府对于目前正在开展的集体林权制度改革十分重视，而且也明确指出林地承包经营主体可以采取多种方式流转林地经营权和林木所有权。因此，我们认为，按照中共中央、国务院10号文件的精神，同时出于效率和公平兼顾原则的要求，福建省应适时地对《关于进一步规范林权登记发证工作若干问题的通知》中的相关条文进行修改和完善，在受让方不改变林地用途，不超过承包期限的前提下，应允许山林产权拥有者按照自愿、有偿的原则依法进行流转，但对于流转的山权和林权应该区别对待，其中对于林农转包和出租家庭承包的林地使用权的，按照我国现行《承包法》的规定，林农与村集体之间的林地承包关系不变，林权登记部门不变更林权证中的林地使用权；但对于林农转让林木所有权的，在林木流转之后，受让方可以向林权登记部门申请林木所有权变更登记，这样一定程度上有助于促使山林在流转过程中达到适度的规模，从而有助于提高山林经营的效率。但这种形式的林权证就存在由谁持证的问题，即出让方和受让方哪一方持证。可以考虑发放同样格式的主证和辅证，而且法律上应该赋予同样的效力。

当然，为解决上述问题，还有一种解决方式可供选择。即有关部门可以考虑将目前的林权证中山权和林权合二为一的证书分开，也就是分别签发林木所有权证和林地使用权证。在山林产权的二次、三次甚至多次的流转中，有关部门应该允许林木所有权证随着林木产权的流转进行相应的权属变更登记，但林地使用权可以保留在原承包者手上，林地转让中的权利和义务在相应的合同书中予以明确规定。这样，林木产权的受让者就可以凭林木所有权证书进行抵押贷款等相关的生产经营活动。当然，与目前通用的山权和林权统一的林权证书相比，单一的林木所有权证书还是存在着一些不足之处，因为没有林地使用权支撑的林木所有权容易让人产生不安全感，而且也与林业生产经营中林木和林地的密切关系不相符合。所以，这种山权和林权分别发证的措施，也不是一种完美的举措。

（十）逐步建立和完善森林资源资产评估等相关的中介服务机构

针对福建省目前在森林资源资产产权流转过程中存在的产权交易市场和中介服务机构缺位，无法适应迅速发展的山林权属流转交易需要的现状，应尽快地建立、健全森林资源资产产权流转市场和各种服务中介机构，以保证山林权属交易的顺利进行，从而避免因产权交易市场和中介服务机构缺位而引发的私下交易、内幕交易、低价交易等不规范交易行为的出现，以保障产权交易双方的正当权益，从而防范新的产权纠纷的出现，防止森林资源资产因此而遭受破坏和损失。也就是说，要按照社会主义市场经济发展的要求，对森林资源资产产权流转市场既要进一步地建立和健全，要引导山林权属交易的双方入市交易，发展多种多样的产权交易形式，争取在微观上实现放开搞活；同时，又要加快森林资源资产评估等中介服务机构的建设，以加强对森林资源资产产权交易行为的协调和管理，并以有关的法律、法规和相关的市场交易规则为指导，实现宏观上管住管好。具体而言就是：一方面，要根据市场原则，充分运用灵活多变的市场机制，大力发展森林资源资产的出让、转让、合资、合作、股份经营、联营、租赁经营、抵押、拍卖等多种形式的产权交易活动，实现森林资源资产的商品化经营，使森林资源资产经营主体的活立木资产通过市场交易转化为货币和债券等，从而把山上的森林资源资产真正地搞活，并将森林资源培育作为一项产业，实现商品化经营；另一方面，要加强对森林资源资产产权交易市场的协调和管理，要研究制定森林资源资产产权交易市场的管理制度，主要包括交易规则、交易程序，以及交易双方当事人的确定及其资格审查、产权交易所涉及的山林权属的评估定价和山林权属变更登记等方面的具体规定和办法，以促使森林资源资产产权交易市场的发展逐步走上规范化和制度化的轨道，从而建立起规范、有序的森林资源资产产权交易市场。

在逐步建立、健全森林资源资产产权流转市场的基础上，为保证山林权属交易市场的正常运转，在那些山林权属流转比较活跃的地区，在加快构建产权流转市场的同时，还应该尽快地建立、健全各种中介服务机构,如可根据实际需要设立"森林资源资产产权流转服务中心"等类似的机构。"服务中心"等中介服务机构在接受政府部门严格的资格审查之后,按照既定的规章制度开展业务，主要为产权交易双方提供信息发布、政策咨询、资源调查、资产评估、产权转让协议签订、山林权属变更登记等相关的服务，并按规定收取一定比例的服务费；也可接受政府委托，负责制定森林资源资产产权流转的交易规则、交易程序和交易的方式与方法等各项工作。"服务中心"等中介服务机构的员工实行公开招聘，应包括林业、财务、法律、资产评估、资源调查规划等方面的专家和技术人员。各类具有资质的中介服务机构的建立不仅有利于促成统一规范的森林资源资产产权交易市场，而且可以有效地防止各种不正当的产权交易行为，从而有效地防范因产权交易不当而引发新的权属纠纷，并有利于保护产权交易双方的合法权益及林区的和谐和稳定。当然，各地也可根据需要分别成立森林资源资产评估、森林资源调查规划、政策咨询、信息发布等专门的中介机构，从而为产权交易双方提供各项专门的服务，并收取一定的服务费用。特别是在森林资源资产评估中介机构的建立方面，财政部门和林业部门应该紧密合作，共同建立健全森林资源资产评估师制度，森林资源资产评估师既要掌握必要的资产评估知识，要通过全国的资产评估师统考，还要具备一定的林学知识，只有这样才能真正地胜任森林资源资产评估工作。

近年来，在森林资源资产产权流转市场和中介服务机构的建立方面，较早地开展了新一轮集体林产权制度改革的永安市进行了积极的探索，并已经取得了初步的成功。该市于2004年10月成立了"永安市林业要素市场"，这是我国首家集信息发布、交易实施、中介服务为一体的林业综合管理与服务机构，该机构提供林权登记管理、林木林地等森林资源资产评估、木竹林产品信息发布、展示、交易、林业科技推广与培训、林业法律等一站式服务，力求打造永安林业信息发布与林业要素市场交易的平台,努力拓展林业的发展空间。近年来，福建省正结合新一轮林改的需要，在全省范围内大力推广永安市在建立林业要素服务市场方面的成功经验，并已取得了初步的成效。据福建省林业厅统计，截至2008年1月底,全省共有县级林业服务中心个数(含林权登记管理机构)66个，几乎涵盖了所有的县、市（除地级市的区之外）。而乡镇的林业服务中心的个数则高达466个。这些林业服务中心在服务林农、促进林改的进一步深入等方面均已发挥了重要的作用，并有助于推进各地的森林资源资产化管理。

（十一）加强督查工作，以保证每一项促进林改的措施都能够落到实处

为了保证以上所提出的各项促进林改的政策措施都能够真正地得到有效地贯彻和落实，必须加强督查工作。在福建省当前的林改配套改革阶段，各级政府的林改工作不仅不能放松，反而要进一步抓紧和落实到位。为此，一要进一步认识到配套改革在整个林改中的重要地位和作用；二要继续发挥各级党委和政府在林改中的重要地位和引导作用；三要进一步巩固和稳定全省各个县市在林改初期所设立的林改工作领导小组和林改工作办公室等相关机构，要继续发挥其应有的指导和监督作用；四要加大对那些已经颁布实施的配套措施的督查力度，促使其真正地落到实处；五要采取适当的奖惩措施，对于在林改中成绩显著的单位和个人要给予必要的物质和精神上的奖励，而对于那些妨碍改革顺利开展的单位和个人要坚决予以惩处，以保障改革的顺利开展。

第十一章　海峡西岸现代林业发展保障体系

第一节　海峡西岸现代林业发展的政策保障

一、完善海峡西岸林业生态体系建设的政策设计

（一）海峡西岸林业生态体系建设的主要成效

1. 全省的森林覆盖率稳步提高并继续稳居全国首位

根据全国第五次和第六次森林资源清查资料显示，福建省1998年末的森林覆盖率为60.52%，到2003年末则进一步提高到了62.96%，全省的森林覆盖率稳步提高并继续稳居全国首位。

2. 全省的生态环境保持良好的发展趋势

2001年，福建省全面启动了生态公益林保护管理工作，全省共区划界定生态公益林286.26万公顷，占全省林地面积的30.7%，并从当年开始被列为国家森林生态效益补助试点省，省财政也逐年加大对生态公益林管护的补助力度。"十五"期间，全省累计投入森林生态效益补助（补偿）资金5.61亿元。目前，全省共聘任生态公益林护林员1.83万人，建立了较为规范的管护责任制，对划定的生态公益林实施有效的保护。"十五"期间，各地通过强化管护措施，狠抓责任落实，扎实推进生态公益林保护与建设，取得了初步成果，生态脆弱地段的森林植被得到一定恢复，水土流失逐步得到遏制，重点生态区位的生态安全得到了相应保障，其生态功能正逐步提高。总体来说，福建省的生态公益林得到有效保护，全省的生态环境保持良好的状况。

3. 沿海防护林体系建设成效显著

福建省座山面海，其东部及南部有着漫长的海岸线，因此，沿海防护林体系建设工程就成为福建省防灾减灾五大防御体系之一，是福建省一项重要的林业生态工程。为改善沿海地区的生态环境，促进沿海地区的经济发展。福建省的沿海防护林体系建设工程于1988年正式启动，并设立了省、市、县各级工程指挥和办事机构，自此，福建省的沿海防护林体系建设工作步入了正轨，沿海防护林体系建设取得了显著的成效。自1988年以来，福建省政府多次召开全省会议，分阶段对沿海防护林体系建设进行总结与部署。1995年省委、省政府还把沿海防护林体系工程建设纳入全省五大防灾减灾工程，加大建设力度。1996年省政府又委托省林业厅与沿海各地、市、县政府签订了1996~1997年沿海防护林断带与海堤防护林造林目标责任制。通过造林目标责任状的实施，有力地推动了防护林体系建设，从而使其沿海的防护林体系建设逐步趋于完善。进入新世纪以来，为了进一步促进福建省沿海防护林体系工程建设，从而为海峡西岸经济区建设提供更加优美的森林生态环境，从2000~2005年，福建省进一步实施了沿海防护林四期工程建设。"十五"期间，全省共投入资金1.7亿元，实施了以沿海基干林带、沙荒风口造林、老林带更新、红树林建设和受

病虫危害的基干林带改造为重点的骨干工程建设，共完成造林更新面积 8.5 万公顷，从而使沿海防护林造林中阔叶林和针阔混交林比例逐步提高，树种结构进一步改善，并使沿海地区的森林覆盖率达到了 58.53%，全省 3324 公里的海岸线上初步建成了带网片点相结合，生态、经济、社会效益相统一的多功能、多效益的沿海森林生态屏障，成为保障福建省沿海人民安居乐业的"生命林"和"保安林"。

4. 自然保护区建设继续稳步发展

福建省自然保护区建设始于 20 世纪 50 年代，自此以后福建省一直十分重视自然保护区的建设工作。近年来，为了加强保护区的建设与管理，有关各方加大了相关规章制度的制订和完善工作。如福建省人民政府于 2000 年 6 月 20 日颁布并实施了《福建省自然保护区管理办法》。在加快制订相关的规章制度的同时，全省各地的自然保护区建设工作开始走上快车道。"十五"期间，全省已建立各类保护区 3000 多个，其中，森林和野生动物类型的国家级自然保护区 10 个，省级自然保护区 22 个，市县级自然保护区 61 个，自然保护小区 3322 个，自然保护区（小区）总面积达 83.56 万公顷，占全省土地总面积 6.88%，位居华东地区首位。到 2006 年 2 月，国家级自然保护区、省级自然保护区、市县级自然保护区分别增加到了 11 个、27 个和 63 个；自然保护区、保护小区的总保护面积也增加至 85.68 万公顷，占全省土地总面积的 7.07%。此外，1979 年 7 月，武夷山自然保护区被国务院列为全国 5 个重点自然保护区之一；1987 年 9 月，加入联合国"人与生物圈"保留地网组织，成为国际生物圈保留地网的组成部分；武夷山自然保护区还被联合国列为"自然与文化双遗产名录"。而且，更加令人欣喜的是，目前全省的自然保护区建设工作正继续稳步地向前发展。

5. 城市林业建设初具成效

城市林业作为林业的一个专门分支，其所研究的重点是森林、林木与城市环境之间的关系，目的在于合理配置、栽培管理林木和植物，从而改善城市环境，繁荣城市经济，维持城市可持续发展。在地域上，城市林业包括了城区的公园、花园、动植物园、行道树、住宅区场所的绿化，近郊区的片林以及远郊区的国家森林公园和保护区等。城市林业的发展不仅具有经济效益，而且还具有很强的生态功能，可以起到涵养水源、防风固沙、调节气候、净化空气、降低噪音等作用。福建省作为多台风地区，其城市林业的建设就显得尤其重要。目前，福建省的城市林业建设已初具成效，尤其是厦门市的城市林业建设走在了全国的前列。厦门是全国最早提出城市林业发展理念的城市之一，并在城市森林理论与实践探讨上始终走在前列。改革开放以来，厦门市高度重视林业与园林建设，已经取得了可喜的成就：一是造林绿化成效显著，林业生态体系日臻完善。全市森林覆盖率达 43%，城市建成区绿化覆盖率达 36.5%，建成区绿地率达 33.7%，人均拥有公共绿地 13.25 平方米，森林、湿地和野生动植物资源得到有效保护。二是城市林业与林业产业发展紧密结合，实现了互动发展。目前，厦门市在种苗花卉、林产化工、林产品加工和森林旅游等林业新兴产业迅速崛起，已经初步形成了点、线、面相结合，布局合理、功能齐全的城市绿色生态体系，从而为厦门市先后荣获"国家园林城市""国际花园城市""中国人居环境奖""联合国人居奖"等称号做出了积极的贡献。

（二）海峡西岸林业生态体系建设尚存的主要问题

林业生态体系建设是当前福建省林业两大体系建设重要组成部分。福建省的林业生态体系建设，关系到福建 1/3 森林资源的保护，关系到全省生态环境建设，更关系到子孙后代的发展。但是，由于多方面的原因，福省林业生态体系建设还存在不少问题。

1. 森林生态体系建设还没有受到应有的重视

森林生态体系建设不仅是资源问题、经济问题，也是人与自然和谐共处的生态问题、社会问题。

考察森林生态体系建设的重要性，既不能单纯看它产生的经济效益，也不能单纯看它在 GDP 中所占的比重,而应该把它放在全面协调可持续发展的全局中去考虑,站在全面落实科学发展观的角度，充分地认识森林生态体系建设的重要意义，应将森林生态建设的成就列入政府的绩效考核指标体系中去。然而，作为林业大省的福建省，目前其森林生态体系建设还没有受到应有的重视，森林生态建设的主要成效并没有成为考核政府绩效的重要指标。

2. 社会公众的生态意识和责任感有待于加强

由于生态建设具有明显的外部性，导致了社会公众生态意识不强，生态建设的责任感也较弱。目前，人为破坏生态环境的现象仍然普遍存在。为解决日渐严重的环境问题，许多国家先后设立了专门的机构，采取经济的、立法的和技术的手段保护自然生态环境，但由于人们普遍缺乏生态道德意识的支撑，其生态责任感不强，这些措施均未能唤起人们对环境保护的自觉行动，生态环境恶化的趋势也未能从根本上得到遏止。可见，公民生态道德意识和责任感的缺乏是现代生态环境出现恶化的一个深层次的根源。如果人们对自然界只讲索取不讲投入、只讲利用不讲建设，环境受到污染、生态遭到破坏，就会影响经济增长的质量和效益，从而进一步影响公民身体健康和生产生活，甚至最终危及其子孙后代的生存和发展，因此，建设生态文明要求人们必须把道德观念引入到人与自然的关系中，从而树立起人对自然的道德责任感，并通过大力培育社会公众的生态道德意识，使人们对生态环境的保护转化为自觉、自愿的行动。只有这样，才能解决生态保护的根本问题，才能为生态文明发展奠定坚实的基础。

3. 生态公益林的管护机制有待于完善

新一轮集体林产权制度改革后，如何建立合理的生态公益林管护机制，以适应新的形势是一个迫切而又重要的问题。由于福建省是典型的集体林区，被划入生态公益林的森林近80%是集体林，保护生态公益林，直接涉及到广大经营单位和千家万户林农的切身利益。特别是在新一轮集体林产权制度改革之后，在广大林农对山林产权日益重视的新形势下，生态公益林保护面临着许多新情况和新问题。对此，各级政府和林业主管部门也采取了许多措施，如森林生态效益补偿资金制度正在逐步地建立和完善，从而在一定程度上缓解了生态公益林保护与利用之间的矛盾问题。但目前公益林经营过程中所存在的产权主体不明、权责不清、机制不活、利益分配不合理等深层次问题仍未得到根本地解决，特别是生态公益林的管护补偿机制不够健全，生态公益林所产生的巨大生态效益尚没有得到有效地开发和利用，从而导致其管护主体缺乏动力和积极性，生态公益林也正成为不少不法分子盗伐的主要目标。可见，福建省生态公益林的管护机制有待于进一步改革和完善。

4. 森林生态效益补偿资金依然短缺

目前，福建省的森林生态效益补偿资金依然短缺，这主要体现在两个方面。其一，林农得到的森林生态效益补偿资金缺乏。尽管国家和省政府对森林生态效益补偿高度重视，2001年至今，中央财政和省级财政每年投入森林生态效益补偿的资金翻了几番，至2007年已达2.3亿元，但由于主体缺位，补偿资金落不到林农这个权益主体上，而且有些地方还出现了克扣补偿资金、与民争利的现象，广大林农没有得到应有的补偿。其二，集体林权制度改革后，林地价值的急剧上升，使得森林生态效益补偿资金显得相对缺乏。如2003年新一轮林改后，由于林农们对山林拥有了更多的权利，从而有助于增加其真实价值，加之近年来林木和竹材等价格的迅速上涨，山林的价值不断提高，林农经营商品林与管护生态公益林的经济效益差距甚远，原有的生态效益补偿金显得相对不足。甚至,一些林农纷纷要求将生态林调为商品林,对生态公益林管护工作的抵触情绪较大,这些都给生态公益林长期保护造成一定的困难和压力。

5. 生态公益林适度的科学开发利用尚处于起步阶段

2001 年 8 月生态公益林区划界定结束后，国家对生态公益林实行了暂停审批采伐的规定，要求待国家管理办法出台后再"解冻"，但有效的管理办法至今仍然没有出台，生态公益林区的百姓因生态公益林无法采伐利用，其经济收入受到较大的影响。尤其是在全省的生态公益林面积中，其中有 109.2 万公顷为人工林，这些人工林的经营者因所经营的公益林不能采伐利用而无法收回森林培育成本，因而纷纷提出要将这些人工林调整为商品用材林的要求，有的甚至拒绝签订相关的管护合同，这些都给生态公益林的管护带来了不少的阻力。目前，福建省在生态公益林适度的科学开发利用上虽然已经提出了各种各样的设想，但并没有真正地付诸于实施；近期新提出的关于对生态公益林进行分类管理和适度科学开发利用的设想尚处于起步阶段，还需要各方的共同努力。

（三）完善海峡西岸林业生态体系建设的政策建议

1. 将生态建设指标列为国民经济和社会发展的重要指标

将生态建设指标列为国民经济社会发展的重要指标，是加强生态建设的最重要手段之一。从加强生态建设的角度来说，政府部门应尽快地转变过去那种 GDP 至上的政策目标。长期以来，无论是考核干部政绩，还是评价各级官员政绩，抑或是衡量一个地区的经济发展水平和状况，其主要标准均为 GDP，但这一标准忽视了资源的耗费和环境退化等难以计算的社会发展成本，因而得出的经济数据不全面，也无法真正地表达一个国家或地区真实的发展水平，反而会破坏生态平衡，导致环境质量恶化。简而言之，虽然 GDP 增长率一直是绩效考核的最重要指标之一，但这种考评体制主要反映经济总量的增长，并没有全面地反映经济增长对资源环境的影响和可持续发展能力。因此，将生态建设指标列为国民经济社会发展的重要指标，从而构建绿色 GDP 指标，把资源和环境的损失因素引入国民经济核算体系，这将有效地改变目前存在的那种不顾资源与环境损耗、单纯追求经济总量增长的非科学的发展观和政绩观，从而最终有助于促进林业生态体系建设。

2. 加强生态安全教育，不断提高社会公众的生态意识和责任感

教育是增强社会公众生态意识和责任感的基本、有效的手段。正如《21 世纪议程》所指出的那样，教育是促进人类可持续发展和提高人们解决环境与发展问题能力的关键所在。教育对于改变人们的态度和意识是不可缺少的，对于培养生态意识、对于增强公众积极主动参与林业生态建设的责任感也是必不可少的。生态建设的成败事关人类可持续发展的战略目标能否实现。所以，生态安全教育不仅是公德教育，而且是保护环境、实施可持续发展战略、迈向生态安全的灵魂教育。这样的教育必须纳入到社会的每个角落，不仅要加强学校教育，也要加强社会教育；教育不仅要面向城市，更要面向农村；不仅要教育成年人，更应教育未成人。总之，应该通过教育，唤醒人们的生态安全意识，树立生态安全观念，让社会公众主动地参与到生态建设的大业中来。

3. 结合农民利益，因地制宜地逐步完善生态公益林管护政策

目前，福建省商品林的管护相对于公益林而言，其管护效果较好。尤其是在林改后，商品林更是得到了广大林农的有效经营和管理。然而，对于生态公益林而言，虽然有关部门对其保护十分重视，但其保护仍然面临着很大的压力。为何两类森林的保护会产生如此大的反差呢？其中最重要的原因在于林农从两类森林中得到的经济利益差别甚大。其中生态公益林可产生的效益目前还难以进行市场化运作，其经营者无法得到必要的补偿，这就导致其管护主体缺乏动力和积极性。因此，要保护好生态公益林，其关键在于建立和完善有利于农民增收的生态公益林管护机制。具体来说，要做好以下几个方面的工作：

其一，重视林农利益，合理划定生态公益林。在生态公益林区划界定时，既要根据生态区位，也要充分地考虑林农的意愿,尽量做到二者的统一。对林农不愿划入生态公益林的(特别是人工林、自留山等),可不划入者尽量不划入;对于必须划入的,应该给予合理的补偿,至少要补偿其被划入之前的所花费的营林成本。

其二,建立健全森林生态效益补偿资金制度,并保证补偿资金真正地落实到林农手中。建立健全森林生态效益补偿资金制度,除了要想方设法增加补偿资金的来源渠道之外,更应该注意将补偿资金落实到林农手中。为此,首先要认真做好全省森林生态效益补偿的各项前期工作;其次要严格资金管理,确保安全运行;最后要加强补偿基金使用的监督和检查。

其三,根据各地不同的生态区位状况,对生态公益林实行分类管理,增加林农从生态林中获得的经营收入。各地可根据不同的生态区位状况,对生态公益林实行分类管理,分别将全省的生态公益林分为严格保护、重点保护、一般保护三类进行分类管理。一方面,在有利于森林蓄积量增加的条件下,应有条件地允许生态林的管护者(主要是当地的林农)部分地采伐和利用林木。另一方面,应允许生态公益林的管护者使用非木质林产品。积极探索森林花果叶的开发,开展林下种植中药材、食用菌和林下养殖等多种经营,鼓励林农以森林资源入股参与水电、旅游开发,从而增加林农收入,提高其自我补偿的能力。

4. 健全沿海防护林体系建设和管护机制

具体体现在以下几个方面:其一,注重长效,坚持生态型与经济型、社会型结合的原则。沿海植被稀少,生态环境较差,这严重地影响了当地居民的生产和生活发展。所以建设沿海防护林体系除了要注意增加沿海森林植被、改善生态环境之外,还要注意提高农民的经济收入,这是保证沿海防护林体系健康发展的基础和前提。即在注重生态效益的同时,也应切实注重经济效益和社会效益,做到以短养长、长短结合。其二,加大建设资金的投入,增强沿海防护林体系建设的内在动力。沿海防护林建设周期长、工程量大,而且往往需要连续、坚持不懈地进行长期的建设,加之沿海地区的立地条件一般较差、土壤瘠薄,容易造成造林成本高、管护难度大等问题。为此,必须加大资金的投入力度,提高造林的补助标准;要积极探索在工程建设中引入市场机制,广泛吸纳社会资金,并扩大对外交流和合作,让各种资金、多元主体共建沿海防护林体系,从而增加工程建设的质量和成效。其三,依靠科技,提高沿海防护林体系建设的科技含量。要充分发挥现有的林业科技机构和科技人员的力量,整合、协调科技资源,提升科技创新能力,在重点领域谋求突破,特别是要加强对沿海防护林良种选育和改良的科技攻关。其四,加强保护,巩固沿海防护林体系建设成果。三分种七分管,"造"是基础、"管"是关键。为此,应该在管理上下功夫,通过继续实行领导任期森林资源消长目标责任制,严格考核,认真贯彻执行林业的法律法规,贯彻《森林法》和国家《沿海国家特殊保护林带管理的规定》,树立保护碑牌,界定保护范围,加强林地管理,严格管理各项建设征占用林地行为,依法办理审批手续,严肃处理破坏沿海防护林的案件,强化森林防火和病虫害防治工作,以巩固沿海防护林体系的建设成果。

5. 加强对自然保护区的建设

加强自然保护区的建设要特别注意以下几点:第一,充分认识自然保护区评审委员会的重要作用。要严格评审纪律,树立客观、公正、严谨的评委会形象。第二,优化自然保护区空间布局,积极稳步地发展自然保护区。在建立自然保护区时一定要统筹考虑、积极慎重,进一步按照全省生物多样性保护要求,优化自然保护区的空间布局,保护区的规模和范围要与保护需求相适应,也要与经济社会发展相协调。第三,严格开展自然保护区调整的论证工作。自然保护区的范围调整和功能区调整应确保重点保护对象得到有效保护,不破坏生态系统和生态过程的完整性及生物多样性,不得改变保护区性质和主要保护对象。第四,合理划定自然保护区功能分区,规范保护区的建设与管理。科学指导保护区"实验区、缓冲区、核心区"的划定和总体规划的编制，使保护区的空间结构进一步优化，功能进一步完善，效益进一步提高。第五，研究推行自然保护区考核评估工作。目前，自然保护区建立后的"终身制"不利于保护区的管理与建设，为此，应进一步研究建立有关程序，提出降级建议的主体和审查办法，对那些确实已经丧失了保护价值的自然保护区，应坚决给予降级处理。

（四）建立健全海峡西岸城市林业建设和管理的政策建议

目前,针对福建省在城市林业建设过程中所存在的一系列问题,主要应做好以下几方面的工作：

第一，要加强领导和提高认识。城市林业作为近年来逐渐发展起来并开始日益受到人们关注的林业专门分支之一,但其进一步发展还需要各级党和政府的坚强领导，以及全体国民的共同参与。为此，不仅需要加强各级政府对城市林业的支持和领导，还应该想方设法强化国人对城市森林和城市生态环境保护重要性的认识。

第二，要制定城市建设的中长期规划，并把城市林业建设纳入到城市整体建设规划中去，使之成为其重要的组成部分之一，同时，要抓好规划的具体实施，从而真正地将以城市森林为主体的城市生态建设落到实处。

第三，要多渠道筹集城市林业建设资金，促使各方加大对城市林业的投资力度。政府要将城市林业建设纳入公共财政支持的范畴，并逐步地加大对城市林业建设的投入和支撑力度，各级政府应在城市财政支出和基本建设支出中将城市林业建设列为专项，并随着经济的发展逐年不断地增加；同时，要积极鼓励民间资本投资建设城市森林，并给予一定的优惠和鼓励政策。

第四，要抓紧制定有关城市林业的法律法规，以保证城市林业生态系统高效地运转和健康协调发展，并逐步地将城市林业的规模、分布、质量和功能，以及管护经营、综合利用等纳入法制化的范畴。同时，还应将城市林业的受益者应遵循的规则、效益补偿原则及维护、发展资金来源渠道等都纳入法制化的轨道；此外，对于此前已经颁布实施的城市林业建设和管理方面的法律法规要进一步地加以修订和完善。福建省可以在国家相关法律法规不断健全和完善的基础上，建立一些地方性的法规，以明确和规范本地区城市林业建设的目标和任务，从而确保区域城市林业的稳步发展。

第五，要加强城市林业人才培养，加快培养和建立城市林业建设的理论研究和相关的科学技术研究队伍。我国的城市林业建设总体上尚处于起步阶段，福建省也不例外，城市林业建设中还缺乏专门的经营管理人才和科研队伍，为此，必须加强相关人才的培养和科研队伍的建设。首先，应考虑在福建农林大学、福建林业职业技术学院等高等院校的课程设置中开设城市林业的相关课程，使园林、林业以及城乡规划等相关专业的学生都能从中了解城市林业建设的主要内容，以培养相关领域的较高层次的专门人才；其次，要建立健全相关的科研机构，并在此基础上组建相应的科研队伍，对城市林业建设中的一些重点问题进行攻关研究，要组织多学科、多部门的专家学者共同协作攻关，共同研究福建省城市林业发展的内在规律、发展道路、发展战略及发展布局，如城市林网和水系的合理布局，相关绿化树种的选择和花草的科学管护等，以及发展中所需要的新技术、新设备，并与决策部门通力合作，从而建立和完善适合我国国情的城市林业体系。再次，城市林业作为林业整体的一个新的专门化分支，因此应特别注意加强对其建设和发展中的相关理论问题的研究，从而据以指导城市林业建设的实践。

第六，要开展广泛的国际交流与合作。目前，世界上已经有许多国家在城市林业建设方面积累了丰富的经验和先进的技术，福建省在城市林业建设过程中应该走出去、引进来，积极开展城市林业建设中的合作，如联合培养相关的专业人才，争取国际基金的资助，引进国外先进的技术和管理经验，参与城市林业的国际交流与合作，等等。

二、构建比较发达的林业产业体系的政策设计

（一）海峡西岸林业产业体系建设成效明显

1. 森林资源培育成绩喜人

（1）年造林面积已连续多年突破 13.33 万公顷

"十五"期间，福建省各经济成分的造林积极性都普遍提高，造林面积增长迅速。尤其是在 2003 年全省展开新一轮林改之后，以林农为主的个私经济造林积极性很高，造林面积较多，推动了全省造林总面积较快地增加。2001 年，全省实际完成造林 7.76 万公顷；在造林较少的 2003 年，造林面积也达 5.11 万公顷；2005 年，造林总面积更是高达 13.8 万公顷，比 2001 年上涨 78.0%；2006 年和 2007 年，全省植树造林的总面积都保持在 13.33 万公顷以上，分别为 13.9 万公顷和 13.93 万公顷。而福建省造林面积的增加，与非公有制林业的发展密不可分。2003 年开始的新一轮林改提高了产权的明晰性，从而带动了非公有制林业的发展，非公有制成分造林的积极性显著提高。2002 年，全省非公有制造林的比重仅为 44.3%，而 2005 年，全省非公有制经济造林更新已达 6.72 万公顷，占总更新造林面积的 64.1%，比 2004 年提高了近 12 个百分点。到 2006 年和 2007 年，非公有制造林的比重进一步上升为 74.1% 和 82%。

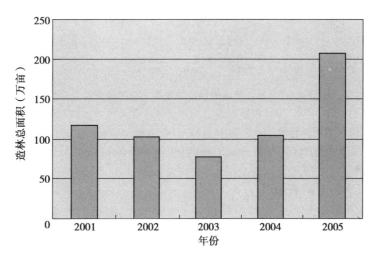

图 11-1　"十五"期间福建省各年造林总面积

数据来源：福建省林业厅．福建省林业森工统计年鉴 2001~2005.

（2）活立木蓄积量和森林蓄积量显著增加

由于各级林业主管部门对森林资源培育和保护工作的重视，近年来福建省的森林资源明显增加。第五次全国森林资源清查时，福建省活立木总蓄积量为 41763.62 万立方米，森林总蓄积量为 36490.99 万立方米。而第六次全国森林资源清查的结果表明，福建省活立木总蓄积量和森林总蓄积量分别达到了 49671.38 万立方米和 44357.36 万立方米，分别比前一次清查时上升了 18.93% 和 21.56%。目前，福建省的森林覆盖率为 62.9%，继续稳居全国第 1 位；森林蓄积量 4.4 亿立方米，居全国第 7 位；竹林面积占全国竹林总面积的 1/5，居全国首位；并有 12 个县被国家林业局授予中国经济林之乡。

2. 林业产业产值不断增长

"十五"期间，福建省委、省政府作出了《关于加快林业发展建设绿色海峡西岸》的决定，全

社会办林业的意识进一步提高。经过全省人民和广大林业干部职工的共同努力，福建林业建设取得了令人瞩目的成就。全省 2005 年商品木材产量 500 多万立方米，毛竹 2 亿根，均居全国第一；全省以木竹资源为基础的人造板、制浆造纸、林产化工等主要林产加工业已经初具规模，其中商品木竹产量和人造板、纸浆、松香等主要林产品产量均居全国前列。其中特别需要指出的是，福建省的林业产值不仅绝对数在不断增长，而且其增长速度也有不断提高的趋势。如"十五"期间，全省林业产业总产值从 2001 年的 582 亿元上升到 919 亿元，增长了 57.90%。2006 年更是首次突破了 1002 亿元大关，而 2007 年则有望进一步突破 1200 亿元。

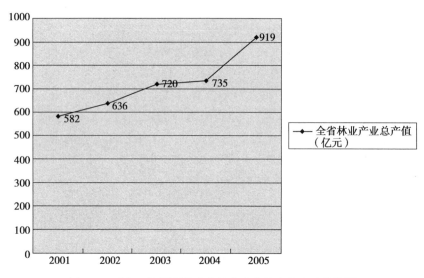

图 11-2 "十五"期间福建省林业产业总产值变动趋势图

数据来源：2001 年和 2002 年数据来自福建省林业森工统计年鉴；2003 年和 2005 年数据来自中国林业网，http://www.chinaforestry.com.cn/help/view.asp?id=3070；2004 年数据来自福建省林业厅网，http://www.fjslyt.gov.cn/document.asp?docid=16783。

3. 林业经济的新增长点不断涌现

随着市场对林业的多元化需求和对外开放进一步扩大，花卉、木本药材、森林食品、生物制药、林木种苗、森林旅游、野生动植物驯化繁殖等产业日益显示出强大的发展潜力，成为福建省林业经济的新亮点和新增长点，林产品的进出口贸易额也呈现出逐年增长的势头；尤其是花卉业和森林旅游业在福建林业经济中的地位正日趋重要。2005 年以来，全省花卉的年销售额都在 25 亿元左右，主要林产品的出口创汇额 2005 年已达 11.96 亿美元（福建省十一五林业发展专项规划），2006 年则进一步达到了 15.39 亿元。福建省的森林生态旅游方兴未艾，森林生态旅游总收入近年来基本上保持在 8.5 亿元左右。同时，以国有林场和自然保护区为依托，全省现已建成省级以上森林公园 46 个，年森林旅游人数近 500 万人次，森林旅游已成为福建林业经济的主要增长点之一。

（二）促进林业产业发展的政策体系尚不完备

1. 林业产业政策的制定滞后于林业发展的需要

福建省是林业大省，也是林业强省之一。但是，福建省和浙江、江苏等兄弟林业强省相比，在资源丰富的情况下，林业产值却相对较低，显得并不强。如福建省的林业用地面积、森林面积、活立木总蓄积、森林蓄积分别是浙江省的 1.39 倍、1.38 倍、3.59 倍和 3.85 倍，森林资源十分丰富。然而，福建省 2005 年的林业产业产值为 919 亿元，仅相当于浙江省同期林业产业产值 1060 亿元的 86.64%。再如江苏省 2006 年实现了林业总产值 716 亿元，居全国第 5 位，虽然其总量小于福建省，但其却是以占全国 0.7% 的林地（142.27 万公顷），实现了占全国 7% 的林业产值，是名副其实的"小林业大产业"。毫无疑问，与这些省份相比，福建林业就显得相对落后了。福建省之所以会出现森林资源优势明显而林业产值不高的反差，其原因虽然是多方面的，但其中最重要的原因之一在于福建省的林业产业政策相对滞后于林业发展的需要。可以说，浙江和江苏林业欣欣向荣的局面与其灵活的市场机制是密不可分的。因此，进一步根据形势发展的需要，改革和完善福建省的林业产业政策就显得势在必行。

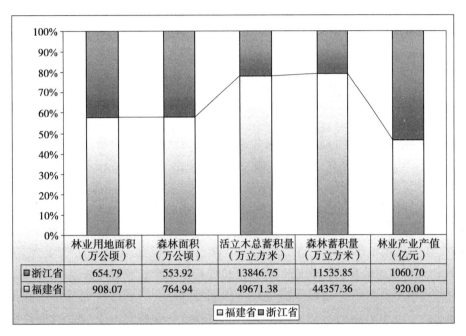

	林业用地面积 （万公顷）	森林面积 （万公顷）	活立木总蓄积量 （万立方米）	森林蓄积量 （万立方米）	林业产业产值 （亿元）
■浙江省	654.79	553.92	13846.75	11535.85	1060.70
□福建省	908.07	764.94	49671.38	44357.36	920.00

□福建省 ■浙江省

图 11-3　福建省与浙江省林业资源和林业产业产值比较

2. 现有的林业产业政策体系还有待于完善和提高

作为我国南方集体林区的重点林业大省，自进入新世纪以来，福建省紧紧抓住新一轮集体林权制度改革的契机，出台了一系列林业产业政策来推动林业的发展，已经取得了不少的成效。然而，就总体而言，目前所采取的那些林业政策还是不够完善的，其主要问题在于这些政策还无法从根本上解决抑制农民投资造林积极性的一些制度性障碍；而且也没有动摇到一个根本性的问题，即林业仍然被当作许多山区地方财政收入的主要源之一，林业的整体税费仍然偏高，而且林业税费中的相当部分并没有按照要求用于发展林业，更多的是被用于"养人"，比较典型的如育林基金等。众所周知，林业具有正外部性，其供给是不足的，本应该给予多方面的支持和帮助。然而，在福建的许多山区县，林业却成为地方财政收入和林业部门收入的主要来源，这显然会严重地阻碍林业发展的速度。

（三）完善海峡西岸林业产业体系建设的政策建议

1. 坚持以科学发展观为指导，科学地引导福建林业产业发展

树立和落实科学发展观，是新形势下对林业工作的新要求。2003 年党中央、国务院下发的《关于加快林业发展的决定》明确指出了：在贯彻可持续发展战略中，要赋予林业以重要地位；在生态建设中，要赋予林业以首要地位。由此可见，林业的重要地位，林业发展与否不仅仅是经济与资源问题，还是生态问题和社会问题，发展林业是贯彻落实科学发展观的必然要求。所以，福建林业产业发展要坚持以科学发展观为指导，以实现福建经济、社会和生态的全面、协调和可持续性发展。具体而言，以科学发展观指导福建林业产业发展应该注意以下三点：一要按照"资源节约型和环境友好型"的要求，调整优化福建省的林业经济结构和产业结构，促进林业产业的发展；二是注重开发林业的多种功能，满足社会的多样化需求，以全面推进现代林业建设的进程；三要发展林业要切实关心林农的利益，以山区农民脱贫为直接目标。

2. 切实贯彻实施"以二促一带三"的林业产业发展战略

为了实现林业的可持续发展，福建省应切实贯彻实施"以二促一带三"的林业产业发展战略，即通过改造提升第二产业，促进第一产业，带动第三产业发展。为此，需要通过林业产业生产力布局调整，淘汰落后产业，改造传统产业，培育新兴产业，并积极推动产业重组，从而解决林业产业结构不合理的问题。在第一产业方面，要以市场需求为导向，大力推进短周期工业原料林和其他原料林、速生丰产林、竹林和名特优新经济林建设；在第二产业方面，加大新产品开发力度，促进以低层次原料加工向高层次综合精深加工转变的步伐；在第三产业方面，要加大森林生态旅游业、花卉业等新兴产业的发展。

3. 按照构建资源节约型和环境友好型社会的要求，进一步优化林业产业结构

优化林业经济结构，促进林业产业的发展，是实现林业可持续发展的物质保证。要按照构建资源节约型、环境友好型社会的要求，进一步优化产业结构，大力发展以终端产品为主的精深产品加工业和以森林旅游、花卉、生物制药、物流配送、野生动植物培育及加工利用等为主的新兴产业，逐步淘汰生产工艺落后、产品质量低下、污染环境严重、资源浪费较为严重的木材加工企业，从而推动福建林业产业的优化和升级换代，并最终促进林业经济增长方式由原来的粗放型向集约型转变。

4. 培育和壮大林业龙头企业，促进产业集聚和优势林业产业集群的发展

从总量上和区域分布来看，福建省已初步具备了培育林业产业集群的基本条件。龙头企业和产业集群对林业产业各个方面的带动效应十分明显，福建林业要全面发展，应培育和壮大林业龙头企业，并通过其促进林业产业集聚和优势林业产业集群的发展。首先，要调整企业布局和资产结构，实施大集团、大公司发展战略，共同开发新产品、新技术和新市场，提高企业专业化程度和产品技术含量，提高市场的竞争力。其次，要大力推进产业集聚，培育和壮大一批市场前景好、带动能力强、技术含量高、经营规模大的木竹加工龙头企业，并鼓励小企业向龙头企业链接配套，延伸产业链，逐步形成各具特色的产业集群。

5. 逐步建立和完善有助于促进非公有制林业发展的政策

目前，无论从造林面积，还是从林产品的产量来看，非公有制林业在福建林业中都具有举足轻重的作用。新一轮集体林产权制度改革后，非公有制成分营林的积极性更是空前高涨，发展迅猛。在近几年新增的营林总面积中，非公有制林业所占的比重不断上升，到2007年已经超过了80%。因此，福建林业要实现快速发展，离不开非公有制林业的发展。然而，在福建，目前仍然有一些政策阻碍着非公有制的健康发展。如林木的采伐限额制度严重地制约了林农的收益权和处置权，而育林基金制度则导致本应在林业经营主体内部循环的营林成本补偿回路被人为地阻断，这些都要靠政策的不断调整和完善来解决。为此，要逐步地建立和完善相关的政策，从而促进非公有制林业的发展。目前要重点完善的政策是采伐限额制度、林业抵押贷款制度、生态林的补偿政策、森林资源产权流转政策等。同时，要不断地完善林业科技创新和推广制度，以促进林业科技创新的步伐和加快现有的林业科技成果向现实的社会生产力转变，从而最终有助于提高林业的生产经营效率。

6. 进一步改革和完善林业税费政策，促进林业产业的发展

税收作为国家宏观经济调控的重要工具，在调节资源配置和促进产业发展方面具有其他手段不可替代的作用，为此，如何充分地发挥税收的杠杆作用和导向功能，以推进集体林产权制度改革和促进林业的可持续发展就成为福建省在林权改革的第二阶段必须解决的问题。由于林业（特别是其中的森林培育业）是一个具有三大效益的产业，同时又是一个弱质产业，所以它不应该也很难承担沉重的税费负担，正因为如此，国外绝大多数国家都对营林业采取了特殊的税费减免政策，以促进林业的发展。我国是一个少林的国家，生态环境极为脆弱，森林又是维持生态平衡的主体，我们应该积极地学习借鉴国外的成功经验和有益的做法，实施林业轻税费政策，同时注意林业税收政策的稳定性，以激发广大林农培育森林资源和发展林业产业的积极性，从而增加其经济收入。可见，减轻林业税金费负担既是促进福建省林权改革的必要举措，也是促进林业产业建设和增加林农收入，从而推进林区新农村建设进程的重要途径之一。

自开展新一轮集体林产权制度改革以来，结合中央的农村税费改革，福建省的林业整体税负近年来已经有了较大幅度的下降，从 2002 年的 66.4% 下降到目前的 19.6%，其降幅高达 46.8%。但相对于林业在生态环境建设方面的重要性及其在国民经济中的重要地位和作用而言，同时比照国外林业发达国家的林业税费水平，福建省当前的林业税费的整体水平仍然偏高，同时还存在税费政策不稳定，育林基金的征收和使用不合理等几个方面的问题，还难以满足海峡西岸现代林业发展的需要。因此，需要进一步加以改革和完善，重点要做好以下几项工作：

（1）进一步降低林业的税费负担

针对福建省当前林业税费仍然偏高的问题，当务之急就是要通过采取各种有效的方式和方法，进一步减少林业税收的项目，并降低各项税收的税率，以实现林业低税负的目标。具体措施有：一是进一步规范各项税收的计税依据和税基计算口径，以避免那种为实现税收增收任务而随意确定计征标准的做法；二是对于林业经营者将经营利润用于进行再投资造林的，国家应给予免缴所得税的优惠待遇，以吸引各种社会资金投资造林；三要进一步贯彻、执行财政部、国家税务总局关于"所有企事业单位种植林木、林木种子和苗木作物以及从事林木产品初加工取得的所得暂免征收企业所得税"的规定，以及森林资源经营单位自产、自销初级林产品不需征收增值税的规定，以切实地减轻林农们的税收负担，增强他们自我积累和自我发展的能力，提高其进一步投资和加强林业生产经营管理活动的主动性和积极性。此外，对于林农们在中幼林透光抚育作业中所生产的原条、小杆等产品，以及在森林抚育、低产林改造及更新采伐过程中所生产的次加工材、小径材、薪材，也要按照国家有关的规定给予减免相关的税费；至于林农们所培育的主要用于林业生态建设和"五荒"造林使用的苗木，以及在自然保护区进行的森林透光抚育、森林旅游开发、森林多种经营等各项经营管理活动而采伐的林木，也应按照有关规定享受税费免征政策。

（2）进一步清理整顿林业金费项目，加快育林基金制度改革的步伐

针对福建省当前林业税费仍然偏高的现状，应通过进一步清理整顿林业金费项目，规范各项金费的征收程序，以进一步切实降低林业经营者的税费负担。同时，鉴于林权制度改革后，以广大林农为主体的森林资源资产经营主体为提高林业要素的生产效率，从而提高其经济收入，一般都会对其所经营的商品林资源实行集约化经营。集约化经营最重要的措施之一就是实行森林资源的资产化管理，而一旦实行了森林资源资产化管理，森林资源资产的培育成本就会通过会计核算程序转入其最终产品的成本中，并从其所获得的收入中得到补偿，这样，同样具有成本补偿属性的育林基金就应该取消，以免出现重复提取或征收；对于那些目前尚未实行森林资源资产化管理的林业经营主体，他们按照一定的标准提取的育林基金，应根据其本身所具有的成本补偿属性作为营林成本补偿的资金来源，全部留给营林单位用于后续的森林资源培育，政府部门或其他任何单位和个人不能以任何名义占用这部分具有成本补偿属性的育林基金。当然，为保证这部分资金

真正地被运用于森林资源的培育，可以通过在银行等金融机构开设育林基金专户予以存储，并在上级有关部门的监督下使用，以保证森林资源再生产的顺利进行。总之，林改后，具有成本补偿属性的育林基金不能再像过去那样由有关部门调配使用和不合理占用，应全部留归造林单位；而且随着森林资源资产化管理改革的推进，育林基金制度最终将被"营林成本核算制度"所取代。至于维简费，也应按照其原意留给森林资源经营单位用于设备更新改造和伐区道路维修和延伸等方面的储备基金。

总之，鉴于林业的特点及其在社会经济发展和生态环境保护中所具有的不可替代的作用，当前福建省的林业税费负担仍然偏高，应该逐步地通过"轻税正费"等改革步骤予以降低，以刺激经营者投资造林的积极性，并最终推进林业生产的发展和社会主义新农村建设。当然，实行林业低税费政策也是林业走向市场的过程中政府有关部门应该给予的扶持，还是促进集体林产权制度改革的必要保证，特别是随着我国加入 WTO 之后，林业税费的减免也是大势所趋。

7. 坚持林业对外开放政策，促进福建林业产业发展

福建省应该充分地利用自身的优势，坚持对外开放政策，不断地拓展林业发展的空间，从而促进林业产业的发展。各地要利用各自的区位优势和港口优势，充分地利用国内和国外两种资源、两个市场，积极地发展外向型林业。要加强莆田秀屿进口木材检疫除害处理区和国家级木材加工贸易示范区建设，并充分利用海峡两岸（福建）农业合作试验区的优惠政策，承接台湾的林业产业转移，加强闽台林木种苗繁育、动植物保护、生物资源利用、森林旅游、林业信息交流、科技人员培训等方面的交流合作。福建省还应该充分地利用自身在对台合作方面的优势，通过大力推进海峡两岸（三明）现代林业合作实验区建设，允许实验区在政策、体制、机制上等方面进行探索和创新，从而逐步将实验区建设成为全国林业对台交流合作的示范窗口。

8. 积极承接台湾林产加工业的转移，并注意借鉴其在林业产业建设方面的有益经验

福建省与台湾省，地处台湾海峡的两岸，一衣带水、遥相对应，两岸林业各有其优势和特色，具有较强的互补性。双方在木竹深度加工、林产品市场营销、物种资源交流、生物制药提炼、生物多样性保护、森林旅游开发等方面均有着广阔的合作空间。特别是在林业产业建设方面，双方的合作领域更为广阔。台湾的木竹加工业较为发达，特别是其家具产品的出口量很大。但自20世纪90年代中期以来，台湾的木竹加工业面临着原料输入限制、劳工短缺和成本上升等多方面的困境，其木竹加工特别是家具厂商开始纷纷向岛外转移。而祖国大陆是许多台湾厂商在向外转移其企业时的首选去处，目前已有 500 多家木竹加工企业在大陆落户。特别是与台湾仅有一水之隔的福建省，其在原材料、劳动力价格等方面优势突出，十分适合承接台湾木竹加工制造业的转移，两地在这方面具有广阔的合作前景。今后，福建省应该进一步抓住台湾木材加工业向外寻求合作的有利时机，并充分利用自身在与台企合作上所具有的地缘、亲缘等各个方面的优势，最大限度地发挥海峡两岸（三明）现代林业合作实验区和莆田秀屿进口木材除害处理区及木材加工贸易示范区的作用，主动地承接台湾的木材加工产业转移，力求引进和建设一批科技含量高、技术设备先进、深精加工能力强、产品附加值高的企业，以整合和改造福建省现有的林产加工企业，并借以调整和优化林业产业布局和产业结构，积极吸收和借鉴台企在林业产业建设方面的经验和优点，特别是其在企业经营管理和提高各种要素的生产效率方面的经验，从而加快福建省林业产业的升级和换代。

三、建立和完善海峡西岸林业生态文化体系建设的政策设计

国家林业局局长贾治邦同志于 2007 年 1 月 23 日召开的全国林业厅局长会议上明确指出，从

2007 年起，国家林业局将全面推进现代林业建设，着力通过构建完善的林业生态体系、发达的林业产业体系和繁荣的林业生态文化体系，以充分挖掘和发挥林业的生态、经济和社会三大效益及功能，从而逐步缩小我国与发达国家在现代林业建设上的主要差距。这是我国首次将"林业生态文化体系"建设纳入到推进现代林业体系建设的总体框架之中。

作为林业三大体系之一的林业生态文化体系，其功能与林业生态体系和林业产业体系均不同，其中林业生态体系主要以提供林业的生态效益，满足社会对林业的生态需求，如涵养水源、保持水土、纳碳吐氧、生物多样性保护等；而林业产业体系主要以提供林业的经济效益，满足社会对林业的经济需求，如木材和其他各种非木材林产品的需求；至于林业生态文化体系建设的主要目的不是为了采伐森林，而是要把森林资源作为审美和敬畏的对象，其经营的主要目的是为了获得森林的文化功能，以满足人们对森林的精神需求。

（一）海峡西岸林业生态文化体系建设的现状及主要成效

作为我国林业三大体系之一的林业生态文化体系，不仅与林业的产业体系建设和生态体系建设息息相关、相辅相成，而且也是当前推进现代林业建设的重要组成部分。因为现代林业是科学发展的林业，是以人为本、全面协调可持续发展的林业，是能够最大限度地拓展林业多种功能，满足社会多样化需求的林业，就是通过构建完善的林业生态体系、发达的林业产业体系和繁荣的生态文化体系，从而全面地提升林业的生态、经济和社会"三大"功能，充分发挥林业的生态、经济和社会"三大"效益。

构建繁荣的林业生态文化体系，大力弘扬生态文化，这是我国林业在现阶段所面临的新任务、新要求和新目标，其主要目标就在于要充分地挖掘林业的文化功能。这一目标及任务的提出和确立，完善了林业建设的指导思想，丰富了林业建设的基本内涵，优化了林业建设的整体布局，实现了林业生态、经济和社会效益的统一，有利于发挥森林的多功能，满足社会的多需求。建设繁荣的生态文化体系，可以进一步增强人们的生态意识，在全社会形成关注森林、热爱林业的良好风尚，从而为林业生态体系和林业产业体系建设提供强大的精神动力。

福建省作为我国南方集体林区的重点林业大省，其不仅在林业生态体系建设和林业产业体系建设方面处于全国前列，而且在林业生态文化体系建设方面也独具特色且源远流长，如福建民众历来就有对古榕、古樟等古树的崇拜，对被赋予不同文化含义的风水林的保护，对生长于森林中的动物的崇拜（体现为动物图腾）等。这些崇拜和保护实际上体现了当地民众与森林中所生长的一系列动植物之间的和谐共处的关系。

新中国成立至今，特别是改革开放以来，随着福建省社会经济的不断发展，福建省的林业生态文化体系建设也开始不断地发展，其主要成就主要体现在以下几个方面：

第一，森林生态文化基础设施初具规模。具体体现为：①自然保护区建设快速发展。截止2006 年初，全省已经建成包括截至 2006 年 2 月，全省已建成包括武夷山国家级自然保护区在内的国家级自然保护区 11 处、省级自然保护区 27 处、市县级自然保护区 63 处，另有自然保护小区3322 处。自然保护区面积 55.1 万公顷，占全省土地总面积的 4.54%（自然保护区、保护小区的总保护面积 85.68 万公顷，占全省土地总面积的 7.07%），居华东地区各省之首。从而初步建成了布局比较合理、类型比较齐全、功能比较完善的自然保护区网络。其中武夷山自然保护区还被联合国列为"自然与文化双遗产名录"，同时被联合国教科文组织列为世界人与生物圈自然保护区，保护区以动植物标本模式产地而闻名海内外。②森林公园建设初具规模。截至 2006 年，全省已经建成省级以上的森林公园 76 处，其中国家级森林公园 21 处，经营面积达 17 万公顷。③全省已建成多处森林博物馆和森林生态展厅等森林生态文化基础设施，而且这些基础设施正开始发挥平台作用，从而成为宣传森林生态文化的主要平台。

第二，林业生态文化建设具有良好的基础，有利于形成较为较为完备的体系。在培养林业生态文化方面，国家将森林文化、花文化、竹文化、茶文化、湿地文化、野生动物文化等与森林资源培育相关的内容均纳入其中，而在以上各项内容中，福建省基于自身优越的自然和地理条件，不论是在森林文化、花文化、竹文化、茶文化方面，还是在湿地文化和野生动物文化建设方面都具有先天的优势。福建省的森林覆盖率全国第一；各种花卉种类繁多、价值不凡；福建省还是全国最主要的竹子生产大省，全国首批十大竹子之乡中，福建占了 3 个，居全国首位；福建省的茶叶也全国闻名，安溪的铁观音、武夷岩茶、福安绿茶等都在全国占有重要的地位；福建省的野生动物种类繁多，据统计，有陆生脊椎动物 832 种，约占全国的 34.6%；已定名的昆虫有 5000 多种，全国昆虫共有 33 目，福建分布有 31 目；国家重点保护的野生动物有 159 种，占国家重点保护种类的 39.9%，其中陆生脊椎动物保护种类占全省脊椎动物种数 1612 种的 51.6%。

第三，林业生态文化建设的重要性逐渐为广大民众所认可，现代林业的生态文化观在不同区域的不同方面都有不同程度的体现。比较典型的如历史悠久的农村风水林，以及近年来日益受到重视的对地处城乡不同地带的名树、古树的保护，还有城镇居民对绿色森林的向外，并将其作为休闲度假的好去处，以及近年来城乡居民对那些产自无污染的大森林中的诸多绿色食品的崇尚等，都体现出林业生态文化的特征。

（二）海峡西岸林业生态文化体系建设尚存的主要问题

从前一部分的阐述中可知，福建省的林业生态文化体系建设具有得天独厚的自然、地理等诸多方面的优势，而且其发展已经具有一定的基础。然而，应该指出的是，虽然说各个方面的条件是有利的，但由于受到多方面原因的影响，目前，福建省林业生态文化体系建设还存在着不少问题有待于解决，先简要分析如下：

第一，广大城乡居民虽然都已具有一定的生态文化意识，但这方面的意识还不够强烈，而且多数民众所产生的林业生态文化意识多属于局部的、某一方面的，还远远没有将其上升到系统的层次，更没有将其当作一个完整系统来看待。正如前面所述，与全国大多数民众类似，福建省的广大民众在日常的生产和生活过程中都自觉或不自觉地践行着符合林业生态文化的一些做法，如崇尚风水林、爱护古树古木、敬畏一些森林动物等。但就广大的普通民众而言，他们还远远没有将林业生态体系建设当作一个完整的系统看待，离建设比较繁荣的林业生态文化体系建设还具有较大的距离。

第二，对森林文化或林业生态文化体系建设的理论研究还不多，尤其是将其当作一个完整的系统，并将其上升到一个国家或地区的层面加以研究的就更少了，从而导致林业生态文化体系建设还缺乏必要的理论引导和支撑。

第三，林业生态文化体系建设还缺乏必要的项目带动，相关的平台建设还有待于完善。福建省目前虽然在自然保护区建设、森林公园建设、森林人家建设和森林博物馆建设等方面已具有一定的基础，并启动了一些相关的项目建设和平台建设，但目前的这些建设项目与构建比较繁荣的林业生态文化体系建设的要求相比，还有较大的差距。

第四，林业生态文化体系建设还缺乏必要的人才、资金、技术等各个要素的支撑。众所周知，林业生态体系建设虽然从总体上而言属于上层建筑的范畴，但其建设中除了要进行理论上的研究探讨和意识形态的转变之外，仍然需要涉及大量具有实务形态的项目建设，而这些建设内容，不论是理论、意识层面的，还是项目建设层面的，其实施过程中都需要具体的人来执行，而且这些人力资源还必须具有专门的知识，是某一方面的专家，但目前的福建省这方面的专家不多；此外，林业生态文化体系建设还需要相应的技术支撑和资金保障，否则，所有的文化体系建设内容都可能成为口头上的东西，往往难以真正地落到实处。

第五，林业生态文化体系建设缺乏相配套的政策、法规的支持。在国家林业局于 2007 年初提出林业三大体系建设之前，我国林业建设中所推崇的是两大体系建设，即比较完善的林业生态体系和比较发达的林业产业体系。为促进林业两大体系建设，国家林业局和全国各地的省、市、自治区都出台了不少相关的林业政策和法规以促进其发展，而且这些相应的政策法规在过去的林业两大体系建设中也确实发挥了其重要的作用。对于新提出的林业生态文化体系建设，由于其提出的时间较短，所以国家及各个省、市、自治区相应的配套改革政策及法律法规尚处于不断的制订和完善之中，即还需要一个过程。

（三）完善海峡西岸林业生态文化体系建设的政策建议

针对上述林业生态文化体系建设中所面临的一系列问题，有关各方应该通过采取各种切实可行的措施以促进其发展。对于解决以上这些问题的具体措施，理论界和实务部门可能会从不同的角度从而提出各种不同的对策措施。本专题主要从保障体系建设的角度提出相应的改进和解决问题的措施。

第一，通过宣传引导，增强广大民众特别是林业干部职工进行林业生态文化体系建设的意识，形成人与自然和谐共处的价值观。为此：①要通过广播、电视、报刊、杂志、网络等大众媒体及其他各种切实可行的途径大力宣传林业生态文化体系建设，增强广大民众特别是林业干部职工进行林业生态文化体系建设的意识；②通过影视、戏剧、书画、美术、音乐、文学等多种形式，大力宣传林业在加强生态建设、维护生态安全、弘扬生态文明中的重要地位和作用，以及森林、湿地、生物多样性对人类生存发展的重要性。③大力普及生态和林业知识，增强民众生态意识和责任意识，使其树立正确的生态伦理和生态道德，倡导人与自然和谐的价值观。可以考虑在中小学阶段即开展生态文化教育，从小培养和提高人们保护生态环境的自觉性；在大学教学中把生态意识和生态文化教育放在重要位置，让大学生们牢固建立起人与自然和谐相处的价值观念。④要加强党政领导干部，特别是林业干部职工的生态文化教育，使其不仅自己能够牢固地树立生态文化价值观，而且能够充当好一个宣传员和播种机，能够广泛地引导和带动周围的民众共同学习和进步，从而在全社会形成爱护森林资源、保护生态环境、崇尚生态文明的良好风尚，形成人与自然和谐的生产方式和生活方式。⑤要通过深入宣传，让广大人民群众真正认识到林业文化体系的内涵，要阐释福建省丰富的森林文化、竹文化、花卉文化、茶文化、湿地文化、野生动物文化的内涵，让人们逐步形成护林、爱花、赏竹、品茶和关爱湿地、关爱野生动物的高雅情操和生态道德。

第二，强化对林业生态文化体系建设的相关理论研究，以便发挥其应有的引导和支撑作用。众所周知，理论来源于实践，同时又反作用于实践。对于林业生态文化体系建设而言，其理论体系的形成同样来源于长期的林业生产实践，是广大理论工作者在长期的林业生产实践中形成的对我国林业生态文化建设的经验总结和智慧的结晶，而这些理论只有经过理论工作者的深入研究，从而掌握其中的规律变化，并再次回到林业生产实践中，才会发挥其应有的作用。由于林业生态文化体系建设是林业三大体系建设中相对较新的一个组成部分，为了使林业生态文化建设的各项实践活动能够得到正确的理论指导，急需加强对各种相关理论的研究。目前，在林业生态文化体系建设的相关理论研究方面，其研究的重点应侧重于以下几个方面，一是林业生态文化体系建设重要性及其在三大体系建设中作用的研究；二是林业生态文化体系建设所涉及的主要内容的研究；三是林业三大体系相互关系的研究；等等。

第三，进一步强化林业生态文化建设项目的基础和带动作用。林业生态文化建设从理论上而言属于上层建筑，但其建设过程中还是必须有其相应的载体。对福建省而言，目前比较公认的在林业生态文化体系建设方面具有重要作用的项目载体主要有森林公园、以森林生态系统为主体的自然保护区、城市森林建设项目、森林博物馆、森林文化展厅等，这些林业生态文化基础设施为人们了解森林、认识自然生态提供了良好的场所和条件。以森林公园为例，近年来各地通过不断地加强森林（自然）博物馆、标本馆、游客中心、科普长廊、解说步道以及宣传科普的标识、标牌、解说牌等森林生态文化基础设施建设，并不断强化这些设施的科普教育功能，为人们了解森林、认识林业、探索自然提供了良好的场所和条件，也使森林公园科普教育的功能得到不断地强化。此外，福建省林业厅与省旅游局联合打造的"森林人家"项目也具有这方面的重要作用。

第四，注重林业生态文化体系建设所需专门人才的培养和培训。人是一切生产要素中最活跃的因素，对于林业生态文化体系建设这一相对比较新的领域而言，要想将其建设成为林业三大体系建设中一个重要的组成部分，就必须充分地发挥人的主管能动性。林业生态体系建设需要各种相关的人才，从一般的营林，到文化建设项目建设的总体规划，以及文化建设的组成内容和形式设计，到具体项目的规划设计，再到林业文化建设项目的讲解等各个方面、不同层次，都需要一批专门的人才。为此，林业生态文化体系建设过程中，必须十分注重于各种所需要的专门人才的培养和培训，从而使之成为福建省林业生态文化体系建设的主力军。这些专门的人才，既可以直接从相关专业的高校毕业生中招收，也可以通过对现有相关的人员的后续进修或培训以达到相应的要求。当然，为了获得必要的人才支持，要求有关各方应该在人才的引进政策、相关的福利待遇和生活及工作环境等方面予以必要的支持，以利于这些人才能够安心于本质工作。

第五，加大对林业生态文化体系建设所需的资金及技术支撑力度。资金是一切生产和经营活动的主要物质基础之一，有人称之为一切生产经营活动的最基本的启动力；而技术则号称为"第一生产力"。对于林业生态文化体系建设而言，既需要必要地资金投入，也需要强有力的科技支撑。这对于在各个行业中处于相对劣势的林业文化体系建设而言，如何筹集必要的建设资金和获得相应的技术支撑就显得尤其重要。有关这方面的问题请见本专题的相应章节（即资金投入和科技支撑章节），这里不再重复。

第六，尽快地建立和完善与林业生态文化体系建设相配套的政策法规。市场经济是法制经济，在我国当前的社会主义市场经济条件下，为了规范和促进各项活动的开展，就必须建立和健全一系列相关的政策法规。同时，基于林业生态文化体系建设涉及的主体众多，而且其中不少项目属于公众共同享有的项目，具有非排他性的特点。为了规范这些不同主体的活动，必须尽可能地选择那些具有较强约束力的方式和手段以规范不同主体的活动。而政策法规因其具有较强的权威性和强制性，所以比较适合于对这类的活动予以规范。因此，今后在构建海峡西岸现代林业生态文化体系建设的过程中，必须及时地建立和完善与其相适应的政策法规，以规范不同主体的各项活动。

第二节　海峡西岸现代林业发展的法制保障

一、林业法制建设在现代林业发展中居于重要的地位

（一）现代林业的发展需要健全的林业法制保障

众所周知，我国目前正处于社会主义初级阶段，我们正致力于建设具有中国特色的社会主义市场经济。福建省提出建设海峡西岸现代林业的目标也正是顺应社会主义市场经济体制的建立而

提出的，是林业走向市场所必需的。而市场经济是法制经济，市场经济的正常运作是以完善的法制为基础的。林业法律、法规是开展森林资源保护、管理和利用工作的依据，是实行依法治林的前提，也是保障现代林业建设的各项工作得以顺利开展的基础和保证。因此，顺应林业经济体制改革和海峡西岸现代林业建设的需要，必须建立和完善与社会主义市场经济相适应的林业法制体系，以保障现代林业的发展。

（二）林改需要健全的林业法制保障

新中国成立以来，我国的立法机关和政府有关部门已陆续发布了一系列与林业有关的法律、法规或政策规章，如《森林法》《〈森林法〉实施细则》《森林采伐更新管理办法》《关于森林资源资产产权变动有关问题的规范意见（试行）》《森林资源资产评估技术规范（试行）》《森林资源资产评估管理暂行规定》，等等。这些法律、法规或政策规章的颁布和贯彻实施，极大地促进了我国林业的持续和健康发展。然而，随着时间的推移和形势的不断变化，特别是近年来随着福建省林改的不断深入，山林权属的流转活动日益频繁。在此情形下，为顺应林业发展的需要，并规范森林资源资产产权变动管理工作，防止森林资源资产的破坏和流失，理应尽快地制订并实施一系列与森林资源资产产权变动相关的法律、法规或政策规章。然而，我国目前在这方面的工作却相对滞后。虽然在我国新修订的《森林法》的第十五条中明确规定了用材林、经济林、薪炭林的所有权及其相应林地的使用权可以转让，但至今仍没有制定出具体的转让程序和方式、方法。林业部和国有资产管理局虽然也曾经在 1995 年联合制定并发布了《关于森林资源资产产权变动有关问题的规范意见（试行）》，但这一《规范意见》极为简略，其中只对一些基本的问题作了原则性的规定，无法对复杂多样的森林资源资产产权变动进行具体规范。2006 年 12 月，财政部、国家林业局联合制定并颁布了《森林资源资产评估管理暂行规定》，但其规范的重点仍然是国有森林资源资产，以及非国有森林资源资产中的国家重点公益林部分，但对于非国有森林资源资产因产权变动而引起的交易活动是否需要进行资产评估则没有明确的规定。毫无疑问，该《规定》主要界定的是国有林的产权变动事项，而且主要针对资产评估问题，还是难以满足福建省林改后山林产权流转交易不断增加的实际需要，特别是近年来随着集体林产权交易事项的日益增加，急需制订一系列针对性强的、覆盖面广泛的、权威的关于森林资源产权变动方面的法律、法规或管理办法。

二、海峡西岸林业法制建设现存的主要问题

从上面的阐述可知，目前，福建省的林业法制建设虽然已经取得了一定的成效，但随着林业的不断发展和集体林产权制度改革的不断深入，在相应的法制和规章制度建设方面还存在着不少欠缺，还有待于今后进一步加以补充和完善；同时，在现行的法律、法规实施过程中，还存在着执法不严、监督不力等问题，从而导致了林业三大体系建设和林权改革的各项工作难以顺利地开展，具体体现在以下几个方面：

（一）林业法律、法规相对滞后，无法满足林改后形势发展的需要

林权制度改革和现代林业建设要求市场机制在森林资源资产的配置中发挥主导作用，而资源的市场配置不仅要求有相应的规则，而且还要求这些规则具有较强的权威性、约束力和稳定性，这就要求人们应尽可能地将这些规则以法律、法规的形式体现出来。目前，我国的林业法律、法规建设已取得了一定的进展，已经初步形成了以《森林法》为主体的，包括森林资源资产保护、管理和利用等诸多方面在内的法律、法规的基本框架。但这些法律、法规中有部分是制定并颁布于过去高度集中的计划经济时代，其中都或多或少地带有一些旧体制的特征，已经难以适应当前社会主义市场经济的运行机制，缺乏利用价值规律和经济手段来保护、管理和利用森林资源的法

律规定，其中有一些法律、法规虽然已经经过了修订，但仍然无法满足林权改革后林业的发展和现代林业建设的需要。如我国现行的林业法律、法规在森林资源的有偿使用、产权交易、资产评估等方面大多没有形成明确、规范的规定，或者仅仅对国有林作出了规定，但对集体林和私有林则很少涉及，而这些对于集体林和私有林占绝大比重的福建省而言又显得极为重要，是福建省当前正在开展的集体林产权制度改革的重要内容，也是发展海峡西岸现代林业的必然要求，如果仅仅将它们以政策或规范意见等非法规的形式体现出来，就很难保证其权威性和稳定性，而且因其不具有法律效力，往往难以很好地达到预期的目标。

近年来，根据林改的需要，福建省林业厅和有关部门及机构密切合作，对原先制订的一些林业法律、法规进行了修订。如2005年根据集体林权制度改革的需要，对1997年出台的《福建省森林资源转让条例》进行了修订，代之以《福建省森林资源流转条例》。但类似这样的及时修订并不多见，特别是能够以立法的形式体现出来的且结合集体林改革后新情况的更为少见，还难以满足改革的实际需要。

（二）林业执法部门和执法人员存在着执法不严的问题

执法不严是我国法律界的通病之一，只是在我国林业执法过程中，这方面的问题更为严重而已。林业法律、法规的执行要求其执行者必须同时具备法律和森林资源管理方面的渊博知识，应该同时是法律和林学方面的专家，但我国目前绝大多数的林业法律、法规的执法人员还远远达不到这个水平，加上有些执法者的职业道德水平低下，因种种原因有意地放松执法力度，使有法不依和执法不严的问题同时存在。福建省是我国林业的强省，但其在林业法制建设和执法人员的总体素质方面却没有真正地显示出其强省的地位，其林业执法部门和执法人员也存在着类似于其他省份的问题，在林业执法过程也存在着有法不依和执法不严的问题，致使本来就不甚完备的林业法律、法规的实施效果又大打折扣，从而更不利于林权改革的深入开展和现代林业建设的需要。

（三）对执法部门和执法人员的执法情况缺乏必要的监督

一般认为，对执法部门和执法人员的执法情况进行必要的监督和管理是保证执法效果的必要手段，也是防范执法不严和执法犯法等严重问题产生的有效措施。然而，我国现行的大多数林业法律、法规对执法监督问题的规定一般都十分笼统，可操作性较差，缺乏必要的违规执法惩处措施。同时，有关部门在这方面也还没有形成一个统一的规范，致使林业执法监督不力问题长期未能得到有效地解决。对于福建省而言，虽然近年来根据林改和促进林业可持续发展的需要，通过强化林业主管部门内部监督和自觉接受外部监督，在执法监督方面有了一定程度的改善，但这与林改的实际需要和广大人民群众的愿望相比仍然存在着不小的差距，亟待进一步加以改革和完善。

三、完善海峡西岸林业法制建设的主要建议

针对上述福建林业法制建设中所存在的问题与不足，林业部门应会同立法机关及其他相关部门，根据林权改革和发展现代林业的需要，加快林业法制建设，尽快地制定和完善相关的法律、法规及政策规章，并同时注意严格执法和强化执法监督，以推进林权改革和海西现代林业建设的发展进程。

（一）结合林改后的新形势和新需要，加快相关法律、法规的建立与完善

完善的林业法律、法规体系是推进林权改革顺利开展和发展现代林业的基本依据，针对目前福建省林业法律、法规体系还不完善，特别是缺乏与社会主义市场经济体制、集体林产权制度改革和现代林业建设相适应的法律、法规的问题，应通过加快立法的步伐，尽快将森林资源资产的有偿使用、森林资源资产产权流转、森林资源资产评估和森林资源资产核算等各项与林权改革及

现代林业建设密切相关的内容在新制定的林业法律、法规中得到体现并加以规范；还应尽快地修订原有的与森林资源资产保护、管理和利用有关的法律、法规以及各种政策规章，使其体现林权改革后林业发展的新情况和新问题，并借以规范海峡西岸现代林业建设过程中所面临的各项工作；新制定的相关法律法规要结合林改的新形势，要能够结合福建省集体林占绝对比重的特殊性，要能够满足林改后林权交易事项不断增加的实际需要。根据以上这些新情况和新要求，目前急需制订或修订的法律法规主要有《福建省林权登记条例》《福建省湿地保护条例》《福建省公益林保护条例》《福建省国有林保护条例》《福建省森林公园管理条例》《福建省森林资源资产产权变动管理条例》（应有别于2005年新修订的《福建省森林资源流转条例》，特别是要把在福建省占有重要地位的集体林和私有林的产权流转事项考虑在内，并作为重点规范的内容）《福建省森林资源资产评估管理条例》《福建省森林资源资产抵押贷款管理办法》，等等。

在根据形势发展的需要加大新的法律法规制定力度的同时，还应该适时地对原先已经颁布实施的法律法规加以修订，特别是要努力促使国家立法机构在进一步修订《森林法》及其实施细则时，应该将森林资源资产产权变动这一重要内容考虑在内。如对于在新《森林法》第十五条中所规定的与森林资源资产产权变动有关的条文，本来应该在《森林法实施细则》中进行详细说明，因为新《森林法》对这一条的规定是十分概括的，缺乏可操作性。可是事实却并非如此，在我国2000年发布的新的《森林法实施细则》中，对这一条文竟然不加任何解释，这就进一步降低了可操作性，使广大森林资源经营主体在面临这一问题时无据可依。建议国家立法机构结合我国集体林产权制度改革后森林资源资产产权变动的实际状况，采取补充规定的方式对《森林法》中相关的条文进行详细地解释，从而实现从法律的高度对森林资源资产产权变动管理进行规范，以突出其重要性和权威性。

除了应加快制定和修订以上所提及的各种相关的林业法律、法规的同时，福建省的林业主管部门还应加强与立法机关和各有关部门之间的配合，根据各地的具体情况和实际工作的需要，进一步制定和完善森林资源资产保护、管理和利用方面的地方性法律、法规和政策规章，并报请省人大或政府批准实施，以促使森林资源资产保护、管理和利用方面的法律、法规尽快地形成一个完整的体系；此外,鉴于法律、法规一般都是比较简要和概括性的,因此还应在强化立法工作的同时，通过制定相关法律、法规的实施细则，以促使那些已经颁布实施的法律、法规得到最有效地贯彻和执行，从而加强对森林资源资产保护、管理和利用工作的指导。

（二）加强对现行和新颁布的有关法律、法规的宣传

众所周知，执法和守法的前提是知法。因此，在将林权改革和现代林业建设相关的内容在有关的法律、法规中得以体现出来之后，有关各方还必须清醒地认识到，要使这些法律、法规在森林资源资产的保护、管理和利用过程中真正地发挥出其应有的作用，还必须通过采取各种恰当的方式和方法，对这些法律、法规进行大力地宣传，使其为广大的林业经营和管理者所接受，并据以指导林业的生产与经营管理实践活动。在这里，切实可行的宣传引导措施往往要比那种仅仅凭借政府的强制力强制执行的做法，更容易为广大的林业经营主体所接受，更容易激发他们学法、遵法和守法的主动性和积极性，往往可以达到事半功倍的效果。因此,各地应该十分注重普法工作，应把普法作为林业的一项基础工作来抓，应特别注意根据福建林业的实际，结合林改的进程和现代林业发展的需要,通过开展各种形式的法律政策宣传教育活动,以切实推进普法和依法治林工作。各地在开展普法活动时，应十分注意宣传形式的多样性，做到生动活泼、群众喜闻乐见。如可灵活运用广播、电视、报刊和印发读本、挂图、宣传辅导材料等多种形式，向社会广泛普及了林业法律法规知识。

（三）要建立强有力的执法队伍，并提高执法的装备水平

众所周知，建立健全相关的法律、法规体系对于福建省当前正在进行的林权改革和现代林业建设，以及森林资源资产的保护、管理和利用来说，都是至关重要的。然而，如果没有一支强有力、高素质的执法队伍，如果执法机关和执法人员在具体的执法过程中不能够做到严格执法，那么，即使有再完善的法律、法规也难以真正地发挥出其应有的作用。因此，要致力于建立一支强有力的执法队伍，要通过严格林业执法人员的资格审查，严把入门关，把那些不合格的人员拒之门外；要切实实行执法人员持证上岗制度，并接受有关各方的监督；同时要加强执法人员的在职教育和后续职业培训工作，通过后续教育以不断地提高他们的业务知识和职业道德水平，从而保证其执法的准确性；当然，还要通过采取各种必要的监管措施，以增强其依法行政的理念和能力，并规范其执法行为，促使其严格执法，从而使各种法律、法规真正地发挥出应有的作用。

现代林业的基本内容和要求之一就是要实现装备水平的现代化，对于林业行政执法而言，也应该特别注意装备水平的现代化问题。按照这一基本思路，为促进林业行政执法水平的不断提高，应在建立健全相关的法律法规的同时，不断地加快"数字林业"工程建设，不断提高林业经营管理、公共服务和执法监管的信息化水平，从而实现林业管理装备的现代化，以促进现代林业建设。

（四）推进林业行政执法体制改革，实行综合行政执法

实行综合行政执法是今后我国林业执法改革的方向。这里所谓的综合执法即指把原来分散在十几个林业内部机构的职能整合起来，集中在一个执法机构行使，以切实解决林业部门以往所存在的"十几个大盖帽管一个戴草帽"的多头执法问题，从而改善林业执法环境，提高执法效率。近年来，根据国务院办公厅、中央编办和国家林业局关于综合执法的精神，福建省在浦城、延平、永安、尤溪、新罗、南靖、德化、将乐、漳平、同安、惠安、福清、闽侯、福鼎、古田等 15 个县、市、区先后开展了林业综合行政执法的改革试点，并已取得了初步的成功，积累了必要的经验。在试点成功的基础上，福建省委、省政府充分采纳福建省林业厅的建议，结合林改后的新情况和新特点，成立了省、市、县三级林业综合行政执法机构。今后，应在进一步强化和规范福建省林业行政执法总队的职责和权力的同时，进一步加快建立和完善市、县（区）的林业行政执法机构，并不断强化省、市、县（区）三级执法机构的管理，特别注意协调这三级管理之间的关系。

（五）强化执法监督，建立健全的执法监督机制

针对当前林业法律、法规执行过程中所存在的执法监督不力和执法监督机制缺位问题，特别是在采取了林业综合行政执法之后，更应注意强化对省林业行政执法总队的执法监督，以促使其公正执法。为此，今后应采取以下几个方面的防范措施：一要切实建立、健全执法违法的责任追究制度和赔偿制度，要使那些执法违法者受到应有的经济、行政甚至刑事处罚；二要发挥林业主管部门的内部监督作用，切实贯彻实施《福建省林业行政处罚管理和监督办法》，进一步明确林业执法和林业行政处罚的主体、权限、程序等内容，建立了有关报告制度、行政处罚听证制度、重大案件讨论审查制度、错案追究制度等，林业部门内部的执法监督也要特别注意加强对省林业行政执法总队的执法监督；三要要发挥人大、政党、检察机关、新闻媒体和社会舆论的外部监督作用，加大对林业执法部门和执法人员的清理整顿和反腐败力度，特别是应强化对各级林业行政执法总队的执法监督，对于那些执法不严、徇私枉法和执法违法者，要给予严肃的查处，以维护法律、法规的严肃性。各级人大要建立专门的环境与资源保护委员会，其主要职责之一就是加强对包括森林资源在内的各种自然资源的相关法律、法规的执行情况进行检查和监督，以便及时地纠正执法过程中存在的各种违法行为，保证法律、法规的有效实施。同时，立法机关还可以考虑通过制定专门的法律或法规，以此来明确执法机关及其执法人员的执法程序、执法方式和执法责任，从而建立完善的执法监督机制。

第三节　海峡西岸现代林业发展的投入保障

林业是国民经济的基础产业，是一个以森林资源作为主要经营对象的并具有鲜明特色的产业。当前，在影响我国林业发展的一系列因素中，其中资金或投资的作用至关重要。因为在我国这样一个经济相对还比较落后的国家，在林业这样一个具有鲜明特点的弱质产业上，在其发展过程中所要解决的第一个难题无疑是筹措必要的生产经营资金。可见，研究林业发展问题，不能不研究其资金来源和投资问题，不能不充分认识资金和投资在促进林业发展中的重要地位和作用，从而在努力拓展林业建设资金来源的同时，用好、用活这些稀缺的资金，以取得最大的投资效益。目前，在建设海峡西岸现代林业的过程中，必须充分关注资金的保障作用。

一、海峡西岸林业投入及管理的现状

（一）林业投入总体上呈不断增长的趋势

近年来，随着福建省林权改革的不断深入，全社会对林业的投入也呈现出不断增长的趋势。如在 2002 年，全社会对林业的投入总额仅为 64.1 亿元；到了 2006 年，这一指标值就已经突破百亿元大关，达到了 110.5 亿元，其增幅达到了 72.39%。据测算，2007 年，全社会对林业的投入有望达到 136.6 亿元。具体情况见福建林业投入总体情况表（表 11-1）。

表 11-1　福建林业投入总体情况表

项目	单位	2002 年	2003 年	2004 年	2005 年	2006 年	2007 年
全社会林业投入情况	亿元	64.1	71.8	85	94.8	110.5	136.6
1. 政府性投入	亿元	9.6	10.4	11.1	12.6	15.6	18
其中：森林生态效益补偿费	亿元	0.96	1.06	1.19	1.33	2.21	3.1
2. 林农生产性投入	亿元	19.3	24.1	30.7	33.1	36.2	45
3. 金融机构投资	亿元	17.6	18.5	20.4	23.3	30.7	40.1
4. 社会投资	亿元	17.6	18.8	22.8	25.8	28.1	33.7

（二）林业资金投入与不断增长的林业资金需求之间仍然存在着差距

近年来，福建省林业资金的投入虽然呈现出持续增长的势头，但与林改后广大林业经营主体日益增加的资金需求相比，仍然显得短缺。尤其是对于数量巨大的广大林农而言，其经营林业所需要的资金仍然十分紧缺，资金不足、融资渠道有限依然是困扰他们的重要因素之一。

对于福建省在"确权发证"后已经落实了山林产权的集体林区的广大林农而言，由于国家和集体组织不再对其增加资金投入，而政府有关部门也并没有因为其提供了森林生态和社会效益而给予必要的资金援助或补贴，他们在森林资源经营管理的全过程所需要的资金基本上都依靠自筹。但鉴于林业生产自身的弱质性，加上现有的一些法律及政策规章的限制，使得林农很难通过正常的融资渠道获得必要的生产经营资金。首先，直接融资渠道对林业的开放度很低。目前，一般企业比较经常使用的直接融资方式是发行股票或发行公司债券，而国家对于发行股票或债券的企业在经营规模、盈利能力、企业的组织化程度、经营管理者的素质、发展前景等各个方面都有明确的限制性条件,因而其进入门槛较高,致使这两种直接融资方式对于绝大多数的林业企业来说都是可望而不可及的,更不用说是为数众多的一家一户的林农了。其次,以银行贷款为主的间接融资渠道对林农也有较多的限制。在直接融资不可行的情况下,广大小规模的林业经营者大都寄希望于银行贷款等各种间接的融资渠道。但我国以"四大"国有商业银行为主体的银行体系在向外放贷时,对非公有制林业经营主体往往持有偏见。特别是对于那些从事森林培育的林农而言,一方面,因其所经营的森林具有生长的长周期性,而且受自然力的影响极大,存在着较多的不确定性因素,经营风险较大,加之一家一户的林农经营的规模小,而税金费负担又较重,况且林业经营主体的产权还受到不少限制,从而显示出较为明显的弱质性。另一方面,由于我国的活立木市场迟迟未能建立和健全,致使林木资产的变现能力较差,银行因此对于林业经营主体所提出的以活立木作为抵押资产的贷款申请有诸多的限制,即使福建省的部分银行已经在这方面进行了初步的尝试,但其贷款条件实际上仍然较为苛刻,如要求贷款人对作为抵押物的活立木首先进行保险等,从而限制了森林资源经营主体的贷款能力,致使其向银行申请贷款时面临着诸多的困难,往往难以如期获得必要的款项来发展生产,有些林农虽然取得了一些借款,但与其实际需求之间仍然存在着较大的差距。

可见,资金不足仍然是困扰着福建省广大林业经营主体的重要问题,融资难依旧是限制其发展的重要"瓶颈"因素,特别是对于那些在新一轮林改后取得森林资源产权的林农而言,资金的影响尤其明显。

(三)林业资金在管理方面也存在着不足,资金使用效率不高

目前,资金不足问题已成为制约福建省林业发展的主要问题之一,特别是对于那些林改后获得山林的林农而言,其资金来源的渠道更加有限,资金不足问题尤其严重。导致他们资金短缺的原因是多方面的,这其中的缘由除了资金来源不足、总量有限外,还有一个重要的原因就是资金管理不规范,宝贵的资金并没有发挥出其应有的作用,资金的使用效率低下。特别是在资金的供给数量已定的情况下,资金使用效率的高低更是直接地影响到资金的供求关系。资金的高效率使用可以使有限的资金发挥最大的效益,而低效的资金使用则可能造成宝贵资金的浪费。因此,在资金来源不足的情况下,更应注意节流的作用,从而使有限的资金发挥最大的效益。

二、促进林业资金投入增长和使用效率提高的政策建议

(一)林业发展投入资金应实行分类管理

与全国的情况类似,当前,福建省的林业建设既涉及林业生态体系建设,又涉及林业产业体系建设,还涉及林业文化体系建设。因此,相应地,其资金筹集也应涉及林业生态体系建设资金的筹集、林业产业体系建设资金的筹集和林业生态文化体系建设资金的筹集。而林业生态体系建设、林业产业体系建设和林业文化体系建设在其建设资金的来源、性质、运营方式等方面都存在着各不相同的特点,因此,应该实施"分类管理"的原则。即应分别针对林业生态体系建设、林业产业体系建设和林业文化体系建设的不同特点,实施不同的资金筹集措施。对于林业生态体系建设,其建设资金的筹集应该坚持"以政府投入为主,市场投入为辅"的筹资原则,确立公共财政在林业生态体系建设中的主渠道地位和作用;对于林业产业体系建设,各级政府应提供必要的先导和基础资金,但更为关键的是要促使各种非政府主体成为林业产业体系建设资金的主要投入者,要积极拓展多元化的林业产业体系建设的融资渠道,努力提高商品林资源的信用融资能力,积极推进商品林资源资产的抵押贷款;至于林业生态文化体系建设,由于其所提供的主要是林业的社会效益,而这些社会效益大多具有公益性质的,目前还很难根据市场经济规律得到完全的补偿,因

此其建设资金的筹集应采取类似于林业生态体系建设资金的筹集方式，即应该以各级政府投入为主，其他主体的投入为辅。

（二）促进林业生态体系建设资金投入的政策建议

1. 构建"以政府投入为主，市场投入为辅"的林业生态体系建设的资金投入机制

（1）各级政府应成为林业生态体系建设资金的主要投入主体

众所周知，林业生产具有三大效益，无论是公益林业还是商品林业都产生着巨大的生态效益，林业生产的诸多项目恰恰与社会公共、公益、服务、保障等项目息息相关，特别是那些公益林业项目，其主要目的是向人们提供物质产品以外的非实物形态的产品，其产品具有"公共物品"的性质，无法进入市场实现等价交换，它们理所当然地应该列入政府公共财政支出的范畴，从而形成了当前世界各国都把公益林业建设作为公共财政重点支持的领域的基本态势。按照我国林业可持续、跨越式发展的要求，"公共财政资金的使用，要把加强江河湖建设、绿色植被建设、治理水土流失、防治荒摸化、草原建设和生态农业建设作为重要内容，优先安排各重点工程建设，并逐步增加各项资金投入比重"。因此，按照公共财政的内在涵义，政府财政对林业投入的保障范围主要应包括以下各项内容：第一，林业重点生态工程建设。目前主要包括六大林业重点工程以及其他林业生态工程，在这些工程项目的实施过程中，财政要给予适当的支撑，如对于工程建设所需要的种苗、营造、抚育、管护、基础设施等建设费用应该予以保障。第二，生态公益林（主要指六大工程项目区以外的公益林建设）的营造、抚育、管护等而发生的费用。第三，各级林业行政、事业单位（主要指社会公益型事业单位，以及准公益型事业单位中应由公共财政承担的部分）的人员支出，离、退休经费以及大型修缮、购置、基建等必不可少的业务支出，以支持林业公共事务的正常运作。特别是对于现在没有通过财政列支的林业公检法、林政、木材检查站、林业工作站的人员和工作经费要在精简的前提下，纳入公共财政预算科目和项目。第四，林业科教体系建设，主要包括林业基础教育、人才培训，林业基础研究，林业科技创新体系建设等。第五，转移支付，主要是支援西部等不发达地区的发展支出以及社会保障支出等。当然，由于公共财政支出的主要目的是为了满足社会的公共需要，而社会的公共需要的范围和内容会随着时间的推移和社会经济的发展而相应变化，因此，公共财政对林业支出内容的确定并不是一成不变的，应随着客观条件的变化而相应调整。

可见，鉴于林业生态体系建设的"公共物品"属性以及政府的功能和作用，这就要求其建设资金的投入必须实行"以政府投入为主"的融资机制。而且按照国际惯例，政府应该将对林业生态体系建设的投资作为自己的一项主要职责，在有关的法律法规或规章制度中得以体现，从而使其投资行为法定化。对于福建省而言，目前的当务之急就是应该尽快地建立和完善森林生态效益补偿制度，并使这一制度得以真正地贯彻实施，这既体现了政府的应尽职责，又有利于保障林业生态体系建设的资金来源。

此外，鉴于福建林业在全国所处的重要地位，特别是其具有全国第一的森林覆盖率，从而使其能够提供巨大的森林生态效益，而森林生态效益又具有十分明显的公益性和非排他性，因此其受益者就不仅仅限于福建省自身，其他周边省份也会因此受益的。鉴于这一点，有理由要求中央政府也给予必要的资金支撑，以有效地激励像福建省这样的高森林覆盖率的省份进一步发展林业生产，从而促使其提供更大的森林生态效益。

（2）市场化资金是林业生态工程建设资金的必要补充

政府的功能定位和作用以及生态公益林的"公共物品"属性要求政府应该成为生态公益林经营资金的主要提供者，但这并没有否定其他资金来源的作用。鉴于生态公益林培育资金的数量极其巨大，而我国各级政府目前的财力还比较有限，即使是对于经济相对发达的福建省而言，其经济也还没有达到极大的富足，仅仅依靠公共财政资金的投入无法满足生态公益林建设的需要。在此背景下，人们在强调政府资金应该成为生态公益林建设的主要资金来源的同时，还必须不断地拓宽投融资渠道，积极争取国内外市场化资金的投入，采取多种渠道筹集资金，逐步形成多元化的资金投入机制，特别是在我国当前的社会主义初级阶段，更应该积极寻求政府之外的社会资金的介入，使政府投资和社会融资相互结合、互为补充，从而缓解我国目前林业生态建设资金紧张、投入不足的问题。具体的社会资金来源形式，可以以附加税的形式向全社会征收，也可以通过财政举债、发行生态彩票等形式获得；或者对依托森林获得收益的单位，如水利、水电、旅游等部门，根据当地的社会经济情况、受益单位的性质和经济能力以及森林资源状况，征收生态补偿费，等等。以这种方式征收森林生态效益补偿资金从理论上来说也是合情合理的，因为这些特定的主体（甚至可以认为是整个社会各种不同的主体）都不同程度地、直接或间接地受益于森林资源所提供的生态效益，所以他们理应为此支付一定的代价。实际上，即使是在将来我国经济高度发达了，国家财力足够富足了，也仍然不排除那些有意于社会公益事业的资金持有者通过提供资金的方式积极投身于国家的林业生态建设。当然，鉴于市场化资金的趋利性，除了那些无偿捐赠者之外，一般的社会资金提供者都希望其所投入的资金能够获得社会的平均利润，这对于我国的生态公益林投资者而言当然也不例外。

2. 建立和完善政府投资购买非公有制公益林制度

按照我国林业分类经营的思想，要把林业经营的主要对象——森林划分为商品林和公益林两大类，其中公益林，主要是充分发挥森林的生态功能，提供生态效益，而商品林则主要以向社会提供木材和其他各种非木材林产品作为其基本职能，经营者追求的是充分发挥森林的经济功能和利润的最大化。根据林业分类经营的思想，那些以提供不具有实物形态的生态服务的公益林应主要由政府负责经营，而包括广大林农在内的一般林业经营主体，其主要经营对象应该是可通过市场交换获得收益的商品林。但这并不排除包括广大非公有制林业经营主体在内的一般林业经营主体投身于生态公益林建设，特别是今后随着我国生态公益林生态效益补偿制度的逐步建立和健全，当经营公益林的林业经营者也同样可以获得足以弥补其经营过程中发生的各种损耗时，就将为政府之外的林业投资者从事生态公益林经营扫清了制度上的障碍。

然而，由于各个方面原因的影响，我国目前还存在着一部分原先由非公有制林业经营主体投资营造，但后来根据林业分类经营改革的需要被划为生态公益林的林子。在福建省，这种情况也不同程度地存在着。按照国家规划，这些被划入公益林的林子其主要目的是充分发挥森林的生态功能、提供生态效益，不能随意进行采伐。而生态服务或生态效益是一种非实物形态的公共产品，其产品难以进入市场进行交换，其经营者难以获得必要的经济补偿。因此，应该按照我国现行国家公共财政体制的规定，将具有社会公益事业属性的生态公益林建设划入国家公共财政确保的范围，其营造、抚育、保护和管理方面的所有费用都应由国家的财政承担。对于由非公有制林业经营主体投资营造的生态公益林，当然也应该由国家财政给予经济上的补偿。按照这一思路，国家应该尽快地建立健全生态公益林生态效益补偿制度，对于那些从事生态公益林建设的非公有制林业经营者，应根据他们所营造的生态公益林面积的大小和所提供的生态效益的大小，给予必要的经济补偿，从而使这些非公有制林业经营主体也能够获得社会平均利润。只有这样，才能鼓励和引导更多的非公有制林业经营者投身于生态公益林建设。

鉴于生态公益林的公共物品属性，政府在鼓励和吸引市场化资金投入的同时，在财政允许的前提下，应该尽快地建立和完善政府投资购买非国有公益林制度，即由政府出资对那些由非政府主体投资营造的生态公益林进行收购。收购非国有公益林有利于协调经营者利益与国家生态安全之间的关系，既体现国家对非国有社会主体所拥有财产权的尊重，又考虑到社会发展和生态建设为主的战略要求，而且对于鼓励、引导社会资金的流向和支持非公有林业发展均具有十分重要的意义，这也是一些发达国家的成功经验。为此，在福建省建设海峡西岸现代林业的过程中，各级政府应根据自身的经济实力，抓紧制定政府收购非国有公益林的方案并逐步付诸于实施。

3. 逐步建立健全多渠道的森林生态效益补偿制度

正如本专题前面所述，鉴于林业生态体系建设的主要对象即生态公益林所提供的各种形式的产品均具有"公共物品"的属性，因此其建设资金应主要来自于政府财政的投入，但考虑到我国当前的国力和财力，在重点争取国家财政支持的同时，还应该积极地多渠道筹集社会资金，其筹集的方式也可以多样化，但最好应该采取政府税收等一些具有较强权威性的形式，以保证资金的来源和数量。对于福建省而言，其森林生态效益补偿资金的来源可采用以下几种不同的形式：①省级财政应该成为全省重点生态公益林区建设资金的主要来源；②基于福建省在林业生态建设方面的重要地位和作用，特别是其高森林覆盖率所提供的巨大的森林生态效益，应努力争取中央财政资金的支持；③进一步完善江河下游地区对上游地区的森林生态效益补偿机制；④要从森林旅游收入中提取部分资金用于生态公益林建设；⑤应从征收的水资源费中抽取适当的比例用于生态公益林建设；⑥进行森林生态税征收的试点研究，从而为生态公益林建设提供稳定的资金来源。以上各种不同的资金来源，各个不同的地区可根据自身的实际情况加以选择，对于那些经济较为发达的地区而言，应以各级的财政投入为主；而对于经济尚不发达的区域而言，除了应该争取财政资金支持的同时，还应通过其他方式进行资金筹集。

除了以上所提及的增加森林生态效益补偿资金的几项措施之外，结合近年来的新情况、新特点和新变化，同时考虑到福建省在森林资源方面培育方面的诸多优势，有关部门应积极探索森林碳汇交易机制，筹集林业生态建设资金。一般而言，碳汇是指植物吸收大气中的 CO_2 并将其固定在植被或土壤中，从而减少该气体在大气中的浓度。造林和再造林活动可以在一定程度上增强碳汇，并有效地降低大气中 CO_2 浓度，而且其成本远远地低于在能源、工业等领域采取限制和减少温室气体排放所付出的经济代价。正因为因此，在《京都议定书》谈判过程中，一些发达国家将碳汇问题作为承诺减、限排义务的条件之一列入其中。在《京都议定书》生效后，森林固碳项目和碳信用贸易也得到了迅速的增加。目前，世界范围内森林碳市场的投资正呈现出不断增长的势头。碳汇林业为中国的造林绿化带来了新的机遇，目前，不少发达国家及其跨国集团正通过在发展中国家实施清洁发展机制（CDM）下的造林、再造林碳汇项目，以获取碳信用，从而履行《京都议定书》所承诺的减排义务，这种方式正日益受到发达国家的关注。目前，我国政府已批准成立了"中国绿色碳基金"，从而成为国家林业局绿化基金的重要组成部分。该基金在国内实施再造林工程，以吸收温室气体 CO_2 的排放。这项举措必将大大地加快我国林业碳汇市场化的进程，从而使森林吸收 CO_2、减少地球温室气体的生态功能有形化、货币化和市场化，并最终有助于促使林业碳汇的交易真正地进入到经济社会中。

福建省地处我国的东南沿海，其地理位置及气候条件十分适合于森林资源的培育，其森林资源十分丰富，其森林覆盖率达到了 62.96%，高居全国首位，而且这些森林资源中有相当部分是属于生态公益林。长期以来，福建省投入了巨大的人力、物力和财力致力于林业建设，有大面积的以改善生态环境为主要目标的生态公益林，目前大部分的森林资源正处于生长的旺盛期，具有十分强大的固碳作用，碳汇功能显著。具备了开展碳汇贸易的基本条件，可以适时地开展碳贸易。这样，一方面能够为福建省的造林绿化和林业生态体系建设筹集必要的资金，从而进一步加快造林绿化和生态建设进程；另一方面，碳汇贸易将有助于推进林业科研和经营管理水平的提高，有助于促进我国造林、再造林和森林经营管理方式的创新，并最终有助于进一步推进全社会对森林生态服务功能有偿化的理解和利用市场机制解决森林生态效益补偿资金的进程。

（三）促进林业产业体系建设资金投入的政策建议

1. 培育多元化的林业产业体系建设的投资主体

（1）政府资金是必要的先导

由于林业生产具有经济、生态和社会三大效益，即使是那些以提供木材和各种非木材林产品作为主要经营目的的商品林也是如此，而且商品林所提供的生态效用远远地超过了它的经济效用，但生态效用是一种公共产品，其使用者在使用时不需要为此付费，生态效用提供者也无法从其消费者那里得到应有的报酬，即出现了所谓的"市场失灵"。在此情况下，政府作为社会公众的共同代表，应该承当起为商品林生态效用消费者支付必要费用的责任。可见，林业生产的公益性是政府应给予商品林资源培育主体必要资金支持的主要原因之一。

同时，林业又是一个自然再生产和经济再生产相结合的特殊产业，森林资源在其漫长的生命周期内，既受社会经济状况的影响，又受气候、土壤、植被等自然条件的制约，具有高风险性，常常面临着灾害性天气、森林病虫害等各种威胁，也需要政府给予一定的支持，以促进其发展。此外，进入 21 世纪以来，我国政府为了推进林业的跨越式发展，也为了抓好林业的"三大体系"建设，已经将福建省划入六大林业重点工程之一的"重点地区速生丰产用材林基地建设工程"的范围，该工程是六大工程中唯一的一个商品林建设工程，其主要目的是为我国的经济建设和人民的生活提供各种林产品，而在福建省的森林资源总体中，其中占主体部分的集体林正是商品林建设项目的最重要组成部分，在"重点地区速生丰产用材林基地建设工程"的规划中，我国政府已经明确表示将在资金、政策等方面予以大力的支持。

可见，由于森林资源经营具有高风险性和公益性的特点，并由此导致了林业生产的弱质性，加之商品林资源经营者的产权仍然是不完整的，还受到一定程度的限制，这些因素均影响了森林资源所有者合法权益的正常使用，因此政府需要给予必要的经济补偿，补偿的方式可以多样化，其中最重要的一种方式就是在商品林建设的资金投入上予以支持。同时，福建省的集体林作为"重点地区速生丰产用材林基地建设工程"的最重要组成部分之一，肩负着"三大体系"建设的重任，而速生丰产用材林基地建设项目具有高投入、高产出的特点，需要投入大量的资金，因此需要政府资金的支持，特别是在商品林建设的初期，政府资金更应该发挥其先导作用，通过有目的、有重点地集中一定数量的资金，并采取各种适当的方式（如采用种苗补贴、税费减免、银行贷款贴息等），适时地投向商品林建设项目，这样既表明了国家和政府对林业建设的重视，又体现了政府对商品林建设项目所提供的生态效益的必要补偿（或补贴）。更为重要的是，政府资金可以发挥其重要的导向和基础作用，可以进一步引导大量的非政府资金的投入，从而极大地增加商品林建设项目的资金来源和数量，并减轻林改后林农们在林业生产中所面临的资金不足压力。

（2）非政府主体应成为林业产业体系建设资金的主要提供者

由于在福建省的森林资源中，其主体是集体林，而在新一轮林改中，产权明晰到林农家庭或个人的也主要是集体商品林资源，而商品林经营的主要目标是为人们提供木材和各种非木材林产品，即追求最大的经济效益，虽然其在提供具有商品属性的产品过程中也提供了森林的生态效益，但不是经营的主要目标，因此，商品林资源培育的主要资金应来源于林农自身及政府之外的其他主体，特别是在我国的市场经济还没有充分发展，政府的财力还不够强大的情况下，更应该充分发挥非政府主体在商品林资源培育之中的主导作用，即应该积极鼓励企业、个人和外商等主体积极投资于商品林资源培育，特别应该发挥银行等金融机构在商品林资源培育中的主导作用。至于营林业之外的森林采伐、运输和后续加工等属于林业产业建设的环节，其运作方式更应该按照市场规律进行，因此其建设资金也主要来源于非政府主体。

2. 拓展多元化的林业产业体系建设的融资渠道

在明确了非政府主体应在福建省林业产业体系建设中居于主导地位之后，目前的当务之急就是要积极创造条件，拓展林业产业体系建设资金的投入渠道，积极吸引社会各方资金的投入，以动员全社会的力量办林业，从而实现由过去的"林业办社会"向"社会办林业"转变。

首先，要努力提升林农及其他各类林业经营主体自身的盈利能力，使之成为新增投资的稳定来源。对于林改后取得森林资源经营权的广大林农及经营大户、各类合作经营组织而言，利润转增资本是他们增加林业经营资金的一个重要来源，也是一种切实可行的内源融资方式，尤其是对于那些经济效益较好的林农和相关的营林主体而言，通过运用自身的增值和积累来扩充资本，既实现了资本规模的增加，又由于这种增资方式属于内源融资，其融资的风险小，资金的成本较低，是其增加资金的一种重要方式。当然，由于营林业属于微利行业，利润转增资本的数量往往还比较有限。为了增强包括广大林农在内的森林资源经营主体的自我增值和自我积累能力，除了他们自身需要加强经营管理，提高要素生产率之外，政府有关部门还可以通过降低税费负担、解决山林产权受限等方式给他们松绑，以增强他们自身的造血功能，从而提高其增值和积累能力。至于营林业之后的森林采伐和林产品加工业，由于其盈利能力相对较高，所以其更应该注意采取自身盈利转赠资本这种资本金增加的筹资方式。

其次，努力提高商品林资源的信用融资能力。基于各类营林主体自我积累的能力有限，而股权融资又不现实，因此，对于林改后的广大林农及其他各类营林主体而言，社会融资应成为其经营资金来源的主渠道，特别是银行信贷资金应该成为其主要资金来源。而要想达到这一目标，就要求政府部门在信贷政策上给予必要的优惠，如通过提供政策性贷款和贴息或低息贷款等措施促使银行等金融机构为商品林经营主体提供长期限、低利率的信贷资金等。在信用融资中，抵押贷款作为一种借贷双方都比较容易接受的融资方式越来越受到青睐，森林资源资产作为商品林经营者所拥有和控制的一类最重要的资产，理所当然地应成为一种最主要的抵押财产，推行森林资源资产抵押贷款或林权证抵押贷款不仅是必要的，而且是现实可行的。而银行方面则应该在努力降低信贷风险的基础上，适当放宽对林农的抵押和担保贷款条件，允许他们以经过资产评估机构评估确认之后的森林资源资产作为抵押物取得经营性贷款，或者直接以林权证作为抵押贷款的凭据；至于已经获得贷款的林农，则应该管好、用好来之不易的信贷资金，注意选择有特色的投资项目，努力提高资金的使用效率，并按期还本付息。近年来，福建省林业厅通过与银行等金融机构的合作，已经在林权证抵押贷款等信用融资方式上进行了成功的探索，并取得了初步的成效，截止2007年10月，福建省林权抵押贷款的总额已经高达40.1亿元，其中直接针对林农的林业小额贷款达到了11.6亿元。今后，应通过进一步总结经验和教训加以推广。

3. 逐步建立商品林建设项目的补贴制度

给予森林资源经营者以必要的补贴，这是世界各国，特别是经济较为发达国家的通行作法。林业补贴制度是政府基于森林资源的市场弱竞争性、社会公益性以及森林资源经营者的产权受限等原因而实施的一种经济诱导制度。特别是政府通过对那些营造了有益于生态保护的混交林经营主体给予必要的补贴，或者对那些施用了有机肥或绿肥，抑或是使用了无公害农药等生态友好型的经营管理措施的商品林经营主体给予必要的补贴。政府通过以上方式给予森林资源经营者必要的补贴,不仅直接地增加了林业生产的资金来源渠道,而且是对林业生产正外部性的一种必要回报,是对林业经营主体采取了有益于生态环境保护行为的激励,还是对林业产权受限的一种必要补偿,更为重要的是它成为增加林业生产经营者收益的一个重要渠道,从而成为林业吸引更多投资来源的重要举措之一。

毫无疑问,必要的补贴是保证林业简单再生产顺利进行的必要条件,因为这种补贴不是政府给予林业经营主体的一种额外资助,而是一种互利的交换行为,是政府因部分地限制了林业经营主体的产权(如限额采伐)和社会无偿地享受了森林资源所提供的巨大的生态效用而支付的一种代价,是政府代表社会公众用一定数量的资金向森林资源经营者购买森林资源所产生的生态效益,这部分资金应成为保证森林资源再生产活动顺利进行的必要条件。而且,更为重要的是,补贴不仅可以直接成为林业资金增加的一个渠道,还可以通过补贴提高森林资源经营主体的收益水平,防止森林资源经营主体因为产权受限和无偿地提供了生态效益而遭受亏损,从而最终有助于增强森林资源经营主体的盈利能力和再筹资能力。

近年来,我国的经济迅速发展,国家财力得到了长足地增长,我国政府已经有实力进一步增加对林业生态建设的投入。同时,党中央、国务院对于生态环境保护和建设的重要性日益重视,这些都为我国今后建立健全森林资源经营的补贴制度奠定了坚实的基础。福建省作为我国沿海经济较为发达的省份,其已经具备了给予森林资源经营主体必要经济补偿的能力。

可见,现阶段对于森林资源经营者给予必要的经济上的补贴不仅是必要的,而且是现实可行的。在具体的补贴方式上,应该统筹兼顾,既要考虑森林资源经营者的现实需要,也要顾及政府当前的实际财力,要量力而行、逐步推进。各级政府在尽可能给予森林资源经营者以必要的直接补贴的同时,更主要的应该通过间接的补贴方式,如想方设法将目前仍显偏高的林业高税费(主要是育林基金)进一步降低下来,以及通过给予森林资源经营主体创造良好的融资环境,并在融资利息上给予必要的优惠。这样,在增加森林资源经营者林业资金来源渠道及数量的同时,还可以充分利用银行资金注入的契机,有效地加强资金管理和提高资金的使用效率,从而有利于提高林业投入产出的效率。

(四)促进海西林业生态文化体系建设资金投入的政策建议

根据本章前述部分所提到的观点,应该对林业发展所需要投入的资金实行分类管理政策,即应分别针对林业生态体系建设、林业产业体系建设和林业文化体系建设,实施不同的资金筹集措施,其中林业生态体系建设资金的筹集应坚持"以财政投入为主,市场投入为辅"的筹资原则,而林业产业体系建设资金的筹集应坚持"以财政资金为先导,以各种非政府资金投入为主体,积极拓展多元化的融资渠道"的原则。至于林业生态文化体系建设,由于其所发挥的主要是林业的社会和生态效能,提供的是林业的社会和生态效益。而无论是森林的社会效益,还是生态效益,大多都具有公益性质的,因此其经营主体为提供社会效益和生态效益而发生的各种资金投入在目前的条件下还难以根据市场经济规律得到必要的补偿,因此其建设资金的筹集应采取类似于林业生态体系建设资金的筹集方式,即也应该采取"以各级政府财政投入为主,其他主体的投入为辅"的资金筹集原则。这也是福建省林业生态文化体系建设资金筹集的总原则。在福建省目前的林业生态体系建设的主要内容中,无论是城市森林生态文化构建、乡村森林生态文化构建,还是"森林人家"构建、"绿色家园"构建,抑或是广大林区以林场、采育场和其他林业企业为主要载体的林区生态文化构建,其主要的建设内容都具有公益性质的,是以发挥林业的生态效益和社会效益为主要目的的,因此其建设资金的筹集方式应该类似于林业生态体系建设资金的筹集。

当然，福建省各地在林业生态文化体系建设资金的实际筹集过程中，还需要根据各自的具体情况，结合林业生态文化体系建设的不同内容，分别采取更为具体、更有针对性、更为有效的资金筹措措施。如对于林业生态文化体系建设中的那些在目前条件下就可以获得一定经济收益的部分，如森林公园、"森林人家"、花卉文化及产业等把林业生态文化建设与森林旅游资源开发结合起来的这部分，由于其经营可带来一定的经济收益，因此其建设资金的筹集可采取有别于其他林业生态文化体系建设项目的方式，转而采取类似于一般林业产业体系建设的资金筹集方式，即采取以政府资金投入为先导和基础，而以其他非政府资金为主体的方式；至于其他经济效益不明显的林业生态文化体系构建项目，如绿色家园创建、湿地森林营建、森林自然保护区建设、城市园林建设、名木古树保护等，其建设资金无疑应主要来源于各级政府的财政资金投入。

（五）完善林业建设投入资金的管理制度，提高资金的使用效率

1. 逐步提高林业投资资金管理者的综合素质

人是社会经济发展中最主要的影响因素，也是最活跃的因素。在林业资金的管理过程中，资金的运营效率取决于资金的管理水平，而资金的管理水平高低又受制于资金管理人员的素质状况，资金管理者素质的高低直接影响着资金的使用效率。为此，必须逐步提高林业资金管理者的综合素质。作为当今知识经济时代的一名资金管理者，他们不仅要具备金融财会方面的知识和良好的职业操守，同时还要掌握一定的林业方面的专业技术，最好还应该具有国际贸易方面的知识，能够预测世界经济形式的基本态势。而这样的人才目前我国林业部门还为数不多，对于具体的林业资金筹措单位来说就更为紧缺。因此，为了提高林业资金管理人员的素质，就应该采取引进来或走出去的方法，加快培养或培训这些急需的管理人员，可以从单位外部直接引入适合的人才，或者聘请有关的专家学者对单位原有的管理和技术人员进行相关知识的培训，也可以选派适合的人选到高校或研究机构进行进修深造，使他们在较短的时间内就能够掌握各种相关的知识，承当起项目资金管理的重任。

2. 建立、完善并推行林业资金使用的"报账制"

所谓的"报账制"是指项目建设的资金提供者为了保证其所提供的资金能够按照既定的计划使用，并有效地促使资金使用者提高资金的使用效益，在项目开始实施之后，并没有将项目资金直接支付给项目实施单位，由其根据项目的需要进行自由支配使用，而是将全部的资金暂时存入以项目单位的名义开设的"贷款户"，该账户由资金提供者直接进行管理，只有当项目建设实施单位发生符合项目需要的各项支出时，才能按规定从"贷款户"中提取相应的资金，这就是"报账制"的基本做法。也就是说，在"报账制"资金管理方法下，项目执行过程中所需要的资金必须由项目建设单位先行垫付，等到项目部分或全部完工之后，经过项目资金提供方的有关专家、项目主管部门及有关专业技术部门的相关人员按照项目管理办法所规定的检查验收办法验收合格后，合格部分所耗用的资金才能够从中列支。

对林业项目建设资金实行提款报账制是一种切实可行的资金管理制度，这一制度在我国林业世行贷款项目中已经取得了成功。对于福建省林改之后的林业信贷资金等项目资金的管理也完全可以引用这种方法。"报账制"通过对报账否决权的成功运用，能够有效地行使资金管理的职能。该制度要求营林项目建设采取先施工后报账的方式，林业资金使用者运用自筹资金先造林，而且要保证所营造的林分符合有关的质量标准，这就将营林的成本核算、造林的质量和费用控制等各个重要环节有机地结合起来，从而收到了良好的效果，既有利于保证项目林的高质量，又有利于控制各种不合理的成本费用的发生，从而有助于提高营林资金的使用效率。这是一种行之有效的、

较为成熟的资金运用和管理制度，该制度对于林业项目资金管理具有积极而现实的借鉴意义，可以得到广泛地运用，这对防范我国当前人工林营造过程中所出现的营林质量低下和资金运用的低效率具有较好的促进作用。

3. 强化和规范林业项目建设资金的成本管理制度

资金成本管理是加强资金管理的一个重要方面。所谓的资金成本是指资金使用者为筹措和使用资金而支付的成本，其内容主要包括筹资费用和资金使用费用两个方面。对于林业建设而言，为了提高项目建设资金的使用效率，必须加强项目资金的成本管理。资金成本是项目实施单位进行筹资决策时的重要依据之一，由于项目单位筹集资金的方式不同，其筹资费用和使用费用也是各不相同的，项目经营者总是希望选择资金成本较低的筹资方式。同时，资金成本高低是评价各种项目造林方案是否可行的一个重要标志。资金成本是造林项目的最低可接受的收益率，也就是说，如果造林项目的预期收益率高于资金成本，则投资项目可行，否则，就不可取。此外，资金成本还是衡量项目经营者经营业绩好坏的一个重要标准。只有在项目的资金利润率高于或等于资金成本时，资金提供者的收益期望才能得到满足，才能表明项目经营有方。

正是由于对林业资金成本进行分析与管理具有如此重要的作用，所以，人们在进行具体的林业工程项目建设时，一定要注意项目的资金成本分析，尽可能地减少资金的使用成本，主要应采取以下几方面的对策：第一，努力提高资金筹集的效率，主要通过缩短项目资金的实际获得时间与项目资金的实际运用这两者之间的间隔，并通过加快项目的施工进程来加快项目资金的使用效率，从而将资金的使用成本降到最低水平。第二，通过对项目资金结构的分析，合理确定项目各个来源资金的组成比例，力争实现资金的使用成本最低而效率最高。第三，确定合适的筹资期限。要根据不同的项目，选择一个既能够保证如期地支付款项，又能够使资金成本最低的合适的还款期限。鉴于林业生产长周期性的特点，如果项目单位采用向银行借款筹资时，应尽可能地使贷款的期限长一些，但对于还款期则要根据不同的造林树种分别确定。第四，尽可能地争取降低贷款的利率和手续费，从而降低资金的成本。

4. 建立健全林业建设资金运营的监管和稽查制度

为了提高林业资金的使用效益，就必须加强对资金的监督和稽查管理。对林业资金的监督管理既包括项目主体自身的监管，又包括项目主体之外的外部稽查监督，具体涉及以下几个方面的工作：

第一，整章建制，加强林业项目资金的监督管理。加强林业资金管理，强化资金监督，首先要从制度和机制建设上下工夫，要从资金管理的规章制度、管理体制、政策措施和日常管理等方面入手，通过制订、完善和实施一系列相关的资金管理和监督制度，完善资金管理，建立和形成有效的监督和制约机制，进一步加强资金预算管理，严格贯彻执行各项规章制度，从源头上解决在资金使用和管理上可能出现的问题。

第二，林业项目资金实施主体应通过建立健全财务管理和会计核算制度，将资金管理和监督的各项工作落到实处。各个林业经营主体应该根据不同的项目分别制订财务管理和会计核算制度，具体包括项目资金的会计核算办法、账务处理程序、资金的收支管理、提款报账等方面的有关规定，以及相应的实施细则等相关内容。

第三，发挥项目建设单位内部审计和政府审计的监督作用，以促使项目资金的正常运转和高效使用。审计监督是促使林业资金安全、高效地使用的主要保障制度之一，因此，应该充分发挥审计部门的监督作用，具体包括项目单位的内部审计和外部审计两个方面。其中项目单位的内部审计部门可以通过对本单位内部各个业务部门中项目资金的流转状况实施检查和监督，以了解项目资金的使用状况；同时，还可以通过对项目实施单位会计部门所提供的有关项目核算资料的分析和核查，以便及时准确地了解与项目资金使用相关的会计核算制度的完善程度，以保证项目资金得到有效、合理地应用。对于外部审计而言，主要应该发挥各级政府审计部门的作用，政府审计可以通过定期或不定期的审查监督，促使项目资金合法、合规、合理和高效地使用。

第四，建立、健全林业项目资金的稽查制度。为了使林业资金的监督管理工作制度化、规范化和经常化，以提高资金的使用效益，保障营林工程项目的顺利实施并达到预期的目标，首先，各级林业主管部门应成立专门的资金稽查机构。其次，应该明确这些资金稽查机构的职能和性质，并使这些职能在实际工作中能够得到真正地实施。再次，建立林业项目资金巡回稽查和专项稽查制度，各个层次的资金稽查机构负责稽查下级单位及其所属的林业项目实施单位的资金使用和管理情况，除了要对林业项目资金的使用和管理进行定期、全面地稽查之外，还应该根据实际需要实施必要的不定期稽查和专项稽查，对查出的问题，要进行严肃处理。最后，应建立健全稽查特派员制度，并实行林业项目资金稽查特派员负责制，即通过建立健全有关稽查的一系列规章制度，明确稽查机构特别是和稽查人员的权力和义务，并采取适当的激励措施，以充分发挥稽查人员的积极性，从而确保林业项目资金的高效使用，并最终保障项目建设的顺利实施。最后，对监督和稽查过程中发现的违法乱纪问题，要加大处罚力度，实行严格的责任追究，情节特别严重并已经违反法律的，监督稽查机构应与公检法部门紧密配合，给予相关的责任人员以相应的惩处。

总之，有关部门要通力合作，采取切实可行的措施对林业项目资金的分配、拨付、使用等各个环节，进行全方位、全过程的监督和稽查，在监督稽查的方式和方法上，要由过去的以事后监督管理为主转向事前审核、事中监督和事后检查稽核的有机结合，做到尽量早发现问题，早解决问题，从而最大限度地避免和减少损失。

（六）积极采取措施，吸引台、港、澳资金投入海西现代林业建设

从以上的分析可知，当前及今后相当长的一段时间内，为促进福建林业的发展，需要投入大量的资金，而且这些资金绝大多数需要在近期之内投入。如此巨大的资金需求量，单靠省内筹集难度相当大。因此，我们应在努力争取省内有关主体将其资金投入林业生产的同时，将筹资的范围进一步扩大，想方设法吸引外资以及我国其他省份，特别是台、港、澳资金投入海峡西岸的现代林业建设。同时，福建林业目前也具备了吸引台、港、澳资金投入的一些有利条件，具体表现在：一是福建省林业资源丰富、品类众多，而且其林产品多为初级加工品，进行精、深加工的潜力巨大，盈利的潜力较大；二是福建省林业劳动力数量充足，而且其成本相对比较低廉；三是经过改革开放近三十年的建设，福建林区的投资软、硬条件日益改善，台、港、澳资金投入还可以享受诸多优惠；四是福建省地处东南沿海，其在地理位置上毗邻台、港、澳，具有地缘上的优势；五是福建省的许多县市均为著名的侨乡，特别是福建省还是许多台、港、澳居民的祖籍地，具有亲缘上的巨大优势。同时，祖国大陆有13亿多人口，是当前世界公认的最大投资市场，而福建林业又是一个尚待开发的投资领域，尤其是其中的林产品加工业、森林旅游业等需要较大资金投入的经营性领域，其投资明显不足，而这些领域通常又具有较好的市场前景、较高的投资报酬率。以上这些都是福建林业吸引台、港、澳资金投入的有利条件，这也为外商投资中国林业提供了众多的机会。我们应充分利用这些有利条件，加大招商引资的力度，使台、港、澳资金成为福建省林业建设资金的一个重要来源，从而有助于在一定程度上缓解林业建设资金短缺的问题。同时，我们还应该以引进台、港、澳资金为契机，学习、借鉴和吸收这些地区在林业生产、经营和管理方面的经验和技术，当然也包括在林业资金管理和高效运用上的经验，从而实现在增加资金来源的同时提高资金的使用效率。

第四节　海峡西岸现代林业发展的科技保障

一、林业科技是促进海峡西岸林业发展的第一推动力

科技进步是人类社会经济增长的动力源泉之一,在这一点上,经济学界很早就已经形成了共识。无论是马克思主义政治经济学,还是西方经济学中的各个经济增长学派,都十分重视科学技术在经济增长中的巨大作用。而在现代世界经济增长中,各国的实践已经一次又一次地证明,技术进步一方面在发达国家和地区成为主角和第一推动力,成为经济持续、稳定增长的核心和力量源泉;另一方面在发展中国家和地区的经济赶超中也担当着主角,发挥了第一推动力的作用。总之,世界经济的角逐,本质上就是技术进步的角逐和技术进步的过程,这一原理对于一个国家或地区内部特定的经济部门而言同样适用,特别是作为国民经济发展基础的林业部门。

2006年初,中共中央、国务院以1号文件的形式发布了《关于推进社会主义新农村建设的若干意见》,其中重点提出了一系列推进新农村建设的具体措施,明确提出要通过推进现代农业建设,以强化社会主义新农村建设的产业支撑,并以产业发展促进农业生产全面发展和农民生活宽裕。而要想实现这些目标,其中首要的措施就是要大力提高科技创新和转化能力,使科技在新农村建设中发挥第一推动力的作用。

福建省地处我国东南沿海,全省地跨中、南亚热带,热量足、雨量丰,十分有利于林业生产;同时,由于福建境内多山,素有"八山一水一分田"之称,这为林业的发展提供了较为有利的条件。然而,要想将这些地理优势及资源优势转化为经济上的优势,就需要科学技术的强有力支撑。特别是在当前建设社会主义新农村以及建设海峡西岸经济区的关键时期,福建林业的整体推进和发展壮大更需要林业科技的重要推动作用。目前,福建省的林业科技对林业经济增长的贡献率已经达到了45%,已经在林业生产经营中发挥了重要的作用,林业科技的第一推动力作用已得到了初步的显现。

二、海峡西岸林业科技创新与转化的现状及问题

(一)"十五"期间海西林业科技创新和转化的概况

1. 林业科技自主创新能力逐步增强

"十五"以来,福建省共实施省部级各类林业科技计划项目600多项,其中取得科研、推广成果160多项,获省科技奖和省优秀新产品奖118项,其中由省林科院主持的"松材线虫病监测及松墨天牛综合控制技术的研究"是第一个由省林业科技界自主完成并获得省科学技术奖一等奖的成果。这些科技成果的取得,进一步提高了福建省林业科技的整体实力,全省林业科技进步贡献率已由"九五"末的38%上升到目前的45%。

2. 林业科技推广与转化工作取得了新的进展

近年来,福建省积极探索林业科技成果推广和转化的新形式,提出了"以成果为依托、市场为导向、效益为中心"的成果转化新形式和技术服务新手段,林业科技推广功能性改革取得初步成效,得到国家林业局的肯定并在全国推广。同时,不断创新林业技术推广和服务方法。目前,已经在全省范围内65.8%的地区覆盖了"96355"林业服务热线,其中南平市和三明市已经分别达到了98.7%和100%。另外,全省还培训村级林农技术员1.2万多人次,推广科技特派员和村级协会模式,促进科技推广机构与林农、林业企业、农村技术协会的联系。组织推广了桉树、光皮桦、

锥栗、雷公藤等树种优良新品种和栽培技术以及毛竹笋竹两用林丰产高效培育配套技术等 100 多项对林业生产有着重大作用的科技成果和实用技术。科技兴林示范建设工作再上新台阶，目前全省建立了南平全国林业科技开发试验示范区、2 个部级和 12 个省级科技兴林示范县、7 个林业科技示范园区，还建立了一大批科技兴林示范乡（镇）、村、片，初步构建起林业科技示范网络，促进了科技成果的转化应用，提高了林业科技的显示度。

3. 林业产学研合作开始步入良性循化阶段

"十五"期间，全省各级林业单位纷纷与省内外甚至国外的科研院校开展产学研合作。省林业厅与中国林科院等 4 个省内外科研院校建立了长期的科技合作关系。通过科技项目成果交易会、科企联谊会、科企对接会、成果推介会等载体，搭建科企项目对接平台，成功对接和实施了竹材加工、木材改性与防腐、纳米改性竹炭、轻基质育苗、胚胎育苗和人工栽培的红豆杉提取紫杉醇等一大批项目成果。仅 1~4 届省项目成果交易会（"6·18"）就征集和推介林业科研成果 800 多项、企业技术需求 278 项，对接林业项目 711 项，协议总投资超过 54 亿元。产学研合作有力地促进了科技与经济建设的结合，为实施项目带动战略，推广应用新技术、新成果，改造企业传统工艺，开发新产品，提高经济效益探出了新路子。

4. 林业标准化与质量监督体系建设工作取得了长足的进展

"十五"以来，全省完成制（修）定省地方林业标准 43 项，建立了 7 个国家级和 17 个省级林业标准化示范县（区、项目），示范面积 1 万多公顷，辐射带动 20 多万公顷。目前福建省林业标准基本覆盖了林木种苗、造林、速生丰产用材林、生态林、森林资源管理与保护、名特优经济林、木材与竹材加工等林业生产建设领域。同时，加强了林业质量监督工作，建立了 2 个省级林产品质量检测中心和 4 个市级林木种苗质量检测站。福建省林业标准化工作继续保持在全国前列。

5. "数字林业"建设取得新进展

目前，已完成了数字林业一期工程项目建设，搭建了省林业厅局域网，基本上实现厅机关通过网络进行政务和业务信息的交流。同时，建立了连接省市县级林业部门的数字虚拟专网；制定了数字林业相关标准，为全省实现信息化共享奠定了基础；组织改造了森林资源空间数据和属性数据；完成了林业视频会议系统和森林防火综合管理信息系统建设。此外，还进行林政管理业务应用系统和森林资源监测管理应用系统开发，开展了林木采伐规划网上审批业务，提高了工作效率，促进了管理服务的公开、透明。

（二）海西林业科技发展现存的主要问题及其原因

近年来，在党中央、国务院的关心和大力支持下，加上林业部门的重视和广大林业科技工作者的辛勤工作，我国的林业科技已经取得了长足的进展。但由于历史和现实原因的影响，目前，我国的林业综合生产能力与发达国家相比仍有较大的差距，林业劳动生产率只相当于世界平均水平的 60%~70% 左右，与发达国家之间的差距达到了几十倍甚至上百倍；我国的林业科技不仅创新能力不足，推广和转化的效率更为低下，平均只有 10% 左右；至于林业科技对林业生产发展的贡献率，截至 2007 年还仅有 45%，虽然比"九五"时期有所增加，但与我国总体的科技发展水平相比较为落后，即使是与农业 48% 的贡献率相比，也相差 3 个百分点，与发达国家 70%~80% 左右的水平相比，二者相差 30 到 40 个百分点，其差距之大更是显而易见的；由于受制于林业科技发展的水平，导致各种自然资源的利用效率低下。

作为我国较早地实行了改革开放且经济发展较快的省份之一，福建省的林业科技近年来得到了长足的发展，林业科技贡献率从 1996 年的 33% 提高到目前的 45%，增长了 10 多个百分点，但仍然与其经济强省和林业强省的地位不相称。总体而言，福建林业科技目前所存在的问题主要体现在以下两个方面：一是科技创新能力不足；二是现有科技成果的转化能力有限。据统计，福建省在科技进步对林业经济增长的贡献率这一最具代表性的指标上与全国相比虽然略高，达到了45%左右，但比全国农业科技的平均贡献率48%还低了3个百分点，与国外林业科技较为发达的国家相比，差距更为明显。正是由于科技创新能力不足和推广转化效率低下，导致了福建省的林业科技发展水平整体上滞后于经济发展，生物技术和信息技术等高新技术在林业生产经营中的应用水平还比较低，林业企业缺乏必要的自主创新能力，林业科技力量分散，学科带头人不足，科研条件比较落后，技术推广和转化工作薄弱，科技投入不足，林业科技体制和运行机制还不能适应福建省林区经济和林业发展的需要。

福建林业科技之所以会出现科技创新能力不足和推广与转化效率低下的问题，其原因是多方面的，主要可以归纳为以下几个方面：

第一，人们思想意识上对林业科技的重要性认识不足，导致实践行动的滞后。"科学技术是第一生产力"的观点目前虽然已经逐渐为大多数人所认同，但不少人仅仅将这一提法停留在口头上，在其思想意识上并没有相应地进行转变，当然也就没有真正的付诸于实践；有些人则认为科技的重大促进作用主要体现于工业生产中，对于目前仍然以手工作业为主的我国林业生产而言（尤其是营林业），"科技是第一生产力"还仅仅是一个遥远的理想。因此，不少人在现实的林业生产实践中并没有给予林业科技应有的重视，不仅不重视林业科技的创新，甚至对于现有科技成果的推广和应用也没有给予足够的关注，更不用说将其真正地摆在"第一生产力"的位置加以对待了。正是由于受到这些错误思想意识的影响，导致许多涉林的相关主体缺乏必要的科技创新和推广转化意识：不少科研人员的研究工作缺乏应有的创新性，存在着低水平研究、重复研究、跟踪式研究等问题，或不注重自己研究成果的推广和转化；大部分的林农和林业企业不是积极主动地去拉动科技创新和加快现有科技成果的尽快转化利用，反而存在着等待主管部门给成果、给项目，完全依赖于政府投资金，对林业科技的需求不旺；林业科技主管部门则认为现在是社会主义市场经济，林业科技供求也应主要通过市场机制加以调节，由供需双方自己协商解决，也没有花大力气去推动。这些思想观念上的障碍是当前阻碍福建林业科技创新能力不足和推广转化效率低下的主要原因之一，应尽快加以转变。否则，福建林业科技就很难赶超国内外的先进水平，也很难发挥出其"第一生产力"的作用，从而难以在现代林业和新农村建设中发挥应有的作用。

第二，林业科技创新主体缺位，自主创新能力不足。林业科技创新是一项复合的系统工程，需要有关各方的通力合作，特别是应促使林业企业成为促进林业科技创新和引导科技成果推广与转化的主体。然而，我国目前在林业科技创新方面，却存在着创新主体缺位、自主创新能力不足等问题。在创新主体方面，最应该、也最有可能成为我国林业科技创新主体的大中型林业企业大多数因缺乏必要的科技创新意识，或者由于不少的林业科技成果都具有一定程度的公益性的特征，加之激励机制不完善、技术开发人员不足、研究资金不足等各方面条件的限制，致使大多数的林业企业不愿意组织相应的科技创新活动；有些企业虽然需要某些方面的技术，而且自身也确实已经具备了一定的科技创新能力，但往往存在着等、靠、要的思想和相互攀比的心理，总是希望政府机构、社会团体或其他企业能够解决这些技术问题，然后自己再通过"搭便车"无偿地加以应用，所以它们往往没有组织必要的科技创新活动的积极性，从而导致企业科技创新能力上的缺乏。此外，我国现有的林业科研成果大多自主创新性不强，许多研究成果缺乏必要的核心技术，多属于"跟踪式""模仿式"或"转化式"的研究，真正具有原始、创新的研究极为有限，缺乏重大的自主创新研究，一些出口创汇林产品品种和重大技术装备仍然主要依赖进口，那些有助于促进我国农林牧食物产品的增产优质、增效安全等领域的关键技术创新不多，各种有助于促进林业生产实现绿色化、产业化和标准化的技术研究不足，当前现代林业建设中急需加强的各种有助于改善林业生态和环境保护方面的科技创新能力不足。

第三，林业科技体制和运行机制难以适应林区经济和林业发展的需要。与我国其他省份的情况类似，福建省目前在林业科技体制上仍然存在着科学研究和经济生产的实际需要二者相脱节的问题，即人们经常提到的科技和经济"两张皮"问题，全省绝大多数的林业科技人才都集中在林业企业之外的科研院所和高等院校，而这些科研机构和高等院校中的科研人员，其中大部分的研究项目和研究资金来自于各级政府的不同部门，他们在平时的科研活动中基本上与企业没有直接的联系，虽然这些研究项目也是政府部门在进行了一定的调查研究之后确定的，但其与多样化且处于不断发展变化中的林业生产的实际需求之间仍然存在着较大的差别，从而致使林业科研与生产实践形成了两个不相干的体系，并最终阻碍了林业科技向现实生产力的转化。而广大涉林企业由于自身的自主创新能力十分薄弱，许多生产经营过程中急需的技术难以得到及时的满足，从而严重地影响其生产经营效率的提高，有碍于现代林业建设的进程。

第四，林业科技推广和转化体系建设滞后，不仅直接影响到科技推广和转化的效率，而且难以发挥出对科技创新应有的引导和拉动作用。当前，福建省林业科技对林业经济增长的贡献率较低，其根源并非完全缘于缺乏必要的创新技术，更多的是因为许多地方林业科技推广和转化的效率低下，究其原因，这与各地林业科技推广和转化体系不健全，科技推广和转化工作处于混乱甚至无序和瘫痪的状态，林业科技推广的中介组织缺乏，政府有关部门的宏观调控不力，林业科技市场尚未形成等都有直接或间接的关系。正是由于科技成果转化机制还未真正形成，推广和转化体系不健全，以及由此而引致的科技转化的能力不足、效率低下，导致有相当数量的成熟技术尚不能被很好地应用于林业生产实践，高校与科研单位还有大量的研究成果不能有效地转化为现实的生产力。同时，由于林科教、产学研联系不紧密，科研选题与林业生产实际及林农的实际需求相脱节，缺乏针对林农和林业企业需求的研究计划，在共用技术的开发与转移上，缺乏完整有效的实施体系，从而严重地影响了林业科技服务的质量，并最终制约了科技对林业经济增长的作用。鉴于此，建议应进一步加大对林业科技推广和转化体系改革的力度，对福建省现行的林业科技推广服务体系的职能进行重新定位，从而形成一个职责清晰、管理高效的科技推广和转化服务体系，使林业科技在现代林业和新农村建设中大显身手。

第五，资金投入不足，影响了林业科技创新能力的提高和推广转化的速度。据有关数据显示，目前我国农业（包括林业在内的大农业）科研经费的年投入量仅占同期农业总产值的0.4%~0.5%，而世界各国的平均数则在1%左右，发达国家更是高达3%。由于资金投入不足，不仅直接限制了我国林业科技创新的能力和水平，而且影响到林业科技成果的推广和转化速度，这是目前导致我国科技对林业生产贡献率低下的主要原因之一。因此，建设现代林业，必须不断加大林业科技投入。

三、以林业科技创新为突破口，推进海西现代林业发展的建议

与全国其他的地区类似，福建林业发展目前正处于由传统林业向现代林业转变的重要过渡时期，加之自身存在的一些特点，使得福建林业既承担着为新农村建设提供产业支撑的历史重任，又面临着资源和市场的双重约束。面对新时期的新形势和新任务，福建唯有针对存在的问题，采取切实可行的对策和措施，才能进一步加快和推进林业科技进步与创新，才有助于缓解林业发展的资源约束，并推进林业经济增长方式的转变，从而有效地拓展林业发展领域，提升林业发展的竞争能力，实现林业和林区的可持续发展，并最终为海峡西岸现代林业建设奠定坚实的基础。

（一）在全社会培育和弘扬一种人人关注林业科技创新的良好意识和氛围

世界各国的经验已经证明，一个国家或地区科技创新的能力和水平，既与这个国家或地区的经济发展水平、科技人员的数量与素质、政府及企业对科技经费的投入等因素密切相关，更与这个国家或地区是否形成了一种人人重视科学技术的意识和氛围相关。福建省目前林业科技创新的水平不高、科研成果转化的效率不高，不仅落后于全国大农业的平均水平，更与林业科技发达国家和地区之间产生了较大的差距，其中的原因虽然是多方面的，但其中很重要的一个方面就是至今还没有形成一种全社会都注重于培育和弘扬林业科技创新的良好氛围，有关各方的科技创新意识不高强烈。针对这种情况，为有效地发挥林业科技在推进福建各地现代林业建设中的支撑和引领作用，要通过广播、电视、报纸等各种大众宣传媒介的大力宣传和引导，在全社会培育和弘扬一种人人注重于林业科技创新的良好意识和氛围。要借以进一步激发全社会特别是林业有关主体的林业科技创新意识；要充分尊重群众的首创精神，在全社会塑造一种崇尚科学、求真务实的创新意识，培育一种符合知识经济时代要求的敢为人先、勇于开拓的创新精神；要有意识地营造一种勇于探索、鼓励创新的文化氛围，并建立和完善一套能够有效地促使有关主体敢于冒险、积极进取的创新机制；要有意识地广泛开展各种群众性的自主创新活动和科普宣传活动，积极引导、支持和鼓励相关的企事业单位和各种社会团体开展形式多样的科技创新竞赛，以提高全民尤其是农村居民的科学素质和创新意识；要通过舆论宣传，积极开展创新文化的宣传，使自主创新成为一种时代的精神、一种优良的品质和一种时代的新风尚，从而为林业科技创新奠定最广泛、最坚实的社会人文基础和良好环境，以提高福建社会各界特别是林业相关部门的科技创新的积极性和主动性。

（二）构建以"一校二院"为核心的海西林业科技创新平台

要充分发挥林业高等院校和省级林业科研院所在技术人才、信息、装备和学科建设等方面的资源优势，通过实施重大林业科技项目，使其成为福建省林业科技原始创新、集成创新和引进消化吸收再创新的主力军。同时，要注意加强与农业、水利、气象、环保等行业有关科研院所和高等学校的交流与合作，搭建省院合作的技术平台，实现优势互补和资源共享，并促进学科的交叉与融合，从而逐步建成具有引领和支撑林业发展的区域科技创新基地，增强林业技术储备。

结合福建省目前在林业科技供需方面的基本状况，当务之急是要构建一种以"一校二院"为核心的福建林业科技源头创新平台，为此：一方面，形成以福建农林大学为主的林业科技基础研究平台，以充分发挥林业高校在基础性和创新性研究方面的优势，并通过其带动全省的林业科技创新上一个新台阶。为此，应有针对性地选择一批对经济社会发展和行业科技进步有带动性、标志性、突破性的重大科技项目，组织跨学科、跨地域的科技协作与攻关，从而切实解决制约林业生态建设和产业发展的关键性技术难题。力争在林业生物技术、生物质能源、新材料技术等科学前沿和高新技术领域取得突破，取得一批拥有自主知识产权的重大科技成果和专利技术，以提升福建林业科技的整体水平。另一方面，建立以福建省林业科学研究院为主、福建林业职业技术学院参与的林业应用研究和技术创新平台，重点研究解决当前在福建林业生产经营实践中所遇到的应用性和技术性难题，从而推进林业科技的整体进步。

（三）加大引导力度，促使具备条件的林业龙头企业成为自主创新的主体

在当今的知识经济时代，科技正日益成为一个国家或地区经济发展的引擎和人民生活福祉的基础。作为一个幅员辽阔、人口众多，但人均资源占有量较少的发展中国家，我国难以承受也不能选择资源推动型或依附型的经济增长模式，必须走科技创新推动型的经济发展道路，即应该十分注重以科技为支撑，发挥后发优势，只有这样才能扬长避短，才有可能赶超世界先进国家。同时，历史经验已经证明，在关系国计民生和国家安全的重要战略领域，真正的核心技术是买不来的。而在激烈的国际竞争中，如果缺乏核心技术、自主知识产权和创新能力，不仅会使一个国家或地区的经济安全受到严重威胁，还会影响其国家竞争力的提升，从而使自身在国际产业分工中处于不利的地位。此外，国际经验也已充分地证明，当一个国家或地区人均 GDP 在 1000~3000 美元阶段时，其经济社会结构变化最为活跃，资本、劳动力等传统生产要素对经济增长的贡献率将出现递减的趋势，而技术创新的作用将明显地上升，我国目前则刚好处于这一重要的发展阶段。对此，国内外的许多专家学者都认为，今后我国如果没有实现科技进步贡献率的大幅度提高和经济增长方式的根本性转变，将无法实现国内生产总值到 2020 年"翻两番"的目标。可见，自主创新将是我国实现一系列经济社会发展目标和促进社会经济可持续发展的不二选择。

从我国林业发展的实践看，在党中央、国务院的正确领导下，我国通过依靠自主创新，为实现主要林产品由长期短缺到供求基本平衡、丰年有余的历史性转变做出了重要的贡献。从国际经验看，林业的竞争在表层上是价格、品种、质量和服务的竞争，实质上是科学技术的竞争，是自主创新能力的竞争。因此，通过自主创新并用高新技术改造传统林业，正逐步成为世界大多数国家和地区发展林业的普遍做法。对于福建林业而言，为实现新时期现代林业建设的各项目标，也同样需要发挥林业科技的重要支撑和引领作用。为此，在今后相当长的一段时间内，林业科技工作必须将自主创新摆在十分突出的位置，着力加强原始创新、集成创新、引进消化吸收再创新，从而不断地增强林业科技的创新能力、储备能力和转化能力，加快实现林业经济增长方式从要素驱动型向科技创新驱动型转变，使得科技创新成为推动福建林区经济社会发展的内在动力和引导林农增产增收的首要因素。为了尽快地实现福建林业发展和新农村建设的各项目标，必须把增强自主创新能力作为林业科技进步的战略基点和调整林业产业结构的中心环节，要通过深入实施科教兴林战略，集中优势力量，加大投入力度，着力提高林业科技的原始自主创新能力、集成创新能力和引进消化吸收再创新能力，力争在一些关键领域的重大开发方面取得突破性的进展，并着力提升林业科技的应用和转化能力，使科技向产业聚集，技术向产品集中，从而不断地提高林业科技对林业经济增长的贡献率。

在明确了应加强福建林业科技自主创新的能力和水平之后，紧接着就要解决创新主体的选择问题。众所周知，在经济日益全球化的今天，国与国之间的竞争，最终具体表现为企业之间的竞争，因此，在绝大多数的行业和领域，企业毫无疑义地成为技术创新的主体。但对于林业这一独具特色的行业而言，情况则有所不同，目前，我国的林业技术创新依然是一个多主体共同参与的过程。在这些不同的主体中，林农既是林业生产活动的直接参与者和执行者，也是林业科技的最终使用者和林业技术创新的需求主体；各级政府既作为林业科技研发经费、科技体制、技术政策等方面的提供者和制定者，同时又作为林业发展的宏观调控者和林业技术创新的决策者，政府在林业技术创新体系中主要扮演着技术供给者和整体协调者的角色；林业高等院校和林业科研院所作为我国当前林业科技的主要研发主体之一，其实际上也是林业技术的主要供给主体；此外，由于林业科学技术的发展日新月异，而且许多林业技术的应用方法较为复杂，作为这些技术主要使用者的林农往往很难及时准确地予以了解和掌握，因此，必须通过相应的技术学习和培训后才能顺利地接受并加以应用，这样，林业技术推广机构就成为林业技术创新主体中不容忽视的一方。可见，农民、政府、林业高等院校和科研院所以及林业技术推广机构等相关主体，都是当前我国林业科技创新及推广转化体系中的重要一方，它们都在林业技术创新体系中发挥着重要的作用。总之，我国目前的林业技术创新主体还是一个多元化的组合体，这既反映了林业技术创新的复杂性和艰巨性，也反映了本应成为林业科技创新最主要主体的林业企业目前还没有真正地承担起这一历史的重任。

当然，由于林业技术创新的主体是动态的和变化的，可以预见，今后随着我国社会经济的不断发展和林业科技创新体系的逐步完善，那些具有较大规模、技术先进、人力资源充足的林业企业必将成为林业科技创新的首要主体。按照这一发展方向和思路，目前的当务之急就是要努力促使那些已经具备良好条件的农（林）业产业化龙头企业成为自主科技创新的主体。同时，为了尽快地促使这些省级或国家级的农（林）业产业化龙头企业成为各地林业科技自主创新的主导力量和主要承担者，还必须采取一系列切实可行的引导和推进措施，主要有：一要不断地强化这些龙头企业在林业技术创新中的主体地位，要促使它们逐步地增加研发资金的投入数量，从而真正地成为研究开发资金的投入主体、技术创新活动的组织主体和创新成果的推广应用主体；二要进一步增强这些龙头企业的创新主体意识，把自主创新作为其增加产品附加值、提高技术水平和提升企业核心竞争力的关键要素予以对待；三要促使这些龙头企业不断地加强创新能力建设，有计划、有步骤地逐步增加研发资金的投入，加大创新人才的培育，不断地增强企业发展的后劲；四要逐步地完善科技创新激励机制，运用产权激励等多种形式对那些在企业自主科技创新中做出突出贡献的人员予以必要的激励；五要尽力培育企业创新文化，鼓励创新人才脱颖而出，提倡创新活动，让创新的意识和活力充满整个企业；六要整合各种外部技术资源，充分地利用现有的各种科技创新平台，加强产学研之间的相互联合，以进一步获得技术上的支撑。

（四）加强林业科技对外合作，促进国外技术的引进、消化、吸收和再创新

正如前面所述，福建林业的大发展有赖于林业科技的进步，而林业科技进步又主要通过林业科技的创新和推广转化，因此，林业科技创新是福建林业生产发展的基础和根本动力所在。然而，强调林业科技创新的重要性，并不意味着我们在发展林业生产经营过程中所需要的所有科学技术全部都要依靠自身从零开始进行研究和创造，并因此而一概否定林业科技的对外交流和合作。实际上，科技创新不仅仅指自主创新，还包括了对外部科研成果的引进、消化、吸收之后的再创新。因此，在新时期，为了有效地提高福建林业科技的水平，应该十分注重于加强林业科技的对外交流与合作，林业科技对外交流与合作应成为福建林业科技发展体系中一个必不可少的重要组成部分。

当前，福建省应该根据建设海峡西岸现代林业发展战略的实际需要，大力开展林业科技对外交流与合作。当然，这里的对外交流与合作既包括吸收、借鉴国内兄弟省份及相关科研机构的林业科技成果，更主要的是指按照国家的统一规划及福建林业发展的实际需要，加强与国际上其他国家和地区之间在林业科技领域的交流与合作（其中包括了与我国港、澳、台地区的交流与合作），本部分以下所提到的林业科技对外的交流与合作如没有特别说明，则主要指后者。福建林业科技领域的这种对外交流与合作的主要目的在于充分地利用全球的科技资源，解决当前林业和农村发展中的重大技术瓶颈问题，并通过对外来技术的消化、吸收和再创新，做到在开发的基础上引进，在引进的基础上创新，逐步用引进的林业高新技术改造传统的产品，以提高福建林业科技的整体水平，力求在某些重点领域实现跨越式的发展，从而不断地提高林业科技对林业经济增长的贡献率，以更好地发挥科技第一生产力的作用，并最终有助于推进福建省的新农村建设和现代林业的发展。

为推进现代林业发展的科技支撑力度，在今后的一段时间内，福建林业科技的对外交流与合作应着重于以下几个方面：

第一，要以国家"948"计划为平台，并结合福建林业科技发展的现状及今后的实际需要，积极引进那些先进、适用的林业科学技术。在国家"十一五"期间的"948"计划中，其中有不少项目与福建林业紧密相关，作为林业强省的福建应争取通过相关技术的引进、消化、吸收和再创新，以继续巩固在全国的领先地位。

第二，要充分发挥闽台林业合作的优势，进一步深化闽台林业科技的交流与合作。福建与台湾仅有一水之隔，两岸由于所处的地理位置类似，在林业生产上也有许多相同或相通之处，开展闽台林业合作是福建林业的特色和优势所在。改革开放以来，两岸林业的交流与合作就持续不断。2005 年 6 月 14 日，经国家林业局批复，福建省在三明市设立了海峡两岸（三明）现代林业合作实验区，从而成为全国首个闽台林业合作实验区。毫无疑问，海峡两岸（三明）现代林业合作实验区的设立为闽台林业的发展和进一步的科技交流带来了新的机遇。同时，近年来，福建省还借助于"6·18"等各种交流平台，充分地发挥闽台之间的"五缘"优势，进一步加强了两岸之间在林业科技领域的合作与交流。今后，我们应该在现有的基础上，进一步开展闽台林业科技领域的交流与合作，以充分地发挥各自的优势所在，从而推进两岸林业的共同发展，具体应特别注意以下几个方面的工作：①要紧紧抓住目前两岸互利合作的良好机遇，进一步推进闽台林业科技领域的交流与合作。要积极借助福建省当前进行新农村建设和设立"海峡两岸（三明）现代林业合作实验区"的契机，全方位地推进闽台林业科技的交流与合作。②福建省要积极地学习、借鉴、吸收和推广、运用台湾在林业科技领域的一些新技术和新方法，如电脑农业应用、基因工程、胚胎移植以及一些高附加值林产品的生产（种植）、加工、储运等方面的技术和经验，以提高自身在林业生产和林业科技发展方面的水平。③要有意识地促使台资由劳动密集型产业转向技术密集型、科技含量高的产业，要有重点地加强林业良种、先进技术（设备）和管理经验的引进、消化和吸收，以迅速地提高福建林产品的品质。④进一步加强两岸林业科技人员之间的学术交流和互访，不断地拓展项目合作的领域和提高合作的层次，具体的形式可以多样化，既可以就某些重大的技术项目开展联合攻关，也可以通过举办一些针对性较强的专题研讨会、研修班或实用技术培训班等方式以促进相互之间的交流。⑤要不断地健全闽台林业技术合作机制，既要适时地将闽台之间的林业技术交流与合作确立为一定时期的战略重点，并通过相应的技术引进措施以不断地提升福建林业科技的水平，更应该通过机制的不断完善使两岸之间的这种技术交流趋于经常化和制度化，以提高两岸林业技术合作的质量和水平。

四、进一步提升海西林业科技成果转化和推广能力的建议

科技成果的转化与推广是提高林业科技贡献率，从而促进林业生产发展和提升林业社会生产力进步的重要环节，也是当前促进福建现代林业建设的关键所在。新中国成立后，尤其是改革开放以来，与全国科技发展的总体趋势类似，福建省的林业科技推广与转化工作已经取得了一定的成效，为当地的林业和林区经济发展做出了重要的贡献。但从整体上看，福建省当前的林业科技成果转化率还比较低，技术推广的效率还不高，从而导致科技进步对林业经济增长的贡献率还不够高，仅为45%左右，比全国农业科技的平均贡献率48%还低了3个百分点，与国外林业科技较为发达的国家相比，这方面的差距更为显著。应该指出的是，导致福建省林业科技贡献率低下的原因是多方面的，其中既有林业科技创新能力不足方面的因素，又有科技转化和推广不力方面的原因。特别是在科技创新水平既定的前提下，如何有效地提高现有林业科研成果的转化和推广力度就显得尤其必要，因为这不仅有利于提高现有科研成果的利用率，从而节约大量的科研资源，而且有助于直接提高科技对林业经济增长的贡献率。可见，福建省的现代林业建设对福建省林业科技成果的转化和推广工作提出了更加迫切的要求，有关各方应在进一步强化林业科技创新能力建设的同时，充分地认识到自身在林业科技转化和推广方面的不足之处，切实地将林业科技成果的转化与推广放在更加重要的位置，并采取各种切实可行的措施加以应对，以有效地提高林业科

技对林业经济增长的贡献率,并最终有助于推进各地的现代林业建设。

(一)强化科技成果转化意识,推动林业科技成果的转化与推广

目前,导致福建省林业科技成果推广和转化效率低下的原因是多方面的,其中很重要的原因之一就是有关各方对林业科技成果转化与推广的重视不够,不少人思想上还存在着较为严重的"重研究、轻转化"的倾向。因此,为切实加快现有林业科技成果的转化与推广,有关各方必须及时地转变观念,提高认识,营造一种人人重视科技转化与推广的氛围。首先,要通过宣传、教育和引导,以增强广大林业干部职工的科技意识,应特别注意增强其科技转化和推广意识,让他们真正地认识到科技对林业生产经营的重要作用,并推动林业生产、管理部门经营观念的转变,以增强他们吸收林业科技新技术、新成果的自觉性和紧迫性。其次,要通过深化改革,解决林业科研单位自身存在的"重科研、轻转化"的问题,要按照"科技经济一体化"的要求,在深入研究和充分试验的基础上进行新工艺、新产品、新材料的系统开发,并注重这些研究成果研发之后的转化和推广工作,以及运用这些研究成果所生产出来的产品在进入市场之后的销售情况,并注意做好相关产品的售后科技服务工作,也就是说要从科技的研究、开发,到进入生产领域并形成最终的产品,作为一个完整的统一体来看待。林业科研工作者应当积极投身于经济建设的主战场,积极主动地将自己的研究成果推广到林业生产经营单位,使科研与生产密切结合,从而真正地产生效益。最后,也是最为关键的,就是要十分注意选择适当的科研成果转化与推广模式,应由过去的科研成果提供方单向推动,变为今后的供需双方"推拉互动模式",即林业科技的需求者应发挥其应有的拉动作用,以引导林业科研的方向。因为林业科技成果从研制到应用直至商品化、产业化,这不是一个自发的过程,科研成果不会由研究、创新的一端自动地转移到产品制造、销售的另一端。这个过程既要有研究单位对相关成果的主动转化和推广,更应有科研成果需求方的积极拉动,因为需求是影响供给的最终决定性因素。过去,我国林业科技成果转化率不高的一个重要原因既在于未能将这推、拉双方有机地结合起来,以形成有效的合力,特别是在需求拉动方面的效果低下。今后,要努力促使科研单位的推动与科研成果应用单位的需求拉动二者有机配合,以达到推拉双方互动促转化的目标,具体的形式可采用供需双方合作共同开发项目或由科研单位根据成果需求者的需要组织开展研究活动等,这样的研究成果针对性强,因此其转化率自然就高。

(二)按照分类管理的原则改革林业科技推广转化体系

由于林业科技涉及的对象多、范围广,其中既有公益性较强的林业基础研究、高技术研究、林业资源保护等方面的项目,又有经营性和一般性的技术推广和服务项目。公益性研究项目存在着显著的正外部性,无法像一般商品那样通过市场实现交易,因此只能由政府出资来支撑这方面的研究,其研究成果最终也应作为公共产品向全社会免费供给;而多数应用型的林业科研成果和开发研究成果,具有私人产品的性质,属于一般的经营性研究项目,其研究成果是能够作为商品在市场上进行交易的。对于这些不同性质的科研项目,不论是在其研究创新上,还是在其推广转化上,都具有不同的特点,因此不能一刀切地采用统一的模式,而应该区别予以对待,实施分类管理。

这里所谓的"分类管理"的基本思路是:对于公益性科研项目的转化和推广,政府部门应该发挥其主导作用,并提供强有力的人、财、物方面的支撑;而对于经营性和一般性科研项目的转化和推广,则应该逐步推向市场,并按照市场经济规律办事,即由市场机制对各种科技资源予以配置,以提高其推广和转化的效率。按照这一改革思路,今后政府部门将主要承担公益性林业科技项目的研发、转化与推广工作,主要包括林业病虫害的防治技术,动物疫病及林业灾害的监测、预报、防治和处置技术,林产品生产过程中的质量安全检验、监测和强制性检验技术,林业资源的有效利用、林业生态环境保护和林业投入品使用监测技术，林业标准化技术，以及与林业科技转化和推广密切相关的林业公共信息服务和技术培训服务等。为此，政府的林业、科技、财政等相关部门应该通力合作，主要通过经济和法律手段的运用，并辅以必要的行政手段，以加快公益性林业科技的转化和推广速度；同时，各级政府财政应该在相应的经费投入上予以保证。而对于那些具有经营性特征的技术研发和推广、转化项目，由于它们已经初步具备了直接面向市场的能力，应促使这类研发主体逐步转变为科技型企业，并根据技术需求方的"订单"来组织相应的研究和转化活动，或通过与技术需求方企业的密切合作以逐步并入这些企业，从而成为这些企业的固定的研发机构，这样就可以很好地解决科技成果转化和推广难的问题。目前,那些主要从事种苗、化肥、农药、花卉和林产品加工等相关技术开发和转化工作的机构，应逐步转变为科技型企业或直接并入相关的企业；至于那些专门从事技术咨询、信息服务、专业培训、分析测试和技术中试等相关工作的机构，也可以转化为科技服务型企业或直接并入林业生产经营企业，以实现自主经营和自负盈亏。当然，对于这类科技型企业，政府部门并非完全放手不管，而应该适时地予以支撑、引导和监管，特别是在这类科技型企业发展的初期，政府应该给予必要的支持，如为这类科技型企业创造良好的发展环境，在基础设施购建、资金、税收等方面给予必要的支持。毫无疑问，根据不同情况,对林业科技的推广与转化工作实行"分类管理"的原则,不仅切合林业科技的实际，也有助于提高林业科技的转化率及其对林业生产的贡献率，并有助于推进各地的新农村建设。

（三）实施林业科技热线和网络服务，促进林业科技的推广和转化

随着现代科技的发展和通讯技术的不断进步，林业科技服务的内容和方式也要相应地发生变化，特别是要适时地充分运用新式的电子通讯设备和网络技术等，实施林业科技热线和网络服务，以促进林业科技的推广和转化。对于福建而言，目前应以96355林业服务热线、福建林业信息网、乡村林业技术广播电视网等科普平台为切入点，以各种手段扩散林业技术，为基层、林农及时提供林业生产经营活动的产前产中产后的有关技术、政策和信息服务，帮助解决林农生产生活中急需解决的难题。为此，要求各设区市林业主管部门在原有开通热线的基础上，应首先争取近期内在所有的重点林业县开通"96355"服务热线，并在两三年之内覆盖全面。同时，统一设置在各县（市）的林业服务中心，使之成为林业社会化服务的一个平台和窗口。

（四）加大科技培训力度，增强林农的科技意识，提高科技应用水平

人是生产力诸要素中最为活跃的因素，在现代林业建设中，科技要先行，而科学技术的研发、转化、推广及实际运用，都需要一大批高素质的人才。因此，为了有效地推进林业科技成果的研发、转化和推广工作，并充分地发挥林业科技在现代林业建设中的支撑作用，就必须尽快地形成一支由科研项目研究、开发、转化、推广、经营、服务和管理等相关人员组成的庞大的林业科技队伍，并最大限度地发挥相关人员的主观能动性，促使其积极、主动地投身于林业科技的研发、转化和推广工作中，使林业科学技术由潜在的生产力转化为实实在在的生产力，以真正地发挥第一生产力的作用。然而，林业科技的进步离不开劳动者素质的提高，而劳动者素质的提高又有赖于林业新知识和新技术的培训。因此，在当前林农科学文化素质普遍不高，林业科技研发、转化和推广人才十分紧缺的情况下,如何尽快地培养和造就一大批林业科技研发、转化和推广方面的专门人才，以及为数众多具有一定科学文化素质和科技应用能力的新型林农，从而形成一支浩浩荡荡的林业科技大军，并在现代林业建设中发挥其应有的作用，就显得十分紧迫和必要。而要实现这一系列目标，目前最现实也是最可行的办法就是要不断地加大对林农技术员的科技培训力度，在培训之后经考核合格的，可发给林农技术员证书。这些林农技术员要充当好"播种机"的角色，即通过其进一步培训广大的村民，以期在较短的时间内迅速地提高其科技知识和能力，从而促进林业科技由知识形态转化为现实的生产力，并有力地推动各地的现代林业进程。为此，应根据各地的实际情况，因地制宜地开展多形式、多渠道的农民和农村人才培训，以培养有文化、懂技术、会经营的新型林农和留得住、用得上的实用型技术人才，从而大力提升林业劳动力的综合素质，造就一大批有文化、懂技术的林业建设带头人，并促使其在林业科技转化和推广中发挥主力军的作用。

在具体的培训方式上，主要有：一是针对广大的林农，因地制宜地开展新型林农的科技培训工程，以增强林农吸收和运用现代林业科学技术的能力。即各地围绕着各自的特色林业和支柱产业，按照"一村一品、整合资源、进村培训"的模式，对广大林农（尤其是青年林农）开展以产前、产中、产后的技术要领和经营管理知识为重点的示范性培训，以及必要的法律常识、农村生态环境保护等公共知识的培训，以不断地提高其务林技能，促使其科学地种田。各地还可以以"绿色证书工程"（这里的"绿色证书"即农民技术资格证书的习惯说法）为载体，按照不同的林业生产岗位的规范要求，通过邀请有关专家集中授课、发放技术手册和远程培训等手段，采取灵活多样的培训方式，对林区的生产骨干（尤其是青年农民）开展农业科技知识的系统培训，从而培养和造就一大批林业生产技术骨干，并通过他们的示范作用，将林业科技知识和相关的科技成果辐射到林区的千家万户。二是以农业部实施的"百万中专生计划"为依托，大力开展农村实用人才的培训工作，以加快林区实用技术人才队伍的建设，并促使其在林业科技成果的转化和推广过程中发挥主力军的作用。各地要依托现有的农（林）业广播电视学校和林业职业技术院校，切实落实招生计划，认真组织相关教材的编写，加强培训基地的建设，加大培训经费的投入，并积极开展面向广大林农的职业技能鉴定工作，争取用10年左右的时间为林区培养一大批具有中专学历的种养能手和经营能人（全国共100万名）；同时，应通过这些实用技术人才推进林业科技成果的推广和应用，从而为现代林业建设提供坚强的人才支撑（农业部，2006）。三是依托全国农业科技入户示范工程，推进林业科技入户，以促进林业科技成果的转化和应用。应通过有针对性地选择那些具有典型意义的林业科技示范户，并采取科技培训入户、技术服务入户、林业信息入户、物化补贴入户、林业机械入户等有效方式，着力培养一批林业科技示范户，以提高其科学知识的学习接受能力、科学技术的应用能力和转化推广能力。

（五）深化林业科技管理体制改革，促进林业科技成果转化

我国原有的林业科技管理体制是计划经济的产物，它使大多数的科研机构和科研人员独立于林业企业之外，使科技供给与现实经济对科技的需求成了互不相干的两张皮，二者各自为政，缺乏协调和合作，从而导致现实生活中经常出现这样的现象：一边是众多有研究能力的人缺少必要的研究经费，以及手上拥有现成技术成果的人找不到推广转化所需的资金；另一边却是大量正处在激烈的市场竞争中，急需适当的技术成果以提高自身竞争力的企业，但他们却苦于找不到好的技术成果。可见，这种体制已严重地阻碍了我国林业科技成果向现实生产力的转化，亟待于通过改革以改变当前的不利局面，从而促进林业科技进步和现代林业建设。当前，为深化林业科技管理体制改革，促进林业科技成果转化，主要应从以下几个方面入手：

1. 林业企业应成为林业科技进步和推广转化的主体

社会主义市场经济的基本规律和发展趋势从客观上决定了林业企业应成为经营性林业科技创新和推广转化的主体。建立以林业企业为主体的林业技术进步机制和技术转化机制是林业部门建立社会主义市场经济体制的一个重要目标，也是建立新型林业科技体制的主要内容。在过去的旧体制下，林业企业的科技成果主要是由其主管部门提供的，企业存在着等、靠、要等问题，没有进行科技创新和科技转化的动力和压力。这种情况带有明显的计划经济痕迹，已经不能适应当前我国林业经济增长的客观需要。可见，当前我国的林业科技管理体制改革首先应从制度入手，通过林业企业制度改革，切实将林业企业定位到科技创新主体和转化主体的位置上。林业企业要主动与科研机构、高等院校密切配合，共同研发各种先进适用的技术，并及时地运用这些技术生产出市场前景好的高、精、尖产品；林业企业应主动向农业科研单位提出所需的科研项目，或者以各种优惠条件，促使、吸引林业科研院所、高校的科研机构以各种形式进入企业，参与企业技术开发与技术改造，使各科研单位的技术优势得以真正发挥；林业企业，特别是大中型林业龙头企业，还应有自己精干的科技研发机构和研发队伍。同时，企业的广大干部职工应增强科技意识，要力争把企业设备和产品的更新换代、创名特优产品等建立在林业科技进步的基础上，并积极主动地促使现有的林业科研成果迅速地转化为现实的生产力，从而有效地提高林业科技对经济增长的贡献率，以促进各地的新农村建设。可见，林业企业成为林业科技进步和推广转化的主体，不仅有效地解决了林业科技供需之间"两张皮"的问题，而且将显著地降低科研成果转化过程中的交易费用，从而大大地节约了人财物力，有助于提高科技成果的转化效率。

2. 应加快培育和发展林业技术市场，促进林业科技成果转化

经营性林业科技成果走向市场，这是形势所迫，大势所趋。我们强调林业企业应成为经营性林业科技成果创新与推广转化的主体，并不意味着企业所需要的技术都由自己加以研究，这对企业（尤其是中小型企业）来说既不可能，更不经济。因为，即使是研究和开发能力很强的企业，也无法做到任何技术都由自己研制，它也要借助于技术市场获取自己所需要的一些科技成果。更何况在林业科技成果的使用者中，还包括了为数巨大的广大林农，对于他们而言，更不可能自己研发和推广林业技术成果，技术市场对于他们更显得必不可少。而技术市场有利于企业之间、企业与研究机构之间的相互沟通，有利于促进新技术的尽快传播和扩散。因此，适应当前形势发展的需要，必须加快培育和发展林业技术市场，为科研成果供需双方提供交易的场所，从而促进科技成果的交流、交易和合作。

培育和发展林业技术市场，应特别注意做好以下几项工作：第一，必须充分调动林业企业、科研院所、林业高校、科技人员及广大林农的积极性、主动性和创造性，应鼓励和促使他们把一切有利于提高林业科技水平的技术成果以各种形式进入技术市场，开展技术开发、技术转让、技术咨询、技术入股、技术联营、技术承包等多样化的技术供需双方的互动活动，并建立技术市场信息服务网络，通过畅通渠道、放宽政策，让更多、更好的林业科技成果由知识形态转化为实实在在的商品，由潜在的生产力转化为现实的生产力。第二，应尽快地建立、健全符合林业科技发展规律和市场经济运行规律的技术市场竞争规则，以提高对科研成果等各种知识产权的保护水平，从而逐步完善技术市场体系。第三，要促使科研人员观念上的转变，使其研究成果与市场需求相结合、与企业的实际需求相吻合、与林业生产实践的需求相衔接，即以解决林业生产实践中遇到的实际技术难题为目标，并根据市场和企业的现实需求来组织林业技术的研发和转化活动，以解决项目研究和实际需求之间的"两张皮"问题。第四，要充分发挥作为林业新技术转移和扩散桥梁的农村经济合作组织的应有作用，使之成为林农与市场对接的中枢，这样不仅有助于多元参与主体节省各种交易费用，而且有助于分享互助合作而带来的收益。为此，有关各方应精心培植形式多样的农村经济合作组织，并加速其发展，使之成为林业科技成果推广转化和林业科技市场中最具活力的主体。第五，要加快建立健全工程技术中心、中试基地等林业技术市场中介机构，理顺科技成果商品化的中间环节，以提高林业技术创新和技术转化的速度和水平，并最终有助于推进各地的现代建设。

3. 政府应加强宏观调控力度，促进林业科技成果转化

科学技术进入市场，并通过技术市场促使供需双方进行技术贸易或项目对接，以促进林业科技成果转化，这应是我们今后的发展方向。但市场的调节并不是万能的，市场也有失灵的时候，特别是对林业科技成果这一具有鲜明特点的产品，更不能纯粹依靠市场的调节，各级政府应采取必要的调控手段对林业科技成果转化加以指导，以提高转化的速度和效率。国内外科技发展的实践已经证明，政府调控对科技成果转化具有重要作用，即使是市场经济占主导地位的国家也不例外，而在我国目前市场机制尚不健全的情况下，制约林业科技成果转化的因素会更多、更复杂。因此，在林业科技成果转化中，除了应充分利用市场机制外，政府还应适当地运用经济、法律和必要的行政手段来加以调控。如对于那些具有公益性的基础研究与开发以及事关国家长期发展和国计民生的部分应用研究与开发，或者对于那些风险较大，企业不愿投资而社会又急需的技术创新和转化，政府应通过一系列的政策和科技发展计划来推动，并承担主要的出资责任，而且在项目经费的投入上应从过去的"撒胡椒面"向"重点与集中"转化，在科研立项上应从"散而全"向"精而准"转化。当然，为了更好地发挥政府宏观调控的作用，国家就应重视制定指导林业发展的科技政策，加快有关知识产权保护以及促进科技发展和科技成果转化等方面的立法步伐，进一步改善林业科技宏观管理，加快林业科技人才流动、结构调整和机制转换的步伐。同时，应把建立和健全技术创新和转化的运行机制作为建立现代企业制度的重要内容，把促进科技进步和技术转化作为组织部门考核领导干部的重要指标，以促使林业企业的决策者以及相关机构和部门的负责人兼顾眼前利益和长期利益，在科技进步和转化的问题上做出科学、理性的决策。只有这样，才有利于促进林业科技的研发和转化推广，才能使科技与经济更好地结合起来，让科技在当前的现代林业建设中大显身手。

近年来，我国政府在运用宏观调控手段促进林业科技成果转化方面已经积累了不少成功的经验，先后组织实施了科技特派员制度、林业专家大院模式、林业科技服务110模式、林业科技入户示范工程等各种有效的方式，极大地促进了林业科技成果的推广与转化。这其中较为典型，而且对福建林业科技成果转化影响较大的是"林业科技入户示范工程"和林区"科技特派员制度"，应通过进一步总结经验，从而更好地促进林业科技成果转化。

（六）加大对林业科技成果转化和推广的资金支持力度

1. 资金投入不足是导致林业科技成果转化率低下的重要原因之一

目前，福建省的林业科技贡献率仅为45%，不仅低于全国农业科技平均48%的贡献率水平，与国外林业发达国家相比，差距就更为明显。与全国的情况类似，引致福建林业科技贡献率低下的原因虽然是多方面的，但其中很重要的一点就在于都存在着林业科技成果转化效率低下的问题，大量的林业科研成果难以转化为现实的生产力。如果进一步分析导致林业科技成果转化效率低下的原因，人们就不难发现，虽然其中有科研成果质量不高的因素，也有科研成果需求不旺的原因，还有推广转化机制制约等因素在内，但其中推广转化资金不足是重要因素之一。而林业科技从研发到推广转化，都需要大量的资金投入，尤其是在开发和推广转化阶段，更需要大量的资金支持。据有关专家测算，科研成果在其研究、开发和推广转化等不同阶段所需的投资额之比大约为1:10:100，也就是说科研成果开发所需的资金是研究资金的10倍，而研究成果的推广、转化和商品化所需的资金又10倍于开发阶段的投资。然而，在我国当前的林业科技领域，资金不足已经成为人尽皆知的事实，不仅研究资金不足，林业科研成果的开发和推广转化资金就更为紧缺。据有关资料显示，我国农业科研投资仅占农业总产值的0.4%~0.5%福建省的这一比率更低，如在2001年时，按当年价计算，福建省的农业科研经费仅占当年全省农业总产值的0.11%，大约仅相当于当时全国平均水平的一半左右，而世界平均水平为1%左右，发达国家更是高达3%，相当于我国的6~7倍。有限的资金投入当然难以保证林业科研和转化等多方面的资金需求。在我国，多数林业科研项目从课题立项研究到实验室成果的研究经费，大都是由科研单位通过申请国家或地方政府的科技项目拨款或自筹资金支撑的，但科研项目从实验成果转化为实实在在的产品或商品所需的大量资金，则几乎是一个投资的真空领域，这是导致我国目前巨大的林业科技资源难以转化而被浪费的主要原因之一。可见，推广和转化资金严重不足是直接导致我国林业科技成果转化率低下的重要因素之一，当前建设社会主义新农村，不断加大林业科技投入，尤其是形成一个相对稳定的林业科技成果转化和推广资金来源渠道就显得十分必要。

2. 不同类别的林业科技成果转化资金的来源分析

在明确了资金投入对于林业科技转化和推广的重要性之后，接下来就必须进一步明确这些资金的来源渠道。正如本章前面所述，对于那些公益性的研究项目，如林业基础研究等，由于其具有公共物品的属性，所以这类研究项目从研发到转化推广所需的资金主要都应由政府承担；同时，有一部分的应用研究项目，特别是那些属于高新技术领域的应用研究，虽然其成果具有较强的商品属性，但因其研发和推广转化的成本较高，而且具有较高的风险，所以为鼓励有关机构及其人员积极参与这类项目的研发和推广工作，政府也应给予一定的资金支持。而对于大多数的应用研究、开发研究及其成果的推广与转化，其经费来源应主要依赖于市场来解决，但为鼓励和引导有关主体积极地参与这类项目的研发和转化工作，政府可以在项目的研究阶段给予适当的引导性资金扶持。可见，作为公共服务主要提供者的政府应承担起那些具有长期性、战略性和公共物品属性的公益性林业科技投资的重任；而那些具有私人物品属性的经营性研究项目的研发和推广转化资金则主要依赖于市场机制筹集，从而形成以政府必要的资金支持为先导，林业龙头企业、林业专业合作组织以及其他社会力量广泛参与的多元化资金投入机制。

3. 建立以政府为主导的公益型林业科技项目推广转化资金投入机制

从以上的分析中可知，在林业科技的资金投入上，政府不仅要承担公益性林业科研项目所需的各项资金需求任务，还要承担部分经营性科研项目的先导资金供给，这两个方面加起来需要大量的资金。那么作为这些资金提供者的政府是否具备了这个能力呢？在对这个问题进行回答之前，有必要对我国当前的社会经济状况做一个简要的分析。众所周知，我国经济在2003年首次突破人均GDP达1000美元的大关之后，近几年得到了进一步的发展，我国经济目前正处于工业化中期阶段，并且在整体上已经成功地由低收入国家转变为中等收入国家，国家财力不断增强，国民收入逐步提升，整个社会经济发展呈现出一种喜人的态势。世界各国的经验已经证明，当一个国家开始进入工业化中期之后，城乡之间的资金流动方向将出现相反的变化，城市可以依靠自身的积累而获得发展，而农村和农业将不再向城市和工业输血，并开始进入接受城市和工业反哺的时期。可见，我国目前已经到了城市和工业反哺农村和农业的重要时期，而我国当前的国情和国力也决定了我们有能力且必须及时地实施这种性质的反哺。正是在这一背景下，党中央和国务院适时地做出了建设社会主义新农村的伟大决策，并将其作为统筹当前城乡社会经济发展的重要突破口，力求通过各地的新农村建设以切实地实现工业反哺农业和城市带动乡村。而科技进步是当前实现新农村建设各项目标的重要手段，所以其所需的各项资金各级政府有义务、也有能力予以承担。

福建省作为我国南方沿海地区经济较为发达的省份，其人均GDP早在2000年底就已经达到了1200美元，已经比全国平均水平提前3年进入了工业化中期阶段，而近年来随着海峡西岸经济区建设的顺利展开，其经济发展更是保持着一种良好的发展势头，已经具备了为林业科技发展和整个新农村建设提供资金支撑的经济实力。对此，福建省各界也已经形成了共识。2006年初，福建省省长黄小晶在全省农村工作会议上就明确表示应该对农村和农业"多予"和"少取"，要研究"多予"的办法，拓宽"多予"的渠道，通过逐步增加财政对农业和农村的投入来调动各方面投资的积极性，从而形成多元化的投资机制；同时他还表示，今后政府财政资金将主要投向那些有助于改善农村生产生活条件的领域，以及那些有利于促进农村社会经济发展和有助于促进农民增收的项目。毫无疑问，作为大农业重要组成部分的林业，其林业科技投资属于应重点支持的领域。而福建省科技厅也在今年初出台了多项关于促进社会主义新农村建设的政策措施，其中明确规定：今后对于农业科技的投入将不低于全省科技三项经费总额的37%，并争取以政府资金为先导，建立多元化的科技投融资体制，以保障农业科技投入的稳步增长，从而加快对那些先进、适用农业（林业）科技成果的研究与推广转化。最后，为保证政府对林业科技投入的稳定性，结合福建省当前的社会经济现状和政府的财力，应争取使林业科技资金投入占当年全省林业总产值的1%以上，并保持每年有一定的增长速度。

4. 建立多元化的商品型林业科技项目推广转化资金投入机制

正如前文所述，对于那些经营性、应用性的林业科技项目，除了其研究资金可以申请政府给予必要的支持之外，对于数量更为巨大的推广和转化资金，应主要通过市场予以解决。为此，要尽快地建立多元化的经营性科技项目开发、推广和转化资金投入机制。首先，广大的林业企业，尤其是那些目前已经具有一定规模的大中型林业企业，应该逐渐成为林业科技开发研究和推广转化资金的主要投入主体。这是西方林业科技发达国家的经验总结，也是顺应林业科研工作规律的必然。目前，世界各国大都把科研开发经费投入强度作为衡量一个企业科技创新水平高低的重要指标，人们一般认为，如果一个企业的科研开发经费投入强度（即科研开发经费占销售收入的比重）小于3%，则说明该企业缺乏自主创新能力。因此，国外企业用于技术开发、推广的资金投入一般都占其产品销售收入的3%以上，高科技企业大多达到10%以上，有些企业甚至超过了50%。据有关资料显示，世界500强企业中，其研发投入占产品销售收入的比例平均超过了8%；欧盟各国企业的平均水平约为5%；而我国企业目前的平均水平仅为1.35%左右，远远低于发达国家同类企业的水平；但我国的林业企业由于整体规模偏小，加之不少企业地处偏僻的农村，受地方经济发展水平条件的制约，以及对林业科技的重视程度不够，因此其投入到科技开发研究和推广转化中的经费在其销售收入中所占的比重就更低。面对这一不利局面，为保障林业科技推广转化的资金来源以及有效地促进各地的现代林业建设进程，今后，应不断加大林业企业科技投入的力度。对于福建省而言，随着近年来全省林业经济的不断发展壮大，林业企业理应成为林业科技投入的主体，"十一五"期间，一般林业企业应争取使其科技研发及转化的资金投入占其销售收入的2%以上，重点、骨干企业占3%以上，高新技术企业应占5%以上；并争取在随后的期间得以进一步增长，以尽快地摆脱林业企业科技投入落后的局面，从而使林业企业真正地成为林业科技研发和推广转化资金的最主要提供者。其次，政府部门应根据林业科技研究、推广的特殊性及其重要意义，除了可以直接给予必要的先导资金支持之外，更重要的可以通过制定并实施各种有助于促进投资的优惠政策，以促使银行和其他非银行金融机构在贷款的额度和利率等方面给予林业科研、推广单位以优惠，从而保证林业科技开发和推广工作的顺利进行。同时，还可以通过制定和实施一系列相关的优惠政策，以促使社会有关各方甚至是外国的企业和个人不断地增加对林业科技创新和推广转化的资金投入，以增加林业科技研究和推广转化的资金来源。

5. 强化管理和结构调整双管齐下，以切实提高林业科技资金的使用效率

在明确了应该按照"分类管理"的原则来构建一个林业科技研发和推广转化资金投入体系的同时，有关各方还应该注意做好已有资金的使用规划和管理，并通过不断地调整优化林业科技研发和推广转化资金的使用结构，以最大限度地提高资金的使用效率。为此，首先，科研项目规划制定部门和管理部门要协调一致，充分认识并有效地解决过去所存在的那些各自为政、多方立项、

重复研究、"重科研立项，轻监督管理"等问题，严格控制林业科研课题的规模和科技含量，并充分地利用现代网络技术，通过建立全省统一的科技项目管理平台，以杜绝同一课题多方重复立项问题，这样既可以防范个别研究单位及其研究人员有意的多方套取研究经费，也可以防止不同研究单位之间的重复研究问题，还可以腾出更多的资金用于现有科技成果的转化和推广应用。其次，要十分注重于提高投入资金的使用效率。开源和节流是增加林业科研和推广转化资金的两条主要途径，在目前经费来源有限的情况下，更应注意节流。我们应通过建立、健全科研课题立项审批制度和科研成果推广应用制度，切实改变过去到处撒盘立项上马、低水平重复建设的做法，要有所为有所不为，以确保那些对林业生产促进作用大的关键技术的研究和成果推广转化有足够的经费。再次，在林业科研经费总数已定的情况下，应注意安排好开发研究和推广转化的资金比例，要改变过去那种"重研究、轻推广"的思想和做法，有关各方应尽快优先安排经费用于那些已研制成功，并具有较高实用价值，而且林业生产实践也急需的科研成果的转化和推广，使这些科研成果能够尽快地转变为现实的生产力，从而有效地提高林业科技进步对经济增长的贡献率，以尽快地实现福建省现代林业建设的各项目标。

五、加强闽台林业科技交流与合作的建议

福建与台湾地处海峡两岸，林业建设的许多条件类似，这就为两岸的合作创造了极为有利的条件。闽台两地的林业科技交流与合作对于福建林业科技而言具有十分重要的意义和作用，因为通过合作可以充分地利用台湾先进的林业科学技术、管理经验和雄厚的资金，并可以从台湾引进优良的种质资源，从而有助于达到推进林业产业的升级、科技领先、市场扩大的目的。

近年来，闽台林业科技交流与合作活跃。福建省充分利用闽台两地自然环境与气候条件相似、森林资源丰富的优势，从20世纪80年代末开始，通过相互之间的林业合作，广泛开展科技学术交流和商务洽谈等形式，从台湾引进了许多使用的林业先进技术和管理经验以及台湾优良用材树种、花卉、经济林等树种。如据不完全统计，近年来通过闽台林业种质资源交流与合作，福建省共引进台湾针叶树种5种，台湾桤木、台湾栾树、大头茶、乌心石等阔叶用材树种6种，小叶榄仁、山樱花、阿勃勒等绿化树种12种，优良果树品种19种。这些引进的品种，大部分在福建省适应性较强，均显示出较大的发展潜力。

目前，闽台林业技术合作虽然已经取得了一定的成绩，但也存在着一些问题。如合作的领域还比较有限，两岸的科研和学术交流还比较有限，福建对于从台湾引进的优良经济林、花卉等品种吸收、消化、创新少，尚未在引种的基础上建立起具有自主知识产权的新品种繁育体系。今后，对于福建省而言，闽台林业科技合作与交流应在以下几个加以努力：

第一，应不断拓展林业科技合作与交流的范围和空间。闽台林业合作，科技、教育、信息先行，目前，台湾林业科技与信息已基本同国际接轨，福建省林业科技相关部门应该通过与台湾同行的合作与交流，以缩小自身与世界林业科技先进水平之间的差距。具体而言，闽台林业科技合作和交流的内容应包括：扩大林业科技、学术研讨交流的规模与领域；扩大科技合作与联合科研攻关规模与领域；扩大闽台两地农林大学招生规模，探讨不同层次的联合办学途径等；扩大闽台林业科技人员研修规模和范围；建立闽台科技、教育、信息交流平台等。其中在闽台林业科技交流与合作方面，应重点开展：①生物技术在林木育种中的应用研究；②两岸重要濒危珍稀物种的保护与扩繁技术研究；③沿海防护林造林树种的筛选、推广及营造林技术研究；④生态公益林可持续经营技术研究；⑤流域生态治理与修复技术研究；⑥动植物检疫性病虫害、外来入侵有害植物防治技术研究；⑦竹木综合利用技术研究；⑧竹木复合板加工技术研究；⑨树木生物活性物质的提取利用技术研究；⑩

林业生物制剂研发技术研究；等等。

第二，针对以往合作与交流中存在的只重引进，不注重吸收、消化和创新等方面的问题，今后不仅应注意引进，更应该注意消化、吸收和创新问题，应特别注意在引进的基础上加以吸收、消化和创新。如在各种优良种苗的引进上，应加快建立闽台种苗研发与繁育中心，注意引进吸收台湾在品种培育和种植方面的先进技术。应充分利用省级种苗示范基地的设施设备，在一些适当的地方建立闽台种苗研发与繁育中心，收集两岸森林植物的优良种类、品种，通过种子保存、异地保存方式建立两岸林、果、竹、花卉优良种质资源基因库和示范基地，展示两岸植物的同源性、多样性，同时进行引种试验、驯化、扩繁和示范推广。

第三，要注意吸收台湾在推进林业科技创新和推广运用方面的有益经验：一是建立比较完善的林业科研推广体系，为林业研究提供计划指导、经费及其他物质支持，对新品种、新技术的推广应用和林农培训注入了大量的补助资金；二是规定农林科研院校的专家学者每年要有1/3的时间，深入农村辅导农民组建经营组织，传授农林新品种、新技术；三是台湾农会以服务农民为宗旨，其运营盈余的62%都用于培训推广的经费，从而极大地推动了农林科技成果的推广和运用。

第四，可主动与台湾林业科技民间团体组织协商，确立两地林业科技界制度性合作交流的主要形式、具体项目和协调机制，鼓励闽台林业科技合作研究、讲学进修、培养研究生、联合举办研讨会、组织专家互访等。

第五节　海峡西岸现代林业发展的人力资源保障

一、人力资源建设在现代林业发展中的重要地位与作用

人是资源的消费者，也是经济发展的受益者，还是经济、社会发展的推动力，更是生态环境的建设者和保护者。人作为生产力中最为活跃的因素具有其他资源所无可替代的特殊性。因此可以说，人力资源是一切资源中最重要，最具有潜力的资源。对于当今这样一个知识经济时代来说，人力资源的重要性更为凸显，对当今经济的发展起着更为重要的作用。

当前，我国林业面临着森林资源供需的尖锐矛盾和环境保护等问题，要摆脱传统林业经济发展模式给林业带来的影响，中国林业就应当由传统的资源依赖型向知识依赖型转变，树立现代林业科学发展观，在"以人为本"的中心思想指导下，加大人才培养的力度，把人力资源作为现代林业科学发展的第一资源，全方位开发人的潜能。从现代林业科学发展的角度来分析，不仅要做到对当前人力资源的人尽其才，还要关注未来人力资源的培养和开发。要实现人力资源的科学、可持续利用。没有与现代林业发展相适应的人力资源来源源不断地形成保障链条，现代林业很难实现快速、健康和可持续发展。

当今，海峡西岸现代林业进入了一个以可持续发展理论为指导、全面推进跨越式发展的新阶段。在谋划面向新世纪的海峡西岸现代林业发展蓝图中，林业建设不仅需要物质资源做基础，更需要人力资源做支撑。人力资源建设不仅会激发海峡西岸现代林业的发展潜力和活力，而且还能够在林业生产实践中将这种潜力和活力渗透到海峡西岸现代林业发展的物质资源和生态环境的各个方面，从而全面地改善海峡西岸现代林业发展过程中的物质资源和生态环境的综合效益产出。因此，林业人力资源是实现新世纪海峡西岸现代林业跨越式发展战略目标的根本保障和决定性因素。要把人力资源作为促进海峡西岸现代林业发展的重要资源，作为海峡西岸现代林业得以实现发展的

基础保障和动力源泉。为此,必须大力加强人力资源能力建设,坚持科教兴林,人才强林,不断提高林业自主创新能力,抢占人才制高点,建立强有力的海峡西岸现代林业人力资源支撑体系。

二、海峡西岸林业人力资源的现状分析

(一)已经取得的成就

目前,福建省的林业人力资源在数量上具有一定的规模,在质量上比以前有了较大程度的提高。截至 2006 年年底,福建省全省林业系统在册职工人数总计 33717 人,其中在岗职工 29716 人,长期职工 29177 人,临时职工为 539 人,女性职工 7487 人。在岗职工中,各类专业技术人员为 9939 人,占 33.45%。

与往年的数据相比,福建省林业系统在册职工的情况呈现出以下几个方面的变化:

(1)林业系统在岗职工的总数呈现逐步下降的趋势,如 2000 年为 61794 人,2005 年为 30935 人,到了 2006 年则进一步降为 29716 人,其主要原因在于各级林业行政管理部门对机构人员的精简,这一数据变化也从另一侧面说明了林业从业人员的工作效率得到了提高。

(2)林业系统在岗职工的平均工资数呈逐步上升的趋势,如 2000 年为 7366 元/人,2005 年为 14200 元/人,到了 2006 年则进一步上升为 15848 元/人,这说明林业从业人员的收入水平得到了稳步的提高。

(3)林业系统在岗职工中,各类专业技术人员的绝对数逐步减少,但其在在岗职工中所占的比重却呈现逐年不断上升的势头。如 2000 年,福建省各类林业专业技术人员为 15312 人,占 26.02%;2005 年各类林业专业技术人员为 9913 人,占 32.04%;到了 2006 年,各类林业专业技术人员为 9939 人,进一步上升为占 33.45%。这说明福建省林业从业人员的总体素质在不断地提高,各种专业技术人员所占的比例日益增长,这也符合现代林业建设的需要。

(4)林业行业教育培训受重视,林业在职职工培训机会增多,见表 11-2。

(二)现存的不足与问题

1. 人力资源的学历情况和职称结构不够合理,高层次人才偏少

从上面的数据可以看到,福建省整个林业系统包括各个市的人力资源职称结构不合理,高级和中级职称的人数比例偏少,这对于海峡西岸现代林业的建设是不利的。现代林业的科学性要求从事林业的人才必须具有较高的水平和素质。而目前福建省的人力资源学历情况和职称结构都不太理想,高层次的人才偏少。

2. 林业第一线的劳动力的专业技术素质比较低

在福建省,从事林业第一线的劳动力中,专业技术素质相对较低,相当部分的劳动力很少或没有直接接受系统的、专门的专业林业技术教育,林业科技知识相对贫乏。目前,绝大多数的林业第一线生产经营者往往只是凭借自己积累的经验技术以及平时学习的一些零碎的、不系统的知识从事林业生产经营活动。他们市场观念不足,也缺乏有效的技术支撑,更缺乏生产经营的系统性与科学性,导致林业劳动生产劳动效率低下,导致林产品无法直接参与市场竞争,客观上阻碍了福建省现代林业的发展。

3. 林业从业人员队伍比较不稳定

从上面的数据中可以看到,福建省林业从业人员队伍不太稳定,林业在岗人员在数量上呈不断递减的趋势。其中在岗职工从 2000 年的 58845 人减少为 2005 年的 30935 人;另外,还存在着林业人力资源尤其是科技人员不断流失的问题,从福建省的情况来看,林业专业科技人员从 2000 年的 15312 人,锐减为 2005 年的 9913 人。特别是有害生物防治和检疫等方面的专业技术人员难

表 11-2　2006 年福建省林业行业教育培训情况统计表

单位	职工总数	全员培训合计	短期培训								学历教育				教育培训经费投入（万元）
			小计	公务员培训	管理干部培训	专业技术人员继续教育	工人培训	林农培训	县乡领导干部培训	专业证书教育	小计	研究生	专本科	中专及其他	
福建省合计	44451	146870	108485	3049	3585	11854	20880	67810	1307	1222	2152	177	1630	687	1328.82
其中:															
省直机关小计	140	463	435	419			16			3	25	11	14		18.42
厅直属单位	2127	2495	2327		360	1575	392			92	111	28	83		116.96
设区（市）林业部门小计	42184	143912	1E+05	2630	3225	10279	20472	67810	1307	1127	2016	138	1533	379	1193.44
南平市	10422	67968	65935	408	662	2474	2683	26385	323	59	805	7	662	137	159.56
三明市	18730	36605	35957	746	1082	2291	14425	17425	239	316	303	113	191	8	340.20
龙岩市	3042	12432	11907	355	584	1682	547	8583	156	237	288	12	136	140	138.36
漳州市	2811	3996	3728	310	149	811	1392	1058	88	129	145	1	123	23	117.52
厦门市	146	2910	2827	91	16	135	22	2484	138	12	22	2	10		66.37
泉州市	1655	10525	8932	341	297	1570	465	6190	166	158	127	2	147	10	121.37
莆田市	298	1100	1078	30	1	179	55	807	6	3	19	1	16	2	12.26
福州市	2706	5313	4939	169	309	524	441	3335	161	197	177		128	49	176.00
宁德市	2374	3063	2933	180	125	613	442	1543	30	16	130		120	10	61.80

以满足福建省日趋繁重的森防检疫工作任务。

4. 人力资源的开发工作相对滞后

福建省人力资源开发工作起步较晚，市场调节机制尚不健全，人力资源能力建设投入不足，已成为推进海峡西岸现代林业建设和跨越式发展进程中迫切需要解决的重大问题[3]。

5. 相对于其他行业而言，林业行业后备力量严重不足

要实现海峡西岸现代林业的可持续发展，就必须有强有力的人力资源的支持，必须源源不断地向其输送人才。但从目前福建的高等院校情况来看，包括福建农林大学、福建林业职业技术学院、福建三明林业学校等农林院校设置的林业相关专业较少，无法满足海峡西岸现代林业的需求。

在这些院校中非林业专业的学生已经占有相当大的比例，甚至超过林业专业的学生。林业院校中林科专业与非林科专业学生人数情况也清楚表明林科学生的增长比例明显跟不上其他行业学生的增长比例。

6. 林业职业教育培训和基层教育培训发展缓慢，林业人力资源难以得到有效开发

近年来，福建林业职业教育与基层教育培训的发展与其他行业相比却显得较为缓慢，难以满足林业人力资源开发的需要。相关林业职业教育的院校基础设施建设投资不足，师资力量不够强大，其他教育资源有待整合，整体教育水平不高。

7. 林业人力资源的区域分布明显失衡，人才的单项流动现象严重

目前，福建省的人才分布体现出较为明显的区域不平衡的特点，沿海和城市的人才较为集中，而山区和边远农村的人才相对较少。县（市）区以下基层和边远山区、林区的人才数量比较少，许多地方出现了新的人才断层，特别是林区基层的人力资源状况已经远远不能满足福建现代林业发展的需要。这些地方不仅新的人才难以补充禁区，而且其原有的人才还处于不断地外流之中，从而导致人才数量进一步减少，这些问题都亟待于解决。

8. 林改后对林农的培训还没有引起充分的关注

2003 年，福建省被确定为全国新一轮集体林权制度改革的首个试点省份之后，随着林改的进程，截至 2006 年年底，福建省绝大多数的集体林均已按照林改规划的要求落实到户。在此情形下，由于集体林经营方式已经由过去的以集体经营方式为主开始转向以林农个人或其所在的村民小组直接经营林子。在此情形下，林农对林分经营水平的高低就直接地影响到林地的产出效率。而林农对林分经营水平的高低又受制于自身各方面条件的限制。因此，在这种情况下，加强对林农的培训就显得特别重要，尤其是对于那些首次直接经营林业的农民而言更是如此，应通过必要的培训使其掌握科学经营林业的理念和专业知识。然而，福建省当前这方面的配套改革措施虽已启动，但还没有引起各方的充分关注，具体表现为林农对科技重要性的重视程度还不够，大多数林农仍然是按照自己的经验在经营林业，对现代林业科技的了解不多，更谈不上广泛地运用了；还有不少的林业经营大户，虽然其在长期的林业生产经营过程中已经深深地感受到林业科技的重要性，也希望能够获得必要的科技支撑和技术援助，但他们中的许多人却往往苦于自身缺乏这方面的专长；而当地的林业行政主管部门由于科技人员数量有限，所以往往也难以满足这些大户不断增长的对林业科技的需求。在此情形了，加大对林农林业科技和其他相关知识的培训力度，并通过培训使其获得必要的林业科技知识及其他相关的信息和技术就显得极其重要了，但目前这方面的重要性还没有引起各方的充分关注。

三、推进海峡西岸现代林业发展的人力资源保障政策

根据福建省林业人才队伍的现状，坚持以邓小平理论和"三个代表"重要思想为指导，紧紧

围绕新时期林业改革发展和生态建设这个中心，根据海峡西岸现代林业发展的需要，形成林业领导干部、公务人员、林业科教人员、林业工人和林农队伍建设互动共进的良好局面。即抓住基层各级林业领导干部和公务员、林业科教人员、林业工人和林农四支队伍，以林业领导干部和公务员队伍能力建设和结构优化为重点，大力开展林业科教人员、工人和林农的教育培训，加强林业教育和人才培养，创新林业领导干部选拔任用工作和人才工作机制，优化人才成长环境，实施全行业人力资源的综合开发利用，提高林业从业人员的素质，为海峡西岸现代林业发展和建设山川秀美、生态文明的福建提供可靠的人力资源支持。

（一）采取多种教育和培训方式，提高林业从业人员的综合素质

1. 开展执政能力和科学素质培训，提高林业领导干部和公务人员的综合素质

林业领导干部和公务人员是林业的行业主导力量，肩负现代林业建设重要的领导职责。林业领导干部和公务人员的素质直接影响林业工作的大局，在行业中具有重大影响和示范带动作用。因此，开展针对林业领导干部和公务人员的执政能力培训，引导他们坚持科学执政、民主执政和依法执政，不断提高其执政能力和执政水平，显得非常重要。对林业领导干部和公务员开展执政能力和科学素质培训，可以更好地贯彻落实各项林业政策和法律法规，实现林业的全面协调、快速健康的可持续发展，可以积极地推动物质文明，政治文明和精神文明的协调发展。

除了开展执政能力培训外，还要对林业领导干部和公务人员进行科学素质培训，开展科学、历史、法律、社会和市场经济知识等相关的培训，全面提高林业领导干部和公务人员的科学素质。除此之外，还要加强林业专业知识方面的学习和知识更新，要努力提高思想道德素质和科学文化素质。最后，加大信息化知识培训力度，普及信息化知识，努力建设一支高素质的林业信息化领导干部管理队伍。

首先，积极营造鼓励干部参加学习培训的氛围，调动干部的积极性和主观能动性。鼓励干部参加在职学习。划出一部分经费作为支持领导干部和公务员在职参加培训和攻读学位的专项资金，激发广大干部职工和公务员学习的热情。

其次，是始终坚持紧紧围绕林业中心工作开展培训，为实施林业重点工程项目、推进海峡西岸现代林业的跨越式发展服务。通过开展执政能力和科学素质培训使林业领导干部和公务人员熟悉林业发展的宏观形势，准确把握工作思路，清醒的认识到其所承担的工作任务。可以召开林业专业工作会议、举办形势报告会、专题班等对林业领导干部和公务员进行形式多样的培训。2004年7月21日，福建省委、省政府出台了《关于加快林业发展建设绿色海峡西岸的决定》，因此，要组织林业领导干部和公务员认真对《决定》精神进行学习和研讨。

2. 通过高等教育与业务知识的培训学习，提高林业科教人员的职业素养

现代林业的一个非常突出的特点是其科学性。具体体现在：①现代科学技术在林业生产实践中的运用，林业科学技术的创新性。②现代林业技术装备的现代化和目标化。③现代林业的科学管理。因此，科技兴林是实现海峡西岸现代林业发展的重要保障。科教人员作为科技创新的主体，对于实现科技兴林战略具有举足轻重的作用。所以要加快建设一支稳定的，素质较高的科教人才队伍，培养创新型人才。采取积极有效的措施，加大人才投入和人才培养的力度，加强与国内外大学和科研机构联合培养林业科教人员，培养和造就一支在林业学科领域具有较高学术造诣和技术水平的林业科教人才队伍，建立具有较强创新能力的林业科教人才队伍体系。政府和全社会各界都要积极行动起来，采取多种方式，通过多种渠道，增加大对林业科教人员的高等教育和业务知识培训学习的投资，造就一批林业技术专家、林业专业技术人才和林业科教人员，培养出一批理论水平高、科研和创新能力强的科教人员和科技骨干，能够承担国家、省级重大科技攻关项目，

快速提升福建省林业科技创新能力。

通过对林业科教人员进行高等教育与业务知识的培训，使其努力学习，不断提高认识世界和改造世界的能力，更善于在林业生产劳动和工作中应用科学技术，为林业现代化建设做出新的贡献。特别对林业科学来说，它研究的是生长周期长的林木和林分，它是一种创造性的实践活动。因此，更要虚心学习科学理论和林业相关实践知识，在此基础上才能有所前进和创新。

对于林业教育工作者来说，其所承担的任务也非常重要并且艰巨，要为加快林业发展、建设海峡西岸现代林业培养大批的优秀高素质科技人才队伍做出新贡献。要办好现代林业教育，培养多种林业专业科技人才，贵在教育队伍，重在教育创新。坚持教育为林业现代化建设服务，坚持教育与社会实践相结合。

《中共福建省委福建省人民政府关于深化集体林权制度改革的意见》中指出，要加大林业科技推广力度，实施林业科技入户工程，扩大"96355"林业服务热线的覆盖面，加强农村林业技术员队伍培训，实行农村林业技术员政府津贴制度，大力培育林业科技示范户，逐步形成以林业站、科技推广站为主体，林业协会、林业技术员为补充的林业科技推广服务网络，提高农民应用科技的能力。

3. 通过职业教育培训，提高林业工人的综合素质，培养技能型和适用型人才

职业教育培训是形成合理的人才结构的基础。职业教育培训对人力资本开发的贡献主要是对技能型和适用型人才的培养。职业教育培训要承担培养大批高素质劳动者和初、中、高级技术人才的任务。

职业教育对提高林业生产力水平、促进经济发展、实现林业现代化建设具有重要作用。职业教育的效果能够直接有效地提高林业劳动者的素质，从而促进了林业劳动生产率和经济效益的提高。根据海峡西岸现代林业发展的需要，对林业工人开展职业教育培训，培养造就一支知识结构合理的林业工人队伍，积极推动林业由劳动密集型产业向技术密集型产业转化。

应结合林业重点工程建设和实用技术推广项目，大力开展基层林业工人的职业教育培训，包括劳动力转移培训和林业工人岗位技能培训等，以不断地提高林业工人的综合素质，培养技能型和适用型人才。努力建设一支技能过硬、业务熟练、作风优良的林业工人队伍。

4. 通过基层教育培训，提高林农的整体素质，促进科学经营

林农是林业的生产者和保护者，是集体林区的主人，是林业经济的主体。加强林农的基层教育培训，提高其整体素质，充分调动林农的生产积极性与创造性，对保护、培育和利用森林资源，具有重要而深远的意义。要通过林业技术讲座、培训、函授、夜校等多种有效的途径和形式，进行林业实用技术培训，普及林业科技知识。在培训上，尽可能做到理论联系实际，鼓励林农从做中学，从经验中学。通过基层教育培训，大幅度提高林农的科学文化素质和林业科技水平，达到提高林农的知识水平、技能水平和创造性的目的。

要广开渠道，积极筹集林农教育和培训经费，鼓励社会力量和个人举办各类实用技术培训，使广大林农获得系统接受教育的机会，以提高林农的整体素质，促使林业第一线人力资源得到有效的开发，促进海峡西岸的现代林业科学经营的水平。

众所周知，福建省是集体林产权制度改革的重点省份，林改之后的集体林产权大多数均已落实到林农家庭或由林农自愿组成的村民小组，即林农成为集体林的直接经营主体。为此，应该让林农充分地了解林改的内容和目的，让林农积极参与这项盛事。因此，应该加强对林农进行集体林权制度改革有关内容的教育培训。在对林农进行培训教育的过程中，具体的培训内容各个阶段略有不同。如林改初期的培训主要侧重于引导林农积极自觉地参与林改，如经常邀请新闻媒体、记者参加集体林权制度改革座谈会、现场会，利用社会媒体大力宣传和引导林权改革，让社会各界充分地认识和理解林权改革的目的、意义和有关政策规定，让林农享有充分的知情权，使林农了解改革，并积极地参与改革，从而保证依法依规进行改革；还可以请那些已经开展了林改并已取得成功经验的林区村干部或林农讲述看展林改的成功经验。而在集体林权逐步明晰到户后，此时对林农教育培训的工作也将进一步步入正轨，而这一时期对林农培训教育的重点将主要转向林农科学经营林业的相关知识，主要包括良种壮苗的引入、科学整地、适度抚育、病虫害防治等各项相关的内容，主要目的在于引导林农科学地经营自己的林分，从而提高林地的产出率和林业可持续发展水平，并保证集体林产权制度改革的各项目标和任务能够真正地落到实处。

近年来，福建省林业主管部门开始日益关注这方面工作的开展，他们积极开展林业科技人员到山区农村去，并注意培训村级林业技术人员，据福建省林业厅提供的数据显示，截至2008年1月底，福建省全省科技人员入户人数已达到了25.68人次，并培训村级林业技术人员16538人次，另有科技示范基地面积198.8万，具体情况见表11-3。

表 11-3　福建省林业科技培训及科技服务情况

项目	南平市	三明市	龙岩市	漳州市	厦门市	泉州市	莆田市	福州市	宁德市	全省
科技人员入户数	17915	124992	66943	10393	200	11007	6398	9955	8998	256801
培训村级林业技术人员	3488	2488	3749	2074	250	1116	892	1243	1238	16538
科技示范基地面积（万亩）	53.9	64.74	20.48	8.46	0.5	6.39	6.34	4.25	33.74	198.8

从表11-3中可知，近年来，随着林改的不断深入和第二阶段后续配套改革的逐步展开，福建省林业科技培训及服务情况也已经逐步展开，但目前各地的情况参差不齐，还很不完善。以科技人员入户数为例，福建省自开展新一轮林改开始到2008年底，全省科技人员入户总数不少，已经达到了25万多人次。但如果将这一数据平均到每年和全省已经实现分林到户的总户数上，则又显得十分缺乏，以福建省同期已经核发林权证的商品林为例，其数量为526.91万公顷，则平均每105.4公顷集体林其年均科技人员入户数仅为1次，其数量较少，明显难以满足林农的科技需求。同时，以"培训村级林业技术人员"（16538人）和同期已经明晰产权的村个数（12363个）为例，可以计算出平均每个村仅培训村级林业技术人员1.34人。

可见，目前林农所得到的科技等相关的培训还较为缺乏，今后需要不断地予以强化和提高。

（二）改革和完善调控政策，激发林业人力资源的潜能和活力

1. 缩小林业与其他行业职工的收入差距，稳定现有林业从业人员队伍

从上面的数据中可以看到，林业从业人员队伍不稳定，数量上林业在岗人员呈递减的趋势。在岗职工从2000年的58845人减少为2005年的30935人。就林业行业而言，由于林业行业的特殊性，决定了林区往往身处偏远山区，自然环境恶劣，再加上由于政策和传统上的原因，林业职工收入水平普遍偏低，致使林业人力资源尤其是科技人员流失现象时有发生，从福建省的情况来看，林业专业科技人员从2000年的15312人，锐减到2005年的9913人。因此，如何稳定现有的福建省林业从业人员队伍已经成为一个待解决的问题。

相对而言，林业行业对优秀人才的吸引力不够，激励机制不够完善。林业行业职工收入和其他行业的职工存在较大的差距，2000年，福建省林业在岗职工的年平均工资仅为7366元/人，到2005年，工资水平有所提高，年平均工资为14200元。但这与其他行业职工的平均收入还是有较大的差距。再加上林业职工工作条件和生活条件等又比较艰苦，在这样的情况下，存在人才流失的现象在所难免。

因此，要缩小林业与其他行业职工的收入差距，才能增强林业行业对人才的吸引力，稳定林业从业人员的队伍。必须提高林业职工的收入水平，坚持为民惠民利民，从解决林业职工的实际问题入手，积极扩大就业，增加林业职工的收入，确保林业职工得到林业改革与发展的实惠，争创小康林区。并且要落实林业职工在职称晋升、医疗统筹、养老保险、子女就学等方面的基本保障，真正实现同工同酬，为林业行业从业人员队伍的稳定，创造一个良好的外部环境。

2. 创新激励机制，发挥现有林业人力资源的最大潜能

（1）建立和完善"按绩取酬"的分配制度，鼓励要素参与分配

要加快分配制度的改革，引入竞争机制，充分调动各类人员的积极性和创造性，促进优秀人才成长。彻底打破平均主义分配方式，逐步建立"按绩取酬"分配原则。实行目标绩效考核制度，并将员工工资待遇与绩效考核结果挂钩。把按劳分配和绩效、技术、管理等各生产要素参与分配结合起来。特别是要允许科技生产要素参与分配，鼓励林业人员发挥专长，从事林业创新技术的研究和推广。对出成果的科技人员要予以特别的奖励。如：允许科技人员从项目的获利年度起3~5年内，按比例提取科技咨询费。也可以试行配股奖励的形式、科技和经营管理人员实行配股经营、期权经营，将个人得失与企业的兴衰结为一体。还要建立具有较强吸引力的高层次的人才津贴制度和拔尖人才年薪制度、奖励制度来吸引人才。激励他们为所在企业多做贡献，实现林业企业的可持续经营。

（2）实施多层次的人才培养计划，构建精神激励机制

马斯洛的需求层次理论把需求分成生理需求、安全需求、社交需求、尊重需求和自我实现需求五类，依次由较低层次到较高层次。马斯洛的理论认为，激励的过程是动态的、逐步的、有因果关系的。马斯洛的需求层次理论阐明人们究竟会重视哪些目标，大多数人都存在着较高层次的精神需求，而且只要环境不妨碍这些较高层次精神需求的出现，这些需求就能激励大多数人。

可以依据马斯洛的理论，在员工的物质需求得到满足的情况下，构建精神激励机制。结合林业行业特点，通过建立各式各样、内容丰富的多层次的激励机制。从精神层面提高员工的荣誉感、成就感等，如授予"绿色使者"荣誉称号等奖励方式，加强激励效果，全面发挥林业各个层次人才的积极性和能动性。

（3）完善人才考核奖惩制度和专业技术人员的职称评聘与考核办法，促进人才脱颖而出

完善的人才考核奖惩制度是促进人才脱颖而出的重要保证。把品德、知识、能力和业绩成果作为衡量人才的主要标准，不唯学历、职称与身份，通过公平竞争、公开选拔，把品德高尚、勇于探索、具有开拓精神、较高林业相关理论水平、科研和创新能力强的优秀人才选拔上来。实施制度和机制创新，促使为福建现代林业的建设做出贡献的、具有较高综合素质的优秀人才脱颖而出。

原国家林业局局长周生贤曾多次指出，要不断完善机关公务员制度，深化机关干部人事制度改革，采取不同方式，把各种优秀人才选拔出来，让每一个干部，都能够人尽其才，才尽其用，各展所能，各得其所，为林业跨越式发展贡献聪明才智。福建省应该根据这一总体要求，不断深化人才考核奖惩制度和干部选拔任用制度的改革，建立和不断完善公开、平等、竞争、择优的新型人才考核奖惩机制。形成福建省林业厅机关、直属企事业单位和全省林业系统带动、互动、联动的人才考核奖励制度的新局面。

建立和健全林业专业技术人员评价制度。以专业技能、业绩成果作为重要评价标准，对长期工作在基层、有真才实学的林业专业技术人员的职称评定，在英语考试、论文等方面的衡量上适当放宽尺度；对学术上有较高造诣、具有创新开拓精神，有突出贡献的拔尖人才职称评定方面，

可酌情破格提升。还可以实行科技人员挂钩包点制度，把挂钩包点工作的经历和成效与职称评聘、职务晋升、年度考核结合起来。总之，要建立可以调动林业专业技术人员积极性的职称评聘与考核办法和评价机制。

（4）建立人才培养基金和奖励基金，促进人才迅速成长

建立林业人才培养基金和奖励基金制度。主要采取政府拨款、单位资助形式，也可以采用广泛吸引和接纳企业、社会资金、个人捐赠等形式建立人才培养基金和奖励基金，人才培养基金用于林业人力资源的开发，促进人才的成长，资助人才的继续教育。解决人才工作、生活中遇到的特殊困难和问题。奖励基金是用于奖励为福建现代林业事业做出突出贡献的人才，特别是长期在基层和林业生产第一线工作的拔尖人才。各级林业主管部门要建立稳定的人力资源开发经费和人才奖励基金投资渠道，设立人才培训专项经费和奖励基金，促进人才迅速成长。

（5）构筑一个公平竞争的平台，充分发挥各类人力资源的潜能

要充分发挥各类人力资源的潜能，除了实施多层次的人才培养计划，完善人才考核奖惩制度和专业技术人员的职称评聘与考核办法以及建立人才培养基金和奖励基金等机制外，还要为人才构筑和完善公开、平等、择优的竞争环境，搭好一个公平竞争的舞台。提供一套强有力的制度保障。根据"以人为本"的指导思想，充分发挥人才的主观能动性和创造性，开发人才的潜能，坚持以人为本，做到一切依靠人，一切为了人。形成福建省林业厅机关、直属企事业单位和全省林业系统人力资源公平竞争的全新局面。达到为林业系统人才发挥潜能搭建平台，最大限度地激发各类人力资源的积极性、主动性和创造性的目标，实现林业人才与福建省现代林业的共同发展。

（6）积极培养具有较高素质的林农技术能手，并注意发挥其引领作用

基于山林分户后的实际情况，以及林改后林区林业技术能手严重缺乏的现状，如何尽快地培养出具有较高素质的林农技术能手，并发挥其引领作用，即通过其进一步带动更多的林农共同富裕，这就成为新一轮林改中需要特别关注的主要工作之一。为了尽快地培养高素质的林农技术能手，福建省人民政府和福建省林业厅都曾经为此专门发布了相关的文件或通知，其中主要包括闽政文〔2004〕351 号《福建省人民政府关于加强村级农民技术队伍建设的意见》和闽林综〔2005〕77 号《福建省林业厅关于印发全省林业农民技术员培训实施方案的通知》。为了贯彻落实这两个重要文件的精神，福建省林业厅曾经于 2006 年 10 月 28~11 月 10 日期间主办了"2006 年福建村级林农技术员联络员培训班"，培训班分别由福建林业职业技术学院、三明林业学校和福建生态工程职业技术学校承办。该次培训班共有南平、三明、福州、宁德、莆田的 45 个县（区）221 个乡（镇）303 个村的 303 名农民技术员联络员参加。该次培训班主要是针对林业农民技术员联络员而举办的，省林业厅专门为培训班印发了一套内容通俗易懂、实用性强的《福建省村级林业农民技术员培训教材》，目的是为了加强全省 7407 名村级林业技术农民技术员的管理，并提高其服务水平和质量。该次培训班开设了现代林业基础知识、毛竹低产林改造及丰产培育技术、短周期工业原料林丰产培育技术、主要造林树种育苗技术、锥栗丰产培育技术、主要森林病虫害防治、计算机应用基础以及当前林业政策法律法规等等紧密结合生产实际的课程，并安排现场 VCD 技术指导。培训班还专门聘请了 16 位富有生产实践经验、熟悉当地林情、并直接从事林业实用技术推广的专家为培训班授课。培训期间，还专门安排专家答疑，集中解答了学员们提出的各类普遍关心的问题，以开拓了他们的视野。该次培训激发了林农技术员们爱岗敬业的热情和自豪感，也扩大了村级林农技术员培训工程的社会影响，基本上达到了预期目的。

但应该指出的是，这次培训的实际人数比较有限，仅相当于全省 7407 名村级林业技术员的4.09%，也就是说真正能够参加此次培训的林技员人数还比较有限，他们中的绝大部分人员还是

难以得到这样的培训机会的，而且类似这样的培训机会并不太多。可想而知，如果这些林业技术员都难以得到必要的培训，他们就无法更好地发挥其对其他林农的引领作用了。因此，我们认为，在条件许可的情况下，应该尽量多进行类似的培训，而且应该尽可能地扩大培训的范围，至少保证每个村一个的林业技术员都能够得到被培训的机会。同时，这些受过培训的林业技术员应该进一步充当好"播种机"和"转化器"的作用，即应促使他们真正地承担起承上启下的作用，在自身接受了指导和教育之后，能够及时地将那些适用的技术和技能进一步向广大的村民传授，这是更为重要的一环，今后应该特别注意抓好。

（三）促进人力资源的合理流动，优化林业人才结构

1. 设置人才"绿色通道"，引进急需与紧缺的相关人才

福建省委、省政府作出的《关于加快林业发展建设绿色海峡西岸的决定》提出了大力实施林业"三五"工程、建设绿色海峡西岸的战略构想。这为林业人才成长和发挥作用提供了非常广阔的舞台，也对人才队伍的建设提出了更高的要求。福建省现代林业对高素质人才的需求从来没有像今天这样急切。今后一段时间，随着海峡西岸现代林业发展战略的实施，更需要广纳贤才，以承担起全面促进海西现代林业可持续发展的重任。

为此，要确立"不求所属，但求所用"的观点，鼓励人才良性流动，创造自主择业的宽松环境。欢迎国内外高层次人才来福建林区工作，加快引进生物质能源、生物多样性保护、森林认证、森林资源价值评估、森林资源资产会计核算、绿色食品、森林旅游等新兴技术、支柱产业、前沿产业等方面的急需人才和高层次人才。要鼓励国内外的人才以技术投资、技术入股等多种形式到福建林区创办、合作创办高新技术企业。应积极营造良好的工作和创业政策环境，设置人才引进的"绿色通道"，为林区社会经济发展提供政策和技术信息咨询，推动林区与国内外的经济合作与交流。争取让福建省急需的人才能引得进，并努力形成人才聚集的"洼地"效应，从而广纳国内外的高素质人才。

要通过运用良好的机制、环境和条件吸引国内外各种人才以多种形式为我所用，如探索建立自由职业制度；引进的优秀人才的工资待遇，可由用人单位与引进人才协商确定；从境外引进的优秀人才，除了可享受工资、住房配偶安置、子女入学等优惠政策外，还可参照国际惯例，与用人单位协商其他方面的待遇。总之，应尽最大的努力创造良好的内部和外部条件，引进急需和紧缺的相关人才。

2. 加强对基层的"送智"服务，缓解林业生产第一线的人才压力

众所周知，林业是一个基础产业，其生产经营的第一线就在于林区。林改后，随着林木和林地产权的相继落实到户，林业经营的第一线进一步向林区转移，为此，急需加强对基层的"送智"服务，即向林业生产第一线输送人才、技术和新信息，以促使林业生产第一线的人力资源得到有效的开发，还可以带动林农对相关知识的学习和培训，缓解林业生产第一线的人才压力。因此，应鼓励和引导有关科研单位、大专院校、科技人员到林业生产第一线开展有偿技术开发、服务、承包和组建利益共同体。

在为基层"送智"这一活动上，福建省已经有了一定的经验。如从1999年开始，福建省南平市委就率先推出了村级"科技特派员"制度，作为实施"科教兴农"、"科教兴林"、"科教兴市"的一项重要举措，即从市直机关、事业单位选派农林专业技术人员，以科技特派员身份进驻农村。2000年6月，南平市委从改进领导方式和领导方法入手，大胆创新工作机制，下移工作重心，又推行"干部下派制"，即从市、县、乡机关选派优秀党员和科技人员进驻基层农村。大批的科技特派员、下派"村官""乡官"，在农村和边远的林区构筑起一个高素质的人才群体。由于科技特派

员长住农村基层，活跃于林区和田间地头手把手现场讲解，亲身示范指导，教农民应用新技术，带给农民新信息，增强农民的市场意识，进行多层次全方位的培训，对基层的林农进行全面的"送智"服务，使得林农科技素质大大提高，从而有效地开发了农、林、牧、副等各行各业生产第一线的人力资源，为当地的新农村建设和农村经济发展奠定了基础。

"科技特派员"制度自实施以来，在当地党委（政府）的统筹安排和各方的合力推动下，围绕"三农"需要，开展以科技为重点的全面综合服务，把科技特派员工作纳入"三农"工作的全局加以谋划、展开和推进，通过将市、县、乡镇、村多级的科技力量予以整合，迅速在农村织就了一张全新的农业科技推广网络，增强了农业科技服务的合力和实力。由南平市首创的这种"科技特派员"制度很快在福建全省推广，并陆续为全国的其他兄弟省份所采用，科技部也于2002年启动实施了科技特派员试点工作，并逐步扩大到全国的大部分省（自治区、直辖市），从而使这一活动的影响和作用进一步提高。

当然，在林改后，在向林业基层"送智"活动的方式上可以逐步多样化，除了前述的"科技特派员"制度之外，各级林业主管部门应进一步充当好中间联系人的角色，即要随时根据基层林业经营主体对各种专门人才和技术的需要，主动与林业高等院校和科研院所合作联系，通过选派相关骨干人员参加相关的技术学习与培训，并以其为核心，进一步带动林农的学习；也可要求高校和科研院所根据林业生产第一线的需要，及时地选派相关的技术人才深入林区生产经营的第一线，开展各种形式的技术培训和指导，即把先进实用的林业技术及时送到林农手中。具体的形式可通过举办各类技术培训班，或者发放科普宣传、技术小册子，还可通过指导建立各类林业科技示范片等，从而力求起到较好的辐射和带动作用，有力地促进林业科学技术向林业生产力的转化，为加快林业发展提供强有力的支撑。

3. 以项目为纽带，促进林业人才的合理流动

坚持项目带动，以重点工程为载体，建设项目为抓手，实施项目带动战略，通过项目来集聚各类生产要素和促进林业人才的合理流动，以大工程带动林业大发展。还要以每年举办的"6·18"项目成果交易会为载体，加强林业企业与科研院校的合作，以项目为核心，组织力量攻关，配备林业人才队伍。在人员年龄结构、学识水平与专业领域等方面进行合理安排，以项目建设促进林业人才和项目团队的成长，以林业人才带动整个林业的科学经营和可持续发展。

以重点实验室、重点学科建设和重大项目的实施为依托，加强领军人才和尖子人才的培养。要在科研项目安排与经费投入方面向他们倾斜，为他们成长提供支撑条件与发展平台；要与福建省林业厅、福建省林科院、福建农林大学等单位在人才培养与科研项目等方面的合作。加快培养学科带头人、中青年学术技术骨干和复合型、创新型的林业人才。

（四）利用海西特有的优势，促进闽台林业人力资源的互访和交流

区域合作、优势互补、扩大交流，力求实现"双赢"，这对于闽台林业而言具有特殊的意义。闽台林业合作的领域是多方面的，其中林业人力资源的互访和交流是重要的领域之一。随着两岸往来的逐步频繁和密切，闽台之间的交流与合作已经迈出了可喜的一步。据不完全统计，近年来，台湾方面先后有各类专家、学者500多批4000多人次来闽考察交流、洽谈合作项目，福建省也有200多批1200多人次赴台考察交流。福建省举办了闽台各类学术研讨会120多场次。学术交流与合作涵盖了农、林等20多个领域。合作形式也从过去单一的互访和讲学发展成为合作研究、共建试验基地等多种形式，取得了良好的效果。而在以往的这些合作研究和人员交流中，农、林领域的合作最为频繁和密切。今后，随着两岸关系的进一步改善，福建省要充分利用自身的优势，加大闽台合作的领域和力度，特别是在农、林领域更应该进一步充当好两岸合作的先锋和主力军作用，从而促进双方的"双赢"。

目前，台湾林业科研人员的素质高，而且多种人才云集，特别是在林业实用技术研究和推广方面的力量较强，但其普通林业劳动力的数量则相对短缺。而福建省林业劳动力资源十分丰富，而且相对过剩，所以其价格相对便宜，与台湾昂贵的劳动力资源形成了明显的反差。而林业行业是一个劳动密集型的产业，以林产工业产品为例，除纤维板、刨花板和制浆造纸之外，其余大部分的产业均属于劳动密集型的产品，这就使具有劳动力数量优势的福建省在其劳动密集型产品上具有较强的竞争力。因此，双方的合作不能仅仅局限于专家学者和科研人员之间的合作和互访，还可以进一步扩大到林业生产第一线的劳动力合作。首先，在林业高级人才互访和合作上，主要是进一步做好与台湾中华林学会、农林高等院校及农林产销班等民间经济合作组织等的交流与合作；进一步加强两岸林业科技人员的交流与合作，不断扩大合作领域，尽可能实现重大科技联合攻关；定期开展林业科技人才的互访和培训。其次，在林业劳动力的合作方面，福建省应注意做好与台湾中南部林业从业人员的联络与交流，鼓励台湾林农来闽考察投资，进行宽领域的交流合作。因为基于台湾当前林业生产成本高，市场狭窄，劳动力严重不足的现状，福建省相对低廉的劳动力对台商采取"两头在外"的形式投资办厂，具有很强的诱惑力。因此，双方的合作前景看好。

第六节　海峡西岸现代林业发展的组织保障

现代林业的发展是一个综合的系统性工程，它需要依托一定的组织来完成。在这过程中，林业行政管理部门在政策制定、资源配置、环境营造等方面将发挥主要作用；同时，随着福建省集体林权制度改革的深入，林业生产力得到解放，林业经营主体也日益多元化，因此需要一系列的林业社会化组织为之提供各种各样的服务。因此，如何建立适应福建现代林业发展需求的林业行政管理体系和现代林业服务组织体系，就成了现代林业发展的重要保障。

一、海峡西岸林业组织建设的现状

（一）林业行政管理组织架构相对较为完整，但基层组织变动较大

福建省现有的林业行政管理体制从纵向上看，已经形成了省、市、县（区）、镇（乡）四级较为完整的垂直管理体制，福建省林业厅是全省最高的林业行政主管部门，林业局是各县市相应的林业管理和执行部门，乡镇一级政府部门中则设有林业工作站。从职能分工上看，已经基本形成包括林业发展决策、政策制定与执行、森林资源监测与管理、林业技术推广与应用、林政执法等多部门协调分工、相互配合的林业管理体系。镇（乡）林业工作站是对林业生产经营实施组织管理的最基层机构。

但近几年来，由于受政府机构改革及林业发展战略转变影响，林业管理机构设置，尤其是基层林业管理执行机构及相应人员变动较大，据统计，2002 年全省共有林业工作站 781 个、在岗人员 4353 人，而到 2005 年则有林业工作站 822 个、在岗人员 4438 人；另一方面，由于林业发展的重点发生了转移，推行了森林分类经营战略，现有林业管理机构与职能难以适应当前林业发展的要求。因此，必须适时地调整林业行政管理体系并优化其职能。

（二）由于林业需求发生了结构性转变，行政组织保障仍相对缺乏

随着人们生活水平显著提高和森林分类经营战略的实施，社会对林业的需求结构和林业发展的宏观背景已经发生了根本性的变化。主要表现为：一是社会对林业的需求已经从木材需求为主

导转向生态需求为主导，追求人与自然和谐已成为社会共识；二是居民消费层次发生了变化，正在由生存消费向发展消费、休闲消费和享受消费并存转变，生态旅游等新兴的旅游方式开始受到了都市人的青睐，并得到了快速的发展；三是人们的发展观念发生了变化，可持续发展已成为全社会的共识。

福建省是南方重点集体林区之一，全省森林覆盖率达62.96%，居全国第一，生态环境较好。然而应当看到福建省的环境污染也比较严重，洪涝、山体滑坡、泥石流等自然灾害频繁发生，生态安全形势不容乐观。为解决福建省社会经济发展过程中资源和环境的约束问题，省委、省政府不失时机地提出了建设"生态省"等一系列战略举措、作出了《关于加快林业发展建设绿色海峡西岸的决定》，明确了林业在海峡西岸经济区建设中的"三个地位"，即："在海峡西岸经济社会可持续发展中，要赋予林业以重要地位；在海峡西岸生态建设中，要赋予林业以首要地位；在海峡西岸经济区建设中，要赋予林业以基础地位"，指出林业承担着建设绿色家园和发展绿色产业的双重任务，并从生态建设、资源培育和产业发展三个层面对全省林业生产力布局进行调整，提出了大力实施林业"三五"工程（五大工程：生态公益林保护工程，沿海防护林工程，生物多样性工程，绿色通道和城乡绿化一体化工程，森林灾害防治工程；五大基地：速生丰产林基地，丰产竹林基地，珍贵树种和名特优经济林基地，种苗和花卉基地，森林食品和药材基地；五大支柱：人造板工业，制浆造纸业，林产化工业，木竹制品工业，森林旅游业）、建设绿色海峡西岸的战略构想。

因此，林业必须适应社会需求的变化，即以生态优先、可持续发展为原则，遵循"生态建设、生态安全、生态文明"的总体要求；而从现有的林业行政管理组织体系来看，仍主要停留在以木材生产为重点的传统组织体系，难以满足"三生态"的新要求，调整已势在必行。

（三）林业服务组织初现端倪，但与迅速发展的林业相比仍显薄弱

"十五"以来，福建省通过集体林权制度、林业税费、林业投融资体制等方面的改革，明晰了林业产权、降低了林农和林业经营者的税费负担、破解了林业发展的资金"瓶颈"，解放了林业生产力，确立了林农的主体地位，全社会造林务林的积极性空前高涨，非公有制林业发展迅速，林业已成为福建省不少地方的主导产业。据统计，"十五"末全省有林地面积764.94万公顷，森林覆盖率达62.96%，比"九五"末提高2.44%，活立木总蓄积量4.96亿立方米，比"九五"末增长18.7%，"十五"实现林业产业总产值3632亿元，比"九五"增长70%，"十五"林业产业总产值年平均增长速度为10.9%，福建林业为维护区域国土生态安全、保障农业稳产高产、增加农民收入、促进山区经济发展做出了重大贡献，有力地推动了全省经济社会发展。

然而，林业在"三定"以后，集体林大部分分山到户，林业经营相当分散，"小生产"与"大市场"的矛盾日益突出，广大林农在发展生产、走向市场的过程中，已深刻体会到提高自身组织化程度的重要性。因此，近年来林农对参与合作组织的积极性不断高涨，在政府相关部门的支持下，林业专业合作经济组织获得了较大的发展。目前福建省的林业服务组织主要包括各类林业行业协会、林业中介服务机构等。截止2006年5月底，全省各地通过各级林业主管部门和省木材检验技术协会资质审查，经省林业厅批复成立的木材检验中介服务机构54家、伐区调查设计中介服务机构21家；同时据福建省林业厅产业发展处对南平、三明、漳州、泉州、莆田等五个设区市的不完全统计，至2006年8月成立的各类协会有343个，其中设区市一级设立的有12个、县一级有151个、其他为乡村一级设立的协会，这些协会主要有花卉协会、竹业协会、经济林协会、野生动植物保护协会、林产工业协会、锥栗协会、水煮笋同业公会、木材行业协会、防火协会和林学会等。这些林业行业协会、林业中介服务组织等中介组织为林业生产者提供大量的、多种多样的服务，为福建省林业改革和林业经济管理新体系的建立发挥了积极作用。但是应当看到，这些中介组织由于受多种因素的影响，主要以提供低成本的信息、技术服务为主，缺少产前、产中、产后的多层次的、系列化服务，与当前福建省迅速发展的林业相比，仍显不足。其主要原因主要有以下几个方面：

1. 自身定位不明确

从福建省现存的各类服务组织来看，大部分是政府部门创办的或在其推动下成立的，带有浓厚的"官办"色彩，各类服务组织在人、财、物等方面与政府部门有着千丝万缕的联系。从调查的情况看，在已设立的 54 家木材检验中介服务机构中，属于国有企事业单位 45 家，占 83.3%，其中有 6 家为自收自支的全民事业单位编制；已设立的 21 家伐区调查设计中介服务机构基本都是国有事业单位，另有 80 家可进行伐区调查设计的各县（市、区）林业规划设计队属有正式编制的事业单位；在县一级以上已登记注册的林业行业协会中，林业主管部门领导兼任协会负责人和秘书长超过 90% 以上，财务和办公场所"政会"不分，林业主管部门直接干预插手协会活动过多，协会只能充当行政的"二传手"或配角，没有自主决策权。可以说，目前的林业中介服务机构仍存在着在体制上，未与林业主管部门脱钩；在管理上，大部分林业中介服务机构与林业主管部门保持着天然的"母子"关系。这一方面使中介机构难以做到真正意义上的独立、客观、公正，规范和统一执业，对中介机构今后的发展带来较大影响，给中介机构的规范管理带来许多弊端；另一方面易导致林业主管部门的"寻租"行为，对这些中介服务组织的服务范围进行人为划分，形成区域性垄断，不利于中介组织间进行公开、公正、公平的竞争，不利于提高其服务质量。

2. 政策法规相对滞后

国务院颁布的《社会团体登记管理条例》对协会的登记、设立和运作缺乏针对性，使林业行业协会在定位、职能、权利、义务、组织结构、运作机制和管理模式缺乏法律依据、法律保护和法律约束，造成一些地方按"五自"原则（自愿发起、自选会长、自筹经费、自聘人员、自理会务）组建的协会未能得以注册登记，如相当一部分乡村防火协会未能依法注册登记。此外，林业行业协会专职人员的户口、档案、社保及林业中介服务组织的财政、税收等方面存在的政策真空，支持和鼓励措施不力，损害了行业服务组织的积极性和发展后劲。

3. 管理体制滞后

目前的林业行业协会实行民政登记机关和农办（经委）归口管理的"双重管理体制"，这在特定时期加强社团管理、维护社会稳定起到了积极作用。但是，现在的形势已发生了深刻变化，随着林权改革林业主体形势、"海西"和绿色海峡西岸建设的形势、对台和对外开放形势的变化发展，这种管理体制已日显弊端：一是归口管理，婆婆过多，重复监管，官方色彩浓厚；二是多头发展，企业重复入会，"一业多会"现象严重，如有的企业，迫于条块行政干预，往往要兼 3~5 个会员身份，加重了企业负担；三是协会依附于行政部门，成为行政附庸，寄生性强，工作跳不出行政束缚和"官方意愿"，导致协会既不能全方位服务，也不敢大胆为企业维权，造成协会在行业内形不成凝聚力和向心力；四是现有协会会员数量少，缺乏行规行约代表性，话语权和公信度苍白。这些问题已成为行业协会发展的瓶颈和束缚，制约了行业协会的独立、健康发展。

4. 内部管理不规范

主要体现在以下几个方面：一是选举机制不完善，大多数协会的人事权、业务权控制在主管部门手中，提名权大于公选权，选举制度形同虚设；二是内部监督机制不完善，绝大多数协会未设监督会，年审也会过关，存在漏洞；三是人才选拔机制不完善，大多数协会领导都是由行政部门领导兼任，工作人员中在职的干部兼职多，退休人员多，年富力强专职人员极少，更谈不上高级人才参与；四是财务管理混乱，缺少财务内部控制制度，收支审批存在着较大的个人随意性。

二、建立适应海峡西岸现代林业发展需求的林业行政管理体系

林业是一个非常完整、紧密相关、巨大复杂的系统工程，经营这个系统的过程包括育苗、造林、管护、采伐、加工、利用等诸多工序，这些工序环环相扣，紧密相连，构成了整体性和系统性很强的林业工作，任何一个或几个工序都无法单独存在，应有一个完整的、强有力的林业行政管理机构来组织实施。同时随着社会对林业需求的根本性转变及森林分类经营战略的实施，林业部门的生态建设、资源管护等任务极其繁重。因此，必须有权威性的林业行政管理机构来处理林业和生态建设中涉及的多部门、多层面的各种事务，以林业部门为主综合考虑生态建设中的各种问题和各方面的利益，制定适当的政策。为此，应在稳定和强化现有的林业行政管理机构与职能的基础上，进一步整合相关机构，突出职能健全和管理高效，调整林业行政管理机构，建立适应福建现代林业发展需求的林业行政管理体系。

（一）稳定和强化现有的林业行政管理机构与职能

在稳定现有林业行政管理机构和人员的基础上，根据林业分类经营的具体要求和"生态优先"发展原则，强化林业资源监测管理、林政执法、林业技术推广与应用方面的职能，以满足林业现代化发展对行政管理的要求。尤其要稳定和强化对林业生产经营实施组织管理的最基层机构——乡镇林业工作站的作用，将其作为县级林业行政管理部门的派出机构，充实林业工作站力量，优化人员结构，提高队伍素质，实现办公现代化和交通机械化，将林业工作站人员工资和公用经费纳入县级财政预算。2006年9月，国务院下发的《关于深化改革加强基层农业技术推广体系建设的意见》中也指出，基层林业工作站承担着林业关键技术的引进、试验、示范，林木病虫害的监测、预报、防治和处置，森林资源使用、监测、管护和林政执法等公益性职能，完成这些公益性职能所需要的经费应纳入财政预算。

（二）适时转变政府职能，注意相互间的协调，突出职能健全和管理高效

长期以来，我国林业部门存在着严重的政企不分和政资不分问题。省、市、县的林业厅（局）既是国家的一级行政主管部门，又是国有森林资源资产等国有资产的终极所有者，他们往往以行政权代替所有权，通过行政命令等方式直接干涉所属的林业企业的决策，直接监督、管理所属企业的生产经营活动，大多数企业的厂长（场长）、经理也由主管部门任命甚至由主管部门的行政领导直接兼任，企业的经营损益由政府承担。由于政企不分和政资不分，使企业承担了部分政府的职能，而政府则扮演了部分企业的角色。导致政府主管部门和林业企业双方都没有很好地发挥自己应有的作用，从而导致了森林资源及其他各种相关资源的低效率使用。

在福建省，林业部门政企不分和政资不分的问题同样存在。然而，党的十四大以来，随着我国社会主义市场经济的逐步发展，林业作为受计划经济长期影响的行业之一，今后也必须逐步地走向市场。特别是进入21世纪之后，随着林业的全新定位，林业由最初的以木材利用为主，开始转向"产业发展和生态建设并重，并以生态建设为主"的阶段，最近国家林业局又进一步提出了并明确了今后林业建设的总体要求是构建完善的林业生态体系、发达的林业产业体系和繁荣的生态文化体系，充分发挥林业的多种功能，满足社会对林业的多样化需求。随着林业的全新定位，同时结合福建省集体林产权制度改革的不断深入，要求我们必须及时地根据形势的发展和林业行政主管部门主导职能的变化，做好政企分开和政资分离工作。

实现政企分开和政资分离要依靠政府和企业双方的共同努力，但最为关键的是要转变政府的职能，规范政府管理林业的行为。因为在政府与企业的关系上，政府及其所属的各种机构是一系列法规和规则的制定者，总是处于有利的主导地位，如果它要凭借手中的权利硬性地干预企业内

部的具体事务,所有的企业对此都将无能为力。因此,要想实现真正意义上的政企分开和政资分离,关键的就是要实现政府职能的转变和行为的自律。具体而言,林业行政主管部门及有关政府机构的职能应实现以下几个方面的转变:①由直接管理转向间接管理。林业主管部门应改变过去那种通过行政手段对林业企业生产经营进行直接干预的作法,转而运用经济杠杆、经济政策等经济手段进行间接引导,如通过制定和规范森林资源资产的有偿使用制度,促使森林资源资产的经营者和使用者努力提高资源的使用效率。②由微观管理转向宏观管理。政府应改变以往那种对林业企业的方方面面都加以管理的作法,转而进行宏观总量调控(如制定一定期间的采伐限额总量等),主要是针对市场机制无法发挥作用的领域加以管理;应将供、产、销整个过程的微观经济决策交还给林业企业或林农个人根据市场信号自主决定,使之自觉地采取各种有效措施去提高森林资源资产的使用效率,从而达到利润最大化的目的。③由投资、营运主体转向监督、服务主体。林业主管部门应由过去的主要搞项目审批、分钱分物,甚至直接替代林业经营主体进行筹资、投资活动,转向主要从事规划、协调、监督和服务方面的工作,主要通过制订和实施林业中长期发展规划,并运用各种经济、法律手段协调林业企业和林农之间的利益关系,引导广大林业经营主体进行合理、合法地经营,促使其最大限度地利用好各种资源和资产,特别是有限的森林资源资产;政府应致力于建立和完善市场机制,并对市场的运行进行必要的监管,从而为林业经营者创造一个良好的市场竞争环境。

近年来,随着林业定位的不断变化和调整,其管理范围和领域也出现了变化,出现了一些管理上存在交叉的领域,比较典型的如城市林业也开始成为林业的重要组成部分。然而,由于城市林业发展处于刚刚起步阶段,相应的职能管理部门尚未明确,出现了林业、园林、城建等相互分割、多头管理等现象;并且园林、城建等部门在具体管理过程中,由于缺乏相应的林业专业技术力量,无法适应城市林业发展的要求,一定程度上限制了城市林业的健康发展。因此,如何协调各个部门之间的关系,以促进城市林业的健康、持续发展就显得十分重要。今后,一方面可以福州、厦门、泉州等发达地区的城市林业建设为试点,带动全省城市林业的发展步伐;另一方面,更重要的是要充分发挥各地绿化委员会在城市林业发展中协调、参谋作用,突出职能健全和管理高效,调整林业行政管理机构,设置专门的城市林业管理机构,具体做法是:由省政府出面,召集林业、园林、城建等相关部门,通过协商整合现有职能部门,设置相应的城市林业管理机构,明确其管理职能,以促进城市林业在福建省的健康发展。

三、建立适应海峡西岸林业发展需求的现代林业服务组织体系

如前所述,林权改革以后,现代林业服务组织在促进千家万户的"小生产"与千变万化的"大市场"之间衔接上起着不可替代的作用。因此,如何扶持、培养、壮大广大林业生产者自发组织的各类合作社、专业协会,以及各种林业中介服务机构,构建完善的社会化服务体系,提高林业经营的组织化程度,就成了福建现代林业发展的必然要求。

(一)营造促进现代林业服务组织发展的良好氛围

目前社会上尚未就林业行业协会等服务组织的性质、地位、作用达成共识,认为只有政府部门才能履行行业管理职能,对行业协会发挥行业管理和自律的能力和作用持怀疑和否定态度;一些行业协会长期依赖于政府,缺乏自立和服务意识,人、财、物和活动依赖行业主管部门,成了"养不大、走不动、不争气的孩子";企业对协会不信任,仍然习惯于撇开行业组织,而直接与政府及其主管部门打交道、跑项目、要经费。

因此,应给各类林业服务组织的健康发展创造一个良好的外部环境。一是应加大宣传力度,

让社会大众对各类行业协会、中介组织等服务组织的职能、作用、地位等有一个清楚的认识，改变人们的看法。二是应积极营造服务组织发展的有利环境：首先，建议省里尽快出台关于农民专业合作组织的条例，给其予明确的地位，同时明确与林业专业经济合组织有关的资金、税费、科技、人才等方面的鼓励政策；其次，对现有的林业中介服务机构进行清理，凡未与原有企事业单位脱钩的，要督促其尽快从政府有关部门独立出去，确保其客观公正地履行职责，更好地服务林业生产经营，同时对现有机构中的国有身份从业人员，要进行身份置换，建立新型的用工制度；再次，应严禁利用行政手段对各林业中介机构服务的区域进行划分，取消区域性的"行业垄断"和地区封锁。

（二）强化林业行政机构和事业单位从业人员的服务意识

林业行政管理机构和事业单位应转变职能，从原先的微观管理领域退出来，转向宏观管理；从以经济生活管理为主，转变为以社会管理和公共服务为主。因此，要对林业行政管理机构与林业服务组织之间的职能进行明确的划分，根据福建省的实际情况，可将林木林地流转、护林防火、病虫害防治、防止盗伐滥伐林木、林农和企业人员的技术培训、技术人员继续教育、技术人员上岗发证、木竹限额采伐指标分配、行业定额税负分配、企业评优、项目选择、行业统计、行业信息统计发布、行业标准制定、行业展览、市场准入、行规行约、行业发展规划、林农和企业技术人员的职称申报预审等服务性职能逐步交由林业服务组织承担。为此，林业行政管理机构和事业单位的从业人员应不断强化服务意识，为林业服务组织发挥其各项职能创造一个良好的条件。

（三）构建功能齐全的现代林业服务组织体系

根据福建省现代林业发展的需要和兄弟省份及国外林业发达国家的成功经验，根据"民办、民管、民受益"和"五自"（自愿发起、自选会长、自筹经费、自聘人员、自理会务）的原则，构建纵横交错、形式各异、功能齐全的现代林业服务组织架构（图8-1）。

第一，横向组织结构：它是指林业经营者为解决林业生产经营过程中所面临的共同问题，在自愿的基础上所形成的各种不同的合作组织。包括以下两类：一是从事某种相同林产品生产的林业经营者之间形成的，如竹业协会、花卉协会、经济林协会、锥栗协会、水煮笋同业公会等；二是围绕林业生产的产前、产中、产后服务而形成的，如森林资源资产评估事务所、伐区调查设计公司、防火协会、林业技术咨询服务中心、专业市场、物流配送中心等。随着福建省林权制度改革的不断深入，这两类横向组织结构今后都需要加强，特别是第二类组织结构更应该重点强化。

第二，纵向组织结构：是指在横向组织结构发展的基础上，通过林业经营者、林业行政管理部门领导、林业科技人员等自愿参与下形成的，多成份、多层次的合作组织。包括以下三个层次：一是省、设区市级综合性林业协会；二是县（市）级各类林业协会、中心；三是林业协会乡镇分会，以及各类林业中介服务机构。这三个层次的组织结构的总体架构，以及不同层次结构之间的关系情况及相互之间的衔接关系如图11-4。

（四）发挥现代林业服务组织的各项职能

随着现代林业服务组织体系的建立、健全，应充分发挥现代林业服务组织的各项职能，为林业经营者提供产前、产中、产后的系列化服务：一是"产前"的各项服务，林业服务组织应发挥其在资金、信息、技术、人才等方面的优势，为林业经营者筹资生产所需资金、收集产品市场需求信息、咨询经营管理方法、购买生产资料、培训员工等方面提供便利和服务；二是"产中"的各项服务，主要是为林业经营者提供各项生产作业技术指导，如组织指导林产品的种植、森林火灾的预防、病虫害的防治等；三是"产后"的各项服务，林业服务组织应做好或协助林业经营者做好林产品的收购、储藏、运输、加工、销售及信息发布等方面的工作，解决林业经营者的后顾

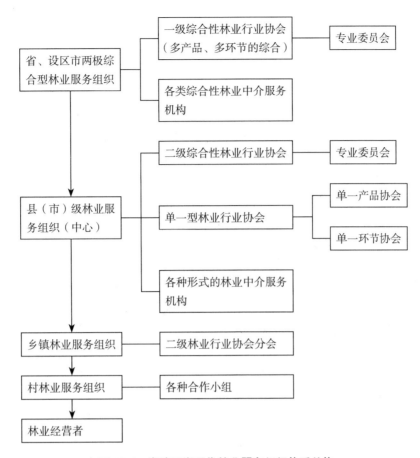

图 11-4　海峡西岸现代林业服务组织体系总体

之忧。

（五）建立健全现代林业服务组织的利益分享风险机制

现代林业服务组织作为合作经济组织的组成部分,也是一个由有关各方形成的利益共同体,相关各方应当遵循"风险共担、利益共享"的原则。因此,建立并健全组织内部的利益分享风险机制,以协调林业经营者与林业服务组织、林业服务组织内部各部门各成员、林业服务组织与林业主管部门之间的利益关系,是现代林业服务组织生存、发展的关键所在。为此,有必要在遵循"风险共担、利益共享"的原则下,在组织内部建立一套约束及保障机制,来维系组织的顺畅运转。具体应当包括以下几个部分:一是明确组织的会费、服务费用的收取办法、收取标准等,这是保证组织发展的前提;二是明确组织创造利益的分配方法、分配比例、分配程序等,如明确组织的积累资金(如盈余公积金、发展基金、风险基金等)和会员(社员、组员)股息的提取比例、发放办法等,这是保证组织发展的基石;三是明确组织向会员提供服务的方式,如对会员提供资金扶持、低价或无偿服务、低价原料、保护价收购林产品等方面的服务,这是保证组织发展的根本及目的所在。

（六）规范林业服务组织的内部管理

针对福建省林业服务组织内部管理的实际情况,可以从以下三个方面加以规范,以提高其运营效率:一是建立健全包括组织的宗旨、章程、机构设置等在内的内部治理制度,明确组织的选举机制、内部监督机制;二是完善组织的人才培养及选拔机制,创造有利于人才成长的环境;三是加强会计基础工作、健全会计核算机构以规范组织的会计工作秩序,建立健全财务管理制度以规范组织的财务行为。

（七）鼓励建立和完善林主协会并发挥其自我协调和服务功能

随着福建省新一轮林改的逐步深入，山林产权也大多得以直接地落实到农户家庭或其自由组合的经营小组，这就使小家庭直接面对着大市场。在此情况下，为增强林农应对市场风险的能力，应尽快地成立各种形式的林主协会，以便于为林主提供技术支持和市场营销服务，并促进会员相互之间在信息、技术、资金等方面互通有无；还可以帮助会员开展森林可持续经营和利用方面的活动，从而增强其日常的经营管理水平和抗风险的能力；此外，林主协会的成立，还有助于将分散的林农组合起来，形成合力一致对外，从而有助于增强其对外交流、对外合作和对外谈判的能力，并使它们在激烈的市场竞争中处于相对有利的位置。当然，这些林主协会在成立起来之后，通过自身的不断完善和提高，有助于进一步增强其自我协调和服务功能，从而尽量地减少新一轮林改中集体山林产权明晰到户后所出现的小规模经营的负面影响。

（八）强化信息服务平台建设

充分运用现代信息科技手段，建设全省林业信息共享平台，推动林业管理网络化、精确化和科学化，形成一个统一的"福建数字林业"网络系统。一是加快林业信息共享与集成综合服务、林政管理、林权管理、林业产业、野生动植物资源与湿地保护、森林防火、资源监测等信息系统、数据库建设以及林业公共基础、林业资源、生态信息共享等数据库建设，完善林业信息化基础设施。在目前已经实现省级林业主管部门与各设区市林业主管部门联网的基础上，加快实现信息共享，逐步推行网上办公和网上审批。二是完善电子政务标准与制度。按照有关电子政务标准和规范的要求，建立一套较为完整的林业电子政务标准体系、完善的林业电子政务信息管理体系以及较为健全的林业电子政务管理运行体系。三是加强林业信息化队伍建设。加大信息化知识培训力度，普及信息化知识，努力建设一支高素质的林业信息化技术骨干队伍和管理队伍。至 2010 年，基本实现全省林业政务信息处理办公自动化，建立林业公共属性和空间数据库、地理信息数据及遥感数据库，规范林业数据标准方法，实现纵向可与国家林业局、横向可与本省其他相关部门进行数据交换和信息共享。

（九）积极借鉴台湾在现代林业服务组织建设方面的有益经验

台湾在现代林业服务组织建设方面形成了自己的一套做法，其最主要的经验和成功模式主要体现在以下两个方面：一是建立了各种形式的合作经济组织，比较典型的如农林产销班组织；二是建立、健全了各级农会组织，并充分地发挥了其应有的作用，从而有效地促进了当地农业和林业的发展。而不论是农林产销班，还是农会组织，他们在促进台湾地区农林业发展方面均发挥了极为重要的作用，对福建省林改后的合作组织发展等方面均具有十分重要的借鉴作用。

台湾地区的农业产销班产生于 20 世纪 70 年代，其前身是共同经营班。此后，在不同的农业计划中，有不同的组织名称，包括产销班、共同经营班、共同运销班、代耕班、共同作业队、精致农业班等。虽然组织名称繁多，但都含有现代化农（林）场经营的理念。1993 年初台湾地区"行政农业委员会"将现有各种组织班队予以整合，统称农业产销班。截至目前，台湾地区的产销经营班约 6000 余班，班员近 12 万人。台湾地区产销班产生的最大意义和作用就是克服了小农经营的缺陷。因为这种组织方式，能有效地扩大农（林）场经营的规模，有利于机械化作业，从而极大地降低生产成本；有利于提高农民对农产品的议价能力，降低了运输、销售、采购的交易成本；有利于提高农（林）场经营的效率并实行农（林）业企业化经营，从而尽可能地满足消费者多层次的需要。总之，台湾地区农林产销班为在小农经营制度下，实现农（林）业的专业化、社会化和现代化，直至"精致农业"发挥了极其重要的作用，是台湾地区现阶段突破农（林）业发展困境重要的农业政策方向，也是台湾地区农业产销经营的主体。

　　近年来，随着许多台商相继到福建进行农林方面的投资，也将其在产销班方面的经验带到了福建，所以福建省目前也出现了不少产销班组织，但绝大多数均为农业领域的，林业的相对较少。这主要是由于以往福建林业主要由集体统一经营，因此形成产销班的条件相对欠缺。然而，近年来随着新一轮集体林产权制度改革的不断深入，绝大多数森林资源的产权已经落实到户，由此带来的主要问题之一就是林地的细化和小农经营问题。在此背景下，林业行业必须组织和创立各种形式的合作经济组织，而已经在台湾地区被证明具有效率的产销班就十分值得福建林业部门去学习和借鉴。可通过聘请台湾有经验的专家、学者或实务工作者到福建林区开展对接培训，以便林农学习借鉴台湾产销班的经验，积极引导和组织开展以共同经营和委托经营为目标，加快家庭林场、股份合作林场等林业合作经济组织建设；应借助产销班的经验，以提高互助合作水平为目标，大力发展护林防火、林产加工等林业各类专业合作协会；还应结合林改后的新形势，以提高服务水平为目标，加快森林资源资产评估、伐区调查设计等社会化中介组织建设；等等。

　　农会是台湾分布最广、影响最大，组织体系最为完善、功能最为齐全、运行十分规范的农民组织。在台湾，其农会组织网络健全，包括林业在内的整个大农业生产经营的各个环节、每个角落都有农会组织成员的身影和足迹，其作用重大，并且深受台湾农民的欢迎。根据台湾农会法，农会分为镇（市）农会、县（市）农会、省农会三级，分别接受同级相应农政部门的指导。各级农会既是独立的法人，可以独立地开展各项工作业务，又与上级及其他农会之间相互配合；下级农会接受上级农会的指导，各级农会共同组成一个系统的组织网络。农会的主要功能有：一是农业政策和技术推广，其业务主要包括协助政府执行农业政策，推广优质品种、生产资料和先进适用技术，组织开展农民教育培训等；二是促进产品供销经营，即办理农产品运销及批发市场业务，办理农业生产资料及生活用品经营、政府委托的业务经营；三是设立农产品加工企业，主要利用农会的功能优势，投资兴办会员和农民个人力所不及的设施设备和生产项目，包括各类农产品加工企业、仓储设施、包装物流、实用农机具等，还兴办农业金融业务，涉及农业存贷款、农业和农民保险等等。政府部门为支持农会的工作，在其编制财政预算时，都有一定的预算资金作为各级农会组织的建设和工作运行基本资金。

　　台湾对于农会组织的充分重视及其所采取的一系列通过农会组织促进林业发展的做法，对于福建林业而言也具有十分重要的借鉴作用。目前，随着林改的不断深入，福建省大多数集体林资源的产权已经明晰到户、联户或相应的合作组织。在这种情形下，各级政府及其所属的林业行政主管部门已经无法也不宜直接参与林农们的生产经营活动。此时，必须适时地发挥各种形式的林业行业协会或社会中介机构的作用，并充当好政府部门和林农个体之间的桥梁和纽带作用，以组织和引导广大的林农做好林业生产经营的各项工作，并增强其应对各种经营风险的能力。在这方面，台湾农会的成功经验无疑为我们提供了许多有益的借鉴。

第七节　促进海峡西岸现代林业发展的若干建议

　　按照"和谐绿色海西，高效持续林业"的海峡西岸现代林业发展核心理念，以及"一带三区三群多点"的规划布局要求，提出以下加快海峡西岸现代林业发展的建议：

一、设立海峡西岸现代林业建设示范区

　　基于福建林业在全国所处的重要地位和作用，结合海西林业的特点和优势，建议国家设立海

峡西岸现代林业建设示范区，并赋予福建在建设现代林业方面先行先试的优惠政策。允许突破有关林业规章，重点在森林可持续经营、生态公益林管护机制、林业产业扶持政策、生态文化基地建设、森林采伐管理等方面开展探索和试验示范。

二、建立闽台林业合作试验区

基于福建在闽台林业合作方面的优势和特色，建议国家以海峡两岸（三明）现代林业合作试验区为中心，以海峡两岸（三明）林业博览会、海峡两岸（漳州）花卉博览会、6·18中国·海峡项目成果交易会为平台，进一步促进海峡两岸在林业领域的交流与合作，并将合作试验区的范围扩大到福建全省，建立闽台林业合作试验区，促进两岸林业的交流与合作。

三、完善林改配套政策

一是改革和完善商品林的采伐管理制度。采取"区别对待，逐步推进"的改革策略，对不同类别的商品林实行不同的采伐管理政策。对以天然林为主的商品林，实行严格的采伐限额管理制度，并在条件成熟的时候将其划为生态公益林；对一般商品林，则逐步推进以森林经营方案、按小班面积控制采伐管理为主要内容的制度改革，推行林木采伐审批公示制度；对短周期工业原料林，实行采伐备案制度，放开短周期工业原料林的采伐管理。

二是进一步调整和规范林地和林木产权的流转政策。在依法、自愿和有偿的前提下，林地承包经营权人可采取多种方式流转林地经营权和林木所有权。转让林地使用权的，农民与村集体之间的林地承包关系不变，林权登记部门不变更林权证中的林地使用权；但对于林农转让林木所有权的，在林木流转之后，受让方可以向林权登记部门申请林木所有权变更登记。

三是促进生态公益林的合理开发和利用。根据生态区位的重要程度，将生态公益林分别实施"严格保护、重点保护和一般保护"的三级管理机制，即在分类的基础上进行适度的开发和利用，对于其中的可利用部分应重点研究如何合理、有效地开发和利用。一般保护的生态公益林，允许一定限度的更新采伐，提高其生态功能。

四、建立健全支持现代林业发展的公共财政制度

一是将林业行政事业单位的人员经费和公用经费全额纳入同级财政预算，稳定林业机构及其从业人员。在此基础上，逐步取消育林基金。

二是加大对林业生态建设的投入力度。建立稳定的森林生态效益补偿资金增长机制，逐步提高生态公益林的补偿标准。对征占用生态公益林和沿海防护林林地的项目，要从项目发展所增加的地方财政分成收益中，安排一定比例的专项资金，用于项目区的生态公益林和沿海防护林建设。

三是建立商品林补贴制度。将商品林补贴纳入公共财政支持的范畴，通过货币、实物、银行贴息、低息贷款等形式对商品林经营者给予必要的补贴。

四是加强林业基础设施的投入。将林木种苗、林业科技、森林防火、病虫害防治以及林业行政执法体系等方面的基础设施建设纳入各级政府基本建设规划，重点保障，予以倾斜；将林区的交通、供水、供电、通信等基础设施建设依法纳入相关行业的发展规划。

五、拓宽林业建设融资渠道

不断创新林业金融产品，积极拓展商品林多元化的融资渠道，提高商品林建设的信用融资能力。发挥银行信贷资金在商品林建设资金来源中的重要作用，给予林业信贷必要的优惠政策，进一步

完善林业信贷的担保方式。完善林权抵押贷款制度，安排专项资金，主要用于林农小额信贷的贴息。加快建立政策性森林保险制度，将森林火灾、冻灾、风灾、病虫等灾害纳入政策性保险范畴，提高林农抵御自然灾害的能力。

六、促进林业规模经济发展

开展林业合作经济组织示范建设，安排专项资金，重点扶持一批示范典型，引导林业合作经济组织发展。鼓励林农相互之间的联合，促进各种要素的优化组合，实现资源的优化组合和配置。积极培育一批林业龙头企业，鼓励农民以森林资源转包、出租、入股等形式，组建股份林场或者参与企业原料林基地建设，促进公司加农户经营模式的发展，发挥龙头企业在林业规模化、标准化、集约化经营过程中的辐射和带动作用。

七、提升林业科技创新与推广服务能力

一是形成以福建农林大学为主的林业科技基础研究平台；二是建立以中国林科院海西分院（福建省林业科学研究院）为主，福建林业职业技术学院参与的林业应用研究和技术创新平台；三是扶持林业龙头企业成为技术创新的主体，重点建设集体林权、珍贵树种繁育、竹子工程、林木种苗、森林食品、森林灾害防控、生物质资源利用、生态文化等8个研究中心；四是抓好林业先进技术的推广和转化，采取技术培训、科技下乡、"96355"林业服务热线、企业＋农户、科技特派员等形式，为广大林农提供高效、便捷的技术服务；五是加强林业科技示范区、示范点、示范基地建设，并发挥其示范辐射和带动作用，以提高林业科技的显示度。

八、繁荣生态文化体系建设

设立林业生态文化体系建设专门机构。加大对林业生态文化体系建设所需资金和技术的支撑力度，并建立政府提供公共服务的财政支持政策。强化林业生态文化载体建设，逐步免费开放城市周边森林公园。建设自然保护区、森林公园、森林人家、湿地公园、博物馆等一批具有福建特色的生态文化基地。加强生态文化宣传教育，促进全社会牢固树立人与自然和谐发展的生态文明观念。

九、完善林业社会化服务体系建设

加快林权管理机构建设，做好林权登记发证、流转管理等服务工作。进一步加强林业服务中心建设，不断完善和拓展服务功能，为农民提供政策咨询、科技指导、信息发布、产权交易、行政许可等方面的便捷服务。支持农民成立防火、防盗、防病虫害等各类专业协会，发挥其科技推广、行业自律等方面的作用，并注意引导和规范森林资源资产评估、森林经营方案编制等各种中介服务机构的建立和发展。

参考文献
REFERENCE

1. 中国可持续发展林业战略研究项目组.中国可持续发展林业战略研究.北京：中国林业出版社，2003.

2. 中共中央国务院关于加快林业发展的决定.2003.

3. 江泽慧.世界竹藤.北京：中国林业出版社，2007.

4. 江泽慧，等.中国现代林业.北京：中国林业出版社，1995.

5. 江泽慧.加快城市森林建设，走生态化城市发展道路.中国城市林业，2003，1（1）：4~11.

6. 彭镇华.中国城市森林.北京：中国林业出版社，2003.

7. 彭镇华.中国城乡乔木.北京：中国林业出版社，2003.

8. 彭镇华.林网化与水网化——中国城市森林建设的核心理念，中国城市林业，2003，1（2）：4~12.

9. 彭镇华.乔木在城市森林建设中的空间效益，中国城市林业，2004，2（3）：1~7.

10. 彭镇华.中国森林生态网络系统工程.应用生态学报，1999.10.

11. 彭镇华.上海现代城市森林发展研究.北京：中国林业出版社，2003.

12. 彭镇华，王成.论城市森林的评价指标.中国城市林业，2003，1（3）：4~9.

13. 王成，彭镇华，陶康华.中国城市森林的特点及发展思考.生态学杂志，2004，23（3）.

14. 王成.城镇不同类型绿地生态功能的对比分析，东北林业大学学报，2002，3：111~114；.

15. 王成，蔡春菊，陶康华.城市森林的概念、范围及其研究.世界林业研究，2004，17（2）：23~27.

16. 王成，蔡春菊，郄光发，王妍.城市绿化树木栽植与管理方式的几点反思——对2003年冬北京大雪造成"树灾"的调查，中国城市林业，2004，2（1）：29~33.

17. 沈国舫.对世界造林发展新趋势的几点看法.世界林业研究，1988，1（1）：21~27.

18. 黄鹤羽.我国林业科技的发展趋势与对策.世界林业研究，1997（1）：43~51.

19. 黄鹤羽，等.我国人工林地力衰退现状与对策.中国林业，1994（8）：35~36.

20. 沈照仁，人工造林与持续经营.世界林业研究，1994，7（4）：8~13.

21. 中华人民共和国林业部林业区划办公室.中国林业区划.北京：中国林业出版社.北京.1987.

22. 江苏省统计年鉴.北京：中国统计出版社，2003.

23. 张建国，等.现代林业论.北京：中国林业出版社，1996.

24. 顾朝林，柴彦威，蔡建明，等.中国城市地理.北京：商务印书馆，2002.

25. 冯贤亮.明清江南地区的环境变动与社会控制.上海：上海人民出版社，2002，8.

26. 李文治，江太新.清代漕运.北京：中华书局.1995.

27. 陈火春.论林业税费与森林采伐.华东森林经理，2000，14（4）.

28. 陈廉.揭开林业税费过重神秘面纱.中国林业，1999，5.

29. 陈晓倩.论林业可持续发展中的资金运行机制.北京：中国林业出版社，2002.

30. 陈幸良.国家机构改革的基本取向与林业行政体系的建立.林业经济，2003，2，49~51.

31. 程鹏，马永春.林业产业经济结构调整重点的探讨.江苏林业科技，2002，1.

32. 邓炳生.因地制宜确定最佳森林覆盖率.国外林业动态.1981.34.

33. 董承德.用综合因素建模探讨合理森林覆盖率.陕西林勘设计.1989.4.

34. 杜彦坤.我国农林业企业管理创新的战略构想.调研世界，2001：21~24.

35. 范海燕，姚占辉.国有林业企业科学管理的思考.中国林业企业，2001，1：13~13.

36. 郭祥胜.国外短轮法期栽培方式研究的现状和趋势.林业科技通讯，1989（6）：1~3.

37. 郭养儒，葛新安.陕西森林覆盖率的研究.陕西林业科技.1992（1）：10~13.

38. 郭忠升，张宏民.森林覆盖率的理沦研究概况及存在的问题.陕西林业科技.1996（2）：30~33.

39. 国家林业局.林业经济统计资料汇编.北京：中国林业出版社，2003，7.

40. 洪必恭.江苏省特、稀、濒危保护植物资源的生态学评价.资源开发与保护.1990.6（2）：13~18.

41. 洪菊生，王豁然.世界林木遗传、育种和改良的研究进展和动向.世界林业研究，1991，4（3）：7~11.

42. 侯元兆.国外林业行政机构现状及演变趋势.世界林业研究，1998，1：1~6.

43. 胡慧璋.淳安新安江水库集水区最佳森林覆盖率的探讨.浙江林业科技.1988.2.

44. 黄枢.城市绿化的主要目标应是改善生态环境.中国花卉园艺.2002（15）：14~16.

45. 黄晓驾，张国强，王书耕，等.城市生存环境绿色量值群的研究.中国园林，1998，（1~6）.

46. 江苏省植物研究所.江苏植物志，1977（10）：1.

47. 江苏统计年鉴编辑委员会.江苏省统计年鉴，2003.

48. 姜东涛.城市森林与绿地面积的研究.东北林业大学学报，2001.29（1）：69~73.

49. 兰思仁.试论森林旅游业与社会林业的发展.林业经济问题，2000，3.

50. 李坚，刘君良，刘一星.高温水蒸气处理固定木材压缩变形的研究.东北林业大学学报，2000.No.4 11~15.

51. 李育才.面向21世纪的林业发展战略.北京：中国林业出版社，1996.

52. 刘德弟，沈月琴，李兰英.市场经济下林业社会化服务体系建设研究.技术经济，2001，2.

53. 刘君良，江泽慧.酚醛树脂处理杨树木材物理力学性能测试.林业科学，2002.38（4）.

54. 刘君良.高温水蒸气处理压缩整形木生产工艺研究.中国博士后管理委员会.2000年农林专业博士后论文集.西安，杨凌.

55. 吕士行，方升佐，等，杨树定向培育技术.北京：中国林业出版社，1997.

56. 王大毫.丽江地区最佳森林覆盖率的探讨.广西林业科技.1996.

57. 吴有昌.海南省林业科技发展战略与对策.热带林业，1995，23（2）：56~63.

58. 肖正泽.林业科技推广的保障机制与激励机制初探.湖南林业科技，2001，23（3）：83~84.

59. 徐益良，林雅秋，等.21世纪福建林业产业发展趋势与结构调整.林业经济问题，2001，4.

60. 杨一波.加入WTO后林业行政行为的思考.湖南林业，2000，9：13~14.

61. 叶功富，万泉，林远.林业可持续发展中的科技创新及其对策.福建林业科技，2001，28（4）：5~8.

62. 余燕.建立和健全农村融资服务体系的探讨.福建农业科技，1995（增刊）：33~34.

63. 曾华锋，王晓南.江苏省森林生态系统多元化融资渠道及政策研究.林业经济，2001，7~9.

64. 翟丽红，杨艺.关于促进我国第三产业发展的战略思考.长春师范学院学报，2002，6.

65. 祝列克.解放思想，开拓创新，扎实有效地推进速丰林建设工程.林业经济，2002，8：11~15.

66. Akbari Huang J H，Taha H，Rosenfeld，A.The potential of vegetation in reducing summer cooling loads

in residential buildings. J. Climate Appl.Meteorol.1987.26（11）: 3~16.

67. Cellier K M, Boardman R, Boomsma D B, ZedP G.Response of pinus radiataD.Don to various silvicultur altreatments on adjacent first-and second-rotation sites near Tantanoola, South Australia. Establishment and growth up to age 7 years. Australian Forest Research, 1985, 15: 431~447.

68. Cook D I, Van Haverbeke, D.F.Suburban Noise Control with Plant Materials and Solid Barriers, Research Bulletin EM 100, U.S.Department of Agriculture, Forest Service, Rocky Mountain Forest and Range Experiment Station, Fort Collins, CO.1977.

69. Daniel T W, Helms J B, Baker F S. Principle of silviculture. McGraw-Hill Book Company.1979.

70. Dwyer J, McPherson E, Schroeder H, Rowntree R. Assessing the benefits and costs of the urbanforest.J. Arboricult. 1992.18: 227~34.

71. Dyck W J, Cole D W. Requirements for site productivity research. IEA/BET6/A6 ReportNo.2.Forest Research Institute, NewZealand, FRIBulletin1990, 159: 125~137.

72. Evans J A.further report on second rotation productivity in the Usutu Forest, Swaziland-Results of the 1977 ass-esment.Commonwealth Forestry Review, 1978, 57: 253~261.

73. Evans J.Productivity of second and third rotatins of pine in the Usutu Forest, Swaziland.Commonwealth Forestry Review, 1986, 65（3）: 205~214.

74. Gregory E Nowak, David Heisler, Gordon Grimmond, Sue Souch, Catherine Grant, Rich Rowntree, Rowan. Quantifying urban forest structure, function and value.the Chicago urban forest Climate Project McPherson, Urban Ecosystems. 1997.1: 49~61.

75. Hornsten L.Outdoor recreation in Swedish forests. Doctoral dissertation. Department of Forest Management and Products, Swedish University of Agricultural Sciences. Forest resource trends in Illinois. 2000. 13: 4~23.

76. J Evans. Long-term productivity of forest plantation-status in 1990, IUFRO, the 19th world congress proceeding, division1, Volume1.

77. J P Kimmins. A strategy for research on the maintenance of long-term site productivity, IUFRO, the 19th world congress proceeding, division1, Volume1.1990.

78. Johnston M.A brief history of urban forestry in theUnited States. Arboricultural Journal. 1996. 20: 257~278.

79. Johonson D W. The effects of harvesting intensity on nutrient depletion in forests. In: R. Ballard and S. P. Gessel（Ed.）. IUFRO Symposium on Forest Site and Continuous Productivity. USDA Forest Service, Pacific Northwest Range Experiment Station, Portland, OR., General Technical Report PNW-163, 1983: 157~166.

80. Konijnendijk C C. Urban Forestry in Europe: A Comparative Study of Concepts, Policies and Planning for Forest Conservation, Management and Development in and Around Major European Cities. Doctoral dissertation. 1999. Research Notes No. 90.

81. Louis R I, Elizabeth A C. Urban forest cover of the Chicago region and its relation to household density and income Urban Ecosystems. 2000. 4: 105~124.

82. Matthcws J D. Silvicultural System. Oxford Science Publications, 1989.

83. McPherson E G, Simpson J R. Carbon dioxide Reductions through Urban Forestry: Guidelines, for Professional and Volunteer Tree Planters. General Technical Report USDA Forest Service, Pacific Southwest Research Station, Albany, CA. 1999.

84. Messina M G，Dyck W J，Hunter I R. The nutritional consequences of forest harvesting with special reference to the exotic forests in New Zealand. IEA/FE Project CPC-10 Report No.1，1985：57.

85. Miller R W. Urban Forestry：Planning and Managing Urban Green Spaces. second ed. Prentice Hall，New Jersey. 1997.

86. Morris A A. Long-term site productivity research in the U.S.Southeast：experience and futu redirections. IEA/BEA3 ReportNo.8. Forest Research Institute，NewZealand，FRIBulletin152，1989：221~235.

87. Morris A R. Soil fertility and long-term productivity of Pinus patula plantations in Swaziland. PhDThesis，Dept of Soil Science，University of Reading，Oct，1986：398.

88. NDS 美国木结构设计标准 -97.

89. PLYWOOD DESIGN SPECIFICATION，APA，1997.

90. Reid R，Wilson G. Agroforestry in Australia and New Zealand. Capital Press Pty Ltd Bot Hill，Victiria，1985.

91. Reinhard F Huttle，et al. Forest ecosystem degradation and rehabilitation strategies. IUFRO，the 20th world congress，1995.

92. Rydberg D. Urban forestry in Sweden. Silvicultural aspects focusing on young forests. Doctoral hesis. Acta Universitatis Agriculturae Sueciae. Silvestria 73. Swedish University of gricultural Sciences，Umea. 1998.

93. Smethurst P J，Nambiar E K S.Effects of contrasting silvicultural practices on nitrogen supply to young radiata pine. IEA/BET6/A6 Report No. 2. Forest Report No. 2. Forest Research Institute，NewZealand，FRIBul-22.

94. Squire R O. Review of second rotation silviculture of P. Radiata plantations in southern Australia：establishment practice and expectations. Australian Forestry，1983，46（2）：83~90.

附 件
APPENDIX

附件 1

福建省人民政府　中国林业科学研究院
全面科技合作协议书

甲方：福建省人民政府

乙方：中国林业科学研究院

　　为了落实中央支持海峡西岸建设的决定，充分发挥科学技术第一生产力的作用，推进海峡西岸林业全面发展，建设绿色海峡西岸，在全国率先基本实现林业现代化，本着"真诚合作、优势互补、互惠互利、共同发展"的原则，福建省人民政府与中国林业科学研究院决定建立全面、长期、互利的科技合作关系。

　　一、合作的重点领域

　　（一）林业发展战略研究与规划等决策咨询服务方面。为海峡西岸林业的可持续发展提供决策咨询方面的服务，重点开展《海峡西岸林业发展战略研究与规划》，在《中国可持续发展林业战略研究》的基础上，研究和规划"十一五"乃至今后更长一段时期，海峡西岸林业发展的目标、重点和突破口，并提出解决制约海峡西岸林业发展的体制性和机制性问题的对策和措施。

　　（二）林业生态与产业建设方面。围绕建设绿色海峡西岸，重点在森林生态体系网络建设技术、生态林保护与综合利用技术、沿海防护林保护和建设技术、湿地保护和建设技术、林木良种繁育技术、速生丰产林栽培技术、竹子和花卉及经济林栽培与产业化技术、木材及林产品加工技术、"3S"技术、林业生物产业技术等方面开展合作。

　　（三）高级人才培养和技术培训。重点为福建省培养现代林业建设所需的专门人才。

　　二、合作内容与方式

　　（一）共建科技兴林示范区和生态建设实验区。双方确定继续共建南平科技兴林示范区，进一步加强示范区科技合作的层次，扩大合作的领域；以中国林科院为技术依托，双方共建武夷山森林生态系统长期定位研究站。确定漳州市为绿色海峡西岸生态建设实验区，开展沿海防护林保护和建设、湿地保护和建设、南亚热带优良林木引种驯化和生物技术在林业建设中的推广应用等方面的研究与开发。通过实验示范，形成闽西北以南平为核心、闽东南以漳州为核心的科技合作辐射圈，从整体上提升建设绿色海峡西岸的科技含量。

　　（二）甲方根据林业现代化建设需要，提出急需解决的科学研究和技术创新问题。乙方根据甲方需要，组织科技人员开展科研和推广工作。

　　（三）甲乙双方联合争取国家及有关部门对重大林业科技和产业化项目的支持。乙方根据福建省自然条件、林业发展实际，将主持研究的林业科研项目优先选择在福建省布设试验点。

（四）乙方筛选成熟先进适用的成果和技术，优先在福建推广和应用，加速科技成果转化和产业化。甲方在政策等方面给予支持。

（五）对联合开展的科研开发项目，其研究成果共享；产业化项目所取得的效益，根据双方投入的技术、资金、资源的份额确定分配方案。

（六）乙方发挥科技、人才和信息优势，根据甲方需要选派首席科学家、首席专家担任科技顾问，通过开展合作研究和科技咨询，提高科技人员的素质。并通过研究生培养、挂职锻炼等方式为甲方培训高级科研及管理人才。甲方结合本省林业生态和产业发展需要，制定林业科技支撑计划，为乙方提供开展科研、技术推广、试验示范和技术咨询与培训所必需的基本条件，不定期地开展学术交流和技术培训活动。

三、组织领导机构和办事机构

为保证合作的顺利进行，双方共同成立省院林业科技合作领导小组和项目管理办公室，制定相应的管理制度，具体负责福建省人民政府和中国林科院科技合作的组织协调和日常管理，以及合作项目的立项、检查、监督、验收等工作，定期报告工作计划和进展情况，甲方的办事机构挂靠在福建省林业厅科技处、乙方挂靠在中国林科院科技处。

四、合作经费和优惠政策

为确保合作项目顺利进行，甲方根据具体项目的性质予以支持。属于公益性、基础性的研究项目，甲方按照项目协议要求给予安排经费。凡乙方主持、在福建省实施的国家级科研项目，甲方提供工作方便和物质支持。属于商品性、开发性、竞争性的研究项目，按市场运作，从具体企业的科研开发经费中支出，甲方负责联系并酌情给予支持。引进技术和资金、开展名特优新林产品的开发与产业化所应享受的优惠政策，其具体内容由合作项目的协议确定。

五、双方所属部门或单位可按照本协议的原则，确定每年的工作计划，在项目管理办公室的组织下，就具体合作项目签订协议或合同，重大项目报经领导小组审定，项目协议或合同参照有关政策规定进行管理。

六、根据开展林业科技合作的需要，双方定期或不定期开展沟通和交流，寻求进一步合作的途径，共同协商解决在合作中出现的困难和问题。

七、本协议一式4份，双方各执2份，自双方代表签字之日起生效。

福建省人民政府　　　　　　　　　　　中国林业科学研究院

代表：刘德章　　　　　　　　　　　代表：江泽慧

2005年12月1日　　　　　　　　　　2005年12月1日

附件 2

福建省林业厅　中国林业科学研究院
全面科技合作首批合作项目协议书

甲方：福建省林业厅

乙方：中国林业科学研究院

根据福建省人民政府和中国林科学研究院签订的全面科技合作协议，经福建省林业厅（以下简称甲方）与中国林业科学研究院（以下简称乙方）共同协商，提出科技合作首批项目，并达成如下协议：

一、双方首批合作项目（7项）

1. 海峡西岸林业发展战略研究与规划

2. 福建省森林资源信息共享平台建设

3. 生态公益林林下限制性利用研究

4. 永安森林可持续经营示范研究

5. 漳州森林生态试验区建设

6. 南平科技兴林示范区建设和完善

7. 武夷山森林生态系统长期定位研究站共建

二、上述合作项目归口省院科技合作联合领导小组和合作项目管理办公室管理，由管理办公室出面组织双方有关单位和科技人员提出项目建议书报领导小组审定，并具体负责合作项目的组织、协调、申报、管理、验收等工作。

三、甲、乙双方根据项目特点确定具体实施单位，由实施单位制定项目实施方案，并与项目管理办公室签订项目执行合同。

四、甲方为乙方开展研究提供必要的便利条件。乙方组织精干科技人员参与项目实施，负责完成合同规定的研究任务。

五、首批7个合作项目所需资金来源：甲、乙双方共同向有关部门申报立项争取的项目经费和项目实施单位的自筹资金等。根据项目合同，项目经费要专款专用，并由经费使用方每年年终提出经费决算，报项目管理办公室。

六、项目实施单位每年应对合同执行情况作出书面报告，于翌年1月底前报项目管理办公室。管理办公室应对合同进展情况进行监督检查，并将检查结果以书面形式报告甲、乙双方。对不按时报送年度总结或检查发现实施不力的项目，经费投入方有权缓拨下一年的经费。

七、本协议书自双方代表签字之日起生效。未尽事宜，由双方协商解决。

八、本协议一式 4 份，甲、乙双方各执 2 份，具有同等效力。

福建省林业厅　　　　　　　　　中国林业科学研究院

代表签字：　　　　　　　　　　代表签字：

年　月　日

2005.12.1　　　　　　　　　　2005年12月1日

附件 3

海峡西岸现代林业发展战略研究与规划

彭镇华（中国林业科学研究院　首席科学家）

尊敬的各位领导、各位专家：

上午好！

当前，以中共中央、国务院《关于加快林业发展的决定》和《关于全面推进集体林权制度改革的意见》的颁布为标志，我国林业进入了一个新的发展时期。党的十七大在报告中提出支持海峡西岸经济区的发展。海峡西岸经济区涵盖福建全省以及浙江的温州、金华、衢州、丽水，江西的上饶、鹰潭、赣州、抚州，广东的汕头、梅州、潮州等地市。加快海峡西岸经济区的现代林业建设，对于推进区域社会经济可持续发展，促进人与自然和谐，建设生态文明社会，加强海峡两岸林业交流与合作具有重大的战略意义。

福建作为海峡西岸经济区的主体，是我国森林资源最丰富、集体林地比重最大的省份。为了充分利用福建得天独厚的优势，全面推进福建现代林业建设，2005 年 7 月，受项目领导小组委托，由中国林科院牵头，组织有关专家开展海峡西岸现代林业发展战略研究与规划。组织这样大规模的战略研究与规划，是中国林业科学研究院与福建省人民政府开展省院合作的一项重要成果，是福建省人民政府按照科学发展观进行科学决策的具体体现，也是创新研究机制开展联合研究的一项新的实践。

本项目分列发展理念、发展指标、总体布局、重点工程建设规划、关键技术和保障体系 6 个专题开展了研究。由于时间关系，在这里我代表项目组主要介绍八个方面的内容：

一、海峡西岸林业建设成就

1. 林业生态体系建设

福建省森林覆盖率 62.96%，居全国第一。全省活立木总蓄积量 49671.38 万立方米。现有生态公益林 286.27 万公顷，占全省林地面积的 30.7%。沿海地区森林覆盖率已达 58.53%，比新中国成立前的 8% 提高了 50 个百分点，沿海基干林带基本合拢。福建省自然保护区 93 个，其中国家级自然保护区 12 个，湿地类型自然保护区 27 处；城市建成区绿化覆盖率 36.58%，城市人均公共绿地面积 9.45 平方米。

2. 林业产业体系发展

福建省 2007 年林业产值 1180.75 亿元，林业增加值 473.91 亿元，林业第一、二、三产业增加值比重分别为 44.83%、52.88%、2.29%。2007 年全省林业工业产值累计完成（规模以上）731.43 亿元，比增 34.8%，比上年同期加快 8.5 个百分点。2007 年全省林业行业新增台资 34 项，项目总投资 1.2 亿美元，利用台资 1 亿美元。森林旅游、花卉竹藤、森林食品等林业新兴产业不断发展，已成为福建林业产业新的经济增长点。

3. 生态文化体系建设

目前，福建省生态文化体系建设起步良好，创建了"森林人家"。"森林人家"以良好的森林环境为背景，以有较高游憩价值的景观为依托，充分利用森林生态资源和乡土特色产品，融森林文化与民俗风情为一体，形成健康休闲型的旅游文化品牌。在物种文化上，福建种质资源库、竹类植物园、森林公园建设成效显著。福建茶文化享誉海内外，拥有武夷岩茶、安溪铁观音、福州茉莉花茶等名牌产品。

4. 林业产权制度改革

福建是我国新一轮集体林权制度改革最早试点的省份，截至 2008 年 6 月 30 日，已有 59 个县（市、区）成立了林权登记管理机构。发放林权证宗地数 108.6 万个，已发证林地面积 1 亿亩，已发林权证证本数 58.3 万本；开展林权抵押山林面积 498 万亩；有 56 个县起用了全国统一式样林权证；有 63 个县（市、区）建立林权档案室；有 65 个县（市、区）成立林业服务中心。通过开展林业产权制度改革，进一步提高了林权管理和为林农服务的水平与效率。

到目前，尽管海峡西岸林业具备了很好的发展基础和条件，但与生态文明建设和人民群众的要求相比，与林业发达国家相比存在不小差距，仍然面临着一些问题。必须充分利用国家生态文明建设的战略部署、林业产权制度的改革、国家现代林业发展战略的实施、海峡西岸经济区战略的实施和国际社会对森林问题的关注等机遇加快现代林业发展。

二、海峡西岸现代林业发展理念、指导思想、建设原则和战略目标

（一）发展理念

海峡西岸现代林业发展的核心理念确立为"和谐绿色海西，高效持续林业"。

1. 和谐绿色海西

"和谐"包括四个方面的内涵：一是人与自然的和谐发展；二是城市与乡村的和谐发展；三是山区与沿海的和谐发展；四是海峡两岸之间、地区之间的和谐发展。

"绿色"要具备四个条件：一是良好的生态环境；二是发达的生态经济；三是完善的生态制度；四是高度的生态意识。

2. 高效持续林业

"高效"要发挥好三大效益：一是建设完善的林业生态体系，发挥林业巨大的生态效益；二是建设发达的林业产业体系，发挥林业巨大的经济效益；三是建设繁荣的生态文化体系，发挥林业巨大的社会文化效益。

"持续"需要具备四个条件：一是近自然的林业经营管理；二是多维度的林业发展模式，即集多效益林业、多功能的林业、多目标林业于一身的林业；三是林业科学技术和发展方式的创新；四是林业管理体制的改革创新。

（二）指导思想

高举中国特色社会主义伟大旗帜，以邓小平理论和"三个代表"重要思想为指导，全面落实科学发展观，深入贯彻中共中央、国务院《关于加快林业发展的决定》和《关于全面推进集体林权制度改革的意见》，中共福建省委、省政府《关于加快林业发展建设绿色海峡西岸的决定》精神，以建设海峡西岸科学发展先行区、两岸人民合作交流先行区为契机，以"和谐绿色海西，高效持续林业"为理念，以"三多一持续"为要求，以改革创新为动力，大力建设生态良好的绿色海西，发展持续高效的林业产业，培育进步繁荣的生态文化，力争在全国率先实现林业现代化，为加强海峡两岸合作与交流，为促进海峡西岸全面协调可持续发展做出重要贡献。

（三）基本原则

1. 生态建设优先，保障生态安全

2. 以二促一带三，提升林业产业

3. 突出区域特色，弘扬生态文化

4. 发挥"五缘"优势，拓展闽台合作

5. 合理规划布局，促进协调发展

6. 坚持科教兴林，推进管理创新

（四）战略目标

到2010年，努力实现"十一五"林业发展既定目标。森林资源进一步增长，生态环境进一步改善，林业产业实力进一步增强，全社会的生态文明意识进一步提高。林业生态体系、林业产业体系和生态文化体系进一步完善。具体而言：森林覆盖率达63%以上；生态公益林面积比重达31%；城市人均公共绿地面积达10平方米；林业增加值达650亿元；林分单位面积蓄积量达78.80立方米／公顷；森林旅游达1900万人次；林业利用台资达85518万元；森林文化教育示范基地达146个；林业科技贡献率提高到48%。

在此基础上分别就2015、2020不同阶段提出了战略目标。总体上保持森林覆盖率稳定在63%以上；而生态公益林面积比重、城市人均公共绿地面积、林业增加值达、林分单位面积蓄积量、森林旅游达人次、林业利用台资、森林文化教育示范基地、林业科技贡献率等指标有不同程度增加。

三、海峡西岸现代林业发展指标

（一）指标体系构建

根据系统层次性、前瞻性、科学性、可行性、综合性和针对性等原则，在深入分析海峡西岸林业发展的现状、潜力基础上，围绕社会经济发展总体目标，参照国内外林业建设实践与建设标准，构建海峡西岸现代林业发展指标体系框架。这是现代林业发展指标体系框架图。

通过对海峡西岸现代林业发展指标单项分析、系统动力学模拟等手段对各项主要指标进行了综合分析，在此理论分析结果基础上，综合考虑海峡西岸社会经济环境发展态势，提出了18项海峡西岸现代林业发展分阶段指标结果表见下表。

表　海峡西岸现代林业发展核心指标

	编号	指标内容	现状值	2010年	2015年	2020年
生态指标	1	森林覆盖率（%）	62.96	63.02	63.08	63.13
	2	生态公益林面积比重（%）	30.7	31.0	32.0	38.0
	3	城市人均公共绿地面积（平方米）	9.45	10.00	11.00	12.00
	4	森林灾害发生面积比率（%）	2.42	2.03	1.95	1.85
	5	水土流失率（%）	7.9	7	6.8	6.5
产业指标	6	林业总产增加值（亿元）	473.9	650.0	900.0	1200.0
	7	林分单位面积蓄积量（立方米／公顷）	75.96	78.80	82.00	85.00
	8	竹材产量（根／公顷）	200	225	250	275
	9	林业产业产值结构比例	31：68：1	25：69：6	20：67：13	16：65：19
	10	木材综合利用率（%）	68.00	70.00	75.00	80.00
	11	森林旅游人数（万人）	1200	1900	2100	3300
	12	林业利用台资（万元）	54618	85518	124143	162768

（续）

	编号	指 标 内 容	现状值	2010 年	2015 年	2020 年
文化 指标	13	森林文化教育示范基地数（个）	118	146	179	224
	14	森林人家（个）	339	500	1000	1200
社会 保障 指标	15	法律政策健全配套性及实施效果（分）	78	80	83	85
	16	林地单位面积基建资金投入（元/公顷）	83	85	110	130
	17	林业科技贡献率（%）	45	47	50	53
	18	专业技术人员占在职人员比例（%）	29	35	40	45

四、海峡西岸现代林业发展战略总体布局

（一）布局依据和原则

根据生态安全需求、产业发展需求、社会发展需求，确定了现代林业发展战略布局的 5 项原则：①服务海西发展需求，促进人与自然和谐；②立足福建省域范围，突出两岸三地优势；③统筹山海城乡规划，健全森林生态网络；④结合区域资源特色，发展富民林业产业；⑤弘扬森林生态文化，建设城乡绿色家园。

（二）空间布局

根据福建自然格局和林业发展的功能定位，按照优化布局、强化功能、分区施策的原则，规划提出"一带三区三群多点"为一体的福建林业发展空间格局。

这是现代林业发展空间布局图。

1. 一带——沿海林业

沿海防护林是沿海地区第一道生态屏障，在福建，这一屏障贯穿整个闽东南地区，涵盖宁德、福州、莆田、泉州、厦门和漳州六个城市的沿海一线，包括闽南南亚热带沿海防护林建设区、闽东中亚热带沿海防护林及湿地生态建设区及闽江下游水源涵养及城市风景林建设区的临海县。该区林业建设的原则是：依靠资源、发挥优势、延伸产业、做大林业。

包括沿海防护林体系建设和湿地与红树林保护。

2. 三区——山区林业

本区域位于福建西北地区，包括福建省的南平、三明、龙岩三个完整的设区市和沿海地区部分山区县，是福建省山地的主体，也是重要的生态源。该区林业建设的原则是：依赖资源、培育资源、发展产业、做强林业。

本区域林业建设的重点是加强闽江、汀江、九龙江、晋江等源头森林生态保护与治理工作；加强对境内国家级与省级重点生态公益林实施严格的保护；加强境内龙岩紫金山、大田煤矿等矿区治理力度；培育以短轮伐期的工业原料林、丰产笋竹用材林、阔叶乡土树种用材林等为主的工业原料林基地；以生物质原料林、名特优经济林、花卉和种质资源为主的非木质利用原料基地；发展以人造板加工、竹木制品加工、森林食品等为主的林产工业；发展以森林生态休闲旅游为主的旅游产业。

（1）闽北山区：该区涵盖整个南平县域地区。

（2）闽中山区：该区涵盖三明市各县市区。

（3）闽西山区：该区涵盖整个龙岩市各县市区。

3. 三群——城市林业

是指福建经济最为发达、城市化水平最高、人口最为密集的福州城市群、泉州城市群和厦门

城市群。重点是加强城市林业建设,这既是改善城市生态环境,提高人居质量的重要途径,也是最能够体现现代林业特色,提高三大城市群地区综合实力和国际竞争力的有效举措。该区林业建设的原则是:依托资源、突出生态、营造环境、提升林业。

这些地带的林业建设要突出服务城市发展、改善人居环境等综合需求的城市林业特色,重点依据林网化、水网化原则促进城乡一体的森林生态网络建设。

（1）福州城市群:是指以福州为核心城市,辐射宁德、南平形成东北城市群。

（2）泉州城市群:是指以泉州为核心城市,并辐射莆田、三明等地,形成闽中城市群。

（3）厦门城市群:是指以厦门为核心城市,辐射漳州、龙岩形成东南城市群。

4. 多点——乡村林业

主要是指福建省村镇的林业生态建设。重点结合福建乡镇的环境整治,通过保护风水林、风水树,加强以珍贵树种为主的村镇绿化建设,促进乡村生态文明。乡村林业建设的原则是:突出特色、增加效益、改善人居、拓展林业。

重点是着眼于乡风文明、村容整治,加大生态建设力度,切实保护好农村风水林为主的自然生态,改善农村人居环境;通过种植珍贵用材树种、特色经济树种等开展村庄绿化;加强生态文化建设,发展生态文化旅游,促进生态文明发展。

（三）林业生态体系建设布局

根据福建省森林资源、沿海防护林、人居与景观林、水源林、生态环境整体脆弱性等情况,确定福建省林业生态建设布局,其内容包括沿海生态屏障带、城市群环城景观林、重点水土流失治理区、江河源头水源涵养区。

1. 沿海生态屏障带

在北起福鼎、南至诏安的福建省沿海地区,以基干林带为主建立起一道布局合理、结构稳定、功能完善,乔灌草、带网片相结合的多树种、多层次、多功能、多效益的沿海绿色屏障。

2. 城市群环城景观林

包括福州城市群、泉州城市群和厦门城市群的环城景观林。

3. 重点水土流失治理区

主要包括宁德西北部重点水土流失区、漳泉西部重点水土流失区和长汀、宁化县重点水土流失区的森林植被恢复与重构区域生态环境。

4. 江河源头水源涵养区

包括闽江源区、汀江源区、九龙江源区、晋江源区和赛江源区,主要是生态公益林保护,水土流失治理,确保境内及下流地区用水安全。

（四）林业产业体系建设布局

产业布局主要受当地的自然环境和社会环境两方面的因素影响。福建省林业产业发展布局为:森林资源二大培育基地,林产工业发展四块聚集区和二块潜在发展区,生态休闲五片旅游区,闽台合作三个交流平台。

1. 森林资源培育基地

（1）木竹质资源基地:包括闽西北工业原料林基地和闽西南工业原料林基地。

（2）非木质资源基地:包括生物质原料林基地、名特优经济林基地、花卉培育基地和种质资源基地。

2. 林产工业发展聚集区

包括闽西北竹木制品加工集聚区、闽中林产工业加工聚集区、闽东南家俱木制品加工聚集区和福州人造板加工聚集区。

3. 林业产业潜在发展区

包括闽东南纸制品加工发展区和闽西北非木质利用发展区。

4. 生态休闲旅游区

包括闽南滨海生态休闲旅游区、闽中休闲度假森林旅游区、闽西客家文化森林旅游区、闽北森林生态旅游区和闽东山海风光森林旅游区。

5. 闽台林业产业合作区

包括三明经贸合作交流区和闽南物种合作交流区。

（五）生态文化体系建设布局

福建的水域系统影响着福建文化的分布与发展，对福建文化格局的形成具有重要的作用，而方言是最能体现一个地方文化特色的因素。综合流域水系和方言特征，结合福建省气候地形因子影响下的区域地带性植被生态特征，确定福建生态文化建设的布局框架是：一条生态文化带，三大生态文化建设区。

1. 闽东南沿海滨海湿地与闽台生态文化带

（1）涵盖范围

福州市13个县（市、区），莆田市5个县（区），泉州市12个县（市、区），厦门市6个区，漳州市11个县（区）。

（2）生态文化主要根基：深厚的海洋（妈祖文化）、民俗风情、湿地、森林文化底蕴。

2. 闽西北丹山碧水生态文化区

（1）涵盖范围

南平市各县（市、区），三明市的梅列区、三元区、大田县、沙县、永安市、尤溪县、泰宁县、建宁县、将乐县。

（2）生态文化主要根基：璀璨的森林、丹霞文化。

3. 闽西客家文化红色旅游生态文化区

（1）涵盖范围

龙岩市各县（市、区），三明市的宁化县、明溪县、清流县。

（2）生态文化主要根基：浓郁的客家文化、丰富的绿色资源、深厚的革命历史底蕴。

4. 闽东畲族生态文化区

（1）涵盖范围

宁德市9个县（市、区）。

（2）生态文化主要根基：浓厚的畲族文化、丰富的绿色资源。

五、海峡西岸现代林业重点工程规划与投资估算

为了实现上述发展理念、目标和战略布局，我们整合规划了五项林业生态工程、四项林业产业工程、二项森林文化工程、二项闽台林业合作工程和二项现代林业科技创新平台与能力建设工程。

山地生态修复与森林保育工程示意图

沿海防护林体系建设工程示意图

城市森林建设工程示意图

绿色通道建设工程示意图

生物多样性与湿地保护工程示意图

资源培育工程示意图

林产品加工工程示意图

林业生物质利用工程示意图

生态休闲旅游工程示意图

生态文明村建设工程示意图

生态文化载体建设工程示意图

全省十五项重点建设工程总投资为 766.14 亿元，其中生态体系建设五项工程 268.87 亿元，产业体系建设四项工程 405.73 亿元，森林文化体系建设二项工程 59.41 亿元，现代林业科技平台与能力建设两项工程 15.21 亿元，闽台林业合作两项工程 16.91 亿元（具体情况见表6-1）。

六、海峡西岸现代林业建设关键技术

根据海峡西岸现代林业重点工程建设的需求和发展趋势，在现有林业科技成果和技术集成的基础上，提出当前林业生态、产业和森林文化建设的关键技术，并对工程建设的技术不足提出亟待开展研究的关键领域。

（一）林业生态建设关键技术

主要包括：山地生态公益林经营技术、流域与滨海湿地生态保护及恢复技术、沿海防护林体系营建技术和城市森林与城镇人居环境建设技术。

（二）森林资源培育与保护关键技术

主要包括：林木种苗与花卉繁育技术、工业原料林定向培育技术、优质珍贵树种培育技术、竹林与经济林培育技术和森林灾害预警与控制技术。

（三）林业生物质资源高效利用

主要包括：林产品加工利用技术、竹材加工利用技术和特色林副产品开发利用技术。

（四）林业生态文化建设关键技术

主要包括：城市森林生态文化构建技术、乡村森林生态文化构建技术和湿地生态文化构建技术。

七、海峡西岸现代林业发展保障体系

为实现海峡西岸现代林业发展的战略目标，必须建立完备的政策保障体系、有效的投入保障体系、完善的法制保障体系、强大的科技保障体系、充实的人力资源保障体系、健全的组织保障体系，从而为实现"和谐绿色海西，高效持续林业"提供坚实的保障。

（1）政策保障：①完善林改及其相关的配套政策；②完善林业生态体系建设政策；③完善林业产业体系建设政策；④完善林业生态文化体系建设政策。

（2）法制保障：①建立和完善相关的法律法规；②建立高素质的执法队伍；③建立健全执法监督机制；④推行林业综合行政执法。

（3）投入保障：①加大林业生态体系建设资金投入；②强化林业产业体系建设资金投入；③保障林业生态文化体系建设资金投入。

（4）科技保障：①加强林业科技创新能力建设；②提升林业科技推广和服务的能力；③加强闽台林业科技交流与合作。

（5）人力资源保障：①提高林业从业人员的综合素质；②激发林业人力资源的潜能和活力；③优化林业人才结构；④促进闽台林业人力资源交流。

（6）组织保障：①深化林业行政管理体制改革；②营造促进现代林业服务组织发展的良好氛围；

③构建功能齐全的现代林业服务组织体系；④规范林业服务组织的内部管理；⑤积极借鉴台湾林业服务组织建设的经验。

八、海峡西岸现代林业发展战略实施建议

为推进海峡西岸现代林业建设的顺利实施，特提出如下建议：

1. 设立海峡西岸现代林业建设示范区

基于福建林业在全国所处的重要地位和作用，结合海西林业的特点和优势，建议国家设立海峡西岸现代林业建设示范区，并赋予福建在建设现代林业方面先行先试的优惠政策。允许突破有关林业规章，重点在森林可持续经营、生态公益林管护机制、林业产业扶持政策、生态文化基地建设、森林采伐管理等方面开展探索和试验示范。

2. 建立闽台林业合作试验区

基于福建在闽台林业合作方面的优势和特色，建议国家以海峡两岸（三明）现代林业合作试验区为中心，以海峡两岸（三明）林业博览会、海峡两岸（漳州）花卉博览会、6·18中国·海峡项目成果交易会为平台，进一步促进海峡两岸在林业领域的交流与合作，并将合作试验区的范围扩大到福建全省，建立闽台林业合作试验区，促进两岸林业的交流与合作。

3. 完善林改配套政策

一是改革和完善商品林的采伐管理制度。

二是促进生态公益林的合理开发和利用。

三是进一步调整和规范林地和林木产权的流转政策。

4. 建立健全支持现代林业发展的公共财政制度

一是将林业行政事业单位的人员经费和公用经费全额纳入同级财政预算，稳定林业机构及其从业人员。在此基础上，逐步取消育林基金。

二是加大对林业生态建设的投入力度。

三是建立商品林补贴制度。

四是加强林业基础设施的投入。

五是加大对林业产业发展的扶持。

5. 拓宽林业建设融资渠道

不断创新林业金融产品，积极拓展商品林多元化的融资渠道，提高商品林建设的信用融资能力。发挥银行信贷资金在商品林建设资金来源中的重要作用，给予林业信贷必要的优惠政策，进一步完善林业信贷的担保方式。完善林权抵押贷款制度，安排专项资金，主要用于林农小额信贷的贴息。加快建立政策性森林保险制度，将森林火灾、冻灾、风灾、病虫等灾害纳入政策性保险范畴，提高林农抵御自然灾害的能力。

6. 促进林业规模经济发展

开展林业合作经济组织示范建设，安排专项资金，重点扶持一批示范典型，引导林业合作经济组织发展。鼓励林农相互之间的联合，促进各种要素的优化组合，实现资源的优化组合和配置。积极培育一批林业龙头企业，鼓励农民以森林资源转包、出租、入股等形式，与其组建股份林场或者参与企业原料林基地建设，促进"公司＋农户"经营模式的发展，发挥龙头企业在林业规模化、标准化、集约化经营过程中的辐射和带动作用。

7. 提升林业科技创新与推广服务能力

一是以福建农林大学、中国林科院海西分院（福建省林业科学研究院）、福建林业职业技术

学院等科研院所为林业科研创新平台，重点建设集体林权、珍贵树种繁育、竹子工程、林木种苗、森林食品、森林灾害防控、生物质资源利用、生态文化等8个研究中心，提高福建林业创新能力。

二是扶持林业龙头企业创新能力建设，使之成为林业加工技术创新的主体。

三是抓好林业先进技术的推广和转化，采取技术培训、科技下乡、"96355"林业服务热线、企业＋农户、科技特派员等形式，为广大林农提供高效、便捷的技术服务。

四是加强林业科技示范区、示范点、示范基地建设，并发挥其示范辐射和带动作用，以提高林业科技的显示度。

8. 繁荣生态文化体系建设

设立林业生态文化体系建设专门机构。加大对林业生态文化体系建设所需资金和技术的支撑力度，并建立政府提供公共服务的财政支持政策。强化林业生态文化载体建设，逐步免费开放城市周边森林公园。建设自然保护区、森林公园、森林人家、湿地公园、博物馆等一批具有福建特色的生态文化基地。加强生态文化宣传教育，促进全社会牢固树立人与自然和谐发展的生态文明观念。

9. 完善林业社会化服务体系建设

加快林权管理机构建设，做好林权登记发证、流转管理等服务工作。进一步加强林业服务中心建设，不断完善和拓展服务功能，为农民提供政策咨询、科技指导、信息发布、产权交易、行政许可等方面的便捷服务。支持农民成立防火、防盗、防病虫害等各类专业协会，发挥其科技推广、行业自律等方面的作用。引导和规范森林资源资产评估、森林经营方案编制等各种中介服务机构的建立和发展。

各位领导、各位专家：

福建作为我国林业资源大省，面临诸多优势和发展机遇，要在全国现代林业建设中走在前列。我们相信，海峡西岸现代林业发展战略与规划建设的大力实施，必将在改善海峡西岸生态环境的同时，也会为海峡西岸的经济社会发展注入新的生机，为全国的现代林业建设做出表率。

谢谢大家！

附件4

"海峡西岸现代林业发展战略研究与规划"
专家评审意见

2008年12月22日，福建省人民政府、中国林业科学研究院邀请中国科学院、中国工程院、国务院研究室、国务院参事室、国家发改委、国家林业局、福建省、中国林业科学研究院、北京林业大学、国际竹藤网络中心等有关部门和单位的院士、专家，对《海峡西岸现代林业发展战略研究与规划》项目进行了评审。评审委员会听取了汇报并审阅了规划文本，经讨论形成评审意见如下：

一、以科学发展观为指导，贯彻中央林业决定和支持海峡西岸经济区发展精神，落实国家林业局支持海峡西岸林业发展的意见，运用中国现代林业研究成果，结合海峡西岸经济社会发展对林业的需求，开展了海峡西岸现代林业理念、发展指标、总体布局、工程规划、关键技术、保障体系等方面的研究，取得了重要的研究成果，这对海峡西岸现代林业建设具有重要的指导作用，对全国现代林业发展也具有重要的借鉴作用。

二、提出了"和谐绿色海西，高效持续林业"的发展理念，明确了海峡西岸现代林业发展的战略定位，突出强调了在闽台合作方面的特殊意义。这一理念具有创新性，对加快海峡西岸现代林业发展，促进闽台林业合作快速发展，建设社会主义新农村和和谐社会具有重要意义。

三、在构建评价与发展指标体系框架的基础上，筛选了包括生态、产业、文化、保障四项内容的18个核心指标。采取多种方法对指标进行了量化研究，并提出了具有福建特色的发展指标，确定了不同时期的阶段性发展目标，具有创新性。

四、根据海峡西岸自然地理特征、森林资源分布现状、城市群发展趋势，提出了"一带三区三群多点"为一体的林业发展空间格局，对今后海峡西岸林业实施资源配置、优化布局具有重要意义。特别是把闽台林业合作，城市群发展与人居环境改善，作为海峡西岸现代林业发展的重要内容，充分体现了以人为本、和谐发展的思想。

五、针对林权制度改革和现代林业的新要求，从政策、法制、投入、科技、人力资源、组织等六个方面进行了系统研究。建议国家设立海峡西岸现代林业建设示范区和建立闽台林业合作试验区；提出了完善林权改革、建立健全支持现代林业发展的公共财政制度、拓宽林业建设融资渠道、促进林业规模经济发展等具体政策和配套措施；明确了提升林业科技创新与推广服务能力、完善林业社会化服务体系建设的途径，具有较强的针对性、前瞻性和可操作性。

六、编制了《海峡西岸现代林业建设重点工程总体规划》。《规划》紧密结合海峡西岸实际确定了15项重点林业工程，提出了集成配套工程建设关键技术。《规划》科学合理，可操作性强。

评审委员会认为，《海峡西岸现代林业发展战略研究与规划》是一项理论与实践、宏观与微观相结合的多学科交叉、涉及面广的系统性、综合性的研究项目，该项目取得的研究成果，在理论和实践上有创新、有发展，是我国林业科学研究支撑现代林业发展规划的创新成果。

评审委员会建议福建省委、省政府在推进海峡西岸经济区发展和现代化建设进程中充分吸纳项目研究成果；建议根据专家意见修改完善后，提请福建省人大常委会审议通过，从政策、机构、资金等方面保障《规划》的实施。同时建议国家相关部门加强对海峡西岸现代林业建设工作的指导和支持。

主任委员：

2008 年 12 月 22 日

附件5

"海峡西岸现代林业发展战略研究与规划"评审专家名单

序号	姓名	工作单位	职务职称	签名
1	尹伟伦	北京林业大学	中国工程院院士、校长、教授	
2	蒋有绪	中国林业科学研究院	中国科学院院士、研究员、首席科学家	
3	王 涛	中国林业科学研究院	中国工程院院士、研究员、首席科学家	
4	吴 斌	北京林业大学	党委书记、教授	
5	杨雍哲	国务院研究室	原国务院研究室副主任、国家林业局专家咨询委员会委员	
6	盛炜彤	中国林业科学研究院	国务院参事、首席科学家	
7	吴晓松	国家发改委农业司	副司长、高级工程师	
8	封加平	国家林业局办公室	主任、高级工程师	
9	汪 绚	国家林业局政策法规司	司长、高级经济师	
10	张永利	国家林业局科学技术司	司长、高级工程师	
11	姚昌恬	国家林业局计资司	司长、高级工程师	
12	魏殿生	国家林业局植树造林司	司长、高级工程师	
13	王祝雄	国家林业局森林资源管理司	副司长、监督办常务副主任、教授级高工	
14	曲桂林	国家林业局国际合作司	司长、高级工程师	
15	贾建生	国家林业局保护司	副司长、高级工程师	
16	孙 建	国家林业局木材行业办公室	常务副主任、研究员	
17	程 红	国家林业局林改办	主任、高级工程师	
18	张守攻	中国林业科学研究院	院长、首席科学家、研究员	
19	储富祥	中国林业科学研究院	副院长、研究员	
20	岳永德	国际竹藤网络中心	常务副主任、研究员	
21	张春霞	福建省农林大学	原副校长、教授	
22	杨益生	福建省人民政府经济发展研究中心	副主任、研究员	
23	兰灿堂	福建省林业厅	副巡视员、教授级高工	

附件6

"海峡西岸现代林业发展战略研究与规划"
主要研究人员名单

项目负责人		
姓　　名	单　　位	职务职称
彭镇华　组长	中国林业科学研究院	教授，首席科学家
兰思仁　副组长	福建省林业厅	副厅长、教授级高工
陈幸良　副组长	中国林业科学研究院	纪检书记、高工
主要研究人员		
北京方面		
李智勇	中国林业科学研究院	博士，研究员
张志强	北京林业大学	博士，副教授
王　成	中国林业科学研究院	博士，研究员
邱尔发	中国林科院	博士，副研究员
刘君良	中国林业科学研究院	博士，研究员
林　群	中国林业科学研究院	博士
樊宝敏	中国林业科学研究院	博士，副研究员
谢宝元	北京林业大学	博士，教授
贾宝全	中国林业科学研究院	博士，研究员
王　雁	中国林业科学研究院	博士，研究员
郄光发	中国林业科学研究院	博士
张德成	中国林业科学研究院	博士
福建方面		
庄晨辉	福建省林业规划院	副院长、教授级高工
叶功富	福建省林业科学研究院	博士、副院长
万　泉	福建省林业科学研究院	院长、高工
陈　钦	福建农林大学	教授
潘　辉	福建省林业科学研究院	教授级高工
陈信旺	福建省林业调查规划院	副总工、教授级高工
魏远竹	福建农林大学	教授
高　琼	福建省林业厅	副处长
张晓萍	福州森林公园	总工、教授级高工
陈金明	福建省林业厅	高工
余　希	福建省林业规划院	高工
林金国	福建农林大学	教授
池永东	福建省林业厅	副处长

附件7

"海峡西岸现代林业发展战略研究与规划"
任务分工名单

一、领导组组长

江泽慧　中国林业科学研究院首席科学家、国际木材科学院院士、原中国林业科学研究院院长、
　　　　中国林学会会长、国际竹藤网络中心主任

刘德章　原福建省人民政府常务副省长、福建省人民代表大会常务副主任

二、专家组组长

彭镇华　中国林业科学研究院首席科学家、教授

三、专家组副组长

兰思仁　福建省林业厅副厅长、教授级高工

陈幸良　中国林业科学研究院纪检书记、高级工程师

四、课题分工

课题一：海峡西岸现代林业发展理念研究

负责人：樊宝敏　陈　钦

主要成员：李智勇　刘　勇　张德成　陈　玲　黄种发　郑建锋　黄丽媛

课题二：海峡西岸现代林业发展指标研究

负责人：张志强　潘　浑

主要成员：谢宝元　唐丽霞　李湛东　查同刚　孙　晴　张　燕　方显瑞　朱洪如　陈　玲
　　　　　陈　钦　毛翠贤

课题三：海峡西岸现代林业发展布局研究

负责人：王　成　陈信旺

主要成员：贾宝全　董建文　高　琼　郄光发　郑淑娟　孙朝晖　王婷婷　陈科灶　詹晓红

课题四：海峡西岸现代林业发展工程规划研究

负责人：庄晨辉　邱尔发

主要成员：陈金明　张晓萍　余　希　张惠光　詹晓红　谢国阳　万晓会　林金国　肖　胜
　　　　　曾华浩

课题五：海峡西岸现代林业发展关键技术研究

负责人：叶功富　刘君良

主要成员：王　雁　苏祖荣　苏孝同　林武星　林益明　郑仁华　马祥庆　肖祥希　洪志猛
　　　　　曹光球　郑　蓉　涂育合　林冠烽

课题六：海峡西岸现代林业发展理念研究

负责人：万　泉　魏远竹　林　群

主要成员：陈幸良　池永东　龚玉启　丁　秘　叶　莉　谢邦生　黄安胜　林　玲

在"海峡西岸现代林业发展战略研究与规划"
启动会上的致辞

江泽慧

（2007 年 3 月 22 日）

尊敬的刘德章副主任、张昌平副省长
各位领导、各位专家、同志们：

今天，我们在这里隆重举行"海峡西岸现代林业发展战略研究与规划"项目启动会，我感到非常高兴。同时，也为我有幸担任项目领导小组组长感到十分荣幸。这项研究项目的启动，是福建省委、省政府站在全局和战略的高度，全面落实科学发展观，全力推进海峡西岸现代林业建设的重大举措，是落实福建省人民政府与中国林业科学研究院全面科技合作，促进科技与经济结合的重要内容。它标志着福建在建设绿色海峡西岸，发展现代林业的进程中又迈出了坚实的步伐，必将对全国现代林业建设，促进福建经济社会全面协调可持续发展，促进祖国和平统一产生重大而深远的影响。借此机会，代表国家林业局和中国林业科学研究院，并以我个人的名义，向福建省委、省政府，向福建省林业厅和全体参研人员表示热烈的祝贺和衷心的感谢！

党的十六届三中全会以来，党中央做出了全面落实科学发展观、构建社会主义和谐社会、建设社会主义新农村、建设创新型国家等一系列重大战略决策。刚刚结束的两会，温家宝总理的政府工作报告和两会代表的讨论，把科学发展、关注民生、构建和谐、科技教育、降耗减排、生态建设等列为政府和全社会共同关注的重要议题。人们都知道，人与自然的和谐是构建和谐社会的基础，林业在生态建设中的主体地位、在西部大开发中的基础地位和在可持续发展中的重要地位，直接关系到科学发展和国计民生，关系到构建和谐和持续发展。新的历史时期已经赋予现代林业以重大的历史使命。在今年全国林业厅局长会议上，贾局长提出了全面推进现代林业建设的总体思路和工作部署。今天我们启动海峡西岸现代林业发展战略研究与规划项目，正是贯彻落实两会精神，加快现代林业发展，建设绿色海峡西岸的实际行动。

建设好绿色海峡西岸，必须首先要做好海峡西岸现代林业发展战略研究与规划。为此，福建省人民政府决定，由中国林科院首席科学家彭镇华教授担任项目专家组组长，并由他领衔带领包括福建科技人员在内的创新团队开展这项研究。中国林科院将组织精干队伍，与福建省相关部门和参研人员密切配合，精心组织，认真研究，协作攻关，为省委、省政府决策提供理论和科学依据。我坚信，在福建省委、省政府的直接领导下，在省林业厅的关心指导和全体参研人员的共同努力下，项目研究必将取得圆满成功，达到预期的研究成果！

谢谢大家！

在"海峡西岸现代林业发展战略研究与规划" 项目评审会上的讲话

福建省政协副主席　陈家骅
（2008 年 12 月 22 日）

各位领导、各位院士、各位专家和同志们：

三年前，为了落实中央支持海峡西岸建设的决定，充分发挥科学技术第一生产力的作用，推进海峡西岸林业全面发展，建设绿色海峡西岸，在全国率先基本实现林业现代化，经福建省人民政府与中国林业科学研究院友好协商，双方建立起长期、全面、互利的省院科技合作关系，并正式启动了《海峡西岸现代林业发展战略研究与规划》课题。今天我们在这里举行项目评审会，是一件值得庆贺的事。首先我代表福建省人民政府向关心支持《海峡西岸现代林业发展战略研究与规划》项目的国家林业局、中国林科院表示衷心的感谢，向以彭镇华教授为组长的课题组各位专家的辛勤工作表示诚挚的敬意，对取得的丰硕成果表示热烈的祝贺，对今天参加评审会的各位领导和专家表示热烈的欢迎。

《海峡西岸现代林业发展战略研究与规划》课题 启动以来，国家林业局、中国林业科学研究院和福建省人民政府高度重视，贾治邦等几位局长对研究工作十分关心和支持，江泽慧主任多次专程到福建考察指导，并提出研究的指导思想和原则。中国林业科学研究院组织了高水平的研究队伍，彭镇华教授带领课题组专家到福建实地考察调研，前后召开了七次专家组会议，写出了几十万字的研究材料。正是由于各级领导的关心和支持，全体研究人员的共同努力，辛勤工作，才能取得今天这样巨大的成绩和丰硕的成果。

《海峡西岸现代林业发展战略研究与规划》课题，紧紧围绕十七大提出的建设生态文明的战略部署，遵从国家现代林业发展战略的总体布局，借鉴国际林业发展经验，从福建省情出发，突显闽台合作潜力与优势，提出"建设和谐绿色海西，发展高效持续林业"的海峡西岸现代林业发展理念，对海峡西岸现代林业发展的指导思想、基本原则、战略目标、总体布局、重点工程、基础设施建设、关键技术研究及政策保障措施等进行了科学全面地阐述，提出具有前瞻性、战略性的"九条建议"。这是一项理论与实践相结合、宏观与微观相结合，多学科、涉及面广的研究项目，在理论和实践上有创新、有发展，研究资料翔实、手段先进、观点新颖、理论扎实，结论科学，为海峡西岸现代林业的发展提供了可靠的理论依据。这项研究成果，必将对福建"十二五"和中长期林业的发展产生巨大的影响。

长期以来，福建省委、省政府十分重视林业工作，先后做出了"大念山海经"、"实施三五七工程"、"建设林业强省"和"建设绿色海峡西岸"等一系列战略部署，使福建林业许多工作都走在全国的前列。特别是 2003 年福建在全国率先开展集体林权制度改革和配套改革，取得了显著成效，为推动全国林业改革发挥了积极的作用。

当前，随着工业化、城镇化、农业产业化的发展，林业在经济社会发展中的地位越来越重要。

福建省委、省政府把林业的发展摆到了更加突出的位置，建设比较完备的林业生态体系、比较发达的林业产业体系和比较繁荣的生态文化体系，使林业真正成为国土的安全屏障，农民增收、农村经济收入的重要来源，改善城乡人居环境、满足人们的物质和精神需求、促进人与自然和谐发展、推进生态文明建设的重要载体，把福建建设成为山川秀美、经济社会可持续发展的生态经济区，在全国率先实现林业现代化。为此，我们要高度关注研究成果，在福建经济社会发展的重大决策中将把研究成果作为重要的参考依据，使研究成果得到充分的应用，从而实现海峡西岸现代林业建设又好又快发展。

也希望国家林业局、中国林科院一如既往地支持研究成果的最后形成，支持研究成果的真正实施，促使海西战略更加系统、不断提升。

谢谢大家！

在"海峡西岸现代林业发展战略研究与规划"
项目评审会上的讲话

全国政协人资环委副主任、国际竹藤组织董事会联合主席
中国林学会理事长、国际木材科学院院士　江泽慧教授
（2008 年 12 月 22 日）

尊敬的李育材副局长，

尊敬的陈家骅副主席，

各位院士、专家，同志们：

由福建省人民政府和中国林业科学研究院共同组织开展的《海峡西岸现代林业发展战略研究与规划》项目，在国家林业局的直接关心和悉心指导下，在福建省人民政府的高度重视和全力支持下，经过来自北京和福建的项目组专家两年的攻关研究，已完成各项预期研究任务，取得了重要进展。在海峡两岸刚实现令人期盼已久的"三通"不久，很高兴邀请到各位院士专家和主管部门领导参加项目成果审定会，听取各位专家和领导的宝贵意见。

当前，我国现代化建设已经进入了加快推进的重要时期。以胡锦涛同志为总书记的党中央做出了全面落实科学发展观、构建社会主义和谐社会、建设社会主义新农村、推进生态文明建设等一系列重大战略决策，赋予了林业建设新的使命，对林业发展提出了新的要求。维护生态安全、促进人与自然和谐；维护气候安全、缓解全球气候变暖；维护木材安全、解决木材供需矛盾；维护能源安全、发展生物质能源；维护农村社会和谐稳定、促进农民就业增收，都要求林业实现又好又快的发展，都需要林业做出新的贡献。林业在生态文明建设和经济社会发展中的地位越来越重要，作用越来越突出，面临的任务也越来越繁重。

特别值得关注的是，在国际社会重大问题议程中，森林问题的地位和作用越来越重要。在刚刚出版的《中国现代林业（第二版）》一书中，我们系统分析阐述了林业在缓解全球气候变化、防治荒漠化、保护生物多样性、控制森林非法采伐及相关贸易、发展生物能源、建设城市林业、推进循环经济等全球共同关注问题中的角色、定位、目标和行动。强调指出，在人类可持续发展的进程中，关注森林就是关注人类的命运，保护森林就是保护子孙后代的未来。

国家林业局及时把握时代的脉搏和潮流，适应国内外形势的深刻变化，顺应林业发展的内在规律，提出了全面推进现代林业建设的重大战略决策，这是全面落实科学发展观的具体体现。建设现代林业，必须充分拓展林业的生态功能、经济功能和社会功能，构建林业生态体系、林业产业体系和生态文化体系。关于生态文化体系建设，贾庆林主席在亲笔签署的致中国生态文化协会成立大会的贺信中强调指出，发展生态文化，有利于贯彻落实以人为本、全面协调可持续发展的科学发展观，推动经济社会又好又快发展；有利于建设生态文明，推动形成节约能源资源和保护生态环境的产业结构、增长方式、消费模式；有利于增强文化发展活力，推动社会主义文化大发展大繁荣。不言而喻，建设现代林业是一项长期而艰巨的任务，是一个循序渐进的过程。因此，

必须从我国的基本国情、林情出发，根据不同区域的特点，分区施策，协调推进，走有中国特色现代林业发展道路。

党的十七大报告明确提出要支持海峡西岸经济区的发展，这是具有重大意义的战略部署。在海峡西岸经济区建设中，福建省作为主体，发挥着辐射、带动和连接周边地区的重要作用，在扩大与深化海峡两岸交流与合作中具有举足轻重的地位。福建是我国南方的重点林区，林业作为海峡西岸经济区建设的重要内容，对于推进区域社会经济可持续发展，促进人与自然和谐，建设生态文明社会，具有重大的战略意义。长期以来，福建省委、省政府高度重视林业建设，将其摆到重要位置，加强领导，明晰思路，制定措施，狠抓落实，全省林业建设取得了显著成绩。福建率先在全省推进以集体林权制度改革为核心的林业各项改革，有效地调整了林业生产关系，解放和发展了林业生产力，为南方和乃至全国的林权改革提供了经验，作出了示范，充分发挥了林业改革开放前沿阵地的作用。

在全面推进福建现代林业和生态建设的过程中，我们与福建省开展了长期而富有成效的合作。今天，《海峡西岸现代林业发展战略研究与规划》项目的参研专家，根据国家林业局全面推进现代林业建设的战略部署，按照福建省委、省政府建设"和谐福建"的总体要求，在充分借鉴国际国内林业发展经验的基础上，结合福建省经济社会和林业发展的实际以及经济社会发展对林业的需求，经过历时近两年的研究，形成了比较系统工程的成果。提出了"和谐绿色海西，高效持续林业"的福建现代林业发展核心理念；指明了通过建设完备的林业生态体系、发达的林业产业体系和先进的森林文化体系来实现这一新理念的发展途径；布局了"一带三区三群多点"的林业建设格局，提出了若干重大对策建议。这是我们双方合作的又一个重要成果。

《海峡西岸现代林业发展战略研究与规划》项目以现代林业为题开展研究，不仅较好的研究回答了福建经济社会可持续发展中如何全面推进现代林业建设的问题，同时也为全国现代林业建设提供了重要的发展理念和实践经验。

各位领导、各位专家：

通过这次项目研究成果的评审，广泛听取各位专家和相关部门领导的意见、建议，按照国家林业局提出的"全面推进现代林业建设"的总体部署，围绕福建省委、省政府提出的"绿色海峡西岸"，以及建设"和谐福建"的重要构想，在进一步加大现有研究成果的运用力度的同时，继续深化后续研究，力争使项目研究取得更大的成果。

《海峡西岸现代林业发展战略研究与规划》作为一个把理论与实践紧密结合的探索性研究和重要规划，涉及部门多、范围广，政策性强，研究难度较大。我相信，有国家发改委、财政部、科技部等部门的关心和支持，有国家林业局对海峡西岸现代林业建设的全面指导，有福建省委、省政府的高度重视，有项目组全体参研人员的通力合作，"海峡西岸现代林业发展战略研究与规划"项目一定能够实现预期研究目标，为新时期的海峡西岸现代林业建设发挥更大作用，做出更大的贡献！

谢谢大家！

在"海峡西岸现代林业发展战略研究与规划"
项目评审会上的讲话

国家林业局副局长　李育材
（2008 年 12 月 22 日）

尊敬的江泽慧副主任，

尊敬的陈家骅副主席，

各位院士、专家，同志们：

刚才，由福建省人民政府与中国林科院共同组织实施的《海峡西岸现代林业发展战略研究与规划》项目顺利通过了专家评审，并得到了与会院士和专家的高度评价。在此，我代表国家林业局对项目组以及所取得的成果表示热烈祝贺！向各位院士、专家的辛勤工作表示衷心感谢！同时对福建省委、省政府、省人大、省政协长期以来对林业工作的关心和支持表示衷心感谢！

建设海峡西岸经济区是中央从经济社会发展全局的高度作出的重大战略部署，是具有深远意义的战略决策。福建作为海峡西岸经济区的主体，是我国森林资源最丰富、集体林地比重最大的省份。改革开放以来，福建省委、省政府高度重视林业工作，采取了一系列重大举措，林业建设取得了巨大成就。福建省率先在全国开展集体林权制度改革，探索现代林业发展的科学机制，为全国集体林权制度改革树立了一面旗帜；实施荒山绿化、沿海防护林体系、绿色通道等工程的建设，大力发展资源培育、林产加工、生态旅游等林业产业，使森林资源持续增长，生态环境明显改善，林业产业实力不断增强，林业在促进福建经济社会可持续发展中的作用日益提高，为福建现代林业发展奠定了坚实的基础。林业已经成为福建经济社会发展的重要支撑和保证，特别是通过推进集体林权制度改革，解放和发展了林业生产力，充分展示了福建林业的巨大优势和潜力，使福建林业焕发出勃勃生机。

福建省在实施以生态建设为主的林业发展战略中，高度重视林业科技，高度重视科学决策。2005 年 7 月，福建省人民政府与中国林科院成立了"海峡西岸现代林业发展战略研究与规划"领导小组和项目专家组，随后正式启动了"海峡西岸现代林业发展战略研究与规划"项目，全面规划海峡西岸现代林业建设。项目在深入研究的基础上，提出了"和谐绿色海西，高效持续林业"的海峡西岸现代林业发展核心理念；提出了"一带三区三群多点"的福建林业发展空间布局框架；研究提出了海峡西岸现代林业的 18 个核心指标、5 项重点工程，若干关键技术，提出了 9 条重大政策建议。这些都非常符合中央关于构建社会主义和谐社会、建设社会主义新农村的战略决策，非常符合现代林业的总体要求，非常符合海峡西岸自然资源的分布状况和社会经济发展的客观情况。特别是关于林业产权制度改革、生态公益林建设、林业产业、森林文化体系建设、科技创新、湿地保护、重点工程建设等加快海峡西岸现代林业发展的建议，具有很强的针对性和可操作性。项目研究成果对推进海峡西岸现代林业建设具有重要的指导意义，同时也为全国现代林业的理论和实践提供了新的经验、新的示范。

当前，生态问题成为制约经济社会发展的最大瓶颈，建设生态文明成为实现科学发展的紧迫任务。由于历史原因、人口众多和资源依赖型的经济高增长，我国森林稀少、土地沙化、水土流失、湿地破坏、干旱缺水、物种濒危等生态问题也十分严峻，特别是我国已成为全球第二大二氧化碳排放国，生态负荷日益加重。只有加强生态建设，才能有效维护国土生态安全、木材安全、物种安全、能源安全、淡水安全、粮食安全，改善当代人的生存发展条件；只有加强生态建设，才能不断增强可持续发展的能力，为后代留下生存发展的空间；也只有加强生态建设，才能不断增加森林碳汇，提升应对气候变化的能力，为全球应对气候变化做出更大贡献。为履行生态文明建设的重大使命，国家林业局提出了加快现代林业建设的总体思路。加快现代林业建设，就是要认真落实科学发展观，建设以人为本、全面协调可持续发展的林业。现代林业的目标是以林业的多功能满足社会的多需求，必须借助现代科学技术手段，充分挖掘林业的巨大潜力；现代林业的核心是兴林富民，必须借助林业的经济功能通过富民促进林业又好又快发展；现代林业的突破口是改革，必须全面深入推进集体林权制度等各项林业改革，为林业发展注入强大动力。我很高兴地看到，海峡西岸现代林业发展战略研究与规划，明确指出了建设生态文明的总体思路，通过建设完备的林业生态体系、发达的林业产业体系和发达的森林文化体系来实现现代林业的发展，这与国家林业发展的总体思路是完全一致的。项目研究成果对其他省区的林业建设具有积极的借鉴意义。

特别值得指出的是，海峡西岸现代林业建设对增强两岸同胞的往来，增进了解和互信，促进两岸的交流合作，乃至推进祖国和平统一大业都具有重大的而深远的意义。两岸同胞同根同祖，海峡两岸习俗相近，文化共通。在现代林业建设中完全可以开展更加广泛、更加深入、更加全面的合作。目前，在两岸双方的共同努力下，两岸"三通"迈出了历史性步伐，海上直航、空中直航和直接通邮已基本实现。这必将对两岸经贸关系乃至两岸关系产生积极重大的影响，为两岸民众带来实际利益，也为海峡西岸现代林业建设带来新的机遇。希望福建各级林业部门认真分析新的形势，紧紧抓住有利时机，大力推进海峡西岸的现代林业建设，充分运用好这一项目研究的成果，继续加强体制创新、机制创新、政策创新，不断用新的理论指导新的实践，推动全省林业又快又好的向前发展，早日实现现代林业的建设目标，为全国现代林业建设发挥示范和带头作用，为海峡两岸同胞的福祉作出贡献。

谢谢大家！

附图 1

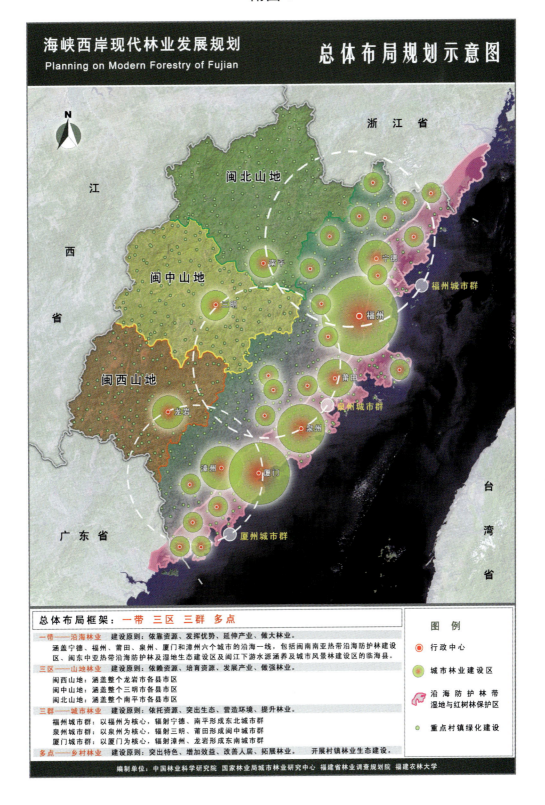

附图 2

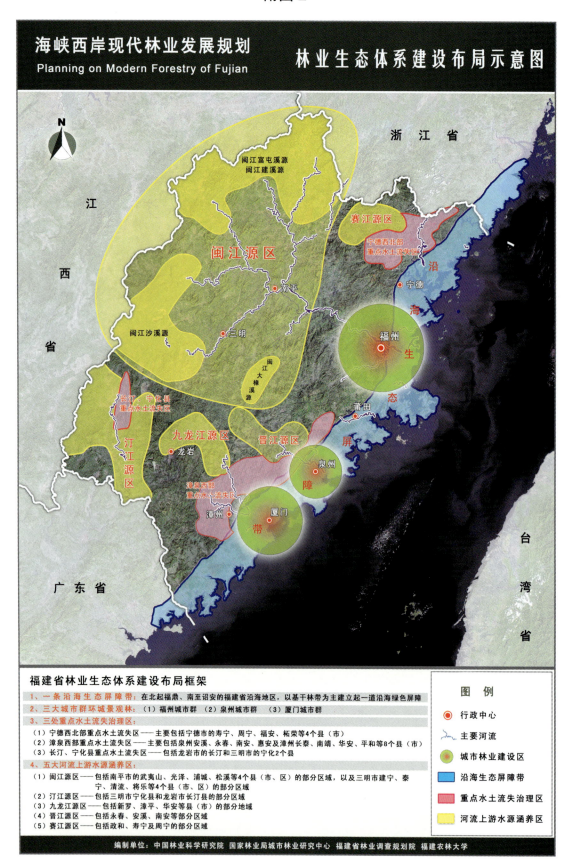

附图 3

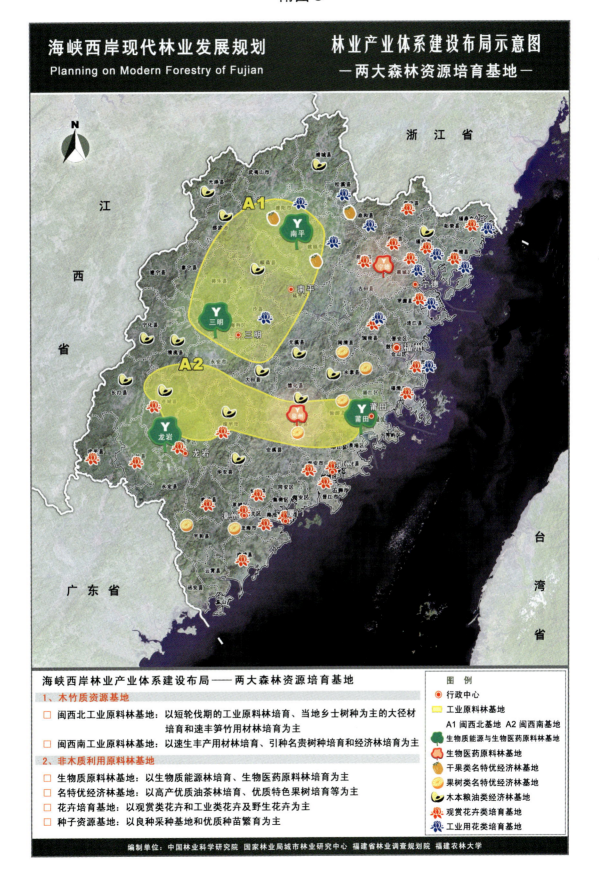

附图 4

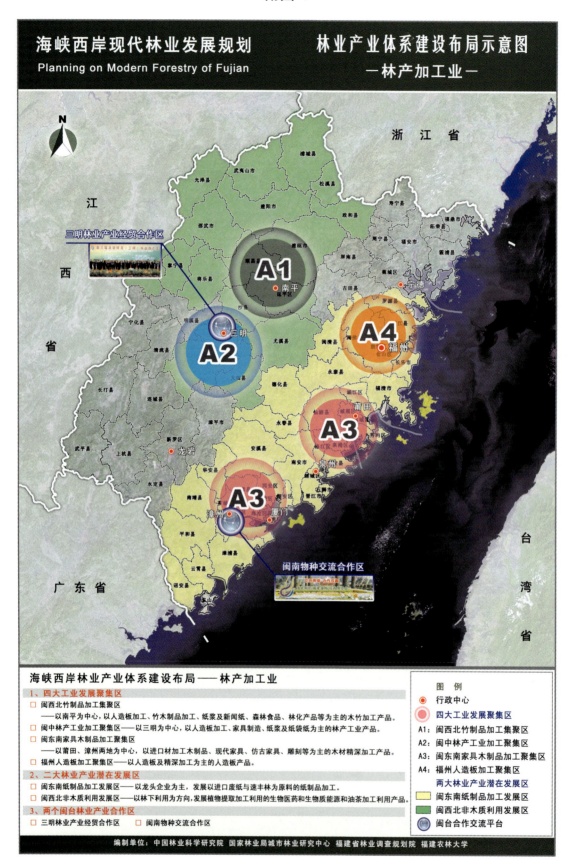

附图 5

海峡西岸现代林业发展规划
Planning on Modern Forestry of Fujian

林业产业体系建设布局示意图
—生态休闲旅游产业—

浙 江 省

江

西

省

N

广 东 省

台

湾

省

闽北森林生态旅游区
——开展以世界双遗武夷山、泰宁金湖等旅游名胜和朱熹文化、古闽越文化体验为主的生态休闲旅游

闽东山海风光森林旅游区
——开展以滨海风光和畲族风情体验为主的生态休闲旅游

闽中休闲度假森林旅游区
——开展以文化体验和生态文明教育相结合的生态休闲旅游

闽西客家文化森林旅游区
——开展以绿（森林生态）、红（红色苏区）、土（客家土楼）为一体的生态休闲旅游

闽南滨海生态休闲旅游区
——开展接待国内外游客为主的滨海生态休闲旅游

海峡西岸林业产业体系建设布局——五片生态休闲旅游区

☐ 闽南滨海生态休闲旅游区—涵盖厦门市、泉州市、漳州市为三个区域的闽南滨海生态休闲旅游区，开展接待国内外游客为主的滨海生态休闲旅游。

☐ 闽中休闲度假森林旅游区—涵盖福州市、莆田市为两个区域的闽中休闲度假森林旅游区；结合莆田妈祖文化、福州船政文化，开展以文化体验和生态文明教育相结合的生态休闲旅游。

☐ 闽西客家文化森林旅游区—以龙岩为主要区域的闽西客家文化森林旅游区；开展以绿（森林生态）、红（红色苏区）、土（客家土楼）为一体的生态休闲旅游。

☐ 闽北森林生态旅游区—涵盖南平市、三明市为两个区域的闽北森林生态旅游区；开展以世界双遗武夷山、泰宁金湖等旅游名胜和朱熹文化、古闽越文化体验为主的生态休闲旅游。

☐ 闽东山海风光森林旅游区—以宁德为主要区域的闽东山海风光森林旅游区，开展以滨海风光和畲族风情体验为主的生态休闲旅游。

图 例

⊙ 行政中心
◼ 闽南滨海生态休闲旅游区
◼ 闽中休闲度假森林旅游区
◼ 闽西客家文化森林旅游区
◼ 闽北森林生态旅游区
◼ 闽东山海风光森林旅游区

编制单位：中国林业科学研究院 国家林业局城市林业研究中心 福建省林业调查规划院 福建农林大学

附图6

附图 7

海峡西岸现代林业发展规划
Planning on Modern Forestry of Fujian
山地生态修复与森林保育工程

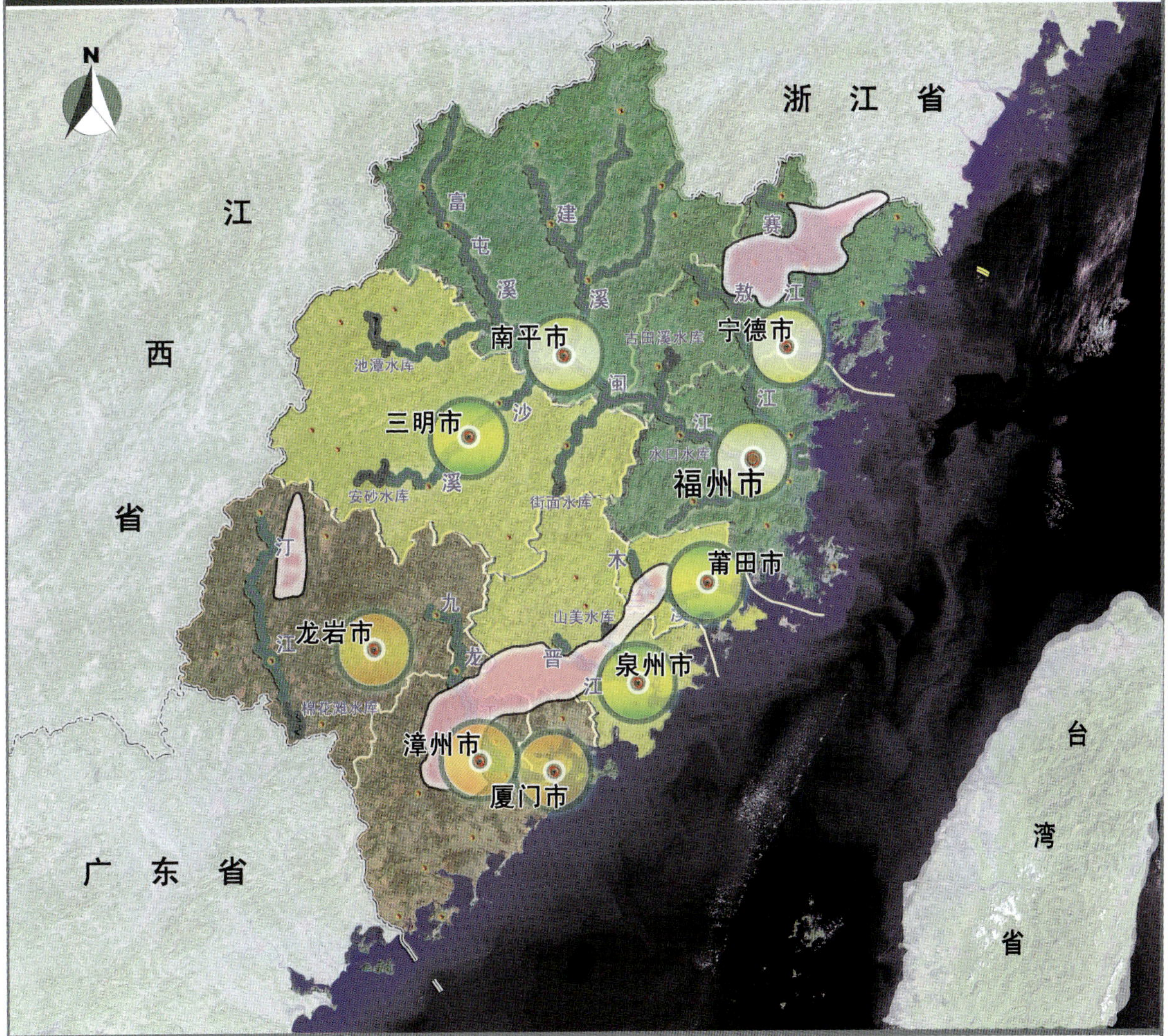

浙 江 省

江 西 省

富屯溪　建溪

南平市　古田溪水库　宁德市　赛江　敖江

三明市　沙溪

安砂水库　闽江　水口水库

街面水库　福州市

龙岩市　九龙江　山美水库　木　莆田市

汀江　棉花滩水库　普江　泉州市

漳州市　晋江

厦门市

广 东 省

台 湾 省

建设目标：

　　增加阔叶林比例，形成林分结构比较合理、功能比较稳定、景观比较优美的林分，基本满足国土生态安全、改善环境和提升区域生态质量的需要。

建设内容：

　　水岸生态公益林改造723.04万公顷，城镇及乡村周边生态公益林改造21.26万公顷，水土流失治理27.40万公顷，扩建生态公益林58.62万公顷。

图 例

 地级市
水岸公益林

 城镇及乡村周边生态公益林

 水土流失植被

 三大城市群

编制单位：中国林业科学研究院　国家林业局城市林业研究中心　福建省林业调查规划院　福建农林大学

附图8

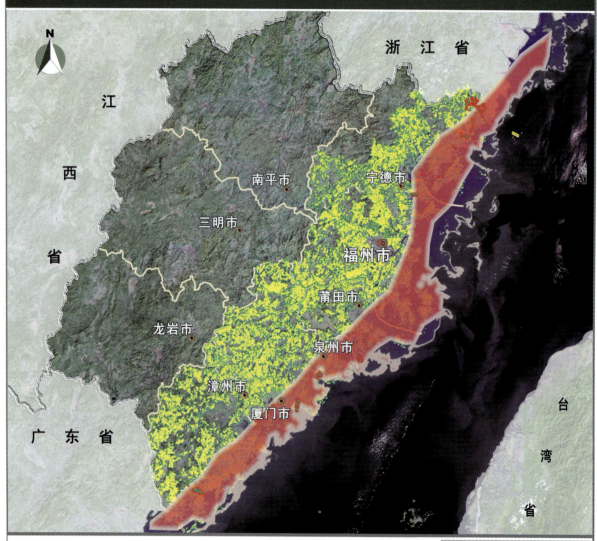

海峡西岸现代林业发展规划
Planning on Modern Forestry of Fujian

沿海防护林体系建设工程

建设目标：

　　森林覆盖率稳定在63%以上，建成生态结构稳定、防灾减灾功能强大以及国民经济社会可持续发展相适应的生态防御体系，促进沿海地区经济社会持续、稳定、健康地发展。

建设内容：

　　红树林10203.70公顷，基干林带9088.88公顷；农田林网73.65公顷；其他防护林20814.89公顷。

图 例

 沿海防护林带
湿地、红树林保护区

 新增基干林

 农田林网及其他防护林

编制单位：中国林业科学研究院　国家林业局城市林业研究中心　福建省林业调查规划院　福建农林大学

附图9

海峡西岸现代林业发展规划
Planning on Modern Forestry of Fujian

城市森林建设工程

建设内容：

（1）城市间和城市区间生态隔离林带建设 在厦门、泉州、漳州、莆田、福州等沿海城市，要把生态隔离林与沿海防护林体系建设有机结合起来，建立污染隔离防护林；在南平、三明、龙岩和宁德等山区为主的城市，把自然山体的，森林作为城市森林的基本骨架和生态屏障进行建设和完善，形成结构稳定、功能高效的城市森林生态系统。至2010年前建设城市间生态隔离林带2607公顷，2011~2015年，新建城市间和城市区间生态隔离林带9245公顷；至2020年，新建城市间和城市区间生态隔离林带13443公顷。

（2）城郊休闲森林建设 在"十五"的基础上，至2010年前，新增城郊休闲森林公园12处，2011~2015年，新增城郊休闲森林公园19处；2016~2020年，新增城郊休闲森林公园42处。

（3）建设区森林建设 休闲片林建设：使城市社区周边500米内有休闲绿地。生态健身走廊建设：2015年前，在全省九个地级以上城市建成至少一条贯通性的城市森林生态廊道；至2020年，在60%以上县（市）开展生态健身走廊建设，在城镇沿江建成贯通性生态廊道。城市降温生态林：在福建省九个地级以上城市，根据城市热场分布，有目的地开展林带片林建设及屋顶绿化，以缓解城市热岛效应。

图 例

 城市森林建设
 福州城市群
泉州城市群
 厦门城市群
 山区城市隔离林
沿海城市污染隔离防护林

编制单位：中国林业科学研究院 国家林业局城市林业研究中心 福建省林业调查规划院 福建农林大学

附图 10

海峡西岸现代林业发展规划
Planning on Modern Forestry of Fujian

绿色通道建设工程

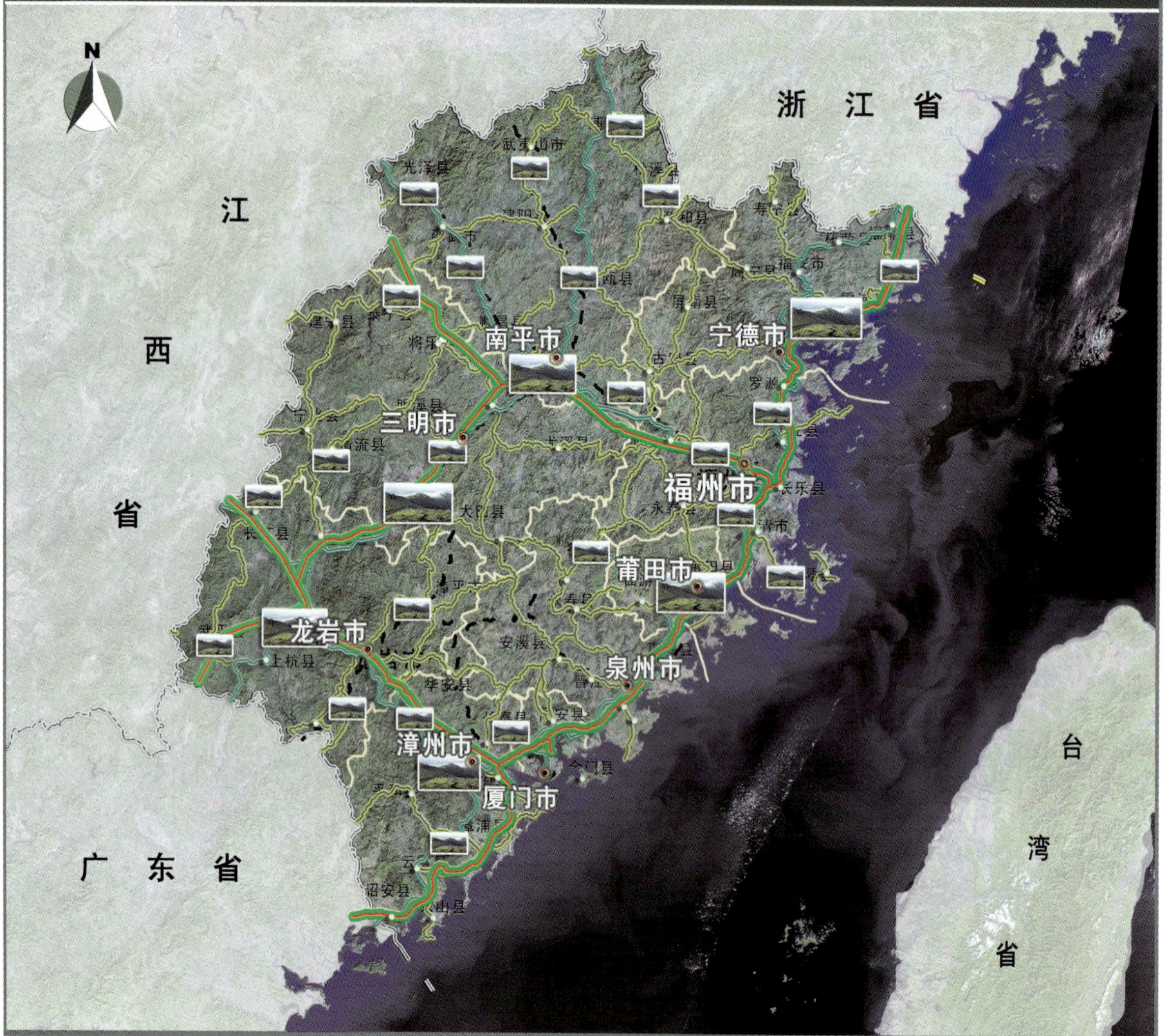

建设目标： 全面加快全省高速公路、国道、省道沿线绿化美化和城乡园林绿化建设步伐，力争使可绿化里程绿化率达90%以上，沿线一重山森林覆盖率达90%以上；"青山挂白"得到有效治理。

建设内容： 高速公路、国道、省道沿线两侧绿化面积13235.0公顷；沿线一重山绿化面积69188.8公顷；"青山挂白"治理面积866.6公顷。

图 例

〰️ 高速公路绿化

国道绿化

省道绿化

铁路绿化

"青山挂白"治理点

编制单位：中国林业科学研究院 国家林业局城市林业研究中心 福建省林业调查规划院 福建农林大学

附图 11

海峡西岸现代林业发展规划
Planning on Modern Forestry of Fujian

生物多样性与湿地保护工程

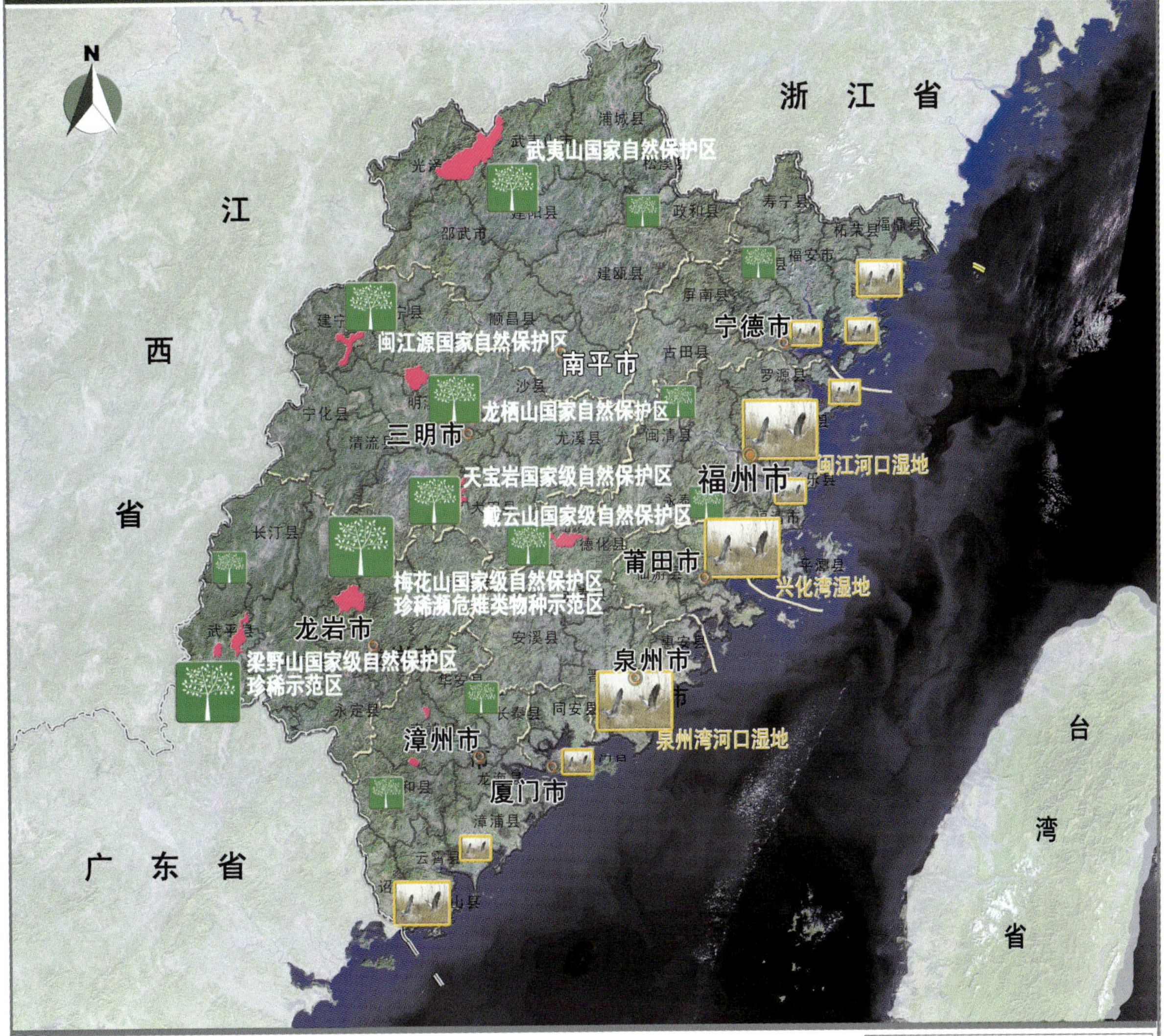

浙 江 省

浦城县

武夷山国家自然保护区

光泽县

江

崇安县

政和县

寿宁县

邵武市

松溪县

柘荣县 福安市

建瓯县

屏南县

西

建宁县

顺昌县

古田县

罗源县

闽江源国家自然保护区

沙县

宁德市

宁化县

明溪县

龙栖山国家自然保护区

尤溪县

闽清县

闽江河口湿地

三明市

南平市

省

天宝岩国家级自然保护区

长汀县

戴云山国家级自然保护区

福州市

梅花山国家级自然保护区
珍稀濒危辦类物种示范区

莆田市

德化县

兴化湾湿地

梁野山国家级自然保护区
珍稀示范区

龙岩市

武平县

安溪县

泉州市

泉州湾河口湿地

永定县

长泰县

同安县

漳州市

厦门市

台

湾

广 东 省

诏安县

云霄县

省

图 例

国家级自然保护区

自然保护区

湿地保护区

建设目标：

省级以上自然保护区总数量达到54处，省级以下自然保护区（小区、点）4501处，国际重要湿地4处，总面积123.1万公顷，占陆地面积10.13%。

建设内容：

新建省级自然保护区17处、晋升国家级自然保护区6处、自然保护小区（点）1301处，建立国际重要湿地4处，增加自然保护区面积约48万公顷；建设10项工程31个物种保护工程和10处生物多样性保护工程示范区。

编制单位：中国林业科学研究院 国家林业局城市林业研究中心 福建省林业调查规划院 福建农林大学

附图 12

海峡西岸现代林业发展规划
Planning on Modern Forestry of Fujian

资源培育工程

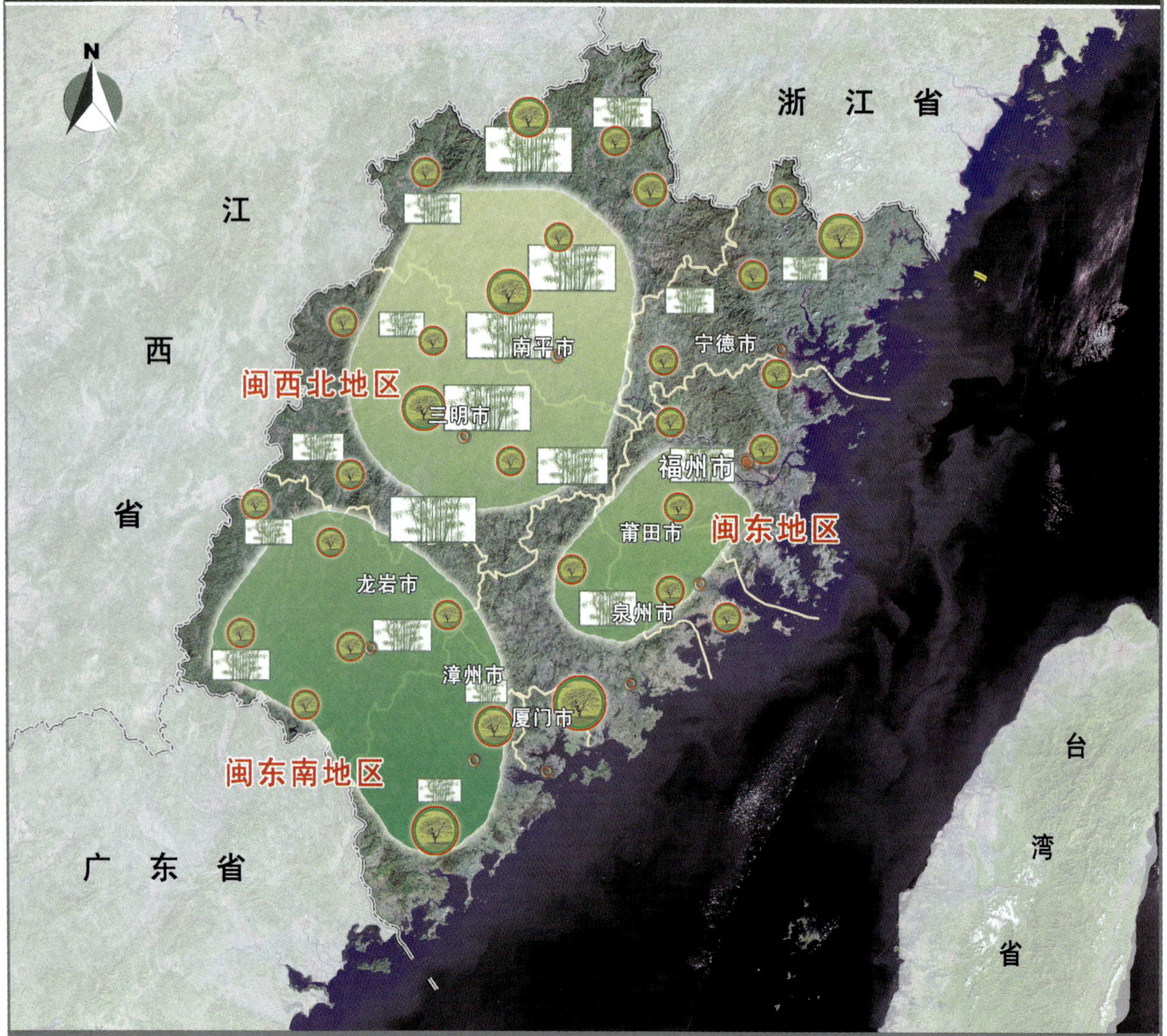

工业原料林培育： 重点建设桉树、相思树为主的短期工业原料林基地和以杉木、马尾松为主的用材林基地，至2010年全省工业原料林基地面积达66.7万公顷，至2015年达100万公顷，至2020年达133.3万公顷。

竹林高效培育： 至2010年全省竹林高效培育基地达36.1万公顷，至2015年达51.4万公顷，至2020年达66.7万公顷。

珍贵树种培育： 重点建设以樟树、楠木、檫树、红豆杉、三尖杉为主的珍贵乡土树种，至2010年全省珍贵树种用材林基地达6.667万公顷，至2015年达10万公顷，至2020年达13.33万公顷。

图例

 工业原料林培育

 竹林高效培育

 珍贵树种培育

编制单位：中国林业科学研究院 国家林业局城市林业研究中心 福建省林业调查规划院 福建农林大学

附图 13

海峡西岸现代林业发展规划
Planning on Modern Forestry of Fujian

特色经济林培育工程

建设目标：

　　重点建设枇杷、龙眼、橄榄、柑橘、柚子、黄花梨、锥栗、板栗、柰、桃、李、茶叶、油茶、食用菌林、竹笋等特色经济林基地，至2010年全省特色经济林优质高效培育基地面积达60万公顷，2015年达85万公顷、2020年达110万公顷。

图 例

 木本油类优质高效示范基地

森林食品类优质高效示范基地

水果类优质高效示范基地

 干果类优质高效示范基地

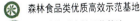 茶叶优质高效示范基地

药材类优质高效示范基地

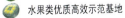 生物能源类优质高效示范基地

调料香料类优质高效示范基地

编制单位：中国林业科学研究院　国家林业局城市林业研究中心　福建省林业调查规划院　福建农林大学

附图 18

海峡西岸现代林业发展规划
Planning on Modern Forestry of Fujian

生态文明村建设工程

建设目标：

建成以林为主、植物多样、景观优美的乡村森林生态体系；全省行政村所在地至2010年、2015年和2020年，绿化覆盖率分别达到20%、22%和25%；农村四旁绿化率分别达到70%、75%和80%；至2020年，占全省30%的村庄风水林得到保护和改造。

建设内容：

通过庭院绿化、村庄绿化、路渠绿化、乡村风水林、风景游憩林建设，完善农村自然生态，改善农村人居环境；通过保护乡村风水林、名木古树等保护乡土文化；通过开展义务植树，增强生态文明意识；通过非规划林地种植珍贵用材树种、特色经济树种，使农民增收；通过乡村森林人家、森林公园建设，发展乡村生态休闲经济。

图 例

 村庄绿化

 四旁绿化

 路渠绿化

 乡村风水林

风景游憩林

编制单位：中国林业科学研究院 国家林业局城市林业研究中心 福建省林业调查规划院 福建农林大学

附图 19

海峡西岸现代林业发展规划
Planning on Modern Forestry of Fujian
生态文化载体建设工程

浙 江 省

生态文化解说体系建设
——到2010年，改造、提升福州、南平现有森林博物馆2处，全省新建游客中心200个，科普长廊300个；到2015年，在厦门、漳州、泉州新建森林博物馆3座，全省游客中心300个，科普长廊500个；到2020年，在龙岩、莆田、三明、宁德等地新建森林博物馆4座，全省游客中心500个，科普长廊1000座。

南平市

宁德市

江

西

省

三明市

福州市

生态文化教育示范基地建设
——至2010年，以自然保护区、森林公园、湿地公园、森林人家为核心的生态文化教育示范基地数量达到146个；至2015年—2020年，生态文化教育示范基地数量分别达到179个、224个。

策划以生态文化为主要内容的各类活动
——到2010年，每个设区市和县（市、区）都要建设一个以上具有一定规模和示范作用的义务植树基地，义务植树基地总数达200个，有500个山区村庄开展风水林的建设和改造，古树名木保护率达85%；至2015年，全省城区义务植树基地总数达500个，另有1000个山区村庄的风水林得到保护和改造，风水林面积达到1300公顷，古树名木保护率达90%；至2020年等全省城区义务植树基地数800个，另有3000个山区村庄的风水林得到保护和改造，风水林面积达到4000公顷，古树名木保护率达95%。

莆田市

龙岩市

泉州市

漳州市

厦门市

台

湾

省

广 东 省

生态文化教育示范基地建设
——至2010年，生态文化教育基地提供科普宣传手册5万册；至2015年、2020年印制科普宣传手册分别达到10万册、20万册。

建设目标：

以自然保护区、森林公园、湿地公园、森林人家和森林博物馆为核心建立生态文化教育示范基地，到2020年，生态文化教育基地总数达到224个。

建设内容：

加强生态文化教育基地建设，策划以生态文化为主要内容的各类活动；出版以生态文化为题材的各类读物；加强生态文化解说体系建设，包括森林博物馆、标本馆、游客中心、科普长廊、解说步道以及宣传生态文化的标识、标牌和解说牌等；保护森林古道及名木古树，丰富生态文明内涵。

图　例

 市区生态文化载体建设

 森林博物馆

 生态文化教育基地

 纪念林

 自然保护区

编制单位：中国林业科学研究院　国家林业局城市林业研究中心　福建省林业调查规划院　福建农林大学

■■ 内容简介

　　党的十八大把生态文明建设放在突出地位，将生态文明建设提高到一个前所未有的高度，并提出建设美丽中国的目标，通过大力加强生态建设，实现中华疆域山川秀美，让我们的家园林荫气爽、鸟语花香，清水常流、鱼跃草茂。

　　2002 年，在中央和国务院领导亲自指导下，中国林业科学研究院院长江泽慧教授主持《中国可持续发展林业战略研究》，从国家整体的角度和发展要求提出生态安全、生态建设、生态文明的"三生态"指导思想，成为制定国家林业发展战略的重要内容。国家科技部、国家林业局等部委组织以彭镇华教授为首的专家们开展了"中国森林生态网络体系工程建设"研究工作，并先后在全国选择 25 个省（自治区、直辖市）的 46 个试验点开展了试验示范研究，按照"点"（北京、上海、广州、成都、南京、扬州、唐山、合肥等）"线"（青藏铁路沿线，长江、黄河中下游沿线，林业血防工程及蝗虫防治等）"面"（江苏、浙江、安徽、湖南、福建、江西等地区）理论大框架，面对整个国土合理布局，针对我国林业发展存在的问题，直接面向与群众生产、生活，乃至生命密切相关的问题；将开发与治理相结合，及科研与生产相结合，摸索出一套科学的技术支撑体系和健全的管理服务体系，为有效解决"林业惠农""既治病又扶贫"等民生问题，优化城乡人居环境，提升国土资源的整治与利用水平，促进我国社会、经济与生态的持续健康协调发展提供了有力的科技支撑和决策支持。

　　"中国森林生态网络体系建设出版工程"是"中国森林生态网络体系工程建设"等系列研究的成果集成。按国家精品图书出版的要求，以打造国家精品图书，为生态文明建设提供科学的理论与实践。其内容包括系列研究中的中国森林生态网络体系理论，我国森林生态网络体系科学布局的框架、建设技术和综合评价体系，新的经验，重要的研究成果等。包含各研究区域森林生态网络体系建设实践，森林生态网络体系建设的理念、环境变迁、林业发展历程、森林生态网络建设的意义、可持续发展的重要思想、森林生态网络建设的目标、森林生态网络分区建设；森林生态网络体系建设的背景、经济社会条件与评价、气候、土壤、植被条件、森林资源评价、生态安全问题；森林生态网络体系建设总体规划、林业主体工程规划等内容。这些内容紧密联系我国实际，是国内首次以全国国土区域为单位，按照点、线、面的框架，从理论探索和实验研究两个方面，对区域森林生态网络体系建设的规划布局、支撑技术、评价标准、保障措施等进行深入的系统研究；同时立足国情林情，从可持续发展的角度，对我国林业生产力布局进行科学规划，是我国森林生态网络体系建设的重要理论和技术支撑，为圆几代林业人"黄河流碧水，赤地变青山"梦想，实现中华民族的大复兴。

作者简介

　　彭镇华教授，1964 年 7 月获苏联列宁格勒林业技术大学生物学副博士学位。现任中国林业科学研究院首席科学家、博士生导师。国家林业血防专家指导组主任，《湿地科学与管理》《中国城市林业》主编，《应用生态学报》《林业科学研究》副主编等。主要研究方向为林业生态工程、林业血防、城市森林、林木遗传育种等。主持完成"长江中下游低丘滩地综合治理与开发研究"、"中国森林生态网络体系建设研究"、"上海现代城市森林发展研究"等国家和地方的重大及各类科研项目 30 余项，现主持"十二五"国家科技支持项目"林业血防安全屏障体系建设示范"。获国家科技进步一等奖 1 项，国家科技进步二等奖 2 项，省部级科技进步奖 5 项等。出版专著 30 多部，在《Nature genetics》、《BMC Plant Biology》等杂志发表学术论文 100 余篇。曾荣获首届梁希科技一等奖，2001 年被授予九五国家重点攻关计划突出贡献者称号，2002 年被授予"全国杰出专业人才"称号。2004 年被授予"全国十大科技英才"称号。